Richard Marius

Thomas Morus

RICHARD MARIUS

Thomas Morus

EINE BIOGRAPHIE

Aus dem Amerikanischen
von Ute Mäurer

Benziger

Die amerikanische Originalausgabe erschien 1984 unter dem Titel
«Thomas More. A Biography» im Verlag Alfred A. Knopf, New York.

ISBN 3 545 34054 6

*Dieses Buch ist dem Andenken
an meinen Freund
Richard S. Sylvester
und der Verehrung
meines Freundes
Milton Klein
von der
Universität von Tennessee
gewidmet*

INHALT

VORWORT

Jeder Autor ist vielen Menschen zu Dank verpflichtet, wenn er ein dickes Buch geschrieben hat. Ich kann nicht allen danken, die mir hier geholfen haben, aber ich möchte wenigstens einige von ihnen erwähnen.

Keinem bin ich mehr verpflichtet als meiner Verlegerin Ann Close. Wenn ich ihre Arbeit an diesem Werk im einzelnen aufführen wollte, müßte ich ein Buch schreiben, das fast ebenso umfangreich würde wie das vorliegende. Sie stellte unermüdlich intelligente Fragen und erinnerte mich immer wieder daran, daß ich für ein gemischtes Publikum schrieb, für interessierte und gebildete Menschen, die dieses Buch hoffentlich lesen werden. Sie achtete darauf (denke ich), daß ich weder zu komprimiert und unverständlich noch zu ausführlich schrieb. Sie befreite das Manuskript von vielen schwerfälligen Wendungen. Und sie verlor während der drei Fassungen dieses Buches nicht ein einziges Mal die Geduld.

Robert Gottlieb glaubte an das Buch, bevor er auch nur eine Seite gesehen hatte. Er unterstützte mich und mein Werk weit über den ursprünglichen Abgabetermin hinaus. Erasmus hätte ihn einen Mäzen genannt. Morus hätte seine Gesellschaft geschätzt.

Mein Kollege David Sacks sah die erste Fassung des Manuskripts sehr genau durch und gab mir Dutzende wertvoller Hinweise, hauptsächlich zum englischen Regierungssystem im sechzehnten Jahrhundert. Auch die Professoren John Headley, Walter Kaiser und Thomas White lasen jene furchtbar chaotische erste Fassung und gaben hilfreiche Kommentare ab. Meine Kollegen Terry Shaller und Jay Boggis lasen Kapitel der Arbeit und diskutierten sie mit mir. Mein liebenswürdiger Nachbar in der Widener Library, Professor Gwynne B. Evans, las das Kapitel über Morus' *Die Geschichte König Richards III.*

Während ich an dem Buch arbeitete, las ich Teile an der Villanova University, am Agnes Scott College, an der Gannon University, am Thomas More College, an der Marshall University, an der University of Mississippi, an der University of Rhode Island, an der Brown University und an der Yale University. Bei diesen Lesungen erhielt ich viele hilfreiche Anregungen.

Ich habe mich über Jahre hinweg immer wieder mit Nicholas Barker, G. R. Elton, Stephen Foley, John Guy, Davis Harding (†), J. H. Hexter, Ralph Keen, Lee Cullen Khanna, Dan Kinney, Thomas Lawler, James Lusardi, Louis Martz, Frank Manley, Clarence Miller, Joe Trapp und Warren Wood (†) über Thomas Morus unterhalten. Diese Gespräche haben mir unendlich viel geholfen, mir eine Meinung über diesen Mann und seine Zeit zu bilden.

Richard S. Sylvester (†), verantwortlicher Herausgeber der *Yale Edition of the Complete Works of St. Thomas More* (Yaler Ausgabe der gesammelten Werke des heiligen Thomas Morus), half mir bei meiner Dissertation *Thomas More and the Heretics* (Thomas Morus und die Häretiker). Als ich 1962 an der Yale University meinen Ph. D. erworben hatte, übertrug Richard S. Sylvester mir die Mitarbeit an der Morus-Ausgabe. Er war ein Wissenschaftler mit unerschöpflicher Energie, loyal und großzügig. Er starb 1978, aber sein Vermächtnis lebt weiter in den Herzen derer, die er liebte und denen er half, besonders all jener, die durch ihn zu Thomas Morus kamen und länger bei Morus blieben, als sie sich träumen ließen.

Jeder, der sich so lange mit einem Thema befaßt wie ich mich mit Thomas Morus, bildet sich unweigerlich eigene Urteile und ist anderer Meinung als seine liebsten und geschätztesten Freunde. Ich habe bewußt darauf verzichtet, in eine wissenschaftliche Debatte einzutreten, die sich nur an Fachleute auf diesem Gebiet wenden würde. Aber ich möchte doch darauf hinweisen, daß ich zu vielen strittigen Fragen die Meinung einer Minderheit vertrete. Ich bin der Ansicht, daß Morus und Erasmus völlig verschiedene Menschen waren und daß ihre berühmte Freundschaft nicht annähernd so eng war, wie moderne, liberale Katholiken es gerne sähen. Ich glaube auch, daß es bei der religiösen Revolution im sechzehnten Jahrhundert um viel mehr ging als um den Streit, auf welchem Weg der Mensch nun das ewige Heil erlangen könne. Meiner Ansicht nach waren es nicht zuletzt tiefgehende Zweifel am Christentum selbst, die zu den Glaubenskämpfen führten. Viele Menschen, die sich um ein Dogma stritten oder einander verbrannten, kämpften vielleicht den schrecklichen Zweifel nieder, ob Gott tatsächlich seine Schöpfung regiere.

Ich vertrete in diesem Buch an vielen Stellen eine andere Meinung als meine Freunde, und wenn ich sie hier würdige, bedeutet das nicht, daß sie meine Ansichten teilen.

Meine Sekretärin, Amelie Ratliff, war bei der Vorbereitung der letzten Fassung eine große Hilfe. Mit ihrer fröhlichen Art verwandelte sie die Tornados in unserem Büro zuverlässig in Zephyre und verschaffte mir Zeit zum Schreiben.

Anderen, die so barmherzig waren, sich nicht für Thomas Morus zu interessieren, bin ich vielleicht am meisten verpflichtet. Meine Frau ließ es nicht zu, daß Thomas Morus die vergangenen Jahre unser häusliches Leben beherrschte. Sie verkündete hin und wieder ein Moratorium über meine Arbeit und hielt mich eine Zeitlang von meinem Schreibtisch fern. Meine drei Söhne waren entzückend wie immer und herrlich unbeeindruckt. Ihre Haltung war: «Je Morus, desto munterer.» Oder vielleicht: «Je mehr Morus, desto mehr Marius.» Ich bin auch dankbar für das ermunternde Lachen und die freundlichen Worte von E. T. Wilcox, Burriss Young, Douglas Price, Susan Lewis, Douglas Bryant, Bob Kiely, Kiyo Morimoto, Donald Stone, Donald Fanger, Stephen Williams, meinen lieben, besonderen Freunden Jean und David Layzer und Connie und Ralph Norman. Am meisten bin ich vielleicht meinem Bruder John verpflichtet.

Richard Marius
Cambridge, Massachusetts
21. Dezember 1983

EINLEITUNG

Von den Biographen aller Epochen wurde Thomas Morus immer verherrlicht und ihrer eigenen Zeit als Vorbild präsentiert. Der preisende Stil dieser Biographien wurde in der ersten Lebensbeschreibung begründet, die wir von Thomas Morus besitzen: einem Brief des Erasmus von Rotterdam an den jungen Ulrich von Hutten in Deutschland, geschrieben im Jahre 1519, als Morus in der Blüte des Lebens stand.

Erasmus macht nur eine negative Bemerkung – Morus liebe zwar die Musik, habe jedoch keine schöne Singstimme. Ansonsten beschreibt Erasmus ausführlich einen mustergültigen Mann, etwas über vierzig, der Mitglied des königlichen Rats Heinrichs VIII. ist, ein Familienvater und überzeugter Christ, ein Gelehrter, ein Freund und ein geistreicher Mann.

Der Morus des Erasmus wird von Staatsangelegenheiten stark in Anspruch genommen, hat aber dennoch Zeit, klassische Literatur zu lesen. Er ist ein Paterfamilias, der hohe Anforderungen stellt. Er ist rechtschaffen und zärtlich. Zugleich ist er ein Höfling, ein Mann, zur Freundschaft geboren und zu allen Menschen freundlich. Er verachtet Trägheit, närrische Spiele, Glücksspiele und Protzerei. Er liebt das Einfache und Tugendhafte. Er trinkt Wein mit Wasser verdünnt und oft sogar nur Wasser, verbirgt aber seine genügsame Lebensweise bescheiden. Er ist gesund, aber nicht robust. Sein Gesicht ist frisch, aber nicht gerötet. Sein Haar dunkel, aber nicht schwarz. Er hat blaugraue Augen mit schwarzen Sprenkeln, ist weder klein noch groß und hat einen fast vollendet geformten Körper.

Erasmus erwähnt, daß Morus einerseits erwog, eine geistliche Laufbahn einzuschlagen, andrerseits aber darauf brannte, zu heiraten, und deshalb beschloß, lieber ein guter Ehemann als ein schlechter Priester zu werden. Er berichtet auch ein paar Einzelheiten über die Entstehungsgeschichte der *Utopia*, Morus' berühmtester Schrift, und weist vorsichtig darauf hin, daß ihr Stil uneinheitlich sei, da Morus den ersten Teil einige Zeit nach dem zweiten geschrieben habe.

Alles in allem entwirft Erasmus ein ausgewogenes Porträt eines aktiven Mannes, der in der profanen Welt ein gutes Leben führt. Und in dieser Welt – nicht in der geistlichen – sollten nach Erasmus' Ansicht die guten Christen leben. Erasmus berichtet weiter, daß Morus besonders gerne Eier aß – eine Einzelheit über die einfachen Freuden des Leibes, die in den vergeistigten Lebensbeschreibungen mittelalterlicher Heiliger niemals erwähnt worden wäre, denn die lebten nach volkstümlicher Anschauung nur, um heilig zu sein. Sie aßen so wenig wie möglich und gaben sich mit der kärglichsten Speise zufrieden. Erasmus nahm die christliche Schöpfungslehre sehr ernst. Er glaubte, daß Gott die ganze Welt geschaffen hatte, nicht nur den kirchlichen Teil, und daß Frauen und Männer ihrem Schöpfer mit einem gerechten Leben in der Welt besser dienten als jeder Mönch in der Abgeschiedenheit seiner Zelle.

Erasmus schrieb auch später noch in anderen Briefen über Morus, und gewöhnlich pries er ihn über die Maßen. Er schickte den Maler Hans Holbein nach England, damit Morus ihn in die höhere Gesellschaft einführe. Morus verhalf Holbein zu einem Anfang: Er gab ihm den Auftrag, die Familie Morus zu malen. Es ist also wenigstens indirekt Erasmus zu verdanken, daß dieses erstaunliche Porträt existiert, das auf dem Schutzumschlag dieses Buches und der meisten Bücher über Morus abgebildet ist. Offenbar hoffte Erasmus, es würde ihm zugute gehalten werden, daß er sich der Freundschaft eines so bedeutenden Mannes wie Thomas Morus erfreute. Seine Schmeicheleien waren immer ein wenig eigennützig, und er und Morus pflegten gewiß keinen vertrauten Umgang. Aber die Einzelheiten aus dem Leben des Thomas Morus, die er berichtet, sind genauerer Betrachtung wert, und im Grunde war seine Verehrung für den Engländer ehrlich.

Auch andere schrieben schon zu seinen Lebzeiten über Morus, doch erst sein Tod machte sein Leben wirklich bedeutsam und gab Anlaß zu den Biographien, die diesem Mann ein bleibendes Denkmal in der englischen Geschichte setzten. Die Propagandisten Heinrichs VIII. veröffentlichten sehr bald Flugschriften, in denen sie die Hinrichtung des Thomas Morus rechtfertigten. Fromme, aufgebrachte Katholiken – die Morus vielleicht nie in Fleisch und Blut gesehen hatten – druckten eiligst Schriften, in denen sie seine Heiligkeit verteidigten, Schriften, die Heinrich VIII. bei der Öffentlichkeit und der Nachwelt in Verruf bringen sollten. Infolgedessen herrschte in den ersten zwanzig Jahren nach seinem Tod sehr viel Unsicherheit in der öffentlichen Meinung über Thomas Morus.

Im Jahre 1553 bestieg Maria Tudor, die Tochter Heinrichs VIII. und seiner verstoßenen ersten Frau Katharina von Aragon, den englischen Thron. Sie war entschlossen, ihre Nation in die Arme der katholischen Kirche zurückzuführen, denen ihr Vater sie entrissen hatte. Morus, der prominenteste Märtyrer des alten Glaubens, wurde zum Objekt größten Interesses und höchster Verehrung. Im Jahre 1557 – ein Jahr vor Marias Tod – veröffentlichte Morus' Neffe William Rastell die große Folioausgabe der englischen Schriften des Thomas Morus. In diesem umfangreichen Werk dominierten die wütenden religiösen Polemiken, in denen Morus versuchte, alle Argumente der protestantischen Häretiker gegen die katholische Kirche zu widerlegen, und die Häretiker selbst in einer Flut böser Schmähungen ertränkte. Maria und allen in ihrer Umgebung, die ihre Vision eines mit der alten Kirche versöhnten England teilten, konnte kein Buch dienlicher sein als dieses, das von einem Gläubigen verfaßt worden war, der seinem Glauben bis in den Tod treu blieb.

Von diesem wunderschönen Buch gibt es heute noch ungefähr 157 Exemplare, die in Bibliotheken Europas und Amerikas aufbewahrt werden. John Foxe veröffentlichte 1563 die erste Ausgabe seiner *Acts and Monuments of the Martyrs* (Werke und Taten der Märtyrer), um den Bewohnern des elisabethanischen England die Schrecken des Papismus vor Augen zu führen. Er sagte, die Schriften des Thomas Morus richteten noch in seiner Zeit großen Schaden an – ein Hinweis auf ihren fortdauernden Einfluß. In der Literatur sucht man allerdings vergeblich nach haltbaren Beweisen, daß Morus' polemische Schriften noch lange gelesen wurden. Gelesen wurden *Utopia* und *Die Geschichte König Richards III.*, die Edward Hall fast wörtlich in seine berühmte *Chronicle* (Chronik) der Geschichte Englands übernahm, die im Jahre 1548 erschien. Danach plagiierten noch andere Chronisten die *Geschichte*, bis Shakespeare ein Historienspiel daraus machte. Die polemischen Schriften gerieten jedoch fast völlig in Vergessenheit.

Daß Morus' Lebensgeschichte kein ähnliches Schicksal erlitt, ist vor allem das Verdienst seines Schwiegersohnes William Roper, der ihn verehrte und 1521 Morus' ältestes und geliebtestes Kind, Margaret, geheiratet hatte. Um 1557 schrieb Roper die glänzende Kurzbiographie von Thomas Morus, die bis heute der Kern jeder englischsprachigen Morusbiographie ist.

Roper hatte auch seine unangenehmen Seiten. Er war streitsüchtig und habgierig, wie viele Menschen seiner Zeit. Wegen einer Meinungsverschiedenheit mit seinem Vater wurde er im Testament des älteren Roper zurückgesetzt. Der Sohn focht das Testament an. Das Parlament, das höchste Gericht Englands, entschied schließlich zu seinen Gunsten und sprach ihm einen größeren Teil des Vermögens zu, als sein Vater vorgesehen hatte. Als Morus tot war, prozessierte Roper gegen Dame Alice, Morus' Witwe, um ein Grundstück. Am Schluß seiner kurzen Biographie bricht er seinen bewegenden Bericht über Morus' Leben und Tod ab und klagt mit unziemlicher Empörung darüber, daß Krone und Parlament ihm und seiner Frau Grundbesitz geraubt hätten. Morus hatte versucht, ihm den Besitz zu übertragen, indem er ihn das Land treuhänderisch verwalten ließ. Roper war, nachdem er Margaret geheiratet hatte, für kurze Zeit leidenschaftlicher Protestant und wollte das neue Evangelium aus Deutschland predigen. Man erkennt ihn leicht als einen der Zeloten, die in jeder turbulenten Zeit auftauchen und in religiöser Bekehrung eine Kanzel finden, von der herab sie die Menge beschimpfen können.

Aber wie immer Ropers Charakter gewesen sein mag, er liebte seinen Schwiegervater, und seine Ergebenheit spricht aus jeder Seite seines Buchs. Er hatte sechzehn Jahre lang im Haus des Thomas Morus gelebt. In englischen Familien war es üblich, die Söhne für eine bestimmte Zeit in andere Haushalte zu schicken. Wahrscheinlich kam Roper auf diese Weise in die Familie Morus und heiratete dann später die Tochter Margaret. Sie starb 1544. Roper heiratete nicht wieder. In einer Zeit, da Frauen früh starben und Männer oft heirateten, war das ein Zeichen ungewöhnlicher Treue. Ropers Morus ist ein Heiliger, obwohl Roper, wie Erasmus, nicht simple Wundergeschichten erzählt, wie man sie in konventionellen Heiligenlegenden findet. Er schrieb zu einer Zeit, als die Gebildeten diese Geschichten nicht mehr glaubten, und deshalb verzichtete er wohlweislich darauf. Für ihn war sein Schwiegervater ein «ungewöhnlich tugendhafter Mann mit reinem, unbeflecktem Gewissen»[1], und er erwartete zweifellos, daß Thomas Morus vom Papst heiliggesprochen würde.

Die wertvollsten Informationen Ropers stammen aus seinen persönlichen Erinnnerungen. Morus erzählte ihm viele Geschichten, und Roper erlebte Morus' letzte Prüfung mit, auch wenn er an der Gerichtsverhandlung und an der Hinrichtung nicht teilnahm. Seine Biographie umfaßt in einer modernen Ausgabe kaum sechzig Seiten, und der weitaus größere Teil ist den letzten fünf Lebensjahren des Thomas Morus gewidmet. *Utopia* erwähnt Roper nicht.

Ropers Thomas Morus bleibt stets gelassen; er beherrscht die Situation oder gar die Ereignisse. Roper behauptet, ihn niemals «in Aufwallung» gesehen zu haben. Er zeichnet einen unerschrockenen, gleichmütigen Christen, der seine Pflicht tut, ohne zu zaudern und ohne sich eine Belohnung zu erhoffen. Er schildert einen Thomas Morus, der immer das Richtige tut, einfach weil es richtig ist. Einen Stoiker, der in sich die Tugenden der Hingabe, Selbstlosigkeit, Opferbereitschaft und Selbstbeherrschung vereinigt, Eigenschaften, die während fünfzehnhundert Jahren klassischer und kirchlicher Tradition zu den höchsten menschlichen Tugenden gezählt wurden. Ropers Biographie ist Kunst der Renaissance in ihrer Vollendung. Sie präsentiert das Idealbild eines Mannes, an dem weniger vollkommene Zeitgenossen gemessen werden sollen.

Aber gute Kunst ist nicht unbedingt gute Wissenschaft, und wo Ropers Aussagen nachgeprüft werden können, stellt sich oft heraus, daß sie falsch sind. Auch wo man Roper keinen Fehler nachweisen kann, müssen wir oft vermuten, daß er sich geirrt hat, denn was er sagt, klingt nicht plausibel. Roper macht in seiner Biographie an keiner Stelle den Versuch, Morus zu analysieren. Er will nur beweisen, daß Morus über alle Zweifel erhaben war.

Ropers Schrift ist Familiengeschichte, ein literarisches Epitaph für alle, die ihn auch liebten. Solche Werke sind Huldigungen, die nur selten Fehler und Schwächen offenbaren. Aber vielleicht wurde Ropers Biographie gerade deshalb zum einflußreichsten Buch, das je über Morus geschrieben wurde, weil es ihn in so freundlichem und heroischem Licht zeigt.

So ist es vielleicht eine Ironie des Schicksals, daß Roper gar nicht vorhatte, dieses Buch als ausführliche Biographie zu schreiben oder gar zu veröffentlichen. Es war eher Skizze und Quelle für eine größere und umfassendere Biographie, die von einem Freund der Familie, Nicholas Harpsfield, geschrieben werden sollte. Nach Morus' Hinrichtung im Jahre 1535 lebte Harpsfield mit anderen Katholiken auf dem Kontinent im Exil. Sein Schicksal teilten der Arzt John Clement und seine Frau, Margaret Giggs. Sie war Morus' Mündel und Adoptivtochter und war als einziges Mitglied der Familie bei seinem Tod zugegen. Als Maria den Thron bestieg, kehrten Harpsfield und die anderen katholischen Exilanten nach England zurück. Harpsfield wurde Erzdiakon von Canterbury und stand in engem Kontakt mit Reginald Pole, dem Vertrauten der Königin und Erzbischof von Canterbury, dem Exponenten bei dem Versuch, England in die päpstliche Kirche zurückzuführen. Harpsfield sammelte Informationen und Quellenmaterial, unter anderem viele Briefe, die inzwischen verloren sind. Roper schrieb seine Erinnerungen nieder, damit Harpsfield sie beim Abfassen der offiziellen Biographie benützen könnte.

Harpsfields Manuskript war rechtzeitig fertig und konnte Roper 1557 oder 1558 als Neujahrsgabe überreicht werden. Aber es wurde aus unerfindlichen Gründen nicht gedruckt. Maria starb im November 1558. Elisabeth bestieg den Thron und führte ihr Volk in einen Säkularismus von protestantischem Gepräge, der sich als sehr haltbar erwies. Harpsfields Manuskript erschien erst 1932 im Rahmen einer wissenschaftlichen Veröffentlichung. (Ropers *Life* wurde im Jahre 1626 erstmals gedruckt.)

So hat eine Verzögerung von Jahrhunderten verhindert, daß ein großes Publikum dieses brillante Beispiel der Renaissancegeschichtsschreibung genießen konnte. Harpsfield hatte Roper gelesen und völlig adaptiert. Wo es paßte, fügte er Ropers Biographie wörtlich in sein Werk ein. Er kannte viele Leute, die ihrerseits Morus gekannt hatten, und benützte ihre Erinnerungen neben denen Ropers. Er hatte alle Schriften von Thomas Morus gelesen und alles, was er an Schrifttum über Morus finden konnte. Das Ergebnis war ein dickes Buch, das sehr vertrauenerweckend wirkt, nicht zuletzt deshalb, weil Harpsfield an einigen Stellen die Fehler Ropers behutsam korrigierte.

Aber Harpsfield verfolgte denselben Zweck wie Roper: er wollte beweisen, daß Morus ein Heiliger gewesen war. Das gilt auch für Thomas Stapleton, den dritten Biographen des 16. Jahrhunderts. Seine 1588 in lateinischer Sprache abgefaßte Biographie wurde als einzige der drei Biographien noch im sechzehnten Jahrhundert gedruckt. Stapleton, der 1535, im Todesjahr des Thomas Morus, geboren wurde, floh mit anderen Katholiken vor Elisabeths Protestantismus nach Douai im Burgund, das damals unter der Herrschaft der spanischen Habsburger stand. Er schrieb ausführlich gegen die Protestanten, denn er teilte die allgemeine Ansicht seiner Zeit, daß polemische Schriften eine Art Soldaten wären und daß die Seite, die sie in größerer Zahl produzierte, den Krieg gewinnen würde.

Stapletons Biographie von Thomas Morus war Teil eines Buches, das den Titel *Tres Thomae* trug. Die beiden anderen «Thomae» waren der Apostel Thomas und Thomas Becket, der Erzbischof von Canterbury, der 1170 von Anhängern Heinrichs II. ermordet worden war. Wie Roper und Harpsfield plädiert Stapleton für eine Heiligsprechung des Morus. In seinem Buch finden sich immer wieder Vergleiche zwischen Morus und verschiedenen Heiligen, und Stapleton glaubte offensichtlich, Morus gehöre zu ihnen.

Stapleton benutzte Roper, hatte aber ein eigenes Konzept für seine Biographie. Er besaß viele Quellen, unter anderen auch einige Morus-Briefe. Ein paar dieser Briefe sind in voller Länge in seinem Text erhalten; vielleicht übersetzte er das Englisch des Thomas Morus ins Lateinische. Wie Harpsfield fügte auch Stapleton Anekdoten von Freunden ein, die sich noch an Morus erinnerten; diese Geschichten hatten, obwohl man sie sich über Jahre hinweg immer wieder erzählte, nichts von ihrer Frische eingebüßt. Stapleton liebte gute Geschichten, doch zuweilen, so müssen wir vermuten, erzählt er sie fast etwas zu gut.

Stapleton und Harpsfield sind wertvolle Quellen. Beide Autoren waren Geistliche, die in der scholastischen Methode geübt waren. Sie wußten ihre Autoritäten zu zitieren und ihre Schlußfolgerungen mit Beweisen zu untermauern. Man vergißt leicht, wie wichtig die Scholastiker für die Entwicklung des abendländischen Denkens waren: Das liegt vor allem daran, daß die Wissenschaftler der Neuzeit sich die Verachtung für die Scholastiker zu eigen gemacht haben, die aus den Schriften vieler berühmter Gestalten der Renaissance spricht. Erasmus verabscheute die Scholastiker wegen der Art ihrer theologischen Beweisführung. Morus verglich einmal die *Libri quatuor sententiarum* von Petrus Lombardus – einem der ersten Scholastiker des zwölften Jahrhunderts – mit einem trojanischen Pferd, aus dem unnütze Fragen kämen, die die Christenheit nur verwirrten. Die Scholastiker sahen ihre Aufgabe darin, Vernunft und Glauben zu versöhnen und die christliche Lehre von den Widersprüchen zu befreien, die Zweifel an der Gültigkeit der christlichen Religion wecken könnten. Sie suchten die Wahrheit, indem sie Fragen stellten, und einige ihrer theologischen Fragen kamen ihren Zeitgenossen lächerlich oder sogar blasphemisch vor.

Zugunsten der Scholastiker ließe sich sagen, daß sie glaubten, die menschliche Vernunft sei dem christlichen Glauben nicht entgegengesetzt. Sie verherrlichten Gott, aber sie verherrlichten auch den menschlichen Geist, und sie wollten die Wahrheit finden, indem sie sämtliche Daten einer systematischen Prüfung unterwarfen. Ihre Fragen mögen zeitweilig ein wenig weit hergeholt, vielleicht auch lächerlich gewesen sein, aber sie gingen bestimmt nicht so weit wie die abergläubischen Exzesse der einfältigen Volksfrömmigkeit. Wie später Morus und Erasmus und andere Anhänger der neuen Weltanschauung der Renaissance glaubten die Scholastiker an das Zitat, an die Autorität gelehrter Männer, die vor ihnen zu dem Thema etwas gesagt hatten. Auch auf den Versuch, widersprüchliche Beweisstücke in Übereinstimmung zu bringen, verwendeten sie viel Energie. Im dreizehnten Jahrhundert bemühte sich Thomas von Aquin, zu jeder Position, die er vertrat, alle Gegenargumente zu sammeln. Dann versuchte er, sich objektiv mit diesen Argumenten auseinanderzusetzen und die Widersprüche miteinander zu versöhnen. Auch wenn die Scholastiker selbst nur selten historische Werke verfaßten, arbeiteten sie mit Mitteln, die für die Geschichtsschreibung essentiell sind. Sie bewahrten die Vergangenheit davor, zur Legende oder zum Phantasiegebilde zu werden oder ganz in Vergessenheit zu geraten. Historiker wie Harpsfield und Stapleton demonstrieren mit ihren Biographien eine wichtige Möglichkeit, das geistige Rüstzeug der Scholastik zu nutzen. Verglichen mit den wild überzeichneten Heiligenlegenden des Mittelalters sind ihre Biographien von Thomas Morus realistisch, glaubwürdig und einsichtig. Sie sind für die Bereiche in Morus' Leben, denen Roper nicht viel Beachtung schenkte, viel bessere Quellen als Roper.

Stapletons Buch erschien in dem Jahr, als die Spanische Armada ihre Schlacht gegen das Wetter verlor. Rätselhaft ist, daß der Papst Thomas Morus nicht heiligsprach. In späteren, nicht sehr zuverlässigen Biographien wird immer wieder mühselig der Beweis versucht, daß Morus ein Heiliger war.

Die Geschichte des Thomas Morus geriet schließlich auch in die Hände protestantischer Autoren. Die Protestanten waren zwar bereit, ihm gelegentlich ein gutes Wort zukommen zu lassen, hielten ihn aber gewöhnlich für einen von denen, die für kurze Zeit den Weg der Reform beschritten hatten und dann umkehrten. Er wurde jedoch nie vergessen und hatte nie einen wirklich schlechten Ruf bei den Engländern. Sie bewunderten seinen Mut, verabscheuten aber meistens sein Ziel. Im großen Kampf um das englische Nationalbewußtsein stand er auf der Seite der Verlierer, und die Engländer haben sich noch nie für die Tugenden der Besiegten interessiert.

Im neunzehnten Jahrhundert schlug die religiöse Stimmung der Engländer um. Seit der Romantik zu Beginn des Jahrhunderts ging über England eine Woge euphorischer Liebe für das Mittelalter hinweg. Ivanhoe war schließlich Katholik gewesen, ebenso wie der Schwarze Prinz, Eduard III., König Arthur und die Ritter der Tafelrunde. Die katholische Kirche schien in ein vorindustrielles, friedliches England zu gehören, in dem es das Elend und den Schmutz einer Zeit der Slums und Fabriken noch nicht gegeben hatte. Gerade noch rechtzeitig verliehen die Oxford Bewegung und die Bekehrung John Henry Newmans zu Rom der katholischen Kirche eine neue Stellung im Reich. Das trostlose, blutige Bild der Welt, das Charles Darwin entworfen hatte, trug dazu bei, daß viele sehnsuchtsvolle und erschreckte Seelen in den Schutz einer ehrwürdigen Tradition getrieben wurden, die Sicherheit verhieß und den Zweifel in der Liturgie oder der allgemeinen Empörung über alles Moderne erstickte.

In diesem feuchtwarmen Klima des Gefühls blühte das Interesse an Thomas Morus wieder auf. Im Jahre 1867 veröffentlichte Frederick Seebohm sein anregendes Buch *The Oxford Reformers* (Die Oxford-Reformer), in dem John Colet, dem Dekan von St. Paul's, Erasmus und Morus großzügiges Lob gespendet wurde. Seebohm erweckte den Eindruck, daß diese drei Männer in bestem Einvernehmen miteinander gestanden und sich auch in den vornehmen Salons des viktorianischen England völlig zu Hause gefühlt hätten. Vielleicht war es gerade dieser Irrtum, der sein Buch so populär machte. Er stellte historische Figuren dar, als gehörten sie der Gegenwart an. Dennoch ist er durch seinen gemäßigten Stil eine Ausnahme in der romantischen Mythenschmiede, wo aus der Geschichte eine Kette von gloriosen, aber unwirklichen Ereignissen gemacht wurde. Seebohm war einer der Historiker, die, wie Ranke in Deutschland und Burckhardt in der Schweiz, den Versuch unternahmen, Geschichte nachvollziehbar zu machen und sie gleichzeitig lebendig zu gestalten.

Im Jahre 1886 wurde Thomas Morus von Papst Leo XIII. seliggesprochen – in der Neuzeit gewöhnlich der erste Schritt zur Heiligsprechung. Fünf Jahre später erschien dann die erste und beste moderne Biographie von Thomas Morus. Ihr Verfasser war T. E. Bridgett, ein englischer Priester, der aus einer Dissenter-Familie stammte, aber angeregt von Newman zum katholischen Glauben übergetreten war. Wie die meisten Konvertiten glaubte er, auch andere bekehren zu müssen. Deshalb schrieb er mehrere Bücher, in denen er die Legende vom bösen Katholizismus aus der Welt schaffen und die alte Kirche den Kreisen der gebildeten Engländer verständlich und annehmbar machen wollte. Zu diesen Büchern gehörte auch eine Biographie von Morus' Leidensgenossen, dem Bischof John Fisher von Rochester. Bridgett sammelte mit großem Fleiß die Schriften des Thomas Morus und las alles, was er über Morus finden konnte, auch viele der Manuskripte, die in den Kellergewölben des Public Record Office in der Chancery Lane begraben sind. Er war Theologe aus Leidenschaft, verstand die religiösen Schriften des Thomas Morus und vermittelte sie in ihren Grundzügen seinen Lesern. Allerdings betrachtete er Morus' Werk im Zerrspiegel des Ersten Vatikanischen Konzils und des Konzils von Trient, das lange nach dem Tod von Thomas Morus stattfand.

Bridgett wollte, wie alle anderen Morus-Biographen, beweisen, daß Morus ein Heiliger gewesen war. Aber er bemühte sich auch, exakt zu sein. Er nahm zwar Ropers Einschätzung von Morus' Charakter für bare Münze und stellte nie tiefgehende Fragen; dennoch wären in der Morus-Forschung ohne Bridgetts Werk nicht jene großen Fortschritte möglich gewesen, die seither erzielt worden sind. Bridgett versuchte, die ganze Geschichte zu erzählen. Er wollte aus allen Quellen, die er finden konnte, das Leben des Thomas Morus zusammensetzen, und er erkannte die Bedeutung aller Morus-Schriften, sogar der religiösen, die bei modernen Forschern so wenig Beachtung finden. Er war der erste moderne Wissenschaftler, der sah, wie vielschichtig Morus' Leben war und wie er durch diese Vielschichtigkeit, gefangen zwischen Mittelalter und Renaissance, noch viel interessanter wird.

Im Jahre 1935, vierhundert Jahre nach seinem Martyrium, wurde Morus endlich von Papst Pius XI. heiliggesprochen. Im selben Jahr – Hitler war in Deutschland, Mussolini in Italien und Stalin in der Sowjetunion an der Macht – veröffentlichte Professor R. W. Chambers von der Universität London die Biographie von Thomas Morus, die das Standardwerk geworden ist. Chambers schrieb in friedlich vermittelndem Tonfall über einen Thomas Morus, der eher sein Leben hingab, als sich einem Tyrannen zu unterwerfen. Da Chambers selbst nicht katholisch war, fühlte er sich frei von den religiösen und dogmatischen Vorurteilen, die viele Jahrhunderte lang die Ansichten über Morus beeinflußt hatten. Er schrieb mit der Haltung eines liberalen englischen Schulmeisters, der alle Religionen gutheißt, solange man nicht für eine einzige von ihnen allzu großen Eifer entwickelt. Chambers beginnt seine Biographie damit, daß er Morus mit Sokrates vergleicht. Dann versucht er zu beweisen, daß Morus die besten Seiten des englischen Mittelalters verkörperte. Offensichtlich hatte er alles gelesen, was seit dem sechzehnten Jahrhundert über Morus geschrieben worden war. Er kontert alle Angriffe auf Morus und nimmt alle Verteidigungsschriften in Schutz.

Diese hartnäckige, unnachgiebige, oft gedankenlose Verteidigung von Thomas Morus in jeder Einzelheit wird auf die Dauer langweilig. Chambers – selbst über jedes religiöse Dogma erhaben – schrieb das ganze Buch, ohne der Theologie des Thomas Morus, seinem Häretikerhaß oder seiner Angst vor der Hölle ernsthaft Beachtung zu schenken. Manchmal, so zum Beispiel wenn er sein blauäugiges Urteil über Morus' Charakter dadurch rechtfertigt, daß er Jonathan Swifts Lobeshymne zitiert, fällt Chambers einfach ins Lächerliche. Mit seinem unerträglich geschwätzigen Stil biedert er sich bei seinen ernsten Lesern an. Der Leser von heute wird bei der Lektüre von Chambers' Buch vom Beten ins Spotten verfallen.

Nach Chambers haben mehrere Autoren sich an einer Morus-Biographie versucht. Das gelungenste Ergebnis ist die Arbeit von E. E. Reynolds, der 1968 *The Field Is Won* (Die Schlacht ist geschlagen) veröffentlichte. Reynolds machte sich die intensivierte Morus-Forschung nach dem Erscheinen von Chambers' Buch zunutze und stellte mit großer Kompetenz eine solide, lesbare Biographie zusammen, in der sich Bewunderung für Thomas Morus mit gesundem Menschenverstand verbindet. Sein Bericht ist einfach. Er kannte Morus' Schriften, benützte sie aber nicht oft. Beim bloßen Erzählen ist er ausführlich, beim Interpretieren dagegen faßt er sich kurz.

Im vorliegenden Buch wird der Versuch gemacht, den historischen Morus zu finden, der unter der Pyramide des Lobes, die ihm in letzter Zeit errichtet wurde, verborgen ist. Es ist der Versuch, in der glorifizierten Mumie, die vergoldet und mit Lobreden einbalsamiert wurde und uns eher als Museumsstück denn als Mensch erscheint, das lebendige Wesen zu entdecken. Möglich wurde das durch die stetig wachsende Zahl der dicken blauen Bände der *Yale Edition of the Complete Works of St. Thomas More*, die von der Yale University Press herausgegeben wird. Der Autor des vorliegenden Buches arbeitete fast von Anfang an, also seit 1958, an diesem riesigen Projekt mit. Hier liegt nun die erste ausführliche Biographie vor, in der berücksichtigt werden soll, was das Gesamtwerk des Thomas Morus über sein Leben erzählen könnte.

Biographen stecken immer in einem Dilemma. Einerseits ist Biographie nur möglich, wenn man annimmt, daß alle Menschen bestimmte Gefühle und Eigenschaften – wie Stolz, Liebe, Ehrgeiz, Großzügigkeit, Heuchelei, Habsucht – haben, die sich in allen Epochen wiederfinden lassen. Andererseits lohnt sich eine Biographie nur dann, wenn sich ein Mensch durch besondere Fähigkeiten von der breiten Masse abhebt und besonderer Aufmerksamkeit würdig erweist. Wenn wir das Allgemeine zu sehr hervorheben, erscheint er isoliert von seiner Zeit und seiner Umgebung und unwirklich. Betonen wir aber nur das Besondere an ihm, wird er so unerreichbar fern erscheinen, daß man schnell das Interesse an ihm verliert.

Thomas Morus besaß viele allgemein menschliche Eigenschaften. Er schätzte geistreiche, witzige Menschen und war selbst ein humorvoller, zu Späßen aufgelegter Mann. Man kann heute noch über seine Späße lachen. Er liebte das sinnliche Leben und hatte im Hinblick auf die Welt des Physischen eine lebhafte Phantasie. Seine Beobachtungsgabe ließ ihn sprechende Details erkennen und machte ihn zum größten englischen Geschichtenerzähler zwischen Chaucer und Shakespeare. Wenn er später gelebt hätte, in einer Zeit, da der Roman die Aufgabe der Theologie übernahm, Ordnung ins Wertesystem zu bringen, hätte ihn seine Freude am Detail und am Beobachten menschlicher Charaktere zu einem guten Romancier gemacht. Aber seine Angst vor dem Tod und der Hölle war manchmal so stark, daß sein Leben für ihn zum Gefängnis wurde, aus dem er ausbrechen wollte. Er glaubte, die weltlichen Vergnügungen seien Fallen, in denen seine Seele gefangen werden sollte. Als er im Tower von London gefangensaß und auf den Tod wartete, schuf er das merkwürdige Bild von Gott als dem Gefängnisaufseher, der die Menschen in «diesem großen Gefängnis der Welt» gefangenhält.[2] Dann klagte er, daß er die Welt so sehr genossen hatte.

Er war ehrgeizig, wollte aber nicht, daß andere das bemerkten. Er liebte das Lob der Menge und tat alles, um in der Öffentlichkeit als Mann zu gelten, der sich um das Urteil der Leute nicht kümmert. Aber er haßte jede Kritik und reagierte immer sehr zornig, wenn er angegriffen wurde. Er war ein geselliger Mensch, fühlte sich aber gleichzeitig zum Alleinsein hingezogen und liebte die Einsamkeit und Stille. Sein ganzes Leben lang konnte er diese Sehnsucht nach dem bescheidenen, zurückgezogenen Leben des Mönchs im Kloster nicht überwinden. Ein solcher Mönch hätte er sein können und, wie er immer meinte, auch sein sollen. Er bemühte sich sehr, demütig zu erscheinen. Dennoch wollte er immer etwas darstellen. Er versuchte, der Öffentlichkeit weiszumachen, daß ihm all die hohen Ämter aufgenötigt wurden, da kluge, wichtige Männer der Ansicht waren, seine Talente wären zu bedeutend, um nicht genutzt zu werden. Es gibt wohl nur wenige Menschen, die ihre Bescheidenheit mit größerem Erfolg zur Schau getragen haben als Thomas Morus.

Er kämpfte einen ermüdenden Kampf, um den Gewissenskonflikt zu lösen, in den ihn sein starker Sexualtrieb stürzte. Denn er war der schuldvollen Überzeugung, daß Sexualität etwas Schlechtes, manchmal sogar Verdammenswürdiges sei und daß verheiratete Menschen niemals so rein wären wie die, die sich der Ehe enthielten. (Es ist bemerkenswert, daß alle drei wichtigen modernen Morus-Biographen unverheiratete Engländer waren, die die quälende Sexualität ihres Helden kaum reflektierten.)

Morus war ein Mensch der Renaissance, der über eine Vielfalt von Kenntnissen verfügte; dennoch glaubte er, daß nur wenige große Gedanken dem Leben Bedeutung verliehen. Und dies waren durchweg Ideen des Mittelalters. Wenn sie angezweifelt wurden, konnte Morus sich vergessen und bei List, Haß und mörderischer Wut Zuflucht nehmen. Das tun wohl die meisten Menschen, wenn ihre Lebensgrundlage bedroht ist und sie sich ihrer selbst nicht mehr sicher fühlen. Morus konnte ein ergebener und großzügiger Freund sein, aber auch ein erbitterter und unversöhnlicher Feind.

Am Ende mußte er – wie alle, die lange genug leben – entscheiden, ob die Überzeugungen, zu denen er sich immer bekannt hatte, der Mühe wert gewesen waren oder ob seine jungen Jahre – die Bücher, die er geschrieben, die Ideale, die er vertreten, und die Entscheidungen, die er getroffen hatte – Schall und Rauch gewesen waren. Er mußte sterben im Einklang mit dem, was seiner Einschätzung nach sein Leben gewesen war – wie wir alle, wenn wir in Frieden mit uns selbst sterben wollen. Sein Akt der Selbstüberprüfung wurde zu einem Martyrium, das er nach besten Kräften zu umgehen suchte, aber auf sich nehmen mußte, wenn er einen Zusammenhang zwischen seinem Leben und seinem Tod sehen wollte. Vielleicht kann man von Thomas Morus, wie von allen Märtyrern, die nicht wahnsinnig waren, sagen, daß er nicht für das starb, was er glaubte, sondern für das, was er glauben wollte.

Diese inneren Konflikte sind für keine Zeit spezifisch. Wie auch andere Ereignisse in Morus' Leben versetzen sie dem modernen Leser den «Schock des Wiedererkennens», wie Edmund Wilson es nannte. Thomas Morus wird dann, wie die Gestalten in einem guten Roman, zum Zeitgenossen, zu einem Menschen, den man kennt oder gekannt hat. Biographen lieben diese Eigenschaften, die den Menschen einer Zeit mit den Menschen aller Zeiten verbinden, denn sie lassen uns glauben, daß man wichtige Dinge über das eigene Leben lernen kann, wenn man das Leben bedeutender Gestalten der Vergangenheit studiert. Eine gute Biographie kann niemals nur der Unterhaltung dienen. Die Schwingungen, die man spürt, wenn die Leier der Vergangenheit geschlagen wird, müssen auch gewisse – vielleicht gar nicht deutlich erkennbare – Einsichten mit sich tragen, nach denen sich unsere chaotische Welt so sehr sehnt.

Aber Biographien handeln bekanntlich von Individuen, die in einer bestimmten Zeit und an einem bestimmten Ort gelebt haben. Thomas Morus lebte ungefähr 21 000 Tage zwischen 1478 und 1535, in einer wirren und gefahrvollen Zeit gewaltiger Umwälzungen, als nichts gewiß schien und niemand sich auf Erfahrungswerte verlassen konnte. Der größere Teil dieses Buches handelt von dem Thomas Morus, der in jener Zeit lebte.

Es war die Zeit, in der die Renaissance in England erstmals Interesse fand. Sie brach wie ein breiter Strom, der die klassische Kultur des griechischen und römischen Altertums mit sich führte, in das Mittelalter ein und veränderte für immer den Lauf der abendländischen Zivilisation. Aber es war nicht so, wie eine frühere Generation von Kulturhistorikern glaubte, daß die Renaissance das Mittelalter völlig hinwegschwemmte. Vielmehr strömten die Wasser aus beiden Quellen zusammen und bildeten gemeinsam einen Strom. Am Zusammenfluß aber entstanden gefährliche Wirbel, tödliche Strudel und starke Gegenströmungen. Auch Thomas Morus wurde von diesem Strom mitgerissen. Manchmal begeisterte er sich für seine schnelle Strömung, aber dann wurde er schließlich von seinen Strudeln hinabgezogen.

Alle, die das Leben von Thomas Morus sehr gut kennen, sind immer wieder darüber erstaunt, daß er nicht Priester oder Mönch geworden ist und sein Leben der Suche nach dem ewigen Heil gewidmet hat. Die Aussage des Erasmus, die von Roper bestätigt und durch die entschlossene Haltung, die hinter den vielbändigen und in heftigem Ton verfaßten religiösen Schriften von Morus steht, gestützt wird, zeigt deutlich, daß Morus die Berufung zum Geistlichen in Betracht zog, dann aber wieder Abstand davon nahm, weil er heiraten wollte.

Erasmus lobt in seinem Brief an Hutten, daß Thomas Morus sich für die Ehe und gegen die Priesterweihe entschieden hatte, denn er hielt nicht viel von Priestern und glaubte nie, daß Keuschheit eine besondere Tugend sei. Die meisten Wissenschaftler, die sich mit dem Leben von Thomas Morus beschäftigt haben, gingen mit ähnlicher Leichtigkeit über diese Entscheidung Morus' hinweg. Nur wenige dachten darüber nach, in welchen tiefen seelischen Konflikt diese Entscheidung Morus stürzte, welche Schuldgefühle einen Mann mit seiner Willensstärke belasten mußten, wenn er sich der Lust des Fleisches unterwarf.[3] Meiner Ansicht nach war dieser Konflikt das Drama seines Lebens. Morus meinte immer, daß er Mönch oder Priester hätte werden sollen. Der Entschluß, eine Ehe einzugehen, prägte seinen ganzen Charakter und zwang ihn dazu, eine weltliche Laufbahn einzuschlagen. Wer viel in den Werken von Thomas Morus liest, kann sich über seine große, öffentlich zur Schau gestellte Bescheidenheit ärgern, aber vielleicht stehen die fortgesetzten Beteuerungen, daß ihm hohe Ämter oder die Veröffentlichung seiner Schriften richtiggehend aufgedrängt wurden, nur für das, was er von sich glauben wollte. Er hätte vielleicht das einsame klösterliche Leben gewählt, hätten ihn nicht übermächtige Kräfte davon abgehalten: man fühlt sich weniger schuldig, wenn man glaubt, man hätte keine Wahl gehabt.

Höchste Bewunderung haben ihm die Gelassenheit und der Mut eingetragen, mit denen er dem Tod entgegentrat. Wäre er nicht so würdig gestorben, würden sich heute nicht so viele Menschen seiner erinnern. Seine äußere Ruhe war Ausdruck einer merkwürdigen inneren Unabhängigkeit. Er hatte eine Position in der Welt inne, war ein Mann mit öffentlichem Ansehen, angetrieben von einem Ehrgeiz, der seine Entscheidung rechtfertigte, und dem Zwang, für den großen Haushalt zu sorgen, den ihm seine Ehe beschert hatte. Aber er kämpfte zeit seines Lebens um die Zuversicht, daß seine unreine Seele der göttlichen Strafe entgehen könnte. Dieser innere Konflikt ließ alle äußeren Fragen weniger wichtig erscheinen. Thomas Morus hatte nie das große Interesse oder Talent für die Regierungsgeschäfte, das Thomas Wolsey auszeichnete, seinen Vorgänger als Lordkanzler, oder Thomas Cromwell, der, noch während Morus im Amt war, die wahre Macht hinter Heinrich VIII. wurde. Die besten Staatsmänner stürzen sich mit ganzer Kraft auf die Regierungsgeschäfte, Morus jedoch gelang es nie, sich ausschließlich darauf oder auf die Macht zu konzentrieren. Er wurde von der Sorge um seine Seele abgelenkt, von einer dunklen Sphäre, die ihn zu verschlingen drohte. In gewisser Hinsicht ist er seinem älteren Zeitgenossen Leonardo da Vinci erstaunlich ähnlich – nachdenklich, sinnlich und mit dem Jenseits befaßt, von zu vielen Aufgaben in Anspruch genommen und geschlagen mit der Unfähigkeit, große Werke zu vollenden. Wie Leonardo konnte Morus oft Ideal und Phantasieprodukt nicht klar unterscheiden und hinterließ durch die Kraft seiner Imagination und die Stärke seines Charakters einen viel größeren Eindruck in der Geschichte als durch die konkrete Wirkung seiner praktischen Leistungen.

Er war melancholisch und zugleich voller Witz. Diese beiden Eigenschaften widersprechen sich nicht, denn sie entspringen beide seiner Haltung zur Welt. Humor entsteht oft durch eine gewisse Unabhängigkeit von den Dingen des täglichen Lebens, weil sich der humorvolle Mensch in seiner Phantasie eine ideale Welt geschaffen hat, mit der verglichen die wirkliche Welt mit ihrem Gepränge, ihren Zeremonien und ihrer Affektiertheit ein wenig absurd erscheint. Melancholisch sind die Menschen, die wissen, daß alle Triumphe der realen Welt des Hier und Jetzt niemals ausreichen, die verborgene Sehnsucht ihres Herzens nach unerreichbarer Perfektion zu stillen.

Bei Thomas Morus entstand aus diesem Gefühl der Unzulänglichkeit und Unabhängigkeit die Ironie, die seinem Witz die Schärfe verlieh. Dem Biographen erschwert das die Arbeit, weil er nie genau weiß, ob Morus etwas ernst meint oder nicht. Er machte nicht nur gerne ironische Äußerungen, sondern er erkannte auch die Ironie, die in gewissen Ereignissen steckte. Seine Schriften enthalten viele Geschichten von Menschen, die irgend etwas tun oder sagen, ohne darin einen Sinn zu erkennen, den andere sehen und interpretieren können. Morus' eigenes Leben steckte voller Ironie, die einem Menschen mit solcher Distanz zu sich selbst nicht entgehen konnte. Schließlich war sogar sein Tod eine Ironie des Schicksals: Ein Laie opfert seinen Kopf für die Einheit der englischen Kirche mit der übrigen Christenheit, für eine Einheit, die von allen englischen Bischöfen verleugnet wurde außer von John Fisher, der mit Morus den Märtyrertod starb.

Thomas Morus war ein komplizierter, gequälter und nicht immer bewundernswerter Mensch. Man kann annehmen, daß er sein ganzes Leben lang von den Widersprüchen in seinem Wesen und seinen Erfahrungen gequält wurde. In seinem Zorn gegen die protestantischen Häretiker – besonders gegen ihre Anschauung, daß Nonnen und Priester heiraten dürften, die bald in die Praxis umgesetzt wurde – wirkt er beinahe hysterisch. Von der alten Anschuldigung, daß er Häretiker in seinem Garten in Chelsea an einen Baum band und auspeitschte, kann man ihn freisprechen, denn er neigte (wenn man das überhaupt so sagen kann) Häretikern gegenüber zu viel größerer Grausamkeit. Er schrie danach, daß sie bei lebendigem Leibe verbrannt würden, und er freute sich, wenn Ketzer auf den Scheiterhaufen kamen. Dieser grausame Haß war keine Schwäche in einem sonst noblen Charakter. Er machte geradezu das Wesen dieses Mannes aus.

Dennoch gelingt es ihm, seine Biographen zu verführen. Alle lieben ihn schließlich. Das allein schon ist eines seiner Geheimnisse. Das vorliegende Buch ist ein erneuter Versuch, den Charakter dieser Gestalt zu erforschen und die verstreuten Informationen zu einem kohärenten Bild des Mannes und seiner Zeit zusammenzusetzen. Ich habe mich niemals dem Glauben hingegeben, daß die irritierenden Lücken im Beweismaterial und die Zweideutigkeit der Quellen so retuschiert werden könnten, daß ein Biograph ein Buch über Thomas Morus schreiben könnte, in dem alle Einzelheiten in Einklang gebracht sind. Ich hatte auch nie die Absicht, alles, was wir über Thomas Morus wissen, in diese Biographie einzufügen. Die besten Biographen versuchen, die verschiedensten Quellen in ihre Betrachtung miteinzubeziehen. Wenn sie dann eine gewisse Einheit erkennen können, zeichnen sie das Bild eines Lebens, das allerdings immer voll innerer Widersprüche sein wird. Nach der Lektüre der Quellen bin ich nicht der Ansicht, daß ich einen Thomas Morus ohne Fehl und Tadel darstellen kann oder einen, der in das Bild paßt, das die meisten Wissenschaftler vor mir von ihm entworfen haben. Aber ich glaube, daß ich dem Leser einen Menschen von Fleisch und Blut präsentieren kann, einen denkenden Menschen, dem in seiner Welt wie in unserer ein Platz zukommt.

KAPITEL 1

Die Anfänge

Thomas Morus wurde am frühen Morgen des 7. Februar 1478 in der City von London geboren, wo er sein ganzes Leben verbringen und den Tod finden sollte.

Er war Londoner, ein Stadtmensch durch und durch, der das Leben auf dem Land und die ländlichen Bräuche weder liebte noch verstand. Es gibt einen Brief, den er um 1504 an seinen älteren Freund John Colet, Dekan von St. Paul's, schrieb. Colet ist auf dem Land. Morus findet das sehr klug von ihm. Die Stadt sei ein Ort der Sünde, sagt der junge Morus. Wohin man auch gehe, überall finde man geheuchelte Liebe und das honigsüße Gift der Schmeichler, überall Haß, Streit und den Lärm des Marktes. «Du triffst nur Zuckerbäcker, Fischhändler, Geflügelmäster, Köche, Fleischer, Fischer und Vogelsteller. Sie dienen doch nur dem Bauch, der Welt und ihrem Herrn, dem Teufel. Nicht einmal den Himmel können wir hier betrachten, da ihn die Dächer verdecken.»[1]

Auf dem Land dagegen, sagt der junge Morus, könne Colet beim einfachen Volke leben, das von der Lügenhaftigkeit der Stadt nichts wisse. Dort draußen erfreut «liebliche Landschaft (. . .) Dein Auge, milde Luft erfrischt Dich; nur schon den Himmel wieder einmal zu sehen, ist für Dich beglükkend. Überall entdeckst du die Geschenke der gütigen Natur und in ihnen die Beweise einer heiligen Unschuld.»[2]

Thomas Morus will mit dieser schwärmerischen Klage nicht seine Flucht aus der Stadt ankündigen, im Gegenteil – er bittet Colet, in die Stadt zurückzukehren. Der Brief ist eine jugendliche Ergießung im Stil der bukolischen Tradition des späten Mittelalters. Jeder städtische Autor, der in dieser Tradition schrieb, fühlte sich verpflichtet, die reine Einfalt und den Frieden des Lebens auf dem Lande zu preisen, während in Wirklichkeit Elend herrschte und die Ordnung nur durch das strenge, oft grausame Regiment des Landadels und die Gesetze des Königs aufrechterhalten wurde. Das bukolische Ideal wurzelte eigentlich in der alten monastischen Frömmigkeit, die Morus kannte und schätzte, einer Frömmigkeit, die den achtete, der sich aus der verderbten Stadt aufs Land zurückzog. Der heilige Basilius schrieb im vierten Jahrhundert einen Brief, der eine

Vorlage für die gewählten Worte aus der Feder des jungen Thomas Morus gewesen sein könnte.[3]

Morus sollte die ersten fünfundvierzig Jahre seines Lebens im Herzen von London verbringen. Er liebte die Stadt und diente ihr gut, und London prägte seinen Verstand und sein Herz.

Sein London wäre uns unerträglich klein und schmutzig erschienen. Die erste große künstlerische Darstellung der Stadt – das Gemälde eines flämischen Meisters – stammt aus dem Jahre 1549. Morus war zu diesem Zeitpunkt schon über zehn Jahre tot, aber wir können annehmen, daß die Stadt, die wir auf dem Bild des Meisters sehen, ziemlich genau dem London entspricht, das Morus kannte. Die St.-Paul's-Kathedrale mit ihren viereckigen gotischen Türmen steht auf dem Ludgate Hill, an der Stelle, wo heute die hohe Kuppel von Christopher Wrens St. Paul's aufragt. Aber im Mittelgrund des Gemäldes erstrecken sich Felder bis zur Stadtmauer des alten London, und ein flotter Spaziergänger konnte die Strecke von der Kathedrale bis zum flachen Land wahrscheinlich in einer halben Stunde bewältigen. Bei gutem Wetter schlenderten sonntags die Londoner über die grünen Wiesen, um «sich zu erquicken», wie John Stow, ein späterer Chronist, sich ausdrückte. Es wird ihnen kaum Schwierigkeiten bereitet haben, zum Abendessen wieder zu Hause zu sein.

Abgesehen von dem breiten Strand sind die Straßen eng und holprig, und manchmal neigt sich das verputzte Fachwerk der oberen Stockwerke der plumpen Häuser drohend über die schmalen Gassen. Die Straßen sind nicht gepflastert, und wir können annehmen, daß sie sich im endlosen Regen des Londoner Winters in stinkenden Morast verwandelten. Von Westminster bis zum Tower schmiegt sich die Stadt an die breite Themse. Die steinernen Bogen der London Bridge spannen sich über den Fluß und führen direkt in das Dorf Southwark, wo Chaucers Pilger, fast ein Jahrhundert bevor Morus auf die Welt kam, ihre Reise nach Canterbury begannen. Die Läden auf der London Bridge hängen gefährlich über dem belebten Fluß.

Ungefähr 40 000 Menschen lebten in der Stadt, und da sie so dicht beieinander wohnten, kannten sich die Bürger. In der Stadt herrschte ein Gemeinschaftsgeist, der das Volk verband – besonders die herrschenden Schichten. Morus schilderte später in *Utopia* einen idealen Staat, in dem Städte vergrößerte Familien sind. Auch wenn man sein London nicht idealisieren sollte, könnte man sagen, daß Utopia zeigt, wie Morus sich London gewünscht hätte.

Immer wieder tauchen in den Dokumenten jener Zeit dieselben Namen auf. Die hohen Festtage waren städtische Angelegenheiten mit Festzügen und Banketten in den Straßen und nächtlichen Freudenfeuern auf den Feldern außerhalb der Stadt. Die Hinrichtungen in Tyburn sollten dem Volk abschreckendes Beispiel sein, und viele Jahre lang wurde den Verbrechern, die durch die Straßen zu den Galgen in der Nähe des heutigen Marble Arch geführt wurden, ein Blumenstrauß überreicht, als ob die Stadt zeigen wollte, wie dankbar sie für das erbauliche Schauspiel war, in dem die Verurteilten die Hauptrolle spielten. Die Massen strömten begierig zusammen, um dem nicht alltäglichen Ereignis des gerichtlich angeordneten gewaltsamen Todes beizuwohnen. In der ganzen Stadt wurde darüber gesprochen, mit welcher Haltung die Männer starben. Wenn gelegentlich ein Feuer ausbrach und die Holzhäuser der Stadt zerstört wurden, war das eine Katastrophe für die ganze Stadt, die alle Bürger dazu herausforderte, gemeinsam Maßnahmen zu treffen, um weitere Feuersbrünste zu verhindern, oder in gemeinschaftlicher Aktion die Stadt wieder aufzubauen, wenn die Flammen verloschen waren.

London wurde vom Geldadel regiert, der im Laufe der Generationen stark fluktuierte. Reichtum und ein guter Ruf – nicht Abstammung und Grundbesitz – öffneten die Türen dieser herrschenden Schicht. Wenn die wohlhabenden, aber unsicheren Bürger allerdings einmal in diese Klasse aufgestiegen waren, bemühten sie sich sehr darum, wie Adlige aufzutreten, Land und Titel zu erwerben und ihre Stammbäume zurückzuverfolgen. Schwand der Reichtum, war es auch um die Stellung geschehen. Ein Kaufmann konnte mit nur zehn Pfund Kapital ein Geschäft beginnen und in zwei Jahrzehnten reich werden. Seine Söhne konnten leben wie Lords, und sie konnten – wie er übrigens auch – damit rechnen, Ratsherren oder vielleicht sogar Bürgermeister der Stadt zu werden. Und dann wurde ihr Streben durch irgend etwas gebremst – durch einen Bankrott, eine Pechsträhne oder das Aussterben der Familie in der Hauptlinie –, und die Familie verschwand. Für den Adel drehte sich dasselbe Rad des Schicksals; kaum eine Familie kann über mehr als drei Generationen zurückverfolgt werden.

Es ist also nicht erstaunlich, daß man in der Familiengeschichte von Thomas Morus schnell die Spur verliert, wenn man einmal beim Vater seines Vaters angelangt ist. Der Großvater scheint ein Bäcker namens William More gewesen zu sein. Als William starb, hinterließ er eine Forderung von siebenundachtzig Pfund gegen den Grafen von Northumberland.[4] Ein Handwerker konnte damals von zehn Pfund im Jahr leben, und fast drei Jahrhunderte später versicherte ein irischer Maler dem jungen Samuel Johnson, daß man in London von dreißig Pfund im Jahr leben könne – und das nach einer gewaltigen Inflation im sechzehnten Jahrhundert Wer im fünfzehnten Jahrhundert bei keinem Geringeren als einem Grafen siebenundachtzig Pfund guthatte, hatte bestimmt einen gewissen Rang in der Welt.

Bäcker war ein angesehener, aber kein besonders vornehmer Beruf. Kein Bäcker wurde im fünfzehnten Jahrhundert Bürgermeister von London. Tuchhändler und Seidenhändler, Fischhändler und sogar Kürschner gelangten mit mechanischer Regelmäßigkeit zu dieser hohen Ehre und leisteten ihr

Dienstjahr mit dem Gepränge und (vermutlich) dem pompösen Gehabe ab, das dieses Amt erforderte. Sie waren wohlhabende Männer, Mitglieder der großen Gilden, die das politische Geschehen der Stadt kontrollierten. Die Bäcker gehörten einem unvergleichlich niedrigeren Stand an. In den Quellen finden sie gewöhnlich nur dann Erwähnung, wenn sie am Pranger standen, weil sie Brot, das nicht das vorgeschriebene Gewicht hatte, zum festgesetzten Preis verkauft hatten. Bis ins Jahr 1509 waren sie nicht zunftmäßig organisiert, und das bedeutete, daß die Londoner sie das ganze Mittelalter hindurch als sozial niedere Klasse betrachteten.[5] Noch im neunzehnten Jahrhundert läßt Dickens in *Große Erwartungen* Herbert zu Pip sagen: «Ich weiß nicht, warum es so eine tolle Sache sein soll, Brauer zu sein. Eines läßt sich allerdings nicht bestreiten: man kann unmöglich vornehm sein und backen, aber man kann unvorstellbar vornehm sein und brauen. Das kann man jeden Tag beobachten.»

Das Beispiel William Mores zeigt, daß auch Bäcker wohlhabend werden konnten. Die Bäcker waren auf natürliche Weise mit den Brauern verbunden: beide arbeiteten mit Getreide. Ein wohlhabender Bäcker konnte für die Tochter eines Brauers eine verlockende Partie sein. Wie es auch gekommen sein mag, William More, der Bäcker, lernte John Joye, den Brauer, kennen und heiratete Joyes Tochter Johanna. John More, Thomas' Vater, war das erste Kind dieser Verbindung.

William starb 1467, als John gerade sechzehn Jahre alt war. Johns Großmutter mütterlicherseits war offensichtlich eine starke Frau, fest entschlossen, dafür zu sorgen, daß sich alles zum Guten wandte. Sie heiratete nach dem Tod ihres ersten Mannes wieder und nahm Johns Angelegenheiten in die Hand, solange er noch zu jung war, sich selbst um sie zu kümmern. Er wurde zum Studium der Jurisprudenz bestimmt. Vielleicht verdankte John More ihrer Entschlossenheit seine Bildung und den Anstoß zu seiner bemerkenswerten Karriere.

Durch das Studium der Rechte hatten die Söhne aus Kaufmannsfamilien oft die Chance, in der Welt aufzusteigen. Die Gesellschaft wurde immer komplexer, und damit auch der Kanon der Gesetze, der sie zusammenhielt. Ein tatkräftiger und fähiger junger Jurist hatte gute Aussichten, mit den Großen zu verkehren und von vielen konsultiert zu werden. Die Familie More, die zu dieser Zeit schon zum Bürgertum gehörte und etwas erreicht hatte, war entschlossen, weiter aufzusteigen. Ihr Rang in der Welt hing von ihren Fähigkeiten ab. Ein Sohn, der das Studium der Jurisprudenz absolviert hatte, konnte für die ganze Familie Großes erreichen; zumindest konnte sein Erfolg auf die zurückstrahlen, die ihn ermöglicht hatten. Also studierte John More die Rechte – wie Thomas Wolsey, sein Landsmann und Zeitgenosse, Martin Luther in Deutschland und unzählige andere.

John More wuchs in den letzten Jahren der Regierung Heinrichs VI. auf. Heinrich war entweder geisteskrank oder schwachsinnig – genau läßt sich das aus dieser zeitlichen Entfernung nicht feststellen. Aber er war in einem Zustand, daß ein Regent gebraucht wurde, der das Königreich regierte. Richard, Herzog von York, erhob als erster Anspruch auf dieses Recht, denn er konnte eine königliche Abstammung von Edmund, Herzog von York, dem vierten Sohn Eduards III., nachweisen. Und bald beanspruchte er auch den Thron. So begann das dreißig Jahre währende Hin und Her des Bürgerkrieges, das Sir Walter Scott im 19. Jahrhundert die «Rosenkriege» nannte.

Richard war beim Adel nicht beliebt, und als er 1460 in der Schlacht von Wakefield starb, beklagten nur wenige seinen Tod. Sein ältester Sohn, Eduard, erhob wiederum Anspruch auf den Thron und hielt mit unerschöpflicher Energie an ihm fest. Eduard war jung, impulsiv, schön und mutig. Seine offensichtlichen Laster, nämlich Völlerei und Hurerei, waren jene Sünden, die das englische Volk seinen Königen schon immer leicht verziehen hat. Außerdem hatte er ein großes Talent dafür, sich selbst ins rechte Licht zu stellen. Nach viel Kummer und Leid, Verbannung und Gefahr wurde er als Eduard IV. König, und 1471 saß er sicher auf dem Thron.

In all diesen Wirren gelang es John More irgendwie, in der Welt aufzusteigen. Er gewann das Wohlwollen Eduards IV. und erhielt damit auch ein Wappen, das ihm den offiziellen Rang eines Gentleman verlieh. Als er 1530 im Alter von neunundsiebzig Jahren starb – ein so hohes Alter war ein Wunder in einem Jahrhundert, in dem Montaigne sagte, die meisten Menschen stürben, bevor sie fünfunddreißig Jahre alt wären –, verfügte er in seinem Testament, daß für Eduards Seelenheil Messen gesungen würden. Heinrich VII. oder Heinrich VIII. erwähnte er in seiner Güte nicht. John More fühlte sich in Liebe und Dankbarkeit König Eduard verbunden, auch wenn der Grund dafür ein Geheimnis bleibt.

Eduard war König, als John More im Jahre 1474 Agnes Graunger, die Tochter von Sir Thomas Graunger heiratete. Auch Graunger war Rechtsgelehrter, ein Mann, der so vermögend war, daß er im November 1503 zum Sheriff von London gewählt wurde. John machte sich sofort daran, eine Familie zu gründen, und führte sorgfältig Buch über die Geburten seiner Kinder. Er notierte sie auf den freien Blättern am Ende eines Manuskripts der *History of the Kings of Britain* (Geschichte der Könige Britanniens) von Geoffrey von Monmouth. Dieses Buch fand anscheinend keinen Anklang bei seinem Sohn, denn es enthält viele Geschichten über ein mythisches Rittertum, das Thomas Morus vermutlich verachtete.

Das erste Kind dieser Ehe war Johanna, die im März 1475 geboren wurde. Dann kam Thomas, der allem Anschein nach im Jahre 1478 das Licht der Welt erblickte. Das Geburtsdatum ist strittig, weil es in der Notiz John Mores heißt: «Memorandum, daß an dem Freitag, der auf das Fest der

Reinigung der heiligen Jungfrau Maria folgte, zwischen zwei und drei Uhr morgens geboren wurde Thomas More, Sohn des Privatmanns John More, im siebzehnten Jahr der Regierung König Eduards, des vierten nach der Eroberung Englands.»[6] Später kritzelte er zusätzlich noch die Information: «. . . nämlich am siebten Tage des Februar».[7] Das siebzehnte Jahr der Regierung König Eduards IV. endete am 28. Juni 1478, und in diesem Jahr 1478 fiel der 7. Februar auf einen Samstag. Was haben die widersprüchlichen Eintragungen John Mores zu bedeuten? Wahrscheinlich nur, daß für ihn, wie für die meisten Menschen, ein neuer Tag mit der Morgendämmerung und nicht um Mitternacht begann. Als er seine ursprüngliche Eintragung machte, meinte er, sein Sohn wäre Freitag nacht geboren. Später korrigierte er sich und fügte das Datum 7. Februar hinzu, denn er hatte festgestellt, daß sein Sohn ja nach Mitternacht geboren worden war. Für das Geburtsjahr gilt im allgemeinen das Jahr 1478, obwohl auch dieser Punkt gelegentlich Anlaß zu Diskussionen gibt.

Thomas wurde wahrscheinlich nach Thomas Graunger und nach Thomas Becket benannt, aber das ist schwer zu sagen, weil Thomas zu jener Zeit in England der weitaus beliebteste Jungenname war. Das nächste Kind nach Thomas war Agatha, die im Januar 1479 geboren wurde. Sie starb offensichtlich schon sehr früh. Thomas' jüngerer Bruder John wurde im Juni 1480 geboren und lebte lange genug, um 1511 von Erasmus in seiner Funktion als Schreiber erwähnt zu werden. Danach taucht er nicht mehr auf. Im September 1481 wurde ein Bruder Eduard geboren, der wahrscheinlich kurze Zeit später starb. Eine Schwester Elisabeth kam 1482 als letztes Kind der Familie zur Welt. Sie heiratete später John Rastell, einen launischen, unbeständigen Mann, den John Frith, einer der religiösen Widersacher des Thomas Morus, zum Protestantismus bekehrt hatte. Rastell scheint ziemlich verarmt 1536 im Gefängnis gestorben zu sein. Er hinterließ Elisabeth nur ein Haus. Sein Sohn William Rastell, immer ein loyaler Katholik, war es, der eine Biographie von Thomas Morus schrieb (die in Fragmenten erhalten ist) und die großartige Leistung vollbrachte, die berühmte Folioausgabe von 1557 der englischen Werke des Thomas Morus herauszugeben.[8]

Johanna und Elisabeth lebten noch, als John More im Jahre 1527 sein Testament aufsetzte. Thomas scheint sein ganzes Leben lang engen Kontakt zu ihnen gehabt zu haben, obwohl die gesamte Korrespondenz zwischen ihm und den beiden Schwestern verloren ist. 1519 erwähnte er in einem Brief, daß er einen Abstecher nach Coventry gemacht habe, um seine Schwester zu besuchen.[9] Wahrscheinlich ist hier Johanna gemeint, sicher ist das allerdings nicht. Jedenfalls zeigt eine solche Reise, die doch recht mühselig war, wieviel Morus daran lag, den Kontakt zu seiner Familie zu halten.

Agnes More machte offenbar wenig Eindruck auf ihren Sohn, obwohl sie wahrscheinlich bis 1499 lebte – allerdings nur, wenn die Inschrift auf einem

Grabstein, die 1631 von dem englischen Altertumsforscher John Weever transkribiert wurde, sich tatsächlich auf sie bezieht.[10] Morus erwähnt sie an keiner Stelle seiner überlieferten Werke. Obwohl es Sitte war, die Töchter nach den Frauen in der Familie des Vaters zu nennen, gab Morus keiner seiner Töchter den Namen seiner Mutter, und er hat in keiner Schrift viel über Mütter zu sagen. Er spricht lediglich immer wieder von der katholischen Kirche als der Mutter aller Gläubigen.

Bei seinem Vater John More war das ganz anders. Thomas betete ihn an. Nach der Mode der Zeit verfaßte Thomas ein Epitaph für sich selbst, das heute noch in der Chelsea Old Church besichtigt werden kann, wo Morus eine Familiengruft anlegte, in die seine Gebeine jedoch nie kamen. Hier nennt er seinen Vater «gesittet, vornehm, untadelig, sanftmütig, barmherzig, gerecht und aufrichtig». Diese Verbindung von Adjektiven läßt ein inniges Verhältnis zwischen Vater und Sohn vermuten, und alle Berichte des Thomas Morus über seinen Vater bestätigen diese Ansicht.

John More erzählte lustige Geschichten, und Thomas wiederholte sie – ein Sohn, der einen geliebten Vater dadurch ehrt, daß er dessen Geschichten nacherzählt. John More machte sich gern über Frauen lustig. Er erzählte die Geschichte der unwissenden und voreingenommenen Frau, die zu ihrem Entsetzen erfährt, daß die Jungfrau Maria eine Jüdin war. «Gott steh mir bei!» ruft sie. «Jetzt werde ich sie weniger lieben, solange ich lebe.»[11]

Aus dieser Geschichte spricht eine gewisse Duldsamkeit den Juden gegenüber, die für jene Zeit selten war. John More war der Ansicht, daß der Haß des Menschen absurde Ausmaße annehmen konnte, und der Spott in seiner kleinen Geschichte richtete sich nicht gegen die Juden, sondern gegen eine törichte Frau, die sich nicht vorstellen kann, daß von Juden irgend etwas Gutes kommen könnte, selbst der Heiland nicht. Vielleicht ist die erstaunliche Tatsache, daß wir in keiner Schrift von Thomas Morus eine feindselige Bemerkung oder eine böse Metapher über die Juden seiner Zeit finden, John More zu verdanken. Die Juden waren allerdings auch schon vor Jahren aus England vertrieben worden, und zu Morus' Zeit war die Synagoge, die einem Bürgermeister von London eine Zeitlang als Heim gedient hatte, dem Verfall preisgegeben. Die Engländer sahen selten einen Juden und nahmen ihn wahrscheinlich gar nicht bewußt wahr. Dennoch gab es viele Redewendungen, in denen die Juden schlechtgemacht wurden. «Falsch wie ein Jude.» «Das würde auch einen Juden reuen.» «Gemein wie ein Jude.» «Denn Mitleid hatte er weniger als ein Jude.» Und: «Schlechter als ein Jude.» Shakespeares Shylock zeigt, daß auch Engländer die Juden immer noch so barbarisch hassen konnten, wie die meisten Christen jener Zeit Doch Thomas Morus gehörte nicht zu ihnen.

Wie sein Vater hielt Thomas Frauen gewöhnlich für dumme Wesen und erwartete nicht viel von ihnen. Und doch wissen wir von Thomas' tiefer

Zuneigung zu Margaret, seiner ältesten Tochter. In einer Zeit, als die meisten Männer wenig Nutzen darin sahen, Frauen etwas beizubringen, stellte er Hauslehrer für seine Töchter an und ließ sie in klassischen Sprachen und antiker Philosophie unterrichten. Von seiner väterlichen Liebe einmal abgesehen, war er jedoch immer geneigt, Frauen zu verspotten, und seine Geschichten über die weibliche Torheit würden dem modernen Ohr bald langweilig. Er lobte eine Frau überhaupt nur, wenn er sie einem Mann gegenüberstellen konnte, der für seine Laster und seine Unwissenheit bekannt war. Indem er die Frau als tugendhaftes Beispiel, erfunden oder wirklich, hinstellte, hob er die Verderbtheit des Mannes um so stärker hervor. «Sogar eine Frau», schien er in solchen Fällen zu sagen, «ist besser als dieser unwissende oder schlechte Mann.»

John More war ganz ähnlich – über Ehefrauen und Frauen im allgemeinen hatte er wenig Gutes zu sagen. Heiraten, sagte er, sei wie mit der Hand in einen Sack voll Schlangen und Aalen greifen, sieben Schlangen auf einen Aal, und versuchen, ohne hinzusehen, den Aal aus dem Sack zu ziehen.[12] Selbst wenn man bedenkt, welche Delikatesse ein Aal für den englischen Gaumen darstellt, ist dieses Bild keineswegs schmeichelhaft für Frauen. Er sagte auch, es gebe nur ein verderbtes Weib auf der Welt und jeder Mann wisse, daß gerade er es habe.[13]

Dennoch griff John More viermal in den Sack, und seine letzte Frau überlebte den Sohn Thomas um etliche Jahre. Er ging wahrscheinlich nicht aus Sentimentalität so viele Ehen ein. Nach Agnes heiratete er Witwen, die offensichtlich über beachtlichen Besitz verfügten. Die Ehe muß für ihn sowohl ein Geschäft als auch eine Voraussetzung seines körperlichen Wohlbefindens gewesen sein. Wenigstens ließ er sich nicht von der Liebe den Kopf verdrehen und heiratete nicht eine Frau ohne Geld oder Besitz. Er hatte nur von Agnes Kinder, und das heißt wohl, daß seine anderen Ehefrauen am Ende des gebärfähigen Alters standen, als er sie heiratete; vielleicht waren sie sogar älter als er selbst.

John More war für einen Rechtsgelehrten relativ fromm. Sein Testament zeigt, daß seine Frömmigkeit ebenso zeitkonform wie ehrlich war. Er stiftete zwei Stipendien, eines für ein Studium der Theologie in Oxford und eines für dasselbe Fach in Cambridge. Jeder der beiden Stipendiaten, «der ein guter und tugendhafter Gelehrter» und gleichzeitig Priester sein mußte, sollte sieben Jahre lang fünf Pfund pro Jahr dafür erhalten, daß er für John Mores Seelenheil betete und für das Seelenheil verschiedener Freunde und Verwandter, einschließlich, wie oben erwähnt, des Seelenheils Eduards IV. Er wollte, daß sein Begräbnis mit einem Blick auf die Kosten ausgerichtet würde – «nicht zu pompös». Die Testamentsvollstrecker sollten vierzig Pfund als milde Gabe an die Armen verteilen, an Mädchen, die keine Mitgift hatten, an Gefangene und an seine armen Verwandten. Er hinterließ vierzig

Pfund für die Instandsetzung eines Stücks Landstraße in der Nähe der Stadt North Mimms, wo die Familie More Land besaß. «Außerdem wünsche ich, daß die Summe von vierzig Mark, die ich von Richard Clowdisley erhalten habe, ebenfalls für Instandsetzung und Reparatur besagter Straße zum Heile meiner Seele und der Seele des genannten Richard ausgegeben werde.»[14]

Eine Mark entsprach ungefähr dreizehn Shilling. Es ist nicht bekannt, warum Richard Clowdisley diese Summe bezahlte – vielleicht beglich er eine Schuld –, und man weiß auch nicht, was Clowdisley mit der Landstraße bei North Mimms zu tun hatte. Aber es ist erstaunlich, daß John More glaubte, seiner Seele sei gedient, wenn er eine Straße herrichten ließ. Diese Vermischung von bürgerlicher Mildtätigkeit und privatem Seelenheil findet sich auch wieder in der *Utopia* von Thomas Morus, wo es heißt, die Bürger seien tugendhaft, wenn sie das Gemeinwesen unterstützten, und wo Mönche Straßen und Brücken bauen.

John More hinterließ auch Geld für eine jährliche Seelenmesse, die nach seinem Tod zehn Jahre lang in der Kirche St. Lawrence Jewry für ihn gehalten werden sollte. Außerdem wünschte er, daß die vier Orden der Bettelmönche eine Totenmesse und dreißig andere Messen für den Frieden seiner Seele lasen. Offensichtlich teilte er die Abneigung seiner Landsleute gegen Bettelmönche nicht, die kurze Zeit später zu ihrer Vertreibung aus England führen sollte.

Aber John More war trotz seiner Frömmigkeit ein Skeptiker. Er konnte über die Leichtgläubigkeit des Pöbels und die Hirngespinste des Aberglaubens lachen. In einer seiner bekanntesten Geschichten berichtet er von einem falschen Wunder, das der gute Herzog Humphrey von Gloucester, Onkel und kurzzeitig Regent für Heinrich VI., entlarvte.

Heinrichs Wahnsinn nahm die Form religiöser Besessenheit an. Er lebte wie ein Mönch und zog sich oft eine Kutte über. Als seine Frau ihm einen Sohn gebar, den zukünftigen Prinzen Eduard, der in Tewdesbury hingeschlachtet werden sollte, hat er angeblich verkündet, daß das Kind vom Heiligen Geist empfangen worden sei. (Andere vermuteten eine etwas irdischere Vaterschaft!) Er pilgerte leidenschaftlich gern zu Wallfahrtsstätten, wo die Gebeine von Heiligen und andere Reliquien aufbewahrt wurden, wie Talismane zum Heil der Gläubigen. Seine Lieblingskapelle war St. Albans auf den welligen grünen Hügeln im Norden Londons, wo die Gebeine des ersten englischen Märtyrers lagen. (Die Engländer spotteten über die Behauptung der Kölner, sie seien im Besitz der Gebeine des echten Heiligen Alban, der, wie die Deutschen sagten, überhaupt gar kein englischer Märtyrer gewesen sei.)

Inmitten der Festlichkeiten bei einem Besuch des Königs verkündete plötzlich ein Bettler, er könne sehen, obwohl er blind geboren sei. Die Reliquien des Heiligen hätten ihm das Augenlicht geschenkt. Die Kirchenglocken läuteten zur Feier dieses Wunders, und in der prachtvollen alten Kirche, die immer noch das verfallende hölzerne Grab des Herzogs Humphrey beherbergt, wurde ein *Te Deum* gesungen.

Der Herzog, der die Pilgerfahrt des Königs leitete, rief den Bettler zu sich. War er wirklich von Geburt an blind? Ja wirklich, sagte der Bettler, und seine Frau, die mit ihm durch das Land zog, bestätigte feierlich die Lüge. (Ob sie nun tatsächlich dabei war oder nicht, spielt keine Rolle. John More konnte keine Geschichte ohne ein falsches Wesen weiblichen Geschlechts erzählen.) Herzog Humphrey riet ihm, Gott zu danken. Dann starrte der Herzog dem Bettler höchst aufmerksam in die Augen. Zweifel schienen sich in ihm zu regen: «Ich glaube dir wohl, daß du blind geboren wurdest», sagte er schließlich. «Denn mich dünkt, daß du immer noch nicht recht sehen kannst.»

Der Bettler, der sich plötzlich seines Sieges völlig sicher war, sagte: «O doch, Sir! Ich danke Gott und Seinem heiligen Märtyrer. Ich kann jetzt so gut sehen wie jeder andere.»

«Dann sprich: welche Farbe hat mein Gewand?» fragte der Herzog. Der Bettler nannte ihm die Farbe und nannte die Farben der Gewänder aller Umstehenden. Darauf ließ der Herzog ihn in den Block schließen. Denn, wie Thomas Morus Jahre später erklärte, «wenn er auch durch ein Wunder plötzlich den Unterschied zwischen verschiedenen Farben wahrnehmen konnte, so konnte er diese Farben nicht plötzlich mit dem richtigen Namen bezeichnen».[15] Diese Geschichte gehört zu den Geschichten John Mores, die im englischen Alltag fortlebten; Shakespeare benutzte sie in *König Heinrich VI., Zweiter Teil.*

John More war stets zu Späßen aufgelegt, und fast alle, die sich über Thomas Morus äußerten, waren sich darin einig, daß auch er ein ungewöhnlich geistreicher Mensch war. Edmund Hall verdroß das allerdings. Er sagte über Morus: «Zweifellos besaß er neben seiner Bildung einen scharfen Verstand, aber in diesen Verstand mischten sich so viel Spott und Hohn, daß es all denen, die ihn gut kannten, schien, er halte erst dann etwas für gut gesagt, wenn er ein wenig Spott in das Gesagte eingestreut hatte.»[16]

Hall kannte Morus, denn er war 1529 in dem Parlament vertreten, das Morus als neu ernannter Lordkanzler eröffnet hatte. Vielleicht ist ein Körnchen Wahrheit in seiner Behauptung, daß im Humor von Thomas Morus immer ein bißchen Spott mitschwang. Fast jeder Mensch neigt dazu, viel zu lachen, wenn er unter großer Anspannung steht. Im abendländischen Denken hat der Galgenhumor eine Tradition, zu der auch Morus seinen Beitrag geleistet hat. Für eine bürgerliche Familie, die darum kämpfte, inmitten von Myriaden von Bedrohungen – eingebildeten oder wirklichen – ihre Stellung zu behaupten, war Lachen eine Möglichkeit, die Schwierigkeiten des Lebens leichter zu bewältigen – wenn auch manchmal auf Kosten anderer. Thomas

Morus konnte sanft und freundlich spotten, aber oft war sein Spott beißend, und manchmal auch grausam.

John Mores juristische Karriere verlief so erfolgreich, daß er um 1518 Richter am Oberhofgericht wurde, dem höchsten Common-law-Gericht im Reich nach der großen Parlamentsversammlung. Thomas Morus versäumte es selbst als Lordkanzler nie, bei der Begrüßung seines Vaters niederzuknien und den Segen des alten Mannes zu erbitten. Bei diesem Segen legte der Vater beide Hände auf den Kopf des Sohnes, ganz ähnlich wie bei der Zeremonie einer Priesterweihe. Die Engländer nahmen solche Förmlichkeiten sehr ernst. Der Fluch des Vaters war eine der schlimmsten Strafen, die man sich damals denken konnte.[17] Alter bedeutete im sechzehnten Jahrhundert Autorität, und Morus' hohe Achtung vor seinem Vater ist abermals Ausdruck einer bestimmten Haltung, die es ermöglichte, die Fährnisse des Lebens zu meistern. Wenn Lebenserfahrung eine Autorität darstellte, der vertraut wurde, konnte die Achtung vor dem Alter eine Möglichkeit sein, Antworten auf Fragen zu finden, die andernfalls allzu bedrückend gewesen wären.

Ein Rat von Vätern regierte Thomas Morus' mythischen Inselstaat Utopia. Wenn der Vater alles am besten weiß, müßte eine Gruppe von Vätern, die gemeinsam berät, nahezu unfehlbar sein. Thomas Morus hatte eine starke Neigung zur Autoritätsgläubigkeit, die viele seiner modernen Bewunderer unangenehm berührt. Da er selbst nie gegen seinen Vater aufbegehrte, hatte er kein Erbarmen mit denen, die es wagten, gegen die Ersatzväter zu rebellieren, die jede Gesellschaft als Banner der Ordnung in der Welt aufstellt.

Das Verhältnis zwischen John More und seinem berühmten Sohn hatte vielleicht auch seine Schattenseiten, aber das ist nur eine Vermutung. John More war erstaunlich erfolgreich gewesen, und er erwartete Erfolg auch von seinem Sohn. Nach Aussage von Erasmus hätte Morus vielleicht auf dem Gebiet der artes liberales eine Karriere versucht, hätte sein Vater ihn nicht zum Studium der Jurisprudenz gedrängt. John More scheint für Thomas genauso hohe Ambitionen gehabt zu haben wie Hans Luther für seinen Sohn Martin.

Seit Freud ist bekannt, daß ein solcher Vater in seinem Sohn – und besonders in seinem ältesten Sohn – ein übermächtiges Über-Ich schaffen kann, eine innere Instanz, die den jungen Menschen dazu antreibt, sich unerreichbare Ziele zu stecken, und die ihn quält, wenn er diese Ziele nicht erreicht. Sein ganzes Leben fühlte Thomas Morus den inneren Zwang, jeden Augenblick so gewinnbringend wie möglich zu nützen. Er verachtete den Müßiggang und all die Vergnügungen, die faule Menschen erfanden, um ihre Zeit totzuschlagen. Wie Stapleton[18] berichtet, wurde in der Familie überliefert, daß Morus nur vier oder fünf Stunden pro Nacht schlief. Sein Bett machte er sich auf dem Boden oder auf Brettern, und als Kissen diente ihm ein Holzklotz.[19] So schützte er sich vor der Todsünde der Trägheit, die er in seinen späteren frommen Schriften immer wieder behandelte. Er gönnte sich keine Pause, um überflüssige Briefe zu schreiben, und in den Briefen, die er schrieb, klagt er ständig darüber, daß er zu viel zu tun habe. Oft unterzeichnete er sie mit den Worten «in größter Eile». Schonungslos unterrichtete er seine Kinder und seine beiden Ehefrauen. Seiner ersten Frau machte er das Leben schwer, weil er so hartnäckig darauf bestand, daß sie ihren Geist schulte. Seine *Utopia* ist ein strenges Lehrbuch darüber, wie man die Zeit nutzt, wie man es vermeidet, auch nur eine Minute zu vergeuden, und wie man jeder Sekunde dauerhaften Nutzen abringt.

Die Zeit war eine Entdeckung der Renaissance. In dieser Epoche wurden sich die Menschen erstmals bewußt, daß die Zeit ständig verrinnt, daß sie etwas Wertvolles, Unbezahlbares ist, das beherrscht und geschützt werden muß. Damals kamen auch die ersten mechanischen Uhren in Gebrauch. Eine dieser Uhren ist auf der Skizze zu sehen, die Holbein zu seinem Porträt von Morus und seiner Familie anfertigte. Während der Renaissance begannen die Uhren in den italienischen Städten jede Stunde zu schlagen. Für die Menschen jener Zeit wurden das Kind oder der Ruhm zum Sinnbild für den Sieg über oder wenigstens den Kampf gegen die Zeit, die große Zerstörerin.[20] Auch Morus lebte mit dieser Vorstellung von Zeit. Für ihn war Zeit immer sein wertvollster Besitz, und es war Sünde, sie schlecht zu nützen. Der Himmel war ewige Zeit.

Eine solche Einstellung zum Leben kann Depressionen oder sogar dauernde Melancholie zur Folge haben – Leiden, die im Laufe des sechzehnten und siebzehnten Jahrhunderts immer häufiger festgestellt wurden. Schon als junger Mann begann Thomas Morus über den Tod nachzudenken. Die Melancholie seines Wesens liegt wie ein dunkler, schwarzer Schatten über all seinen Schriften, und nicht einmal sein Humor konnte ihn aufhellen oder gar beseitigen.

In seinen polemischen Werken flackert ein unerbittlicher Zorn, der, wie sein Spott, vielleicht das Auflodern eines Feuers war, das zu lange in seinem Innern schwelte. Das wunderbare Holbeinporträt von 1527 zeigt einerseits eine konventionelle Pose: einen Mann, der sich bemüht, die Rolle zu verkörpern, die er in der Welt spielt. Um seinen Hals hängt die goldene Kette, das Zeichen der Ritterwürde in der Tudorzeit. Er ist würdevoll, gesetzt, weise. Andererseits zeigt kein Holbeinporträt einen Menschen, der so intensiv nachdenkt, hinter dessen Stirn sich so viel verbirgt und der so viele Pflichten zu haben scheint, daß er mit beiden Händen ein schmales Buch umklammert, gerade als müsse er sich beherrschen, um nicht aufzuspringen und zurück an die Arbeit zu eilen. Der rechte Arm ruht nur scheinbar auf dem kleinen Tischchen, in Wirklichkeit berührt er kaum die Tischkante. Die Gestalt wirkt steif, angespannt, leicht vornübergeneigt, ungeduldig. Morus saß wahrscheinlich nicht lange Modell. Holbein machte sich nur schnell eine Skizze (die wir heute noch besitzen), die er dann zu dem Porträt ausarbeitete. Sein Modell stürzte sich unterdessen wieder in das Gewühl des Alltags. Es ist nicht verwunderlich, daß Morus gegen Ende seines Lebens oft über Schmerzen in der Brust klagte. Er war geradezu der klinische Modellfall eines Menschen, der zu einem Herzanfall neigt, weil er sich unerbittlich und unablässig antreibt.

An Thomas Morus läßt sich noch eine andere Eigenschaft feststellen, die vielleicht zu seinem rastlosen Leben beitrug: seine Unfähigkeit, sich mit Leib und Seele einer einzigen Aufgabe zu verschreiben. Er arbeitete viel, erbrachte letztlich aber keine große politische Leistung wie Wolsey vor ihm und Cromwell nach ihm. Auch John More hatte zweifellos einige der zwanghaften Vorstellungen von der Zeit, die wir bei so vielen seiner Zeitgenossen finden. Er war wahrscheinlich die Hauptquelle ähnlicher Zwangsvorstellungen seines Sohnes.

Das wichtigste Geschenk John Mores an seinen Sohn war ein gutes Leben in einem komfortablen Zuhause, ein Leben mit Perspektiven. Das war eine Gnade, die in jener armen und wirren Zeit für einen Sohn nicht gerade selbstverständlich war. Da Thomas wußte, was für ein armseliges Leben die meisten Menschen führten, und dies in *Utopia* auch darstellte, war er um so dankbarer für das, was sein Vater ihm gab: eine Chance, frei vom schrecklichen Schicksal der Armut seinen Platz in der Welt zu finden.

Thomas Morus war nicht undankbar für das komplexe Vermächtnis seines Vaters. Als John More schließlich im Jahre 1530 starb, hielt Thomas den alten Mann in seinen Armen, küßte ihn und weinte.

KAPITEL 2

Die frühen Jahre bis zum Studium der Rechte

Die ersten zweiundzwanzig Jahre von Thomas Morus' Leben liegen im fünfzehnten Jahrhundert, und diese Zeit prägte seinen Charakter. Die gesicherten Einzelheiten über seine Jugend ließen sich auf einer Seite zusammenfassen. Gerade diese Jahre und besonders die Menschen, mit denen er umging und die ihn beeinflußt haben, hinterließen Spuren, doch über die Bedeutung der verschiedenen Ereignisse und Personen für seine Entwicklung können wir nur spekulieren.

Aufgewachsen ist er anscheinend in leidlich geordneten Verhältnissen. Nachdem seine Mutter gestorben war, präsentierte ihm sein Vater immerhin drei aufeinander folgende Stiefmütter. Wir wissen nicht sicher, wann John More diese Frauen geheiratet hat oder wann sie starben. Erasmus meint, John More habe sie alle geliebt, einschließlich seiner vierten Frau, Alice Clark, die er heiratete, als Thomas bereits in mittleren Jahren war. Aber sie alle scheinen, ebenso wie seine leibliche Mutter, wenig Eindruck auf ihn gemacht zu haben. Obwohl er in seinem Epitaph Johns zweite Frau, Alice Middleton, wegen ihrer Zuneigung zu den Kindern aus erster Ehe preist, hat er, soweit wir wissen, nie erwähnt, daß ihm von seinen Stiefmüttern besondere Zuneigung entgegengebracht worden wäre.

Was die Beziehungen zwischen Morus und seiner leiblichen Mutter anbelangt, sind wir auf Vermutungen angewiesen. Wir sehen zwar auf Madonnendarstellungen, daß Mütter ihre Säuglinge in den Armen hielten, aber es gibt kaum Hinweise darauf, daß damals Mütter ihren Söhnen in der späteren Kindheit und Jugend sonderlich nahegestanden hätten. Als erwachsener Mann bekämpfte Morus seine sinnlichen Regungen aufs heftigste und betrachtete es als eine persönliche Niederlage, daß er um einer Frau willen den Plan, Priester zu werden, aufgab. Er bemühte sich zeitlebens, diese Verfehlung zu sühnen, ja er peitschte sich sogar.[1] Er trug ein Hemd aus grobem Nesselstoff direkt auf der Haut. Vielleicht eiferte er seinem Namensvetter Thomas Becket nach, der sich ebenfalls gegeißelt und ein Büßerhemd getragen hatte. Ein Zeitgenosse Beckets berichtet voll Bewunderung, daß dessen Hemd von Ungeziefer nur so gewimmelt habe.[2] Morus hatte asketische Eß- und Trinkgewohnheiten und betrachtete den eigenen

Leib immer als ein wildes Tier, das gebändigt werden mußte. Er war entsetzt, als Luther und andere Häretiker lehrten, daß Priester und Nonnen heiraten könnten. Das späte Mittelalter war geprägt von der Spannung zwischen sinnlichen Ausschweifungen und einem verkrampften Jungfräulichkeitskult. Die Mütter führten in der Regel ein zurückgezogenes Leben, und viele ahnungslose junge Männer waren bei ihrem ersten intimen Verkehr mit einer Frau schockiert und erschüttert von dem Erlebnis sexueller Lust.

Zu gegebener Zeit schickte John More den jungen Thomas auf die St. Anthony's School in der Threadneedle Street. Die Kosten für diese Schule waren vermutlich sehr niedrig. In seinem 1598 erschienenen *Survey of London* (London im Überblick) nennt John Stow St. Anthony's eine «Gratisschule». Sie gehörte zum St. Anthony's Krankenhaus, einer Art Pflegeheim für etwa ein Dutzend alter Männer. Sie ähnelte wohl der von Anthony Trollope in *The Warden* (Der Rektor) beschriebenen Institution in Barchester. Stow meinte, von allen Londoner Schulen brächte St. Anthony's die besten Gelehrten hervor, und führt weiter aus, daß die Studenten dort – wie alle aufgeweckten Burschen zu allen Zeiten – im Ruf stünden, ein recht unbändiger Haufen zu sein.

Dort hat Morus mit dem Studium des *trivium*, des «geisteswissenschaftlichen» Teils der «Sieben Freien Künste», begonnen, die Grundlage der gesamten mittelalterlichen Hochschulbildung waren. Das *trivium* umfaßte die Grundbegriffe der lateinischen Grammatik, der Logik und der Rhetorik sowie der Kunst der Disputation. Stow berichtet, daß Schüler von allen Londoner Schulen am Vorabend des St. Bartholomäus-Tages auf dem Kirchhof von St. Bartholomew Disputationen abhielten und daß die Schüler von St. Anthony's meist den Siegeslorbeer errangen. In dieser Epoche der Urbanität erkannten kluge Köpfe den Wert einer geschliffenen Sprache, und einem Mann, der eine gute Rede halten konnte, war der Aufstieg in der Welt so gut wie sicher, besonders wenn er auch noch etwas zu sagen hatte. Öffentliche Reden dienten der Kommunikation, waren aber zugleich Schauspiele und eine Form der Unterhaltung. Im Latein der Renaissance hat das Wort *orator* etwa die Bedeutung von «Botschafter», denn eine gut formulierte Rede war die Grundvoraussetzung jeder Botschaft. Wir vergessen oft, daß eine der herausragendsten Eigenschaften von Morus gerade seine Redekunst war und daß er häufig bei offiziellen Anlässen für seine Stadt und für seinen König sprach. Einen Vorgeschmack von öffentlichen Wortgefechten bekam er wahrscheinlich in der St. Anthony's School.

Die Lateinische Grammatik war eine unerläßliche Voraussetzung für alle anderen Studien, insbesondere für die Beschäftigung mit der englischen Sprache. Im Laufe des fünfzehnten Jahrhunderts machte sich zwar allmählich die Vorstellung breit, daß jedermann imstande sein sollte, Englisch sowohl zu lesen als auch zu schreiben, doch die Schüler lernten Englisch nur in dem Umfang, in dem sie es bei Übersetzungen aus dem Lateinischen brauchten. Im fünfzehnten Jahrhundert erschienen die ersten englisch-lateinischen Grammatiken und Wörterbücher, so daß die jungen Menschen beim Erlernen des Lateinischen zwangsläufig auch etwas über ihre Muttersprache lernten. Zahlreiche Autoren haben darauf hingewiesen, daß Männer wie Thomas Morus, die als erste eine flüssige und präzise englische Prosa mit umfangreichem Wortschatz schrieben, sorgfältig im Lateinischen unterrichtet worden waren.[3]

Die Logik half den Schülern, einen Diskurs verständlich und ohne innere Widersprüche aufzubauen. Junge Gelehrte lernten, mit dem klassischen aristotelischen Syllogismus eine unter- und eine übergeordnete Prämisse so zueinander in Beziehung zu setzen, daß sich eine Schlußfolgerung ergab. Ein Beispiel: Alle Menschen sind sterblich; Sokrates ist ein Mensch; Sokrates ist sterblich. Die jungen Disputanten benützten Syllogismen, um ihre Argumente zu stützen, und wenn ihre Gegner falsche Syllogismen vorbrachten, entlarvten die begabten jungen Männer sie als untaugliche Argumente. Morus berichtet von einem Dichter namens Caius aus Cambridge, der vergeblich versuchte, einen Jungen von der Richtigkeit des folgenden Syllogismus zu überzeugen: Mein Esel hat zwei Ohren; du hast zwei Ohren; also bist du mein Esel.[4]

Während Morus zur Schule ging und den Pfad der Gelehrsamkeit beschritt, den die Scholastiker gemäß ihrer Lehrmeinung, Erziehung sei ein langsamer, methodischer und logischer Prozeß, vorgezeichnet hatten, fanden bedeutende geschichtliche Veränderungen statt. Die Buchdruckerkunst kam im Gepäck von William Caxton nach England. Caxton richtete um die Zeit von Morus' Geburt eine Druckerpresse in Westminster ein. Morus gehörte zur ersten Generation in England, die den Buchdruck als einen normalen Bestandteil des Lebens ansah. Obwohl niemand das Ausmaß der Revolution vorhersehen konnte, die diese Kunst mit sich bringen sollte, pries Morus das neue Handwerk und zählte es zu den größten Erfindungen des Abendlandes. Als er 1516 die Geschenke aufzählte, die die Europäer einer fortgeschrittenen Kultur wie der Utopias anzubieten hätten, nannte er die griechische Literatur und die Druckerpresse.[5]

Es war ein Zeitalter reger Bautätigkeit. Vor allem Kirchen und Landhäuser wurden gebaut, und wohlhabende Kaufleute ließen prachtvolle Wohnhäuser in der Stadt errichten. Und doch stand Englands Wirtschaft in dieser Zeit eher unter dem Zeichen des Niedergangs und der Ungewißheit. Neun Zehntel des englischen Volks lebten auf dem Land. Sie waren abhängig von der jährlichen Herbsternte und mußten auf ihren Feldern arbeiten wie Sklaven.[6] In den achtziger Jahren waren die Ernten meist schlecht, in den neunziger Jahren meist gut und im ersten Jahrzehnt des sechzehnten Jahrhunderts unterschiedlich. Die Preise schwankten je nach Ernteertrag sehr stark. Ein Großteil der Landarbeiter war im fünfzehnten Jahrhundert von periodisch auftretenden Epidemien weggerafft worden, und weite Landstriche Englands wurden nicht mehr bestellt. Wald und Buschwerk drohten das urbar gemachte Land wieder zu überwuchern. Viele Städte klagten über Bevölkerungsschwund und Teuerung. John Russell, der Bischof von Lincoln und Lordkanzler des Oberhauses unter Richard III., hielt 1483 eine Rede vor Richards Parlament, in der er die «Faulheit und Nachlässigkeit der Landbesitzer» anklagte, die dazu führe, daß «große und kleine Städte ganz und gar verfallen und in den Ruin treiben» würden, wenn dem nicht entgegengewirkt werde.[7]

Doch obwohl es Arbeit in Hülle und Fülle gab, waren die Straßen von Bettlern bevölkert, und umherstreifende Vagabunden bildeten auf den Landstraßen eine Gefahr für Alleinreisende. Wie die meisten seiner Landsleute in höheren Ämtern war Thomas Morus zeitlebens ein Verfechter der Ordnung. Diese Leidenschaft entsprang dem Bewußtsein, daß der Staat jederzeit ins Chaos verfallen könne, und Morus stand nicht allein mit seiner Bereitschaft, starke Mittel zu empfehlen, um die wirtschaftlichen Leiden seiner Zeit zu kurieren.

Die politischen Verhältnisse während der Kindheit von Morus waren ebenso turbulent wie die gesellschaftlichen Veränderungen. Im April 1483 starb, kaum vierzigjährig, Eduard IV. Er war bei körperlichen Genüssen unmäßig, wurde fett und kränklich und starb wahrscheinlich an Herzversagen. Die folgenden beiden Jahre gehören zu den meistdiskutierten und rätselhaftesten Jahren in der englischen Geschichte, und Thomas Morus' Schriften gehören zu den wichtigsten Quellen über diese Zeit.

Eduard hinterließ zwei Söhne, den zwölfjährigen Eduard und einen zehnjährigen Jungen namens Richard. Der jüngere Bruder des verstorbenen Königs, Richard, Herzog von Gloucester, bemächtigte sich kurz darauf der Kinder, sperrte sie in den Londoner Tower und regierte als Lord Protector (Reichsverweser). Bereits im Juli ließ er sich als Richard III. krönen, und Ende des Sommers waren die kleinen Prinzen aus dem Tower verschwunden und tauchten nie wieder auf.

Morus glaubte, daß Richard sie getötet habe. In seiner *Geschichte König Richards III.* (The History of King Richard III) erinnerte er sich später an eine Geschichte, die ihm sein Vater erzählt hatte. Ein gewisser William Mistlebrook, ein Revisor Eduards IV., klopfte in der Aprilnacht, in der Eduard IV. starb, an die Tür eines Mannes namens Potter, der in der Red Cross Street 9 in Cripplesgate lebte, unweit des Hauses, in dem John More mit seiner jungen Familie wohnte. Mistlebrook wurde ins Haus gebeten und berichtete, daß der König gestorben sei. «Wahrlich, Mann», sagte Potter, «dann wird mein Herr, der Herzog von Gloucester, König werden.»[8]

Diese Geschichte allein beweist noch nicht, daß Richard bereits plante, den Thron an sich zu reißen. Morus wußte das und vertrat auch diesen Standpunkt. Geschichten von solch finsteren Vertraulichkeiten mitten in der Nacht waren vielmehr ein Ausdruck dafür, daß alle Menschen, die Richard kannten, an ihm keine Spur von menschlichem Mitgefühl und natürlicher Wärme entdecken konnten. Sie stellten sich ihn als einen Mann vor, der König sein wollte. John More erzählte die Geschichte lange danach und deutete damit an, daß er den Anschuldigungen, die von der Nachwelt gegen Richard erhoben wurden, Glauben schenkte. Wie in vielen anderen Bereichen hat Thomas Morus die Meinung seines Vaters übernommen.

Doch ganz gleich ob Richard nun schuldig oder unschuldig an der Ermordung der kleinen Prinzen war, er konnte im englischen Volk keine Sympathien für sich wecken. Anfang August 1485 landete Heinrich Tudor mit einer kleinen Armee in Milford Haven. Sein Anspruch auf den englischen Thron war reichlich zweifelhaft, aber seine Aussichten wurden besser, als andere Rivalen Richards sich gegen ihn erhoben. Am Montag, dem 22. August, fiel die Entscheidung in der Schlacht von Bosworth Field. Richard stürzte sich, noch bevor der Kampf entschieden war, auf seinem Roß auf Heinrich Tudor, um den Führer des gegnerischen Heeres im Zweikampf zu töten. Richard drang jedoch nicht bis zu Heinrich vor, sondern wurde niedergehauen.[9]

Der Glanz wilden Rittertums umgibt Richards letzte tollkühne Attacke. Er schwingt sein Schwert und läßt es auf die dichtgedrängten Scharen seiner Feinde niedersausen. Er tötet einige Männer und kommt Heinrich gefährlich nahe. Niemand, nicht einmal Thomas Morus, hat jemals Zweifel an Richards Mut geäußert. Bei Bosworth Field war er der aufrechte König, der den Zweikampf mit dem Führer des feindlichen Heeres sucht, wie es so viele Könige jener ritterlichen Zeiten versprochen haben, ohne es jemals zu tun. Richard war dazu bereit; der Ausgang der Schlacht sollte durch einen Zweikampf der beiden Männer entschieden werden, die der Streit am meisten anging. Aber Heinrich Tudor war kein ritterlicher Kämpfer. Seine Leibgarde tat ihre Pflicht, und Richard starb unter den Hieben geübter Schwertkämpfer, die Verstand genug hatten, die in Büchern gepriesenen Ideale der Ritterlichkeit nicht zu wörtlich zu nehmen.

Der Sage nach wurde Richards goldene Krone, ohne die er nicht in die Schlacht ziehen wollte, nach seinem Fall an einem Heckenrosenstrauch hängend gefunden. Man setzte sie dem Sieger auf, und Heinrich Tudor ließ sich von seiner Armee auf dem Schlachtfeld bejubeln. Anschließend ritt er als der neugekrönte Heinrich VII. nach London. Der kleine siebenjährige Thomas Morus muß in der Menge gestanden haben, die den neuen König in den Straßen der Stadt begrüßte. Unter Heinrichs Herrschaft wuchs Morus zum Mann heran und lernte, ihn zu verabscheuen.

Heinrich VII. regierte so vorsichtig, wie er Krieg geführt hatte. Er vermied, mit fremden Mächten Bündnisse einzugehen und so in auswärtige Konflikte hineinzugeraten, und arbeitete gleichzeitig daran, seinen Thron zu sichern, wobei er sparsam wirtschaftete. Als er an die Macht kam, hatte er keinerlei Erfahrung in finanziellen Angelegenheiten, aber er scharte eifrige und energische Mitarbeiter um sich, die wußten, wie man Geld eintreibt und wie man damit umgeht. Sie führten keine großen Neuerungen im Verwaltungsapparat ein, aber sie nutzten die vorhandenen Einrichtungen, wie sie noch niemand zuvor genutzt hatte. Heinrich VII. war geizig, vielleicht sogar pathologisch habgierig, und äußerst mißtrauisch gegenüber dem englischen Adel, der ihm, wie er wußte, ebenso gleichgültig gegenüberstand wie zuvor Richard III. Er forderte von vielen Adligen enorme Kautionen, um ihre Loyalität sicherzustellen, und seine Übergriffe auf Personen und Besitz einiger bedeutender Männer im Königreich versetzte sie alle in Furcht.[10] Er schlug entschlossen zu, wenn er jemanden eines Verrats verdächtigte, und je älter er wurde, desto tiefer wurde sein Argwohn gegenüber der ganzen Welt. Thomas Morus hielt ihn für einen Tyrannen, und viele Engländer pflichteten ihm verdrossen bei.

Aber Heinrich brachte England Stabilität. Es gelang ihm, Steuern und Abgaben einzutreiben, dem Adel Lehensverpflichtungen aufzuerlegen und verschiedene Aufstände niederzuschlagen. Er sicherte sich die widerwillige Treue seiner Untertanen und brachte es zuguterletzt sogar fertig, im Bett zu sterben. Er begründete die mächtige Dynastie, die England das ganze sechzehnte Jahrhundert hindurch regieren sollte. Seine Gebeine ruhen noch in der Gruft, in die sie nach seinem Tod gebracht wurden. Das hervorstechende Merkmal ist eine erstaunlich lebensnahe Nachbildung des Verstorbenen durch Torrigiano in der Grabkapelle mit dem prachtvollen Fächerpalmengewölbe, die Heinrich der Westminster Abbey anfügte. Daß seine Gebeine dort so lange ungestört ruhten, ist ein Zeichen der Anerkennung für seine fortdauernden Leistungen.

Heinrich brachte nicht nur politische Stabilität, sondern auch wirtschaftlichen Wohlstand für Kaufleute und Handwerker; unter seiner Herrschaft stieg England zu einer Macht auf, mit der die kontinentalen Mächte rechnen mußten. Außerdem weckte England in wachsendem Maße die Neugier von Ausländern, insbesondere von Italienern, die auf ihren Seefahrtswegen zwangsläufig bis zu dem Inselvolk vorgedrungen waren.

Um das Jahr 1500 besuchten einige Reisende aus Venedig England, vermutlich Kaufleute. Einer von ihnen, wahrscheinlich ein Sekretär, schrieb für seinen Dienstherrn einen langen Bericht über ihre Reise. Der Text ist erhalten, auch wenn die Namen des Autors und des Auftraggebers verloren sind. Er vermittelt uns einen Einblick in die urbane Welt des jungen Thomas Morus, in die stolze, pulsierende Gesellschaft unter der Regierung Heinrichs VII.

Den Autor überraschte der in London zur Schau gestellte Reichtum, besonders in den Läden der Gold- und Silberschmiede am «Strand»: er habe diese Edelmetalle noch nirgendwo sonst in solchem Überfluß gesehen. Er bemerkte, daß die Engländer tief religiös seien, und zählte die Kostbarkeiten ihrer Reliquienschreine auf, insbesondere des Schreins von Thomas Becket in Canterbury, dem größten von allen, doch neige das englische Volk zur Ketzerei.

Offensichtlich hatte er Menschen kennengelernt, die gut von John Wycliffe sprachen und schlecht vom Papst. Wycliffe, Englands berühmtester Häretiker, war schon seit 1384 tot, aber sein Ruhm hatte Bestand und seine Anhänger waren noch aktiv. Er war Theologe an der Universität in Oxford gewesen und lehnte die zu seiner Zeit üblichen, ausschweifenden philosophischen Spekulationen zur Theologie ab. Diese Spekulationen hatten seiner Meinung nach schon viele Menschen dazu gebracht, Glauben und Vernunft für unvereinbar zu halten. Wycliffe las über Augustinus und die Bibel und gegen die Aristoteliker, die jene Lehrmeinungen, denen zufolge Gott durch das Studium der Schöpfung erkannt werden könne, maßgeblich bestimmten. Wycliffe lehrte im Gegensatz zu solchen Anschauungen, daß Wissen ein Geschenk Gottes sei und daß Gott Ideen erst in unseren Verstand legen müsse, ehe wir überhaupt irgend etwas wissen könnten.

Er war ein hervorragender Prediger, sowohl in lateinischer wie in englischer Sprache, und in ihm kündigte sich die Richtung des englischen Puritanismus an, der dann in der Reformation endgültig zum Durchbruch gelangte. Er haßte die Laster des Klerus, insbesondere die der Mönche und Bettelmönche, die damals schon allgemein verspottet wurden. (Wycliffe war ein Zeitgenosse Chaucers.) Er glaubte, daß eine christliche Regierung Geistliche dem Gericht vorführen solle, deren Lebensführung nicht ihrem Berufsstand entsprach, und er lehrte, daß es besser sei, die Bibel zu lesen, als dem Papst zu gehorchen. Zu Beginn seines Lebens hatte sich das aus Rom verbannte Papsttum in Avignon an der Rhône eingerichtet und wurde von den Engländern weitgehend als gefügiges Instrument des Königs von Frankreich betrachtet. Noch bevor Wycliffe starb, hatte das Große Schisma die katholische Kirche zerrissen, und zwei Päpste, der eine in Rom, der andere in Avignon, schleuderten wütende Bannsprüche gegeneinander, sehr zum Ärgernis der Frommen, die glaubten, daß die wahre Kirche das faltenlose Gewand Christi sei. Wycliffe lehrte, die wahre Kirche sei keine Institution, sondern eine geistige Gemeinschaft. Er fuhr fort, das Papsttum anzuprangern, und wies auch die katholische Transsubstantiationslehre zurück, nach der sich Brot und Wein in der Messe in das wirkliche Fleisch und Blut Jesu verwandeln, auch wenn die beiden Substanzen (durch ein weiteres Wunder) nach wie vor den Geschmack, den Geruch, das Aussehen und die Beschaffenheit von Brot und Wein hätten. Er mußte Oxford verlassen, aber unter dem Schutz von John von Gaunt, dem mächtigen dritten Sohn Eduards III., starb er eines natürlichen Todes. Seine Anhänger wurden von der Lancaster-Regierung Heinrichs IV., dem Sohn des John von Gaunt, erbittert verfolgt. Heinrich hatte den Thron von Richard II. mit Gewalt an sich gerissen und wollte dies damit rechtfertigen, daß er die Häretiker unbarmherzig geißelte.

Die Erinnerung an Wycliffe wurzelte tief im englischen Volk, und weder Heinrich IV. noch die katholischen Autoritäten konnten sie auslöschen. Einige der Mitstreiter Wycliffes hatten die lateinische Vulgata ins Englische übersetzt. Die Regierung wie auch die Bischöfe hatten getan, was sie konnten, um alle Exemplare des Buchs zu vernichten, aber heimlich zirkulierten Kopien des Manuskripts fast überall, besonders im Süden. Die Lollarden, wie Wycliffes Anhänger genannt wurden, fanden bereitwillige Zuhörer sowohl unter den Bauern in abgelegenen Gebieten als auch bei vielen Kaufleuten in London. In den Reden der Kaufleute, die der Ansicht waren, die Kirche Roms sauge Geld aus England heraus, witterte der italienische Reisende vermutlich Ketzerei.

Alles in allem bewunderte der Italiener England, ohne die Engländer sympathisch zu finden. Er hielt sie für unerträglich arrogant und engstirnig:

> Sie meinen, daß es außer ihnen keine anderen Menschen gibt und keine andere Welt außer England. Und wenn sie einen gutaussehenden Ausländer sehen, dann sagen sie, er sehe aus wie ein Engländer, nur schade, daß er kein Engländer sei, und wenn ein Ausländer durch feines Benehmen auffällt, dann fragen sie ihn, ob dies auch in *seinem* Land üblich sei.

Sein gutes südländisches Herz aber verletzte am meisten, daß die Engländer ihren Kindern offensichtlich wenig Zuneigung entgegenbrachten. Wenn die Kinder sieben oder höchstens neun Jahre alt waren, schickten ihre Eltern sie zu einer anderen Familie, wo sie als Diener der Hausherren leben mußten. Als die Reisenden aus Venedig sich nach den Gründen für dieses widernatürliche Verhalten erkundigten, wurde ihnen gesagt, daß Kinder im Haushalt anderer gutes Benehmen besser erlernen würden. Aber der Autor meinte, die Engländer seien bloß eigensüchtig. Sie wollten alle Freuden des Lebens genießen und meinten, die Kinder anderer würden sie besser bedienen als die eigenen.

Aus welchem Grund auch immer, John More schloß sich der Sitte an und schickte seinen Sohn Thomas zu einem Mann, der ihm beim Aufbau seiner Karriere helfen konnte, und er traf für seinen Sohn eine außergewöhnlich gute Entscheidung. Um 1490 brachte er den Jungen in die Obhut von John Morton, dem Bischof von Ely, der später Erzbischof von Canterbury und bald darauf Kardinal wurde. Wenn ein Junge vielversprechende Anlagen zeigte, dann war John Morton der Mann, der ihm die Gelegenheit verschaffen konnte, diese Anlagen auch zu entfalten.

Historiker sind nicht sonderlich freundlich mit John Morton umgegangen. Es gibt keine gute Biographie von ihm, und an seinem Namen haftet ein Makel. Forscher, die nach anderen Erkenntnissen suchten, haben seine kraftvolle Gestalt flüchtig durch die vergilbenden Dokumente dieser Zeit streifen sehen, und wenn sie einmal genauer hinsahen, um sich ein Urteil über ihn zu bilden, dann fiel es meist hart aus. So schrieb Paul Murray Kendall, der bedeutendste moderne Verteidiger König Richards III., über Morton: «Wie viele andere seines Jahrhunderts vertrat er die Sache der Kirche nur, um selbst in der Welt vorwärtszukommen.»[11]

Professor Kendalls Urteil ist geprägt von einem Anflug von Unverständnis und modernem moralischem Empfinden. Kendall lebte in unserer Welt, in einer Zeit, in der sich das Weltliche und das Religiöse so weit voneinander entfernt haben, daß er nicht mehr verstehen konnte, wie in ein und derselben Haut ein religiöser und ein politischer Mann stecken konnten, was im Mittelalter durchaus möglich war. Morton war in der Tat ein politischer Mann, daran kann kein Zweifel bestehen, talentiert im Aushecken von Intrigen und in der Kunst des Überlebens, und seine Zeitgenossen berichten nichts davon, daß er sich häufig ins Gebet versenkt hätte.

Als er aus dem Dunkel heraustritt, das seine Jugend umgibt, entdecken wir einen glühenden Anhänger der untergehenden Sache Heinrichs VI. aus dem Hause Lancaster. Bei der Schlacht von Tewkesbury im Jahre 1471 begleitete Morton die beherzte Frau dieses Königs, Margarete von Anjou. Heinrichs Armee wurde niedergemetzelt, und der Junge, der angeblich Heinrichs Sohn war, auf der Flucht erschlagen. Kurz darauf wurde Heinrich selbst in den Londoner Tower geworfen und ermordet. Mit seinem Tod schien das Haus Lancaster fürs erste an seinem schimpflichen Ende angelangt zu sein.

Ein religiöses Motiv für Mortons Treue zu Heinrich IV. wäre durchaus denkbar. Könige waren von Gott eingesetzt. In Mortons Welt kam die Erhebung gegen einen König von Gottes Gnaden beinahe einer Gotteslästerung gleich, die nicht nur ein todeswürdiges Verbrechen war, sondern auch ewige Verdammnis in der Hölle bedeutete. Morton brachte Opfer für die Sache von Lancaster. Er hängte sein Mäntelchen nicht nach dem Wind. Mehr als einmal mußte er ins Exil, verarmte und geriet in Lebensgefahr. Er lernte die Bitternis der Einsamkeit und Erniedrigung in Frankreich kennen, aber in Bedrängnis und Gefahr schwankte er nie in seiner Hingabe an die Sache Lancasters, solange auch nur die geringste Hoffnung bestand, daß Heinrich IV. seinen Thron erhalten konnte.

Obwohl jede Rebellion theoretisch einen Verstoß gegen göttliches Gebot bedeutete, mußten Theologen doch ihre Autorität in der Lehre mit ihren

Erfahrungen in Einklang bringen. Wie war es zu interpretieren, wenn eine Rebellion erfolgreich war, wie die des Eduard von York, und der alte König abgesetzt und getötet wurde? Gott mußte mit solchen Geschehnissen einen Zweck verfolgen, sonst waren sie völlig unverständlich. Also wurde der Rebell, dem es gelang, den Thron an sich zu reißen und all seine Gegner zu besiegen, als Werkzeug Gottes auf dem geheimnisvollen Pfad der Vorsehung durch die Geschichte angesehen. Und nach Tewkesbury, als Eduard IV. auf dem Thron saß und Heinrich im Grabe lag, schloß Morton Frieden mit dem, was geschehen war. Der neue König amnestierte ihn. Eduard war nicht rachsüchtig und erkannte einen guten Mann, wenn er einem begegnete. Sein Entschluß erwies sich als voll und ganz gerechtfertigt; Morton diente ihm sehr gut und versuchte auch später, seinen Kindern treu zu dienen.

Als Richard die Macht ergriff, geriet Morton in tödliche Gefahr. In Morus' *Geschichte König Richards III.*, fast ein Jahrzehnt nach Mortons Tod geschrieben, ist der Bischof eine der Hauptfiguren in dem Drama. Richard stellte bei seinem Sturm auf den Thron Morton unter Arrest und übergab ihn Heinrich Stafford, dem Herzog von Buckingham, zur sicheren Verwahrung. Buckingham hatte sich mit Richard verschworen, die beiden jungen Söhne von Eduard IV. nicht zur Thronfolge zuzulassen und sie unter Umständen auch zu töten. Aber dann, im August 1443, nur wenige Monate nach Richards Krönung, führte Buckingham selbst einen Aufstand an. Doch die Flüsse traten über ihre Ufer, es gelang ihm nicht, genügend Truppen auszuheben, und sein Aufstand endete im Fiasko. Er wurde ergriffen und ohne viel Federlesens bei Salisbury enthauptet.

Morton floh auf den Kontinent und schloß sich schließlich Heinrich Tudor an, der von seiner Mutter, Margaret von Beaufort, Lancaster-Blut in seinen Adern hatte – ein Erbe, dem zwar der Makel der unehelichen Geburt anhaftete, das aber dennoch ausreichte, um bei Morton die alte Lancaster-Treue wiederzuerwecken. Morton gelang es, Heinrich vor einer Verschwörung gegen seine Freiheit und sein Leben zu warnen. Sein flinker Bote war Christopher Urswick, ein junger Kleriker, der leidenschaftlich gern ritt und jagte und damals Margaret Beaufort als Agent diente.[12] Später wurde Urswick ein Freund von Thomas Morus, und er war wohl eine entscheidende Quelle für Morus' *Richard III.* Urswick überbrachte die Botschaft, und Heinrich sprengte auf seinem Roß in Sicherheit. So überrascht es nicht, daß der schlaue und treue Bischof nach Heinrichs Triumph einer seiner wichtigsten Berater wurde.

Morus bewunderte Morton und pries ihn überschwenglich, sowohl in der *Geschichte König Richards III.* als auch in *Utopia. Die Geschichte Richards III.* schließt damit, wie Morton Buckingham zu der Rebellion verführt, die den Herzog das Leben kosten sollte, und wie Morton über den Kanal flieht, um geduldig für einen anderen, erfolgreicheren Anwärter auf den Thron zu arbeiten. Er glaubte wohl, daß Eduard IV. ein Werkzeug Gottes zum Sturz von Heinrich VI. war. Aber er konnte nicht glauben, daß Richard mehr als ein Thronräuber war, und der komplizierten christlichen Theologie jener Zeit folgend, glaubten die Leute, daß ein Thronräuber auf der Stelle erschlagen werden dürfe.

Nach Roper war der alte Mann von dem Knaben Thomas Morus ebensosehr beeindruckt wie der Knabe von dem alten Mann. «Wer lange genug lebt, wird sehen, wie aus dem Kind, das hier bei Tisch aufwartet, ein hervorragender Mann wird.» So urteilte er über den jungen Morus, obwohl auch diese Geschichte – wie so viele in Ropers *Life* – eher wie eine Anekdote wirkt. Roper hat sie erzählt, und die Biographen wiederholen sie geflissentlich. Aber woher hatte Roper seine Information? Hatte jemand John More berichtet, was der Bischof gesagt hatte, und hat John More das dann stolz in der Familie weitererzählt, so daß Roper es gehört haben könnte? Oder hat Morus diese Geschichte selbst über sich erzählt?

Bei dieser letzten Frage sollten wir noch ein wenig verweilen. Roper erzählt eine weitere Geschichte, die von den Biographen immer wieder nacherzählt wird, wenn sie über Morus' Zeit in Mortons Haus schreiben. Zur Weihnachtszeit, wenn fahrende Schauspieler Dramen und Singspiele aufführten, mischte sich der junge Thomas Morus oft unter die Akteure und spielte eine spontan erfundene Rolle besser als die Schauspieler ihre eingelernten. Bei solchen Gelegenheiten staunten die Zuschauer über sein Talent und seinen frühreifen Witz.[13]

Das plötzliche Auftauchen dieses selbstbewußten und aufgeweckten Jungen hat die Schauspieler wohl aus der Fassung gebracht. Ich möchte mir hier die Bemerkung gestatten, daß diese Auftritte des Jungen auf einer öffentlichen Bühne kennzeichnend sind für das ganze Leben von Morus, denn stets errichtete er für sich eine Bühne und spielte auf ihr für ein Publikum. In zwei der von ihm geschriebenen Dialoge, *Utopia* und *A Dialogue Concerning Heresies* (Dialog die Häresien betreffend), tritt er unter seinem eigenen Namen auf. In beiden Texten stellt er sorgfältig seine bedeutende Stellung in der Welt dar, seine Rolle als Diener des Königs – ein vielbeschäftigter Mann mit wichtigen Aufgaben. In dem *Dialogue of Comfort Against Tribulation* (dt. Trost in Trübsal), den er im Kerker angesichts des Todes schrieb, erscheint er in der leicht durchschaubaren Verkleidung des «Anthony» als ein frommer, alter, kranker Mann in Ungarn, der auf die Ankunft des Großen Türken wartet. Dieses Werk schrieb er für seine Familie und seine engsten Freunde; mit dem Namen «Anthony» spielt Morus auf einen der berühmtesten Märtyrer und Heiligen der Christenheit an, auf den Heiligen Antonius, der in der Wüste mit den Dämonen rang. Wenigstens ein Teil der beharrlich wiederholten Darstellung von Morus als Heiligen, die von Roper, Harpsfield, Stapleton und ihren weniger bedeutenden Nachfolgern so liebevoll fortgesetzt wurde, geht also auf Morus zurück, denn er selbst spielte diese Rolle auf der Bühne, die er sich mit seinen Werken errichtet hatte. Seinen Kindern war er ein guter Vater, und er bemühte sich, den gebildeten Europäern durch verschiedene öffentliche Verlautbarungen mitzuteilen, was für ein guter Vater er war. Am Ende seines Lebens verwandelte er das Schafott gekonnt in eine Bühne und spielte seine Rolle für die Menge, die gekommen war, um ihn sterben zu sehen.

Wenn wir nach Ropers möglichen Quellen fragen, dann finden wir Geschichten, die, sofern sie wahr sind, nur von Morus selbst stammen können. Es ist zwar möglich, daß es John More war, der die Huldigung von Kardinal Morton tradiert hat, aber andere Dinge lassen sich nicht so einfach erklären. So betrachtet erscheint Morus als ein Mann der bewußten Gebärde, der stets versuchte, eine Rolle zu spielen, in der ihn die anderen bewundern und beklatschen sollten.

Wer diese mit verblüffender Beharrlichkeit gepflegte Neigung hervorhebt, braucht Morus jedoch ihretwegen nicht zu verurteilen. Die zu Morus' Zeit wiederentdeckten Erziehungsmethoden der klassischen Antike sahen das persönliche Beispiel als ein bewährtes Mittel der Belehrung an. Die Literatur der Antike enthält zahllose Geschichten von guten Menschen, die man nachahmen, und von schlechten, deren Beispiel abschreckend wirken soll. Diese Erziehungsmethode führt zwangsläufig dazu, daß die jungen Leute, die sie ernst nehmen, selbst ein beispielhaftes Leben führen und es zu einer Geschichte stilisieren, die wieder andere zum Exemplum nehmen können.

Für die Philosophie der Antike kann nur ein öffentliches Leben ein mustergültiges Leben sein. Doch Morus wurde vermutlich in den beiden Jahren, die er im Haus des Erzbischofs von Canterbury verbrachte, in den Zauberbann mittelalterlicher Frömmigkeit geschlagen. Zweifellos war er häufig mit Morton in Canterbury, wo er erlebte, wie sich die Pracht der alten Liturgie der Kirche bei Kerzenlicht, mit Choralgesang, in der Prozession und unter Glockenklang im hallenden Gewölbe der großen Kathedrale entfaltete, und wo er von Priestern und betenden Mönchen umgeben war. Die rasch verflossenen Jugendjahre bei Morton bilden doch aller Wahrscheinlichkeit nach den Ausgangspunkt seiner ernsten Liebe zu Gott und der Kirche, die den Rest seines Lebens kennzeichnen sollte, auch wenn sich ein Junge mit anderem Temperament aus dieser Erfahrung heraus in eine ganz andere Richtung entwickelt haben könnte.

Morus nahm all die ewigen Wahrheiten ernst, die durch die sinnlichen Rituale der Kirche symbolisiert wurden und die den Geist anrührten, durch den Vollzug der Liturgie zu göttlicher Vollkommenheit und zum Reich Gottes aufzusteigen. Er sollte sich zu einem Mann mit lebhafter Vorstellungskraft und einer Erzählergabe entwickeln, die für die Zeit von Chaucer bis Shakespeare unübertroffen blieb. Er wurde immer wieder, wie z. B. von

Chambers, mit Sokrates und Swift verglichen, doch zutreffender wäre, ihn neben John Bunyan und James Joyce zu stellen, die wie er die verblüffende und erschreckende Kraft besaßen, Himmel und Hölle, vor allem aber die Hölle heraufzubeschwören. So sollte Morus mit seiner Vorliebe für dramatische Auftritte in ein weit erhabeneres Schauspiel verstrickt werden als in ein Weihnachtsspiel, aufgeführt von wandernden Komödianten. Das Drama, das er unter der Obhut von Morton sah, war das Drama von Sünde und Erlösung, von Leben und Tod, vom Jüngsten Gericht, von Seligkeit und Verdammnis, Gott und dem Satan. Ein sensibler einsamer Junge, fern von zu Hause und den Kopf voll verwirrender Eindrücke, fühlte sich hingezogen zu einem Leben der frommen Kontemplation Gottes und der Vorbereitung auf den Tod.

Aber der gleiche Junge liebte das Lob, die Aufmerksamkeit und die Bewunderung der Menschen in seiner Umgebung. Sein ganzes Leben hindurch wiederholte er stets gerne die lobenden Worte, die andere über ihn gesagt hatten, und er neigte dazu, seine Demut öffentlich zur Schau zu stellen. Seine Roben trug er mit einer Achtlosigkeit, als wolle er ausdrücken, daß ihm das hohe Amt nicht zu Kopf gestiegen sei. Er betonte gerne seine Abneigung gegen die goldenen Amtsketten und legte sie nur an, wenn es notwendig war, aber dann ließ er die Leute auch wissen, daß er sie tragen mußte, auch auf dem Gemälde von Holbein trägt er eine schwere Amtskette. In Briefen, die er veröffentlichte, pries er das einfache Leben und beklagte, daß ihn die Hofgeschäfte von innerer Einkehr und geistigen Studien abhielten. Doch zugleich ergriff er jede Gelegenheit zur Karriere und damit zu einem unruhigen Leben. Er behauptete, er habe seine Bücher gar nicht zur Veröffentlichung bestimmt, seine Freunde aber hätten ihn dazu gedrängt oder Bewunderer hätten seine Werke ohne sein Wissen und seine Einwilligung gedruckt. Doch wenn irgend jemand seine Schriften kritisierte, dann verteidigte er sie wütend, manchmal fast hysterisch, und wir wissen einiges über die Mühen, die er bei Veröffentlichungen auf sich nahm. Seine Zeitgenossen sollten von ihm denken, er tue seine Pflicht um ihrer selbst, nicht um der Belohnung willen. Und doch hatte er beträchtliche Einnahmen, er lebte gut, er war wohlhabend, wenn nicht gar reich. Wenn er eine Belohnung erhielt, bestand er pflichtschuldig und lautstark auf seiner Unwürdigkeit – ein Kunstgriff, der dazu diente, die Leute auf die Belohnung aufmerksam zu machen. Immer wieder sehen wir, wie der kleine Junge zwischen die Schauspieler tritt und seine Rolle selbst wählt, während das Publikum applaudiert. Die Sehnsucht danach, Gott einerseits und einem Publikum andererseits zu gefallen, war sicher einer der Gründe für den inneren Zwiespalt in seinem Charakter.

Er bekannte sich stets offen zu seiner Zuneigung zu John Morton, und wir dürfen vermuten, daß Morton seinerseits dem jungen Thomas Morus zugetan war; die meisten Menschen, die Morus gut kannten, liebten ihn Man kann sich den alten Erzbischof sehr gut vorstellen, nach siegreichen Schlachten auf der Höhe des Erfolgs: ein Mann, der vom Leben nichts mehr zu hoffen hat, als diesen klugen Jungen gefühlsmäßig zu adoptieren und ihm die Liebe und Zuwendung zu schenken, die er eigenen Kindern nie schenken konnte, und ihm Geschichten über die Vergangenheit zu erzählen.

Roper erzählt, Morus sei auf Mortons Einfluß hin nach Oxford gegangen. Morton hatte sich immer schon für die stille Universität interessiert, die in der kleinen Stadt an der oberen Themse blühte. Wenn alles nach Mortons Wunsch ging, dann lebte Morus wahrscheinlich in Balliol, Mortons College in Oxford. Laut einer Familienüberlieferung aus neuerer Zeit soll er im Canterbury College gewohnt haben. Die Urkunden, die dieses unwichtige Rätsel lösen könnten, sind schon seit langem verschwunden.

Morus schrieb sich vermutlich um 1492 als Vierzehnjähriger an der Fakultät der Freien Künste ein, also im damals üblichen Alter für dieses Studium. Roper berichtet, John More habe seinen Sohn immer nur mit einem schmalen Taschengeld ausgestattet. Wir können annehmen, daß es John More wie vielen Kaufleuten damals und heute ging. Der Zwang, standesgemäß zu leben in einer Welt, in der nur der Stand zählt, brachte sie an die Grenzen ihrer finanziellen Mittel. Er mußte seinen Wohlstand in London öffentlich zur Schau stellen, damit ihm die Menschen Vertrauen schenkten, und so blieb ihm vermutlich wenig für seinen – dem öffentlichen Blick entzogenen – Sohn in Oxford.

Thomas Morus wurde ein erfolgreicher Mann, der seiner großen Familie alles bieten konnte. Und doch pries er stets das einfache Leben und verdammte das Streben nach Reichtum, das für seine Welt kennzeichnend war. Auch hier prägte vermutlich wieder John More die Lebenshaltung seines Sohnes. Einerseits hörte Thomas viel über Geld und fühlte sich nun gezwungen, viel zu verdienen, um die Anerkennung seines Vaters zu erlangen. Aber ihn bedrängte auch die Frage, warum die Welt so sein müße. In *Utopia* rebellierte er dann literarisch gegen den Lebensstil des Bürgertums, gegen den er im Alltag nicht rebellieren konnte.

Oxford blieb in seiner Erinnerung eine Stätte eiserner Disziplin und kargen Lebens. Roper erzählt von einer kleinen Unterredung, die Morus nach seinem Rücktritt als Lordkanzler 1532 mit seiner Familie führte. Er wollte seinen Angehörigen klarmachen, was der Einkommensverlust bedeutete. Er hoffte, daß sie alle weiterhin zusammenleben könnten, auch wenn das Leben jetzt schwer werden würde und sie alle mithelfen müßten. Sicher könnten sie es durch einfacheres Leben schaffen. Er rekapitulierte sein Leben von Oxford bis zum Königshof und deutete an, daß sie alle diese Leiter Stufe um Stufe wieder hinabsteigen könnten, ganz wie es ihnen die Not gebieten würde. Sie könnten bis zur Stufe des Lincoln's Inn hinuntersteigen, wo

Morus sein Studium der Rechte abgeschlossen hatte, und falls sie sich auf dieser Ebene nicht halten konnten, so würden sie weiter absteigen zum New Inn, wo er einst seine juristische Ausbildung begonnen hatte. Falls ihnen auch das unmöglich sein sollte, so konnten sie «auf die Oxforder Kost zurückgreifen, mit der viele ernste, gelehrte und betagte Patres zu leben verstehen. Und falls unsere Fähigkeit zum Sparen uns auch dort nicht Unterhalt schafft, dann können wir noch mit Beuteln und Taschen gemeinsam betteln gehen und darauf hoffen, daß gute Leute uns aus christlichem Erbarmen Almosen geben, und können vor jeder Tür ein *Salve Regina* singen und so beieinander bleiben und gemeinsam fröhlich sein». Daraus können wir unter anderem entnehmen, daß er sich nach der Oxforder Kost nur noch ein Leben aus dem Bettelsack vorstellen konnte.

In Oxford hat Morus vermutlich das Studium der Grammatik, Logik und Rhetorik, das er an der St. Anthony's School begonnen hatte, fortgesetzt und ist dann auch zum *quadrivium*, den restlichen vier Freien Künsten, übergegangen. Das *quadrivium* umfaßte die vier mathematischen Fächer Arithmetik, Musik, Geometrie und Astronomie. Morus beschäftigte sich auch in seinem weiteren Leben mit diesen mathematischen Studien, stellte sie jedoch nicht in den Mittelpunkt seiner Interessen. Seine Kenntnisse der Arithmetik reichten aus, um seine Konten zu führen, und seine musikalische Ausbildung befähigte ihn, beim geistlichen Chorgesang mitzuwirken, was damals bei Wechselgesang und Chorälen großes Können voraussetzte. Diese dem Gebet verwandte Musik liebte er bis zu seinem Tod. Erasmus schrieb in seinem Brief an Hutten im Jahre 1519 über Morus' Liebe zur Musik und fügte wenig galant (wie wir gesehen haben) hinzu, daß Morus kein Talent zum Singen habe. Seiner zweiten Frau wollte Morus am Virginal Unterricht geben. Dieses im 16. Jahrhundert verbreitete Instrument, eine Art Zither, galt für Damen als besonders passend, weil es zu Hause gespielt werden konnte.

Die Geometrie der Zeit war identisch mit der Geometrie Euklids, die im dritten Jahrhundert vor Christus dominierte. Euklids großes Lehrbuch *Die Elemente* erschien nach der Erfindung des Buchdrucks in zahlreichen Ausgaben und erlangte im sechzehnten Jahrhundert in ganz Europa Berühmtheit. Dieses Werk bildete die Grundlage für die neue Blüte der Mathematik in jener Zeit.

Doch bereits im Bildungsschatz des Mittelalters hatte Euklid einen festen Platz. Sein Werk hatte nicht nur praktischen Wert, sondern regte auch zu philosophischen Reflektionen an. Euklid schien den menschlichen Geist so nahe wie möglich an unbezweifelbare Wahrheiten heranzuführen. Sein Prinzip, daß Parallelen sich nie schneiden können, oder sein Axiom, daß die Gegenwinkel am Schnittpunkt von zwei Geraden gleich groß sind, schienen über jeden Zweifel erhaben. Dante benutzt im *Paradies* ein Bild von Euklid als Beispiel für göttliches Wissen.[14]

Als Morus später den katholischen Glauben gegen die Häretiker verteidigte, stellte er fest, daß der Glaube nicht dasselbe sei wie die Euklidsche Geometrie.[15] Seine Erklärung spiegelt ein antikes Paradox in der Wissensproblematik wider: Je wichtiger uns etwas ist, desto weniger sicher können wir uns dessen sein. Morus versuchte das Paradox zu durchbrechen, indem er den Glauben auf eine Ebene über der Vernunft stellte. Er siedelte die Religion jenseits der Zweifel an, die von der Vernunft angemeldet werden.

Die Astronomie beruhte auf Ptolemäus von Alexandria, dessen Werk aus dem zweiten Jahrhundert nach Christus die wissenschaftlichen Erkenntnisse der antiken Welt über das Himmelsgeschehen zusammenfaßte. Ptolemäus entwarf eine gewaltige und wunderschöne Maschinerie, die sich nicht nach den Launen der Götter, sondern in Einklang mit mathematischen Prinzipien bewegte. Seine Welt, das war eine Erde, die mit prachtvoller Ruhe inmitten eines Universums hing, das nach modernem Verständnis winzig klein war. Die Sonne, der Mond, die Planeten, sie kreisten alle in voneinander geschiedenen, hohlen gläsernen Sphären um die Erde. Außerhalb dieser Sphären war eine letzte Kugel, an der die Fixsterne hingen, und jenseits dieser Kugel war dann den christlichen Auslegern der Ptolemäischen Gedanken zufolge der eigentliche Himmel, der im blauen empyreischen Feuer erstrahlte.

Morus zerbrach sich später den Kopf über eines der klassischen theoretischen Probleme innerhalb des Ptolemäischen Weltbilds. Wenn ein Loch durch den Mittelpunkt der Erde gebohrt werden könnte, würde dann ein Stein, den man hineinwirft, in der Mitte anhalten und wie die Erde selbst ohne sichtbare Stütze frei im Raum schweben? Morus' Geist umfaßte ein weites Gebiet spielerischer Spekulation, und anscheinend beschäftigte er sich unter Freunden gerne mit solchen Rätseln.[16]

Er kannte auch die Gestirne. Roper erzählt, daß Heinrich VIII. Morus besonders gerne auf das Dach des Palastes führte, wahrscheinlich in Greenwich, wo heute das Royal Observatory steht, um sich dort mit ihm über die Sterne und die Bahnen der Planeten zu unterhalten. Doch Morus glaubte nicht, daß man aus den Sternen etwas über das Geschehen auf der Erde erfahren könnte, und er machte sich über die Beschäftigung mit der Astrologie lustig. Die Astrologie als Nebengebiet der Astronomie kam mit dem Glauben an das geschlossene Universum des Ptolemäus zu höchstem Ansehen.

Die Menschen des 16. Jahrhunderts hatten sich die antike Ehrfurcht und Verwunderung bewahrt, die von alters her mit dem Blick gen Himmel verbunden war. Sie staunten über die majestätischen Bahnen der Himmelskörper im Raum. Bevor die Städte nachts künstlich erleuchtet wurden, versank die Welt mit dem Untergang der Sonne in tiefer Dunkelheit, und selbst Stadtbewohner fühlten eine Nähe zum himmlischen Geschehen, die wir kaum mehr nachvollziehen können. Viele Christen glaubten, daß Gott, da er nun einmal die Sterne auf ihre Bahnen gebracht habe, auch einen Zweck damit verfolgt haben müsse. Dem Menschen war die Herrschaft über die Erde aufgetragen. Gott regierte den Himmel, und Gott tat nichts ohne tieferen Sinn; Himmel und Erde waren vielfältig miteinander verbunden. Wenn die Menschen die Dinge nur mit der richtigen Andacht betrachteten, dann konnten sie überall göttliche Zeichen entdecken. Die Sterne bewegten sich in ihren Bahnen, wie es Jahrhunderte zuvor von Ptolemäus mathematisch beschrieben worden war, und im ptolemäischen System geschulte Astronomen konnten mit verblüffender Genauigkeit dramatische Himmelsereignisse wie Sonnenfinsternisse oder Planetenkonjunktionen vorhersagen. Deshalb erschien die Annahme vernünftig, daß die Sterne das menschliche Geschick bestimmen oder beeinflussen. Astrologen glaubten, daß sie die Zukunft eines Kindes genau wie eine Konjunktion oder Sonnenfinsternis vorhersagen könnten, solange sie nur den genauen Augenblick der Geburt kannten.

Morus war einer der wenigen, die astrologische Zukunftsprognosen als albernen und schädlichen Aberglauben ablehnten. Allerdings wuchs die Zahl derer, die über die Astrologie spotteten, weil die Vorhersagen konkurrierender Astrologen einander oft widersprachen und häufig alle Astrologen sich als falsche Propheten entpuppten. Schon lange vor Morus hatte der Heilige Augustinus, Bischof von Hippo (354 – 430), die Astrologen des späten römischen Reichs verspottet. Er wies darauf hin, daß eineiige Zwillinge, die unter den gleichen Sternzeichen und Aszendenten geboren wurden, oft ein sehr unterschiedliches Schicksal hatten. Augustinus vertrat die Ansicht, daß die Astrologen Gott lästerten, weil sie Dinge zu wissen vorgaben, die nur Gott allein wissen konnte. Morus glaubte, daß die Menschen auch eigene Verantwortung für ihr Geschick übernehmen müßten, und hätte deshalb die Astrologie schon ihres Determinismus' wegen abgelehnt, doch er hat über diese «Wissenschaft» im wesentlichen nur bemerkt, sie sei dumm und falsch.

Den Einfluß von Oxford auf Morus können wir nicht präzise bestimmen, da wir so wenig über seinen Aufenthalt und über die Universität selbst zu dieser Zeit wissen. Morus hatte – wie wir häufig feststellen können – eine kritische und süffisante Haltung gegenüber der distanzlosen Begeisterung der breiten Masse. Astrologie war ein Gegenstand solcher Begeisterung, und die Annahme erscheint plausibel, daß er in Oxford sowohl begeisterte Verfechter als auch vehemente Kritiker der Astrologie kennenlernte. Die damaligen Universitäten würden uns heute unerträglich muffig und einseitig theologisch orientiert vorkommen, aber so entsetzlich langweilig sie auch gewesen sein mögen, sie waren Stätten, an denen Menschen Ideen diskutierten und etwas über Beweisführung und Sachverhalte lernten.

Wichtiger ist, daß Morus in Oxford zu der traditionalistischen Einstellung gekommen sein könnte, die wir in vielen seiner Schriften finden, obwohl natürlich sein Charakter ihn möglicherweise an jeder Schule zum Traditionalisten gemacht hätte. Als aufgebrachter ehemaliger Student klagt er 1510 die Universität an, sie sei bei den Griechischstudien im Niveau hinter Cambridge zurückgefallen. Einige Studenten und Universitätslehrer, die sich «Trojaner» nannten, hatten sich zusammengeschlossen, um Griechisch von der Hochschule fernzuhalten. Oxford war konservativer als Cambridge und widersetzte sich jeder Begeisterung für Neuerungen. Man sträubte sich hier gegen alle Bewegungen, die nicht auf einer langen Tradition beruhten. Und paradoxerweise könnte sich dieser Geist auf Morus übertragen haben, denn obwohl er für das Studium des Griechischen war, äußerte er sich weiterhin im konservativen Geiste Oxfords. Neue Ideen wie das Studium des Griechischen und häretische Lehren fanden in Cambridge freundlichere Aufnahme.

Morus verbrachte nur zwei Jahre in Oxford und wurde dann (wie Erasmus berichtet) von seinem Vater zum Weggang gezwungen, weil der fürchtete, sein Sohn könnte sich den Freien Künsten zuwenden statt dem Studium der Rechte. Ein Studium der Freien Künste hätte eine Universitätslaufbahn bedeutet und da alle Universitätslehrer dem Klerus angehörten, hätte Thomas Priester werden müssen. Offensichtlich gefiel John More diese Aussicht ganz und gar nicht, weil er, wie der Vater Martin Luthers, andere Pläne mit dem brillanten Sohn hatte. Morus kehrte nach London zurück und setzte das Studium der Rechte fort, zunächst am New Inn und dann nach zwei Studienjahren am Lincoln's Inn.

Die vier Londoner Rechtsschulen (die Inns of Court) lagen alle nicht weit von der Stelle, wo sich der «Strand» mit dem Kingsway kreuzt. Lincoln's Inn steht noch und hat sich wie ganz London seit Morus' Zeiten stark verändert, obwohl Jurastudenten auch heute zwischen Studium und Gerichtssaal hier ein und aus gehen. Diese Stätte hat sich bis heute etwas vom Geist geschäftiger Ruhe bewahrt, der sie erfüllt haben muß, als der junge Thomas Morus erstmals durch ihre Tore schritt.

Praktisch unser ganzes Wissen über diese Rechtsschulen zur Zeit von Thomas Morus stammt aus der vorzüglichen Schrift von Sir John Fortescue *De laudibus legum anglie* (Über den Glanz der Gesetze Englands; geschrieben um 1470). Fortescue beschrieb die Gründung der Inns und das Leben in ihnen. In seiner Schrift vernehmen wir eine Stimme, die sowohl in den Werken von Thomas Morus als auch in den Geschichten widerhallt, die über ihn erzählt werden.

Nach Fortescue war der wichtigste Anlaß für die Gründung der Inns, daß die Universitätssprache Latein war, während an den englischen Gerichten «Rechtsfranzösisch» gesprochen wurde, ein merkwürdiges Amalgam von Englisch und Französisch, das ein kulturelles Überbleibsel der normannischen Eroberung war. Die Inns waren in der Nähe der obersten Gerichtshöfe gelegen, damit die Studenten bei der Rechtssprechung dabeisein konnten.

Fortescue berichtet, daß das Schulgeld an den Inns hoch war – bis zu dreizehn Pfund, sechs Schilling und acht Pence pro Jahr. Stolz stellt er fest, daß sich die Armen diese Summe nie leisten könnten und daß die Kaufleute ihr Geld dafür nicht ausgeben würden. Deshalb, fügt er hinzu, gebe es kaum einen englischen Rechtsgelehrten, der nicht adliger Abstammung sei. Was wir über Thomas und John More wissen, zeigt deutlich, daß Fortescue übertrieb. Als er *De laudibus legum anglie* schrieb, lebte er mit Heinrich VI. im französischen Exil, wo nur Adlige etwas galten, und deshalb malte er die englische Lilie in den schönsten Farben, um die französischen Gastgeber zu beeindrucken, und vielleicht auch, um seine englischen Leidensgenossen im fremden Land aufzumuntern.

Seine Darstellung der Rechtsschulen hat ihre reizvollen Seiten, denn er beschrieb auch die Akademie, die zu jedem Inn gehörte. Die Jugendlichen lernten hier Gesang, Harmonielehre, Spiel und Tanz sowie ein würdiges Benehmen – womit wohl die ausgeklügelten Begrüßungs- und Höflichkeitsrituale gemeint sind, die zu jener Zeit in den oberen Schichten üblich waren und mit denen sie sich wie mit einer Geheimsprache von niedrigeren Wesen abgrenzten, die nichts von verfeinerten Sitten wußten. Die Überfeinerung dieser Sitten im Ausgang des Mittelalters finden wir in den versteinerten Ritualen der untergehenden österreichisch-ungarischen Monarchie wieder. Es wurde vielfach betont, gerade die Verfeinerung dieses komplexen Verhaltenskanons signalisiere, daß der Adel das selbstverständliche Vertrauen in seine allein in der Geburt begründete, privilegierte Stellung verloren habe. Die Adligen mußten in adligem Benehmen unterrichtet werden, aber wenn adliges Benehmen erlernbar war, konnte es dann nicht jedermann lernen? Und mußte man nicht jeden, der sich wie ein Adliger benahm, auch als Adligen ansehen? Diese Fragen wurden damals diskutiert, ohne daß eindeutige Antworten gefunden worden wären.

Nach Fortescue lasen die jungen Männer an den Rechtsschulen die Bibel und die Chroniken zur Geschichte Englands. John More hatte dieselbe Ausbildung hinter sich und besaß, wie schon erwähnt, eine Kopie der berühmtesten aller Chroniken, nämlich Monmouths *History of the Kings of Britain* (Die Geschichte der Könige Britanniens). Geschichte war für englische Juristen wichtig, weil ihr Common Law oder Gewohnheitsrecht auf völlig anderer Grundlage beruhte als das römische Zivilrecht, das sich überall auf dem Kontinent durchsetzte. Außerdem glaubten sie, daß die Überlegenheit des Common Law durch die Überlegenheit ihrer Vergangenheit erwiesen sei, die sie verklärten, glorifizierten und mystifizierten. Dieses Bild der Vergangenheit war für Heinrich VIII. später ein äußerst wirkungsvolles Werkzeug, als er England aus der römisch-katholischen Gemeinschaft herausriß, der ein italienischer Papst mit angeblich übernationaler Autorität vorstand.

Fortescue betrachtete jeden Inn als eine Schule zur Pflege der Tugend und zur Ausrottung des Lasters. Der Gemeinschaftsgeist war an den Inns so ausgeprägt, daß es als die schlimmste Strafe galt, aus ihnen ausgeschlossen zu werden. Manchmal, berichtet er, schickten Adlige ihre Söhne an die Rechtsschule nur um der Erziehung willen, und nicht, weil ihre Söhne Jura studieren sollten. Die Erziehungsmethoden an den Inns waren wesentlich milder und menschlicher als an den meisten mittelalterlichen Schulen, insbesondere auf dem Kontinent. An den Inns gab es keine Spur der sadistischen Brutalität, die Luther oft erwähnte, wenn er über den Unterricht in Deutschland sprach, oder von der sinnlosen Härte, über die Erasmus in seiner Erinnerung an seinen kurzen Aufenthalt am Montaigu College an der Pariser Universität berichtet. Es ist möglich, daß die Milde seiner eigenen Erziehung an der Rechtsschule Thomas Morus unbewußt bei der Erziehung seiner eigenen Kinder beeinflußte.

Verweilen wir noch ein wenig bei Fortescue. Thomas Morus war Jurist, und nach seiner Rechtsauffassung waren die Gesetze nicht dazu bestimmt, nur zu strafen und Ordnung zu halten, sondern für die Bürger des Gemeinwesens Gerechtigkeit und Billigkeit zu sichern. Natürlich sah das Gesetz Strafen vor, und als Morus dem Ansturm protestantischer Häresie gegenüberstand, rief er lauter als jemand sonst nach einem Gesetz zur Bestrafung der Übeltäter und zur Rettung der Gesellschaft. Aber es ist offensichtlich, daß ihm das Gesetz als Garant der Freiheit ebenso teuer war wie die Strafen als Garanten der Ordnung. Die Engländer waren ein praktisches Volk, das wenig nach der Philosophie fragte, die hinter ihrem Gesetz stand. Fortescue gehört zu den wenigen, die versucht haben, seine Grundprinzipien zu erläutern, und deshalb ist sein Denken auch eine Quelle für das von Thomas Morus.

Fortescues Rechtsauffassung ist «klerikal» genannt worden, und in gewissem Sinne trifft das zu. Er ist der Ansicht, daß das Gesetz heilig sei, daß Rechtsgelehrte eine Art Priesterschaft darstellten und daß alle von Menschen verkündeten Gesetze in Wahrheit von Gott erlassen worden seien. Glückseligkeit, sagt er, sei das höchste Ziel allen menschlichen Strebens, und Stoiker und Epikureer würden gleichermaßen darin übereinstimmen, daß ohne Tugend ein angenehmes Leben nicht zu führen sei. Also müsse wahre Glückseligkeit die Tugend einschließen. Gesetze gewährleisten für Fortescue Gerechtigkeit, und Gerechtigkeit macht die Menschen glücklich. Aber da die Erbsünde unserer Neigung zur Tugend im Wege steht, brauchen wir nicht nur menschliche Kraft, sondern auch göttliche Gnade bei der Suche nach dem durch das Gesetz verkörperten Guten. Gesetze, führt er aus, werden uns durch Gottes Huld gewährt; deshalb sind sie ein Bestandteil der göttlichen Gnade – wie die Erlösung selbst.

Diese Vorstellung war innerhalb der allgemeinen theologischen Rechtsauffassung des Mittelalters nichts Ungewöhnliches. Viele Angehörige des Klerus hatten eine juristische Ausbildung, was die enge Bindung von Recht und Theologie belegt. Thomas Wolsey und Martin Luther waren solche juristisch gebildeten Kleriker. Fortescues Buch könnte Thomas Morus den Grundgedanken einer sehnlichst gewünschten Rechtfertigung geliefert haben, denn er suchte eine heilige Berufung, auch ohne Priester zu werden, und er entdeckte nun im Rechtswesen – angestachelt von seinem Vater – ein geistliches Betätigungsfeld, in dem er Gott gleichfalls dienen konnte.

Wie die meisten Rechtsgelehrten seiner Zeit ging Fortescue von der Vorstellung des Naturrechts aus. Das Naturrecht geht von einer einfachen Voraussetzung aus: Unser inneres, durch die höheren Verstandeskräfte entwikkeltes Empfinden läßt uns Recht und Unrecht «natürlich» unterscheiden. Auch ohne besondere göttliche Offenbarung sollen alle intelligenten Wesen über seine Grundprinzipien zu Übereinstimmung gelangen können. Das Naturrecht ist uns gegeben, weil wir als Ebenbild Gottes geschaffen wurden, und der Glaube an das Naturrecht entspricht der Überzeugung, daß wir bei ethischen Problemen alle Aspekte nach einem allgemeingültigen Maßstab für Recht und Unrecht betrachten und gegeneinander abwägen können.

In der Praxis kann das Naturrecht nur schwer auf den Einzelfall angewendet werden. Christliche Naturrechtstheorien stellen den Satz: «Behandle deinen Nächsten wie dich selbst» als die goldene Regel dar. Solche Prinzipien sind zwar sehr edel, aber sie helfen nicht weiter bei der Entscheidung, ob ein Vertrag gültig, ob ein Testament gegenüber den Erben wie gegenüber der Gesamtgesellschaft gerecht oder ob ein Gebietsanspruch berechtigt ist. Es muß also immer eine Instanz geben, die das Naturrecht auf konkrete Fälle bezieht. Für das Mittelalter und für Sir John Fortescue war der Brauch diese Instanz, und das galt auch für Thomas Morus.

Die Menschen im Mittelalter ehrten den Brauch, weil sie annahmen, daß Gott sich auch um das Alltagsgeschehen kümmere. Nur sehr skeptische Philosophen bezweifelten, daß Gott eine geordnete sinnvolle Welt geschaffen habe. Das Leben des Menschen hatte ein Ziel, und die menschliche Gesellschaft war nach Gottes Plan eingerichtet. Die Welt stöhnte unter der Sünde, aber Gott hatte seine Schöpfung nicht im Stich gelassen, sondern würde sie erlösen. Die Gehorsamen waren es, die gerettet werden würden.

Gehorsam bedeutete natürlich Gehorsam gegenüber den Lehren der Kirche, aber auch Gehorsam gegenüber den Gesetzen der Gesellschaft. Selbst als die Christen im alten Rom verfolgt wurden, glaubten die meisten, daß sie gute Bürger des römischen Reichs sein müßten, und sie beteten regelmäßig für dessen Wohl. Die Christen gehorchten allen Gesetzen außer denen, die in direktem Widerspruch zu ihrem Glauben standen. Und selbst dann rebellierten die Christen nicht gegen die Obrigkeit. Weil Gott diese Obrigkeit eingesetzt hatte, mußte sie auch rechtmäßig sein, und Christen mußten sie ertragen, auch wenn ihnen Gottes Ratschluß unergründlich blieb.

Deshalb wurde es im Mittelalter allgemein üblich, dem Brauch den Rang von Gesetzen einzuräumen und zu glauben, daß alle Gesetze mit dem Brauch übereinstimmten. Wenn eine Handlung erst einmal als «gebräuchlich» angesehen wurde, hielt man sie vermutlich auch schon für unveränderlich. Der Bauer, der seinem Herrn an Weihnachten eine Gans brachte, verpflichtete damit womöglich auf Generationen hin seine Kinder und Kindeskinder, diese Geste zu wiederholen, wenn sein Herr das Geschenk als Brauch auffasste und zu seiner eigenen Bequemlichkeit vergaß, daß es einmal eine Zeit gegeben hatte, in der dieser Brauch nicht galt. Zur Zeit Fortescues verabschiedete das Parlament Statuten, die den Brauch zugunsten neuer Gesetze verdrängten, aber die vorherrschende Meinung hierzu war, daß diese Statuten lediglich dazu dienten, die Gesellschaft von unerklärlichen Abweichungen vom ehrlichen Brauchtum zu befreien oder den Geist der Tradition rein zu erhalten und das Gesetz auf besondere und anscheinend noch nie dagewesene Fälle anzuwenden. Die Verehrung des Brauchs blieb ungebrochen. Auch Heinrich VIII. und Thomas Morus glaubten, daß sogar die heiligen Handlungen der Priester in der Messe den Aposteln von Christus gezeigt und durch die Kirche weitergegeben worden seien. Sie kamen gar nicht auf den gotteslästerlichen Gedanken, daß der Mensch jemals von sich aus und unabhängig vom Willen Gottes heilige Handlungen erfunden haben könnte.

Auf dem Kontinent wurde das Brauchtum durch das römische Recht ergänzt, wie es im großen Justinianischen Gesetzeskodex, dem *Corpus iuris civilis*, niedergelegt ist. Der Brauch war auch in den Gebieten wichtig, in denen das römische Recht galt, aber die Verfechter des römischen Rechts meinten, daß der Geist der römischen Kaiser der vollkommenste Ausdruck des Gesetzes sei. Diese Rechtsgelehrten gingen zwar davon aus, daß der Brauch maßgebend war, aber sie glaubten auch, daß nicht jeder wisse, was Brauch ist. In Zweifelsfällen mußte jemand den Brauch definieren, und nach dem römischen Recht stand diese Befugnis dem Kaiser zu. Das römische Recht legte die Behauptung nahe, durch den Monarchen spreche die Stimme Gottes.

In England faßte das römische Recht nie Fuß, und Fortescues Schrift preist das englische Gewohnheitsrecht besonders wegen der Schranken, die es den Königen auferlegt. In England wurde das Recht von Richtern festgelegt, wenn ihnen ein Fall vorgetragen wurde. Im Sinne der von Fortescue vorgetragenen Fiktion bedeutet das: hier gab es Recht, das die Richter aus der Kenntnis des Brauchs schöpften und auf die konkreten Fälle anwandten.

Fortescue glaubte, daß die englischen Bräuche älter wären als die jedes anderen christlichen Volks. Er glaubte an den von Geoffrey von Monmouth mit bunten Farben geschilderten Mythos, daß Brutus nach dem Sturz von Troja nach Albion geflohen sei und mit den Seinen England gegründet habe. Diese kühnen Zeitgenossen von Äneas und den anderen Gründern Roms hatten in England, wie Albion alsbald genannt wurde, abgesondert und rein in einem reichen, guten Land gelebt – man könnte es eine Art Utopia nennen. Deshalb waren die Gebräuche des englischen Rechts angeblich viel älter als das römische Recht und folglich dem Naturrecht, das Gott den Menschen bei der Schöpfung gegeben hatte, viel näher als alle anderen. In ihrer paradiesischen Welt hatten die Engländer genügend Muße, ihr Recht zu einem Grad von Vollkommenheit zu entwickeln, der dem von endlosen Kriegen geplagten Frankreich abging.

All dies mag uns recht wunderlich und unrealistisch vorkommen, aber Fortescue glaubte daran, und wir dürfen wohl annehmen, daß die meisten Lehrer von Thomas Morus auch daran glaubten. Fortescue und die englische Rechtstradition hielten das Naturrecht und den darin enthaltenen Vernunftbegriff gleichsam für einen stillen, klaren See, in den die Richter gelassen eintauchten, wenn sie über einen Fall entscheiden mußten, und auf diese Weise die Probleme mit ewiger und unfehlbarer Gerechtigkeit lösten.

Fortescue hatte vor diesen Richtern grenzenlose Achtung. Er riet dem jungen Prinzen Eduard, dem Sohn Heinrichs VI., der später bei Tewkesbury umkam, er solle sich nicht abmühen und das englische Recht mit besonderer Sorgfalt studieren. Das intensive Studium der Rechte sollte der König lieber seinen Barristern überlassen. Diese sorgfältig ausgewählten Rechtsgelehrten seien die geschicktesten in ganz England, prahlte Fortescue, und sie stünden keinem Doktor an irgendeiner Universität nach. Die Pflicht des Königs bestehe darin, das Recht zu wahren, aber er solle weder selbst Gesetze formulieren noch jemals als Richter fungieren, «denn keiner der englischen Könige ward je mit eigenem Mund Recht sprechend gesehen».

Morus teilte dieses Vertrauen in die englischen Richter. Bekanntlich war sein Vater selbst Richter und wurde 1503 Barrister. Viel später hat Thomas Morus dann voll Leidenschaft erklärt: «Ich habe auf Treu und Glauben bis auf den heutigen Tag nicht erlebt, daß ich der Wahrheit von zwei Geschworenengerichten so sehr trauen durfte wie der Wahrheit eines Richters.»[17] Weil Geschworene immer ortsansässige Männer waren, die nach dem Verfahren, an dem sie teilnahmen, weiterhin in der Gemeinde leben mußten, waren sie oft das Ziel von Einschüchterungsversuchen, und da sie selbst über keinerlei juristische Ausbildung verfügten, entschieden sie oft in direktem Gegensatz zu Brauch und Gesetz.

Deshalb war Morus' Vertrauen in die Richter aus praktischen Gründen gerechtfertigt, und zugleich entsprach es seiner geistigen Grundhaltung. Er sprach den Gelehrten und den Besonnenen die Autorität zu. Später beschäftigte er sich mit vielen Fragen der englischen Rechtspraxis, und wenn er es auch nie ganz so offen aussprach, so handelte er doch durchweg, als seien die Richter stets gerecht und die Angeklagten immer schuldig – bis er mit der Revolutionierung des Rechts durch Heinrich VIII. konfrontiert wurde, die ihn das Leben kostete.

Die wichtigste Schlußfolgerung jedoch, die Thomas Morus aus dem Werk von Sir John Fortescue oder aus der englischen Rechtspraxis zog, besagte, daß die Macht der Könige, die sie legitim ausüben, beschränkt ist. Auffallend oft opponierte Morus gegen die Könige seiner Zeit. Der einzige König, dem er nicht literarisch oder auf andere Weise entgegentrat, war Eduard IV., und der starb, als Morus erst sechs Jahre alt war! Fortescue lehrte, daß die Rechte von Königen beschränkt sind und daß sie kein Recht schaffen könnten. Er vertrat den Standpunkt, daß für sie das Recht ebenso gelte wie die Sakramente, und wenn sie Gesetze gegen die heiligen Regeln des Brauchs machen würden, habe das englische Volk das Recht, ihnen den Gehorsam zu verweigern.

Für Fortescue konnten Könige aus vielen Gründen schlecht sein. Der Inbegriff ihrer Bosheit bestand aber seiner Ansicht nach darin, das Eigentum ihrer Untertanen an sich zu reißen und zu unlauteren Zwecken zu verwenden. Schlechte Könige versuchten ohne Zustimmung des Parlaments Steuern zu erheben und ihr Volk in Armut zu halten. Fortescue nahm auf bemerkenswerte Weise John Lockes These vorweg, daß Regierungen nur zur Sicherung von Leben, Freiheit und Eigentum der Bürger bestehen dürften, und seiner Auffassung nach ist Eigentum ein notwendiger Bestandteil der voll entwickelten Persönlichkeit. Menschen ohne Besitz sind zur Knechtschaft verdammt, und Sklaven sind keine vollwertigen Menschen, die Verantwortung für Recht und Unrecht übernehmen können, wie es für die christliche Zivilisation vonnöten ist.

Fortescues Rechtsauffassung ist von großer Humanität geprägt. Er weist darauf hin, daß im englischen Recht keine Folter vorgesehen sei, weil es einen eindeutigen Schuldbeweis verlange. Andernfalls müsse der Angeklagte freigesprochen werden, und in einem Satz, der wirklich zitierenswert ist, formuliert er sein ethisches Grundprinzip: «Ich würde es in jedem Falle vorziehen, daß zwanzig Schuldige ihrem Tod aus Gnade entgehen, als daß ein Unschuldiger zu Unrecht verurteilt wird.»

Hat Morus Fortescue gelesen, oder lagen die Ansichten Fortescues gleichsam in der Luft und konnten von jedermann aufgegriffen werden, der sich mit einer bestimmten Einstellung dem Studium der Rechte zuwandte? Wir wissen es nicht. An den Rechtsschulen nahm nämlich die Unterweisung in bloßen Fertigkeiten sehr viel Raum ein: wie hält man ein Plädoyer, wie erwirkt man einen richterlichen Befehl, was ist der Unterschied zwischen einem kleinen und einem Kapitalverbrechen, wie interpretiert man einen Vertrag oder legt eine Grenze fest und so weiter. Wir können nur feststellen, daß vieles bei Morus an Fortescue erinnert und daß die Annahme plausibel ist, das Rechtsstudium habe zur Bildung der Denkgewohnheiten beigetragen, die uns aus seinen Handlungen und seinen Büchern ansprechen. Nicht zuletzt hat wohl das Recht sein Festhalten an der Unantastbarkeit der alten Tradition beeinflußt, auf der das englische Gewohnheitsrecht und die Gesetze insgesamt beruhten.

Um 1501 beendete Morus das Studium der Rechte und wurde «gänzlicher Barrister» oder, wie wir sagen würden, niedergelassener Anwalt mit eigener Kanzlei. Damit beginnt eine Phase seines Lebens, über die wir eine ansehnliche Menge von Einzelheiten kennen; sie deuten auf einen Sturm hin, der sich in seinem Inneren nie ganz gelegt hat.

KAPITEL 3

Ehe oder Priesteramt?

Thomas Morus heiratete zwischen 1504 und 1505. Es gibt viele Anhaltspunkte dafür, daß die Zeit zwischen 1501 und seiner Hochzeit von einer seelischen Krise gekennzeichnet war. In einem Brief aus dem Jahre 1519 berichtet Erasmus, daß Morus erwog, sich zum Priester weihen zu lassen, daß er aber das Verlangen nach einer Frau nicht unterdrücken konnte und deshalb beschloß, lieber ein guter Ehemann als ein schlechter Priester zu werden. Stapleton schrieb, Morus habe daran gedacht, Franziskanermönch zu werden.[1]

Roper hingegen berichtet, daß Morus sich vor seiner Hochzeit «im Kartäuserkloster von London dem Gebet und der Hingabe überlassen hat und da, ohne die Gelübde abzulegen, ungefähr vier Jahre lang wie ein Mönch lebte».[2] Erasmus, der Mönche verabscheute, erwähnt diesen Aufenthalt mit keinem Wort, aber er sagt, daß Morus Nachtwachen hielt, fastete und betete. Die meisten modernen Forscher wunderten sich darüber, daß die Mönche vom Charterhouse Kostgänger aufgenommen haben sollten, und vermuteten, daß Morus vielleicht in der Nähe gewohnt hat und am täglichen Gottesdienst im Kloster teilnahm. Wir wissen es nicht.

Morus verehrte die Kartäuser. Erasmus vertrat die Ansicht, daß Mönche fast immer scheinheilig seien, und er verwandte viel Energie darauf, nicht in das Kloster zurück zu müssen, in dem er in seiner Jugend die Gelübde abgelegt hatte. Morus spottete über die schlechten Mönche, aber sein ganzes Leben gedachte er immer wieder der Kartäuser, sprach in seiner Sehnsucht nach dem Kloster davon, daß einige Mönche heilig seien.

Die Kartäuser waren ernst und fromm und verbrachten viel Zeit im Gebet, in Einsamkeit und Stille. Ihr ganzer Stolz war, daß ihr Orden nie reformiert worden war, weil er der inneren Verderbnis widerstanden hatte. In der Reformationszeit zeigte kein Mönchsorden größere Bereitschaft, für den alten Glauben Qualen und sogar einen grausamen Tod zu erleiden. Auch wenn Morus nicht im Kloster selbst lebte, machten doch die tägliche Teilnahme an den Gottesdiensten der Kartäuser und ihre asketische Frömmigkeit einen tiefen Eindruck auf ihn. Sie waren Menschen seiner Gemütsart, und er glaubte gewiß, daß sie den sichersten Weg zum Himmel beschritten.

Der Entschluß zur Heirat muß eine Qual für ihn gewesen sein. Heute fällt es selbst frommen Katholiken schwer, sich vorzustellen, wie vollständig die Kirche des Mittelalters von dem Kult der Unberührtheit durchdrungen war. Von Anfang an stellten Christen bei Frauen die Jungfräulichkeit über die Mutterschaft. In vielen Teilen des Neuen Testaments wird sexuelle Enthaltsamkeit als hohes Gut angesehen. Es ist bemerkenswert, daß Jesus anscheinend ohne Frau blieb, obwohl er Rabbiner genannt wurde und zu einem Zweig des Judentums gehörte, in dem ein Mann kaum als Mann galt, wenn er nicht verheiratet war. Er lobte Menschen, die wie Eunuchen lebten, «weil sie um des Himmelreichs willen auf die Ehe verzichten».[3] Zwei Jahrhunderte später nahm Origenes von Alexandria dieses Lob der Eunuchen wörtlich und kastrierte sich, um frei von den Anfechtungen der Lust Gott dienen zu können. Spätere Leser nahmen die Bibelstelle nicht so wörtlich, aber sie deuteten diese seltsamen Worte von Jesus so, daß Priester sich des Geschlechtsverkehrs enthalten und somit bildlich zu Eunuchen werden sollten. Paulus stand Frauen allgemein feindlich gegenüber, obwohl es Ausnahmen gab. Wegen der Unsicherheit der Zeit und der bald erwarteten Rückkehr Jesu hielt er es für besser, daß alle unverheiratet bleiben sollten wie er selbst, obwohl er eingestand, es sei besser, zu heiraten als sich in Begierde zu verzehren. Den Korinthern erlaubte er das Heiraten um der Unkeuschheit willen, aber er legte ihnen nahe, daß Männer und Frauen sich eine Zeitlang des Geschlechtsverkehrs enthielten, damit sie die innere Ruhe zum Beten hätten.[4]

Diese Verschmelzung von Ablehnung und widerwilliger Anerkennung bei Paulus prägte das Verhältnis der Kirche zur Sexualität. Die Ehe war erlaubt, und im Lauf der Zeit wurde die Mutterschaft geheiligt, aber viel höher geschätzt wurde doch die Jungfräulichkeit. Augustinus schrieb, daß die Eheschließung dem Volk Gottes einst befohlen worden sei, weil sie notwendig für die Verbreitung des heiligen Volkes war; aber jetzt, fügte er hinzu, sei sie nurmehr ein Heilmittel gegen menschliche Schwäche und ein Trost für menschliche Anfälligkeit.[5] Schon vor Augustinus schrieb ein früher Papst, daß die Ehe für Priester eine Entweihung sei, vor der sie sich bewahren müßten. Er deutete damit an, daß dies auch für Laien gelte, aber daß sie Laien erlaubt sei, weil sie geringere Wesen seien.[6] Die Ehe bot Männern und Frauen die Lust des Fleisches, gegen die sich Theologen empörten, die diese Freuden selten oder nie erfahren hatten. Hieronymus, der Übersetzer der Vulgata und ein Zeitgenosse des Heiligen Augustinus, sagte, daß jeder, der seine Frau zu sehr liebe, der Verdammnis anheimfallen könne, und er riet zu leidenschaftslosem Geschlechtsverkehr, der nur der Fortpflanzung diene.[7] Die Kirche verkündete beharrlich, daß die einzige Rechtfertigung der Ehe in der Zeugung von Kindern liege, und viele Kirchenväter ermahnten Ehemänner, ihre Frauen nicht zu begehren und sie nicht wie Huren zu behandeln.

Im Lauf der Jahrhunderte entstanden zahllose phantastische Geschichten von heldenhaften Heiligen und Berichte von auf wunderbare Weise bewahrter Jungfräulichkeit und ganz unglaublicher Enthaltsamkeit bei Verheirateten. Morus las diese Geschichten und zitierte aus ihnen in einer seiner religiösen Polemiken gegen die Häresie, in der er mit allen rhetorischen Mitteln die Verehrung der Heiligen verteidigte. In der *Goldenen Legende*, einer mittelalterlichen Sammlung von ihm bekannten Geschichten, wird erzählt, wie der Apostel Thomas ein Zimmer betritt, in dem ein junger Mann gerade mit seiner Braut die Ehe vollziehen will. Thomas sagt dem jungen Paar, daß Reinheit die Königin aller Tugenden sei, die zur ewigen Erlösung führe. «Die Jungfäulichkeit ist die Schwester der Engel», sagt er und erklärt, daß jede «Verunreinigung», das heißt jede Art von Geschlechtsverkehr, ob innerhalb oder außerhalb der Ehe, direkt zur Hölle führe. Also enthält sich das Paar; die Braut wird Märtyrerin, der Bräutigam Bischof.

Für uns ist das alles Unsinn, doch wir müssen uns klarmachen, daß zu allen Zeiten die Volksfrömmigkeit – und die *Goldene Legende* ist ein Musterbeispiel von Volksfrömmigkeit – extremer war und ist als die offizielle Theologie der Kirche. Dennoch glaubten viele Christen, daß die Sexualität eine Rutschbahn in die Hölle sei, und anscheinend hat Morus diese Ansicht geteilt.

Seine innere Angst vor der körperlichen Begierde dürfte wohl kaum durch jene öffentlichen Vorlesungen besänftigt worden sein, die er nach Abschluß seines Studiums über den *Gottesstaat* von Augustinus hielt. Augustinus war sein Lieblingsheiliger. Der Bischhof von Hippo war der Autor, der mehr als irgend jemand sonst seine Geistesbildung beeinflußt hat. Morus kannte das Gesamtwerk von Augustinus fast auswendig, und in seinen Schriften ist der *Gottesstaat* das meistzitierte Werk. Morus hielt seine Vorlesungen in der Kirche von St. Lawrence Jewry, vermutlich auf Anregung des Rektors William Crocyn. Sie lenkten zum ersten Mal öffentliches Interesse auf Morus, und sie machten großen Eindruck. Erasmus erwähnt sie, wie auch Roper und all die anderen Biographen des sechzehnten Jahrhunderts.

Die Texte der Vorlesungen sind nicht erhalten, aber wir kennen Augustinus und den *Gottesstaat*. Augustinus ist die herausragende Gestalt im Geistesleben des lateinischen Mittelalters. Er verteidigte die Kirche gegen Ungläubige, Heiden und Ketzer, und er war der erste große Theologe, der lehrte, daß die weltliche Regierung die Menschen dazu zwingen sollte, gute Christen zu sein. Er schrieb Bibelkommentare und versuchte, paradoxe Lehrmeinungen wie die Trinitätslehre oder die Prädestinationslehre dem gebildeten Bürger des untergehenden römischen Reichs plausibel zu machen. Er glaubte, daß alle Sinnlichkeit von Übel sei. Gegen Julian von Eclanum schrieb er:

Welcher besonnene Mann zöge es nicht vor, feste oder flüssige Speisen ohne stechende körperliche Lust zu sich zu nehmen, wenn er das könnte, so wie er beim Ein- und Ausatmen die Luft einfach einzieht und wieder hinausläßt.[8]

Als Erasmus 1519 Morus' enthaltsamen Charakter beschrieb, stellte er – wahrscheinlich ohne das selbst genau zu wissen – einen Mann dar, dessen Ansichten über die Freuden der Sinne denen des heiligen Augustinus glichen: Es ist nicht so, daß die Sinnenfreuden erst dann schädlich sind, wenn sie zu Ausschweifungen ausarten; sie sind Zeichen für Verderbtheit allein durch ihre Existenz, und der Christ sollte sich ihnen so wenig wie möglich ergeben.

Die schlimmste Sünde der Sinne war nach Augustinus die Befriedigung sexueller Lust. Als Christ, der an die Schöpfungslehre glaubte, mußte er auch glauben, daß Ehe und Zeugung einem göttlichen Plan entsprachen, da die Gesellschaft einen ständigen Nachschub neuen Lebens braucht, das den Platz des alten, sterbenden einnimmt. Aber da Geschlechtsverkehr fast untrennbar mit starken sexuellen Lustgefühlen verbunden ist, betrachtete er Sexualität stets mit einem gewissen Abscheu, und manchmal ging er fast so weit, den Geschlechtsverkehr das Zeichen unserer Verderbnis zu nennen. Als er jung war, hatte er eine Geliebte. Doch als er Christ wurde, verließ er sie, obwohl sie einen gemeinsamen Sohn hatten, «Adeodatus» mit Namen, was soviel wie «Geschenk Gottes» heißt. Das oberste Ziel christlicher Erlösung war für ihn die Erlösung von der Sinnlichkeit. Wenn man ihr nicht entgegentritt, führt sie die Seele direkt in die Hölle. Er wurde nie müde, die Christen zur Keuschheit zu ermahnen, womit er sexuelle Enthaltsamkeit meinte, und selbst wenn er die Ehe pries, so wies er doch sorgfältig darauf hin, daß die Jungfräulichkeit und Enthaltsamkeit höhere Güter darstellten. Er war der Ansicht, daß der Mensch, der sich in der Ehe der Sinnlichkeit hingibt, minderwertig ist gegenüber einem Menschen, dem Gott die Gnade gewährte, seine Leidenschaft überwinden zu können.

Morus hatte sich tief in Augustinus' Gedankenwelt versenkt und war durchdrungen von der Lehre, daß alle, die sich der Sinnlichkeit hingeben, geradewegs in die Hölle stürzen würden. Seine Vorlesungen über Augustinus geben Zeugnis von der Ernsthaftigkeit seiner Erwägungen, Priester zu werden. Es war nichts Ungewöhnliches für angehende Juristen, Theologie zu studieren und Priester zu werden. Viele Freunde von Morus waren Geistliche. John Colet, den er sehr bewunderte, war ein gelehrter Purist, der meinte, daß sogar die Kirchendiener, die sich um die Gebäude kümmerten, durch Keuschheitsgelübde vom Geschlechtsverkehr abgehalten werden sollten. Colets Begeisterung für die Keuschheit hat sich bestimmt auf den jüngeren Mann, der ihn so bewunderte, übertragen. Wenn alles normal verlaufen wäre, hätte sich Morus zum Priester weihen lassen müssen, doch statt dessen heiratete er.

Laut Stapleton fürchtete Morus, «er könne den Versuchungen des Fleisches, die den Mann in der Kraft und dem Feuer seiner Jugend heimsuchen, trotz seiner Bußübungen nicht widerstehen», und «so entschloß er sich zu heiraten. Hierüber sprach er später oft mit großer Trauer und Bedauern, er pflegte nämlich zu sagen, daß die Keuschheit im unverheirateten Zustand viel einfacher zu bewahren ist als im verheirateten.»[9]

In einem Werk, dessen Entstehung ungefähr in die Zeit der Entscheidung für die Ehe fällt, finden wir Hinweise auf die Bedenken, die ihn quälten. Es handelt sich um die Übersetzung einer Biographie Pico della Mirandolas, die von Picos Neffen Giovanni Francesco stammt. Als Neujahrsgeschenk überreichte Morus sein kleines Werk Joyce Lee, der Tochter eines alten Familienfreundes, die kurz zuvor im Kloster der Armen Klarissinnen den Schleier genommen hatte. Die Klarissinnen lebten zurückgezogen von der Welt in äußerster Schlichtheit. Es war ihnen durch die Ordensregeln sogar verboten, irgendein materielles Geschenk anzunehmen, und deshalb brachte Morus Joyce Lee ein geistiges Geschenk.

In seiner Übersetzung nahm Morus ein paar kleine, unbedeutende Veränderungen gegenüber dem lateinischen Original vor. Wichtiger ist die Tatsache, daß er Pico und das Buch hoch genug einschätzte, um sich die Mühe der Übersetzung zu machen und sein Werk dann einer Freundin zu schenken, die einer geistlichen Berufung gefolgt war.

Stapleton meint, Morus habe sich früh in seinem Leben Pico zum Vorbild genommen, weil Pico ein gelehrter und frommer Laie war.[10] Viel an Picos Leben mußte Morus gefallen. Pico war ein außergewöhnlich gebildeter Italiener, zutiefst fromm, enthaltsam, edel, und als Autor sehr fleißig und produktiv. Eine seiner Grundüberzeugungen war, daß die Menschen einen freien Willen haben und entscheiden können, ob sie zu Gott aufsteigen oder zu den Tieren hinabsinken wollen. Er verspottete die Astrologen ihres Determinismus wegen, denn er erblickte die Würde der menschlichen Seele gerade in ihrer Fähigkeit zur Wahl und in ihrer Möglichkeit, über die große Stufenleiter der Schöpfung zu Gott aufzusteigen.

Morus hat Picos Leben vermutlich als beispielhaft für einen Christen angesehen, wie er selbst es auch führen wollte – geprägt von warmherziger Laienfrömmigkeit in einer kultivierten Umwelt. Doch als Pico 1494 im Alter von dreißig Jahren starb, war er ein Schüler von Girolamo Savonarola, der damals fanatisch gegen die Eitelkeit der Kunst und andere Formen der Weltlichkeit predigte und das nahe bevorstehende Ende der Welt prophezeite. Nach seinem Tod soll Pico Savonarola ganz von Flammen umhüllt in einem Traum erschienen sein, wie Giovanni Francesco berichtet. Pico war im Fegefeuer, und zwar zur Strafe, weil er sich geweigert hatte, seiner religiösen Berufung zu folgen, und Laie geblieben war. Morus übersetzte diese Geschichte sehr genau. Sie muß düstere Gedanken in ihm ausgelöst haben.

Schlimmer jedoch wäre ihm gewiß der Gedanke erschienen, daß Pico, obwohl er Laie war, unverheiratet geblieben war. Er mied die Ehe ebenso wie das höfische Treiben in den stolzen Palästen der Herrscher, heißt es in Morus' Übersetzung. Im Scherz hatte Pico gemeint, daß er, vor die Wahl gestellt, die Ehe vorziehen würde, weil er darin weniger Gefahren als im Fürstendienst sah.[11]

Picos Dichtung ist tief melancholisch, als sei die Vorstellung vermessen, irgend jemandem könne die sinnliche Welt gefallen. In dieser Hinsicht stellt sie einen Aufstand gegen den sinnlichen Charakter der Poesie des späteren Mittelalters dar, in der Verseschmiede unablässig die Freuden der Farben und des Wachstums wie auch die Wonnen irdischer Liebe beschrieben. Morus übersetzte Pico mit großem Geschick und mit viel mehr Gefühl als bei seinen eigenen Gedichten. Seine Sinnlichkeit war bestenfalls teilweise gezügelt, aber sein melancholisches Temperament brachte ihn unmerklich der Melancholie Picos nahe, dem es gelungen war, eine düstere Grundstimmung zu frommer Kunst zu erheben. Hier sind ein paar Zeilen eines Gedichts von Pico in der Übersetzung von Thomas Morus:

This wretched life, the trust and confidence
Of whose continuance maketh us bold to sin,
Thou perceivest well by experience
Since that hour, in which it did begin,
It holdeth on the course and will not lin [wait]
But fast it runneth on and passen shall
As doth a dream or shadow on the wall.

Consider well that every night and day
While that we busily provide and care
For our disport, revel, mirth and play
For pleasant melody and dainty fare
Death stealeth on full slyly and unaware [unperceived].
He lieth at hand and shall us enterprise [grasp]
We know not how soon or in what mannerwise.

Das sind Picos Gedanken, von Morus sorgfältig wiedergegeben, aber es sind auch Morus' eigene Gedanken. Kurz bevor oder kurz nachdem er sie aufschrieb, heiratete er.

Die Frau seiner Wahl war Jane Colt, die älteste Tochter eines auf dem Land lebenden Freundes der Familie. Roper erzählt, daß Morus seine Teilnahme am Mönchsleben im Charterhouse fortsetzte «bis er sich zum Haus eines gewissen Herrn Colt, Gentleman aus Essex, begab, der ihn dorthin eingeladen hatte».[12] John Colt war ein wohlhabender Mann mit drei Töchtern, und Thomas Morus gefiel natürlich jedem Vater, der drei Töchter unter die Haube bringen wollte. Ropers «bis» ist bedeutsam; es sieht so aus, als ob Morus' Aufenthalt im Kartäuserkloster als unmittelbare Folge der hartnäckigen Einladungen des Herrn Colt endete. Wahrscheinlich drängte John More seinen Sohn, der Einladung zu folgen. Wie dem auch sei, Morus fuhr aufs Land und traf die jungen Frauen, «deren ehrliche Redeweise und tugendhafte Erziehung ihn dort besonders reizten, seine Zuneigung festzulegen». Ropers Satz ist ein wenig verwirrend; er klingt, als habe Morus allen dreien seine Zuneigung entgegengebracht. Vielleicht tat er das. Für einen leidenschaftlichen jungen Mann, der vier Jahre ganz abgesondert in der Gesellschaft von Kartäusermönchen gelebt hatte, muß die plötzliche Nähe von drei heiratslustigen jungen Frauen ein Schock gewesen sein, und Roper legt nahe, daß Morus' geistliche Bestrebungen schon dahin waren, bevor sich bei diesem Treffen seine allgemeine «Zuneigung» zu regen begann.

Roper glaubt, Morus habe die zweitälteste Tochter lieber gemocht als Jane, die älteste. Doch er habe gedacht, daß es eine Schande für die Erstgeborene wäre, nicht auch als erste zu heiraten. Deshalb habe er sich vorgenommen, an der älteren Gefallen zu finden, und sein Augenmerk auf sie gerichtet. Nach und nach fand er denn auch Gefallen an ihr, und sie heirateten.

Vermutlich hat Roper diese Geschichte von Morus selbst gehört. Es gibt keinen Grund zu der Annahme, daß Margaret, die älteste Tochter von Morus und Ropers Frau, nichts davon wußte. So gesehen ist die Geschichte reichlich grausam, auch wenn Roper sie erzählte, um die Güte seines Schwiegervaters herauszustreichen, und zu diesem Zweck hat sie vermutlich auch Morus selbst erzählt. Auch hier erscheint er wieder als Mann auf einer selbstgezimmerten Bühne, der in der Welt eine Rolle spielt, die er selbst gewählt hat.

Die Geschichte kann aber auch eine andere Bedeutung haben. Morus hatte das Gefühl, daß sein Sexualtrieb der hauptsächliche Grund für die Verbindung mit einer Frau war. Unter dieser Voraussetzung war praktisch jede Frau geeignet, und wenn die Ehe erst einmal geschlossen war, konnte ein starker, entschlossener und tugendsamer Mann den Charakter seiner Frau immer noch nach seinem Geschmack formen.

Erasmus schrieb Jahre vor Roper über Morus und stützt diese Interpretation. Er sagte, daß Morus ein junges unerfahrenes und in ländlichen Verhältnissen aufgewachsenes Mädchen heiratete, um aus ihr das zu machen, was er wollte. Er ließ sie in Literatur und allen Arten von Musik unterweisen. Erasmus enthüllt uns an anderer Stelle vielleicht noch etwas mehr als in seinem Brief. In seinem Dialog über die «Leiden und Freuden der Ehe» erzählt er von einem jungen Mann, der ein siebzehnjähriges Mädchen heiratete, das noch nie außerhalb des Landhauses ihrer Eltern gelebt hatte. Gerade ihre Schlichtheit beeindruckte den jungen Mann, weil er sich dachte, sie nun nach seinem Geschmack ausbilden zu können. Er brachte ihr Literatur und Musik bei, und wenn sie von einem Gottesdienst kamen, sollte sie ihm immer die Worte des Priesters wiederholen, damit er sehen konnte, ob sie die Predigt verstanden hatte und sich merken konnte.

Das Mädchen wehrte sich! Auf das Drängen ihres Manns reagierte sie mit Tränen, und manchmal schlug sie auch den Kopf auf den Fußboden. Der Ehemann, der nicht mehr wußte, was er mit ihr tun sollte, schlug eine Reise zu ihrem Vater vor. Sie brachen auf, und die Braut war beglückt über die Reise nach Hause. Nachdem sie angekommen waren, ließ der Ehemann sie mit der Mutter und den Schwestern allein und ging mit dem Vater auf die Jagd. Er fragte, was er tun solle, damit seine Frau ihm gehorche? Der Vater schlug eine ordentliche Tracht Prügel vor. Der Mann wehrte ab. Er würde es vorziehen, wenn der Vater sein Geschick oder seine Autorität einsetzte, weil er seine Frau nicht durch Prügel zur Unterwürfigkeit zwingen wollte.

Der Vater trug sein Teil zu dem Erziehungswerk bei. Er nahm seine Tochter zur Seite und erinnerte sie daran, wie häßlich sie sei, wie gewöhnlich und wie oft er befürchtet habe, gar keinen Mann für sie zu finden. Mit großer Mühe habe er nun einen Mann für sie gefunden, der sogar eine schöne und talentierte Frau entzückt hätte, einen Mann, der sie wohl kaum für eine geeignete Dienerin gehalten hätte, wenn er nicht so gütig wäre. Und sie wehre sich nun auch noch gegen diesen vortrefflichen Mann. Mit diesen Worten schien der Vater sie schlagen zu wollen. Vielleicht hatte er bereits die Hand wie zum Schlag erhoben. Die Tochter fiel auf die Knie und flehte um Vergebung. Auch vor ihrem Mann fiel sie auf die Knie und bat ihn, ihr zu vergeben. Von nun an war sie eine vollkommene Frau, die alles tat, was ihr Mann wollte, egal wie niedrig die Arbeit sein mochte, die er ihr auftrug. Nach ein paar Jahren liebten sie einander, und das Mädchen gratulierte sich zu dem Glück, so einen Mann geheiratet zu haben.[13]

Moderne Wissenschaftler bemerkten die Gemeinsamkeiten zwischen diesem 1523 veröffentlichten Dialog und Erasmus' Beschreibung von Morus' Hochzeit aus dem Jahr 1519. Sie nehmen an, daß die Geschichte dieses Mannes und seiner unglücklichen jungen Frau eine zutreffende Darstellung der Beziehung zwischen Thomas Morus und seiner ersten Frau ist. Sie könnten durchaus recht haben. Wenn Morus Roper schon erzählte, wie es überhaupt dazu kam, daß er Jane heiratete, kann er Erasmus auch erzählt haben, wie er sie zu einer guten Ehefrau machte. Aber die künstlerische Phantasie schmückt die Wirklichkeit allemal aus, und vielleicht ist es falsch, den kleinen Dialog von Erasmus allzu wörtlich zu nehmen.

Die Haltung des Ehemanns in diesem Dialog entspricht tatsächlich Thomas Morus' Haltung gegenüber den Frauen: sie sind am tugendhaftesten, wenn sie sich der Autorität eines guten Mannes unterwerfen. Der Ehemann in dem Gespräch zeigt einen hemmungslosen Drang, die Menschen zu verbessern, den wir immer auch bei Morus finden. Bekanntlich war es ihm unerträglich, auch nur eine Minute zu vergeuden. Selbst Vergnügungen sollten noch erzieherisch wirken. In der Beziehung klingt er oft wie ein Methodist aus dem achtzehnten Jahrhundert, der aus seiner Epoche herausgefallen ist.

Die arme Jane hat wohl emotionale Prügel in ihrer Ehe bekommen, auch wenn ihr Ehemann auf sein gesetzliches Recht verzichtete, sie mit den Fäusten zu traktieren. Sie starb 1511 im Alter von 23 Jahren, nachdem sie ihm vier Kinder geboren hatte – Margaret, Elisabeth, Cecily und John. Morus liebte sie auf seine Weise. In dem Epitaph, das er für das Grabmal schrieb, das seine Gebeine nie aufnehmen sollte, nannte er sie seine «liebe kleine Frau».

Innerhalb eines Monats heiratete er wieder. Alice Middleton, seine zweite Frau, die Witwe eines Londoner Kaufmanns, war eine reife Frau. Sie war sechs Jahre älter als Morus. Allen Berichten zufolge war sie streitsüchtig, kleinlich, dumm, wenn nicht gar blöde, und es gibt keinerlei Hinweise auf ihre eventuelle sexuelle Attraktivität. Harpsfield nennt sie «alt, stumpf und grob» und meint damit, daß sie das auch schon bei der Hochzeit mit Morus war.[14] Morus machte sie zur Zielscheibe vieler rücksichtsloser Witze, obwohl er sie in seinem Epitaph pries.

Warum heiratete er sie, und warum so bald nach Janes Tod? Ihr Mann hatte ihr bei seinem Tod ansehnlichen Besitz hinterlassen, und Morus wie auch sein Vater sahen die Ehe als eine wirtschaftliche Verbindung an – wie fast jeder zu dieser Zeit. Die Menschen heirateten damals nicht aus Liebe. Wie aus dem Dialog des Erasmus hervorgeht, hofften sie, einander nach einiger Zeit des Zusammenlebens zu lieben.

Trotzdem hat diese Eile geradezu etwas Unanständiges, was auch seine Biographen irritiert und manchmal fast peinlich berührt hat. Meist erklären sie sein Verhalten mit dem Wunsch, wieder eine Mutter für seine Kinder zu haben, und das muß auch zu seiner Entscheidung beigetragen haben. Lady Alice brachte ihre Tochter Alice mit in die Ehe. Sie hatte also schon Erfahrung im Umgang mit Kindern, und wie wir sahen, pries Morus sie in seiner Grabschrift wegen ihrer liebevollen Aufmerksamkeit gegenüber seinen Kindern. Nach heutigen Vorstellungen war sie wohl eher eine Art Hausverwalterin als eine Mutter, denn sie übernahm die Führung des Haushalts, und Morus schrieb ihr in einem Ton, in dem man einem guten Hofmeister schreibt. Offensichtlich konnte sie mit Geld umgehen und sorgte dafür, daß Gäste, die sich im Haus einnisten wollten, nicht zu lange blieben. Nach einem Wortwechsel mit ihr floh Andrea Ammonius, ein Freund von Morus und Erasmus, und schrieb höchst ungalant an Erasmus über den «krummen Schnabel der Harpyie». Falls Morus jedoch eine gute Hausverwalterin gesucht hatte, jetzt hatte er eine gefunden.

Ein weiteres Motiv für die Ehe mit Alice könnte die Fortsetzung seines lebenslangen Kampfes gegen die Sexualität und die Begierde sein. Wir kennen seine Ansicht, daß es für einen verheirateten Mann schwerer sei, keusch zu bleiben, als für einen ledigen. Dabei muß er daran gedacht haben, daß es verheirateten Männern jederzeit möglich ist, ihre sexuellen Wünsche zu befriedigen, und er teilte die allen Kirchenvätern gemeinsame Meinung, daß Sex allein zum Vergnügen – selbst mit der eigenen Frau – eine Sünde sei. Frühe Christen drückten den allgemeinen Abscheu gegen Sex oft aus, indem sie gelobten, sich des Geschlechtsverkehrs auch in der Ehe zu enthalten. Geschlechtsverkehr, nachdem eine Frau die Wechseljahre hinter sich hatte, war moralisch verdächtig. Es wäre durchaus denkbar, daß Morus den Idealen frühchristlicher Askese huldigte, als er seine zweite Frau heiratete. Die Theologen diskutierten über die Gültigkeit einer zweiten Ehe. Der Disput hatte Jahrhunderte gewährt und endete schließlich mit dem widerstrebenden Kompromiß, daß auch zweite Ehen von Christen Gültigkeit hätten, aber kein Zeichen eines aufrechten Glaubens wären.

Wie heute kamen die Frauen damals mit etwa fünfundvierzig in die Wechseljahre, aber viele Frauen durchliefen das Klimakterium früher, so daß auch Lady Alice vielleicht schon empfängnisunfähig war, als Morus sie heiratete. Wenigstens stand sie ganz am Ende der Fortpflanzungsfähigkeit. Wenn Morus eine jüngere Frau geheiratet hätte, dann hätte ein Mensch mit seinem Temperament fortgesetzte sexuelle Beziehungen mit der Hoffnung auf weitere Kinder rechtfertigen können. Aber Geschlechtsverkehr mit einer Frau nach ihrem Klimakterium konnte einzig dem sexuellen Vergnügen dienen – und das hatten die Kirchenväter vehement verdammt. Nach Augustinus macht ein Mann seine Frau zur Hure, wenn er rein zum Vergnügen mit ihr schläft.[15] Es ist sehr unwahrscheinlich, daß ein so frommer und asketischer Mann wie Morus sich dem Geschlechtsverkehr mit einer Frau hingegeben hätte, die keine Kinder mehr gebären konnte. Seine vier Kinder mit Jane Colt wurden so schnell nacheinander geboren, wie es biologisch möglich ist, was auf regelmäßige sexuelle Beziehungen während seiner Ehe mit ihr hindeutet. Er heiratete Lady Alice, als er erst neununddreißig war – also lange bevor der Sexualtrieb von selbst schwächer wird, und wenn er von diesem Zeitpunkt an keinen Geschlechtsverkehr mehr hatte, wundert uns seine Vorliebe für Büßerhemden, Geißeln und Nachtwachen sowie sein Entsetzen über die protestantischen Priesterehen weit weniger.

Seine Ehe mit Lady Alice war vermutlich ein ruhiges und distanziertes Zusammenleben, ein Leben in sexueller Entsagung, ohne der Welt zu entsagen, in dem er seine Pflicht gegenüber den Kindern, seinem Vater, der Gesamtgesellschaft erfüllte. Er war überzeugt davon, daß der natürliche Mensch nach physischem Genuß strebt, während der wahre Christ Schmerz und Strafe in diesem Leben sucht, für Sünden, die irgendwo gesühnt werden müßen, entweder in dieser Welt oder in der anderen. Seine Ehe mit Lady Alice könnte also eine weiterentwickelte irdische Buße gewesen sein.

Vielleicht hat er Lady Alice auch benutzt, um die Erfüllung wiedererwachter Hoffnungen auf das Priesteramt oder das Klosterleben unmöglich zu machen. Denn wie er selbst später betonte, kann ein Mann nach dem Tod seiner ersten Frau Priester werden, aber nach einer zweiten Ehe wird ihm das Sakrament der Priesterweihe auf immer verweigert.[16] Paulus hatte geschrieben, daß ein «Bischof eines Weibes Mann» sein könne. Die Kirche interpretierte das so, daß ein Bischof nicht mehr als eine Frau haben dürfe. Ein zweimal verheirateter Mann war kirchenrechtlich ein «Bigamist», auch wenn seine erste Frau gestorben war und ihren Mann als Witwer zurückgelassen hatte; und ein Bigamist konnte nicht Priester werden.

Morus liebte seine Kinder und hatte ein ausgeprägtes Verantwortungsbewußtsein, aber für sie wäre gewiß auch gesorgt gewesen, wenn er nach Janes Tod den Priesterberuf gewählt hätte. Janes Familie war wohlhabend, und es ist unwahrscheinlich, daß Morus sie ohne eine beachtliche Mitgift geheiratet hätte. Diese Mitgift hätte er unter der Bedingung zurückgeben können, sie für die Erziehung der Kinder zu verwenden. Außerdem war John More so wohlhabend, daß er seine Enkel hätte unterstützen können, wenn sein Sohn Priester geworden wäre. Unter diesen Umständen muß das Priesteramt auf Morus wieder eine stärkere Anziehungskraft ausgeübt haben. Vielleicht sind seine Betrachtungen in späteren Werken darüber, weshalb er nicht Priester geworden war – Betrachtungen, die im jeweiligen Kontext zusammenhanglos erscheinen –, Nachwirkungen des Ringens mit dieser Entscheidung, vor die er durch den Tod seiner Frau im Jahre 1511 zum zweiten Male gestellt wurde. Seine rasche Heirat mit Alice Middleton kann durchaus ein Mittel gewesen sein, eine Tür, die sich plötzlich wieder aufgetan hatte, nachdem sie jahrelang durch die Ehe mit der jungen Jane Colt verschlossen gewesen war, sofort wieder zuzuschlagen.

Was immer auch der Grund für diese Verbindung gewesen sein mag, klar ist, daß ihn nach 1511 seine beiden Ehen, seine Kinder, sein wachsender Haushalt und seine Ämter mehr und mehr an die Öffentlichkeit banden. Vielleicht hinterließ die Entscheidung, dem Priesteramt endgültig zu entsagen, Wunden, und vielleicht schmerzten diese alten Wunden von Zeit zu Zeit wieder. Aber er war ein Mann des öffentlichen Lebens und machte sich daran, eine Karriere aufzubauen.

KAPITEL 4

Die öffentliche Karriere bis 1515

Thomas Morus machte seine politische Karriere im Dienste des Hauses Tudor. Die Beziehung begann früh. Erasmus kam erstmals im Sommer 1499 nach England, wo er Morus begegnete. Er litt häufig unter dem Gefühl der Einsamkeit und unter Schwermut, und man durfte hoffen, daß der geistreiche junge Morus ihn aufheitern würde. Erasmus hielt sich eines Morgens bei seinem Gönner, Lord William Mountjoy, auf. Morus kam vorbei und nahm ihn vermutlich an einem Sonntag auf einen Spaziergang mit. Die Londoner Bürger gingen, wie es Sitte war, spazieren, und Morus führte Erasmus, ohne ihm das Ziel zu nennen, zum Eltham Palace.

In Eltham wuchsen die jüngeren Kinder Heinrichs VII. heran. Arthur, der Thronerbe, hielt sich mit dem König und der Königin ein paar Meilen entfernt in Greenwich auf. In Eltham regierte Heinrich, der acht Jahre alte Herzog von York, der nach Arthurs frühem Tod einst König Heinrich VIII. werden sollte, über seine beiden Schwestern. Auch sie sollten später Königinnen werden, die eine Königin von Frankreich, die andere Königin von Schottland.

Morus hatte ein kleines Geschenk dabei, vermutlich ein selbstverfasstes Gedicht zu Ehren des Prinzen. Erasmus war peinlich berührt und verstimmt. Er hatte schließlich vorher nicht gewußt, daß sie einen Sohn des Königs besuchen würden, und er hatte auch nichts bei sich, was er ihm als Geschenk hätte überreichen können.

Die Gäste wurden gebeten, zur Mittagstafel zu bleiben. Heinrich und seine Schwestern saßen vermutlich auf einer erhöhten Plattform am Ende der Halle. Morus und Erasmus wie auch andere aßen an Tischen, die im Zentrum der Halle unter der prächtigen Stichbalken-Decke standen, die noch heute in Eltham zu sehen ist.

Während der Mahlzeit ließ Heinrich durch einen Burschen ausrichten, daß er von Erasmus ein Gastgeschenk erwarte. Erasmus kehrte in sein Quartier zurück und verfaßte mit viel Mühe und Verdruß in drei Tagen ein langes Gedicht. Er pries Heinrich VII., England, die königliche Familie und alles, was ihm sonst noch einfiel. (Später bekannte er, diese Mühe habe ihn so angestrengt, daß er danach jahrelang weder Gedichte geschrieben noch einen einzigen Vers gelesen habe. Nach diesem Gedicht zu urteilen, können wir mit ziemlicher Sicherheit sagen, daß seine poetische Abstinenz für die Dichtkunst keinen großen Verlust bedeutete.)

Die Geschichte beweist, daß Morus der königlichen Familie nicht fremd war. So hatte er in Eltham ohne weiteres Zutritt zu dem jungen Prinzen. Vermutlich besuchte er ihn sogar regelmäßig. Er und sein Freund wurden zur Tafel gebeten. Dieses Privileg wurde mit Sicherheit nicht jedem zuteil. Es mußte einem aufmerksamen Beobachter – und das war Erasmus unstreitig – klarwerden, daß Morus Verbindungen besaß, auch als Student, und daß ihm eine große Laufbahn bevorstand.

Die Verbindungen gingen offensichtlich auf seine Familie zurück, auf John More und Thomas Graunger, seinen Großvater mütterlicherseits. England war geographisch gesehen klein, was bedeutete, daß ein hart arbeitender König sich oft zeigte und darauf achtete, die bedeutenden Männer seines Reiches persönlich zu kennen. Er sah sein Reich als eine Art vergrößerter Familie, und sich selbst als den Vater aller Bewohner. John More und Thomas Graunger waren offensichtlich bedeutende Männer, und daher überrascht es nicht, daß auch der junge Thomas Morus bereits bei der königlichen Familie eingeführt war. Wann er allerdings bei Hofe vorgestellt wurde, wissen wir nicht genau.

Morus zeigte, wie die meisten Engländer, lebhaftes Interesse an den Auftritten der königlichen Familie. Den ersten erhaltenen Brief aus seiner Feder schrieb er im November 1501 an seinen Freund John Holt, einen Lateinlehrer. Holt war einige Zeit, nachdem Morus nach Oxford gegangen war, oberster Hauslehrer der Jungen im Lambeth Palace, der Residenz des Erzbischofs von London, Kardinal Morton. Morus' Brief ist in dem förmlichen Brief-Stil geschrieben, mit dem die Jungen ihre Gedanken auf lateinisch auszudrücken lernten. Er erinnert ein wenig an eine Sprachübung. Morus berichtet über seine Lektüre der Klassiker und teilt mit, daß er begonnen habe, Griechisch zu lernen. Er erwähnt auch, daß er Vorlesungen bei William Grocyn gehört habe.

Zum Schluß läßt er sich ausführlich über die Ankunft Prinzessin Katharinas von Spanien aus, die Arthur, den Prinzen von Wales, heiraten sollte. Sie «zog kürzlich als Gattin unseres ausgezeichneten Prinzen in London ein», schrieb er. «So großartig und pomphaft wurde diese Feierlichkeit gestaltet, daß ich mir nicht vorstellen kann, wie jemals einer fürstlichen Hoheit irgendwo ein ähnlicher Empfang bereitet wurde.» Er kommentiert den Prunk der englischen Adligen, die sie begrüßten, und er spottet darüber, wie schäbig ihr spanisches Gefolge aussehe. Manche der Gefolgsleute seien barfuß, andere bucklig. Sie glichen «äthiopischen Pygmäen».[1] Die Prinzessin selbst lobt er und schließt seinen Brief mit der üblichen, etwas blumigen Art des lateinischen Briefstils: «Die spanische Prinzessin erregte allseitige

Bewunderung; was die Schönheit eines Mädchens ausmacht, besitzt sie in reichlichstem Maße. Überall wurde sie gelobt, aber sicherlich nirgends so, wie es ihre Ankunft wirklich verdient. Wir wollen hoffen, daß diese erlauchte Verbindung England Glück und Segen bringen wird.»[2]

Für Thomas Morus war es ein böses Omen. Die Verbindung brachte ihm nur Unglück. Arthur war ein kränkliches Kind. Möglicherweise hatte er Tuberkulose wie sein Vater.[3] Er könnte allerdings auch an Diabetes gelitten haben. Er verbrachte seine Zeit mit Studien. Als er älter wurde und wie jeder Prinz für seine Vorzüge gepriesen werden sollte, lobte man ihn dafür, daß er die Klassiker kannte. Niemand rühmte seine Erscheinung oder seine Körperkräfte. Die meisten seiner Zeitgenossen – einschließlich Thomas Morus – hüllten sich über ihn diskret in Schweigen, und daher ist kaum etwas über ihn bekannt.

Er war noch nicht ganz fünfzehn, Katharina wenig älter. Sie wurden in einer glanzvollen Zeremonie am Sonntag, dem 14. November, getraut. Dieser Tag war dem Heiligen Erkenwald, einem besonders populären englischen Heiligen, geweiht, den auch Thomas Morus sehr verehrte. Er hatte unter der Herrschaft der Sachsen die Barking Abbey bei London gebaut, und Morus pflegte zuweilen eine bekannte Legende über ihn zu erzählen, an die er offensichtlich glaubte. Als sich beim Bau der Abtei herausstellte, daß einer der Dachbalken zu kurz war, vollbrachte der Heilige Erkenwald ein Wunder: er nahm den Dachbalken und zog ihn in die passende Länge.[4] Nun, die Braut überragte Arthur um Haupteslänge und strotzte vor Gesundheit. Neben ihr muß der Prinz bleich und dünn gewirkt haben. Doch vielleicht konnte man auch ihn mit Gottes Hilfe auf die passende Länge strecken.

Am Morgen nach der Hochzeitsnacht stand Arthur auf und verlangte zu trinken. Er sei die ganze Nacht in Spaniens Mitte gewesen, behauptete er, diese Reise habe ihn durstig gemacht. Das berichteten wenigstens mehrere Zeugen lange Zeit später, als Heinrich VIII. um jeden Preis beweisen wollte, daß Arthur die Ehe mit Katharina auch körperlich vollzogen habe.[5] Selbst wenn die Geschichte stimmt, dürfte es sich bei diesem Ausspruch jedoch nur um die Prahlerei eines Jungen gehandelt haben, der die schmerzliche Tatsache verbergen wollte, daß er den Akt nicht vollziehen konnte. Im April 1502 starb Arthur, und Katharina hat zeitlebens behauptet, daß Arthur wegen seiner Krankheit zu schwach gewesen sei, um ihr sexuell beizuwohnen, und daß sie als Jungfrau Witwe geworden sei. Thomas Morus hatte zu Königin Katharina wohl nicht viel zu sagen. Zumindest hat er sich in seinen erhaltenen Werken niemals über sie geäußert, aber er hat ihr offensichtlich immer geglaubt. Er sah das junge Paar in prunkvollem Aufzug durch die Straßen Londons wandeln und zog vermutlich aus Arthurs Aussehen seine eigenen Schlüsse.

Der junge Heinrich, Herzog von York, wurde nun Thronerbe. Damit war ein Problem für eine Weile aufgeschoben, das fast ebenso bedeutsam war wie der Tod Arthurs: Was würde mit der spanischen Allianz geschehen, die Heinrich VII. mit so viel Mühe zustandegebracht und durch die Vermählung seines Sohnes mit einer spanischen Prinzessin besiegelt hatte?[5]

Im Sommer 1503 schien das Problem gelöst. Heinrich, der neue Prinz von Wales, wurde Katharina als Gatte versprochen. Er war zwölf Jahre alt. Das war zwar vorläufig nur ein Versprechen, doch es verpflichtete.

Die Eheschließung erforderte einen päpstlichen Dispens. Das kanonische Recht der Kirche verbot es einem Mann, die Witwe seines verstorbenen Bruders zu heiraten. Das kirchliche Recht beruhte hier auf einer schwer zu deutenden Textstelle in 3. Mose 20, 21: «Wenn jemand die Frau seines Bruders nimmt, so ist das eine abscheuliche Tat. Sie sollen ohne Kinder sein, denn damit hat er seinen Bruder geschändet.» Diese Bibelstelle wurde so gedeutet, daß sie nicht nur das Verbot des Ehebruchs mit der Schwägerin zu Lebzeiten ihres Mannes enthalten könne, denn die Strafe für Ehebruch war nicht Kinderlosigkeit, sondern Steinigung. Die Kirche war allezeit geneigt, göttliche Eheverbote aufzugreifen, weil die sexuellen Beziehungen auch innerhalb der Ehe als moralisch sehr bedenklich angesehen wurden. Daher legte die Kirche diese Stelle der Schrift so aus, daß sie gerade die Konstellation von Ehepartnern verbot, die nun der Papst und die Welt auf Wunsch Heinrichs VII. und des spanischen Königshauses billigen sollten.

Der Papst nahm als Stellvertreter Christi auf Grund einiger Dekrete des kanonischen Gesetzes für sich das Recht in Anspruch, den Dispens zu erteilen, wenn er gerechtfertigt schien. Jedem war klar, daß einzelne Teile des kanonischen Rechts von geringerer Bedeutung waren als andere. Thomas Morus schrieb später zu Recht, das kanonische Recht bestehe nur aus einer Sammlung von Dekreten und ihnen komme keine größere Autorität zu als ihren Quellen.[6] Wenn eine Bestimmung des kanonischen Rechts ursprünglich aus praktischen Gründen oder mit Rücksicht auf die besonderen Bedürfnisse der Zeit festgesetzt worden sei, dann dürfe der Papst oder die Tradition die Regel ebenso aus einem praktischen Grund heraus aufheben oder sie den veränderten Verhältnissen einer anderen Zeit anpassen. Niemand glaubte, der Papst könne ein von Gott selbst gegebenes Gebot, das für alle Zeiten gelten sollte, außer Kraft setzen. Beipielsweise könne kein Papst die Blasphemie billigen.

Die Gebote des dritten Buches Mose waren von ganz anderer Art als die zehn Gebote oder die Lehren von Jesus oder Paulus. Neben Geboten über Ehe und Ehebruch finden sich hier Anweisungen an die jüdischen Priester, wie ein Huhn zu schlachten sei, woran die Lepra erkannt werden könne, wie man «unreine» Tiere, wozu auch Kaninchen zählten, erkenne und meide. Es verbot den Männern, mit ihren Frauen während der Menstruation sexuell zu verkehren, und es verbot jedem Priester, einen Leichnam zu berühren, selbst den seines Vaters oder seiner Mutter. Wenn ein Buch der Bibel für die Christen weniger verbindlich war als andere, dann das dritte Buch Mose. Morus selbst erwähnt es in seinem späteren umfangreichen Werk selten, obwohl er auf vielen Seiten das Recht der Kirche verteidigte, derartige Gebote des alten Gesetzes, wie sie im dritten Buch Mose stehen, aufzuheben. Anscheinend hat er nie daran gedacht, irgendeine Stelle aus dem dritten Buch Mose könnte für die Ehe Heinrichs VIII. mit der Witwe Arthurs ein Hindernis bedeuten. Dreihundert Jahre früher hatte die Kirche die Bestimmungen über die verwandtschaftlichen Beziehungen, die für eine Ehe zulässig waren, abgeändert. Ein Papst konnte sich leicht das Recht nehmen, einige Vorschriften über die Ehe außer Kraft zu setzen, die allein auf der Autorität des dritten Buches Mose beruhten.

Papst Julius II., der gegen Ende des Jahres 1503 zum Papst gewählt worden war, gewährte den Dispens. Julius war von zwei Leidenschaften beherrscht – von der Kunst und von der Politik. Er beauftragte Michelangelo mit der Ausmalung der Decke der sixtinischen Kapelle, und Michelangelo schuf auch den eindrucksvollen sitzenden Moses als Hauptschmuck des Grabmales von Papst Julius. Das wichtigste politische Ziel dieses Papstes war die Vertreibung der Franzosen, die seit 1494 immer wieder plündernd in Italien eingefallen waren. Julius brauchte Verbündete, und sowohl Spanien als auch England waren meist auf seiten der Feinde Frankreichs. Der Heiratsvertrag zwischen diesen beiden Mächten entsprach in jeder Hinsicht den Interessen des Papstes. Nach einigen Verzögerungen, um sicherzustellen, daß alles in der angemessenen Weise geschehe, erteilte Julius seine offizielle Zustimmung zu der geplanten Ehe.

Doch selbst nach dem Dispens zögerten Heinrich VII. und sein Sohn. Erst nach dem Tod Heinrichs VII. im Jahre 1509 heiratete der junge Mann, der nun als Heinrich VIII. den Thron bestiegen hatte, die spanische Prinzessin. Einige Engländer stellten immer noch das Recht des Papstes in Frage, eine Bestimmung aufzuheben, die sich auf diese Ehe bezog, darunter William Warham, der 1503 Erzbischof von Canterbury wurde. Warham widersetzte sich dieser Eheschließung.[7] Seine politische Karriere rückte Thomas Morus später in die Nähe Warhams, aber es gibt keine Anhaltspunkte dafür, daß Warhams Befürchtungen Morus oder sonst jemanden zu jener Zeit beeinflußt hätten.

Morus blieb, was das Herrscherhaus betraf, vorerst in der Rolle des Beobachters. Am 11. Februar 1503 starb Elisabeth von York, die Tochter Eduards IV. und Schwester der kleinen Prinzen, die Richard III. im Tower hatte einkerkern lassen. Sie war die Frau Heinrichs VII. Der Hofastrologe, ein Italiener, hatte einige Monate vorher prophezeit, daß sie achtzig werden würde. Ihr Tod im Alter von siebenunddreißig Jahren hat ihn wohl sein Amt gekostet.

Morus schrieb anläßlich ihres Todes zwölf Trauerstrophen. Seine Dichtung ist unangenehm konventionell, aber man erwartete, daß die Menschen sich an dem Tun der Mitglieder des Königshauses ein Beispiel nehmen sollten, und Morus tat sein Bestes. In seinen Versen läßt er die tote Frau nacheinander von ihren Angehörigen Abschied nehmen, ohne dabei irgend etwas Bemerkenswertes zu sagen. Das eigentliche Thema der Dichtung ist nicht so sehr der Tod der Königin, sondern der Tod an sich und die Vergänglichkeit der Welt. Wir finden darin Anklänge an das moralische Drama des *Jedermann*, das bei allen Ständen jener morbiden Zeit sehr beliebt war. Morus nahm das Thema des Todes mit dem Eifer auf, in den er stets geriet, wenn er sich von der Sterblichkeit inspirieren ließ, ein Charakterzug, den er sein Leben lang beibehielt. Eine Strophe soll einen Eindruck des Ganzen vermitteln:

If worship might have kept me, I had not gone.
If wit might have me saved, I needed not fear.
If money might have helped, I lacked none.
But O good God what availeth all this gear?
When death is come, thy mighty messenger,
Obey we must; there is no remedy.
Me hath he summoned, and lo now here I lie.

Das Interessanteste an diesen Zeilen ist, daß Morus' Lust am Schreiben geweckt war. Darin unterscheidet er sich von der großen Mehrheit der englischen Anwälte, die nie fruchtbare Schriftsteller gewesen sind. Interessant wäre auch, die Zuhörer zu kennen, für die Morus die Verse geschrieben hat. Waren die Verse nur Ausdruck einer persönlichen Meditation? Oder schrieb er sie als Gabe an die trauernde Familie, vielleicht an den jungen Heinrich? Sie konnten jedoch ebensogut als moralische Belehrung für den Thronerben gemeint sein. Dafür spricht, daß Morus zu dieser Zeit überzeugt war, daß Bildung ein Weg zur Tugend sei und daß die wichtigste Verpflichtung gegenüber dem jungen Prinzen darin bestehe, auf eine gute Ausbildung zu achten. Falls er die Dichtung überreicht hat – 1503, als er sich im Charterhouse aufhielt, an den frommen Zeremonien im Kloster teilnahm und über seine Berufung zum Geistlichen nachdachte –, so spiegelt das den Konflikt zwischen seiner Sehnsucht nach einem kontemplativen Leben und seinem Streben nach einer Stellung im öffentlichen Leben wider. Jemand, der sich schriftlich an einen König oder einen Prinzen wendet, will beachtet werden, und diese traurigen Verse hinterlassen den Eindruck, als hätte Morus selbst dann noch auf der öffentlichen Bühne mitgespielt, als er daran dachte, sich von der Welt zurückzuziehen.

Ganz ähnlich wie diese traurige Klage klingen einige Verse, die er ungefähr zur selben Zeit für ein «Wahrsagebuch» schrieb, eine Art Handbuch für ein Spiel in den Salons. Hier ergeht er sich in besinnlichem Ton über die Launen des Zufalls im Erdenleben. Das Glücksrad dreht sich langsam. Die heute oben sind, steigen ab. Die heute im Staube liegen, können emporgetragen werden und morgen oben stehen. Das Schicksal mahnt die Hohen und Mächtigen, nicht überheblich zu sein, und die Niederen, nicht zu verzweifeln:

And though in once chance fortune you offend
Grudge not thereat but bear a merry face.
There is no man so far out of her grace
But he sometime have comfort and solace,
Nor one again so far up in her favor
That is full satisfied in her behavior.

Diese Empfindungen sind konventionell. Wir dürfen annehmen, daß das Spiel, bei dem diese Strophen benutzt wurden, das Rohmaterial für die Spiele in *Utopia* lieferte, das Morus mehr als ein Jahrzehnt später schrieb. Den Spielern wurden allerlei Lebensweisheiten mitgeteilt, wenigstens schien es so, und deshalb konnte man es ohne das Gefühl spielen, seine Zeit zu verschwenden.

In jenen Tagen schrieb Morus auch eine kleine Posse in Versen, die er «A Merry Jest how a Sergeant would Learn to Play the Friar» nannte. Man vermutet, daß der junge Morus das Stück für den Vortrag bei einem Bankett verfaßt hat, das 1503 in London gegeben wurde, als John More zum Serjeant-at-Law ernannt wurde, und Thomas Graunger, Morus' Großvater mütterlicherseits, Sheriff von London wurde.

Wie wir gesehen haben, gehörte ein Serjeant-at-Law zu jener herausragenden Gruppe von Rechtsanwälten, aus der die Richter des Common Law ausgewählt wurden. John Mores Wahl in dieses Amt im Alter von ungefähr fünfzig Jahren ist ein Zeichen für seinen stetigen beruflichen Aufstieg. Morus schrieb über einen anderen Typ des Serjeant, den niederen, auf Zeit angestellten Beamten der Gerichtshöfe, der sich ein kleines Gehalt damit verdiente, daß er öffentliche Bekanntmachungen ausrief und Missetäter verhaftete. In diesem Stück gibt der Serjeant vor, Mönch zu sein, um Zutritt zu einem Haus zu erhalten, in dem sich ein Schuldner verbirgt. Der falsche Mönch findet den Gesuchten und verhaftet ihn, doch dann wird er von den Frauen des Hauses verprügelt. Morus schrieb diesen Text in Knittelversen, und wenn diese nach dem Essen mit großem Vergnügen und ausschmückenden Gesten vorgetragen wurden, so hatten vermutlich Menschen, die gut gegessen und reichlich getrunken hatten, ihre Freude daran. Wir dürfen annehmen, daß mancher gelehrte Serjeant-at-Law über die Komödie eines kleinen Gerichtsbüttels herzlich lachte, der sich selbst für sehr klug hält und zuletzt vom Dienstmädchen und von der Hausherrin eine Tracht Prügel bezieht.

Weitaus interessanter ist, daß der König, viele Adlige des Reiches sowie der Bürgermeister und die Ratsherren von London an diesem Bankett teilgenommen haben.[8] Für den jungen Morus eine günstige Gelegenheit, vor den Honoratioren zu glänzen. Nach diesem Fest lud Master Colt den bemerkenswerten jungen Mann zu sich aufs Land ein, wo er ihn mit seinen heiratsfähigen Töchtern bekannt machte. Vielleicht hatte er von bedeutenden Persönlichkeiten gehört, wie talentiert der junge Mann sei.

Danach verlief Thomas Morus' Karriere eine Zeitlang eher im Schatten der Gesellschaft. Roper berichtet, daß er 1504 in das von Heinrich VII. einberufene Parlament gewählt wurde. Heute wird diese Darstellung allgemein bezweifelt, weil er vermutlich zu der Zeit für dieses Amt zu jung war. Die Protokolle dieses Parlaments sind verloren. Ropers Bericht ist die einzige Quelle für Morus' Wahl. Doch viele Gründe sprechen für Ropers Glaubwürdigkeit.

Morus war in der Tat jung – ungefähr sechsundzwanzig –, aber doch alt genug, um von den Menschen seiner Zeit als reifer Mann betrachtet zu werden. Er war ein gewandter Redner, und mit seinen Vorlesungen über den *Gottesstaat* hatte er sich bereits einen Namen gemacht. Außerdem war er zu dieser Zeit Dozent in Lincoln's Inn, ein Beweis, daß seine Kollegen ihn für kompetent hielten. Er lebte in wohlgeordneten Familienverhältnissen und wäre sehr wohl dafür in Frage gekommen, die City im Parlament zu vertreten.

Heinrich hatte das Parlament einberufen, weil er Gelder bewilligt haben wollte, doch die Abgeordneten des Unterhauses waren nicht gut auf ihn zu sprechen. Zu dieser Zeit haftete ihm bereits der Ruf an, er beute das englische Volk aus. Seine Habgier grenzte ans Pathologische. Aus jedem Gesetz, aus jeder Steuer versuchte er den letzten Schilling herauszupressen, falls es dazu irgendeine Möglichkeit gab. 1504 forderte er vom Parlament eine mittelalterliche Feudalabgabe, die angeblich dem König beim Ritterschlag seines ältesten Sohns oder bei der Hochzeit jeden Kindes zustand. Seine Tochter Margaret hatte ein Jahr zuvor James IV. von Schottland geheiratet. Arthur jedoch war schon 121.59 zum Ritter geschlagen worden, und als der König die Abgabe vom Parlament forderte, war der junge Prinz bereits zwei Jahre tot.

Heinrich beabsichtigte darüber hinaus, eine Bestandsaufnahme des Landbesitzes im ganzen Reich durchführen zu lassen, damit das Doomsday Book (Lehenbuch) auf den aktuellen Stand gebracht werden konnte, um Daten für eine exaktere Besteuerung zu ermöglichen. Heutzutage hat jede örtliche Verwaltung genaue Grundbücher, aber damals stieß der Plan auf den massiven Widerstand aller, deren Besitz von den Beauftragten des Königs geprüft werden sollte. Zuletzt bewilligte das Parlament dem König eine Summe, die beträchtlich unter der ursprünglichen Forderung lag.[9]

Roper teilt mit, daß Thomas Morus beredt gegen die Forderung des Königs auftrat, so «daß die Forderungen des Königs deshalb einmütig verworfen wurden und einer der Kammerherren des Königs namens Master Tyler, der gerade anwesend war, dem König vom Parlament die Nachricht überbrachte, daß ein bartloser Knabe seine Pläne zunichte gemacht habe».[10] Roper hat sicher übertrieben, denn Heinrich erhielt ja vom Parlament eine Abgabe. Seine Forderung wurde also nicht rundweg abgelehnt. Vermutlich hat Morus eine Rede gehalten, wie er überhaupt im Parlament sehr aktiv war. Er sprach sich gegen die Besteuerung aus und artikulierte vermutlich die Ansichten der Bürger, die die Forderungen des Königs nicht erfüllen wollten, so wortgewaltig, daß seine Rede oft zitiert wurde und deshalb im Gedächtnis haftenblieb.

Roper berichtet, daß Heinrich erbost war und auf Rache sann. John More bekam den königlichen Zorn als erster zu spüren. Der König inszenierte einen Streit mit ihm und ließ ihn in den Tower werfen, bis sich Morus' Vater gegen eine Geldstrafe von hundert Pfund freikaufte – was wohl für John More Grund genug war, in seinem Testament keine Messe für die Seele Heinrichs VII. zu stiften. Wieder ist Roper die einzige Quelle für diese Geschichte, aber bekanntlich verstieß Heinrich des öfteren gegen Sitte und Gesetz.[11] Dem Richter wurde vermutlich ein Verstoß gegen die alten Gesetze vorgeworfen, der mit hundert Pfund Strafe geahndet wurde. Thomas Morus verurteilte später in seiner *Utopia* solche Machenschaften der Könige.[12]

Nach Roper schikanierte der König nicht nur den Vater von Thomas Morus. Er wollte sich an dem Mann persönlich rächen, der für den Widerstand gegen seinen Antrag im Parlament verantwortlich war. Zu diesem Zweck versicherte er sich der Hilfe von Richard Fox, dem Bischof von Winchester. Nach Rom war Winchester das reichste Bistum Europas. Fox stieg nach Mortons Tod zum wichtigsten politischen Berater Heinrichs VII. auf. Fox tat nun so, als ob er in dem Streit vermitteln wollte, und riet Morus, dem König seinen Fehler zu bekennen und um Vergebung zu bitten. Der Kaplan des Bischofs, Richard Whitford, erteilte Morus jedoch eine freundschaftliche Warnung. Fox, sagte er ihm, hätte keine Skrupel, seinen eigenen Vater zu töten, wenn er dadurch die Gunst des Königs erlangen könnte; Morus solle sich hüten, auf seinen Rat zu hören.[13]

Morus war in einer schwierigen Lage. Wenn er seine Meinung im Parlament vertrat, handelte er nach dem ungeschriebenen englischen Recht, daß sich die Mitglieder des Parlaments in den Sitzungen dem König widersetzen durften, solange sie ihm die gebührende Achtung bezeigten. Wenn Morus zugegeben hätte, daß seine Opposition ein Fehler oder gar ein Vergehen gewesen sei, dann hätte Heinrich ihn in Übereinstimmung mit seinen eigenen Aussagen bestrafen können, und das wollte Whitford verhindern. Vielleicht hätte Morus Whitfords Rat gar nicht gebraucht, denn er wachte ohnehin argwöhnisch über die parlamentarische Souveränität. Außerdem wäre es auch vom juristischen Standpunkt aus falsch gewesen, die Ausübung eines der ehrwürdigsten Rechte des englischen Parlaments als Fehler zu bezeichnen.

Von Roper wissen wir, daß Morus größte Bedenken hatte. Er erwog sogar, außer Landes zu gehen. Als er 1515 an Martin van Dorp von der Universität von Löwen schrieb, um sich für Erasmus einzusetzen, erwähnt er, daß er um 1508 einige Zeit in Paris und Löwen studiert habe. Um dem königlichen Zorn von 1504 zu entfliehen, wäre das ein bißchen spät gewesen, doch ließe sich Morus' Reise auf den Kontinent dadurch erklären, daß Heinrich VII. sich nicht sofort an John More gerächt hat. Der König könnte drei oder vier Jahre abgewartet haben, bis er ihn unter einem glaubwürdigen Vorwand anklagen konnte – bekanntlich geht Roper mit Daten nicht sehr sorgfältig um. Dann hätte Thomas Morus 1508 wegen des Vorfalls England verlassen und sich eine Zuflucht auf dem Kontinent suchen müssen. Er berichtet Dorp, daß er sich weder in Paris noch in Löwen längere Zeit aufgehalten habe – eine allzu ungenaue Zeitangabe. Vermutlich kam Morus im Ausland zu der Überzeugung, daß Heinrich nicht weiter gegen ihn vorgehen werde, und in dieser Zeit brachte John More wohl auch die hundert Pfund Strafe auf, um sich freizukaufen.

Im April 1509 starb Heinrich VII. Morus war erfreut über den Tod des alten Königs. In einem lateinischen Gedicht anläßlich der Krönung Heinrichs VIII. schrieb er: «Dieser Tag ist das Ende unserer Knechtschaft, der Beginn unserer Freiheit, das Ende der Traurigkeit und die Quelle der Freude.» Heinrich VIII. werde ein König sein, «der die Tränen in allen Augen fortwischt und Freude an die Stelle von Klagen setzt». Er prophezeite, daß der Adel nicht länger unterdrückt und der Kaufmann nicht länger durch Steuern bei seinen Geschäften behindert werde. Jeder könne sich wieder seines Besitzes freuen, ohne fürchten zu müssen, daß die Regierung sie beschlagnahmen könnte. Außerdem müsse sich in Zukunft niemand mehr vor Denunzianten fürchten.[14]

Morus zieht eine vernichtende Bilanz der Regierungszeit des ersten Tudors. In seinen Versen spricht er seinen Zorn auf Heinrich VII. offen aus. Noch Jahre später, als er sie in einer Sammlung von «Epigrammen» veröffentlichte, warf ihm der Franzose Germanus Brixius Untreue gegenüber der Krone vor. Er schrieb die Verse jedoch eindeutig zu dem Zweck, sie Heinrich VIII. zu überreichen. Das Widmungsexemplar hat sich erhalten. Morus muß gewußt haben, was andere nur vermuteten. Der alte und der neue König hatten einander nicht geliebt. Was Morus unter dem Vater hatte leiden müssen, brachte ihm nun die Zuneigung des Sohnes ein.

Heinrich VIII. bestieg den Thron im Alter von knapp achtzehn Jahren. Die ersten Jahre seines Lebens hatte er vergleichsweise einsam und unbeachtet verbracht und von Zeit zu Zeit eine Nebenrolle im Leben seines Bruders übernommen. So führte er bei der Hochzeit von Arthur und Katharina die Braut zur Messe in die St.-Paul's-Kathedrale. Anschließend geleitete er sie zu dem großen Bankett, das der Bürgermeister und die Ratsherren Londons zu Ehren des Prinzenpaares gaben.[15] Nach Arthurs Tod wurde der junge Heinrich zu seinem Vater gebracht. Er wurde so streng bewacht, daß ein spanischer Gesandter meinte, man behandle den jungen Mann wie eine jungfräuliche Tochter. Er durfte nur sprechen, wenn ihn sein Vater etwas fragte, und ohne die Erlaubnis seines Vaters durfte er niemanden empfangen. Niemand dachte daran, ihn auszubilden oder zu erziehen, und als Heinrich VIII. den Thron bestieg, hatte er keinerlei Erfahrung in den Regierungsgeschäften. Er war nicht einmal in der Rolle des Prinzen von Wales auf das königliche Amt vorbereitet worden.[16]

Als Heinrich den Thron erbte, freute sich ganz England mit ihm. Zum Beweis, daß er die alten Freiheiten und Rechte achten würde, ließ er die wichtigsten Finanzberater seines Vaters, Richard Empson und Edmund Dudley, verhaften. Sie wurden angeklagt, dem englischen Volk willkürlich Steuern auferlegt zu haben, und der Jubel war groß, als die beiden schließlich vor Gericht gestellt, verurteilt und enthauptet wurden. Stapleton berichtet, daß Thomas Morus zusah, wie die zwei Männer zu ihrer Hinrichtung in den Tower geführt wurden, und daß Dudley ihn ansprach und ihn an die Parlamentssitzung von 1504 erinnerte. Wenn Thomas Morus damals seinen «Fehler» bekannt hätte, wäre er mit Sicherheit zum Tode verurteilt worden.

Heinrich setzte seine Krönung auf die Sommersonnenwende am Sonntag, dem 24. Juni fest, einem Feiertag, an dem in den Straßen Freudenfeuer entzündet wurden und die Reichen Speis und Trank an die Armen verteilten und für Gottes Segen dankten. Am Vorabend der Sommersonnenwende wurden die Türen mit frischem Grün und Blumen geschmückt. Öllampen wurden an den Häusern aufgehängt und brannten die ganze Nacht. Die Menschen kleideten sich in bunte Gewänder und zogen mit Gesang, mit Trommeln und Fiedeln, mit Hörnern und Flöten durch die Stadt.

Thomas Morus begrüßte den neuen König wie einen Erlöser. Das Volk liebe ihn, schrieb Morus, und jauchze voller Freude. Die Menschen strömten zusammen und seien begierig, ihn immer und immer wieder zu sehen. Über den jungen Heinrich schrieb Morus, er sei vollkommen, er überrage alle und sei voller Kraft. «Eine feurige Kraft liegt in seinen Augen, Schönheit auf seinem Antlitz, und eine Farbe auf beiden Wangen, wie es bei Rosen zu sein pflegt.»[17] Morus glaubte, Heinrich sei standesgemäß und zu freiheitlichem Denken erzogen worden, wie es zu seiner Begabung gepaßt hätte. Er meinte, der neue König habe in der Kastalischen Quelle gebadet, jener klaren, kalten Quelle, die am Südhang des Parnasses bei Delphi entspringt. In der Antike hieß es, diese Quelle enthalte die Weisheit aller Musen. Die Königin sei ihm ebenbürtig. «Sie stammt ja von großen Königen ab», schrieb er, «und sie ist die zukünftige Mutter von Königen, die um nichts unbedeutender sein werden als die, von denen sie abstammt. Bis jetzt hält ein einziger Anker das Schiff deines Reiches, ein fester, aber dennoch nur einer. Die fruchtbare Königin wird dir mit einem männlichen Erben einen in jeder Hinsicht sicheren und dauerhaften Anker geben.»[18] Morus glaubte allzu gerne daran, daß etwas eintreffen müsse, wenn er es nur mit voller Überzeugung niederschrieb.

Mit dem Tod des alten Königs beendete Morus seine zurückgezogene Lebensweise, und eine Zeit großer Aktivität begann. Roper zeichnet das Bild eines Mannes, den der Dienst an der Allgemeinheit ständig in Anspruch nimmt. Wir wissen auch, daß Morus eine private Anwaltskanzlei führte, doch die näheren Umstände sind nicht bekannt.

Erasmus teilte Hutten mit, daß Morus Streitfälle zwischen seinen Klienten stets ohne Gerichtsverhandlung schlichten wolle, sein Motiv dafür sei christliche Nächstenliebe gewesen. Aber vernünftige Juristen haben ihren Klienten zu allen Zeiten geraten, sich gütlich zu einigen. Ein Prozeß sollte stets die letzte Möglichkeit sein, denn niemand kann vorhersagen, wie der Richter urteilen wird. Morus betreute in seiner Kanzlei hauptsächlich Fälle aus dem Zivilrecht. Bei Rechtsstreitigkeiten um Geld oder Besitz war es das Ziel aller Parteien, rasch eine Lösung auszuhandeln, weil niemand Geld durch einen Prozeß binden wollte, das gewinnbringend im Handel investiert werden konnte. Einige Zünfte forderten von ihren Mitgliedern, daß sie bei Streitigkeiten untereinander den Fall der Zunft zur Schlichtung vorlegten, bevor sie ein Gericht bemühten. Nach allem, was wir über Morus' Geist, seinen Anstand und seine Fähigkeit zur Freundschaft wissen, wird er wohl in vielen Fällen erfolgreich geschlichtet haben, indem er die gegnerischen Parteien dazu brachte, sich zusammenzusetzen und den Streit ohne Prozeß beizulegen.

Er übte auch das Amt eines Under-Sheriffs von London aus. Dieses Amt hatte er seit 1510, bis er 1518 in den Kronrat berufen und mit der Verwaltung der königlichen Lehen betraut wurde. Weil sein Vater und sein Schwiegervater hochgestellte Richter und beliebte Bürger Londons waren, bekam er nahezu von selbst ein öffentliches Amt, als eine Stelle frei wurde. Hier sammelte er seine ersten Erfahrungen als Richter. Erasmus berichtet, Morus sei einem Gericht vorgesessen, das nur jeden Donnerstagmorgen tagte. John Guy, der beste Kenner von Morus' politischer Laufbahn, schreibt, daß Morus dem Sheriff's Court vorgestanden habe, an dem Straf- und Zivilrechtsfälle verhandelt wurden, unter anderem «Nötigung, Tätlichkeitsdelikte, Gewaltanwendungen, kleinere Vergehen, Schuldklagen, Rechtsverfahren, Formalverträge, Verleumdungsklagen, Streitigkeiten über Schuldverschreibungen und Verbindlichkeiten.»[19] Die Verhandlung war offensichtlich nicht sehr formell. Kläger und Verteidiger zahlten je drei Schilling für die Kosten des Verfahrens. Man muß in Betracht ziehen, daß nach englischem Recht ein Mann gehängt werden konnte, wenn er einen Geldbetrag von mehr als einem Schilling gestohlen hatte. Drei Schilling waren folglich eine beträchtliche Summe. Verständlicherweise freuten sich die Bürger Londons, als Morus, wie Erasmus berichtet, sich weigerte, diese Gebühr zu erheben. «Durch ein solches Benehmen», teilt Erasmus Hutten mit, «gewann er sich die tiefe Zuneigung der Stadt.»[20] Er tat gut daran. Schließlich wollte er in London Karriere machen, und dabei konnte ihm die Zuneigung des Volkes nur nützen. Guy führt aus, daß der Under-Sheriff die Aufgabe hatte, die Stadt am königlichen Hof zu Westminster zu vertreten. Das Honorar für diese Dienste muß einen Großteil des Einkommens von vierhundert Pfund ausgemacht haben, das Roper in jenen Jahren für Morus ansetzt.[21] Das Amt war wichtig, und Morus verstand, seine Stellung zu nutzen.

Im November 1511 schrieb der italienische Humanist Andreas Ammonius an Erasmus, daß Morus täglich den Erzbischof von Canterbury, William Warham, sehe.[22] Was dies bedeuten soll, ist ein wenig unklar. Warham war inzwischen zum Lordkanzler aufgestiegen, und Morus kam vermutlich mit ihm durch seine Tätigkeit in der Hofkanzlei zu Westminster in Kontakt. Morus sprach dort in Angelegenheiten vor, die die Stadt betrafen. Der tägliche Umgang war also kein Zeichen einer persönlichen Beziehung. Gegenüber Warham verwendet Morus jene Höflichkeitsfloskeln, die dem Erzbischof und Lordkanzler gegenüber angebracht waren. Der einzige erhaltene Brief an Warham enthält jedoch keinen Anhaltspunkt für ein persönliches Vertrauensverhältnis. Morus' Position war wichtig genug, daß einflußreiche Leute ihn im Auge behielten, und er erfüllte seine Amtspflichten so gut, daß er seinen Vorgesetzten einfiel, wenn sie einen guten Mann brauchten. Er arbeitete hart, und obwohl er wahrscheinlich damals schon den Ehrgeiz hatte, in den königlichen Rat aufgenommen zu werden, erfüllte er gewissenhaft seine täglichen Pflichten und wartete ab.

Er lebte in der City von London, London ernährte ihn, er arbeitete für London, und gleichzeitig arbeitete er für sich selbst und für den Unterhalt seiner Familie. Mittlerweile saß Heinrich VIII. auf dem Thron und schmiedete Pläne, in Europa Zwietracht zu stiften. Auf plumpe und unkluge Weise entfachte er eine Reihe von Kriegen mit Frankreich. Der Krieg führte zur Erweiterung des Diplomatischen Corps und zum Ausbau des Regierungsapparats. Neue Männer mußten zum Staatsdienst herangezogen werden. Thomas Morus hatte mit viel Geschick bereits im Frieden den gesellschaftlichen Aufstieg geschafft, doch als Heinrich den Hundertjährigen Krieg, der im 14.

Jahrhundert zwischen Frankreich und England getobt hatte, fortführen wollte, beschleunigte dieser Wandel in der englischen Politik seine Karriere.

Die Kriege Heinrichs sind oft beschrieben worden. Ihr Verlauf ist im großen und ganzen verwirrend und wenig aufschlußreich, so daß wir uns hier mit einem groben Abriß begnügen. Heinrich sah in Frankreich seinen natürlichen Feind, denn Engländer und Franzosen hatten sich jahrhundertelang bekämpft. In der Kriegführung wie in vielen anderen Dingen war er Traditionalist. Er begann den Krieg nicht nur, weil er davon träumte, ehemals englische Gebiete zurückzuerobern, sondern auch, weil seine Zeitgenossen glaubten, ein König sei erst dann wahrhaft groß, wenn er seine Männer in die Schlacht geführt habe. In dieser Beziehung war Heinrich VII. weise gewesen. Er hatte seinen Krieg geführt und nach seinem Triumph über Richard III. den Rest seiner Tage in Frieden verbracht, wodurch er den Staatsschatz und das Reich vor Verlusten bewahrte.

Aber bedächtige Könige haben oft kampflustige Söhne. Heinrich VIII., der so lange unter der strengen Aufsicht seines geizigen und engherzigen Vaters gestanden hatte, sehnte sich nach dem Ruhm und dem Glanz des Krieges. Im Jahre 1511 brachte er im Parlament ein Gesetz durch, das in ganz England Spiele wie Tennis und Bowling verbot. Die Engländer sollten sich mit Bogenschießen vergnügen. Jeder Mann, der «nicht lahm, altersschwach oder verkrüppelt» und nicht älter als sechzig war, sollte ständig mit dem Langbogen üben und selbst Bogen und Pfeile besitzen. Nur Priester, Mönche, Richter und hohe Beamte der Schatzkammer waren davon ausgenommen. Morus dürfte von dieser Pflicht befreit gewesen sein, weil er als Under-Sheriff nominell Richter war. Doch wir sollten nicht vergessen, wie detailliert das Militärwesen in *Utopia* beschrieben ist und welche Bedeutung den Bogenschützen in der Armee Utopias zugemessen wird. Vermutlich hat auch Morus sich wie jedermann im Bogenschießen geübt und die vom Gesetz geforderten Pfeile und den Bogen im Haus gehabt.

Im Frühjahr 1511 sandte Heinrich, den danach «verlangte, Mars zu dienen», wie Edward Hall voll Bewunderung bemerkte, Truppen nach Spanien. Er unterstützte seinen Schwiegervater Ferdinand bei einem angeblichen Kreuzzug gegen die Mauren, die immer wieder von der Küste Nordafrikas aus in Spanien einfielen. Heinrichs Armee segelte im Mai von Plymouth ab und landete am 1. Juni in Cadiz. Die englischen Soldaten versagten kläglich. Hall meint, der Alkohol sei daran schuld gewesen. Die Engländer, schreibt er, waren an die «starken Weine» Spaniens nicht gewöhnt. Sie führten sich in den spanischen Freudenhäusern nicht gerade wie Gentlemen auf. Sie zertrampelten Hecken, plünderten Obstgärten und Weinberge, und sie aßen die spanischen Orangen, noch ehe sie reif waren. Wahrscheinlich wurde die ganze Armee von heftigem Durchfall geplagt. Zuletzt bekämpften sich spanische und englische Soldaten gegenseitig. Ferdinand gab seinen Kreuzzug auf. Nach sechzehn Tagen zogen die Engländer ab und fuhren nach Hause. Die Unternehmung hatte den Mauren nicht geschadet und Heinrich nicht genützt. Aber durch diesen Mißerfolg wurde sein Tatendrang keineswegs kleiner.

Ein Jahr nach der ersten englischen Niederlage in Spanien folgte die zweite. Wieder ging Heinrich eine Allianz mit Ferdinand ein, diesmal nicht gegen die Mauren, sondern gegen Frankreich. Wieder segelte eine englische Armee nach Spanien und landete Mitte Juni. Hall neigte stets dazu, große Ereignisse mit den kulinarischen Gepflogenheiten der Soldaten zu erklären. Er schreibt über die zweite Niederlage: «Die Engländer würzten alle Speisen mit Knoblauch und tranken bei dem heißen Wetter starken Wein. Sie aßen alle scharfen Früchte, die für sie erreichbar waren. Dadurch kochte ihnen das Blut im Bauch. Dreitausend erkrankten an der Ruhr und achtzehnhundert starben daran.»[23] Gepeinigt von der Ruhr zerfiel die Armee in disziplinlose Haufen.

Ferdinand hatte Heinrich dazu ermutigt, mit den Franzosen Krieg zu führen. Als Belohnung sollte England das schöne Hügelland von Guienne, das ehemals im Besitz Englands gewesen war, erhalten. Das alte Aquitanien mit seinen lieblichen Städten, die an den sanft ansteigenden Abhängen der Pyrenäen gebaut waren, war eine lockende Beute. Doch Ferdinand verließ abermals den Kriegsschauplatz und überließ die Engländer einer überlegenen französischen Armee. Er benützte sie lediglich, um die Franzosen in Schach zu halten, während er das katholische Navarra besetzte, das einzige Gebiet südlich der Pyrenäen, das noch nicht in seiner Hand war. Seine Truppen nahmen Pamplona ein, während die Franzosen abwarteten, was die Engländer tun würden. Die Engländer aber unternahmen nichts und warteten auf spanische Pferde und Maultiere, um ihre Geschütze und Lebensmittelvorräte überhaupt in den Kampf befördern zu können. Als die Zugtiere nicht kamen, packten die Engländer ihre Sachen und zogen heimwärts.

Der klägliche Ausgang dieser Feldzüge, die heute fast vergessen sind, dürften jedoch zu den wichtigsten Ereignissen jener Zeit gehören, freilich nicht wegen ihrer militärischen Bedeutung, sondern weil sie der indirekte Anlaß waren, daß Thomas Wolsey zum Lordkanzler ernannt wurde. Bis zu seinem vorzeitigen Sturz im Jahre 1529 war er der mächtigste Mann in der englischen Politik. Wolsey war königlicher Almosenier gewesen. Das Volk glaubte, er sorge mit seinem Amt für das königliche Seelenheil, weil er den Auftrag hatte, den Armen im Namen des Königs Almosen zu verteilen. Die Reichen waren angehalten, Almosen zu geben, wenn sie ins Himmelreich eingehen wollten. Wolsey erwies sich als ein sehr kluger Ratgeber und fand in Heinrich einen willigen Zuhörer – vielleicht, weil es ihm auf geniale Weise gelang, die tollen Einfälle des Königs in andere Worte zu kleiden und sie dann seinem Herrscher als weise Ratschläge zu unterbreiten.

Zu der Planung des Feldzugs von 1512 hatte er immerhin so viel beigetragen, daß viele ihn für den unglücklichen Ausgang verantwortlich machten.[24] Aber er war nicht der Leiter des Unternehmens, und sowohl für die miserable Disziplin der englischen Armee als auch für ihre ungenügende Ausrüstung waren andere verantwortlich. (Einer der Hauptleute berichtet, daß von 8000 Bogen nicht einmal 200 intakt gewesen seien.) Wolsey hatte einige Erfolge bei der Befestigung der nördlichen Landesgrenzen gegen die Schotten erzielt. Dieses Unternehmen hatte er von London aus geleitet und dabei bewiesen, daß er ein Mann war, der zu handeln verstand.[25] Nun begann sein Aufstieg zur Macht.

Wolsey entschied über Thomas Morus' weitere Karriere. Wenn er Wolsey mißfallen hätte, wäre Morus nie Königlicher Rat geworden. Die beiden arbeiteten jahrelang zusammen. Wolsey war immer der Vorgesetzte, Morus der Untergebene, und Morus schmeichelte ihm bei jeder Gelegenheit, wie es den Gepflogenheiten der Zeit entsprach. Wolsey wurde 1529 gestürzt. Morus folgte ihm als Lordkanzler und griff ihn jetzt mit allen Mitteln an. Die Persönlichkeiten der beiden Männer waren sehr unterschiedlich, aber in gewisser Hinsicht waren sie sich auch auffallend ähnlich. Beide waren treue Diener der katholischen Kirche und zutiefst davon überzeugt, daß jeder König eine Todsünde begehe, der in die geistliche Autorität der Kirche eingreifen oder sie antasten wollte, da sie von Gott gegeben sei. Beide dienten ihrem König treu und wurden schließlich von ihrem Herrn vernichtet. Beide bedauerten am Ende ihres Lebens, daß sie der Ehrgeiz dazu getrieben hatte, einem Leben in Einsamkeit und Kontemplation zu entsagen und nach dem Ruhm und Glück der Welt zu streben. Beide waren ehrgeizig, obwohl Wolseys Ambitionen und seine Erfolge die seines Nachfolgers weit übertrafen und er weniger oft als Morus öffentlich seine Unwürdigkeit bekundete. Beide neigten zur Rachsucht, was zum Vorschein kam, wenn sich jemand anderer als der König ihnen widersetzte. Doch beide konnten auch gegenüber unbedeutenden Feinden, die ihnen nicht wirklich schaden konnten, großzügig sein. Und beide waren ihren Kindern liebevolle Väter.

Wolsey war von niedererer Abkunft als Morus, und wir dürfen die Charakterunterschiede auf ihre unterschiedliche soziale Herkunft zurückführen. Wolsey wurde um 1473 in Ipswich in der Grafschaft Suffolk als Sohn eines Metzgermeisters geboren. Das Metzgerhandwerk galt als verächtlich. Aus hygienischen Gründen wurde in den meisten Städten Englands und Europas verlangt, daß die Metzger ihr Handwerk außerhalb der Stadtmauern ausübten. Auf der Insel Utopia durften nur Sklaven Metzger sein. Die Utopier «dulden nämlich nicht, daß sich ihre Bürger an das Zerfleischen von Tieren gewöhnen, weil sie glauben, daß diese Gewöhnung das Mitleid, diese menschlichste aller unserer natürlichen Empfindungen, allmählich abstumpfen müsse.»[26] Wolsey wurde den Makel seiner niederen Geburt nie ganz los. In einem kleinen Spottvers von 1528 stehen die Zeilen:

This is a great presumption
For a village butcher's son
His authority so to advance ...[27]

Wolsey war intelligent, stolz, gesellig und konziliant – wie Thomas Morus. Menschen dieser Art hatte Heinrich VIII., der an aufrichtigen Seelen seine Freude hatte, gern um sich. Wolsey fiel durch seine Intelligenz auf. Er kam nach Oxford an die Universität, wo er durch seine brillante Selbstdarstellung Freunde an höchster Stelle gewann, die alsbald von seiner Tatkraft, seiner Klugheit und seinem Witz beeindruckt waren. Er zauderte nie auf seinem Weg nach oben, und an der Spitze der Macht angelangt, zögerte er nicht, jeden zu vernichten, der ihm seinen Platz streitig machen wollte.

Wir können uns nicht vorstellen, wie das Leben von Thomas Morus ohne Wolsey ausgesehen hätte. Doch interessiert uns Wolsey nicht nur deshalb, weil er Morus' Karriere gefördert hat, sondern wegen der Gegensätze, die – trotz aller Gemeinsamkeiten – zwischen ihm und Morus bestanden. Wolsey liebte die Regierungsgeschäfte, öffentliche Auftritte, prunkvolle Feste und die Macht. Wie schon gesagt, fehlte Morus Wolseys ausgeprägte Freude an Verwaltungsaufgaben und sein Talent für hervorragende Problemlösungen. Zwar wird die politische Klugheit Wolseys von manchen in Frage gestellt, doch zweifelt niemand an seinem enormen, fast unerbittlichen Einfluß auf die Regierung und das Leben in England. Es gibt keinen Beweis dafür, daß Morus überhaupt jemals Einfluß hatte. Wolsey führte den Marschallstab mit großer Geste. Morus war zwar unermüdlich und fleißig, doch er konnte sich mit der Macht nie richtig anfreunden und führte sich zeitlebens eher wie ein Stabsfeldwebel denn wie ein Feldmarschall auf.

Wolsey hatte zunächst ungeheuren Erfolg, doch dann verfiel er der Hybris, die so vielen genialen Organisatoren zum Verhängnis wird: Er glaubte, kein Hindernis könne seiner Tatkraft und seinen Überredungskünsten widerstehen. Charme, Schmeichelei und Gewalt setzte er skrupellos ein, und er brachte die Menschen immer dahin, wo er sie haben wollte. Doch zuletzt erlitt er solche Rückschläge, daß seine Erfolge sich rückblickend eher wie Trugbilder ausnehmen. Dennoch ist die Bemerkung seines ersten und besten Biographen, George Cavendish, sicher zutreffend. Cavendish schreibt unmittelbar vor den großen Veränderungen nach Wolseys Tod: «Nie sah ich das Reich besser geordnet, in Ruhe und Gehorsam als zur Zeit seiner Herrschaft und Regierung. Noch wurde das Recht je besser und unparteiischer verwaltet.»

Im Jahre 1512 stieg Wolsey zum Kriegsminister auf. Trotz aller Rückschläge war Heinrich nach wie vor zum Krieg mit Frankreich entschlossen. Während des ganzen Sommers lieferten sich englische und französische Schiffe im Kanal Gefechte. Am 10. August 1512 traf Heinrichs größtes Schiff, die *Regent,* mit tausend Tonnen und siebenhundert Mann an Bord, vor der Küste der Bretagne auf das französische Schiff *Cordelière.* Im 16. Jahrhundert wurden Schiffe nicht mit Geschützen versenkt, sondern geentert. Die Seesoldaten strömten auf das Deck des anderen Schiffs wie Infanteristen auf ein schwimmendes Schlachtfeld. Jemand legte Feuer; es erreichte die Pulverkammern, und beide Schiffe gingen «im Handumdrehen» in Flammen auf, wie Thomas Wolsey in einem Bericht an seinen Freund, den Bischof Richard Fox, schreibt.[28] Nur ein paar französische Matrosen, die schwimmen konnten, überlebten. Die englischen Seeleute nährten damals nämlich den Aberglauben, ein Seemann, der schwimmen lerne, beschwöre den Untergang seines Schiffes herauf.

Die Versenkung der beiden Schiffe war schrecklich und vielleicht sogar tragisch. Jedenfalls nahm sich die tragische Muse ihrer an. In Frankreich griff ein Gelehrter und Priester namens Germanus Brixius, der sich zum Verseschmied berufen fühlte, das Ereignis auf und stellte die Früchte seiner Dichterwut in einem kleinen Buch mit dem Titel *Chordigerae navis conflagratio* (Die Verbrennung des Schiffes Chordigera [Cordelière]) zusammen. Das Werk zeichnet sich hauptsächlich durch eine elegische Lobeshymne auf Hervé de Porzmoguer (latinisiert: Herveus) aus, den Kapitän der *Cordelière,* der mit seinem Schiff unterging.

Brixius ahmt auf groteske Weise Vergil nach. Er malt in seinem Gedicht genüßlich den Kampf mit denselben grellen Farben, die auch Vergil in seiner *Äneis* verwendet. Die Franzosen lieben ihr Vaterland. Bogen werden gespannt, Streitäxte fliegen in die Reihen der Feinde, die Sonne wird von Pfeilen verdunkelt. Die Schreie der kämpfenden Männer gellen gen Himmel. Die Franzosen, geführt von ihrem tapferen Kapitän, sind drauf und dran, die schwächer werdenden Engländer zu besiegen – die tapferen Widerstand leisten. Hervé wütet im Kampfgetümmel. Brixius beschreibt seine Tapferkeit mit Worten, die den Versen Vergils ähneln sollten, in denen der Sieg des Äneas über die Etrusker beschrieben wird. Doch trotz Hervés Mut verschlingen die Flammen die zwei Schiffe und ihre Besatzung. Brixius, wie Joseph Turner (1775–1851) ein Kind seiner Zeit, genießt es, eine große Feuersbrunst zu beschreiben. Das Gedicht ist eher ein stilistisches Feuerwerk als ein Angriff auf die Engländer.

Thomas Morus muß diese Verse gelesen haben, als sie Anfang 1513 erschienen. Wie die meisten Engländer schlugen auch ihn Heinrichs Kriege in ihren Bann, und er interpretierte das Gedicht als einen Angriff auf die Tapferkeit der englischen Nation. Als Antwort schrieb er eine Reihe boshafter kleiner Epigramme, in denen er Brixius und sein Werk verspottete. Brixius wird als Lügner und Dummkopf hingestellt: «Er selbst hätte es dennoch verdient, daß er (um alles um so genauer zu wissen) mitten auf dem Schiff dabeigewesen wäre.»[29]

> Daß Herveus die Feinde tötete, indem er Geschosse durch ihre Schläfen schoß, daß er dem einen die Gedärme und Rippen mit dem Schwert durchbohrte, anderen den Kopf abschlug, anderen wiederum die Schulter und die Hüfte mit seiner Lanze durchbohrte, daß er sodann die Pfeile, die von der gegnerischen Seite heranflogen, mit dem Rundschild tapfer abwehrte und dorthin lenkte, woher sie kamen, dies übersteigt die Vorstellungskraft. Wie sollte ein einziger mit so vielen Waffen kämpfen und dazu noch einer, dessen eine Hand mit einem Schild beladen ist. Die starke Natur selbst steht diesem Kampf entgegen. Ich glaube, daß dir bei diesem Teil [deiner Darstellung] etwas entgangen ist, denn sobald du den tapferen Herveus gleichzeitig mit vier Waffen kämpfend und mit einem Schild darstellst, dann ist dir dies möglicherweise entgangen, aber der Leser sollte dann vorher daran erinnert werden, daß Herveus fünf Hände hatte.[30]

Brixius habe alle guten Verse von den antiken Schriftstellern gestohlen, meinte Morus. Brixius hatte behauptet, daß Hervé den beiden Deciern gleichkäme, dem Vater und dem Sohn, die in zwei verschiedenen Schlachten gegen die Feinde des antiken Rom heldenmütig in den Tod gingen und ihre Mitbürger dadurch ermutigten. Morus hingegen meint: «Aber dennoch unterscheidet sie dies: jene starben aus freiem Willen, dieser [Hervé] starb, da er es nicht vermeiden konnte.»[31] Wir kennen noch weitere Epigramme, in denen Brixius gleichermaßen verächtlich gemacht und England gerühmt wird.

Morus veröffentlichte diese Epigramme nicht vor 1518. Für wen hat er sie geschrieben? Zweifellos waren sie für den König selbst gedacht. Wir haben immer noch den gleichen Thomas Morus vor uns, der Heinrich 1499 in Eltham ein Gedicht zum Geschenk mitbrachte und der ihm zur Krönung gereimte Schmeicheleien überreichte. Die Epigramme von Morus gegen Brixius sollten Heinrich nicht nur zum Lachen bringen, sondern auch zeigen, daß Morus Heinrichs militärisches Unternehmen unterstützte. Alle modernen Biographen nehmen an, daß Morus diese törichten kontinentalen Kriege abgelehnt hat. Nichts spricht jedoch dafür, daß er sich damals gegen sie ausgesprochen hat, und aus verschiedenen anderen Äußerungen geht hervor, daß Morus, in diesem Punkt wie in den meisten anderen, nicht willens oder nicht fähig war, sich dem König zu widersetzen.

So ging der Krieg weiter; Heinrich zog im Sommer 1513 mit seiner Armee nach Frankreich und verbrachte dort eine angenehme Zeit. Der alte Kaiser Maximilian, der habsburgische Kaiser des Heiligen Römischen Reiches Deutscher Nation, wurde sein Verbündeter. Maximilian umschmeichelte den englischen König und erhielt fünfundzwanzig Pfund pro Tag. Auf solche Weise schmolz das Vermögen, das Heinrich VII. angesammelt hatte, dahin. Heinrichs Armee nahm gegen Ende des Sommers Thérouanne ein. Auf seinen Befehl hin wurden die Verteidigungswerke der Stadt geschleift. Als der König abzog, legten die englischen Plünderer Feuer, und Thérouanne brannte größtenteils nieder.

Im britischen Inselreich hielten jetzt die Schotten ihre Stunde für gekommen. Sie standen treu zu ihrer alten Allianz mit Frankreich und drangen in England ein. James IV. von Schottland war mit Heinrichs Schwester Margarete verheiratet, aber eine Frau gehört zu ihrem Mann und nicht zu ihrem Bruder, und die Verbindung der königlichen Häuser durch Heiraten garantierte selten den Frieden zwischen den Reichen. James führte seine Truppen über den Tweed. Er war mutig und dumm, und wollte seinen Truppen ein Beispiel geben. Er hielt ein Schwert in der Hand und gedachte es zu benutzen. Im frühen September, auf einer kleinen Anhöhe namens Flodden in den kahlen Cheviot Hills nahe des Flusses Tilt, stieß er mit einer englischen Armee zusammen, die von dem alten Grafen von Surrey geführt wurde. Die Schotten wurden niedergemacht und ihr König erschlagen. Dies war der größte englische Landsieg des 16. Jahrhunderts, aber er war nicht vom englischen König erfochten worden. Königin Katharina, die versprochen hatte, das Reich während seiner Abwesenheit zu verteidigen, sandte eine Botschaft, der sie ein «Stück vom Mantel des Königs der Schotten, das John Glyn nun bringt», beifügte. Mit leiser Ironie, die ihn getroffen haben muß, ließ sie ausrichten: «Daran mögen Eure Hoheit sehen, wie ich mein Versprechen gehalten habe. Ich sende Euch für Eure Banner den Mantel eines Königs.»[32]

Der Graf von Surrey war Thomas Howard. Er hatte schon für Richard III. bei der Schlacht von Bosworth Field mutig gekämpft. Sein Vater John, der erste Herzog von Norfolk, hatte stets dem Hause York gedient. In Bosworth hatte er die Vorhut von Richards Armee geführt und war für Richard gefallen. Nach der Schlacht wurde der Sohn dreieinhalb Jahre gefangengehalten. Nach seiner Freilassung aus dem Tower 1489 hatte er jedoch seine Loyalität zum Haus Tudor unter Beweis gestellt und einen Aufstand in Yorkshire niedergeschlagen, wo die Anhänger des Hauses York Heinrich VII. immer noch feindlich gesinnt waren. Nach Flodden erhielt er den alten Titel seines Vaters und wurde Herzog von Norfolk.

Sein Sohn, Thomas Howard der Jüngere, erbte den Titel des Herzogs von Norfolk, als sein Vater 1524 starb. Viel später nannte William Roper ihn einen «besonders guten» Freund von Thomas Morus. Elisabeth, die Tochter des Siegers von Flodden, heiratete Sir Thomas Boleyn, einen fähigen Diplomaten in königlichen Diensten. Im Sommer 1513 war ihre Tochter Anne ungefähr sechs Jahre alt.

Thomas Morus verfolgte das Kriegsgeschehen ebenso interessiert wie die meisten Engländer. Nach der Schlacht bei Flodden verfaßte er ein moralisierendes Epitaph auf den gefallenen schottischen König:

> Ich, James, König der Schotten, tapferer und unglücklicher Feind eines friedliebenden Königreiches, liege in dieser Erde begraben. Hätte ich soviel Treue wie Mut besessen, wäre mir nicht das folgende unehrenhafte [Geschick] zuteil geworden. Ich schäme mich aber zu prahlen, scheue mich zu klagen, also werde ich schweigen. Ach, wenn du schwatzhafter Nachruf doch auch schweigen wolltest. Euch aber, ihr Könige, mahne ich – selbst noch vor kurzem ein König –, auf daß nicht Treue (wie es zu sein pflegt) ein leeres Wort werde.[33]

Wenige Tage nach Flodden nahm Heinrichs Armee die Stadt Tournai ein. Tournai war weit größer als Thérouanne. Wolsey wurde bereits zum Bischof der Stadt ernannt, als die englische Armee noch vor ihren Mauern lag. Im Oktober kehrte Heinrich mit dem Siegerlorbeer bekränzt heim. Er meinte, er hätte den siegreichen Geist Heinrichs V. wiedererweckt, und träumte von weiteren Feldzügen, deren Höhepunkt der Gewinn der Krone von Frankreich sein sollte, nach der seine Vorfahren zwei Jahrhunderte lang gestrebt hatten. Morus verfaßte ein Epigramm über die Übergabe Tournais (lateinisch: Nervia):

> Der kriegführende Caesar bezwang dich, unbesiegte Stadt Nervia, jedoch nicht ohne äußerste Übel auf beiden Seiten. Dich eroberte nun Heinrich, und er eroberte dich ohne Blutvergießen, ein König, der größer und besser ist als der große Caesar. Der König meinte, es sei ehrenvoll für ihn, dich erobert zu haben, und du selbst meintest, es sei für dich nicht weniger nützlich, erobert worden zu sein.[34]

Die Epigramme über den Tod von James und über die Eroberung von Tournai drücken beide nicht eine blutrünstige, sondern eine patriotische Gesinnung aus. In den Epigrammen gegen Brixius ist Morus in seinem Patriotismus sehr boshaft, aber das war zu dieser Zeit allgemein üblich. Ihn beschäftigen die Übel des Krieges viel weniger als die Ehre der englischen Soldaten. Er teilte völlig den englischen Patriotismus, und der italienische Englandreisende, den wir bereits erwähnten, war über diese Beobachtung verärgert. Morus ist nicht der Pazifist gewesen, zu dem ihn moderne Gelehrte machen wollen.

Heinrichs Siege in Frankreich waren schnell vergessen. Innerhalb eines Jahres hatte er mit König Ludwig XII. Frieden geschlossen. Als Zeichen seines guten Willens gab er Ludwig seine Schwester Maria zur dritten Frau. (Die junge Anne Boleyn begleitete sie als Kammerzofe, denn sie sollte am französischen Hof gepflegte Umgangsformen lernen.) Der große Krieg mit seinen großen Zielen hatte sich in ein ritterliches Spiel verwandelt. Heinrich entdeckte, daß selbst mit einem organisatorischen Genie wie Thomas Wolsey ein Krieg zu teuer war, um ihn allzu lange führen zu können. Frankreich war zu groß, zu gut organisiert und seine Bevölkerung zu patriotisch, um einen englischen Sieg oder gar einen englischen König auf Dauer zu akzeptieren. Maximilian hatte weder das Geld noch die Macht, um ihm zu helfen. Ferdinand zog sich aus der Allianz zurück, obwohl er bei seiner Ehre geschworen hatte, zu ihr zu stehen. Der englische König, der über seinen Schwiegervater sehr verärgert war, mußte sich allein seinen französischen Feinden stellen. Er war schlau genug, einzusehen, daß sie ihm überlegen waren. So hielt er seine Verluste gering, brachte Ludwig dazu, ein Lösegeld für seine eigenen Städte zu zahlen, und nach einem angemessenen Zeitraum von ein paar Jahren gingen sie wieder in den Besitz von Frankreich über.

Für die englischen Kaufleute jedoch war Heinrichs Krieg eine Katastrophe, weil er den Handel stillegte, den Staatsschatz leerte und dem Land höhere Steuern aufzwang – und das alles bloß wegen eines militärischen Spektakels. Morus und sein Vater waren beide Mitglieder der Seidenhändlergilde, einer der großen Londoner kaufmännischen Vereinigungen, welche die Stadt beherrschten. Deshalb hatte Morus allen Grund, sich Gedanken über den Krieg zu machen, und zwar nicht über die moralische Frage des Blutvergießens, sondern über die ökonomische Dummheit.

In den Jahren 1513 und 1514 übte er weiterhin die Tätigkeit eines Juristen und eines Under-Sheriffs aus. Er leitete eine eigene Kanzlei und diente London als verantwortungsbewußter Bürger. Gelegentlich übte er das Amt des Königlichen Friedensrichters aus und sah in den benachbarten Gegenden nach dem Rechten. Doch der Großteil seiner Geschäfte hatte mit der Stadt zu tun. Er gehörte der Kommission an, welche sich um die London Bridge kümmerte, und einer weiteren Kommission, die für die Abwasserkanäle zuständig war. Roper berichtet, er sei zweimal Lektor am Lincoln's Inn gewesen, «und das ist genau so oft, wie jeder Richter gewöhnlich liest».[35] Zweimal, berichtet Roper, vertrat Morus die Londoner Kaufleute bei Auseinandersetzungen mit deutschen Kaufleuten im Steelyard, jener Enklave des Handels nahe der Brücke, wo die Hansestädte eine Niederlassung hatten.[36] Wenn zutrifft, was Roper berichtet, und Thomas Morus zu dieser Zeit mindestens vierhundert Pfund im Jahr verdiente, war er ein sehr wohlhabender Mann.

Vermutlich auf Grund seiner Stellung in der Stadt wurde Thomas Morus am 7. Mai 1515 von Heinrich VIII. mit einer diplomatischen Mission in Flandern beauftragt. Er sollte die Handelsverträge, die England mit Flandern während der Regentschaft Heinrichs VII. geschlossen hatte, neu aushandeln. Morus wurde von Cuthbert Tunstall, Richard Sampson, Thomas Spinelli und John Clifford begleitet.

Tunstall und Sampson waren Mitglieder des Kronrates, und während der nächsten fünfzehn Jahre war Tunstall einer der engsten Freunde von Morus. Er war von unehelicher Geburt, und wie Thomas Wolsey halfen ihm auf seinem Weg zu einer angesehenen Stellung nur sein Verstand und der liberale Geist der mittelalterlichen katholischen Kirche, die keinen Menschen seiner Herkunft wegen verachtete, vorausgesetzt, er war intelligent, tatkräftig, geschickt und zuverlässig. Tunstalls Vater erkannte ihn als Sohn an und sandte ihn 1491 nach Oxford. Obwohl er vier Jahre älter als Thomas Morus war, dürften sie sich an der Universität begegnet sein, denn sie studierten zur gleichen Zeit. Tunstall erwarb anschließend einen akademischen Grad in römischem Recht an der Universität Padua. Das römische Recht und das kanonische Recht waren verwandte Fächer, und gewöhnlich studierten die englischen Geistlichen beide. Padua war ein bekanntes Zentrum der Aristoteliker und ihrer Lehren, und die Universität war berühmt für ihre theologische und philosophische Kompromißlosigkeit sowie für ihre traditionelle Unabhängigkeit gegenüber dem päpstlichen Machtanspruch.

Tunstall war konservativ. Sobald er aus Italien nach England zurückgekehrt war, stieg er in dem konservativen Klima der englischen Kirche schnell auf, ein Klima, das der Erzbischof William Warham entschieden förderte. Er wurde Kanzler oder der erste geschäftsführende Beamte Warhams. Seine Kenntnisse des Kontinents, sein Differenzierungsvermögen und seine Redegewandtheit befähigten ihn zum Diplomaten, und Heinrich VIII. vertraute ihm gelegentlich eine Mission an. Im Jahre 1522 wurde er Bischof von London. Er blieb zeit seines Lebens einer der angesehensten Männer der Kirche Englands. Allerdings überstand seine Freundschaft mit Morus die Belastung durch die Scheidung Heinrichs VIII. nicht, doch bis dahin war er Morus' engster geistiger Vertrauter.

Spinelli war ein Italiener in Heinrichs Diensten. Er ähnelt Andreas Ammonius und anderen gelehrten Italienern sehr, die ihre Kenntnisse im Dienste der Tudors einsetzten. Spinelli war zuvor als Bevollmächtigter des Königs in Flandern gewesen. Clifford war der «Gouverneur der Kaufleute der englischen Nation», eine Art Generalkonsul in Flandern. Morus wurde als Squire bezeichnet, was schlicht bedeutete, daß er ein Gentleman, ein «Esquire», ein führender Bürger der Stadt war, allerdings einer, der nicht adlig war.

Der Handel mit Flandern machte einen bedeutenden Teil des englischen Handels aus. Die Engländer verkauften Wolle und unverarbeitete Tuche an die großen Webereien der flandrischen Städte. Bis zur Industrialisierung kauften die Engländer Kleidung, die von den Handwerkern der flandrischen Städte gefärbt und genäht worden war. Außerdem importierten sie Luxusgüter, die aus Italien, Spanien und den übrigen Mittelmeerländern nach Flandern gebracht wurden. Als Mitglied der Seidenhändlergilde vertrat Morus die Handelsinteressen Londons.

Mitte Mai wurde Morus in Brügge in sein Amt eingeführt. Die Stadt besaß damals noch einen Hafen, der jedoch allmählich versandete, wodurch Antwerpen zum größten flandrischen Hafen und zum Tor für den englischen Handel aufstieg.

Die Verhandlungen kamen langsam voran, und Morus stand unter großem Zeitdruck. Doch nicht die politischen und diplomatischen Gegebenheiten, die ihn nach Flandern führten, sind für uns an dieser Reise bedeutsam, sondern daß er dort die *Utopia* schrieb, das erste Werk der Renaissance in England, das im ganzen katholischen Europa bekannt werden sollte.

KAPITEL 5

Thomas Morus und die Renaissance

Viele Freunde und Jugendfreunde von Thomas Morus waren Engländer, die Italien bereist hatten, um den Geist des Humanismus und der Renaissance in sich aufzunehmen. Niemand hat bisher den Begriff «Renaissance» so definiert, daß er von allen, die sich mit der Epoche beschäftigt haben, akzeptiert würde. Beginnen wir mit dem Begriff der «Wiedergeburt». Was bedeutete er für die Menschen, die ihn zuerst verwendeten? Sie meinten damit die Wiedergeburt der Kunst der griechischen und römischen Antike, jene Blüte der Kunst, die italienische Maler, Bildhauer und Architekten hervorbrachten. Zuerst lernten diese Künstler, antike Kunstwerke zu kopieren, und schließlich übertrafen sie das handwerkliche und technische Können des klassischen Altertums.

Die meisten gebildeteten Europäer faszinierte vor allem der Realismus der Gemälde und Skulpturen. Die Bildhauer befreiten Skulpturen, die beinahe wie lebendige Menschen aussahen, von den Einschränkungen durch das Material. Maler und Bildhauer gaben ihren Werken einen Ausdruck, der oft Charakter und Temperament des Modells auf eine so universale Weise offenbarte, daß sogar wir heute noch versucht sind zu glauben – sicherlich mit etwas Einbildung –, Menschen dieser Geistesart zu kennen.

Morus' Sinn für die bildenden Künste ging nie über dieses Niveau hinaus. Wie Erasmus verblüffte es ihn, daß Maler die äußere Erscheinung der Gegenstände so wirklichkeitsgetreu abbilden konnten. Als Morus Holbein beauftragte, Zeichnungen und Gemälde von seiner Familie anzufertigen, war er wohl der Ansicht, daß er einen reellen Gegenwert für sein Geld bekam, weil die Bilder täuschend lebensecht waren. Uns ist dieses handwerkliche Können inzwischen so vertraut, daß wir uns das Erstaunen und die Bewunderung kaum vorstellen können, das diese Kunstwerke bei denen hervorriefen, die sie erstmals sahen. Selbst die Reaktionen des Publikums bei den ersten Filmvorführungen können wir heute nicht mehr richtig nachvollziehen. Viele Menschen meinten damals, die Vorgänge auf der flimmernden Leinwand seien «wirklich».

Von dieser schlichten Freude am künstlerischen Realismus ist es nicht weit zu der Wertschätzung, die die Menschen der Renaissance der klassischen

Literatur entgegenbrachten. In Morus' erstem erhaltenen Brief, den er mit dreiundzwanzig schrieb, teilt er seinem Freund John Holt mit: «Du fragst mich, wie es um meine Studien bestellt sei? Ausgezeichnet! Es könnte gar nicht besser gehen. Ich habe das Lateinische aufgegeben und wende mich nunmehr dem Griechischen zu.»[1]

Menschen wie Morus hielten die klassische Literatur für wirklichkeitsnäher als die Literatur ihrer eigenen Zeit. Sie schien eher ein Teil der allgemeinen menschlichen Erfahrung zu sein als die konstruierten theologischen Probleme der Scholastiker, die vom normalen Denken so weit entfernt waren, daß sie oft lächerlich wirkten. Auch heute lesen nur wenige Menschen mittelalterliche Literatur, aber die Griechen und Römer haben noch immer ein treues Publikum, und dafür gibt es gute Gründe. Wenn wir Platon lesen oder Inszenierungen von *König Ödipus* oder *Medea* im Theater sehen, haben wir auf Grund der allgemein menschlichen Charakterisierung der Figuren das Gefühl, ihre Leidenschaften und ihre Ideen bereits zu kennen. Sie vermitteln uns Erkenntnisse, die wir nicht nur rasch verstehen, sondern uns auch anhand unserer eigenen Lebenserfahrung ins Gedächtnis zurückrufen können. Vermutlich hatten jene Menschen, die in der Renaissance die Literatur der Antike wiederentdeckten, das Gefühl, eine tröstliche Wirklichkeit vorzufinden, die sie angesichts der kühlen Abstraktionen des größten Teils des mittelalterlichen Denkens bereitwillig aufnahmen.

Die Künstler der Renaissance entwickelten die räumliche Perspektive, die Geschichtsschreiber entdeckten den Unterschied zwischen ihrer eigenen Zeit und der Vergangenheit, die sie beschrieben – ein Geschichtsbewußtsein, das dem Mittelalter fremd war. Vor der Renaissance trat Maria im Gewand einer Bürgersfrau auf, die Soldaten des römischen Reiches trugen mittelalterliche Brustpanzer, und Herodes und David erschienen im Gefolge mittelalterlicher Könige. Im Mittelalter existierte die Vergangenheit nur als vage Volksüberlieferung. Die Männer und Frauen der Antike unterschieden sich in diesem Geschichtsbild nicht von den Menschen in einer Prozession zur Zeit des Feudalismus. In der Renaissance strebten die Geschichtsschreiber danach, in ihren Werken die Vergangenheit mit Worten wiederzuerschaffen und für ihre Leser lebendig zu machen. Sie richteten ihr Augenmerk darauf, sowohl der Realität gerecht zu werden als auch ein Werk mit einer ausgewogenen Komposition zu schaffen. Sie legten ebenso Wert auf eine klare Beweisführung wie auf eine gefällige Darstellung, wenn sie eine Geschichte erzählten.

Morus teilte in den meisten seiner literarischen Werke die Vorliebe der bildenden Künstler für einen harmonischen Aufbau und einen lehrhaften Realismus – denn Maler, Bildhauer und Dichter studierten die Vergangenheit, um darauf die Gegenwart zu errichten. Ziel dieser Erbauung war Harmonie. Die Literaten und Gelehrten der Renaissance (wir nennen sie

«Humanisten»; sie selbst benützten diesen Begriff nicht) hatten von Platon und der klassischen Philosophie den Glauben übernommen, daß das Gute, das Schöne und das Göttliche vereint, vielleicht sogar identisch seien. Literaten, die wie Morus die Kirche und das weltliche Leben reformieren wollten, strebten nach einer harmonischen Gestaltung der Gesellschaft. Sie wollten die verschiedenen rivalisierenden Gruppen der Gesellschaft und die rivalisierenden Leidenschaften und Nöte der Individuen in ein ausgewogenes Gleichgewicht bringen. In ihrer idealen Welt führten die Bürger ein rechtschaffenes Leben. Die Stände und ihre gewählten Führer standen zueinander in einem ausgewogenen Verhältnis. Diese Reformer äußerten sich zwar lautstark zu den ästhetischen Genüssen der beabsichtigten Reformen, taten aber wenig, um in harter politischer Arbeit die Reform in Gang zu bringen.

Dieser ästhetische Impuls brachte jedoch eine neue Sensibilität hervor. Von ihr wurde Thomas Morus ebenso ergriffen wie von der besonderen Unruhe, die der Umbruch zwischen Mittelalter und Renaissance auslöste. Eine These dieser Biographie lautet: Morus lebte bis zu seiner Verhaftung in dem schweren inneren Konflikt einer tief gespaltenen Seele. Morus hat darum gekämpft, die mittelalterliche Frömmigkeit mit den gewaltigen Versuchungen des Säkularismus der Renaissance zu verbinden. Vielleicht war das der Grund für seine innere Zerrissenheit.

Vor einer allzu einfachen Hypothese sollten wir uns jedoch hüten. Wir dürfen nicht annehmen, daß es im Mittelalter nur eine auf das Jenseits gerichtete Frömmigkeit gegeben habe und daß der Säkularismus der Renaissance dem irreligiösen, indifferenten Atheismus der modernen säkularen Gesellschaft gleichzusetzen sei. Viele Elemente mittelalterlicher Sensibilität überdauerten bis in die Renaissance hinein und blieben auch weiterhin gültig, weil sie so unentwirrbar mit der conditio humana verbunden waren. Die mittelalterlichen Denker, einschließlich der Künstler und Theologen, sehnten sich ebenso nach Symmetrie und Harmonie wie Thomas Morus.

Strittig war, wie diese Harmonie zu erreichen sei. Im zwölften Jahrhundert fochten der Heilige Bernhard von Clairvaux und Abaelard einen erbitterten Kampf über das Verhältnis von Vernunft und Glaube in der Theologie. Abaelard war ein frühmittelalterlicher Aristoteliker und wie alle Aristoteliker von der Vision der Klassifizierung und Systematisierung des Wissens mit Hilfe der klaren und eindeutigen Methoden der Logik fasziniert. Aristoteles glaubte, alle erfahrbaren Dinge seien Teile eines großen, widerspruchs- und fehlerfreien Systems, das vom Menschen verstanden werden und innerhalb dessen die Vernunft die Welt durchdringen könne. Das aristotelische System könnte man die große vereinheitlichte Feldtheorie nennen; jahrhundertelang hielten die Gelehrten an ihm fest. Seit der aristotelische Glaube an die Einheit alles Wissens geschwunden ist – und das wurde im achtzehnten Jahrhundert offenkundig –, fand sich im westlichen Denken kein Ersatz. Nicht einmal mehr die Mathematik stellt heute ein einheitliches System auf.

Für Abaelard stammte die Gabe der Vernunft von Gott. Gott beabsichtige, die vernünftige Menschheit zu sich zurückzuführen. Die Vernunft sei, wie Aristoteles von ihr gesagt hatte, die Fähigkeit des Geistes, erst zu zweifeln und dann Schritt für Schritt zur Erkenntnis zu gelangen. Daraus sollte ein System aufgebaut werden, bei dem alle Teile vollkommen miteinander harmonierten und die Harmonie selbst für den menschlichen Geist erkennbar sei.

Bernhard von Clairvaux stand der Richtung geistig viel näher, die Morus später eingeschlagen hat. Er beargwöhnte jegliche Berufung auf die menschliche Vernunft, und er lehnte die Vorstellung ab, daß die Menschen die geheimen Mysterien des Allmächtigen ergründen könnten. Bernhard wollte Verzückung, das ästhetische Gefühl, das die Seele von der Eigenliebe zur vollendeten Liebe Gottes erhebe. Diese Liebe erfülle die Seele mit Glückseligkeit, sie vermittle eine intuitive Sicherheit, und die reiche weiter als das intellektuelle Verstehen. Sie sei eine direkte Erfahrung, die ein Vorgeschmack des Himmels selbst sei. Seine Kommentare zu dem Hohenlied Salomos, das er gern und ausführlich interpretierte, können die Grundzüge seiner Religionsauffassung andeuten:

> Nur Leidenschaft kann ein Lied wie dieses hervorbringen, und nur durch Erfahrung kann es gelernt werden. Wer es erfahren hat, wird das zugeben. Wer es nicht erfahren hat, möge sich weniger danach sehnen, es zu wissen als es zu erfahren.[2]

Sein Ideal der Schönheit Gottes und der göttlichen Bestimmung der Seele stellte die Vernunft und die aristotelische Logik auf einen untergeordneten Platz. Wenn es um den Glauben ging, bedeuteten Suchen und Fragen für Bernhard, ewige Gefahren für die Seele heraufzubeschwören. In der systematischen Untersuchung, die Abaelard so bewunderte und so beredt lehrte, konnte Bernhard keine Schönheit entdecken. Bernhard hielt das alles für Blasphemie. Er spottete auch über die Bogen und das Rankenwerk der im zwölften Jahrhundert aufkommenden gotischen Architektur, die überall im nördlichen Europa aufblühte. Er spottete über die Glasfenster und die hohen Gewölbe, die das Licht in die heilige Stätte hereinfluten ließen, über die Wasssersp eier und die anderen monströsen Figuren, die für die mittelalterlichen Architekten untrennbar mit jener einzigartigen architektonischen Form verbunden waren, die erstmals versuchte, das Universum zu umfassen. Bernhard hätte die äußerliche Schlichtheit des Gottesdienstes vollkommen verstanden, die Thomas Morus den Utopiern vorschrieb. Dort war es in den Kirchen halbdunkel, denn die Utopier glaubten, zuviel Licht zerstreue die

Gedanken, spärliches Licht hingegen diene der Sammlung des Gemüts und fördere die Andacht.[3]

Thomas von Aquin, nach Abaelard der bekannteste der großen Denker der Scholastik, war ebenfalls Aristoteliker. Er verband die Frömmigkeit mit der Suche nach Erkenntnis und schuf dadurch der aristotelischen Logik einen bleibenden Platz in der Theologie. Thomas von Aquin fand Schönheit im Intellekt. Er arbeitete an der Errichtung eines theologischen Systems, in dem all die unabweisbaren Widersprüche, die im christlichen Glaubenssystem zu finden waren, aufgehoben sein sollten in einer Einheit der Mannigfaltigkeit, die der architektonischen Einheit der gotischen Kathedralen glich.

Für Bernhards geistige Jünger war es essentiell, Gott zu lieben. Im Versuch, ihn verstehen zu wollen, sahen sie eine Gefahr. Bernhards getreueste Nachfolger waren die Franziskaner. Nach Stapleton wollte Thomas Morus diesem Orden beitreten. Die Parteigänger der menschlichen Vernunft verteidigten ihre Suche nach Gott damit, daß sie ihre Bemühungen mit frommer Rhetorik verhüllten. Sie stellten die intellektuelle Suche nach Gott als einen Weg dar, Gott zu preisen, und ihre Beteuerungen waren zweifellos ehrlich gemeint. Doch bezogen sie ihre Kraft zum Teil aus der Notwendigkeit, ihre Begeisterung für die Logik jenen gegenüber zu rechtfertigen, für die das Christentum mehr eine Angelegenheit des Herzens als des Kopfes war.

Sowohl der scholastische Weg Abaelards und Thomas von Aquins als auch der mystische Weg Bernhards beruhten auf einem Sinn für Ästhetik. Wahrscheinlich fühlten die philosophischen Theologen, die ihre großen Systeme errichteten, wie Künstler, die an einem Werk arbeiten. Ein gutes Argument überzeugt nicht bloß, es ist auch schön. Vielleicht können nur Freunde philosophischen Denkens eine solche Behauptung verstehen, doch sie überrascht es, daß ihre Sehweise anderen Menschen nicht ebenso selbstverständlich ist. Bernhard, Franz von Assisi und andere Vertreter jenes glühenden Glaubens sprachen unablässig von der Schönheit der Heiligkeit. So entstand das neue ästhetische Ideal der Renaissance in Europa nicht unvermittelt, es hatte bloß seine Form verändert.

Auch andere Errungenschaften des Mittelalters existierten weiter. Sowohl in der Renaissance wie im Mittelalter hatten die Menschen ihre seelische Kraft teilweise aus alten Büchern und alten Überlieferungen geschöpft. Als Thomas Morus in den sieben freien Künsten unterrichtet wurde, galt für die Ausbildung noch der Grundsatz, daß das ganze menschliche Wissen über die Schöpfung schon vor langer Zeit festgehalten worden sei. Studieren bedeutete also, zu lernen, was zuvor schon ein anderer gewußt hatte. Die mittelalterlichen Kirchenväter behaupteten, sie legten eine Überlieferung aus, die auf Christus selbst zurückgehe. Ihre Tradition bewahre Glaubenssätze und religiöse Rituale, die sich bis auf den Heiland und seine Jünger in der Urkirche zurückverfolgen ließen. Neuerungen galten als verwerflich. Thomas von Aquin und andere Scholastiker wollten mit Hilfe der aristotelischen Logik dem christlichen Europa keineswegs etwas Neues vermitteln. Sie wollten nur zeigen, daß sie alles, was die Christen von Anfang an geglaubt hatten, miteinander harmonisieren und in ein System bringen konnten.

Doch beim Studium der antiken Texte, die nach der Erfindung des Buchdrucks rasch in ganz Europa Verbreitung fanden, entdeckte man einige erschreckende und beunruhigende Tatsachen. Die Texte waren bei den Abschriften im Lauf der Jahrhunderte entstellt worden. Manches war hinzugefügt, einige Bücher waren gefälscht worden. Der mittelalterliche Rekurs auf die Antike erwies sich als weitaus weniger gesichert, als Thomas von Aquin und andere angenommen hatten.

Wir haben von dem Mangel an historischem Bewußtsein im Mittelalter gesprochen. Die mittelalterlichen Gelehrten hatten an die Geschichte geglaubt. Sie dachten nicht, daß das Leben ein endloser Kreislauf sein könnte. Für sie verlief die Zeit linear von der Schöpfung bis zur Erlösung. Doch obwohl sie an die Geschichte glaubten, hatten sie kein historisches Bewußtsein im modernen Sinn. Sie wußten, daß ein Ereignis auf das andere folgte, und sie hinterließen uns unzählige Chroniken, in denen die Ereignisse der aufeinanderfolgenden Jahre festgehalten waren. Oft reichten diese bis zu Adam und Eva zurück. Diese Chronisten und ihre Leser erkannten nicht, daß alle Grundmuster der Kultur sich mit der Zeit veränderten und daß die großen Ereignisse der Geschichte nur Teile einer riesigen und fortwährenden Veränderung in der Lebens- und Denkweise aller Menschen darstellen. Die mittelalterlichen Chroniken verzeichneten die großen Ereignisse, ließen aber den Wechsel der Zeiten außer acht.

Als die Maler und Bildhauer der Renaissance sich mit den griechischen und römischen Skulpturen befaßten, sahen sie, daß die Menschen damals anders gekleidet waren. Die Ausgrabungen und das Studium der römischen Ruinen offenbarten Veränderungen in der Architektur. Als sie die antiken Texte aufmerksam lasen, sahen sie, daß mit den langsamen Umwälzungen sich im Lauf der Jahrhunderte die Lebensformen selbst verändert hatten. Die Tradierung der Texte war Teil dieser unerbittlichen Umgestaltung gewesen. Als die Gelehrten der Renaissance schließlich erkannten, wie sehr sich die Antike von ihrer Gegenwart unterschieden haben mußte, kamen sie zum Schluß, daß auch die antiken Texte anders bewertet werden mußten. Vor allem war auch der Text der Heiligen Schrift entstellt worden, und sogar in den Schriften der Kirchenväter fand man Fehler.

Im Mittelalter wurden die Antike und die alten Überlieferungen ebenso verehrt wie in der Renaissance. Doch die Humanisten der Renaissance entdeckten, daß die mittelalterliche Sehweise der Antike falsch war. Viele religiöse Lehrmeinungen und Praktiken, die für altehrwürdig oder gar heilig galten, waren tatsächlich aus jüngerer Zeit und möglicherweise nicht heilig, sondern das Ergebnis menschlicher Erfindungen oder gar Verirrungen.

Der Entdeckung des ungeheuren Wandels – der uns so vertraut ist, weil unsere Welt sich mit erschreckender Geschwindigkeit verändert – begegnete man mit einer Mischung aus Pessimismus und Hoffnung. Es war eine Sache, zu entdecken, daß der Ehrenkodex der mittelalterlichen Ritter den Griechen und Römern unbekannt war, und es war eine ganz andere, über die Armut und Schlichtheit der Urkirche nachzudenken und sie mit dem Reichtum und der Kompliziertheit der Kirche des späten Mittelalters zu vergleichen.

Viele gläubige Menschen in der Renaissance meinten, daß alle neuen Erkenntnisse zum Wortlaut der Heiligen Schrift nur teuflische Entstellungen der Schrift seien und daß die Welt am Rande des Abgrundes stehe, weil sie die ursprünglich von Gott inspirierte Schrift zu mißachten beginne. Viele Humanisten – auch Erasmus und manchmal Thomas Morus – hielten die auf Aristoteles zurückgehende scholastische Philosophie für eine dieser gefährlichen Neuerungen. Die Schwierigkeit sei jedoch nicht auf die Texte und Überlieferungen begrenzt. Irgendwie sei die ganze Gesellschaft verdorben worden, und niemand könne sagen, wo die Verderbnis enden würde, es sei denn bei der schrecklichen Ankunft des Antichrist und bei dem Zorn Gottes, der die Erde treffen werde.

Dieses Gefühl für die Verderbtheit des Zeitalters war eine Quelle der protestantischen Reformation. Zu Hilfe kam der Reformation die Erfindung der Druckerpresse, die den vordergründigen Pessimismus der Intellektuellen zum geistigen Gemeingut der gebildeten Europäer machte. Ernsthafte Schriftsteller mußten negative Aussagen über die Welt machen, wenn sie geachtet und gelesen werden wollten. Thomas Morus übernahm diese Attitüde. Sie bildet den Hintergrund von nahezu allem, was er schrieb, doch anders als andere, glaubte er an sie.

Es ist ein Topos der christlichen Literatur, über die Sündhaftigkeit der Zeit zu klagen und nostalgisch auf die gute alte Zeit zurückzuschauen, als das Leben angeblich reiner und die Menschen heiliger waren. Leider finden wir, wenn wir diese vergangenen goldenen Zeitalter untersuchen, Menschen, die sich auch damals über den Niedergang ihrer Zeit beklagen und auf andere gute alte Zeiten zurückschauen: Die Christen der Renaissance schauten auf die Kirchenväter zurück; die Kirchenväter – die Spaltungen innerhalb der Kirche ihrer Zeit verwirrten und erzürnten sie – schauten auf das Neue Testament zurück; die späten Texte des Neuen Testaments klagten über eine verderbte und häretische Kirche; und selbst Petrus und Paulus stritten über die wahre Bedeutung des Evangeliums. Judas verriet Christus, und Petrus verleugnete seinen Meister. Thomas Morus idealisierte die frühchristliche Antike und nahm kaum wahr, daß er, statt seine eigene Zeit scharf zu beobachten, nur in eine jahrhundertealte Gewohnheit verfiel. In der Renaissance wurde diese düstere Attitüde zu einem Aufschrei über das moralische Elend, der in der ganzen Welt widerhallte. Wir können heute zwar feststellen, daß der moralische und intellektuelle Zustand der Kirche in der Renaissance vermutlich besser war als zwei Jahrhunderte früher. Männer wie Thomas Morus, John Colet, Erasmus von Rotterdam und Martin Luther meinten, daß sich die Kirche in einem miserablen Zustand befände und daß die Reform kommen müsse, wenn die Gesellschaft weiterhin bestehen solle.

Warum war dieses Gefühl allgemeiner Verderbnis so stark, wenn die Verderbnis in Wirklichkeit nicht schlimmer war als irgendwann zuvor? Wie wir erwähnt haben, waren diese Klagen zum Teil Ausdruck eines literarischen Stils, der durch die Erfindung der Druckerpresse raschere Verbreitung fand. Doch das kann nicht der einzige Grund sein. Wir müssen uns fragen, ob dieses Gefühl der Verderbtheit in der Kirche deshalb so zunahm, weil intellektuelle Zweifel über die Legitimität des Christentums insgesamt so tief wurden. Es mag wohl sein, daß die gebildeten Christen die Reform der Kirche so leidenschaftlich forderten, weil sie versuchten, Halt in einem Glauben zu finden, der sich unter ihren Händen aufzulösen schien. Wenn die Vernunft den Glauben nicht länger stützen konnte, konnte es vielleicht die Reinheit der Lehre.

Zu Morus' Zeit war die Synthese, die Thomas von Aquin zwischen Vernunft und Glauben geschaffen hatte, zusammengebrochen – falls es diese Synthese jemals wirklich gegeben hatte. Über den Gegenstand wurde immer noch heftig debattiert. Viele der lächerlichen Probleme, über die Morus und Erasmus spotteten, wenn sie sich über die scholastische Theologie lustig machten, entsprangen den Bemühungen, Vernunft und Glauben eine gemeinsame Wohnstätte in der christlichen Gemeinde zu schaffen. Konnte sich Gott in einem Stein verkörpert haben? Warum nicht, wenn Er allmächtig war! Gott mußte die Welt nicht auf die Weise ordnen oder sich in der Weise offenbaren, die Er gewählt hatte. Er hätte andere Wege wählen können, völlig verschieden von denen, die Er gebraucht hatte. Der Verstand mußte solche Argumentationen akzeptieren, sobald er sich darauf eingelassen hatte, von der Allmacht Gottes auszugehen. Aber dann mußte die Vernunft alle Hoffnungen aufgeben, daß Glaube und Vernunft je miteinander vereinbar wären oder daß es eine Erfassung des Universums im aristotelischen Sinn gäbe. Die besondere Ordnung des Universums rührte nicht daher, daß es von der Vernunft durchdrungen war; es war so, wie es war, einzig weil Gott es so geschaffen und gewollt hatte. Die Folge dieser Überlegungen war, daß Gott in eine riesige psychische Entfernung zur Erde versetzt wurde. Das Gefühl machte sich breit, daß Gott vielleicht ganz anders war, als die christliche Kirche behauptete.

Die Debatten über Glauben und Vernunft wurden anhand von dümmlichen Exempeln geführt, wie Morus und Erasmus übereinstimmend versichern. Doch sie wurden mit einer solchen Intensität ausgetragen, daß sie uns vor unabweisbare Fragen stellen. Martin Luther war nicht in erster Linie mit rein moralischen Fragen beschäftigt. Er kämpfte mit ganzer Kraft darum, die Existenz des gnädigen, liebenden, persönlichen Gottes des alten christlichen Glaubens zu bestätigen. Dies konnte er nur tun, indem er eine Revolution entfachte, eine Revolution, in deren Verlauf leidenschaftlich und kompromißlos darum gekämpft wurde, in einer Welt voller Zweifel unanfechtbare Behauptungen aufzustellen.

So stark waren die meisten Menschen nicht. Die reformierenden katholischen Humanisten, einschließlich Thomas Morus, nährten einen verzweifelten Optimismus. Sie hofften, daß sich alles zum Guten wenden werde, wenn die Christen nur das Dunkel durchdringen könnten, das sich über der Wissenschaft angesammelt hatte, in jenem «dunklen Zeitalter», wie es Petrarca genannt hatte. Sie wollten eine Welt entdecken und wiedererschaffen, in der die Menschen uneigennützig waren, eine Gesellschaft der Tugend, die das Christentum als wahr beweise, und zwar nicht durch tote Logik, sondern durch das lebende Beispiel. Wenn erst einmal die Literatur der klassischen Welt, die auch das Urchristentum umfaße, in unverfälschten Texten jedermann vorliege, würde das ihrer Meinung nach helfen, das christliche Europa zu reformieren und zu reinigen. Es sollte sein wie bei der Augrabung einer antiken Stätte. Der Schutt von Jahrhunderten wird weggeräumt, und eine atemberaubende und inspirierende Schönheit offenbart sich, die Künstler zu eigenen Schöpfungen anregt. Hie und da finden wir Beispiele für eine oberflächliche Gelehrsamkeit in der Renaissance, und die lockeren Sitten führten zu ständigen Klagen. Aber am stärksten berührt uns heute bei der Lektüre der Werke dieser Zeit die tiefe, bange Sehnsucht, die Gelehrte wie Erasmus und Literaten wie Morus zu der Überzeugung brachte, das Studium der Antike sei die moderne Erlösung.

Das Studium der Antike ging von Italien aus. Der wichtigste Freund von Morus, der in Italien studiert hatte, war John Colet, geboren um 1467. Colet war der Sproß einer mächtigen Kaufmannsfamilie Londons. Bei seinen Reisen nach Italien als junger Mann ist er vermutlich Marsilio Ficino begegnet, dem Florentiner Universalgelehrten, der alle erhaltenen Dialoge Platons aus dem Griechischen ins Lateinische übersetzte. Colet und Ficino korrespondierten miteinander, was einige Briefe beweisen. Beide waren von der neuplatonischen Vision der Trennung von Leib und Seele erfüllt. Die Neuplatoniker glaubten, daß alles Leben ein Prozeß des Fortschreitens von der sichtbaren zur unsichtbaren Welt sei. In diesem Prozeß müße die Seele für den Kampf gegen ihren Feind mit der richtigen Erziehung vorbereitet werden. Für die Neuplatoniker war die Vernunft nicht ein Mittel, logische Probleme zu lösen, sondern Instrument, um die Begierden des Leibes beherrschen zu lernen und die Seele zu reinigen.

Im Jahre 1497 hielt Colet in Oxford eine Reihe von Vorlesungen über den Brief des Paulus an die Römer. Colet verursachte großes Aufsehen. Anstatt seine Hörer mit Zitaten aus den mittelalterlichen Kommentaren zu betäuben, wie es die Scholastiker zu tun pflegten, warf er die jahrhundertealte Tradition geschwollener und oft phantastischer Pedanterie über Bord und griff direkt auf den Text selbst zurück. (Allerdings auf den lateinischen Text der Vulgata; trotz seiner Bewunderung für Platon und Ficino lernte Colet niemals Griechisch.) Was er seinen begeisterten Zuhörern vortrug, klingt ein wenig wie die Predigten der puritanischen Geistlichen, die über ein Jahrhundert später in England und Amerika gehalten wurden. Natürlich legte der Platoniker Colet im Gegensatz zu den meisten anderen Exegeten Paulus als echten Platoniker aus. Erasmus schrieb 1499: «Wenn ich meinen Colet höre, vermeine ich Platon selbst zu lauschen.»[4]

Colet ging kühn mit Paulus' Prädestinationslehre um. Sie ist das Kernstück des Römerbriefs und peinigte all jene, die gerne glauben wollten, daß Gott immer so handelt, wie es dem menschlichen Gerechtigkeitsgefühl entspricht. Keine menschliche Weisheit kann Gottes Wege verstehen. Warum verhärtete Gott das Herz des Pharao, wie es Paulus berichtet? Colet meint, wir können es nicht wissen. Was zählt, ist, daß Gott weiß, was er tut, auch wenn wir es nicht verstehen. Unsere Pflicht ist es, Gott zu verehren, nicht, ihn zu befragen. Colet war sich sicher, die Christen wüßten genug über Gott, um ein besseres Leben zu führen. Moral war für ihn das wichtigste Element im Leben eines Christen.

Doch die Prädestinationslehre machte der Vernunft auch aus einem anderen Grund Schwierigkeiten. Morus fiel es nicht leicht, die Lehre anzuerkennen, obwohl er sie, wie die meisten orthodoxen Christen, die gründlich darüber nachgedacht hatten, schließlich doch akzeptieren mußte.[5] Morus war kein Platoniker. Er verwendete lediglich wie die meisten christlichen Denker des sechzehnten Jahrhunderts die gängige platonische Rhetorik vom Tod als Befreiung und von der Unsterblichkeit der Seele. Aber Colet verkörperte eine Frömmigkeit und Gelehrsamkeit, die Morus tief beeindruckte. Er war als Prediger so überzeugend, daß Morus noch lange nach Colets Tod im Jahre 1519 seine Predigten zitierte. Colet gehörte auch zu der mächtigen Gruppe von Gelehrten, die glaubten, daß Bildung der sicherste Weg zur Reform sei. 1504 wurde er Dekan von St. Paul's, und in wenigen Jahren baute er die St. Paul's Grammar School auf, in der Knaben Literatur und christliche Frömmigkeit gelehrt werden sollte. William Lily wurde ihr erster High Master. Er hatte die Aufgabe, 153 Schüler zu beaufsichtigen. Die Seidenhändlergilde, der Morus und Colet angehörten, finanzierte die Schule.

Colet wollte, daß die Jungen die christlichen Autoren lasen und ein gutes Latein lernten. Gutes Latein war für ihn klassisches Latein. Er verabscheute das barbarische Latein der mittelalterlichen Theologen und sprach von ihm in der für ihn charakteristischen, derben Art: «Ich erkläre, daß ich den Schmutz und den ganzen Mißbrauch, den die spätere blinde Welt hineingebracht hat, der vielmehr Sudelatur als Literatur genannt werden sollte, aufs schärfste verurteile und aus dieser Schule verbanne und daß ich die Lehrmeister verpflichte, immer das Beste zu lehren und die Kinder im Griechischen und in der Lektüre des Lateinischen zu unterrichten, indem sie mit ihnen solche Schriftsteller lesen, die mit der Weisheit die reine, keusche Beredsamkeit verbunden haben.»

Colets Eifer für die Bibel und die Reform der Kirche, die zu der Schlichtheit der ursprünglichen Kirche zurückkehren sollte, zog viele Lollarden in seine Predigten und brachte ihn schließlich in Konflikt mit den Behörden. Der Bischof von London, Richard FitzJames, klagte ihn der Häresie an. Doch Colets Ruf und seine mächtigen Freunde verhinderten, daß jemand den Anschuldigungen des Bischofs Gehör schenkte. Wenn man Erasmus glauben will, verunglimpfte Colet die Pilgerfahrten und die Reliquienverehrung. FitzJames klagte ihn an, gegen die Bilder gepredigt zu haben.[6] Sicher ist, daß sich Colet gegen den Klerus wegen der Verweltlichung und anderer Verderbtheiten ereifert hatte.

Morus begegnete auch William Grocyn, dem ersten Engländer, der Griechisch unterrichtete. Grocyn war um 1449 geboren. Als er 1488 nach Italien ging, war er um die Vierzig. 1490 kam er zurück und hielt in Oxford Vorlesungen über das Griechische. Damals studierte Morus in Oxford. Wir wissen allerdings nicht, ob sie sich begegnet sind. Der erste sichere Hinweis auf ihre Bekanntschaft stammt aus dem Brief von Morus an John Holt vom November 1501. Morus erwähnt hier, daß Grocyn ihn im Griechischen unterweise, und fügt die Neuigkeit hinzu, daß Grocyn über *Die himmlische Hierarchie* des Dionysios Areopagita Vorlesungen abhalten werde.

Diese Vorlesungen stellten für die Gelehrten der Renaissance ein großes Ereignis dar. Man hielt Dionysios für jenen Athener, der durch die Predigt bekehrt worden war, die der Apostel Paulus auf dem Hügel des Mars, dem «Areopag» gerade unterhalb der Akropolis, gehalten hatte. Man vermutete, daß er der erste Bischof von Athen gewesen sei, und seine Arbeiten wurden von den mittelalterlichen Gelehrten fast so sehr verehrt wie die Bibel.

Auf uns wirkt *Die himmlische Hierarchie* befremdend. Sie ist schwer lesbar und wird wohl kaum oft gelesen. Dionysios betrachtete die Ordnung der spirituellen Wesen und teilte sie in Ränge ein. Das göttliche Reich sei eine Pyramide. Je höher ein Mensch käme, desto größer das Ansehen, aber desto weniger gebe es von jeder Klasse. An der Spitze stünde Gott, er wohne allein in seiner gewaltigen und allmächtigen Ewigkeit. Diesem Gott nähere man sich durch einen Aufstieg der Seele.

Die himmlische Hierarchie schien den auf der Erde bestehenden Hierarchien die göttliche Billigung zu erteilen. Denn in ihr wurde der Gedanke vertreten, daß die Erde soweit möglich das Gegenstück zum Himmel sein sollte. In der Kirche sollten die Laien zuunterst stehen. Dann sollten die verschiedenen Ränge des niederen Klerus folgen, zuerst die einfachen Priester, dann die Bischöfe, Erzbischöfe und schließlich in der westlichen Kirche der Papst als Oberhaupt. In der säkularen Gesellschaft sollte es Bauern, Bürger, Ritter, Fürsten, Könige und einen Kaiser geben, der über die ganze bewohnte Welt herrschen sollte. Im Geiste von Dionysios erklärte Thomas von Aquin, die generelle Ungleichheit aller Dinge komme von Gott.[7]

Aus derselben Überzeugung heraus hielt auch das mittelalterliche Denken allgemein an einer starren Sicht einer ständischen Gesellschaft fest. Die Menschen wurden in den Stand hineingeboren, für den Gott sie bestimmt hatte. Wer über seinen ursprünglichen Stand hinauskommen wollte – wie die Kaufleute –, wurde mit Mißtrauen und manchmal offener Feindseligkeit behandelt, denn er versuchte offenbar, die geordnete und ausgewogene Harmonie zu zerstören, die Gott in der Welt eingerichtet hatte.

Könige waren Könige, denn Gott hatte sie dazu gemacht. Die Bauern beugten den Rücken auf dem Feld, denn Gott hatte sie zur Arbeit bestimmt, als er zuließ, daß sie geboren wurden. Doch Bischöfe wurden nicht als Bischöfe geboren. Wenn die Mitra einem Priester angeboten wurde, mußte er sie dreimal zurückweisen. Dieses Ritual der Zurückweisung sollte ein Zeichen sein, daß er nicht aus persönlichem Ehrgeiz aufsteigen wollte, sondern einer Berufung durch Gott folgte.

Zu der Zeit, als Grocyn seine Vorlesungen über die *Himmlische Hierarchie* begann, behaupteten die ersten Kritiker, das Werk sei ein frommer Betrug. Jahre später schrieb Erasmus, daß Grocyn anfänglich die Kritiker des Werkes angegriffen habe, später jedoch eingesehen habe, daß sie recht hatten. Er habe erkannt, daß «Dionysios» kein Zeitgenosse des Apostels Paulus gewesen sein konnte.

Wir kennen die Argumentation nicht, die Grocyn zu seiner Schlußfolgerung veranlaßte. Er war ein großer Lehrer, doch er hat nichts publiziert. Nur ein kurzer Brief von ihm ist erhalten. Wir wissen, wie andere argumentierten, und wir dürfen vermuten, daß auch Grocyn sich ähnlich geäußert hat. Sie wiesen darauf hin, daß sich die frühen Christen alle gegenseitig zitierten, jedoch nie Dionysios erwähnten, obwohl er angeblich von Paulus bekehrt worden war. Weder Cyprian († 258) erwähnt ihn, noch Hieronymus († 420) oder Augustinus († 430). Das Werk war griechisch geschrieben, und als die Gelehrten der Renaissance griechisch lernten und anfingen, sich mit Dionysios zu beschäftigen, entdeckten sie bei ihm Begriffe, die erst lange nach der Niederschrift des Neuen Testaments geprägt worden waren. Danach war die Schlußfolgerung unausweichlich, daß das Buch eine Fälschung war. Heute vertreten die meisten Wissenschaftler die Ansicht, daß es zu Beginn des sechsten Jahrhunderts nach Christus geschrieben worden ist.

Morus muß selbst miterlebt haben, wie Grocyn sich zu der Ansicht bekehrte, daß *Die himmlische Hierarchie* nicht als vertrauenswürdig gelten dürfe. Als Luther sich lautstark auf der europäischen Bühne meldete, griffen viele Katholiken – darunter Morus' Freund und späterer Leidensgenosse John Fisher – zu Dionysios, um Luther zu widerlegen. Morus tat das nie. Grocyns Vorlesungen hatten ihre Wirkung nicht verfehlt.

Aber ein größeres Problem als die Echtheit des Dionysios stand zur Debatte. Es ging um den Wert, der der Geschichte und dem Geschichtsbewußtsein zugeschrieben werden sollte. Wenn die Bücher von Dionysios, die die Kirche so lange verehrt hatte, Fälschungen waren, welchem mittelalterlichen Gelehrten durfte man dann noch trauen? Wenn die Kirche sich bei Dionysios geirrt hatte, konnte sie sich dann nicht ebensogut in anderen wichtigen Dingen geirrt haben?

Die mittelalterlichen Scholastiker waren davon ausgegangen, daß alles, an das ein Christ glaubte, ob ein Gebot der Bibel oder der Tradition, schließlich in einem großen System ohne Widersprüche zusammengestellt werden könne. Generation für Generation von Scholastikern arbeitete an diesem System und versuchte, diese Systematik der Theologie darzulegen. Die offensichtlichen Widersprüche und Rätsel sortierten sie mit Hilfe der aristotelischen Logik aus. Diese gewaltige Fleißarbeit machten die Scholastiker in der Überzeugung, daß ihre Mühe bei der Kommentierung der Texte im Laufe der Jahrhunderte zu einem geordneten Ganzen führen müsse. Die Scholastiker achteten die geheiligten Güter der Tradition – die Aufzeichnungen all dessen, was die Kirche seit ihrer Gründung durch Christus geglaubt und praktiziert hatte – höher als die Humanisten mit ihrer Vorliebe für echte Quellen und mit ihrer Abneigung gegenüber scholastischen Problemen. (Nicht alle Humanisten verachteten die Scholastik, aber die meisten.) Die Scholastiker glaubten, Gott könne es nicht zulassen, daß die Mühe von Generationen von Gelehrten plötzlich nichts mehr wert sein sollte. Gelehrte wie Thomas von Aquin konnten nicht umsonst gearbeitet haben. Jeder mußte zugeben, daß ihre Arbeit unvollständig geblieben war. Die scholastische Vorstellung vom Gang der Geschichte stellte jedoch eine Art eigener Dialektik dar, bei der eine Generation arbeitete, die nächste deren Arbeit aufgriff, gegen sie argumentierte und eine Synthese herstellte, die nun ihrerseits das Material für eine neue Generation von Gelehrten darstellte, die es sichtete und überprüfte. Mit der Zeit würde ein großes Gebäude der Vernunft alle Widersprüche auflösen oder zumindest einheitliche Annahmen über den Glauben schaffen und der Kirche ein nahtloses Gewand der Glaubensartikel schenken.

Colet und Grocyn untergruben jeder auf seine Weise den Glauben, daß die Weisheit der Kirche allmählich immer umfassender würde. Zumindest

Grocyn hatte das nie beabsichtigt. Anders als die meisten, die damals Griechisch lernten, war er der scholastischen Theologie treu geblieben. Er liebte Aristoteles und sprach von Platon nur mit Verachtung. Aber was immer er wollte und wen er liebte, er half dabei, das Gebäude niederzubrennen. Die Entdeckung, daß die Werke des Dionysios Fälschungen waren, machte die Menschen gegenüber weiten Teilen der kirchlichen Überlieferung immer skeptischer. Gleichzeitig fanden die Gelehrten heraus, daß viele andere angeblich von den antiken Kirchenvätern verfaßte Bücher in Wirklichkeit spätere Fälschungen waren, was diese Skepsis noch vergrößerte. Gerade als die Harmonie zwischen Glauben und Vernunft immer unwahrscheinlicher wurde, stellte sich die Forderung nach einer an Haupt und Gliedern reformierten Kirche immer eindringlicher. Der christliche Glaube konnte nicht länger durch die Vernunft begründet werden, und lang gepflegte Traditionen konnten schlicht falsch sein. Deshalb war es um so wichtiger geworden, daß die Kirche sich und ihren Anspruch auf die Schlüssel des Himmelreichs durch das lautere moralische Beispiel rechtfertigte, das eine reformierte Priesterschaft und eine geläuterte religiöse Praxis verleihen konnten.

Morus verehrte Grocyn auch weiterhin. In einem Brief an Colet, den er um 1504 schrieb, teilte er seinem abwesenden Freund mit: «Inzwischen verbringe ich meine Zeit mit unseren gemeinsamen Freunden: mit Grocyn, der, wie Du weißt, in Deiner Abwesenheit der Leiter meines Lebens ist, mit Linacre, der meine Studien überwacht, mit Lily, der alle Freuden mit mir teilt.»[8] Wir haben gesehen, daß Morus seine Vorlesungen über den *Gottesstaat* von Augustinus in der Kirche von St. Lawrence Jewry hielt, wo Grocyn zu dieser Zeit Vikar war.

Ein bedeutsames Detail ist, daß Grocyn auch der Lehrer William Warhams war. Auch nachdem Warham Erzbischof von Canterbury geworden war, unterhielt Morus weiterhin enge Beziehungen zu ihm. Wahrscheinlich wurde Warham durch Grocyn auf Morus aufmerksam. Wir können nicht beweisen, daß Warham Morus oder seine Laufbahn beeinflußt hat. Doch wir können mit einiger Gewißheit sagen, daß Warham stets seine Stimme zugunsten von Morus' Eintritt in den königlichen Dienst erhob, sobald sich die Gelegenheit dazu bot.

In dem Brief an Colet erwähnt Morus auch Thomas Linacre und William Lily, die sich beide für die Renaissance begeisterten. Linacre hatte Italien bereist und dort etwa sechs Jahre verbracht, mehr Zeit also als irgendein anderer Bekannter von Morus. Wie Tunstall war er in Padua gewesen. Dort wurde Aristoteles auch wegen seiner medizinischen Kenntnisse und nicht nur seiner Philosophie wegen studiert. Linacre schloß ein Studium der Medizin ab. In Padua hatten einige aufgrund des Studiums der aristotelischen Schriften angefangen, die Unsterblichkeit der Seele zu bezweifeln. Zumindest zweifelten sie daran, daß die Unsterblichkeit mit der Vernunft begründbar sei. Wahrscheinlich kannte Morus diese Überlegungen von Linacre und Tunstall. Er verwendete diese Kenntnisse mehrmals in seinen Schriften.

Linacre kehrte irgendwann zwischen 1490 und 1500 nach Oxford zurück. 1499 sorgte er mit dafür, daß Erasmus, der damals England besuchte, als Gelehrter, der Griechisch konnte, bekannt wurde, obwohl vermutlich Grocyn für den Griechisch-Unterricht ausschlaggebend war. Jahrelang hatte er sein Gehalt aus kirchlichen Ehrenämtern bezogen – die Stipendien jener Zeit, die den Gelehrten die Muße gewährten, ihre literarischen und wissenschaftlichen Neigungen zu pflegen. Linacre wurde 1520 ordiniert und gab seine Arztpraxis auf. 1524 starb er an einer von Nierensteinen verursachten Kolik – einem Schrecken jener Tage. Morus verwaltete treuhänderisch das Vermächtnis Linacres. Er sollte in Oxford eine Dozentur für Medizin einrichten. Aus unbekannten Gründen wurde sie erst über ein Jahrzehnt nach Morus' Tod eingerichtet.

Lily war ebenfalls ein Kenner des Griechischen. Die Partnerschaft, von der Morus in seinem Brief an Colet spricht, könnte in einem freundschaftlichen Wettstreit zwischen Morus und Lily bestanden haben. Sie wetteiferten darin, griechische Epigramme ins Lateinische zu übersetzen. Die Ergebnisse ihrer gemeinsamen Bemühungen wurden zusammen mit anderen Epigrammen von Morus in der dritten Auflage von *Utopia* im Jahre 1518 veröffentlicht. Lily war auf einer Pilgerfahrt nach Jerusalem gewesen und hatte einige Zeit auf Rhodos verbracht. Morus könnte von ihm die Erzählung von dem wunderbaren Dornzweig auf Rhodos gehört haben, an dem jeden Karfreitag eine frische Rose blühte. Für Morus galt diese Erzählung als Beweis, daß unter der Schirmherrschaft der katholischen Kirche immer noch Wunder geschahen.[9]

Lily kehrte über Italien von seiner Pilgerfahrt zurück. Dort blieb er einige Zeit, um seinen Studien nachzugehen. Lily wurde bekannt, weil er eine vereinfachte lateinische Grammatik für die Jungen der St. Paul's Grammar School entwickelt hatte. Mit ihr lernten Generationen englischer Kinder die Geheimnisse der acht Wortklassen sowie die Freuden des *amo, amas, amat* und des ablativus absolutus kennen. Selbstverständlich wählte Colet ihn als den ersten High Master seiner Schule aus.

Es ist schwer, über diese Freundschaften und ihren Einfluß auf Morus allgemeingültige Aussagen zu machen. Diese Freundschaften entwickelten sich vor dem Hintergrund der generellen intellektuellen Belebung in ganz Europa und standen im Zeichen der Überzeugung, daß die richtige Bildung zur richtigen Lebensweise führen müsse. Der gemeinsame Nenner dieser Freundschaften ist das Griechische und der Ehrgeiz, so gut Griechisch zu können wie Lily, Linacre und Grocyn, oder an den Wert dieser Kenntnisse zumindest zu glauben wie Colet. Alle Freunde waren älter als Morus. Colet wurde um 1467 geboren, Lily vielleicht ein Jahr später, Linacre um 1460,

Grocyn um 1449. Morus genoß ihre Gesellschaft genauso, wie er einst die Gesellschaft seines Vaters genossen hatte. Ob wir hieraus irgendwelche Schlüsse ziehen dürfen, ist schwer zu sagen.

Diese Männer verkörperten die Widersprüche ihres Zeitalters, und diese Widersprüche finden wir auch in Morus' Charakter. Colet betrachtete Pilgerfahrten und Reliquienverehrung als Handlungen des Aberglaubens oder zumindest als unnütz. Lily hingegen unternahm die anstrengende und gefährliche Reise nach Jerusalem. Diese Pilgerfahrt machten Christen in der Regel, weil sie im Heiligen Land Reliquien kaufen wollten. Colet verachtete die Scholastiker. Grocyn las sie mit Hingabe. Linacre und Grocyn liebten Aristoteles. Colet war Platoniker.

Morus verteidigte Pilgerfahrten und Reliquienverehrung leidenschaftlich. Soweit wir wissen, ging er selbst jedoch nie auf Pilgerfahrt. Darüber, ob er selbst Reliquien verehrte, äußerte er sich nicht. Allerdings erwähnt er mit der angezeigten Devotion einige Handschuhe, die vermutlich von der Heiligen Jungfrau gesäumt wurden. Diese Handschuhe waren zufällig entdeckt worden, und Morus hatte sie gesehen. In konventioneller Weise spottete er über die Fragen der Scholastiker, und ebenso konventionell nannte er Thomas von Aquin die «Blume der Theologie». Er verwendete hie und da die platonische Rhetorik, aber geistig neigte er mehr dem aristotelischen Denken zu. Philosoph im strikten Sinn war er nie.

Diese Widersprüche beweisen (falls das nötig sein sollte), daß der Begriff «Renaissance» nicht eindeutig definiert werden kann. Für viele bedeutete die neue Gelehrsamkeit – der Humanismus – einen Weg zur Reform. Die Reformbestrebungen selbst blieben jedoch vage und allgemein. Sie beschränkten sich auf den Glauben, daß die Menschen nur viel wissen müßten, um durch Bildung zu besseren Menschen zu werden. Sie würden die Bildung über das Handeln stellen, denn ihre Taten machten ihnen bisher nicht allzuviel Ehre. Ihr Wissen verband die Gelehrten mit anderen Gelehrten und Freunden. Und so entstand unter diesen Gelehrten allmählich eine Bewegung, welche die Welt auf eine ganz andere Weise umgestalten sollte, als sie es sich gewünscht oder vorgestellt hatten.

Die Menschen der Renaissance blickten im Geiste auf die Griechen und Römer zurück und auf das antike, vermeintlich übermenschliche Wissen in den Büchern, die nun in ganz Europa ehrerbietig wiederentdeckt, herausgegeben, gedruckt und von Menschen gelesen wurden, die nach unverfälschter Erkenntnis und nach schneller Reform dürsteten. 1492 stach ein italienischer Seemann im Dienst der Monarchie des neu vereinigten Spaniens mit drei gebrechlichen Schiffen in See. Er wollte nach einer westlichen Durchfahrt zu den reichen Gebieten des Orients suchen.

Spät in der Nacht zum 12. Oktober erblickte ein spanischer Matrose, der den vom Mond beschienenen Ozean absuchte, in der Dunkelheit den Schimmer eines von Menschen entzündeten Lichts. Sein Ruf: «Land! Land!» weckte die ganze Mannschaft der winzigen Flotte. Thomas Morus war damals in Oxford. Um ihn herum ging alles im scheinbar ewigen gleichen Gang. Als die Nachricht von Kolumbus' Entdeckung in Europa umlief, interessierte die Menschen offenbar am meisten, daß die Eingeborenen jener Länder jenseits des Ozeans nackt herumliefen. Solche Berichte wurden als sehr erotisch empfunden. Adam und Eva waren im Garten Eden vor dem Sündenfall nackt gewesen, und einfältige Gemüter erschraken bei der Vermutung, daß diese seltsamen fremden Menschen nicht der Verderbnis anheimgefallen waren, die das alte Europa quälte.

Kolumbus war auf seine Weise Humanist. Er vertraute unerschütterlich auf jenes antike Wissen, das von Ptolemäus verkörpert wurde. Ptolemäus war davon ausgegangen, daß die Erdkugel viel kleiner sei, als sie es tatsächlich ist. Deshalb begriff Kolumbus zeitlebens nicht, daß er einen neuen Kontinent entdeckt hatte – eine Welt, von der die weisen Griechen und die gelehrten Römer nichts gewußt hatten. Erst als ein anderer Italiener, Amerigo Vespucci, die Küste Südamerikas entlangsegelte, dabei die Länge des Kontinents berechnete und sie mit den von Seeleuten bestimmten Positionen verglich, die um Afrika herum nach Indien und China gesegelt waren, erkannte er, daß Kolumbus einen neuen Kontinent entdeckt hatte. In der Antike hatte man sich seine Existenz nicht einmal träumen lassen.

Die politischen und sozialen Umwälzungen, die durch die Entdeckung Amerikas hervorgerufen wurden, sind wohlbekannt. Die Tatsache, daß durch Kolumbus' Entdeckung der Glaube der Intellektuellen zerstört wurde, alles Wissenswerte sei in Griechenland und Rom bereits bekannt gewesen, fand jedoch wenig Beachtung. Sie hatten geglaubt, der sicherste Weg zur Weisheit sei, die alten Texte wiederzufinden und gründlich zu lesen.

Der Renaissancemythos vom Goldenen Zeitalter besagte, daß die vergangene Zeit vollkommen gewesen sei. Für die jetzt bestehende Gesellschaft sei es das beste, die vergangenen Zeiten nachzuahmen. Sinn jedes Studiums war, sich jenes jahrhundertealte Wissen aus Büchern wieder anzueignen. Allmählich ordnete man das Goldene Zeitalter nicht mehr einer historischen Zeit zu, sondern sah in ihm zunehmend ein Zeitalter, das erst erreicht werden sollte. Es leuchtete nun in der Zukunft und überstrahlte die bisherige Bedeutung der Vergangenheit. Die Idee des Fortschritts ersetzte langsam und unwiderruflich die Hochachtung vor der Tradition. Die Menschen begannen, ohne sich dessen zunächst gewahr zu werden, die ganze Vergangenheit als Ballast abzuschütteln. Das Leben hallte plötzlich von den schweren Schritten einer Welt wider, die in die Neuzeit und in eine vermeintliche Glorie aufbrach.

KAPITEL 6

Morus und Erasmus

Erasmus von Rotterdam war der größte Gelehrte der mitteleuropäischen Renaissance. Er kam 1499 zum ersten Mal nach England, als Morus noch Student an der Rechtsschule Lincoln's Inn war. Dort lernten sich die beiden kennen und wurden Freunde. Ihre Freundschaft gilt als ein Juwel der Renaissance, und Erasmus selbst sprach zeitlebens immer wieder von seiner Zuneigung zu dem englischen Freund. Sie teilten die Liebe zum Griechischen und den Glauben, daß eine eingehende Beschäftigung mit der besten antiken Literatur die richtige Frömmigkeit innerhalb der Welt hervorbringen und bei der Reform der Kirche helfen könnte. Beide waren gute Redner, und offenbar führten sie einige denkwürdige Gespräche.

Erasmus wurde 1467 geboren, möglicherweise auch zwei oder drei Jahre später. Er war der uneheliche Sohn eines holländischen Priesters und schämte sich immer seiner niedrigen Herkunft. Seine Eltern starben, als er noch jung war, und seine Vormünder brachten ihn in das Augustinerkloster in Steyn. Später behauptete er, seine Vormünder hätten seine Erbschaft verbraucht und ihn gezwungen, die Mönchsgelübde abzulegen, um ihn loszuwerden. Das deutet ganz und gar nicht darauf hin, daß Erasmus die Gelübde abgelegt hat, um seine Seele zu retten. Er neigte nicht gerade zu Selbstzweifeln und war stets davon überzeugt, daß die Leute ihn nicht so gut behandelten, wie er es verdiente. Hierin unterschied er sich sehr von Martin Luther, der die Kutte der Augustinermönche anzog, weil ihn das Bewußtsein seiner Sünden und die Angst vor der Verdammnis plagten. Falls Erasmus jemals wegen irgend etwas Schuldgefühle hatte, verbarg er sie vortrefflich.

Im Kloster war er einsam. In seinen Briefen aus dieser Zeit spürt man das schmerzliche Verlangen nach Liebe. In süßlichem Stil heischt er um die Zuneigung anderer junger Männer und beklagt sich, sie hätten seine Ergüsse der Frömmigkeit und Ergebenheit nicht zur Kenntnis genommen. Vielleicht ist dieser überschwengliche Stil nur Zeugnis einer unangebrachten latinisierten Ausdrucksweise, denn im Lateinischen kann man Übertreibungen und Ausdrücke verwenden, die peinlich klingen, wenn man sie in moderne Sprachen übersetzt.

Im Jahre 1493 eröffnete sich ihm plötzlich eine andere Welt. Der Bischof von Cambrai, Henrik van Bergen, plante eine Reise nach Rom. Er hoffte dort auf einen Kardinalshut. Er brauchte in seinem Gefolge einen guten Sekretär, der Latein konnte. Irgend jemand schlug Erasmus vor. Der Abt von Steyn scheint die Gelegenheit gern wahrgenommen zu haben, einen seiner Mönche im Dienst eines Bischofs unterzubringen. Er beurlaubte Erasmus für die Reise und nahm an, daß der junge Mann nach seinem Dienst beim Bischof ins Kloster und in die Welt der Mönche zurückkehren würde. Erasmus kehrte nicht zurück, abgesehen von einigen unregelmäßigen Besuchen, die er nach wenigen Jahren ganz einstellte.

Der Bischof trat seine Reise nach Rom nie an, aber er war von Erasmus so beeindruckt, daß er ihn zum Studium an die Universität Paris schickte. Erasmus wohnte in dem düsteren Collège Montaigu (der spitze Berg), an dem später Calvin und Ignatius von Loyola studierten. Er beklagte sich über die schlechte Küche und die strenge Disziplin und hielt seine Lehrer für Barbaren. Nach ungefähr einem Jahr ging er weg.

Der Bischof verlor das Interesse an ihm. Um sich den Lebensunterhalt zu verdienen, wurde Erasmus Hauslehrer. Einer seiner Schützlinge war ein junger Engländer namens Thomas Grey. Eine Zeitlang teilten sie ein Zimmer, aber Greys Vormund argwöhnte, sie könnten einander zu nahe stehen, und warf Erasmus hinaus. Erasmus schrieb herzzerreißende Briefe an Grey, in denen er den Verlust ihrer Freundschaft beklagte. Dann bekam er eine andere Stelle. Diesmal sollte er William Blount unterrichten, den Lord Mountjoy, der in England wegen seiner militärischen Verdienste berühmt war. Mountjoy wollte sich, der Zeit gemäß, eine humanistische Bildung anhand der Klassiker aneignen und lud Erasmus im Sommer 1499 nach England ein. Dort begegnete der junge Holländer, der keine Freunde, keine Aufgabe und keinen Platz auf der Welt hatte, Thomas Morus.

Über das erste Zusammentreffen gibt es mehrere Berichte, die wie Legenden wirken. Keiner davon kann wahr sein. Sie lernten sich kennen, aber wir wissen nicht, wie. Aus ihrer Bekanntschaft ergab sich zunächst nicht viel. Morus war ungefähr zehn Jahre jünger als Erasmus. Der Altersunterschied allein wäre kein Hindernis für eine Freundschaft gewesen, denn Morus neigte bekanntlich dazu, sich ältere Freunde auszusuchen. Aber Morus studierte Jura, ein Fach, das Erasmus nicht mochte und dessen Vertretern er mißtraute. Und Morus' Frömmigkeit war tiefer als die des Erasmus, vor allem zu jener Zeit.

Trotzdem verstanden sie sich. Erasmus hatte Grund, beeindruckt zu sein, sowohl weil Morus für sein Alter ungewöhnlich gebildet war als auch weil er wichtige Beziehungen hatte. Wir haben den Vorfall in Eltham bereits erwähnt – die beiden neuen Freunde brachen zu einem Spaziergang auf, kamen zum Palast von Eltham und wurden eingeladen, mit dem jungen

Duke of York, dem späteren Heinrich VIII., zu speisen. Als er im Dezember dieses Jahres an einen englischen Freund schrieb, lobte Erasmus England überschwenglich und pries die Freunde, die er dort gefunden hatte. Ihm habe es noch nie zuvor irgendwo so gut gefallen, schrieb er. Das Klima sei äußerst angenehm und gesund, und es gebe so viele, die im Lateinischen und Griechischen gebildet seien, daß er jetzt nicht mehr nach Italien zu gehen brauche, es sei denn um des Vergnügens willen, das Land kennenzulernen. «Wenn ich meinen Colet höre, vermeine ich Platon selbst zu lauschen. Was Grocyn anbetrifft, wen sollte es nicht erstaunen, wie er die Disziplinen vollständig beherrscht? Was ist schärfer als das Urteil Linacres, was höher, was kultivierter? Wann hat die Natur je einen Charakter gebildet, der freundlicher, sanfter oder glücklicher wäre als der des Thomas Morus? Wozu soll ich die Aufzählung fortsetzen? Es ist erstaunlich zu sehen, wie dicht diese Ähren der Wissenschaft von der Antike jetzt zur Ernte heranreifen.»[1]

Hier greift Erasmus bereits über die scholastische Tradition, die ihn langweilte, hinaus, um die Idealtugenden der antiken Welt zu preisen. Er sieht Morus als Mitglied einer Gesellschaft von älteren und gebildeten Männern. Er schreibt nicht über Morus' Gelehrsamkeit, sondern über sein Wesen. Offensichtlich brachte Morus' Charakter eine Saite in Erasmus zum Klingen, weil er sich in dieser Phase seines Lebens nach der Zuneigung junger Männer sehnte.

Aus dieser Zeit hat sich ein Brief von ihm an Morus erhalten, eine kurze Mitteilung, die am 28. Oktober 1499 in Oxford geschrieben wurde. Erasmus war nach Oxford gereist, wohnte im Haus des Augustinerordens und nahm am Universitätsleben teil. Vielleicht zogen ihn Grocyn und Linacre an, die ihn Griechisch hätten lehren können. Erasmus bat Morus, ihm zu schreiben, so viele Briefe, daß sie einem ägyptischen Lastträger das Kreuz brechen würden. Die Mitteilung gleicht den anderen Ergüssen, die Erasmus gewöhnlich an Männer schrieb, um deren Freundschaft er sich in jenen Jahren bemühte. Wir wissen nicht, ob Morus geantwortet hat.

Erasmus blieb bis nach Neujahr in England und kehrte dann auf den Kontinent zurück. Er hatte es geschafft, während seines Englandbesuchs zwanzig Pfund zusammenzubringen – eine hübsche Summe, von der er monatelang leben konnte. Aber Heinrich VII. hatte verfügt, daß kein Geld aus dem Königreich ausgeführt werden durfte. Das war eine Maßnahme gegen eine Verknappung von Edelmetallen auf dem Binnenmarkt. Erasmus kannte das Gesetz nicht. Seine zwanzig Pfund wurden beschlagnahmt. Er meinte, er wäre beraubt worden, und war wütend. Keiner seiner Freunde konnte oder wollte ihm seinen Verlust ersetzen. Er grübelte jahrelang über den Verlust dieses kleinen Schatzes nach, und Heinrich VII., den er mit den Worten «hier ist mein Apoll, der Vater des Goldenen Zeitalters»[2] gepriesen hatte, nannte er nun einen Despoten.[3]

Erasmus kehrte erst 1505 nach England zurück. In diesen Jahren korrespondierten er und Morus nicht. Erasmus hatte sich inzwischen einen Namen gemacht. Er veröffentlichte Bücher, die Morus zweifellos bewundert hat. Im Jahre 1500 brachte er seine *Adagia* heraus, eine Sammlung von Spruchweisheiten aus der griechischen und römischen Antike. Das Buch zeigte sein erstaunliches Wissen und seinen unermüdlichen wissenschaftlichen Fleiß. In einem Zeitalter, das nach klassischer Gelehrsamkeit hungerte, wurden die *Adagia* förmlich verschlungen. Die Sprichwörter und Epigramme bezogen sich auf das Diesseits, auf irdische Hoffnungen, die in der vorchristlichen Antike für wertvoll angesehen worden waren. Vor allem aber zeigten sie die hohe Wertschätzung, die die klassischen Schriftsteller dem tätigen Leben und jenen Tugenden entgegenbrachten, die Männer entwikkeln konnten, die auf dem Schauplatz der Politik kämpften. Die *Adagia* waren frei von dogmatischem Ballast. Sie entwarfen eine einfachere Welt, in der das Leben das Ideal der Kunst war und nicht die scholastische Theorie, wo das Gute in Vernunft, Toleranz, Maß und Pflichtbewußtsein lag statt in Zeremonien, Glaubensbekenntnissen, Wundern und Lehrsätzen. Die *Adagia* stellten Spruchweisheiten vor, die nicht von einer göttlichen Offenbarung untermauert wurden. In einem großen Buch gesammelt, gaben sie einen optimistischen Eindruck davon, was die menschliche Natur mit der richtigen Bildung und mit gutem Willen erreichen konnte. Das Werk erschien in vielen Auflagen und wurde nach und nach von ein paar hundert Zitaten klassischer Autoren auf viele tausend erweitert. Studenten benützten die *Adagia*, um ihre eigenen Schriften und Reden zu würzen. Dieses Werk machte Erasmus bei allen bekannt, die in England und auf dem Kontinent Latein lesen konnten.

Schon vor 1505 hatte Erasmus ein kleines Erbauungsbuch veröffentlicht, das unbeachtet geblieben war: *Enchiridion* oder das *Handbüchlein des christlichen Streiters.* Es erschien 1503 und wurde zunächst nur von einem kleinen Kreis gelesen, gewann aber mit den Jahren an Kraft wie ein Stein, der den Berg hinunterrollt und dabei andere Steine mit sich reißt. Binnen zwei Jahrzehnten erlebte es dreißig Auflagen und wurde ins Französische, Holländische, Spanische und Deutsche übersetzt. In der englischen Übersetzung, vermutlich von William Tyndale, trug das *Enchiridion* wahrscheinlich mehr zur Entstehung des englischen Puritanismus bei als irgendein anderes Buch außer der Bibel. Hundert Jahre nach Erasmus' Tod landeten protestantische Pilger an der Küste von Massachusetts in der Neuen Welt. Sie strebten nach strikter Einfachheit und der Einheit von christlichem und weltlichem Leben, für die er im *Enchiridion* eingetreten war.

Erasmus forderte eine warme und einfache Herzensfrömmigkeit und verspottete Zeremonien, Pilgerfahrten, die Heiligenverehrung und sogar manche Extremformen des Marienkults. Er wollte Reinheit und Einfachheit des inneren Menschen, weil er überzeugt war, daß ein reines Herz ohne prunkvolle Liturgie gute Taten hervorbringen könne.

Er verurteilte selbstverständlich nicht alle liturgischen Handlungen, aber im *Enchiridion* zeigt er eine Zurückhaltung gegenüber der Liturgie und allen Ritualen der Frömmigkeit, die ihn von Thomas Morus geistig unterscheidet. Morus hätte nichts gegen Erasmus' Behauptung einwenden können, der wahre Glaube sei eine Angelegenheit des Herzens. Aber während Erasmus Rituale meist als äußerliche Zeremonien mißbilligte, die von der wahren Frömmigkeit ablenkten, betrachtete Morus die Liturgie stets als Hilfsmittel zur Andacht. Erasmus kritisierte die negativste Seite der populären Glaubenspraxis: die Überbetonung äußerlicher Formen und Handlungen. Morus erkannte, wo der Hauptfehler lag, aber er verwechselte ihn nie mit dem Ganzen.

Auch wäre Morus mit der Lehre des Erasmus nie einverstanden gewesen, daß Laien in ihrer Stellung vor Gott den Priestern nicht untergeordnet seien. Die Aussage ist vieldeutig. Wenn Erasmus meinte, daß sowohl Priester als auch Laien ihre Sünden vor Gott bekennen, sie bereuen und nach Erlösung streben müßten, äußerte er nur einen theologischen Gemeinplatz. Wenn er mit seiner unpräzisen Formulierung andeuten wollte, daß die Priesterkaste nicht über dem Laienstand stehe, war das eine revolutionäre These. Zum Glück für ihn – und zum Schaden von Gelehrten, die sich mit seinem Werk beschäftigen – formulierte er so unscharf, daß wir bis heute nicht wissen, was er tatsächlich dachte. Thomas Morus konnte, wie fast alle damals, das *Enchiridion* lesen, ohne sich darüber zu entrüsten.

Erasmus war in manchen Dingen sehr konventionell. Er lehnte alles ab, was körperliches Vergnügen nur um des Vergnügens willen bereitete. Über den Inzest, den Lots Töchter mit ihrem Vater begingen, schrieb er: «Ich trage sogar nicht einmal Bedenken, deine Ehe ihrer Blutschande hintan zu stellen, wenn deine Ehe nicht dem Zweck der Nachkommenschaft, sondern der Lustbefriedigung dient.»[4] Das war ein konservativer augustinischer Standpunkt. Erasmus war nicht so modern, daß er die moralischen Schranken der Sexualität einreißen wollte, nicht einmal in der Ehe.

Das *Enchiridion* ist ein ruhiges und maßvolles Buch. Auf fast jeder Seite sind klassische Zitate oder Anspielungen auf Klassiker eingefügt. Sie deuten auf die Einheit, die Erasmus zwischen klassischer Kultur und christlicher Tugend postulierte. Das kleine Buch bezeichnet einen Wendepunkt. Der Erasmus, den wir vor ihm kannten, war ein zielloser, unsteter Gelehrter, der nach dem Glück, nach einem Lebensziel und nach Ruhm strebte. Im *Enchiridion* entdecken wir einen christlichen Philosophen, der an ein Leben in der Welt glaubte, ohne sich viel mit der Erlösung in einem künftigen Leben zu beschäftigen. Wahres Christentum heißt diszipliniert zu sein, gelehrt, milde, liebevoll und schlicht. Er ist der These nahe, daß der gute Christ identisch mit dem guten Bürger sei. Die Gedanken im *Enchiridion* waren eine gemessene und gerade deshalb dauerhafte Revolution der Anschauungen, die gebildete und urbane Menschen von der Natur der wahren Religion hatten.

Diese weltliche Religion des Erasmus wurde zum Teil geprägt von seinem wachsenden Widerwillen gegen die Klosterzucht und von seinem Entsetzen bei dem Gedanken, etwa ins Kloster zurückkehren zu müssen. Seine Frömmigkeit war immer von dem Wunsch geprägt, den anderen und vielleicht sich selbst zu beweisen, daß ein guter Christ besser außerhalb als innerhalb der Klostermauern aufgehoben ist, hinter denen sich seiner Ansicht nach eine vorwiegend dumme, ungehobelte, mißgünstige und selbstgerechte Gemeinschaft aufhielt. Er schrieb ausführlich über Frömmigkeit, aber nichts weist darauf hin, daß er selbst besonders fromm gewesen wäre. Er schrieb, um das Gelehrtenleben in der Welt, das er gegen sein Gelübde für sich gewählt hatte, im besten Licht erscheinen zu lassen. Diese Feststellung soll weder ihn anklagen noch sein *Enchiridion* herabsetzen. Sie soll nur darauf hinweisen, daß seine Ideale aus dem Spannungsverhältnis zwischen seinem früheren Leben im Kloster und dem Leben im Griechischen, Lateinischen und in der klassischen Gelehrsamkeit entstanden, das er fast zufällig entdeckt hatte.

Auf seiner zweiten Reise nach England kam Erasmus in engeren Kontakt mit Thomas Morus, obwohl wir nach wie vor wenig über ihre Beziehung wissen. Sie wetteiferten freundschaftlich bei der Übersetzung einiger Dialoge des Lukian von Samosata (vermutlich 125-190) aus dem Griechischen ins Lateinische.

Diese Aufgabe stand im Einklang mit dem allgemeinen Wunsch, die griechische Weisheit einem Publikum zugänglich zu machen, das nur Latein konnte. Es erscheint unwahrscheinlich, daß zwei Christen sich für Lukian interessierten, denn er ist frivol, manchmal auch obszön und stets skeptisch gegenüber jeder Art von transzendentaler Religion. Er lehrte, daß die meisten religiösen Vorstellungen Unsinn seien, und er schrieb Dialoge, die den Aberglauben seiner Zeit verspotteten. Er glaubte nicht an die Unsterblichkeit der Seele und verachtete alle, die glaubten, daß nach dem Tod etwas vom Menschen zurückbleibe. Als Luther später nach einer Waffe suchte, mit der er Erasmus angreifen konnte, beschuldigte er ihn, «er stinke nach Lukian».[5] John Colet hätte ziemlich sicher Lukians Werke nicht in die Bibliothek seiner Schule in St. Paul's aufgenommen, weil seine Regeln für die Anstalt heidnische Werke voller «Schmutz und Schimpfworte»[6] untersagten.

Aber vielen Texten von Lukian konnten die Christen der Renaissance die Bewunderung nicht versagen. Er verabscheute Verstellung, Eitelkeit und Heuchelei. Er machte sich über die alten Götter lustig und bereitete damit dem Christentum den Weg, ohne es zu wollen. Zumindest konnten Christen, die nach einer Rechtfertigung dafür suchten, daß sie die Lektüre Lukians genossen, ihn in diesem Licht sehen. Luther fand, daß alle griechischen und römischen Philosophen sich zum Teufel scheren könnten, weil sie stolz auf ihre eigene Weisheit gewesen seien und sich nicht vor Gott erniedrigt hätten. Aber Menschen mit dem universalistischen Geist eines Pico oder Erasmus, der alles Gute als von Gott gegeben ansah, schätzten Lukian ohne Gewissenskonflikte.

Außerdem war Lukian eine lustige Lektüre. Er liebte die Ironie. In seinen Dialogen tun die Leute die lächerlichsten und phantastischsten Dinge, ohne das Gefühl zu haben, sie täten etwas Merkwürdiges. Er war von einer trockenen Komik, die uns heute ein wenig an Art Buchwald oder Pogo oder die Doonesbury-Strips erinnert. So konnten Leute mit einer pädagogischen Neigung – wie Morus und Erasmus – bei der Lektüre Lukians Bildung und Tugend mit dem Vergnügen verbinden.

Morus gab zu, daß Lukian Fehler hatte, weil er z. B. nicht an die Unsterblichkeit der Seele glaubte. Darin, sagte Morus, irre er wie Demokrit, Lucretius, Plinius und andere Autoren der Antike. Aber Morus fragte: «Was liegt schon an seiner Ansicht darüber? Wir wissen ja heute, daß die Unsterblichkeit der Seele zu den wesentlichsten Grundsätzen unseres christlichen Glaubens gehört. Eine ganz andere Lehre können wir aus diesem Dialog ziehen: Lukian ermahnt uns, doch keinen abergläubischen Vorspiegelungen Beachtung zu schenken und auch nicht dem Aberglauben zu verfallen, der sich manchmal unter einem religiösen Deckmäntelchen einschleicht; dann erst könnten wir uns ohne Angst und Schrecken mit diesen entsetzlichen Sagen und traurigen Phantasiegebilden befassen.»[7]

Diese Zeilen stammen aus einem Brief von Thomas Morus an Thomas Ruthall, dem er seine Lukian-Übersetzungen widmete. Sie bieten ein schönes Beispiel der spätmittelalterlichen Rechtfertigung eines Christen für das Lesen heidnischer Autoren. Diese Ansicht hatten Mittelalter und Renaissance von den Kirchenvätern in der klassischen Antike übernommen. Die Heiden dürfen gelesen werden, auch wenn sie die christliche Offenbarung noch nicht gekannt haben. (Morus betrachtet hier den Glauben an die Unsterblichkeit der Seele als Gabe der christlichen Offenbarung. Seine späteren Geschöpfe, die Utopier, sollten fest an die Unsterblichkeit glauben, obwohl sie noch nie von Christus gehört hatten.) Lukian spottete über den Aberglauben. Weil es aber immer und überall Aberglauben gibt, sind Angriffe auf ihn stets ehrenvoll, und wir können aus ihnen lernen.

Aberglaube ist der Glaube daran, daß Religion magisch sei, daß die göttliche Macht durch äußerliche Handlungen benützt und gelenkt werden könne, ohne eine Beziehung zum inneren Menschen, so wie wir mit einer körperlichen Bewegung das Licht einschalten, ohne irgendeine moralische Dimension darin zu erblicken. Der Aberglaube, den Morus im Auge hat, das sind die phantastischen Geschichten, die vom Leben der christlichen Heiligen berichtet wurden. In diesen Geschichten wimmelt es von sinnlosen Wundern und unglaublichen Ereignissen. Solche Phantasien entstanden in der «großen Masse», wie Morus tadelnd bemerkt. Sie wurden von Leuten verbreitet, die davon überzeugt waren, daß die Wahrheit nicht für sich allein stehen könne, sondern mit Lügen unterstützt werden müsse. «Ohne Scheu entstellen sie mit ihren Erfindungen die Religion, die doch von der Wahrheit selbst eingesetzt wurde und in ihrem Kern auch in der nüchternen Wahrheit besteht. Sie sehen nicht ein, wie unvereinbar ihre Fabeln mit dieser Religion sind, ja daß ihr sogar nichts so gefährlich werden kann wie diese. (...) Ich kann mich des Verdachtes nicht erwehren, daß ein Großteil dieser Märchen von schlauen Windbeuteln und Ketzern schlimmster Sorte ersonnen wird. Sie wollen sich die unvorsichtige Gutgläubigkeit der einfältigen Gemüter zunutze machen und die Sinne dieser Unklugen damit betören; sie wollen aber auch den Glauben an die wahren Beschreibungen der Bibel ins Wanken bringen.» Die Christen sollten all jene Wundergeschichten glauben, die sie in der Bibel fanden, sagte Morus. Alle anderen sollten sie jedoch mit Vorsicht genießen.[8] Er scheint ganz und gar in dem Geist aufzugehen, der Erasmus dazu gebracht hatte, das *Enchiridion* zu schreiben: Die Religion war keine Angelegenheit von Zauberei und Phantasie. Die wahre Religion war Hingabe an Christus, ein Glaube des Herzens.

Warum meinte er, Schwermut, Furcht und Sorge seien Folge der Lektüre von Heiligenlegenden? Vielleicht, weil ihn solche Geschichten einst selbst bedrückt hatten, als er sich entschloß zu heiraten. Geschichten über den heldenhaften Widerstand der Heiligen gegen den Geschlechtstrieb waren fester Bestandteil der meisten dieser Legenden. Ein frommer und feinfühliger junger Mann, der heiraten wollte, aber diese Geschichten las oder sie vielleicht von der Kanzel hörte, mußte sich natürlich strenge Vorwürfe machen, weil er ihrem Ideal der sexuellen Reinheit nicht entsprechen konnte. Morus' Übersetzungen von Lukian, die er kurz nach der Geburt seiner geliebten Tochter Margaret veröffentlichte, drücken vielleicht seinen Widerstand gegen die Gewissensbisse wegen seiner Verehelichung aus, denn schließlich hatte er jetzt Gelegenheit, Geschlechtsverkehr zu haben, wann immer er wollte.

Zu den Werken Lukians, die Morus übersetzte, gehörte auch eine Rede gegen die Sophisten. Die Sophisten rühmten sich, jeden Aspekt jedes beliebigen Themas argumentativ abhandeln zu können, und hatten Spaß daran, endlose dumme Streitgespräche über nichtige Fragen zu führen. In gewissem Sinn ähnelten sie manchen scholastischen Theologen.

Lukian berichtet von einer Stadt, die von einem Tyrannen regiert wird. In den Büchern steht ein Gesetz, das jedem eine Belohnung verspricht, der einen solchen Tyrannen tötet. Ein Mann, der sich die Belohnung verdienen möchte, betritt die Festung des Tyrannen, um ihn zu ermorden, trifft aber den Sohn des Tyrannen und tötet ihn. Als er wegläuft, läßt er sein Schwert im Körper des jungen Mannes stecken. Der Tyrann findet seinen toten Sohn. Verzweifelt über den Verlust seines Kindes, zieht er das Schwert aus der Leiche und tötet sich. Lukian läßt den Mörder des Sohnes sprechen, einen Sophisten, der behauptet, er verdiene die Belohnung, weil er für den Tod des Tyrannen verantwortlich sei.

Morus und Erasmus machten sich einen Spaß daraus, miteinander in Wettstreit zu treten, wer die bessere Rede zur Widerlegung von Lukians Sophisten schreiben könne. Solchen Übungen maßen schon die Rhetoriker der Antike erzieherischen Wert bei. Morus und Erasmus nahmen einen literarischen Sport auf, an dem sich schon Tausende vor ihnen erfreut hatten. Morus – der Schauspieler – versetzte sich vergnügt in die Rolle des gegnerischen Anwalts vor einem Gericht aus Bürgern der Stadt. Seine Rede beweist eine gründliche Kenntnis der Formen der klassischen Rhetorik, vor allem des ciceronischen Diskurses. Und er zeigt seine Fähigkeit, bei einem Argument zu bleiben und alles aus ihm herauszuquetschen, was einem guten Anwalt dazu einfällt. Der zeitgenössische Herausgeber des Stückes glaubt, daß es den Lesern im sechzehnten Jahrhundert gefiel,[9] aber für uns ist sein Witz nahezu tot.

Doch aus Morus' Beschreibung des Tyrannen können wir interessante Schlüsse ziehen. Er nennt ihn einen «von Natur aus grausamen und gewalttätigen» Mann, der seinem Volk keine Freiheit gestattete und so leidenschaftlich an der Macht festhielt, «daß er die Gesetze der Menschen mit Füßen trat und derer der Götter spottete [und] keine Achtung vor dem Leben hatte».[10] Der Tyrann wird «vom Stolz aufgeblasen, vom Machthunger getrieben, von Habgier gedrängt und vom Durst nach Ruhm angespornt».[11] Und Morus schreibt verallgemeinernd: «Gewiß ist die Tyrannei immer etwas Gewalttätiges und Fürchterliches.»[12] Erasmus stellte 1519 fest, daß Morus schon früh einen Abscheu vor der Tyrannei gezeigt habe. Zu der Zeit, als er Lukian übersetzte und seine Rede schrieb, war er schon wegen seines Widerstands gegen die Steuerpolitik Heinrichs VII. in Schwierigkeiten geraten. Sein Interesse an der Tyrannei mag aus dieser Erfahrung entstanden sein und trieb in seiner Lukian-Übersetzung seine Blüten.

Die Übersetzungen von Morus und Erasmus wurden 1506 in Paris veröffentlicht. Morus' Widmungsbrief an Thomas Ruthall galt einem klugen jungen Geistlichen, der sich politisch betätigen wollte und der in der Welt Karriere machte. 1506 war er Sekretär bei Heinrich VII. Seine Stellung erlaubte es ihm, für den jungen Morus ein gutes Wort einzulegen, falls es nötig sein sollte – und er tat es offenbar. Erasmus widmete seine Bücher fast immer mächtigen und einflußreichen Männern, deren Hilfe er vielleicht einmal gebrauchen konnte. Zu vielen seiner eigenen Übersetzungen von Dialogen schrieb er Widmungen. Erasmus' Widmung der Entgegnungsrede auf Morus war an Richard Whitford gerichtet. Er war Kaplan bei Richard Fox, dem Bischof von Winchester. Ropers Erzählung zufolge gab Whitford Morus den Rat, sich nicht bei Heinrich VII. dafür zu entschuldigen, daß er im Parlament von 1504 gegen das Steuergesetz aufgetreten war.

Erasmus schrieb an Whitford, er habe die Rede auf das Drängen von Thomas Morus hin verfaßt. Aber bekanntlich behaupteten die Humanisten gern, daß sie einen Text auf das Drängen anderer hin geschrieben hätten; deshalb ist schwer zu beurteilen, ob wir Erasmus hier beim Wort nehmen sollen. Er preist Morus wegen vieler Tugenden und bemerkt, wenn Morus ihm befehlen würde zu springen, dann würde er springen. Er erwähnt, daß Whitford gesagt habe, Morus und Erasmus seien sich ähnlicher als Zwillinge. Diese Bemerkung wird gewöhnlich von denjenigen zitiert, die glauben, daß Morus und Erasmus in allen wichtigen Fragen übereinstimmten.[13] Unglücklicherweise wissen wir nicht genug über Whitford, um einschätzen zu können, wie treffend sein Urteil über seine Freunde war.

Die Lukian-Übersetzung wurde zu Morus' Lebzeiten siebenmal aufgelegt. Wahrscheinlich deshalb, weil Lukian so beliebt wurde, daß jedermann ihn lesen wollte. Weil Morus' und Erasmus' Übersetzungen immer im gleichen Band enthalten waren, ist anzunehmen, daß Erasmus' Name in dem Maße half, das Buch zu verkaufen, in dem er zunehmend berühmter wurde. Morus selbst muß ein gewisses Interesse an diesen Auflagen gehabt haben, aber er erwähnte sie nach seiner Widmung an Ruthall nirgends, soweit uns seine Schriften erhalten geblieben sind.

Erasmus kehrte im Juni auf den Kontinent zurück und reiste nach ein paar Monaten in Paris, wo er wahrscheinlich die Drucklegung der Lukian-Übersetzung überwachte, nach Italien. Im September promovierte er in Turin zum Doktor der Theologie. Wir wissen nicht, wie er zu diesem Titel kam. Er schien sich ein wenig der niederen Herkunft dieser Ehre zu schämen, denn Turin war keine berühmte Universität, noch nicht einmal eine besonders gute, und Erasmus deutete stets an, er habe seinen Doktortitel an der viel bedeutenderen Universität von Bologna erhalten.

Sobald er konnte, ging er nach Bologna. Dort sah er selbst die Auswirkungen jener historischen Verstrickungen, durch die der Papst nicht nur Statthalter Christi geblieben, sondern auch ein weltlicher Fürst in Italien geworden war. Die Stadtrepublik Bologna führte im Sommer und Herbst 1506 Krieg mit Papst Julius II. Im November öffnete die Stadt ihre Tore der päpstlichen Armee, die vom Papst selbst angeführt wurde. Julius zog im Triumphzug ein. Er wurde in prächtigen Gewändern auf einem prunkvollen Thron durch die Stadt getragen. Erasmus erlebte seine Siegesfreude mit. Er war damals bereits Anhänger des christlichen Pazifismus, und es widerte ihn an, als er sah, wie der angebliche Statthalter Christi mehr Cäsar glich als dem Messias, dessen Sieg durch Opfer, nicht durch Waffen erreicht worden war.

Später sollte er um die Gunst von Päpsten buhlen. Aber Julius II. und die Erinnerung an ihn haßte er unversöhnlich. Er teilte mit Thomas Morus eine zermürbend ambivalente Haltung gegenüber dem Platz des Papsttums in der Kirche.

Erasmus hielt sich drei Jahre lang in Italien auf. Er brachte eine zweite Auflage der *Adagia* in dem herrlichen Druck von Aldus Manutius in Venedig heraus. Bei seinen Griechischstudien hatte er so viel gelernt, daß er viele Spruchweisheiten aus der griechischen Literatur hinzufügen konnte. Die Neuausgabe der *Adagia* machte Erasmus immer noch nicht reich, aber das Werk steuerte viel zu seinem bereits beträchtlichen Ruhm bei.

Als Heinrich VII. im Jahre 1509 starb, bestieg der junge Heinrich VIII. den Thron. Erasmus war bereit, dem Ruf eines Monarchen zu folgen, der vielleicht sein Förderer werden konnte. Der Ruf kam durch Lord Mountjoy in England, der gehört hatte, wie der junge König die Gelehrsamkeit pries. Heinrich sprach mit Mountjoy darüber, daß er ein besserer Gelehrter werden wolle. Mountjoy erwiderte, von einem König erwarte man nicht Gelehrsamkeit, er habe vielmehr die Aufgabe, Gelehrte zu fördern. Heinrich antwortete: «Gewiß, denn ohne Gelehrte können wir kaum weiter existieren.»

Mountjoy nahm die Worte des Königs für bare Münze und schrieb einen stürmischen Brief an Erasmus. Wahrscheinlich ließ er seinen klugen lateinkundigen Sekretär Andreas Ammonius in seinem Namen einen Brief schreiben, in dem die Heraufkunft des neuen Königs enthusiastisch gepriesen wurde. Wenn Erasmus die Freude des Volkes über Heinrichs Thronbesteigung sehen könnte, würde er selbst die Freudentränen nicht zurückhalten können. «Die Luft lacht, die Erde jubelt, alle Dinge sind voll Milch, Honig und Nektar.» Er bat Erasmus, sofort nach England zu kommen. Er würde ihm die freigebige Unterstützung eines Königs verschaffen, der begierig sei, Gelehrte zu fördern.[14] Es muß Erasmus vorgekommen sein, als ob die Widmung der *Adagia* an Mountjoy endlich Früchte trage, die ihm ermöglichen würden, weiterhin das Leben in gelehrter Muße zu führen.

Im Juli 1509 brach er von Rom auf. Wir wissen nichts über seine Reise und seine Ankunft in London. Der Grund dafür ist eine merkwürdige Lücke in Erasmus' Briefwechsel. Wir besitzen eine große Anzahl seiner Briefe vor 1509. Von 1511 bis zu seinem Tode haben wir eine Flut von Korrespondenz, die es uns erlaubt, seine taktischen Manöver und seine Gedanken besser kennenzulernen als die irgendeines Mannes seiner Zeit. Aber vom Sommer 1509 bis zum Sommer 1511 liegt eine gespenstische Stille über seinem Leben. Kein Fetzen eines Briefes, den er in diesen Jahren schrieb, blieb erhalten, und auch die Briefe, die an ihn geschrieben wurden, sind alle verschollen.

Wir wissen, daß Erasmus, als er erst einmal in London war, einige Zeit in Morus' Haus verbrachte. Morus bewohnte zu dieser Zeit ein bequemes Anwesen in der Bucklersbury Street. Dort schrieb Erasmus sein bleibendstes

Werk: *Das Lob der Torheit.* Er schrieb immer lateinisch, und der lateinische Titel des Buches, *Moriae Encomium,* klingt, wenn man ihn laut ausspricht, ähnlich wie «Das Lob Morus'» oder «encomium mori». (Morus selbst spielte regelmäßig auf die griechische Bedeutung seines Namens – «Narr» oder «Dummkopf» – an.) Erasmus nützte die offensichtliche Anspielung aus und widmete das Werk Morus. In einem einleitenden «Brief» bat er ihn, *Das Lob der Torheit* und seinen Autor zu verteidigen. Im Jahre 1519 behauptete er in seinem Brief an Hutten, daß Morus ihn dazu veranlaßt hätte, *Das Lob der Torheit* zu schreiben und zu veröffentlichen. Auch hier ist er vielleicht wieder der Renaissance-Mode gefolgt, nach der Schriftsteller vorgaben, sie seien zu den Werken gedrängt worden, die sie berühmt machten.

Das Werk selbst ist eine Glanzleistung, ein ironisches Meisterstück. Erasmus spricht mit der Stimme der Torheit, der weisen Närrin mit der Schellenkappe. Sie ist eine Frau, deren Torheit durch ihr Geschlecht noch deutlicher wird. Die Sitte der Zeit verlangte, daß Frauen nur dann klug reden durften, wenn sie scherzten und vorgaben, Närrinnen zu sein.

Die Torheit behauptet, sie sei für fast alles im menschlichen Leben verantwortlich: für die Liebe der Menschen zu sich selbst; für das Glück der Ehemänner, die da glaubten, ihre herumhurenden Frauen seien treu; für die alten Frauen, die geziert lächeln und schäkern und tun, als ob sie noch jung wären; für das Vergnügen der Grammatiker, die auf der Suche nach Worten, die der gewöhnliche Leser noch nicht kennt, schimmlige Manuskripte durchstöbern und dabei wie wild die Bücher ihrer Rivalen danach durchsuchen, ob sie ihre eigene absolute Herrschaft über die Grammatik bedrohen. Die Torheit lebt in Dichtern, Jägern und in Toren, die sich für klug halten, und die Torheit ist die Herrin aller, die Bücher schreiben.

Es gibt eine höhere Torheit, und am Ende dieser kleinen Rede – denn *Das Lob der Torheit* ist eine Rede – wendet sich Erasmus wieder der Auslegung des Neuen Testaments zu. Er hält die Christen dazu an, in den Augen der Welt-Weisen als Toren zu erscheinen. Christus griff diejenigen an, die vor der Welt als weise galten. «An Kindern, Frauen und Fischern scheint der Herr seine größte Freude gehabt zu haben. Ja, sogar unter der stummen Kreatur gefällt Christus am meisten, was an der Schläue des Fuchses den geringsten Anteil hat. Er bevorzugt den Esel als Reittier, obwohl er doch ohne Besorgnis auf einem Löwen hätte sitzen können, wenn er gewollt hätte».[15] Die wahren Christen «mißachten alles, je körperhafter es ist, und geben sich ganz der Beschauung der unsichtbaren Dinge hin».[16]

So wird *Das Lob der Torheit* am Schluß ein Werk mystischer Christusverehrung, das im Geist der Renaissance von Ironie und Spott zu nüchterner Belehrung übergeht. Das hätte Morus an dem Werk gefallen.

Aber zwischen der übermütigen Spottlust steht ein ätzender Ausbruch gegen die Theologen und Mönche, die mit ihrer Bosheit Hohn und Schande über die Kirche bringen, der sie angeblich dienen. Die Torheit spottet über die scholastischen Theologen, die unsinnige Fragen erörtern: Ist es möglich, daß Gottvater den Sohn haßt? Hätte Gott die Gestalt einer Frau, eines Teufels, eines Esels, eines Kürbisses oder eines Kieselsteins annehmen können? Dann wiederum, «wie etwa der Kürbis gepredigt hätte, wie er Wunder gewirkt hätte und ans Kreuz zu schlagen gewesen wäre»?[17] Wie wir gesehen haben, hatten solche Fragen – so lächerlich sie auch waren – ihren Stellenwert in der Diskussion über das Verhältnis von Glauben und Vernunft. Wenn Gott allmächtig war, konnte er alles tun. Konnte Gott in einer Gurke verkörpert sein? Die Frommen mußten antworten: «Selbstverständlich.» Wenn sie jedoch keine Logiker waren, lachten die Frommen eher darüber – oder fanden den Gedanken anstößig. Erasmus hatte die Grenze überschritten, bis zu der diese Fragen ernst genommen werden konnten Für ihn waren die abwegigen Debatten über die Allmacht Gottes und die Unzulänglichkeit der Vernunft dumme Hindernisse für die wahre Frömmigkeit, ein alberner Versuch, eitle Neugier zu befriedigen. Mit dem Spott der Torheit rekurrierte Erasmus auf die antike Überzeugung, daß es der Tod des Menschen sei, wenn er mit seiner Klugheit die Geheimnisse der Götter ergründen wolle.

Er gab zu, daß es einige wenige tugendhafte Theologen gab.[18] Wenn aber die Torheit von Mönchen spricht, macht sie alle schlecht. Erasmus will seine Leser stets glauben machen, die Mönche seien so sündhaft, daß kein tugendhafter Mensch – wie beispielsweise er – guten Gewissens mit ihnen verkehren könne. Die Torheit nennt die Mönche ungebildet. Sie hingen in sklavischer Ergebenheit an unsinnigen Regeln, die nur der heuchlerischen Zurschaustellung ihrer Frömmigkeit dienten, während ihnen in Wirklichkeit die wahre Frömmigkeit fehle. Sie würden Menschen die Beichte abnehmen und das Beichtgeheimnis gegenüber dem Erstbesten, der ihnen zuhöre, brechen. Sie seien Trinker und Schürzenjäger und hielten lächerliche Predigten. Die Torheit hat offenbar noch nie einen tugendsamen Mönch getroffen, und bei der Beschreibung ihrer Laster gibt sie den humanen Geist distanzierten Spotts völlig auf, der den Rest des Buches erfüllt.

Das Lob der Torheit erschien 1511 im Druck. Erasmus versuchte, den Anschein zu erwecken, es sei gegen seinen Willen und ohne sein Wissen veröffentlicht worden. Das Buch war äußerst beliebt und wurde zu Erasmus' Lebzeiten etwa vierzigmal neu aufgelegt. Bevor das sechzehnte Jahrhundert um war, war es in alle wichtigen europäischen Sprachen übersetzt. Erasmus gefiel das, und er feilte für die sieben Auflagen, die unter seiner Aufsicht herauskamen, immer wieder an dem Text. (Weil es kein Urheberrechtsgesetz gab, konnte jeder Drucker ein beliebtes Werk veröffentlichen. Von den meisten Schriften des Erasmus erschienen Raubdrucke.)

Die theologischen Aussagen des Buches waren so verblüffend wie seine Rhetorik. Thomas Morus hat sie sicher mit gemischten Gefühlen gelesen.

Die Torheit griff nicht nur die Scholastik an, die die aristotelische Dialektik mit ihrer Theologie verband. Sie attackierte sogar den Gedanken einer systematischen Schlußfolgerung von den Wirkungen auf die Ursachen und die Annahme, daß die Welt ein großes, für den menschlichen Verstand erkennbares System von Wirkungen und Ursachen sei, das man mit entsprechender Sorgfalt verstehen könne. Die Torheit lehrte, daß wir alle einen Kern hätten, der nicht mit der Vernunft erklärt oder von ihr kontrolliert werden könne, gleichgültig, was für eine gesellschaftliche Stellung und was für Ansprüche wir hätten. Wir sind, was wir sind, und unser eigentliches Sein kommt zum Vorschein, so sehr wir auch versuchen, es zu verbergen. Dieses eigentliche Sein ist spontan und unberechenbar, es verwüstet das großartige System der aristotelischen Logik und greift die präzisen Differenzierungen des aristotelischen Denkens zusammen mit der Vorstellung an, die vollkommene Ordnung aller Dinge aufzeigen zu wollen. Aristoteles selbst wird verspottet als «Abgott unserer Meister».[19]

Erasmus stürzte Aristoteles natürlich nicht, denn die aristotelische Gelehrsamkeit erfreute sich während der Renaissance einer heftigen, allerdings herbstlichen Blüte und peinigte sogar noch Galilei ein Jahrhundert nach Erasmus. Aber *Das Lob der Torheit* ist eine unausgesprochene Kritik an den Erwartungen der aristotelischen Theologie und ihrer Auffassung von Gelehrtheit und Leben. In Erasmus' Kritik schwingt die große Unruhe der Zeit, eine Unruhe, die bei ihm kaum sichtbar ist, die aber Thomas Morus' Ansichten über sich selbst und die Welt beherrschte.

Die aristotelische Methode war zeitaufwendig. Es gehört zu den unausgesprochenen Annahmen des Aristotelismus, daß genügend Zeit zur Verfügung steht, alle Fragen zu klären. Thomas von Aquin arbeitete sein ganzes Leben lang daran, die Harmonie von Religion, Politik, Wirtschaft, Ethik und Philosophie aufzuzeigen – und als er starb, war seine große *Summa theologiae*, die Summe der Theologie, unvollendet. Den besten Kommentar zum aristotelischen Christentum gibt Dante in seiner *Göttlichen Komödie.* Er verweist das vollständige Wissen ins Paradies. Weder Thomas von Aquin noch irgendein anderer scholastischer Theologe hätte je zu glauben gewagt, daß die sterblichen Menschen jemals auf Erden vollständiges Wissen erlangen könnten. Aber sie hegten große Hoffnungen, was dem menschlichen Geist möglich sei, wenn er nur immer weiter daran arbeitete, neue Erkenntnisse zu gewinnen.

Die mystische Tradition, für die Bernhard von Clairveaux eingetreten war, blieb ungebrochen, und mit ihr die Überzeugung, es sei viel besser, Gott zu kennen als etwas über ihn zu wissen. Diese Tradition lebt im *Lob der Torheit* fort, allerdings ohne die Betonung der Ekstase, die bei Bernhard im Vordergrund stand. Erasmus war der Ekstase gegenüber mißtrauisch; außerdem widersprach sie seinem Charakter. Dennoch bedient er sich am Schluß des

Lobs der Torheit einer beinahe ekstatischen Sprache, wenn er jene beschreibt, die manchmal «einen Geschmack oder Hauch»[20] von der Unsterblichkeit der Seele empfinden. «Obwohl das nur ein winziges Tröpfchen ist im Vergleich zur Quelle der ewigen Seligkeit, übertrifft es doch bei weitem alle Lust des Körpers, auch wenn man alle Köstlichkeiten der Welt zusammennimmt.»[21] Die Leute, die diese Wonne erlebt haben, geraten in Euphorie. «Wenn sie wieder zu sich kommen, wollen sie nicht wissen, wo sie gewesen sind, ob im Körper oder außerhalb des Körpers, oder im Schlaf. Sie erinnern sich nur nebelhaft und wie nach einem Traum, was sie gehört, gesehen, gesagt und getan haben, und wissen nur so viel, daß sie in tiefster Seligkeit waren, als sie so entrückt wurden.»[22]

Es gibt keinen Beweis dafür, daß Erasmus selbst je einen solchen Zustand erlebte. Und obwohl Thomas Morus tief fromm war, eignete sich sein Charakter nicht für den ekstatischen Mystizismus, den Erasmus hier beschreibt. Erasmus pries das mystische Erlebnis mit ausgefeilter Rhetorik, um seine Ansicht zu untermauern, daß die Zahl der Dogmen möglichst klein bleiben solle und daß Zeremonien leicht schädlich wirken könnten. Der Christ solle Christus und seinen Nächsten lieben, und diese Liebe sei das Wesentliche der christlichen Lebensführung. Morus war anderer Ansicht. Er war der Meinung, die Christen müßten an die Dogmen der unfehlbaren Kirche glauben, bevor die christliche Liebe wirken könne.

Die Welt der Torheit bewegte sich nach dem unauslotbaren Wesen der Dinge, und die Menschen handelten nach den Impulsen des Herzens, nicht des Verstandes. Ein gutes Leben führen hieß, diese Impulse des Herzens in Einklang mit Christus zu bringen, der uns nicht als Logiker entgegentritt, sondern als Mensch, der uns unaufhörlich die göttliche Liebe anbietet, die niemand auf Erden wirklich verdient. So bestimmte der größte Gelehrte des sechzehnten Jahrhunderts die Grenzen des menschlichen Intellekts.

Im *Lob der Torheit* ist Erasmus nur einen Schritt von späteren Protestanten wie William Tyndale entfernt, die glaubten, die guten Werke folgten so natürlich wie ein Schatten, den die Sonne wirft, wenn das Herz eines Menschen rein sei. Der Christ solle ein frommes Leben führen, indem er nach Reinheit strebe, und nicht, indem er versuche, vermeintlich gute Taten in dem Glauben anzusammeln, er könne damit Gott verpflichten, ihn zu erlösen.

Über Morus' Beziehung zum *Lob der Torheit* im Jahre 1511 können wir keine genauen Aussagen machen. Die Frivolität und die Radikalität des Werks widersprechen dem Geist seiner eigenen Werke. Nach einmütiger Ansicht der Gelehrten darf man Erasmus Glauben schenken, daß beide Männer Spaß an dem Werk gehabt haben, als es entstand. Ein moderner Autor schildert sogar, wie Erasmus das Manuskript Morus laut vorliest.[23]

Für eine solch vergnügliche Szene fehlen jedoch die Beweise, und was wir wirklich wissen, muß ganz anders interpretiert werden.

Erasmus wollte offenbar mit dem Buch Morus gefallen. Im *Lob der Torheit* erzählt er eine Geschichte, die sich eindeutig auf seinen jüngeren Freund bezieht:

> Ich kenne einen Namensvetter, der seiner jungen Braut einige unechte Steine schenkte und ihr in seiner neckischen Art einredete, es seien nicht nur echte, sondern sogar Unica von unschätzbarem Wert. Bitte, was bedeutet es für das Mädchen, daß es Herz und Augen an dem Glas nicht weniger weidete und den Tand wie einen ausgezeichneten Schatz aufhob und behütete? Der Gatte hatte die Kosten gespart und seinen Nutzen von dem Irrtum der Frau. Dabei war sie ihm nicht weniger verbunden, als wenn er große Ausgaben für ein Geschenk gemacht hätte.[24]

Die Geschichte paßt dazu, daß Morus sich gewohnheitsmäßig über Frauen lustig machte und sie als dumme Wesen hinstellte. Sie stimmt mit seiner Bemerkung in *Utopia* überein, daß die Utopier sich darüber wundern, «daß es einen Menschen gibt, dem das unsichere Gefunkel eines armseligen Brillanten oder Edelsteinchens Freude macht, während uns doch jeder beliebige Stern und sogar die Sonne selbst zum Anschauen zur Verfügung steht.»[25] Die Ehefrau, die damit gemeint sein könnte, war Jane Colt. Doch unsere Sympathien gehören hier eher ihr als Morus. Solche Geschichten erzählen sich Männer bei einem geselligen Abendessen. Aber sie ist kein Beweis für eine enge Beziehung zwischen den beiden Männern. Der freundschaftliche Brief, den Erasmus schrieb, als er Morus *Das Lob der Torheit* widmete, kann nicht als Beweis dafür gewertet werden, daß er seinen Freund an der Arbeit teilhaben ließ, bevor sie veröffentlicht wurde. Wir haben schon auf die Gewohnheit Erasmus' hingewiesen, Bücher Männern zu widmen, von denen er meinte, sie könnten ihm helfen. Er fragte nicht um Erlaubnis für diese Widmungen, die im allgemeinen als überschwengliche «Briefe» vor der Einleitung des Werks gedruckt wurden.

Erasmus wohnte in Morus' Haus, aber wir wissen nicht, wie lange. Er sagte, daß er dort *Das Lob der Torheit* geschrieben und daß ihn das Werk eine Woche lang beschäftigt habe. Wahrscheinlich stimmt es nicht ganz, daß er nur eine Woche an dem Buch gearbeitet hat. Er wollte den Eindruck erwecken, er sei ein Genie und habe sich nichts Besonderes dabei gedacht, als er das Buch schrieb. Blieb er länger als eine Woche? Lebte er ständig bei Morus oder kam und ging er? Wußte Morus überhaupt, daß er das Buch schrieb? Wir wissen es nicht. Als der Briefwechsel nach der Lücke von zwei Jahren fortgesetzt wird, ist Erasmus auf dem Weg nach Paris. Dort wurde während seines zwei Monate langen Aufenthalts das *Lob der Torheit* gedruckt. Von Dover aus schrieb er an Andreas Ammonius, der in Morus' Haus wohnte, und sandte Morus die herzlichsten Grüße. Er habe einige Bücher in seinem kleinen Zimmer bei Morus vergessen. Er bat Ammonius, Morus zu bitten, dafür Sorge zu tragen, daß die Bücher an Colet zurückgegeben würden.[26]

Im Mai 1511, als Erasmus noch in Paris war, schrieb Ammonius: «Unserem liebsten Morus und seiner guten Gattin, die nie von Dir spricht, ohne Dich zu segnen, sowie ihren Kindern und dem ganzen Hausstand geht es außerordentlich gut.»[27] Jane, die «gute Gattin», starb nur wenige Wochen nachdem Ammonius diese Zeilen geschrieben hatte.

Am Ende des Sommers war Erasmus zurück in England. Er blieb dort bis zum Sommer 1514. Die meiste Zeit wohnte er in Cambridge, besuchte jedoch gelegentlich London. Er war unglücklich in Cambridge. Und er war mittellos. Er schrieb an Colet und John Fisher, aber keiner konnte ihn auf Dauer unterstützen. Er schrieb regelmäßig und in einem lebendigen Stil an Colet, aber der Ton wirkt nicht vertraut.

Vertrauliche Mitteilungen machte er nur Ammonius. Ammonius war geistreich, gelehrt und großzügig. Er konnte Griechisch, und er schrieb gern Briefe, obwohl er klagte, er könne mit der Schreibgeschwindigkeit von Erasmus nicht Schritt halten.[28] Ammonius hatte nun eine ziemlich bedeutende Stellung. Er hatte den Dienst bei Mountjoy quittiert, um Sekretär des Königs zu werden. Erasmus schüttete ihm sein Herz aus und klagte ständig. Ammonius schickte ihm Wein, Ermunterung und fröhliche Briefe voller Hoffnungen auf Ämter, die Erasmus alle nicht bekam. Die beiden widmeten sich einem der ältesten Vergnügen von Ausländern, die in einem fremden Land zusammentreffen – sie schimpften miteinander über die Einheimischen. Für Erasmus war Cambridge ein Sumpf der Verzweiflung und Ammonius sein einziger fester Grund. Mountjoy schien ihn vergessen zu haben. Heinrich VIII. ignorierte ihn.

Morus und Erasmus hatten wenig Kontakt. Ammonius war der Mittler zwischen den beiden. Nachdem er einige Zeit in Morus' Haus gelebt hatte, reiste er bald nach Morus' überstürzter Heirat mit Alice Middleton in das Kollegium von St. Thomas. Im Oktober 1511 schrieb er von St. Thomas aus: «Meiner Meinung nach bin ich nicht besser dran als bei Morus. Den krummen Schnabel der Harpyie sehe ich zwar nicht mehr, aber mich stoßen viele andere Dinge ab, so daß ich nicht weiß, wie ich, wenn Gott mich liebt, in England leben soll.»[29] Bei einer Gelegenheit wollte Erasmus wissen, ob Morus Warham einen Brief übergeben habe. Ammonius schrieb, Morus sei mit Arbeit überlastet und er halte es nicht für klug, ihn zu diesem Zeitpunkt zu belästigen. Morus müsse den Brief abgegeben haben, sagte Ammonius, weil er und Warham einander täglich sähen.[30]

John More, Thomas' Bruder, diente gelegentlich als Kurier zwischen Ammonius und Erasmus. Im November 1511 schrieb Erasmus an Ammonius und bat ihn, Thomas Morus zu bewegen, daß er seinen Bruder etwas abschreiben lasse, was Erasmus geschrieben hatte. Obwohl Cambridge eine Universitätsstadt sei, sagte Erasmus mit bitterer Ironie, könne man niemanden finden, der eine saubere Abschrift eines Textes anfertigen könne.[31]

Man sagt, der Briefwechsel zwischen Morus und Erasmus in diesen Jahren sei verlorengegangen. Das ist jedoch reichlich unwahrscheinlich. Erasmus bewahrte alle Briefe sorgfältig auf, die ihm von den Großen oder Beinahe-Großen geschickt wurden. Er würde Briefe von Morus kaum weggeworfen haben. Im Jahre 1519 veröffentlichte er in seinem *Farrago nova epistolarum* 333 Briefe von sich und verschiedenen Briefpartnern. Damit wollte er den Kritikern, die an seinem griechischen Neuen Testament zweifelten, zeigen, daß er viele wichtige Freunde hatte. Das Buch enthielt den Briefwechsel mit Ammonius (der zu dieser Zeit schon tot war) und Briefe an viele andere Engländer und deren Antworten, einschließlich des ersten Briefes, den er im Oktober 1499 an Thomas Morus geschrieben hatte. Kein Brief zwischen Morus und Erasmus aus der Zeit von Erasmus' Englandaufenthalt von 1509 bis 1514 befindet sich in dem Buch. Der Ton der Briefe, die Erasmus an Ammonius schrieb und im Austausch erhielt, deutet darauf hin, daß Morus ihm fernstand, zwar ohne irgendwelche Feindseligkeit, aber eben doch fern.

Im Oktober 1511 wohnte Erasmus während eines kurzen Besuchs in London in Morus' Haus. Er schrieb später an Ammonius und bedauerte, daß er und Ammonius nicht zusammengetroffen seien. Nebenbei zeichnet er ein Bild vom Leben in Morus' Haushalt, das sich von dem üblichen unterscheidet. Er dachte, Ammonius sei nicht da, weil er keine Antwort bekam, als er an seiner Tür klopfte. Später hörte er jedoch in seinem eigenen Zimmer vom Hof herauf Hufgetrappel. Er schrieb etwas. Thomas Linacre war bei ihm, und er bat Linacre nachzusehen, was das bedeute. Linacre berichtete, Ammonius reite fort. Also hatte Erasmus seinen Freund knapp verfehlt und schrieb ihm, um sein tiefes Bedauern auszudrücken.[32]

All das weist darauf hin, daß das Haus für Morus die gleiche Bedeutung hatte wie für alle bekannten Männer damals – es war das Symbol ihrer Karriere. Männer, die in London bekannt werden wollten, stifteten der Stadt Brunnen und Kanäle oder schenkten armen Mädchen die Aussteuer, bezahlten Nahrungsmittel für die Insassen der Gefängnisse oder drückten ihre Sorge um das öffentliche Wohl anders aus. Ihr Haus mußte den gleichen Geist ausdrücken. Später, als Morus Mitglied des Kronrates und in England Getreide knapp war, ließ Morus verbreiten, er lasse täglich hundert Männern in seinem Hause zu essen geben.[33] Im Jahre 1598 erinnerte sich John Stow, daß Thomas Cromwell, der große Staatssekretär und Generalvikar Heinrichs VIII., aus seinem Haushalt dreihundert Bettler gespeist hätte. Solche Taten sicherten den Männern einen gewissen Platz in der Welt. Es scheint, als ob Morus um dieser öffentlichen Wohltätigkeit willen einen durchreisenden Gelehrten als Gast im Hause aufnahm – ein Grund, aus dem er vielleicht auch Ammonius und Linacre beherbergte.

Aber die Gäste standen dem Hausherrn nicht notwendigerweise nahe. Offenbar beherbergte Morus mehrere Leute gleichzeitig in verschiedenen Zimmern. Seine Frau – zuerst Jane, später Lady Alice – wird für die Bedürfnisse der Besucher gesorgt haben, denn es war die Pflicht einer Ehefrau, in solchen Fällen die Bedienstete im Hause ihres Mannes zu sein. Es überrascht nicht, daß sich Jane mit Vergnügen an Erasmus erinnerte, denn er war stets sehr nett zu Frauen. Und es ist auch nicht verwunderlich, daß Lady Alice mit den Gästen ihres Mannes manchmal die Geduld verlor. Jane war ein Mädchen vom Land, ohne viel Erfahrung und erst dreiundzwanzig, als sie starb. Lady Alice war eine reife Frau, die Witwe eines wohlhabenden Londoner Kaufmanns, und sie hatte einen scharfen Blick für Rechnungen und eine scharfe Zunge dazu.

Wir dürfen das nicht außer acht lassen, denn unsere Annahmen über den Einfluß des *Lobs der Torheit* auf Morus gehen von der Vorstellung aus, wie es wäre, wenn wir einen Gast im Haus hätten, der ein Buch schreibt, in dem er auf unseren Namen anspielt, und uns dann das Buch widmet. Aber wir gehen dabei von unseren kleinen Häusern aus, die sich mit dem Haushalt eines reichen Mannes im sechzehnten Jahrhundert – und Morus war reich – nicht vergleichen lassen. Sein großes Haus gestattete es ihm, viele öffentliche oder quasi-öffentliche Verpflichtungen zu übernehmen.

Wir haben darauf hingewiesen, daß Erasmus 1519 an Hutten schrieb, Morus habe ihn dazu veranlaßt, *Das Lob der Torheit* zu schreiben.[34] Aber im Widmungsbrief, der dem Buch vorangestellt ist, schreibt Erasmus, er habe an dem Werk zu arbeiten begonnen, um sich auf der langen Reise von Italien nach England zu unterhalten.[35] In einem Brief an Martin van Dorp aus Löwen, der den meisten Ausgaben des *Lobs der Torheit* nach 1515 beigefügt ist, sagt Erasmus, er habe das Buch in Morus' Haus zu schreiben begonnen, weil er wegen eines Nierenleidens bettlägerig war und nichts anderes zu tun hatte. Er habe es einigen Freunden gezeigt – Morus erwähnt er nicht – und behauptet, sie hätten ihn gedrängt weiterzuschreiben.[36] Diese Berichte sind nicht unvereinbar miteinander, aber der Versuch, sie zu vereinbaren, wirkt etwas gezwungen.

Trotzdem gibt Morus' Beziehung zu Erasmus nach der Veröffentlichung des *Lobs der Torheit* zu denken. Erasmus verbrachte ein paar unglückliche Jahre in Cambridge und London. Es gibt keinen Hinweis darauf, daß Morus irgend etwas tat, um ihm das Leben zu erleichtern, oder daß er ihm jemals schrieb. Bis 1515 gibt es keine Würdigung des *Lobs der Torheit* aus Morus' Feder. Dann wurde Morus durch Ereignisse, von denen noch die Rede sein soll, gezwungen, das Werk zu verteidigen. Erasmus mußte England 1514 verlassen, weil er keinen Mäzen fand. Nichts weist darauf hin, daß er dachte, Morus, der zu dieser Zeit ein ziemlich wohlhabender und einflußreicher Mann war, würde ihm Geld geben oder jemanden veranlassen, es zu tun. Keine Aufzeichnung deutet darauf hin, daß Erasmus 1514 gezögert hätte, Morus zu verlassen, oder daß er ihm auch nur Auf Wiedersehen gesagt hätte.

Es ist möglich, daß Morus sich durch *Das Lob der Torheit* beleidigt fühlte und daß es ihm peinlich war, seinen Namen mit dem problematischen Werk verknüpft zu sehen. Das Buch unterscheidet sich stark von allem, was Morus je geschrieben hat. Es ist in mancherlei Hinsicht zu unbekümmert, an anderen Stellen zu kritisch gegenüber den kirchlichen Bräuchen. Der Angriff auf die Mönche und die scholastischen Theologen ist umfassender und schärfer als alles, was Morus über und gegen sie geschrieben hat. Er lachte immer gern über närrische Mönche und lächerliche Scholastiker, aber er war immer bemüht zu zeigen, daß die Klöster wertvolle Einrichtungen seien, auch wenn einige Mönche nichts taugten. Als Erasmus von gefährlichen Männern bedrängt wurde, die nach Ketzerei schnüffelten, versuchte er sich zu retten, indem er behauptete, er habe nur die Mißstände angeprangert, doch er verurteile die Mönche nicht an sich. Er mußte jedoch eindeutig dazu gezwungen werden, ein gutes Wort über die Klöster zu sagen, während Morus stets gern betonte, daß es bei weitem mehr gute Mönche und gute Theologen gebe als schlechte. Er hegte sein ganzes Leben lang eine Sehnsucht nach dem mönchischen Ideal, die Erasmus nicht teilte.

Erasmus verspottete Heiligenverehrung mit dem Ziel, daß die Heiligen einem eine Gunst erwiesen. Morus verteidigte solche Praktiken. Erasmus bezweifelte nicht alle Wunder, aber er verhöhnte die Leichtgläubigkeit der Masse. Auch Morus schalt diese Leichtgläubigkeit, wie wir bei seinen Lukian-Übersetzungen gesehen haben, doch selbst in *Utopia* hält er leidenschaftlich an dem Glauben fest, daß Gott ständig Wunder in der Welt tue.

Es mag sein, daß Erasmus das Werk zunächst in dem spielerischen Geist begann, der ihn, wie er immer wieder behauptete, dazu getrieben hatte, das *Lob der Torheit* überhaupt niederzuschreiben. Vielleicht hat er es einer Anzahl Freunden vorgelesen, die lachten und ihn ermutigten, ohne zu erwarten, daß er es veröffentlichen würde. Möglicherweise sagten ihm einige, er könne es nicht veröffentlichen, ohne mit Repressalien von seiten der Behörden zu rechnen. Sein Widmungsbrief an Morus weist eindeutig darauf hin, daß Erasmus mit Angriffen auf das Buch gerechnet hat.

> Zweifellos werden die gehässigen Kritiker nicht ausbleiben, die es für unziemlich halten, daß ein theologischer Autor sich mit solchen Spiele-

reien abgebe; andere werden Anstoß nehmen an meiner Bissigkeit, die nicht zu christlicher Bescheidenheit passe.[37]

Erasmus verteidigt das Buch selbst und schließt dann den Brief mit der Bitte, Morus möge das Buch verteidigen. Seine eigene Rechtfertigung war vielleicht zum Teil an die englischen Freunde gerichtet, die dachten, *Das Lob der Torheit* sei die richtige Unterhaltung bei einem Bankett der cognoscenti, sei jedoch nicht geeignet, um gedruckt an die Öffentlichkeit gebracht zu werden.

Erasmus ging, wie erwähnt, im Sommer 1511 für einige Monate nach Paris, und während er dort war, wurde *Das Lob der Torheit* in der Werkstatt von Gilles Gourmont gedruckt. Wir können davon ausgehen, daß seine Reise mit der Veröffentlichung des Buches zu tun hatte. Trotzdem wurde der Druck nicht von Erasmus selbst überwacht, sondern von einem jungen Engländer, Richard Croke. Diese *editio princeps* ist von dem letzten und größten Herausgeber[38] des *Lobs der Torheit* «die schäbige Erstausgabe» genannt worden. Aber Erasmus selbst war weit davon entfernt, Croke Vorwürfe zu machen. Im September 1511 drängte er John Colet, Croke ein wenig Geld zu schicken.[39] Möglicherweise war Croke Erasmus' Agent, und Erasmus selbst hielt sich von der Druckerei fern, damit er seinen vorsichtigen englischen Freunden sagen konnte, er sei nicht dafür verantwortlich, daß das Werk der Öffentlichkeit zugänglich gemacht wurde. Möglicherweise nahm er an, wenn es erst einmal gedruckt sei, müßten seine englischen Freunde es hinnehmen. Sein Brief zeigt, daß er hoffte, Morus würde es nötigenfalls verteidigen.

Während des Drucks starb Morus' junge Frau. Als Erasmus zurückkehrte, fand er ihn sehr beschäftigt und vielleicht verärgert über *Das Lob der Torheit* und den leichtsinnigen und unautorisierten Gebrauch seines Namens. Morus war mit Geschäften überhäuft und vielleicht auch in jener ernüchternden religiösen Stimmung, die ihn an die Zeit erinnerte, als er sich fragte, ob er Priester werden oder heiraten sollte. Falls Morus seinem Bruder John nahestand – er starb fast gleichzeitig mit Jane –, hatte er an einer doppelten seelischen Last zu tragen. Die Oberflächlichkeit des *Lobs der Torheit* war vielleicht ein Ärgernis für ihn, über das er hinwegsah, soweit ihm das möglich war. Im September schrieb Erasmus an Ammonius: «Ich müßte sehr böswillig sein, wenn ich Morus nicht verzeihen würde, da er doch mit so ernsten Angelegenheiten beschäftigt ist.»[40] Die «ernsten Angelegenheiten» beziehen sich wahrscheinlich auf Janes Tod und die rasch darauf folgende Heirat mit Lady Alice. Aber was verzeiht Erasmus Morus? Die Tatsache, daß Morus über die Veröffentlichung des *Lobs der Torheit* verstimmt war? Oder verzeiht er ihm, daß er seine Freunde vernachlässigte? Was auch der Grund gewesen sein mag, der

Brief weist auf eine Distanz hin, die nicht überwunden wurde, solange Erasmus in England blieb.

Es gab keinen offenen Streit. Später beschrieb Erasmus Morus' Art und Weise, sich eines unbequemen Gefährten zu entledigen: «Wenn er zufällig auf jemanden stößt, dessen Laster er nicht beheben kann, schickt er ihn fort, sowie sich eine Gelegenheit dazu bietet. Er löst die Freundschaft, ohne sie zu brechen.»[41] Als er diese Worte 1519 schrieb, war seine Freundschaft mit Morus fester denn jemals zuvor. Aber es ist möglich, daß diese Worte, Jahre nachdem er *Das Lob der Torheit* publiziert und untrennbar mit Morus' Namen verknüpft hatte, eine Erfahrung widerspiegeln, die er selbst mit Morus während seiner Zeit in Cambridge gemacht hat.

KAPITEL 7

Die Geschichte König Richards III.

Obwohl Morus in diesen Jahren ganz von seiner öffentlichen Karriere in Anspruch genommen wurde, sehnte er sich offensichtlich nach dem Leben eines Schriftstellers. Diese Sehnsucht fand ihren ersten größeren Ausdruck in der *Geschichte König Richards III.* (History of King Richard III), die vielleicht zum Besten zählt, was Morus je geschrieben hat. Sie ist sein einziges historisches Werk und unterscheidet sich so sehr von seinen anderen Schriften, daß einige Wissenschaftler immer noch daran zweifeln, daß er der Verfasser ist, auch wenn darüber im allgemeinen Einigkeit herrscht. Der Einfluß dieser Schrift war groß, und sie rief zahlreiche Kontroversen hervor.

Morus hätte sich darüber gewundert. Obwohl er zwei Fassungen schrieb, eine in lateinischer und eine in englischer Sprache, blieben beide unvollendet, und das Buch wurde zu seinen Lebzeiten nicht veröffentlicht. Doch es ist neben seiner Übersetzung der Pico-Biographie der erste Prosatext, den wir von ihm besitzen. Hinter dem Text steht der reife Mann, ein Genie, wenn er eine Szene schildert, ein Zauberer, wenn er einen Charakter darstellt, ein Mann mit dem Glauben an eine fundamentale Ordnung der Dinge, die den Ereignissen Bedeutung verleiht und sie in einen moralischen Kontext einordnet, in dem vernünftige Menschen die Tugend erkennen, wenn sie ihnen vor Augen geführt wird, und das Laster verachten, wenn sie böse Taten intuitiv wahrnehmen.

Morus erzählt eine wüste Geschichte: die Geschichte eines schurkischen Königs, den bei seiner wilden Jagd nach der Macht nichts aufhalten kann. Morus erlebte selbst noch die Zeit, die er beschreibt, auch wenn er erst ein Kind von sieben Jahren war, als Richard bei der Schlacht von Bosworth in den Tod sprengte. Er konnte sich vielleicht sogar daran erinnern, wie Richard durch die Straßen von London zog, und er muß von seinem erzählfreudigen Vater Geschichten über die kurze, turbulente Regierungszeit des Usurpators gehört haben. Vielleicht faszinierte ihn die Geschichte Richards so, weil sie ihm die Möglichkeit bot, mit dem eigenen Gedächtnis zu spielen, in den Nebel der Erinnerungen einzutauchen, um etwas Festes und Beständiges zu finden, wie ein Mann in mittleren Jahren manchmal das Haus seiner

Geburt aufsucht und versucht, die Schreckensvisionen der Kindheit wiederaufleben zu lassen.

Morus' *Geschichte* wurde später in Eduard Halls berühmte *Chronicle* (Chronik) von 1543 aufgenommen, und Halls Werk wurde im Jahre 1577 von Holinshed abgeschrieben. Das Buch von Thomas Morus wurde als eigenständiges Werk erstmals nach einem Holograph in der Rastell-Ausgabe der englischen Schriften von Thomas Morus veröffentlicht. (Rastells Anmerkung zu dem Holograph ist der beste nicht werkimmanente Beweis, den wir dafür haben, daß Morus der Verfasser war.) Shakespeare kannte die Geschichte aus diesen Quellen und fügte nur noch ein paar Details hinzu. Sein monströser Schurke, der grinsend über die Bühne schleicht, ist der Richard III., dem Thomas Morus das literarische Leben schenkte.

Es war unvermeidlich, daß eine so eindeutig negative Darstellung Reaktionen hervorrief. Viele halten Richard III. für einen mißbrauchten Heiligen, der auf ein Gerücht hin gekreuzigt wurde. Niemand hat gesehen, wie er die kleinen Prinzen im Tower tötete. Seine Krönung, die von den mächtigsten Lords und Ladies im Reich besucht wurde, war ein glanzvolles Ereignis. Die Gesetze, die während seiner kurzen Regierungszeit erlassen wurden, waren gut. Sein Porträt in der National Portrait Gallery, das von einem unbekannten Künstler gemalt wurde, zeigt sensible Gesichtszüge. (Es handelt sich bei dem Bild um eine Kopie aus dem sechzehnten Jahrhundert. Das Original, zu dem Richard wahrscheinlich persönlich Modell saß, ist verschollen.) Deshalb sind einige Leute davon überzeugt, daß der wahre Schurke in dieser Geschichte Thomas Morus ist, weil er Richard verleumdete und ihn zur Karikatur eines Tyrannen machte. Morus wird einfach zu den Tudor-Propagandisten gezählt, die gemein, ungenau und gehässig sind – betrogene Betrüger.

Aber der Bericht von Thomas Morus über Richard III. ist nur einer von vielen, die von Zeitgenossen Richards verfaßt wurden, und keiner dieser Berichte ist sehr schmeichelhaft für den Usurpator. Einige blieben – wie der von Morus – als Manuskripte liegen und wurden erst lange nach dem Tod der Verfasser veröffentlicht. Sie können schwerlich als bewußte Versuche, den Tudors zu schmeicheln, interpretiert werden. In den verschiedenen Darstellungen finden sich viele widersprüchliche Details, und wir werden den Vorhang nie ganz lüften können und erfahren, was sich in jener wirren und dunklen Zeit wirklich abgespielt hat. Wir können die Geschichte nur einigermaßen glaubwürdig rekonstruieren und müssen dem Leser die Entscheidung überlassen, ob das, was wenigstens einem Beobachter glaubwürdig erscheint, auch für andere glaubwürdig ist.

Wie alle Historiker der Renaissance hatte Morus die Absicht, seinen Lesern eine moralische Lehre zu erteilen: Seht euch das Wesen der Tyrannei an, die lasterhafte Lebensweise und die Selbstsucht, die Kennzeichen aller schlechten Könige sind. Gleichzeitig beschäftigte ihn eine der großen Fragen seiner Zeit: Wie konnte man ein gutes Amt, das für die Ordnung in einer gefährlich instabilen Gesellschaft nötig war, erhalten und respektieren, während man gleichzeitig den schlechten Inhaber des Amts verdammte? Morus verwechselt einige Namen und macht andere offensichtliche Fehler. In der Version seiner *Geschichte*, die sein Neffe William Rastell im Jahre 1557 mit größter Sorgfalt druckte, ließ er statt einiger Namen Lücken; zweifellos wollte er die Namen später nachtragen. Aber im großen und ganzen ist die *Geschichte* erstaunlich vollständig, und wir dürfen durchaus annehmen, daß sie in wesentlichen Dingen zuverlässig ist. Thomas Morus lebte bekanntlich im Haus des Bischofs Morton, der in der *Geschichte König Richards III.* eine wichtige Rolle spielt. John Morton war ein befangener Zeuge. Er hatte auf Richards Untergang hingearbeitet und war schließlich einer der wichtigsten Berater Heinrichs VII. geworden. Aber Morus kannte auch viele andere: seinen Vater, der jene Zeit miterlebt hatte, Christopher Urswick, der mit Morton im Exil gewesen war, und sehr wahrscheinlich den älteren Thomas Howard, den zweiten Herzog von Norfolk und Sieger bei Flodden, einen von Richards mutigsten Anhängern. Da Morus seine Arbeit nicht veröffentlichte, ja nicht einmal fertigstellte, ist es schwierig, die Anschuldigung aufrechtzuerhalten, er sei ein «Tudor-Propagandist» gewesen. Außerdem scheint er in seiner ganzen Geschichte alle Zeugnisse und Quellen mit dem redlichen Willen, die Wahrheit zu finden, überprüft zu haben. Seine Schrift ist selbstverständlich polemisch – gegen Richard und gegen die Tyrannei. Aber es ist die nüchternste aller Polemiken, die Thomas Morus je verfaßte.

Die Geschichte, die Morus erzählt, kann kurz zusammengefaßt werden. Als Eduard IV. im Jahre 1483 starb, ließ er zwei kleine Söhne zurück: den zwölfjährigen Eduard, Prinz von Wales, und den neunjährigen Richard, Herzog von York. Richard, Herzog von Gloucester, der jüngere Bruder des verstorbenen Königs, verschwor sich mit dem Herzog von Buckingham, Henry Stafford, und William Lord Hastings (Morus nennt Buckingham «Eduard» und Hastings «Richard»). Sie wollten Prinz Eduard entführen, der im Schloß von Ludlow residierte, dem traditionellen Sitz des Prinzen von Wales. Der kleine Eduard stand unter der Vormundschaft von Anthony Graf Rivers, dem Bruder Elizabeth Woodvilles – der Gattin Eduards IV. –, und Richard Grey, Marquis von Dorset, dem Sohn Elizabeth Woodvilles aus erster Ehe. Richard machte sich die Befürchtungen seiner Gefolgsleute zunutze, daß die Familie der Königin den jungen König dazu benützen könnte, ihre Feinde – zu denen sie selbst zählten – aus dem Weg zu räumen. Richard und Buckingham fingen Rivers und Grey in Northampton ab und stellten sie unter Arrest. Richard ließ sie später ohne Gerichtsverhandlung köpfen. Der junge König wurde von Richard und seinen Verschwörern nach London gebracht, wo sie feststellen mußten, daß Königin Elizabeth mit dem kleinen Herzog von York in der St. Peter's Kirche in der Westminster Abbey Zuflucht gesucht hatte. Sie wußte, daß sie auch ihren anderen Sohn schützte, solange der kleine Richard in Sicherheit war. Aber Richard, Buckingham und Hastings überzeugten den Rat, daß einem Kind, das kein Verbrechen begangen hatte, das Recht auf Freistatt nicht gewährt werden müsse. Als Elizabeth vor die Wahl gestellt wurde, daß man ihr das Kind, wenn sie nicht einlenke, mit Gewalt wegnehmen würde, gab sie nach, und die beiden Jungen wurden in den Tower gesperrt.

Richard bereitete inzwischen rücksichtslos die Thronergreifung vor. Er entschied, daß Hastings, der den Kindern Eduards IV. treu ergeben war, für Mord und Usurpation nicht der richtige Mann war. Also sog er sich eine Anklage wegen Verrats gegen seinen treuen Lord aus den Fingern und ließ ihn im Schnellverfahren köpfen. Dann erklärte er, sein toter Bruder, Eduard IV., sei ein uneheliches Kind gewesen, und beschmutzte damit den guten Namen seiner eigenen Mutter, die damals noch lebte. Außerdem argumentierte Richard, daß Eduards Ehe mit Elizabeth Woodville ungültig gewesen sei, da Eduard zuvor gelobt habe, eine andere Frau zu heiraten. Folglich seien die kleinen Prinzen im Tower uneheliche Kinder, und der junge Eduard V. habe keinen Rechtsanspruch auf den englischen Thron.

Buckingham sollte die Londoner dazu bringen, Richard als König zu akzeptieren, was ihm auch gelang. Im Interesse seiner eigenen Sicherheit sorgte Richard dafür, daß die kleinen Prinzen im Tower im Schlaf erstickt wurden. Zu diesem Zeitpunkt fielen bereits die ersten Verschwörer von Richard ab. Buckingham fühlte sich schlecht behandelt. Seit dem Justizmord an Hastings hielt er John Morton unter Hausarrest und wurde von dem listigen Bischof dazu aufgewiegelt, gegen den neuen König zu rebellieren. An dieser Stelle bricht die *Geschichte König Richards III.* von Thomas Morus ab.

Das Werk ist Historiographie im Stil des Thukydides und Tacitus, das erste große, von einem Engländer verfaßte Geschichtswerk für die Historiographie der Renaissance. Es ist eine straffe, dynamische Erzählung, in der Morus nicht nur wichtige Lehren über Tyrannei und öffentliche Ämter erteilt, sondern seine Leser auch über die Launen des Schicksals und die bösen Folgen des Hochmuts aufklären will. Da ist zum Beispiel Lord Hastings auf dem Weg zur freitäglichen Ratsversammlung, auf der Richard ihn noch vor dem Mittagsmahl töten will. Hastings denkt nicht im Traum daran, was für ein Schicksal ihn erwartet. Er trifft zufällig auf einen alten Bekannten, den er an selbiger Stelle einmal getroffen hat, als er bei Eduard IV. in Ungnade war und um sein Leben fürchtete. Jetzt sagt er:

> Wahrhaftig, Mann, niemals war ich so bekümmert, noch habe ich jemals in meinem Leben in so großer Gefahr gestanden, als an jenem

> Tag, an dem ich euch hier begegnet bin. Und seht, wie die Welt sich verändert hat: nun sind meine Feinde in Gefahr (...) und ich war niemals in meinem Leben so fröhlich, noch jemals in so großer Sicherheit.[1]

Damit wir diese Sequenz auch richtig verstehen, fügt Morus hinzu: «Oh, gütiger Gott! Die Blindheit unserer menschlichen Natur! Als er die größte Angst hatte, war er in Sicherheit. Als er sich am sichersten wähnte, verlor er sein Leben, und das innerhalb von zwei Stunden.»[2]

Manchmal provoziert ein einziges Ereignis Morus dazu, gleich mehrere Lehrsätze auf einmal aufzustellen. Eduard IV. hatte eine wunderschöne Mätresse, Jane Shore. Hastings liebte sie und übernahm sie nach Eduards Tod. Morus, der sie «Shores Frau» nennt, gebraucht sie als Beispiel dafür, daß die irdische Schönheit dem Verfall preisgegeben ist. Ihr Schicksal sei ein sicherer Beweis für die Undankbarkeit der Menschen. Sie sei schön und großzügig gewesen, sagt er, aber jetzt sei sie vergessen, denn zu der Zeit, als Morus schrieb, war sie «alt, mager, verwelkt und dürr; nichts ist geblieben als runzlige Haut und Knochen».[3] Seine Beschreibung erinnert sehr an die Grabmäler jener Zeit, die weibliche Körper in schrecklichem Verfall darstellten. Ursprünglich sollte – was zweifellos auch Morus wollte – darauf hingewiesen werden, wie schnell die Schönheit des Körpers schwindet, damit die Betrachter ernsthafter an die unsterbliche Seele und deren Schicksal dachten. Aber schon zu Morus' Zeiten schienen Künstler und Schriftsteller gleichermaßen den Verfall um des Verfalles willen darzustellen und eine melancholische Freude daran zu haben, die einzelnen Schritte des physischen Verfalls aufzuzählen.

Shores Frau hat laut Morus die Gunst des Königs nie mißbraucht, um irgendeinem Menschen Schaden zuzufügen, sondern «wenn dem König etwas mißfiel, besänftigte und beschwichtigte sie sein Gemüt. Menschen, die in Ungnade gefallen waren, brachte sie wieder in seine Gunst». «Für so manchen, der sich eines schweren Vergehens schuldig gemacht hatte, erlangte sie seine Gnade.»[4] Nun lebe sie völlig vergessen «in so ärmlichen Verhältnissen, ohne Freunde und von niemandem mehr gekannt».[5] «Denn», sagt Morus, «wenn man den Menschen etwas Böses tut, dann pflegen wir es in Marmor zu schreiben; wenn uns jemand etwas Gutes tut, schreiben wir es in den Staub. Dafür ist sie kein schlechter Beweis; denn heute bettelt sie bei vielen um ihren Lebensunterhalt, die selbst betteln müßten, wenn sie nicht gewesen wäre.»[6]

Auch wenn Morus gelegentlich abschweift, kehrt er in seiner Erzählung immer zu seiner Hauptperson, Richard III., zurück. Richards Verderbtheit begründet er mit seinem ungeheuren Ehrgeiz, der all seine menschlichen Gefühlsregungen schon lange zum Schweigen gebracht und ihn zu einem

Monster gemacht habe. Morus hat kein Mitleid mit Richard, obwohl er in einem Dilemma steckte, das seine modernen Verteidiger mit einiger Berechtigung als starkes Argument vorbringen: Hätten die kleinen Prinzen überlebt, dann hätte Richard, seinem Besitz und seiner Stellung von der Königinmutter und ihren ehrgeizigen und skrupellosen Vertrauten Gefahr gedroht. Morus akzeptiert nicht, daß Richard in dieser Gefahr schwebte. Er präsentiert uns einen Schurken vom Typ Jagos, der fortwährend Böses tut, weil das Böse seine Natur ist.

Richard wurde, wie Morus berichtet, mit einem Kaiserschnitt zur Welt gebracht und trat mit den Füßen voran ins Erdendasein. Morus will damit andeuten, daß Richard in der Haltung geboren wurde, in der die Menschen normalerweise zu Grabe getragen werden. Das Leben des Usurpators soll folglich eine Art Tod gewesen sein. Morus und viele seiner gebildeten Leser haben an dieser Stelle wahrscheinlich an Nero gedacht, der ebenfalls mit einem Kaiserschnitt zur Welt gebracht worden war und als Erwachsener seine Mutter ermordet hatte. Ein größeres Verbrechen gegen die Natur konnte man sich kaum vorstellen, und der unnatürliche Weg, auf dem er auf die Welt kam, paßte dazu.

Morus gibt bereitwillig zu, daß Richard mutig war und keine Schlacht aus Feigheit verloren hat. Allerdings, sagt Morus und gibt uns damit den Schlüssel zu Richards Wesen, war er «verschlossen und zurückgezogen, ein abgrundtiefer Heuchler», mit unterwürfiger Mimik und arrogantem Herzen. Nach außen hin freundlich, «wo er innerlich haßte», zögerte er nicht, «den zu küssen, den er zu töten beabsichtigte. (. . .) Wo immer er seinen Vorteil sah, schreckte er vor dem Tod keines Mannes zurück, dessen Leben seinen Zielen im Wege war.»[7] Seine physische Häßlichkeit soll die geistige Häßlichkeit seiner bösen Seele widerspiegeln.

Obwohl Morus vorgeworfen wurde, er habe diese Details erfunden, um zu beweisen, wie widerwärtig Richard war, stammen sie ursprünglich gar nicht von ihm.[8] Erstaunlich ist, daß Morus, obwohl er später Luthers Prädestinationslehre so heftig attackierte, Richards Charakter als Angelegenheit des Schicksals darstellte. Dieses Schicksal steht schon bei der Geburt fest und wird durch die äußere Erscheinung besiegelt. Morus war hier wohl auch von der literarischen Konvention beeinflußt, nach der gute Könige schön und schlechte Könige häßlich sein mußten – ganz wie im Märchen. Morus war seiner eigenen Familie so treu ergeben, daß er Richards Bluttaten an seinen nahen Verwandten wahrscheinlich als die erschreckendste Perversität dieses Menschen ansah. Der Moralist und Lehrer neigte zu der Annahme, daß ein Schurke mit so unnatürlichen Begierden auch ein unnatürliches Äußeres hatte.

Die Ironie war Morus' bevorzugtes Stilmittel, und die *Geschichte König Richards III.* ist voll von ironischen Passagen. Morus zeichnet Richards heuchlerischen Charakter mit Hilfe eines ganzen Sammelsuriums von ironischen Bemerkungen, welche die Widersprüche zwischen Richards Worten und seinen Taten illustrieren.

Richard heuchelt beispielsweise in der Öffentlichkeit die äußerste Bescheidenheit. Morus legt Buckingham eine mitreißende Rede in den Mund, die er in der Gildenhalle hält. Buckingham verkündet lautstark, wie schlecht Eduard IV. gewesen sei; seine Kinder seien Bastarde und Richard habe einen rechtmäßigen Anspruch auf den Thron. Dann werfen ein paar gedungene Männer ihre Hüte in die Luft und rufen: «König Richard! König Richard!» Die Verschwörer nehmen diese politische Komödie als Akklamation, und sie bieten Richard die Krone an. Am folgenden Tag werden der Bürgermeister, die Ratsherren und die wichtigsten Commoners «in ihren besten Gewändern» von Buckingham zum Baynard's Castle geführt, wo Richard sie erwartet. Richard tut so, als wisse er nicht, warum sie in so großer Zahl zu ihm kommen. Er heuchelt Angst, daß sie ihm Böses wollen (und das als der gefürchtetste Mann ganz Englands!). Er steigt nicht zu ihnen hinab, sondern steht hoch über ihren Häuptern auf einer Galerie, und Buckingham ruft zu ihm hinauf, was ihr Anliegen sei.

Richard stellt sich demütig und weist die Krone zurück. Dann flüstert Buckingham – wie mit Richard sorgfältig abgesprochen – mit der Menge und ruft Richard zu, daß sie einen anderen suchen müßten, wenn er die Krone nicht annehmen wolle, denn sie seien fest entschlossen, daß die Erben Eduards IV. nicht länger über sie herrschen sollten. Daraufhin hält Richard eine Rede voller Demut und Bescheidenheit und nimmt die Krone an.

Morus vergleicht die Vorgänge mit einem Theaterstück und spielt mit den zwei Bedeutungen des Wortes «scaffold» (Schafott), das sowohl das Holzgerüst der damaligen Bühne als auch das «Blutgerüst» bezeichnete.

> Und in einem Bühnenstück wüßten alle Leute sehr gut, daß der, der den Sultan spielt, vielleicht ein Schuster ist. Sollte jedoch jemand so dumm sein und unangebrachterweise zeigen, daß er mit ihm bekannt ist, und ihn beim richtigen Namen rufen, während er gerade in seiner majestätischen Würde dastände, könnte ihm ein Folterknecht das Genick brechen, und zu Recht, weil er das Spiel verdorben hätte. Und so sagten sie, daß diese Angelegenheiten Königsspiele wären, Bühnenspiele sozusagen, die zum größten Teil auf dem Schafott gespielt würden. Arme Leute seien dabei nur Zuschauer. Wer aber klug sei, werde sich da nicht weiter einmischen.[9]

Morus ironisiert ganz besonders diese kriecherische, geheuchelte Maske der Bescheidenheit, die Richard in der Öffentlichkeit aufsetzt, eine Maske, die für einen Augenblick sein planvolles und skrupelloses Streben nach Macht verbirgt. Da die Geschichte Richards uns in ihren Zügen bekannt ist, bevor wir mit der Lektüre des Buches von Morus überhaupt anfangen – wie wir die Geschichte Othellos, Jagos und Desdemonas kennen, bevor wir das Drama sehen –, möchten wir laut warnen, sobald wir auf diese Schilderung von Richards Unterwürfigkeit und Bescheidenheit stoßen. Und wenn Richard den Titel «Protektor» (Schutzherr) der kleinen Prinzen annimmt, die er ermorden wird, ergreift uns Tragik. Doch Morus entläßt uns nicht aus der Verachtung für Richards öffentliche Orgien der Demut. Er berichtet, daß Richard auf der Straße jeden grüßte, wenn er vom Oberhofgericht kam, wo er eine Amnestie für alle seine Gegner verkündet hatte. (Das erinnert uns an Louis Philippe, den letzten französischen König, der aus seiner Kutsche stieg, um den Bürgern von Paris die Hand zu schütteln – eine behandschuhte Hand, versteht sich.) Morus kommentiert scharf: «Denn ein Gemüt, das sich schuldig weiß, wird zu kriecherischer Schmeichelei erniedrigt.»[10]

Erwähnenswert ist auch Richards Kampf gegen Sexualverbrecher, den immerhin ein Mann führt, der selbst des Thronraubes, der Lüge und des Mordes schuldig ist. Eine der Anschuldigungen gegen Hastings lautet, daß er in der Nacht vor seiner Ermordung mit Jane Shore geschlafen habe. Außerdem habe er sich des lasterhaften Lebens und perverser Akte mit vielen andern schuldig gemacht.[11] Nach Hastings Hinrichtung zwang Richard Jane Shore dazu, für ihren Ehebruch öffentlich Buße zu tun. Sie mußte, nur mit einem Unterrock bekleidet, «an einem Sonntag in der Prozession mit einer Kerze in der Hand dem Kreuz vorangehen».[12] Richard zweifelte sogar die Tugend seiner eigenen Mutter an.[13] Er behauptete, die Kinder Eduards seien nicht von diesem gezeugt worden.[14] Und in Buckinghams Rede in der Gildenhalle finden wir eine ganze Litanei haßerfüllter Angriffe gegen Eduard IV. wegen seiner unzähligen sexuellen Vergehen:

> Denn es gab nirgendwo eine Frau, jung oder alt, arm oder reich, auf die er nicht sein Auge warf, an der ihm nicht irgend etwas gefiel, sei es ihre Person, ihre Erscheinung, ihre Redeweise, ihr Gang oder ihr Gesicht. Ohne Furcht oder Respekt vor Gottes Ehre, vor dem Gerede der Leute oder dem Unwillen der Mitwelt, pflegte er nur darauf aus zu sein, sein Verlangen zu befriedigen und sie zu besitzen, zum großen Verderben manch guter Frau und zum großen Kummer ihres Ehemannes und ihrer anderen Freunde, die, selbst ehrenhaft und auf die Reinheit ihres Hauses bedacht, lieber alles verlieren wollten, als die Ehre ihrer Frauen und Kinder angetastet und solche Schandtaten an ihnen ausgeübt zu sehen.[15]

Offensichtlich hatte Richard Buckinghams Rede entworfen. Der Usurpator – ein Mann, der durch und durch verderbt ist – fordert die Krone auf Grund seiner Sittsamkeit!

Diese Widersprüche in Richards Biographie sprechen Morus' religiösen Eifer an. Er wies immer wieder darauf hin, daß die Dinge selten so sind, wie sie scheinen, und daß die ausgeklügeltsten Pläne der Menschen sich oft nicht verwirklichen, weil eine starke Strömung von Ironie uns alle im Ozean des menschlichen Lebens an Küsten verschlägt, von denen wir nicht einmal geträumt haben.

Auch andere Gestalten werden in der Darstellung von Thomas Morus sehr lebendig. Buckingham ist ausgezeichnet dargestellt – ein herzhafter, gewitzter, geschwätziger und ungestümer Mann, skrupellos und ehrgeizig, ein großartiger, schillernder Charakter, jedoch mit einem fatalen Mangel an Substanz, was dazu führt, daß er von anderen geleitet wird wie ein großer Zuchtbulle, den man mit einer Handvoll Heu in den Schlachthof lockt. Morus ist der Ansicht, daß Buckingham zunächst nicht wußte, wie der Kampf um die Macht enden würde, denn erst als die Prinzen in Richards Gewahrsam waren, offenbarte der dem Herzog sein Ziel, weil er ihn unbedingt brauchte, und verstrickte ihn so immer tiefer in seine Machenschaften.

Morus stellt Buckingham trotz der äußerlichen Großtuerei eigentlich als ängstlichen Menschen dar. Richard überzeugt den Herzog, daß sie beide den jungen Eduard V. schon so sehr beleidigt haben, daß sie nicht mehr umkehren können. Sollte Eduard jetzt selbst die Macht ergreifen, wäre Buckingham in Lebensgefahr, denn, so meint Richard, der König würde niemals vergessen, was sie ihm angetan hätten, als er ohnmächtig war. Richard überzeugt Buckingham davon, daß er in ebenso großer Gefahr wäre, falls er sich Richard widersetzte. Er war so mächtig und skrupellos, und seine Schergen bedrohten alle, die Richard als Feinde betrachtete. «Diese und ähnliche Dinge, dem Herzog in den Kopf gesetzt, brachten ihn zu dem Punkt, daß er, selbst wenn er den einmal eingeschlagenen Weg bereut hätte, darauf weiterging und, einmal begonnen, ihn beherzt zu Ende brachte. Und weil er den schändlichen Plänen des Protektors nicht Widerstand leisten zu können glaubte, machte er sie sich zu eigen und entschloß sich, aus dem allgemeinen Unglück, das er nicht verhindern konnte, wenigstens das Beste für sich herauszuschlagen.»[16]

Zuletzt macht sich Bischof Morton, den Buckingham in Gewahrsam hat, den schlechten Charakter des Herzogs zunutze und stachelt ihn zur Rebellion an. Morus läßt Morton und Buckingham in der Schlußszene, kurz bevor er seine Geschichte abbricht, über Richard reden, der zu diesem Zeitpunkt bereits König ist. Buckingham preist Richard. Morton erzählt ein wenig von seiner eigenen Lebensgeschichte, erinnert an seine treuen Dienste unter Heinrich VI. und dann unter Eduard IV., aber als er anfängt über Richard zu reden, stockt er plötzlich mitten im Satz, als ob er Angst hätte, falsch verstanden zu werden. Buckingham besteht freundlich darauf, daß Morton fortfahre. Im letzten Absatz des Buches sagt der Bischof dann: «Wahrlich, Mylord, was den früheren Protektor und derzeitigen König betrifft, so will ich nicht über seinen Rechtsanspruch diskutieren. Für das Wohl des Reiches jedoch, über das er nun die Herrschaft besitzt und von dessen armen Bürgern ich einer bin, möchte ich wünschen, daß zu seinen guten Fähigkeiten, von denen er recht viele hat und die meines Lobes nicht mehr bedürfen, es Gott zur besseren Vorsorge gefallen möge, ihm weitere Tugenden zu gewähren, und zwar solch ausgezeichnete, zur Herrschaft eines Reiches geeignete Tugenden, wie sie Unser Herr in vorzüglicher Weise in der Person Euer Gnaden angelegt hat.»[17]

Buckingham rebellierte im Herbst 1483 aus Gründen, die immer im dunkeln lagen. Sein Aufstand mißlang. Der Herzog wurde gefangengenommen und ohne viel Federlesens in Salisbury geköpft; vor seiner Hinrichtung hatte er um eine letzte Unterredung mit Richard gebeten, die ihm verweigert wurde. Morus scheint seinen ungestümen und wankelmütigen Charakter richtig interpretiert zu haben.

Die Frauen in Morus' Geschichte sind durchweg gut gezeichnet. Außer Jane Shore, die wir bereits erwähnt haben, treten noch zwei Frauen auf. Elizabeth Woodville, die Königinmutter, und Elizabeth Lucy, eine törichte, getäuschte Frau, der Eduard IV. angeblich die Ehe versprochen hatte, bevor er Elizabeth Woodville heiratete.

Mit der Königin präsentiert Morus uns eine Mutter, die von Ereignissen, die sie nicht beeinflussen kann, zur Verzweiflung getrieben wird. Ein machtloses Geschöpf, entschlossen, ihre Kinder vor der Bosheit des Protektors zu schützen, die sie als einzige erkennt. (Morus kann hier zu Recht vorgeworfen werden, daß er die Tatsachen verdreht. Als Königin von England war Elizabeth Woodville grausam, arrogant, habgierig und trachtete selbst den Kindern ihrer Feinde nach dem Leben.)

Als Richard und sein Rat fordern, daß Königin Elizabeth den kleinen Herzog von York aus der kirchlichen Freistatt entlasse, appelliert sie an die Barmherzigkeit ihrer Peiniger, aber sie findet keine Gnade. Doch ihr Flehen und die Tiefe ihres Schmerzes verleihen ihr unserer Ansicht nach eine tragische Größe. «Das Naturrecht will es», protestiert sie, «daß die Mutter ihr Kind bei sich behält.»[18] Wir wissen während der ganzen Szene, daß Richards steinernes Herz sich von ihrem Flehen nicht wird erweichen lassen, und so erblicken wir in ihr fast die archetypische Mutter, der nichts bleibt, als zu weinen, wenn Krieg, Hungersnot, Seuche oder Tod ihre Söhne hinwegraffen.

Als sie schließlich einsehen muß, daß ihre Lage hoffnungslos ist und daß sie ihren jüngeren Sohn aufgeben muß, hält sie einen langen resignativen

Trauermonolog. Da sie ihren Sohn selbst nicht schützen kann, muß sie sich an die Lords wenden, die ihn wegbringen wollen, an Männer, die des Protektors böse Absichten nicht erkennen. Elizabeth bittet sie um ihr Ehrenwort, das Leben des Jungen zu schützen, denn was immer man auch sagen möge, bei ihr in der Freistatt wäre er in Sicherheit. Sie wisse, daß es Menschen gäbe, die das Blut ihres Geschlechts so sehr haßten, daß sie sich selbst die Adern aufschneiden würden, wenn sie glaubten, ein Tropfen davon flösse durch ihre Adern. Das Streben nach einem Königreich kenne keine Verwandtschaft. Brüder hätten sich schon um diesen Preis getötet. Könne da ein Neffe dem Onkel trauen? Die beiden Kinder schützten sich gegenseitig, solange sie getrennt seien und «das eine Leben in der Existenz des anderen liegt. Haltet einen in Sicherheit, so sind beide sicher; nichts ist für sie gefährlicher, als am gleichen Ort zu leben. Vertraut ein kluger Kaufmann etwa sein gesamtes Gut einem einzigen Schiff an? Trotz alledem liefere ich ihn, und seinen Bruder in ihm, hiermit aus, auf daß ihr sie mit euren Händen schützt, aus denen ich sie vor Gott und aller Welt zurückfordern werde.»[19] Wenn die Lords nicht geloben könnten, dieses Kind zu schützen, sollten sie es bei ihr lassen. Die Lords versichern ihr, daß sie zuviel Angst habe, aber sie glaubt, die Lords hätten zuwenig Angst. «Und damit sagte sie zu ihrem Kind: ‹Lebewohl, mein süßer Sohn, Gott gewähre dir guten Schutz. Laß mich dich noch einmal küssen, bevor du gehst, denn Gott weiß, wann wir uns wieder einmal küssen werden.› Damit küßte und segnete sie ihn, wandte sich von ihm ab, weinte, ging davon und ließ das Kind laut weinend zurück.»[20]

Wie wir bereits erwähnt haben, kommen Frauen in den Werken von Thomas Morus nur vor, um zu zeigen, wie gut und feinfühlig einige von ihnen im Vergleich mit bösen Männern sind, oder wenn sie eine komische Rolle spielen. Morus macht sich des öfteren die literarische Konvention seiner Zeit zunutze. Frauen waren für das Publikum ein Signal dafür, daß es gleich etwas zu lachen gab – mit ähnlicher Funktion wurden in amerikanischen Theaterstücken früher schwarze Schauspieler (oder Weiße mit geschwärzten Gesichtern) eingesetzt. In dieser Funktion erscheint Elizabeth Lucy in der *Geschichte*. Sie bildet das genaue Gegenstück zu der tragischen Gestalt Elizabeth Woodvilles.

Elizabeth Lucy hatte ein Kind von Eduard IV. Eduards Mutter, die Witwe des Herzogs von York, war sehr zornig auf ihn, weil er Elizabeth Woodville heiratete, und behauptete – laut Morus –, daß die Ehe ungültig sei, denn Eduard hätte versprochen, Elizabeth Lucy zu heiraten. Elizabeth Lucy wurde daraufhin von einer Gruppe von Richtern verhört und gefragt, ob die Behauptung zutreffe. Unter Eid sagte sie, der König habe ein solches Versprechen nicht ausdrücklich gegeben. «Seine Gnade habe ihr jedoch so verliebte Worte gesagt, daß sie wirklich gehofft habe, er würde sie heiraten.

Und wenn diese schönen Worte nicht gewesen wären, hätte sie ihm auch niemals solches Entgegenkommen gezeigt, daß er sie hätte schwängern können.»[21] Morus erwähnte diese Geschichte nicht nur wegen ihrer Komik. Er wollte auch zeigen, daß diese Anschuldigung erhoben und widerlegt wurde, lange bevor Richard und seine Leute sie vorbrachten. Dennoch ergreift er die Gelegenheit, sich über eine törichte Frau lustig zu machen.

Morus' Sinn für das Detail ist eine der überzeugendsten literarischen Qualitäten seiner *Geschichte König Richards III.* Richard, Buckingham und ihre Gefolgsleute fangen in Northampton Graf Rivers ab. Zunächst verbringen sie einen lustigen Abend mit ihm, aber nachdem der Graf fröhlich und ohne Verdacht geschöpft zu haben zu Bett gegangen ist, schmieden sie bis tief in die Nacht hinein ihre Pläne gegen ihn. Früh am nächsten Morgen, so heißt es in der lateinischen Fassung, fallen sie über den Grafen her, während seine Diener noch schlafen.[22] Als Rivers, Thomas Vaughan und andere, die dem jungen König freundlich gesinnt und mit ihm vertraut sind, von ihm weggerissen werden, weint der Junge. Das ist kein sehr königliches Verhalten, aber der König ist ja noch ein Kind. Aber, sagt Morus, «es half nichts».[23] Dieser Vorfall ist ein winziges Detail, das unsere Empörung vorbereiten soll, wenn dieses weinende und hilflose Kind auf Richards Geheiß im Tower erstickt wird.

In der Szene, in der die Königinmutter die kirchliche Freistatt aufsucht, wird auf brillante Weise die Geschäftigkeit der Diener beschrieben, die mit Kisten, Koffern, Paketen und Bündeln hin und her eilen, während die Königinmutter «völlig verlassen und verstört» abseits auf den Binsen sitzt, die den Boden bedecken. Die Themse draußen füllt sich mit Booten, die mit Richards Dienern bemannt sind.[24] Auf der Ratsversammlung am Freitag, dem 13. Juni, die mit Hastings' Ermordung endet, schaut Richard gutgelaunt zu Bischof Morton hinüber und sagt: «Mylord, ihr habt so gute Erdbeeren in eurem Garten in Holborn; seid so gut und schickt uns eine Portion davon.»[25] Da es Freitag ist, darf ein guter Katholik kein Fleisch essen, und Richards fast beiläufige Bitte um Erdbeeren läßt seinen heuchlerischen Charakter um so deutlicher hervortreten.

Jane Shores Wangen waren schamrot, als sie ihre Kerze durch die Straßen trug, um so für ihren Ehebruch zu büßen.[26] Sie ist viel tugendhafter als Richard, dem jegliches Schamgefühl fehlt. Zu Buckinghams berüchtigter Rede in der Gildenhalle, in der er behauptet, die Kinder Eduards IV. seien unehelich, und von der Versammlung eine Antwort auf die Frage verlangt, ob Richard König werden solle, sagt Morus: «Bei diesen Worten begannen die Leute untereinander insgeheim zu wispern, so daß die Stimmen weder klar noch deutlich waren, sondern es wie das Gesumme eines Bienenstockes klang.»[27] In fast jeder Szene verbindet Morus Details wie diese mit kurzen Lehrsätzen, die aus der Geschichte gezogen werden sollen, so daß Details und Lehrsätze zusammen kurze moralische Lehren ergeben. Die Funktion dieser witzigen und einprägsamen Details besteht ganz im Sinne Prousts darin, uns bewußt zu machen, daß unscheinbare Kleinigkeiten eine ganze Szene prägen können.

Was an der *Geschichte König Richards III.* in der Öffentlichkeit am meisten Interesse weckte, ist die für Biographen nahezu bedeutungslose Frage: Wie verläßlich ist dieses Werk? Richards moderne Verteidiger haben Morus attackiert und ihn einen Verleumder oder schlicht einen Lügner genannt. Sie wollten Morus' Charakter herabsetzen, um den Charakter Richards III. aufzuwerten. Diese Leute haben sich auf unübersehbare Ungenauigkeiten in Teilen der *Geschichte* gestürzt und daraus gefolgert, daß die ganze Quelle unzuverlässig sei. Es ist richtig, daß Morus hin und wieder Fehler macht, zum Beispiel bei den Vornamen von Hastings und Buckingham. Er irrt auch bei Datumsangaben und ein paar anderen Dingen. In einigen Darstellungen werfen Richard und Buckingham Eduard IV. vor, einer gewissen Eleanor Butler ein Eheversprechen gegeben zu haben. Morus erwähnt sie nicht, erzählt aber statt dessen die witzige Geschichte von Elizabeth Lucy, die hoffte, daß der König sie heiraten würde, wenn sie ihm gestattete, ihr beizuwohnen.

Ganz offensichtlich schrieb Morus die langen Reden in der *Geschichte* um ihrer rhetorischen Wirkung willen. Er steht damit in einer Tradition, die bis auf Thukydides zurückgeht. Schon in der Antike war es üblich, daß ein Historiker bedeutenden Persönlichkeiten Worte in den Mund legte, die in die Geschichte passten. Die Grenze zwischen Geschichtsschreibung und Literatur war damals fließend, und Morus behielt die jahrhundertealte Gepflogenheit bei. Außerdem hatte er jedoch Gelegenheit, mit zahlreichen Augenzeugen der Vorfälle zu sprechen, von denen er berichtet. Im wesentlichen dürften die Reden also inhaltlich stimmen. Das trifft besonders auf die Rede Buckinghams in der Gildenhalle zu.[28]

Im Brennpunkt des Interesses steht, wie Morus den Charakter Richards darstellt. Zu diesem Thema gibt es eine Flut moderner Veröffentlichungen, von denen allerdings viele betrüblich trivial sind. Einige Fakten, die auch Richards Verteidiger nicht leugnen können, sprechen eindeutig gegen ihn. Er ließ Hastings ohne Gerichtsverhandlung hinrichten. Paul Murray Kendall, Richards kompetentester moderner Fürsprecher, versucht Richards Verbrechen trotz seiner skrupellos ausgeführten Schandtaten nach besten Kräften zu beschönigen: «Die Eile, mit der Hastings dem Scharfrichter übergeben wurde, lag vielleicht in Richards Furcht begründet, er könne die Tat nicht mehr ausführen, wenn er zu lange zögerte und über sie nachdachte.» In der *Great Chronicle of London* (Große Chronik Londons), die ein paar Jahre nach der Regierung Richards entstand, wird der Vorfall etwas realistischer eingeschätzt und in dem Sinne interpretiert, der auch die Schrift von Thomas Morus prägt: Hastings' Hinrichtung wurde «ohne Gerichtsverhandlung nach irgendeinem Recht und ohne ein rechtmäßiges Verhör vollzogen».

Nicht einmal Professor Kendall konnte behaupten, daß Richards Befehl, Graf Rivers, Richard Grey und Thomas Vaughan hinzurichten, so schnell ausgeführt wurde, damit Richard nicht weich werden und vor der Tat zurückschrecken konnte. Köpfen war die übliche Todesstrafe für Verräter, und die Art, wie die Hinrichtungen vollzogen wurden, konnte das Volk durchaus glauben machen, daß Hastings und die anderen das Verbrechen, dessen man sie beschuldigte, tatsächlich begangen hätten. Aber nichts konnte denkenden Menschen die Wahrheit verbergen, auf die Morus viele Jahre später hinwies: Richard «sorgte dafür, daß sie schnell, ohne Urteil, Prozeß oder ordentliches Verfahren enthauptet wurden, ohne daß sie irgendeine andere Schuld besaßen, als brave Männer, königstreu und der Königin zu nah verwandt zu sein».[29]

In der Beschreibung von Morus erscheint Richards Charakter erstaunlich kohärent, und es scheint zweifelhaft, daß das Material, mit dem Morus arbeitete, ebenso kohärent war. Richards Abscheu für sexuelle Vergehen ist bemerkenswert, und obwohl Morus diesen Zug seines Charakters einfach deshalb besonders betont, weil er zeigen will, was für ein Heuchler Richard ist, ist es auffällig, wie heftig und oft Richard auf sexuelle Vergehen reagiert.

Seine Angriffe auf die Moral seiner Mutter sind mehr als erstaunlich; sie sind schockierend. Er behauptete, daß Eduard IV. und George, Herzog von Clarence, Richards ältere Brüder, nicht die Söhne seines Vaters gewesen seien. Tatsächlich zeigen die erhaltenen ikonographischen Zeugnisse, daß Eduard und George einen plumpen Körperbau hatten und blond waren, während Richard eine schlanke Gestalt und dunkle Haare hatte. Eduard war im Frühling 1442 in Rouen in der Normandie geboren, als der Hundertjährige Krieg sich dem Ende zuneigte und die Engländer abziehen mußten. Gerüchte über einen gewissen Bogenschützen namens Blayborgne waren im Umlauf. Blayborgne soll Eduards Mutter mit einem Pfeil durchbohrt haben, der keine eiserne Spitze hatte. Diese Verleumdung wurde weit verbreitet. Ein Italiener namens Dominic Mancini, der im Jahre 1483 England besuchte, schrieb einen Bericht über die Thronergreifung Richards III., der erst vor einer Generation entdeckt wurde. Mancini behauptete, Eduards Mutter, Cecily von York, habe den Leuten erzählt, Eduard IV. sei ein uneheliches Kind, als sie über seine plötzliche Hochzeit mit Elizabeth Woodville in Wut geriet.

Ein solches Verhalten der Königinmutter scheint zunächst nicht sehr glaubwürdig. Aber denken wir an die formelle Erklärung der Königin Isabeau von Frankreich, Gemahlin des verrückten Königs Karl VI., ein Jahrhundert bevor Morus seine *Geschichte* schrieb. Die französische Königin behauptete, daß ihr Sohn Karl VII. nicht von ihrem Ehegemahl gezeugt worden sei, und verbreitete so Zweifel über die Thronfolge. Erst durch das Zeugnis von Jeanne d'Arc, die ihre Informationen durch eine himmlische Eingebung erhielt, wurde die Angelegenheit endgültig beigelegt.[30] Es ist also nicht von der Hand zu weisen, daß es Mütter gibt, die einen Ehebruch zugeben. Wir können auch nicht darüber hinwegsehen, welche Auswirkungen ein solches Geständnis auf einen zum Grübeln neigenden Sohn haben konnte, der sich für das einzige legitime Kind seines Vaters hielt, was Richard offenbar tat.

Morus schrieb Richards Ausfälle gegen diese sexuellen Verfehlungen reiner Perversion zu und sprach dies auch aus. Und doch ist es viel wahrscheinlicher, daß Richards Gewissensnöte in dieser Hinsicht wirklich echt waren. Die Epoche kannte ihre Melancholiker, die in zahllosen Einzelheiten der Sünde schwelgten, düster berechneten, was ihre eigenen Laster sie kosten würden, und sich laut über die Laster der anderen empörten. Richard gehörte vielleicht zu denen, die sich verzweifelt danach sehnten, den Sinn des Universums zu ergründen. Wenn Gott die Sünde sichtbar und unmißverständlich bestraft, ist das ein sichererer Beweis für die Kohärenz der Welt als die zweifelhaften Beweisführungen des einfachen logischen Verstandes. Martin Luther wurde im November des Jahres geboren, in dem Richard den englischen Thron an sich riß. Seine Gewissensnot war der Anlaß zu den umfassendsten Umwälzungen in der Geschichte der Christenheit. Die Gewissensnot war unter Priestern ein wohlbekanntes Leiden und nahm in den Beichtbüchlein eine herausragende Stelle ein. Diese Schriften sollten Beichtvätern helfen, mit den verschiedensten Beichtkindern angemessen umzugehen. Morus selbst spricht von der Gewissensnot, und vielleicht war seine ausführliche Beschäftigung mit der Sexualität in seinen Werken ein Ausdruck dieser Not. Vielleicht verstehen wir Richard am besten, wenn wir ihn nicht – wie Morus – als Menschen sehen, der sich in bösem Ehrgeiz verzehrt, sondern eher als selbsternannten Propheten, von Gott damit beauftragt, die Sünden seiner Familie gutzumachen, denn, so steht es geschrieben, Gott sucht die Missetat der Väter bis ins dritte oder vierte Glied an den Kindern heim, wenn keiner für sie büßt (2. Mose 20,5 Anm. d. Ü.).

Morus interpretierte Richards Angriffe auf die Legitimität seiner Brüder als heuchlerische Verleumdungen. Richard faßte sie vielleicht als Beichte auf. Aber selbst wenn Morus' Interpretation die Sache nicht genau trifft, deutet die innere Folgerichtigkeit seiner Beschreibung Richards darauf hin, daß er zielstrebig recherchiert hat. Nolens volens präsentiert er ein überzeugenderes und kohärenteres Bild von Richard, als es den modernen Apologeten des Königs gelungen ist.

Der umstrittenste Teil der *Geschichte* von Thomas Morus ist der Bericht über die Ermordung der kleinen Prinzen. Diese Tat ist durch Shakespeares

Drama allgemein als Tatsache anerkannt worden. Aber die Tat ist so brutal, rücksichtslos und grauenerregend, daß ihr Wahrheitsgehalt von modernen Apologeten Richards – und das ist ganz natürlich – gerne bestritten wird.

Im Sommer 1483 verschwanden die kleinen Prinzen; das steht fest. Ließ Richard sie töten? Morus, der sein Werk eine Generation später verfaßte, sagt, daß sich noch zu seiner Zeit einige Leute fragten, ob die Kinder überhaupt zur Zeit Richards III. starben. Er räumt also ein, daß es Spekulationen darüber gab – die in neuerer Zeit wiederaufleben –, ob die Prinzen Richard vielleicht überlebt haben und von Heinrich VII., Richards Bezwinger, ermordet wurden. Aber obwohl Morus Heinrich VII. verachtete (das wird von den Vertretern der Ansicht, Morus sei ein Tudor-Propagandist gewesen, immer vergessen), hegte er keine solchen Zweifel am Schicksal der Kinder. Er war sicher, daß sie ermordet worden waren, kurz nachdem Richard den Thron an sich gerissen hatte, und daß Richard die Morde befohlen hatte. Er hat mit dieser Ansicht aller Wahrscheinlichkeit nach recht.

Richard hatte auf der Hand liegende Gründe dafür, die Kinder zu töten. Er hatte bereits die Wirren eines Bürgerkriegs erlebt und dabei gelernt, daß mächtige Männer immer geneigt sind, sich um das Banner der Revolte zu scharen. Wenn ein solches Banner für einen Prinzen von königlichem Geblüt erhoben wurde, um ihm seinen rechtmäßigen Thron zurückzuerobern, konnten Adlige mit großen Landgütern, hohen Schulden und leeren Geldkatzen bereitwillig zu den Waffen greifen, um bei einem Thronwechsel ihren Vorteil zu suchen. Richard scheint sich auf seinem Thron nie sicher gefühlt zu haben. Sein rasches, gesetzloses und mörderisches Vorgehen gegen alle, die ihn bedrohten, reicht aus, um zu zeigen, daß er des Mordes fähig war, falls er dadurch der tödlichen Gefahr entrinnen konnte, die ihm von den Prinzen drohte, solange sie am Leben waren.

Morus' Beschreibung des Verbrechens selbst muß man allerdings mißtrauen. Morus sagt, der Mord sei von Sir James Tyrell ausgeführt worden, einem Mann, der eine Möglichkeit zum sozialen Aufstieg suchte. Richard hatte auf einer Reise von London nach Gloucester versucht, Sir Robert Brackenbury, der laut Morus Tower-Kommandant war, für die Ermordung der Prinzen zu dingen, aber Brackenbury weigerte sich.[31] Als die königliche Gesellschaft in Warwick Rast machte, schlug ein Page noch am Abend des Tages, an dem Brackenbury sich geweigert hatte, Tyrell für die Aufgabe vor. Richard saß, behauptet Morus, in diesem Augenblick gerade auf dem Abort, stand aber sofort auf, zog seine Hosen hoch und stürmte los, um Tyrell aus dem Bett zu holen. Sir James nahm den Auftrag an.

Am folgenden Tag ritt Sir James mit einem Brief von Richard an Brackenbury nach London. In dem Schreiben hieß es, daß Tyrell für diese Nacht die Befehlsgewalt im Tower übernehmen solle. Hier macht Morus einen entscheidenden Fehler, vielleicht, weil er selbst hinters Licht geführt wurde.

Robert Brackenbury wurde erst am 17. Juli 1483 Kommandant des Towers. Vor diesem Datum unterstand der Tower John Howard, einem der vertrautesten Freunde Richards.[32] John Howard war der Vater von Thomas Howard, dem Sieger von Flodden, und Großvater des Herzogs von Norfolk, der nach Ropers Ansicht «ein besonders guter Freund»[33] von Thomas Morus war. Dieser John Howard wurde am 28. Juli 1483 zum Herzog von Norfolk ernannt, und es ist von Bedeutung, daß Richard, der kleine Herzog von York und Bruder des jungen Königs Eduard, auch ein Herzog von Norfolk war. Dieser kleine Herzog war nun mit Anne Mowbray verheiratet worden. Sie war jedoch mit neun Jahren gestorben und hatte ihrem gleichaltrigen Gemahl den riesigen Mowbray-Besitz vererbt. Ihr verstorbener Vater war Herzog von Norfolk gewesen, und zu diesem Titel gehörten die Mowbray-Ländereien. John Howard hatte allen Grund, den Prinzen den Tod zu wünschen, denn er war nach einem Parlamentsbeschluß von 1478 der nächste, dem dieses Erbe zufallen würde, sofern Anne Mowbray ohne Erben sterben sollte. Da Anne gestorben war, erbte ihr junger Gemahl, und sollte der sterben, so würde John Howard sein Glück machen.[34]

Professor Kendall spottet über Morus' Behauptung, Brackenbury habe, obwohl er die Prinzen nicht selbst töten wollte, den Tower Tyrell übergeben, während er doch genau wußte, was das bedeutete. Auf den ersten Blick leuchtet das ein. Aber Morus' Irrtum bei der Identifikation des Tower-Kommandanten kann auch auf eine andere, höchst interessante Weise interpretiert werden: Thomas Morus hörte diesen Teil der Geschichte vom Sieger von Flodden und wurde einfach falsch informiert. Thomas Howard hätte wohl nur zu gern einen jungen Historiker in die Irre geführt, wenn er damit den Namen Howard schützen und dazu beitragen konnte, daß die enge Verbindung dieser Familie mit dem Usurpator im dunkeln blieb.[35]

Es ist unwahrscheinlich, daß John Howard ohne Anweisung von Richard III. einen so wichtigen Schritt unternommen hätte. Und die Anweisung – so scheint es wenigstens – brachte Tyrell von Warwick mit, wo Richard sich weiterhin aufhielt. Vielleicht meinte er, die Entfernung vom Tatort würde verhindern, daß ein Verdacht auf ihn fiel. In Morus' Darstellung beauftragte Tyrell zwei Schurken namens Miles Forster und John Dighton, die die Kinder um Mitternacht mit ihren Kissen erstickten. Die Menschen jener Zeit schliefen nackt, und nach der Tat wurden die beiden Leichen auf das Bett gelegt, damit Sir James sie inspizieren konnte. Er befahl, sie am Fuße einer Treppe, tief im Boden unter einem Steinhaufen zu begraben. Morus hatte gehört, daß sie später zu einem anderen Ort geschafft worden seien, aber niemand wisse, wohin.[36] Dann war Tyrell wahrscheinlich hinaus nach Warwick geritten, um Richard zu melden, daß die Prinzen tot waren.[37]

So spielte sich der Mord in der Darstellung von Thomas Morus ab, und einige Details fügen sich fast zu gut ein, um wahr zu sein. Jeder, der Morus' Version liest, wird spüren, daß er bei vielen Teilen der Geschichte selbst nicht ganz sicher war. Aber soll deshalb die ganze Geschichte von der Ermordung der Prinzen in Frage gestellt werden? Wahrscheinlich nicht, besonders wenn wir in Betracht ziehen, daß einer der Informanten von Thomas Morus der ältere Thomas Howard war. Vielleicht hatte Morus seine Informationen auch von Howards Sohn Thomas. Als Thomas Morus Lordkanzler war, trug Thomas Howard den Titel Herzog von Norfolk, und vielleicht gab er nur eine Geschichte weiter, die sein Vater ihm erzählt hatte.

Als im Jahre 1674 Arbeiter eine kleine Treppe im White Tower abrissen, fanden sie drei Meter unter der Treppe in einer Holzkiste zwei kleine Skelette. Man hielt sie für die Gebeine der kleinen Prinzen, und König Karl II. (der allen Grund hatte, betroffen auf die Ermordung von Königen zu reagieren) ließ sie in eine große Urne legen, die von Sir Christopher Wren entworfen worden war, und in der Kapelle Heinrichs VII. in Westminster beisetzen.

Im Jahre 1933 wurde die Urne geöffnet, und die Knochen wurden medizinisch untersucht.[38] Das Ergebnis dieser Untersuchung bestätigte, daß es Skelette von Kindern männlichen Geschlechts waren, die um 1483 ungefähr im Alter der kleinen Prinzen waren. Die Entdeckung der Gebeine unter einer Treppe bestätigt zumindest einen Teil von Morus' Darstellung. Seine Annahme, daß die Leichen nach dem ursprünglichen «Begräbnis» an einen anderen Ort geschafft wurden, könnte von einer falschen Information der Howards herrühren, die keine Veranlassung hatten, irgendwelche Leute an die Grabstatt der kleinen Prinzen zu führen und dabei Fragen zu den Leichen zu provozieren, die ihnen sehr peinlich sein mußten.

Professor Kendall feuerte eine ganze Salve von Einwänden gegen Morus' Geschichte von Tyrells Schuld ab. Sein wichtigstes Argument ist, daß Sir James sich niemals, wie Morus behauptet, zu seiner Schuld bekannte. Tyrell hatte Richard gedient und ihn überlebt. Er war einer der wenigen Anhänger Richards, die auch unter Heinrich VII. wichtige Ämter innehatten. (Ein anderer war selbstverständlich der ältere Thomas Howard.) Im Jahre 1502 wurde er plötzlich wegen Verrats hingerichtet, und Morus behauptete, daß er die Morde an den Prinzen gestanden hätte, als er im Tower lag und auf das Beil des Henkers wartete.

Professor Kendall stellte die Frage, warum Heinrich VII. dieses Geständnis nicht einer breiten Öffentlichkeit zugänglich machte. Warum wurde Tyrell nicht die Gelegenheit gegeben, es öffentlich auf dem Schafott abzulegen, wie es Verbrecher gelegentlich zur Erbauung der Gaffer taten? Kendall sagt, daß Heinrich nur davon profitiert hätte, wenn er öffentlich bekanntgemacht hätte, daß die Prinzen tatsächlich tot waren und Richard III. für die

Morde verantwortlich war. Und warum, fragt Kendall, wurden die Gebeine nicht ausgegraben und öffentlich zur Schau gestellt? Polydore Vergil, ein italienischer Humanist, wie Ammonius im Dienst Heinrichs VII., schrieb im Auftrag des Königs eine euphemistische Geschichte Englands. Er hielt Richard für einen Schurken und beschrieb, wie Tyrell, den auch er für den Mörder hielt, widerstrebend Richards Pläne ausführte. Aber er erwähnt mit keinem Wort ein Geständnis, das Sir James im Angesicht des Todes abgelegt hätte.

Das sind schwerwiegende Einwände, und sie könnten durchaus ausreichen, die laut Kendall «höchst umständliche Geschichte» von Thomas Morus Lügen zu strafen. In ihrem Kern – der Ermordung der Kinder auf Geheiß Richards – ist sie damit allerdings nicht widerlegt.

Sir James war ein Höfling in Richards Gefolge. Er war ehrgeizig, sagt Morus, «und wollte unbedingt aufsteigen, war jedoch noch nicht so weit gelangt, wie er gehofft hatte».[39] Auch wenn Kendall der Ansicht ist, daß Tyrell eine Vertrauensstellung einnahm und Richard nicht eines Pagen bedurfte, der ihm diesen Mann vorschlug,[40] dürfen wir die Darstellung von Morus nicht so einfach verwerfen. Es gibt keine Hinweise darauf, daß Tyrell mit Richard auf vertrautem Fuße stand oder an wichtigen Entscheidungen des Königs und seines Rates teilhatte. Und ein Mensch, den wir jeden Tag um uns haben, kann in unseren Augen ein völlig anderer werden, wenn jemand seinen Namen in einem Zusammenhang erwähnt, an den wir zuvor nie gedacht haben. Richard könnte einfach nicht auf die Idee gekommen sein, in Sir James den Mörder der Prinzen zu sehen, und Tyrell, der zu dieser Zeit Leiter der Knappen und Oberstallmeister des Königs war, hätte ebenso den Ehrgeiz haben können, weiter aufzusteigen.

Tyrell kam unter Richard nach oben. Im Jahre 1485 war er Hauptmann von Guisnes Castle, der Festung, die den letzten Vorposten Englands auf dem Kontinent schützte, die Stadt Calais. Dort blieb er auch, als der Tudor Heinrich den Thron bestieg. Erst als er königlicher Berater wurde, verließ er Guisnes. Er hatte viele Ämter inne und erscheint im November 1494 bei den großen Festlichkeiten anläßlich der Ernennung von Heinrichs zweitem Sohn, dem späteren Heinrich VIII., zum Grafen von York im Gefolge.

Es würde nicht überraschen, wenn Tyrell mit den Belohnungen, die Richard ihm nach 1483 zukommen ließ, unzufrieden gewesen wäre und mit dem jungen Heinrich Tudor Kontakt aufgenommen hätte, der in der Bretagne im Exil war und auf seine Chance wartete. Irgend jemand mußte Heinrich die Gewißheit gegeben haben, daß die kleinen Prinzen aus dem Weg geräumt waren; andernfalls wäre sein Kampf gegen Richard unsinnig gewesen. Heinrich war nicht der Mensch, der sein Leben aufs Spiel setzte, um Eduard V. auf den Thron zu verhelfen. Wenn er nicht gewußt hätte, daß die Prinzen tot waren, hätte er kaum versucht, Richard so weit nach Norden zu locken, wie er es in dem Feldzug tat, der im Sommer 1485 bei Bosworth Fields entschieden wurde. Er wäre nie das Risiko eingegangen, daß irgend jemand den jungen Eduard aus dem Tower befreit und ihn zum König ausgerufen hätte, während er, Heinrich, noch auf dem Weg nach London war. Sein ganzes Vorgehen und sein Angriffsplan ergeben nur dann einen Sinn, wenn wir annehmen, daß er ganz sicher wußte, daß die Prinzen beseitigt worden waren.

Nichts in Heinrichs Charakter deutet darauf hin, daß er in moralische Empörung geraten wäre, wenn ihm Tyrell versichert hätte, die Prinzen seien tot, denn er, Tyrell, habe die Tat veranlaßt. Tyrell könnte die Morde durchaus so dargestellt haben, als hätte er sie für Heinrich begangen. Er könnte aber auch behauptet haben, daß Richard und vielleicht John Howard ihn dazu gezwungen hätten. (Da Howard in der Schlacht von Bosworth im Kampf für Richard starb, können wir ausschließen, daß er irgendwelche Informationen über die Ermordung der Prinzen an Heinrich Tudor weiterleitete.) Möglicherweise haben diese nützlichen Informationen dazu geführt, daß die beiden Männer auch über andere Probleme ihre Meinungen austauschten. Und wenn Heinrich und Tyrell 1485 auch noch keine Freunde waren, so mag ihre Beziehung sehr wohl auf den Vorteilen beruht haben, die sich ein habgieriger Mann von einem anderen erhofft.

Tyrells Geständnis im Jahre 1502 könnte auch religiöse Gründe gehabt haben. Vielleicht war es der Versuch, seine Seele auf die Ewigkeit vorzubereiten. Dann hätte Tyrell sicherlich auch erwähnt, daß er Heinrich über den Mord an den Prinzen informiert hatte, und er hätte vielleicht sogar ein paar Informationen über die Rolle John Howards in der Angelegenheit preisgegeben. Die Ehren, die Tyrell genoß, und die große Gunst, deren John Howard sich erfreute, als Heinrich ihn aus der Haft entlassen hatte, hätten deutlich genug gezeigt, daß Heinrich die Tat billigte und den Tätern wohlgesonnen war. Heinrich konnte also nichts daran gelegen sein, daß Tyrells Geständnis an die Öffentlichkeit gelangte.

Heinrich war nie sehr populär, und sein Sohn Arthur starb, nur einen Monat bevor Tyrell das Schafott bestieg. Die Allianz mit Spanien wurde durch den Tod Arthurs gefährdet. Wenn das frühe Bündnis zwischen Heinrich und Tyrell allgemein bekannt geworden wäre, hätte König Heinrichs Popularität in England noch weiter abgenommen. Im Ausland wäre es womöglich zu diplomatischen Verwicklungen gekommen, vor allem, wenn eine solche Enthüllung zu einem neuen Bürgerkrieg geführt hätte.

Hätte man John Howard und seinen Sohn Thomas mit den Morden in Verbindung gebracht, wären ihre Besitzansprüche auf Ländereien, die durch den Tod des kleinen Prinzen von York an die Familie Howard übergegangen waren, in Frage gestellt worden. John und Thomas steckten allzu tief in dem Komplott, das Richard die Krone eingebracht hatte. Auch wenn Thomas Morus nicht seinen Namen nennt, sondern ihn nur als einen «Ritter von niederem Stand» bezeichnet, war es der künftige Sieger von Flodden, den Richard aussandte, um Hastings an dem Freitagmorgen, als es zu dem Justizmord kam, in den Tower zu bringen. Er ist möglicherweise die einzige Quelle für die Geschichten, die Morus von dem bereits verurteilten Lord erzählt, als dieser auf dem Weg zu seinem Treffen mit dem Usurpator ist.[41] Im Jahre 1502 war die enge Verbindung der Howards mit Richard schon fast in Vergessenheit geraten, und niemand, der Macht hatte, konnte einen Sinn darin sehen, sie der Allgemeinheit wieder ins Gedächtnis zu rufen. Viel sinnvoller war, das zu tun, was auch getan wurde: Man bewahrte Stillschweigen über die ganze Sache und gab später, wie Heinrich es tat, bekannt, daß Tyrell ein Geständnis abgelegt hätte, nannte aber keine Einzelheiten aus dem Geständnis, stellte keine Nachforschungen an oder brachte Gegenklagen vor und ließ die Prinzen in Frieden ruhen, bis die Zeit sie für immer ihrer politischen Bedeutung beraubt hatte.

Die Darstellung der Ereignisse in der Version von Thomas Morus und vor allem seine düstere Geschichte vom Tod der kleinen Prinzen nehmen in jeder Arbeit über Richard III. immer noch eine zentrale Stelle ein. Oft werden sie auch zum Maßstab für die Integrität von Thomas Morus selbst gemacht. Wie wir bald in seiner Darstellung des Falles Richard Hunne sehen werden, war sich Morus durchaus nicht zu vornehm, historische Tatsachen so zu verdrehen, daß sie das bewiesen, was er beweisen wollte. Dennoch ist *Die Geschichte König Richards III.* eine kohärente, detaillierte und einleuchtende Darstellung der Ereignisse. Sie wurde nicht mehr zu seinen Lebzeiten veröffentlicht, deshalb entbehrt die Beschuldigung, Morus verdrehe böswillig die Tatsachen, die seine Ankläger vorbrachten, einer echten Grundlage. Die Darstellung von Morus hat außerdem den Vorteil, daß sie in ihren Grundzügen mit vielen anderen Quellen aus jener Zeit übereinstimmt.

Die wichtigste Frage, die ein Biograph zu der *Geschichte König Richards III.* stellen kann, zielt nicht darauf ab, wie zuverlässig das Werk ist, sondern was es uns über das Denken von Thomas Morus sagen kann. In der *Geschichte* finden wir zwei wichtige Themen, die ihn bis zu seinem Tod unablässig beschäftigt haben: die englische Kirche und die Natur Gottes.

Wie Thomas Morus über die Kirche denkt, wird in der langen Erörterung über das Recht auf kirchliche Freistatt deutlich. Am Ende des Mittelalters gehörte das Recht auf Freistatt zu den umstrittensten Rechtsfragen in England. Nach der Reform der Kirche durch Heinrich VIII. galt das Recht nur noch für Schuldner, die bis ins achtzehnte Jahrhundert die Freistatt in Anspruch nehmen konnten.

Das Asylrecht der kirchlichen Freistatt basierte auf dem alten Anspruch der katholischen Kirche, der Autorität der weltlichen Regierung nicht zu unterstehen. In England wurde die Freistatt als ein Privileg der Kirche betrachtet, das in der Magna Charta garantiert wurde. Hinter dem Recht auf Freistatt verbarg sich die Vorstellung, daß die Seele über dem Leib, und folglich die Kirche über der irdischen Regierung und ihren Gesetzen stehe. Eines der Vorrechte der Kirche war, daß Geistliche nur im Falle des Hochverrats vor ein weltliches Gericht gestellt werden durften; ein anderes war die Freistatt. Einige Kirchen, unter anderen die Westminster Abbey, waren zu solchen Zufluchtsorten bestimmt worden. Wenn es jemandem, der eines Verbrechens beschuldigt wurde, gelang, in eine solche Kirche zu gelangen, hatten die politischen Autoritäten nicht das Recht, in die Kirche einzudringen und ihn herauszuholen.

Die englischen Juristen glaubten, daß alle Gesetze der Weisheit Gottes entsprungen seien. Wir haben das bei unserer Abhandlung über Fortescue gesehen. Sie rangen mit der wachsenden Macht der weltlichen Regierung und dem Widerspruch, der in der Vorstellung liegt, daß Gottes Gesetz für Geistliche anders sein soll als für alle anderen. Die Geistlichen hielten an ihren alten Privilegien, einschließlich der Freistatt, fest. Doch der geistliche Stand wurde immer unbeliebter, und die Priester fanden mit ihrem Anspruch, der Rechtsprechung der weltlichen Regierung nicht zu unterstehen, immer weniger Unterstützung in der öffentlichen Meinung, während die weltliche Regierung in der Achtung der Bevölkerung stieg.

In der *Geschichte* von Morus argumentiert Buckingham heftig gegen die Freistatt und schließt mit dem listigen Argument, daß die Freistatt nicht für Unschuldige da ist, die, wie der kleine Herzog von York, kein Verbrechen begangen haben. Die Königinmutter wendet ein, daß die Freistatt nach dem Gesetz Gottes jedem garantiert werden müsse, der in Gefahr ist, und daß sie nicht nur zum Schutz angeklagter Verbrecher da sei. Zufällig war der kleine Eduard V. in einer Freistatt geboren worden, wohin die Königinmutter sich geflüchtet hatte, als ihr Gemahl vorübergehend ins Exil getrieben worden war. Kein noch so teuflischer Tyrann, läßt Morus sie sagen, hätte es in England je gewagt, die Freistatt zu verletzen.[42] Morus, der den *Gottesstaat* (De Civitate Dei) von Augustinus studiert hatte, wußte, daß die Definition des Sanktuariums, die die Königinmutter gibt, der alten Rechtspraxis entspricht, denn Augustinus berichtet erfreut, daß Christen, die während der Plünderung Roms im Jahre 410 in Kirchen geflohen waren, von den gotischen Besatzern verschont wurden.[43]

Wenn Morus diese Reden, wie wir annehmen müssen, teils vom Hörensagen kannte und teils erfand, was seiner Meinung nach gesagt worden sein könnte, wird ziemlich deutlich, daß er das Recht auf Freistatt als ein notwendiges Privileg der Kirche verteidigte, obwohl er der Ansicht war, daß es in der Praxis reformbedürftig sei. Dieses Problem sollte ihn weiterhin verfolgen, denn es hatte mit seiner eigenen festen Überzeugung zu tun, daß die

Kirche frei sein mußte, um die Vermittlerin der göttlichen Offenbarung in der Welt sein zu können.

Thomas Morus war weiterhin fest davon überzeugt, wie wir der *Geschichte König Richards III.* entnehmen können, daß die Ironie nicht nur in den Ereignissen, sondern auch in der Natur des Menschen einen festen Platz hat. Morus liebte die Ironie als rhetorisches Stilmittel, aber hinter der literarischen Konvention verbirgt sich die Vorstellung von einer mysteriösen Welt, die von einem unergründlichen Gott gelenkt wird, dessen Handlungen oft sinnlos erscheinen und dessen Pläne niemals durchschaut werden können. Die Ironie kann ein Werkzeug der Religion werden, das so ähnlich gehandhabt wird, wie wir es aus den klassischen griechischen Tragödien, wie z. B. dem *König Ödipus*, kennen. Der Versuch, dem Schicksal zu entrinnen, das ihm bestimmt ist, entpuppt sich unter den Händen des Menschen als das Instrument, mit dem er dieses Schicksal herbeiführt. Aus dieser Ironie des menschlichen Handelns wird die moralische Lehre gezogen, daß man sich dem Willen der Götter und ihrem unergründlichen Ratschluß unterwerfen soll. Oder dem Willen des christlichen Gottes.

Eine Ahnung von Gottes ehrfurchtgebietendem Geheimnis durchdringt die Worte, die Morton in der letzten Szene der *Geschichte* zu Buckingham sagt. Gerade die Lehre von der göttlichen Vorsehung suchte Morus, wie Jakob, der in der Dunkelheit mit dem Engel ringt, in den schwärzesten Momenten seines Lebens zu verstehen. Die Frage lautete: Welche Rolle spielt Gott im Leben des Menschen? Haben die Schauspieler auf der irdischen Bühne eine Wahl, wenn es um ihr Schicksal geht? Oder sind ihnen ihre Rollen von einer unerbittlichen und unbekannten Macht vorgeschrieben, und stehen ihre Schicksale so unwiderruflich fest wie der Ausgang eines Theaterstückes, das geschrieben wurde, bevor sie überhaupt geboren wurden?

Morton stellt fast beiläufig Betrachtungen über die göttliche Vorsehung an, während er auf sein eigenes Leben zurückblickt. Wenn es nach seinen Wünschen gegangen wäre, vertraut er Buckingham an, hätte der Sohn Heinrichs VI. die Krone erhalten und nicht Eduard IV. «Aber nachdem Gott beschlossen hatte, daß König Heinrich sie verlieren und Eduard an die Herrschaft kommen sollte, war ich nicht so verrückt, mit einem toten Mann gegen einen lebendigen zu kämpfen.»[44] Morton akzeptierte die Entscheidung Gottes und diente König Eduard als Geistlicher. Er wäre froh gewesen, sagt er, wenn Eduards Sohn auf den Thron gelangt wäre. «Doch nachdem Gott es in seinem unergründlichen Ratschluß anders entschieden hat, beabsichtige ich nicht, mich dem zu widersetzen und etwas aufzurichten, was Gott niedergerissen hat.»[45]

Morton beginnt von Richard zu reden, unterbricht sich aber sofort. Buckingham muß ihm gut zureden, damit er fortfährt. Morton wendet ein, daß es gefährlich sei, über Könige zu sprechen, denn sie können Böses vermuten, wo es gar nicht beabsichtigt ist. Er verdeutlicht sein Zögern mit einer kleinen Fabel. Sie ist eine der besten Zusammenfassungen, die wir von Morus' Definition der Tyrannei haben, auch wenn sie hier im Zusammenhang mit der Erörterung der göttlichen Vorsehung steht.

Ein Löwe verkündete, daß sich bei Todesstrafe kein gehörntes Tier im Wald aufhalten dürfe. Als ein Tier, das auf seinem Kopf einen Fleischhöcker hatte, diese Nachricht hörte, ergriff es die Flucht. Ein Fuchs, der es sah, fragte, warum es so in Eile sei. Das Tier antwortete, daß es wegen der Proklamation des Löwen über gehörnte Tiere Angst habe und deshalb fliehe. «Du Narr!» sagte der Fuchs. «Du darfst doch hierbleiben. Dich hat der Löwe doch nicht gemeint. Du hast doch kein Horn auf der Stirn.» «Das weiß ich wohl», entgegnete das Tier, «aber was ist, wenn er es ein Horn nennt? Was geschieht dann mit mir?»

Was das bedeuten sollte, war klar: Richard war ein Löwe, der seinen Willen über die Schranken des Gesetzes hinweg durchsetzte, und wenn das Gesetz je nach Laune verändert werden konnte, war kein Mensch mehr sicher, auch wenn er unschuldig war. Buckingham konnte sich daran erinnern, daß Hastings ein Verräter war, nur weil Richard das gesagt hatte. In einer Welt, in der das Gesetz nichts galt und der Mann belohnt wurde, der am wenigsten zögerte, Blut zu vergießen, mußte Buckingham annehmen, daß es für ihn besser war, selbst den ersten Schlag zu tun, um nicht selbst überrumpelt zu werden. Die Trägen, die Schwachen, die Treuen und die Zuversichtlichen waren aus der grausamen Welt Richards bald verschwunden.

In der Darstellung von Morus versucht Morton, Buckingham zur Rebellion zu provozieren. Wenn Buckingham Erfolg hat, werden Morton und seinesgleichen sich dem fügen, was Gott für das Königreich gewollt hat. Mit anderen Worten heißt das, daß eine erfolgreiche Rebellion vom englischen Volk akzeptiert werden würde und daß der Sieger über einen Tyrannen wie Richard nicht fürchten müsse, beim Volk auf viel Widerstand zu stoßen.

Was Morton hier sagt, war in England ein Gemeinplatz, seit Richard II. – weniger als ein Jahrhundert bevor Richard III. den Thron usurpierte – seines Amtes enthoben worden war. Es ist grausam und schrecklich: Der Mensch wird – oft unbewußt – Mittel eines Zweckes, der nur Gott bekannt ist. Der Christ muß glauben, daß Gott weiß, was Er tut, gleichgültig wie chaotisch, gewalttätig oder verderbt die einzelnen Handlungen Gottes scheinen oder welch merkwürdige Folgen sie zeitigen. Morton erklärt, daß er nicht über Richards Rechtsanspruch diskutieren will, denn Richard ist gerade König und sitzt auf dem Thron; folglich wird Morton auch nicht über den Rechtsanspruch eines anderen Königs diskutieren, der auf den Thron gelangt. Alles, was geschieht, ist Gottes Wille, und Gottes Wille ist alles, was geschieht. Dahinter steckt die Vorstellung, daß ein omnipotenter Gott den Gang der Welt bestimmt, und das erlaubt dem Menschen, alles zu tun, was er will, vorausgesetzt, es gelingt ihm. Denn der Mensch ist nur ein Werkzeug. Er führt den Plan aus, den Gott für die Welt hat.

Diese Lehre bekämpfte Morus mit aller Kraft, als Luther und Tyndale sie später unter dem Begriff der Prädestination vertraten. Luther und Tyndale benützten die Prädestination jedoch nicht dazu, den Aufstieg und Fall von Monarchen zu erklären, sondern um das Volk in seiner täglichen Lebensnot zu trösten.

Bedenken wir, daß Morton in dieser Szene versucht, Buckingham zu übertölpeln. Morus gibt Mortons Rede wieder, ohne die zugrundeliegende Annahme zu kommentieren. In der Literaturwissenschaft gibt es eine Richtung, in der die Ansicht vertreten wird, daß man nie davon ausgehen dürfe, daß die Figuren in einem Drama die Ansichten des Autors vertreten. Doch dieser Absatz klingt so leidenschaftlich und überzeugt. Außerdem ist es erstaunlich, daß Morus zu dem Dialog keine Bemerkung macht, denn sonst kommentiert er stets die Worte und Taten seiner Figuren, damit der Leser die moralischen Lehren in den Ereignissen versteht, von denen er berichtet. Mortons Rede an Buckingham und die Umstände, unter denen er sie hält, bieten dem Autor die Möglichkeit, eine gewisse Ambiguität zu wahren, die dem schwer faßbaren Thema angemessen ist. Denn zur Diskussion steht Gottes Rolle in dem Chaos, das offensichtlich in der Welt herrscht. Es paßt, daß *Die Geschichte König Richards III.* gerade hier abbricht.

Das Paradoxon in der *Geschichte* – die Möglichkeit, daß Könige, die Hirten ihrer Herde sein sollten, gierige Wölfe werden konnten – wurde zu einem der wichtigsten Paradoxa in Morus' Leben. Er lebte in einer aufrührerischen, gewalttätigen Welt, in der ein König der einzig sichere Schutz vor dem Chaos zu sein schien. Das Königtum war von Gottes Gnaden, und der König war von Gott zur Herrschaft ausersehen. Das wurde dadurch symbolisiert, daß ein Bischof den König bei der Krönung salbte. Shakespeare läßt seinen Richard II. verkünden:

Nicht alle Flut im wüsten Meere kann
Den Balsam vom gesalbten König waschen;
Odem ird'scher Männer kann des Herrn
Geweihten Stellvertreter nicht ersetzen.

Morus vertrat die mittelalterliche Anschauung, daß Rebellion gegen den Gesalbten des Herrn eine Todsünde sei. Aber was tut ein Christ, wenn jemand wie Richard regiert, der nahezu die Personifikation der Verderbtheit ist? Die traditionelle Antwort lautete, daß er sich fügen müsse, bis er es mit seinem Gewissen nicht mehr vereinbaren könne; dann könne er bis zu seinem Tod passiven Widerstand leisten. Das glaubte auch Thomas Morus und endete sein Leben mit dem Martyrium. Aber das Paradoxon blieb bestehen, und es ist leicht nachzuvollziehen, wie Morus von der Tyrannei Richards III. zu der idealen Republik der Tugend, zu Utopia, kommt, in der es keine Könige gibt. Die Menschen mußten mit der Autorität leben, die ihnen die göttliche Vorsehung gab, gleichgültig mit welchen mysteriösen Zielen. Allerdings war Morus offensichtlich der Ansicht, daß diese Autorität in einer idealen Welt von einer Gemeinschaft von Bürgern ausgeübt werden müßte und nicht von einem einzelnen, der sie allzuleicht dazu benützen konnte, Bürger ihres Lebens, ihrer Freiheit und ihres Besitzes zu berauben.

Warum schrieb Morus das Buch nicht fertig und veröffentlichte es? Die Erklärung von A. F. Pollard ist zweifellos richtig: Als Morus dieses Werk schrieb, waren noch zu viele bedeutende Männer am Leben, die durch die Aufdeckung ihrer Verbindungen zu Richard kompromittiert worden wären. Die Howards haben wir bereits erwähnt. Pollard bemerkt, daß Morus schrieb, als hätte es die Howards gar nicht gegeben – vielleicht, weil ein großer Teil seiner Informationen von ihnen stammte, und ganz gewiß, weil nichts, was er über ihre zweifelhafte Rolle während der Regierungszeit Richards schreiben konnte, sehr schmeichelhaft gewesen wäre.[46]

In den Jahren 1514 und 1515, als Morus an der *Geschichte* schrieb, besaß der dritte Herzog von Buckingham, Eduard Stafford, immer noch viel Macht. Er war ein gewalttätiger und ungestümer Mann, seinem Vater sehr ähnlich, und in London ungeheuer beliebt. Durch seine Adern floß königliches Blut, denn er stammte von Eduard III. ab. 1521 ließ ihn Heinrich VIII. unter der falschen Anschuldigung des Hochverrats hinrichten. Seinen plötzlichen Sturz betrachteten die Menschen der Epoche als ein moralisches Lehrstück, als eine Szene auf der Bühne der Welt, die Morus selbst kommentieren sollte. Hätte Staffords Vater erfolgreich gegen Richard III. rebelliert, wäre er nicht einfach Buckingham, sondern Prinz von Wales, vielleicht sogar schon König gewesen. Diese Vorstellung nagte an ihm, und er starb nicht zuletzt, weil er ein paar hochherrschaftliche Bemerkungen gemacht hatte, die Heinrich VIII. zugetragen wurden. Im Jahre 1515 hätte er gewiß Einwände gegen die Veröffentlichung eines Buches gehabt, das an die Treulosigkeit und die Torheit seines Vaters erinnerte.

Die Witwe des zweiten Herzogs von Buckingham war Catherine Woodville, eine Schwester von Elizabeth Woodville, der Gemahlin Eduards IV. Nach dem Sieg Heinrichs VII. heiratete sie Jasper Tudor, den Onkel des Königs, der Herzog von Bedford wurde. Als Jasper Tudor im Jahre 1495 starb, heiratete sie Richard Wingfield, einen Diplomaten, der auf dem Gipfel seiner Macht und seines Einflusses war, als Morus seine *Geschichte* schrieb. Der jüngere Thomas Howard, später der dritte Herzog von Norfolk, war ein Freund von Thomas Morus und später Richter im Prozeß gegen Morus.

Er wurde mit einer Tochter des dritten Herzogs von Buckingham vermählt, und obwohl er ihrer überdrüssig wurde und sie grausam behandelte, als sie nach der Hinrichtung ihres Vaters 1521 ohne Freunde in der Welt stand, war das Bündnis zwischen den Howards und den Staffords fest, als Morus sein Werk verfaßte. Überhaupt stellten die Buckinghams mit ihren Verbindungen eine mächtige Gruppe dar, die ein Mann, der Karriere machen wollte und einflußreiche Freunde brauchte, nicht kompromittieren durfte.

Morus macht sich über Elizabeth Lucy lustig, die einfältig genug ist, Eduard IV. in ihr Bett zu lassen, weil sie hofft, daß er sie dann heiraten werde. Das Kind, das dieser illegitimen Verbindung entsprang, war Arthur Plantagenet, später Vicomte Lisle, der um 1463 geboren wurde. Er war ein kräftiger Bursche, ein guter Freund und Jagdgefährte Heinrichs VIII. und bewährte sich 1513 auch als tapferer Soldat im Feldzug gegen Frankreich. Seine einflußreichen Freunde verschafften ihm eine sichere Stellung in der Welt. Auch diesen Mann durfte man nicht mit öffentlichen Bemerkungen über die Leidenschaften und Torheiten seiner Mutter beleidigen und reizen.

Eine Veröffentlichung der *Geschichte König Richards III.* hätte Thomas Morus auf jeden Fall den Weg in königliche Dienste verbaut, und das wußte er. Er schrieb das Werk nicht fertig und dachte auch nicht daran, es zu veröffentlichen, obwohl er es als Manuskript zirkulieren ließ. Eduard Hall übernahm einen großen Teil der *Geschichte* in seine *Chronicle*, als die meisten wichtigen Gestalten schon lange im Grab ruhten. 1557 druckte Rastell dann die Originalversion von Morus in englischer Sprache. Der lateinische Text erschien erst viele Jahre später.

Eine letzte literaturwissenschaftliche Bemerkung bleibt über die *Geschichte König Richards III.* von Thomas Morus noch zu machen. Sie ist das erste Buch der abendländischen Literatur, in dem der Held ein arglistiger Heuchler ist. Andere Heuchler waren schon in den Historien von Tacitus und Sueton aufgetaucht, deren Werke Morus studiert hatte, bevor er sein eigenes schrieb. Aber vor Morus war niemand so konzentriert und mit stillem Entsetzen auf die Heuchelei als solche eingegangen. Für Thomas Morus war Richard III. der König, der Judas Ischarioth hätte sein können, wenn er die Möglichkeit dazu gehabt hätte.

Morus glaubte offensichtlich, was er schrieb. Aber es ist sehr verführerisch, den Abscheu und die Faszination, die Richards Charakter auf ihn ausübten, in einem größeren Rahmen zu interpretieren: Morus stellte unbewußt dar, was einige Menschen der Renaissance für ihre Erfahrung von Welt hielten. Wenn die bekannte Melancholie dieser Epoche eine Hauptursache besaß, dann war das die Ungewißheit aller Dinge, die Art, wie der Schein die Wirklichkeit Lügen strafte. Martin Luther machte dieses Lebensgefühl zum Angel- und Knotenpunkt seiner Theologie und setzte damit das Paradox in die Herrschaft über die Welt ein. Was Gottes Segen zu sein schien, war in Wirklichkeit sein Fluch, denn der Mensch, der sich im Reich Gottes zu Hause fühlt, ist in Wirklichkeit zur Hölle verdammt. Die Qualen des Gewissens waren für einen Christen das erste Anzeichen, daß er von Gott zum ewigen Heil ausersehen war. Der Mensch ist dann am freiesten, wenn er am wenigsten frei erscheint. Der angebliche Statthalter Christi ist in Wirklichkeit der Antichrist. Scheinbare Wunder an heiligen Stätten sind eigentlich Täuschungen des Satans.

Luthers Lehren fanden so großen Anklang, weil sie zu der allgemeinen Erfahrung der Menschen jener Zeit zu passen schienen. Es bestehen gewisse Analogien zwischen Luthers Lehren und den Gedanken Niccolò Machiavellis, der meinte, daß der erfolgreiche Fürst sich bemühen müsse, anders zu scheinen, als er in Wirklichkeit ist, und daß der Herrscher hinter seiner Maske in einer anderen Welt operieren müsse – in der Welt der nackten Gewalt. Es liegt auch nahe, ausgehend von Luthers Paradoxa Balthasar Castigliones moralisierenden Spott über die Höflinge zu betrachten. Castiglione war der Autor des berühmten Buchs *Der Hofmann* (Libro del cortegiano). Es wurde im sechzehnten Jahrhundert in alle wichtigen europäischen Sprachen übersetzt und immer wieder neu aufgelegt. Castiglione lehrte die Menschen, den Schein zu wahren in einer Welt, wo der Schein alles war. In *Der Hofmann* steht auch, daß Höflinge sich niemals auf einen Ringkampf mit Bauern einlassen dürften, denn die Bauern könnten sie besiegen und so die schöne und für die Erhaltung der gesellschaftlichen Hierarchie notwendige Illusion zerstören, daß die Adligen wegen ihres edlen Blutes zu Recht privilegiert seien. In den neoplatonischen Ergießungen von Pietro Bembo im *Hofmann* heißt es, diese Welt mit all ihren materiellen Schönheiten sei nur ein flüchtiger, unwirklicher Widerschein des wahrhaft Schönen. Dieses Schöne ist die Vereinigung mit Gott in dem transzendenten und ewigen Reich, in dem die Materie keinen Ort hat. Der wahre Kuß, sagt Bembo, sei nicht ein physischer Akt der Lust, vielmehr ergieße sich im Kuß durch den Mund, der der Seele Ausdruck verleiht, eine Seele in die andere.

Diese geistige Strömung der Renaissance ist dem künstlerischen Realismus entgegengesetzt, von dem wir oben gesprochen haben. Der Realismus in der Literatur und den bildenden Künsten vermittelte ein Bild der Welt, das der allgemeinen Erfahrung eher entsprach als die Abstraktionen und Überhöhungen in der Kunst und Philosophie des Mittelalters.

Die aristotelischen Scholastiker glaubten, daß dem Wesen aller Dinge ein und dieselbe Vernunft innewohne. Sie rückten der Vernunft mit Begriffen zu Leibe, die immer schwerer definiert werden konnten, während die Probleme, über die sie nachdachten, immer abstrakter wurden und die Denker versuchten, die Unzulänglichkeit ihrer Systeme mit immer subtileren Argumentationen zu überspielen. Und doch wollten die Scholastiker immer zeigen, daß die allgemeinmenschliche Vernunft eine Rolle spielte, wenn die christliche

Lehre in ein System gebracht werden sollte oder wenn der Verstand dazu gebracht wurde, diese Lehre auch zu akzeptieren.

Der Aristotelismus gründet im Vertrauen auf die Wahrheit der sinnlichen Wahrnehmung, im Glauben an das Fühlen, Schmecken, Tasten, Hören und vor allem Sehen. Dieses Vertrauen in die Sinne läßt uns in dem tröstlichen Glauben, daß die Welt, die wir wahrnehmen, wirklich ist und daß sie, wie Thomas von Aquin es sah, in Harmonie mit der ewigen Welt existiert, die über der sinnlichen Wahrnehmung steht und über dem Wissen, das wir durch die Sinne erlangen können. Thomas von Aquin glaubte, daß wir durch die Vernunft aufsteigen und in einer harmonischen und ungestörten Reise zum Glauben gelangen. Diese Reise könnten wir nur antreten, weil Gott unserer menschlichen Natur die Gnade gewähre. Ein Teil dieser Gnade bestehe darin, daß Gott unserem Verstand erlaube, über die Sinne «wahre» Informationen zu erlangen.

In der Renaissance ging der gesunde Menschenverstand, der dem Aristotelismus zugrunde lag, manchmal in den Abstraktionen unter, die aus den philosophischen und theologischen Debatten über die Beziehungen zwischen Vernunft und Glaube entstanden. Aber die grundlegende Überzeugung (die nach der Jahrhunderte währenden Dominanz des Aristotelismus im christlichen Mittelalter immer stärker wurde), daß die materielle Welt in sich selbst wertvoll und dem menschlichen Verständnis zugänglich sei, blieb ein dauerhafter Bestandteil abendländischen Denkens. Paradoxerweise trug das kulturelle Erbe des Aristotelismus dazu bei, daß die Öffentlichkeit den Realismus von Malern und Bildhauern ebenso akzeptierte wie die verwandte lebensnahe Haltung von Autoren wie Erasmus. Es gibt eine Welt, die so ist, wie sie zu sein scheint, und wir würden gut daran tun, sie besser zu verstehen und zu würdigen. Das hätten viele Künstler und viele Humanisten jener Zeit sagen können.

Erasmus attackiert in seinem *Lob der Torheit* auf humorvolle Weise die angebliche Rationalität der Welt. Morus geht in seiner Beschäftigung mit dem arglistigen Heuchler Richard III. viel weiter und deckt etwas Entsetzliches auf, das in den spielerischen Spötteleien von Erasmus nicht zu sehen ist. In Richards schrecklicher Welt waren die Dinge gerade *nicht* so, wie sie zu sein schienen; sie waren das genaue Gegenteil. Scheinbar Gutes war in Wirklichkeit Böses; scheinbare Sicherheit war in Wirklichkeit Zerstörung; Güte war Bosheit. Wenn der menschliche Verstand von einer essentiellen Ironie in der Natur zum Narren gehalten wurde, die jede natürliche Erkenntnis von Wahrheit verhinderte, wohin konnte der Mensch sich dann wenden, wenn er nach Sinn und Sicherheit suchte? Weil diese Frage an den Menschen jener Zeit nagte, machten sich viele mit doppelter Leidenschaft auf die Suche nach einem «richtigen» System, nach einer unfehlbaren Autorität, die die Mängel der menschlichen Natur ausgleichen würde.

Der Abscheu, den Morus vor Richard III. empfindet, repräsentiert einen Aspekt der allgemeinen Angst jener Zeit vor den Verlockungen und Täuschungen einer Scheinwelt. Luthers Verehrung für die unfehlbare und maßgebende Bibel und Morus' ebenso große Verehrung für eine unfehlbare und maßgebende Kirche sind verschiedene Arten des Umgangs mit derselben Angst. Der entschiedene Realismus der Künstler und Humanisten könnte der Versuch gewesen sein, die unbeherrschbare Natur in der Klarheit und Eindeutigkeit realistischer Kunst zu bändigen.

Doch in der *Geschichte König Richards III.* konfrontiert Morus uns mit dem Zeugnis eines menschlichen Schicksals, das durch die überwältigende Macht schicksalhafter Einzelheiten den vernünftigen Glauben zerstört, daß wir uns auf unsere Wahrnehmungen verlassen können. Die Theorie zerbricht an der Wirklichkeit; die Geschichte trotzt den Abstraktionen. Und Morus' *Geschichte* stellt mit ihrer schlichten, fordernden Faktizität die Annahme in Frage, daß die Ereignisse im Leben des Menschen einen logischen Zusammenhang haben und daß der Weise nur durch Beobachtung das göttliche Ziel und die Rationalität in der Welt entdecken könne. Gott hat Seine Ziele. Morton und Morus sollten für diesen Glauben ihr Leben hingeben. Aber niemand kann durch bloße Beobachtung sagen, wie diese Ziele aussehen. Die einzige Gewißheit liegt in dem Vertrauen, daß der Gott, dem wir uns unterwerfen, die Welt und Sein Volk letztlich zu einem guten Ende führt.

KAPITEL 8

Die Affäre Richard Hunne

Thomas Morus arbeitete Anfang Dezember 1514 an der *Geschichte König Richards III.* (The History of King Richard III), als ein gewisser Richard Hunne erhängt in seiner Zelle im Lollard's Tower aufgefunden wurde, jenem Gefängnis, dem der Bischof von London in der St.-Paul's-Kathedrale vorstand. Als sich die Nachricht von Hunnes Tod in der Stadt verbreitete, entlud sich der Zorn der Londoner gegen den Klerus und besonders gegen den Bischof, Richard FitzJames, und seinen Kanzler, Dr. William Horsey. Die Antiklerikalen glaubten, FitzJames und seine Leute hätten Hunne ermordet und versuchten nun, den Mord als Selbstmord darzustellen.

Die Affäre Hunne und der wütende Aufstand der Laien gegen den Klerus, den sie nach sich zog, waren das Fanal für die protestantische Reformation im sechzehnten Jahrhundert in England. Auf klerikaler wie auf antiklerikaler Seite wurden die heftigsten Leidenschaften entfacht. Noch fünfzehn Jahre nach Hunnes Tod sah sich Thomas Morus verpflichtet, die Affäre in seinem *Dialogue Concerning Heresies* (Dialog die Häresien betreffend) wieder aufzugreifen, und er verteidigte darin die englische Kirche. Morus' Abhandlung über den Fall war der erste ausführliche Bericht, der gedruckt wurde. Zusammen mit der *Geschichte König Richards III.* wurde er oft zum Prüfstein von Morus' Integrität gemacht. Dabei kommt man jedoch zwangsläufig zu folgendem Schluß: Morus verdrehte die Tatsachen, um die offizielle Sicht der Kirche aufrechtzuerhalten, daß Hunne ein Häretiker gewesen sei, der Selbstmord begangen habe.

Morus stützte den Bericht auf seine eigene Autorität als Augenzeuge und behauptete, er kenne den Fall «von vorne bis hinten»[1]. Er gab an, bei vielen offiziellen Untersuchungen der Affäre anwesend gewesen zu sein. Er habe außer mit Hunne selbst mit beinahe jedem gesprochen, der darin verwickelt gewesen sei. Nicht ohne Stolz teilt er mit, daß er an dem Tag in der St.-Paul's-Kathedrale gewesen sei, an dem Hunne, obwohl bereits tot, als Häretiker verurteilt wurde. Doch trotz aller kühnen Auslassungen bleibt Morus eigenartigerweise sehr vage, was die meisten wichtigen Details des Falles angeht. Andere wiederum verdreht er in seinem unbezähmbaren Wunsch, den Klerus von jeder unrechtmäßigen Handlung freizusprechen.

Jeder Biograph von Morus tut sich mit dem Fall Hunne schwer, und das nicht nur der Schatten wegen, die die Affäre auf Morus' Integrität wirft. Zwischen dem Vorfall und dem Bericht von Morus liegen fünfzehn der turbulentesten und bedeutendsten Jahre der europäischen Geschichte. Die Gefahr, in den Augen der katholischen Kirche gleichfalls als Häretiker zu gelten, machte den Thomas Morus des Jahres 1529 zu einem weitaus weniger verläßlichen Zeugen, als es der Thomas Morus von 1515 gewesen wäre. Eine streng chronologische Biographie würde den Fall darlegen, und dann später, an passender Stelle, auf den Bericht von Thomas Morus eingehen. Aber es ist sinnvoller, die Affäre selbst und die von Morus erstellte Version hier zusammen zu behandeln. Gerade durch die nachträglichen Bemühungen von Morus, den Klerus zu rechtfertigen, wird deutlich, wie problematisch der Fall Hunne damals war und wie bedrohlich einige der Schlußfolgerungen aus dem Fall für die Kirche von England waren.

Die tatsächlichen damaligen Vorkommnisse liegen unter jahrhundertelangen Erörterungen und Mutmaßungen vergraben, und ebenso wie der Tod der kleinen Prinzen im Tower wird wohl auch Hunnes Ende für immer ein Geheimnis bleiben.

Hunne war ein Londoner Herrenschneider, ein Mann von gutem Ruf, «ein unbescholtener Händler unter seinesgleichen»[2], sagte Morus, und er räumte ein, daß er «über seine weltlichen Gespräche mit den Menschen nie etwas Nachteiliges gehört hat»[3]. Morus vermerkte, daß Hunne seine tausend Silbermünzen wert gewesen sei. Umgerechnet wäre das ein jährliches Einkommen von ungefähr 650 Pfund. Wenn diese Angabe stimmt, war Hunne ein sehr wohlhabender Bürger.

Im März 1511 starb Hunnes Sohn Stephen im Alter von fünf Wochen. Der Leichnam wurde in die St. Mary's Church in Whitechapel überführt und sollte dort bestattet werden. Für solche Dienste erhielten die Priester eine Vergütung, das »Mortuarium» oder Sterbegeld. Die alte Regelung sah vor, daß der Priester ein Stück aus dem Eigentum des Verstorbenen erhalten sollte. Dieser Brauch erinnert an das Gesetz des Hauptfalles. Dieses Gesetz schrieb vor, daß es die Pflicht der Erben eines Leibeigenen sei, bei dessen Tod ein wertvolles Stück seines Eigentums dem Lehensherrn zu übergeben. Diese Verpflichtung symbolisierte den Status des Leibeigenen ebenso wie den der adligen Lehensmänner. Der Akt sollte verdeutlichten, daß die Untertanen das Land, das sie bewirtschaftet hatten, nicht besessen hatten. Die Familien mußten so ihre Abhängigkeit vom Lehensherrn demonstrieren. Diese Regelung konnte finanziell wie symbolisch hart sein. Sie scheint die Haltung auszudrücken, daß der Tod eines Leibeigenen lediglich eine Unannehmlichkeit für den Herrn darstellte, der deshalb für den Verlust eines Sklaven entschädigt werden mußte. Die leibeigenen Bauern wurden durch diesen Brauch nicht nur oft an den Bettelstab gebracht, sondern sie fühlten sich auch durch solche Praktiken entwürdigt. Bei nahezu allen Beschwerden, die sie im späten Mittelalter ihren Lehensherren vortrugen, stand der Hauptfall ganz oben auf der Liste.

John Wycliffe hatte mit aller Macht jene habgierigen Priester verdammt, die zu seiner Zeit das Mortuarium forderten.[4] In ganz Europa beschwerte man sich über solche Feudallasten. Besonders hart war auch, daß Priester häufig die Bestattung verweigerten, wenn sie für ihre geistlichen Dienste nicht bezahlt wurden. So waren die Armen vom Troste der Religion gerade dann ausgeschlossen, wenn sie ihn am meisten brauchten.

Thomas Dryfield, ein Priester an der St. Mary's Church, verlangte für die Bestattung des Kindes von Hunne als Leichengebühr das Taufkleid des Kindes. Der verlangte Gegenstand selbst hatte nur geringen Wert. Als Morus Jahre später über den Fall schrieb, wollte er beweisen, daß Hunne selbstgefällig und verstockt gewesen sei. Er führte deshalb an, daß Hunne leicht auf das Stück Tuch hätte verzichten können. Doch sei die symbolische Bedeutung des Tauftuchs groß gewesen, denn die Zahlung der Leichengebühr stünde für die Unterordnung der Laien unter die Priester der katholischen Kirche. Hunne habe sich geweigert, ihr das Tuch zu überlassen.

Er argumentierte, oberflächlich betrachtet, rein technisch. Nach dem englischen Common Law ist dies eine Sitte, die bis zum heutigen Tag in jenen Ländern praktiziert wird, wo dieses Rechtssystem immer noch gültig ist. Schließlich kann ein Leichnam kein Eigentum besitzen.[5] Hunne beharrte darauf, daß das Tragetuch dem toten Kind nicht gehöre und der Priester es deshalb nicht haben könne. Praktisch stellte Hunne damit die Souveränität des englischen Common Law über das kanonische Recht der Kirche. Das kanonische Recht hatte die Rechtswirksamkeit der Leichengebühr schon lange anerkannt. Hunne nahm eine Kleinigkeit zum Anlaß, um gegen die traditionelle Herrschaft des Klerus über den Laienstand anzugehen.

Die möglichen Folgen ließen die zum Kampf gerüsteten Männer der Kirche erzittern. Wie wir gesehen haben, schwelte unter der Oberfläche der englischen Gesellschaft ein glühender Anti-Klerikalismus. (Es ist denkbar, daß der besonders ausgeprägte Anti-Klerikalismus des englischen Volkes aus der noch lebendigen Erinnerung an die normannische Eroberung herrührte, die ein römischer Papst gebilligt hatte.) John Wycliffe und seine Lollarden hatten an der alten Feindschaft festgehalten und sie noch verstärkt. Wycliffes leidenschaftliche Traktate gegen den Grundbesitz und die Unmoral der katholischen Priester zirkulierten in großer Zahl handschriftlich in ganz England. Gerade die Religiosität des englischen Volkes trug zu dem Haß gegen einen Klerus bei, der unfähig war, die Frömmigkeit zu verkörpern, welche sich die Menschen von jenen erhofften, die mit der Verwaltung der Erlösung betraut waren. Die Kirche konnte als einziges Bollwerk dem wütenden Anti-Klerikalismus nur die in der Magna Charta verbürgten kirchlichen Freiheiten entgegensetzen. Darin war die Kirche von der Rechtsprechung des säkularen Rechts ausgenommen. Die Freiheiten kämen von Gott, behaupteten die Theologen. Allerdings wußte zu der Zeit jeder Engländer, daß der praktische Genuß der Freiheiten vom guten Willen des Königs abhing. Und ein König, der von der aufgebrachten öffentlichen Meinung des Volkes dazu gebracht wurde, konnte diese Freiheiten begrenzen oder sie allesamt abschaffen. Im fünfzehnten Jahrhundert hatten zwischen den englischen Königen und dem Papsttum gute Beziehungen bestanden. Nun war es möglich, daß ein König sich die Liebe des Volkes dadurch zu gewinnen suchte, daß er gegen jene Kleriker vorging, die angeblich ihres Amtes unwürdig waren. Der Fall Hunne bedrohte die rechtliche Stellung der Kirche in der englischen Gesellschaft.

Dryfield verklagte Hunne wegen des Sterbegelds vor dem bischöflichen Gerichtshof. Alle Rechtsfälle, die sich auf die Kirche bezogen, sollten vor diesem kirchlichen Gericht nach kanonischem Recht verhandelt werden. Bischof FitzJames muß Dryfield gedrängt haben, rechtliche Schritte zu unternehmen. Wenn kein Verfahren stattgefunden hätte, dann wäre die gefährliche Behauptung, daß das säkulare Recht dem Kirchenrecht übergeordnet sei, vielleicht nicht mehr aus der Welt zu schaffen gewesen.

Im Mai 1512 wurde der Fall unter dem Vorsitz von Cuthbert Tunstall verhandelt. Tunstall war kurz zuvor zum Kanzler des Erzbischofs von Canterbury, William Warham, ernannt worden und vielleicht schon zu dieser Zeit ein enger Freund von Morus. Natürlich entschied Tunstall zugunsten Dryfields. Doch Hunne war hartnäckig. Morus behauptete, er sei «äußerst entschlossen» gewesen und habe «auf den Ruhm des Sieges» gesetzt. Auch «vertraute er darauf, daß man noch lange nach seinem Tod von ihm sprechen und sein Fall der Fall Hunne genannt werden würde»[6]. Hunne erkannte klar, was hier auf dem Spiel stand, und er sah seine Chance, entschlossen gegen dieses Privileg des Klerus vorzugehen. Er verklagte den Priester vor einem Gerichtshof des Common Law, er habe gegen das »Praemunire» verstoßen, also die Souveränität der Krone verletzt. Plötzlich sah sich die englische Kirche in einen Kampf auf Leben und Tod mit der englischen Regierung und mit den säkularen Gesetzen des englischen Volkes verstrickt. Und just diese Auseinandersetzung sollte Heinrich VIII. später aufs neue eröffnen und gewinnen. Sein Sieg brachte dann auch all die entsetzlichen Folgen mit sich, die besorgte und aufrichtige Geistliche 1515 in der Affäre Hunne vorhersahen.

Das Gesetz des Praemunire war während der Regentschaft Eduards III. vom Parlament verabschiedet worden. Es sollte im vierzehnten Jahrhundert als Waffe gegen die französischen Päpste dienen, die aus Rom ausgezogen waren und in Avignon, dicht hinter der französischen Grenze, residierten. Im Hundertjährigen Krieg standen die Päpste auf der Seite der Franzosen.

Das Gesetz war vor dem Hintergrund des beginnenden Nationalismus entstanden. Ungefähr aus dieser Zeit stammt auch dieser Vierzeiler:

Now that the pope has become French
And Jesus has become English,
We shall see who does more,
The pope or Jesus.[7]

(Nun, da der Papst ein Franzose ist
und Jesus ein Engländer,
werden wir sehen, wer mehr tut,
der Papst oder Jesus.)

Mit dem Gesetz des Praemunire, das 1353 verabschiedet wurde, wurde ein schlichtes Ziel verfolgt – den kirchlichen Gerichtshöfen sollte verboten werden, den Gerichtshöfen des Common Law die Rechtsprechung zu entziehen, und niemand sollte sich in Angelegenheiten, die besser in England entschieden würden, auf den Papst berufen dürfen. Damit wurde verhindert, daß der einzelne sich in einer Angelegenheit, die vor einem Gerichtshof des Common Law entschieden werden konnte, an ein kirchliches Gericht wandte. Niemand beabsichtigte, den kirchlichen Gerichten ihre traditionelle Rechtsprechung über geistliche Angelegenheiten wie etwa Häresie, Ehe und Scheidung zu entziehen. Aber das Gesetz überließ dem König die Klärung jener Angelegenheiten, die der Papst und die Kirche mit Hilfe des kanonischen Rechts nicht erfassen konnten. Darüber hinaus sprach dieses Gesetz dem König das Recht zu, die Einkünfte der kirchlichen Beamten festzulegen – was bedeutete, daß einem Bischof, der gegen den Willen des Königs in einer englischen Diözese eingesetzt wurde, sämtliche Einkünfte entzogen werden konnten. Nur königliche Gerichtshöfe durften die Streitigkeiten, die aus einer solchen Schirmherrschaft entstehen konnten, verhandeln.[8]

So sahen Theorie und Praxis des Gesetzes aus. Weil es aber so selten angewendet wurde, wußte niemand so richtig, was es bedeuten sollte. König wie Papst waren gemeinsam daran interessiert, friedlich nebeneinander zu leben. Keiner von beiden war in England so populär, um einen Streit riskieren zu können, bei dem das Volk möglicherweise die Partei der Gegenseite ergreifen würde. So stand das Gesetz nur als Theorie in den Büchern, und es galt abzuwarten, was die englische Regierung und der englische König aus ihm machen würden, und das war in der Regel – nichts.

Hunne hatte juristische Grundkenntnisse, und das brachte ihn in Schwierigkeiten. Er wollte beweisen, daß ein geistliches Gericht kein Recht habe, ihn zu zwingen, das Sterbegeld für sein Kind zu bezahlen. Nach den Bestimmungen des Common Law besitze das tote Kind nichts, nicht einmal ein

Tauftuch. Dryfield habe sich, als er ihn vor das kirchliche Gericht geladen habe, schuldig gemacht – das hoffte Hunne zu beweisen –, da er damit die gültige Rechtsprechung der Gerichtshöfe des Common Law umgangen habe. Nach den Strafbestimmungen des Praemunire sei der Priester verpflichtet, sein Eigentum von der Krone beschlagnahmen zu lassen. Er selbst könne so lange ins Gefängnis geworfen werden, wie es dem König gefalle.

Hunne reichte seine Klage offensichtlich Anfang des Jahres 1513 ein. Etwa zur gleichen Zeit verklagte er einen Priester wegen Verleumdung, der ihm verweigert hatte, im Dezember 1512 einer Messe beizuwohnen. Einige Zeit später – wir wissen nicht, wann – reichte FitzJames eine formale Anklage gegen Hunne wegen Häresie ein. Vielleicht wollte der Bischof zunächst damit nur deutlich machen, daß es Häresie sei, zu behaupten, ein säkulares Gericht habe den Vorrang vor einem geistlichen Gericht. Denn eine solche Behauptung beinhaltete notwendigerweise, daß der Rang des Klerus in der christlichen Gesellschaft sich verändern würde. Dann aber mögen andere Beweise aufgetaucht sein, aus denen hervorging, daß die vermuteten Häresien Hunnes schwerwiegender und ausgeprägter waren, als die Behörden zuerst vermutet hatten. Als Hunne tot war, behaupteten Londoner Bürger, der Bischof habe ihn nur deshalb der Häresie beschuldigt, weil die Kirche eine Anklage wegen der Bestimmungen des Praemunire fürchtete. Den Massen Londons schien es, als sei die Kirche bereit, jeden als «Häretiker» zu verteufeln, der den Klerus kritisierte oder sich habgierigen Priestern widersetzte. Für viele in der Stadt war Hunne kein Häretiker, sondern ein potentieller Märtyrer, ein guter Mensch, der von den gottlosen Geistlichen verfolgt worden war.

Morus glaubte immer – oder behauptete es zumindest –, daß die Klagen des Klerus gegen Hunne wohlbegründet seien. Der Mann sei ein Häretiker gewesen, ein Lollarde, der an Wycliffes Überzeugungen festgehalten habe. Die Weber und die Stoffhändler hatten überall in Europa radikale Denker in ihren Reihen. Es mag sein, daß Hunne – ein Beispiel für eine allgemeine Erscheinung – die Grenzen der Orthodoxie überschritten hatte. 1511, am Vorabend der Affäre Hunne, hatten im Süden Englands verschiedene Prozesse wegen Häresie stattgefunden. In Kent wurden fünf Lollarden von Erzbischof Warham zum Tod auf dem Scheiterhaufen verurteilt und verbrannt. Viele bekannten und schworen ab und retteten sich so vor dem Feuertod.[9] Die kirchlichen Behörden hatten allen Grund, in einem widerspenstigen Herrenschneider einen Häretiker zu vermuten, der offensichtlich entschlossen war, die klerikale Macht zu schmälern, besonders, wenn im Zusammenhang mit seinem Namen von heimlichen Treffen mit Lollarden gemunkelt wurde. Die Lollarden trafen sich bei Nacht, lasen die Bibel und lauschten den häretischen Auslegungen durch Laienpriester. Aus der Ferne betrachtet gleicht Hunne einem Mann, der sich von Freunden umgeben glaubte, die seinen Widerstand unterstützten und seinen Mut bejubelten. Morus war überzeugt, daß unter diesen Freunden auch Häretiker waren, «die gewohnt waren, diesen mitternächtlichen Lesungen beizuwohnen».[10]

Wir wissen nicht genau, wann Hunne von den Beamten des Bischofs verhaftet und in den Lollard's Tower geworfen wurde. Er war möglicherweise mehrere Monate lang eingesperrt, bevor er von FitzJames und den Beamten des bischöflichen Gerichts am 2. Dezember 1514, einem Samstag, verhört wurde. Danach wurde er über das Wochenende wieder in seiner Zelle eingesperrt. Montag früh, am 4. Dezember, fand man ihn erhängt in seiner Zelle.

Jetzt beginnen die Schwierigkeiten, an denen sich Morus' Wahrheitsliebe überprüfen läßt, wenn er später den Fall beschreibt, um die katholische Kirche vor der Häresie zu schützen. Eine amtliche Untersuchung der Leiche ergab, daß Hunne ermordet worden war. Der Untersuchungsrichter (in England war der Untersuchungsrichter zugleich auch Leichenbeschauer) und seine Kommission waren Ratsherren. Für Mord war der Magistrat Londons zuständig, auch dann, wenn die Tat innerhalb der geweihten Mauern des bischöflichen Gefängnisses begangen worden war. Edward Hall gibt in seiner *Chronicle* einige – vielleicht alle – Dokumente der Untersuchung wieder. Wenn der von Hall überlieferte Bericht des Untersuchungsrichters echt ist, ist bewiesen, daß Hunne ermordet wurde. Und damit ist auch bewiesen, daß Morus' Version des Falls Hunne die Ereignisse entstellt.

Hall berichtet, Thomas Barnewell, der Untersuchungsrichter, habe am Dienstag, dem 5. Dezember, einen Ausschuß zusammengerufen, der aus vierundzwanzig einflußreichen Bürgern bestand. Bischof FitzJames bezeichnete sie später als «falsche, meineidige Schurken», und mit dieser Beschuldigung schürte er den Zorn der Londoner Bürger. Thomas Morus war mit dem Urteil des Ausschusses nicht einverstanden, doch war er zu sehr Londoner, um die Integrität der Mitglieder anzuzweifeln. Diplomatisch vermerkte er: «Ich kann es mir nicht anders vorstellen, als daß der Ausschuß, der aus rechtschaffenen, ehrlichen Männern besteht, einen Urteilsspruch fand, den die Männer vor ihrem Gewissen für wahr und richtig hielten.» Und doch glaube er in seinem eigenen Herzen, so sagte er, daß sie unrecht hätten.[11]

FitzJames und seine Männer konnten erkennen, wie gefährlich dieser Fall war. Sie trieben ihre Klage gegen Hunne wegen Häresie voran – was nach dem kanonischen Recht auch noch nach Hunnes Tod möglich war. Hunne habe eine englische Übersetzung der Bibel besessen, wurde behauptet. Morus gab später an, sie gesehen zu haben. Auch habe Hunne darin Anmerkungen zu den häretischen Aussagen gemacht, die diese Bibelübersetzung enthielt. Damit sei erwiesen, sagte Morus, «welche liederliche Gesinnnung die Männer hatten, er, der sie festhielt, und er, der sie dazu brachte».[12] Morus behauptete, sich weder an die «Besonderheiten der Angelegenheit noch an die formalen Worte, wie sie geschrieben standen», zu erinnern, doch habe er noch im Gedächtnis behalten, daß im Prolog dieser Bibel die Messe verdammt würde.[13]

Arthur Ogle führte vor vielen Jahren aus, daß die Anklagen gegen Hunne – er habe den Papst einen «Satan» und «Antichristen» genannt, den päpstlichen Ablaß und die Verehrung der Bilder verdammt, er habe erklärt, daß die Lords und die Prälaten gnadenlos die wahren Priester Gottes verfolgten und anderes mehr – anhand der Ausführungen im Prolog zur Englischen Bibel erhoben worden sind, die John Wycliffe zugeschrieben wurde. Die große Bibel, die bei dem Prozeß vorgelegt wurde, habe überhaupt nicht Hunne gehört, sondern sei ein gefälschtes Beweisstück gewesen.[14] Ogle glaubte, daß er jene Bibel, die benutzt wurde, um die falschen Anschuldigungen aufzustellen, gefunden habe. Auch mutmaßte er, daß Morus sich die Bibel, als sie bei Hunnes Prozeß vor einer riesigen Versammlung gezeigt wurde, nicht näher angesehen habe. Vielmehr habe Morus als wahr hingenommen, was der Klerus behauptete – nämlich daß Hunne am Rande mit eigener Hand häretische Kommentare angebracht habe.[15]

Eines ist verwunderlich: Morus hatte zu der Zeit, als er über den Fall schrieb, großes Interesse an der Häresie. Doch obwohl er ein bemerkenswert gutes Gedächtnis besaß, ließ er sich ausgerechnet über Hunnes Glauben nicht näher aus! Fest steht jedoch, daß der Bischof und andere Männer der Kirche insistierten, Hunne als Lollarden zu überführen. Sie wollten unbedingt den Anschein erwecken, er habe in jedem Fall den Tod verdient, gleichgültig, was die Ursache seines Todes gewesen war. Wenn er ein Häretiker war, mußte man von ihm auch das Schlimmste annehmen, und die Vermutung war berechtigt, daß ein verzweifelter Häretiker, der überführt war, Selbstmord begangen hatte.

Morus deutete den Fall Hunne so, und in seinem *Dialogue Concerning Heresies* (Dialog die Häresien betreffend) beschränkte er sich auf eine sehr wahrscheinliche Möglichkeit: seiner Meinung nach sei es viel plausibler, daß Hunne sich selbst getötet habe, als daß die Agenten des Bischofs ihn ermordet hätten.[16] In seiner Schrift *The Supplication of Souls* (Die Bittschrift der Seelen), die er wenige Monate später schrieb, behauptete Morus, daß «Hunne sich aus Verzweiflung, Trotz und aus einem Mangel an Gnade aufgehängt habe»[17]. Heute werden neu eingewiesenen Gefangenen von den Gefängniswärtern die Gürtel abgenommen, um zu verhindern, daß sie Selbstmord durch Erhängen begehen, aber für die Verhältnisse im 16. Jahrhundert scheint Morus plausibel zu argumentieren. Er behauptet, Hunne habe gewußt, daß seine Klage wegen des Praemunire abgewiesen sei. Er sei verzweifelt gewesen und habe gesehen, «daß er vor einem weltlichen Gericht keine Sporen verdienen würde». Und zusätzlich seien seine geheimen Häresien nun ans Licht gekommen, so daß «er begann, die weltliche Schande zu fürchten»[18]. Plötzlich habe sich der stolze Mann, der erwartet habe, den Klerus zu demütigen, im Gefängnis wiedergefunden, zeitweilig mit einer schweren Kette um den Hals, und einer düsteren Zukunft entgegengesehen. Der Schock, den eine solche Behandlung ausgelöst haben könnte, habe möglicherweise ausgereicht, auch einen charakterfesten Mann zum Selbstmord zu treiben, und manches an Hunnes Handlungsweise – die Verweigerung des Sterbegeldes, die Klage wegen des Praemunire durch einen Mann, der weder der Regierung noch dem Adel angehört – deute auf eine impulsive Persönlichkeit, die eine Niederlage nicht verkraften könne.

Vergessen wir nicht: Selbst wenn Hunne wegen Häresie verurteilt worden wäre, hätte er abschwören und ein Reisigbündel als Zeichen der Buße tragen können. Er hätte keine weiteren Folgen zu tragen gehabt, außer eventuell von den Londonern verspottet zu werden. Erst wenn er ein zweites Mal wegen Häresie verurteilt worden wäre, hätte man ihn verbrannt. Wir stehen vor einem Rätsel innerhalb des Rätsels. Vieles hängt von Hunnes Charakter ab, und den kennen wir, so viele Jahre danach, nur aus der dürftigen Chronik seiner Taten in den Anklagen gegen ihn und aus dem voreingenommenen Bericht von Morus. Morus selbst hat sich wohl vorrangig mit dem Selbstmord beschäftigt. Er erörtert ihn in *Utopia*[19] nur kurz, aber voller Hochachtung, und er widmet ihm mehrere Seiten im *Dialogue of Comfort* (Trost in Trübsal), den er während seiner Haft im Tower schrieb – Seiten, aus denen hervorgeht, daß er seinerseits an Selbstmord dachte. Vielleicht war Morus von vornherein bereit, zu glauben, Hunne habe sich selbst getötet, und es war ihm gleichgültig, was sich aus dem Beweismaterial ergab.

Morus war dabei, als Hunne am 16. Dezember offiziell wegen Häresie in der Chapel of Our Lady in der St.-Paul's-Kathedrale verurteilt wurde.[20] Hunne wurde ordnungsgemäß verurteilt. Seine Habe fiel an die Krone, denn keiner, der wegen Häresie oder Hochverrat verurteilt wurde, durfte seiner Familie etwas hinterlassen. In einer Zeit, in der die Familie in einer für uns heute unvorstellbaren Weise als bloßes Anhängsel des Familienvaters angesehen wurde, mußten nun Frau und Kinder, die sonst in den Genuß der Erbschaft Hunnes gekommen wären, für seine Schmach büßen. Vier Tage nach dem Prozeß wurde Hunnes Leichnam in Smithfield verbrannt. John Wycliffes Leiche war wieder ausgegraben und verbrannt worden, als er ein Jahrhundert nach seinem Tode der Häresie überführt wurde. Man hielt es wohl für angebracht, mit Hunnes Leiche auf gleiche Weise zu verfahren.

Falls FitzJames gehofft hatte, die Affäre durch sein energisches Vorgehen mitsamt dem Anlaß aus der Welt zu schaffen, wurde er schnell eines Besseren belehrt. Die Kommission des Untersuchungsrichters fuhr hartnäckig mit der Untersuchung fort. In früheren Zeiten hätte sich eine Untersuchungskommission davon einschüchtern lassen, daß die Kirche den Leichnam, dem ihre Untersuchung galt, wegen Häresie verurteilte, und sie hätte die Angelegenheit einfach ignoriert. Thomas Morus war eindeutig davon überzeugt, daß das hätte geschehen sollen. Er glaubte, dem bischöflichen Gericht stünde die volle Rechtsprechung zu, weil es unter anderem auch um das Sterbegeld ging, und das war für ihn eine geistliche Angelegenheit.[21] Aber die Kommission des Untersuchungsrichters – sie vertrat London und die Zivilgerichtsbarkeit unter dem Common Law – war bereits der recht modernen und zweckmäßigen Ansicht, daß ein Mord verübt worden sei und daß die Vertreter des Volkes die Wahrheit herausfinden müßten, unabhängig davon, was ein Bischof und sein Gericht behaupteten.

In Halls Bericht über die Untersuchung steht zu lesen[22], Hunne sei gänzlich bekleidet erhängt aufgefunden worden. Sein Barett habe er noch aufgehabt. Er hing an einem schwarzen Seidengürtel von der Art, wie er um eine Robe geschlungen und vorne geschlossen wird. Die Gesichtszüge waren entspannt. Offensichtlich ließ man den Leichnam noch einen Tag an der Stelle hängen, während die Mitglieder der Kommission ausgesucht und vereidigt wurden. (Es ist etwas seltsam, daß man den Körper so lange hängen ließ. Falls keine Wachen aufgestellt wurden, die darauf achteten, daß niemand Spuren verwischen konnte, ist die Kommission des Untersuchungsrichters unter Umständen getäuscht worden. Wenn hingegen am Tatort etwas verändert worden wäre, müßte es darüber auch Gerüchte gegeben haben. Morus hätte aufgrund seiner aktiven Rolle im städtischen Leben von diesen Gerüchten gehört und sie später als entscheidende Argumente verwendet, um den Bischof und die anderen Kleriker, die in den Fall verwickelt waren, zu unterstützen. Daß er nichts dergleichen tat, spricht zusätzlich dafür, Halls Bericht über die Untersuchung zu vertrauen.) Als jemand den Leichnam anstieß, fiel er aus der Schlinge. Der Seidengürtel war nicht um das Genick geschlungen gewesen, sondern war einfach zu einer Schlaufe geknotet. Das eine Ende der Schlaufe lief durch eine eiserne Öse in der Wand, und das andere schlang sich um den Hals des Toten. Der Körper wurde durch einige Glieder einer Kette in der Schlaufe gehalten, die von der Öse herabbaumelte und an Hunnes Hinterkopf über die Schlaufe geworfen war – eine etwas merkwürdige Anordnung, falls Hunne sich wirklich selbst erhängte.

An Hunnes Handgelenken waren Spuren von Fesseln, doch er war nicht gefesselt, als seine Leiche gefunden wurde. Eine vernünftige Erklärung wäre, daß die Spuren der Fesseln durch die normale Blutzirkulation wieder verschwunden wären, wenn Hunne noch gelebt hätte, als die Fesseln entfernt wurden. Auch stand der einzige Stuhl der Zelle nicht nahe genug, als daß Hunne darauf gestanden haben konnte, bevor er sich selbst erhängte. Am Hals hatte die Leiche Spuren von Gewaltanwendung, und die Kommission bezweifelte, daß der weiche Seidengürtel, der um seinen Hals gefunden wurde, die Ursache solcher Verletzungen gewesen sein konnte.

Der zwingendste Beweis für einen Mord war jedoch, daß man an Hunnes Leibesöffnungen keinerlei Ausfluß fand. Nachdem die Reformer der Aufklärung sich dafür eingesetzt hatten, eine weniger grausame Behandlung für Strafgefangene zu erwirken, versuchten die Henker im neunzehnten Jahrhundert, die Delinquenten durch ein Fallbrett zu töten, das die Wirbelsäule so schnell durchschlug, daß alle Muskelaktivitäten sofort aufhörten. Zu allen Zeiten wußte ein professioneller Henker, daß ein Opfer, das langsam stranguliert wurde, unweigerlich aus Nase und Mund blutete und daß im Kampf gegen die Schlinge Darm und Blase sich entleerten. Aber selbst mit dem Fallbrett, das die Henker im neunzehnten Jahrhundert einsetzten, war die Beschmutzung selten zu vermeiden. Auch heute werden Selbstmörder, die sich erhängen, beinahe immer in beschmutztem Zustand gefunden.

Hunnes Jacke war blutverklebt, aber sie lag zusammengefaltet neben dem Erhängten. Eine Blutlache fand sich in einiger Entfernung von ihm auf dem Boden.

Aus dieser Untersuchung ließe sich plausibel herleiten, daß Hunne Opfer eines Verbrechens wurde. Hunne wurde im Schlaf überrascht und umgebracht – vielleicht mit einem groben Instrument wie der Kette erdrosselt, die ihm hinten über dem Seidengürtel im Genick hing, als man ihn entdeckte. Damit er sich nicht wehren konnte, wurden ihm die Hände vermutlich gefesselt, bevor er in die Zelle gebracht wurde. Seine Jacke, die er zum Schutz gegen die feuchte Kälte eines englischen Dezembers trug, war blutverklebt. Irgendwann fiel er aus dem Bett und stürzte auf den Boden. Dort blutete er weiter. Bei einem Erdrosselten schlägt das Herz noch einige Zeit, nachdem die Atmung ausgesetzt hat. Da Hunne in einer horizontalen Lage war, als er starb, war es bei ihm nicht so wahrscheinlich, daß sein Darm sich entleeren würde, wie bei einem Menschen, der in einer Schlinge baumelt. Seine Mörder, die schnell vorgingen, haben ihm möglicherweise die blutige Jacke aus irgendeiner unergründlichen Gefühlsregung heraus ausgezogen. Vielleicht wollten sie auch ihre eigenen Kleider nicht beschmutzen, als sie Hunnes toten Körper in die behelfsmäßige Schlinge legten. All dies spricht sehr stark, wenn nicht sogar eindeutig, gegen einen Selbstmord. Und das ist noch nicht alles.

Der Gefängnisaufseher des Lollard's Tower war ein gewisser Charles Joseph. An dem Tag, als Hunnes Leiche gefunden wurde, floh er in die Freistatt von Westminster. Danach fand er in einem Dorf in der Gegend Unterschlupf und hielt sich dort fast zwei Monate lang versteckt. Er wurde schließlich gefangen und in den Tower von London gebracht. Dort verhörte die Kommission ihn. Er sagte aus, daß er Dr. William Horsey unterstünde, dem Kanzler des Bischofs FitzJames. Er gab an, daß am 3. Dezember um Mitternacht Horsey, John Spalding, der Glöckner der Kathedrale, und er in

Hunnes Zelle eingedrungen seien. Dort sei Hunne auf dem Bett gelegen, und sie hätten ihn getötet.

Verschiedene Zeugen sagten aus, sie hätten gesehen, wie Charles Joseph an dem Tag, an dem Hunnes Leiche gefunden wurde, in der frühen Morgendämmerung die Umgebung des Gefängnisses verlassen habe. Es war bekannt, daß Charles Joseph und Spalding Streit gehabt hatten, aber es wurde vermutet, daß der Streit vorgetäuscht wurde, um Zweifel daran zu erwecken, daß die zwei gemeinsam einen Mord begehen könnten. Am Ende war Horsey einzig durch die Ausage eines Mannes in den Fall verwickelt, der um sein Leben bangte. Würde der Fall Hunne heute als Detektivgeschichte nacherzählt, könnten wir uns leicht einige gezielt angelegte falsche Spuren in dem Plan vorstellen. So könnte Charles Joseph in den Lollard's Tower geschlichen sein und Hunne ermordet haben, weil er sich an Horsey für irgendeine Herabsetzung oder Beleidigung auf ausgeklügelte Weise rächen wollte. Aber die Kommission des Untersuchungsrichters fand sich nicht dazu bereit, von einer sorgfältig geplanten Ausführung der Tat auszugehen. Sie erhob gegen Horsey, Spalding und Charles Joseph Anklage wegen Mordes. Sie wurden angeklagt als «Verbrecher vor unserem Herrn, dem König, mit Gewalt und Waffen gegen den Frieden und unseren obersten Herrn, den König, und die Würde der Krone».[23]

Welche Motive hatten diese Männer, Hunne zu töten? Das ist die schwierigste Frage bei diesem Fall. Morus schrieb später, daß Hunnes Klage wegen des Praemunire gescheitert wäre und daß er dadurch in Verzweiflung und in den Selbstmord getrieben worden sei. Die überlieferten Aufzeichnungen des Oberhofgerichts ergeben ein ganz anderes Bild. Der Fall wurde, nachdem Hunne Klage erhoben hatte, zwei Jahre lang aufgeschoben. Er sollte 1515 in der Januar-Sitzung des Gerichts verhandelt werden – also nachdem Hunne bereits tot war. Die letzte kompetente Persönlichkeit, die über die Affäre schreiben sollte, behauptet, daß Morus die Wahrheit sagte. Die Richter hätten bereits ihre Entscheidung getroffen, auch wenn sie das Urteil noch nicht verkündet hatten. Die Behauptung lautet, die Richter hätten ihre Entscheidung dem Bischof privat zukommen lassen. Sonst hätte er es nicht gewagt, Hunne am 2. Dezember zu verhören.[24]

Zumindest leuchtet die Vermutung ein, daß Morus die Wahrheit sagte und Hunnes Klage im wesentlichen schon von dem Oberhofgericht des Königs entschieden worden war. Die Verhandlung im Januar 1515 sollte nur noch eine rein formale Angelegenheit sein, bei der die Entscheidung verkündet werden sollte. Doch unser einziger Beweis dafür, daß die Klage zum Zeitpunkt von Hunnes Tod gescheitert war, ist Morus' Aussage. Ob Morus sich jetzt irrt – ob er die vorläufige Meinung der beteiligten Juristen in eine wesentlich ernster zu nehmende Aussage umdeutete, als er darüber berichtete, oder ob er schlicht lügt –, können wir nicht mit letzter Sicherheit entscheiden. Doch die Männer um den Bischof, die fürchteten, daß dem Praemunire stattgegeben werden und daß der Fall Hunne dann zu einem Prozeß über den Platz der englischen Kirche im englischen Leben werden könnte, hatten damit sehr wohl ein starkes Motiv, eine radikale Lösung für ein derart fundamentales Problem zu wählen.

Horsey, Spalding und Charles Joseph wurden zu einer Zeit angeklagt, als in London noch immer der Aufruhr über die Affäre tobte. Der Kirche schien das Schlimmste zu drohen, denn durch die Anklage wurde die große konstitutionelle Frage aufgeworfen, die dann ein für allemal durch die englische Reformation gelöst wurde: Wem kam in England die Oberhoheit zu, der Kirche oder der weltlichen Autorität? Gemäß der alten kirchlichen Verfahrensweise hätten zumindest Horsey und vielleicht auch seine zwei Mitangeklagten der Obhut des Bischofs übergeben werden und vom bischöflichen Gericht abgeurteilt werden sollen, das nicht die Todesstrafe verhängen konnte. Kein kirchliches Gericht durfte die Todesstrafe aussprechen, obwohl es offiziell die Ansicht vertreten konnte, daß bestimmte Leute nicht zu leben verdienten. Bei einem Fall von Häresie konnte die Kirche entscheiden, ob der Angeklagte ein Häretiker war oder nicht. Doch danach übergab sie den Angeklagten der weltlichen Autorität, und diese ließ ihn verbrennen. Die Kirche durfte sich nicht mit vergossenem Blut beflecken. Die weltliche Autorität führte die Todesstrafe aus, und sie konnte ihre Existenz unter anderem damit begründen. Ein Kleriker, der sich des Mordes schuldig gemacht hatte, war kein Häretiker. Die Kirche wachte eifersüchtig über ihr Recht, den sogenannten verbrecherischen Geistlichen ihrer eigenen Rechtsprechung zu unterwerfen. Der Kampf um dieses Recht war in England schon teilweise verloren. Das klerikale Privileg konnte einen Priester nicht davor bewahren, wegen Hochverrats verurteilt und hingerichtet zu werden, obgleich einem solchen verurteilten Priester immer der klerikale Status abgesprochen wurde, bevor er dem Henker übergeben wurde. Erst ein paar Monate bevor Hunne starb, hatte der neue Papst Leo X. wieder einmal verkündet, daß kein Laie in irgendeiner Form und in irgendeiner Angelegenheit über einen Geistlichen Recht sprechen dürfe. Die englische Regierung schenkte dem keine Beachtung.

Im Jahre 1512 erließ das Parlament aus einer antiklerikalen Laune heraus ein kurzes Gesetz gegen die privilegierte Behandlung von Geistlichen, die Verbrechen begangen hatten. Im Mittelalter verstand man unter einem «Geistlichen» nicht ausschließlich einen geweihten Priester, der die Sakramente austeilen durfte. Als Geistlicher galt jeder, dem die Kirche bestätigte, er erfülle eine besondere religiöse Funktion. Lehrer und Studenten an den Universitäten galten als Geistliche, ebenso die Kirchendiener, die an und in Gebäuden der Kirche arbeiteten. Und vielleicht galten auch Figuren wie Charles Joseph und John Spalding als Geistliche, die beide mit untergeordneten Tätigkeiten auf Besitzungen der Kirche betraut waren. Hatte ein Mann eine Tonsur – das Haar am Oberkopf ausrasiert – und konnte er Latein lesen, dann konnte man ihn als Geistlichen betrachten. Stand bei einem Prozeß sein Leben auf dem Spiel, konnte er buchstäblich seinen Hals dadurch retten, daß er eine Stelle aus der lateinischen Bibel vorlas.

Das Gesetz von 1512 war gegen die Schar der «niederen Orden» gerichtet, wie sie genannt wurden – die Geistlichen ohne Weihe. Durch dieses Gesetz wurden jene Geistlichen der Rechtsprechung des Common Law unterstellt, die angeklagt waren, in Kirchen, in den Häusern ihrer Opfer oder auf den Straßen des Königs einen Mord begangen zu haben. Mit dieser einleuchtenden Regelung der Gesetzgebung konnten die klerikalen Verbrecher für solche Vergehen ebenso mit dem Tod bestraft werden wie gewöhnliche Kriminelle. Nur die geweihten Priester waren von der Bestimmung ausgenommen. Dennoch sah das Parlament von 1512 die Gefahr, sich die englische Kirche zum Feind zu machen, und verfügte deshalb, daß der Beschluß nur bis zum nächsten Parlament gültig sein sollte. Das Parlament trat nur zusammen, wenn der König es einberief, und so hätte der Parlamentsbeschluß von 1512 wohl ohne nochmalige Prüfung ein oder zwei Jahrzehnte lang gegolten, wenn nicht 1515 ein Parlament einberufen worden wäre. Nun mußte dieses Parlament entscheiden, ob es das Gesetz erneuern, abändern oder aufheben wollte.

Doch bevor das Parlament zusammentreten konnte, erschütterte die Affäre Hunne London. Als das Parlament zusammentrat, dauerte der Aufruhr noch an. Hall teilt uns in seinem Bericht mit, daß der alte Bischof FitzJames außer sich war. Wir dürfen aus vielem, was Morus später äußerte, vermuten, daß auch er besorgt war und die Befürchtungen der Männer der Kirche teilte, daß die Freiheiten der katholischen Kirche in England bedroht seien.

Denn was konnte das Parlament unter dem Druck der öffentlichen Meinung daran hindern, die Gültigkeitsdauer des Gesetzes von 1512 nicht nur zu verlängern, sondern es noch schärfer zu fassen, so daß es nicht nur für die niederen Orden, sondern auch für die geweihten Priester und Bischöfe der Kirche Geltung bekäme? Was würde geschehen, wenn das Parlament dafür eintreten würde, die englische Kirche gänzlich der Rechtsprechung des Königs und des Common Law zu unterstellen und damit im wesentlichen das kanonische Recht in England zusammen mit den Freiheiten, die in der Magna Charta verbürgt waren, abzuschaffen? Was würde geschehen, wenn das Parlament das Gesetz des Praemunire noch erweiterte und klar festlegte, daß das Eigentum der Kirche beschlagnahmt werden könnte? Dies waren Fragen von höchster Bedeutung. Und nur zwei Jahrzehnte nachdem der Fall Hunne London erschüttert hatte, machte Heinrichs Reformparlament von 1515 die schlimmsten Befürchtungen der katholischen Geistlichkeit wahr.

Der Unterschied zwischen den Jahren 1515 und 1534 lag darin, daß im Jahre 1515 Heinrich VIII. keinen Grund hatte, sich den Papst zum Feind zu machen. Er konnte nicht sicher wissen, wie schwach der Einfluß der Kirche auf die öffentliche Meinung in England sein würde, und er war nicht der Mann, der sich von öffentlichen Forderungen zu irgend etwas verleiten ließ. Wie Thomas Morus darüber dachte, kann man aus *Utopia* erschließen. Das Werk ist 1515 geschrieben, als die Affäre Hunne immer noch die Gemüter erhitzte. In dem imaginären Inselreich folgt auf eine Exkommunikation, die ein Priester über einen Laien verhängt, augenblicklich die Verhaftung und Bestrafung durch die weltliche Gerichtsbarkeit. Aber die säkularen Autoritäten gehen nicht gegen einen Priester vor, gleichgültig, welches Verbrechen er begangen haben mochte, «denn sie halten es nicht für erlaubt, jemanden mit Menschenhand zu berühren, und wäre es der ärgste Verbrecher, der Gott in so einzigartiger Weise gleichsam als Opfer geweiht ist».[25]

Der Fall Hunne wurde schließlich durch königliche Intervention beigelegt, die teilweise auf Drängen des Bischofs FitzJames zustande kam. Irgendwann – vermutlich im Februar oder März 1515 – schrieb der Bischof einen verzweifelten Brief an Wolsey.[26] Darin sprach er einen verhängnisvollen Punkt an, anscheinend ohne richtig wahrzunehmen, was er tat. Er bat Wolsey, beim König zugunsten Dr. Horseys vorzusprechen. Er versuchte nicht, Charles Joseph zu belasten. Er legte auch nicht die Vermutung nahe, daß ein Mensch in Todesangst aus reiner Niedertracht versucht haben könnte, Dr. Horsey in den Fall hineinzuziehen. Er schrieb nur, daß man Charles Joseph das Geständnis durch «Schmerz und Haft» abgerungen habe. Die Behauptung des Bischofs wird zwar durch keinen Beweis erhärtet, doch diese Formulierung war juristische Fachsprache der Zeit. FitzJames wollte Heinrich dazu bringen, die Anklage fallenzulassen, die auf Grund des Geständnisses erhoben worden war; vor einem englischen Gericht durfte kein Geständnis verwendet werden, das einem Gefangenen unter der Folter abgerungen worden war. Der Bischof bat den König, die Angelegenheit unparteiischen Mitgliedern des Kronrats zu übergeben, die sich die Zeugenaussagen aller Parteien anhören sollten. Der König sollte den Anklagebeschluß aufheben, der von der Kommission des Untersuchungsrichters erhoben worden war, so daß Horsey nicht vor Gericht gestellt würde. «Denn», führt FitzJames aus, »es ist meine Überzeugung, daß zwölf beliebige Männer aus London, die über meinen Kanzler zu Gericht sitzen müssen, so sehr für die verderbte Häresie eingenommen wären, daß sie meinen Sekretär verurteilen würden, auch wenn er unschuldig wie Abel wäre.» Der Bischof beurteilte die Macht der Häresie in London völlig anders als Thomas Morus, der später wiederholt erklärte, daß die große Mehrheit des englischen Volkes treu hinter dem alten Glauben stünde. Es ist ein bemerkenswertes Eingeständnis von seiten eines Bischofs, daß die Kirche beim Volk gescheitert sei.

Es wirft ein Licht auf die Sehnsucht nach einer reformierten Priesterschaft, die wir in den Werken eines John Colet, Thomas Morus und bei den späteren englischen Protestanten finden.

Ein Bischof mit feinerem Gespür für juristische Fragen hätte wohl vorausgesehen, wie gefährlich es war, einen König über eine Angelegenheit der Kirche richten zu lassen. Könige waren Laien, und die Kirche hatte jahrhundertelang darum gekämpft, die blutigen, gierigen Hände der Laien von den geistlichen Geschäften fernzuhalten. FitzJames hätte sich möglicherweise an den Papst gewandt, doch unter den gegebenen Umständen wäre ein solcher rechtmäßiger Akt sicherlich in weiten Kreisen als eine Verletzung des Praemunire ausgelegt worden. Hätte sich der Bischof zur möglichen Auseinandersetzung gerüstet und Rom angerufen, wäre der Streitfall, aus dem heraus die englische Reformation erwuchs, möglicherweise mit einem Kompromiß von der Art beendet worden, wie ihn die Franzosen 1515 mit dem Papsttum im Konkordat von Bologna erarbeitet hatten. Der Kompromiß sicherte dem französischen König eine solche Autorität über die Kirche Frankreichs zu, daß die französischen Könige später – abgesehen von Heinrich IV. – niemals einen Vorteil darin sahen, zum Protestantismus überzutreten. Aber damals hätte auch Horsey schon hingerichtet sein können, noch bevor der Appell an den Papst erfolgt wäre, und den Bischof hätte man verhaften und seine Ländereien beschlagnahmen können. Wie sich aus den Ereignissen bald erweisen würde, mangelte es dem englischen Episkopat am Talent zum Martyrium.

Der Bischof bat vielmehr den König, das Verfahren des weltlichen Gerichts zu beenden. Er ließ von den kanonischen Theorien über die Unabhängigkeit der Kirche ab und wandte sich dem dringenden praktischen Gebot der Stunde zu. Er bat Wolsey, zu vermitteln. «Wenn Ihr, gesegneter Vater, uns in unseren schweren Stunden helfen könnt», schrieb er, «werden wir Euch auf ewig verpflichtet sein.»

Wolsey war der geeignete Ansprechpartner für eine solche Bitte. Seine Position war stark, und seine Ansichten über die kirchliche Unabhängigkeit waren streng. Monate später ging FitzJames' Wunsch in Erfüllung. Horsey blieb im Gefängnis, bis sich der Zorn der Londoner Massen gelegt hatte. Dann wurde er vor dem Oberhofgericht zur Anklage vernommen, und es wurde ihm gestattet, sich für nicht schuldig zu bekennen. Heinrich befahl seinem Ersten Kronanwalt, die Verteidigung zu übernehmen, und Horsey wurde freigesprochen. Wolsey war damals Kardinal und Gesandter des Papstes in England. Er verurteilte Horsey zu einer hohen Geldstrafe und sandte ihn nach Exeter. Dort hielt er sich auch noch auf, als Morus 1529 schrieb, der frühere Kanzler des Bischofs lebe und erwarte den Lohn «allein von Gott für sein langes Ausharren in seiner unverdienten mißlichen Lage».[27] Er verbrachte den Rest seiner Tage in großer Armut, und wir müssen uns fragen, warum Wolsey und die Kirche den Mann so hart behandelten, wenn sie wirklich glaubten, er sei von jeder Schuld frei.

Als Morus Jahre später seinen Bericht über den Fall in seiner Schrift *A Dialogue Concerning Heresies* abfaßte, entstellte er den Sachverhalt beinahe bis zur Unkenntlichkeit. Würden wir die Geschichte Richard Hunnes allein in Morus' Version kennen, wir kämen nie auf den Gedanken, daß aussagekräftige Beweise vorlagen, die darauf hindeuteten, daß Hunne ermordet worden war und daß ernsthafte Bürger aufgrund der Beweise an einen Mord glaubten. Morus stellte das Geschehen so dar, als ob alle anständigen Menschen glaubten, Hunne habe sich selbst getötet und die einzige, dem widersprechende Information sei törichtes Geschwätz. Er nennt keinen der Beweise, den die Kommission des Untersuchungsrichters gefunden hatte. Auch verliert er kein Wort über die eidlichen Aussagen, welche mehrere der Hauptbeteiligten gegenüber der Kommission gemacht hatten. Es stimmt zwar, daß nach dem damaligen englischen Recht die Ergebnisse der Untersuchung der Kommission nicht veröffentlicht werden durften. Manche behaupten, Morus habe deshalb die Ergebnisse der Untersuchungskommission verschwiegen. Sie wollen ihn dadurch rechtfertigen, daß sie anführen, er habe nur das Gesetz befolgt. Diesen Eindruck vermittelt Morus selbst jedoch nicht.

Wenn wir davon ausgehen, daß Morus seine Leser nicht irreführen wollte, stellt sich die Frage, warum er den Fall überhaupt wieder aufgegriffen hat. Er hätte ihn stillschweigend übergehen können. Doch offensichtlich ging der Geist Richard Hunnes noch immer in London um, und Morus glaubte, ihn bannen zu müssen, falls er es konnte.

Den Tumult, der um den Fall entstanden war, erwähnt er nur nebenbei, wenn er ausführt, daß man den Fall Hunne «viele Male an verschiedenen Orten untersucht hat». Er beschränkt seinen Bericht über diese Untersuchungen auf eine Anhörung, die in Baynard's Castle stattgefunden und die nichts mit der gerichtlichen Untersuchung zu tun hatte. Die Verantwortlichen waren, wie Morus berichtet, verschiedene «große geistliche und weltliche Herren und andere Mitglieder des ehrwürdigen Kronrats, die von seiner Hoheit aufgrund seines gesegneten Eifers und seines prinzlichen Wunsches, geboren aus der Suche nach der Wahrheit, dorthin gesandt wurden».[28] Die Untersuchungskommission wurde von Bürgern Londons geleitet, Männern vom gesellschaftlichen Range eines Thomas Morus. Vermutlich beschreibt er hier ein Verhör durch Mitglieder des Kronrats, worum FitzJames in seinem in höchster seelischer Erregung geschriebenen Brief an Wolsey gebeten hatte. Ein Gremium also, das den König beraten würde, ob das Verfahren fortgeführt werden sollte. Nachdem der König die verschiedenen Ansichten der Ratsmitglieder eingeholt hatte, konnte er darüber entscheiden, ob die Anklage gegen Horsey und die anderen aufgehoben würde oder ob der Fall vor den königlichen Gerichten weitergeführt werden sollte, deren oberster Richter er selbst war.

Morus vermittelt in dem Bericht über diese Ratsversammlung den Eindruck, als sei nur lächerliches Beweismaterial von irgendwelchen Narren vorgelegt worden. Irgend jemand habe gesagt, er kenne jemanden, der Hunnes Mörder kenne. Dieser Mann wurde befragt. Aber nein, habe er gesagt, das sei ein Irrtum. Es sei der Nachbar, der gesagt habe, er wisse, wer schuld sei. Der Nachbar wurde hereingeführt. Aber nein. Auch er sei mißverstanden worden. Es sei *sein* Nachbar gewesen. Als auch dieser Mann herbeigeholt wurde, sagte auch er, nein, er sei es auch nicht. Die Person, die wisse, wer Hunne umgebracht habe, sei eine Zigeunerin, die jetzt über das Meer gefahren sei, eine Seherin. Sie könne aus der Hand lesen und genau sagen, wer etwas gestohlen habe. «Und daher denke ich, könnte sie wissen, wer Hunne ermordet hat, wenn sie wissen kann, wer ein Pferd gestohlen hat.»[29]

Dann erzählt Morus die Geschichte des Mannes, der behauptete, Hunne hängen gesehen zu haben und dabeigewesen zu sein, als sein Körper abgenommen wurde. Dieser Mann sagte aus, er wisse genau, daß Hunne sich nicht selbst erhängt habe. Woher er das so genau wisse? Warum? Weil er lange bei zwei verschiedenen Almosenpflegern des Königs gearbeitet habe, und während dieser Zeit habe er viele gesehen, die sich selbst erhängt hätten. Aus dieser Erfahrung wisse er, ob ein Erhängter Selbstmord begangen habe oder nicht. Und Hunne, behauptete er, sei kein Selbstmörder.

Wie viele Menschen hat er hängen sehen? fragte der Richter.

Das könne er nicht genau sagen.

Hundert?

Nein, keine hundert.

Siebenundachtzig?[30]

«Darauf bemühte er sich ein wenig, wie einer auszusehen, der überlegt und nicht lügen will, und zuletzt antwortete er, er glaube nicht, daß es siebenundachtzig waren. Dann wurde er gefragt, ob es zwanzig gewesen seien. Und hierauf antwortete er ohne zu stocken, nein, keine zwanzig. Darauf lachten die Richter mit gutem Recht, als sie sahen, daß er so sicher war, keine zwanzig gesehen zu haben, aber im Zweifel, ob er siebenundachtzig gesehen habe.» Schließlich mußte der Zeuge zugeben, daß er nur einen Selbstmörder gesehen habe, der sich in einer Scheune erhängt hatte, einen Iren namens Cruikshank.

Die andere Aussage stammte von einem Mann, der behauptete, er habe gehört, wie ein hoher Geistlicher, ein Doktor der englischen Kirche, gesagt habe, «wenn Hunne nicht auf Praemunire geklagt hätte, wäre er nicht der Häresie angeklagt worden». Der hohe Geistliche wurde gebeten, diese aufregende Behauptung zu bestätigen. «Meine Herren», erklärte er, «ich habe das ganz sicher nicht so gesagt, sondern ich sagte, wäre Hunne nicht der

Häresie angeklagt worden, hätte er nicht auf Praemunire geklagt.» Darauf schrie der Zeuge triumphierend, »so, meine Herren, ich bin glücklich, als ehrlicher Mann vor euch zu stehen. Werdet ihr mir noch weitere Dienste zuteilen?»[31] Der Zeuge, schrieb Morus, konnte nicht verstehen, daß die Worte je nach ihrer Stellung in einem Satz etwas Unterschiedliches bedeuten. Ein Richter sagte dem Zeugen: «Ich habe herausgefunden, guter Mann, daß du keinen Unterschied darin siehst, wie die Worte in einem Satz stehen, solange es nur die gleichen Worte sind. Für dich ist alles eins, ein Mühlstein und eine Steinmühle, trinke, bevor du gehst, und gehe, bevor du trinkst.»

Stimmen diese Geschichten?[32] Wir werden es nie herausfinden. Doch besonders die letzte Geschichte ist sehr unglaubwürdig. Im Oktober 1515 erörterte Morus in einem Brief an den Theologen Martin van Dorp in Löwen die kleinlichen Probleme, mit denen sich die Logiker beschäftigten. Eines der Probleme bezog sich auf die Frage, wie sich die Bedeutung eines Satzes ändere, wenn die Stellung der Worte vertauscht werde. Irgendein scholastischer Philosoph, schrieb Morus, habe bedeutende Unterschiede zwischen den Sätzen «Zweimal habe ich Wein getrunken» und «Wein habe ich zweimal getrunken» entdeckt. Der gesunde Menschenverstand, so meinte er, sollte einem sagen, daß die zwei Sätze dasselbe bedeuteten. Aber man könne die Bedeutung durch eine veränderte Stellung der Worte in einem Satz verändern, denn, so Morus, der Unterschied zwischen den Sätzen: «Trinke, bevor du gehst» und «Gehe, bevor du trinkst» sei beträchtlich.[33]

Vielleicht erinnerte er sich noch an dieses Beispiel aus der Affäre Richard Hunne, die gerade langsam in Vergessenheit fiel, als er an Dorp schrieb. Aber andererseits entwickeln auch Menschen, die gern komische Geschichten erzählen, einen Sinn für gute Beispiele, und sie erzählen sie möglicherweise wiederholt vor verschiedenem Publikum. Morus fand das Beispiel mit Trinken und Gehen komisch. Er hat es möglicherweise jahrelang im Gedächtnis behalten, wie wir solche Ding eben im Kopf speichern, und er mag damit einen frommen Betrug im *Dialogue Concerning Heresies* begangen haben.

Der *Dialogue Concerning Heresies* fand vermeintlich zwischen Morus und einem jungen Mann statt, der «der Bote» genannt wird. Natürlich begriff der Bote, die Folie für Morus' Witz, das Problem, denn schließlich war er Morus' Geschöpf. Er schloß die Erörterung des Falles Hunne mit der zustimmenden Bemerkung ab: «Denn hieraus mag man ersehen, daß falsch verstehen falsch berichten bedeutet. Und eine Geschichte, die durch viele Münder geht, wird mit vielen neuen Federn geschmückt, und wenn die dann ausgerissen werden, wird sie wieder ... so nackt wie der Arsch eines Vogels.»[34] Doch sieht es ganz danach aus, als habe Morus die eigentlichen Hintergründe des Falles Hunne unter ganzen Federkissen voller Absurditäten begraben.

Er deutet an, daß die Untersuchung, von der er berichtet, auch schwerwiegenderes Beweismaterial berücksichtigt habe als die drei albernen Aussagen, wie er erzählt: «Was aber die Wahrheit angeht, so wurden bei jenem Verfahren viele andere Dinge vorgelegt, die weniger zweifelhaft zu sein schienen als diese, die doch, wenn man auf sie einging, beinahe mehr als die Hälfte ihrer Beweiskraft verloren.»[35] Doch die Hälfte ist immer noch eine ganze Menge, und Morus verliert kein Wort über diese stichhaltigeren Beweise. Er nimmt seinem Leser jede Gelegenheit, sich selbst ein Urteil zu bilden. Da der Bericht der Untersuchungskommission zu der Zeit nicht veröffentlicht wurde, konnte Morus davon ausgehen, daß seine Verschleierungstaktik funktionieren würde. Die Menschen würden glauben, die Beweise für Hunnes Ermordung seien so nichtig wie jene, die er hier anführte. Selbst unvoreingenommene Leser dürften sich wohl gefragt haben, was der Aufruhr über den Fall Hunne und die jahrelange Faszination, die er auf das englische Volk ausübte, eigentlich zu bedeuten hatten.

Morus verfügte über ein herausragendes rhetorisches Geschick, und damit gelang es ihm, ein hartnäckiges Gerücht in eine gute Geschichte zu verwandeln. Das Gerücht besagt, Horsey habe den König um Vergebung angefleht, und der König habe sie ihm gewährt. Morus' Folie, der Bote, stellte die naheliegende Frage: Bewies nicht die Bitte um Vergebung, daß Horsey schuldig war?

«Ich habe zuvor Menschen sagen hören», entgegnet Morus, «daß sie nie die Vergebung Gottes oder des Königs zurückweisen werden.» Dann geht er dazu über, Heinrich in schmeichelhafter Weise als einen der huldreichsten Könige zu preisen, die England jemals sah. Aber dennoch hätte Heinrich eine solche verruchte Tat Horsey nie verziehen, wenn er schuldig gewesen wäre. Wenn Heinrich ihm verziehen hatte, dann mußte Horsey auch unschuldig sein.[36]

Nachdem Morus diesen Punkt rhetorisch stark herausgestellt hat und in dem Bericht sogar den König als Zeugen für Hunnes Unschuld ins Spiel gebracht hat, gibt er im nächsten Moment sorgfältig die Ereignisse wieder, die tatsächlich stattgefunden haben. Horsey hatte nicht um Vergebung gefleht; er war angeklagt worden. Er war vor das Oberhofgericht gestellt worden, und sowohl er wie seine Kollegen bekannten sich nicht schuldig. Erst daraufhin befahl der König, weil er von ihrer Unschuld überzeugt war, seinem Ersten Kronanwalt, ihren Plädoyers zu folgen. Damit ergab sich die Gelegenheit für eine Vergebung erst gar nicht. Es fand nur ein ordentlicher Prozeß statt, der mit einem Freispruch endete.

Jahre später fügte Morus sein eigenes Bekenntnis hinzu: «Ich habe nie in meinem Leben irgend etwas gehört (obwohl ich vermutlich alles gehört habe, was gesagt werden konnte), das mich, nachdem beide Parteien gehört worden waren, veranlaßt hätte, an seine [Horseys] Schuld zu glauben.»[37] Er konnte Heinrichs Verhalten als Beweis anführen.

Zu der Zeit, als Morus seinen Bericht schrieb, konnte er mit Sicherheit davon ausgehen, daß niemand vortreten und verkünden würde, Heinrich hätte Horseys Freispruch aus politischen Gründen angeordnet, ungeachtet der Beweise. Weiterhin ist es erwähnenswert, daß Morus seine unerschütterliche Ansicht, Horsey habe zu Unrecht die Verbannung aus London erlitten, auch in *The Supplication of Souls* (Die Bittschrift der Seelen) vertrat, die erst nach Wolseys Sturz veröffentlicht wurde. Wolsey war dafür verantwortlich, daß Horsey verbannt wurde. Morus hätte das Exil nicht als Folge eines Justizirrtums bezeichnet, solange Wolsey sich noch verteidigen konnte. Wolsey hätte möglicherweise Morus' öffentliche Karriere beendet. Aber in der zweiten Hälfte des Jahres 1529 war Wolsey nicht mehr an der Macht, und es war ungefährlich, eine seiner politischen Maßnahmen zu kritisieren.

Wir haben bereits darauf hingewiesen, daß Morus Hunne ständig verleumdete. Er hielt ihn für einen Häretiker. Morus behauptete, Hunne habe sich selbst getötet, weil seine ketzerischen Ansichten aufgedeckt worden waren. Im *Dialogue* läßt er den Boten sagen: «Auf Treu und Glauben (...) wußte ich doch, daß er tatsächlich ein Ketzer war, und ich würde wohl meinen, daß er sich in der Gefahr, entlarvt zu werden, aus Niedertracht und Verzweiflung erhängte.»[38] Morus mutmaßt sogar, Hunne habe sich auf eine so eigenartige Weise erhängt, damit der Verdacht auf Dr. Horsey fallen würde. Er fügt hinzu, es sei unwahrscheinlich, daß der Kanzler des Bischofs einen Mord begangen haben sollte, wenn genügend Beweismaterial zusammengetragen worden sei, um über Hunne «Schande zu bringen und ihn vielleicht auch zu einem schmählichen Tod zu veranlassen».[39] Es sei nochmals darauf hingewiesen, daß die Worte von Morus unsere einzigen Anhaltspunkte dafür sind, daß der Prozeß gegen Hunne mit Mitteln geführt wurde, die Hunne zur Verzweiflung getrieben haben könnten. Es ist ferner bemerkenswert, daß Morus anscheinend wußte, daß die Lage, in der Hunnes Körper aufgefunden wurde, einige Zweifel daran aufkommen ließ, daß Hunne sich selbst getötet hatte. Offensichtlich kannte Morus das Beweismaterial, das die Untersuchungskommission erörtert hatte.

Als Morus den Prozeß in der St.-Paul's-Kathedrale beschreibt, bei dem Hunne zum Häretiker erklärt wurde, unterstützt er den Bischof FitzJames' moralisch. «Denn ich versichere euch, der Bischof war ein weiser Mann, tugendhaft und klug.» FitzJames hatte aus seinem grundsätzlichen Konservatismus heraus Morus' guten Freund, John Colet, der Häresie angeklagt, weil er gegen das schlechte Beispiel gepredigt hatte, das die Geistlichen dem Volk gaben. Die Anschuldigungen FitzJames' hatten keine weiteren Folgen, und 1529 waren sowohl der Bischof wie auch Colet lange tot. Daher konnte Morus beider in ehrenden Worten gedenken und so tun, als habe die katholische Kirche nie ernstzunehmende Meinungsverschiedenheiten gekannt, bevor die Protestanten auf der Bühne erschienen waren.

Morus fügte seinem Bericht als eine Art Nachschrift die Geschichte eines Tischlers in Essex bei, «der früher Pumpen herstellte» und der bei der Planung eines Raubes verhaftet worden war. Morus war anwesend, als der Tischler verhört wurde, zusammen mit «der großen gesetzgebenden Kraft dieses Reiches» – vermutlich einem Friedensrichter, der die Ordnung in der ländlichen Gegend aufrechterhalten sollte. Der Tischler gestand nicht nur den Plan zu dem Verbrechen, sondern bekannte sich auch der Häresie schuldig. Er sagte aus, sein Bruder habe sowohl ihn als auch seinen Vater vom rechten Wege abgebracht. Alle drei hätten sie regelmäßig an mitternächtlichen Lesungen bei einer geheimen Zusammenkunft der Häretiker in London teilgenommen. Einer dieser Häretiker sei Richard Hunne gewesen. Nach Morus' Bericht hatte der Tischler dem englischen Heer angehört, das Heinrich VIII. 1513 nach Frankreich geschickt hatte. Mehrere Jahre habe er während der Belagerung von Tournai in diesem Heer gedient. Erst als er zurückgekehrt sei, sagte der Tischler aus, habe er gehört, daß Richard Hunne im «Lollard's Tower erhängt wurde und daß sein Körper als der Körper eines Häretikers verbrannt wurde».[40]

Arthur Ogle wies 1949 darauf hin, daß der Tischler und Soldat ein überführter Verbrecher war und sich offensichtlich bemühte, nicht nur Richard Hunne der Häresie anzuklagen, sondern auch den eigenen Vater und den Bruder. Der Bruder wurde verhaftet und in das Marshalsea-Gefängnis geworfen. Der Vater war schon tot. Morus vermeidet es sorgfältig, das weitere Schicksal des Bruders mitzuteilen. Denn es ist beinahe sicher, daß der Bruder schließlich aus Mangel an Beweisen freigelassen wurde. Wäre der Bruder verurteilt worden, hätte Morus sicherlich seine Argumentation damit untermauert. Wir dürfen uns auch fragen, ob ein Tischler, der einen Beruf ausübte, der nicht gerade als ehrenhaft galt, mit einem Tuchhändler vom sozialen Rang eines Richard Hunne Umgang haben konnte, selbst bei einer geheimen Zusammenkunft von Häretikern. Schließlich war die Hauptfrage – und Morus versteht es, sie im dunkeln zu lassen – nicht, ob Hunne ein Häretiker war, sondern, ob er ermordet wurde.

Auch Morus' Bericht über Hunnes angebliche Häresien ist so vage, daß er kaum einer Überprüfung standhält. Morus behauptete, Hunne habe wegen des Praemunire geklagt, nachdem er der Häresie angeklagt worden war. Aber heute sind die Wissenschaftler übereinstimmend der Meinung, daß Hunne seine Klage einreichte, bevor die formalen Anschuldigungen gegen ihn erhoben wurden.[41] Das würde erklären, warum das Volk glaubte, der Bischof habe Hunne aus Rache der Häresie beschuldigt. Es ist ebensogut möglich, daß Cuthbert Tunstall Hunne exkommunizierte, nachdem Hunne sich geweigert hatte, das Sterbegeld zu bezahlen, das Tunstall ihm nach einem Verfahren vom 13. Mai 1512 auferlegt hatte.[42] Jeder Exkommunizierte konnte mühelos als «Häretiker» bezeichnet werden, wenn er sich weigerte, Schritte zu unternehmen, um in den Schoß der Kirche zurückzukommen. Morus – er ergriff im Jahre 1529 für die zum Kampf angetretene katholische Kirche Partei (und, nebenbei gesagt, für seinen guten Freund Tunstall) – könnte möglicherweise auf dieses leichtfertige Gerede zurückgegriffen haben, als er behauptete, Hunne habe in einem kühnen Versuch, der Anklage auf Häresie etwas entgegenzusetzen, auf Praemunire geklagt. Hunne könnte ebensogut auch so gegen die Kirche gewesen sein. Er könnte Wycliffes Bibelübersetzung zwar gelesen haben, aber vielleicht fehlte ihm der nötige theologische Scharfsinn, um sich in einer tiefergehenden theologischen Weise die Häresie zu eigen zu machen. Seine religiösen Überzeugungen bleiben rätselhaft, und Morus hilft uns keineswegs, sie zu verstehen. Spätere Protestanten, einschließlich John Fox, sehen ihn als einen der ihren an. Aber das ist er eher im Geiste als auf Grund irgendwelcher Glaubensbekenntnisse, an denen er möglicherweise festgehalten hat.

Es ist unverkennbar, daß Morus den Fall Hunne in seinem Bericht verzerrt wiedergibt. Und was vielleicht noch entscheidender ist, er versucht fortwährend, Sand in die Augen seiner Leser zu streuen, wenn er die grundlegende Frage vermeidet, ob Hunne ermordet wurde, und seine Erörterung an der weniger wichtigen Frage ausrichtet, ob Hunne ein Häretiker war. Für Morus waren Häretiker so teuflisch, daß es gerechtfertigt war, alles Böse von ihnen zu glauben, wie unerhört es auch sein mochte. Morus stellt uns einen Richard Hunne vor, der über seine Entlarvung so verzweifelt war, daß er sich selbst umbrachte, und der sittlich so verdorben war, daß er versuchte, seinen Selbstmord wie einen Mord aussehen zu lassen. Dies ist eine reichlich unwahrscheinliche Kombination von Charakterzügen.

Ein Mann mit den religiösen Anschauungen eines Thomas Morus wird es vermutlich für notwendig erachtet haben, das übermittelte Beweismaterial zu verzerren, wenn er auf diese Weise die katholische Kirche schützen konnte. Seine Bereitschaft, die Beweise zu verdrehen, spricht eher dafür, daß er sich fürchtete, als daß er auf irgendeine Weise unmoralisch gehandelt hätte. Er glaubte, daß die vernünftige Ordnung, die sowohl die Geschichte wie auch die Gegenwart prägte, sofort dem Chaos anheimfallen würde, wenn die Häresie siegen und die katholische Kirche stürzen würde. Wir neigen zu dem Glauben, die Wahrheit um der Wahrheit willen zu sagen, sei die höchste Tugend, wie dies schon in der Antike geglaubt wurde. Denn wir gehen davon aus, daß die Menschen nur zu ihrem eigenen Vorteil lügen. Eine Verpflichtung gegenüber einer Institution, deren Autorität so absolut ist, daß sie auch eine Lüge wert ist, erscheint uns befremdlich. Fest steht, daß Morus in der Geschichte weniger Kritiker gefunden hätte, wenn er nicht dazu beigetragen hätte, vorsätzlich Beweismaterial zu entstellen. Ebenso können wir behaupten, daß einige Menschen in neuerer Zeit, die ihm zugeneigt sind, größeres Ansehen genießen würden, wenn sie niemals darzulegen versucht hätten, daß er sich immer genau an die Wahrheit gehalten habe. Aber es mag auch sein, daß in unserer Zeit – die so ganz anders ist als Morus' Zeit – absolute Wahrheit und absolute Ehrlichkeit wieder, wie die modernen Lügen selbst, Äußerungsformen des Narzißmus geworden sind, an dem wir alle leiden. In seiner polemischen Theologie der katholischen Kirche gleicht Morus vielleicht in vielem Machiavelli, dessen Lehre vom säkularen Staat ihn zu dem Glauben verleitete, einige Ziele seien so bedeutend, daß in ihrem Dienste jedes Mittel gerechtfertigt sei.

Morus log nicht gerade im Fall Hunne, aber es entspricht wohl am ehesten den wissenschaftlichen Gepflogenheiten und der Objektivität, wenn man freimütig gesteht, daß er die Fakten verzerrte. Und wenn man annimmt, daß er dies wohlüberlegt tat, obwohl er, wie so viele leidenschaftliche Streitredner in zweifelhaften Angelegenheiten, letztlich selbst davon überzeugt gewesen sein könnte, daß alles, was er behauptete, wahr sei.

KAPITEL 9

Die Rolle von Kirche und Staat in der Laufbahn von Thomas Morus

Der Fall Hunne rief Zwietracht zwischen Klerus und Laien in England hervor. Aber er reichte noch nicht aus, um den Laien die Herrschaft über das Leben in England zu geben, solange der König Grund hatte, die uralten Vorrechte der Kirche zu achten. Heinrich entschied sich dafür, die kirchlichen Vorrechte in Ehren zu halten, aber listig stellte er seine verschiedenen Möglichkeiten zur Schau, darunter bereits zahlreiche Taktiken gegen die Kirche, die er etwas über ein Jahrzehnt später zu Beginn seines Scheidungsverfahrens einsetzen sollte. Morus' Schicksal hing von all diesen Schachzügen ab. Wir dürfen annehmen, daß Morus die Gefahren erkannte, als sie erstmals sichtbar wurden, obwohl auch er unmöglich sehen konnte, wie groß sie waren.

Dr. Horsey wurde erst nach monatelangen, fieberhaften Manövern und Debatten unschädlich gemacht, während der Ärger über den Klerus in London brodelte. Als das Parlament im Februar 1515 zusammentrat, mußte es das Gesetz von 1512 nochmals behandeln, das kriminelle Geistliche der Gerichtsbarkeit der königlichen Gerichte unterstellte. Sollte es bestätigt, verschärft oder abgeschafft werden? Die Meinung der lautstärksten Gruppe der Londoner Bevölkerung war klar: Der Klerus sollte bei kriminellen Handlungen dem weltlichen Gesetz unterstellt werden. Bislang schlug allerdings noch niemand vor, daß eine weltliche Behörde die Lehren der Kirche definieren sollte. Ein solcher Schritt hätte bedeutet, die Kirche selbst und auch die Vorstellung davon zu verändern, wie Gott in der Welt wirkte. Andere erkannten zu dieser Zeit die Probleme nicht so deutlich. Thomas Morus sah sie stets. Die Ereignisse von 1515 wurden zu Gliedern in einer Kette von Geschehnissen, die schließlich zu seinem Tod führten.

Die Kirchenversammlung des englischen Klerus trat gleichzeitig mit dem Parlament zusammen. Die Bischöfe und die Äbte der großen Klöster saßen zusammen mit den weltlichen Persönlichkeiten von Rang im Oberhaus. Seit Jahrhunderten war es üblich, daß diese geistlichen Herren sich gelegentlich allein trafen, um Geschäfte für die gesamte Kirche Englands abzuwickeln, während das Parlament tagte.

Am Sonntag bevor das Parlament im Winter 1515 zusammentrat, eröffnete Richard Kidderminster, der Abt von Winchcombe, die Kirchenversammlung mit einer donnernden Predigt von Paul's Cross, der öffentlichen Kanzel neben der Kathedrale. Er erklärte, das Gesetz von 1512 verstoße «klar gegen das Gesetz Gottes und die Vorrechte der heiligen Kirche». Jeder, der für das Gesetz sei, ob geistlicher oder weltlicher Abgeordneter, «habe sich die Mißbilligung der heiligen Kirche zugezogen». Der Abt hatte nicht die Macht, eine formelle Exkommunikation auszusprechen. Er äußerte nur seine erhabene Meinung, daß keiner, der mithalf, einen Geistlichen der Gerichtsbarkeit des bürgerlichen Gesetzes zu unterstellen, erwarten konnte, im Himmel willkommen geheißen zu werden. Offensichtlich wurde er in seiner Meinung durch die kurz zuvor ergangene Verordnung Papst Leos X. bestärkt, daß alle Geistlichen, welche Verbrechen sie auch immer begangen haben mochten, vor dem weltlichen Gesetz Immunität genössen.

Kidderminsters Predigt war ein Schuß vor den Bug des Parlaments zu einem Zeitpunkt, als die englische Kirche hätte versuchen sollen, das Gefecht abzubrechen. Heinrich VIII. ließ sich gewiß nicht von einem starrköpfigen Landgeistlichen einschüchtern. Und die Engländer waren nicht mehr so ergeben, sich einreden zu lassen, ein Mörder, der eine Tonsur trug und lesen konnte, verdiene eine Milde, die gewöhnlichen Verbrechern nicht gewährt wurde.

Der König betrachtete Kidderminsters Predigt als Herausforderung und berief eine Sondersitzung in Blackfriars ein, dem Haus des Dominikanerordens in London. Hier trafen sich die großen Lords des Königreichs und die wichtigsten Männer aus dem Unterhaus sowie einige Theologen und Spezialisten für das kanonische Recht, um die aktuellen Fragen zu diskutieren. Morus hat an dem Treffen vielleicht als Zuhörer teilgenommen. Zweifellos stand er bei der Verteidigung der Freiheit des Klerus vor der weltlichen Gerichtsbarkeit auf dessen Seite.

In der Debatte betätigte sich ein Mann als Fürsprecher der weltlichen Obrigkeit, von dem es niemand erwartet hätte: Heinrich Standish, Geistlicher, Oberer der Bettelmönche in London und späterer Bischof von St. Asaph. Er war ein leidenschaftlicher, ehrgeiziger und aufbrausender Mann, der die Zukunft Englands mitgestalten sollte. Er vertrat mit Verve die Meinung, kriminelle Geistliche sollten von weltlichen Gerichten nach dem englischen Common Law, dem Gewohnheitsrecht, verurteilt werden. Das englische Volk, argumentierte er, würde nichts hinnehmen, was dem Wohl der Allgemeinheit entgegenzustehen schien, «dem Wohl der Allgemeinheit, das allen Gesetzen der Welt vorgezogen werden muß».[1] Auch wenn er es nicht so nannte, hatte Standish das Arthurische Ideal eines christlichen englischen Reiches übernommen, das souverän über Volk und Religion stand.

Für den Klerus war Standish ein Abtrünniger. Er wurde sofort vor die Kirchenversammlung zitiert und geriet so in Gefahr, als Ketzer verurteilt zu werden.[2] Er bat unverzüglich den König um Hilfe, die ihm sofort gewährt wurde.

Auch die Prälaten machten eine Eingabe an den König. Sie läßt sich mit dem Satz zusammenfassen, er möge sich um seine eigenen Angelegenheiten kümmern. Sein Krönungseid verpflichte ihn, die Vorrechte der Kirche zu wahren. Standish habe gegen diese Vorrechte verstoßen, und wenn der König Standish stütze, könne er sich die nicht näher erläuterte «Mißbilligung der heiligen Kirche»[3] zuziehen.

Inzwischen machten sich Ärger und Unruhe im Parlament breit. Auf Drängen des Unterhauses erinnerten die weltlichen Lords im Oberhaus den König daran, daß sein Eid ebenfalls von ihm forderte, die weltliche Gerichtsbarkeit über sein Land auszuüben. Es wurde erklärt, Standish «drohe von der Arglist des Klerus her große Gefahr».[4]

Schließlich trat eine zweite Versammlung in Blackfriars zusammen, die eher den Charakter eines Verhörs vor dem Oberhofgericht hatte. «Die Richter und die geistlichen und weltlichen Kronanwälte sowie bestimmte Männer» aus dem Parlament hörten den Fall und entschieden: Geistliche, die gegen Dr. Standish vorgingen, würden gegen das Gesetz des Praemunire verstoßen und folglich die Souveränität der Krone durch das Anrufen des päpstlichen Gerichtshofes verletzen. Sie erklärten auch, daß «unser Herr der König sein Parlament auch sehr gut allein mit den weltlichen Lords und den Abgeordneten des Unterhauses führen könnte, ganz ohne die geistlichen Herren».[5] Es schien, als ob die englische Kirche nahe daran wäre, ihren Besitz und ihre althergebrachten Vorrechte zu verlieren. Bischof FitzJames hatte Grund zur Panik. Wir kennen seine Reaktion bereits.

Es war Wolseys Aufgabe, von der Position der Kirche in England zu retten, was er konnte. Papst Leo X. erhob ihn am 10. September zum Kardinal. Die Nachricht von seiner Rangerhöhung war wohl zum Zeitpunkt der zweiten Anhörung in Blackfriars in London eingetroffen, obwohl der Purpur erst im November ankam. Er war nun der ranghöchste Geistliche in England und gleichzeitig der engste Berater des Königs. In Baynard's Castle an der Themse fiel Wolsey vor allen Richtern, die den Spruch gegen den Klerus und die geistlichen Privilegien gefällt hatten, auf die Knie und bat Heinrich um Verzeihung. Er sprach demütige Worte, trat aber mutig für die alte Ordnung ein, indem er behauptete, wenn Geistliche vor weltliche Gerichte geladen würden, «scheine das den Gesetzen Gottes und den Vorrechten der heiligen Kirche zu widersprechen». Er und alle Prälaten der Kirche seien durch einen Eid gebunden, diese Vorrechte nach Kräften zu bewahren.[6]

Heinrich hielt zu Standish und bekräftigte das Recht der englischen Könige, straffällige Geistliche nach dem Common Law zu richten.[7] Trotzdem schien die Angelegenheit im Sande zu verlaufen, als das Verfahren gegen Horsey durch das weltliche Gericht aufgehoben wurde. Im Anschluß daran wurde er auf Wolseys Befehl von der Kirche in die Verbannung geschickt. Höchstwahrscheinlich trafen Heinrich und Wolsey eine Vereinbarung: Heinrich würde die Sache auf sich beruhen lassen, wenn Wolsey Horsey bestrafe und der Klerus Standish in Ruhe lasse. Das Parlament bestätigte den Parlamentsbeschluß von 1512 gegen den niederen Klerus nicht. Der Konflikt zwischen Laien und Klerus blieb ungeklärt. Die endgültige Auseinandersetzung war nur aufgeschoben.

An dem Aufruhr, den der Fall Hunne verursacht hatte, und an dem Fall Standish unmittelbar danach wurde das wachsende Prestige der Monarchie deutlich. Ein König hatte eine Aura der Heiligkeit auf dem Thron, die eine Alternative zu der offenbar falschen Heiligkeit des Priestertums zu sein schien. Für die Massen war nur ein kleiner Schritt von der leidenschaftlichen Ergebenheit gegenüber dem König von England zu der problematischeren Ansicht, daß er die Geistlichkeit reformieren und die Kirche reinigen solle. Ein König besaß im 16. Jahrhundert Macht – eine unbeschränkte Macht, von der man sich im Mittelalter nicht hatte träumen lassen. Damals fehlten den Königen fast alle Mittel zur Ausübung von Macht, die ihnen im 16. Jahrhundert zur Verfügung standen. Jetzt hatten die Könige komplizierte Bürokratien, im Vergleich mit unseren heutigen bürokratischen Systemen zwar primitiv, damals aber mächtig. Sie verfügten über ein rationalisiertes Rechtssystem, loyale Gerichte und Richter, und über Bargeld, das ihnen von einer gehorsamen Bürgerschaft gegeben wurde. Die Macht ihres Amtes hatte auch eine gefühlsmäßige Komponente. So mancher reformwillige Mann zweifelte an der Möglichkeit einer Reform aus der Kirche heraus und sehnte sich nach einer reinen Kirche, damit man wieder an die Gegenwart Gottes in der Welt glauben konnte. Die Reformer waren nun bereit, sich an die weltliche Obrigkeit zu wenden, damit die geistliche gereinigt würde. Man brauchte einen Herkules, um den Augiasstall der Kirche auszumisten. Die christliche Monarchie erschien vielen als dieser Herkules.

Thomas Morus stand auf der Seite des Klerus. Er blieb immer der religiöse Eiferer, der die Priesterweihe hatte nehmen wollen, sich dann aber vom geistlichen Beruf abgewandt hatte. Er verherrlichte stets den Stand des Klerus, wie um dadurch die Schuld zu sühnen, die er auf sich geladen hatte, als er ihm den Rücken gewandt hatte. Der Aufruhr im Fall Hunne und sein Nachspiel hat ihn sicher nur gequält. In seiner *Geschichte König Richards III.* findet man genügend Belege dafür, daß er von Königen wenig Gutes erhoffte. Wenn man einem König wie Richard die Macht der weltlichen Ordnung sowie die geistliche Herrschaft über eine dienstbare Kirche gab, was würde dann aus der Offenbarung Gottes in der Welt? Hier teilte Morus die traditionelle Ansicht der Westkirche, daß weltliche Ordnung und kirchliche Institution getrennt sein müßten, damit jede von ihnen ihre gottgegebenen Pflichten in der Welt erfüllen konnte.

Auf dem Höhepunkt der Affäre Hunne sah er plötzlich seine eigenen Aussichten gefährdet. Ungefähr im September 1514 bekam Erasmus einen bitterbösen Brief von Martin van Dorp von der Universität von Löwen. Der neunundzwanzig Jahre alte van Dorp, der noch keinen Doktortitel hatte, jedoch bereits an der Universität Philosophie lehrte, zeigte in seinem Brief eine Mischung aus Demut, Hochachtung und scharfer Kritik. Er war mit zwei Werken nicht einverstanden: Mit dem *Lob der Torheit* und mit dem griechischen Neuen Testament, das Erasmus der gelehrten Welt nun in einer gedruckten Ausgabe versprochen hatte. Was für Gefühle Morus auch für Erasmus hegen mochte, dieser verhängnisvolle Brief van Dorps verwickelte ihn in einen offenen Streit um die Altphilologie, der ihn für das nächste Jahrzehnt zum Verbündeten von Erasmus machen sollte. Morus' Eintritt in die Kontroverse war teilweise durch den Wunsch bedingt, seinen eigenen Ruf zu verteidigen.

Dorp berichtete, das *Lob der Torheit* sei unter seinen Kollegen schlecht aufgenommen worden. Die Theologen müßten sich das Wohlwollen der gewöhnlichen Leute bewahren. Erasmus habe die Theologen ohne Unterschied angegriffen und jedem einzelnen die Schuld für die Sünden einiger weniger gegeben. Dadurch habe er bei den Theologen von Löwen viel Bitterkeit hervorgerufen.

Das war eine gefährliche Sache. Nach Paris war Löwen die wichtigste Universität in Europa. Falls die Fakultät Erasmus verurteilte – und van Dorp deutete an, daß dies geschehen könnte –, konnten die Auswirkungen sowohl für Erasmus als auch für Morus, dessen Name untrennbar mit dem Buch verbunden war, verheerend sein.

Van Dorp hatte gehört, daß Erasmus vorhabe, Anmerkungen zu tausend Abschnitten des Neuen Testaments zu veröffentlichen und die lateinische Vulgata zu verbessern, indem er auf das griechische Original zurückgriff. Aber, fragte van Dorp, konnte die Vulgata, die so viele Jahrhunderte lang benützt worden war, irren? Konnten die Kirchenväter und die Konzilien von der Vulgata in die Irre geführt worden sein? Würde eine Diskussion über die Vollständigkeit des Schrifttextes nicht Zweifel aufwerfen über die Lehren dieser Texte?

Dorp vertrat einen Standpunkt, der die Folgen der Bibelphilologie richtiger einschätzte als Erasmus in seinem optimistischen Humanismus. Erasmus schrieb ständig über die Sünden und die Dummheit der irrenden Geistlichen, aber unausgesprochen glaubte er an die Stärke der Kirche. Er hatte keine Ahnung von dem Unheil, das kurz bevorstand. Er meinte – oder gab vor zu meinen –, die christliche Welt stünde an der Schwelle zu einem Goldenen

Zeitalter. Er hielt sich selbst für einen der großen Baumeister der Erneuerung. Seine Angriffe auf die Mißstände in der Kirche entsprangen dem Geist eines Mannes, der den Rumpf eines Kriegsschiffes säubert: Er weiß, daß er sich anstrengen und tief kratzen muß, um Rost und Entenmuscheln abzuschaben, aber er weiß genau, daß er mit seinen Werkzeugen das Schiff nicht versenken kann.

Van Dorp nahm an, der christliche Glaube sei anfechtbar und die Kirche und ihr Glaube seien in Gefahr. Sein Brief warf Fragen auf, die später durch die Ereignisse schärfer gestellt werden sollten. Welche Haltung sollten die Gelehrten gegenüber dem gemeinen Volk einnehmen? An welchem Punkt wurde die Kritik an Mißständen innerhalb der katholischen Kirche zu einer Bedrohung des katholischen Glaubens?[8] Wagten es die Gelehrten, das gewöhnliche Volk zu größerer Mißachtung der Kirche aufzustacheln, als es ohnehin bereits der Fall war? Der Fall Hunne wurde, nur ein Jahr nachdem van Dorp seinen Brief geschrieben hatte, aufgerollt. Er zeigte, wie leicht die gewöhnlichen Leute zu einer gefährlichen Rebellion gegen die Kirche aufgewiegelt werden konnten. Luther bewies mit seinen fünfundneunzig Thesen drei Jahre danach, wie breit die Kluft zwischen Klerus und Laien geworden war. Van Dorps Motive waren vielleicht verworren, aber seine Fragen waren ehrlich und kritisch.

Erasmus sah den im September 1514 geschriebenen Brief erst im März des folgenden Jahres, als er auf dem Weg nach England in Antwerpen haltmachte. Er wollte seine Mäzene um Geld bitten, vor allem William Warham, den großzügigsten seiner englischen Freunde. Offenbar machte der Brief als Manuskript die Runde, und jeder erwartete, daß er bald gedruckt werden würde. Immer noch über den unerwarteten Angriff grübelnd, kam Erasmus in London an, als die Stadt gerade wegen Hunne brodelte. Morus sah den Brief erst später. Er war Mitglied einer Abordnung, die zu einer königlichen diplomatischen Mission nach Brügge gesandt werden sollte. Erasmus nahm an, er wäre bereits weg, obwohl er erst im Mai abreiste. Offenbar dachte Erasmus nicht daran, Morus in der Bucklersbury Street zu besuchen. Dabei wäre diese Reise nur ein kurzer Spaziergang gewesen, so klein war damals London.

Erasmus mußte der Brief van Dorps beunruhigen, weil darin behauptet wurde, er drücke die Meinung vieler Theologen in Löwen aus. Falls der Brief eine offizielle Verurteilung Erasmus' durch die Fakultät einer wichtigen Universität ankündigte, konnte die finanzielle Unterstützung aus England und Rom versiegen, auf die er in diesem kritischen Stadium seiner Laufbahn angewiesen war. Bischof FitzJames konnte ihm gefährlich werden, denn er liebte es, jeden zu verleumden, der den Klerus angriff. Vielleicht kürzte Erasmus seinen Besuch in England ab, weil er befürchtete, zum Gegenstand eines Streits zu werden. Er hatte vorgehabt, bis zum Sommer zu bleiben. Aber Ende Mai war er wieder in Antwerpen.

Dort schrieb er eine vorsichtige Antwort an van Dorp. Er wollte sich van Dorp zum Freund machen. Sein Brief ist in dem kultivierten freundschaftlichen Umgangston verfaßt, der bei den Humanisten so beliebt war, wenn sie nicht gerade übereinander herfielen. Privat zeigte Erasmus durchaus, daß er über van Dorp erbittert war und ihn verachtete. Dieser Brief jedoch, der für gewöhnlich in den späteren Ausgaben des *Lobs der Torheit* abgedruckt wird, ist überaus freundlich. Er habe in seinem Buch nicht alle Theologen angegriffen, schrieb er, er habe nur die schlechten gegeißelt. Es sei offensichtlich, daß der lateinische Text des Neuen Testaments verfälscht sei. Christen müßten sicherlich nicht die Fehler wiederholen, die «ungebildete, betrunkene oder halb schlafende Schreiber»[9] gemacht hatten. Die Wahrheit könne der Kirche Christi nie schaden. Am Ende klang Erasmus' Brief hochmütig und herablassend, als ob nur ein Dummkopf seiner Rechtgläubigkeit und der Reinheit seiner Absichten mißtrauen könne.

Van Dorp ließ sich nicht beschwichtigen. Er fühlte Erasmus' Spott und schrieb Ende August 1515 eine verärgerte Antwort.[10] Es erfordere wenig Scharfblick zu sehen, daß Erasmus im *Lob der Torheit* viel mehr wolle, als nur die schlechten Theologen anzugreifen. Erasmus habe ganz klar die scholastische Theologie selbst und die aristotelischen Methoden, die van Dorps Kollegen anwandten, angegriffen. Dorp schrieb als Mann, der ernst genommen werden wollte. Seine Antwort wurde zu einer Schimpfkanonade, die schließlich zu blankem Hohn auf die Altphilologie, die Erasmus rühmte, ausartete.

Für van Dorp wie für Morus (und für Martin Luther, der damals unbekannt in Wittenberg seine Vorlesungen hielt und darum kämpfte, sich das Wohlwollen Gottes zu sichern) hatte sich jeder menschliche Wert – einschließlich der Bildung – dem ewigen Schicksal der Seele unterzuordnen. Van Dorp scherte sich nicht um einen eleganten Stil oder um die griechische Grammatik. Er interessierte sich für die Schrecken der Hölle und die Wonnen des Himmels. Ihm war die sichere Erlösung durch den blinden Glauben wichtig, den man an die katholische Kirche haben sollte. Erasmus war ein Schüler des Origenes, der so wenig an die Wirklichkeit des Körperlichen glaubte, daß er die Vorstellung eines wirklichen Höllenfeuers oder die Lehre der ewigen Trennung von Gott nicht annehmen konnte. Er glaubte, sogar Satan würde schließlich zu seinem Schöpfer zurückkehren. Erasmus scheint von Origenes, der von den meisten Katholiken als Ketzer betrachtet wurde, viel mehr angenommen zu haben, als er öffentlich ohne Gefahr zugeben konnte. Allerdings formulierte Erasmus so ausweichend, daß heute niemand genau sagen kann, was er über die letzten Dinge dachte. Fest steht nur, daß er nicht viel darüber schrieb.

Van Dorp schloß seinen Brief mit den üblichen Höflichkeitsfloskeln, obwohl auch diese bedrohlich klangen. Er habe gehört, wie sich Leute gegen

Erasmus aussprachen. Sein Brief könne als Warnung verstanden werden. Er wolle nicht drohen, aber er habe Verständnis, wenn jemand, der seine Worte gelesen und ihren verärgerten Ton bemerkt habe, meine, daß andere in Löwen vielleicht eine offizielle Verurteilung des *Lobs der Torheit* vorbereiteten.

Irgendwann im Sommer oder Herbst 1515 traf Morus Erasmus in Brügge, und Erasmus erzählte ihm von van Dorp. Morus muß sich unbehaglich gefühlt haben, denn sein eigenes Fortkommen hing von Thomas Wolsey ab. Wolsey verteidigte zu dieser Zeit gerade die Kirche gegen die Kirchenfeinde, die durch den Fall Hunne ermuntert worden waren. Im Herbst hatte der Kampf in England seinen Höhepunkt erreicht, und da Wolsey der führende Kopf der englischen Diplomatie war, mußte es seinen Agenten in der Gesandtschaft, an der Morus teilnahm, so erscheinen, als ob sich seine Seite durchsetzte.

Deshalb versuchte Morus im Oktober selbst, van Dorp zu beschwichtigen. Er schrieb einen Brief, der immer als großartige Verteidigung der neuen Gelehrsamkeit im christlichen Denken gerühmt wurde. Jedenfalls stellte van Dorp seine Angriffe gegen Erasmus ein, und die Gefahr für das *Lob der Torheit* war gebannt, jedenfalls für den Augenblick. Morus hat den Brief nie veröffentlicht. Nachdem van Dorp nachgegeben hatte, gab es für Morus keinen Grund mehr, einen Streit vor Europa auszubreiten, der in seinem zeitweiligen Gegenspieler schwelen und den Ärger neu aufflammen lassen konnte.

Der Brief an van Dorp ist einer von zweien, die Morus an einen Gegner schrieb und die nicht vor Beleidigungen und Verachtung strotzen. Den anderen schrieb er Jahre später gegen einen jungen Ketzer namens John Frith. Morus' andere Streitschriften flammen vor leidenschaftlichen Beschimpfungen und ungestümer Energie. Sie machen uns deutlich, daß er eher ein Heiliger des Feuers als des Wassers war. Die beiden Male, als er Ruhe und Wohlwollen vortäuschte, hatte er seine Gründe dafür.

Morus wollte van Dorp schmeicheln, ihn gewinnen und ihn dazu bringen, daß er dem *Lob der Torheit* oder der von Erasmus vorbereiteten Ausgabe des griechischen Neuen Testaments nicht feindselig gegenüberstand. Wie Erasmus argumentierte auch er, das *Lob der Torheit* mache nur die schlechten Theologen lächerlich. Er spottete über die nichtigen Haarspaltereien der scholastischen Logiker. Männer, die nichts außer logischen Problemen lernten, seien nicht wirklich gebildet, sagte er, und gab damit eine geläufige humanistische Meinung wieder. Sie nützten der Kirche oder dem Leben der Frommen nichts.

Was macht den guten Theologen aus? Hier wird Morus eindeutig – und konservativ. Die beste Theologie stamme aus der Bibel *und* von den alten Kirchenvätern. Morus blieb stets bei dieser Ansicht, und wir sollten beachten, wie fern er 1515 dem Schlagwort «nur die Schrift» stand, das bald von den Lutheranern und den anderen «Ketzern» in die Welt hinausposaunt wurde. Wir können Morus so gegen den Vorwurf der Inkonsequenz verteidigen, der seit den Anfängen des Protestantismus von einigen Autoren gegen ihn erhoben wurde. Sie behaupten, der Morus, der vor Luther geschrieben habe, sei radikal anders als der Morus, der schrieb, nachdem Luther in Europa den religiösen Schauplatz betreten hatte. Morus glaubte stets, daß die göttliche Offenbarung seit Anbeginn und unverändert der gesamten christlichen Kirche gegolten habe. Sie sei nicht in ein Buch eingeschlossen. Die alten heiligen Kirchenväter seien die Männer der Kirche, deren Weisheit und Frömmigkeit sie als vertrauenswürdige Ausleger der Offenbarung auswiesen. In seinem Brief an van Dorp führte er einige auf, die seinem Herzen am nächsten standen, vor allem Augustinus und Hieronymus.

Die Schrift ist die «ehrwürdige Königin aller Wissenschaften»,[11] schreibt er und verteidigt heftig Erasmus' noch nicht erschienene Ausgabe des griechischen Neuen Testaments. Trotzdem meine er, daß die Schrift sorgfältig ausgelegt werden müsse, um nützlich zu sein, und daß die einzig gültigen Auslegungen innerhalb der alten Tradition bleiben müßten, die durch die heiligen Kirchenväter verbindlich gemacht worden sei. Das griechische Neue Testament solle man lesen, weil diejenigen, die Christus zeitlich am nächsten waren, ihm auch im Geiste am nächsten stünden. Die lateinischen Abschriften der Vulgata seien durch unaufmerksame Kalligraphen verfälscht worden. Die griechische Sprache sei der Schlüssel zu der Schatztruhe der freien Künste. Ihr unvergleichlicher Reichtum stehe in scharfem Kontrast zu der Armut des Lateinischen und bereichere nicht nur den Intellekt der Menschen, sondern auch ihr Wesen.

Seine Verteidigung des bald darauf erscheinenden griechischen Neuen Testaments ist mit einem ausführlichen Angriff auf die scholastische Theologie und ihre Beschäftigung mit Nichtigkeiten verbunden. Die Scholastiker, schreibt er, «haben sich über Gott einige so lächerliche Probleme ausgedacht, daß man meinen sollte, sie scherzen, und einige so lästerliche Behauptungen aufgestellt, daß man meinen könnte, sie spotten».[12] Sie rechtfertigten solche Debatten mit der Behauptung, sie würden den Glauben den Ketzern einsichtig machen. Jedoch, sagte Morus, Ketzer seien entweder gebildet oder ungebildet. Wenn sie ungebildet seien – wie seiner Meinung nach die meisten –, könne man sie nicht durch gelehrte Erörterungen überzeugen. Wenn sie jedoch gebildet seien, liege ihre Stärke meistens in der Erörterung, und sie könnten endlos weiterreden. Die Theologen und Häretiker seien bei solchen Erörterungen «ganz so wie zwei Männer, die nackt zwischen Steinhaufen kämpfen. Jeder hat eine Menge Waffen, aber keiner eine Verteidigung».[13]

Morus' beredt geführtes Argument lautet, der Frömmigkeit sei durch Griechischstudien, die die Christen wieder zu den frommen Werken ehrwürdiger Heiliger führten, mehr gedient als durch die Spitzfindigkeiten streitlustiger Theologen. Wie üblich erzählt Morus nebenbei ein paar lustige Geschichten, um seinen Gedanken zu illustrieren.

Er erinnert sich an ein Abendessen im Hause eines italienischen Kaufmanns. Vermutlich war es Antonio Bonvisi, ein märchenhaft reicher Wollhändler, der in London lebte und wahrscheinlich jahrelang Thomas Morus' bester Freund war. Es kam ein Theologe vom Kontinent hinzu, der zu einem gelehrten Streitgespräch nach London gekommen war. Der Theologe war ein sehr streitlustiger Mann. Morus berichtet: «Gleichgültig, was jemand bei Tisch behauptete, wie sorgfältig und vorsichtig es auch näher bestimmt oder durchdacht wurde – kaum hatte der Sprecher den Mund zugemacht, zerpflückte er es sofort mit einem Syllogismus, auch wenn der Gegenstand der Unterhaltung nichts mit Theologie oder Philosophie zu tun hatte und seinem ganzen Beruf völlig fremd war.»[14]

Der Theologe brüstete sich damit, er könne jede Seite jeder beliebigen Frage vertreten. Der Kaufmann machte das Spiel mit. Er brachte die Sprache auf die Mätressen, die wohlhabende Londoner damals meist hatten. Der Kaufmann vertrat die Ansicht, ein Mann, der sich eine Geliebte im Haus halte, sei ein geringerer Sünder als einer, der woanders zehn Huren besuche. Der Theologe ging zum Angriff über und verteidigte die Behauptung, zehn Huren zu besuchen sei eine geringere Sünde. Denn die Schwierigkeit, sie sich zu beschaffen, müsse man gegen die Einfachheit aufrechnen, sich eine Geliebte zu halten. Der Kaufmann merkte, daß der Theologe die Schrift nicht kannte, und begann, Bibelzitate zu erfinden, mit denen er die Argumente des Theologen widerlegte.

Der Theologe blieb standhaft. Wenn ihm der Kaufmann ein selbstverfaßtes Bibelzitat vorlegte, deutete es der Theologe einfach um und drehte und wendete es so, daß es in sein eigenes Argument paßte. «Und wenn der Kaufmann ihn ärgerte, indem er darauf bestand, was der Theologe ihm gab, sei nicht die richtige Bedeutung der Passage, schwor der Kerl einen heiligen Eid, daß es sich um die Auslegung der Textstelle durch Nikolaus von Lyra handele»,[15] den größten Bibelkommentator des Mittelalters. Morus spottete über diese theologische Dummheit und hielt den Wert der alten Kirchenväter und des griechischen Schrifttextes hoch. Und er tat es überzeugend.

Trotzdem haftet seinen Bemühungen etwas Unbestimmtes an. Obwohl er mutig behauptet, daß der griechische Text besser sei als der lateinische, führt er keine Stellen des lateinischen Texts an, die der griechische Text erhellen könnte. Seine begeisterte Begrüßung des griechischen Texts scheint in dem allgemeinen Glauben begründet zu sein, daß das Griechische die Schwelle zu guten Dingen sei. Nichts in dem Brief an van Dorp deutet an, daß Morus genau wußte, was Erasmus tat.

Morus zeigte in seinem Brief Freundschaft und Bewunderung für van Dorp, aber hier und da finden sich einige scharfe Worte wie Dornen an Rosen. Morus behauptet, van Dorp habe sich mit seinen Angriffen auf Erasmus selbst geschadet. Offen würden die Menschen van Dorp vielleicht schmeicheln, «aber ich wünschte, Ihr könntet, ohne gesehen zu werden, den Gesichtsausdruck derer beobachten, die diesen letzten Brief von Euch lesen». Wenn er das könnte, sagte Morus, würde Dorp herausfinden, daß viele bedeutende Männer über ihn spotteten.

Sehr sorgfältig zergliederte Morus einige Behauptungen, die van Dorp in seinen Schriften aufgestellt hatte. An diesen Behauptungen wollte er zeigen, wie verächtlich van Dorp andere gemacht hatte und wie selbstsüchtig er gewesen war. Viele von Dorps Bemerkungen, die Morus aufgreift, zeigen einen einfältigen Humor. Morus macht sich einen Spaß daraus, auf diese Einfälle näher einzugehen und zu zeigen, wie sinnlos sie sind, wie geistlos und ordinär. Warum van Dorp glaube, so etwas sei lustig? Morus gibt auf diese rhetorische Frage eine reichlich herablassende Antwort: «Jedem Mann gefällt sein eigener Standpunkt», sagt er, »wie auch jeder meint, sein eigener Furz würde gut riechen.»[16]

Der Brief ist eine beachtliche rhetorische Leistung. Wie wir gesehen haben, erfüllte er offenbar seinen Zweck. Aus der Drohung aus Löwen wurde nichts, und Morus' eigene Laufbahn wurde nicht wegen seiner schuldhaften Beziehung zu einem offiziell verworfenen Buch gefährdet. Stellenweise ist der Brief allerdings unaufrichtig. Manche der theologischen Streitfragen, die Morus verurteilte, hatten einen ernsthaften Zweck. Aber man kann sicherlich sagen, daß ein Denker, der sich mit ihnen abmühte, einen anderen Geschmack haben mußte als die meisten heutigen Menschen. Morus schlägt gegenüber Dorp durchweg einen gönnerhaften Ton an: Der kluge Freund macht einem etwas kindischen jungen Mann zu dessen eigenem Nutzen Vorhaltungen. Geschickt erzielt er einen hochmoralischen Tonfall, ohne sich mit Einzelheiten über das angekündigte griechische Neue Testament oder das *Lob der Torheit* aufzuhalten. Was bleibt, ist eine wohltönende Unklarheit, wie sie für moderne Festreden typisch ist. Sie macht die Bindung des Redners an das Gute und Wahre deutlich, ohne zu zeigen, für wen er bei der nächsten Wahl stimmen wird. Der Brief ist von dem Rechtsanwalt Thomas Morus geschrieben, der einen Fall behandelt – kein besonders liebenswerter Mann, aber er wird uns immer wieder begegnen.

KAPITEL 10

Der Aufbau von Utopia

Durch die diplomatische Mission in Flandern kam Morus wieder mit Erasmus zusammen. Damit beginnt eine herzliche und allgemein bekannte Phase ihrer Freundschaft, die durch den Austausch von Briefen und gegenseitige Hilfeleistung gekennzeichnet ist. Wir dürfen mit Sicherheit annehmen, daß der Brief von Morus an van Dorp, den er während dieser Mission schrieb, nach vielen Unterredungen zwischen den beiden Männern zustande kam. Wenn sich Morus auch Erasmus gegenüber kühl zeigte – und alles spricht stark dafür –, so war er nicht der Mann, der offen mit jemandem stritt, der ihn nicht angegriffen hatte. Und besonders nicht mit einem Mann wie Erasmus, mit dem er so viele Ideen und die Hoffnung auf eine Reform teilte. Erasmus bemühte sich beharrlich um Morus mit jener Mischung aus überschwenglichen Huldigungen, einschmeichelndem Charme und literarischer Brillanz, die ihn in seiner Laufbahn häufig zum Weggefährten von mächtigen Männern machte. Alles deutet darauf hin, daß sich Morus während seiner Mission in Flandern mit Erasmus anfreundete, als dieser intensiv um seine Freundschaft warb. Die Beziehung beider vertiefte sich noch, als sie auf Mittel sannen, van Dorp zu beruhigen, und besonders als Morus den Plan zu *Utopia* entwickelte.

Morus erfreute sich auch an Gesprächen mit einem jungen Mann namens Peter Gillis, den ihm Erasmus vorgestellt hatte und der beiden ein wertvoller Freund fürs Leben wurde. Sie mögen über die antike Wissenschaft diskutiert haben. In den langen Nächten vor qualmenden Feuern im feuchten Herbst Flanderns werden sie den elenden Zustand der eigenen Gesellschaft beklagt und ihn mit dem Ruhm der Antike verglichen haben, die sie alle liebten. Sie kannten sie durch das Fernrohr der großen Bücher – einschließlich des Neuen Testaments –, welche diese Vergangenheit für das Herz und den Geist immer großartiger machten und die Menschen jener vergangenen Zeit wie Riesen auf Erden erscheinen ließen. Die Verhandlungen, die Morus führen mußte, zogen sich hin. Irgendwann beschäftigte sich Morus im Geist mit dem Aufbau einer Traumwelt, die er Utopia nannte. Diese Welt wurde vermutlich durch die Gespräche mit guten Freunden in einer Stadt heraufbeschworen, in der Morus sich sonst sehr einsam gefühlt hätte.

Erasmus berichtet, daß Morus den zweiten Teil des Buches zuerst und in seinen Mußestunden geschrieben habe, während er den ersten Teil später mit weniger Muße verfaßt habe. Vieles spricht dafür, daß sie zusammen das Werk ausführlich erörterten. Als Morus seine Grundideen entwickelte, wird er sich mit Erasmus beraten haben. Nachdem das Werk abgeschlossen war, betreute es Erasmus, bis es 1516 bei Thierry Martens in Löwen in Druck kam – ein Indiz, daß der Lehrkörper der theologischen Fakultät in Löwen weder Erasmus noch Morus feindlich gesinnt war. Und das, obgleich Erasmus in einem Brief vom Oktober 1516 van Dorp als «diesen dummen Toren» bezeichnete und durchblicken ließ, daß er ihm immer noch Sorgen bereite.[1]

Die erste Ausgabe von *Utopia* erschien im Dezember 1516 in lateinischer Sprache. Vier andere lateinische Ausgaben erschienen im Laufe des Jahres 1519, und 1524 wurde das Buch ins Deutsche übersetzt. Dann ließ das Interesse daran nach. Bis über ein Jahrzehnt nach dem Tode von Morus erschien es in keiner Sprache mehr. Das Werk wurde nicht vor 1551 ins Englische übersetzt. So populär wie die Bücher von Erasmus wurde es nie. *Das Lob der Torheit* etwa wurde zwischen 1511, dem Jahr der ersten Veröffentlichung, und 1536, dem Jahr, in dem Erasmus starb, siebenunddreißig Mal lateinisch neu aufgelegt. Die gängige Behauptung, Morus sei nach der *Utopia* sofort bekannt geworden und das Buch sei sofort sehr einflußreich gewesen, muß also korrigiert werden.

Ungefähr in der Mitte des sechzehnten Jahrhunderts wurde das Interesse daran plötzlich aufs neue geweckt. Seither wird das Buch immer wieder aufgelegt und übersetzt, und die Gelehrten erstickten es fast unter einer Fülle von Sekundärliteratur. Dutzende, vielleicht Hunderte von Schriftstellern wurden durch das Buch angeregt, ihre eigenen utopischen Träume niederzuschreiben. Auch die besondere Gattung der Science-fiction-Romane geht – in gewisser Hinsicht – auf *Utopia* zurück. Der Titel des Buches ist zu einem gebräuchlichen Begriff unserer Sprache geworden, und das Adjektiv «utopisch» hat die leicht negative Nebenbedeutung erhalten, diese Qualität übersteige die menschliche Daseinsform und ihre Möglichkeiten doch zu sehr. Trotz aller Bedeutung kann man das schmale Büchlein mühelos an einem Abend lesen. Es zu verstehen, kann jedoch ein ganzes Leben lang dauern.

Utopia ist und bleibt rätselhaft und irritierend. Morus schrieb mit sehr viel Ironie. Man weiß fast nie, wann er es ernst meint und wann er ironisch ist. Im Ton hält sich Morus an einen erzählerischen Realismus, vergleichbar dem der Schilderungen von Reisenden, die aus der Neuen Welt zurückkehrten und ihre Erlebnisse für die Europäer zu Papier brachten. Da Seeleute meist nicht sehr einfallsreich sind, zeichnen sich ihre Geschichten durch die gleiche Nüchternheit aus wie die Berichte der Astronauten, die in unseren

Tagen neue Welten entdecken. *Utopia* ist eine Art literarischer Maske, die Morus nie fallen läßt.

Das Buch gliedert sich in zwei Teile oder «Bücher», wie Morus sie nannte. Der erste besteht aus einem Dialog zwischen Morus und einem sonnenverbrannten Reisenden, Raphael Hythlodeus, der gerade von einer Reise um die Welt zurückgekehrt ist. Morus begegnet ihm 1515 während seiner Mission in Flandern. Raphael ist ein Moralist, ziemlich humorlos und krampfhaft bemüht zu zeigen, wieviel verderbter Europa doch ist als beinahe jeder andere Platz in der weiten Welt, die er bereist hat. Er und Morus erörtern die soziale Ordnung Europas. Obwohl meist Raphael spricht, macht auch Morus ein paar kluge Bemerkungen, und wir vernehmen sogar ein paar Worte von Peter Gillis, der Hythlodeus angeblich zuerst getroffen und Morus vorgestellt hat.

Der zweite Teil ist kein Dialog, sondern eine öffentliche Rede. Raphael beschreibt auf sehr geordnete Weise das Leben und die Einrichtungen eines Inselreiches, das Utopia genannt wird und das irgendwo vor der Küste der Neuen Welt liegt. Das Wort «Utopia» ist eine Neuprägung aus dem Griechischen und kann entweder «nirgendwo» oder «guter Ort» bedeuten. In seinen Briefen nennt Morus die Insel «Nusquama», was «nirgendwo» bedeutet. Daher ist es wahrscheinlich, daß er anfänglich den lateinischen Titel wählen wollte und sich erst später für den griechischen entschied. Ihm gefiel die doppelte Bedeutung von «Utopia» und die Art und Weise, in der diese seltsame Neuprägung den imaginären Charakter des Stoffs vor den schlichteren Gemütern verbergen würde, die nur Latein konnten.

Utopia ist tiefgründig, religiös und reformistisch. Jedes Wort ist von den Werten des stoischen christlichen Glaubens durchtränkt, der von den klassischen Kirchenvätern verkündet wurde – Werte wie der Vorrang des Gemeinsinns über das individuelle Urteil, die Forderung, das körperliche Leben solle nicht als Selbstzweck, sondern als Medium für die weitaus wichtigere Entwicklung des Geistes betrachtet werden, und die Vorstellung, die Leidenschaft sei die eingeschworene Feindin der Tugend, der religiösen Schlichtheit, des Abscheus vor Müßiggang und Leichtfertigkeit. Im zweiten Teil des Buches beendet Raphael seine Rede mit einer ausführlichen Beschreibung der Religion der Utopier. Dieser Aufbau folgt der zeitgenössischen Rhetorik, in der die wichtigsten Punkte für den Schluß aufgespart werden. Ton und Sinn der *Utopia* widerlegen einmal mehr die oft geäußerte Annahme, Morus habe als ein kühner, humanistischer Reformer begonnen und aus irgendeinem Grund die Nerven verloren, als die Protestanten das Banner des Aufstands gegen die Verderbtheit der Kirche hißten. Jede sorgfältige Lektüre der *Utopia* und aller anderen Schriften von Morus ergibt, daß stets derselbe Geist am Werke war. *Utopia* wurde nur ein paar Monate bevor Martin Luther die fünfundneunzig Thesen schrieb gedruckt. Die Zeiten änderten sich, und Morus mit ihnen: aus der freundlichen, beinahe leidenschaftslosen Darstellung von Idealen wurde eine wütende Verkündigung von Prinzipien. Doch in *Utopia*, wie auch später, finden wir den Thomas Morus, der die Welt als einen Ort des Bösen sah und das menschliche Herz als einen Hort der Finsternis, der des Lichtes der sorgfältigen öffentlichen Überwachung bedurfte, wenn die Ungeheuer, die dort lauerten, nicht hervorbrechen und Mensch und Gesellschaft verschlingen sollten.

Morus verlegt die erste Szene von *Utopia* in eine Kirche. Zumindest teilt er uns mit, daß er gerade von einem Gottesdienst in der großen Kirche von Notre Dame in Antwerpen kam, als Gillis ihm Raphael vorstellte. In der Erzählung gehen er, Raphael und Gillis zu dem Haus, in dem Morus wohnte, und dort, auf einer Rasenbank, unterhalten sie sich lange. Das Gespräch dreht sich auch um einen Vergleich zwischen der Alten und der Neuen Welt – zu einer Zeit, in der man sich allmählich an den Gedanken einer neuen Welt gewöhnte, nichts Ungewöhnliches. Raphael glaubt, daß an beinahe jedem Ort der Welt die Verhältnisse besser geregelt seien als in Europa. Er hat tausend Lehren über die Tugend mit nach Hause gebracht, Beispiele hervorragender Menschen, von denen die Europäer noch nie etwas gehört haben.

Raphaels Bildung und Wissen beeindrucken Morus so, daß er vorschlägt, dieser Weise auf der Wanderschaft solle sich niederlassen und Ratgeber eines Königs werden. Als Morus nach der Rückkehr nach England diesen Teil der *Utopia* schrieb, war ihm vermutlich bereits ein Angebot, dem Kronrat beizutreten, gemacht worden. Er erinnerte sich, daß Erasmus immer davor zurückgeschreckt war, in die Dienste eines Monarchen zu treten – und Erasmus hatte seine Abneigung vermutlich in den Gesprächen mit Morus während ihrer gemeinsamen Zeit in den Niederlanden zur Genüge ausgedrückt, als sie beide die Muße hatten, miteinander zu reden und zu lachen. Wie Erasmus weigert sich auch Raphael, in königliche Dienste zu treten. Er gibt an, er mache sich nichts aus Rang und Besitz. Er habe schon all seinen einstigen Besitz an seine Verwandten verschenkt und er denke, er schulde ihnen nichts mehr. Er wolle nur frei sein. Ein Höfling zu sein, so meint er, sei die Sklaverei selbst.

Sollte er nicht an das Gute denken, das er für die ganze Nation tun könnte, wenn er in den königlichen Dienst einträte? Nein, sagte Raphael. Die meisten Könige führten lieber Krieg, als Frieden zu wahren, und sie eroberten lieber neue Länder, als die Länder, die sie bereits besitzen, gut zu regieren. Die Torheit sei in Europa zu ausgeprägt, um durch Weisheit ersetzt zu werden. Die Lebensweise der Torheit sei in der ganzen Christenheit verbreitet. Ein weiser Mann, der sich in solche Geschäfte verstricke, würde bald von den Absurditäten des Lebens im inneren Kreis der Macht vernichtet.

Die Absurdität sei selbst in England zu Hause. Raphael sei dreimal dort gewesen und habe Kardinal Morton besucht – der in Wirklichkeit 1500 gestorben war. Der John Morton aus Morus' *Geschichte König Richards III.* hat einen vielschichtigen und leicht ambivalenten Charakter. Der Morton hingegen, den Raphael in *Utopia* verehrt, ist einfach der alte Wohltäter und Lehrer von Morus, ein Mann von großer staatsbürgerlicher Tugend und Frömmigkeit – hier aber wird er zu sehr gepriesen, um als Person noch glaubhaft zu sein.

Während Raphael in Mortons Haus weilt, besucht sie ein englischer Rechtsgelehrter, der mit dem strengen Recht seines Heimatlandes prahlt. Hunderte würden wegen Diebstahls hingerichtet, doch würden die Diebe weiterhin stehlen. Darüber ist der Rechtsgelehrte verwirrt. Raphael behauptet, daß solche Hinrichtungen ungerecht seien, und er äußert einen neuen Gedanken: die Gesellschaft selbst sei teilweise für die Verbrechen verantwortlich, die gegen sie begangen würden. Darum solle die Gesellschaft jenen gegenüber Milde walten lassen, die sie selbst zum Diebstahl und zu Gewalttaten verleitet habe. Mit der Stimme Raphaels schlägt Morus eine weitreichende Anwendung der Equity (i. e. das englische Billigkeitsrecht) vor, um die strenge Auslegung des englischen Gesetzes nach dem Buchstaben zu mildern. Die Equity verkörpere die Macht des Gewissens, und rechtschaffene Menschen wendeten das Gesetz in solchen Fällen an, in denen der Buchstabe des Gesetzes zur Ungerechtigkeit führen würde. Im Wortlaut des Gesetzes stünde, daß ein Dieb, der mehr als sieben Pence gestohlen habe, zum Tode zu verurteilen sei. Aber wenn er nun zum Stehlen gezwungen sei, um nicht zu verhungern, sollte er dann auch zum Tode verurteilt werden? Raphael verneint dies.

In England stellten die müßiggängerischen Adligen gerne ihre gleichermaßen müßiggängerischen Diener zur Schau, doch wurden diese entlassen, sobald ihr Herr starb oder wenn sie selbst krank, alt oder hinfällig wurden. Oft endeten sie als Landstreicher oder Räuber. Raphael spricht von Kriegen, in denen die Menschen außer der Gewalt nichts lernten. Er schildert, wie die Soldaten aus den Kriegen heimkehrten und nichts zu tun hätten, kein Handwerk kennten außer das der Waffen und des Blutes, ohne Aussicht, außer der auf ein Verbrechen oder auf den Hungertod. Ihn überrasche nicht, sagt er seinen Zuhörern im Hause Mortons, daß solche Menschen bald ein Leben voller Gewalttaten führten.

In der berühmtesten Stelle in diesem ersten «Buch» der *Utopia* wird die Einrichtung der Enclosures (Einzäunung) verurteilt. Adlige, die Gentry und einige der Klöster mit riesigem Grundbesitz wie Glastonbury zäunten das alte, gemeinsame Weideland ein, auf dem die Bauern der englischen Dörfer jahrhundertelang das Vieh geweidet und etwas Getreide angebaut hatten. Mit dem Aufblühen des Wollhandels nutzten die Lords ihre Felder lieber für die gewinnträchtigere Aufzucht von Schafen, und diese begannen laut Raphaels berühmten Worten «so gefräßig und wild zu werden, daß sie sogar Menschen fressen, Länder, Häuser, Städte verwüsten und entvölkern».[2] Das ist ein eindringliches Bild. Jeder christliche Europäer, der gewöhnlich in der Schafherde das Symbol des sanften Lamms Gottes der christlichen Ikonographie sah, muß, als er das hörte, eine Schafherde plötzlich neu interpretiert haben als ein Unheil für die armen Leute, die zu erlösen Christus gekommen war.

Doch da der Preis für Wolle stieg, wurden einige Menschen reich, teilt Raphael mit. Im Geiste der Redner aller Epochen, welche die Gleichheit der Menschen gefordert haben und über die Schändlichkeit empört waren, wütet er gegen jenen skandalösen Reichtum, der von wenigen bei schändlichen Vergnügungen wie Wetten, Hurerei und Trunksucht vergeudet würde, während die Massen im Elend lebten und Hunger litten. Darüberhinaus tue ihnen das Gesetz ein weiteres Unrecht an, denn es verurteile jene armen Seelen zum Tode, die von ihrem Land vertrieben würden und gezwungen seien, sich selbst und ihre Familie durch Diebstahl zu ernähren. An dieser Stelle formuliert Raphael einen erstaunlichen Satz, der erst Jahrhunderte später im englischen (und amerikanischen) Recht verwirklicht werden sollte: «Ich muß auf der Ansicht beharren ... daß es durchaus unbillig ist, einem Menschen das Leben zu nehmen, weil er Geld genommen hat; lassen sich doch sämtliche Glücksgüter nach meiner Meinung mit dem menschlichen Leben nicht in Vergleich stellen.»[3]

Gewöhnlich wird übersehen, daß die diplomatische Mission, die Morus nach Flandern führte, den Zweck hatte, den Handel auszuweiten, besonders das Geschäft mit Wolle. Während also Morus diese unsterblichen Zeilen schrieb, arbeitete er hart dafür, zum Reichtum jener Schicht der englischen Gesellschaft beizutragen, die Raphael für ihre herzlose Gier hart kritisiert. In Erläuterungen zur *Utopia* wurde Morus' geschätzter Freund Antonio Bonvisi immer stillschweigend übergangen, der durch den Handel mit Wolle ein Vermögen angehäuft hatte und offensichtlich ein luxuriöses Leben führte, allerdings ohne den Lastern zu frönen, die Raphael hier verdammt. Die Frage, ob Morus diese Ironie selbst empfunden hat, läßt sich nicht beantworten. Doch zumindest offenbart sie eine Einsicht, die wir auch aus dem Studium seines übrigen Werkes erkennen können: Wenn Morus schrieb, erbaute er eine Welt, die er beherrschen konnte. Und wie die meisten Schriftsteller achtete er nicht immer darauf, diese erschaffene Welt völlig mit der Welt in Einklang zu bringen, in der er seinen Weg gehen mußte.

In der imaginären Welt von *Utopia* plädiert Raphael für das Ideal einer Gerechtigkeit, die in der Wirklichkeit nirgendwo existierte. Welche Strafe sollte für Diebstahl festgesetzt werden? Raphael, der jede andere Region der Erde für besser hält als das christliche Europa, erzählt von den tugendhaften

Polyleriten, die, wie er sagt, an einem abgelegenen Ort in Persien lebten, umschlossen von Bergen. Dort würden die Diebe zu Zwangsarbeit verurteilt. Sie müßten ihren Opfern Wiedergutmachung leisten und nicht etwa eine Strafe an den König abführen. Frauen und Kinder der Diebe würden geschützt. Sie würden nicht auf die Straße geworfen, wo sie verhungerten, wenn das Haupt der Familie für eine Schandtat verurteilt worden sei, bei der sie nicht beteiligt gewesen seien. Als Raphael bei einer Diskussion, die an Mortons Tafel geführt wird, vorschlägt, auch in England nach diesem Vorbild zu verfahren, schüttelt der englische Rechtskundige nur den Kopf und murmelt, das würde die Gesellschaft umstürzen.

Der Rechtsgelehrte greift auf das alte, abgenutzte Argument zurück, das jedem, der von Reformen träumte, zu allen Zeiten vorgehalten wurde. Weil die Verhältnisse immer so gewesen seien, sei es nicht möglich, sie zu ändern. Morton schlägt vor, daß der König doch den Versuch wagen und die Todesstrafe für Diebstahl eine Zeitlang aufheben könnte. Seine Gäste pflichten ihm bei. Doch schlossen sich wohl die meisten, die das von Raphael in *Utopia* beschriebene Vorgehen einmal genauer betrachteten, eher der skeptischen, zweifelnden Haltung des Juristen an.

Am Schluß erklärt Raphael noch einmal, daß er unmöglich der Ratgeber eines Königs werden könne. Die tote Last der Konventionen würde ihn ersticken. Könige würden durch Konventionen erst gemacht, und niemand könne sie davon abhalten, die Torheiten der Konvention zu begehen. Er wirft die Frage auf: Wenn er Ratgeber des Königs von Frankreich wäre, könnte er dann Frankreich daran hindern, in Italien einzufallen? «(. . .)Da stünde ich schwaches Menschenkind auf und hieße das Ruder plötzlich herumwerfen, stimmte dafür, Italien aufzugeben, riete, daheim zu bleiben, Frankreich allein sei fast schon zu groß, um von einem einzigen Herrscher gut verwaltet zu werden, der König solle doch nicht glauben, er müsse noch auf Vergrößerung sinnen.»

Raphael beruft sich noch auf ein anderes Beispiel aus dem besseren Teil der Welt weit entfernt von Europa, um die Weisheit im Gegensatz zu solcher gallischen Torheit zu erläutern. Die Achorier, die das Festland nahe bei Utopia bewohnen, hatten einen König, der einst ein anderes Königreich erobern wollte, auf das er durch Heirat einen alten Anspruch besaß. Das Volk erkannte, daß der beabsichtigte Krieg in der Fremde auch dem eigenen Land Not und Aufstand und jedem, der mitkämpfen würde, Blutvergießen und Verderben bringen würde. So stellten sie ihren König vor die Wahl: da er nicht über beide Reiche herrschen könne, müsse er sich für eines entscheiden.

All dies paßte auf Frankreich. Die französischen Könige hatten seit 1494 um Italien gekämpft und ihren Territorialanspruch mit alten ehelichen Banden begründet. Aber im Geiste konnten diese Bemerkungen auch auf England bezogen werden und auf Heinrichs rastlosen Ehrgeiz, seinen Titel «König von England und Frankreich» zu behaupten. Auch hier gründete sich der Anspruch auf ein altes eheliches Bündnis zwischen England und Frankreich. Fast zwei Jahrhunderte bevor Morus *Utopia* schrieb, hatte Eduard III. auf Grund dieses Bündnisses einst behauptet, der rechtmäßige König von Frankreich zu sein. Hatte Heinrich oder irgend jemand aus seiner Umgebung diese Anspielung möglicherweise gesehen? Wahrscheinlich nicht. Sie sahen darin nicht mehr als einen Angriff auf den Feind Frankreich. So galten Raphaels kühne Worte über die Torheit der Fürsten lediglich als eine nationalistische Attacke auf die französische Außenpolitik, und dieser Eindruck wurde von der kommentierenden Randbemerkung noch gestützt: «Andeutungsweise werden die Franzosen aufgefordert, Italien nicht zu überfallen.»

Englische Angelegenheiten wurden in der Tat andeutungsweise berührt! Raphael kritisiert jene Ratgeber des Königs, die alte und vergessene Gesetze wieder ausgraben wollen. Jeder habe sie übertreten, und wenn sie plötzlich wieder in Kraft seien und zur Verhängung von Geldstrafen dienten, bringe das der Schatzkammer Einnahmen. Auch gebe es Ratgeber, fährt er fort, die dem König rieten, zusätzliche Steuern zu erheben unter dem Vorwand, einen Krieg vorzubereiten. Wenn sie dann das Geld eingetrieben hätten, schlössen sie Frieden und verwendeten das Geld für andere Zwecke. Auch gebe es Könige, die ihr Volk in Armut hielten, damit ihm nicht der Sinn nach Rebellion stünde.[4]

Die Menschen jener Zeit wußten, daß Heinrich VII. all diese Listen angewandt hatte, um Geld aus seinen Untertanen herauszupressen. Morus muß Heinrich im Geiste vor sich gesehen haben, als er Raphael seinen allgemein gehaltenen Tadel gegen die schlechten Könige in den Mund legte. Doch ist die Kritik so versteckt, daß sie harmlos war und Morus nur dazu diente, seinen gebildeten Freunden zu zeigen, daß er die allgemeinen Mißstände der Zeit sah. Seine Kritik ist kein Ruf nach Reformen, sondern eine Bitte um ein zustimmendes ironisches Lächeln.

Morus stellt in dieser Erörterung ein weiteres fremdes und unbekanntes Volk den Europäern als Vorbild hin. Die Makarenser, die nicht weit von den Utopiern entfernt leben, verbieten ihrem König, eine Schatzkammer mit mehr als tausend Pfund zu besitzen. Ihre Absicht ist, die Macht des Königs zu beschränken und ihn zu hindern, Unrecht zu tun. Außerdem soll genug Geld in den Händen des Volkes bleiben, um die Geschäfte in Gang zu halten. Die Schlußfolgerung liegt auf der Hand: Habgier und Widersinn regieren im Kronrat der Könige, und Raphael will keinen Anteil an solcher Gesellschaft. Unfähig, den Staat zu retten, will er sich selbst retten.

Morus protestiert. Eine solche Sicht sei auf verdrehte Art theoretisch, behauptet er. Ein Idealist wie Raphael nehme sich damit selbst die Möglichkeit, Gutes zu tun. Der wahre politische Philosoph, sagt Morus, solle «auf

Umwegen versuchen (...) nach besten Kräften alles recht geschickt zu behandeln, und was du nicht zum Guten wenden kannst, wenigstens vor dem Schlimmsten zu bewahren. Denn es ist ausgeschlossen, daß alle Verhältnisse gut sind, solange nicht alle Menschen gut sind, worauf wir ja wohl noch eine hübsche Reihe von Jahren werden warten müssen.»[5]

Doch Raphael läßt sich nicht von seinem politischen Isolationismus abbringen. Zu seiner Rechtfertigung erklärt er anschließend den Widersinn und die Ungerechtigkeit der europäischen Welt: politische Mißstände rühren daher, daß Menschen privates Eigentum besitzen. So bereitet er Morus und uns auf die Beschreibung Utopias vor, auf das ideale Gemeinwesen. Dort, berichtet er, besitze die Privatperson nichts, und dort würden all die Übel der europäischen Gesellschaft entweder ausgeschaltet oder sie fehlten ganz.

Morus stellt die Weisheit dieses Kommunismus in Frage. Raphael verspricht, ihm von der großartigen Insel zu erzählen, wo eine Art von Kommunismus das Leben regelt. Sie begeben sich zum Essen, und nachdem sie sich wieder auf der Rasenbank niedergelassen haben, überlegt Raphael, wie er die Erzählung beginnen soll. So endet der erste Teil des Buches.

Auf diesen Teil von Morus' großem Werk soll ausführlicher eingegangen werden. Einen Punkt davon haben wir schon berührt. Morus behauptet nicht nur – zumindest in der Fiktion dieses Werkes –, daß die Insel Utopia Europa überlegen sei, sondern daß so ziemlich jeder Ort der Welt sich einer besseren Gesellschaft erfreue als Europa. Europa mit seiner Ungerechtigkeit und seiner Grausamkeit erscheint nicht als Wertmaßstab, sondern als Exemplum eines völligen Mangels vernünftiger Wertmaßstäbe. Verhältnisse, die die Europäer hinnehmen im Glauben, sie könnten nicht verbessert werden, werden zurückgeführt auf zufällige Bedingtheiten von Zeit und Ort. Sie können durch den Bezug auf einen großen allgemeinen Konsens sehr wohl verändert werden, der in anderen menschlichen Gemeinschaften bestimmend ist.

Später, als Morus gegen die protestantischen Häretiker zu Felde zog, sollte er, wenn er die Autorität der katholischen Kirche erörterte, möglichst immer den Konsens erwägen. Als England dem großen alten Glauben den Rücken kehrte und sich dem neuen Bekenntnis, das Heinrich VIII. eingeführt hatte, zuwandte, konnte Morus sich sein altes Vertrauen in die katholische Kirche bewahren. Denn er glaubte, daß die Welt jenseits der Küsten Englands für einen Konsens zeuge, der das englische Schisma unerheblich und widersinnig machte. Morus faßte seine Legionen tugendhafter Gesellschaften in der neuen Welt, die sich dem europäischen Geist erst eröffneten, in einer Art großer säkularer Kirche zusammen. Diese Kirche verurteilte durch die heitere Ergebenheit ihrer Mitglieder an die Vernunft die Absonderlichkeiten der europäischen sozialen Gebräuche. Sie entlarvte sie als lächerlich – gerade so, wie Morus später die universale christliche Kirche dazu benutzen sollte, die englische Häresie zu verdammen.

Es wurde oft behauptet, daß *Utopia* in das literarische Genre der «edlen Wilden» gehöre, dem wir in so verschiedenartigen Schriften wie in den Essays von Montaigne, den Reisen des Lemuel Gulliver und in den jugendlichen Angriffen auf die Zivilisation des J. J. Rousseau begegnen. Es wäre etwas zu einfach, wollte man alle diese Schriften in einen Topf werfen. Es trifft aber zu, daß sie alle durch die erstaunliche Entdeckung angeregt wurden, daß es jenseits der Ozeane tatsächlich viele menschliche Gesellschaften gab und daß diese nicht an der europäischen Kultur teilhatten. Für manche Europäer, die durch die Verfallserscheinungen der eigenen Gesellschaft entmutigt waren, verkörperten sie die Sehnsucht nach Kulturen, die besser als die eigene wären.

Den eigentlichen Kern dieser Sehnsucht bildete die Überzeugung, daß die Europäer eigentlich klüger seien, als sich in der Wirklichkeit zeige. Wenn aber alle Menschen *klüger* waren, dann mußten einige auch klüger *handeln*, denn sonst war die Verknüpfung von Wissen und Handeln, von der jeder Erzieher ausgehen mußte, grundsätzlich in Frage gestellt. So drückte die Vorstellung von einer besseren Welt, irgendwo jenseits der Meere, eine Hoffnung auf den praktischen Wert eines höherentwickelten moralischen Empfindens aus, das die Menschen von den wilden Tieren unterscheiden sollte.

Im Jahre 1516 wurden diese Sehnsüchte nicht nur von den neuen Entdekkungen genährt, sondern auch von der bei Männern wie Morus vorherrschenden Überzeugung, daß in der Geschichte Europas irgend etwas schiefgelaufen war. Die bedrängten Europäer wollten glauben, daß es irgendwo einen Ort gebe, wo der einzelne und die Gesellschaft in Harmonie miteinander lebten, einen Ort, wo die gewöhnlichen Bürger von der Angst befreit waren, die jedes Vertrauen in der alten Welt auslöschte.

Viele, wenn nicht die meisten dieser Ängste waren ökonomischer Art. Geld und Besitz sind häufige Themen in beinahe allen Schriften von Morus. Geld war für Morus aus dem gleichen Grund bedeutend, aus dem es für die meisten von uns ein Thema ist: es war der einzige Garant für eine angesehene Stellung in der Gesellschaft. Menschen, die ihr Vermögen verloren, verloren ihre gesellschaftliche Stellung. Wenn ein Mann aus Morus' Stand sein Geld verlor, mußten seine Kinder womöglich auf der Straße betteln gehen. Begabung, Tugend und selbst Geburt bedeuteten nichts ohne das nötige Geld, um sich den Platz zu bewahren, auf dem solche Eigenschaften erkannt und belohnt werden konnten. Den einzigen Ausweg aus der quälenden Unsicherheit der Geldwirtschaft, den Morus sah, war eine Form des Kommunismus. Vermutlich wählte er dieses Paradigma für Utopia, weil er sich selbst so viele Sorgen um den Wohlstand machte.

Zu Beginn des zweiten Teils von *Utopia* erzählt Raphael von dem Inselreich und reflektiert, wie unterlegen Europa im Vergleich ist. Er beschreibt die Geographie, Politik, die städtische Organisation, die Sitten und Gebräuche und die Religion von Utopia im bewußt zurückhaltenden Ton eines Mannes, der von Dingen erzählt, die für ihn so selbstverständlich sind, daß er sie nicht extra herauszustellen braucht. Er ist ein Argonaut, der von Wundern erzählt, die für ihn alltäglich geworden sind.

Uns erscheint Utopia unsagbar trostlos und das Leben dort so eintönig, daß wir uns an gewisse farblose Volksdemokratien erinnert fühlen. Alle marschieren im Gleichschritt. Die Eigenarten des Individuums, die das Leben interessant machen, sind durchweg den gemeinschaftlichen Bedürfnissen unterworfen. In dem Buch wird außer dem schon lange verschwundenen Gründer König Utopus niemand mit Namen genannt. Wenn wir lesen, was über die Utopier gesagt wird, verstehen wir, warum Raphael ihre Namen nicht erwähnt, denn sie erscheinen wie austauschbare Teile innerhalb einer großen sozialen Maschinerie. Und das Vergnügen – wenn es ein solches gibt – besteht darin, zu sehen, wie die ganze Konstruktion funktioniert, und nicht darin, sich an den Individuen zu erfreuen, die dort leben. Ein Romanschriftsteller hätte ein schweres Leben in Utopia; ein Ingenieur würde sich wie zu Hause fühlen.

Die Zivilisation von Utopia ist auf dem Naturrecht begründet. Fortescue hat dieser Rechtslehre in seinen Büchern über das englische Recht Gestalt verliehen, und Morus muß sie gelesen haben. Ein paar Theoretiker des Naturrechtes haben die Schichtung in der Gesellschaft gerechtfertigt. Thomas von Aquin glaubte, daß wir sozial alle ungleich geschaffen seien. Morus hingegen hing jener Strömung an, die in die Verfassungsgeschichte der Vereinigten Staaten einging. Das Naturrecht führte ihn dazu, die radikale Gleichheit zu postulieren, als er sich sein Utopia ausdachte. Gerade diese Gleichheit ist es, die uns so abschreckt. Bei Morus verwandelt sie sich in eine trostlose Gleichförmigkeit, die durch harte Strafen erzwungen wird. Gleichheit bedeutet, daß alles, was für den einzelnen gut ist, für alle gut sein muß. Und aus diesem Grund ist jenes außergewöhnliche Verhalten nicht gestattet, das sowohl den großen Schurken wie auch das große Genie erst möglich macht.

Wie Morus selbst sind die Utopier Stadtmenschen und haben wenig Freude am Leben auf dem Lande. Allerdings lernen sie alle den Landbau, weil sie wissen, daß er unentbehrlich ist. Von klein auf beschäftigen sie sich mit der Landwirtschaft, teils in der Schule und dann auch auf Exkursionen zu Bauernhöfen nahe der Stadt. Dort helfen sie wie Kinder in einem Ferienlager bei der Arbeit mit. Doch niemand von den Erwachsenen wird gezwungen, die Plackerei und Isolation auf dem Lande länger als zwei Jahre zu ertragen. Aus der Stadt kommen Gruppen, die ihre Zeit auf dem Lande ableisten. Sie bauen Getreide an und versorgen die Tiere. Die Arbeitsschichten sind gestaffelt. Jede neue Gruppe, die aufs Land geht, trifft eine andere an, die schon ein Jahr dort ist. Die einjährigen Veteranen sind angehalten, die Neuankömmlinge in dem Jahr, das sie gemeinsam verbringen, in alle Geheimnisse der Landwirtschaft einzuführen – diese Vorstellung muß jedem zweifelhaft vorkommen, der genügend Zeit damit verbracht hat, dem Boden etwas abzuringen. Trotz ihres angeblich lebenslangen Studiums der Materie hätten die Bewohner von Utopia sicherlich eine einjährige Lehrzeit in der Landwirtschaft als unzureichend empfunden.

Morus verstand weder etwas von der Landwirtschaft noch vom Leben der Bauern, die ihr Handwerk durch die Fehler und Versuche eines ganzen Lebens erlernten. Er wußte nur, daß die Arbeit des Bauern harte Arbeit war. Vermutlich wußte er auch, daß nach der täglichen Plackerei auf den Feldern den meisten Bauern nicht der Sinn danach stand, die ganze Nacht lang über Literatur zu diskutieren (wie es die Bauern von Utopia tun). Und er muß auch gewußt haben, daß zumindest zu bestimmten Jahreszeiten die bäuerliche Arbeit nicht in einem Sechsstundentag bewältigt werden konnte, wie er ihn für alle anderen Arbeiten in Utopia festsetzte.

Morus läßt Raphael in seiner langen Rede Hühnerfarmen in Utopia beschreiben. Brutkästen werden benutzt, um Eier auszubrüten. Für ihn ist es ein kleines Wunder, daß die frisch geschlüpften Kücken dem ersten sich bewegenden Ding nachlaufen, wenn sie sich den Weg ans Licht freigepickt haben. Sie laufen einem Mann oder einer Frau nach und betrachten die als Elterntier. Morus hat nicht genug mit Hühnern zu tun gehabt, als daß sich sein Interesse an diesem normalen Verhalten abgeschwächt hätte. Und offensichtlich hat er nie die Panik einer Glucke beobachtet, wenn die Entenkücken, die sie adoptiert hat, das erste Mal in einer ganz unhühnerhaften Art ins Wasser gehen.

Die Utopier besitzen kaum jenen Sinn für die Schönheiten der Natur, von dem die spätmittelalterliche Kultur durchdrungen war, in der die Dichter und Künstler sich am bukolischen Ideal erfreuten. Steht ihnen ein Wald im Wege, so holzen die Bewohner von Utopia ihn vollständig ab – Vorboten jenes Tages, an dem die furchterregenden Kräfte der Natur gezähmt und so ausgebeutet würden, wie es der moderne Mensch für vorteilhaft erachtet.

Morus hatte die klassische Stadtplanung im Sinn, als er Utopia entwarf. Er teilt seiner Insel vierundfünfzig Städte zu, einander so ähnlich, wie es ihre geographische Lage überhaupt zuläßt. Raphael beschreibt die Hauptstadt Amaurotum, die mit ihrem den Gezeiten unterworfenen Hafen und der hübschen Steinbrücke mit den großen Bogen London gleicht. In jeder Stadt sind die Straßen sechs Meter breit – was uns sehr eng erscheinen mag. Einem Londoner wären sie sehr breit vorgekommen. Er hätte sie auch als ungewöhnlich gerade empfunden, denn Morus schrieb von Häusern, die sich in

Reihen gegenüberstanden. Italiener wie Leonardo da Vinci entwarfen damals solche imaginären Städte, die von einem Netz von Straßen durchzogen waren. Aber bis in die Neuzeit hinein wuchsen die meisten Städte nach den Krümmungen der Flußläufe, und die Flüsse folgten den verschlungenen Trampelpfaden des Viehs, der Hunde, Schafe und Schweine – und diese Pfade waren niemals gerade, weil Tiere nie geradeaus laufen. Bei Morus wie bei vielen seiner Zeitgenossen schimmert ein Erscheinungsbild der Stadt durch, das für uns im Zeitalter der gigantischen Technik alltäglich geworden ist. Dieses Muster wurde jedoch der Natur durch den menschlichen Geist aufgezwungen und hat mit der Natur selbst wenig zu tun.

Die Häuser Utopias sind aus feuerfesten Materialien erbaut – auch dieses Detail ist für die Londoner wichtig, deren Stadt ständig durch das Feuer bedroht war und häufig abbrannte. Kein Haus in Utopia kann abgeschlossen werden – und das konnte man sich in einer mittelalterlichen Gesellschaft schwer vorstellen, in der die Reichen ihre Häuser mit riesigen Holzbalken verriegelten und zuweilen Wächter anstellten, die Angreifer fernhalten sollten. In Utopia werden alle Häuser alle zehn Jahre durch das Los getauscht. Weil es kein Privateigentum gibt, gehört aller Reichtum – einschließlich der Immobilien – der Gemeinschaft.

Uns erstaunt an Utopia am meisten die bedingungslose Hingabe der Bürger an den Staat. Man hat sie gelehrt, das höchste Wohl des einzelnen sei es, für das Wohl der Allgemeinheit zu wirken, und sie haben die Lektion gelernt. So besitzen sie nicht nur kein Eigentum, sondern kleiden sich auch gleich – für die Arbeit Lederkleidung, in der Öffentlichkeit Kleider aus ungebleichtem und ungefärbtem Leinen oder aus Wolle. Zu der Zeit, als das Buch erschien, müssen sie auf die Leser wie eine Gemeinde asketischer Mönche gewirkt haben.

Für einen Mann, der als guter Hausvater galt, kümmerte sich Morus recht wenig um das Familienleben der Utopier. Die Familien nehmen die Mahlzeiten nicht privat zu Hause ein. Es steht ihnen zwar frei, aber nur wenige wünschen es. In einer Gesellschaft von derart einschüchternder Konformität würde eine so individuelle Verhaltensweise wie eine private Mahlzeit zu Hause verdächtig wirken. Die Bewohner einer Straße essen in einem Refektorium, wo jeder jeden im Auge behalten kann. Ein gesellschaftsfeindliches Verhalten kommt so auch im geheimen nicht auf. Raphael erzählt uns mit aufrichtiger Zufriedenheit, daß es in Utopia «nirgends eine Möglichkeit zum Müßiggang, keinen Vorwand zum Faulenzen» gibt, «keine Weinschenke, kein Bierhaus, nirgends ein Bordell, keine Gelegenheit zur Verführung, keine Spelunken, kein heimliches Zusammenhocken».[6] Auch berichtet er, daß die Utopier ständig fröhlich sind. Man fragt sich, warum.

Die Familien leben in Familienverbänden zusammen und unterstehen dem ältesten Mann der Gruppe so lange, bis dieser senil geworden ist. Keine

Sippe darf mehr als eine bestimmte Anzahl an Mitgliedern haben, und wenn eine Gruppe zu groß geworden ist, werden einige der Mitglieder anderen Gruppen zugeteilt. Hier ist der Text etwas verworren, doch geht einigermaßen klar hervor, daß es die Kinder sind, die umverteilt werden.[7] Wir würden annehmen, daß eine Mutter und ein Vater traurig wären, wenn ihnen ihre Nachkommen im Interesse einer einheitlichen Größe der Sippen weggenommen werden. Dort jedoch wird davon ausgegangen, daß sie selbst in persönlichen und emotionalen Angelegenheiten einsehen, daß das Wohl der Gemeinschaft jedes Opfer wert sei, da es das Wohl aller bedeute.

Die Gemeinschaft der Utopier ist von der Vernunft durchdrungen, und wenn auch der einzelne durch diese oder jene Vorstellung vom Wohl geschädigt werden mag, so kann die Gemeinschaft keinen schwerwiegenden Irrtum begehen, denn es ist ja der ganzen Gruppe möglich, sich von Zeit zu Zeit offen und gemeinschaftlich ein Urteil zu bilden. Wenn die Gemeinschaften die Dinge offen erörtern können, werden Vernunft und Tugend sich durchsetzen. Wenn aber die Individuen sich in sich selbst verkriechen und nur ihre eigenen Sehnsüchte und Phantasien nähren, werden Laster und Unvernunft sich festfressen, und der ganze Körper wird krank werden.

Morus spricht mit der Stimme Raphaels. Er ist sehr konsequent in seinen Vorstellungen von einem allgemeinen Willen, der dem Wohl aller dient und alle Gruppen durchdringt. Die Städte Utopias werden von einem Bürgermeister und einem Rat regiert, der nach republikanischem Brauch von den Familien der Stadt gewählt wird. Ein allgemeines Parlament kommt jedes Jahr in Amaurotum zusammen, doch herrscht kein König in Utopia. Einst gab es einen Monarchen – König Utopus, der die Insel eroberte und ihr gute Gesetze gab. Doch er und sein Amt waren schon lange verschwunden, als Raphael auf dem Schauplatz erschien. Raphael kommentiert dieses strenge Republikanertum nicht, er beschreibt es einfach. Als Diener eines Monarchen mit uneingeschränkten Ansprüchen konnte Morus Raphael nicht gestatten, über ein so heikles Thema unvorsichtig zu sprechen. Die meisten Leser bemerken erst nach einigen Mühen und Verwirrungen, daß Utopia keinen König hat. Bei solch tugendhaften Bewohnern benötigt Utopia keinen König, der ihnen sagt, was sie tun müssen. Sie leben in dem Zustand der staatsbürgerlichen Selbstlosigkeit, welche Machiavelli an der römischen Republik so hoch achtete, als er seine *Discorsi* schrieb. Doch anders als die Bürger in Machiavellis Republik haben Morus' Utopier nie ihre Tugenden verloren. Sie sind reife Erwachsene und weitgehend in der Lage, ihre Angelegenheiten ohne einen Fürsten zu regeln, der – darin scheinen sich Morus und Machiavelli einig – die Staatsgeschäfte nur durch Betrug und Verbrechen führen kann. Hat man erst einmal bemerkt, daß es keinen Monarchen in Utopia gibt, wird man darin ein Zeichen sehen, das auf die spätere Beziehung von Morus zu seinem König hindeutet.

Die politische Diskussion wird in Utopia durch eine öffentliche Versammlung ermöglicht, in der es jeder Gruppe erlaubt ist, ihre Ansichten in einer offenen Diskussion frei kundzutun. Nicht jeder Bürger darf an solchen Diskussionen teilnehmen; nur die gewählten Vertreter werden einer solchen Verantwortung für würdig erachtet. Menschen, die sich privat über öffentliche Angelegenheiten unterhalten, werden zum Tode verurteilt – dies ist neben Ehebruch das einzige Verbrechen in Utopia, von dem Raphael berichtet, auf das die Todesstrafe steht.

Morus' Glaube, daß Versammlungen zu einem einheitlichen Beschluß kommen könnten, beschwört ein Bild aus der Musik herauf, das er selbst nicht benutzte. Für einen jeden Chorsänger stehen die Harmonien mit mathematischer Präzision fest. Die eine oder andere Stimme mag einige Töne nicht erreichen können, oder sie mag allein nicht in der Lage sein, die Resonanz zu entwickeln, die das Lied erfordert. So kann sie allein oder selbst mit einer anderen Stimme, die auf eine andere Weise eingeschränkt ist, nur einen schwachen Widerhall der Wahrheit inmitten vieler Mißklänge geben. Wenn jedoch tausend Stimmen zusammen erklingen, so übertönen sie die individuellen Beschränkungen und schwellen, Harmonie mit Harmonie verbindend, zu einem Vorbild unübertrefflichen Ruhmes und unübertrefflicher Anmut an.

So bürgen Versammlungen – wie das Parlament in England – für eine Wahrheit, welche der einzelne von sich aus nicht erlangen kann. Sein ganzes Leben hindurch sollte Morus immer der Gruppe mehr als dem einzelnen vertrauen. Die logische Folgerung aus dieser Überzeugung von der Autorität der Gruppe ist die Konformität, die in so vielen modernen Kommentaren zu *Utopia* bemängelt wurde. Wenn der Chor die «Kampfhymne der Republik» («John Brown's Body», Anm. d.Ü.) singt, fällt der Tenor in der hinteren Reihe nicht plötzlich in «Dixie» (die Südstaatenhymne, Anm. d.Ü.). Die Gruppe legt die Ziele der Gesellschaft fest. Niemandem ist es erlaubt, sich dem Fortschritt in Richtung auf die Ziele wie Einfachheit, Gemeinschaft und Disziplin entgegenzustellen.

Gewöhnlich wird behauptet, *Das Lob der Torheit* und *Utopia* seien verwandte Werke. Beide machen von der Ironie weitgehenden Gebrauch, und Ironie geht immer von der Annahme aus, daß der Sprecher oder der Schriftsteller Dinge äußert, die nicht wörtlich zu nehmen sind; so kann das Publikum ihm hinter der wörtlichen Aussage zustimmen. Doch außer der Ironie haben *Das Lob der Torheit* und *Utopia* wenig gemeinsam. Sie sind in einem gänzlich verschiedenen Geist geschrieben.

Das Lob der Torheit verspottet die Menschen, die ihre Ziele ohne Vernunft und Verstand wählen; Widersprüche zwischen Reden und Handeln werden aufgedeckt. Wenn Erasmus von unwürdigen Mönchen und närrischen Theologen spricht, ist sein Spott scharf und verletzend, seine Feder mit Gift getränkt. Aber wenn er über die übrige Menschheit nachdenkt, wird er eher satirisch als zynisch, und er schildert die Torheiten der Menschen humorvoll und einfühlsam. Selbst Christus hatte, laut der *Torheit*, Anteil an der unberechenbaren Spontaneität des Universums, denn was forderte die Vernunft mehr heraus als der Glaube, daß Gott Mensch geworden ist, um unsere Seelen zu erlösen? Erasmus wollte die Reform in Kirche und Gesellschaft, und die Verachtung, mit der er im *Lob der Torheit* die unwürdigen Männer der Kirche überschüttete, war echt. Ansonsten zog er es vor, sich mehr als Beobachter zu amüsieren, als zu verurteilen, und er zeigte kein großes Interesse daran, die Natur des Menschen verändern zu wollen. Über Gelehrte lachte er, obwohl er doch selbst einer war und blieb. Er wollte gewiß nicht die unverhoffte Gnade Gottes gegenüber den Menschen verändern. Vielleicht war er im Grunde seines Herzens so zynisch, daß er keine großen Erwartungen hegte, die ja doch von der überwältigenden Mehrheit der Menschen unweigerlich enttäuscht werden würden.

Im Vergleich dazu ist *Utopia* unbeholfen und puritanisch. Wir finden, das Werk besitzt nichts von der Liebenswürdigkeit des Erasmus, nichts von seiner Bereitschaft, menschliche Wesen einfach leichtfertig sein zu lassen. Morus stellt in *Utopia* Regeln auf – gerade so wie er im Leben Regeln aufstellte. Er glaubte daran, daß viele der Regeln der europäischen Gesellschaft verändert werden sollten, weil sie unzulänglich waren. Seine Lösung dafür hieß jedoch, andere, bessere aufzustellen. Alle Regeln sollten – nach bewährter scholastischer Manier – auf das Ziel der vollendeten Harmonie und Konformität abzielen. Wenn die gotische Kathedrale im Stein die systematische Ordnung der Verschiedenheit darstellt, die eng mit der systematischen Ordnung der Philosophie und Theologie bei Thomas von Aquin verwandt ist, dann stellt *Utopia* von Morus die gleiche Ordnung des Geistes in der Gestaltung sozialen Lebens dar.

In Utopia verhindern die Älteren, daß während der Mahlzeiten unnütz geredet wird. Selbst wenn sie spielen, suchen die Utopier nach einer Lebensweisheit. Sie gestalten ihre Freizeit nach den Zielen, die durch ihre Regeln festgelegt sind. Wie spannend für sie, am Abend «Tugend und Laster» zu spielen – eine ihrer hauptsächlichen Vergnügungen, wie Raphael uns erzählt. Hier, fährt er fort, zeigt sich in einem Spiel, das an Schach erinnert, «überaus sinnreich der Zwiespalt der Laster untereinander und ihr einmütiges Zusammenhalten gegen die Tugend, ebenso, welche Laster den Gegensatz zu den verschiedenen Tugenden bilden, mit welchen Kräften sie offen dagegen kämpfen, mit welchen Ränken sie ihnen auf krummen Wegen nachstellen, mit welchen Hilfsmitteln dagegen die Tugenden die Kraft der Laster zu brechen wissen, mit welchen Künsten sie ihre Versuchungen vereiteln, und endlich, auf welche Weise die eine oder andere Partei den Sieg erringt».[8]

Es ist nicht schwer, hinter dieser Stelle den Mann zu sehen, der mit unnachsichtiger Selbstkontrolle seine erste Frau zu Tränen trieb, entschlossen, sie ihr Leben nicht mit Müßiggang und Leichtfertigkeit vergeuden zu lassen. Man erkennt den Mann, der es nicht ertragen konnte, Zeit zu vergeuden, den Mann, der müßige Spiele verabscheute. Er hätte sich in seinem Reich Utopia zu Hause gefühlt, wo alles sich wie eines der neuen mechanischen Uhrwerke bewegte und jedes menschliche Zahnrad für die Zwecke der tugendhaften Maschinerie arbeitete, niemals für sich selbst.

In beinahe jedem Kommentar zu *Utopia* wird dieser Kommunismus ausführlich abgehandelt, ebenso wie der Ursprung des Kommunismus in der Überzeugung der Urchristen, das Privateigentum sei eine Entartung und erst mit dem Sündenfall Adams und Evas und dem Verlust des Paradieses in die Welt gekommen. Den Kirchenvätern galt das Privateigentum als notwendiges Übel, das zwar zulässig sei, weil die Menschen sündig seien, aber eben dennoch ein Übel. (Das ungefähr war auch die Meinung, die Augustinus und andere vom Geschlechtsverkehr hatten.) Die Utopier leben durch das Naturrecht in einem vollkommenen Kommunismus, der beim Rest der Welt in Vergessenheit geraten ist. (Selbstverständlich können sie nicht ohne sexuellen Verkehr leben.)

Was hingegen oft übersehen wird, ist die enge Verbindung von Kommunismus und einer besonderen Arbeitsethik in Morus' Denken. Morus will, daß jeder arbeitet, daß niemand Zeit vergeudet, daß niemand müßig lebt. Er lebte in einem England, in dem junge Männer in den Straßen Londons bettelten und Landstreicher sich auf den Landstraßen herumtrieben. Für diese Menschen gab es nichts zu tun. Ihnen Arbeit zu verschaffen verlangte einen Arbeitgeber, der sie auch bezahlen konnte, und das nötige Kapital war nicht vorhanden. Morus schien es, als ob die Armut die schwache Unterschicht der Gesellschaft völlig aufzehre und dieses Elend ganz England heimsuchen würde. Und das alles wegen des widersinnigen Vertrauens auf Gold und Silber, auf Metalle, die weit minderwertiger als Eisen waren und für das menschliche Leben kein wesentliches Gut darstellten.[9] In einer so widersinnigen Welt lebten Menschen, die arbeiten sollten, die arbeiten *konnten* – und die untätig waren. Und die Untätigkeit war nicht nur ein ökonomisches Problem, sie öffnete den schlimmsten Lastern Tür und Tor. Ein Sprichwort jener Zeit lautete: «Wenn der Teufel einen müßigen Mann findet, pflanzt er faule Gedanken an fleischliche Gelüste oder an andere Torheiten in sein Herz.»[10] In vielen anderen Sprichwörtern findet sich inhaltlich die gleiche Mahnung. Vielleicht liegt der Schlüssel zu Morus' eigener ungewöhnlicher Suche nach steter Betätigung in der Volksweisheit, daß strenge Arbeit die sexuellen Verlockungen mäßige.

So ist Morus' Vision des Kommunismus nicht nur ein Mittel, die Auswüchse des Privateigentums zu verhindern, sondern auch der sicherste Weg, das Laster des Müßiggangs und die dazugehörigen Übel zu beseitigen. Die Utopier lassen sich von dem Prinzip leiten, das Jahrhunderte nach Morus' Tod von Marxisten verkündet werden sollte – jeder nach seinen Fähigkeiten, jeder nach seinen Bedürfnissen. Jeder arbeitet, jeder hat genug. In Utopia ist das Ergebnis der organisierten Arbeit so groß, daß niemand mehr als sechs Stunden am Tag zu arbeiten braucht. Die Bedürfnisse der Gesellschaft können auch ohne endlose Mühen befriedigt werden. Dann ist genug Zeit übrig für eine schöpferische Freizeit, in der jeder unablässig danach trachtet, sich selbst zu vervollkommnen.

Durch diesen erstaunlichen Fleiß herrscht in Utopia nicht nur Überfluß, es wird sogar ein Überschuß produziert, der exportiert werden kann. Die Utopier verkaufen ihre Erzeugnisse ins Ausland, und da sie nicht viele Waren importieren, lassen sie sich in Gold und in Silber bezahlen. Von dieser Handelsstrategie träumen alle Merkantilisten: sie häufen einen riesigen Überschuß dieser wertvollen Metalle an. Weil die Barren des Edelmetalls innerhalb der Grenzen Utopias niemandem etwas nützen und weil die Utopier in ihrer strengen Hingabe an die schlichten Tugenden nicht durch die Liebe zu diesen Metallen verdorben werden wollen, lagern sie diese zu Hause auf eine Art und Weise, die keinen Neid heraufbeschwört. Sie machen aus dem Gold Nachttöpfe und Ketten für die Gefangenen. Wer sich irgendwelcher Vergehen schuldig gemacht hat, dem werden «goldene Ringe an die Ohren gehängt, goldene Fingerringe angesteckt, ein goldenes Halsband umgetan und um den Kopf ein goldener Reif gelegt».[11] (Es ist typisch für Morus, daß er die Kriminellen mit den Accessoirs der Könige ausstattet – die nach Morus' eigener Erfahrung oft Kriminelle sind.)

Die Utopier benutzen gelegentlich ihr Gold und Silber auch außerhalb des Landes. Sie verleihen an andere Völker Geld und fordern diese Schulden selten zurück. Wenn möglich heuern sie Söldner bei anderen Völkern an, die für sie in ihren Kriegen kämpfen. Sie ziehen es vor, ihr Gold statt ihr Blut zu opfern. Der Krieg, sagt Raphael, ist eine Sache, die sich nur für Bestien schickt, und den Utopiern ist er verhaßt.

Da Krieg jedoch unvermeidlich ist, ist es vernünftig, ihn so human wie möglich zu führen. Hier entstehen aus humanen Impulsen merkwürdige Praktiken. Die Utopier zahlen dafür, daß die Könige der feindlichen Völker meuchlings ermordet werden, und sie belohnen die Verräter der gegnerischen Partei. Solche Praktiken verkürzen die Kriege und machen sie weniger blutig.

Sind die Utopier jedoch gezwungen, für die eigene Sache zu streiten, kämpfen sie erbittert. Priester, Frauen und Kinder folgen den Männern in die Schlacht. Die Priester versuchen zu verhindern, daß der Kampf in ein Gemetzel ausartet, und sie verhindern, daß die eigenen Soldaten zu grausamen Siegern werden. Und zuweilen, wenn die Utopier verloren haben, verhindern sie das auch bei der Gegenseite. Die Anwesenheit der Frauen und Kinder macht die Soldaten Utopias mutiger.

Im Abschnitt über den Krieg werden die Grenzen deutlich, die Morus der Konzeption von Utopia auferlegt hat. Er war nie der Ansicht, daß der geordnete und disziplinierte Weg der Utopier genügen würde, die Welt für ihre Ansichten zu gewinnen oder die Sünde in der eigenen Natur ganz zu überwinden. Benachbarte Völker, so tugendhaft sie waren, ließen sich nicht durch das Beispiel der Utopier dazu anregen, die Institutionen Utopias zu übernehmen. Der überwiegende Teil der Menschen konnte sich daran nicht orientieren.

Selbst in Utopia kennt man das Verbrechen, und es gibt Sklaven. Die meisten Sklaven sind in anderen Ländern gekauft oder im Krieg gefangengenommen worden. Manche sind auch Bürger Utopias, zu Sklaven herabgesunken, weil sie das Gesetz Utopias gebrochen haben. Utopier brechen gelegentlich die Ehe. Tun sie es zweimal und werden dabei ertappt, werden sie zum Tode verurteilt. Sexuelle Verstöße erregten immer Morus' größten Zorn, und er verfuhr mit solchen Übeltätern nie sehr nachsichtig. Doch behauptete er nie, nicht einmal in dem Produkt seiner Erfindungsgabe, in *Utopia*, daß irgendeine Gesellschaft so vollkommen sein könnte, daß außerehelicher Geschlechtsverkehr und Ehebruch unbekannt wären. Hätte er dies für seine Utopier behauptet, hätte er die christliche Lehre von der Erbsünde geleugnet und wäre der pelagianischen Häresie verfallen. Augustinus hatte sie einst auf das schärfste angegriffen und die Lehre verurteilt, daß der uneingeschränkte Vollzug des gewohnten Guten die Menschen dazu bringen würde, ein über die Sünde erhabenes Leben zu führen und der übernatürlichen Gnade Gottes nicht zu bedürfen.

Morus war ein tief im Mittelalter verwurzelter Christ und konnte die von der Erbsünde belastete Menschheit nur pessimistisch betrachten. Sein großer Wunsch war es, zu erleben, daß die Gesellschaft die weitgehende Verantwortung für die Verbrechen, die der einzelne beging, übernehmen mußte. Was *Utopia* betraf, so wollte er hier zeigen, daß in einer streng überwachten Gesellschaft die überwältigende Mehrheit lernen konnte, daß es besser sei, die Gemeinschaft zu unterstützen, als nach privaten Vorteilen zu streben.

In gewisser Hinsicht gleichen die Utopier einer riesigen Herde, alle bewegen sich wie ein einziges Rind über eine grüne und geräumige Weide. Doch jede Herde hat ihren Einzelgänger. Immer lauert die Sünde, immer bereit zum Sprung, und selbst in Utopia fallen einige ihrer Macht anheim. Die gnadenlose Offenheit der Gesellschaft, der entschlossene Eifer der Utopier, die Zeit miteinander zu verbringen und zu überprüfen, was der einzelne tut, der Ekel vor dem Nichtstun – das alles zeugt davon, daß Morus die schreckliche Macht der Sünde erkannt hatte, eine Macht, die er beständig auch in sich selbst verspürt haben muß. Wenn die Utopier für einen Augenblick unachtsam sind, wird die Sünde einbrechen. Inmitten dieses Paradieses der Tugend und Vernunft erhalten wir Einsicht in die beinahe erschreckende psychische Anspannung von Morus' pessimistischer Sicht der menschlichen Natur. Erasmus äußerte hin und wieder konventionelle Ansichten über die Gefahren der Sünde, doch seine Sicht der menschlichen Natur war grundsätzlich optimistisch. Nirgends in seinem Werk finden wir das tiefgehende melancholische Bewußtsein von der unüberwindlichen Macht der Sünde gerade im Besten des Menschseins, das bei Morus nahezu allgegenwärtig ist. Auch die Strenge aller Gepflogenheiten und Institutionen Utopias geht auf dieses Bewußtsein zurück.

Sünde ist in Utopia jene Eigenschaft, die Augustinus *superbia* nennt, der anmaßende Stolz, der die Mutter aller Laster ist, die narzißtische Verehrung des Ichs als des Mittelpunkts des Universums. Die bestimmende theologische Schule zur Zeit von Morus behauptete, daß die Demut der erste Schritt zur Erlösung sei, daß der einzelne seine eigene Nichtswürdigkeit einsehen müsse, bevor Gottes Gnade ihn erretten könne. Individuelle Demut bestimmt die Lebensform in Utopia, wo persönlicher Eigennutz durch Rituale, Ordnung, Konformität und gegenseitige Observation unerbittlich eingeschränkt ist. Jene, die behaupten, die Gesellschaft Utopias sei ein Kloster, das auf alle Familien ausgedehnt sei, sind dem eigentlichen Kern viel näher als jene, die in dem Buch eine ernstzunehmende politische Theorie sehen.

Etwas Klösterliches liegt auch in der Beziehung der Utopier zu ihren Nachbarn. Die ursprüngliche Theorie des Mönchtums erlaubte es den heldenmütigen Gläubigen, ihr Leben innerhalb der festen Umgrenzungen des Klosters zu leben, während die gewöhnlichen Christen in der Welt blieben. Antonius, einer der ersten Mönche, den Morus sehr schätzte, ging nach der Bekehrung Konstantins in die ägyptische Wüste und kämpfte zu einer Zeit mit den Dämonen, als die Christen nicht mehr mit den römischen Behörden kämpfen mußten. Das ganze Mittelalter hindurch war sein Kampf das Hauptthema der klösterlichen Kunst. Den Höhepunkt bildete der herrliche Isenheimer Altar Grünewalds, der dieses Gemälde zu Lebzeiten von Morus vollendete. Ein Mönch sollte vor Gott so demütig wie Staub sein. In einem gut geführten Kloster wurde die Demut durch ein genaues Ritual, durch unnachgiebige Selbstverleugnung und individuelle Armut (häufig begleitet von gemeinsamem Reichtum) kundgetan. Diese klösterlichen Übungen der Demut sind so unvereinbar mit unserem genußsüchtigen Zeitalter, daß sie zum Komödienstoff herabkamen.

Diese übermäßige Demut gegenüber Gott führte beinahe unausweichlich zu einer gewissen Überheblichkeit gegenüber der elenden, habsüchtigen Welt jenseits der Klostermauern. Anselm behauptete, daß nur wenige erlöst würden und daß davon die meisten Mönche seien. In der Vision der Apokalypse wurde behauptet, daß einhundertvierundvierzigtausend keusche Männer in Gewändern von reinstem Weiß am Jüngsten Tag vor Gott stehen werden, und das muß den Lesern im Mittelalter sehr klösterlich vorgekommen sein. Nahm man die Zahl der Heiligen in der Vision wörtlich, konnte man selbst für die Mönche zu recht alarmierenden Schlußfolgerungen über die Aussicht auf Erlösung kommen. Die Menschen außerhalb des Klosters hatten überhaupt nur eine geringe Chance, und Anselm konnte dies mit einem gewissen Gottvertrauen verkünden.

Das merkwürdige Ergebnis dieser Berechnungen war, daß gut geführte Klöster ihre eigenen Bewohner bewachten und jenen Mönchen strenge Strafen auferlegten, die ihre Begierden nicht unterdrücken konnten. Und doch tätigten sie jahrhundertelang regelmäßige Geschäfte – gute Geschäfte – mit der Außenwelt, einer Welt, die zur Verdammnis bestimmt war. Die Welt war nun mal so, und weil sie so unveränderlich zu ihrem Sein bestimmt war, kam den Mönchen nie der Gedanke, sie könnten sonst noch etwas tun, außer sie hinzunehmen und aus ihr jeden möglichen Nutzen zu ziehen.

Hier haben wir die Utopier vor uns, die einfache Gewänder aus ungebleichter Wolle und Leinen tragen – wie die Zisterzienser oder Kartäusermönche –, und doch stellen sie Farben her, die sie ins Ausland verkaufen.[12] Hier haben wir die Utopier, die viel Vieh und Schafe besitzen und so viel Fleisch essen, daß der durchschnittliche europäische Bauer davon krank werden würde, wenn er plötzlich von seiner kargen Ernährung mit Getreide, Wein oder Bier zu solchen Fleischrationen übergehen würde. Doch schlachten Sklaven die Tiere, denn, wie Raphael bemerkt, «dulden» sie «nämlich nicht, daß sich ihre Bürger an das Zerfleischen von Tieren gewöhnen, weil sie glauben, daß diese Gewöhnung das Mitleid, diese menschlichste aller unserer natürlichen Empfindungen, allmählich abstumpfen müsse».[13] Wir dürften eigentlich erwarten, daß ein so tugendhaftes Volk wie die Utopier vegetarisch leben würde, um das Übel des Schlachtens niemandem zuzumuten. Aber der Gedanke kommt ihnen nicht. Wir haben ihren Ekel vor Gold und ihren Abscheu vor Krieg erwähnt, und doch macht ihr Abscheu sie nicht zu echten Pazifisten. Sie bezahlen Söldner und greifen nur in Fällen tödlicher Gefahr für Utopia auf ihre eigenen Bürger zurück. Auch hier sehen wir, daß sie sich allen, die nicht zu ihrer Gemeinschaft zählen, prinzipiell überlegen fühlen, ein Überlegenheitsgefühl, das unzweifelhaft zur mönchischen Geisteshaltung gehört.

Die offenkundige Ambivalenz der Utopier der äußeren Welt gegenüber zeigt sich besonders klar in ihrer Haltung zu Krieg und Gold. Innerhalb ihrer Gemeinschaft verhalten sie sich gänzlich kommunistisch. Doch ziehen sie auch mit Begeisterung in den Krieg, um ihren Verbündeten beizustehen, besonders wenn das Eigentum befreundeter Kaufleute unbilligerweise Feinden in die Hände gefallen ist. Raphael berichtet: «Aber deren Geldverluste sind ihnen deshalb empfindlicher als ihre eigenen, weil die Handeltreibenden ihrer Freunde von ihrem Privatbesitz Geld verlieren und daher von solchen Verlusten hart getroffen werden, dagegen ihre eigenen Bürger nur auf staatliche Rechnung Verluste haben, überdies nur an solchen Gütern, die daheim reichlich vorhanden, ja gewissermaßen überflüssig sind (denn sonst könnte man sie nicht ins Ausland ausführen), so daß dem einzelnen der Verlust gar nicht so sehr ins Bewußtsein kommt.»[14]

Die Utopier besitzen in ihrer Heimat alles gemeinschaftlich, doch kämpfen sie erbittert darum, das Privateigentum anderer zu verteidigen! Diese Einsicht ist nur dann nicht widersinnig, wenn wir uns an all jene Mönche und Theologen erinnern, die Armut, Keuschheit und Gehorsam gelobt hatten und die trotzdem Stunden damit verbracht haben, Theorien über gerechte Preise für Kaufleute und über die Verwandtschaftsgrade bei einer Heirat für die große Welt jenseits des Klosters auszuarbeiten.

Es wäre zuviel verlangt, daß ein Buch wie *Utopia* keine Widersprüche enthalten dürfe. Wir wären schon zufrieden, wenn die Gelehrten seine inneren Widersprüche zugeben und nicht länger versuchen würden, *Utopia* auf allen vieren wie eine schlechte Metapher kriechen zu lassen. Manche Widersprüchlichkeiten müssen aus den Umständen der Niederschrift herrühren. Morus konnte nicht viel Zeit darauf verwenden. Wir werden es selbstverständlich nie sicher wissen, doch *Utopia* gehört wohl zu jenen Werken, die Schriftstellern in jedem Jahrhundert in einem Augenblick der Intuition eingegeben werden. Morus scheint sehr viel Aufmerksamkeit auf die leitenden Ideen verwendet zu haben und wenig darauf, was Emerson die «dumme Folgerichtigkeit» genannt hat. Im Gegensatz dazu wird er beinahe unbewußt das Musterbild einer guten Gemeinschaft im Sinn gehabt haben, und dies war wahrscheinlich das Kloster, das er für die Ehe aufgegeben hatte. Die Heirat hinderte ihn daran, Mönch zu werden. Aber sie hielt ihn nicht davon ab, ein erdachtes klösterliches Leben zu leben, durch die Ehe vervollständigt, als er *Utopia* plante.

Hinter seinem Modell steht eine Denkweise, die zutiefst christlich und mittelalterlich ist. Die Welt ist so, wie sie ist. Warum, das wissen wir nicht, trotz aller Kenntnisse, die wir über die Schöpfung und den Sündenfall haben. Enklaven der Güte sind möglich, aber selbst sie haben ihre Mängel, und Güte allein reicht nicht aus, die ganze Welt zu bekehren. Solche Gemeinschaften glauben, daß es besser sei, das Vorhandene zu schützen, als das Risiko einzugehen, durch den Versuch, die Welt draußen zu verändern, alles zu verlieren.

Die Utopier hätten Grund gehabt, den ausgeplünderten Kaufleuten ihrer Verbündeten zu raten, das Privateigentum abzuschaffen, den utopischen Kommunismus anzunehmen und den verlorenen privaten Besitz zu vergessen. Aber sie taten nichts dergleichen. Sie bekämpften die Diebe, und sie bekämpften sie erbittert. Von Zeit zu Zeit richteten sie Kolonien mit Institutionen Utopias ein – gerade wie die großen Klöster zuweilen Mönche aussandten, um Klöster in der Wildnis zu gründen. Und sie glaubten, daß man unbebaute Landstriche den Völkern, die sie nicht nutzten, mit gutem Recht wegnehmen könne. Doch deutet nichts darauf hin, daß die Utopier jemals erwogen, das ganze nahe gelegene Hinterland zu erobern, so wie König Utopus einst ihre eigene Insel erobert hatte. Der Gedanke lag nahe, eine ebenso tugendhafte Ordnung bei ihren Nachbarn einzuführen, doch sie hegten keinerlei derartige Absichten.

Bei allem Fleiß und bei aller Tugend besaßen die Utopier einen christlichen Sinn für die Begrenztheit menschlichen Wollens. Morus besaß diesen Sinn. Er vertrat eine streng apokalyptische Sicht; die Welt würde erst dann vollendet werden, wenn Christus wiederkommen würde. In der Zwischenzeit müssen wir auf das Gute zurückgreifen, das wir finden können, ohne nach dem Unmöglichen zu streben. Jeder Mönch stand inmitten einer verderbten Welt, die sogar dem Handeln rechtschaffener Menschen Schranken auferlegte. Und in diesem Sinne handelte auch jeder Utopier.

KAPITEL 11

Die Religion in Utopia und der Glaube des Thomas Morus

Die Religion in Utopia wurde oft als widersprüchlich zum Glauben angesehen, für den Thomas Morus starb. Eine nähere Untersuchung der Religion der Utopier zeigt jedoch, daß Morus seine Haltung in Fragen, die ihm wichtig waren, weitaus weniger modifizierte als die meisten Menschen.

Oberflächlich bestehen einige deutliche Unterschiede zwischen der Religion in Utopia und dem katholischen Glauben. Die Utopier haben eine natürliche Religion, denn sie leitet sich aus ihren eigenen Vorstellungen als tugendhaften Menschen her, und nicht aus einer besonderen historischen Offenbarung Gottes, wie er Moses am Berg Horeb erschien oder wie sie durch Christus der Welt zuteil wurde. Ihre Dogmen finden sich in keinem heiligen Buch wie der Bibel. Die Utopier sind Heiden, aber Heiden einer besonderen Art. Ihre «natürliche» Theologie ähnelt den ethischen Lehren des Christentums so sehr, daß es nicht verwundert, wenn Raphael berichtet, viele von ihnen würden zum Christentum bekehrt.

Morus kannte das klassische Heidentum so gut, daß er einige seiner Utopier Sonne, Mond und Planeten verehren läßt oder einen ruhmreichen Helden der Vergangenheit, den manche für den obersten Gott halten. Redete Morus von Helden wie Herkules? Oder wollte er damit sagen, die Utopier hätten eine natürliche Intuition von der christlichen Offenbarung der Menschwerdung? Die zweite Annahme ist vermutlich die richtige: sie steht in Einklang mit dem christlichen Glauben, daß viele Zeremonien und literarische Werke aus dem griechischen und römischen Leben Vorahnungen von Christus und den Lehren der Kirche gewesen seien. Vergils Vierte Ekloge mit der Verheißung eines Kindes, das kommen werde, um zu herrschen, war dafür nur ein Beispiel.

Nach seiner Verneigung vor einem gemäßigten und wohlanständigen Heidentum – ohne Trinkgelage, ohne orgiastische Riten, ohne Menschenopfer und ohne irgendwelches Blutvergießen – wandte sich Morus dem Kern der besten heidnischen Religion zu und nahm wie Platon an, daß hinter der Vielzahl der Formen eine große und ewige Realität liege. Er läßt Raphael sagen:

Aber der größte und weitaus vernünftigste Teil des Volkes glaubt an nichts von alledem, sondern nur an ein einziges, unbekanntes, ewiges, unendliches, unbegreifliches göttliches Wesen, das die Fassungskraft des menschlichen Geistes übersteigt und durch dieses gesamte Weltall ergossen ist, als wirkende Kraft, nicht als materielle Masse; ihn nennen sie Vater. (...) Freilich, darin kommen auch alle anderen mit diesen Gottesverehrern überein trotz aller Glaubensunterschiede, daß sie nämlich ein höchstes Wesen annehmen, dem wir die Schöpfung des Weltalls und die Vorsehung zuschreiben müssen.[1]

Diese Vielfalt – die fast keine Vielfalt ist – wird allmählich, wie Raphael sagt, durch die stetige Bewegung aller auf den Glauben «an die eine Religion» ersetzt, «die alle anderen an Vernünftigkeit – wie mir scheint – übertrifft». Raphael beschreibt sie als diejenige Religion, der bereits die meisten Utopier anhängen.

Diese Religion steht im Einklang mit vielen Lehren des Christentums über Gott und die Verehrung, die ihm die Sterblichen schulden. Die Ansicht, Heiden könnten ohne besondere Offenbarung viel von Gott wissen, war unter den Christen verbreitet. Thomas von Aquin ist nur der bekannteste einer großen Anzahl von Theologen, die meinten, jeder vernünftige Mensch guten Willens könne wissen, daß Gott existiert und unendlich und gut ist.[2]

Das Christentum ist jedoch eine historische Religion und keine von Axiomen abgeleitete. Die Christen haben die Offenbarung erhalten. Das heißt, Gott hat in die Geschichte eingegriffen und seinem Volk Dinge gesagt, die mit der Vernunft allein nicht erkannt werden können. Die Lehre von der Dreieinigkeit zum Beispiel könnte von der Philosophie weder erkannt noch verstanden werden. Sie entsprang erst der Offenbarung Gottes in Christus. Tugendhafte Heiden konnten die christliche Lehre nicht kennen und doch erlöst werden, wenn sie nach dem lebten, was die Vernunft ihnen über Gott und die Welt sagte. Die christliche Theologie ging sehr viel härter mit Menschen um, die die christliche Verkündigung hörten und sich abwendeten. Die Utopier hörten und wurden bekehrt.

Diese fortschreitende Bekehrung zum Christentum hilft uns die religiöse Toleranz in Utopia zu verstehen, die Raphael schildert. König Utopus fand die Utopier in einem Religionskrieg, als er die Insel eroberte. Seine Eroberung war nur möglich geworden, weil die Utopier durch ständige Streitigkeiten über die Religion geschwächt waren. Er war selbst nicht sicher, auf welche Art Gott verehrt werden wollte. (Er konnte nicht sicher sein, weil er das Christentum nicht kannte.) Aber er glaubte nicht, daß irgend jemand mit Gewalt zur Religion gezwungen werden sollte. Also erließ er drei Glaubenssätze, die jeder Utopier gelten lassen mußte. Jedermann mußte glauben, daß die menschliche Seele unsterblich sei und daß es nach dem Tod im Jenseits

Belohnung und Strafe gebe. Alle mußten auch glauben, daß die Welt von der göttlichen Vorsehung geleitet werde. Menschen, die sich weigerten, an diese Sätze zu glauben, wurden von den anderen Utopiern geächtet, aber sie wurden nicht geschlagen oder getötet. Es war ihnen verboten, Ämter zu bekleiden oder am städtischen Leben teilzunehmen, und sie durften ihren Glauben nicht vor dem gemeinen Volk vertreten. Jeder, der einen religiösen Standpunkt zu leidenschaftlich vertrat, wurde in die Verbannung geschickt oder mußte als Sklave arbeiten.

Morus konnte sich nicht vorstellen, daß jemand in einer zivilisierten Gesellschaft leben konnte, ohne an die Unsterblichkeit der Seele zu glauben. Wenn wir nicht daran glaubten, daß in diesem Leben begangene Sünden nach dem Tode bestraft werden, würden wir alle wie Teufel leben, und die Zivilisation würde zerfallen. Diese Argumentation ist in der westlichen Tradition weit verbreitet. Voltaire anerkannte sie in gewisser Form und viele andere auch.

Die Unsterblichkeit der Seele wurde an vielen Stellen diskutiert, während Morus *Utopia* schrieb. Das Fünfte Laterankonzil von 1513 verurteilte diejenigen, die abstritten, daß die Seele von Natur aus unsterblich sei. Aber das Dekret hielt Pietro Pomponazzi aus Bologna nicht davon ab, 1516 zu schreiben, niemand könne mit der Vernunft allein beweisen, daß die Seele den Tod überlebe. Pomponazzi war vorsichtig. Er behauptete, tatsächlich glaube er, daß die Seele unsterblich sei, weil die Kirche ihn zu glauben heiße und er der Kirche mehr vertraue als der Vernunft. Es sei ein «neutrales Problem», sagte er, eines, das weder bewiesen noch widerlegt werden könne. Aber er argumentiert mit peinlicher Genauigkeit, daß nichts, was wir am menschlichen Leben beobachten, unsere Vernunft zwingt anzunehmen, daß die Seele eher ohne den Körper auskommen kann als der Körper ohne die Seele. Pomponazzi führte Vernunft und Glauben gegeneinander ins Feld und rief dabei, selbstverständlich stehe er zum Glauben. Die Vernunft wurde nur als ein Spiel definiert, obwohl jeder, der sich die Mühe macht, sein *Sulla immortalità dell' anima* (Über die Unsterblichkeit der Seele) zu lesen, herausfinden wird, daß es ein höchst wichtiges Spiel war. Pedantische moderne Gelehrte neigen dazu, Pomponazzi beim Wort zu nehmen. Sie glauben, er habe tatsächlich den Glauben über die Vernunft gestellt. Diese moderne Ansicht erscheint naiv, und obwohl Pomponazzi seine geheimsten Gedanken nicht offenbarte, sieht es aus, als ob sein Traktat ein Aufschrei des Naturalismus gegen den vorherrschenden Supranaturalismus seiner Zeit sei, einen Supranaturalismus, den Thomas Morus sich sein ganzes Leben lang bewahrte und für dessen Verteidigung er starb.

In unseren Ohren klingt Pomponazzis Argument einfach. Er ging streng empirisch vor. Er diskutierte keine Quellentexte, sondern berief sich auf seine eigene Erfahrung. In der Tat stand er den eigentlichen Lehren des

Aristoteles über die Seele sehr viel näher als die mittelalterlichen Kommentatoren wie Thomas von Aquin, die es fertiggebracht hatten, Aristoteles' gefährliche Annahme einer unauflöslichen Verbindung zwischen Körper und Seele zu umgehen. Thomas von Aquin vertrat die Ansicht, der natürliche Wunsch eines jeden nach Unsterblichkeit beweise, daß die Seele unsterblich sei, genau wie das angeborene Verlangen des Kindes zu essen beweise, daß es Nahrung gebe.[3] Pomponazzi bemerkte lediglich, soweit die Vernunft sehen könne, bliebe von den Menschen nichts zurück.

Eine solche Ansicht war nicht notwendigerweise gottlos. Man konnte glauben, daß die Seele mit dem Körper starb und Gott die Toten wieder auferweckte – Körper und Seele. Die Macht, nach dem Tode zu leben, sei ein Geschenk der Gnade Gottes, keine der Seele zugehörige Eigenschaft. Man konnte anführen, die Idee der Wiederauferstehung im Neuen Testament widerspreche der platonischen Lehre, die Seele sei von Natur aus unsterblich. In einigen seiner radikaleren frühen Äußerungen scheint Martin Luther diese Ansicht zu vertreten. William Tyndale, Morus' großer protestantischer Widersacher in England, glaubte an den «Seelenschlaf», an eine Bewußtlosigkeit der Seele während der Zeit zwischen dem Tod und dem Jüngsten Tag. Thomas Morus, der sich zeitlebens mit dem Tod beschäftigte, konnte nicht hinnehmen, daß auf diese Weise alles, was die Katholiken seit Jahrhunderten über die Seele dachten, auf den Kopf gestellt wurde.

Seine Utopier hatten eine soziale Rechtfertigung für den Glauben an die Unsterblichkeit der Seele. Sie fragten, wie die Zivilisation überleben könne, wenn die Menschen nicht glaubten, daß sie im Leben nach dem Tode für die Verbrechen, die sie in dieser Welt begangen hatten, bestraft würden, auch wenn kein irdisches Gericht sie verurteilte. Die Utopier glaubten, die Gesellschaft würde ohne einen solchen Glauben zugrunde gehen. Sie nahmen an, die Sünde würde sich auf jeden stürzen, der allein war, also müßten die Menschen sich ständig gegenseitig beobachten. Die Gesellschaft konnte diese totale Observation nicht allein leisten – obwohl in Utopia ein Privatleben fast so selten war wie Atheismus und fast ebenso verdächtig. Gott mußte die Observation des Menschen übernehmen, wenn ein Bürger es trotz aller Bemühungen der Utopier fertigbrachte, allein zu sein.

Der italienische Renaissance-Gelehrte Pomponazzi vertrat die Ansicht, Tugend und Laster seien selbst schon Belohnung und Strafe. Ein tugendhafter Mensch sei glücklicher als ein lasterhafter, und die Menschen strebten von Natur aus nach dem Glück, wenn sie dazu die Möglichkeit hätten. Epikur und Lukrez hatten in der antiken Welt weitgehend das gleiche Vertrauen in die Natur des Menschen vertreten. Erasmus schien dieser Meinung zu sein. Das ist ein Optimismus, der uns allzu romantisch vorkommt, und die minutiöse Ordnung und unerbittliche Offenheit der utopischen Gesellschaft zeigen, daß Morus ihn nie geteilt hat.

Die Utopier erschienen häufig als optimistisch, weil sie eine Philosophie der Freude vorzogen, die moderne Gelehrte «epikureisch» nennen. Morus erwähnte Epikur oder den Epikureismus in *Utopia* nicht. Und trotz der angestrengten Bemühungen einiger neuerer Autoren, aus Morus einen Epikureer des Geistes zu machen, war die Vorstellung, daß das Vergnügen das Ziel des menschlichen Lebens sei, im Mittelalter und in der Renaissance weder radikal noch ungewöhnlich. Fortescue hatte es in *De laudibus legum anglie* (Über den Glanz der Gesetze Englands) für selbstverständlich genommen, daß die Menschen nach Vergnügen streben. Wie Morus in *Utopia* war er der Ansicht, das höchste Vergnügen schließe immer die Tugend in sich. Fortescue sagte, sowohl die Stoiker als auch die Epikureer seien sich über diesen Punkt einig gewesen und daraus folge natürlich, daß man das größere Vergnügen dem geringeren vorziehen solle. Morus glaubte wie seine Utopier immer, daß gewöhnliche Menschen ohne strenge Disziplin der Täuschung anheimfielen, niedrige Vergnügungen für das höchste Gut zu halten. Die Utopier haben nie von Adam und Eva gehört, aber sie kennen die Erbsünde.

Raphael erzählt uns, daß die Utopier ihre Lehre des Vergnügens durch den Hinweis auf ihre Religion stützen. Weil die Religion ihnen einen zukünftigen Zustand der Belohnung und Strafe verheißt, wissen sie, daß das allerhöchste Vergnügen die Tugend ist, die nach dem Tode belohnt wird. Ohne einen solchen Glauben an die Unsterblichkeit, gibt Raphael zu, könnten die Utopier den Unterschied zwischen den Freuden des Fleisches und den Freuden von Geist und Seele gar nicht ermessen. Sie gehen so weit, zu behaupten, es wäre dumm von den Leuten, sich manches Vergnügen nicht zu gönnen, das sich den Sinnen in diesem Leben bietet, wenn sie nicht an ein zukünftiges Leben glaubten. Die Utopier bekennen sich damit stillschweigend zur Erbsünde, denn sie haben erkannt, daß die Menschen dazu neigen, gerade die Dinge zu tun, die von der strengen Logik und der Religion verboten sind.

Die Utopier müssen an die göttliche Vorsehung glauben. Wir sind dieser Lehre schon in Morus' Geschichte von John Mortons Ansichten über den Aufstieg und Fall der Könige in *Die Geschichte König Richards III.* begegnet. Christen mußten an eine Form der göttlichen Vorsehung glauben, wenn sie glauben sollten, daß Gott mit der Schöpfung einen Zweck verfolgte. Die Vorsehung sollte von Luther und seinen Nachfolgern in eine Form der Prädestination gewendet werden, und Morus reagierte auf ihre Lehren sehr heftig. Aber wie die meisten Christen, die Gottes Allmacht ernst nehmen, war er gezwungen, schließlich selbst eine Form der Vorherbestimmung anzuerkennen.[4] In *Utopia* spricht er nicht viel davon. Hier scheint Vorsehung nur die traditionelle christliche Ansicht zu bezeichnen, daß Gott die Welt immer noch lenkt, so wirr sie auch erscheinen mag. Scheinbar sinnloses Unheil – wie unverhoffte Todesfälle, Krankheit oder Sturz aus einem hohen

Amt – seien in Wirklichkeit Teil von Gottes großem Plan, der uns, nicht aber ihm, unergründlich ist.

Abgesehen von diesen drei Glaubenssätzen – Unsterblichkeit, Leben nach dem Tode mit Belohnung und Strafe, und Vorsehung – können die Utopier verschiedenen religiösen Glaubensrichtungen anhängen, ohne von den Behörden verfolgt zu werden. Warum führte Morus dieses Element der Toleranz in sein ideales Gemeinwesen ein? Später zeigte er sich als wütender Verfechter der traditionellen katholischen Meinung, Häretiker müßten verbrannt werden. Hat er seine Meinung geändert? Nein.

Wir haben bereits von jenen Europäern gesprochen, die, schon bevor Luther auf dem Schauplatz erschien, glaubten, die katholische Kirche sei in großer Gefahr. Sie waren meist Konservative. Van Dorp gehörte zu ihnen und auch der alte Bischof FitzJames. Für andere war die Kirche so fest im Leben Europas verankert, daß sie von den kommenden Wirren nichts ahnten. Morus und Erasmus waren unterschiedliche Geister, 1515 und 1516 jedoch einte sie ihr Vertrauen, die katholische Kirche werde immer bestehen – als unzerbrochenes Gefäß, das die Kultur und die Hoffnung des christlichen Europa enthalte. Morus konnte durch Raphaels beredten Mund in *Utopia* Toleranz predigen und damit ironisch auf die Intoleranz rivalisierender Theologen, Mönche und Orden aufmerksam machen, die einander bei jeder Meinungsverschiedenheit der «Ketzerei» bezichtigten.

Auch eine gewisse Spielart neuplatonischer Romantik mag Morus beeinflußt haben. Wie wir schon bemerkten, wissen wir nicht viel über seine frühe Hinwendung zum Denken Pico della Mirandolas, außer daß er eine kurze Biographie des italienischen Humanisten und Mystikers übersetzte. Er kannte Picos Glauben, daß alle Religionen einige Lehren gemein hätten – das war bei den Neuplatonikern im Italien des späten fünfzehnten Jahrhunderts eine allgemein verbreitete Ansicht. Sein Freund Marsilio Ficino meinte, daß die Vielfalt der Religionen vielleicht von Gott bestimmt sei. Pico mühte sich lange, intensiv, gefahrvoll und erfolglos darum, die Unterschiede zu versöhnen. Seine Bemühungen trugen ihm die Feindschaft der konservativen Theologen ein, die ihn der Häresie beschuldigten, und die Feindschaft eines Papstes, der ihn der Arroganz bezichtigte. Morus hegte keine Sympathien für Leute, die von den Lehren der Kirche abwichen, und zu seiner Übersetzung der Pico-Biographie fügte er eine eigene Anmerkung hinzu über Picos «Hochmut und stolzen Vorsatz», die ihn in Schwierigkeiten gebracht hätten. Trotzdem muß er bemerkt haben, daß viele der Anschuldigungen, die gegen Pico erhoben wurden, ungerecht waren. In seiner *Utopia* hat er vielleicht die Toleranz in der Religion wieder zum Leben erweckt als Rüge für die Intoleranz derjenigen, die sein Vorbild gequält hatten.

Aber der einleuchtendste Grund für die religiöse Toleranz in *Utopia* ist auch der einfachste: Die Utopier waren tugendhafte Heiden, die nur nach der Vernunft und ohne die Offenbarung lebten, die der Christenheit historisch zuteil geworden war. Sie hatten einige allgemeine Grundsätze abgeleitet, aber sie kannten die christliche Lehre nicht. Wären sie gegenüber den religiösen Ausdrucksweisen anderer nicht tolerant gewesen, so hätten sie auch dem Christentum intolerant gegenübergestanden – und damit unvernünftig gehandelt. Die Glanzleistung, die Morus zuwege brachte, erforderte religiöse Toleranz. Viel zu viel ist da hineingelesen worden.

Nach Hythlodeus' Bericht nähern sich alle Utopier stetig dem erhabenen und schicklichen Monotheismus, zu dem sich die meisten von ihnen bereits bekennen. Diese Entwicklung würde rascher Fortschritte machen, wenn es nicht sogar unter den Utopiern die abergläubische Neigung gäbe, jedes Mißgeschick, das jemandem zustößt, der über einen Wechsel der Religion nachdenkt, als göttliche Strafe anzusehen. Das ist eine Fehldeutung des Zufalls als Gottesurteil.

Aber Raphael sagt, sobald ihnen das Christentum gepredigt wurde, hätten die Utopier begonnen, sich zu bekehren. Sie wurden vom Namen Christi, von seinen Lehren, seinem Wesen, seinen Wundern, der Standhaftigkeit der heiligen Märtyrer und der Ähnlichkeit des Christentums mit der höchsten Form ihrer eigenen Religion dazu veranlaßt. Die Bekehrung verlief nicht ohne unerfreuliche Zwischenfälle: Ein utopischer Konvertit wurde so heftig in seiner Verurteilung anderer Religionen, daß er zur Verbannung verurteilt werden mußte – nicht weil er ein Christ geworden war, sondern weil er gegen den Grundsatz der religiösen Toleranz verstoßen hatte. Hier haben wir mit Sicherheit einen ironischen Bezug auf die zankenden Theologen des christlichen Europa.

Die Christen Utopias haben noch keinen Priester, der die Sakramente spenden könnte. Die Konvertiten konnten von den Mitgliedern der Reisegesellschaft Raphaels getauft werden, denn nach der katholischen Lehre kann jeder Christ (oder sogar ein Nicht-Christ) taufen, wenn ein Priester fehlt. Aber ohne einen Priester sind die Utopier von den anderen Sakramenten ausgeschlossen. Als Raphael von ihnen ging, diskutierten sie, ob sie einen von ihnen zum Priester wählen sollten, obwohl ein solches Verfahren gegen die apostolische Sukzession verstoßen hätte, die durch das Sakrament der Priesterweihe weitergegeben werden soll. Dabei wird dem Novizen von einem Priester die Hand aufgelegt, wie ihm früher selbst einmal. So ergibt sich eine Kette, die bis zu den Aposteln und schließlich bis zu Christus zurückreicht. Morus sollte später die apostolische Sukzession heftig verteidigen.[5] In *Utopia* sagt Raphael jedoch nur, daß die Frage, ob man einen Priester wählen oder auf einen warten sollte, noch nicht gelöst war, als er abreiste.

Hier handelt es sich vielleicht um das Relikt eines Tischgesprächs zwischen Morus und Erasmus. Erasmus hätte sich wahrscheinlich für das Recht der Utopier ausgesprochen, ihre Priester zu wählen und sie ohne Priesterweihe das Abendmahl feiern und die anderen Sakramente spenden zu lassen. Es ist schwer vorstellbar, daß Morus mit seiner Ehrfurcht vor der Tradition auf das orthodoxe Verständnis des Sakraments verzichtet hat. Aber mit Freunden bei Tisch, weit weg von zu Hause, in einer Welt, in der die Kirche sicher schien, wäre eine solche Erörterung unverfänglicher gewesen. Die Bemerkung, die Utopier hätten sich in der Angelegenheit noch nicht entschieden, als Raphael sie zum letzen Mal sah, könnte eine Anspielung auf eine immer noch ungelöste Auseinandersetzung zwischen streitlustigen Tischgenossen sein.

Es scheint hinreichend klar, daß die Utopier bald Christen sein würden. Eigentlich ist Raphaels Geschichte von ihrer Bekehrung ein idealisierter Bericht von der Bekehrung des Römischen Reiches. Es ist ein alter Leitsatz der Geschichte, daß die Herrscher der Gegenwart auch unser Bild der Vergangenheit beherrschen. In der mittelalterlichen Kirche bestand beinahe Einmütigkeit darüber, wie die Römer bekehrt wurden: Grausame Kaiser und ihre Kohorten, die allesamt vom Satan beeinflußt waren, versuchten, die Kirche im Blute von Märtyrern zu ertränken. Aber die Märtyrer litten heldenhaft, es geschahen zahlreiche Wunder, die Masse wurde überzeugt, und schließlich konnte man sich Gottes Absicht nicht länger widersetzen. Erst im achtzehnten Jahrhundert verständigten sich die Gebildeten Europas darüber, daß bei der Bekehrung des Reiches Habgier, Gewalt, Schikanen, politische Intrigen und wilder Aberglaube eine Rolle gespielt hatten.

Die mittelalterliche Vorstellung von der Bekehrung Roms zu Christus konnte leicht in Raphaels Geschichte eingeflochten werden. Die Römer hörten den Namen Christi, seine Lehren, erfuhren von seinem Wesen, seinen Wundern, und sie sahen die Standhaftigkeit seiner vielen Märtyrer. Der Sieg der Rechtgläubigkeit ließ zwar auf sich warten – dreihundert Jahre lang. Aber das Christentum obsiegte schließlich, weil es die Vollendung des Besten in der klassischen Kultur war und weil die weisesten und besten Römer aufgeschlossen genug waren, das Offensichtliche zu sehen. Die mächtigen Werke Gottes, die diesen Glauben bestätigten, mußten auch Zweifler überzeugen. Nur ein willentlich böser Mensch konnte sich der Erkenntnis verschließen, daß Gott in Christus in die Welt gekommen war.

In diesen frühen Jahrhunderten, in denen Rom Christus zugeführt wurde, lebten und schrieben die Kirchenväter – in Morus' Vorstellung die größten Heiligen nach den Aposteln. Morus konnte nicht annehmen, daß für seine Utopier eine zweite Fleischwerdung Christi stattfinden würde, und weil sie weise und geistig offen waren, als der wahre Glaube zu ihnen kam, machten die Utopier aus ihren ersten Christen keine Märtyrer. Morus konnte eine Zeitlang von der Wiedergeburt des reinen Christentums in einer neuen Welt träumen – unter Leuten mit allen antiken Tugenden, aber ohne die Laster der Antike.

Es gibt einen tiefgreifenden Unterschied zwischen der Art, wie Raphael den Utopiern das Christentum verkündete, und der, wie die frühen Kirchenväter dem Römischen Reich das Christentum auslegten. Für die Kirchenväter war die Schrift der unersetzliche Text, aber Raphael und seine Schar nahmen keine Bibel mit nach Utopia. Das ist erstaunlich, aber kein Zufall. Morus kannte die Bibel gut, und Raphael führte eine solche Menge griechischer Bücher mit sich, daß die Utopier, die bald Griechisch beherrschten, rasch anfingen, das Beste an klassischer Weisheit aufzunehmen. Aber für die Bibel hatte er keinen Platz im Gepäck.

Hier handelt es sich um eine Vision, die sich von der des Erasmus unterscheidet. Erasmus wünschte sich, daß die Bibel so verbreitet und in so viele Landessprachen übersetzt würde, daß jeder sie lesen könnte – Weber, Handlungsreisende, Ackerknechte, ja sogar Türken und Huren. Morus wünschte das nie. Für ihn konnten die Christen ihre Religion auch dann unverfälscht und hinreichend bewahren, wenn die Bibel nie geschrieben worden wäre. Die wahre christliche Lehre werde in der Kirche mündlich von Generation zu Generation weitergegeben. Sie sei eher das Produkt einer lebendigen Gemeinschaft als des toten Buchstabens. Das entspricht dem Geist, den wir in *Utopia* finden.

Wie die mittelalterlichen Christen machten die Utopier einen Unterschied zwischen Religion und Philosophie. Sie vertraten jedoch auch die Ansicht, die beiden könnten nicht gegeneinander ins Feld geführt werden. Einem Pietro Pomponazzi wäre man in Utopia mit Unverständnis und Feindseligkeit begegnet. Raphael erzählt uns, daß die Utopier nie eine Diskussion über Philosophie führten, ohne Grundgedanken zu benutzen, die sie der Religion entnommen hatten. Religion konnte in Utopia nicht Offenbarung sein, aber die untrennbare Verbindung von Religion und Vernunft bildet einen Nebensatz zu Morus' späterer Behauptung, die Vernunft müsse immer Dienerin des Glaubens sein und dürfe den Glauben nicht beherrschen.[6] Morus hatte nie etwas für Spiele übrig, die er für Zeitverschwendung hielt. In seinen Augen sah es aus, als hätte ein Pomponazzi aus der Vernunft ein Spiel gemacht, und das zu keinem frommen Zweck.

Er teilte die allgemeine Auffassung des frühen Mittelalters. Anselm von Canterbury (ein gebürtiger Italiener) drückte sie aus, als er den Gebrauch der Vernunft in der Religion als «Glauben, der nach Erkenntnis strebt» bezeichnete: Der Christ empfängt den Glauben aus der Tradition der Kirche und aus der Erfahrung des Gottes, der sich durch die Kirche offenbart. Erst dann entdeckt der Gläubige, daß die christlichen Lehren systematisch zusammenhängen. Sie sind nicht unsinnig. Der Christ erwirbt die Lehre nicht, indem er sie allein durch Logik erschließt. In der Studierstube erarbeitete logische Folgerungen erheben uns nicht zum Mysterium Gottes. Ebensowenig kann die von der Geschichte abgelöste Vernunft uns zu dem Schluß führen, daß Christus zur Zeit des Römischen Reiches in Palästina Fleisch geworden ist, daß er auf Golgatha für unsere Sünden gekreuzigt wurde und daß er von den Toten wieder auferstand, damit auch wir über den Tod triumphieren können.

Die katholische Kirche vertrat seit Jahrhunderten die Meinung, die deduktive Vernunft (die «Philosophie») sei eine andere Kategorie als die historische Offenbarung Gottes. Kein Logiker, der ohne historisches Wissen in einer Ecke sitzt, könne aus dem Nichts ableiten, daß Cäsar den Rubikon überschritten oder daß Kolumbus Amerika entdeckt habe. Wenn die geschichtliche Wirklichkeit jedoch erst einmal bekannt sei, könne sie in einen Kontext eingebunden werden, der uns systematisches Verstehen erlaubt. Und wenn wir erst wüßten, was Gott in der Geschichte getan hat, könnten wir einige Gründe für sein Handeln erkennen. Wenn wir zum Beispiel wissen, daß Christus für unsere Sünden gestorben ist, müssen wir auch die Annahme als vernünftig akzeptieren, daß unsere Verderbtheit so groß gewesen sein muß, daß kein geringeres Opfer unsere Erlösung hätte bewirken können. Aber eine solche Schlußfolgerung beginnt nicht mit abstrakten Reflektionen über die menschliche Natur. Sie beginnt mit dem Bemühen, ein historisches Ereignis zu verstehen.

Morus blieb immer bei der althergebrachten Ansicht, ein Christ müsse unbedingt gelten lassen, was die Tradition über Christus berichtet, und erst dann könne die Vernunft Sätze aufstellen, die den Glauben systematisch und glaubhaft machen. Das ist seine Voraussetzung bei Raphaels Darstellung der Beziehung von Religion und Philosophie in *Utopia.*

Aber Vernunft kann auf viele verschiedene Arten definiert werden, und Morus' Gebrauch des Wortes ist manchmal unklar. Er kennt die Vernunft, mit der wir uns über die verschiedenen Sätze des christlichen Glaubens Klarheit verschaffen können. Und er kennt auch die Vernunft, die uns gestattet, in unseren Erfahrungen einen Sinn zu finden. Zu dieser Erfahrung gehört auch die beobachtbare Welt. Die Utopier machten so Gebrauch von der Vernunft, um die Naturwissenschaften zu verstehen.

Wenn Morus in *Utopia* über die «Philosophie» schreibt, meint er anscheinend die grundlegende menschliche Fähigkeit, zu verstehen, was wir wahrnehmen, und daraus Schlußfolgerungen zu ziehen. Ich kann einen menschlichen Fußabdruck im Sand wahrnehmen, und ich kann folgern, daß jemand vor so kurzer Zeit hier gegangen sein muß, daß Wind und Regen den Abdruck noch nicht verwischt haben. Ich kann fast nichts über den Menschen sagen, der den Fußabdruck gemacht hat – ob er (oder sie) etwa freundlich und großzügig war, oder aber niederträchtig und habgierig. Ich kann nichts über die Abstammung oder die Ziele der Person sagen. Ich kann lediglich aufgrund meiner Wahrnehmungen schließen, daß ein menschliches Wesen vorbeigekommen ist.

Wie wir gesehen haben, suchten Aristoteles und seine Jünger ständig nach einer Möglichkeit, alle unsere Beobachtungen und all unsere Schlußfolgerungen zu einem großen System ohne Widersprüche zusammenzufügen. Der Aristoteliker begründet immer eine Wahrheit, die nicht aus sich heraus verständlich ist. Er tut das mit Hilfe allgemeiner Prinzipien oder Beobachtungen, die jedem einleuchten sollen, und bewegt sich von Ergebnis zu Ergebnis aufwärts wie auf einer Leiter. Anders gesagt, er ist wie ein Maurer, der vorsichtig einen Stein des Wissens auf den anderen setzt. Nach der Theorie entsteht mit der Zeit ein vollkommen harmonisches Gebäude, das alles menschliche Wissen in sich vereinigt.

Aristoteles setzte sein Prinzip bis zu Gott – oder bis zu einem Gott fort. Aber er war wie jemand, der einen Fußabdruck am Strand betrachtet: er konnte nicht viel über diesen Gott folgern. Aristoteles' Gottheit könnte ebensogut eine Maschine wie ein liebender – und richtender – Schöpfer sein. Wo Aristoteles über empirisches Wissen verfügte, wie in den Beobachtungen von Naturerscheinungen, versuchte er es zu systematisieren. So hinterließ er uns Werke, in denen er versuchte, Physik, Dichtkunst, Rhetorik und eine Menge anderer Gegenstände auf Systeme zurückzuführen, die leicht zu lehren waren.

Die Religion in Utopia hat philosophische Züge. In dem Gemeinwesen geschehen Wunder – wenn auch Raphael keines davon beschreibt. Die Wunder bilden die empirische Wirklichkeit. Sie müssen in das allgemeine Wissenssystem eingefügt werden, das den Utopiern gemein ist. Was kann man aus Wundern folgern? Sie wahrzunehmen, ohne daraus zu schließen, daß die Macht Gottes sie verursacht, wäre ein unmöglicher Widerspruch – zumindest für die Utopier. Also betrachten sie Wunder auf gut aristotelische Weise und folgern daraus, daß Gott der Verursacher von Wundern ist. Sie schließen von der Wirkung auf die Ursache zurück.

Aber was für ein Gott ist es? Diese Frage stellt die utopische «Philosophie» offenbar vor die gleiche Schwierigkeit wie jeden, der versucht, eine natürliche Religion zu konstruieren, indem er eine Kette von Schlüssen aus beobachteten Erscheinungen zieht. Also gibt Morus uns eine höhere Kategorie, eine «Vernunft», die der Philosophie überlegen ist. Wir könnten sie «Intuition» nennen, obwohl «Intuition» heutzutage nur eine «Ahnung» oder ein unbestimmtes Gefühl für das richtige Handeln bedeutet. In Platons Denken ist Intuition das sicherste Wissen, das wir haben können. Sie ist ein Wissen, das wir unmittelbar besitzen, weil wir die Wesen sind, die wir sind.

Alle Utopier müssen an drei Dinge glauben – an die Unsterblichkeit der Seele, an ein zukünftiges Stadium der Belohnungen und Strafen und an die lenkende Vorsehung Gottes. Hythlodeus berichtet uns präzise, daß dies

Grundsätze der Religion und nicht der Philosophie seien. Das könnte bedeuten, daß Morus diese Glaubenssätze für unfehlbare menschliche Intuitionen hält.

Wählen wir ein Beispiel, das Morus selbst nicht benutzte. Wenn ich sage, die «Vernunft» sagt mir, daß der Himmel blau ist und die Bäume im Sommer grün sind, meine ich nur, daß der menschliche Verstand durch das geheimnisvolle Instrument des Auges etwas wahrnimmt, das ich «Farbe» nenne und das in den Wahrnehmungen der Hunde oder Rinder zu fehlen scheint. Sofern ich nicht farbenblind bin, ist Farbe ein unmittelbarer Teil jeder Wahrnehmung, die ich von der äußeren Welt habe. Ich entdecke die Farbe nicht durch deduktive Logik. Ja, wenn ich auf einen farbenblinden Menschen treffe, finde ich es sogar quälend schwierig, Farbe überhaupt zu erklären. Ich kann sagen, daß man Farbe nachweisen kann, weil unterschiedliche Farben unterschiedliche Lichtfrequenzen abstrahlen, die man messen kann. Aber eine solche Behauptung ist ungeeignet, um einem Farbenblinden zu erklären, was Farben sind. Wir können nur sagen, daß unsere Kenntnis verschiedener Wellenlängen von Blau oder Rot mit unserer unmittelbaren Wahrnehmung harmoniert, aber es kann die Wahrnehmung selbst nicht ersetzen. Ohne Wahrnehmung können wir Aussagen über Frequenzen nicht viel Bedeutung verleihen. Die Farbe bleibt dann nur eine Zahl, etwas außerhalb von uns selbst, etwas Fremdes und völlig Abstraktes.

In ähnlichem Sinne scheint Morus die Ansicht zu vertreten, daß ein gewisses religiöses Bewußtsein unmittelbare Wahrnehmung der menschlichen Natur ist und daß wir nicht wirklich menschlich sind, wenn es uns fehlt. Dieses Bewußtsein führt uns zu der Einsicht, daß die Seele unsterblich ist, obwohl wir vielleicht nicht fähig sind, die Unsterblichkeit der Seele mit «Philosophie» zu erklären. Es ist eher ein Wissen, das aus der Intuition kommt, aus unserem Wesen selbst. Unser natürliches religiöses Bewußtsein kann durch Wunder gesteigert werden, die zu unserer spontanen Wahrnehmung weitere Beweise hinzufügen. Man muß annehmen, daß der Gott, den wir durch Intuition kennen, in seiner Welt wirkt. Aber ohne die Intuition, die sie in einen Zusammenhang setzt, wären die Wunder wohl nur beängstigende und völlig unverständliche Erscheinungen, die von der vertrauten Ordnung der Natur abweichen. Wir können mit der Logik nicht von den Wundern zur tieferen Erkenntnis Gottes gelangen, ebensowenig wie wir einfach anhand der Wellenlängen des im Prisma aufgespaltenen Lichts den Beweis führen können, daß Farben existieren. Wir müssen zuerst die Wahrnehmung haben. Erst dann haben die in Daten übersetzbaren Eigenschaften, die Teil der Farbe sind, oder die Wunder, die von Gott ausgehen, einen Sinn.

«Philosophie» ist für Morus diese *äußere* Sache, eine Welt, die der Wahrnehmung nicht unmittelbar zugänglich ist. Wir finden sie eher durch das

Stein-auf-Stein des Aristoteles, das mit der sinnlichen Wahrnehmung beginnt und uns dann erlaubt, Beweise zu finden und schließlich Verbindungen zu ziehen, durch die sich die Beweise zu einem System zusammenfügen. Beim Fortschreiten vom Bekannten zum Unbekannten benutzen wir sowohl die Induktion als auch die Deduktion – geistige Verfahren, die zu nicht aus sich selbst verständlichen Schlüssen führen. Diese Art von Philosophie kann jedoch nur funktionieren, wenn wir den sinnlichen Wahrnehmungen trauen, die uns überhaupt erst erlauben, das Beweismaterial zu sammeln. Ein guter Aristoteliker wird skeptisch, verärgert, ja sogar wütend reagieren, wenn man ihm sagt: «Aber ich traue den fünf Sinnen nicht.» Eigentlich fügt Thomas Morus – wie Cicero – den fünf körperlichen Sinnen einen religiösen Sinn hinzu. In seiner *Utopia* kann die auf objektive Analyse und sorgfältige Logik gegründete Philosophie den Menschen bei der Suche nach moralischen Werten nur leiten, wenn der Sinn für das Religiöse mit einbezogen wird. Unsere fünf körperlichen Sinne können verwirrt sein, wenn wir zuviel Wein getrunken oder Drogen genommen oder tagelang nicht geschlafen haben. In Europa wurde der Sinn für das Religiöse durch eine habgierige und stolze Gesellschaft verwirrt. In Utopia war ihm volle Ausdrucksfreiheit erlaubt.

Die Unterscheidung zwischen diskursivem Denken und religiöser Intuition in *Utopia* hilft uns, den Schock zu verstehen, den Morus erlitt, als er mit protestantischen Häretikern zusammentraf, die schwermütig auf der völligen Verworfenheit der menschlichen Seele beharrten. Die Protestanten leugneten die natürliche Unsterblichkeit der Seele. Damit bestritten sie in Morus' Augen auf grundlegende Weise jene geistige Haltung, die es Männern und Frauen ermöglicht, sich als menschliche Wesen zu sehen, die im Universum ewigen Wert haben.

Nicht nur die Frage nach der Seele quälte ihn. Von viel tieferer Bedeutung war, daß das religiöse Bewußtsein selbst durch die Art in Frage gestellt wurde, wie die Protestanten die Religion angingen. Sie erhoben den Anspruch, alles aus der Bibel zu entnehmen, und erklärten, auf alles, was nicht durch das ausdrückliche Wort der Schrift bestätigt werde, könne man verzichten. Sie behaupteten, der Heilige Geist sei notwendig, um die Schrift richtig zu interpretieren. Trotzdem vertraten sie die Ansicht, die Bibel reiche aus, um auf alle beantwortbaren religiösen Fragen eine Antwort zu geben. Da sie einander so rasch und heftig widersprachen, schmähte sie Morus als unbegreifliche Vorkämpfer des toten Buchstabens. Im Gegensatz zu ihnen traten seiner Meinung nach die Katholiken für einen lebendigen Glauben ein, der den Herzen wahrer Christen eingeprägt sei. Wieder und wieder fragte er seine Gegner, woher sie denn wüßten, ob die Bibel überhaupt einen Wert habe, wenn sie doch die katholische Kirche ablehnten, die ihnen in erster Linie die Bibel gegeben habe. Wendet euch der Schrift zu und lehnt die Kirche ab, sagte er, und ihr werdet bald überhaupt keine Religion mehr haben.[7]

Er schrieb so leidenschaftlich, weil der Protestantismus in seinen Augen nicht nur die heilige katholische Kirche bedrohte, sondern das Verständnis der menschlichen Natur überhaupt, das Religion erst möglich machte. In *Utopia* konnte er behaupten, daß wir ein natürliches religiöses Bewußtsein haben, und er konnte unterstellen, das bloße Vorhandensein dieses Bewußtseins beweise, daß sein Objekt – Gott selbst – objektiv existiere. Das ist gewiß ein zirkuläres Denken, aber Morus erschien es nicht so.

Als Christ vertrat er die Meinung, die katholische Kirche mit ihrer jahrhundertealten Tradition und ihren Scharen von Heiligen sei eine natürliche Folge des grundlegenden religiösen Bewußtseins in allen Menschenwesen. Gott habe mit einer besonderen Macht in den Menschen gewirkt, die vor Christus lebten. Ihr Leben sei dadurch geläutert worden, daß sie das natürliche Gesetz beachteten, so daß ihr religiöses Bewußtsein sie frei leiten konnte. Gott habe der großen Gemeinschaft der Christenheit die rechte religiöse Wahrheit offenbart. Die Existenz der geeinten katholischen Kirche in Zeit und Raum beweise, daß die Menschen fähig wären, die besondere Gnade der Offenbarung zu empfangen, und daß sie ihr einträchtig folgen könnten – genauso, wie alle Menschen Farben erkennen und sich über die Bezeichnungen der Farben einigen können, auch wenn man diese Bezeichnungen nicht genau definieren kann.

Der Protestantismus brachte wütenden und unversöhnlichen Zwist in Religionsfragen und stellte die menschliche Fähigkeit zu einem religiösen Bewußtsein in Frage. Wenn man glaubte, das religiöse Bewußtsein sei allgemein und werde durch die beobachtbare Kohärenz in der Geschichte der katholischen Kirche bestätigt, betraf dieser Glaube die Mittel, die Gott wählte, um in der Welt zu wirken. Gott könnte auf andere Weise gewirkt haben. Morus hat das immer zugegeben. Aber in Wirklichkeit zeugten die menschliche Natur und die menschliche Erfahrung von den Wegen, die Gott gewählt hatte. Und Morus schien es offensichtlich, daß Gott beschlossen hatte, durch das religiöse Bewußtsein zu wirken, das den Menschen bei der Schöpfung mit Gottes Bild selbst eingegeben worden war. Auch wenn ihre Bemühungen unwirksam waren, zeigten die Menschen durch ihr angeborenes religiöses Bewußtsein in Verbindung mit gutem Willen und Entschiedenheit die Fähigkeit, in Einklang mit Gott zu wirken. Das Ebenbild Gottes war durch die Sünde beschädigt, jedoch nicht zerstört. Alle Menschen – ob Katholiken oder Utopier – konnten kraft ihrer Natur an einen Ort gelangen, wo Gottes Gnade sie treffen und zu ihrer Erlösung wirken konnte. Wie pessimistisch die utopische Sichtweise der menschlichen Natur auch war, sie reichte bei weitem nicht an die vollkommene Verderbtheit der menschlichen Natur heran, die Martin Luther,

William Tyndale, Ulrich Zwingli und die Protestanten, die nach ihnen kamen, postulierten.

Die Protestanten wiesen die Lehre der katholischen Kirche zurück, daß eine gemeinsame Tradition die katholische Sicht vom Wirken Gottes in der Welt beweise. Damit mußten der Wert und die bloße Existenz eines religiösen Bewußtseins – das für die meisten in der Tat nicht so offensichtlich ist wie Licht und Farbe – in Zweifel gezogen werden. Die Katholiken sagten: «Die Wahrheit des Glaubens wird durch die allseitige Zustimmung bewiesen, und diese Übereinstimmung folgt aus der natürlichen und metaphysischen Wesensart des Menschen – einem religiösen Wesen, dessen religiöses Bewußtsein ein gültiger und natürlicher Weg zu Gott ist.» Die Protestanten sagten: «Die Menschen sind vollkommen verworfen, und jedes ‹natürliche› Bewußtsein von Gott ist verfälscht. Deshalb sagt uns das Vorhandensein eines religiösen Bewußtseins an sich überhaupt nichts darüber, wie wir Gott dienen sollten.» Als man erst einmal begonnen hatte, Fragen über den Wert des religiösen Bewußtseins zu stellen, konnte jeder intelligente, unvoreingenommene Mensch einsehen, wie schwer, ja beinahe unmöglich es war, sie auf eine Weise zu beantworten, die nicht zum Zusammenbruch eines religiösen Glaubens führen mußte, der von rationalen Argumenten gestützt wurde. Wenn dieses grundlegende religiöse Bewußtsein nur eine Einbildung war, konnte Gott sich so von den Menschen unterscheiden, daß er zum «Ganz-Anderen» der modernen, konservativen protestantischen Theologie wurde. Ein Wesen also, das von uns so verschieden ist, daß unser Verhalten ein geduldiges Warten darauf sein muß, daß Er spricht, eine Bereitschaft, allem absolut gehorsam zu sein, was Er uns befiehlt. Ist aber der Glaube an ein gültiges, natürliches religiöses Bewußtsein erst einmal zerstört, können wir genausogut in die entgegengesetzte Richtung gehen und behaupten, alle Religion sei nur Einbildung und Gott existiere nicht.

Morus gab seinem Volk in *Utopia* ein religiöses Bewußtsein, eine Intuition, die über der Vernunft existierte, mit ihr jedoch in Einklang stand. Und ohne aus seinen Utopiern Christen zu machen, bestätigte er doch die intellektuellen Annahmen über die menschliche Natur, die das Vertrauen in die katholische Tradition rechtfertigten. Die Menschen sind so, gleichgültig, wo man sie findet, behauptet er. Dieses Wesen des Menschen macht die katholische Kirche zum einleuchtendsten Ausdruck von Gottes Fleischwerdung in einem einzelnen Menschen, in Jesus von Nazareth, und von seiner steten Gegenwart in der Schöpfung durch die Sakramente der Kirche und die Erleuchtung Seines Volkes.[8]

KAPITEL 12

Utopia: Abschließendes Postscriptum

In der Beschreibung, die Thomas Morus von den Priestern in Utopia gibt, zeigt sich einerseits eine gewisse Unzufriedenheit mit der Korruption der christlichen Priester, andererseits aber eine absolute Achtung vor dem Klerus als solchem. In dieser Hinsicht unterscheidet er sich abermals von Erasmus, der nur, wenn es unbedingt sein mußte, ein lobendes Wort für Priester übrighatte und offenbar sein ganzes Leben wünschte, nicht mehr Priester sein zu müssen.

Im ersten Buch von *Utopia* treibt Morus einen fast obligatorischen Spott mit unwürdigen christlichen Geistlichen, wie man ihn auch in den Schriften des Erasmus findet und in unzähligen anderen Werken jener Zeit. Im zweiten Buch lernen wir die Priester von Utopia kennen; sie genießen große Achtung und viele Privilegien. Morus weist zweimal ausdrücklich darauf hin, die Ursache dieser Wertschätzung sei, daß die Priester in Utopia ihrer großen Frömmigkeit wegen ausgewählt würden und ihre Zahl deshalb sehr gering sei. Im Inselstaat Utopia weiß man nichts von der Schande Europas, wo schamlose Geistliche wie Motten im Pelz der Gesellschaft sitzen und sich vermehren und wo der Priesterstand von vielen verachtet wird, weil jene Geistlichen, die ihren heiligen Status zu Unrecht haben, ihn selbst nicht ernst nehmen.

Die Priester Utopias verhalten sich untadelig; deshalb sind sie so gute Hüter der öffentlichen Moral. In diesem Punkt ist Morus einer Meinung mit John Colet: gute Priester machten ein Volk gut, und schlechte Priester infizierten die ganze Gesellschaft.[1] Wenn ein Utopier wegen irgendwelcher Vergehen von den Priestern gerügt wird, ist das nicht nur in den Augen seiner Landsleute eine große Schande für ihn, sondern er empfindet es auch selbst als Schande. Die Priester können jedem, der einen schlechten Lebenswandel führt, die Teilnahme am Gottesdienst verweigern; wie Raphael sagt, gibt es «kaum eine Strafe, die mehr gefürchtet wäre». Die Priester, die Richard Hunne den Zutritt zur Messe verwehrten, wären von den Utopiern nachdrücklich unterstützt worden. Das Urteil der Priester in sittlichen Angelegenheiten wird so hoch geachtet, daß Sünder von der weltlichen Autorität bestraft werden, wenn sie nicht Buße tun. In diesem Teil des Berichts über die Bräuche in Utopia, die Raphael Hythlodeus beschreibt, zeigt sich bereits der Thomas Morus, der später die Regierung drängte, Häretiker zu verbrennen, die von der Kirche verdammt worden waren. Priester halten die Macht über Himmel und Hölle in den Händen, und die Utopier glauben an diese Macht, weil die Priester so gut sind – und das ist Rechtfertigung genug für ihre Macht.

In Utopia werden Kinder und Jugendliche von Priestern unterrichtet – wie auch in Europa das Schul- und Erziehungswesen in der Hand der Kirche lag. Die Priester in Utopia sind auch im Heer, tragen aber, wie Priester in Europa, keine Waffen und vergießen kein Blut. Sie ziehen mit in den Krieg, um ein Gemetzel zu verhindern, und der Feind kann sein Leben retten, wenn er sie um Hilfe anruft. Um sein Hab und Gut zu schützen, muß er nur ihre wallenden Gewänder berühren. (Wieder einmal zeigt sich Morus sehr besorgt um den Schutz des Privateigentums, und das in einem Buch, das angeblich den Kommunismus verherrlicht!) Wenn das schreckliche Heer der Utopier einmal den Rückzug antreten muß – was selten genug geschieht –, greifen die Priester sogar in den Kampf ein und überreden den Feind dazu, ihre Landsleute zu schonen, denn sie sind so angesehen, daß selbst ausländische Soldaten diesen außergewöhnlichen Priesterstand respektieren. Die Immunität haben wir bereits erwähnt, die ein Priester in dem seltenen Fall genießt, daß er ein Verbrechen begeht. Diese Immunität schützt ihn vor jeglicher Verfolgung durch die weltliche Regierung.

Der Priesterstand in Utopia ist sakrosankt. Wer es wagt, einem Priester – und sei er auch eines Verbrechens schuldig – Gewalt anzutun, begeht ein Sakrileg. Anhand des Berichtes von Hythlodeus stellt Morus klar, daß er sich zu der Immunität der Geistlichen vor der Strafverfolgung durch das weltliche Gesetz bekennt, die im Fall Hunne so heftig diskutiert wurde. Wenn Kardinal Wolsey *Utopia* gelesen hätte, wäre er mit Morus' Haltung sehr zufrieden gewesen. Implizit tadelt Morus allerdings, daß die englischen Geistlichen einen so schlechten Ruf haben: Bei der Londoner Bevölkerung hatte sich sogar der Verdacht geregt, daß es Geistliche waren, die Hunne in seiner Zelle ermordet hatten. Wäre die englische Geistlichkeit so gut gewesen wie der Klerus in Utopia, hätte niemand einen Geistlichen des Mordes verdächtigt. In Utopia gibt es so wenige Priester, und sie sind so untadelig in ihrem Verhalten, daß die Gesellschaft weniger Schaden nimmt, wenn sie die seltenen Vergehen eines Abtrünnigen toleriert, als wenn sie die heilige Institution des Klerus ganz abschaffen würde.

Wie ernst müssen wir *Utopia* nehmen? Dazu gibt es die widersprüchlichsten Meinungen. Auch bei ernsten und wichtigen Problemen stoßen wir auf Ironie, und wir können nie mit Sicherheit feststellen, wo die Ironie aufhört und Morus einen ernsthaften Vorschlag macht. Am zutreffendsten ist das Werk wohl damit charakterisiert, daß in den einzelnen Abschnitten von

Utopia Probleme angerissen, Lösungen aber nicht unbedingt angeboten werden. Wenn Morus beschreibt, daß die Utopier lieber sich selbst töten als einen langsamen, quälenden Tod zu ertragen, macht er damit nicht den Vorschlag, die Europäer sollten gegen die christliche Ethik verstoßen und in ähnlichen Situationen auch Selbstmord begehen. Vielleicht will er nur sagen, daß die überwältigende Angst vor dem Tod, die seine Zeitgenossen erschaudern ließ, für Menschen, die an eine unsterbliche Seele glaubten, nicht gerade rühmlich war.

Die Abschnitte über den Kommunismus in *Utopia* waren gewiß eher moralische Aussagen als programmatische Aufrufe zum Handeln. Sie richteten sich zum einen gegen die Habgier der Reichen im christlichen Europa, zum anderen gegen die erzwungene Untätigkeit, die den Menschen zum Bettler machte, weil er keine Arbeit finden konnte.

Später, als Morus gegen die Protestanten kämpfte, attackierte er heftig den Kommunismus der Wiedertäufer, die versuchten, das apostolische Teilen aus der Apostelgeschichte in die Tat umzusetzen.[2] Er muß den Kirchenvätern in der Ansicht beigepflichtet haben, daß Kommunismus mit dem Naturrecht in Einklang stehe und daß in einer guten Welt, die von der Vernunft beherrscht wird, aller Besitz Gemeingut wäre. Morus hatte zweifellos auch den Bericht Amerigo Vespuccis gelesen, den Hythlodeus angeblich auf seinen Reisen begleitet hatte. Dort stand zu lesen, daß die Ureinwohner der Neuen Welt alle Dinge gemeinsam besäßen. Wir können uns allerdings nicht vorstellen, daß ein so konservativer Mann wie Morus Europa wegen einer neuen Wirtschaftsordnung auf den Kopf stellen wollte.

Außerdem war die Welt sündig, und niemand glaubte, daß das Naturrecht in einer sündigen Gesellschaft zur Anwendung kommen sollte. Ein paar Dinge, die dem Naturrecht zuwiderlaufen, mußten als Zugeständnis an die gefallene Schöpfung toleriert werden. Die Todesstrafe war nur ein Beispiel. Die Gesetze der Menschen mußten sich nach den Gegebenheiten richten, und die Einrichtung des Privateigentums war notwendig, weil sündige Menschen habgierig sind. Auch wenn Morus in seiner idealen Gesellschaft alle Menschen alles gemeinsam besitzen läßt, gab er niemals den leisesten Hinweis darauf, daß er in der realen Welt, in der er lebte, das Privateigentum abgeschafft sehen wollte. Wie wir bemerkt haben, könnte eine erstaunlich hohe Zahl von Zitaten aus *Utopia* herangeholt werden, um zu beweisen, daß er bezüglich des Privateigentums sehr voreingenommen war. Und außerdem hat Morus anscheinend das Ziel gehabt, für sich und seine Familie so viel Eigentum anzuhäufen, wie auf ehrliche Weise möglich war.

Morus muß wohl auch ernst genommen werden, wenn er beschreibt, wie zukünftige Eheleute sich vor der Hochzeit in Anwesenheit eines Chaperons voreinander ausziehen, damit sich beide davon überzeugen können, daß sie einen gesunden und sexuell attraktiven Partner bekommen. Dieses Detail aus dem Bericht Raphaels über die Sitten und Bräuche in Utopia hat verklemmtes Gekicher und puritanischen Abscheu hervorgerufen, seit *Utopia* zum erstenmal veröffentlicht wurde. Moderne Interpreten hielten die ganze Geschichte meist für einen Witz. Doch an der Idee ist nichts Schockierendes, wenn man sie im Zusammenhang mit der sonderbaren Mischung von Sensualismus und asketischer Religiösität sieht, die das Wesen von Thomas Morus kennzeichnete. Wir wissen, daß sein Sexualtrieb sehr mächtig war, und wir haben gesehen, daß er den Wunsch, Priester zu werden, aufgab, weil er nach seinem eigenen Bekenntnis darauf brannte, zu heiraten. Man stelle sich das vor: Ein Mann, der beinahe Priester geworden wäre, heiratet, um seine sexuelle Notdurft zu befriedigen und Kinder zu zeugen. Wenn sie sich dann auszieht, stellt er fest, daß weder das eine noch das andere möglich ist. Ein solcher Mann hätte wirklich Gott und sich selbst beraubt.

Morus scheint es auch mit seiner bereits erwähnten großen Darstellung von Raphaels Plädoyer gegen die Todesstrafe bei Diebstahl ernst zu meinen. Er legt dem ehrwürdigen Kardinal Morton den wirklich radikalen Vorschlag in den Mund, daß der König die Rechtswirksamkeit dieser neuen Methode prüfen sollte, indem er das Todesurteil für Diebstahl aussetzte. Mit diesem Vorschlag des Kardinals – der beim Erscheinen von *Utopia* bereits sechzehn Jahre tot war – regte Morus eine Reform an, die auch in der realen Welt durchgeführt werden konnte. «Bewährt sich dann die Reform durch den Erfolg als nützlich», sagt der Kardinal, «so wäre es doch richtig, sie dauernd einzuführen.» Der Vorschlag wurde von Heinrich VIII. nicht aufgegriffen. Raphael hatte berechtigte Zweifel an der Fähigkeit von Königen, auf gute Ratschläge zu hören. Aber der Rat war offenbar ernst gemeint.

In letzter Zeit hat Raphaels Vision von Utopia einigen angesehenen Interpreten große Pein bereitet. Sie finden, daß die Geschichte voller Widersprüche und peinlicher Phantasien steckt. Wenn ein Land über ungenützten Boden verfügt, darf nach Ansicht der Utopier ein fremdes Land sich diesen Grund und Boden mit Gewalt aneignen. Die Utopier glauben auch, daß es nicht unmoralisch sei, Mörder zu dingen, die die gegnerischen Fürsten umbringen. Die Gesellschaft von Utopia ist statisch. Die Utopier haben ihre Individualität verloren. In dem Inselstaat gibt es so zahlreiche andere, nicht gerade humane Einrichtungen und Vorstellungen, daß Max Beerbohm sich zu der Bemerkung veranlaßt sah: «Utopia? Oh, Verzeihung. Ich dachte, es wäre die Hölle.» In diesem Sinne haben moderne Wissenschaftler behauptet, Morus erwarte von seinen Lesern, daß sie Raphael eher tadeln als loben würden.

Raphael wolle zu viel, sagen diese Interpreten, und am Ende komme nichts Brauchbares heraus. Im ersten Buch von *Utopia* meint Raphael, man vergeude sein Leben, wenn man Ratgeber eines Königs werde, denn Könige würden niemals einen guten Rat befolgen. Der fiktionale Morus im ersten

Buch vertritt die gegenteilige Meinung. Es sei die Pflicht des weisen Mannes, sagt er, in einer schwierigen Situation sein Bestes zu geben. Und wenn er die Herrschaft eines Königs auch nicht perfekt machen könne, so könne er sie zumindest verbessern. Moderne Interpreten vertreten die Ansicht, die Vision von Utopia im zweiten Teil des Buches sei die logische Konsequenz der Haltung, die Raphael im ersten Teil einnimmt – eigennützig, puristisch und weder tauglich für eine humane Gesellschaft noch für soziale Reformen. Sie behaupten, Morus habe Utopia nur aufgebaut, um es mit der Schlußbemerkung niederzureißen, es sei besser, sich nach diesen Zuständen zu sehnen als sie zu erwarten. Den Menschen ist mehr damit gedient, wenn sie versuchen, das zu verbessern, was sie haben, als sich an grandiosen Träumen von einer Welt zu berauschen, die es niemals geben kann. So liegt der Fall gegen Raphael und gegen Utopia, und die kritischen Argumentationen, die in diesem Fall geführt wurden, sind offenbar von der Vorstellung geprägt, daß Utopia ein schlechter Staat sei. Ein ehrenhafter und weiser Mann wie Thomas Morus könne folglich nicht gewünscht haben, daß wir glauben, Utopia repräsentiere tatsächlich seine Vision von einer guten Gesellschaft.[3]

Das sind elegante Konstruktionen, aber es ist nicht anzunehmen, daß die Absichten von Thomas Morus so kompliziert waren, wie sie moderne Wissenschaftler darstellen. Sie gehen davon aus, daß Morus eine breit angelegte Konzeption zu seinem Buch hatte. Viel wahrscheinlicher ist jedoch, daß er im geschäftigen Alltag seiner diplomatischen Mission, der durch lange Spannen des Nichtstuns unterbrochen wurde, die Idee zu *Utopia* als einer modernen platonischen *Politeia* entwickelte, die den Europäern zeigen sollte, wie sehr die Vernunft den schlechten Gewohnheiten überlegen war, die sie angenommen hatten. Als Christ konnte Morus nicht behaupten, daß die Vernunft unfehlbar sei. Mit seinem Sinn für Humor demonstrierte er in verschiedenen Details, daß auch die Vernunft närrisch sein konnte. Und doch war es immer noch besser, sich von der Vernunft als von der Leidenschaft leiten zu lassen. Wenigstens konnte man sich eine vernünftige Gesellschaft vorstellen, die den Europäern die Unvernünftigkeit und Unmenschlichkeit ihrer eigenen Gesellschaft wie in einem Spiegel vor Augen hielt.

Morus gab in keinem seiner Briefe über *Utopia* den geringsten Hinweis darauf, daß das Spiel, das er spielte, so kompliziert war, wie moderne Interpreten sich das vorstellten. Und keiner, der ein lobendes Vorwort zu dieser Schrift beitrug, kam auf den Gedanken, daß Utopia das Beispiel eines schlechten Staates sein könnte. Ein Biograph von Thomas Morus muß – mit aller Nachsicht und Hochachtung – zu folgender Annahme kommen: All jene, die zum Schluß gelangen, Utopia sei eine gescheiterte und hassenswerte Gesellschaft, haben sich mehr von ihrer Abscheu vor dem modernen Polizeistaat leiten lassen als von dem ernsthaften Studium des Werkes im Kontext seiner Zeit.

Die eigentliche Qualität von *Utopia* ist das Gewissen, der Ausdruck des Gefühls, daß das christliche Europa eine schreckliche, falsche Entwicklung durchgemacht habe und daß selbst ein Heide die Verderbtheit der christlichen Gesellschaft sehen könne. Aber neben dem Gewissen steht die Satire. Und Satire ist immer die Waffe der Hilflosen, die keine Waffen haben außer ihrem eigenen Witz. Sie wählen das Lachen, weil es kaum eine Chance gibt, die Gesellschaft wirklich zu verändern, und weil Weinen zu sehr schmerzt.

KAPITEL 13

Thomas Morus: Mitglied des Kronrats

Die Jahre 1516 und 1517 markierten einen neuen Anfang für Thomas Morus: er wurde in England berühmt und machte sich in ganz Europa einen Namen. Insgesamt gesehen bildeten die Ereignisse jener Jahre einen entscheidenden Wendepunkt in seinem Leben, wie ihn Menschen mit vierzig oft durchmachen, wenn sie ihre jugendlichen Ambitionen, die aufgrund ihrer Erfahrung ihre Kräfte übersteigen, abgelegt haben.

Im Jahre 1516 hatte Morus eine feste Position in der Justiz und im öffentlichen Leben Londons. Seine Schrift *Utopia* scheint uns wie ein Neubeginn – der Beginn seines Ruhmes als Humanist. Doch eigentlich ist sie eher ein Ende, ein beschließendes Postscriptum zu seinen früheren Hoffnungen auf ein Gelehrtenleben und auf literarischen Ruhm. Morus trennte sich von diesen Hoffnungen nach den unbedeutenden Versen, die er als sehr junger Mann geschrieben hatte, nach der Übersetzung der Pico-Biographie, die wenig Aufmerksamkeit erregte, nach der Lukian-Übersetzung, nach der unveröffentlichten *Geschichte König Richards III.* und einzelnen Epigrammen, die zu diesem Zeitpunkt ebenfalls noch nicht publiziert waren. Die Epigramme erschienen 1518 mit der dritten Auflage der *Utopia.* Und wäre die protestantische Reformation nicht über Europa hereingebrochen, hätte Morus wahrscheinlich nichts mehr veröffentlicht. Wir wüßten heute nicht genug über ihn, um seine Biographie schreiben zu können.

Seine Familie wuchs stetig. Er hatte drei Töchter, und obwohl Margaret, die älteste, im Jahre 1516 noch nicht ganz so alt war wie Julia, als sie sich in Romeo verliebte, mußte Morus als Vater doch an ihre Verehelichung denken und eine ansehnliche Mitgift für ihren Ehemann bereitstellen. Die anderen Mädchen würden nur wenig später eine Mitgift benötigen, und außerdem mußte sich Morus um die Ausbildung seines Sohnes John kümmern. Das würde alles Geld kosten.

Lady Alice hatte eine Tochter aus erster Ehe namens Alice, und Morus übernahm die Verantwortung auch für dieses Mädchen. Das belastete ihn nicht so sehr, denn Lady Alice hatte den Besitz ihres verstorbenen Ehemannes mit in die Ehe gebracht, als sie Thomas Morus ihm Jahre 1511 heiratete. Morus hatte auch noch eine Adoptivtochter, Margaret Giggs. Wir wissen nicht, wie sie in die Familie Morus kam. Höchstwahrscheinlich war sie ein Mündel, eine Waise mit Besitz, die Morus anvertraut wurde, damit er als ihr gesetzlicher Vormund ihren Besitz verwalte. Solche Vormundschaften waren sehr begehrt. Sie wurden oft mißbraucht und waren deshalb vom Gesetz streng geregelt. Morus brachte es im Laufe seiner öffentlichen Karriere auf etliche Mündel. Es spricht viel dafür, daß er sich allen gegenüber absolut integer verhielt, auch wenn er nach den Gepflogenheiten der Zeit von ihnen profitierte. Er behandelte Margaret Giggs und Lady Alices Tochter mit zärtlicher Liebe, und sie blieben ihm bis zum Schluß treu ergeben. Margaret Giggs war die einzige aus dem Kreis der Familie, die ihn 1535 auf dem Schafott sterben sah.

Er hatte sehr viele Verpflichtungen, die ununterbrochen Arbeit und Energie forderten. Eine literarische Karriere mochte für einen wohlhabenden Laien oder einen Priester wie Erasmus angehen, der nur für sich selbst sorgen mußte. Aber Morus hatte immer weniger Zeit für seine literarischen Ambitionen. Er mußte hart arbeiten und seinen Lohn dort suchen, wo er ihn finden konnte.

Der höchste Lohn war im Dienste des Königs zu erwarten, und Morus hatte wahrscheinlich schon lange den Ehrgeiz, Mitglied im Rat Heinrichs VIII. zu werden, ein vernünftiger Wunsch für einen Mann seines Alters und seiner Fähigkeiten. Aber auch im Dienste des Königs gab es verschiedene Ränge, und einige Mitglieder des Rates waren dem König näher und wichtiger als andere. Morus mußte sicher sein, daß ihm der König seine Dienste auch richtig lohnte.

Während der Mission in Flandern hatte Morus Grund, an der Großzügigkeit des Königs zu zweifeln. Im Juli 1515 erhielt er vom König ein Gehalt von gerade zwanzig Pfund, während die Gesandten Tunstall und Sampson jeweils dreißig Pfund bekamen. Im selben Monat verdiente Sir Richard Wingfield als Botschafter in Frankreich dreihundertdreiunddreißig Pfund, sechs Schilling und drei Pence.[1] Wingfield mußte mit diesem hohen Betrag zweifellos ein großes Gefolge unterhalten; dennoch ist die Diskrepanz bemerkenswert. Warum erhielt Morus so wenig? Vielleicht meinte Heinrich, er sei so wohlhabend, daß er seine Dienste dem Staat einfach so zur Verfügung stellen könne. Wenn dies zutrifft, dann war Morus damit nicht einverstanden. Im selben Monat schrieb Tunstall an Wolsey: «Master Morus, der auf dem trockenen sitzt, bittet Euer Gnaden, ihn wieder flottzumachen.»[2] Ihm waren für die Ausgaben während der Mission täglich dreizehn Schilling und vier Pence versprochen worden,[3] aber offenbar wurde dieses Geld nicht regelmäßig ausbezahlt.

Im Januar 1516 erhielt Morus sechzig Pfund als «Spesen» für seinen Aufenthalt in Flandern,[4] vermutlich eine Anzahlung auf seine Tagegelder. Wenn das die einzige Zahlung war, erhielt er für eine Mission, die sich über sechs Monate hinzog, weit weniger, als man ihm versprochen hatte, und dies viel später, als ein Mann mit seinen Mitteln es sich leisten konnte. Im Februar 1516 schrieb er Erasmus, daß die Mission ein Erfolg gewesen sei, er allerdings finanzielle Einbußen erlitten habe. Wenn ein Priester zu einem solchen Amt bestimmt würde, sagt er, dann sei das eine Sache, denn der müsse nur für sich selbst sorgen. Wenn aber ein Laie geschickt würde, der zu Hause eine Familie habe, dann sei das eine ganz andere Sache. Der König habe ihm eine großzügige Aufwandsentschädigung für seine Diener gewährt, die ihm nach Flandern gefolgt seien, es sei ihm aber nicht gelungen, seine Familie zu überreden, während seiner Abwesenheit ohne Nahrung auszukommen.[5]

Im selben Brief erwähnt Morus, daß der König ihm eine Pension angeboten habe, die er bis jetzt noch nicht angenommen habe und voraussichtlich auch in Zukunft nicht annehmen werde. Wenn er sie annehme, gebe er Anlaß zu Unmut bei der Stadtbevölkerung. Seine Loyalität könnte angezweifelt werden, wenn er die Belange seiner Klienten vor dem König vertrete und gleichzeitig vom König Geld bekomme.[6]

Zunächst erscheint es schwierig, die Bemerkung über die «Pension» richtig zu interpretieren. Vielleicht will Morus nur sagen, daß ihm ein Pauschalhonorar für eine Position im Umkreis des Kronrates angeboten wurde, der damals ein amorphes, ausuferndes Gremium war – «groß, gemischt und intermittierend»[7], wie G. R. Elton es beschrieb. Der König und Wolsey, der Weihnachten 1515 als Nachfolger des Erzbischofs Warham Lordkanzler des Reiches geworden war, brauchten die Mitglieder des Rates für verschiedene Dienste, so zum Beispiel, wenn sie Gesandte ins Ausland schicken wollten. In der Korrespondenz Wolseys finden sich im Überfluß Briefe von solchen Staatsdienern, die sich darüber beklagen, daß sie nicht einmal genug Geld bekämen, um ihre Auslagen zu decken. Offensichtlich hatte die Regierung in jenen Jahren Schwierigkeiten, das Bargeld für die täglichen Ausgaben aufzubringen. Wenn Morus also Anfang 1516 eine Pension vom König ablehnte, lag das höchstwahrscheinlich nicht daran, daß es ihm an Ehrgeiz mangelte, sondern daß ihm nicht genug Geld geboten wurde. Die Pension war nicht so hoch, daß er seinen Posten in der Stadt räumen konnte. Und wenn er Geld vom König annähme, verlöre er, wie er Erasmus schrieb, in seinem Amt an Glaubwürdigkeit.

Doch er versuchte weiterhin, die Aufmerksamkeit seiner Vorgesetzten auf sich zu lenken. Er scheint sich sehr darum bemüht zu haben, dauernd in ihren Gedanken präsent zu sein. Ammonius schrieb im Februar an Erasmus, Morus sei von seinem rühmlichen Dienst bei der flandrischen Mission zurückgekehrt und sitze jetzt oft im Palast mit am Kamin. Keiner wünsche Wolsey früher «guten Morgen» als Morus, sagte Ammonius.[8]

Jeder König, der einen guten Diener suchte, hätte sein Augenmerk auf Morus gerichtet. Wir haben bereits den Tag in Eltham erwähnt, als Heinrich noch ein kleiner Junge war und Thomas Morus ein junger Mann, der zum Dinner kam. Wir haben auch von den Epigrammen gesprochen, in denen Morus den jungen König bei seiner Thronbesteigung im Jahre 1509 pries. *Utopia* erschien im Dezember 1516 und brachte seinem Verfasser einen zwar sehr bescheidenen, aber doch immerhin internationalen Ruf. Morus war in jenen Jahren der einzige Engländer, der ein Buch geschrieben hatte, das auch auf dem Kontinent relativ viel gelesen wurde. Könige hatten gerne zur Dekoration ein paar Schrifsteller an ihrem Hof. Mit Thomas Morus konnte Heinrich sich in die Gesellschaft der französischen Könige, deutschen Kaiser und italienischen Fürsten einreihen, die Schriftsteller bei Hofe hatten, um etwas literarischen Glanz in den grauen Alltag der Regierungsgeschäfte zu bringen. Morus war ein vorzüglicher Redner. Wir sehen ihn immer wieder in dieser Funktion. Und solche Männer waren am Hof eines Königs unverzichtbar.

Außerdem war Morus ein angenehmer Gesellschafter für einen König, der einen gewissen Anspruch auf Bildung erhob und von den Gelehrten seiner Zeit anerkannt werden wollte. Als Morus Mitglied des Kronrates geworden war, sagt Roper, habe der König lange private Gespräche über Astronomie, Geometrie, Theologie und gelegentlich auch über Politik mit ihm geführt. Manchmal habe der König ihn mit auf das Dach des Palastes genommen, um «mit ihm die Mannigfaltigkeit der Sterne und Planeten, ihre Bahnen, Bewegungen und Operationen zu betrachten». Nach Aussage Ropers war Morus so witzig und geistreich, daß der König und die Königin ihn oft zum Abendessen an ihren Tisch baten, um sich an seiner Konversation zu erfreuen. Diese Einladungen seien Morus lästig geworden, denn er habe feststellen müssen, daß es ihm nicht gelang, auch nur einmal im Monat nach Hause zu kommen, um bei seiner Frau und seinen Kindern zu sein, und er könne nicht länger als zwei Tage dem Hofe fernbleiben, ohne daß nach ihm geschickt würde. Als ihm diese «Einschränkung seiner Freiheit» klar wurde, verfiel er in Schweigen und unterdrückte seine Heiterkeit, so daß man schließlich nicht mehr so oft nach ihm sandte.[9]

Morus war aber auch Jurist, ein guter Rechtsanwalt, dessen hervorragende Fähigkeiten von seinen Kollegen anerkannt wurden. Dennoch klagte er dauernd, wie lästig ihm dieser Beruf sei. (Wahrscheinlich fand er seine Kollegen langweilig; unter seinen frühen Freunden war kein einziger Rechtsanwalt.[10]) Könige stützten sich auf ihre Rechtsanwälte wie Blinde auf ihren Stock. Roper erzählt uns, die unmittelbare Ursache, daß Morus in den königlichen Rat eintrat, sei die Konfiskation eines Schiffes gewesen, das unter der Flagge des Papstes fuhr. Der Papst, gleichzeitig Herrscher und Pontifex maximus, besaß eine große Handelsflotte. Vielleicht hatte das

Schiff Alaun geladen, das zum Färben von Stoff benötigt wurde. Alaun war einer der wichtigsten Exportartikel des päpstlichen Handels. Heinrich hatte irgendwelche finanziellen Forderungen an den Papst, und in Übereinstimmung mit den allgemeinen Gepflogenheiten des Seerechts beschlagnahmten seine Leute das Schiff als Pfand, als es in Southampton anlegte. Der Botschafter des Papstes bat um einen englischen Rechtsanwalt, der seinen Fall vor einem Seefahrtsgericht darlegen würde. Die Wahl fiel auf Thomas Morus.

Nach Ropers Bericht zeichnete Morus sich in dreifacher Weise aus. Erstens übersetzte er die Vorgänge schnell und geschickt ins Lateinische, so daß der päpstliche Botschafter ihnen folgen konnte. Zweitens konnte er das englische Recht auf das römische Recht, das sogenannte «Zivilrecht», beziehen, nach dem im übrigen Europa hauptsächlich entschieden wurde. Und schließlich hielt er ein so brillantes Plädoyer, daß er den Fall für den Papst entschied und die Freigabe des Schiffes erwirkte.[11] Morus löste den Fall so hervorragend, daß, wie Roper sagte, «von da an kein Flehen den König davon abhalten konnte, auf seine Dienste noch länger zu verzichten».[12]

Eigentlich wollte Heinrich Thomas Morus genau aus dem Grund in seinem Rat haben, aus dem Morus das Angebot zunächst abgelehnt hatte: Morus war ein Mann der Stadt. Um 1517 war er wahrscheinlich der bekannteste und brillanteste unter den Amtsträgern Londons. Heinrich hatte London schon immer umworben und wollte jetzt einen Mann in seinem Rat, der das Vertrauen der Stadt genoß und bei den Kaufleuten und Handwerkern, die die Angelegenheiten der Stadt regelten, die königlichen Interessen vertrat.

Im Frühling 1517 zeigte sich auf dramatische Weise, welchen Einfluß Morus in London hatte. Er spielte eine sehr wichtige Rolle bei dem Versuch, die Unruhen und gewalttätigen Ausschreitungen des Evil May Day niederzuschlagen. An jenem Tag rotteten sich Lehrlinge, Matrosen, müßige Kleriker und allerhand anderer Pöbel einige Stunden lang gegen die Ausländer in London zusammen.

Wie in allen mittelalterlichen Städten gab es auch in London Gewalttätigkeit, aber einen regelrechten Aufruhr innerhalb der Stadtmauern hatte es über ein Jahrhundert lang nicht gegeben. Auf gewisse Weise waren die Unruhen des Evil May Day ebenso bedeutsam wie der Fall Hunne zwei Jahre zuvor. Bei der Affäre Hunne hatte sich der allgemeine Unmut über den katholischen Klerus gezeigt. Dieser Unmut schwelte unter der Asche, und Heinrich schürte diese Glut mit allen Mitteln, als er sich von Rom lossagte. Die Ereignisse des Evil May Day zeigen, wie wankelmütig der Londoner Mob sein konnte und wieviel Haß auf die Fremden, besonders auf Franzosen und Italiener, direkt unter der Oberfläche verborgen lag. Dieser Haß konnte jederzeit angefacht werden, wenn ein König ihn für seine

Zwecke benützen wollte. Die Unruhen zeigten aber auch – wenigstens wenn wir dem Bericht Edmund Halls folgen –, wie sehr die Londoner ihre Stadt liebten und wie eifersüchtig sie über ihre Privilegien wachten.

Hall sagt, die Unruhen im Frühling des Jahres 1517 hätten ökonomische Gründe gehabt. Handwerker aus Genua und Frankreich und andere Fremde hätten sich in die Gunst der Königs eingeschlichen. Sie seien in ganzen Schwärmen in London eingefallen und hätten «armen englischen Handwerkern» die Arbeit weggenommen. Diese Fremden verhöhnten die Gesetze der Stadt – vermutlich die Gesetze, die den Handel regelten, doch Hall läßt sich darüber nicht näher aus. Zu dem wirtschaftlichen Schaden kamen noch Beleidigungen, denn die Fremden machten sich über die Engländer lustig.

Hall erzählt etliche Geschichten, um zu zeigen, wie niederträchtig die Fremden seien; keine von ihnen ist glaubwürdig. Er verfaßte seine Chronik gegen Ende der Regierungszeit Heinrichs VIII., als der Fremdenhaß eine Art Volkssport und eine Leidenschaft der Engländer geworden war. Und Hall haßte die Fremden wie jeder andere. Er erzählt von einem Lombarden, der die Frau eines Engländers verführte. Der Lombarde überredete sie, die silberne Schale ihres Gatten in sein Haus zu bringen und bei ihm zu bleiben. (Es war üblich, Ersparnisse in Form einer silbernen Schale anzulegen, die verkauft werden konnte, wenn man in Not geriet.) Der gekränkte Gatte forderte seine Frau zurück, doch der Lombarde wollte sie nicht herausgeben. Da fragte der Mann, ob er wenigstens seine silberne Schale zurückbekommen könne, aber auch das verweigerte ihm der Lombarde. Zu guter Letzt ließ der Lombarde den armen Mann auch noch einsperren, weil der Mann für Kost und Logis seiner Frau bei ihrem verbrecherischen Gastgeber nicht aufkommen wollte.

Die Lombarden – so nannten die Engländer alle Italiener – hatten Geschäfte in der Lombard Street und waren teils angesehene Bankiers, teils kleine Zinswucherer. Einige der größeren Bankiers gewährten Adligen und der Krone Kredit, aber im allgemeinen betrachtete man die Lombarden als Männer ohne Überzeugungen und ohne Prinzipien. Morus erzählte später von dem Lombarden, der zu Gott betete, um von seiner Gicht erlöst zu werden. Als Gott schwieg, wandte er sich mit den Worten «Jede Hilfe ist gut» an den Teufel.[13] Lombarden waren, wie Geistliche und Nonnen, gewöhnlich die Zielscheiben aller Scherze, und Menschen, die dauernd verspottet werden, werden leicht zum Ziel von Gewalttaten.

So kam es, daß in der letzten Aprilwoche des Jahres 1517 die allgemeine Unzufriedenheit zu tätlichen Übergriffen auf die Ausländer eskalierte. Ein Gerücht kursierte, nach dem am ersten Mai ein Aufruhr sich erheben würde. Wolsey war beunruhigt. Er ließ den Bürgermeister, John Rest, zu sich rufen und riet ihm mit unverhohlenen Drohungen, Vorsichtsmaßnahmen zu ergreifen. Der Bürgermeister bestellte am 30. April die Ratsherren zu einer

Sitzung in die Gildenhalle, wo die öffentlichen Angelegenheiten der Stadt verhandelt wurden, um zu beratschlagen, was zu tun sei.

Thomas Morus nahm an der Sitzung teil. Wahrscheinlich übte er die Funktion eines Rechtsberaters aus, auch wenn Hall sagt, er sei bereits Mitglied des Kronrates gewesen. Morus und Richard Brook, ein Barrister und Stadtrichter, vermittelten zwischen der Stadt und dem königlichen Rat, der in Greenwich tagte. Sie brachten den Vorschlag ein, in der Stadt bis sieben Uhr morgens eine Ausgangssperre zu verhängen.

Aber zu dieser Zeit – es war neun Uhr abends –, als in den engen Gassen und über den hügeligen Feldern immer noch das blasse Zwielicht des Frühlings lag, war es zu spät, um eine Ausgangssperre anzuordnen. Junge Männer hatten sich außerhalb der Stadt auf dem freien Feld versammelt und irgendwelchen Predigten gelauscht. Zeitgenössische Prediger mischten sich fast immer in Volksaufstände ein. Sie stammten oft aus niederen Gesellschaftsschichten. In der Bibel finden sich genug Zitate über die Vortrefflichkeit der Armen, denen alle Güter der Welt zu verdanken seien. Das kann die Menschen auf gefährliche Gedanken bringen, vor allem, wenn solche Bibelsprüche wörtlich genommen und mit entsprechender Leidenschaft vorgetragen werden.

Als Ratsherren die Menschenmenge aufforderten, sich zu zerstreuen, schrie jemand «Auf, ihr Lehrlinge, greift zu den Keulen», das alte «Auf, ihr Bauerntölpel» der gemeinen Arbeiter der Stadt. Knüppel und Waffen kamen «aus jeder Tür», sagt Hall. Gegen elf Uhr strömten fast tausend junge Männer und eine Handvoll junger Frauen durch die verwinkelten Gassen. Sie befreiten Häftlinge aus den Gefängnissen und bedrohten die Ratsherren, die aus ihren Häusern kamen, um mit ihnen zu reden.

Einer von ihnen war Thomas Morus, der anscheinend in einer Abordnung unbewaffneter Ratsherren ausgeschickt worden war, die Leute zu beruhigen. Hall schreibt, der Mob sei durch das Schlachthaus von St. Nicholas vor den Stadtmauern gerannt und zum St.-Martin's-Tor geschwärmt. Dort hätten Morus und die anderen sie empfangen und angefleht, sich zu zerstreuen. Zu diesem Zeitpunkt muß es völlig dunkel gewesen sein. Die Menschen haben wahrscheinlich Fackeln getragen, und die flackernden Brände, der Lärm und die allgemeine Aufregung haben gewiß auf jeden großen Eindruck gemacht. Thomas Morus liebte zwar die Armen, aber er verachtete ebenso die destruktive Masse. Er beschwor die Menge, Frieden zu halten.

Hall sagt, Morus habe die Menge schon fast beruhigt gehabt, als Bewohner des Viertels plötzlich in den Kampf eingriffen und mit Ziegelsteinen und Steinen warfen oder heißes Wasser aus den Fenstern herabschütteten. Diese Angriffe richteten sich offenbar gegen die Aufständischen. Leider bleibt Hall an diesem Punkt unklar. Was immer die Intention der Leute gewesen sein mag, die mit Gegenständen warfen – einige «ehrbare Männer» wurden verletzt. Einer war ein Ordnungsbeamter namens Nicholas Downs, der neben Morus stand. Als er getroffen wurde, schrie er: «Nieder mit ihnen!» Damit war der letzte Rest Vernunft dahin, und die Aufrührer zogen weiter. Sie beschädigten Gebäude und kühlten ihr Mütchen an den Fremden.

Morus wurde nicht verletzt. Wenn er verletzt worden wäre, hätte Hall das erwähnt. Aber es könnte sein, daß er diesen Augenblick nie vergessen hat. Nichts deutet in seinem weiteren Leben darauf hin, daß er jemals wieder daran dachte, sich mit den Armen gegen die Autoritäten zu verbünden, wie er es in *Utopia* getan hatte. Jeder Engländer der Tudorzeit interpretierte einen Tumult höchstwahrscheinlich als Manifestation des Satans und sah in Unruhen und Aufständen einen Ausbruch kosmischer Kräfte, die allezeit gegen die Ziele Gottes kämpften.

Beinahe alle, die über Morus geschrieben haben, meinten, er sei immer ein Anwalt der Armen gewesen und habe sie vor der unersättlichen Gier der Reichen schützen wollen. Gewöhnlich ging man auch davon aus, daß Morus in den Kronrat eintrat, weil Wolsey in dem Ruf stand, sich für die Armen einzusetzen, und Morus glaubte, daß er mit ihm gemeinsam dazu beitragen könnte, die Not der Mittellosen in der englischen Gesellschaft zu lindern.[14] Es ist gewiß richtig, daß es zu Morus' Pflichten als Mitglied des Rates gehörte, die Armenklagen anzuhören, die vor einem informellen Gremium verhandelt wurden, das später als der Court of Requests bekannt werden sollte.[15] Doch ist es erstaunlich, daß Morus in keiner Schrift, die er nach *Utopia* verfaßte – weder in Briefen, noch in seinen theologischen Schriften und seinen frommen Traktaten – besonderes Interesse für die Belange der Armen zeigte.

Analogien sind immer gefährlich, aber wie die meisten Gefahren haben sie auch ihren Reiz. Wenn wir das Gesamtwerk von Thomas Morus sorgfältig betrachten, erinnert uns die Entwicklung seiner Anschauungen an den liberalen Papst Pius IX., der während der Revolutionen von 1848 plötzlich zu einem der konservativsten Päpste der Moderne wurde. Machte Morus eine ähnliche Wandlung durch? Die Beweislast liegt bei denen, die behaupten, daß seine Leidenschaft für die Getretenen, die sich in *Utopia* rhetorisch so machtvoll äußert, sein Leben lang anhielt oder daß hinter seinem Interesse, das Elend der Armen zu lindern, etwas anderes steckte als einfach eine Aufgabe, die er, wie andere Aufgaben im Dienste des Königs, übernahm, weil ihm jemand befohlen hatte, sie zu übernehmen. Die Zeugnisse scheinen dafür zu sprechen, daß sein Charakter mehr zur Ordnung als zur Gerechtigkeit neigte, und es ist zumindest nicht unwahrscheinlich, daß die Erfahrungen, die er mitten in den Unruhen des Evil May Day machte, mit ein Grund für seinen Gesinnungswandel waren. Die unmittelbare Berührung mit dem Tumult muß seiner Phantasie Nahrung gegeben haben, als er von gewalttätigen Ausschreitungen und Volksaufständen während der Reformation in Deutschland hörte.

Der Aufstand legte sich vor Morgengrauen. Offenbar wurde niemand getötet, nicht einmal ernsthaft verletzt, abgesehen vielleicht von Nicholas Downs, der aber nicht so schwer verletzt war, daß er nicht noch Verwünschungen hätte ausstoßen können. Hall geht nur einmal ins Detail und berichtet, daß die Aufrührer an einer Stelle in das Haus eines Fremden eingebrochen seien und «Schuhe und Stiefel auf die Straße» geworfen hätten. Aus unserer zeitlichen Entfernung sieht die Angelegenheit ganz wie ein Maifest aus. Aber die Tudors konnten Maifeste, die in Aufruhr ausarteten, nicht auf die leichte Schulter nehmen. Während der Straßenschlacht ließ Richard Cholmeley, befehlshabender Kommandant im Tower, «kein großer Freund der Stadt», die Stadtmitte mit Kanonen beschießen. Er «richtete wenig Schaden an», sagt Hall, «obgleich er dazu anscheinend allen guten Willen hatte.» Das ist eine sarkastische Bemerkung. Der befehlshabende Kommandant im Tower lag oft mit der Stadt im Streit über die Gerichtsbarkeit im Bereich des Towers. Wahrscheinlich betrachtete Cholmeley die ganze Stadt als Feindin und glaubte, daß ein paar Schüsse, wahllos mittenhinein gefeuert, ihr eine Warnung wären.

Früh am folgenden Morgen machten sich die schwerwiegenden Folgen des Aufruhrs bemerkbar. London wurde vom König unter Kriegsrecht gestellt, und die Grafen von Shrewsbury und Surrey führten Truppen in die Stadt. Im Jahre 1517 war der junge Thomas Howard Graf von Surrey. Er sollte beim Tod seines Vaters den Titel eines Herzogs von Norfolk erben und, wie Roper sich ausdrückt, ein «besonders guter Freund» von Thomas Morus werden. Er war ein harter, rücksichtsloser Kriegsmann und hegte der Stadt gegenüber keine großen Sympathien. Die Geschäfte kamen zum Erliegen. Bewaffnete patrouillierten durch die Straßen und beschimpften jeden Bürger, der sich zeigte. Männer erhielten die Anweisung, ihre Frauen im Haus zu halten.

Die Aufrührer wurden des Verrats angeklagt – in England nach der Häresie das schwerste Verbrechen. Damit unterstanden die Aufrührer nicht mehr der Jurisdiktion der Stadt, sondern direkt der des Königs. Wenn man sie schuldig befand, konnten sie dazu verurteilt werden, zunächst gehängt und dann lebend vom Galgen abgeschnitten zu werden, worauf man ihnen den Bauch aufschlitzte und die Eingeweide herausriß. Meistens wurde die Strafe jedoch darauf reduziert, daß die Verbrecher «bis zum Tod am Hals aufgehängt» wurden – eine Art Begnadigung. In der Stadt wurde ein Dutzend Galgen aufgerichtet. Die Angeklagten wurden von einem Standgericht verurteilt und rasch hingerichtet. Einige der Opfer waren erst vierzehn Jahre alt. Die Londoner betrachteten das grausige Spektakel mit ängstlichem Entsetzen. Sie wußten nicht, wann das Töten ein Ende haben würde oder wann sie die Herrschaft über ihre Stadt zurückbekämen.

Am 7. Mai wurde John Lincoln, ein kleiner Kaufmann oder vielleicht einfach ein Händler, hingerichtet. Er hatte zu den Rädelsführern des Aufruhrs gehört. Als sich jedoch nach ihm drei seiner Kumpane auf den Tod vorbereiteten, sie hatten den Strick schon um den Hals, kam plötzlich der Befehl vom König, die Hinrichtungen einzustellen. Die Massen waren begeistert. Die Häftlinge wurden wieder eingesperrt, aber die Truppen verließen die Stadt. London pries den König für seine Gnade. Schon Machiavelli hatte in seinem *Fürsten* geschrieben, daß ein Herrscher die Herzen seiner Untertanen gewinnen könne, indem er schrecklichen Greueltaten, die er selbst befohlen habe, ein spektakuläres Ende bereitete.

Das Drama war jedoch noch nicht zu Ende. Am 11. Mai hielt der König in Greenwich eine feierliche Sitzung ab, die wahrscheinlich dazu dienen sollte, der Stadt ein letztes Mal den königlichen Fuß auf den Hals zu setzen, damit die Londoner nicht vergäßen, wer im Reich herrschte. Der Stadtrichter und einige Ratsherren traten, ganz in Schwarz gekleidet, vor, um sich stellvertretend für die ganze Stadt formell für den Aufruhr zu entschuldigen und die Vergebung des Königs zu erflehen. Heinrichs Miene blieb unbewegt. Er wies ihre Bitte zurück. London hatte sich noch nicht genug erniedrigt. Er wies sie an, sich mit ihrer Bitte an Kardinal Wolsey zu wenden. Das war eine ganz besondere Demütigung, denn erst wenige Monate zuvor hatten die Londoner in der Affäre Hunne vehement den Standpunkt vertreten, daß das englische Gesetz über allen Geistlichen stehe. Und jetzt mußten sie vor einem machthungrigen Geistlichen die Knie beugen. War Morus unter den Gesandten? Wahrscheinlich. Aber wir wissen es nicht.

Das war der Hintergrund zu der großen Amnestie am 22. Mai in der Westminster Hall. Der Bürgermeister und die Ratsherren und all die Großen der Stadt kamen, um den König um Gnade anzuflehen. Auch die großen Lords des Reiches waren anwesend – wahrscheinlich um die Bürger einzuschüchtern. Vierhundert Männer und Frauen wurden hereingeführt. Sie waren mit Stricken gefesselt und hatten Schlingen um den Hals. Nach Aussage Halls tadelte Wolsey den Bürgermeister und all die anderen Amtsträger, weil sie so nachlässig gewesen seien und den Aufruhr nicht verhindert hätten. Die Zurechtweisung muß sie erbittert haben. Sie ließ tief in ihren Herzen einen Haß auf den Kardinal zurück, der später dazu beitrug, während der Reformation die polemischen Schriften gegen überhebliche Prälaten zu verbreiten. Zum Schluß sprach Heinrich eine Generalamnestie aus. Unter großer Freude und Erleichterung gingen die Unruhen zu Ende, die durch den Evil May Day ausgelöst worden waren. Die Galgen wurden wieder abgebaut.

In der Morus-Forschung hat sich hartnäckig die Ansicht gehalten, daß Morus viel zu der Verkündung der Amnestie beigetragen habe. Die Quelle dieser Legende scheint ein elisabethanisches Schauspiel mit dem Titel *Sir*

Thomas More zu sein, das vielleicht teilweise von Shakespeare stammt. R. W. Chambers vertritt in seiner Morus-Biographie die Ansicht, daß das Schauspiel die allgemeine Meinung über Morus in London widerspiegle und auf Tatsachen beruhe. Das Stück handelt von Morus, dem Fürsprecher der Armen und Freund der Ausgestoßenen der Stadt. Es steckt voller Erfindungen und historischer Fehler, und es ist nur schwer vorstellbar, wie man ausgerechnet mit diesem Stück irgend etwas beweisen will. Wenn wir die älteren Quellen heranziehen, die vom Evil May Day berichten, müssen wir die gesamte Überlieferung in Frage stellen, nach der Morus als Sprecher der Armen auftrat, und das viel später entstandene und ungenaue Schauspiel als literarische Erfindung ohne jeden historischen Wert betrachten.

In seiner *Apology* (Apologie), geschrieben 1533, rekapituliert Morus den Evil May Day und seine Rolle in der ganzen Angelegenheit. Der kurze Einblick, den er gewährt, macht uns nur noch neugieriger. Er berichtet lediglich, daß er mit anderen in eine Untersuchungskommission berufen wurde, welche die Ursachen des Aufruhrs erforschen sollte. «Nachdem wir viel Zeit aufgewendet und große Sorgfalt hatten walten lassen, stellten wir schließlich fest, daß die ganze Geschichte von einem Aufruhr, die sich um die Angelegenheit spann, nur mit der Verschwörung zweier junger Burschen begonnen hatte, die Lehrlinge in Cheapside waren.»[16] Er zeigt nicht das geringste Mitgefühl für die Aufrührer. Im Gegenteil – er vergleicht sie mit Ketzern, die ihre bösen Taten gerne nachts begehen, weil es dann so aussieht, als sei ihre Zahl viel größer, als sie in Wirklichkeit ist. Er sagt auch, daß viele Aufrührer wegen Verrats nach einem «alten Gesetz, das schon lange zuvor erlassen worden war», gehängt worden seien. Dieses Gesetz besagte, daß jeder ein Verräter war, der eine Person angriff, die unter dem Schutz des Königs stand, wie zum Beispiel die Fremden, gegen die sich der Zorn der Aufrührer gerichtet hatte. Mit keinem Wort äußert Morus Mitleid mit den Opfern der königlichen Justiz, und wenn er die Aufrührer mit Ketzern vergleicht, belegt er sie mit seinem schlimmsten Schimpfwort.

Er tritt also nicht als Freund der Aufrührer in Erscheinung, sondern erhebt seine Stimme für die Stadt. Der Mob wurde durch seine Rede nicht beschwichtigt; zu den größten Ausschreitungen kam es sogar nach seiner Ansprache. Soweit wir das beurteilen können, war er nicht daran beteiligt, die Amnestie für die Aufrührer zu erwirken, die von den Soldaten gefangengenommen worden waren. Doch stimmte er wahrscheinlich in die Klage seiner Mitbürger über die militärische Besetzung der geliebten Stadt ein und empfand schmerzlich die Schmach, die sie den Londonern mit ihren alten Privilegien zugefügt hatte. Er bemühte sich gewiß sehr darum, den König zu versöhnen, damit die Soldaten nicht zurück nach London beordert würden.

Offenbar handelte er aber so umsichtig, daß er sich die Gunst des Königs und die Gunst Wolseys erhalten konnte. In der Beschreibung Ropers klingt die Aufforderung des Königs, Morus möge dem Kronrat beitreten, wie ein Befehl. Aber selbst wenn es ein Befehl war, muß er nicht mit erhobener Stimme geäußert worden sein. Mit der Aufforderung muß die Versicherung gekommen sein, daß Morus finanziell abgesichert wäre, obwohl es ganz danach aussieht, als habe er zeitweilig finanzielle Einbußen hinnehmen müssen.

Seine erste Aufgabe war eine Mission nach Calais unter der Führung von Richard Wingfield und William Knight, die beide erfahrene Diplomaten waren. Die Gesandtschaft nahm mit den Franzosen Verhandlungen über Handelsbeziehungen auf, die sich zäh und frustrierend hinzogen. Im Oktober schrieb Morus nach Löwen an Erasmus und beklagte sich: «Nichts ist mir mehr zuwider als diese Gesandtschaft».[17] Er sei in einen Seehafen verbannt worden, der mit schlechtem Wetter gestraft sei. Schon zu Hause hasse er das Prozessieren, aber da werde er wenigstens dafür bezahlt. Sein Herr (offenbar Wolsey) habe versprochen, daß er für all seine Ausgaben in Calais mit Geld entschädigt werde. «Wenn ich es erhalte», schrieb Morus, «werde ich es Dich wissen lassen.»[18]

Die Bemerkung, daß er zu Hause für das Führen von Prozessen bezahlt werde, weist darauf hin, daß Morus trotz seines Beitritts zum Kronrat seine private Kanzlei weiterführte – wenigstens für eine gewisse Zeit. Zunächst scheint der König seine Dienste nur gelegentlich in Anspruch genommen zu haben, und das Gehalt von hundert Pfund im Jahr war ein Zubrot zu seinem Einkommen als Rechtsanwalt und Under-Sheriff, aber kein Ersatz.

Bis ins Jahr 1518 erzählte er Erasmus nichts von seiner Berufung in den Kronrat. Oft wurde die Meinung vertreten, Morus habe gezögert, seinem Freund die Neuigkeit mitzuteilen, weil er wußte, daß Erasmus sie mißbilligen würde. Aber es kann auch ganz einfach so gewesen sein, daß Morus zunächst, am Rande der Macht, keine feste Position innehatte und sich selbst noch nicht für ein echtes Ratsmitglied hielt. Erst im Juli 1518 trat er vom Amt des Under-Sheriffs von London zurück, um dessentwillen er drei Jahre zuvor die Pension des Königs abgelehnt hatte, weil es möglicherweise zu einem Interessenkonflikt gekommen wäre. Im selben Jahr gab er auch seine Tätigkeit an den Gerichten auf.[19] Im Juni 1518 hatte er sein erstes Gehalt als Mitglied des Kronrates erhalten, das auf den Spätsommer des Vorjahres rückdatiert wurde. Morus hatte darum ersuchen müssen, daß ihm das Gehalt überhaupt bezahlt wurde.[20] Vielleicht ging der König Morus gegenüber eine Verpflichtung ein und vergaß sie dann, bis Morus ihn an sie erinnerte – möglicherweise, als der König ihn um weitere Dienste bat. Allerdings könnte die Sache einen ganz simplen Grund gehabt haben, der aber heute nicht mehr nachvollziehbar ist.

Es gibt keine Zeugnisse dafür, daß Morus in all den Jahren, die er im Kronrat diente, bis er 1529 Lordkanzler wurde, großen Einfluß auf irgendwelche politischen Entscheidungen der Regierung hatte. Wolsey beherrschte die Angelegenheiten des Königs so vollständig, daß niemand außer vielleicht der König eine Chance hatte, auch nur seine Meinung zu äußern.

Morus durchschaute die Situation und bedachte Wolsey gebührend mit Schmeicheleien. Fromme Menschen unserer Zeit sind davon oft abgestoßen, denn sie meinen, eine derartige Vorgehensweise zieme sich nicht für einen Heiligen. Aber er tat es. Ungefähr im Januar 1517 schrieb er an jemanden bei Hof (wir kennen den Adressaten leider nicht), daß er vorgehabt habe, *Utopia* Kardinal Wolsey zu widmen, doch Peter Gilles habe das Werk seiner Jungfräulichkeit beraubt und jemand anderem gewidmet.[21] Das Buch wurde Hieronymus Busleyden zugeeignet, einem Diener Karls von Habsburg, der im Jahre 1519 Kaiser Karl V. wurde. Gilles und Erasmus überredeten Busleyden dazu, ein paar lobende Zeilen als Einleitung zu dem Buch zu verfassen – als Gegenleistung ist ihm dafür wohl das Buch gewidmet worden. Morus schrieb ihm einen Brief und dankte ihm herzlich für seine Unterstützung.[22] Es ist allerdings unwahrscheinlich, daß Morus jemals ernsthaft erwog, *Utopia* Wolsey zu widmen.

Bald schon war Morus eine Art Privatsekretär und Vertrauter des Königs. In dieser Funktion korrespondierte er mit Wolsey. Einundzwanzig dieser Briefe sind erhalten, Dutzende, wenn nicht Hunderte müssen verlorengegangen sein. Aus ihnen wird ersichtlich, daß Morus dem König pflichtbewußt Wolseys Briefe vorlas und dann die Antwort des Königs oder seine Anweisungen an Wolsey zusammenfaßte. (Heinrich haßte es, mit eigener Hand Briefe zu schreiben. Daß er später an Anne Boleyn Liebesbriefe schrieb, zeigt nur, wie sehr sie ihn für sich eingenommen hatte und wie groß seine Leidenschaft war.) Auch in englischer Sprache schrieb Morus einen geschmeidigen Stil mit durchdachten rhetorischen Figuren. Selten verlieh er einem eigenen Gedanken Ausdruck, und wenn es einmal dazu kam, stand dieser Gedanke nie im Widerspruch zu dem, was Wolsey oder Heinrich vermutlich wünschten. In *Utopia* vertritt Hythlodeus nachdrücklich die Meinung, daß Ratgeber sich mutig äußern sollten, wenn Könige närrisch handelten. Der Thomas Morus, der in *Utopia* auftritt, wendet gegen Hythlodeus' Ansicht ein, daß ein solches Verhalten nicht sehr konziliant und überdies fruchtlos sei. Ratgeber müßten gewieft sein und ihre Ansichten bereitwillig anpassen, damit sie soviel Gutes wie möglich tun könnten. Als Morus selbst Mitglied des Kronrates wurde, folgte er dieser Maxime. Bis zu der Zeit, da die königliche Scheidung ins Gespräch kam, wissen wir nicht genau, was Morus in privaten Unterredungen zu seinem König sagte. Wir kennen nur, was Roper von den freundlichen Gesprächen berichtet, die Heinrich und Morus über belanglose intellektuelle Fragen führten. Das Bild, das sich aus den Briefen ergibt, ist das eines Vermittlers, eines fügsamen

Mannes, der sich anscheinend niemals auch nur einem Wunsch seines Herrn widersetzte.

Manchmal hielt er sich in diesen Briefen nach den Gepflogenheiten der Zeit an die Spielregeln bei Hofe und fügte Schmeicheleien von der Art ein, die Wolsey liebte. Im September 1523 schrieb er Wolsey wegen eines Briefes, den Wolsey im Namen Heinrichs an Königin Margarete von Schottland, Heinrichs verwitwete Schwester, geschickt hatte. Heinrich und Königin Katharina seien höchst angetan gewesen, schrieb Morus. Der König habe an dem Brief so großen Gefallen gefunden, wie Morus es noch nie bei ihm gesehen habe. Die königliche Freude sei nicht grundlos gewesen, denn, schreibt Morus, «so wahr mir Gott helfe, meiner armen Meinung nach ist Euer Gnaden Schreiben nach Gehalt und Form, Ausdruck und Stil das beste, was ich in meinem ganzen Leben gelesen habe.»[23]

Andere Briefe strotzen von ähnlichen Ergießungen.[24] Morus wußte, daß Schmeichelei das Öl war, mit dem die Maschinerie des Hofes geschmiert wurde. Vielleicht rührte sich auch ein wenig Selbstironie in ihm, auch wenn er dieses Öl in weitschweifigen gefühlvollen Wendungen verspritzte. Jahre später erinnerte er sich an den Augenblick, da «ein großer Mann der Kirche» (Wolsey, wie Harpsfield berichtet) eine Ansprache hielt und danach alle in seinem Gefolge fragte, was sie darüber dächten. Alle hörten auf zu essen und versanken in tiefes Brüten, «um ein ganz besonderes Lob zu ersinnen», denn keiner wollte in seiner Schmeichelei für gewöhnlich oder vulgär erachtet werden. Jeder tat sein Bestes. Dann kam die Reihe an einen unwissenden Priester, der kein Wort Latein verstand. Aber, sagte Morus mit gespielter Empörung, «dieser schlaue Fuchs war durch seine Erfahrung am Hofe so an die Kunst des Schmeichelns gewöhnt, daß er mich überflügelte». Doch selbst dieser Priester wurde von einem Mann mit hohen kirchlichen Würden übertroffen, einem Doktor des Kirchenrechts. Als er an die Reihe kam, «sprach er kein Wort. Als habe das Wunder der Weisheit und Beredsamkeit, das Seine Gnaden mit seiner Rede vollbracht hatte, ihn zum Himmel entrückt, stieß er aus der Tiefe seiner Brust einen Seufzer und ein ‹Oh› aus. Er streckte beide Hände nach oben, erhob den Kopf, warf einen Blick gen Himmel und hub an zu weinen.»[25]

Wolsey war gewonnen. Er vertraute Morus, und wem er vertraute, den behandelte er freundlich. Sein Vertrauen aber genossen nur die Loyalen und Unterwürfigen. Er sorgte dafür, daß Morus im Parlament von 1523 Sprecher der Unterhauses wurde, und schrieb ihm danach einen Brief voll des Lobes für seine Arbeit. Diesen Brief – das wußte Wolsey – würde auch der König zu Gesicht bekommen, denn nach dem Parlament nahm Morus seine Arbeit als Privatsekretär des Königs wieder auf. Morus war dankbar und schrieb an Wolsey, um seinem Dank Ausdruck zu verleihen:

> Und so gefiel es Euer Gnaden, mich in einem Brief mit Eurem Lob zu bedenken und mir damit auch sein Lob zu erwirken. Ich wäre völlig blind, Euer Gnaden, wenn ich nicht sähe, und sehr undankbar, wenn ich vergäße, welch gnädige Gunst das bedeutet, eine Gunst, die ich nicht anders als durch meine armseligen Gebete vergelten kann, in denen ich mein ganzes Leben lang niemals versäumen werde, Gott um Gesundheit und Ehre für Euer Gnaden zu bitten.[26]

Von den ersten Tagen an, da Morus im Dienst des Königs stand, glaubten seine Freunde, er habe Einfluß auf den König, weil die beiden so oft zusammen waren. Im April 1518 schrieb Erasmus an einen Freund, Morus sei «völlig dem Hofe ergeben und immer beim König, dessen Sekretär er ist».[27] Heinrich hatte Morus offensichtlich gern um sich, genoß seine Unterhaltung und setzte seine elegante Sprache – geschrieben oder gesprochen – bei Angelegenheiten ein, die er nicht selbst erledigen konnte oder wollte. Der König stand nicht gerade in dem Ruf, besonders beredsam zu sein. G. R. Elton nannte Morus Heinrichs «zahmen Humanisten»[28], und wenn das auch ein wenig hart klingen mag, steckt doch ein Körnchen Wahrheit darin.

Als Heinrich im Juni 1520 zu seinem Treffen mit König Franz I. von Frankreich auf dem «Güldenen Feld» – englischem Territorium außerhalb der Mauern von Calais – aufbrach, gehörte Morus zu seinem Gefolge von ungefähr viertausend Männern und Frauen. Die beiden Könige umgaben sich bei ihrem Treffen mit dem ganzen strahlenden Gepränge und der großzügigen Verschwendung prunkvollen Rittertums. Sie hielten Turniere ab – wenn auch nicht gegeneinander –, während ihre Gefolgsleute mit stumpfen Schwertern fochten. Sie schossen auf Zielscheiben und maßen sich im Ringestechen. Sie tranken viel Wein und erhoben, wie es sich bei solchen Anlässen ziemte, mit extravaganter Galanterie ihre Gläser auf die Frauen. Sie rangen sogar – mit dem Ergebnis, daß Heinrich, sehr zu seinem Verdruß, von seinem französischen Rivalen auf sein königliches Hinterteil gesetzt wurde. Alles in allem war es ein großes Spektakel.

Morus lernte William Budaeus kennen, einen gebildeten französischen Gelehrten, der mit Erasmus korrespondierte. Es existieren noch ein paar Briefe, die Morus ihm später schrieb.[29] Sie stehen ganz in der Tradition humanistischer Gelehrtenfreundschaften. Die beiden Männer hatten früher schon korrespondiert, und Budaeus wollte die Briefe von Thomas Morus veröffentlichen. Doch Morus versagte ihm die Erlaubnis, bis er die Möglichkeit hätte, sie noch einmal zu überarbeiten, um zu sehen, ob das Latein sauber wäre und die Bemerkungen, die er gemacht hatte, nicht Gegenstand der Angriffe «spitzfindiger Kritiker» werden könnten.

Sonst wird das «Güldene Feld» in keinem erhaltenen Werk von Thomas Morus erwähnt. Der Grund seines Schweigens liegt wahrscheinlich darin, daß Morus bei keiner der Verhandlungen, die am Rande des prächtigen Festes stattfanden, eine wichtige Rolle gespielt hat. Er war nur zur Dekoration des großen Ereignisses da und hatte keine größere Bedeutung als die Prunkzelte und Maskenspiele, die zur Unterhaltung der Masse dienten.

Er erkannte, wie wenig Einfluß er hatte, und tat nichts, ihn zu vergrößern. Am Anfang seiner Karriere als königlicher Ratgeber schrieb er an John Fisher und schilderte mit passenden Vergleichen seine Lage:

> Nur mit großem Widerwillen habe ich eine Stelle bei Hof angenommen – das weiß jedermann; der König hält mir diese Abneigung bisweilen scherzend vor. Ich fühle mich auch heute noch unsicher wie einer der zum erstenmal auf einem Pferde sitzt. Des Königs höchste Gunst genieße ich zwar noch nicht; aber er ist allen gegenüber so leutselig und gütig; er hat eine Art, jeden glauben zu machen, gerade er sei ihm der liebste. Diesen Menschen ergeht es gleich wie den Londoner Frauen, die so lange vor der Madonna vom Tower beten, bis jede glaubt, Unsere Liebe Frau lächle auf sie herab. Bis jetzt habe ich noch nicht das Glück gehabt, derartige Gunstbezeugungen zu entdekken; ich habe aber auch nicht so viel Phantasie, daß ich sie mir einfach einbilden kann.[30]

Diese Bescheidenheitsgesten waren durch und durch konventionell. Der Vergleich zwischen ihm und einem unsicheren Reiter traf ebenso zu wie die Anspielung auf die Sehnsucht der Hoffenden. Wahrscheinlich fühlte er sich zunächst bei Hof tatsächlich unbehaglich. In der Stadt war er jemand gewesen, jetzt im Rat versank er fast in Bedeutungslosigkeit. Er war Familienvater und wollte nicht monatelang auf irgendwelche Missionen geschickt werden. Er war sich der Bedürfnisse seiner Kinder wohl bewußt und sorgte sich um die Zukunft, die, wie er wußte, von der Gunst der Mächtigen abhing. Ihm blieb nichts übrig, als hart zu arbeiten, sich die Gunst seiner Vorgesetzten zu erhalten und zu hoffen.

Wie sich herausstellte, hoffte er nicht vergeblich. Im Mai 1521 wurde er geadelt und zum Unterschatzkanzler ernannt.[31] Mit diesem Amt waren wenig Pflichten und ein hohes Gehalt verbunden – 173 Pfund, 6 Schilling und 8 Pence im Jahr.[32] Morus hatte die Aufsicht über die Beamten, die Geld einzogen, auszahlten und Buch darüber führten. Seine Hauptaufgabe bestand anscheinend darin, die Bilanzbogen zu beglaubigen, die ihm viermal im Jahr vorgelegt wurden.[33] Die Ernennung war ein Zeichen besonderer königlicher Gunst, und andere Nebenverdienste fielen ihm jetzt in schneller Folge in den Schoß.

In seinem glänzenden Buch über die politische Laufbahn von Thomas Morus zählt J. A. Guy die Privilegien auf, die in den erhaltenen Quellen genannt werden.[34] Für die Biographie von Morus sind zwei Vormundschaften interessant, die er für Giles Heron und Anne Cresacre übernahm. Herons verstorbener Vater hatte im Dienste des Königs ein beträchtliches Vermögen angehäuft. Morus verwaltete dieses Vermögen und zog die üblichen Gebühren für die Verwaltung ein. Als der junge Heron im Jahre 1525 volljährig wurde, gelang es Morus, ihn mit seiner Tochter Cecily zu verheiraten.[35] Anne Cresacre hatte als Kind ihren Vater verloren. Ein Mitglied des Landadels nahm sie zu sich und verheiratete sie mit seinem unehelichen Sohn, noch bevor eines der beiden Kinder sechs Jahre alt war. Im Jahre 1524 war das junge Mädchen «alt genug, zu beschließen, daß sie lieber keinen Ehegemahl haben wolle als John Rokeby»[36], den Jungen, dem sie angetraut worden war. Daraufhin wurde sie von einer rivalisierenden Familie entführt und gezwungen, einen jungen Mann zu heiraten, der sie dann vergewaltigte. Wolsey war empört über diesen Frevel. Er holte Anne aus dieser Familie heraus und gab sie und die Vormundschaft an Thomas Morus weiter – der verheiratete sie 1529 mit seinem Sohn John.[37] Im Jahre 1525 hatte Thomas Morus Einkünfte zwischen vierhundert und fünfhundert Pfund im Jahr. Wenn Ropers Angabe stimmt und Morus als privat praktizierender Anwalt im Jahr tatsächlich vierhundert Pfund verdiente, machte er durch seinen Eintritt in den Dienst des Königs keinen großen Gewinn, auch wenn er gut bezahlt wurde. Doch eine solche Spekulation ist problematisch, denn wir wissen nicht, ob Ropers Angabe über das frühere Einkommen von Thomas Morus stimmt.

Obwohl Morus in diesen Jahren keinen Einfluß auf bedeutende Staatsangelegenheiten hatte, war er sehr beschäftigt, und seine Arbeit war nicht unwichtig. Wie wir gesehen haben, hatte er besonderes Talent dafür, lateinische Reden zu halten. Für diese Fähigkeit fand er bei Hofe reichlich Verwendung. Häufig heißt er wichtige Persönlichkeiten in England willkommen[38] oder spricht auf diplomatischen Missionen im Ausland für sein Land.[39] Seine juristische Ausbildung war der Krone nützlich, und er wurde eines der Ratsmitglieder, die die Fälle vor dem ‹Sternkammer-Gericht› und dem Gericht in Whitehall entschieden.[40] Im Frühling 1520 wirkte er bei Verhandlungen zu einem Handelsvertrag zwischen England, Brabant und Flandern mit.[41] Im Juni 1520, kurz vor dem Treffen auf dem «Güldenen Feld», wurde Morus gemeinsam mit ein paar anderen die Aufgabe übertragen, Streitigkeiten zwischen England und den deutschen Hansestädten zu schlichten. Er verhandelte mit den Kaufleuten vom Steelyard, der deutschen Enklave in London, nicht weit von der London Bridge entfernt. Morus scheint bei diesen Verhandlungen sehr anmaßend gewesen zu sein, vielleicht, weil über die Kaufleute der Hanse schon sehr früh die lutherische Häresie von Deutschland nach England strömte.[42]

Im Jahre 1521 wirkte er als Redakteur an Heinrichs Kanonade gegen Luther, *Assertio septem Sacramentorum* (Die Behauptung der sieben Sakramente)[43], mit. Heinrich muß die Dienste eines der wenigen Mitglieder seines Rates, das in der Lage war, ein ausführliches theologisches Argument aufzubauen, zu schätzen gewußt haben, besonders da das Ergebnis der Mühen Heinrich vom Papst den Titel «Defensor fidei» – Verteidiger des Glaubens – einbrachte.

Im April 1521 wurde einer der mächtigsten Adligen des Reiches, der Herzog von Buckingham, wegen Hochverrats verhaftet. Dieser Buckingham war der Sohn jenes Herzogs von Buckingham, der dunkel in Morus' *Geschichte König Richards III.* herumspukt. Seinen Vater hatte Richard hintergangen. Er wurde gefaßt und hingerichtet, und es war fast ein Wunder, daß der junge Sohn der Rache Richards entging. Vielleicht gelangte er aufgrund dieser frühen Errettung und der großen Ehren, die ihm unter Heinrich VII. und Heinrich VIII. zuteil wurden, zu der Überzeugung, daß sein Schicksal ihn zu Höherem als nur zum Herzog bestimmte. Von seinem Vater hatte er nicht nur das wankelmütige Wesen geerbt, sondern auch das Blut jenes Geschlechts, das bis auf Eduard III. zurückreichte. Wer sich mit der Genealogie englischer Herrscherhäuser ernsthaft beschäftigte, konnte erkennen, daß sein Anspruch auf den Thron mit dem Anspruch Heinrichs VIII. konkurrierte.

Buckingham war abergläubisch; er glaubte den Worten eines Wahrsagers, der ihm versprach, daß er alles haben solle. Er haßte Wolsey wegen seines Dünkels, und Wolsey verbreitete im Gegenzug das Gerücht, daß Buckingham ein Verräter sei. Offensichtlich hatte der Herzog tatsächlich gesagt, er werde das Reich an sich reißen, falls Heinrich sterben würde. Im April wurde Buckingham von seinem Landsitz geholt, verhaftet und im Mai zum Tode verurteilt. Am 17. Mai wurde er auf dem Tower Hill enthauptet.

Buckingham war in London beliebt, und als er starb – ein Justizmord, wie es vielen schien –, ging ein bedrohliches Murren durch die Bevölkerung. Am 5. Juli wurde Morus in königlicher Mission zum Bürgermeister und den Ratsherren der Stadt geschickt. Er sollte ihnen mitteilen, wie unzufrieden Heinrich über dieses Aufbegehren gegen Buckinghams Tod war. Am 9. Juli kam er noch einmal; diesmal befahl er den Vertretern der Stadt, Vorsichtsmaßnahmen gegen einen Aufruhr zu ergreifen und an verschiedenen Stellen Londons Waffen und Munition bereitzulegen.

Morus galt bei seinen Vorgesetzten als loyaler und umsichtiger Mann. Am 25. Juli 1521, als Wolsey sich gerade zu einer diplomatischen Mission nach Calais aufmachte, diktierte Heinrich seinem Sekretär Richard Pace einen Brief an Wolsey, der zeigt, welches Vertrauen der König in Morus setzte:

> Der König tut Euer Gnaden kund, daß er, nachdem in seinem Reich die alten Männer sehr stark abnehmen, im Sinne hat, junge Männer mit seinen großen Angelegenheiten zu betrauen. Deshalb wünscht er,

> daß Euer Gnaden Sir William Sands und Sir Thomas More bei allen Angelegenheiten ins Vertrauen ziehen, die Euer Gnaden in Calais verhandeln werden.[44]

Morus begleitete Wolsey auf dieser Mission. Sie verließen England im August. Morus blieb bis Oktober, besuchte Erasmus in Brügge, scheint aber bei den Verhandlungen keine zentrale Rolle gespielt zu haben. Als er nach der Mission wieder in England war, stand er wie früher dem König zur Verfügung als Ratsherr und Sekretär und agierte als Vermittler zwischen dem König, der sich rastlos auf Reisen durch das Reich befand, und Wolsey, der in der Nähe vom Hampton Court blieb und die Verwaltungsarbeit der Regierung erledigte.

Wolsey verfolgte eine Politik, die England zu einer Macht machen sollte, mit der in der europäischen Politik gerechnet werden mußte. Zu diesem Zweck jonglierte er zwischen Franz I. von Frankreich und Kaiser Karl V. hin und her. Historiker sind heute fast einmütig der Meinung, daß Wolseys Politik für England katastrophale Folgen hatte, denn das Land verfügte keineswegs über die Mittel, um das Spiel gewinnen zu können, das Wolsey in der internationalen Politik zu spielen versuchte. Zu Wolseys Verteidigung könnten wir sagen, daß er im Ausland durchaus den Eindruck von englischer Vitalität und Stärke vermittelte. In einer Welt königlicher Schakale, die darauf lauerten, den Schwachen sofort an die Gurgel zu fahren, trug seine Energie dazu bei, daß die Europäer England in ihre Überlegungen einbezogen und sich davor hüteten, irgend etwas gegen England zu unternehmen.

Auch wenn sich gelegentlich ein Friede mit Frankreich abzeichnete, verfolgte Heinrich weiterhin leidenschaftlich das Ziel, den Anspruch auf den französischen Thron geltend zu machen, den englische Könige seit Jahrhunderten angemeldet hatten. Im nachhinein scheinen Heinrichs Ambitionen absurd. Aber für ihn war Frankreich, was es schon für seinen Vorgänger Heinrich V. gewesen war: ein Traum, der einem Leben Sinn gab, das ohne diesen Traum langweilig erschienen wäre. Frankreich zu gewinnen war keine Frage der Logistik oder Ressourcen; Frankreich zu gewinnen hieß, einen Feldzug mit moralischen Siegen und martialischen Schauspielen zu führen, ein Theaterstück des Krieges aufzuführen, eine Bühne zu schaffen, auf der Heinrich nicht beweisen wollte, daß er die gesamte französische Nation zur Unterwerfung zwingen konnte, sondern daß er würdig war, ihr König zu sein. Wie ein Mönch, der sich nach einem Zeichen für seine Erlösung sehnt, schien sich Heinrich ganz sicher zu sein, daß er den französischen Thron besteigen werde, wenn er einst seiner würdig befunden würde. Und dann würde ihn der frohe Beifall des französischen Volkes empfangen. Manchmal verstieg er sich zu einer geradezu unglaublichen Selbsttäuschung.

Im Jahre 1522 marschierte trotz des Waffenstillstands, der auf dem «Güldenen Feld» geschlossen worden war, ein englisches Heer unter Thomas Howard, Graf von Surrey, durch den Nordwesten Frankreichs. Die Engländer brannten Städte nieder und machten dem Teil der französischen Bevölkerung, der ihnen in die Hände fiel, Leben und Tod so qualvoll wie möglich. Surrey wurde von einem französischen Verräter das absurde Gerücht zugetragen, daß der königliche Rat in Paris König Franz I. auf seine Güter schicken und einen Gouverneur bestimmen wolle, der an seiner Stelle regiere.[45] Morus schrieb Wolsey, daß sowohl der König als auch die Königin sich «ob dieser guten Nachricht unglaublich freuten» und hofften, daß Heinrich selbst dieser Regent wäre, an den sich das französische Volk in der Stunde der Not wenden würde. Heinrich glaubte, daß ein solches Arrangement ihm den Weg zum Thron Frankreichs ebnen würde, wie Richard III. einst Heinrich VII. den Weg zum englischen Thron geebnet hatte. In dem Bericht, den Morus über diese Phantasien schrieb, schwang Skepsis mit. «Ich bete zu Gott, daß es sich so ergeben möge, wenn es für Seine Majestät und Sein Reich gut ist; andernfalls bete ich zu Gott, daß er Seiner Majestät einen ehrenhaften und gewinnbringenden Frieden schicke.»[46] Morus hatte sich gewiß daran erinnert, daß die fatale Besessenheit der englischen Könige in bezug auf Frankreich dem Inselreich schon immer geschadet hatte. England hatte Männer und Besitz verloren, und englische Heere waren nach Hause gekommen, nachdem sie alles verloren und nichts gewonnen hatten. Morus' vorsichtig ausgedrückte Hoffnung, daß Heinrichs Ehrgeiz «für Seine Majestät und Sein Reich» gut sein würde, war eine deutliche Anspielung darauf, daß ein solches Unternehmen England nicht zuträglich sein könnte.

Die sinnlosen Überfälle englischer Truppen auf französische Städte und Dörfer kosteten Geld, und der immer aktive und findige Wolsey machte sich daran, es aufzutreiben. Er begann 1522 mit einem dreisten Unternehmen: Er nahm im ganzen Reich eine Volkszählung vor, um den Reichtum und das militärische Potential Englands zu ermitteln. In der Öffentlichkeit wurde vor allem die militärische Bedeutung dieser Erhebung betont, obwohl steuerpflichtige Bürger wahrlich Grund genug hatten, andere Motive der Regierung zu vermuten. Das größere, ökonomische Motiv zeigte sich bald: Die Regierung verlangte von Untertanen, die über einen Besitz im Wert von zwanzig Pfund im Jahr oder darüber verfügten, eine Anleihe an den König von zehn Prozent ihres Vermögens. Vom Klerus wurde erwartet, daß er seinen eigenen Beitrag leiste. Die Erhebung traf beim Volk auf wenig Verständnis. Wolsey erreichte seine Ziele nicht, setzte jedoch die Anleihe mit Zwang durch, aber er bekam nicht so viel Geld zusammen, wie er erhofft hatte. Der Betrag war so gering, daß ihm nichts anderes übrigblieb, als ein Parlament einzuberufen.[47]

Nach dem, was wir bereits von Morus wissen, könnten wir erwarten, daß er sich Wolseys Manövern widersetzte. Wir haben gesehen, wie wütend er gegen die finanziellen Forderungen Heinrichs VII. opponierte. In seiner Schrift *Utopia* haben wir festgestellt, daß er sich offensichtlich über die Ungerechtigkeit von Königen ärgerte, die ihre Untertanen durch Besteuerung in Armut bringen. Dennoch besitzen wir kein Zeugnis, daß Morus irgendwelche Einwände gegen Wolseys Forderungen erhob. In dem Parlament, das Wolsey im Jahre 1523 einberufen mußte, gewann Morus gleichermaßen die Dankbarkeit des Königs und des Kardinals, indem er dazu beitrug, im Unterhaus ein Steuergesetz durchzubringen.

Das Parlament von 1523 trat in einer Atmosphäre äußerster Spannungen zusammen und erreichte abgesehen von der Erhebung einer Steuer für den König praktisch nichts. Aber es brachte etliche neue Männer ins Rampenlicht der Nation. Einer von ihnen war Cuthbert Tunstall, Morus' alter Freund und Kollege im diplomatischen Dienst. Tunstall war nach dem Tod von Bischof FitzJames im Jahre 1522 zum Bischof von London ernannt worden. Er hielt die Predigt zur Eröffnung des Parlaments, bei der die Mitglieder beider Häuser, Kardinal Wolsey, Erzbischof William Warham und der König selbst anwesend waren. Die Predigt war eine konventionelle Rede über den König als Vater seines Volkes, gespickt mit übertriebenen Beteuerungen, die Heinrich VIII. als Inbegriff eines guten Herrschers hinstellten.

Thomas Cromwell, der später die treibende Kraft bei der Hinrichtung von Thomas Morus sein sollte, saß unter den Zuhörern. Im Parlament von 1523 scheint er erstmals mit der hohen Politik in Berührung gekommen zu sein. Doch was dabei herauskam, gefiel ihm nicht sonderlich. Im Laufe der Debatte hielt er eine erstaunlich mutige Rede gegen die Kriegspolitik, durch die englisches Blut und englisches Gold nach Frankreich flossen. Als das Parlament geschlossen wurde, schrieb er einen ungeduldigen Brief an seinen Freund John Creke, in dem er seinem Ärger über all die ermüdenden Redegefechte Luft machte, die zu so wenig wichtigen Ergebnissen geführt hätten.[48] Cromwell wollte immer alles so effizient wie möglich erledigt haben. Er haßte Sackgassen wie die, in die das Parlament von 1523 offensichtlich geraten war.

Wie Thomas Morus war Cromwell ein Stadtmensch. Seine Geschäftskollegen waren Kaufleute und Rechtsanwälte, seine Freunde Gelehrte. Mit Energie und Intelligenz gelang es ihm trotz seiner relativ niederen Herkunft aufzusteigen. Er machte Karriere als Jurist und wurde Mitglied der Gray's Inn. Reich machten ihn jedoch seine kaufmännischen Fähigkeiten. Er hatte mindestens eine Handelsreise nach Italien unternommen und dort einige der Ideen aufgeschnappt, die in italienischen Städten schon lange herumschwirrten. Dazu gehörte die Überzeugung, daß der christliche Fürst, obwohl er Laie war, die Pflicht hatte, in seinem Herrschaftsgebiet die Kirche zu reformieren. Keine Überzeugung – außer der völligen Ablehnung des Christentums – wurde von mittelalterlichen Päpsten erbitterter bekämpft. Wie die meisten Kaufleute und Anwälte des Common Law mochte Cromwell die Priester nicht, mißgönnte ihnen ihre Privilegien und war aufgebracht über ihren Dünkel.

Wie bereits erwähnt, wurde Morus im Parlament von 1523 zum Sprecher des Unterhauses ernannt. Die Abgeordneten des Unterhauses repräsentierten den Landadel und die Städte, die besonders hart von der Besteuerung betroffen waren. Morus war bei den Londonern so populär, daß er der ideale Mann für dieses Amt war, denn seine Mitbürger konnten Abgeordnete anderer Städte, die ihn vielleicht noch nicht kannten, von seinem untadeligen Ruf überzeugen. Da Morus seit dem Parlament von 1504, soweit wir wissen, keine parlamentarischen Ämter innegehabt hatte, war sein Name unter der Gentry und den Bürgern des Reiches wahrscheinlich nicht bekannt.

Der Sprecher war der «Kopf», der dem Körper erst das Leben gab, denn bis das Parlament einen Sprecher gewählt hatte, existierte es legal nicht. Die «Wahl» des Sprechers war eine Farce, weil das Parlament damals immer den Kandidaten des Königs akzeptierte. Natürlich wollte der König immer einen Mann nominieren, von dem er wußte, daß er die Ansicht der Krone vertrat und sich gleichzeitig das Vertrauen der Abgeordneten bewahrte.

Der Name Thomas Morus ist mit diesem Parlament vor allem deshalb so eng verknüpft, weil Morus darin das Prinzip der parlamentarischen Redefreiheit verteidigte. In unserer heutigen Zeit ist aus dieser Freiheit die Immunität der Parlamentsabgeordneten gegen jede Klage geworden, die wegen einer Äußerung im Parlament erhoben werden könnte. Zur Zeit von Thomas Morus bedeutete diese Immunität nur, daß der König niemanden strafen oder verhaften durfte, der während der Parlamentsdebatten etwas sagte, das gegen die Interessen des Königs war.

Roper berichtet am ausführlichsten und vollständigsten darüber, wie Morus die parlamentarische Immunität forderte. Er berichtet, daß Morus die Ansicht vertreten habe, die Menschen würden sich in ihrer Klugheit ebenso unterscheiden wie in der Fähigkeit zu reden. Und während «viel Unsinn in ausdrucksvoller, geschliffener Sprache geäußert wird, sehen viele, deren Sprache lärmend und roh ist, sehr tief und geben guten, zuverlässigen Rat.» Manchmal konzentrierten sich die Sprecher so auf ihr Anliegen, daß sie sich einer Ausdrucksweise bedienten, die sie später bereuten. Wenn also der Rat des Parlaments von irgendeiner Bedeutung sein solle, so müsse seinen Mitgliedern Immunität garantiert werden für alles, was sie im Verlauf der Debatte sagten. Der König solle bedenken, daß er und das Parlament dieselben Ziele verfolgten – beide wünschten nämlich das Wohlergehen und die Bewahrung des Königtums.[49]

Heinrich gab der Forderung nach Immunität offenbar nach. Cromwells Rede gegen den Krieg in Frankreich könnte wie eine direkte Folge der

Redefreiheit erscheinen. Was Morus in seiner Argumentation vorbrachte, gehört zu seinen besten frühen Überlegungen zu der Frage, ob eine gesetzgebende Körperschaft der Herrschaft eines einzelnen nicht überlegen ist. Außerdem haben sie einen angenehm liberalen Klang: Die Menschen haben trotz ihrer Laster eine allen gemeinsame Vernunft. Die Vernunft zielt auf Harmonie; das Laster schafft Chaos. In einem Parlament können viele lasterhafte Männer sitzen, aber der eine hat dieses Laster und der andere jenes, und die Laster können sich nicht gegen die universelle Vernunft verbinden, die allen Menschen gemein ist. Wenn jemand sich einem weisen Beschluß aus egoistischen Neigungen widersetzt, durchschauen ihn die meisten Menschen und können gegen ihn argumentieren. Wenn eine Angelegenheit von allgemeinem Interesse behandelt werden soll, ist der sicherste Weg, sie offen und frei in einer Versammlung zu diskutieren, denn dort hat die Wahrheit die beste Chance, sich zu behaupten. So hatte Morus die Utopier mit ihren freien Versammlungen beschrieben, so glaubte er an die Macht des Parlaments, und so würde er später daran glauben, daß die Beschlüsse eines Konzils in Glaubensfragen über den Entscheidungen des Papstes stünden.

Es ist ziemlich zweifelhaft, ob Morus das Verdienst gebührt, das Prinzip der parlamentarischen Redefreiheit eingeführt zu haben, auch wenn ihm viele seiner modernen Bewunderer dies zuschreiben. Seine Rede gegen das königliche Steuergesetz im Jahre 1504 und ihr Nachspiel – als Bischof Fox ihn zu dem Geständnis bringen wollte, daß die Rede ein Vergehen gewesen sei – sprechen für eine beträchtliche Freiheit im Parlament schon lange vor dem Jahr 1523. Morus gelang es jedoch offensichtlich, die logische Grundlage dieser Freiheit in einer Sprache zu formulieren, die sich die Menschen jener Zeit merken konnten – und das taten sie dann auch.

Er stand zu dem Grundsatz, daß ein Parlament ein besserer Garant für die Wahrheitsfindung war, als das individuelle Urteil eines Monarchen es je sein könnte. Nach diesem Prinzip hatte die Wahrheit im Parlament von 1523 einen schweren Stand. Wolsey verlangte eine enorme Steuer. Seine Forderung legte er vor dem Oberhaus in einer arroganten Rede dar, in der er nationale Sicherheit als Rechtfertigung für diese hohe Besteuerung anführte. Der König von Frankreich, sagte er, habe die Schotten dazu angestiftet, in England einzufallen. Der Herzog von Albany treibe sich an den Grenzen herum. Das Land sei in Gefahr. Das Parlament müsse darauf reagieren. Scharmützel an der Grenze waren an der Tagesordnung, aber die Schotten hatten sich noch nicht wieder von der Niederlage bei Flodden erholt. Daß sie die Macht hatten, England wirklich anzugreifen, wurde stark bezweifelt, vor allem von Londonern, in deren Vorstellung Schottland viel weiter entfernt war als Spanien und für die das schottische Volk beinahe so exotisch war wie die amerikanischen Indianer.

Am Tag nach der Rede Wolseys, berichtet Hall, «erklärte Sir Thomas More, der Sprecher war, die gesamte Rede noch einmal den Abgeordneten des Unterhauses. Er unterstrich seine Forderung und sagte, daß jeder Mann sich aus Pflichtgefühl nicht weigern dürfe, vier Schilling auf ein Pfund zu bezahlen».[50]

Die Abgeordneten des Unterhauses reagierten mit dem vernünftigen Hinweis, daß es im Reich nicht genug Edelmetall gäbe, um eine solche Steuer zu bezahlen. «Der Kaufmann, der reich ist an Seide, Wolle, Zinn, Stoff und solcherlei Waren, besitzt nicht ein Fünftel davon in Geld. Der Bauer ist reich an Korn und Vieh, und doch mangelt es ihm an dieser Summe. Ebenso sind Schankwirte und Kunstgewerbler reich an Haushaltswaren, aber nicht an Geld. Wenn folglich alles Geld in die Hände des Königs gelegt würde, müßten die Männer Stoff für Nahrungsmittel und Brot für Käse tauschen und so eins für das andere . . .»[51]

Selbst der Verfasser von *Utopia* konnte nicht gleichmütig die Wiedereinführung des Tauschhandels mitansehen. Die Situation schien völlig verfahren. Die Vertreter des Unterhauses schickten eine Abordnung zu Wolsey und baten den König, eine geringere Summe zu verlangen. Morus muß zu dieser Abordnung gehört haben. Wolsey war unerbittlich. Er verkündete, er würde sich lieber mit Zangen die Zunge ausreißen lassen, als den König dazu zu bewegen, weniger als vier Schilling pro Pfund zu verlangen. Wolsey war im Jahre 1523 gewiß der meistgehaßte Mann in ganz England, und er hätte kaum ein verlockenderes Angebot machen können, denn wenige Mitglieder des Parlamentes hätten lange gezögert, wenn sie vor die Wahl gestellt worden wären, Wolsey die Zunge herauszureißen oder Heinrich die Steuer zu bezahlen. Die Debatten zogen sich hin; man kam zu keiner Entscheidung. Wolsey bestand darauf, sich persönlich ins Unterhaus zu begeben. Diese Geste stand in so krassem Widerspruch zu den alten Privilegien dieses Gremiums, daß sie überall, wo das Unterhaus respektiert wurde, Zorn erregt haben muß.

Was Roper über die Rede berichtet, die Morus zum Besuch des Kardinals vor den Mitgliedern des Unterhauses gehalten hat, ist unglaubwürdig. Im Unterhaus wurde die Frage erörtert, ob Wolsey nur mit ein paar wenigen seiner Leute empfangen werden sollte oder mit seinem protzigen Gefolge, das so groß war, daß immer gleich eine richtige Parade daraus wurde, wenn der Kardinal sich durch die Straßen bewegte. Wolsey wollte wohl in Begleitung seines ganzen Hofstaats kommen, weil er hoffte, die Commons mit der Pracht seines Gefolges beeindrucken zu können. Roper behauptet, Wolsey sei verärgert gewesen, weil die Mitglieder des Unterhauses in jedem Bierhaus über die Debatten im Parlament schwätzten. Seinem Bericht nach sagte Morus:

> Meine Herren, da mein Lord, der Kardinal, wie ihr wohl wißt, uns kürzlich wegen einiger in diesem Hause geäußerter Dinge die Leicht-

fertigkeit unserer Zungen vorgeworfen hat, wäre es meines Erachtens nicht unangebracht, ihn mit seinem ganzen Pomp zu empfangen: mit seinen Zeptern, seinen Säulen, seinen Streitäxten, seinen Kreuzen, seinem Hut und seinem Großen Siegel. Das wollen wir tun, damit wir, falls er uns hinterher den gleichen Fehler vorwerfen sollte, es wagen dürfen, den Vorwurf von uns auf die abzuwälzen, die Seine Gnaden hierher begleiten werden.[52]

Es ist einfach unglaubwürdig, daß Morus im Unterhaus so offen über Wolsey gespottet haben soll. Er hat vielleicht im Familienkreis etwas Derartiges verlauten lassen und seinem Verdruß über Wolseys Hochmut Luft gemacht. Vielleicht phantasierte er nur darüber, was er hätte sagen sollen. Aber man kann kaum glauben, daß ein so vorsichtiger und politisch denkender Mensch eine so spöttische Äußerung an einem Ort gemacht haben soll, wo jeder sie hören und Wolsey hinterbringen konnte. Die ganze Geschichte endete damit, daß Morus eine Vereinbarung ausarbeitete, nach der Wolsey gegen alle Gepflogenheiten vor dem Unterhaus erscheinen durfte. Wenn Roper den Eindruck vermitteln wollte, daß Morus sich dem mächtigen Kardinal widersetzte, hat sein Bericht die gegenteilige Wirkung. Morus ergriff – wie bei allen Problemen, die sich stellten, bevor Wolsey seine Macht verlor – für Wolsey Partei.

Wolsey begab sich also mit seinem großen Gefolge ins Unterhaus, um bei der Debatte den Vorsitz zu führen. Er war zweifellos fest entschlossen, jedem eine scharfe Antwort zu geben, der es wagte, in seiner achtunggebietenden Anwesenheit das Wort gegen die Politik des Königs zu ergreifen. Die Unterhausmitglieder wußten, daß die Zusicherung der Redefreiheit, die der König ihnen gegeben hatte, wertlos war, wenn der Kardinal die Sitzung leitete und sich jedes Wort merkte. Also schwiegen sie. Wolsey schäumte. Er versuchte die Commons zum Sprechen zu zwingen, aber ohne Erfolg. Roper legt ihm folgende Worte in den Mund: «Hier herrscht ohne Zweifel ein erstaunlich hartnäckiges Schweigen.»

Morus gab seine Antwort auf Knien, behauptet Roper. Seine Rede war eine Mischung aus Schmeicheleien und wahrhaft mutigen Worten. Den Unterhausmitgliedern habe Wolseys Anwesenheit die Sprache verschlagen, sagte Morus zu dem Kardinal, denn jedermann wisse, daß Wolsey die Klügsten und Gelehrtesten im Reich verwirren könne. Doch sei die Anwesenheit des Kardinals, führte Morus weiter aus, «weder schicklich noch mit der alten Freiheit des Hauses zu vereinbaren». Daraufhin stand Wolsey plötzlich auf und ging verärgert hinaus.[53]

Auch Hall erwähnt Wolseys höchst regelwidrigen Besuch im Unterhaus, weiß aber nichts von der Opposition des Thomas Morus zu berichten. Er erzählt uns vielmehr, daß Morus nach langen und schwierigen Verhandlungen zwischen den Vertretern der Grafschaften und den Repräsentanten der englischen Städte langsam einen Kompromiß ausgearbeitet habe. Die Grafschaften und die Städte besaßen ihren Reichtum in unterschiedlicher Form. Deshalb bestand bei jeder Besteuerung ein natürlicher Konflikt zwischen ihnen. Nach dem Plan von Thomas Morus wurde bei allen Engländern, die über ein Vermögen von fünfzig Pfund oder mehr verfügten, das Pfund mit zwölf Pence besteuert.[54]

Heinrich und Wolsey bekamen also ihre Steuer. Sie war zwar nicht so hoch, wie sie gefordert hatten, aber sie hatten wahrscheinlich mit Absicht sehr hoch gegriffen. Auch Thomas Cromwell sagte murrend zu seinem Freund Creke: «Wir haben in unserem Parlament der königlichen Hoheit eine recht hohe Sondersteuer bewilligt. Etwas Ähnliches ist in diesem Reich noch nie bewilligt worden.»[55] Morus half Wolsey und dem König, ihren Willen durchzusetzen, auch wenn Roper den Eindruck erwecken möchte, Morus habe von Anfang an gegen den König und den Kardinal angekämpft. Bei Roper findet sich eine nette Szene, die sich nach der Parlamentssitzung zwischen Morus und Wolsey abgespielt haben soll. Die beiden gingen auf einer Galerie von Wolseys Palast in Whitehall auf und ab.

«Wollte Gott, daß Ihr in Rom geweilt hättet, Master More, als ich Euch zum Sprecher ernannte», sagte Wolsey.

«Mögen Euer Gnaden nicht beleidigt sein», sagte Morus, «aber das hätte auch ich gewollt», sagte Morus. Und Roper fährt fort:

> Und um den Kardinal von solchen Zwistigkeiten abzulenken, hub Morus an, von der Galerie zu reden, und sagte: «Diese Galerie hier, Euer Gnaden, gefällt mir viel besser als Eure Galerie in Hampton Court.» Damit brach er das unangenehme Gespräch des Kardinals so geschickt ab, daß der Kardinal in jenem Augenblick (so schien es) nicht wußte, was er sagen sollte.[56]

Nach Ropers Einschätzung versuchte Wolsey allerdings, sich auf schreckliche, aber subtile Weise zu rächen: er schlug Morus für den Posten des Botschafters in Spanien vor. Morus erfuhr durch Heinrich persönlich von diesem Vorschlag und entgegnete, daß es seinen Tod bedeute, wenn er nach Spanien gehe. Roper meint damit vermutlich, daß Morus das Klima nicht ertragen hätte, das in der Tat vielen Engländern zum Verhängnis geworden war.

Hier, wo wir Ropers Bericht wieder einmal nachprüfen können, finden wir auch Fehler. Es existiert ein Brief, den Wolsey am 24. August an Heinrich sandte.[57] Darin schreibt Wolsey, daß der König von dem loyalen Eifer wisse, den Thomas Morus in dem eben aufgelösten Parlament gezeigt habe. Es sei Sitte, sagt Wolsey, dem Sprecher zu den hundert Pfund, die er wie üblich als Gehalt bekomme, noch einmal hundert Pfund zur Unterstützung seines Haushalts zu zahlen. Wolsey sei bereit, das zusätzliche Honorar auszuzahlen, sobald Heinrich es gebilligt habe. «Mehr als jeder andere», sagt Wolsey, «hat er die Belohnung verdient.» Und er fügt hinzu: «Ich fühle mich um so eher getrieben, Eure Hoheit daran zu erinnern, da er selbst keinen großen Eifer hat, für sich selbst zu sprechen und seine eigene Sache zu betreiben.»

Heinrich genehmigte die Belohnung sofort, und zwei Tage später schrieb Morus in einem Brief, daß der König Wolseys Bitte entsprochen habe.[58]

Es ist auch nicht sehr wahrscheinlich, daß Wolsey Morus bestrafen wollte, indem er ihn zum Botschafter in Spanien ernannte. Im Jahre 1523 war Kaiser Karl V. auch König von Spanien. Er war mit England verbündet, und Morus schien der geeignete Kandidat für ein so hohes Amt – man denke nur an sein Talent, freundschaftliche Beziehungen anzuknüpfen, seine rhetorischen Fähigkeiten, seine Lateinkenntnisse und sein Geschick bei zähen Verhandlungen. Morus scheint immer sehr anti-französisch und pro-kaiserlich eingestellt gewesen zu sein, und als der Kaiser im Jahre 1522 London besuchte, hielt er die Begrüßungsrede.

Aufgrund seiner Familienpflichten und der Liebe, die er seinen Kindern entgegenbrachte, wäre eine Mission nach Spanien Morus wohl als schlimme Strafe vorgekommen. Außerdem hätte er fern von London keine Möglichkeit gehabt, die Anwaltshonorare zu kassieren, die ihn zu einem wohlhabenden Mann machten. Er entschuldigte sich wahrscheinlich wirklich damit, wie Roper behauptet, daß Spaniens Klima ihm nicht bekommen würde.[59] Wingfield, der erfahrene und fähige Diplomat, der bei der Gesandtschaft nach Calais im Jahre 1517 Morus' Vorgesetzter gewesen war, reiste 1525 in einer Mission nach Spanien und starb dort gleich nach seiner Ankunft. Vielleicht hat Morus im Familienkreis gescherzt, Wingfields Schicksal zeige, was ihm geblüht hätte, wenn er an Wingfields Stelle nach Spanien gereist wäre. Und Roper – immer humorlos und buchstabentreu – erfand die düstere Geschichte, die uns durch ihn überliefert wurde.

Das Parlament von 1523 ist bezeichnend für das Verhältnis zwischen Thomas Morus, Wolsey und Heinrich. Morus ist der loyale Diener, der seine Unabhängigkeit nur dann zeigt, wenn er sich um eine bessere Möglichkeit bemüht, die Steuer doch noch durchzusetzen. Im Umgang mit der Autorität ist er sehr zurückhaltend, ja beinahe ängstlich. Das paßt zu der Seite seiner Persönlichkeit, der wir in seinen religiösen Schriften begegnen. Aber er ist auch ein Mann der Praxis. Er hat etwas von einem Beamten an sich und vermittelt zwischen dem König und dem Unterhaus. Selbst macht er keine Politik, sondern setzt die Politik seiner Vorgesetzten in die Praxis um. Und das tut er treu, ergeben und ohne Fragen zu stellen.

Aus den Epigrammen und aus *Utopia* wissen wir – ebenso wie aus seiner Lukianischen Rede über die Tyrannei –, daß Morus eigentlich ein entschiedener Gegner zu hoher Steuern war. Und doch ist er zur Stelle und setzt sich für neue Steuern ein, die den meisten seiner Landsleute, die sie zu bezahlen hatten, viel zu hoch erschienen. Roper erzählt uns, daß er sechzehn Jahre lang im Haus von Thomas Morus lebte und ihn niemals in Zorn geraten sah. Wenn wir jedoch die polemischen Schriften von Morus lesen, finden wir darin einen Fanatismus, der seine modernen Bewunderer immer wieder verwirrt hat. Sie haben gewöhnlich versucht, den Mantel des Schweigens über diesen Zug seines Charakters zu breiten.

Vielleicht haben wir es hier mit einer Persönlichkeit zu tun, die uns heute im Streß der modernen Welt vertraut ist: ein Mann, der sich selbst fest in der Hand hat, um seinen Job gut zu machen und seine Stellung zu halten, der aber mehr und mehr ein Ventil für die angestaute Wut sucht, die sich gefährlich unter der Oberfläche seiner strengen Selbstbeherrschung und äußeren Ruhe angesammelt hat. Roper erzählt, daß Morus sich mit einer Peitsche züchtigte.[60] Auch im sechzehnten Jahrhundert galt das nicht gerade als normales religiöses Verhalten, und dieses Detail aus Ropers Biographie mag eine größere psychologische Bedeutung haben, als ihm bislang zugemessen wurde. Morus könnte in seinem extremen religiösen Eifer und in seinen gleichermaßen extremen religiösen Schriften ein Ventil gefunden haben.

Das Amt eines Sprechers, das Lob Wolseys und die Belohnung durch den König erwecken den Anschein, daß der Stern des Thomas Morus bereits am Himmel der englischen Politik aufging. Doch dieser Himmel bewölkte sich, und mit dem Jahr 1525 begannen zehn Krisenjahre, die mit Morus' Tod endeten. Für Morus war es ein Jahrzehnt des Unglücks, der Gefahr und der Niederlage.

Das Jahr begann scheinbar vielversprechend. Am 24. Februar – dem fünfundzwanzigsten Geburtstag von Karl V. – schlugen kaiserliche Truppen bei Pavia ein französisches Heer. Franz I., der ebenso tapfer wie unvorsichtig inmitten seiner Soldaten kämpfte, wurde gefangengenommen, und während sein Heer niedergemetzelt wurde, brachte man ihn nach Spanien. Jetzt hatte Karl Italien in der Hand, und der französische Thron schien endlich frei für einen englischen König.

In England wurde die Nachricht von Karls Sieg bei Pavia mit Freude aufgenommen. Einer Legende nach, die viel später entstanden ist und vielfach nacherzählt wurde, soll Heinrich VIII., als er die Nachricht am 9. März im Bett liegend erhielt, dem Boten zugerufen haben: «Mein Freund, Ihr seid wie der Engel Gabriel, der die Ankunft Christi verkündete.»[61] In jener Nacht loderten Freudenfeuer in ganz London, und die Kirchenglocken läuteten zu einem triumphalen *Te Deum*. Heinrich und sein Hof glaubten, die Stunde, auf die die englischen Könige seit Jahrhunderten warteten, sei nun endlich gekommen.

Heinrich erwartete, daß Karl ihm beistehen würde, wenn er in Frankreich einmarschierte und den französischen Thron bestieg. Diese Hoffnungen wurden jedoch bald zerstört. Karl war ein Opfer der Hybris. Seine Arroganz und sein Stolz zerstörten ihn schließlich und stürzten seine Untertanen ins Verderben. Aber im Jahre 1525 erkannte selbst er, daß Frankreich weder zu einer englischen Kolonie noch der Hundertjährige Krieg zwischen den beiden Ländern ungeschehen gemacht werden konnte. Er wußte, daß er in Europa genug zu tun hatte, auch wenn er sich nicht darum riß, den Vorsitz bei der Liquidation der französischen Nation zu führen. Franz gegenüber war er grausam, aber er wollte ihn nicht töten, ja nicht einmal in Gefangenschaft halten. Er wollte verhandeln und war deshalb durchaus bereit, all die leeren Versprechungen zu vergessen, die er Heinrich VIII. gemacht hatte. Bald nach dem Triumph von Pavia mußte Heinrich eine neuerliche Demütigung ertragen, diesmal jedoch wegen der Familie seiner Frau.

Wolsey hatte bereits den Rückzug aus der Allianz mit Karl angetreten. Vielleicht war er enttäuscht, weil Karl, trotz vieler Versprechungen, zweimal versäumt hatte, seinen Einfluß zugunsten einer Wahl Wolseys zum Papst geltend zu machen. Heinrich machte sich gemeinsam mit seinem Lordkanzler widerwillig daran, der englischen Außenpolitik eine neue Form zu geben, und am 30. August 1525 wurde auf einem von Wolseys Landsitzen ein Bündnisvertrag zwischen England und Frankreich unterzeichnet. Thomas Morus war einer der englischen Unterhändler. Für seine Dienste versprachen ihm die Franzosen, die sich verzweifelt um die englische Freundschaft bemühten, eine jährliche Pension von fünfunddreißig Pfund.[62] Ob sie jemals ausgezahlt wurde, wissen wir nicht.

Morus wollte wahrscheinlich, daß England sich völlig aus der kontinentalen Politik zurückzog. Als er 1534 im Tower auf seinen Tod wartete, rief er sich eine Debatte im Kronrat in Erinnerung. Damals hatte jemand gesagt, daß zwischen dem französischen König und dem Kaiser wahrscheinlich ein Krieg ausbrechen würde und daß es «nur weise ist, still abzuwarten und sie nicht zu stören». Darauf hatte Wolsey die Fabel von den weisen Männern erzählt, die hörten, daß ein herannahender Regen jeden närrisch mache, der von den Tropfen benetzt werde. Also suchten sie in Höhlen Schutz, damit sie trocken blieben. Nach dem Unwetter wollten sie herauskommen und über die Narren herrschen. Doch als sie aus den Höhlen krochen, fielen die Toren mit Knüppeln über sie her. Wenn England, sagte Wolsey, so weise wäre und stillsitzen würde, während die Toren sich balgten, würde sie nichts daran hindern, sich schließlich auch gegen das englische Volk zusammenzurotten. Morus bemerkte dazu: «Ich glaube aber, daß diese Fabel den König und das Land zwang, doch manch gutes Geldstück auszugeben.»[63]

Wolseys Reputation sank zusehends, denn seine Politik zugunsten der kaiserlichen Seite war fehlgeschlagen, und die Stimmen gegen ihn schwollen zu einem allgemeinen Gebrüll an. Er fürchtete, daß Feinde, die Heinrich nahestanden, den König gegen ihn einnehmen könnten. Dieser Gefahr begegnete er, indem er den Kronrat umbildete und einige politische Feinde aus Heinrichs Privy Chamber, der Gruppe, die dem König am engsten verbunden war, entfernte. Wer immer in Heinrichs Gefolge das Wort gegen Wolsey erheben konnte, wurde mit einer anderen Aufgabe betraut. Im Rahmen dieser Umbesetzungen verlor Thomas Morus sein Amt als Unterschatzkanzler mit seinem schönen Gehalt und wurde Kanzler des Herzogtums Lancaster. Das war alles andere als eine Beförderung, denn dieses Amt war mit harter Arbeit verbunden und brachte fast achtzig Pfund weniger ein als das des Unterschatzkanzlers.[64] J. A. Guy ist nicht der Ansicht, daß Morus versetzt wurde, weil er Wolsey aktiv Widerstand leistete. Vielmehr sei Morus einfach ein Bauer im Schachspiel Wolseys gewesen. Aber wenn Morus dafür bekannt war, daß er, wenn auch nur in privaten Gesprächen, mit einer frühen Version der «Splendid Isolation» Englands liebäugelte, könnte es für Wolsey durchaus von Vorteil gewesen sein, Morus aus dem täglichen Umgang mit dem König zu entfernen. Sicher ist, daß Morus wenige Wochen nach seiner Ernennung zum Kanzler des Herzogtums nicht mehr Privatsekretär des Königs war.

Es erstaunt nicht, daß seine Pflichten als Sekretär ruhten, denn als Kanzler des Herzogtums mußte Morus riesige Besitzungen geschäftlich und juristisch verwalten, die über England und Wales verstreut waren. Sie gehörten zum persönlichen Besitz der englischen Könige und waren die Hauptquelle der königlichen Einnahmen. Ihr Ertrag bewahrte Heinrich VIII. trotz seiner verschwenderischen militärischen Abenteuer vor der kläglichen Armut, die den armseligen Hof Karls V. heimgesucht hatte. Es war eine sehr verantwortungsvolle Aufgabe, die viel Zeit verschlang, doch scheint sich Morus mit der ihm eigenen loyalen Energie in die Arbeit gestürzt zu haben. Dem dürftigen Quellenmaterial läßt sich entnehmen, daß er seinen Pflichten ergeben und pflichtbewußt nachkam.[65] Nebenbei gelang es ihm, etliche lukrative Privilegien zu erlangen – unter anderen das Recht, im Jahre 1526 tausend wollene Kleider zu exportieren. Dieses Recht hat er vermutlich einem Kaufmann verkauft, der im Tuchhandel tätig war.[66] Dennoch steckte er in den Jahren zwischen 1525 und 1529 höchstwahrscheinlich in einer finanziellen Krise. Er lief zwar nicht gerade Gefahr zu verarmen, aber seine Reserven waren durch seine verschiedenen Verpflichtungen zusammengeschrumpft. Es hätte nahegelegen, Wolsey dafür verantwortlich zu machen, wie die Dinge sich entwickelten, aber Morus war viel zu umsichtig, irgendwelche Klagen verlauten zu lassen.

In der Zwischenzeit nahmen die Dinge im In- und Ausland ihren fatalen Lauf. Auch nach dem Vertrag mit den Franzosen im Jahre 1525 drängte

Heinrich Karl V., Frankreich zu zerstückeln und Franz I. zu entthronen. Franz saß immer noch als Gefangener in Madrid. Doch Karl war taub für die lästigen Bitten seines habsüchtigen englischen Onkels. Im Jahre 1526 zwang er Franz, den Frieden von Madrid zu unterzeichnen, nahm die zwei kleinen Söhne des französischen Königs als Geiseln und ließ Franz frei. Franz widerrief den Vertrag auf der Stelle, da er unter Zwang unterschrieben worden war. Der Papst, der die Pläne des Kaisers für Italien fürchtete, unterstützte Franz. Karl behandelte die kleinen französischen Prinzen so schlecht, daß der ältere an den Entbehrungen der Gefangenschaft starb. Damit war für den jüngeren Prinzen der Weg frei, später als Heinrich II. König zu werden. Der Krieg in Italien dauerte an. England wurde jetzt von der französischen und päpstlichen Politik mitgerissen. Heinrich fühlte sich von Karl, dem Neffen seiner Gemahlin, betrogen, wie er sich einst von Ferdinand, dem Vater seiner Gemahlin, betrogen gefühlt hatte. Es ist also nicht sehr verwunderlich, daß er sich in jenen Jahren mehr und mehr seiner Frau entfremdete und sich von einer ihrer Hofdamen bezaubern ließ: von Anne Boleyn.

Heinrich fühlte sich wahrscheinlich schon seit dem Jahre 1525 zu Anne hingezogen. Katharina wurde langsam alt, und wenn sie auch durchaus ihre Vorzüge hatte, war sie wohl nicht besonders faszinierend. Sie war fromm und populär, aber die sklavische Ergebenheit, mit der sie die Marotten ihres Gemahls ertrug, ihre übertriebene Fürsorge und ihre pflichtbewußte Anwesenheit bei Bällen, Maskeraden und Turnieren reichten nicht aus, ihr Heinrichs Treue zu bewahren. Er brauchte dramatische Szenen und Aufregung. Bei Anne scheint er beides im Überfluß gefunden zu haben.

Außerdem gab es da die fatale Stelle im 3. Buch Mose, «Leviticus», wo die Vermählung eines Bruders mit der Frau seines toten Bruders verboten wird. «Sie sollen ohne Kinder sein», steht dort zu lesen. Dieses Gesetz entstand in einer Gesellschaft von in Sippen lebenden Nomaden, in der verhindert werden mußte, daß Brüder wegen ihrer Frauen in Streit gerieten. Die Anwesenheit von Frauen konnte schließlich bei einem in Zelten hausenden Volk, bei dem alle miteinander täglichen vertrauten Umgang hatten, nicht ganz verborgen werden. Heinrich sah in diesem Gesetz das Wort Gottes – es war ewig und durfte nicht übertreten werden. Also entschied er, daß Papst Julius II. einen Fehler gemacht hatte, indem er die Vermählung mit Katharina überhaupt zuließ. Schwerwiegende Zweifel waren damals erhoben worden, und der junge Heinrich hat sie anscheinend geteilt. Die Lösung schien simpel: Wenn ein Papst einen Fehler gemacht hatte, konnte ein anderer den Fehler wieder berichtigen. Heinrich setzte also im Jahre 1527 seine ganze Energie darauf, den Papst zur Erfüllung seines Wunsches zu bewegen.

Er glaubte, einen Trumpf in der Hand zu haben. Im Mai 1527 geriet die armselige und korrupte kaiserliche Armee Karls V. in Italien völlig außer

Kontrolle. Die Soldaten rebellierten, weil Karl ihnen keinen Sold bezahlte. Der Herzog von Bourbon, von den Franzosen als Verräter betrachtet, weil er als Franzose im Dienst des Kaisers stand, führte die Armee gegen Rom, wo Papst Clemens VII. alles versucht hatte, um den Anschluß Italiens an das Reich Karls zu verhindern. Früh am nebligen Morgen des 6. Mai stürmte die Armee die Mauern der Ewigen Stadt. Bourbon wurde beim ersten Sturm tödlich verwundet. Dann drangen spanische und deutsche Söldner – manche von ihnen waren deutsche Lutheraner – in die Stadt ein, und Rom erlebte eine der schlimmsten Plünderungen seiner ganzen Geschichte.

Kardinäle, die in Rom in der Falle saßen, sandten Hilferufe nach ganz Europa. Unter ihnen war auch Lorenzo Campeggio, der seit langem freundschaftliche Beziehungen zu Wolsey unterhielt. Er bat Wolsey um Hilfe, und Wolsey tat sein Bestes. Das tat auch Heinrich, und weil er es tat, glaubte er, daß ihm der Papst etwas schulde und ihn belohnen müsse, indem er seiner Bitte um Scheidung entspräche.

Weder Heinrich noch irgend jemand anders konnte viel für Rom tun. Der Papst war in der Engelsburg eingeschlossen und hatte nicht die Macht, dem Plündern, Brennen und Morden Einhalt zu gebieten. Der Kaiser saß in Madrid, und als seine Truppen erst einmal in Rom waren, schien er es zufrieden, sie einstweilen dort zu lassen, um dem Papst eine Lektion zu erteilen. Sie blieben viele Monate, bis die Pest sie schließlich auseinandertrieb. Papst Clemens VII. war ein furchtsamer Mann. Er zog genau die Lehre aus der Angelegenheit, die der Kaiser ihm erteilen wollte: Karl war nicht ein Mann, den man nicht ernst nahm oder ohne Grund beleidigte.

Heinrich wurde den Franzosen in die Arme getrieben, und Anfang Juli 1527 machte Wolsey sich mit einem Gefolge von tausend Dienern auf nach Frankreich. Morus reiste entweder gemeinsam mit Wolsey ab oder stieß wenig später zu ihm. Als sie in den ersten Augusttagen mit Franz I. zusammengetroffen waren, schrieb Wolsey nach Hause an seinen König, daß Morus und Franz miteinander gesprochen hätten.[67]

Die Gesandschaft wurde nicht nur nach Frankreich geschickt, damit sie etwas für den Papst erreiche. Sie sollte auch die «geheime Sache» des Königs betreiben und Unterstützung in der Scheidungsangelegenheit gewinnen. Wolsey war eifrig und umsichtig. Auf dem Weg nach Dover stieg er für eine Nacht in Rochester ab und unterhielt sich den ganzen Abend mit John Fisher. Fisher hatte eine Botschaft von der Königin. Er wußte, daß Gerüchte von Scheidung herumschwirrten. Er gab sich bewußt unverbindlich.

Was wußte Thomas Morus von Heinrichs Eheproblemen? Im Jahre 1534 schrieb er Thomas Cromwell, daß er vor seiner Abreise auf den Kontinent im Sommer 1527 Gerüchte über Heinrichs Beschäftigung mit dem Leviticus vernommen habe. Als er von der Gesandtschaft zurückgekehrt sei, habe er Heinrich in Hampton Court Bericht erstattet. Dort habe Heinrich ihn, während sie auf einer Galerie spazierengingen, unvermittelt mit der Scheidungsangelegenheit bedrängt und um seine Meinung gebeten. Er habe ihm dann gesagt, was er davon halte. Das schrieb er Cromwell, aber er teilte ihm nicht mit, was er gesagt hatte. Morus mißbilligte die Scheidung offenbar, legte aber nie seine Gründe offen. Heinrich sei freundlich gewesen, schrieb Morus. Er habe ihn aufgefordert, mit Edward Fox zu sprechen, dem königlichen Almosenpfleger, der sich eifrig um die Verhandlungen zwischen Heinrich und dem Papst bemühte. Außerdem bat er Morus, das Manuskript eines Buches zu lesen, das zu diesem Problem vorbereitet wurde – wahrscheinlich das Werk, das dann 1531 erschien. Es enthält Gutachten von verschiedenen europäischen Universitäten, in denen Heinrichs Standpunkt vertreten wird. Im Jahre 1527 war es allerdings wohl nicht mehr als ein Entwurf.

Ein Jahrhundert früher wären die Bemühungen, vom Papst die Erlaubnis zu einer Scheidung zu bekommen, fast selbstverständlich erfolgreich gewesen. Im Jahre 1527 jedoch und in den folgenden Jahren bestand überhaupt keine Chance, daß Papst Clemens VII. Heinrich seinen Herzenswunsch erfüllen würde.

Ein Grund dafür war die niederschmetternde Wirkung, die die Plünderung Roms auf ganz Italien hatte. Wir wissen heute, daß die Pläne Karls V. viel zu groß waren, um glücken zu können. Aber nach der schlimmsten Zerstörung, die Rom je gesehen hatte, kann man dem Papst nachsehen, daß er, nachdem er monatelang wie ein Vogel im Käfig gesessen hatte, von der Gefährlichkeit Karls V. überzeugt war. Und Karl stand unbeirrbar auf der Seite seiner Tante, Heinrichs rechtmäßiger Gemahlin.

Aber es gab noch einen anderen Grund, der von Historikern offensichtlich völlig übersehen wurde. In einer Zeit, in der die Zukunft des Papsttums höchst ungewiß war, mußte das Prestige des päpstlichen Amtes unter allen Umständen gewahrt werden, auch wenn der Preis der Verzicht auf die Loyalität Englands für einige Zeit war. Keine Kassandra am päpstlichen Hof hätte sich träumen lassen, daß die katholische Kirche für immer auf England würde verzichten müssen. Als Ende der zwanziger Jahre des sechzehnten Jahrhunderts Heinrichs Eheprobleme vor das päpstliche Gericht kamen, machten Luther und seine Anhänger gerade das Papsttum zum Angelpunkt ihrer Revolution. Sie redeten von der Bibel und von der Rechtfertigung durch den Glauben und von einer Religion geistiger Demut und Einfachheit, die sie in der Wirklichkeit nicht so einfach durchsetzen konnten. Die ersten Jahre der Reformation waren das Ringen darum, ein Märchen Wirklichkeit werden zu lassen. Aber hinter all diesen Dingen steckte die Überzeugung, daß der Papst die Wurzel allen Übels war, und Papst und päpstliches Amt wurden das Ziel wütender häretischer Propaganda.

Heinrich kam mit seiner Bitte wie ein Bote aus einer anderen Welt auf dieses Schlachtfeld geritten. Er hatte in der Bibel eine Begründung gefunden, mit der er seine Ehe mit einer Frau, die er nicht mehr liebte, auflösen konnte, einer Frau, die zu alt war, um seinem Königreich das zu geben, was jeder als die erste Pflicht einer Königin ansah. Heinrich war schon immer ein krankhaft unsicherer Mann gewesen. Angesichts seiner Kindheit konnte es kaum anders sein, außer er hätte Neigung zu einem zurückgezogenen Leben verspürt, die einige jüngere Königssöhne in den Klerus lockte. Er verspürte diese Neigung nicht und glaubte, wie die meisten von uns, an die Pflicht, seine Welt zu erhalten, auch wenn er selbst nicht mehr in ihr weilte. Für diese Aufgabe brauchte er einen Sohn, und in der Vergangenheit hatten Päpste die Bitten anderer Könige abgesegnet, die Heinrichs Bitte sehr ähnlich waren.

Heinrichs Anliegen hatte jedoch einen fatalen Aspekt. Heinrich behauptete nämlich, daß ein früherer Papst – Julius II. – sich geirrt habe, als er Heinrich den Dispens erteilt hatte, Katharina zu heiraten. Heinrich war der Ansicht, daß dieser Dispens dem göttlichen Gesetz widerspreche und daß weder Julius noch irgendein anderer Papst dazu die Macht habe. Wenn Clemens VII. die Scheidung erlaubt hätte, wäre Europa in den Genuß eines großen Spektakels gekommen: ein Papst gibt zu, daß sich vor nicht allzu langer Zeit sein Vorgänger im Pontifikat geirrt hat, und zwar gerade so, wie Luther und all die anderen Reformatoren behaupteten, daß Päpste sich schon immer geirrt hätten – als sie das Gesetz Gottes mißachteten und durch ihre eigenen korrupten Ansichten ersetzten. In jener Zeit mußte ein solches Zugeständnis in den Augen eines so schwachen Mannes wie Clemens VII. ausreichen, um dem Papsttum eine tödliche Wunde zuzufügen. Er konnte einfach nicht tun, was Heinrich verlangte.

Aber Clemens konnte auf Zeit spielen. Und genau das tat er, während Wolsey, dessen einzige Stütze sein König war, entschlossen und dennoch völlig vergebens darum kämpfte, daß der Papst dem Willen des Königs entsprach. Im Jahre 1529 hatten sich alle Hoffnungen Wolseys zerschlagen, und wie Luzifer stürzte er aus seiner Erhabenheit.

Morus und sein Freund Tunstall waren im Sommer jenes Jahres die wichtigsten englischen Delegierten bei den abschließenden Verhandlungen zum sogenannten «Damenfrieden von Cambrai» zwischen Frankreich und dem Reich. Sie trugen wenig mehr als ihre Unterschriften bei, und ihre Anwesenheit konnte die vernichtende Niederlage nicht abwenden, die dieser Vertrag für Wolseys Außenpolitik bedeutete, die sich nach Pavia gegen Karl V. gerichtet hatte. Franz I. gab seinen Anspruch auf Italien auf, und Karl erhielt die Hegemonie über die geteilte italienische Halbinsel. Die schlimmsten Befürchtungen des Papstes waren eingetroffen.

Während der Vertrag ausgefertigt wurde, verhandelte Kardinal Campeggio in England mit Wolsey in der Scheidungssache und vertagte den Fall. Der Papst rief die ganze Angelegenheit nach Rom zurück, und der Kampf um Heinrichs Scheidung war praktisch verloren. Campeggio reiste nach Hause. Trotz seines Diplomatenstatus wurde sein Gepäck durchsucht. Wolsey blieb zurück und wurde zum Sündenbock gemacht, an dem Heinrich seine Wut auf Rom ausließ. Anfang Oktober wurde er von der Macht entfernt und mußte das Große Staatssiegel zurückgeben. Zum ersten Mal seit 1515 sollte England einen neuen Lordkanzler bekommen.

KAPITEL 14

Haushalt, Familie und Privatleben

Die Annahme, einen Menschen aus dem England des sechzehnten Jahrhunderts zu kennen, beruht meist auf den mit seinem Namen verbundenen Taten oder auf dem Corpus seiner Werke, die uns überliefert sind. Obwohl Thomas Morus öffentlich wie auch literarisch tätig war, blieben seine politische Karriere und sein literarisches Erbe von der Mehrzahl der Gebildeten und Fachgelehrten weitgehend unbeachtet und unerforscht. Statt dessen hat er sich durch das, was wir über sein Privat- und Familienleben wissen, einen bleibenden Platz in unserer Erinnerung verschafft Die Liebe, die er seinen Kindern, besonders seiner ersten und Lieblingstochter Margaret, entgegenbrachte, hat seinen Namen in unseren Augen vergoldet.

Im Vergleich zu Morus' ist das Privatleben Shakespeares geradezu ein dunkles, von unglaublichen und unwahrscheinlichen Legenden umranktes Mysterium. Selbst bei herausragenden Herrschergestalten wie Heinrich VIII. oder seiner Tochter Elisabeth I. fehlt uns bei all unserem Wissen über ihr Leben und ihre Regentschaft doch noch etwas, wenn wir die einzelnen Teile des Puzzles zu einem Bild ihrer Persönlichkeit zusammensetzen wollen.

Dagegen haben Gelehrte wie auch interessierte Laien bei Thomas Morus eine Tiefe entdeckt, die wir sonst nicht oft finden, weil nämlich sein Seelenleben durch seine liebevolle Beziehung zu seinen Kindern und die Einzelheiten, die wir über sein Familienleben wissen, dauerhaft in das öffentliche Blickfeld gerückt sind. Wahrscheinlich ist diese Wahrnehmung falsch, denn vieles von dem, was wir wissen, haben wir nicht verstanden. Dennoch bleibt für uns sein Privatleben der liebenswerteste Aspekt seiner Persönlichkeit.

Bis zu seiner Einkerkerung im Tower grenzte sein Lebensstil für die damaligen Verhältnisse geradezu an Luxus. Ungefähr zur Zeit seiner Hochzeit mit Jane Colt zog er in ein großes, «aus Stein und Holz gebautes» Haus in der Bucklersbury Street, das «Old Barge» (Alte Barkasse) genannt wurde.[1] Es war ein großer, weitläufiger Besitz, der mehrere Gärten umschloß.[2] Eine Zeitlang hat Morus wohl nur einen Teil davon bewohnt, denn er pachtete erst 1513 den ganzen Komplex. Anscheinend besaß er den größten Teil dieses Anwesens bis zu seinem Tod.[3]

Das Haus war so prunkvoll, daß es als offizieller Wohnsitz eines Mannes des öffentlichen Lebens geeignet war. Daß Morus es gekauft hat, ist Hinweis genug, daß er den Ehrgeiz hatte, als Persönlichkeit bekannt zu werden in der Welt Londons, in der sich alles um sozialen Rang drehte. Das Haus war nur fünf Minuten von der Gildenhalle entfernt, wo der Bürgermeister und die Stadträte die Stadt verwalteten, und noch näher lag es am Gebäude der Seidenhändlergilde, Londons ältester und angesehenster Vereinigung von Geschäftsleuten, der Thomas Morus wie auch sein Vater John angehörten. Er lebte in einem Haus, wo ein strebsamer junger Mann die großen Persönlichkeiten der Stadt sehen konnte und von ihnen gesehen wurde.

Jane More waltete in der «Alten Barkasse» bis zu ihrem Tod im Jahre 1511. Lady Alice übernahm diese Aufgabe, nur einen Monat nachdem Jane ins Grab gelegt worden war, und verwaltete den beträchtlichen Besitz mit großer Energie. Als die Familie 1524 auf das Gut in Chelsea zog, wuchsen diese Aufgaben, und Lady Alice bewältigte sie geschickt, wenn auch nicht gerade großzügig. Wie bereits erwähnt, berichtete Morus dem Kronrat, daß er 1528 während der Getreideknappheit, die zu öffentlichen Unruhen geführt hatte, täglich hundert Menschen ernährte.[4] Lady Alice hat diese Maßnahme wahrscheinlich geleitet. Im Herbst 1529 brannten einige Scheunen auf Morus' Grundstück nieder, wobei nicht nur sein Getreide vernichtet wurde, sondern auch die Kornvorräte, die Nachbarn in seinen Gebäuden gelagert hatten. Er schrieb aus Woodstock, wo er mit dem Gericht weilte, an Alice und teilte ihr mit, sie möge zu erfahren suchen, was die Nachbarn bei dem Feuer verloren hatten, und sie solle sie wissen lassen, daß er ihren Verlust ersetzen werde und daß er keinen Löffel sein eigen nennen wolle, wenn das hieße, daß auch nur ein einziger durch Mißgeschick in seinem Haus etwas verlöre.[5]

Er schloß seinen Brief mit der Bitte, Alice möge sich überlegen, was sie nun mit ihrem Land tun sollten, wie sie ihren Haushalt mit Getreide versorgen könnten, ob sie die Felder behalten oder verkaufen, die Pächter halten oder fortschicken sollten. Dies schrieb er im Tonfall eines Mannes, der einen Vertrauten um guten Rat bittet.[6]

Und doch reagierte Lady Alice, nach allem was bekannt ist, gereizt. Es ist immer angenommen worden, daß sie die ungenannte Ehefrau ist, die in späteren literarischen Arbeiten von Morus in so zahlreichen Anekdoten vorkommt. Morus erzählt einige dieser Geschichten als Beispiele für weibliche Dummheit. Zu den bekanntesten gehört die Geschichte vom Ehemann, der seiner Frau einiges von dem erklären will, was aus der Kugelgestalt der Erde folgt. Wenn ein Loch durch die Erde hindurch gebohrt wird, sagt er, und wenn ein Mühlstein in dieses Loch geworfen wird, «sollte er schließlich zur Ruhe kommen und genau am Mittelpunkt der Erde verharren». Seine Frau bemüht sich nicht im geringsten, seine Ausführungen zu verstehen, «sondern so, wie sie es auch sonst gewohnt war, überlegte sie sich die ganze Zeit nur, wie sie ihm widersprechen könnte». Nachdem er geendet hat, zeigt sie auf ein Spinnrad, an dem eine junge Dienerin arbeitet, und bittet das Mädchen, ihr das Schwungrädchen zu bringen, mit dem die Geschwindigkeit der Spindel geregelt wird. Hier haben wir also ein Rädchen, sagt sie, «und es ist so rund wie die Welt, und wir müssen uns nicht erst vorstellen, daß es durchbohrt ist, denn es ist tatsächlich durchbohrt. Aber da du dich an Vorstellungen hältst, will ich dir darin folgen. Stell dir also vor, daß dieses Rädchen an jeder Seite zehn Meilen dick ist und daß das Loch immer noch da ist, und zwar groß genug, daß ein Mühlstein gut durchpaßt. Wenn jetzt also das Rädchen auf der einen Seite liegt und von der andern Seite her ein Mühlstein hineingeworfen wird, dann meinst du also, daß es nicht weiter als bis zur Mitte fällt? Mein Gott, da muß doch nur einer einen Stein, der kleiner als ein Ei ist, hineinwerfen, und wenn du fünf Meilen unter der Mitte stehst, würde es dir einen Schlag auf den Schädel tun, daß du dir den Kopf hältst, ohne dabei nur einen kleinen Kitzel zu spüren.»[7] Der Ehemann in der Geschichte versucht, seiner Frau etwas beizubringen, um ihren Geist mit abstraktem und geistigem Wissen zu bilden; das übersteigt jedoch ihren Horizont, und sie wehrt sich dagegen. Die ganze Geschichte paßt auf das, was wir über Lady Alice und Morus wissen. Er vermochte sie nicht zu nehmen, wie sie war, und gab ihr täglich Aufgaben, durch die sie sich weiterbilden sollte. Abends verlangte er Rechenschaft von ihr, wenn er nach Hause kam.[8] Sie fand das lästig und vermutlich auch erniedrigend.

In der Anekdote wird berichtet, daß die Frau gewohnheitsmäßig allem widerspreche, was der Mann sagt. Morus muß eine übermächtige Figur in seiner Familie gewesen sein, aber Lady Alice – ganz anders als Jane Colt – widersetzte sich seinem Anspruch auf absolute Dominanz. In einer seiner Harpsfield-Anekdoten berichtet Morus, er habe noch nie gesehen, daß irgend jemand sie beherrschte.[9] Sie war offensichtlich eine starke Frau mit gesundem Selbstbewußtsein, aber nicht sehr gebildet; und da ihr die Worte fehlten, mit denen sie die Attacken ihres Mannes abwehren konnte, reagierte sie trotzig und wählte die sattsam bekannte Abwehrstrategie von Menschen, die zu Dingen gedrängt werden, die jenseits ihres geistigen Horizonts liegen. Wegen der Geschichten, die über ihre üblen Launen und scheinbare Dummheit erzählt werden, erscheint sie in der Überlieferung als eine intellektuelle Last für ihren Mann. In den meisten Darstellungen von Morus' Leben besteht ihre Funktion darin, seine Sanftmut und Güte herauszustreichen. Obwohl er in verschiedenen Briefen das Vergnügen des Gesprächs mit ihr erwähnt, hat auch Morus selbst zu diesen Geschichten über die Sturheit und die Schwerfälligkeit von Lady Alice beigetragen. Dies sollten wir als ein Teil von dem auffassen, was Stephen Greenblatt die «Selbststilisierung» (self-fashioning) von Morus genannt hat, also der Aufbau seines Images für die zeitgenössiche Öffentlichkeit wie auch für die Nachwelt, die ihn, wie er hoffte, nicht vergessen würde.

Wenn aber Lady Alice sich gewöhnlich ihrem Ehemann widersetzte und ihm in Gesprächen ständig widersprach, so trägt er selbst einen Teil der Verantwortung für dieses Verhalten. Nachdem wir bereits sahen, wie Morus seine erste Frau mit der unbarmherzigen Forderung, sich weiterzubilden, zum Weinen brachte, können wir uns vorstellen, daß er seinen beiden Frauen den Eindruck vermittelte, er sei ewig unzufrieden mit ihnen. Natürlich war er auch mit sich selbst nie zufrieden, aber diese Tatsache konnte wohl kaum den Schmerz lindern, den er seinen Frauen dadurch zufügte, daß sie immer geringschätzig von sich selbst denken mußten.

Außerdem besteht die in einem früheren Kapitel erwähnte Möglichkeit, daß Morus niemals Geschlechtsverkehr mit Lady Alice hatte. Harpsfield meint, Morus habe sie nicht um «körperlicher Freuden» willen geheiratet, eine Aussage, die buchstäblich genommen zu werden verdient. Seine dominante Rolle wäre dann nicht durch die körperliche Liebe gemildert worden, die sie seinen Wünschen zugänglicher gemacht haben könnte. Wenn sie eine Frau mit normalen sexuellen Bedürfnissen war, mußte ihr Ehemann wohl dauernder Anlaß zur Frustration sein, da er ihr die körperliche Liebe versagte. Im Londoner Tower schrieb er an Margaret, wie er besessen gewesen war von der Angst vor dem Schmerz, wie er «lange und sinnend wachlag, während meine Frau mich schlafend wähnte».[10] Er sagt nicht, ob er mit seiner Frau in einem Bett lag, doch wenn er sich ruhelos neben ihr hin- und herwälzte, dann ist fraglich, wie sie ihn schlafend wähnen konnte.

John Bouge, ein Priester und Morus' Beichtvater in späteren Jahren, schrieb kurz nach der Hinrichtung von Morus, daß er sein «grobes und rauhes Büßerhemd» fast ein Jahr lang trug, bevor Lady Alice etwas davon merkte.[11] Es erscheint unwahrscheinlich, wenn auch nicht ganz unmöglich, daß er dies tun konnte, wenn sie das Bett miteinander teilten. Stapleton berichtet, daß Morus «schon als Jugendlicher (. . .) ein Büßerhemd trug, auf dem Fußboden oder auf nackten Brettern und mit einem Holzklotz als Kopfkissen schlief».[12] Dies legt die Vermutung nahe, daß Morus diese asketischen Bräuche als Erwachsener beibehielt. Wenn das zutrifft, dann ist es unwahrscheinlich, daß Lady Alice mit ihm auf den Dielen Beilager hielt. In *A Dialogue of Comfort* (Trost in Trübsal) erzählt Morus die Geschichte einer Frau, die gewöhnlich für Lady Alice gehalten wird und die, wenn sie ins Bett ging, «jede Nacht von innen ihr eigenes Zimmer, die Tür wie auch die Fenster, sorgfältig sicherte und abschloß und auch die ganze lange Nacht gewöhnlich nicht wieder öffnete».[13] In der Geschichte erwähnt Morus auch ihren Ehemann, und es mag bedeutsam sein, daß er ausdrücklich von «ihrem eigenen Zimmer» anstatt von «ihrem gemeinsamen Zimmer» spricht. Sein Streben nach Keuschheit hat womöglich seiner Frau einen Preis abverlangt, den sie ihm durch ihren hartnäckigen, trotzigen Widerstand gegen seinen Willen heimzahlte.

Holbein malte Lady Alice gegen 1527 oder 1528. Er zeigt uns eine große, stattliche Frau, reich gekleidet, mit Ringen an den Fingern und Goldketten um den Hals. Ihre Nase ist ziemlich groß, aber keine Hakennase, wie Ammonius meinte. (Holbein, der auf den Verkauf seines Werks angewiesen war, hat hier vielleicht diskret ein wenig retuschiert.) Ihre Stirn ist breit, im Stil des weiblichen Schönheitsideals der Zeit. Sie hält ein aufgeschlagenes Buch, das sie lesen soll, aber ihre Augen sind nach links abgewandert, von der Buchseite abgelenkt, womöglich durch eine Kleinigkeit in ihrem Haushalt, die nicht am richtigen Platz steht. Das Ganze vermittelt den Eindruck, daß Lesen eine Mühsal ist, der sie sich nicht gern oder häufig unterzog, und offensichtlich dient das Buch nur dazu, sie für den Künstler in Positur zu setzen – wahrscheinlich in eine Pose, die ihr Ehemann vorschlug. An einer ihrer Halsketten hängt ein schweres Kruzifix, ein wenig höher an einer anderen Kette ein Medaillon mit einem Frauenprofil, das wahrscheinlich die Jungfrau Maria darstellt. Lady Alice erscheint als eine wohlhabende Frau, die gegenüber dem Künstler ein wenig unsicher wirkt, aber durchaus zuversichtlich ist, daß jemand in ihrer Aufmachung einen sehr guten Eindruck machen muß. In ihrem Gesicht findet sich nicht die klare Intensität, die wir in Holbeins Porträt ihres Mannes sehen, aber es wirkt auch nicht stumpf, sondern durchaus anziehend.

Holbein hinterließ uns verschiedene Zeichnungen einiger Angehöriger von Morus' Haushalt. Sie erscheinen als wohlhabende Vertreter des Bürgerstandes, die stolz die neueste Kleidermode präsentieren und kaum den strengen Puritanern von Utopia nacheifern, deren Kleidung einfarbig und von karger Einfachheit ist. Aber Morus lebte nicht in Utopia; so, wie die Familienangehörigen von Holbein gemalt wurden, lebten sie im Wohlstand und genossen das unschuldige Vergnügen, ihre Stellung in der Welt dem realistischen Maler vorzuführen, der jeden Zug ihrer kunstlosen Selbstzufriedenheit einfing.

Die Fürsorge, die Morus seinen Kindern entgegenbrachte, bezeugt das gleiche ernste und unnachgiebige Bemühen um ihre Vervollkommnung, mit dem er schon seine Ehefrauen gepeinigt hatte, anscheinend jedoch ohne die Strenge, die die arme Jane Colt in Tränen ausbrechen ließ – aber sie wuchsen ja auch, im Gegensatz zu ihr, in seinem Haus auf, und er hatte schon auf ihre Entwicklung größeren Einfluß. Als er Mitglied des Kronrats wurde, konnte er oft nicht zu Hause sein und schrieb häufig an seine Kinder. Die Themen dieser frühen Briefe bezogen sich fast immer auf Erziehung. Der Haushalt hatte den Ruf, eine Schule zu sein, und wurde von denen, die über ihn schrieben, oft auch so genannt. Morus erzog nicht nur seine eigenen Kinder und Mündel, sondern auch noch elf Enkel.[14] Die Briefe an seine

Kinder sind liebevoll und witzig, aber dahinter steckt eine Beharrlichkeit, die ernstzunehmen ist. Er bittet sie, ihm fast täglich zu schreiben – Entschuldigungen würde er nicht gelten lassen. Er lobt seinen Sohn John, weil er keine Zuflucht zu Entschuldigungen nimmt, und er sagt den Mädchen, wenn es nichts mitzuteilen gäbe, sollten sie doch über dieses Nichts ausführlich schreiben. Mädchen, als Frauen «von Natur aus geschwätzig», sollten immer «unendlich viel über ein Nichts sagen können».

Beim Schreiben sei immer größte Sorgfalt erforderlich. Sie sollten alles zuerst englisch niederschreiben und danach ins Lateinische übersetzen. Er setzt voraus, daß sie einen Entwurf machen und dann eine Reinschrift anfertigen werden, um so alle Fehler auszumerzen. Durch das Schreiben und Abschreiben, meint er, können die geringfügigsten Kleinigkeiten einen Ernst bekommen, «denn wie es nichts gibt, was so klar und witzig ist, daß es nicht durch dummes und gedankenloses Geschwätz abgeschmackt werden kann, so gibt es nichts in sich so Abgeschmacktes, das Du nicht durch Anmut und Witz würzen kannst, wenn Du nur einige Gedanken darauf verwendest».[15]

Wenn sie ihm schrieben, antwortete er ihnen seinerseits mit einem Brief, dankte ihnen überschwenglich und lobte sie für ihre Mühe; er wußte, daß junge Autoren härter arbeiten und Besseres leisten, wenn sie gelobt werden statt Kritik und Spott zu ernten. Seine eigenen Briefe sollten wahrscheinlich vorbildlich sein und sie zur Nachahmung anregen. Als seine Kinder noch jung waren, schrieb er ihnen auf lateinisch als sie älter wurden, auf englisch. (Zumindest sind uns jene früheren Briefe auf lateinisch durch Stapleton erhalten geblieben.)

Er drängte sie immer, wenn es um ihre Studien ging. Als er einmal an Margaret schrieb, drückte er sein Entzücken über einen Brief von ihr aus und sagte: «Es hätte mich zwar noch viel froher gemacht, wenn Du mir darin etwas über Deine und Deines Bruders Studien erzählt hättest; ich möchte so gerne wissen, was Ihr miteinander lest, worüber Ihr diskutiert, was Ihr dichtet und an welchen süßen Früchten der schönen Literatur Ihr Euch ergötzt.»[16] Er warnte sie vor Müßiggang. «Lieber würde ich auf meine Ämter und Geschäfte und damit auf mein Einkommen verzichten und mich meinen Kindern und meinem Haushalt widmen als dulden, daß jemand von den Meinen in Faulheit seine Kräfte erschlaffen lasse. Von meiner Familie ist mir niemand so lieb wie Du, meine süße kleine Tochter.»[17] Hier spricht der Autor von *Utopia*, der seine Kinder gegen das böse Laster der Faulheit ermahnt, das die Tore der Seele den Tücken des Satans öffnet.

Margaret war immer sein Lieblingskind. Als sie einmal mit der Bitte um Geld schrieb, schickte er ihr genau den erbetenen Betrag, schalt sie aber, weil sie nicht um eine größere Summe gebeten hatte. Und zugleich betonte er sein Vergnügen daran, daß sie ihm nun öfter schreiben müsse, weil sie nicht viel habe, denn, sagte er, «ich lasse mich eben von meiner Tochter gerne bitten und ein wenig umschmeicheln; denn ihre Tugend und ihr Wissen machen sie mir ganz besonders lieb».[18]

Im März 1521 schickte er einen Brief an seine Kinder, der mit den Worten begann: «Thomas Morus grüßt seine Schüler.» Auf die ihm eigene Art lobte er sie für ihre Studien und erwähnte mit einem kleinen Scherz ihren Fortschritt in der Astronomie: «Ich höre, Ihr seid in dieser Wissenschaft so weit vorgedrungen, daß Ihr nicht nur den Polarstern, den Sirius und jegliches Sternbild auffinden könnt, sondern auch – was einen erfahrenen und ausgebildeten Astronomen verlangt – unter all den Himmelskörpern sogar die Sonne vom Mond unterscheiden könnt.»[19]

Er trug oft Briefe von seinen Kindern bei sich. Als er sich einmal mit dem Bischof von Exeter unterhielt, nahm er aus Versehen einen Brief von Margaret aus der Tasche – jedenfalls hat Morus behauptet, daß es ein Versehen war. Der Bischof nahm ihn, sah ihn an und erkannte, daß er von einer Frau geschrieben war. Nachdem er ihn gelesen hatte, erklärte er, er hätte nicht geglaubt, daß eine Frau so etwas schreiben könne, wenn Morus ihm das nicht ausdrücklich versichert hätte. Mit närrischer Vaterliebe präsentierte Morus daraufhin eine von Margaret verfasste Rede und ein paar Gedichte, die er wohl auch ganz zufällig gerade bei sich trug. Der Bischof las alles mit Begeisterung und bestand darauf, Morus eine portugiesische Goldmünze zu schenken, die er ihr schicken solle. Morus versuchte, das Geld zurückzuweisen, aber schließlich mußte er es annehmen und schickte es an Margaret weiter mit einem Brief, in dem er über das Ereignis berichtete: «Nachher durfte ich ihm natürlich die Briefe der andern Kinder nicht mehr zeigen; er hätte ja auf den Gedanken kommen können, ich wolle auch noch ihretwegen seine Güte in Anspruch nehmen. Es war mir schon unangenehm, daß er sie Dir in solch rührender Art bewiesen hatte.» Er schloß mit einem weisen politischen Ratschlag: «Du mußt ihm bald danken, und zwar mit einem sorgfältigen und in gutem Latein verfaßten Brief. Gelegentlich wird es Dich vielleicht einmal freuen, daß Du bei einem solchen Mann Gefallen gefunden hast.»[20]

Es hatte den Bischof von Exeter überrascht, daß eine Frau über Lateinkenntnisse verfügte. Die von Morus vertretenen Ansichten über die Frauenbildung waren fortschrittlich, aber nicht einzigartig. Nach dem klassischen Altertum finden wir erst wieder im sechzehnten Jahrhundert eine ansehnliche Zahl gebildeter Frauen in allen europäischen Ländern. Es handelt sich in vielerlei Hinsicht um ein Jahrhundert der großen Königinnen und der großen religiösen Frauen. Allein in England ist die Liste der herausragenden Frauen lang genug, um zu verdeutlichen, daß Morus' Ansichten Teil einer größeren Entwicklung sind und nicht nur die Überlegungen eines einzelnen inmitten unzähliger zum Dasein von Untergebenen verdammter Frauen. Er wurde zu dieser Haltung geradezu getrieben, da er dem Ideal der steten

Selbstvervollkommnung aller zeitlebens anhing und da er zufällig eine ungewöhnlich große Zahl von Töchtern und weiblichen Mündeln zu erziehen hatte.

Im Jahre 1518 schrieb Morus einen langen Brief über Erziehungsfragen an William Gonnell, einen von Morus sehr geschätzten jungen Privatlehrer in seinem Haushalt. Offensichtlich hatten die beiden über den Wert des Lobs in der Erziehung diskutiert, und Gonnell hatte geschrieben, daß Margarets hochfliegende Persönlichkeit nicht gedemütigt werden sollte. Morus antwortete liebevoll mit einer teilweise konventionell christlichen Abhandlung über das Übel des Stolzes. Er stimmte mit Gonnell darin überein, daß Margaret nicht erniedrigt, sie und die anderen Kinder aber immer unterwiesen werden sollten in der Tugend der Demut, dem Abscheu vor dem Stolz und vor der Torheit all jener, die nach Ruhm strebten und jedem gefallen wollten. Stolz war seiner Meinung nach eine so schlechte Eigenschaft, daß schon in der Kindheit dagegen angekämpft werden mußte – keine überraschende Einstellung beim Autor der *Utopia.*

Innerhalb dieser Aufzählung von Gemeinplätzen finden wir die Auffassung von Morus über die Erziehung der Frauen. Diese Erziehungsaufgabe sei neu, aber er sei überzeugt, daß eine Frau sich durch ein wenig Bildung mehr auszeichne als durch den Reichtum eines Krösus und die Schönheit der Helena. Frauen können lernen, dessen ist er sich sicher. Sie haben menschliche Wesensart wie die Männer, sagt er, und stehen somit über den Tieren und sind für Studien geeignet, die Vernunft erfordern. Auch wenn das Gehirn der Frau dem des Manns unterlegen sei – und dies setzt Morus eindeutig voraus –, so sei das Heilmittel doch nicht, sie in Unwissenheit zu belassen. Nein, ihre Lehrer und Eltern sollten nur um so härter arbeiten, «damit eine derartige Benachteiligung der Natur durch ihren Fleiß behoben werden könne». Hieronymus und Augustinus rieten den Frauen, sich Studien zu widmen, und die Frauen jener Zeit hätten so gute Briefe geschrieben, daß auch Doktoren des sechzehnten Jahrhunderts sie kaum verstehen könnten.[21] Die Lehre ist eindeutig: Frauen mögen zwar unterlegen sein, aber Erziehung verbessert sie, also sollen sie lernen und studieren.

Erasmus schrieb 1521 an Guillaume Budé in Frankreich (den angesehensten Altphilologen der Zeit) über die Bestrebungen von Morus, seinen ganzen Haushalt an der höheren Bildung teilhaben zu lassen. Morus ließ seine Kinder Briefe an Erasmus schreiben und leitete sie weiter, ohne auch nur eine Silbe zu ändern. Erasmus begeisterte sich an diesen Episteln und fand ihre Gedankengänge keineswegs ermüdend oder kindlich. Im Haushalt von Morus, schwelgt Erasmus, «siehst du nie ein faules Mädchen, nie ein der weiblichen Dummheit überlassenes Mädchen. In ihren Händen halten sie Schriften von Titus Livius. Denn sie sind weit genug fortgeschritten, um solche Schriftsteller ohne Übersetzung zu lesen, außer wenn sie auf ein Wort stoßen, das auch mich oder jemanden wie mich in Verlegenheit brächte.»

Erasmus spricht von den dummen kleinen Ehefrauen, die aus der Kirche nach Hause kommen, ausrufen, der Priester habe eine wunderbare Predigt gehalten, und das Gesicht des Mannes so gut wie ein Maler beschreiben – aber über das, was er predigte, nichts Vernünftiges sagen können. Morus' Töchter und Mündel, schreibt Erasmus, «können fast die ganze Predigt in richtiger Abfolge auswendig und mit Feingefühl hersagen. Und wenn der Priester etwas Dummes, Frevlerisches oder sonstwie für einen Priester Unangemessenes sagt – was heute ja oft genug vorkommt –, dann wissen sie, ob sie lachen, es übergehen oder ihrer Entrüstung Ausdruck verleihen sollen. Nun, das ist die Art, wie einer Predigt zugehört werden sollte!»[22]

Die Erziehung, die Morus seinen Töchtern zukommen ließ, entsprach der Vorstellung des Schöpfers von Utopia, wo sich die jungen Leute in Utopia pflichtschuldig allabendlich während des Essens mündlich von den Älteren prüfen lassen und sich danach mit dem Gesellschaftsspiel «Tugend und Laster» amüsieren. Das Bild von den jungen Mädchen über den Schriften des Titus Livius ist auf seine Art fesselnd, auch wenn wir uns fragen müssen, ob sie je mit Puppen spielten.

Morus hielt sich selbst an das, was er seinen Kindern predigte. Er nutzte jeden Augenblick und ließ sie wissen, wie gut er seine Zeit ausfüllte, damit sie ihn nachahmten. Wahrscheinlich im Herbst 1517, auf dem Weg zu der diplomatischen Mission in Calais, schrieb er einen Brief, in dem wir ihn zu Pferd durch Regengüsse und Schlammsümpfe reiten und dabei im Kopf lateinische Verse schmieden sehen. Es ist ein Brief voll zärtlicher Zuneigung. Er drückt hier seine Überzeugung aus, daß Liebe, Witz und Schmeichelei mehr ausrichten als Schläge und Prügel. Der Brief ist wert, hier ungekürzt wiedergegeben zu werden:

> Dieser Brief möge meine vier Kinder aufsuchen, und der vom Vater gesandte Gruß möge sie bei guter Gesundheit erhalten. Während ich eine Reise mache und von einem Regensturm durchnäßt werde und während mein Pferd, das zu oft tief in den Boden einsinkt, zögernd voranschreitet, ersinne ich zwischenzeitlich dieses Gedicht für Euch, und ich hoffe, daß es (mag es auch unbeholfen sein) Euch erfreuen wird. Hierin könnt Ihr den Beweis der väterlichen Gefühle finden, daß er Euch mehr als seine eigenen Augen liebt. Nicht die schlammige Erde, nicht das heftig brausende Unwetter und auch nicht das kleine Pferd, das durch das tiefe Wasser gelenkt werden muß, vermochten es, ihn von Euch zu loszureißen oder zu verhindern, daß er beweise, wie er an jedem Ort Eurer gedenkt. Denn während das Pferd häufig strauchelt und zu fallen droht, er läßt dennoch nicht ab, Verse zu

ersinnen. Gedichte entspringen bei vielen aus leeren Herzen, diese gibt die väterliche Liebe mit sorgenvollem Recht. Es ist gar nicht verwunderlich, wenn ich Euch mit ganzem Herzen liebe, denn Vater zu sein ist sehr viel. Die vorausschauende Natur hat die Eltern mit den Kindern verbunden und ihre Herzen mit einem herkulischen Knoten zusammengeknüpft. Darum habe ich jene Nachsicht für Eure jugendlichen Gedanken, die es gewohnt war, Euch so oft auf meinem Schoß zu liebkosen. Dies ist der Grund, warum ich Euch mit Kuchen fütterte und Euch reife Äpfel und auch schöne Birnen gab. Das ist der Grund, warum ich Euch in Seide kleidete, daß ich Euch niemals weinen hören konnte. Ihr wißt doch, wie oft ich Euch Küsse gab und wie selten Schläge. Meine Peitsche war nur die Schwanzfeder eines Pfaus. Selbst diese habe ich gleichwohl nur behutsam und sanft benutzt, damit keine unangenehme Strieme die zarten Gesäße ziert. Ah, jener ist grausam und verdient es nicht, Vater genannt zu werden, der die Tränen seines Kindes nicht selbst beweint. Ich weiß nicht, was andere tun, aber Ihr wißt genau, welch sanftes und zärtliches Naturell ich habe. Immer nämlich habe ich die, die ich zeugte, inbrünstig geliebt, und ich war nachsichtig (was ein Vater sein muß). Aber nun ist meine Liebe zu solcher Größe angewachsen, daß es mir schon so vorkommt, als habe ich Euch zuvor nicht geliebt. Dies bewirkt Euer reifes Verhalten trotz Eures jugendlichen Alters, dies bewirkt Euer Geist, der durch sittsame Künste geschult ist, dies bewirkt Eure Beredsamkeit, die mit Liebreiz ausgebildet ist und die auf so sichere Weise einzelne Worte abwägt. Dies alles ergreift mein Herz mit so wunderbarer Kraft und bindet mich nun so an meine Kinder, daß, weil ich Euch zeugte, was für viele Väter der einzige Grund für Liebe ist, für meine fast keiner mehr ist. Also, liebste Schar meiner Kinder, fahrt darin fort, Euch Eurem Vater zu empfehlen. Bewirkt mit denselben Tugenden (Ihr könnt es nämlich), mit denen es erreicht wurde, daß es mir schon so vorkam, Euch vorher nicht geliebt zu haben, daß es mir zukünftig erscheint, Euch heute nicht zu lieben.[23]

Morus veröffentlichte diesen Brief in der zweiten Auflage seiner lateinischen Epigramme. Er gehört also zumindest teilweise zu seinen Versuchen, sich selbst öffentlich zu stilisieren. Die Wahrhaftigkeit seiner Gefühle ist unverkennbar, aber auch der pragmatische Aspekt wird deutlich, seine Liebe in erster Linie im Austausch gegen das Wohlverhalten seiner Kinder zu verschenken. Sie sollten eine Erziehung erhalten und vorankommen in der Welt; er wollte sie dafür achten und stolz auf sie sein.

Er tat, was er konnte, um ihnen weiterzuhelfen. Er achtete sehr darauf, sie gut zu verheiraten. Wir haben schon viel über William Roper berichtet, der

Margaret im Sommer 1521 heiratete, als er zwischen dreiundzwanzig und fünfundzwanzig und sie ungefähr sechzehn war. Er war Sohn eines vermögenden Anwalts, John Roper, der mit Morus in verschiedenen königlichen Ausschüssen gearbeitet hatte.[24] Seine Mutter war die Tochter von Sir John Fineux, dem Oberrichter am königlichen Oberhofgericht im Fall Hunne. Der junge William lebte ab Sommer 1518 im Haushalt von Thomas Morus. Wahrscheinlich gewährte ihm Morus Unterkunft während seines juristischen Studiums an der Lincoln's Inn. Seine Ergebenheit für Margaret war groß. Sie starb 1544. Er überlebte sie um vierunddreißig Jahre, heiratete aber nicht wieder.[25] Die kleine Biographie seines Schwiegervaters ist auch eine stille Huldigung an seine Frau.

Die anderen beiden Töchter von Morus heirateten am gleichen Tag – am 29. September 1525. Das war zufällig auch der Tag, an dem Morus Kanzler des Herzogtums Lancaster wurde. Elisabeth heiratete William Daunce, den Sohn von Sir John Daunce, einem Mitglied des königlichen Rats, der mit Morus in Ausschüssen saß, die Wolsey zur Förderung des Landfriedens durch eine raschere Abwicklung von Anhörungen vor Gericht und von Gerichtsverfahren gebildet hatte.[26] Cecily heiratete Giles Heron, eines von Morus' Mündeln, der seit 1522, dem Todesjahr seines Vaters, im Haushalt von Morus gelebt hatte.[27] Die Doppelhochzeit war ungewöhnlich, weil sie nicht in einer Gemeindekirche abgehalten wurde, sondern in der privaten Kapelle von Giles Alington in Willesden, einem Vorort von London.[28] Alington war der zweite Mann von Alice, der Tochter von Lady Alice Morus. Er besaß große Güter. Cuthbert Tunstall, Morus' Freund und Bischof von London, mußte eine Sondergenehmigung ausstellen, damit die Hochzeit in dieser Art stattfinden konnte. Offenbar war sie ein großes Familienereignis, und Tunstall war bereit, seinen Beitrag zum glücklichen Gelingen zu leisten. John, Morus' Sohn, heiratete 1529 Anne Cresacre. Sie lebte seit 1524 als Mündel in der Familie.

Auch für Margaret Giggs, ein weiteres Mündel, erreichte Morus viel. Ungefähr 1530 heiratete sie John Clement, der Jahre zuvor Privatlehrer im Haus von Morus gewesen war. Inzwischen hatte er Medizin studiert und war nun einer der bedeutendsten Ärzte im Land. Morus liebte die beiden, und sie erwiderten seine Zuneigung.

Aber es ist offensichtlich, daß seine größte Liebe Margaret galt, seiner ältesten Tochter, die ihm am ähnlichsten war und die zärtlichsten Briefe von ihm erhielt. Noch nachdem sie verheiratet war, drängte er sie, ihre Erziehung zu vervollkommnen, und es ist klar, wie ungeheuer stolz er auf ihre Leistungen war.[29]

In einem seiner Briefe sann Morus einmal über die negative Seite von Margarets Bildung nach. Er hatte einen ihrer Briefe Reginald Pole gezeigt. Pole sollte später ein unerbittlicher Gegner von Heinrichs Scheidung werden. Der junge Mann wollte nicht glauben, daß eine Frau ohne die Hilfe eines Lehrers so gut schreiben konnte, bis er erfuhr, daß überhaupt kein Lehrer im Haus gewesen war, als sie den Brief schrieb. Morus überlegte sich, daß Margaret in eine bemitleidenswerte Lage kommen könnte, weil viele Männer ihr nicht glauben würden, daß sie ohne die Hilfe eines Mannes so wunderbar schrieb. Ihr Lohn sollte darum um so größer sein, schrieb Morus, wenn sie auch ohne Hoffnung auf eine angemessene Würdigung ihrer Fähigkeiten mit ihrer «einzigartigen Tugendliebe» und «der Bemühung um Kunst und Literatur» fortfuhr. Margaret, meinte er, gehöre nicht zu denen, die nach dem Beifall der Menge strebten. Statt dessen genüge ihr der Gatte und der Vater als Auditorium für ihre Schreibkunst.[30]

Kurz vor der Geburt ihres ersten Kindes im Jahr 1523 schrieb Morus an seine Tochter: «Nun aber wünschen wir Dir, daß Du eine glückliche und leichte Entbindung haben mögest, die, wie Du schreibst, unmittelbar bevorsteht. Gott und die Heilige Jungfrau gebe, daß Du Deine Familie vermehrst mit einem leicht und glücklich zu gebärenden Kind, das seiner Mutter in allem ganz und gar gleichen möge, nur nicht im Geschlecht. Wenn es aber wirklich ein Mädchen wird, so möge es von solcher Art sein, daß es sich bestrebt, das, was ihm das Geschlecht an Rang wegnimmt, dereinst durch das Nacheifern der mütterlichen Tüchtigkeit und Gelehrsamkeit auszugleichen. Denn ich würde sicherlich ein solches Mädchen drei Knaben vorziehen.»[31]

Das Kind war ein Sohn, der nach seinem Großvater Thomas benannt wurde. Aus diesem Anlaß widmete Erasmus Margaret seinen Kommentar zu den von Prudentius (einem spanischen christlichen Dichter und Zeitgenossen von Augustinus) verfaßten Hymnen für Weihnachten und das Dreikönigsfest. Er schmeichelte Margaret und all ihren Schwestern wegen ihrer Bildung und meinte, niemand könne zweifeln, daß sie die Töchter von Thomas Morus seien. Wenn Roper nicht ihr Ehemann wäre, schrieb Erasmus, würde er ihn für ihren leiblichen Bruder halten, womit er wohl sagen wollte, daß Roper die gleiche Lernbegier offenbarte, die alle Kinder von Morus auszeichnete. Er benutzte die Gelegenheit, um christliche Ehen wie die von Margaret und Roper zu preisen; ihre Art Ehe müsse all jenen ein Ärgernis sein, die Unberührtheit für den besseren Zustand hielten. Das schrieb er, obwohl ihr Vater später die Behauptung, die Ehe sei besser als die Jungfernschaft, als Häresie bezeichnete.[32]

Harpsfield berichtet, Margaret sei so gebildet gewesen, daß sie einen lateinischen Text des heiligen Cyprianus verbesserte, um seinen ursprünglichen Sinn herzustellen.[33] In freundlichem Wettstreit mit ihrem Vater soll sie auch eine Meditation über den Tod verfaßt haben. Die unvollendete Arbeit von Morus ist unter dem Titel *The four last things* (Die vier letzten Dinge) erhalten geblieben, aber Margarets Text ist verschollen. Aus ihrer Feder ist nur die Übersetzung einer Paraphrase des Vaterunsers von Erasmus erhalten, die ungefähr 1526 gedruckt wurde.[34] Es handelt sich um eine hervorragende wörtliche Übertragung, die Feingefühl sowohl für die lateinische Bedeutung wie für die englischen Rhythmen bezeugt.

Eine Weile nachdem Roper Margaret geheiratet hatte, wurde sie vom Schweißfieber befallen, jener gefürchteten englischen Seuche, die das Land im sechzehnten Jahrhundert immer wieder heimsuchte. Die Krankheit brachte vergnügte und gesunde Menschen von einer Stunde auf die andere ins Grab. Die Ärzte gaben sie auf, als sie in ein Koma fiel und nicht mehr zu Bewußtsein gebracht werden konnte; Morus zog sich in seine Privatkapelle zurück, schluchzte auf Knien vor seinem Gott und flehte um Margarets Leben. Während er betete, fiel ihm ein, daß ihr vielleicht ein Klistier gemacht werden sollte. Er teilte den Ärzten diesen Einfall mit. Nach Roper erschien er wie eine Offenbarung. Ja, sagten sie, ein Klistier könnte ihr möglicherweise helfen; das liege nahe. Sie fragten sich, warum sie selbst noch nicht daran gedacht hatten. Sie machten der Kranken ein Klistier und bewirkten – nach Roper –, daß sie «gründlichst geweckt» wurde. Und obwohl die Zeichen Gottes – tödliche Merkmale der Seuche waren Flecken auf der Haut – auf ihrem Körper erschienen waren, erholte sie sich.[35] Roper hielt die plötzliche Eingebung von Morus für ein Wunder.

Morus erzählte Roper, daß er sich, falls Margaret gestorben wäre, «nie mehr in weltliche Dinge eingemischt hätte».[36] Damit meinte Morus vermutlich, daß er sich von allen weltlichen Geschäften zurückgezogen und den Rest seines Lebens mit Meditation verbracht hätte. Margarets Erkrankung fiel vermutlich ins Jahr 1528, denn im Mai dieses Jahrs begann das Schweißfieber sich kräftig zu verbreiten und wütete im Land bis in den Sommer. Es befiel zahlreiche dem König nahestehende Männer und trieb auch Heinrich von Ort zu Ort auf der Flucht vor der Seuche.[37] Es war das Jahr vor Morus' Ernennung zum Lordkanzler, und wir können nur spekulieren, wie sein weiteres Schicksal verlaufen wäre, wenn sie nicht überlebt und er sich aus dem weltlichen Leben zurückgezogen hätte.

Fraglos hat er sein ganz Leben lang keine Frau so vergöttert wie Margaret, und ebenso hat sie ihrerseits ihn vergöttert. Sie war eine intelligente und liebende Frau, die ihm alles bot, was eine vollkommene Ehefrau bieten kann mit Ausnahme des Geschlechtsverkehrs – den er für eine Bedrohung seines Seelenheils hielt. Da ihr verwandtschaftliches Verhältnis diese Versuchung ausschloß, konnte er sie mit all der Großzügigkeit und Wärme behandeln, die er seinen Ehefrauen vorenthielt. Es scheint fast, als wäre die Belehrung seiner Frauen sein Ersatz dafür gewesen, daß er sie über seine intimsten Gedanken nicht ins Vertrauen zog. Seine Beziehung zu Margaret war ganz anders.

Nach seinem Umzug nach Chelsea im Jahre 1524 setzte Morus seine Landkäufe nicht weiter fort. Insbesondere königliche Bedienstete kauften gerne Landgüter, weil solches Eigentum als schicklich galt für die Männer des Königs. Weniger beliebt waren Häuser in der übervölkerten Stadt. (Er besaß verschiedene Landhäuser, bewohnte sie aber nicht.) Chelsea lag nicht weit westlich von Westminster. Damals war es nahezu unbebautes Land. Heute ist Chelsea Teil der Metropole, vom Verkehrslärm erfüllt, von Fußgängern bevölkert, mit Autoabgasen geschwängert. Nur die heiter schattige Ruhe der Grünanlage von Christopher Wrens Marinekrankenhaus nahe der Themse läßt noch ahnen, wie es hier zu Morus' Lebzeiten gewesen sein muß – ein Zufluchtsort fern vom Gestank, den Menschenmassen, dem Lärm, Staub und Schmutz Londons, dabei aber nahe genug, um die wichtigen Persönlichkeiten schnell zu erreichen. Heute ist es leicht, in einer halben Stunde von Chelsea nach Westminster zu gehen. Zu Pferde konnte Morus diese Strecke in ein paar Minuten zurücklegen, obgleich die Straßen in einem so erbärmlichen Zustand waren, daß selbst so kurze Strecken eine Tortur sein konnten. Gewöhnlich ließ sich Morus daher von Dienern die Themse hinunter zum Hof rudern.

Wir wissen weder, was Morus für seinen Landsitz bezahlt hat, noch, wie groß er war. Es scheint, daß er das Haus bauen ließ, das 1740 von Sir Hans Sloane, nach dem ein nahegelegener Platz benannt ist, abgerissen wurde. Wir wissen nicht, wie das Haus aussah, als Morus darin lebte, aber es muß so herrschaftlich gewesen sein, daß es später William Cecil, Lord Burghley, der große Sekretär und Minister von Königin Elisabeth kaufte. Jahre danach ging es sogar in den Besitz von George Viliers, dem Herzog von Buckingham und Freund von Karl I., über. In Anbetracht der Leidenschaft der Tudors für das Abreißen und Wiederaufbauen von Gebäuden wissen wir nicht, wie lange das Haus in der von Morus geplanten Gestalt blieb, ja wir können nicht einmal sicher sein, daß dies sein Haus war. Es wurde sogar von drei verschiedenen Häusern in Chelsea behauptet, sie hätten Morus gehört.

Wir kennen eine Skizze von Holbein, die er für ein großes, später durch Feuer zerstörtes Bild von Morus' Familie anfertigte. Die jetzt in London befindliche Skizze stammt aus dem Jahre 1527, also ungefähr ein Jahr nachdem Holbein nach England gekommen war. Die Familie ist in einem der Zimmer in Chelsea versammelt. Die Skizze vermittelt uns einen Eindruck von den hohen Decken mit den freigelegten Balken, die typisch für die Tudor-Architektur sind. Große und teure Bücher stehen ordentlich auf einem Brett in einem schweren Schrank zur Linken, und auf dem Schrank sollen ein silberner Krug und anderes Silbergeschirr den Wohlstand des Hausherrn unterstreichen. Dahinter hängt ein schweres Tuch. Ganz dicht am rechten Rand stehen ein weiterer kostbarer Silberkrug und ein paar Bücher auf dem Fensterbrett eines hohen schmalen Fensters. Durch eine Türöffnung blicken wir in einen anderen Raum und sehen dort noch ein helles Fenster, das uns an die Bemerkung Raphaels in *Utopia* erinnert, daß die Bürger des Idealstaates auf der Insel viele verglaste Fenster hatten, um Licht hereinzulassen und vor dem Wind geschützt zu sein.[38]

Ganz in der Mitte, hoch an der Wand, hängt eine Uhr – eine Notwendigkeit für jemanden, der so zeitbewußt lebte wie Morus. Unten sind ihre Gewichte sichtbar, und obwohl die Uhr so herausgehoben ist, daß sie von überall im Zimmer her gesehen werden kann, können wir nicht erkennen, wie spät es ist. Die Uhr existiert noch. Wie alle Uhren jener Zeit hat sie nur einen Stundenzeiger. Wir können annehmen, daß die Familie sich nur vor dem Abendgebet oder vor den Mahlzeiten so vollzählig versammelt hat. Sie sehen alle steif und förmlich aus, und Holbein hat vermutlich jeden einzeln gezeichnet, wenn er die jeweilige Person in Positur setzen konnte.

Morus sitzt in der Mitte und ähnelt auch auf dieser Skizze dem berühmten Holbein-Porträt in der New Yorker Frick Gallery, doch obwohl er hier ein wenig streng aussieht, zeigt er nicht den finsteren Ausdruck wie auf dem Porträt. Seine Kette aus schweren Goldgliedern in Form des Buchstabens «S» liegt über dem dicken Pelzkragen seiner Robe.

Sein Vater John sitzt auf dem Ehrenplatz zur Rechten von Morus. John More lebte nicht im Haus von Thomas. Es war zur damaligen Zeit in England sehr selten, daß verheiratete Männer der wohlhabenderen Schichten im Haus ihres Vaters lebten; daß die Kinder von Morus mit ihren Gatten unter seinem Dach wohnten, war sehr ungewöhnlich und drückt seine patriarchalischen Anschauungen aus.

Der Rest der Familie hat sich um die beiden ältesten Männer gruppiert. Alle sind in schwere Stoffe gekleidet, und außer John, Morus' Sohn, tragen sie einen Hut oder eine Kopfbedeckung, die über die Ohren reicht. Vermutlich war es schon in geringem Abstand von den riesigen Kaminfeuern kalt und zugig – wie in allen großen Tudor-Häusern. Die Kerze auf dem rechten Fensterbrett flackert durch den Zug in den Raum hinein, und Morus selbst sitzt mit im linken Ärmel seiner Robe gefalteten Händen auch so, als ob er sich warmhalten wollte.

Die beherrschende Frau im Zimmer ist Margaret, eine große ernste Frau, die auf einem niedrigen Sitz ein bißchen vor den anderen zur Linken von Morus sitzt. Auf ihrem Schoß hält sie ein Gebetbuch und blickt, als meditiere sie, genau geradeaus. Lady Alice sitzt dahinter und ganz am rechten Rand des Geschehens, weit links also von ihrem Ehemann und leicht erhöht gegenüber Margaret. Sie betrachtet ein Buch, das sie auf einem niederen Lesetischchen mit einem Kissen hält. Sowohl ihr Platz in der Zeichnung als auch ihr gesenkter Blick sondern sie vom Rest der Familie ab – vielleicht ein unwillkürlicher Kommentar zu einer Zusammenkunft, bei der keines der Kinder von ihr war.

Lady Alice und Margaret tragen ein schweres Kreuz um den Hals. Morus' Tochter Cecily, die gleich zur Rechten von Margaret und etwas hinter ihr sitzt, hat einen Rosenkranz an ihrer Seite. Ansonsten finden wir keine eindeutig religiösen Symbole in der Zeichnung – kein Kreuz an der Wand, keine Heiligenbilder –, und die Skizze bestärkt die Auffassung, daß Morus zwar dafür eintrat, daß Bilder gut für die Frömmigkeit des niederen Volks seien, sich selbst aber nicht mit Heiligenbildern umgab. Obwohl die Zeichnung vielleicht von religiösen Gruppenbildern italienischer Künstler beeinflußt ist, bleibt die Darstellung doch durch und durch weltlich und zeigt keine Spur von der Vergeistigung der niederländischen Maler, die zur gleichen Zeit am gegenüberliegenden Ufer des Kanals arbeiteten.

Die einzige Person, die den Künstler direkt anblickt, ist Henry Pattenson, Morus' schwachsinniger oder verrückter Narr. Seine starren Augen sind von durchdringender Leere. Sechs der zehn Personen in der Familiengruppe halten Bücher in den Händen, und Margaret Giggs beugt sich zu Richter John More hinüber. Es hat den Anschein, als bemühe sie sich vergeblich, seine Aufmerksamkeit auf etwas Fesselndes zu lenken, das sie gerade in ihrem Buch gelesen hat. Er aber ist zu sehr mit der Pose eines ehrwürdigen Richters beschäftigt, um sich um sie zu kümmern.

Neben Lady Alice findet sich das blasse Porträt eines Hausaffen, den Erasmus und andere als Hausgenossen erwähnten. Erasmus erzählte Hutten, daß Morus drollige Tiere mochte und eine kleine Menagerie in seinem Haus unterhielt. Eine viel später nach der Skizze Holbeins angefertigte Version dieses Bildes zeigt da einen kleinen, zu Füßen von Morus zusammengerollten Hund im Stil der mittelalterlichen Grabmalbildnisse, auf denen der Hund als Sinnbild der Treue abgebildet wurde. Morus schickte zwar einmal ein paar Windhunde als Geschenk an den leidenschaftlichen Jäger Budé, ließ aber Hythlodeus in *Utopia* eine Bemerkung machen über den Ekel, den weise Menschen beim Heulen und Bellen von Hunden empfinden. (Luther war ähnlich reizbar gegenüber Hunden.) Auf Holbeins Skizze finden wir keinen Hund. Wir können davon ausgehen, daß ein Hund, der in den hier abgebildeten Raum käme, von Morus hinausgejagt würde.

Auf dem Fußboden liegt anscheinend ein Teppich, ein Luxus, wie ihn nur die Wohlhabenden kannten. Die Armen legten ihre Fußböden mit Binsen aus. Wir wissen nicht, ob es im Haus eine Latrine gab, aber vermutlich war eine in einiger Entfernung vom Hauptgebäude vorhanden. Zu dieser Zeit waren Europäer nicht so wählerisch in derlei Angelegenheiten; der französische König Franz I. urinierte ins Kaminfeuer, und im viel später erbauten Schloß von Versailles gab es nur für den König einen «Stuhl» für diese Zwecke. Heinrich VIII. hatte einen reich verzierten Nachtstuhl, aber Geringere hatten nur einen Balken im Hinterhof. Wir können mit einiger Sicherheit annehmen, daß es in Morus' Haus kein Bad gab.

Morus ließ sich etwas abseits vom Haus eine kleine Kapelle bauen; dorthin konnte er sich zu privaten Andachten zurückziehen. Roper zufolge wurde sie das «neue Gebäude» (New Building) genannt – vielleicht ein Hinweis darauf, daß Morus ein bereits im Bau befindliches Haus gekauft hat. Das «neue Gebäude» beherbergte eine Bibliothek und eine Empore, auf der Morus herumgehen konnte, wobei er zweifellos ein frommes Werk las, wie es die Mönche oft in den Gängen der Klöster taten. Roper berichtet, daß Morus sich immer freitags hier aufhielt und «seine Zeit ausschließlich in andächtigem Gebet und geistlichen Übungen verbrachte».[39] Zu diesen Übungen gehörte zweifellos die von Roper andernorts erwähnte Selbstgeißelung.[40]

Morus hatte eine weitere Kapelle in seinem Haus, und wenn er zu Hause war, versammelten er und sein Haushalt sich allabendlich dort, um zu beten. Wenn Morus abwesend war, hat vermutlich Lady Alice die Familie versammelt, denn Morus hielt sie für das religiöse Oberhaupt der Hausgemeinschaft, wenn er abwesend war.

An einer Ecke des Anwesens, in der Nähe der Themse, befand sich die kleine Kirche, die dort heute noch als die Chelsea Old Church steht. Dorthin brachte Morus die sterblichen Überreste seiner ersten Frau, Jane Colt, und bestattete sie in einer neuen Gruft. Das für sie und für ihn bestimmte Epitaph hat dort bis heute die Zeit, die deutschen Bomben und sogar die größere Bedrohung durch renovierungslustige Architekten überdauert. Dort wollte er selbst mit Lady Alice und mit Jane die letzte Ruhe finden. Auf der Gruft steht: «Die eine hat ihr Leben mit mir vollendet, die andere lebt noch mit mir so, daß ich nicht weiß, ob ich die eine mehr liebte, als ich die andere liebe. Wie glücklich hätten wir zu dritt miteinander leben können, wenn Schicksal und Religion es erlaubten! Ich bete, das Grab, der Himmel vereine uns, dann wird der Tod uns schenken, was das Leben versagte.»[41]

Das Haus in Chelsea war vornehm genug für den Besuch eines Königs, auch schon bevor Morus Lordkanzler wurde. Roper vermittelt den Eindruck, daß Heinrich oft kam und wenigstens einmal unerwartet zum Abendessen hereinschneite. Danach gingen der König und sein Ratsherr in einem von Morus' Gärten spazieren, wobei Heinrich seinen Arm um Morus' Schultern gelegt hatte. Seine Rüstung beweist, daß Heinrich VIII. ein riesiger Mann gewesen ist, und Erasmus bemerkt, daß Morus zwar nicht klein, aber auch nicht besonders groß war. Wenn die erhaltenen Rüstungen aus jener Zeit auf die Größe eines durchschnittlichen Mannes schließen lassen, dann wäre uns Morus ziemlich klein vorgekommen. Roper führt uns ein kurioses Bild vor Augen: der König mit der Statur eines Bären lustwandelt im Garten und legt dabei seinen mächtigen Arm um den Hals des schmächtigen Morus.

Aber Roper war entzückt und tief beeindruckt. Einmal hatte er zwar den König Arm in Arm mit Kardinal Wolsey beobachtet, aber sonst mit niemandem. (Heinrich konnte seinen Arm vermutlich nicht um Wolseys Hals legen, weil Wolsey unglaublich dick war.) Laut Roper reagierte Morus auf diese

Vertraulichkeit mit Worten, die kein Biograph zu zitieren unterläßt: «Ich danke dem Herrn, mein Sohn, ich bin wirklich in der Gnade meines sehr guten Herrn; und ich glaube, daß er mir seine Gunst so sehr wie nur irgendeinem im Reich schenkt. Nichtsdestoweniger, Sohn Roper, will ich dir sagen, daß ich keinen Grund habe, stolz darauf zu sein, denn wenn mein Kopf ihm ein Schloß in Frankreich einbringen könnte, dann würde er ihn mir zweifellos abnehmen.»[42]

Sein Haus dient auch als Ort für Regierungsgeschäfte. Als Morus Lordkanzler wurde und den Kampf gegen die Häresie in England führte, verhörte er dort zusammen mit dem Bischof von London Verdächtige. Wenigstens einen Häretiker ließ er in seinem Haus in den Stock legen. Andere wurden dort gefangengehalten.[43] Roper schreibt, daß er als Lordkanzler «gewöhnlich jeden Nachmittag in seinem offenen Saal saß mit der Absicht, daß ein jeder, der ihm eine Angelegenheit vorzutragen hatte, dort kühn vor ihn treten und ihm seine Beschwerde darlegen konnte».[44] J. A. Guy hat diese Geschichte bestätigt, indem er auf die Initialen und die Unterschrift von Morus auf vielen Dokumenten hinwies, die er in Chelsea kommentiert hatte.[45] Aber vor allem war sein Haus das Heim für seine Familie und die, die er adoptiert hatte. Es war eine strenge und erfolgreiche Akademie. Erasmus schrieb, daß es dort nie Streitereien gab und daß Morus nie jemanden im Zorn gehen ließ. Niemand hat dort gelebt, sagte Erasmus, ohne in seinem Glück gefördert zu werden, und niemandes Ansehen hat dort jemals durch seine Anwesenheit Schaden erlitten.

Zusätzlich zu den Abendgebeten ging die ganze Familie sonntags und an Feiertagen in die Kirche, und alle kamen sie immer rechtzeitig, damit sie den ganzen Gottesdienst hören konnten. Weihnachten und Ostern stand die ganze Familie auf, um zur Mitternachtsmesse zu gehen, und an den Karfreitagen versammelte Morus alle im «neuen Gebäude» und ließ die Passionsgeschichte Christi vorlesen, gewöhnlich von seinem Sekretär John Harris. Bei Mahlzeiten las eine der Töchter aus der Heiligen Schrift, und danach leitete Morus eine freundliche kleine Unterhaltung über die Bedeutung der gelesenen Stelle, zu der jeder einen Beitrag machen mußte. Am Ende der Mahlzeit durfte der schwachsinnige Henry Pattenson sprechen, wohl um die Gruppe zu erheitern.[46]

Unserer Zeit erscheint das Amusement über einen plappernden Schwachsinnigen eher grausam, aber Pattenson hat die ihm zuteilwerdende Aufmerksamkeit wahrscheinlich genossen. Einmal nahm Morus ihn auf eine Gesandtschaft nach Flandern mit. Auf der Reise warfen Leute, denen Pattensons merkwürdige Erscheinung aufgefallen war, mit Gegenständen nach ihm, um ihn zu provozieren. Er hob ein paar Steine auf und versteckte sie in seinem Mantel. Dann sprang er auf einen Tisch und verkündete – natürlich auf englisch –, daß jeder hier im Zimmer, der nicht nach ihm geworfen habe, weggehen solle, damit er davon ausgehen könne, daß alle Zurückbleibenden an seiner Peinigung beteiligt gewesen seien. Niemand verstand, was er sagte, und kurz darauf warf jemand wieder etwas nach ihm. Daraufhin warf Pattenson einem Gaffer einen Stein an den Kopf, der ihm, laut Morus, die Schädeldecke einschlug, so daß das Blut an seinen Ohren hinunterlief.[47] Wer sich mit geistig Zurückgebliebenen auskennt, vermag ein derartiges Verhalten vorherzusehen; Morus gefiel es, er unterstützte es und berichtete darüber, und Pattenson war zweifellos ganz zufrieden mit seinem bescheidenen Ruhm.

Alle Berichte stimmen darin überein, daß Morus bei seinen frommen Lebensregeln unerbittlich war. Harpsfield berichtet, daß Lady Alice ihr Haar unter ihrem Kopfputz mit Schmerzen zurückzog, um sich eine breite Stirn zu geben – wie auf Holbeins Darstellung von ihr deutlich zu erkennen ist. Sie zwängte ihre Hüften in ein zu enges Korsett, um sie schmaler erscheinen zu lassen. Morus bemerkte diese Qualen im Dienste der Eitelkeit und sagte zu ihr: «Wahrlich, Madame, wenn Gott Sie nicht in die Hölle schickt, dann tut er Ihnen großes Unrecht, denn dorthin gehören Sie nach Recht und Anstand, weil Sie sehr teuer dafür bezahlen und viel Schmerz dafür in Kauf nehmen.»[48] Er meinte, daß Lady Alice Schmerzen ertrug, um die Todsünde des Stolzes zu begehen, und daß es ungerecht wäre, wenn sie nicht folgerichtig die Strafe für ihren Stolz bekäme.

Nach Ropers Darstellung war Morus zuversichtlich, was den Erfolg seiner Lehren anging. Seinen Kindern schrieb er:

> Es ist keine besondere Leistung, wenn Ihr Kinder in den Himmel kommt, denn Euch gibt jeder guten Rat, Euch geht jeder mit gutem Beispiel voran – Ihr seht belohnte Tugend und bestraftes Laster, so daß Ihr schon mit der Haltung Eures Kinns gen Himmel gezogen werdet. Aber wenn Ihr die Zeit durchlebt, da Euch kein Mensch guten Rat geben wird, niemand Euch ein Beispiel ist, da Ihr die Tugend bestraft und das Laster belohnt seht, wenn Ihr dann standhaft seid und an Gott festhaltet, dann stehe ich mit meinem Leben dafür ein, daß, wenn Ihr auch nur zur Hälfte gut seid, Ihr vor Gott doch als ganz gut gelten werdet.[49]

Roper wiederholt eine ganze Reihe solcher kleinen Predigten, mit denen Morus seine Familie zum tugendhaften Leben ermunterte. Diese hier verkörpert eine der theologischen Regeln seiner Zeit. Wer erlöst werden will, muß sein Bestes geben. Dieses Beste ist oft nur wenig, aber Gott gewährt uns seine Gnade und läßt unsere Anstrengungen gelten, weil sie wenigstens das Streben nach dem tugendhaften Leben beweisen. Als Morus später den Kompromiß mit Heinrich VIII. verweigerte und sein Leben einsetzte, folgte seine Familie seinem Beispiel nicht. Sie beugte sich dem Willen des Königs. In dieser kritischen Zeit waren sie nur halb gut, aber Morus nahm an, daß Gott ihnen dies als ganz anrechnen werde, und erwartete nie so viel von ihnen, wie er von sich selbst verlangte.

Er wollte ihre Liebe und bekam sie. Margaret Giggs erzählte Stapleton später, daß sie manchmal absichtlich eine Missetat beging, um «in den Genuß eines lieben und süßen Tadels von Morus zu kommen».[50] Roper sagt, daß bei der Abfahrt von Morus über den Fluß in die Stadt seine Frau und seine Kinder gewöhnlich zum Boot hinunter kamen, wo er sie alle noch einmal küßte und sich von ihnen verabschiedete.[51] Und als er im Tower lag, weil er sich weigerte, den Eid auf Heinrich abzulegen, fand Lady Alice keine bessere Versuchung, um ihn in seinem Entschluß wanken zu machen, als ihn an sein Haus zu erinnern, denn sie schloß ihre Ermahnung, dem König doch nachzugeben, mit den Worten: «Und in Anbetracht der Tatsache, daß du in Chelsea ein schönes großes Haus hast, deine Bibliothek, deine Bücher, deine Beete, deinen Obstgarten und all die anderen Notwendigkeiten so schön um dich herum, daß du in der Gesellschaft von mir, deiner Frau, deinen Kindern und deinem Haushalt fröhlich sein kannst, frage ich mich, was um Himmels willen du noch so töricht zögerst.»[52]

Morus erwiderte, daß jedes Haus – auch ein Gefängnis – dem Himmel so nah sei wie sein eigenes, und mit einer Kontemplation über die Eitelkeit weltlichen Besitzes fuhr er fort:

> Ich sehe keine besondere Ursache, warum ich mich meines fröhlichen Hauses und allem, was dazugehört, besonders erfreuen soll, wenn ich kaum sieben Jahre unter der Erde begraben liegen werde, dann auferstehe, wieder ins Diesseits komme und es nicht ausbleiben wird, daß jemand im Haus ist und mir die Tür zeigt und mir sagt, ich habe dort nichts zu suchen. Welche Ursache habe ich, so ein Haus zu mögen, das seinen Herrn so schnell vergißt?[53]

Diese Erwiderung ist ganz typisch für Morus. Wir spüren jene ruhige Bescheidung in den Willen Gottes, die den Mitgliedern seines Haushalts am längsten und wärmsten in Erinnerung blieb und die sie dann in das Exil späterer Zeiten und fernerer Orte mit sich nahmen.

KAPITEL 15

Morus, Erasmus und die frühen Jahre: 1516–1521

Im März 1516 brachte Erasmus seine Ausgabe des griechischen Neuen Testaments heraus, und im Dezember überwachte er die Drucklegung von Thomas Morus' *Utopia*. Die Veröffentlichung der beiden Werke ließ die beiden Männer in der gemeinsamen Verteidigung der humanistischen Reform gegen die Angriffe der konservativen Katholiken näherrücken, während die Gegenseite alles Neue und jede Kritik fürchtete. Während der folgenden fünf Jahre nahmen sie sich gegenseitig energisch vor Gegnern ihrer Arbeit in Schutz. Es war die Zeit ihrer langen Bekanntschaft, in der sie sich am nächsten standen. Für viele sah es aus, als ob sie für die gleichen Dinge eintreten würden. Erst Luther und der Beginn der protestantischen Reformation machte deutlich, wie verschieden Morus und Erasmus in Wirklichkeit waren.

Die Ähnlichkeiten zwischen ihnen waren wichtig und in diesen Jahren beherrschend. Sowohl Morus als auch Erasmus glaubten, eine gute Bildung verändere den Lebenswandel und führe zu tugendhaftem Verhalten. Ziel der humanistischen Reform war es, Bildung bei den kirchlichen und weltlichen Herrschern zu verbreiten. Man hoffte, daß die wohltuende Wirkung einer vernünftigen Gelehrsamkeit in die übrige Gesellschaft durchsickern und sie läutern würde. Es war ein autoritäres Konzept, einem autoritären Zeitalter angemessen: Man muß die Leute an der Spitze bessern, dann werden sie die anderen auch dazu zwingen, verführen oder anleiten, gut zu werden.

Wie die meisten gebildeten Leute ihrer Zeit fürchteten Morus und Erasmus die Masse. Beide glaubten, die Tugendhaften sollten herrschen und tugendhaft seien nur wenige. Aber beide hielten einen schlechten Fürsten immer noch für besser als die Anarchie. Abstrakt glaubten beide, daß eine von tugendhaften Männern geführte Republik der Gesellschaft die besten Zukunftsaussichten biete – eine Republik, in der es allgemeine Versammlungen geben sollte, in denen kluge und bedeutende Männer intelligent und leidenschaftslos über die Angelegenheiten von Kirche und Gesellschaft entscheiden könnten. Beide fühlten sich am wohlsten in Städten, die sich weitgehender Freiheiten erfreuten und in deren innere Angelegenheiten sich kein König einmischen konnte, Städte, in denen quasi-republikanische Versammlungen die Geschäfte einer urbanen Gemeinschaft leiteten. Was die Kirchenautorität anging, waren beide Verfechter des Konzils. Sie vertraten die Auffassung, daß eine sakrosankte Zusammenkunft der Bischöfe und sonstiger hoher Prälaten viel mehr Gewicht habe als die Diktate eines einsamen Papstes, der aus dem isolierten Glanz des päpstlichen Amtes heraus sprach.

Jedoch anerkannten beide die Macht von Königen und Päpsten, und beide versuchten, sie zum Guten zu beeinflussen. Erasmus scharwenzelte schamloser um einzelne Päpste herum, als es Morus je getan hatte. Morus hatte nur selten überhaupt etwas über Päpste oder das Papsttum zu sagen. Aber die beiden Männer befanden sich in unterschiedlichen Lebenssituationen. Erasmus war eine international bekannte Figur. Er brauchte die Protektion und den Schutz durch die Päpste, und er schmeichelte ihnen, um sie für sich einzunehmen. Sowohl Morus als auch Erasmus haben anscheinend nach dem Grundsatz gearbeitet, daß auch die Schmeichelei einen tugendhaften Zweck habe: sie zwinge den Gepriesenen, dem Lob, das man ihm spende, gerecht zu werden.

Erasmus war der weitaus bedeutendere Lehrer. Sein griechisches Neues Testament – das er *Novum Instrumentum* nannte – war damals ein hervorragendes Rüstzeug, auch wenn es heutzutage kaum noch gelesen wird. Er hoffte, es würde die Gelehrten zu den Evangelien und zu den Briefen der Apostel zurückführen. Das Studium der gereinigten Schrift sollte zu einer Läuterung des Lebens führen. Eine so grundlegende Reform hatte die scholastische Philosophie mit all ihren Fragen und zweifelhaften Antworten nicht zuwege gebracht. Die Scholastiker waren gebildet, aber in den falschen Dingen – jedenfalls nahmen das Morus und Erasmus an. Vor allem Erasmus glaubte, daß Bildung in den richtigen Dingen die Erneuerung der Moral mit sich bringen würde, nach der so viele Menschen dürsteten.

Die «richtigen Dinge» waren für Erasmus die erbaulichen Geschichten über Jesus und seine frühen Nachfolger, über die Liebe Gottes zu Seinem Volk und über die Nächstenliebe in Seinem Volk. Die Urkirche hatte wahre Glaubensriesen auf Erden gekannt. Wenn man diese Zeit neu erforschte, führte das vielleicht nicht zur Heranbildung von Menschen derselben geistigen Statur, aber man konnte aus den Christen viel bessere Menschen machen, als sie es im sechzehnten Jahrhundert waren. Wenn die Menschen die Evangelien studiert haben würden, dachte Erasmus, würden sie wie Christus und die Christen leben, von denen sie im heiligen Text gelesen hatten. Wenn sie in den logischen Rätseln der Scholastiker gebildet waren, taugten sie zu nichts als zu logischen Rätseln – jedenfalls ganz gewiß nicht zu der Güte und Tugend, die Erasmus in der Bibel und in der Urkirche fand.

Die Europäer konnten die Bibel kaum als einheitliches Buch betrachten. Nach der Erfindung des Buchdrucks brachten Drucker mit gesundem Geschäftssinn zahllose Bibeln in Latein und in den jeweiligen Landessprachen heraus. Zur Zeit von Erasmus und Morus waren Bibeln in allen wichtigen europäischen Sprachen erschienen – außer in Englisch. Lateinische Bibeln erschienen häufig mit Kommentaren, die den Text der Schrift fast überwucherten. Das Monumentalwerk unter ihnen war die große *Biblia Latina*, die Johann Froben 1498 in sechs riesigen Folianten veröffentlicht hatte. Darin fanden sich neben dem Text der Heiligen Schrift umfangreiche theologische Anmerkungen von mittelalterlichen Kommentatoren. Die Anmerkungen waren klein und eng gedruckt und enthielten viele Abkürzungen. Morus hat diese Ausgabe wahrscheinlich besessen, denn er zitierte ausführlich aus ihren Kommentaren. Aber niemand setzt sich einfach hin und liest sechs dicke Bände durch. Solche Folianten werden vielleicht zum Nachschlagen benützt, aber nur wenige Leser sind unerschrocken genug, sie von Anfang bis Ende zu lesen. Die ausführlichen Kommentare machten es einem Leser auch wirklich schwer, die eigentliche Schrift von dem zu unterscheiden, was über sie geschrieben wurde. Erasmus' *Novum Instrumentum* – ein leidlich umfangreiches Werk in einem Band, das auf dem Schreibpult Platz hatte – konnten gebildete Leute aufschlagen mit dem schönen Gefühl, daß viel Gelehrsamkeit in konzentrierter Form vor ihnen lag, die man durchaus noch erfassen konnte.

Erasmus war der erste, der den griechischen Text des Neuen Testaments im Druck herausgab und veröffentlichte. In Parallelspalten zum griechischen Text legte er seine Überarbeitung der lateinischen Vulgata vor. Morus nannte sie eine «neue Übersetzung», aber tatsächlich enthielt sie nur wenig Änderungen. Trotzdem zog die Übersetzung die Aufmerksamkeit weiter Kreise auf die Bibel, oder zumindest auf das Neue Testament als *Buch*, wie das seit der Erfindung des Buchdrucks noch keine Bibelausgabe getan hatte. Die Leute konnten die Evangelien lesen, ohne durch einen ausführlichen Kommentar abgelenkt zu werden, der in den Schrifttext eingeflochten war. Der Ketzer Thomas Bilney, auf dessen Feuertod Morus später mit unziemlichem Jubel reagierte, bezeugte den Einfluß des Werkes. In einem Schreiben an Cuthbert Tunstall von 1527 heißt es:

> Endlich hörte ich von Jesus sprechen, gerade als Erasmus das Neue Testament herausbrachte. Ich hatte den Eindruck, es sei von ihm überzeugend bearbeitet, obwohl ich eher von der lateinischen Sprache als vom Wort Gottes angezogen wurde (denn zu dieser Zeit wußte ich nicht, was es bedeutete). Von der göttlichen Vorsehung veranlaßt, kaufte ich es sogar.[1]

Am Schluß des Buches fügte Erasmus die Anmerkungen kapitelweise an. Auf diese Weise störten sie nicht bei dem Vergnügen, die Heilige Schrift zu lesen. (Wie alle Bibeln der damaligen Zeit war das *Novum Instrumentum* nicht in Verse aufgeteilt.) Hier benützte Erasmus die Geschichte als Werkzeug zur Reform. Er brachte nämlich einen kritischen Geist in die Betrachtung der Heiligen Schrift ein, der aus der großen Erkenntnis der Renaissance geboren war, daß sich die Gegenwart von der Vergangenheit unterscheidet.

Sobald wir dies erkennen, müssen wir uns fragen, ob die Vergangenheit oder die Gegenwart besser ist, ob wir also die Entwicklung der Geschichte als kontinuierlichen Fortschritt oder Niedergang einschätzen. Erasmus hatte sich wie viele andere Humanisten bereits dafür entschieden, daß die Vergangenheit weit besser gewesen sei als die Gegenwart. Deshalb benützte er die Vergangenheit im *Novum Instrumentum* dazu, zwischen den Zeilen versteckt einen gewaltigen Schlag gegen die katholische Kirche seiner Zeit zu führen. Der Angriff verbarg sich zum einen Teil in seinen lateinischen Verbesserungen der Vulgata, zum anderen lag er wie ein in Samt gehüllter Dolch in den lateinischen Anmerkungen am Schluß.

An einigen Stellen ist sein versteckter Radikalismus erstaunlich. Thomas Morus begrüßte das Werk mit Begeisterung, doch er wies später viele der Standpunkte in den Anmerkungen voll Entsetzen zurück. Allerdings wandte er sich gegen die Protestanten und ließ Erasmus ungeschoren. Erasmus deutete an, die Ehe werde in der Schrift nicht als Sakrament betrachtet und das Sakrament der Buße sei eigentlich mehr eine Sache des Herzens als ein äußerliches Ritual, zu dem man einen Priester braucht. In einigen Passagen und Anmerkungen scheint er den traditionellen Glauben an die Trinitätslehre anzuzweifeln. Er bagatellisiert die schreckliche alte Lehre, im Jenseits erwarte eine ewig brennende Hölle die Seelen der Verdammten. Außerdem deutet er tendenziell an, die wahre Kirche sei keine hierarchische Ordnung, sondern eher die einfache Gemeinschaft der Gläubigen.

Später bemächtigten sich verschiedene Ketzer einiger dieser Lesarten, übertrieben sie, entkleideten sie ihrer vom Autor beabsichtigten Zweideutigkeit und machten sie zum Mittelpunkt ihrer Lehren. Die konservativen Theologen, die Morus tadelte und Erasmus verspottete, witterten Gefahr, als das *Novum Instrumentum* erschien. Morus scheint keine Gefahr gespürt zu haben. Es ist zweifelhaft, ob er sich die Mühe machte, die Anmerkungen sorgfältig zu lesen, zumindest als das Werk zum ersten Mal erschien. Er war beschäftigt, und inzwischen waren er und Erasmus gute Freunde. Die Kühle, die früher zwischen ihnen geherrscht hatte, war vergessen. Im Jahre 1515 saß er, fern von Verwandten und Bekannten, zusammen mit Erasmus in Flandern und redete von Utopia und Reformen. Zu der Zeit, als das *Novum Instrumentum* erschien, war Morus damit beschäftigt, sein eigenes Buch zu Ende zu schreiben, und er wußte, daß Erasmus für seinen Erfolg wichtig war. Erasmus hatte sich bereit erklärt, einen Verleger für *Utopia* zu finden, wenn Morus damit fertig wäre. Er versprach auch, dafür zu sorgen, daß das

Buch von den Gelehrten auf dem Kontinent gut aufgenommen würde. Morus hätte leicht einen englischen Drucker finden können, aber dann hätte er sich nur in England einen Namen gemacht. Damals wie heute zählte der Absatz, und in England gedruckte Bücher – noch nicht einmal lateinische – hatten nur wenig Wirkung auf dem Kontinent.

Der erste uns erhaltene Brief von Morus an Erasmus datiert aus dem Jahre 1516. Morus handelte als Bevollmächtigter des Erasmus und holte Geld von Erzbischof Warham und anderen englischen Gönnern. Er gab sich auch viel Mühe (allerdings ohne Erfolg), Erasmus ein gutes Pferd zu besorgen. Die beiden Männer schrieben sich, und ihre Briefe bezeugen ihre Freundschaft, auch wenn sie nie von der geschwätzigen Vertraulichkeit sind, die wir im Briefwechsel zwischen Erasmus und Ammonius finden. Im August kam Erasmus zu einem kurzen Besuch nach England und wohnte in Morus' Haus in der Bucklersbury Street. Er hoffte auf finanzielle Hilfe von englischen Freunden, aber er wurde enttäuscht. Er bekam das neue Pferd nicht, das ihm der alternde Christopher Urswick versprochen hatte, weil Urswick auf die Jagd gegangen war und ihn vergessen hatte. So reiste Erasmus wieder ab, «Britanniens überdrüssig», wie er Ammonius sagte, und mit dem Gefühl, Lady Alice sei ihrerseits seiner überdrüssig.[2]

Nach der Abreise aus London hielt er sich länger als geplant im Hause von John Fisher in Rochester auf. Fisher wollte Griechischunterricht. Als er erfuhr, daß sein Freund noch in Rochester war, beeilte sich Morus, hinzufahren, um Erasmus wiederzusehen – als ob er befürchtete, wie Erasmus an Ammonius schrieb, sie würden sich lange Zeit nicht mehr begegnen. [3]

Der Grund für Morus' eiligen Besuch bei Erasmus hing wahrscheinlich mit *Utopia* zusammen. Erasmus schrieb am 23. August an Ammonius. Kurz danach fuhr er über den Kanal, und am 3. September schickte ihm Morus das Manuskript von *Utopia* und fügte eine höfliche Demutsfloskel bei: «Ich sende Dir mein ‹Nirgendwo›, nirgendwo gut geschrieben.» Wie J. H. Hexter bemerkte, geht daraus eindeutig hervor, daß Erasmus das Werk erwartete. Morus brauchte nichts mehr dazu zu sagen, weil die beiden Männer es bereits gründlich durchgesprochen hatten.[4]

Weitere Briefe folgten. Ungefähr am 20. September schrieb Morus, um nachzufragen, ob Erasmus das Manuskript erhalten habe: «Vor einiger Zeit schickte ich Dir mein ‹Nirgendwo›, und ich freue mich sehr darauf, daß es bald in hübscher Aufmachung erscheinen wird; und mit höchsten Empfehlungen, wenn es sich machen läßt, von etlichen, nicht nur Gelehrten, sondern auch gefeierten Größen der Politik.»[5] Daß Morus die Empfehlungen von Männern des öffentlichen Lebens erwähnt, könnte bedeuten, daß er hoffte, *Utopia* werde ihm einen Ruf als politischer Philosoph verschaffen, um so an den Hof Heinrichs VIII. geladen zu werden. Möglicherweise gehörte *Utopia* zu Morus' Strategie, Mitglied des Kronrats zu werden.

Am 3. Oktober schrieb Morus erneut an Erasmus. Er berichtete, die einzigen Widersacher des *Novum Instrumentum* in England seien ein paar betrunkene Franziskaner. Er berichtete weiter über seine immer hoffnungsvollen, aber erfolglosen Versuche, Erasmus ein Pferd zu verschaffen, und er schloß seinen Brief mit großem Jubel darüber, daß Peter Gilles an *Utopia* Gefallen gefunden habe. Morus wollte wissen, was andere davon hielten, und bat seinen Freund, das Manuskript zu verbreiten. Aber, fügte er hinzu, auch wenn andere das Werk geringschätzten, «so genügt Dein Wort mir völlig als Kritik. Wir beide sind, in meinen Augen, eine Menge, denn ich glaube, mit Dir könnte ich in jeder Einöde glücklich zusammen leben».[6] Morus zitiert hier Ovid. Er drückt die Gefühle eines Neulings im Schreiben aus, der einem Freund dankbar dafür ist, daß er sein Werk in Druck gibt.

Tunstall verbrachte den größten Teil des Jahres in diplomatischen Diensten Heinrichs VIII. auf dem Kontinent und besuchte Erasmus regelmäßig. An ihn gab Erasmus das Manuskript von *Utopia* weiter. Wie ein guter Freund schrieb Tunstall im November und lobte das Werk. Morus antwortete mit einem Brief voll überschwenglichen Dankes. Er wisse, schrieb er, daß Tunstall nur Klassiker lese. Um so dankbarer sei Morus ihm, daß er sich herablasse, *Utopia* zu lesen und zu genießen.

Anfang Dezember schrieb Morus wieder des Phantompferdes wegen an Erasmus und erwähnte Tunstalls lobenden Brief über *Utopia*. Morus überließ sich einem spielerischen Tagtraum. Dieser Traum müßte eigentlich die abwegige moderne Ansicht hinreichend widerlegen, daß seine Beschreibung des utopischen Gemeinwesens als ironischer Angriff auf den Gebrauch der Vernunft ohne Glauben gemeint sei:

> Du weißt nicht, wie unbändig ich mich freue, wie sehr ich auf Wolken schwebe, wie ich den Kopf höhertrage: Denn in meinen Tagträumen haben mich meine Utopier auf immer zu ihrem König erwählt, und ich sehe mich bereits einherschreiten, gekrönt mit ihrer Ährenkrone, ausgezeichnet durch das franziskanische Staatsgewand, als ehrwürdiges Szepter eine Handvoll Weizenähren, begleitet von einer Ehrenwache der Amauroter und, inmitten dieses Pomps, den Gesandten und Fürsten fremder Völker Audienz gewährend, armseligen Geschöpfen im Vergleich zu uns, die sich töricht damit brüsten, beladen mit ihrem kindischen Ordensschmuck und weibischem Putz zu erscheinen, bekettet mit dem verächtlichen Golde, mit Purpur und Gemmen und anderem lachhaften, aufgeblasenen Unfug.[7]

Er führt die Phantasie noch ein paar Zeilen weiter und lädt Erasmus ein, die Mühe nicht zu scheuen und ihn in Utopia zu besuchen. Er schließt mit der

Meldung, daß der Tag anbreche, der ihn aus seinem Fürstentum vertreibe und «in meine Tretmühle, den Gerichtshof» zurückrufe.

Erasmus tat, was er konnte. Er beschaffte einen Brief von Hieronymus Busleyden, einem Bürger von Mecheln und Ratsherr Karls V. von Spanien. Morus hatte einen Besuch in Busleydens geräumigem Haus gemacht. Auch Peter Gilles steuerte einen lobenden Brief über das Buch bei, und Erasmus gelang es, weitere Empfehlungsschreiben für die Ausgabe von 1518 zusammenzubringen. Trotzdem ist es verwunderlich, daß Erasmus selbst keinen Brief schrieb, um die Ausgabe von 1516 mit seinem Lob zu unterstützen. Vielleicht wollte er sich von Morus' Werk distanzieren. In einem Brief, den er am 17. Oktober 1516 an Peter Gilles schrieb, heißt es: «Ich mache gerade das ‹Nirgendwo› fertig. Vergeßt nicht, mir ein Vorwort zu schikken, aber adressiert es an jemand anders, zum Beispiel an Busleyden. Sonst will ich mich in allem so verhalten wie ein Freund.»[8] Das ist eine sonderbare Bemerkung, die man auf verschiedene Arten auslegen kann. Es sieht aber so aus, als ob Erasmus sagen wollte, daß er als Morus' Freund handle, wenn er das Werk zum Druck bringe, aber er wolle nicht so weit gehen, es zu loben. Sogar in seinem langen Lobesbrief über Morus an Hutten aus dem Jahre 1519 scheint sich Erasmus von *Utopia* zu distanzieren. Er erwähnt das Buch ohne besonderes Lob, aber mit ein paar Spitzfindigkeiten über den uneinheitlichen Stil. Morus war kein großer lateinischer Stilist. Vielleicht schämte sich Erasmus ein kleines bißchen des Buches. Oder spürte er, daß Morus' Verteidigung des *Lobs der Torheit* in seinem Brief an Dorp halbherzig war, und fühlte sich verletzt? Wir wissen es nicht.

Trotzdem kam Ende Dezember das Werk heraus, und Morus war begeistert. In diesem Monat schrieb er an Erasmus, daß er jeden Tag auf die Exemplare warte «mit den Gefühlen einer Mutter, die auf die Rückkehr ihres Sohnes aus der Fremde wartet».[9]

Im Januar erreichten die ersten Exemplare England, und Morus schickte eines an Erzbischof Warham. Er bat Warham, es anzunehmen, auch wenn es «nicht in besonders gutem Stil verfaßt» sei. Peter Gilles «hat es, wahrscheinlich aus lauter Freundschaft zu mir, herausgeben lassen». Er selbst habe es nur hingeworfen und gar nicht ernsthaft ausgearbeitet; Gilles «ließ es auch ganz ohne mein Mitwissen drucken».[10]

Erasmus unterstützte *Utopia* weiter und empfahl das Buch seinen Freunden. Guillaume Budé, dem französischen Gelehrten, schlug er vor, das Buch zu kaufen und sich die Zeit zu nehmen, es zu lesen.[11] Einem anderen Freund sagte er, das Buch werde ihn zum Lachen bringen und ihm den Ursprung aller Übel in den öffentlichen Angelegenheiten offenbaren.[12] Aber dann schrieb er ziemlich verärgert im März 1517 an Morus, ein gewisser Marliano habe das Gerücht verbreitet, daß Erasmus in Wirklichkeit der Autor des ersten Teils des Buches sei. Erasmus fand das gar nicht lustig. Er tat, was er konnte, um diese Geschichte zu dementieren.[13]

In der Zwischenzeit unterstützte Morus loyal Erasmus' griechisches Neues Testament. Das Werk war kaum erschienen, da begann Erasmus auch schon damit, es zu verbessern und zu erweitern. Morus drängte William Latimer, einen englischen Gräzisten, ihm bei der Durchsicht zu helfen. Latimer entschuldigte sich mit dem Hinweis auf seine Unkenntnis des neutestamentlichen Griechisch, aber er versprach, Erasmus jeden Verbesserungsvorschlag zu schicken, der ihm einfiel. Wir wissen nicht, was Morus' Meinung nach der Verbesserung bedurfte, aber Latimer deutet an, daß Morus ziemlichen Druck auf ihn ausübte, damit er seine Hilfe anbot.[14]

Morus half Erasmus auf andere Weise. Einige Zeit vor 1516 hatte Erasmus einen komischen kleinen Dialog geschrieben, der *Julius Exclusus* (Der ausgesperrte Julius) hieß. In ihm erscheint Papst Julius II. (†1513) vor dem Himmelstor, wird aber vom Heiligen Petrus abgewiesen, weil er ihn nicht erkennt. Der Dialog war nicht nur ein Angriff auf das Andenken Julius'. Er war in Teilen ein Schlag gegen den päpstlichen Hochmut im allgemeinen. Erasmus schrieb ihn anonym und weigerte sich immer, seine Autorschaft zuzugeben, obwohl er es auch ablehnte, sie strikt abzustreiten. Im Dezember 1516 schrieb Morus, er habe einige Manuskripte in seinem Besitz, die Erasmus gehörten und «ganz in Deiner Handschrift geschrieben sind». Darunter sei die erste Fassung des *Julius Exclusus.* Erasmus möge ihm mitteilen, was er damit tun solle.

Im Sommer 1517 war Erasmus wegen der Beliebtheit des Werkes nicht ganz wohl. Er wollte sich von dem Verdacht befreien, daß er der Autor sei. Im Jahr darauf fand *Julius Exclusus* den Weg in den Druck, sehr zum Mißvergnügen des Autors. Diesmal sagte er die Wahrheit, als er die Verantwortung dafür zurückwies, daß es veröffentlicht wurde. Im Jahre 1519 griff Morus die Sache in einem langen Brief auf, in dem er Erasmus gegen die Verleumdungen eines Mönchs namens John Batmanson verteidigte. Wie Erasmus formulierte Morus zweideutig. Er behauptete, niemand könne beweisen, daß Erasmus *Julius Exclusus* geschrieben habe. Aber falls er der Verfasser sein sollte,[15] schrieb Morus, «gehen wir davon aus, daß der Mann gegen Kriege ist und sich über die unruhigen Zeiten geärgert hat. Dem Impuls eines starken Gefühls folgend, ist er dann weiter gegangen, als ihm lieb war, sobald wieder Friede war und sich die Gefühle beruhigt hatten.» Nachdem er Erasmus verteidigt hatte, gab Morus denjenigen die Schuld, die das Werk in Druck gegeben hatten.[16] Er verteidigte den verhöhnten Papst nicht und behauptete auch nicht, daß Erasmus in Wirklichkeit ein Anhänger des Papsttums sei und keinesfalls ein gegen den Papst gerichtetes Buch geschrieben haben könnte. Hier, wie schon so oft, zeigt sich Morus im Bedarfsfall als Meister der Ausflüchte.

Im März 1517 bat Erasmus Morus, ihm so rasch wie möglich die überarbeitete Fassung von *Utopia* zu schicken. Sie war für die Ausgabe bestimmt, die 1518 von Johann Froben in Basel herausgebracht werden sollte. Bevor diese Ausgabe erscheinen konnte, wurde 1517 eine unautorisierte Fassung des kleinen Werks vom Verlag Giles Gourmont in Paris herausgegeben. Über diese Pariser Ausgabe wissen wir überraschend wenig. Sie hat ein handliches Format, wimmelt aber von Druckfehlern. Ihr Druck wurde von Thomas Lupset überwacht, einem englischen Studenten in Paris und Freund von Thomas Morus. Er war einer der gelehrten jungen Männer, die Morus in diesen Jahren so erfolgreich um sich scharte.[17] Wir wissen nicht, warum Lupset diese Ausgabe herausbrachte. Vielleicht war sie als Huldigung an seinen Freund gedacht.

Erasmus stand nun auf der Höhe seines Ruhms. Er war bei Herrschern als Zierde ihres Hofes begehrt. Aber er war fest entschlossen, sich seine Unabhängigkeit zu bewahren, damit er sich seinen wissenschaftlichen Zielen widmen konnte. Im März 1517 klagt er in einem Brief an Ammonius wegen Arbeitsüberlastung, die sowohl Ammonius als auch Morus von der Muse fernhalte, die doch ihren Geist voll hätte beanspruchen müssen.[18]

Erasmus fürchtete zeitlebens, in die Mauern des Klosters zurückkehren zu müssen. Schließlich hatte er Gelübde abgelegt, die ihn für immer an eine mönchische Gemeinschaft banden. Viele Leute meinten, es wäre höchste Zeit für ihn, zurückzukehren – vor allem Mönche, die ihm seinen Ruhm neideten und die seine Gelehrsamkeit gefährlich und seine Kritik an ihnen im *Lob der Torheit* empörend fanden. Ammonius bemühte sich bei Papst Leo X. um einen Dispens, der Erasmus erlauben würde, in Frieden ein weltliches Leben zu führen und seine wissenschaftlichen Pläne zu verfolgen. Im Januar 1517 wurde der Dispens gewährt. Erasmus mußte nach England zurückkehren, um in einer Zeremonie, die Ammonius wahrscheinlich am 9. April in der großen Abteikirche von Westminster abhielt, von seinem Gelübde entbunden zu werden.[19] Diesmal trafen sich Morus und Erasmus. Es wäre interessant zu wissen, ob Morus der Zeremonie beiwohnte und was er von der Entscheidung seines Freundes hielt, dem klösterlichen Leben zu entsagen, das Morus stets mit so schmerzlicher Sehnsucht betrachtete.

Erasmus blieb eine Weile bei John Fisher in Rochester und drängte den Bischof, weiterhin Griechisch zu lernen. Am 1. Mai reiste er wieder über den Kanal und schrieb Morus Ende des Monats. Er berichtete, Dorp bereite ihm immer noch Schwierigkeiten, und spielte damit auf einen weiteren Briefwechsel zwischen Dorp und Morus an.[20] Dorp schwankte tatsächlich in einer Weise, die den Mann im Rückblick als wenig charakterfest erscheinen läßt. Nach Morus' Brief aus dem Jahr 1515 war Dorp auf die Seite des Erasmus und der neuen Gelehrsamkeit umgeschwenkt und hatte das Studium des Griechischen in einer öffentlichen Vorlesung gepriesen. Dann änderte er seine Meinung wieder und begann, Erasmus wie zuvor anzugreifen. Vielleicht reagierte Dorp auf einen mehrfachen Meinungswechsel in der theologischen Fakultät von Löwen. Aber er ärgerte Erasmus und brachte offenbar Morus als heimlichen Friedensstifter wieder in Konflikt. 1519 hatte Dorp abermals seine Anschauungen geändert und unterstützte Erasmus. Daraufhin schrieb ihm Morus einen schmeichelhaften und dankbaren Brief.[21]

Während des Jahres 1517 tauschten Morus und Erasmus freundschaftliche Briefe. Viele handeln von ihrem gemeinsamen Ärger über die Obskuranten, die gegen die von der griechischen Bibelübersetzung symbolisierte neue Bildung wetterten. Im Juli war Erasmus' Amtseinführung in Löwen. Er schrieb an Tunstall, daß Edward Lee dort Student sei und Griechisch studiere. Lee war vielleicht der Bruder von Joyce Lee, dem Morus 1505 sein *Life of Pico* (Leben des Pico) gewidmet hatte.[22] Erasmus scheint mit fast jedem in Briefwechsel gestanden zu haben, der sich mit dem Studium der Klassiker beschäftigte. Er betrachtete diese Männer als Fachkollegen und Kampfgefährten im Dienste der Erneuerung von Kirche und Gesellschaft.

In London grassierte im Sommer das Schweißfieber. Im August schrieb Morus an Erasmus, daß Ammonius der Krankheit erlegen sei. «Er hielt sich infolge seines maßvollen Lebenswandels gegen Ansteckung für gefeit; dies hielt er für den Grund, weshalb niemand der Seinen von der Seuche befallen wurde, obwohl er kaum mit einem Menschen zusammenkam, dessen ganze Familie sich nicht damit abplagte. So prahlte er selbst gegenüber mir und vielen anderen noch wenige Stunden vor seinem Tod. Denn in diesem Schweißfieber kommt der Tod nie anders als am ersten Tag.»[23] Der Brief enthält einen melancholisch tadelnden Unterton. Ammonius hatte sich gerühmt, daß er vor dem Tod sicher sei. In Morus' Augen hieß das, Gott mit seiner Anmaßung zu versuchen. Seine eigene Familie sei nicht betroffen, schrieb Morus. Er habe gehört, daß die Seuche in Calais wüte, wohin er bald in diplomatischer Mission reisen werde. «Aber was willst Du tun? Wir müssen tragen, was das Schicksal bringt. Ich bin innerlich auf alles vorbereitet.»[24] Diese Haltung entspricht der Devotio Moderna, von der auch Erasmus beeinflußt war. Man ergibt sich vor aller Welt in den Willen Gottes in der Hoffnung, Gott möge diese demütige Haltung sehen und an denen vorbeigehen, die den Kopf beugen und seinen Schlag erwarten.

Irgendwann im August 1518 schrieb Erasmus an Germanus Brixius, den Autor des langen epischen Preisgedichts auf den französischen Kommandanten der *Cordelière* bei dem tödlichen Feuergefecht gegen das englische Schiff *Regent* im August 1512. Wir haben die spöttischen Epigramme von Thomas Morus gegen dieses Stück bereits erwähnt. Die Epigramme zirkulierten offenbar handschriftlich rund ein Jahr vor ihrer Veröffentlichung 1518. Erasmus hatte gehört, daß Brixius verärgert war und eine Entgegnung vorbereitete. Er bat den beleidigten Dichter, nicht zu antworten. Morus habe nicht gegen Brixius persönlich geschrieben, sondern gegen «einen Franzosen, und er schrieb es mitten im Kriege».[25] Es sei Zeit, diese Dinge zu vergessen, jetzt, wo zwischen England und Frankreich Frieden geschlossen sei. «Es ist auch für die Sache der humanistischen Wissenschaft von Vorteil, wenn ihre Jünger wie die alten Kreter Seite an Seite stehen, jetzt, wo die Feinde der Literatur sich so unangenehm zusammenrotten. Und schließlich sehe ich nicht gern, daß zwei Männer miteinander im Streit liegen, denen ich beiden ergeben bin.»[26] Erasmus erinnerte sich an Dorps Feindseligkeit gegenüber der humanistischen Wissenschaft, und er wußte auch von anderen Feinden.[27]

Trotz dieser besänftigenden Reden wurde Erasmus von Morus beauftragt, die Epigramme zusammen mit der neuen Ausgabe der *Utopia* von Froben drucken zu lassen. Erasmus tat nichts, um den Pfeilen gegen Brixius die Spitze zu nehmen, obwohl er dazu Gelegenheit hatte. Ende August 1517 schrieb er an Beatus Rhenanus, der Froben beim Druck von griechischen und lateinischen Texten half. Er drängte Rhenanus, dafür zu sorgen, daß die Werke von Morus sorgfältig gedruckt würden, aber er sagte nichts darüber, daß er die Epigramme aus dem Text herausnehmen solle.[28] Morus hatte bereits im September 1516 geschrieben und Erasmus gebeten, zu überlegen, «ob meine gegen Brixius geschriebenen Verse unterdrückt werden sollten, weil sie einiges zu Bissiges enthalten, wenngleich ich durch die Anwürfe gegen mein Land auch als provoziert erscheinen möchte».[29] Wir haben keinen Hinweis darauf, daß Erasmus etwas dergleichen tat. Vielleicht genoß Erasmus die Beleidigungen, mit denen Morus Brixius überhäufte. Der Franzose hatte in der Tat nur ein bescheidenes Talent, und Erasmus als der bessere Schriftsteller freute sich vielleicht darüber, wie ein schlechterer verspottet wurde. Vor sich selbst hatte er jedenfalls die Schande mit der flüchtigen Bitte an Brixius um Schweigen abgewendet.

Im Oktober, als er in Calais war, erhielt Morus ein Diptychon von Erasmus und Peter Gilles, das Quentin Metsys gemalt hatte. Er war begeistert. Er schrieb an Erasmus und drückte seine Freude darüber aus, daß er nicht nur Bilder seiner beiden Freunde hatte, sondern daß auch die Darstellung so erstaunlich realistisch war. «Wer immer sie betrachtet, dem erscheinen sie eher als Werke der Gußkunst oder der Bildhauerei denn als Gemälde, so plastisch treten die wirklichkeitsgetreuen menschlichen Züge hervor.»[30] Der Realismus der Darstellung ist in der Tat bemerkenswert. Gilles hält einen Brief von Morus in der Hand, der Morus' Handschrift genau wiedergibt. Morus schrieb Gilles und bat ihn, ihm seinen Brief zurückzuschicken. «Es wird die Wirkung verdoppeln, wenn ich ihn neben dem Bild aufhänge. Wenn er verlorengegangen ist oder wenn Du ihn brauchst, will ich versuchen, ob ich wiederum den Mann nachahmen kann, der meine Handschrift so gut nachahmt.»[31]

Gegenüber Erasmus bezeugte Morus seine Freude über den Freundschaftsbeweis der beiden Porträts. Er sei zwar frei von Prahlerei, schrieb er, «aber dennoch, um die Wahrheit zu sagen, kann ich nicht tatsächlich jene Lust am Ruhm ablegen, die mich dann hübsch kitzelt, wenn ich daran denke, daß ich der fernen Nachwelt durch meine Freundschaft mit Erasmus in Erinnerung bleiben werde, bezeugt durch Briefe, Bücher und Bildnisse – kurz, in jeder nur möglichen Weise».[32]

Die Freundschaft sollte bald von beiden Seiten auf die Probe gestellt werden. Im Herbst 1517 festigte sich der Widerstand gegen das *Novum Instrumentum.* Einer der bösartigsten Feinde des Werks war Edward Lee. Es gab noch viele andere. Im März 1518 brachte Froben seine schöne Ausgabe von Morus' *Utopia* heraus. Ihr waren Epigramme von Morus und Erasmus beigefügt. Darunter waren auch die Steine und Pfeile, die Morus gegen Brixius geschleudert hatte. (Froben brachte im November eine weitere Auflage heraus; das Buch muß sich also gut verkauft haben.)[33]

Frobens Ausgabe von *Utopia* enthielt zum ersten Mal einen Widmungsbrief von Erasmus. Das Lob ist ziemlich blaß. «Was hätte dieser wunderbare, reiche Charakter vollbringen können, wenn sein Talent in Italien ausgebildet worden wäre, wenn er sich jetzt ganz dem Dienst der Muse widmen würde, wenn er voll zur Reife und zu herbstlicher Üppigkeit gelangt wäre?» Der Brief ist an Froben gerichtet. Erasmus schreibt: «Eure Druckerei hat einen solchen Ruf, daß es genügt, wenn bekannt wird, daß ein Buch aus dem Haus Froben kommt, damit die gelehrte Welt Gefallen daran findet.» Aber Erasmus sagt kein Wort des Lobes über *Utopia.* Die undeutlich schmeichelhaften Bemerkungen, die er über Morus selbst macht, sind kurz.[34] Vielleicht bewirkte der Druck seiner eigenen Epigramme in diesem großen, schönen Band, daß Erasmus das Vorwort schrieb, obwohl er sich früher geweigert hatte. Aber offenbar konnte nichts ihn dazu bringen, das Werk seines Freundes mit entschiedenen Worten zu loben.

Wir haben schon mehrfach aus den Epigrammen von Thomas Morus zitiert, die 1518 zum ersten Mal gedruckt vorlagen. Epigramme waren schon seit langem jenen Gelehrten beliebt, die die Sprache priesen und über den Tod nachsannen. Es sind kurze, treffende Aussprüche, die einen geistreichen oder gewichtigen Gedanken auf einprägsame Weise fassen sollen. Epigramme sollen von anderen zitiert werden. Epigramme, die leicht zu merken waren, waren ein einfacher Weg zur Unsterblichkeit, zumindest in gewisser Weise. Um eine Verbindung zwischen dem unsterblichen Ruhm der brillanten Formulierung und dem ewigen Leben zu schaffen, wurden in der Renaissance bei Beerdigungen häufig Epigramme mit den Toten begraben. Morus' Epigramme sind interessant, aber nicht brillant. Ihr Ruhm hat nicht überlebt.

Erasmus sagt in seinem Vorwort über Morus: «Schon als Jugendlicher unterhielt er sich mit Epigrammen, die meisten von ihnen schrieb er, als er noch ein Junge war.»[35] Darin schwingt wieder der leicht reservierte Unterton gegenüber Morus' Dichtungen mit. Erasmus will der Welt anscheinend sagen, man dürfe nicht zu viel von diesen Texten erwarten.

Morus schloß die schmeichelnden Krönungsgedichte ein, die er zur Thronbesteigung Heinrichs VIII. verfaßt hatte. Wahrscheinlich hatte er sie dem König bei dem Ereignis als Manuskript überreicht. Außerdem verfertigte er mehrere lateinische Übersetzungen von griechischen Epigrammen, deren Quellen er manchmal angab und manchmal nicht. Er spottete über Astrologen, Frauen und korrupte Geistliche. Er trug viele konventionelle Gedanken über die Gewißheit des Todes und die Launen des Glücks vor. Wir haben die Verse bereits erwähnt, mit denen er Heinrichs Sieg über die Stadt Tournai im französischen Krieg von 1513 feierte. In einem anderen Epigramm über einen Mann, der französische Sitten nachahmte, drückte Morus konventionelle englische Vorurteile aus, ohne daß es ihm gelang, sich über sie zu erheben:

> Er hat einen Diener, auch er ist Franzose, aber diesen könnte selbst Frankreich (wenn es dies auch wollte) nicht französischer behandeln (wie ich meine).
> Keinen Lohn gibt er, dies ist französisch;
> er kleidet ihn mit abgetragenen Lumpen, dies ist französisch;
> er ernährt ihn mit wenig und schlechter Nahrung zudem, dies ist französisch;
> er plagt ihn mit harter Arbeit, dies ist französisch;
> bei Wortgefechten schlägt er ihn häufig, dies ist französisch;
> in der Versammlung und auf der Straße, auf dem Markt und in der Öffentlichkeit streitet er und schimpft immer auf französisch.[36]

Die bissigsten Epigramme von Morus waren jedoch für Brixius bestimmt, und Brixius war kein Mann, der auch die andere Wange hinhielt. Anfang des Jahres 1520 veröffentlichte der französische Dichter ein langes Gedicht mit dem Titel *Antimorus*. Anstelle des o in Morus' Namen setzte er das griechische Omega. *Antimorus* hieß so nicht nur «gegen Morus», sondern auch «gegen den Narren». Einige seiner Zeilen treffen ins Schwarze:

> Ihr sagt mir, ich stinke zu sehr nach den alten Dichtern;
> Mit Sicherheit kann das niemand von Euch sagen.[37]

Brixius stellt Morus als inkompetenten Dichterling dar. Er läßt seinem Gedicht einen Anhang in Prosa folgen, in dem er alle Fehler in Morus'

Versbau und eine Vielzahl von Schnitzern in Morus' lateinischer Ausdrucksweise genau aufführt. In vielen Fällen hatte Brixius recht.

Am heftigsten griff er die Krönungsgedichte an. Morus schmeichelte Heinrich VIII., meint Brixius, und damit habe er Heinrich VII. verleumdet. Wie konnte der Sohn ein so kriecherisches Lob annehmen, obwohl es doch gemeine Angriffe auf den Vater enthielt? Als Morus diese Epigramme schrieb, zeigte Heinrich keinerlei Mißfallen. Im Jahre 1520 jedoch, fast unmittelbar vor seiner plötzlichen Entscheidung, den Herzog von Buckingham auf den Richtblock zu bringen, wäre es durchaus denkbar gewesen, daß Heinrich VIII. nach Gelegenheiten suchte, seine Macht zu zeigen. Ein Mann von seinem launischen Charakter hätte durchaus Maßnahmen gegen einen Autor erwägen können, der in Europa allenthalben beschuldigt wurde, sein Herrscherhaus nicht mit der gebührenden Achtung zu behandeln – vor allem, da er überdies im Kronrat saß. Einem jungen König, der sich über die Erlösung aus väterlicher Knechtschaft und seinen Aufstieg zur Macht freute und seinem zänkischen Vater grollte, handgeschriebene Epigramme zu schicken, war eine Sache. Eine andere war es, dieselben Epigramme zu veröffentlichen, wenn der König sich an die Macht gewöhnt hatte, keinen Erben hatte und von unheilvollen Gerüchten über die Legitimität seiner Ansprüche auf den Thron bedroht wurde. Der Angriff von Brixius war nicht nur sehr beleidigend – er wies Morus unwiderlegbar Unkenntnis im Griechischen und Lateinischen nach –, sondern er war auch gefährlich. Brixius deutete an, ein König, dem etwas an seinem Vater und seinem Hause liege, würde einen solchen Dichter verbannen, am besten nach Utopia. Die Verbannung – oder Schlimmeres – lag nicht außerhalb des Möglichen.

Brixius begnügte sich nicht mit sarkastischen und heftigen Angriffen gegen die Epigramme von Thomas Morus. Er grub jeden stilistischen Formfehler aus, den er in der *Utopia* und in Morus' Lukian-Übersetzungen finden konnte, und gab auch sie dem Gespött preis. Brixius ist die personifizierte Pedanterie und üble Laune. Der *Antimorus* ist das Schulbeispiel eines literarischen Rachefeldzugs, das schnell langweilig wird, aber seine detaillierte Kritik an Morus' lateinischem Stil zeigt, daß Morus' Gelehrsamkeit nicht an das heranreichte, was von einem Gelehrten erwartet werden konnte. Hier mag der Grund liegen, weshalb Erasmus zögerte, *Utopia* zu loben. Es erstaunt nicht, daß Morus, so geschäftig, wie er zeitlebens war, die letzte Vollendung der Sprache fehlte, die er vielleicht erreicht hätte, wenn er sich ganz der Wissenschaft gewidmet hätte. Aber wie ein Autor, der heute eine vernichtende und dazu treffende Kritik bekommt, fühlte sich Morus nicht nur vor Europa gedemütigt, sondern war auch zutiefst in seinem Gelehrtenstolz getroffen. Deshalb schrieb er eine fast hysterische Rechtfertigung.

Im Frühjahr 1520 hatte er ein Exemplar des *Antimorus* erhalten und verfaßte einen wütenden «Brief» an Brixius, der in Wirklichkeit für den

Druck und das lateinkundige Publikum Europas bestimmt war. Gleichzeitig schickte er eine ebenso feurige Schimpfkanonade gegen Brixius an Erasmus. Vielleicht hoffte er, Erasmus würde sie veröffentlichen und in diesem Streit entschlossen an seine Seite treten. Aber Erasmus war nur peinlich berührt. Er sorgte dafür, daß Morus' Brief an ihn kein breiteres Publikum fand.

In seinem *Letter Against Brixius* (Brief gegen Brixius) schleudert Morus mit der gleichen Unbeherrschtheit Beleidigungen gegen Brixius, die später seine Angriffe gegen Luther und andere Protestanten kennzeichneten. Das Interessanteste an der langen Polemik ist sein vorsichtiger Tanz um die Beschuldigung, er habe Heinrich VII. verleumdet. Morus schrieb, Heinrich VII. habe viel Gutes für England getan. Er sei ein besonnener König gewesen, aber im Alter, bei schlechter Gesundheit, habe er auf viele böse Ratgeber gehört, die dem Gemeinwesen geschadet hätten.

Daß Morus den Ratgebern die Schuld für die Untaten von Heinrich VII. gab, spiegelt wahrscheinlich wider, was er wirklich dachte. Es war damals allgemein üblich, die königlichen Ratgeber zu verurteilen, wenn ein König sich schlecht verhielt. In rebellischen Reden jener Zeit wurden kaum jemals die Könige verurteilt. Rebellen erklärten meist, sie würden die Waffen gegen die schlechten Ratgeber des Königs erheben. Morus glaubte wie fast alle, daß Könige stark durch ihre Ratgeber beeinflußt würden. Das war sicherlich ein Grund, weshalb er selbst Ratgeber werden wollte, und wir sollten seine Verteidigung gegen Brixius' Vorwürfe nicht als Heuchelei betrachten. Wir dürfen daran zweifeln, daß er völlig ehrlich war, als er schrieb, Heinrich VIII. habe die Nation aus dem beklagenswerten Zustand, in dem der junge König sie vorgefunden hatte, herausgeholt und den guten Taten, die sein Vater vollbracht hatte, bessere hinzugefügt. Der Ruf Heinrichs VIII. als Veränderer der nationalen Wohlfahrt war damals nicht so gut, wie Morus ihn darstellte. Sicherlich kannte Morus die Fehler Heinrichs VIII. so gut wie jeder andere auch.

Trotzdem überschüttete Morus, wie immer, wenn er dazu Gelegenheit hatte, Heinrich VIII. mit Lob. Er sagte, dieses Lob sei auch ein Lob für Heinrich VII., denn den Sohn zu loben, heiße, die Eltern zu preisen, die dem Kind das Leben gegeben haben. Um so größere Ehre gebühre einem Sohn, der die Irrtümer des Vaters berichtige, statt sie nachzuahmen. Morus lobte Heinrich dafür, daß er nichts im dunkeln tue. Das war in der Tat ein hohes Lob vom Verfasser der *Utopia*, wo alle Beratungen der Regierung unter dem genauen prüfenden Blick der Öffentlichkeit stattfinden. Heinrich berate sich mit dem Volk, mit dem Adel, mit allen Altersgruppen, Ständen, Geschlechtern – ein Verhalten, das es nach Morus verdiene, in den Himmel gehoben zu werden.[38]

Damit sind wir wieder bei einem seiner wichtigsten Themen, einem Thema, das in *Utopia* überall im Vordergrund steht: Die Gesellschaft funktioniert am besten, wenn all ihre Teile in Harmonie zueinander stehen – als großes System wie das Universum selbst. Jeder Teil, ob groß oder klein, hat seinen notwendigen Platz. Der König ist für Morus wie das aristotelische Prinzip der Vernunft. Sie erhält Ordnung aufrecht und bewahrt das Ganze vor dem Chaos. Was er nicht ausspricht, ist seine lebenslange Überzeugung, daß ein guter König nicht gegen diese Ordnung handelt oder versucht, sich über sie zu stellen. Der König ist die ordnungerhaltende Kraft, aber der König ist auch ein Teil dieser Ordnung – ebenso wie die rationale Verstehbarkeit ein Wesensmerkmal der physischen Welt ist. Im aristotelischen Universum konnte die Vernunft nicht der Sonne oder der Erde oder anderen Teilen der kosmischen Ordnung entgegengesetzt sein. Die Beispiele stammen von mir, nicht von Morus, aber sie drücken seine Gedanken genau aus und sollen seine Äußerungen über Könige veranschaulichen. Allerdings erscheinen seine Äußerungen zeitweilig, wie in dem Brief gegen Brixius, kriecherisch und widersprüchlich.

Brixius hatte zu seinem *Antimorus* den kurzen Brief von Erasmus hinzugefügt, in dem er ihn bat, das Büchlein nicht zu veröffentlichen. Der Brief enthielt für Erasmus typische Schmeicheleien über Brixius und Frankreich. Brixius behauptete, er sei nicht rechtzeitig eingetroffen, um ihn davon abzuhalten, den *Antimorus* drucken zu lassen. Aber offenbar kam er rechtzeitig an, um mitgedruckt zu werden. Das ärgerte Morus, und aus diesem Grund wünschte er noch dringlicher, daß sich Erasmus entschieden an seine Seite stelle.

Sehr zu Morus' Ärger weigerte sich Erasmus, Partei zu ergreifen. Statt dessen schrieb er tapfer an beide Männer und drängte sie zu schweigen. Er wandte sich auch an Freunde wie Guillaume Budé, der sowohl zu Morus als auch zu Brixius eine gute Beziehung hatte. Anfang des Jahres 1520, als der Streit an die Öffentlichkeit kam, wurde Erasmus von den Konservativen, die sein griechisches Neues Testament verurteilten, angegriffen. Er wollte, daß sich seine Freunde um ihn sammelten und aufhörten, sich gegenseitig zu bekämpfen.

Am 26. April 1520 schrieb Erasmus an Morus und bat ihn zu schweigen. Er gab vor, Morus' *Letter against Brixius* nicht zu kennen. Es ist möglich, daß Morus' Werk mit dem Begleitbrief noch nicht eingetroffen war. Aber fest steht, daß Erasmus zeitlebens einfach behauptete, er habe etwas nicht gelesen, wenn er durch Vortäuschen von Unwissenheit Ärger vermeiden konnte. Er schrieb, er habe vergeblich an Brixius geschrieben, er möge den *Antimorus* nicht veröffentlichen, aber schließlich, meinte er, habe sich Brixius nur selbst getroffen. Wenn Morus eine Entgegnung schriebe, würden ihn die Leute für ebenso schlecht halten wie seinen Gegner. Brixius sei ein redlicher Mann, der sich der Altphilologie widme, schrieb Erasmus. Morus' Epigramme hätten ihn verletzt. Morus solle sich nicht wundern, wenn ein heißblütiger junger Mann, der nach Ruhm dürste, für ein ihm angetanes Unrecht Vergeltung fordere. Aber bei so einem Streit könne die Altphilologie nur Schaden durch die «beharrliche Verschwörung der Barbaren» davontragen. Erasmus schlug einen Handel vor: Morus solle versprechen, die beleidigenden Epigramme aus weiteren Auflagen herauszunehmen, und Brixius solle den *Antimorus* zurückhalten. Ohne Nahrung würde das Feuer langsam verlöschen.[39]

Morus verfaßte rasch eine lange trotzige Antwort.[40] Vermutlich ging er davon aus, daß Erasmus nur vorgab, seinen *Letter against Brixius* und seinen ebenso heftigen Begleitbrief nicht zu kennen. Er ließ nicht ab, sich zu rechtfertigen und Brixius eines zweifelhaften Glaubens zu beschuldigen. Er machte Brixius' Behauptung lächerlich, daß er keine Zeit gehabt habe, den *Antimorus* zurückzuhalten, wie ihn Erasmus gebeten hatte. Trotzdem erklärte er sich bereit, auf Erasmus' Vermittlung hin Frieden zu schließen. Seine Antwort an Brixius sei schon in Druck, schrieb er, und er sei sicher, daß Erasmus ein Exemplar bekommen habe. Trotzdem erklärte Morus sich bereit, die gesamte Auflage zu kaufen und zu verbrennen, wenn Brixius den *Antimorus* zurückhalte.

Aber trotz Morus' Versprechungen machten einige Exemplare der Tirade gegen Brixius die Runde. Guillaume Budé sah eines, als er und Morus sich im Sommer 1520 auf dem Güldenen Feld trafen. Morus zwang Erasmus, ein Exemplar zu lesen, als sie sich später in Calais begegneten. Erasmus schrieb danach an Budé, der Brief sei so scharf formuliert, «daß ich, der manchen bissig erscheint, im Vergleich dazu vollkommen zahnlos wirke».[41] Als Morus etwas später im Jahre 1520 eine weitere Ausgabe seiner Epigramme herausbrachte, fügte er vier neue gegen Brixius hinzu, die so beleidigend waren wie alle vorherigen.[42] Er meinte wahrscheinlich, Brixius habe das Abkommen nicht eingehalten, das Erasmus vermeintlich getroffen hatte. Der *Antimorus* war immer noch im Umlauf. Morus brachte es nicht über sich zurückzustekken, ohne das letzte Wort zu haben.

Erasmus gab sich weiterhin alle Mühe, die beiden Männer zu versöhnen. Im Juni 1520 schrieb er einen strengen Brief an Brixius, in dem er dem jungen Franzosen vorhielt, es mache ihm keine Ehre, wenn er gegen Morus schreibe. «Morus hat Dich herausgefordert, aber er wurde selbst herausgefordert. Seine Antwort war weitaus höflicher als Deine – wie Dir Franzosen bestätigen werden. Und er schrieb zu Kriegszeiten, Du nach Jahren der friedlichsten Beziehungen.» Erasmus rühmte Morus' Verstand und seine Rechtschaffenheit, und er tadelte Brixius dafür, daß er versuchte, Morus als Narren hinzustellen. «Sein Verstand ist absolut unvergleichbar, er hat das beste Gedächtnis, die lebendigste Fähigkeit zu sprechen.»[43] Aber auch hier rühmte Erasmus nicht Morus' lateinische Ausdrucksweise oder seine Schriften.

Brixius antwortete nicht auf Morus' neue Epigramme, und so erlosch der Streit. Im August 1521 schrieb Erasmus an Budé und dankte ihm dafür, daß er Brixius überredet habe, sich aus dem Kampf zurückzuziehen. Er schrieb, Morus plane keine weiteren Feindseligkeiten und erinnere sich nicht einmal mehr an den kleinen Konflikt. Das war der Brief, in dem Erasmus Morus' Haushalt sowie das gebildete und tugendhafte Betragen seiner Töchter pries, die Livius lasen und einer geistreichen Predigt folgen konnten.

Erasmus veröffentlichte diesen Brief über Morus an Budé ebenso wie den strengen Tadel an Brixius in der Sammlung von Briefen, die er *Epistolae ad Diversos* (Briefe an verschiedene Partner) nannte und die Ende 1521 von Johann Froben in Basel gedruckt wurde. Morus muß sich endlich vor der Gemeinschaft der Gelehrten Europas, die Erasmus als Zentrum ihres Universums betrachtete, gerechtfertigt gefühlt haben. Wahrscheinlich erkannte er auch die Weisheit von Erasmus' Einwand, daß der Streit zwischen ihm und Brixius der Sache der Altphilologie schade. Und als mit der Zeit sein Zorn abkühlte, sah er sehr wahrscheinlich auch, wie sehr er dem eigenen Ansehen, nach dem er in der Welt strebte, geschadet hatte.

Wie sich herausstellte, war der Streit so nichtig, daß er auf nichts irgendeinen Einfluß hatte. Heute ist er nur noch wegen des ungünstigen Lichts, das er auf den Charakter von Thomas Morus wirft, von Interesse. Am Vorabend der protestantischen Reformation entwickelte er bereits das hemmungslose rhetorische Ungestüm, das er später in seinen polemischen Schriften gegen die Häresie zeigen sollte. In den Kontroversen des sechzehnten Jahrhunderts war das der übliche Stil. Er zeigt vielleicht die unterschwelligen Spannungen an, die Männer dazu bewegten, bei jedem Anzeichen einer Herausforderung zu kämpfen. Daß diese Männer in der persönlichen Unterhaltung normalerweise vielleicht zurückhaltend, höflich und weltgewandt waren, hinderte sie nicht daran, mit Worten dreinzuschlagen wie Berserker, sobald sie den Stahl in der Hand eines Gegners blitzen sahen. Morus, Erasmus und viele andere Humanisten gaben vor, den ritterlichen Ehrenkodex zu verachten, der Leute mit aristokratischem Anspruch beim kleinsten Anzeichen dafür, daß jemand geringer von ihnen dachte als sie von sich selbst, zu blutigen Auseinandersetzungen veranlassen konnte. Aber in Wirklichkeit hielten sich die Humanisten an einen ganz ähnlichen Kodex. Sie wählten nur andere Waffen. Morus war darin maßlos, und die Reformation sollte ihm Gelegenheit geben, dieser Eigenschaft freien Lauf zu lassen, wie es die meisten Gelehrten in diesem Jahrhundert taten.

KAPITEL 16

Das griechische Neue Testament

Wie Morus und viele andere litt Erasmus unter den Spannungen jener unruhigen Zeit. 1518 wurde sein griechisches Neues Testament in ganz Europa laut und anhaltend kritisiert. Konservative Theologen sahen darin einen empörenden Angriff auf die traditionelle Kirchenpraxis. Auf die Kritik an seinem Werk reagierte Erasmus mit dem gleichen maßlosen Zorn, den er so oft bei Morus und Brixius zu besänftigen suchte.

Wie Erasmus empfand auch Morus die Herausgabe des griechischen Neuen Testaments als einen Kampf um den Platz des Griechischen in der christlichen Bildung und Erziehung, und diesen Platz sah Morus als wesentlich für die Reform der Gesellschaft an. Zu Beginn des Jahres 1518 hörte Morus, daß ein Priester aus Oxford in London allzu selbstgefällig gegen Erasmus und gegen die neue «Literatur» im allgemeinen predigte. Später hörte er durch Gerüchte von einer Gruppe Studenten und Hochschullehrern in Oxford, den «Trojanern», wie sie sich selbst nannten. Sie hatten sich zusammengeschlossen, um gegen den Griechischunterricht vorzugehen, und machten sich über jeden lustig, der die Sprache lernte. Morus schrieb daraufhin als Mitglied des Kronrats und als ehemaliger Student der Universität einen scharfen Brief. Im Ton des Briefes spiegelt sich kluge Bescheidenheit, ein wenig Schmeichelei und der Geist der Versöhnung wider.

Er könne sich nicht vorstellen, schrieb er, daß eine solche Idiotie auf etwas anderes als Parteisucht zurückzuführen sein könne. Die gelehrten Doktoren müßten wissen, daß mit Ausnahme Ciceros und Senecas alle hohe Philosophie bei den Griechen zu finden sei. Auch die freien Künste verdankten wir ihnen. Das Neue Testament sei in Griechisch geschrieben, und die größten der lateinischen Kirchenväter hätten sich bemüht, Griechisch zu lernen. Das Griechische zu beherrschen sei unabdingbar für die universale Kirche, und kein vernünftiger Christ könne sich dem widersetzen. Die Parteiensucht in Oxford müsse unterdrückt werden. Falls sich dies als schwierig erweise, habe er einige Vorschläge zu machen. Die Lehrenden könnten William Warham, den Erzbischof von Canterbury, um Hilfe ersuchen, ferner Thomas Wolsey, «den Gelehrtesten der Bischöfe», und den König selbst, dessen Liebe zu den freien Künsten, führte Morus aus, sattsam bekannt sei. Nachdem Morus schweres Geschütz aufgefahren hatte, wurde er milde und drückte am Schluß seine Hoffnung auf Frieden aus.

Mit diesem Brief sollten nicht nur die neue Gelehrsamkeit, der Humanismus und Erasmus tatkräftig verteidigt werden. Er markiert auch eine Episode in den Interessen und Tendenzen, die Morus und Thomas Wolsey vor dem Kronrat gemeinsam vertraten. Morus schrieb den Brief aus Abingdon, wo er mit dem Rat weilte. Wolsey war zu jener Zeit bereits ein nachdrücklicher Befürworter des Studiums des Griechischen. Er hatte geplant, Oxford eine hohe Spende zukommen zu lassen und die Reform des Lehrplans zu überwachen. Innerhalb eines Jahres, nachdem Morus jenen Brief geschrieben hatte, richtete Wolsey einen Lehrstuhl für Griechisch an der Hochschule ein – und so wurde Griechisch hier zwar nicht zum ersten Mal gelehrt, aber zum ersten Mal als ordentliches Lehrfach etabliert. Die Universität war sehr darum bemüht, Wolsey zufriedenzustellen. Morus schrieb seinen Brief an ein Publikum, das bereit war, sich zu fügen, und vermutlich – wie es an Universitäten zuweilen vorkommt – über die lauten Possen einer Minderheit des Lehrkörpers und der Studenten höchst verärgert war.[1]

Morus wurde schließlich belohnt. 1524 wurde er High Steward, Großhofmeister der Universität, und mit den geschäftlichen Angelegenheiten und den juristischen Belangen des Lehrkörpers betraut.[2] Er nahm seine Ernennung in einem Brief an und drückte überschwengliche Freude und Dankbarkeit aus. Da Wolsey zu jener Zeit der mächtigste Schirmherr Oxfords war, muß Morus auf seinen Vorschlag hin ernannt worden sein.

Erasmus berichtete kurz einem Freund auf dem Kontinent über die Affäre mit den «Trojanern», und er fügte hinzu, daß der König durch Morus und Richard Pace, einen anderen Beamten des Königs, den Andersdenkenden zu schweigen geboten habe. Er erzählt auch kurz von einem Disput zwischen Morus und einem «gewissen Theologen», in den der König selbst eingegriffen habe. Der König beschuldigte den Theologen der Überheblichkeit und der Torheit, weil der Mann das griechische Neue Testament des Erasmus verurteilt hatte, ohne es gelesen zu haben. Der Theologe versuchte in seiner Verlegenheit, seinen Ruf dadurch zu retten, daß er anführte, er sei nicht ganz gegen die griechische Schrift, da sie sich vom Hebräischen herleite![3]

In seinem Brief aus dem Jahre 1518 an die Universität Oxford wies Morus darauf hin, daß in Cambridge das Studium des Griechischen von Studenten wie Lehrern gleichermaßen begeistert betrieben werde. Morus forderte die Universität Oxford auf, diesem Beispiel nachzueifern. Seine schmeichelhaften Bemerkungen über Cambridge müssen allen in Oxford, die den Brief gelesen haben, ein Stachel im Fleisch gewesen sein.

Sicher war jedoch, daß die Kirche, die traditionell den Wert der Bibel für das religiöse Leben skeptisch beurteilte, sich der Herausgabe des Neuen Testaments durch Erasmus widersetzen würde. Den Lollarden hatte Wycliffes englische Übersetzung der Bibel dazu gedient, jahrzehntelang die Häresie zu predigen. Die konservativen Kleriker waren dadurch auf lange Zeit mißtrauisch gegenüber jedem geworden, der die Heilige Schrift als Mittel zur Reform benutzen wollte. Gerade durch diese Skepsis wurden jedoch die Menschen, die eine Reform herbeisehnten, zu einer sehr wirklichkeitsfremden Vorstellung von den Folgen einer allgemeinen Verbreitung der Heiligen Schrift verleitet. Und im England von 1518 war diese Vorstellung noch nicht durch den Aufruhr und das Geschrei der Reformatoren getrübt, die in der Heiligen Schrift das absolute Maß sahen und dann in einen anhaltenden bösartigen Streit über den Sinn der Bibelworte verfielen. Morus konnte das zwar nicht wissen, als er seine alte Universität in jenem Brief ermahnte, doch wurden die Studenten des Griechischen in Cambridge, die er so lobte – diese jungen Menschen, die in den ruhigen Räumen nahe der Universität eifrig das griechische Neue Testament des Erasmus studierten –, zu einer größeren Gefahr für die alte Kirche, als sich die meisten fanatischen «trojanischen» Reaktionäre vorstellen konnten.

Bei dem Streit um das griechische Neue Testament waren die Parteien keineswegs klar voneinander geschieden. Die englische Kirche war – wie die Kirchen überall in Europa – geteilt und in Fraktionen zersplittert. Diese bekämpften sich in einem Punkt, in einem anderen verbündeten sie sich und brachen dann wieder auseinander, wenn irgendein neues strittiges Problem aufkam. Als Folge der stets veränderten Koalitionen und der mörderischen Kämpfe war die Kirche nicht imstande, sich gegen die größte Bedrohung ihres traditionellen Selbstverständnisses zusammenzuschließen. Und bedroht wurde sie im sechzehnten Jahrhundert nicht durch die Häresie, sondern durch die weltlichen Herrscher.

Bei den großen Auseinandersetzungen über die Investitur im elften und zwölften Jahrhundert konnten die Päpste in Rom sich bei ihren Kämpfen mit den deutschen Kaisern auf den Gehorsam der meisten deutschen Bischöfe verlassen. In der Folge verfiel die Macht der Kaiser im deutschen Reich. Im Mittelpunkt der Auseinandersetzung stand die Behauptung beispielsweise Kaiser Heinrichs IV., der Kaiser habe seine Macht direkt von Gott empfangen und nicht vom Papst. Da die Kaiser sich selbst gleichsam als Priester sahen, behaupteten sie für sich das Recht, auf ihrem Territorium nicht nur die Bischöfe einzusetzen, sondern auch die Papstwahlen zu kontrollieren. Mehr noch, sollte sich ein Papst als ungeeignet erweisen, hätte der Kaiser als Herrscher des Heiligen Römischen Reichs das Recht, ihn abzusetzen. Die Deutschen glaubten noch immer, sie seien die wahren Erben der Römer. Gott habe ihnen das römische Reich «übertragen» und ihre Kaiser besäßen die natürliche Souveränität über Rom und alles, was zu Rom gehöre, einschließlich des Papsttums.

Eine Reihe von Päpsten, angefangen bei Gregor VII. (1073–1085), bekämpfte die Kaiser auf theologischem Gebiet. Die Päpste hatten die Überlegenheit des Priesterstandes über den säkularen Bereich postuliert. «Wer hat in seiner letzten Stunde (...) jemals die Hilfe eines weltlichen Königs zur Errettung seiner Seele erfleht?» fragte Gregor VII. «Und welcher König oder Kaiser ist in der Lage, kraft seines Amtes, das er innehat, einen Christen aus der Macht des Bösen durch die heilige Taufe zu befreien, ihn unter die Söhne Gottes einzureihen und ihn mit der göttlichen Salbung zu stärken? Wer von diesen kann seine eigenen Worte in den Leib und das Blut unseres Herrn verwandeln – die wichtigste Handlung der christlichen Religion? Oder wer von ihnen besitzt die Macht, im Himmel und auf Erden zu binden und zu lösen? Aus all diesen Überlegungen geht hervor, wieviel größer die Macht des priesterlichen Amtes ist.»[4]

In Gregors Sicht – und sie wurde von den nachfolgenden Päpsten voll und ganz übernommen – mußte die Kirche von der Herrschaft der Laien völlig unabhängig sein, wenn sie ihre Aufgabe, zu der Gott sie bestimmt hatte, erfüllen wollte. Das klerikale Zölibat, das die Priester vor der Auseinandersetzung über die Investitur nur unzureichend befolgt hatten, wurde einer der großen Streitpunkte in der nun folgenden, erbitterten Debatte. Das Zölibat galt als Zeichen der Reinheit und des hochstehenden Standes der Priesterschaft. Gregor VII. ging beinahe so weit, den säkularen Staat als Werk des Teufels zu bezeichnen: «Wer wüßte nicht, daß die Könige und Führer von Männern abstammen, die von Gott nichts wußten, die durch Überheblichkeit, Räuberei, Treulosigkeit und Morde – in einem Wort, durch beinahe jedes Verbrechen, zu dem sie der Teufel, der Fürst dieser Welt, verführte – und mit blinder Gier und unerträglicher Anmaßung danach getrachtet haben, über ihresgleichen zu herrschen, das heißt über die Menschheit?»[5] Er verzichtete darauf, den Staat als von Natur aus verderbt zu bezeichnen, doch hielt er an der Augustinischen Sehweise fest, daß der säkulare Staat nur deshalb existiere, weil Satan Gottes Schöpfung zum Bösen verführt habe. Der Staat werde benötigt, um das Schwert zu führen, Übeltäter zu bestrafen, die Ordnung aufrechtzuerhalten und eine stabile Gesellschaft zu garantieren, in der die katholische Kirche die Sakramente austeilen, die unverfälschte Lehre verkünden und die Seelen für das künftige ewige Leben retten könne. Gregor und seine Nachfolger waren gewillt, gegen jeden Fürsten Krieg zu führen, der den Anspruch der Kirche auf Unabhängigkeit von der weltlichen Autorität bestritt.

Im sechzehnten Jahrhundert hatte die katholische Kirche den größten Teil ihrer moralischen Autorität verloren. Die meisten Menschen fühlten sich der säkularen Herrschaft treu verbunden, welche sie in einer bedrohlichen Welt beschützte. Der König verkörperte das Ideal all dessen, was die Menschen als das Beste im Leben ansahen. Die Reformer glaubten nicht mehr an die Fähigkeit oder den Willen der Päpste, die christliche Welt in Ordnung zu bringen. Statt dessen hofften sie auf die weltliche Regierung. Durch die protestantische Reformation wurde der Richtungswechsel der Loyalität von der universalen Kirche weg und in Richtung auf die nationalen Regierungen hin beschleunigt. Ende des sechzehnten Jahrhunderts wurden sowohl das katholische wie das protestantische Bekenntnis überall in Europa von säkularen Autoritäten beherrscht, die dann die Religion ohne jede Scham für ihre eigenen Zwecke mißbrauchten und die Kirche innerhalb ihrer Grenzen zu einem Werkzeug der Staatsraison machten.

Die innere Zersplitterung der Kirche zeigte sich sehr deutlich bei der Auseinandersetzung über das griechische Neue Testament in England. Wir können beobachten, wie Morus sorgfältig seinen Weg zwischen den Parteien wählt. Seine Position war nicht einfach. Auf der einen Seite stand er unbeirrt zu der alten Ordnung und glaubte leidenschaftlich daran, daß die Kirche unbedingt von der säkularen Herrschaft unabhängig sein müsse. Andererseits verfocht er den Humanismus, wie er von Erasmus vertreten wurde, und betonte das individuelle Studium, die individuelle Ethik und die Kritik an den bestehenden Verhältnissen in der Kirche. Dieser Humanismus sollte maßgebend zur Reformation beitragen. Eine solche Konsequenz hätten sich allerdings weder Morus noch Erasmus träumen lassen, als sie mit vereinten Kräften den Humanismus in England und im übrigen christlichen Europa vorantrieben.

Ein ernstzunehmender Widersacher des griechischen Neuen Testaments war Henry Standish. Er hatte sich während der Affäre Hunne einen Namen gemacht, als er sich für die Rechte der englischen Könige einsetzte, über den englischen Klerus kraft Gesetzes Recht sprechen zu dürfen – zu jener Zeit in der Tat eine radikale Haltung, die den traditionellen Ansichten der Päpste über die kirchliche Unabhängigkeit scharf widersprach. In seiner praktischen Theologie war Standish hingegen konservativ. Er ließ sich vom Gefühl leiten, und er besaß eine natürliche Begabung zum Prediger. Eine zweite Ausgabe des griechischen Neuen Testaments erschien 1519. Im Juli 1520 berichtete Erasmus noch voll Abscheu einem Freund auf dem Kontinent von einer Predigt, bei der sich Standish auf dem Friedhof der St.-Paul's-Kathedrale angeblich gegen das Buch ausgesprochen hatte. Standish hatte sich damals durch einige Veränderungen der Worte, die Erasmus an der lateinischen Übertragung vorgenommen hatte, derartig hinreißen lassen, daß er zusammenbrach und vor der Gemeinde zu weinen begann.

Nach der Predigt trocknete Standish seine Tränen und nahm bei Hofe eine Mahlzeit ein. Zwei Freunde von Erasmus setzten sich zu ihm. Der eine war verheiratet, der andere Junggeselle. Aus der Art, wie Erasmus den verheirateten Freund beschreibt, haben die Interpreten häufig geschlossen, daß es Morus gewesen sei. (Vielleicht erwähnte Erasmus Morus deshalb nicht namentlich, weil der Name des Engländers in den gebildeten Kreisen auf dem Kontinent seit dessen Streit mit Brixius etwas in Verruf gekommen war.) Der verheiratete Freund begann, an Standish Fragen zu richten, und stellte ihn bloß, weil seine theologischen Kenntnisse die Standishs bei weitem übertrafen.

Standish litt vermutlich darunter, von einem Laien so tief gedemütigt zu werden, er gab jedoch noch nicht auf. Nach dem Mahl bahnte er sich den Weg in einen Kreis, dem der König und die Königin angehörten. Melodramatisch kniete er vor ihnen nieder und beschwor das königliche Paar, ihre althergebrachten Pflichten zu erfüllen und den katholischen Glauben vor der Häresie zu schützen. Das neulich erschienene Buch von Erasmus, sagte er, sei im Begriff, die christliche Religion zu zerstören. Er wandte flehentlich das Gesicht dem König zu und verdrehte die Augen gen Himmel.

Die zwei Freunde von Erasmus stürzten auf ihn zu. Sie ahmten seine besondere Gestik mit viel gespieltem Ernst nach. Jeder, außer Standish, amüsierte sich offensichtlich. Der verheiratete Freund bat Standish, die Häresien des Erasmus zu nennen. Standish behauptete, Erasmus verneine die Auferstehung, er billige das Sakrament der Ehe nicht und verkünde eine falsche Lehre von der Eucharistie.

Standish war vermutlich nicht einmal so weit von Erasmus' wirklicher Meinung entfernt, wie die meisten Gelehrten glaubten. Allerdings blieb Erasmus in seinen Aussagen immer so unpräzise, daß wir bis auf den heutigen Tag noch nicht genau bestimmen können, was er über einige Kirchenlehren dachte. Seine Freunde ließen von Standish nicht ab. Ob er sich gegen die Vorstellung sträube, daß die Heilige Schrift übersetzt werde? Wenn das der Fall sei, was wolle er dann mit Hieronymus machen, der die Vulgata übersetzt hatte? Standish erwiderte, er habe nichts gegen die Vulgata, weil Hieronymus die Briefe des Apostels Paulus aus dem ursprünglichen Hebräisch übertragen habe! «Entschuldigt, ehrwürdiger Vater», entgegnete der Junggeselle, «würdet Ihr das bitte wiederholen? Ich habe nicht aufgepaßt.» So wiederholte Standish mit lauter Stimme seine Dummheit. Die Königin zupfte den König am Ärmel und bedeutete ihm zuzuhören. Und als Standish seine Sache unmißverständlich vorgetragen hatte, erwiderte der Junggeselle: «Ich hatte mir nicht vorstellen können, ehrwürdiger Vater, daß Ihr so verrückt sein könntet zu glauben, daß diese Briefe zuerst auf hebräisch abgefaßt wurden, wo doch jeder Schuljunge weiß, daß Paulus sie auf griechisch geschrieben hat.»[6] Morus liebte Auftritte dieser Art, und womöglich war er, wie gesagt, der verheiratete unter den beiden Spöttern. (Die Ähnlichkeit dieser Geschichte mit einer früheren, die Erasmus über Morus und einen «gewissen Theologen» erzählte, könnte bedeuten, daß Erasmus beide in einer Person vereinte; wenn das stimmt, war der «verheiratete Mann» sicherlich Morus.)

Solche boshaften und dummen Gegner brachten Erasmus in Wut. Auch auf dem Kontinent widerfuhr ihm die gleiche Behandlung durch verbohrte und ungebildete Geistliche, wenn sie sich hier auch nicht in der Umgebung von Königen befanden. Standish war dumm und unbesonnen, und letztendlich richtete er keinen großen Schaden an. Denn Heinrich nahm offensichtlich nicht ernst, was er über Erasmus oder sonst jemanden äußerte.

Bei Edward Lee war das etwas anderes. Er entstammte einer einflußreichen Familie aus Kent, und sein Großvater war Bürgermeister von London gewesen. Er gehörte einer Schicht an, die normalerweise den ungebildeten Standish verachtete, wenngleich dieser 1518 zum Bischof von St. Asaph ernannt wurde, zweifellos als Belohnung für seine Rolle in der Affäre Hunne. Lee besaß einige Kenntnisse des Griechischen. Er hatte in Löwen studiert und war dort Erasmus begegnet. Zu seinen eifrigsten Förderern zählte auch Thomas Morus. In einem Brief an Erasmus vom Oktober 1517 übersandte er Grüße an Lee.

Lee galt als religiös, doch er hatte auch einen boshaften Zug. Zum Neuen Testament von Erasmus von 1516 schrieb er kritische Kommentare, die er in Umlauf brachte. Jemand schickte Erasmus eine Abschrift; er bezeichnete sie als wertlos. Er erklärte, er habe nicht die Zeit, jedem zu antworten, der an seinem Werk herumnörgle.[7] Lee blieb hartnäckig, und Erasmus ließ sich nun zu groben Beleidigungen hinreißen. Er nannte Lee einen Schwindler, einen Hochstapler, verrückt und dumm, ungebildet und bösartig. Außerdem, fuhr Erasmus fort, verstünde er beinahe nichts vom Griechischen.[8] Als die zweite Auflage des Neuen Testaments 1519 erschien, gestaltete Lee seine Kommentare noch umfangreicher und verbreitete sie überall.

Morus wurde unweigerlich in das Gezänk hineingezogen. Im Mai 1519 schrieb er einen langen Brief an Lee. Freundlich, aber bestimmt, versuchte er ihn davon abzubringen, seine feindseligen Kommentare zu veröffentlichen. Er warf Lee vor, er habe diese unverständliche Kritik deshalb in Umlauf gebracht, weil er berühmt werden wolle, und er habe die wirklichen Aussagen von Erasmus oft verzerrt. Morus gab an, alle Schriftstücke gelesen zu haben. Er sagte, er wolle sich in seiner Erwiderung so kurz wie möglich fassen, da er nicht die Zeit habe, ausführlich auf Lee einzugehen. Damit deutete er an, daß Lees Ausführungen die Anstrengung einer längeren Entgegnung nicht wert seien.

Morus' Argumentation erinnert an seinen Brief an Dorp aus dem Jahre 1515: Lee schade sich nur selbst mit solchen Angriffen; er sei von seinen Freunden getäuscht worden. Die meisten rechtschaffenen und weisen Männer, mit denen Morus bekannt sei, glaubten, daß Lee sich selbst zum Narren mache. Wenn er so fortfahre, sei er im Begriff, nicht nur sich selbst zu verleumden, sondern alle Engländer. Der Schuster solle bei seinen Leisten bleiben, schrieb Morus und räumte zugleich ein, daß er kein Theologe sei. Doch selbst so könne er auf die meisten von Lees Einwänden ohne große Schwierigkeiten antworten. Tatsächlich jedoch hat Morus auf keinen einzigen geantwortet. Hier begegnen wir wieder dieser seltsamen Unbestimmtheit, die wir bei seiner Verteidigung des griechischen Neuen Testaments von Erasmus festgestellt haben.

Er wies auf Erasmus' aufrechten Charakter hin. «Ich bekenne», sagte Morus, «daß ich Erasmus von Herzen liebe, und ich sehe keinen guten Grund, weshalb ihn nicht die ganze christliche Welt in ihre Arme schließen sollte.» Erasmus habe unablässig für die Sache der Wissenschaft gearbeitet. Jahrhundertelang käme ihm an Bildung keiner gleich, sowohl was heilige als auch was profane Dinge betreffe. Doch in vorsichtigen Andeutungen erinnerte Morus auch an die alte Freundschaft zwischen den Familien Morus und Lee. Er schreibt, wie er Lee als zehnjährigen Jungen geküßt habe und wie heiter und vielversprechend Lee damals gewesen sei. Morus warte immer noch auf den Augenblick, in dem ganz Britannien Lees Verdienste wegen gefeiert werden würde. Doch wenn er sein Vorhaben, gegen Erasmus öffentlich aufzutreten, fortsetze, werde er sich nur Verachtung zuziehen. Der Brief war von einer brillanten und niederschmetternden Rhetorik, die in der Tat jedem einen Stich ins Herz geben mußte, der einsah, daß er die frühen Hoffnungen nicht erfüllt hatte.

Ungefähr zur gleichen Zeit nahm sich Morus eines jungen Mönchs an, der sich der Sache Lees angeschlossen hatte. Die Rede ist von John Batmanson vom Charterhouse, dem Kloster, das Morus' Herzen am nächsten stand. Batmanson schrieb Morus einen Brief, in dem er ihn bat, der Freundschaft mit Erasmus zu entsagen. Er sei, schrieb er, eine verseuchte Quelle, an der man sich anstecke. Erasmus sei ein Taugenichts, ein falscher Theologe, ein Schurke und der Herold des Antichristen. Wir besitzen nur Morus' beißende Erwiderung und nicht den Brief des Mönches. Doch aus der Antwort von Morus können wir ersehen, daß Batmanson Erasmus auch angriff, weil er einen zu eleganten Stil schreibe. Dieser Mensch war nahe daran, die Unwissenheit zu einem Segen und die größten Tölpel zu den besten Christen zu erklären. Aus ihm sprach eine Überheblichkeit und eine radikale Ablehnung des Humanismus, die Morus nicht stillschweigend übergehen konnte, insbesondere nicht, weil der Mönch so einfältig war. Es ist ein Kennzeichen von Morus' polemischem Stil, daß er stets den Anschein erwecken wollte, seine Feinde seien Dummköpfe. Hier bot sich eine großartige Gelegenheit, zu suggerieren, daß jeder, der gegen Erasmus war, nicht höher einzuschätzen sei als dieser dümmliche Mönch.

Morus' Antwort enthält die übliche Mischung von wohlwollender Herablassung und Angriff. Morus war überzeugt, der Mönch sei jung und töricht. Doch ebenso überzeugt war er davon, daß der Mann von seiner Starrköpfigkeit geheilt werden könne. Er bezeichnete den Stil des jungen Mönches als geschwollen und grammatikalisch nicht korrekt und fügte hinzu, dies zeige, daß der junge Mensch nie Zeit für seine Bildung gehabt habe.[9] Der Mönch glaube, daß in der Septuaginta das Neue Testament enthalten sei. Morus wies empört darauf hin, daß die Übersetzer der Septuaginta, der griechischen Version des Alten Testaments, zweihundert Jahre vor Christi Geburt gestorben waren. Der Mönch hatte sich wortklauberisch über neue Worte geäußert, die Erasmus an Stelle der alten in der Vulgata eingesetzt hatte – beispielsweise das Wort für «rein». Morus wies nach, daß diese Fragen töricht seien und fehlende Bildung bewiesen.

Mehr Zeit wandte er für eine ernstere Streitfrage auf und erörterte grundlegend ein ernstes theologisches Problem im Text von Erasmus. Erasmus hatte das lateinische Wort *sermo* in Johannes 1,1 an Stelle des Wortes *verbum* aus der Vulgata eingesetzt. Hier sollte in der Version von König Jakob später stehen: «Im Anfang war das Wort, und das Wort war bei Gott, und Gott war das Wort.» Dieser Vers wurde wichtig, weil das Wort *verbum* lange als eine Zurückweisung an die Arianer verstanden worden ist. Die Arianer, antike Häretiker, hatten behauptet, daß Christus nicht mit Gott wesensgleich sei. Als Erasmus das griechische Wort *logos* mit *sermo* übersetzte, dachten viele, er versuche anzudeuten, daß Christus dem Vater untergeordnet sei. Morus erteilte dem jungen Mönch eine Lektion in Griechisch und in Geschichte und wies nach, daß in den Heiligen Schriften und bei den Kirchenvätern abwechselnd *sermo* und *verbum* als Übersetzung von *logos* benutzt worden sind.

Er ging auch auf eines der großen Probleme des Jahrhunderts ein. Wie sah die Beziehung zwischen dem Alten und dem Neuen in der Kirche aus? Die Konservativen klagten, Erasmus führe eine Neuerung ein. Seine Übersetzung unterscheide sich von der Vulgata, die dadurch geheiligt sei, daß Generationen von Christen sie jahrhundertelang benutzt hatten. Wie wiederholt gezeigt wurde, glaubten die katholischen Christen, daß der Geist Gottes beständig in der Kirche wohne und daß die Kirche ohne die göttliche Billigung keinen Brauch lange befolgen könne. Legte Erasmus nicht nahe, daß sich das Volk Gottes die ganzen Jahrhunderte hindurch, in denen die Kirche die Vulgata benutzte, geirrt hatte?

Die Frage wurde nicht so offen gestellt, doch sie verbarg sich hinter den Einwänden, welche die Konservativen gegen die Arbeit des Erasmus erhoben. Morus' Ansicht erschien allen Vertretern der humanistischen Ansicht richtig. Erasmus hatte nicht etwas wirklich Neues hervorgebracht; er hatte nur das Alte neu entdeckt. Der griechische Text war der älteste Text des Neuen Testaments, und als er auf diese Quelle zurückgriff, ging Erasmus in die christliche Antike zurück. Die Verwendung von *sermo* und *verbum* für die Übersetzung von *logos* war ein Beispiel. Morus erwähnte verschiedene lateinische Kirchenväter, welche beide Begriffe abwechselnd verwendet hatten. Die Väter übersetzten Johannes 1,1 auf verschiedene Weise, und keine Lesart widersprach dem Glauben der Kirche, daß Christus mit Gott wesensgleich sei.

Die Zitate, die Morus zu diesem Punkt mühelos und in reicher Auswahl anführte, waren ehrfurchtgebietend. In ihnen spiegeln sich Jahre der Lektüre und des Nachdenkens wider. Sie sind ein Beweis des erstaunlichen Gedächtnisses, das alle, die ihn kannten, bewunderten. Die Zitate vermitteln den Eindruck, daß er sich geistig viel mit den Kirchenvätern beschäftigt hat. Man kann mit einiger Gewißheit behaupten, daß er weitaus tiefer in den Geist der Kirchenväter eingedrungen war als Erasmus.

Morus unterläßt es in dem Brief an Batmanson, ein überzeugendes, sprachwissenschaftliches Beispiel für die Entscheidungen von Erasmus zu geben. Wenn *sermo* und *verbum* in der patristischen Literatur untereinander austauschbar waren, warum blieb Erasmus dann nicht bei dem herkömmlicheren *verbum*? Warum wählte er das provokante *sermo*? Morus schweigt sich über diesen Punkt aus.

Er kommt auf das allgemeine Problem zu sprechen, wie sich ein Leser verhalten soll, wenn Erasmus in manchen Punkten den Kirchenvätern anscheinend widerspricht. Angenommen, Erasmus widersprach tatsächlich hin und wieder dem einen oder dem andern Kirchenvater! Obgleich Morus die Väter verehrte und überzeugt war, daß sie nach den Aposteln die lautersten Menschen waren, die jemals gelebt hatten, wußte er doch, daß auch sie nur Menschen waren. Sie konnten irren, und sie hatten sich auch geirrt.

Er legte eine lange Liste von Lehren dar, über die sich die verschiedenen Väter der Kirche nicht einig gewesen waren. Augustinus war der Ansicht, es sei für einen Mann falsch, wieder zu heiraten, nachdem er seine Frau wegen Ehebruchs verstoßen habe, jedenfalls solange die ehebrecherische Frau noch lebte. Ambrosius dachte, daß ein Mann in einer solchen Situation wieder heiraten dürfe. Irrte sich weder der eine noch der andere? Hieronymus glaubte, daß ein Mann, der eine Frau hatte, bevor er getauft wurde, sich hinterher eine andere Frau nehmen könne, ohne Bigamie zu begehen. (Die frühe Kirche hatte viel mit Eheproblemen zu tun, weil häufig der eine Partner Christ und der andere Heide war.) Die Kirche urteile heute, sagte Morus, daß Hieronymus sich geirrt habe. Augustinus glaubte, daß Kinder, die starben, bevor sie getauft waren, die ewigen Qualen erdulden müßten. «Aber wie viele glauben heute noch daran», fragte Morus, «wenn nicht Luther, der zäh an der Lehre des Augustinus festklebt, diese alte Meinung wieder durchsetzen will?» (Hier erwähnt Morus in seinen erhaltenen Werken Luther zum ersten Mal.) Und wer von den alten Vätern glaube nicht, daß die Jungfrau Maria in Sünde empfangen worden sei – ein Glaube, der heute beinahe überall in der christlichen Welt zurückgewiesen werde? (Obwohl Morus behauptet, daß zu seiner Zeit über die Lehre Einmütigkeit herrsche, wurde doch die unbefleckte Empfängnis Marias erst 1854 zur gültigen Lehre erhoben.)

Morus zeichnete von der patristischen Kirche ein Bild, das einige Ähnlichkeit mit der vernünftigen, maßvollen Religion der Utopier hatte. Er sah in ihr die fromme und lautere Gemeinschaft, die Erleuchtung suchte, die bereit war, sich zu bessern und sich vor allem dem Beschluß der Gemeinschaft zu beugen, sobald dieser Beschluß klar formuliert war. Gott vollende mit der Zeit alles und offenbare Seinem Volk die Wahrheit. Doch während die Suche nach der Wahrheit weitergehe, würden Irrtümer begangen, und alle Bücher seien fehlerhaft. Der Prozeß der Suche nach der Wahrheit dauere noch an. Und Erasmus für irgendwelche Fehler, die er begangen haben könnte, der Häresie anzuklagen, bedeute, die einfachen Leute in Aufruhr zu versetzen, die nicht das Unterscheidungsvermögen hätten, solche Vorwürfe zu beurteilen.

Morus ging von Erasmus zu den religiösen Orden über, die der junge Mönch vertrat. Er verurteilte die Mönche oder die Klöster nicht sofort, aber er wies allgemein auf die drastischen Verfallserscheinungen im klösterlichen und religiösen Leben in Europa hin. Er erinnert an einen Vorfall, bei dem der Abt eines Klosters eine Gruppe von Verschwörern anführte, die Mord, Verwandtenmord und Kirchenraub begingen. Vor den Verbrechen ließ er seine Gefährten jedoch immer innehalten und ein «Ave Maria» anstimmen, das sie kniend beteten.

Er berichtet von seiner eigenen Bekanntschaft mit einem franziskanischen Mönch von Coventry, der den Leuten erzählte, daß die tägliche Rezitation des Psalters der Jungfrau Maria genüge, um jeden vor der Hölle zu retten. Der örtliche Priester widersprach dieser krassen Simplifikation der Lehre von Gnade und Erlösung. Der Mönch griff ihn in einer wütenden Predigt an. Gerade zu dieser Zeit besuchte Morus in Coventry seine Schwester. Sofort scharte sich eine Menschenmenge um ihn und bestürmte ihn mit der Frage: Garantiert die Rezitation des Psalters der Jungfrau Maria die Erlösung? Morus konnte nur lachen.

Von sich weisen konnte er das Problem jedoch nicht. Er wurde zu einem Essen eingeladen, und da sah er den Mönch – «leichenblaß, streng und düster». Die Diskussion begann sofort. Der Mönch führte seine Überzeugung auf die Wunder zurück, die die Jungfrau als Antwort auf die ihr zuteil gewordene menschliche Verehrung bewirkt habe. Selbst wenn über die Wunder wahrheitsgetreu berichtet wurde, entgegnete Morus, könne doch niemand so vermessen sein, anzunehmen, Maria würde jedem die Erlösung gewähren, auch wenn er wie ein Teufel lebte, wenn er nur jeden Tag ihren Psalter rezitierte. Doch niemand hörte ihm zu. Die Menschen wollten dem Mönch glauben. Und, bemerkt Morus dazu, «das Ergebnis meiner Bemühungen war, daß er in den Himmel gelobt und ich als Dummkopf verlacht wurde».

Erasmus verurteile diese Art von Religion, erklärte Morus. Wenn Erasmus tot sein werde und auch jene, die ihn beneideten, würden spätere Generationen ihm höchste Bewunderung zollen. Der Mönch hätte seine dümmlichen Anklagen gegen Erasmus nicht erhoben, wenn er nicht von seiner eigenen Heiligkeit überzeugt wäre, «was bei einem religiösen Menschen eine der gefährlichsten Einstellungen ist. Und bei all meiner Liebe zu Euch bitte ich darum, daß Ihr Euch davon vollständig frei macht. Denn es würde mir und anderen in derselben Lage helfen, die wir von den Wellen der unseligen Welt hin- und hergeworfen werden, zu Euch Mönchen aufzuschauen und Eure Orden als Beispiele eines engelgleichen Lebens zu bewundern, so daß unser eigener Lebensweg um so wertloser scheinen mag, wenn wir bei anderen die Tugend bewundern.»

In keinem Satz, den Morus je schrieb, drückte er seine Ansicht von der idealen Beziehung zwischen Klerus und Laienstand besser aus. Morus spricht hier wie Colet, der 1519 starb, also ungefähr zu der Zeit, als der Brief geschrieben wurde. Colet und Morus glaubten, daß die Kleriker die enttäuschten Hoffnungen der sündhaften Menschheit durch ihr untadeliges Leben wiederaufrichten müßten. Die säkulare Welt rieche nach Sündhaftigkeit, und jene, die darin leben müßten, bedürften der Kleriker, die sowohl die Sakramente spenden als auch ein Beispiel des rechten Lebens geben müßten. Sonst würden die Menschen zu der Überzeugung gelangen, das ganze Leben sei ein mitleidsloser und unaufhörlicher Kampf und eine Wollust, die das Gute abtöte. Diese tiefe Überzeugung verbarg sich wahrscheinlich hinter den Ermahnungen von Morus. Wir können daraus erkennen, daß seine eigene Sehnsucht nach dem mönchischen Leben, das er damals aufgegeben hatte, um in der Welt Karriere zu machen, immer noch stark war.

Morus' Brief an Batmanson darf zu den besten Kontroversschriften zählen, die er jemals verfaßte. Er ist darin scharf, gebildet und zuweilen sarkastisch, aber er ist auch gütig. Er wollte den jungen Mann nicht dadurch beschämen, daß er seinen Namen bei der Veröffentlichung bekanntgab. So adressierte er den Brief schlicht «an einen Mönch». Nur durch eine genaue Untersuchung von Erasmus' Briefen fand man den Namen heraus. Für Morus bedeutete die christliche Religion mehr als nur den äußerlichen Vollzug. Sie war für ihn eine Angelegenheit des Verstandes, des Herzens und der Sinne. Keinen der drei Bereiche könne man auslassen, ohne das Ganze zu verfälschen. Deshalb sei es verderblich, im Werk von Erasmus, der versuchte, das Gute zu tun, das Böse zu suchen. Vor allem war Morus ganz dem alten christlichen Ideal zugetan – das unter Christen stets umstritten war –, daß Bildung ein Weg zur Tugend sei.

Das Geschwätz eines ungebildeten Mönches bedrohte Erasmus nicht wirklich. Aber er war darüber erzürnt, und er war über Lees Hartnäckigkeit und bösen Willen beunruhigt und wütend. Er schrieb im Juli 1519 einen vernichtenden Drohbrief an Lee – einen, den jeder Mensch der Neuzeit lesen sollte, der davon ausgeht, daß Erasmus immer so gemäßigt, tolerant und freundlich war wie der ideale Christ, den er in seinen Werken preist. Erasmus' Frömmigkeit war immer mehr eine Frage der Kunst als des Lebens.[11] Er veröffentlichte dieses kleine Zeugnis seiner giftigen Feder in *Farrago Nova Epistolarum*, einer Auswahl seiner Briefe, die im Herbst 1519 erschien. Sie enthielt auch seinen ersten Brief an Thomas Morus, den er 1499 schrieb, sowie seine schmeichelhaften Bemerkungen über Morus gegenüber Ulrich von Hutten, die vom Juli 1519 datierten. Die Absicht hinter dieser Sammlung war klar. Sie sollte zeigen, wie unbefangen Erasmus mit den Großen und Gebildeten der Erde verkehrte, damit die Angriffe Lees auf ihn im Vergleich um so lächerlicher und unbeholfener wirkten. Praktisch wurde Morus als öffentlicher Streiter für die Sache des Erasmus genannt, ob Morus damit nun einverstanden war oder nicht.

Lee antwortete 1520 darauf mit der Veröffentlichung seiner *Annotationes* (Anmerkungen) gegen Erasmus. Er hätte sie schon früher veröffentlicht, sagte er, wenn Thomas Morus ihn nicht gebeten hätte, sich zurückzuhalten. Erasmus gab bald darauf die *Apologia* (Verteidigung) heraus, in der er Lee anklagte, «die Menschen zu aufrührerischem Geschrei anzustacheln». Und Erasmus schrieb auch weiterhin niederträchtige Briefe, in denen er überall in Europa Lee gegenüber anderen verächtlich machte.

Nachdem die *Annotationes* erschienen waren, schrieb Morus zwei Briefe an Lee. Sie waren herzlich, doch enthüllten sie, wie enttäuscht Morus war. Im ersten ging er nochmals kurz auf den Streit ein und erinnerte an seine früheren Mahnungen, sich zu mäßigen. Er rügte Lee auf freundliche Weise wegen der Bösartigkeit der *Annotationes.* Diese Bösartigkeit begann mit dem Titelbild und setzte sich in den üblen Nachreden fort, die «größer waren, als es die Ohren gemäßigter Männer ertragen können». Morus nahm den Drohbrief, den Erasmus geschrieben hatte, zur Kenntnis, doch weigerte er sich, Erasmus zu verurteilen. Er bat Lee, doch die Angriffe mit Milde zu beantworten. Der Kampf sei für niemanden von Gewinn. Lee solle nach England zurückkommen. Er wünschte, er wäre nicht fortgegangen, um in Löwen zu studieren, wenn das Ergebnis ein Streit mit Erasmus sei! Doch ganz egal, wer an dem Streit schuld sei, Morus freue sich darauf, Lee wiederzusehen.

Morus schrieb dies am 27. Februar 1520. Am nächsten Tag erhielt er von Lee eine Abschrift der *Annotationes* zusammen mit einem Brief. Lee erhob darin Vorwürfe gegen Morus wegen jenes Briefes, den Morus ihm im Mai 1519 geschrieben hatte. Morus habe ihm gedroht, behauptete Lee, und das habe ihn erzürnt. Morus antwortete am 29. Februar, und da äußerte er sich schärfer über die *Annotationes.* Wie in seinem vorigen Brief wies Morus darauf hin, daß das griechische Neue Testament vom Papst anerkannt worden sei. Wie könne Lee das Werk von Erasmus in einem Buch rundheraus verurteilen, wenn dieses Werk zweimal vom Papst anerkannt worden sei? Morus erinnerte wieder einmal an das Beispiel Dorps, der das Werk von

Erasmus zuerst angegriffen und später nachgegeben hatte. Er wünsche, Lee solle ebenso handeln. Am Ende des Briefes drückte er seine persönliche Zuneigung zu ihm aus.

Als Erasmus seinen Feldzug gegen Lee fortsetzte, schrieb Morus auch ihm – eine kurze Notiz vom April 1520, als der erbitterte Kampf von Morus mit Brixius in vollem Gang war. Erasmus hatte sowohl Brixius wie Morus eindringlich gebeten, sich zurückzuhalten. Nun erhielt Morus die Gelegenheit, ihm denselben Freundschaftsdienst zu erweisen, und er tat es geflissentlich – und mit einer gewissen Ironie. Der Streit zwischen Lee und Erasmus entarte zur Tragödie, schrieb er. Keiner überzeuge irgend jemanden. Jeder wiegle nur irgendwelche Leute auf. Morus weigere sich, den Richter zu spielen, er wolle nur Frieden stiften. Erasmus hatte schon mit der Herausgabe der *Apologia* (Apologie) gegen Lee begonnen. Morus sagte, er wünschte, das kleine Buch wäre mit weniger Bitterkeit geschrieben worden. Erasmus solle Christus nachahmen und «wahre christliche Bescheidenheit» zeigen. Es gebe keinen besseren Weg, Christus nachzufolgen, als gute Worte an Stelle der bösen zu setzen, und nicht nur gute Worte, sondern auch gute Taten.[12] Die Nachahmung Christi war das Herzstück der von Erasmus so oft verkündeten «Philosophia Christi». Morus wies den Freund milde darauf hin, wie jener seine eigenen Lehren befolgen könne, die er in so vielen eloquenten und populären Büchern verkündet hatte.

Lee und Erasmus schlossen im Mai einen Waffenstillstand. Doch sie hielten ihn nicht lange ein, und bald darauf bezog Erasmus wieder öffentlich und privat heftig gegen Lee Stellung. Morus und Brixius konnte er miteinander aussöhnen, weil er sie beide für rechtschaffene und wirklich gebildete Männer hielt. Er glaubte, daß ihre törichten Polemiken über die nationale Ehre in jeder Hinsicht vollkommen wertlos seien. Den Streit zwischen ihm und Lee betrachtete er als einen Kampf um das einzig wichtige Prinzip, um das zu kämpfen es sich lohne – für gute Bildung und gegen schlechte. Erasmus besaß kein wirkliches Gespür für die Zugehörigkeit zu einem Volk, obwohl er in einem seiner besonders abfälligen Briefe Lee mit dem erbitterten Zorn seiner Brüder, der wilden Germanen, droht. (Die Holländer galten damals als Germanen.) Wenn er nicht gerade rhetorisch drohte, hatte Erasmus keinerlei Sympathien für das streitlustige Nationalgefühl anderer.

Dieses Nationalgefühl wurde jedoch künftig Mode, und die gebildeten wie die ungebildeten Stände Europas wurden davon ergriffen. Thomas Morus, der für die alte, internationale Kirche starb, sprach sich zeit seines Lebens in England für den nationalen Geist aus. Das Nationalgefühl trennte sein Land von der allgemeinen christlichen Gemeinschaft Europas, und es spaltete Europa in verschiedene Lager mit eigenem Stolz und Haß.

Erasmus erkannte kaum die Bedeutung dieser leidenschaftlichen, nationalen Gefühle. Er glaubte, Lee lege nur schlichte Überheblichkeit und Boshaftigkeit gegen das Studium der Bibel und die klassische Philosophie an den Tag. Erasmus war überzeugt, daß nur diese Disziplinen Hoffnung auf eine Reform der christlichen Welt geben konnten. Lee beherrschte das Griechische, und das machte ihn zu einem um so größeren Schurken. Denn die unwissenden Feinde jeder Bildung, gegen die Erasmus unablässig ankämpfte, konnten in Lee einen Meister sehen, der Erasmus selbst ebenbürtig war. Erasmus antwortete darauf mit dem Versuch, den guten Ruf Lees zu zerstören, denn gerade seine Bildung machte Lee zu einem so gefährlichen Feind.

Auch die fremdartige neue Möglichkeit des Buchdrucks trug mit zu der Wildheit bei, mit der Morus und Brixius, Lee und Erasmus aufeinander losgingen. Die Vervielfältigung der Seiten erschien wie eine Wiederholung der Stimmen. Sie alle waren Männer, deren Platz in der Welt von ihrem guten Ruf abhing – nicht von einer adligen Herkunft oder vom ererbten Vermögen, sondern davon, wie andere Menschen ihre Begabung und ihren Charakter beurteilten. Vermutlich sahen sie gerade diese Existenz durch die gedruckten Angriffe ihrer Widersacher bedroht. Weder Morus in seinem eigennützigen Streit mit Brixius noch Erasmus in seinem gleichermaßen eigennützigen Kampf mit Lee wirken sonderlich sympathisch, obwohl sie beide von groben Feinden herausgefordert worden waren und sie alle vier in einem stürmischen Zeitalter lebten, in dem man glaubte, Kriege mit Büchern gewinnen und Feinde mit Buchseiten besiegen zu können.

Wir müssen noch auf das Rollenspiel hinweisen, das auch in gedruckter Form fortgesetzt wurde. Die Rolle, die ein Mensch spielt, widerspricht oft dem Verhalten, das er zeigt, wenn seine tieferen Ängste und Sehnsüchte berührt werden. Wir haben schon des öfteren darauf hingewiesen, daß Morus sich stets bemühte, der Öffentlichkeit ein widerspruchsfreies Bild von sich selbst zu geben. Dieses Bild bestand teils aus dem guten Vater, teils aus dem brillanten und bescheidenen Schriftsteller und teils aus dem christlichen Stoiker, dem die Dinge dieser Welt gleichgültig sind und der seinem Rang und Ansehen kritisch gegenübersteht. Auch Erasmus präsentierte der Welt eine bühnengerechte Maske – der gebildete Gelehrte, der Geistreiche, der fromme Nachahmer Christi, der loyale und leidenschaftliche Freund, der Fürsprecher der Reform, die Stimme des Friedens, der demütige Erdulder vieler Drangsale um des Guten willen, das er für Europa tun wollte. Doch unter dem Druck jener, die sich weigerten, sie so zu sehen, wie sie gesehen werden wollten, nahmen Morus und Erasmus ihre Masken ab und legten eine unzivilisierte Wildheit an den Tag, die allem widersprach, was sie zu sein vorgaben.

Das griechische Neue Testament versetzte ganz Europa in Aufruhr. Erasmus war offensichtlich besorgt darüber, wie es wohl aufgenommen werden würde, bevor er es in Druck gab. Doch ebenso offensichtlich konnte er sich nicht vorstellen, welche riesige Kontroverse dadurch entfacht wurde und wie verschieden die Ansichten der vielen, die es benutzten, von den seinen bei der Herausgabe sein würden. Dieses Werk, das in gelehrter Ruhe (und in Eile) entstanden war, entfachte einen Funken, der alle explosiven Spannungen entzündete, die sich über Jahre angesammelt hatten und schließlich von der alten Ordnung nicht mehr im Zaum gehalten werden konnten.

KAPITEL 17

Luther und die protestantische Reformation

Ende Oktober 1517 entwarf Martin Luther fünfundneunzig Propositionen oder Thesen zur Disputation über die Kraft päpstlicher Ablässe. Luther war wie Erasmus Augustinermönch, aber anders als Erasmus brütete er über die Rettung seiner Seele und zerbrach fast unter der Last seiner eigenen Sünden. Er war Theologieprofessor an der kleinen Universität Wittenberg, die erst ein paar Jahre zuvor von Kurfürst Friedrich dem Weisen von Sachsen in jener häßlichen kleinen Stadt im östlichen Mitteldeutschland gegründet worden war, wo der Landesherr auch seinen Regierungssitz hatte.

Wir haben schon auf einige Gemeinsamkeiten zwischen Morus und Luther hingewiesen. Beide entstammten der gleichen aufsteigenden Klasse. Ihre Väter waren Stadtbürger mit großem Ehrgeiz für ihre hochbegabten Söhne, und beide wollten diesen Ehrgeiz befriedigen, indem sie ihre Söhne Jura studieren ließen. Luther gab das Rechtsstudium auf und trat gegen den Willen seines Vaters in den Augustinerorden ein. Morus fühlte sich machtvoll zu einer geistlichen Karriere hingezogen, entschied sich aber für die Ehe. Er entsprach damit dem Wunsch seines Vaters und wurde ein Mann des Rechts. Morus und Luther hatten einen starken Geschlechtstrieb, der ihrer Frömmigkeit im Wege stand. Beide empfanden ihre eigenen Sünden als eine geradezu erdrückende Schuld, beide verlangten sehnsüchtig nach dem Himmel und fürchteten das Gottesgericht.

In beiden glühte eine Heftigkeit, die oft komisch wirkte, die sich aber bei der leichtesten Herausforderung in lodernden Zorn verwandeln konnte, und beide zogen auf das Schlachtfeld der Prinzipien gegen einen unnachgiebigen und rücksichtslosen Feind. Sie konnten beide nie glauben, daß ein Gegner anständig oder gutmeinend war, sondern gingen immer davon aus, daß Feinde aus verkommenster Bosheit heraus handelten. Beide waren unfähig, ihre Lehrmeinungen zu relativieren. So leidenschaftlich und bisweilen auch bösartig stritten sie für ihre jeweilige Version des Glaubens, daß wir uns in der kühlen Ferne unserer eigenen religiösen Indifferenz fragen, ob sie nicht von dem entsetzlichen Verdacht getrieben waren, daß das ganze Christentum ein Mythos sei.

Meist gehen moderne Forscher dieser letzten wichtigen Überlegung aus dem Weg, oder sie verleugnen sie ganz, in dem löblichen Wunsch, zwischen gegenwärtigen und vergangenen Anschauungen zu unterscheiden. Das führt dazu, daß radikaler religiöser Zweifel als ein modernes Leiden eingestuft wird, daß es in der Renaissance also wenige oder keine Atheisten gegeben habe. Diese Forscher sehen den Anfang der Reformation des sechzehnten Jahrhunderts in einer Reaktion auf die unerträgliche Korruption der katholischen Kirche, eine Reaktion, die Luther, Morus, Erasmus und die große Menge christlicher Humanisten teilten.

Aber wie wir schon weiter oben feststellten, war die Korruption wohl kaum größer, als sie von jeher gewesen war, und es ist durchaus plausibel, die Kirche im fünfzehnten Jahrhundert für viel reiner und lebendiger zu halten, als sie es noch ein Jahrhundert davor gewesen war. Der Geist Europas hatte sich jedoch verändert, auch wenn seine Moral fast unverändert blieb, ja sich vielleicht sogar besserte. Philosophen waren sich klargeworden, daß die von uns durch den Gebrauch der Vernunft erworbenen Wahrheiten möglicherweise nicht mit den durch Gott in der Bibel und in der Kirchentradition offenbarten Wahrheiten übereinstimmten. Wir haben schon auf Pietro Pomponazzi hingewiesen, der verneinte, daß die Unsterblichkeit der Seele mit der Vernunft bewiesen werden könne. Trotzdem gab er vor, an die Unsterblichkeit zu glauben, weil die Kirche sie lehrte und er der Kirche folgen würde, gleichgültig was die Vernunft dagegen sagte. Aber tat er das wirklich? Die Antwort fällt nicht leicht. Es ist nicht sehr wahrscheinlich, daß der langwährende, heftige Disput über die Beziehung von Vernunft und Glauben solche Energien freigesetzt hätte, wenn nicht angenommen worden wäre, daß die Vernunft eine Bedrohung für den Glauben darstellen kann.

Die Vernunft hat den Glauben bedroht. Heute scheint das offensichtlich. Morus und seine Gesinnungsgenossen wollten die Auswirkungen des modernen Rationalismus mildern, indem sie immer für den Vorrang des Glaubens stritten. Selbst in Utopia war die Philosophie der Religion eindeutig untergeordnet. Laut Morus verlangte Gott im christlichen Europa bisweilen von Seinem Volk, daß es Lehren glaube, die der Vernunft widersprechen, eine Art Probe, ob es ihm wahrhaft gehorsam sei. Also stimmte er selbst mit dem philosophischen Grundgedanken überein, der auch den ihm vermutlich unbekannten Pomponazzi antrieb, daß nämlich Vernunft und Glaube nicht unbedingt zu den gleichen Schlußfolgerungen gelangen.

Außerdem akzeptierte er, daß Atheismus möglich sei. Wir haben gesehen, daß in *Utopia* alle, die am öffentlichen Leben teilhaben, sich zum Glauben an Gott bekennen müssen – eine Vorschrift, die ziemlich seltsam wirken würde, wenn der Glaube unmittelbar gegeben wäre. Die Utopier mußten auch glauben, daß Gott in der Nachwelt gute Taten belohnen und alles Böse bestrafen werde – wiederum eine Vorschrift, die wenig sinnvoll wäre, wenn alle schon an ein Leben nach dem Tode glaubten.

Luthers erste große Entdeckung war die Prädestination, eine auf Augustinus und Paulus zurückzuführende Lehre, die er für sich bereits ausgearbeitet hatte, bevor die Kontroverse über den Ablaß begann. Die Prädestinationslehre besagt, daß, ganz gleich wie chaotisch die Welt erscheint, wie dunkel, planlos oder verwirrend das einzelne Leben auch sein mag, Gott einen Plan hat, der das Chaos in einem großen Entwurf zusammenfügt und den einzelnen der Vorsehung zuführt, wo schließlich alles so geschieht, wie Gott es am Anfang geplant hatte. Unserem Zeitalter mit seinen romantischen Vorstellungen von Freiheit und Selbstbestimmung erscheint die Prädestination streng und düster, ja sogar abstoßend. Aber die Prädestination wird fast immer von Menschen leidenschaftlich vertreten, die von der Sinnlosigkeit der Welt und von der Unfähigkeit der Menschen, einen Sinn in dem Chaos zu finden, überzeugt sind. Diesen verletztlichen Seelen erscheint die Prädestination als erhabener Trost, als eine Befreiung von dem bedrückenden Zwang, in der Welt erfolgreich zu sein oder Verantwortung zu tragen in einer Welt, die sich doch in ihrer eigenen Bahn unaufhaltsam fortbewegt und völlig außerhalb unserer Kontrolle liegt. «What will be, will be», heißt es in einem modernen Schlager. Diese fatalistische Einstellung soll den Menschen Erleichterung verschaffen. Lebte Luther noch, so würde er mitsingen, denn so reagierte er selbst auf seine Lehre, nachdem er sie im Sommer 1517 zunächst für sich selbst formuliert hatte. Die Prädestinationslehre sagt nichts über den Sinn unserer Erfahrungen, weder im Rahmen des alltäglichen Geschehens noch im größeren Ausblick auf wichtige Ereignisse. Aber sie bekräftigt, daß es einen Sinn gibt, daß die Welt nicht Chaos ist und daß Gott seine eigenen Zwecke verfolgt, die schließlich triumphieren werden. Und dann wird die Nacht so hell erstrahlen wie der Tag.

Die Lehre schiebt die Sinnfrage beiseite und verkündet damit, daß unsere Vernunft nur ein schwaches Werkzeug ist. Wir dürfen nicht einmal hoffen, mit der Vernunft Gottes Zwecke zu erkennen. Die Vorherbestimmung beginnt mit der Erfahrung und nicht mit der Logik, und die Erfahrung zerstört unweigerlich das schwache Gehäuse, das die Logik für die Willensfreiheit errichten will.

Aber die Prädestination war nur das erste große Prinzip Luthers, das zweite war die Rechtfertigung durch den Glauben. Dieser Lehre gab er endgültige Form erst unter dem Druck der großen Kontroverse, die er durch seine Thesen gegen den Ablaß und den Anspruch des Papsttums, auf Erden und im Jenseits binden und lossprechen zu können, entfacht hatte. Wer an Vorherbestimmung glaubt, neigt zu der Annahme, daß er selbst zur Verdammnis vorherbestimmt ist, und in der Tat meinte Luther, daß wir bereit sein sollten, uns in unsere Bestimmung für die Hölle zu fügen, wenn es dem

Willen Gottes entspräche. Doch sich einfach ins Schicksal zu fügen war einem so heftigen Geist, wie er es war, fast unmöglich, und er schrieb, daß er bisweilen in Versuchung geriet, Gott zu hassen – ein deutlicher Hinweis darauf, daß die Gnade Gottes, vielleicht sogar die Existenz Gottes, eine brennende Frage darstellen konnte.

Rechtfertigung durch den Glauben bedeutete, daß der ernsthaft nach Erlösung Strebende die Verheißungen Christi, die an ihn direkt gerichtet waren, hörte und Gott als dem liebenden Vater vertraute, der den Gläubigen sicher nach Hause geleitete. Daraus entstand im Glauben an die Prädestination die Zuversicht, daß der wahrhaft Gläubige zur Erlösung vorherbestimmt ist. Die Kraft dieser Rechtfertigung lag in der Sicherheit, die sie vom Zweifel geplagten Menschen wie Luther bot. Die Seelen dieser Menschen peinigte das Bewußtsein ihres eigenen Unwertes. Sie lebten in Angst und Verzweiflung angesichts des nahenden Gottesgerichts. Sie brauchten ein Wort der Beschwichtigung, um mit der unerbittlichen Lebensverneinung fertig zu werden, die sie in ihren Herzen verspürten.

Die Lehre bestand aus verschiedenen aufeinander bezogenen Teilen. Da war einmal die Beruhigung, die dem Wissen entspringt, daß wir uns auf Gott nicht über ein Regelbüchlein beziehen. Gott ist nicht der große Schiedsrichter, der die guten und schlechten Gedanken, die guten und schlechten Taten, die Zweifel und Stunden des Glaubens zusammenzählt und so zu einem Saldo gelangt, nach dem unsere Seelen entweder in den Himmel oder in die Hölle kommen. Gott kommt zu uns mit der Erklärung, daß er durch Christus schon alles für unsere Erlösung getan hat, daß er uns erlöst hat und daß wir darauf mit liebend überströmender Dankbarkeit reagieren sollen, was zu einem von spontaner Hingabe an Gott und zu einer von guten Taten geprägten Welt führe. Rechtfertigung durch den Glauben erleichterte die Christen von den Zwängen äußerlicher Frömmigkeit. Dann werden Christen auch nicht mehr dazu neigen, mit Gott einen Handel machen zu wollen, bei dem die eigene Erlösung als Gegenleistung für ihre Handlungen zu erlangen ist.

Diese Lehre linderte teilweise auch die Angst, die die traditionelle katholische Lehre einflößte, nach der unsere künftige Erlösung von unserem täglichen Bemühen, die Gebote der Kirche zu befolgen, abhängt, was über die Kräfte der meisten Menschen hinausging. Wenn eine Seele in der Todesstunde schwankte und sich auf der Schwelle zur Ewigkeit der Zweifel ins Bewußtsein schlich, dann bestrafte Gott diesen Zweifel womöglich mit Fegefeuer oder Hölle, ganz gleich, welche guten Taten der Mensch im Lauf seines Lebens getan hatte. Ein gutes Leben konnte durch ein schlechtes Ende vollkommen verwirkt werden. Die Rechtfertigung durch den Glauben nahm dem Menschen diese grauenvolle Verantwortung ab und gewährte den Christen eine tiefe Zuversicht durch die Versicherung, daß unser ewiges Schicksal nicht von der intellektuellen oder emotionalen Unfähigkeit abhängt, in jedem Augenblick des Lebens zu glauben, ohne zu zweifeln.

Der Umgang mit dem Zweifel ist ein Teil der Rechtfertigung durch den Glauben, der bisweilen von denen übersehen wird, die diese Lehre nur als Befreiung vom «Werk der Gesetze» sehen, wie Luther (und Paulus) es nannten. Dieser Zweifel ist zweifach. Einmal wissen wir nicht, ob wir wirklich zu den Auserwählten gehören, ob wir gerechtfertigt wurden. Wie kann ich wissen, ob ich zu den Auserwählten zähle und nicht durch göttlichen Beschluß seit der Erschaffung der Welt verdammt wurde? Luthers Antwort auf diese Frage lautet vereinfacht gesagt so: Wenn ich mit ganzem Herzen Gott und die Erlösung suche, dann ist diese Sehnsucht selbst Beweis genug, daß ich zu den Auserwählten gehöre. Wer unter der Last seiner Sünden sucht, der wird seine durch seinen Hunger nach Gott garantierte Belohnung finden. Die Verdammten verspüren keinerlei Verlangen dieser Art; sie sind mit sich selbst zufrieden und üben eine Religion der äußeren Form und des inneren Stolzes. Über die Jahre hinweg predigte Luther immer wieder diesen Trost für alle, denen mit ihrem Glauben nicht wohl war. Er spricht nie, als sei die einmalige Erfahrung der Rechtfertigung und anschließend ein ungetrübtes friedvolles Leben möglich. Luthers Botschaft bekräftigt im Gegenteil die Notwendigkeit von täglicher Rechtfertigung durch den Glauben, und dies, weil der Christ sich unablässig nach Gott sehnt. Wir sind immer Sünder, wir sind immer gerechtfertigt. Das war eine von Luthers zentralen Paradoxien, und im christlichen Leben drückte sie sich durch die unablässige Verkündung aus, daß Rechtfertigung sich wirklich durch den Glauben vollziehe. Aber Rechtfertigung durch den Glauben war auch Verarbeitung eines anderen Zweifels, der wohl tiefgreifender war als der Zweifel über das eigene Seelenheil: der Zweifel über die Richtigkeit des Christentums und die Existenz oder das Wesen Gottes. Quälende Schuld muß einen frommen Menschen des sechzehnten Jahrhunderts verfolgt haben angesichts der Versuchungen eines so existentiellen Zweifels am Christentum. Die Lehre von der Rechtfertigung durch den Glauben beinhaltete die Zusicherung, daß Gottes Gnade selbst diese Zweifel beruhigen konnte und daß der Christ, der in seiner Überzeugung schwankte, nicht für seine Wankelmütigkeit in die Hölle kam. Denn dies war eine weitere große Paradoxie des Zeitalters, daß die Ungläubigen selten imstande waren, den Unglauben als Lebensprinzip anzunehmen. Statt dessen glaubten sie, der Unglaube könne sie zur Verdammnis führen, ein in sich widersprüchliches Eingeständnis, daß die Religion, die sie mit Hilfe ihrer Vernunft nicht annehmen konnten, unwiderleglich wahr war. Es gibt zahlreiche Belege dafür, daß Luther zeitlebens um den Glauben gerungen hat und daß Thomas Morus den gleichen Kampf mit sich ausfocht. Man kann das ganze sechzehnte Jahrhundert nicht nur als eine der Auslegungen der christlichen Religion deuten, sondern als eine fundamentale Glaubenskrise dieser Religion selbst.

Luther haßte die Juden. Seine modernen Fürsprecher beharren darauf, daß seine gräßlichen Angriffe auf die Juden in seinem späteren Leben mit seinem fortgeschrittenen Alter zu erklären seien, und sie weisen auf früher geschriebene Traktate hin, in denen er dem jüdischen Volk die Hand bot. Doch als er jung war, hatte er noch erwartet, daß die Juden bekehrt werden würden. Er zeigte ihnen gegenüber nicht die geringste Zustimmung oder Toleranz, wenn sie Juden bleiben wollten. Lieben würde er sie nur, wenn sie sein Evangelium annahmen – wenn sie also aufhörten, Juden zu sein. Als er einsehen mußte, daß sie sich nicht bekehren lassen würden, wandte er sich gegen sie, und zwar mit einigen der unflätigsten Werke in der verabscheuungswürdigen Tradition des christlichen Antisemitismus.

Der Grund für diesen Haß ist leicht zu erklären: die bloße Existenz der Juden war den Christen ein fortwährender Beweis dafür, daß die christliche Religion nicht die einzige göttliche Offenbarung war, die sie sein sollte. Die Juden übten ihre Religion aus, ohne die Auferstehung der Toten als Vorbedingung für ihre Hingabe an Gott zu fordern. Bestimmt stellte die jüdische Offenheit und Skepsis bezüglich eines Lebens nach dem Tode für die christlichen Denker eine Alternative dar, die sie ernst nehmen mußten. Und die Annahme erscheint plausibel, daß die großen Judenverfolgungen des Mittelalters genau zu jenen Zeitpunkten stattfanden, als die Christen eine mächtige Bejahung ihres eigenen Glaubens gegen das große Aufbegehren des Zweifels setzen wollten. Es scheint, daß einer dieser Glaubenshöhepunkte in der Renaissance erreicht war und die Spannnung zwischen den Glaubenszweifeln und der verzweifelten Bejahung des Glaubens in der protestantischen Reformation des sechzehnten Jahrhunderts gipfelte.

Warum es gerade im frühen sechzehnten Jahrhundert zu diesem Gipfelpunkt kam, kann niemand genau sagen. War auch die Korruption selbst nicht stärker als sonst, so wurde ihr doch weit mehr Beachtung geschenkt, seit die Druckerpresse die Kritik an der Korruption überall verbreitete. Sporadische Exzesse religiösen Fanatismus (beispielsweise die christliche Republik Savonarolas nach 1490 in Florenz) bestärkten die breite Masse in der Überzeugung, daß – wenn die Kirche nicht reformiert würde – der Antichrist die Welt in Schutt und Asche legen würde, noch bevor Gott zum donnernden Gericht des Jüngsten Tags erschien. Morus und Luther dachten und fühlten apokalyptisch. Sie glaubten, die Stunde der Wahrheit sei nahe.

Aus der allgemeinen Unsicherheit und dem Pessimismus des fünfzehnten Jahrhunderts erwuchs die Erwartung eines großen Umbruchs, der sich in dunklen Wolken am Horizont ankündigte. *Utopia* war letztendlich ein pessimistisches Buch; die Leser, die sich in Hythlodeus' Beschreibung einer wunderbar geordneten und vernünftigen Gesellschaft ergingen, konnten sich nicht vorstellen, daß so eine Gesellschaft jemals in Europa entstehen könnte. Morus' Schlußbemerkung, es sei besser, auf derlei zu hoffen, als derlei zu erwarten, besiegelte die resignative Wirkung, die von seinem Buch ausgehen mußte. Im Jahre 1517 schrieb Erasmus an seinen Freund Wolfgang Capito, daß er die Welt in ein neues Goldenes Zeitalter treten sehe.[1] Vielleicht hat er zu diesem Zeitpunkt wirklich geglaubt, was er schrieb, aber sicherlich gewöhnte er sich diesen Optimismus schnell ab. Morus hat eine so optimistische Vorhersage nie gemacht. Und ihrem Temperament nach waren Erasmus und Morus eher dazu bestimmt, die bestehende Gesellschaft zu kritisieren, als ihr zu huldigen.

Als Luther auf die europäische Bühne stürmte, glaubten die meisten Christen, daß er eine alte Rolle spiele – den Verkündiger des Jüngsten Tags, der eine neue Art Frömmigkeit forderte und den Priesterstand ob seiner Sündhaftigkeit anprangerte. Luther war zutiefst aufrichtig und zog gespannte Aufmerksamkeit auf sich, weil er seine Rolle so gut spielte. In der Zeit zwischen Dante und Shakespeare findet sich wohl keiner in Europa, der so brillant formulierte wie er, und manche würden ihn sogar noch über diese beiden stellen. Weder Morus noch Erasmus schrieben jemals eine Zeile, die oft zitiert wurde, aber wenn Luther sprach, wiederholten Menschen in ganz Europa seine Worte.

Seine Gelehrsamkeit war ungeheuer, sein Witz scharf und kühn, seine Ausdruckskraft erstaunlich, sein brillanter Geist wurde von einer enormen Energie getrieben, sein tendenziell narzißtischer Charakter wurde von Widersprüchen geplagt, die zu Mephistopheles in Marlowes *Faust* passen würden, wobei sich Arroganz und Verzweiflung in einer untrennbaren und fatalen Einheit paarten. Er sprach, und die Christen ließen sich von einer neuen Stimme erwecken, die wie diejenige Johannes des Täufers gegen die träge Kirche ertönte. Und noch ahnte niemand, wie sehr er die Welt verändern würde.

Im März 1518 schickte Erasmus Morus eine Kopie von Luthers *Fünfundneunzig Thesen.* Der spöttische Begleitbrief zu diesem kleinen Werk steckte voller antipäpstlicher Ressentiments und verächtlicher Klagen. Erasmus schrieb, daß der Papst und einige Fürsten einen neuen Kreuzzug gegen die Türken predigten. Daß alle Ehemänner, die jünger als fünfzig und älter als sechsundzwanzig wären, zum Kampf aufgerufen würden; daß ihre Frauen vom Papst zur Keuschheit während der Abwesenheit ihrer Männer aufgefordert worden wären. Falls Geschäfte ihre Ehemänner zu Hause zurückhielten, sollten sich ihre Frauen genauso verhalten wie die Ehefrauen der auf dem Kreuzzug befindlichen Männer. Frau und Mann sollten zwar im gleichen Schlafzimmer, nicht aber im gleichen Bett schlafen. Sie sollten sich nicht einmal küssen, bis dieser schreckliche Krieg zu Ehren Jesu siegreich und glücklich geführt sei. Vielen Ehefrauen würde es schwer fallen, solchen

Forderungen zu entsprechen, meinte Erasmus. Aber er drückte seine Zuversicht aus, daß die Frau von Morus sie auf Grund ihrer Klugheit und Frömmigkeit bis auf den Buchstaben erfüllen werde. Verschmitzt fügte er hinzu: «Man schreibt mir aus Köln, dort sei ich weiß nicht was für ein Pamphlet über Julius gedruckt worden, wie er sich mit Sankt Petrus am Himmelstor streitet, ohne den Namen des Autors anzugeben.»[2]

Die Freundschaft zwischen Morus und Erasmus hatte ihren Höhepunkt erreicht. Der Brief setzte Unterhaltungen voraus, in denen die beiden Freunde über den moralischen Niedergang des Papsttums, dem beide nicht sonderlich geneigt waren, geklagt und gespottet hatten. Es gibt also Grund zur Annahme, daß Erasmus erwartete, Morus würde Gefallen an den *Fünfundneunzig Thesen* finden. Und es gibt auch allen Grund zur Annahme, daß Morus Gefallen an ihnen gefunden hat.

Als die von Luther entfesselten Kräfte wuchsen, wurden die Unterschiede zwischen Morus, Erasmus und Luther deutlicher, aber anfangs konnte niemand klar erkennen, was geschah. Luther stach das übervolle Faß des deutschen Nationalismus an, und die in ganz Deutschland ausbrechende überschwengliche Begeisterung für sein Anliegen umnebelte viele Gehirne bezüglich der Natur seiner Sache. Luther und Erasmus führten einen Briefwechsel. Am 30. Mai 1519 behauptete Erasmus in einem Brief, Luthers Bücher nicht zu kennen, stimmte seinen Thesen nicht zu und widersprach auch nicht: «In England gibt es einige – und zwar sehr Hochstehende –, die von Deinen Schriften die beste Meinung haben.»[3]

War Thomas Morus einer dieser großen Männer, die Luther schätzten? Es liegt nahe. Morus wußte Luthers Feuer und Witz ebenso zu würdigen wie seinen Angriff auf die primitiv ökonomische Seite des Ablaßhandels. Wie sein 1519 geschriebener «Brief an einen Mönch» zeigt, sah er Luther damals nicht als gefährlichen Häretiker, sondern nur als radikalen Augustiner.[4] Als er 1520 an Edward Lee schrieb und das griechische Neue Testament von Erasmus, das vom Papst gebilligt worden war, gegen Kritiker verteidigte, bemerkte Morus, daß diese Kritiker das Papsttum verunglimpften und daß selbst Luther im Vergleich zu ihnen dem «hochheiligen römischen Stuhl» ergeben scheine.[5] In dem Brief findet sich keinerlei Ressentiment gegen Luther. Es scheint, als habe Morus 1520 in dem Deutschen nur einen weiteren Kritiker kirchlicher Korruption und nicht einen Häretiker gesehen.

Am 19. Oktober 1519 schrieb Erasmus einen langen Brief über Luther an Erzbischof Albrecht von Mainz. Darin kritisierte er Luther viel weniger als die Theologen, die Luther angriffen. Er drückte seinen Unmut über Luthers immer heftigeren Ton aus, aber nicht über irgend etwas von dem, was Luther verkündete. Er erklärte sogar, daß Luther in vielem recht habe. Luther habe es gewagt, den Wert von Ablässen zu bezweifeln, nachdem andere ihren Wert übertrieben hätten. Er wage es, die Macht des Papstes herabzusetzen, nachdem andere diese Macht allzu sehr gepriesen hatten. Er wage es, die Erklärungen des Thomas von Aquin in Frage zu stellen, während einige Prediger Thomas den Evangelien vorzögen. Luther wage es, das Sakrament der Beichte neu zu deuten, während die Mönche die Beichte grenzenlos ausdehnten, um das Gewissen der Menschen zu beherrschen. (Erasmus meinte, daß Klosterbrüder und Mönche belanglose Regeln aufstellten, dann den Christen für ihre Übertretung ein schlechtes Gewissen einflößten und sie schließlich in den Beichtstuhl zerrten, um sie mit als Buße getarnten ungerechtfertigten Geldstrafen zu schröpfen.) Kurz gesagt, Luthers Schriften waren eher unklug als pietätlos, und es gibt immer Leute, die «Häresie!» schreien, wenn gar keine Häresie vorliegt, Leute, die bereit sind, Bischöfe und sogar den Papst einzuschüchtern.[6]

Erasmus – und dies gilt zu dieser Zeit auch für Morus – betrachtete Luther wohl als einen weiteren Johannes Reuchlin, den großen deutschen Gelehrten, der ein paar Jahre zuvor heftig angegriffen worden war, weil er meinte, daß auch die hebräische Sprache und die jüdische Literatur einen Zugang zu den Mysterien Gottes böten. Reuchlins Gegner führten einen erbitterten Kampf gegen die Ziele des Humanismus, gegen die Studien der griechischen und der hebräischen Sprache und gegen die klassische Bildung. Zu den Gegnern Luthers gehörten auch einige Feinde Reuchlins, und Erasmus befürchtete wohl, daß diese Leute sich verstärkt gegen ihn wenden würden, wenn sie sich gegen Luther durchsetzten. Und doch wollte Erasmus seine Sache nicht mit der Sache Luthers verquicken. Er mochte sich nicht von der eigenen Arbeit ablenken lassen, und sein Charakter unterschied sich von dem Luthers, zumindest ist das Bild des Gelehrten, das er aller Welt bot, frei von allen heftigen Gemütsregungen.

Obwohl Erasmus schließlich die Geduld mit Luther verlor, gab er doch nie die grundlegenden Überzeugungen auf, die er in seinem Brief an Albrecht von Mainz geäußert hatte. Er betrachtete Luther immer nur als einen der Übelstände der Kirche; die Christenheit konnte es sich gar nicht leisten, all ihre Energien auf die Auseinandersetzung mit Luther zu verwenden und dadurch unwissende Mönche und gottlose Theologen unbehelligt und unbeaufsichtigt zu lassen.

Dagegen betrachtete Thomas Morus Luther bald als tödliche Bedrohung von Kirche und Staat, vielleicht sogar als Bedrohung für die christliche Antwort auf die Frage nach dem Sinn der Welt. Zwar hatte er sich nicht sofort von Luther abgewandt, aber es genügte dann die erste Lektüre von Luthers *De captivate Babylonica ecclesiae praeludium* (Von der babylonischen Gefangenschaft der Kirche), um ihn zum entschlossenen und kompromißlosen Feind des deutschen Reformators zu machen – den er nun eindeutig als Häretiker einstufte.

Luther schrieb die *Babylonische Gefangenschaft* im Sommer 1520 auf lateinisch. Darin eröffnete er seinen gnadenlosen Krieg gegen das althergebrachte System der Sakramente in der katholischen Kirche. Luther sagte, ein gültiges Sakrament müsse von Christus selbst durch klare Aussagen in der Heiligen Schrift errichtet worden sein. So hob er den sakramentalen Charakter der Letzten Ölung, der Ehe, der Konfirmation und der Priesterweihe auf. Er verkündete, daß nur die Taufe, die Messe und die Buße als Sakramente bezeichnet werden dürften, wobei er unter der Buße nur die Beichte der Sünden verstand, wie sie jeder Christ gegenüber jedem anderen Christen ablegen konnte, ohne daß es der vermittelnden Macht des Priesters bedurfte, auf die es Morus gerade ankam. In früheren Werken hatte Luther behauptet, alle Gläubigen seien Priester und die Kirche solle keinen besonderen Priesterstand haben.

In den *Babylonica*, wie das Buch bald in England genannt wurde, wandte sich Luther vehement gegen die Transsubstantiationslehre, den Glauben, daß sich das Brot und der Wein beim Abendmahl durch den Segen buchstäblich in das Blut und den Leib Christi verwandeln würden, so daß von Brot und Wein nichts übrigbleibt als die wunderbare Illusion, daß sie immer noch wie Brot und Wein aussahen, rochen und schmeckten. Dies war das Herzstück des katholischen Rituals, ein über Jahrhunderte täglich erbrachter Beweis für Gottes fortwährende Teilnahme am physischen Geschehen in der Welt; der Schöpfer besuchte sie trotz ihrer Verdorbenheit immer wieder und zeigte sich ihr auf sinnlich wahrnehmbare Weise. Alle Sakramente, doch ganz besonders die Messe, dienten der katholischen Kirche zur Abwehr eines Leib-Seele-Dualismus. Nach diesem Dualismus wäre die physische Welt bedeutungslos, und die Erlösung wäre nur das bloße Bemühen, dem Körper zu entfliehen. Diesem Dualismus zufolge wäre jeder christliche Versuch, diese Welt zu verbessern, unmöglich.

Die Messe stand auch im Zentrum der Frömmigkeit von Thomas Morus. Er trat letztendlich für die Verehrung von Bildern ein, für Pilgerfahrten und für den Gebrauch von Reliquien, für die Heiligenverehrung wie auch für andere Formen von Volksfrömmigkeit. Aber es gibt keinen Hinweis darauf, daß diese Praktiken je in seinen täglichen Andachten oder bei seiner religiösen Lebensführung eine Rolle spielten. Die Messe war da etwas anderes. Die Verehrung der Messe durchzieht sein ganzes Werk und auch die meisten zeitgenössischen Zeugnisse über ihn.

Zunächst ist Luthers *Babylonica* ein Angriff auf die kirchliche Interpretation der Sakramente, auf die Vorstellung, daß Gott sich immer zugleich sichtbar und unsichtbar zeige und daß die Christen auch das unsichtbare, in Sichtbarem versteckte Wesen Gottes begreifen und sinnlich erfahren könnten. Gläubige konnten das Abendmahl nehmen und an der geistlichen Macht Gottes teilhaben, die in den physischen Elementen verborgen lag; niemand verstand so recht, wie diese Teilhabe möglich sein sollte, besonders in der verdorbenen Welt, wo alles Physische zum Werkzeug in den Klauen Satans verkommen war. Gerade mit Hilfe der physischen Dinge versuchte ja der Satan die Seelen in ewige Verdammnis zu stürzen. Aber ganze Generationen frommer, auf Gott vertrauender Männer und Frauen erfuhren in dieser alten öffentlichen Zeremonie ihre persönlichen Wunder, und jetzt trat Luther auf den Plan und behauptete, daß Gott gar nicht in den Sakramenten stecke, wenn dem, der am Abendmahl teilnimmt, der Glaube fehle. Die Wirkung der Sakramente beruhe auf dem wankelmütigen menschlichen Glauben und nicht ausschließlich auf den Verheißungen und der Macht Gottes.

Dahinter verbarg sich jedoch ein tiefer und gefährlicher Angriff auf den katholischen Glauben an den geschichtlichen Heilsplan. Wir haben schon mehrmals auf die hohe Bedeutung der katholischen Meinung hingewiesen, daß der Geist Gottes die von Christus eingerichtete Institution angeregt habe; die katholische Kirche war eine fortwährende Fleischwerdung von Gottes Körper in einer Welt der Torheit und Sünde. Was seit Jahrhunderten in der Kirche geschehen war, mußte Gottes Zustimmung haben, sonst hätte Gott es geändert. Die Kirche selbst war so etwas wie ein großes, durch den Heiligen Geist belebtes und mit äußeren sichtbaren Formen versehenes Sakrament. Deshalb lenkte Gott mit allen seinen Taten die Kirche, etwa so wie das Bewußtsein die Hände steuert.

Luther wollte persönliche Erlösung und dazu die persönliche Gewißheit, daß Gott in der Welt lebt, eine Gewißheit, die seiner Meinung nach nur durch eine strikt private Verbindung zwischen Gott und dem einzelnen Christen zu erlangen war. Seine Ansichten hierzu verkündete er lautstark. Er behauptete beispielsweise, daß wir selbst vom Apostel Petrus nicht wüßten, ob er erlöst sei, wenn er jetzt unter uns weilte. Damit äußerte er in einer Hinsicht einen theologischen Gemeinplatz, weil jeder Katholik zugeben würde, daß Scheinheiligkeit jederzeit möglich ist und daß die von uns als fromm eingeschätzte Person in den Augen Gottes durchaus verdorben sein kann. Aber die katholische Kirche glaubte, daß ein einmütiges Urteil offenbaren könne, welche Toten Heilige sind und welche nicht, und der Sinn dieses Glaubens bestand eben darin, daß die Beziehung zwischen Gott und dem Individuum nie so versteckt und privat wurde, daß es der Gemeinschaft unmöglich wäre, ein sicheres Urteil über den Zustand einer Seele in ihrer Mitte zu fällen. Die katholische Grundhaltung zielte immer darauf ab, die Erlösung zu einer gemeinschaftlichen Angelegenheit zu machen, da schließlich die Gemeinschaft schon vor der Einzelseele besteht, sie während des Lebens begleitet und nach dem Tod des einzelnen fortdauert. Die Teilnahme der Gemeinschaft am Erlösungsdrama trägt folglich zu der Entscheidung bei, wie es der einzelnen Seele in der Zeit und Ewigkeit ergehen wird.

Die Welt schien Luther so dunkel und verrätselt und die katholische Kirche so korrupt, daß seiner Meinung nach außerhalb der Mauern von Wittenberg – das er kaum mehr verließ, nachdem er als Häretiker berüchtigt geworden war – kein Mensch von einem anderen sicher wissen konnte, ob er erlöst werden würde, egal wie fromm jemand oder wie gut sein Ruf war. Aus der Prädestinationslehre ging hervor, daß alles seinen Zweck hat, daß aber dieser Zweck der Menschheit verborgen bleibt. Luther konnte es sich nicht erklären, warum Gott es erlaubt hatte, daß das Papsttum, der Antichrist, eine Kirche regierte, die doch heilig sein sollte. In Luthers Welt wimmelte es von Dämonen und Hexen, und in dieser ganzen Finsternis blieb der einzelne eher allein mit seinem Glauben an Gott.

Luther war nicht so radikal wie viele seiner Nachfolger, und er hatte das Herz eines Revolutionärs, der mit einem Handstreich all die über Jahrhunderte innerhalb der katholischen Tradition entwickelten komplizierten Lehren und Kompromisse vom Tisch fegte und damit zuvor unversöhnliche Menschenmassen in einer Gemeinschaft zusammenbrachte und ihnen die verschiedensten religiösen Ausdrucksformen unter Anerkennung *einer* Autorität erlaubte. Thomas Morus verehrte die Kirche und ihre ununterbrochene Gemeinschaft mit Christus, und aus seiner Hingabe an ihre alten Traditionen machte er seinen Frieden mit Gott und setzte seine Hoffnung auf den Himmel. Diesen hohen Stellenwert in seinem Denken erhielten diese Traditionen durch das Zeugnis einer unüberschaubar großen Gemeinschaft, einer Gemeinschaft, die gehofft, gebetet und ausgeharrt hatte.

Erasmus hatte nie Verständnis für Luthers Sehnsucht nach Erlösung, und er verabscheute die Leidenschaften, die Luthers Reformation in Europa entfesselte. Anders als Morus sah er durch Luther das ewige Seelenheil der Christen nicht bedroht; Luthers Anhänger und der durch ihn entfachte Aufruhr waren eher eine Bedrohung guter Bildung, wie er immer wieder betonte.

Vorwürfe von vielen seiner Feinde, daß er die eigentliche Ursache der Lutherischen Ketzerei sei, kränkten Erasmus tief und ängstigten ihn vielleicht auch. Er wies diese Beschuldigung immer wieder zurück und hob die Unwissenheit und Arglist derer hervor, die ihn anklagten. Aber im Gegensatz zu Morus versuchte er nie, die von Luther angegriffenen Praktiken der Kirche zu verteidigen. Am 31. August 1523 machte Erasmus in einem Brief an Ulrich Zwingli ein erstaunliches Eingeständnis: «Denn ich glaube, daß ich alles gelehrt habe, was Luther lehrt, aber nicht so abscheulich, weil ich mich gewisser Rätsel und Paradoxien enthalten habe, auf daß ich am Ende mehr Früchte daraus hervorbringen würde.»[7] Diese Aussage deutet darauf hin, daß Erasmus Luther nicht wirklich verstanden hat, aber selbst dann wäre Thomas Morus über ihn äußerst erstaunt gewesen. (Er hat den Brief jedoch nicht gesehen, weil er zu seinen Lebzeiten nicht veröffentlicht wurde.)

Im Herbst 1520 schrieb Erasmus einen langen Brief an Morus über seine in Löwen durch Nikolaus von Egmont verursachten Qualen.[3] Im folgenden Jahr veröffentlichte er ihn in einer Sammlung mit dem Titel *Epistolae ad diversos*, die die Welt noch einmal an seine zahllosen Bekanntschaften mit berühmten Männern erinnern sollte. Der Brief an Morus war in Wirklichkeit ein Traktat für seine Zeitgenossen. Morus hatte gehört, daß Erasmus und Nikolaus von Egmont ein Gespräch mit Godescalc Rosemondt, dem Rektor der Universität Löwen, hatten. Er schrieb an Erasmus und bat ihn um Auskunft über dieses Gespräch. Morus' Brief ist verlorengegangen. Daher kennen wir den Geist seiner Anfrage nicht, aber wir haben den von Erasmus für Morus und die Welt verfaßten, langen und selbstgerechten Bericht über das Gespräch.

Nikolaus von Egmont hatte Predigten gehalten, in denen er Erasmus der Doppelzüngigkeit beschuldigte und behauptete, daß er sich nach der Decke strecke und das Pferd beim Schwanz aufzäume. Er verlangte von Erasmus, er solle gegen Luther schreiben. Erasmus antwortete mit Wortspielen und wich der Frage aus. Er sagte, er eigne sich nicht zu Auseinandersetzungen und habe außerdem Besseres zu tun.

Erasmus schrieb das voller Spott über Nikolaus von Egmont und stellte ihn als einen Dummkopf dar. Ein Brief von Erasmus über einen unwissenden Priester, der ihn der Doppelzüngigkeit beschuldigte, hätte bei Morus zehn Jahre zuvor nur ein Lächeln ausgelöst. Aber Morus hat diesen Brief wohl etwa zu der Zeit erhalten, als er auch Luthers *Babylonische Gefangenschaft* mit ihren heftigen Attacken gegen die katholische Auslegung der Sakramente und die Heiligkeit der Tradition las. Seine Reaktion wirkt wie ein Echo auf die von Nikolaus von Egmont so eindringlich vorgebrachte Frage: Warum schrieb Erasmus nichts gegen Luther, da Luther doch so offensichtlich eine tödliche Bedrohung der Kirche darstellte?

Als Morus im Sommer 1521 mit Wolsey zu einer diplomatischen Mission auf den Kontinent aufbrach, war Erasmus gerade mit dem Hof Kaiser Karls V. in Brügge. Die englische Gesandtschaft kam dorthin, und Erasmus schrieb später, daß er dort nicht nur Morus, sondern auch Tunstall, Wolsey und seinen ehemaligen Förderer William Mountjoy getroffen habe.

Die Begegnung von Morus und Erasmus verlief anscheinend herzlich. In jenem Sommer wurde Buckingham hingerichtet. In London liefen Gerüchte über den Richter des Königs um, der den beliebten Herzog dazu verurteilt hatte, den Hals auf den Richtblock zu legen – Gerüchte, die Morus dann (wie wir sahen) untersuchen und zurückweisen sollte. Nach diesen Spannungen wird Morus seine diplomatische Mission in Flandern wohl als angenehme Erleichterung empfunden haben. Außerdem ereignete sich ein komischer Zwischenfall, an dem er und Erasmus bestimmt ihre Freude hatten.

In Brügge hatte er einen deutschen Diener bei sich, den er nur «Davy» nannte. David hatte schon eine Weile in England gelebt und eine Engländerin geheiratet. Er behauptete, seine Frau sei in Worcester gestorben, während er eine Reise nach Deutschland machte. Morus gegenüber hatte er ihren Tod oft beklagt, ihre Tugenden gepriesen und erzählt, wie inbrünstig er an ihrem Grab gebetet habe. Er legte eine erstaunliche Eile an den Tag und schaffte es, sich innerhalb von zwei Wochen nach seiner Ankunft in Brügge mit der «Tochter einer ehrlichen Witwe» zu verloben. Aber an eben dem Tag seiner Verlobung erhielt Morus einen Brief von Lady Alice, in dem sie berichtete, daß Davys englische Frau noch lebe und auf der Suche nach ihrem Mann in ihr Haus gekommen sei.

Als ihm der Brief vorgelesen wurde, tat Davy sein Bestes, um Überraschung und Freude zu heucheln. «Sie ist eine gute Frau», beteuerte er.

Morus sagte: «Ja, aber warum bist du so ein schlimmer, böser Mann, daß du hier eine andere heiraten wolltest? Hast du nicht gesagt, sie sei tot?»

«Ach ja», sagte er. «Leute aus Worcester haben mir das gesagt.»

«Oh, du falscher Hund», sagte Morus, «hast du nicht mir und meinem ganzen Haushalt erzählt, daß du selbst an ihrem Grab warst?»

«Ach ja, mein Herr», sagte er. «Das war ich auch, aber ich konnte doch nicht hineinschauen, wie Sie wissen.»[9]

Die Episode mit Davy hat sicher Stoff für ein paar gute Gespräche zwischen Morus und Erasmus geliefert, und selbstverständlich sprachen sie auch über andere Dinge, besonders über Martin Luther. Der kaiserliche Troß war gerade vom Wormser Reichstag gekommen, auf dem Luther sich im April geweigert hatte, seine Lehren zu widerrufen. Daraufhin hatte ihn der Kaiser persönlich zum Ketzer erklärt. Luther versteckte sich auf der Wartburg. Er war vogelfrei im ganzen Reich. Es liefen Gerüchte um, er sei tot.

Im August 1521 mag es so geschienen haben, als hätte sich die ganze Lutherische Rebellion in Luft aufgelöst wie Gewitterwolken am Sommerhimmel; die Forderung, Erasmus solle etwas gegen Luther schreiben, war also hinfällig geworden.

In diesem Augenblick schienen politische Angelegenheiten viel wichtiger, aber auch die politische Lage war ruhig. Morus und Erasmus nahmen also in Freundschaft und gutgelaunt voneinander Abschied. Sie sahen einander nie wieder.

KAPITEL 18

Thomas Morus als theologischer Ratgeber

Heinrich VIII. dürfte über die Veröffentlichung von Luthers *Babylonischer Gefangenschaft* im Sommer 1520 erzürnt gewesen sein, doch sah er darin auch eine politische Möglichkeit. Er hatte schon mehrfach beim Papst um einen besonderen religiösen Titel nachgesucht, etwas Gleichwertiges zum Titel des «Allerchristlichsten Königs», der dem Herrscher Frankreichs zuerkannt worden war, oder zum «Rey Catholico», wie sich der spanische König mit Erlaubnis des Papstes nennen durfte. Heinrich besaß keinen derartigen Titel, und als er darum bat, zögerten der Papst und die Kardinäle. Doch im Winter und im Frühjahr 1520–21 schrieb Heinrich die *Assertio septem Sacramentorum* (Die Versicherung der sieben Sakramente), die Teil einer allgemeinen Kampagne gegen Luthers Häresien war, bei der seine Bücher offiziell verbrannt wurden. Heinrich schickte Papst Leo X. eine schöne, repräsentative Abschrift, und im Herbst 1521 erfüllte das päpstliche Konsistorium Heinrichs Wunsch. Er wurde zum «Verteidiger des Glaubens» ernannt, und weder er noch seine protestantischen Nachkommen haben diesen Titel jemals wieder abgelegt.

Beinahe jeder, der die *Assertio* (ein gelehrtes Werk in lateinischer Sprache) erwähnt, übergeht sie mit ein paar nichtssagenden Bemerkungen, weil sie fast niemand gelesen hat. Es wurde behauptet, das Werk preise die Macht des Papstes, und die modernen Gelehrten haben angenommen, daß Heinrich darin den glühendsten Anhängern des Papstes in der katholischen Kirche geschmeichelt habe. Aber das ist nicht der Fall.

Heinrich bezeichnete den Papst als den Stellvertreter Christi. Er pries Leo X. für sein untadeliges Leben und bat den Papst, an der *Assertio* alles zu verbessern, was eventuell falsch sei. Er verurteilte Luther, weil dieser den Papst öffentlich angegriffen hatte. Luther habe, als er sich von der päpstlichen Kirche lossagte, die Gebote der Liebe und des Gehorsams gebrochen. Denn, führte Heinrich aus, die ganze Kirche hätte in der römischen Kirche die Mutter und den Primas gesehen. Er behauptete, daß die Päpste in der Tat Macht über das Fegefeuer hätten – eine strittige Frage, die im Mittelpunkt von Luthers Thesen gegen den Ablaß stand.

Das Werk strotzt von wohlklingenden Worten über die päpstliche Macht. Aber wenn wir uns die *Assertio* näher ansehen, finden wir zahlreiche Mehrdeutigkeiten, und man kann nicht eindeutig erkennen, wie Heinrich wirklich über den Gegenstand dachte. Wichtige Fragen werden nicht behandelt. Wie weit erstreckt sich die päpstliche Macht? Kann der Papst bezüglich der Lehre irren? Steht ein Papst über den Beschlüssen eines allgemeinen Konzils? Kann ein Papst aus einem anderen Grund als wegen Häresie abgesetzt werden?

Und wie weit schuldete man den Päpsten Gehorsam? Sollten die Könige ihnen in weltlichen Angelegenheiten gehorchen? Sicher nicht, können wir mit einiger Gewißheit sagen. England wurde schon in Thomas Malorys *Le Morte d'Arthur* (Der Tod Arthurs), das in dem Jahrzehnt nach Morus' Geburt erschien, als «Empire» bezeichnet. Und ein Reich nahm keine Befehle von irgendeiner Macht auf Erden außerhalb seiner Grenzen entgegen, nicht einmal vom Papst. In der Affäre Hunne hatte die englische Regierung die päpstlichen Ansprüche auf klerikale Immunität gegenüber der säkularen Gesetzgebung ignoriert. Und in Ropers Geschichte über das größte Schiff des Papstes, das von den Engländern in Southampton beschlagnahmt wurde, sehen wir, daß Heinrichs Regierung den päpstlichen Handelsverkehr so behandelte wie den Handelsverkehr irgendeines säkularen Staates.

Wie verhielt es sich mit der spirituellen Rolle des Papstes bei der Auslegung der christlichen Lehre? Heinrich machte ein paar vage Andeutungen in dieser Richtung. Er zitierte Hieronymus, der die Ansicht vertreten hatte, auch wenn andere seinen Glauben nicht billigten, genüge es ihm, wenn der Bischof von Rom ihn billige. Heinrich äußerte sich nicht eindeutig dazu. Es scheint beinahe, als wolle er diesem Problem ausweichen. «Ich werde dem Papst kein Unrecht zufügen», sagte er, «indem ich ängstlich und besorgt als Richter über seine Gesetzgebung wache, als ob sie eine zweifelhafte Sache wäre.»

Hunderte von Traktaten und Büchern bekannter und unbekannter Theologen, in denen die Autorität des Papstes gegenüber Luther verteidigt wurde, wurden von den Druckerpressen des katholischen Europa in jenen Jahren ausgespuckt. Heute ruhen sie verstaubt und ungelesen in den alten Bibliotheken Europas und Amerikas. Selten findet man in diesen Schriften ein Argument zugunsten der päpstlichen Autorität, das so wachsweich und mehrdeutig ist wie das Heinrichs in der *Assertio.* In den trockenen, gewichtigen Werken des Bischofs von Rochester, John Fisher, wird das extremste Papsttum kraftvoll und eindeutig unterstützt, weitaus stärker, als Heinrich es je tat. Fisher glaubte, daß dem Papst eine einzigartige Rolle bei der Auslegung der Lehre zukäme. Er hätte dem Dekret des ersten vatikanischen Konzils von 1870 von ganzem Herzen zugestimmt, daß alle Äußerungen unfehlbar seien, die ein Papst *ex cathedra* zu Fragen des Glaubens und der Moral machte.

Wenn auch andere eifrig die Bedeutung des Papstes für die Lehre postulierten – Heinrich tat das nicht. Seit sich die Welt zum Christentum bekannt habe, erklärte Heinrich, hätten alle Kirchen der Christenheit dem Heiligen Stuhl gehorcht. Über diesen vagen Standpunkt ging der König nicht hinaus. Petrus wurde die Macht, alles im Himmel und auf Erden zu binden und zu lösen, in jener entscheidenden Bibelstelle über die päpstliche Macht zugesichert. Dies deutete Heinrich folgendermaßen: weil jeder Priester die Macht habe, die Menschen von ihren Sünden freizusprechen und sie vor der ewigen Strafe zu bewahren, müsse der «Fürst aller Priester» Macht über das Fegefeuer haben. Das ist eine sehr unklare Aussage. Heinrich scheint angenommen zu haben, daß durch den Brauch und die Tradition die wesentlichen Lehren allen Christen klar vermittelt worden seien. Der Papst habe nur den Vorsitz über das, was allen bekannt sei. Dies erinnert (um ein modernes Beispiel zu gebrauchen) in vielem an die Haltung der Amerikaner, die von ihrem Präsidenten erwarten, daß er über eine Tradition wache, die vom ganzen Volk gemeinsam hochgehalten wird. Keiner denkt daran, daß diese Tradition vom Präsidenten allein gemacht oder definiert wird. Im sechzehnten Jahrhundert vertraten viele gemäßigte Katholiken eine so demokratische Sicht der päpstlichen Autorität. Erasmus vertrat sie und auch Thomas Morus. Und offensichtlich ebenso Heinrich VIII.

Später erinnerte sich Morus der *Assertio*, als er um sein Leben kämpfte. Er schrieb 1534 an Thomas Cromwell, daß Heinrich die päpstliche Autorität habe tatkräftig unterstützen wollen, als er das Buch verfaßte. Morus habe zur Vorsicht geraten und darauf hingewiesen, daß Könige und Päpste des öfteren in Streit gerieten. Und falls der König in der *Assertio* zuviel Aufhebens von der päpstlichen Autorität mache, könnten ihm möglicherweise später die eigenen Worte peinlich werden, wenn es zwischen Heinrich und irgendeinem Papst zu Unstimmigkeiten käme. Doch Heinrich, sagte Morus, «zeigte mir einen geheimen Grund dafür an, von dem ich vorher nichts gewußt hatte».[1] Morus nannte den Grund nicht, jedenfalls nicht gegenüber Thomas Cromwell. Roper berichtet, Heinrich habe erklärt, er habe seine «Kaiserkrone» vom Papst empfangen, doch wissen wir nicht, was diese mysteriöse Bemerkung bedeuten soll. Vielleicht bezog sich Heinrich damit darauf, daß der Papst das Haus Tudor am Tage nach Bosworth Field anerkannt hatte. Wichtig ist, daß moderne Gelehrte aufgrund von Morus' Brief an Cromwell einhellig erklärten, Morus habe dieses Argument fallenlassen, weil er den König dazu überreden wollte, die päpstliche Autorität in abgeschwächter Form zu bestätigen.

Tatsächlich beweist der Text der *Assertio*, daß Morus sich in dieser Sache durchsetzte. Die päpstliche Macht wird nur hinsichtlich des Ablasses ausführlich behandelt. Eine Wolke des Lobes für die Person Leos und die gehässige Verurteilung von Luthers öffentlichem Ungehorsam verdunkeln

Heinrichs mangelnde Genauigkeit bei der Definition des päpstlichen Primats. Jeder konziliare Denker konnte als Mitglied jener starken Partei, die an die Kontrolle des Papsttums durch periodische Konzile der souveränen Bischöfe glaubte, dem Text der *Assertio* nur beipflichten. Kein Satz in dem Werk erkennt dem Papst eine andere Funktion zu als die, der Diener der ganzen Kirche zu sein. Nichts garantiert ihm die Souveränität, die die Päpste für sich selbst forderten und die von den Parteigängern der Päpste nun in ganz Europa gegen Luther vertreten wurde.

Die *Assertio* enthält Gemeinplätze, die Morus selbst benutzte, als er in den literarischen Kampf gegen die Häresie eingriff. Selbstverständlich bekräftigte er das geheiligte Wesen der Überlieferung. Die katholische Kirche war von Christus gegründet worden, und Christus hatte versprochen, bis ans Ende der Zeit bei der Kirche zu sein. Daher könne sich die Kirche in wichtigen Angelegenheiten nicht irren. Wenn sie irren würde, hätte Christus sein Versprechen gebrochen. Und ein solches Versprechen konnte nicht gebrochen werden, da es von Gott und Christus gegeben worden war.

Wie konnten sich die Christen mit solchen kirchlichen Praktiken aussöhnen, die nicht ausdrücklich von der Heiligen Schrift bestätigt wurden? Heinrich – und Morus nach ihm – beriefen sich auf die alte Vorstellung einer direkten mündlichen Überlieferung, ein theologischer Standard unter Katholiken. In den letzten Versen des vierten Evangeliums steht, daß Christus so viele Dinge tat, daß auf der Welt nicht genug Platz für alle Bücher wäre, die man darüber schreiben könnte (Joh. 21,25). Das aristotelische Mittelalter war von der Vorstellung einer göttlichen Weltordnung erfüllt, in der nichts Wertvolles verlorengehen konnte. Jahrhundertelang waren die Katholiken davon ausgegangen, daß alle Worte und Taten Christi in der kirchlichen Überlieferung aufbewahrt worden seien, selbst wenn sie nicht niedergeschrieben worden waren, während Christus noch auf Erden weilte. Heinrich erklärte in der *Assertio*, daß Christus sogar die rituellen Handlungen der Priester bei der Messe gelehrt habe. Sie seien durch die Jahrhunderte hindurch weitergegeben worden. Thomas Morus sollte später diesen feingesponnenen Unsinn wiederholen.[2]

Wie wir aufgrund des Titels erwarten dürfen, verteidigte Heinrich die göttliche Einrichtung aller Sakramente in der Form, wie die Katholiken sie im sechzehnten Jahrhundert ausübten. Er verurteilte Luther, weil er behauptete, daß allein der Glaube den Christen rechtfertigen könne. Besonders heftig prangerte er Luthers Behauptung in der *Babylonica* an, daß keine Sünde, sondern allein der Unglaube dazu führe, daß eine Seele verdammt werde. Heinrich nahm an, daß Luther damit behauptet hätte, ein Christ könne ruhig töten, stehlen, die Ehe brechen, Gott lästern und immer noch in den Himmel kommen, solange er die Wahrheit der kirchlichen Glaubensbekenntnisse akzeptiere.

Die *Assertio* gab Heinrich Gelegenheit, Luther zu verleumden, während er selbst sicher auf dem Boden der katholischen Konvention stand. Er scheint die ungeheure geistige Kraft in Luthers Worten überhaupt nicht gespürt zu haben, und ebensowenig konnte er das erregende Gefühl der Befreiung nachvollziehen, das Tausende verspürten, als sie Luthers Werk lasen. Doch war die *Assertio* auch nicht gerade im Geiste selbstloser Mildtätigkeit und Gutherzigkeit geschrieben.

Thomas Morus zitierte Heinrichs Buch wiederholt in seinen eigenen Polemiken. Er gebrauchte die Argumente, wenn auch nicht die Worte des Königs. Er tat dies mit einer Heftigkeit, die der *Assertio* fehlt. War er selbst der Verfasser? Luther hörte zwar gerüchteweise, daß Heinrich das Buch nicht selbst geschrieben habe. Morus jedoch sagte später, daß er das Buch nur redaktionell betreut, das Material geordnet und die Teile zusammengestellt habe. Ganz gewiß ist es nicht in seinem lateinischen Stil geschrieben.

Doch ziemlich sicher fragte Heinrich Morus um Rat, während er das Buch verfaßte. Heinrich benötigte mehrere Monate, um es zusammenzustellen. Weil er zuvor nie die leiseste Begabung dafür gezeigt hatte, umfangreiche Prosa zu verfassen, wurde das Buch vermutlich in gemeinschaftlicher Arbeit verfaßt. Morus war der einzige Mann mit theologischen Kompetenzen, der jeden Tag mit dem König zusammenkam, und er war klug genug, um Argumente sorgfältig abzuwägen und Heinrich das Gefühl zu geben, daß sie in dieser Formulierung dem königlichen Gehirn entsprungen seien. Morus wäre nicht der erste Mann in einem Kronrat gewesen, der seine Gedanken in einem öffentlichen Dokument zusammengetragen und sie unter eines Königs Namen veröffentlicht hätte. Vermutlich verweisen die Zitate, die Morus später dem Buch entnahm, auf jene Teile, mit denen er ursprünglich am meisten zu tun hatte.

Luther war nicht tot, wie in Gerüchten behauptet wurde. Er las die *Assertio* im Frühjahr 1522. Zu dieser Zeit waren er und seine Bewegung aufs äußerste gefährdet. Er hatte erwartet, daß sich die Könige für seine Sache zusammenschließen würden. Statt dessen hatten sie ihn zurückgewiesen, und mit Heinrichs Buch schien die Katastrophe komplett. Luther mußte befürchten, daß seine Reformation verloren sei, wenn andere Herrscher, einschließlich der deutschen Fürsten, dem Beispiel des englischen Königs folgten. Deshalb fiel seine Antwort äußerst heftig aus. Wahrscheinlich ist kein Traktat, das je an einen König des christlichen Europa gerichtet war, so beleidigend, so gehässig, so obszön wie Luthers kleines Buch mit dem Titel *Antwort deutsch auf König Heinrichs von England Buch* (Titel des dt. Originals: Antwort Teutsch Mart. Luthers uff Kunig Heynrichs von Engeland buch). Irgend jemand mußte für den König antworten, denn mit einer Erwiderung hätte sich Heinrich vom Thron in den Sumpf der Kontroverse begeben, und das schickte sich für einen König nicht. Morus hatte sich beim Kampf mit

Brixius und im «Brief an einen Mönch», den Erasmus veröffentlicht hatte, als begeisterter Verfasser von Streitschriften gezeigt. Noch bedeutender dürfte seine enge Mitarbeit am Buch des Königs gewesen sein. Falls Heinrich in Morus seinen wichtigsten theologischen Ratgeber gesehen hat, war es nur natürlich, wenn er ihn dazu auswählte, das Werk zu verteidigen, auf das er so viel Mühe verwandt hatte. Morus war auch der einzige Mann bei Hofe, der als beliebter lateinischer Schriftsteller anerkannt war. Seine Schrift *Utopia* hatte ihn nicht berühmt gemacht, aber sie war doch ein bescheidener Erfolg gewesen. Und ein König, der nach einem Fürsprecher suchte, konnte sich spontan für einen Ratgeber von literarischem Ansehen entscheiden. Morus wird die Aufgabe aus dem leidenschaftlichen Wunsch heraus übernommen haben, die katholische Kirche zu verteidigen. Vielleicht spielte auch der Wunsch eine Rolle, die Argumente zu verteidigen, die er der *Assertio* hinzugefügt hatte. Wenn er an der Ausarbeitung des Buches maßgeblich beteiligt gewesen war, hatte Luthers bösartiger Gegenangriff ihn mit der gleichen Wucht getroffen wie der *Antimorus* von Brixius. Diese Schrift hatte Morus damals dazu veranlaßt, seine eigene Schöpfung zu verteidigen.

Er nannte seine Erwiderung *Responsio ad Lutherum* (Erwiderung auf Luther). Er schrieb unter einem Pseudonym. Tatsächlich kam die *Responsio* in zwei Versionen unter zwei Pseudonymen heraus. Zuerst erschien ein kleinerer Band, der vermutlich von einem spanischen Theologen namens «Ferdinand Baravellus» verfaßt wurde. Bevor dieses Werk freigegeben werden konnte, las Morus Luthers wütenden Angriff auf Ambrosius Catharinus, einen katholischen Theologen, von dem das Sprichwort stammte, daß die Reformation zustande kam, weil Erasmus pflanzte, Luther goß und Satan das Gedeihen gab – eine Parodie auf 1. Korinther 3,6. (Erasmus ärgerte sich über das Epigramm, Morus hingegen verhielt sich in diesem Streit neutral.)

Catharinus hatte die katholische Kirche als eine hierarchische Institution verteidigt, mit dem Papst an der Spitze und den Bischöfen, die die Autorität in die ganze bewohnte Welt hinaustrugen. In *Utopia* hatte Morus eine wachsende christliche Gemeinde dargestellt, die ohne jede Hierarchie auskam, tatsächlich ohne irgendeine institutionelle Form überhaupt, denn es gab nicht nur keine Bischöfe, sondern auch keine gewöhnlichen Priester. Es wäre unklug, ausdrückliche Schlußfolgerungen aus den spärlichen Bemerkungen zu ziehen, die Morus über die neuen utopischen Christen macht. Doch können wir davon ausgehen, daß ein Mensch in den Jahren 1515 und 1516, der vom Mangel an Bildung und von der Korruption an den höchsten Stellen der Kirche entmutigt war, es sich für eine Weile gestattete, von einer natürlichen christlichen Religion zu träumen. Sie sollte aus der Liebe zu Gott durch Christus entspringen und von vielen äußeren Formen und institutionalisierten Ämtern frei sein, welche der Kirche in Europa so viel geschadet hatten. Doch nachdem Morus Luther gelesen und den Austausch zwischen Luther und Catharinus verarbeitet hatte, erkannte er die Bedeutung der institutionalisierten Autorität in der katholischen Kirche. Er fügte der *Responsio* einen großen Abschnitt über dieses Thema bei.[3] Das revidierte Werk erschien im Juli 1523 erneut unter dem Pseudonym «William Ross». Nun konnte kein Zweifel mehr daran bestehen, daß der Verfasser Engländer war und daß es in England neben dem König noch andere Verteidiger des Glaubens gab. Wir wissen nicht, warum Morus überhaupt ein Pseudonym benutzte. Es könnte dazu gedient haben, Morus in der Öffentlichkeit nicht so kurz nach seinen öffentlichen Wutausbrüchen gegen Brixius mit einem so gehässigen Werk in Verbindung zu bringen. Die *Responsio* war so bösartig, daß Erasmus sagte, Luther selbst könne daraus etwas über leidenschaftliche Argumentationsweise lernen.[4]

Noch eine andere Möglichkeit ist interessant. Vielleicht wollte Morus seinen Namen deshalb nicht mit der Verteidigung der *Assertio* in Zusammenhang bringen, weil er fürchtete, einige Menschen könnten daraus folgern, er selbst habe die *Assertio* geschrieben. Falls er einen Großteil des Buches geschrieben hatte, hätte er fürchten können, daß diese Neuigkeit bekannt werden könnte. Wie die Sache stand, hielt ihn niemand für einen Theologen, denn bis zum Erscheinen der *Assertio* hatte er nichts Theologisches veröffentlicht. Heinrichs Geheimnis wäre schon deshalb sicher gewesen, weil Morus sehr umsichtig war. Außerdem hatte die europäische Öffentlichkeit im allgemeinen keinen Grund, Morus der Mitautorenschaft zu verdächtigen. Das pseudonyme Erscheinen der *Responsio* hätte dann den Zweck verfolgt, jeden Argwohn zu vermeiden, der überall entstanden wäre, wenn Morus das Buch unter seinem eigenen Namen veröffentlicht hätte.

Schon auf den ersten Blick bemerkt man an der *Responsio* den beinahe unerträglichen Haß auf Martin Luther und auf alles, was die Autorität der katholischen Kirche antasten könnte. Wut wird zuweilen in Kunst verwandelt, wie in *A Modest Proposal* (Ein bescheidener Vorschlag) von Jonathan Swift zeigt. Morus wurde durch sie nur zu einer groben Schmähung verführt, die häufig fast hysterisch wirkt. Morus griff auf das Wortspiel mit den rhetorischen und logischen Unterschieden zwischen vorherigen Prämissen und nachträglichen Argumenten zurück, als er gegen Luther schrieb: «Weil er geschrieben hat, daß er bereits vorab ein Recht habe, die königliche Krone mit Kot zu bespritzen und zu beschmutzen, wollen wir nicht nachträglich das Recht haben, die mit Kot verschmierte Zunge dieses vorab Rechte Beanspruchenden für höchst geeignet zu erklären, mit seiner Vorherigen just das Nachherige einer pissenden Mauleselin zu lecken, bis er genauer gelernt haben wird, nachträgliche Schlußfolgerungen aus vorhergehenden Prämissen zu ziehen.»[5] Diese Stelle aus dem öden Werk gehört noch zu den gemäßigteren Passagen.

Morus nennt Luther einen Verrückten, einen Gewohnheitstrinker, einen Prahlhans und einen Menschen voller innerer Widersprüche. Mehr ist dazu nicht zu sagen, denn die plumpen Beleidigungen und geistlosen Grobheiten von Morus bilden nur eine monotone Skatologie, die so ermüdet wie die obszönen Gespräche kleiner Jungen in den Duschräumen einer Schule. Er schrieb über seine Utopier, daß sie sich in dem Moment zu einer übermäßigen Leidenschaft hinreißen ließen, in dem man ihnen die gefährliche Freiheit eines unkontrollierten Privatlebens erlaube. Als Thomas Morus sich hinter seinem Pseudonym sicher fühlte, handelte er genau so, wie er es in seiner Fiktion vorhergesagt hatte.

Auch methodisch ist das Werk schlecht ausgeführt. Morus geht folgendermaßen vor. Er zitiert ein paar Zeilen aus Luthers Buch gegen den König. Dann widerlegt er sie ausführlich – oft sehr ausführlich –, dann zitiert er wieder Luther und widerlegt ihn abermals und über Seiten hinweg. Er zitiert häufig aus Heinrichs *Assertio.* Er will beweisen, daß der König Luther in diesem oder jenem Punkt seinen Irrtum erfolgreich nachgewiesen habe. Es ist das Werk eines Redners (und Morus war zu Lebzeiten weniger als Schriftsteller denn als Redner berühmt), der eher spricht als schreibt. In jeder Zeile wägt er die Reaktion der Menge ab, nie denkt er daran, wie ermüdend es für den Leser ist, ein langes Buch voller Wiederholungen vor sich zu haben.

Morus glaubte, jeder, der Luthers Text lese, sehe sofort, daß Luther sich irre. Doch falls ein Leser das nicht sofort erfassen sollte, gab es die lange Widerlegung von Morus, die ihm half, Luthers Irrtümer zu erkennen. Vermutlich war der einzige Effekt des Werkes, daß Menschen, die wissen wollten, was Luther eigentlich geschrieben habe, nun einen Text hatten, der von den Behörden nicht verboten war. Sie konnten also gefahrlos Luther lesen, ohne auf die Kommentare von Morus achten zu müssen, denn Luthers Worte waren im Text mit Blockschrift hervorgehoben.

Morus stützt seine Erörterung hauptsächlich auf die Autorität der Kirche, die von Christus gegründet worden war und auf seiner Verheißung beruhte. Christus hatte eine Kirche errichtet, verkörpert in einer Institution, die schon jahrhundertelang bestand. Er hatte kein Buch geschrieben. Er hatte verheißen, bei seinen Jüngern bis an das Ende der Welt zu sein. Und er hatte versprochen, ihnen den Geist der Wahrheit zu senden, der sie zur Offenbarung der vollendeten Wahrheit führen werde. Aufgrund dieser Verheißungen besaß die universale Kirche den tätigen Geist Gottes. Sie konnte nicht irren, wenn sie erst einmal Gelegenheit hatte, den Irrtum zu überprüfen.

Luther sprach in diesen Jahren von einer «unsichtbaren Kirche», einer Kirche jenseits und oberhalb der hierarchischen, institutionalisierten Kirche, die Heinrich und nun Morus verteidigten. Luther glaubte, daß die wahre Kirche, das wahre Volk Gottes, nur aus den Auserwählten bestünde, den zur

Erlösung Prädestinierten. Nur Gott allein wisse, wer prädestiniert sei und wer nicht. So war für die Sterblichen, die in einer Welt der Sinneserfahrungen lebten, die Kirche unsichtbar. Diese Vorstellung paßte vorzüglich zu Luthers ausgesprochenem Sinn für Paradoxien (der Morus' Sinn für Ironie verwandt war). Er war ganz davon gefesselt, wie sehr die gewöhnliche Erfahrung – die er vom Mysterium durchdrungen sah – dem Glauben widersprach, ein allmächtiger Gott lenke das Universum und führe es zu einem guten Ende.

Luther hielt Gott für den Ordner aller Dinge. Aber Gott trage viele Masken, und alle göttlichen Dinge blieben der menschlichen Einsicht verhüllt, es sei denn, Gott wünsche, sie durch Offenbarung zu enthüllen. Ein Papst, der behaupte, für Gott zu sprechen, spreche in Wirklichkeit für den Satan. Der Sünder, den die Furcht vor Gott quäle, werde tatsächlich von Gott geliebt. Der scheinbare Christ, der sich abmühe, Gutes zu tun, sei wegen seines Hochmuts verdammt, der ihm vorgaukle, er könne sich die ewige Erlösung verdienen. Die sichtbare Institution, Kirche genannt, die überall in Europa mit Bischöfen, Priestern, Mönchen, Nonnen, Brüdern, Bauwerken, Ritualen, Überlieferungen und dem ganzen übrigen Plunder verbreitet sei, behaupte, die Kirche Gottes zu sein. In Wahrheit sei sie aber die Gemeinde des Antichristen, und der Papst sei beinahe die Verkörperung des Satans. Die wahre Kirche der Erlösten sei verborgen. Die Sterblichen würden sie erst am großen Tag des Jüngsten Gerichts kennenlernen.

In der *Responsio* sieht Morus die Kirche auf Erden als eine Institution, als eine göttlich inspirierte Erzieherin, die die wahre Lehre bewahrt, für sie zeugt, sie rein erhält und den Sterblichen zu der Entscheidung darüber zwingt, wie er mit der Wahrheit der Kirche umgehen will. Außer durch die Wahrheit der Kirche wisse niemand, wie er in den Himmel gelangen könne. Gott habe der Kirche das Geschenk der Wahrheit versprochen. Er habe verheißen, daß die Kirche bis zum Jüngsten Tag bestehen werde. Seit das Versprechen gegeben worden sei, habe es all die Jahrhunderte hindurch nur eine Kirche gegeben. Wenn die katholische Kirche mit all ihren Einrichtungen nicht die Kirche der Verheißung wäre, müßte die Verheißung falsch und Gott ein Lügner sein. Da niemand Luthers Kirche sehen könne, könne sie auch niemanden belehren. Allein eine Institution, die von Gottes Geist beseelt und in der Welt sichtbar sei, könne die göttliche Mission erfüllen, die Gott seinem Volk aufgetragen habe.

Luther behauptete, seine Lehre einzig auf die Heilige Schrift zu stützen. Morus konnte große Teile der Bibel auswendig, doch haben wir auch gesehen, daß er in dem «Brief an einen Mönch» die Ansicht vertrat, daß man die Bibel mit der Überlieferung der Kirche zusammen betrachten müsse, wenn sie einem Christen dienlich sein sollte. Er glaubte nie daran, daß ein Christ, sei er nun gebildet oder ungebildet, alle erforderlichen Lehren allein der

Bibel entnehmen könnte. Seine Utopier vermochten das Christentum ohne jegliches Schrifttum aufzunehmen – und nun konnte er Luthers Lehre nicht billigen, die Bibel allein reiche aus, einem Christen zu sagen, was er zu tun und zu glauben habe.

Morus fiel förmlich über Luther her, weil dieser allein die Schrift gelten lassen wollte. Dazu machte er verschiedene Anmerkungen. Wie könne jemand wissen, was zur Heiligen Schrift gehöre und was nicht? Luther sage in der *Babylonica*, daß die Kirche das Wort Gottes vom Wort der Menschen unterscheiden könne. Offensichtlich nehme er an, daß die Prädestinierten, aus denen seine Kirche bestehe, über ein göttliches Geschenk verfügten, das ihnen die Erkenntnis ermögliche, was Offenbarung sei und was nicht. Morus wiederholte Luthers Aussagen immer und immer wieder. Er sah darin ein Eingeständnis, daß die katholische Kirche das Schrifttum erst beglaubigen müsse, bevor irgend jemand – einschließlich Luthers – wissen könne, was zum autorisierten Schrifttum gehöre. Hier verdreht Morus, obwohl er doch bisher Luthers Auslegung des Wortes «Kirche» unablässig angegriffen hat, den Sinn von Luthers Worten auf seltsame Weise. Er behauptet nämlich einfach, daß Luther mit dem Wort «Kirche» hier dieselbe katholische Kirche meine, die Morus verteidigte. Heinrich hatte ihm in der *Assertio* dasselbe unterstellt. – Vermutlich hatte Morus ihm dies nahegelegt. In den anderen Polemiken beschimpfte Morus Luther und behauptete, daß die Kirche das wahre Schrifttum vom falschen unterscheiden könne. Er verstand nicht oder es kümmerte ihn nicht, daß Luther seine Aussagen nie so gemeint hatte, wie Morus sie angeblich aufgefaßt hatte.

Obwohl Morus von Luthers Aussagen in einer unlauteren Weise Gebrauch machte, war sein Argument als solches gut. Christus hatte nie ein Buch geschrieben. Der Kanon der Schrift hatte sich über Jahrhunderte hindurch entwickelt. Bücher wie der Brief an die Hebräer, die zwei Briefe des Petrus, die zwei Briefe an die Thessalonicher und das Johannes-Evangelium wurden erst verhältnismäßig spät kanonisiert, und die Offenbarung galt immer als etwas zweifelhaft. Niemand wurde richtig schlau daraus, wenn auch immer wieder Eiferer auftraten, welche die verworrenen Produkte ihrer erstaunlichen Phantasien verbreiteten. Im sechzehnten Jahrhundert ließen die eifrigsten Bibelkundigen unter den Protestanten – einschließlich Luthers und Johann Calvins – sie für sich allein stehen, wie auch Erasmus es in seinen Anmerkungen zum *Novum Instrumentum* getan hatte. Morus vertrat die Auffassung – die für das katholische Denken kennzeichnend ist –, daß die Kirche die Echtheit des Schrifttums bestätige. Die Kirche zu schwächen hieße, die Autorität der Schrift selbst zu schwächen.

Der Logik seines eigenen Arguments folgte er, ohne zu zögern, aber hier klingt es ganz und gar nicht nach dem Thomas Morus, der in dem Brief an Dorp das griechische Neue Testament von Erasmus verteidigt hatte. Die

Kirche benötige die Schrift nicht, denn die Schrift sei nur ein Buch, ein lebloses Ding, und die Wahrheit Gottes sei lebendig und tätig. Das alte Gesetz sei auf Steinen geschrieben worden und auf die Häute von toten wilden Tieren. Christus habe sein Gesetz in die Herzen der Gläubigen geschrieben. Und wenn die Gläubigen in der Gemeinschaft mit Gott lebten, lebe das Gesetz Gottes – die Offenbarung, die er für die Welt bestimmt habe – durch sie. Die Kirche lebe durch den Geist. Morus wußte, wie viele Fehler den Schreibern bei der Tradierung des Schrifttums unterlaufen waren. Trotzdem vertrat er immer heftiger seine Überzeugung, daß die Kirche fortdauern würde, selbst wenn die Schrift ganz verschwinden würde.

Vor allem betonte er immer wieder die mangelnde Klarheit der Schrift und die Notwendigkeit einer maßgebenden Auslegung. Nach Morus' Ansicht hatten sich alle Häretiker der Geschichte auf die Bibel berufen, jedoch auf eine Bibel, die sie gemäß ihrer exzentrischen und widernatürlichen Absichten auslegten. Die Arianer, die leugneten, daß Gott und Christus gleich und gleich-ewig seien, entnahmen ihre Argumente mehrdeutigen Bibelstellen. Und ohne eine den Rahmen der Interpretation festlegende Kirche, die bestimmte, welche Lesart die richtige war, konnte niemand mehr erkennen, daß die Arianer sich geirrt hatten. Jener Morus, der in der *Responsio* die der kirchlichen Überlieferung über die Schrift stellt, ist dem Morus eng verwandt, der Raphael Hythlodeus keine Bibel mitgab, als dieser unerschrockene Reisende Utopia besuchte. Er ist ihm so nahe verwandt, daß jener Morus sich beinahe verirrt zu haben scheint, der das griechische Neue Testament von Erasmus so heftig und mit so unklaren Argumenten gegenüber Dorp und einem Mönch verteidigte. Doch Luthers Argumente hatten in ganz Europa das Schreckgespenst des Zweifels geweckt, und ein furchtsamer Morus verteidigte nun etwas, das ihm unendlich viel mehr bedeutete als ein gelehrtes Buch. Er verteidigte die katholische Kirche, das letzte Bollwerk des Sinns in Zeit und Ewigkeit.

Aber wer war die Autorität in der Kirche? Morus sprach immer von «allgemeiner Zustimmung». Er meinte damit weitgehend dasselbe Phänomen, das ein Jurist vor Augen hat, wenn er vom Präzendenzfall und von der priesterlichen Natur seines Wissensgebietes spricht. Er meinte den allgemein anerkannten Brauch, eine Sammlung von Gewohnheitsrechten und Vorschriften, auf die sich die Gläubigen geeinigt hatten. Diese Regeln gab es schon lange, und allein dadurch hatten sie Autorität und sogar göttliche Bestätigung erlangt. Wie zuvor Heinrich führte auch Morus die Anfänge dieses Brauches auf die mündliche Überlieferung zurück. Christus habe viel mehr Dinge getan und gesagt, als aufgeschrieben worden seien. Die mündliche Überlieferung dieser Worte und Taten würde in der Kirche bewahrt und von Generation zu Generation weitergereicht. Es entstünden Bräuche, die deshalb maßgebend seien, weil man sich über sie geeinigt habe. Die Autorität dieser mündlichen Überlieferung zeige sich am besten darin, daß sie über vieles zu stellen sei, was in der Schrift geschrieben stehe. Morus genoß es, lange Listen von Anschauungen zusammenzustellen, über die sich Protestanten und Katholiken gleichermaßen einig waren und die entweder in der Schrift nicht bestätigt wurden oder dem geschriebenen Wort direkt widersprachen.

Die Christen verehrten Gott z. B. an einem Sonntag, obwohl Gott Abraham den Sabbat, den siebten Tag der Woche, als Zeichen des ewigen Bundes gegeben hatte. Diese Festlegung sollte nicht ewig eingehalten werden, auch wenn in keinem Gebot im Neuen Testament festgelegt war, daß ein anderer Tag zu bestimmen sei. Offensichtlich, so vermutete Morus, hatte Christus dazu einige mündliche Anweisungen gegeben, und die Kirche hatte sie befolgt – gegen den Wortlaut des mosaischen Gesetzes in der Schrift.

Morus führte gerne die rituelle Fußwaschung an. Im Johannes-Evangelium wird berichtet, wie Christus am Abend vor der Kreuzigung seinen Jüngern die Füße wäscht. Er gebot seinen Nachfolgern, sich gegenseitig die Füße zu waschen, und er erklärte Petrus, daß diese Handlung notwendig sei für die Erlösung. Die Kirche deutete dieses Gebot als Symbol. Sie erhob das Ritual nicht zu einem Sakrament, und auch für Luther und seine Anhänger war es das nicht.[6] Warum nicht? Weil Christus seine Worte, die in der Schrift aufgezeichnet wurden, angeblich mündlich ausgelegt habe. Dabei habe er klargemacht, daß das Waschen der Füße nicht als Sakrament zu betrachten sei.

Auf dem Konzil von Jerusalem wurde später versucht, als man sich mit der Apostelgeschichte befaßte, einen Kompromiß zwischen Juden und Heiden zu schließen, die sich zum neuen Glauben bekehrt hatten. Allen Christen wurde der Genuß bestimmter Nahrungsmittel verboten, darunter alles, was mit Blut hergestellt wurde – ein Bestandteil des englischen »Puddings». Wie hatte es zu diesem Verbot kommen können? Durch eine mündliche Überlieferung, die sich vom geschriebenen Wort der Schrift unterschied. Christus hatte seinen Jüngern befohlen, im Namen des Vaters, des Sohnes und des Heiligen Geistes zu taufen. In der Apostelgeschichte tauften die Jünger allein im Namen Jesu. Die Kirche kehrte später zur trinitarischen Formel zurück. Warum? Wegen der mündlichen Überlieferung, sagte Morus.

Alle Christen – auch Martin Luther, Thomas Morus und William Tyndale – glaubten, daß Maria niemals Geschlechtsverkehr gehabt hatte. Sie war die «ewige Jungfrau». Morus und Luther glauben außerdem an die Assumptio Marias, derzufolge sie nach ihrem Tode auch leiblich in den Himmel aufgenommen wurde. In der Bibel steht nichts von diesen Dogmen. Woher kommen sie also? Aus der mündlichen Überlieferung, behauptet Morus.

Für Morus hatte die Schrift der Diener der Kirche zu sein und nicht der Meister. Die Kirche könne nicht einzig anhand der Schrift den gemeinschaftlichen Glauben und die gemeinsamen Auffassungen hervorbringen, die er für jede Gesellschaft als notwendig ansehe. Die Kirche, eine Gemeinde der lebendigen Seelen, geführt durch den Heiligen Geist, könne nicht irren. Die Schrift sei bloß ein Werkzeug, das ohne die Kirche leblos und kraftlos bleibe.

Erstmals in der *Responsio*, dann in den späteren Werken, ging Morus fast soweit, gegen die Schrift zu argumentieren. In gewisser Weise ergab sich der gnadenlose Angriff auf Luthers Lehre von der alleinigen Gültigkeit der Schrift logisch aus den Argumenten, welche die philosophischen Theologen gegen die Autorität der Vernunft vorgebracht hatten. Sie hatten behauptet, daß sowohl Vernunft wie Schrift eine zweitrangige Stellung einnehmen müßten, damit die Kirche um so erhabener und Gott um so mächtiger scheine.

Mit der Zeit entdeckten die Bibelkundigen im Text der Schrift verschiedene Überlieferungen, unterschiedliche Dokumente, widersprüchliche Zeugenaussagen und widersprüchliche Tatsachenaussagen. Alles war im Lauf der Geschichte offensichtlich beliebig durcheinandergeworfen worden. Für Morus war Gott der Herr der Geschichte, und alles in der Kirche geschah gemäß dem göttlichen Heilsplan. Die Schrift war, wozu Gott sie bestimmt hatte, eine Dienerin der Kirche. Und die «Überlieferung» – die nach Morus tendenziell immer zu einer Übereinkunft und einem Konsens führte – war die besondere Weise, in der Gott die Geschichte heiligte. Die Abfolge der Jahrhunderte ergab nämlich einen bestimmten Sinn. Die Bibelkundigen interessierten sich mit der Zeit immer weniger dafür, die biblische Geschichte als heilig darzustellen. Sie fingen an, die Bibel so zu lesen wie jedes andere Buch des Altertums. Sie entdeckten Fehler, von denen weder Morus noch Erasmus sich auch nur hätten träumen lassen, und untergruben so die Vorstellung einer göttlichen Autorität in der Welt der Menschen.

Erasmus sah vermutlich in der Schrift größere Mysterien als Morus. Er ging jedoch nicht soweit, gefährliche Fragen zu stellen. Wie Montaigne (1533–1592) nach ihm bekannte er von Zeit zu Zeit, er glaube an die Kirche, weil sie altehrwürdig sei und weil es an anderen guten Alternativen mangle. Die Überlieferung der Kirche und die sakramentale Qualität der Kirchengeschichte verteidigte er jedoch nie mit der Heftigkeit und der verbissenen Hartnäckigkeit, wie Morus dies getan hatte. Eramus meinte, die Christen sollten auf die Bibel zurückgreifen, um Jesus zu entdecken. Nachdem sie ihn gefunden hätten – ethisch, und nur wenig durch die Lehre beschwert –, sollten sie das Leben und die Gesellschaft reformieren.

Erasmus fühlte, wie nutzlos der Versuch ist, die Lehren zu genau auslegen und zu viel über das Mysterium Gottes wissen zu wollen. 1523 – in dem Jahr, in dem Morus die *Responsio* veröffentlichte – schrieb er einem Bekannten: «Viele Probleme sind nun den Überlegungen eines allgemeinen Konzils anheimgestellt; es wäre viel besser, wenn wir solche Fragen bis zu der Zeit aufschieben könnten (...), wenn wir Gott von Angesicht sehen werden.»[7] Morus war überzeugt davon, daß eine Lehre oder Praxis, wenn sie von dem überwiegenden Teil der Christen akzeptiert sei – Lehren wie die von der unbefleckten Empfängnis der Jungfrau Maria oder die Verehrung der Heiligen und Reliquien oder die Praxis der Pilgerfahrten –, auch von allen Christen akzeptiert werden müsse. Denn Gott ließe es nicht zu, daß die Mehrheit sich über lange Zeit hinweg in ihrem gemeinsamen Beschluß irren könnte. Morus spottete über Aberglauben, fürchtete zeitlebens den Pöbel und verachtete die ungebildete Masse; doch er ging sich selbst in die Falle, als er den Beschluß der Allgemeinheit zum Ausdruck der göttlichen Offenbarung erklärte, der bis aufs Blut zu verteidigen sei.

Die *Responsio* ist nicht bloß die Arbeit eines theologischen Ratgebers und Verteidigers der Kirche. In ihr zeigt sich auch, wie sich die Unterschiede vergrößert hatten, die immer zwischen ihm und Erasmus bestanden hatten. Im Jahre 1523 wiederholte ganz Europa die Frage, die Nikolaus von Egmont 1520 aufgeworfen hatte: Warum griff Erasmus nicht zur Feder und verteidigte die katholische Kirche? Warum griff der Fürst der Gelehrsamkeit nicht Martin Luther an, den Fürsten der Dunkelheit? Im Juni schrieb Cuthbert Tunstall, der damalige Bischof von London, Erasmus einen leidenschaftlichen Brief, in dem er ihn zum Kampf gegen Luther drängte.[8] Erasmus antwortete rasch. Er bat darum, von dieser Aufgabe befreit zu werden, und riet zu Mäßigung. «In Luthers Schriften stehen einige Dinge, die, wie ich höre, getadelt werden, die aber in einer nüchternen Erörterung unter den Gebildeten und Aufrichtigen das geistige und evangelische Leben (gemeint ist ein Leben nach den Regeln der Evangelien; Anm. d.Ü.) stärken könnten, von dem die Welt sicherlich abgefallen ist, soweit es überhaupt geht.»[9]

Einige wesentliche Meinungsverschiedenheiten zwischen Morus und Erasmus werden jedem klar, der sich ihre Werke näher ansieht. Der sakramentale Rang der Ehe wurde zu einem der größten Probleme der Reformation. Erasmus unterstützte den Kampf der Protestanten durch seine Lesart von Epheser 5,32, wo in der Vulgata die Ehe ein *sacramentum* genannt wird. Erasmus wies darauf hin, daß im Urtext das griechische Wort *mysterion* steht, das richtig mit «Geheimnis» zu übersetzen sei. In seinen Anmerkungen führt er aus, daß sich der sakramentale Rang der Ehe nicht aus der Schrift beweisen lasse. Auch hätten viele der frühen Kirchenväter in der Ehe kein Sakrament gesehen.

In der *Assertio* ignorierte Heinrich diese Einsicht. Er wies anhand des Textes der Vulgata nach, daß Paulus im Brief an die Epheser die Ehe zu einem Sakrament erklärt habe – was Erasmus gerade verneinte. In der *Responsio* folgte Morus seinem König (oder seinem eigenen früheren Rat an Heinrich), ohne den Kommentar von Erasmus zu beachten: «Du wirst, denke ich», schrieb er gegen Luther, «kein Sakrament finden, das in der Schrift mit dem Begriff Sakrament bezeichnet wird, außer diesem einen, das du nun so stumpfsinnig angreifst – die Ehe.»[10] Solange er polemische Werke schrieb, griff er auf das gleiche Argument zurück – und niemals deutete er auch nur an, daß Erasmus die Vermutung überzeugend dargelegt hatte, der sakramentale Rang der Ehe könne nicht mit dem lateinischen Text des Epheserbriefes begründet werden.

Warum überging Morus ein so offensichtliches Problem? Luther hatte den Text in der *Babylonischen Gefangenschaft* und in seinen wilden Angriffen auf Heinrich herangezogen. Er hatte Erasmus' Einsichten benutzt, ohne Erasmus namentlich zu erwähnen. *Sacramentum*, führte er an, bedeute Mysterium, eine heilige Angelegenheit, und in der Bibel würde das Wort «Mysterium» auch für andere Dinge als die Sakramente verwendet. Da Erasmus nie den sakramentalen Rang der Ehe öffentlich bestritt, hätte Morus auf Erasmus' Meinung hinweisen können. Tatsächlich, behauptete Erasmus, schreibe er der Ehe eine solche Kraft zu, daß er fürchte, einige Theologen könnten ihn der Häresie anklagen, wenn er auf seinem Standpunkt beharre.[11] Er bezog sich vermutlich darauf, daß er die Ehe über das Ideal der Jungfräulichkeit stellte – was Morus später selbst als Häresie bezeichnete.[12] Morus könnte die Ansicht vertreten haben, daß die Ehe ein Sakrament sei, nicht weil es so in der Schrift stünde, sondern weil die Kirche dies sage – ein Argument, das mit seiner sonstigen Haltung zur Autorität der Überlieferung im Einklang steht. Da er aber zu diesem Problem schwieg, konnten seine Leser ihn bei einem der schlimmsten Fehler ertappen, den ein Jurist oder ein Rhetoriker begehen kann: er ignorierte den Gegenbeweis. Damit überließ er es seinen Feinden, ihn ausführlich darzulegen, oder – noch schlimmer – jenen Gutmeinenden, die an Morus als Führer und Meister glauben wollten, ihn zu entdecken.

Es sieht fast so aus, als hätte Morus bei dieser Auseinandersetzung keine Zugeständnisse machen können, weil sie für sein Selbstbild und seine Weltanschauung zentral war. In *Utopia* konnte er mit Raphael Hythloceus scherzen, weil diese Auseinandersetzungen im wesentlichen theoretisch waren. Er hatte sich vorher nicht ausführlich mit der mißlichen Lage der Armen oder mit dem grausamen Recht beschäftigt, nach dem überführte Diebe abgeurteilt wurden. Jetzt fürchtete er jedoch, daß das ganze Gedankengebäude in seinem Kopf zusammenstürzen würde, und deshalb gab er Luther in keinem Punkt nach.

Es ist ebenfalls möglich, daß er Erasmus' Anmerkungen zu Epheser 5,32 nicht kannte. Die meisten Gelehrten nehmen an, daß Morus den griechischen Text kannte, den sein Freund herausgegeben hatte, und daß er alle Anmerkungen aufmerksam gelesen hatte. Doch das ist durch nichts bewiesen. In der *Responsio* bezieht er sich vage auf eine Deutung, die Erasmus anhand des Griechischen gegeben hatte. Hierbei ging es darum, ob Bischöfe für alle Christen verbindliche Regeln aufstellen könnten – ein Recht, das Luther verneinte. Die Textstelle war Johannes 21,15–17, wo Christus Petrus dreimal gebietet: «Weide meine Lämmer.» Morus erklärt, Erasmus hätte das griechische Wort für «weide» so gedeutet, daß damit «regiere» gemeint sei. Tatsächlich war sich Erasmus über die Streitfrage nicht schlüssig geworden, und Morus gab nicht alles wieder, was Erasmus gesagt hatte.[13] In seinen anderen Kontroversschriften benutzte er überhaupt kaum den griechischen Text.

Es mag sein, daß Morus nicht weiteren Übeln das Tor öffnen wollte. Hätte er auf Erasmus' Lesart von Epheser 5,32 hingewiesen, hätte er Wasser auf die Mühlen von Konservativen wie Catharinus, Lee und anderen geleitet, die Erasmus mit Luther über einen Kamm scheren wollten. Morus hätte von einem derartigen Ereignis kaum profitiert. Er war mittlerweile als Verteidiger des Neuen Testaments von Erasmus gut bekannt, gleichgültig, ob er das Werk nun gut kannte oder nicht. Durch das *Lob der Torheit*, das 1521, als Morus die *Responsio* schrieb, in der zweiunddreißigsten Auflage erschien, waren überall in England und auf dem Kontinent für die Gebildeten die Namen von Morus und Erasmus untrennbar miteinander verbunden. Der einleitende «Brief» an Morus war in allen Auflagen abgedruckt worden. Hätte Morus den Anmerkungen zu einem Werk, das er so heftig verteidigt hatte – wahrscheinlich ohne den Inhalt zu kennen –, öffentlich widersprochen, hätten viele Konservative ihn aufgrund seiner eigenen Äußerungen mit Freuden verurteilt. Ein donnerndes «wir haben es ja gleich gesagt» wäre in ganz England wie auf dem Kontinent widergehallt. Zumindest mußte er davon ausgehen. Da er auf Angriffe sehr empfindlich reagierte, verspürte er wohl wenig Lust, der Kritik an der eigenen Person Tür und Tor zu öffnen. Tyndale war stark von Erasmus beeinflußt. Er gab später an, Morus habe früher die gleiche Meinung wie die häretischen Reformer vertreten. Aber dann sei er durch Bestechungsgelder dazu verleitet worden, den Klerus gegen Luther zu unterstützen. Diese Anschuldigung trieb Morus zur Weißglut – er wurde noch ausfälliger, wenn das überhaupt möglich war, als in seinen anderen polemischen Schriften.

Erasmus erwähnt er kaum. Wir haben bereits festgestellt, wie oberflächlich er sich in der *Responsio* auf den Text von Erasmus bezog. In einem späteren Brief gegen Johann Bugenhagen, der zu Morus' Lebzeiten nicht veröffentlicht wurde, verwies er auf Erasmus, ohne ihn namentlich zu nennen. In allen polemischen und religiösen Werken taucht Erasmus' Name nur noch einmal auf. Er erwähnt ihn in der Replik auf die Anschuldigung Tyndales, Morus habe *Das Lob der Torheit* damals nicht angegriffen, würde aber jetzt jene beschuldigen, welche die Übel kurieren wollten, die darin aufgezeigt waren. Tyndale nannte Erasmus Morus' «Liebling». Morus' Erwiderung war äußerst scharf. Als Erasmus *Das Lob der Torheit* schrieb, habe er keine heimtückischen Absichten verfolgt, sagte er. «Und», fügte er drohend hinzu, «hätte ich bei Erasmus, meinem Liebling, die bösartige Absicht und den bösartigen Zweck gefunden, den ich nun bei Tyndale finde, wäre Erasmus, mein Liebling, nicht länger mein Liebling. Aber ich finde bei Erasmus, meinem Liebling, daß er die Fehler und Häresien verabscheut und fürchtet, die Tyndale offen lehrt und treu beibehält, und darum soll Erasmus, mein Liebling, auch weiterhin mein Liebling sein.»[14]

Er schrieb diese Worte im Jahre 1533. Im gleichen Werk zitierte er noch Heinrichs *Assertio.* Er sprach sich glühend und hartnäckig für dieses Werk aus, um zu beweisen, daß der König fest zum alten Glauben stehe. Es war das Jahr, in dem Anne Boleyn Königin von England wurde. Unter diesen Umständen erschien die Bemerkung über Morus' «Liebling» mehr als Drohung denn als Aussage über eine Freundschaft. Erasmus und Morus waren befreundet gewesen, sie hatten einst viele Gemeinsamkeiten gehabt. Doch falls Morus zwischen der Freundschaft und der katholischen Kirche wählen müßte, würde er bei der Wahl nicht zögern.

So unerfreulich die *Responsio ad Lutherum* ist, sie bringt uns dem wirklichen Thomas Morus ebenso nahe wie alles übrige, das er bis dahin geschrieben hatte. Hier besaß er die Freiheit, er selbst zu sein, und war nicht wie in der *Geschichte König Richards III.* (The History of King Richard III) oder in *Utopia* von den formalen Zwängen der Kunst eingeengt. Hier konnte er den tiefsten Leidenschaften seiner Seele in dem Glauben freien Lauf lassen, daß diese Leidenschaften genau mit dem Willen Gottes übereinstimmten. Er war als Mitglied des Kronrates schüchtern, ja beinahe unterwürfig. Nie, soweit wir wissen, ergriff er die Initiative, nie widersetzte er sich dem Willen seiner Vorgesetzten, nie entwickelte er in irgendeiner Form, soweit wir wissen, eine Reihe von Ideen, die von praktischem Nutzen für die königliche Politik gewesen wären. Aber wenn er die katholische Kirche verteidigte, wurde er zum Tiger. Er brüllte seine Wahrheit in den höchsten Tönen und drohte, jeden zu vernichten, der im geringsten seinem engen und komplizierten Kanon der Orthodoxie widersprach.

Obgleich sich die Formen der früheren Werke und die der *Responsio* unterscheiden, weisen die Werke selbst ein geistiges Merkmal auf, das Morus' ganzes Leben kennzeichnet. Er strebte nach Ordnung. Er wünschte, daß die Menschen sich einfügten, diszipliniert, sozial und arbeitsam. Für ihn war die menschliche Gesellschaft ein gefährdetes Gebilde, und die sündhaften menschlichen Wesen bedurften der allumfassenden Autoritäten, sonst würde die Welt in Zuchtlosigkeit und Chaos verfallen. In Utopia war Individualismus nicht erlaubt; nach Morus' Sicht der religiösen Orthodoxie war Individualismus unmöglich. Ein Kronrat war kein Ort für eigenständige Ideen. Ungeachtet, wie schlecht ein König war, er diente dem göttlichen

Zweck, einem Volk eine Ordnung zu geben, das nicht über die hohe Bildung und das glühende gemeinschaftliche Zusammengehörigkeitsgefühl der Utopier verfügte. Es würde in Anarchie versinken, wenn der König seine Macht verlöre.

Erasmus konnte einen Kompromiß eingehen. Für ihn gab es einige Lehren, die so unbedeutend waren, daß aufrechte Menschen darüber verschiedener Meinung sein konnten, ohne ihre eigene Erlösung oder das religiöse Leben der Gesellschaft zu gefährden. Er hat offensichtlich angenommen, daß jeder ein Christ sein konnte, wenn er nur das apostolische Glaubensbekenntnis akzeptierte! Aus der *Responsio* spricht ein ganz anderer Geist. Hier ist jede Lehre gleichbedeutend mit der anderen, denn wenn sich auch nur eine als falsch erwiese, würde die gesamte Autorität der Kirche zusammenbrechen. Innerhalb von ein paar Jahren kam Morus durch seine eigenen Schreckenserwartungen zu der Argumentation, daß eine bestimmte Reliquie, welche die Christen lange Zeit verehrt hatten, allein deshalb echt sein müsse. Denn Gottes Verheißung, bei seinem Volk zu sein, sollte jede althergebrachte kirchliche Praxis bestätigen.

Die Spannungen, die ein derartiger Rigorismus in Morus' Wesen erzeugt hat, müssen ihn sehr gequält haben. Hätte er nicht Sinn für Ironie und einen tröstlichen Humor besessen, hätten sie unerträglich werden können. Möglicherweise war seine Unbeugsamkeit gegenüber der Außenwelt auf die Selbsterkenntnis zurückzuführen, daß er die Zügellosigkeit seines eigenen Geistes und Körpers streng kontrollieren mußte, wenn er nicht kopfüber in die Hölle stürzen wollte.

In Morus' polemischen Schriften, angefangen bei der *Responsio*, gilt es zwei Punkte zu beachten. Eigentlich interessant sind sie als Äußerungsform der katholischen Theologie am Ende des Mittelalters. Die Kirche kämpfte auf Leben und Tod mit den Häresien, die zugleich durch die katholischen Ausschreitungen und die tumultartigen Veränderungen jener Zeiten hervorgebracht wurden. Aber dem Biographen bedeuten sie noch aus einem anderen Grund sehr viel; sie sind ein Fenster zu Thomas Morus' Seele. Sie offenbaren eine innere Qual und Spannung, die sein stoisches Selbstbild noch eindrucksvoller macht, das er der Welt so beharrlich zeigte: der beherrschte Mensch, der Mensch als Meister seiner selbst und der Ereignisse. Heute, in unserer traurigen Zeit, ist das natürliche Auftreten das erklärte Ziel der meisten bedeutenden oder unbedeutenden Menschen, die unsere Politik kontrollieren, unsere Gesellschaft regieren und unsere Gehirne manipulieren. Wenn die öffentliche Aufrichtigkeit zum Opium der Demokratie geworden ist, dann ist es allzu leicht, über Morus den Stab zu brechen. Es liegen Welten zwischen seiner eigenen inneren Wut und der zur Schau gestellten äußeren Ruhe des gelassenen Weisen, der über den Leidenschaften steht, die um ihn herum toben. Heute könnte er so unehrlich erscheinen wie jeder Mensch, der sich weigert, sich selbst zu akzeptieren. Möglicherweise beherrschte Morus auch die Kunst, diszipliniert zu leben. Dann wäre die Rolle, die Morus vor der Welt angenommen hatte und die Roper und alle auf ihn zurückgehenden Biographen für den wirklichen Menschen genommen haben, tatsächlich die Methode gewesen, mit der er sein inneres Selbst unter Kontrolle hielt und in der Welt ausharren konnte.

KAPITEL 19

Die vier letzten Dinge: Der Tod und das Sterben

Gegen Ende des Mittelalters war der Tod ein beherrschendes Thema im Denken der Europäer. Teilweise war diese Neigung zur Morbidität eine Folge der unvermittelt einsetzenden Auseinandersetzung mit der traditionellen christlichen Lehre von der Unsterblichkeit der Seele. Jahrhundertelang war den Europäern gepredigt worden, das Erdenleben habe keinen eigenen Wert. Es sei lediglich eine Vorbereitung auf ein künftiges Leben im Himmel oder in der Hölle, und der einzelne müsse pflichtschuldig in jedem Augenblick seines Lebens daran denken, daß es das Schicksal des Menschen sei, vor Gottes Gericht zu bestehen.

Die Pest von 1348 und zahllose andere rasche Veränderungen im fünfzehnten und frühen sechzehnten Jahrhundert führten dazu, daß die Gläubigen an dieser Gewißheit zweifelten. Der Tod, der bisher als das Tor zum künftigen Leben angesehen wurde, galt nun nur noch als das schreckliche Ende des Lebens. Die geschnitzten und gemalten Bilder vom erhabenen und unüberwindlichen Christus als Richter verblaßten im Bewußtsein des Volkes vor dem höhnischen Triumph des Todes. Häufig wurde ein Skelett als Herrscher über alles Leben dargestellt. In einem wilden Tanz führt ein Skelett eine Schar von Menschen zum Grab. Die Grabmäler strotzten von geschnitzten Darstellungen vermodernder Leiber, deren verfaulendes Fleisch von Würmern und Schlangen zerfressen wird, während unter dem Bild der Verwesung bereits die Knochen sichtbar werden.

Der unvermeidliche Verfall des Körpers wurde in der Vorstellungswelt der Menschen zu einem lebendigeren Bild als das Schicksal der Seele. Literatur und bildende Kunst verbanden sich zu einem traurigen Chor, der zeitweise die freundlicheren Töne der menschlichen Kultur in einer feierlichen und unerschütterlichen Hymne der Verzweiflung zu übertönen drohte. Es schien, als ob eine Gesellschaft, die jahrhundertelang mit bestimmten Erwartungen gelebt hatte, diese nun plötzlich als hohl verwarf und das Gleichgewicht verlor, ohne das sie nicht weiter bestehen konnte. Daß Gott die Welt zu den Schrecken des Todes verurteilt hatte, ließ Ihn um so schrecklicher erscheinen. Im sechzehnten Jahrhundert können wir eine jener psychologischen Übertragungen beobachten, die in allen Religionen vorkommen. Der

Schrecken vor dem Tod wird in den Schrecken vor Gott verwandelt, dessen Wege dunkler und geheimnisvoller scheinen als jemals zuvor.

Die Energie für sein leidenschaftliches und asketisches Leben gewann Morus weitgehend aus der Beschäftigung mit und der Furcht vor dem Tod. Die zentrale Frage war für ihn, welches Schicksal seine Seele später erwartete. Vielleicht um seine innere Spannung zu mildern, vielleicht auch um seinen Entschluß zu bekräftigen, schrieb er nach 1520 ein kleines Traktat, das gemeinhin *Die vier letzten Dinge* genannt wird. Es ist eine Meditation über den Tod und blieb zu seinen Lebzeiten unvollendet und unveröffentlicht. Das Traktat war ein Fragment und wurde vermutlich in der Familie aufbewahrt, bis es an Morus' Neffen William Rastell überging. Der ließ es in der Folio-Ausgabe der englischen Werke von Morus drucken, die 1557 erschien.

Wir besitzen Hunderte solcher Traktate aus dem späten Mittelalter. Einige davon wurden in der Absicht geschrieben, den Leidenden zu trösten, andere in der Absicht, den Selbstgerechten zu beunruhigen. Die Lebenden sollten zur Tugend angehalten und vor den sinnlichen Vergnügungen gewarnt werden. Deshalb zwang man sie, dem Tod ins Angesicht zu schauen.

A Dialogue of Comfort (Trost in Trübsal) schrieb er während der Gefangenschaft im Tower vor seiner Hinrichtung. Das Werk ist ein beredtes Beispiel für die Literatur über die richtige Art des Sterbens. Morus hatte es geschrieben, um seinen Geist zu besänftigen und seine Todesfurcht zu mildern. Es half ihm, mit Haltung zu sterben. In *Utopia* hatten die Menschen diese Kunst bewundert. Dort wurden die Bewohner dafür gelobt, wenn sie heiter starben. Wenn sie jedoch voll Angst verschieden, wurden sie ohne Grabrede und schweigend beerdigt.

The Four Last Things (Die vier letzten Dinge) gehören zu einer anderen Kategorie der literarischen Meditation über den Tod. Morus will erschüttern und nicht trösten. Die im Titel ausgedrückte Vorstellung vom richtigen Sterben war mit dem Vers 7,40 des apokryphen Buches Jesus Sirach angedeutet: «Was du auch tust, so bedenke dein Ende, dann wirst du nie etwas Böses tun.» Die mittelalterlichen Kommentatoren kannten vier «letzte Dinge» – den Tod, das Jüngste Gericht, den Himmel und die Hölle. Die größte Sünde des einzelnen war, diese letzten Wirklichkeiten nicht anzuerkennen und wie ein Schwein in einer Welt allgegenwärtigen Schmutzes zu leben.

Eine Hilfe für einen Christen, der den sinnlichen Lockungen des Lebens zu widerstehen trachtete, konnte die Verdeutlichung jener letzten Wirklichkeiten anhand verschiedener Darstellungen sein. Gemälde und Zeichnungen der verborgenen Dämonen – die auf uns beinahe komisch wirken – waren eine dieser Möglichkeiten. Ebenso das bemalte Fensterglas mit den ätherischen Erscheinungen und die gotischen Skulpturen eines richtenden Christus, der die rechte Hand erhebt und am großen Tag des Gerichts die Schafe von den Böcken scheidet. Er bestimmt, daß die Gesegneten mit den Heiligen wohnen und daß die Verdammten in das gierige Maul eines feurigen Drachen gestopft werden, der die Hölle symbolisiert. Dantes *Göttliche Komödie* ist ein literarischer Weg mit dem gleichen Ziel. Die detaillierte Schilderung der Hölle, des Fegefeuers und des Paradieses sollte den Leser dazu anhalten, die Augen vom Irdischen zum Erhabenen aufzuheben und sich selbst von den Sünden des Fleisches zu reinigen. In Dantes Werk führt der Weg vom Moralismus zur übernatürlichen Kunst. Morus erreichte mit seinem Werk nicht annähernd diese Höhe. Trotzdem lohnt sich eine eingehendere Beschäftigung mit dem Text. Überraschenderweise steckt er voller lebendiger Einblicke in das Alltagsleben jener Zeit und enthält zahlreiche gute Beobachtungen.

Dante und viele seiner Zeitgenossen im hohen Mittelalter betrachteten den Tod und das Sterben nur beiläufig. Sie wandten ihre Phantasie lieber dem Jüngsten Gericht, dem Himmel und der Hölle zu. Morus hingegen schrieb – wie andere seiner Zeit – nur über den Tod. Das Traktat brach er ab, bevor er zu den drei anderen letzten Dingen kam.

Sein durchgängiges Thema ist der Leib-Seele-Dualismus. Und wie in *Utopia* kanonisierte er die Freude, nach der der letzte Wert der Dinge zu beurteilen sei. «Und so, wie die Seele den Körper überragt, so übertrifft die Süße der geistlichen Freuden bei weitem die derben und schmutzigen Freuden aller fleischlichen Genüsse, die in Wahrheit keine wirklich aufrichtigen Freuden sind, sondern nur ein trügerisches Abbild des Vergnügens.» Doch warum ergeben sich die Menschen dann überhaupt den körperlichen Freuden? Weil sie die Freuden der Seele nicht kennen. Menschen, die den Wert der Edelsteine nicht zu schätzen wissen, sind mit einem gefälschten Beryll oder Kristall so glücklich wie mit einem Diamanten. «Aber der, der durch steten Umgang und Erfahrung die richtigen Merkmale und das wahre Feuer eines Diamanten vor Augen hat, weist die Fälschung sofort zurück und will sie nicht betrachten, sei sie auch noch so gut ausgeführt, noch so kunstvoll poliert.»[1] (Mit diesem Bild distanziert er sich von den Verhältnissen in *Utopia.* Dort haben die weisen Bürger des vernünftigen Inselreichs alle verachtet, die besonderen Wert auf echte Steine legten, wenn die Imitationen genauso hübsch aussahen. Wir erfahren hier möglicherweise etwas über die Gefühle, die Morus seiner ersten Frau gegenüber hegte. Wie Erasmus im *Lob der Torheit* erzählt, nahm sie überglücklich falsche Juwelen von ihrem Mann entgegen und hütete sie liebevoll, weil sie annahm, sie seien echt.)

Morus spricht jedoch nicht von der Würde desjenigen, der die hohe spirituelle Freude erfahren hat und wünscht, auch anderen ihre Segnungen zukommen zu lassen. *Die vier letzten Dinge* ähneln nicht *The Cloud of*

Unknowing (Die Wolke des Unwissens) oder anderen Werken mystischer Frömmigkeit, die die Literatur des spätmittelalterlichen England hervorbrachte. Diese mystischen Werke waren aus der Perspektive eines Menschen geschrieben, der eine Vision von Gott gehabt hat und in seinen Werken andere Sterbliche dazu aufruft, an jener Vision teilzuhaben, angesichts derer alle weltliche Freude zu Asche zerfällt. Morus schreibt wie jemand, der weiß, daß es solche himmlischen Visionen gibt, der sie aber nur von ferne erfahren hat. Aus seinen Worten spricht viel eher die Sehnsucht nach als der Vollzug der mystischen Erfahrung. Er wendet sich der anderen Seite des Dualismus von Leib und Seele zu, dem Leib und seinen schnell vergehenden Freuden. Er will zeigen, wie falsch alle diese Freuden sind. Er geht davon aus, daß jeder Sterbliche einmal bewußt erkennen wird, wie leer sie sind. Dann wird der Mensch sich mit größerem Ernst auf die Suche nach der spirituellen Freude machen, die irgendwo jenseits des Erdendaseins existiert wie ein Utopia der Seele.

Das Wissen um den Tod – das tief verborgene, eindringliche Bewußtsein unseres irdischen Schicksals – ist das geistige Instrument, dem Morus vertraut. Mit ihm will er uns von der Neigung des Leibes reinigen, nach körperlichen Freuden zu streben. Wenn die Menschen erst den Tod bewußt wahrnehmen würden – den eigenen Tod, der um sie herumschleicht und sie erwartet –, dann würden sie in diesem Leben nie mehr sündigen.

Wie die meisten Menschen seiner Zeit hielt er das Sterben für eine beinahe unerträgliche Qual. Gewiß hätte ihm die moderne Vorstellung nicht im geringsten zugesagt, daß die meisten von uns einen schönen und friedlichen Tod haben, wenn ihre Zeit gekommen ist. Montaigne sagte, die gesunden Menschen würden den Tod am meisten fürchten, und am wenigsten fürchteten ihn jene, die auf der Schwelle zum Tode stünden. Morus stellte sich das «Leid und (den) Schmerz» vor, die «schmerzhafte Qual» und «unerträgliche Pein», die alle Menschen «bei der Ablösung und Trennung der Seele vom Körper» fühlen.[2] Der Schmerz Christi am Kreuz im Augenblick seines Todes bewies Morus zur Genüge, daß die Trennung von Seele und Körper Schmerzen hervorruft, die wir uns nicht vorstellen können, bis wir sie am eigenen Leibe erfahren.[3] Seine Beschreibung des sanftesten Todes, den er sich vorstellen konnte, klingt schrecklich:

> Du siehst, sage ich, dich selbst, sofern du keinen schlimmeren Tod stirbst, doch zum mindesten im Bett liegen: dein Kopf schmerzt, dein Rücken tut weh, deine Venen pulsieren, dein Herz hämmert, deine Kehle röchelt, dein Fleisch zittert, dein Mund steht offen, deine Nase wird spitz, deine Beine kühlen ab, deine Finger tasten umher, dein Atem wird kürzer, all deine Kraft schwindet, dein Leben geht dahin, und dein Tod naht heran.[4]

Wenn man dieses aussagekräftige Bild immer im Gedächtnis behielt, dann sollte dies dem Begehen von Todsünden vorbeugen. Morus spricht über Stolz, Neid, Habsucht und Völlerei. Er bricht sein Werk an der Stelle ab, an der er über die Trägheit schreibt. Alle Todsünden rührten daher, daß die Menschen glaubten, Freuden des Körpers seien wichtiger als das Schicksal der Seele. Doch wenn wir stets daran denken, daß der Körper unweigerlich durch den Tod zerstört wird, dann erkennen wir den wahren Preis der Lust. Wir sehen, daß sie zur Sünde führt, und werden sie verachten.

Das Werk enthält jedoch keine Überlegungen zur Häresie. Morus beurteilt darin die Frage, wie die Erlösung zu erlangen sei, auf konventionelle, ja beinahe volkstümliche Weise – ein Urteil, gegen das Luther mit aller Macht anging. Morus gelingt es, den Augenblick unseres Sterbens durch ein weiteres Schrecknis noch qualvoller zu machen. Er sieht alle Menschen als Pilger in dieser Welt, die in jedem Augenblick zwischen Gott und dem Satan wählen müssen. Alle müssen behutsam vorgehen und sich einerseits vor der Anmaßung und andererseits vor der Verzweiflung hüten. Anmaßung bedeutet, darauf zu vertrauen, die Erlösung irgendwie durch gute Werke verdient zu haben; Verzweiflung bedeutet, überzeugt zu sein, daß man so schlecht ist, daß Vergebung unmöglich ist und man vor Gott nicht bestehen könne. Wenn wir sterben, bemüht sich Satan angestrengt um unsere Seelen. Er versucht uns mit der Sünde, die uns am ehesten in seine Hände führt. Erst wenn der Mensch im Sterben liegt, weiß der Satan genau, «daß er (. . .) einen Menschen entweder für immer gewinnt oder ihn auf ewig verliert».[5] Satan versucht den anmaßenden Menschen. Der denkt an seine guten Taten und an sein gutes Leben. Er stellt sich vor, er habe den Himmel verdient, weil er in seinem Leben so rechtschaffen gewesen sei. Und so vergißt er, Gott um Gnade anzuflehen. Er verfällt durch seine Selbstzufriedenheit der ewigen Verdammnis.[6] Jene, die ein schlechtes Leben gelebt haben, führt Satan in die Verzweiflung. So flehen sie Gott erst gar nicht um Gnade an, weil sie glauben, für sie bestünde keinerlei Hoffnung. Und auch sie werden verdammt.[7]

Der Christ muß immer weiter voranschreiten und schließlich sterben. Er lebt irgendwo zwischen Anmaßung und Verzweiflung. So wurde es von der spätmittelalterlichen Frömmigkeit gefordert, und so lehrte es Morus in seinem Traktat. Diese Art der Frömmigkeit erzeugte eine Spannung, welche die Christen unaufhörlich dazu antrieb, Gott wohlgefällig zu leben. Ohne diese Spannung würden nach Morus' Ansicht die Menschen völlig verrohen. Denn eine sündhafte Menschheit, die nicht mehr bemüht war, Gott zu gefallen, würde alle Fesseln abstreifen und ihre Leidenschaften hemmungslos ausleben. Doch die Fessel war ungeheuer stark, denn bis zum letzten Augenblick des Lebens war die Sache unentschieden, und der Sterbende, der von schrecklichen Schmerzen und von den Versuchungen des Satans gequält wurde, mußte bis zum Ende verbissen ausharren oder der ewigen Verdammnis anheimfallen. Luther konnte diese letzte Ungewißheit nicht ertragen und wählte den Weg in die Häresie. Er wollte unbedingt *wissen*, ob er errettet werden würde.

Um dem christlichen Pilger auf seiner Reise zu Gott zwischen Anmaßung und Verzweiflung beizustehen, bot die Kirche die Sakramente an. Sie waren ein Beispiel für andere Wege zur Frömmigkeit. Wie wir gesehen haben, gab es körperliche wie auch geistige Sakramente. Sie waren Rituale, die durch die Sinne begriffen wurden. Aber sie galten auch als von einer geheimen göttlichen Macht durchdrungen, die in jeden Christen einströmte, der an den Riten teilnahm. Bilder, Reliquien, Rosenkränze, Weihwasser und viele andere Hilfsmittel der Frömmigkeit verliehen angeblich auch einem körperlichen Gegenstand eine geistige Macht.

Auf eigenartige Weise wird in *Die vier letzten Dinge* dargestellt, wie übersättigt die Gläubigen des späten Mittelalters mit solchen Darstellungen gewesen sein müssen. In keiner Epoche gab es eine größere Flut von Bildern, Reliquien und anderen greifbaren Hilfsmitteln der Religion. Jede Kirche war voll davon. Die Darstellungen waren überladen und manieriert. Man sah Heilige aus Holz, Stein, Glas und Ton sowie auf Leinwand. Als es immer mehr wurden, hatten sie auf manche Menschen (wie Erasmus) die gegenteilige Wirkung. Diese dachten, daß die Christen dadurch von der inneren Hingabe an Gott und von der spirituellen Verbesserung der Seele nur abgelenkt würden. Die protestantische Reformation schließlich fegte die Devotionalien hinweg.

In *Die vier letzen Dinge* erkennt Morus eine grundlegende psycholcgische Wahrheit über die menschliche Natur an: Verkörperte Darstellungen des Segens wie des Schreckens besitzen nie die gleiche Macht wie die innere Vorstellung solcher Dinge. Er erkannte, daß die schrecklichen Darstellungen des Todes, von denen es im späten Mittelalter so viele gab, wirkungslos geworden waren:

> Wenn wir dieses Wort «Tod» nicht nur hören, sondern auch das eigentliche Wesen und die wahrhafte Vorstellung davon in unsere Herzen einsinken lassen, dann werden wir erkennen, daß wir durch die Betrachtung des bei der St.-Paul's-Kathedrale abgebildeten Totentanzes niemals so stark bewegt wurden, wie wir uns durch das Gefühl dieser Vorstellung in unserem Herzen bewegt und verwandelt fühlen werden. Und kein Wunder. Denn diese Bilder stellen nur die widerwärtige Gestalt unserer toten knochigen Körper dar, das Fleisch abgenagt. Dies ist zwar häßlich anzusehen, doch ist weder dieser Eindruck noch der Anblick all der Totenschädel im Beinhaus, noch die Erscheinung eines wirklichen Geistes auch nur halb so grausig wie die tief-

> empfundene Vorstellung von der Natur des Todes durch die lebhafte, in dein eigenes Herz eingeprägte Vergegenwärtigung.[8]

In dem Totentanz in der St.-Paul's-Kathedrale wird der Tod makabrerweise als ein tanzendes Skelett abgebildet, das Menschen aus allen Stationen des Lebens herausreißt. Das Beinhaus war gewöhnlich ein langer, offener Schuppen an einer Ecke des Friedhofs. Dort häufte man wahllos die Knochen der Toten auf, wenn das Fleisch in den Gräbern verfault war. Der Raum für Friedhöfe war in den dichtbesiedelten Städten begrenzt, und den Knochen des gemeinen Volkes wurde der Luxus der ewigen Ruhe nicht zugestanden. Wenn das Fleisch verwest war und keine Infektionsgefahr mehr bestand, wurden die Knochen ausgegraben – so wie die Yorricks –, um Platz für neue Leichen zu schaffen, die irgendwo in Ruhe verwesen mußten. Die Beobachtung von Morus, daß wir uns an solche Darstellungen gewöhnen, wird durch die Bemerkung von Johan Huizinga in *Der Herbst des Mittelalters* bestätigt. Er schreibt, daß es beim Volk von Paris in Mode kam, Feste im Beinhaus zu feiern, das dem Friedhof der Innocents angeschlossen war. Die Wirkung der Darstellungen des Todes verblaßte allmählich, auch wenn die Handwerker und Künstler die emotionale Kraft des Makabern dadurch zu retten suchten, daß sie immer mehr und immer groteskere Bildnisse anfertigten.

Morus erkannte, daß die Bilder die Macht verloren, echten Schrecken hervorzurufen oder wahre Frömmigkeit zu bewirken. Er besann sich in gewisser Weise auf die Ansicht der Mystiker, daß die mächtigsten Bilder nicht die mit den Händen, sondern vielmehr die mit dem Herzen erschaffenen sind. Dieser Wandel erinnert an die Predigten über die Hölle in James Joyces *Portrait of the Artist as a Young Man,* (Ein Porträt des Künstlers als junger Mann) an Predigten, die mehr Schrecken einflößen als jedes Bild mit Höllenfeuer und Dämonen, das mit Pinsel und Farbe gemalt wurde. Morus' Angst vor dem Tod entstand vermutlich aus der geistigen Furcht, die ihn in schlaflosen Nächten überfiel, wenn er einsam im Dunkeln über Tod und Ewigkeit nachdachte. Wir können nicht beweisen, ob er bei seinen eigenen privaten Andachten auf volkstümliche Hilfsmittel der Frömmigkeit zurückgegriffen hat. Soweit wir wissen, ging er nie auf eine Pilgerfahrt. Auf den zwei gänzlich weltlichen Porträts, die Holbein von ihm gemalt hatte, finden sich keine Heiligenbilder. Und wenn wir uns die Überreste seines Grabes in der Chelsea Old Church ansehen – das Grab, in dem es ihm nicht bestimmt war zu ruhen –, sind wir erstaunt, wie viel Raum die Grabschrift und wie wenig die Ikonographie einnimmt.

Tatsächlich könnte man das Traktat über die vier letzten Dinge ebensogut einen Essay über die Phantasie wie über den Tod nennen. Morus verwaltet das Erbe von Jahrhunderten christlichen Philosophierens über die Macht der

Phantasie, die sowohl zu läutern als auch zu verderben vermag. Die Vorstellung des Todes galt als Reinigung der Seele. Bei Morus wird die Phantasie jedoch gewöhnlich der Träger der Sündhaftigkeit. Die schlimmsten Sünden sind Stolz, Neid, Zorn und Habsucht – sie alle hängen von der Macht einer verderbten Phantasie ab. Unser Stolz verführt uns. Wir stellen uns vor, wir seien über andere Menschen erhaben. Tatsächlich sind wir jedoch alle Gefangene und zum Tode im gleichen schrecklichen Gefängnis des irdischen Lebens verurteilt. Unter der Herrschaft des Todes werden «Junge, Alte, Arme und Reiche, Heitere und Traurige, Prinz, Page, Papst und Armer-Seelen-Priester» alle gleich.[9]

Unser Zorn richte sich danach, welche Meinung wir von uns selbst haben. Je höher diese Meinung ist, behauptet Morus, desto wütender werden wir, wenn uns ein Untergebener tadelt.[10] In Spanien, erklärt er, sei es eine größere Beleidigung, jemanden mit der bloßen Faust zu schlagen, als einen Feind mit dem Schwert zu verletzen. Warum machen die Spanier diesen Unterschied? Weil einer, der ein Schwert gegen einen anderen zieht, den Feind als einen Mann betrachtet. Da die Spanier «sich allgemein für so mannhafte Menschen» halten, provoziert sie ein Schlag mit der bloßen Hand aufs äußerste. Denn er drückt aus, daß die Person ihren Feind für einen Menschen von so niederem Rang hält, daß «er sich nicht herabließe, gegen ihn eine Waffe zu ziehen».

Wie von Morus zu erwarten, geht er davon aus, daß unser Hang zur sexuellen Sünde, «dem stinkenden Genuß fleischlicher Lüste»,[11] das schlimmste Zeichen der Verworfenheit unseres körperlichen Lebens darstellt. Doch auch hier arbeitet die Phantasie auf ebenso verderbte Weise wie der Körper selbst.

> Denn wenn das Auge sich unmäßig an langem Betrachten des hübschen Antlitzes mit dem weißen Hals und dem runden Busen und so fort entzückt, dann hilft der Teufel dem Herzen, durch schmutzige Vorstellungen in der Phantasie das zu verfertigen und zu formen, was immer die Kleider bedecken.[12]

Die Phantasie kann uns vom rechten Weg abbringen. Sie läßt uns an Vergnügungen Gefallen finden, die überhaupt keine Vergnügen sind. Sodann führt sie uns ins Verderben. Unsere Mutter Eva ist für die menschliche Rasse das Urbild der verderbten Phantasie. Sie sah die verbotene Frucht und stellte sich das Vergnügen vor, das sie aus ihr ziehen würde:

> Und so drang der Tod durch die Fenster unserer eigenen Augen in das Haus unseres Herzens und brannte dort das ganze wertvolle Gebäude nieder, das Gott errichtet hatte.[13]

Warum begehren wir? Weil unsere Phantasie sich lächerliche Freuden vorstellt. Morus erzählt von einem Dieb, der dazu verurteilt worden war, am folgenden Tag gehängt zu werden. An der Schranke des Gerichts gelang es ihm, einem Zuschauer die Geldbörse abzuschneiden. «Und als er gefragt wurde, warum er dies tat, wohlwissend, daß er binnen so kurzem hängen sollte, antwortete der verzweifelte Kerl, daß es seinem Herzen gutgetan hätte, selbst für eine Nacht Herr dieser Geldbörse zu sein.»[14]

Selbst im Augenblick des Todes, wenn wir unsere Sünden beklagen und Gott um Vergebung bitten sollten, nehmen einige Seelen noch an, sie hätten so rechtschaffen gelebt, daß sie sich mit ihren persönlichen Vorzügen die Erlösung verdient hätten. Diese vermessenen Seelen unterliegen den Ränken des Satans, der ihre Phantasie beherrscht:

> Anstatt mit Reue über unsere Sünden und mit Sorge um den Himmel beschäftigt er unseren Geist mit Vorkehrungen für ein ehrenvolles Begräbnis – so viele Fackeln, so viele Kerzen, so viele schwarze Gewänder, so viele fröhliche Trauernde, die unter schwarzen Kapuzen lachen, und einen auffälligen Leichenwagen –, mit dem Vergnügen an gefälligen und achtbaren Begräbnissen, mit dem sich der törichte kranke Mensch manchmal abgibt, als ob er dächte, er stünde an einem Fenster und schaute zu, wie ehrwürdig man ihn zur Kirche bringt.[15]

Am Ende gibt uns die verdrehte Phantasie nur verdammenswerte Illusionen ein, meint Morus. Ein Mensch, der die Wirklichkeit nicht sehen könne, sei wie ein Knecht, der darauf stolz ist, in einem Theaterstück das Gewand des Herrn zu tragen. Und für diesen törichten Stolz verdiene er es, verspottet zu werden, denn wenn das Stück zu Ende sei, werde er wieder wie ein Knecht in seinem alten Rock einhergehen.[16]

Morus will mit dem Traktat unsere Phantasien in die richtigen Bahnen lenken, unsere Illusionen zerstören und sie durch eine Einsicht ersetzen, die sich selbst an der letzten Wirklichkeit ausrichtet – am Tode. Dieses Thema ist einigermaßen grausig und feierlich. Doch Morus geht an sein Thema mit einem Humor heran, der in konventionellen Traktaten über den Tod und das Sterben im späten Mittelalter gänzlich unbekannt war. Sein Witz verließ ihn niemals – weder, als er über den Tod nachdachte, noch auf dem Schafott, als er sterben mußte. Wie Chaucer – oder was diesen Kunstgriff betrifft, wie alle großen Humoristen – genoß er es, nicht zusammenpassende Details miteinander zu verbinden. Im folgenden Zitat beschreibt er die letzten Augenblicke eines Sterbenden:

> Denke nur ja nicht, es sei ein angenehmes Vergnügen, wenn wir im Sterben liegen, den ganzen Körper voller Schmerzen, den ganzen

Geist voller Kummer, die Seele voller Sorge, das Herz voller Furcht, während unser Leben dahingeht, der Tod herankommt, der Teufel sich emsig mit uns befaßt, während uns Stimmung und Kraft fehlen, auch nur eine dieser vielen abscheulichen Unannehmlichkeiten zu ertragen, dann sei es, wie ich sagen sollte, ein angenehmes Ereignis, einen Haufen leiblicher Freunde oder eher Schmeißfliegen vor deinen Augen zu sehen und deinen Ohren zu hören, die um dein Bett und deinen kranken Körper herumspringen, wie Raben um deinen Leichnam, nun schon fast Aas, die dich von jeder Seite anschreien: «Was bekomme ich? Was bekomme ich?» Dann kommen deine Kinder und schreien um ihren Anteil. Dann kommt dein süßes Weib, und wenn sie während deiner Gesundheit in sechs Wochen vielleicht nicht ein liebes Wort zu dir sprach, nennt sie dich nun süßer Ehemann, weint mit viel Anstrengung und fragt dich, was sie bekommen wird. Dann fragen deine Testamentsvollstrecker nach den Schlüsseln; fragen, wieviel Geld dir geschuldet wird; fragen, welches Vermögen du hast, und fragen, wo dein Geld liegt.[17]

Das ist ein grimmiger Humor, und das Traktat wirkt düster. Wie Martin Luther sah Morus den menschlichen Geist als einen dunklen Wald, in dem alle Arten von Bestien herumkrochen, bereit, über die Seele herzufallen. Die schlimmsten Sünden entstünden aus den Impulsen, aus der Phantasie und aus der Torheit, die eher der Phantasie als der Vernunft entspringe.

Erasmus schrieb zwar *Das Lob der Torheit*, doch er glaubte, daß eine gute Bildung der sicherste Weg zur Tugend sei. Nur der geschulte Geist könne nicht nur das Wissen, sondern auch die Leidenschaften kontrollieren. Bei Morus und bei Luther finden wir eine Haltung, die pessimistischer, aber auch gedanklich tiefer ist. Beide sehen die Verirrungen des Geistes als grenzenlos an, als jenseits jeder möglichen Heilung durch bloße Bildung. Morus betont unaufhörlich die Macht der Phantasie. Damit steht er Ignatius von Loyola und der katholischen mystischen Tradition nahe, die den Geist mit überwältigenden Bildern anfüllen wollten, die Feuersbrünsten gleich die Versuchung zur Sünde verzehren sollten. Morus wollte Mystiker sein, doch die Begabung dazu fehlte ihm. Allerdings kannte er mystische Empfindungen. Erasmus gab häufig Lippenbekenntnisse zur mystischen Tradition ab, doch gehörte er niemals wirklich dazu. Er ging den Weg einer praktischen, nüchternen Frömmigkeit. In der leidenschaftlichen Phantasie sah er eine Gefahr für die Festigkeit der Seele, die für ihn das Merkmal eines rechtschaffenen Menschen war. Wie Ralph Waldo Emerson, dessen geistiger Vorgänger er in so vieler Hinsicht ist, besaß auch Erasmus keine wirkliche Vorstellung von der Sünde. Seine Definition der Gottheit war daher auch häufig banal. Für Thomas Morus wurzelte die Sünde in der Phantasie, doch fand er hier auch den Anfang des Weges zu der größtmöglichen Tugend.

Johan Huizinga machte eine treffende Bemerkung über die literarische Gestaltung des Todes im späten Mittelalter. Er sagte, daß man nur zwei Extreme kannte – «Klage über die Kürze alles irdischen Ruhms und Jubel über die Errettung der Seele». «Und», führt Huizinga aus, «alles, was dazwischen liegt – Resignation, Sehnsucht und Trost –, bleibt unausgesprochen und wurde sozusagen verschluckt von den zu stark betonten und zu lebendigen Darstellungen des verborgenen und bedrohlichen Todes.»

Morus verhindert durch seinen Humor, daß sein Werk *Die vier letzten Dinge* in die Kategorie des nicht gemilderten Schreckens fällt, der für Huizinga das eigentliche Thema der mittelalterlichen Vision vom Tode ist. Auch Morus selbst paßt nicht ganz in das Bild, das Huizinga von den Schriftstellern und Künstlern entwirft. Bei ihnen wurden durch die vorrangige Beschäftigung mit dem Elend des Todes alle freundlicheren Gefühle aufgesogen, die der Tod hervorrufen könnte. Trotzdem treffen Huizingas kluge Beobachtungen auch auf Morus zu, wenn auch nicht in allen Punkten.

Morus spricht in *Die vier letzten Dinge* auch über das Mitgefühl. Als warnendes Beispiel erzählt er vom Unglück eines hohen Adligen (offensichtlich des Herzogs von Buckingham). Es soll uns helfen, den Neid zu überwinden. Denn wie könnten wir jenen hohen Adligen beneiden? Eine Weile darf er sich vor der Welt hervortun, doch dann wird dieser Herr eines Tages gehängt, ertränkt und gevierteilt – «kehrte sich da», fragt Morus, «nicht dein Neid plötzlich um in Mitleid?»[18] Im ersten Teil von *Utopia* ist scheinbar von Mitleid die Rede. Hythlodeus, Morus' Geschöpf, spricht zugunsten der Armen in Europa. Für Diebstahl würden sie zum Tode verurteilt. Als ehrliche Menschen jedoch müßten sie verhungern. Rückblickend betrachtet, scheint sein Mitleid eher rhetorisch zu sein und keine wirkliche Anteilnahme auszudrücken. Morus hat schließlich in seinem Leben wenig Mitleid gezeigt. Am meisten überrascht uns bei seinen übrigen Werken, daß er niemals mitleidig ist, auch wenn dieses Gefühl dem Betreffenden hätte zugute kommen können.

Die anderen Merkmale – Resignation, Sehnsucht und Trost – traten bei Morus hervor, als er dem Tod nahe war. Sie traten offen zutage, als er versuchte, sich dem Willen Gottes anzuvertrauen, als er sich nach Frieden sehnte und von der Bedrohung seines eigenen Lebens oder von der Drangsal des Todes selbst erlöst sein wollte und als er seine Familie zu trösten versuchte, weil er diese Welt bald verlassen mußte. Doch konnte er seinen Gefühlen nie ganz freien Lauf lassen. Daher gelang es ihm, eine zeitlose Sprache zu sprechen. Er ist kein Hamlet, der über den Tod nachdenkt und ihn dabei weder als eine körperliche Qual noch als Tor zum Gericht, noch als eine Gelegenheit zu erbaulichen Vorträgen sieht. Hamlet erkennt im Tod die letzte Wirklichkeit, hinter der nur ein möglicher Traum liegt; und dieser Traum ist eher beunruhigend als tröstlich. Morus war ein Christ, für Hamlet gilt das nur mit Einschränkungen, und das ist ein großer Unterschied. Doch beunruhigt und enttäuscht es schon, daß Morus nichts über die Verlockungen des Mitleids sagt, als er auf den Tod zu sprechen kommt. Stattdessen beginnt er zu predigen. Es scheint beinahe, als würde er von anderen Gefühlen überwältigt, als bräche die Sorge um die Toten jetzt erst richtig auf. Und diese Gefühle hätte der brüchig gewordene Glaube nun nicht mehr ertragen können.

KAPITEL 20

Die Reformation geht weiter

Morus und Erasmus schätzten die Gefahren der Lutherischen Reformation unterschiedlich ein – Morus sah in ihr eine Bedrohung des Seelenheils, Erasmus eine Gefahr für gute Bildung. Aber sie stimmten in ihrer Furcht vor dem Aufruhr überein, obgleich auch diese Furcht bei ihnen ganz verschiedene Formen annahm.

Erasmus suchte die Schuld immer bei beiden Seiten, bei den Lutheranern und den Katholiken. Er mochte Luthers Geist nicht, aber daß die Katholiken Luthers Bücher verbrannten, bestürzte ihn. In seinem Brief an Morus über Nikolaus von Egmont aus dem Jahr 1520 schreibt er, daß Luthers Bücher zwar mit Gewalt aus den Bibliotheken, nicht so leicht jedoch aus den Seelen der Menschen entfernt werden könnten. Er meinte, daß ein leidenschaftlicher und haßerfüllter Widerstand gegen Luther die Wut innerhalb der Christenheit nur vergrößern würde. Lieber gute Bücher schreiben als schlechte, lieber reine Bildung erstreben und die lutherische Angelegenheit ihren natürlichen Tod sterben lassen.

Öffentliche Ereignisse wie Bücherverbrennungen schürten nur Hysterie unter den Zuschauern. Erasmus fürchtete jeden Ausbruch von Leidenschaft bei der breiten Masse, die er verachtete. Die Masse sollte sich nicht in Angelegenheiten mischen, von denen sie nichts verstehen konnte. Wenn die Unwissenden erst einmal auf ein Gebiet vordrangen, das allein den Gelehrten gehören sollte, war die Gelehrsamkeit selbst gefährdet. Eine Menschenmasse im Aufruhr verfügte über kein Urteilsvermögen.

Erasmus tadelte Luther, weil er abstrakte Lehren wie die Prädestinationslehre zum Gegenstand öffentlicher Auseinandersetzungen machte. Die Unwissenden hielten sich plötzlich für Sachverständige in Fragen, vor denen die Theologen seit Jahrhunderten kapitulieren mußten. Erasmus war entsetzt. Er wollte, daß die Menschen wie Jesus lebten – eine einfache Angelegenheit, dachte er, aber genug, um einen gewöhnlichen Christen das ganze Leben zu beschäftigen. Luther hatte nun einen ungestümen Sektierergeist entfesselt, der den Pöbel zu stolzer Eigenwilligkeit hinriß. Erasmus schrieb 1519 an einen Freund: «Ich glaube wirklich, wenn jetzt einer aufstünde und verkündete, es sei religiös, wenn Männer und Frauen nackt auf dem Markt herumspringen, daß auch diese Sekte bald ihre Anhänger und Förderer haben würde.»[1]

Morus sah Fehlverhalten nur in dem, was Luther tat und sagte. Nie klagte er die katholische Obrigkeit für ihr Vorgehen gegen die Häretiker an. Er meinte im Gegenteil, sie solle entschlossener und sogar härter vorgehen. Er verteidigte Bücherverbrennungen und war völlig überzeugt, daß die Häretiker ihre Bücher lebendig auf den Scheiterhaufen begleiten sollten.

Die Vulgarität von Luthers Antwort auf Heinrich schockierte Morus. Er schätzte bekanntlich Könige nicht besonders, und *Utopia* ist auf seine Art sogar ein Loblied auf einen vernünftigen Republikanismus. Aber wir haben auch gesehen, wie autoritär seine Republik war und daß Obrigkeitsdenken seine Einstellung kennzeichnet. Er glaubte, daß die Gesellschaftsordnung von den Seidenfäden der Gewohnheit und der Gewalt zusammengehalten werde. Wie die meisten seiner Zeitgenossen in ähnlich hoher Stellung betrachtete er die Masse als ein kaum gebändigtes Chaos, das alle Kultur in wenigen Augenblicken vernichten konnte und durch die Grenzen des Gesetzes selbst unter Androhung von Strafen und Schafott kaum im Zaum zu halten war. Wer den König beleidigte, stiftete Unruhe und brachte Leid in die Welt.

Er wußte schon früh, daß einige deutsche Fürsten Luther freundlich gesonnen waren, obwohl sich 1523, im Entstehungsjahr der *Responsio ad Lutherum*, noch nicht einmal Friedrich der Weise, Luthers eigener Herrscher, auf die Seite der lutherischen Häresie gestellt hatte. Morus erkannte, daß die Fürsten aus Selbstsucht gegen die alte Kirche Partei ergriffen und dabei Gewinn herausschlagen wollten. Er machte eine düstere Vorhersage:

> Denn genau wie viele Fürsten nicht ohne Wohlgefallen den Verfall des Priestertums sehen, und zwar bestimmt, weil sie nach dem Besitz des Abtrünnigen lechzen und ihn bei seiner Preisgabe ergreifen wollen, und genau wie solche Prinzen auch über die Gehorsamsverweigerung gegenüber dem römischen Papst frohlocken in der Hoffnung, daß sie ganz allein für sich zu Hause über den Gehorsam verfügen werden, ihn aufteilen und vergeuden können, so dürfen sie auch keinen Moment daran zweifeln, daß das Volk auf den Zeitpunkt schielt, an dem es wiederum das Joch der Fürsten abschütteln und sie allen Besitzes berauben kann. Wenn es das erst einmal vollbracht hat, dann wird es schließlich, trunken von Fürstenblut, sich im Eingeweide der Adligen suhlend, ohne Achtung selbst des Gewohnheitsrechts, die Gesetze nach Lutherscher Lehre zertretend, sich ohne Herrscher zügellos und besinnungslos wollüstig gegen sich selbst wenden und sich wie jene irdischen Brüder gegenseitig durchbohren.[2]

Dies war eine der Hauptsorgen des Zeitalters. Die Herrschaft über die brodelnde Masse der Unwissenden und Besitzlosen war ein zerbrechliches Ding. Wer hier nur eine kleine Lockerung gestattete, riskierte die Zerstörung des Ganzen.

Während Morus seine *Responsio* schrieb, schickte Heinrich VIII. einen zornigen Brief über Luther an die sächsischen Prinzen Herzog Georg von Leipzig (einen treuen Katholiken) und Kurfürst Friedrich den Weisen, den Schirmherr Luthers. Morus half wahrscheinlich beim Abfassen dieses Briefs. Vielleicht hat er den ganzen Brief verfaßt. Der Text hat sowohl seinen Stil als auch seine Argumentationsweise.

Wie bei einem an Herrscher gerichteten Brief zu erwarten, behauptet «Heinrichs» Epistel, daß Luthers Häresie unmittelbar zum Aufstand führe. Wenn Luther zum Zug komme, dann werde alle Religion zerstört, alles Gesetz überwältigt, gute Sitten verdorben, Regierungen zugrunde gerichtet, alles Heilige beschmutzt, die Sakramente Christi zerstampft, die Freiheit des Willens aufgegeben und der Glaube derart gepredigt, daß gute Taten ihren Wert verlören und der Sünde freien Lauf gelassen werde.

Hier tönt die gellende Stimme gegen die Prädestination, die wir auch in der *Responsio* hören, die Warnung, daß die von Luther gepredigte Lehre unausweichlich zur Auflösung der Gesellschaft selbst führe. Heinrich VIII. hatte die Prädestination in seiner *Assertio* nicht erwähnt, weil sie in der *Babylonischen Gefangenschaft* nicht vorkam. In der *Responsio* griff Morus das Argument aus diesem Brief erneut auf und wiederholte es dann immer wieder: Luthers Prädestinationslehre führe zu Aufruhr und Laster, weil diese Lehre Gott zum Verursacher des Bösen mache und die Menschen zur Ablehnung der Verantwortung für ihr eigenes Handeln verleite.

In diesem Brief wird die lutherische Reformation nicht bloß als eine Revolutionierung der religiösen Lehre und des christlichen Umgangs mit den Sakramenten, sondern auch des europäischen Selbstverständnisses und gesellschaftlichen Zusammenlebens gesehen. Morus meinte, daß die Gemeinschaft der Menschen nur dann überleben könne, wenn die einzelnen in ihr glaubten, daß sie für ihre Entscheidungen verantwortlich seien und bestraft würden, falls sie das Böse wählten. Luthers Lehre hob den freien Willen des Menschen auf, machte Lohn und Strafe zu einer Frage von Launen und zerstörte so – wie Morus meinte und dieser Brief nahelegt – den sozialen Nutzen der Religion.

Der Brief erwähnt Luthers Angriffe auf das Papsttum nicht. Dieses beredte Verschweigen ist neben dem Stil ein überzeugender Hinweis darauf, daß Morus der Verfasser des Briefs ist. Morus bemühte sich immer sorgfältig, die päpstliche Macht nicht genau zu definieren. Am liebsten vermied er das Thema ganz. Heinrich verspürte seinerseits offensichtlich kein besonderes Bedürfnis, auf einer Verteidigung des Papsttums in dem in seinem Namen geschriebenen Brief zu bestehen. Die Auslassung erhärtet den Verdacht, daß die Abhandlung über das päpstliche Primat in der *Assertio* nicht die Überzeugungskraft hatte, die andernorts in England und auf dem Kontinent schreibende eifrige Papisten hatten.

Während Morus sich in seinen Schriften gegen Luther zu einem kompetenten Theologen entwickelte, gab Erasmus schließlich nach und griff in den Streit ein. Dazu wurde er hauptsächlich von englischen Freunden überredet. Widerstrebend veröffentlichte er im September 1524 eine dünne kleine Schrift mit dem Titel *De libero arbitrio* (Vom freien Willen). In dieser leidenschaftslosen Studie, die im Stil eher einer Universitätsvorlesung entsprach als dem rauhen Ton des polemischen Disputs, betrachtete er die moralischen und sozialen Konsequenzen der Prädestinationslehre und riet Luther, sich nicht mehr dazu zu äußern.

Das muß Morus enttäuscht haben. Er glaubte, daß die von Luther erhobene Grundfrage die Autorität der katholischen Kirche betreffe. Erasmus erwähnte die Kirche fast gar nicht. Wie Morus befürchtete er, daß schlechte Menschen die Prädestinationslehre dazu benutzen würden, ihre bösen Taten zu rechtfertigen. Wenn sie zur Bosheit vorherbestimmt waren, konnten sie Gott die Schuld an ihren Verbrechen geben und in aller Ruhe weitere Verbrechen begehen. Diese Lehre versetzte Erasmus in Erstaunen. Er wollte sie aus der öffentlichen Diskussion heraushalten, wo sie nur Schaden anrichten konnte. Er haßte starre Behauptungen, sagte er, und keine seiner anderen Schriften illustriert diesen geistigen Charakterzug so klar oder zeigt deutlicher, wie sehr er sich von Thomas Morus unterschied, dem solche Behauptungen nur so zuflogen.

Mit der ganzen Leidenschaft seiner Seele beharrte Morus darauf, daß die heiligen Überlieferungen der Kirche den Beweis für unsere Wahl bezüglich unserer Erlösung, also für unsere Willensfreiheit liefern. Erasmus erwähnte die Tradition kaum, wandte sich vielmehr der mutmaßlichen Ursache zu. Überall in der Bibel, schrieb er, wird den Menschen Verantwortung für ihre Taten zugeschrieben. Das Alte und das Neue Testament enthielten zahlreiche Gebote und damit verbunden das Versprechen auf Lohn oder Bestrafung für den Umgang mit diesen Geboten. Wenn die Leute für Ungehorsam bestraft werden und Gott die Ursache dieses Ungehorsams ist, dann ist die Strafe ungerecht. Dies war die allgemein übereinstimmende Meinung der Kirche, sagte Erasmus, und machte so eine leichte, rasche Verbeugung zur Tradition hinüber. Es schien ihm besser, diesen Konsens zu teilen, als ihn zu verspotten. Wenn Luther die Kirchenlehre zurückwies und andere ihm darin folgen sollten, dann würde er seine Autorität unter Beweis stellen müssen. Er und seine Anhänger könnten ein Leben nach höchsten moralischen Grundsätzen führen – aber das taten sie nicht. Oder sie könnten wie Christus und die Apostel Wunder bewirken. Wenn Luther auch nur ein einziges lahmes

Pferd heilen könnte, meinte Erasmus, dann sollten wir ihm vielleicht Gehör schenken.

Da er diese Zeichen und Wunder und Beweise einer herausragenden Tugend bei Luther nicht entdecken konnte, erklärte sich Erasmus bereit, sich an das Althergebrachte zu halten. Jahrzehnte später drückte Montaigne ein ähnliches Gefühl aus. Er schrieb, daß er sich genausogut an die Kirche halten könne, weil ihm nichts Besseres untergekommen sei. Erasmus äußert nicht die Liebe und Leidenschaft, die Thomas Morus einer Kirche entgegenbrachte, die Mutter und Vater war, andauernde Fleischwerdung eines lebendigen Gottes, Gemeinschaft der Lebenden mit den Toten, einer Kirche, deren Existenz von der Schöpfung durch Zeit hindurch bis in die Ewigkeit fortdauerte.

Weder Erasmus noch Morus hielten die Willensfreiheit für etwas Absolutes. Mit seiner Gnade hilft uns Gott, die richtige Wahl zu treffen. Mit seiner Gnade liebt uns Gott und straft uns, wenn wir gesündigt haben. Weder Erasmus noch Morus meinten, daß wir je genug tun können, um unsere Erlösung zu verdienen. Ganz im Gegensatz zu Luthers verleumderischen Vorwürfen betrachtete die katholische Kirche solche Lehren als Häresie. Die von Morus, Erasmus und zahllosen Zeitgenossen vertretene katholische Meinung besagte, daß Gott uns bei all dem hilft, was wir ohne ihn nie tun können. Und doch, *etwas* können wir tun. Falls ich zu ertrinken drohte und jemand mir ein Seil zuwerfen würde, müßte ich das Seil ergreifen und mich in Sicherheit bringen lassen. (Morus hat dieses Beispiel in einer späterern polemischen Schrift selbst gebraucht.[3]) Die Gnade ist das Seil und ebenso die Person, die zu meiner Rettung bereit ist. Der freie Wille ist die schwache Kraft, die mir zur Verfügung steht, um nach dem Seil zu greifen. Niemals könnte ich das Seil selbst herbeischaffen, aber wenn ich mich nicht dazu entschließe, es zu ergreifen, werde ich ertrinken. Luther meinte dagegen, daß wir im Erlösungsvorgang ganz und gar passiv sind. Alles wird von Gott gegeben, und wir empfangen nur. «Wir sind so passiv», schrieb Luther einmal, «wie eine Frau beim Geschlechtsverkehr.» (Er war noch Junggeselle, als er dies schrieb, und ungetrübt von Erfahrung mit der hier beschriebenen Wirklichkeit.)

Morus hätte mit fast allem übereingestimmt, was Erasmus in seiner Abhandlung über die Willensfreiheit schrieb. In der Schrift fehlt nur die von Morus betonte Ausübung des freien Willens im kirchlichen System der Sakramente. Morus sah die Sakramente als eine regelmäßig von der Kirche bereitgestellte Hilfeleistung an, die die christliche Lebensführung stärkte und sie uns immer als einen gangbaren Weg der freien Wahl nahelegte. Die Messe und die Buße leisteten besonders viel zur Stärkung des Glaubens. Willensfreiheit bedeutete für Christen die Freiheit, sich Gott durch die Sakramente zu nähern und gnädige Aufnahme zu finden. Der freie Wille von Erasmus hatte nur wenig mit den Sakramenten zu tun; folglich zielte er wohl mehr auf die allgemeine Freiheit ab, gute Taten zu tun, wodurch die Willensfreiheit abstrakt erschien und losgelöst von der sakramentalen Praxis, die Morus alles bedeutete.

Als eine polemische Schrift ist der Text von Erasmus schwach und untauglich. Luther fuhr schweres Geschütz gegen die katholische Kirche auf, gegen den Papst, die Konzilien, den Priesterstand und vor allem gegen das Selbstverständnis und die Ansicht der Kirche von Gottes Wirken in der Welt. Katholiken wie Morus glaubten, daß Gott, wenn er die Tradition gestiftet und geleitet hat, in der Tradition erkannt werden kann, so wie wir einen Autor durch das Studium seiner Werke kennenlernen können. Luthers Gott konnte nur durch die Schrift, wenn sie von einem dazu prädestinierten Gläubigen gelesen wurde, erkannt werden. Daß ein kirchlicher Brauch oder Glaube viele Jahrhunderte bestanden hatte, bedeutete Luther nichts. Er fragte sich, ob Gott Gefallen fände an der Lehre über die Frömmigkeit und über deren Form. Um diese Frage zu beantworten, wandte er sich an die Bibel. Die Bibel erzählt uns viel über die Taten Gottes – auch von einigen entsetzlichen. Die Bibel ist kein philosophisches oder systematisches Werk, und der schreckliche, nur durch die Bibel erkannte Gott Luthers ist so geheimnisumwoben, daß der katholische Gott dagegen in strahlender Klarheit dazustehen scheint. Die über 1500 Jahre währende Existenz der katholischen Kirche hatte für Luther keine Aussagekraft über Gottes Wege. Seht euch die Moslems an, sagte Luther. Auch ihr Glaube existiert seit vielen Jahrhunderten, aber was sagt uns seine Existenz über Gottes Wege? Nichts Sicheres. Dies waren vernichtende Urteile zu wichtigen Fragen, und Erasmus wich fast allen aus. Morus griff sie in seinen Polemiken frontal an.

Und doch blieben Morus und Erasmus vereint in ihrer Befürchtung, Luthers Ungestüm könnte zu Aufruhr führen. Bald ließ sie diese Befürchtung als Propheten erscheinen. In den deutschen Ländern wurde der reißende Strom der Erwartungen immer mächtiger. Kaiser Karl V. konnte der Lutherischen Angelegenheit nur beiläufig Beachtung schenken, weil er seinen grandiosen politischen Träumen nachging. Ein Pamphletenkrieg wütete zwischen den streitenden religiösen Parteien. Autoren und Drucker entdeckten, daß sie alle Selbstbeschränkung aufgeben durften und ihre Gegner in Karikatur und Sprache so ungezügelt und vulgär schmähen konnten, wie es bisher in der Geschichte unmöglich gewesen war. Und solche Werke wurden dann zu Hunderten, ja zu Tausenden verkauft.

Luthers Zorn schuf eine mit Gewalt geladene Stimmung. Er schrieb 1520:

> Wenn wir die Diebe mit dem Galgen, die Banditen mit dem Schwert und die Häretiker mit dem Scheiterhaufen bestrafen, warum greifen wir dann nicht mit Waffen um so eher diese Meister der Verderbnis

an, diese Kardinäle, Päpste und den ganzen Schmutz dieses Rom genannten Sodom, das die Kirche Gottes unendlich verdirbt, und warum waschen wir unsere Hände nicht in ihrem Blut?[4]

Große Mengen gewöhnlicher Menschen, die noch nicht an die Macht des gedruckten Worts gewohnt waren, wurden zu Leidenschaften getrieben, die wir vielleicht besser verstehen, wenn wir die moderne Presse, das Radio und das Fernsehen betrachten, die anscheinend auch die Macht haben, die Menschen zu Hysterie, Krawall und sogar Krieg anzustacheln.

Im Sommer 1525 revoltierten Bauern in den südlichen und westlichen Teilen Deutschlands gegen die adligen Grundbesitzer. Angeregt dazu wurden sie von feurigen Bibelpredigern, die jene Stellen in der Schrift, daß die Armen das auserwählte Volk Gottes seien, wörtlich nahmen. Die Bauern waren zahlreich, und viele von ihnen hatten bereits als Legionäre in den italienischen Feldzügen des Kaisers Kampferfahrung gesammelt. Aber sie wurden schlecht angeführt, und die Adligen schlachteten sie im Feld und töteten sie auch weiterhin wie Kaninchen, fast zum Spaß. In der Nähe von Kolmar im Elsaß ist ein hoher Erdhügel, von dem die Bauern heute erzählen, daß er entstanden sei, als die Schädel ihrer Vorfahren von deren gnadenlosen Bezwingern aufgestapelt wurden.

Luther hatte keinerlei Verständnis für Bauern, die seine Lehre zur Verbesserung weltlicher Verhältnisse anwenden wollten, und als der Aufstand einmal begonnen hatte, wütete er hysterisch gegen sie. Er rief, man solle sie wie räudige Hunde töten. Er hatte Angst um seine Bewegung, obwohl sich dann herausstellte, daß die zu Luthers Lehre bekehrten deutschen Fürsten und Städte ihren Standpunkt 1525 und in den Jahren danach deutlich zu machen begannen. Der blutige Eifer guter Lutheraner bei ihrer unbarmherzigen Bauernmetzelei und das Gift, das Luther zur Unterstützung dieses Blutbads verspritzte, haben zusammen wohl viele der Mächtigen überzeugt, daß sie ihre Länder, Ämter und Autorität behalten und sich zugleich Luther anschließen konnten. Dann würden sie ihr geistliches Heil beträchtlich erweitern können, indem sie den Besitz der Kirche beschlagnahmten.

In England nahmen Morus und andere die Nachricht vom Bauernaufstand mit schauderndem Entsetzen auf. Sie verstanden den Aufstand als direkte Folge von Luthers Lehre und fühlten sich in ihrer Überzeugung bestätigt, daß der Einzug des Luthertums in England Gewalt und Aufruhr mit sich führen würde. In einer königlichen Erklärung verkündete Heinrich VIII., daß Martin Luther die Ursache dieses Gemetzels sei.[5]

Gerade als der Aufstand seinen Höhepunkt erreichte, heiratete Luther am 13. Juni 1525 eine aus dem Kloster entwichene Nonne und verschlechterte damit – wenn das noch möglich war – seinen Ruf. Die Hochzeit kam plötzlich und schockierte sogar seine engsten Freunde. Der dafür gewählte Augenblick schien äußerst ungünstig. Aber es hätte ohnehin keinen geeigneten Augenblick gegeben, an dem der Eindruck von Hohn und Entsetzen, den die meisten Katholiken angesichts seiner Verbindung verspürten, weniger groß gewesen wäre.

Das in der Mitte des vierzehnten Jahrhunderts verfaßte *Dekameron* von Boccaccio lebte seit über einem Jahrhundert von dem Vergnügen, das die Europäer bei Geschichten über lüsterne Mönche und ihre liederlichen Frauen – oft Nonnen – empfanden. Chaucers *Canterbury Tales* (Canterbury-Erzählungen) behandelten die gleichen Themen und waren enorm beliebt. Jetzt schien es, als träte einer dieser lüsternen Mönche, über die sich unzählige vulgäre Witze lustig machten, vor die Geschichte mit dem Anspruch, kein Clown, sondern ein Prophet Gottes zu sein.

Morus verschlug es den Atem. Nach kanonischem Recht beging ein Mönch, der eine Nonne heiratete, Inzest. Morus griff diese Beschuldigung mit grimmigem Eifer auf. Im Laufe der Zeit wird unser Ohr gerade durch den gellenden Klang seiner Anklage abstumpfen, aber ihre wilde Heftigkeit gebietet uns Einhalt:

> Die Anführer dieser abstoßenden Häresien lehren und praktizieren inzwischen ein sinnlicheres und sittenloseres Leben als selbst Mohammed. Der erlaubte den Männern zwar, viele Frauen zu haben, lehrte und erlaubte es seinem Volk aber nie, daß es die einmal versprochene Keuschheit und feierliche Hingabe an Gott breche. Luther dagegen lehrt Mönche, Klosterbrüder und Nonnen nicht nur die Ehe, sondern hat als Klosterbruder selbst eine Nonne geheiratet und lebt unter dem Namen der Ehe mit ihr in offen blutschänderischer Wollust ohne Sorge und Scham.[6]

Dieser Schrei kam aus den Tiefen der Seele eines Mannes, der den Kampf gegen die Sexualität geführt und verloren hatte, der das Priesteramt aufgegeben hatte, um heiraten zu können, und jetzt auf «Reformatoren» stieß, die ihm sagten, daß sein Kampf nicht der Mühe wert gewesen sei.

Luthers Frau war ein durch und durch habsüchtiges und unangenehmes Wesen, eine verstoßene Tochter des Kleinadels. Ihre Leute wichen einem Streit nie aus, wenn sie einen vom Zaun brechen konnten, und Luther behauptete, daß sie es war, die ihn herausforderte, gegen Erasmus zu schreiben. Und doch fällt es schwer zu glauben, daß Luther zu einem Streit gedrängt werden mußte. Unter den Theologen war er das, was der Bürgerkriegsgeneral Robert E. Lee, ein Mann mit hohen moralischen Prinzipien, unter den Generälen war. Er stieß den Schlachtruf schon beim Anblick der in einer Kampflinie aufgestellten feindlichen Soldaten aus.

Jetzt hielt Erasmus noch die Front besetzt, doch im November 1525 veröffentlichte Luther den langen Traktat *De servo arbitrio* (Vom unfreien Willen) gegen ihn. Erasmus hatte sein Urteil über die Prädestinationslehre aussetzen und das öffentliche Gerede darüber abbrechen wollen. Luther sagte über diese Lehre:

> Dies ist der eine und höchste Trost der Christen, daß nämlich Gott nie lügt, sondern in allem unbeirrbar alles aus seinem Willen heraus tut und daß dieser Wille unveränderlich ist, keinen Widerstand und keine Einschränkung nennt.[7]

Wie schon gesagt, entsprach diese Lehre Luthers Erfahrungen und seinem Temperament. Er lebte in einer Bewußtseinswelt, in der dem menschlichen Verstand nichts klar war. Niemand konnte verstehen, wie Satan die Kirche an sich reißen konnte, die sich katholisch und christlich nannte. Keiner konnte sagen, wie der Antichrist auf den päpstlichen Thron gelangte oder wie die Christen über Jahrhunderte hinweg einem so katastrophalen Irrtum verfallen konnten, daß die Lehre, die Liturgie und die allgemeine Frömmigkeit so erbärmlich vom rechten Weg abwichen. Aber vielleicht weniger noch als alles andere konnte Luther verstehen, wie er sich so irren und mit seiner ganzen Seele in die legalistische Falle des Mönchsklosters geraten konnte, um da in vergeblicher und sündiger Überschätzung des menschlichen Willens um seine Reinigung von aller Schuld zu ringen.

Die Prädestinationslehre bot die einzige befriedigende Alternative zu dem erschreckenden Verdacht, daß all dies vielleicht ganz sinnlos sein könnte und daß das Leben nur eine Abfolge von Zufällen wäre, die aus dem Nichts kam und ins Nichts führte. Wenn Gott für alles verantwortlich war, dann hatte es auch Sinn. Kein Sterblicher konnte wissen, was der Sinn ist, außer daß Gott es wollte und damit einen Plan für die Welt und jedes Wesen verfolgte. Die Prädestinationslehre tröstet anscheinend vor allem jene, die sich im Chaos vorfinden und sich nach einem Glauben an Ordnung sehnen.

Morus sah natürlich nur die Gefahren dieser Lehre und nicht ihre tröstliche Seite. Nach 1520 zog es ihn mehr und mehr zur Verteidigung der Kirche und zum Aufbau von Verbindungen mit anderen, die sich derselben Aufgabe widmeten. Im Jahre 1525 traf er Johann Eck, einen der hartnäckigsten Gegner Luthers, der, wie es scheint, in der Hoffnung nach England gekommen war, an eine englische Universität berufen zu werden. Er kam im August mit einem Stapel Bücher an, die er da austeilen wollte, wo sie ihm am meisten helfen würden. Er konnte bestimmt seine eigene Version der Bauernkriege erzählen und fand in Thomas Morus und John Fisher bei seinen Besuchen sicher sehr aufmerksame Zuhörer. Eck stand nicht allein mit seiner Pilgerfahrt nach England. Verschiedene mittellose Deutsche, die gegen Luther geschrieben hatten, kamen mit der Erwartung auf eine Belohnung von Heinrich, dem Autor der berühmtesten Polemik gegen den Reformator. In einem Brief an Wolsey drückte Morus 1523 eine gewisse Verstimmung über die Ankunft eines dieser ungeladenen Gäste aus. Aber Eck war eine Klasse für sich, und ihm scheint ein herzliches Willkommen bereitet worden zu sein.

Morus gab ihm eine Kopie seiner *Responsio*, und Eck nahm sie mit nach Hause. Aufgrund seiner uns erhaltenen Randbemerkungen in dem Band können wir sagen, daß er das Werk auch teilweise gelesen hat. Die British Library besitzt eine Ausgabe seines anti-lutherischen *Enchiridion locorum communium adversus Lutherum* (Handbuch der allgemeinen Sätze gegen Luther). Das Titelblatt dieses kleinen Werks enthält einen schmeichlerischen Brief an Morus in Ecks winziger Handschrift; daher rührt die allgemeine Annahme, daß es sich bei dem Buch um ein Geschenk an Morus handelt, das Eck in England überreichte. Aber neueste Forschungsergebnisse zeigen, daß der Band für einen Drucker in Deutschland bestimmt war und daß Eck vorhatte, eine Auflage seines Werks Morus zu widmen.[8] Sie erschien nie. Vielleicht erkannte Eck, daß es in England nichts für ihn zu hoffen gab, und hielt es dann für unzweckmäßig, das Buch jemandem zu widmen, der ihm ohnehin nicht weiterhelfen würde.

Wenigstens hatte Eck die beiden, abgesehen vom englischen König, bedeutendsten Anti-Lutheraner getroffen und mit ihnen gesprochen. Fisher hatte verschiedene Bücher gegen Luther auf lateinisch geschrieben und unter seinem eigenen Namen veröffentlicht. Morus' *Responsio* war unter einem Pseudonym erschienen, aber seine Autorenschaft war damals schon ein offenes Geheimnis. Ecks Ausgabe enthält eine Anmerkung in Ecks Handschrift, der wahre Autor sei Morus.

Johann Dobneck, der sich Cochläus nannte, war Morus' wichtigster Briefpartner auf dem Kontinent. Er schrieb eine regelrechte Bibliothek von Werken gegen Luther. Aus der Ferne scheint er zur Gruppe jener produktiven, aber zweitklassigen Denker zu gehören, die sich um die zentralen Fragen eines jeden Zeitalters scharen. Als er noch jünger war, schrieb er ziellos über Musik, Grammatik, die Dichtkunst und die Kirchenväter.

Luthers Taten erfüllten ihn mit leidenschaftlichem Protest und wurden für ihn zum Lebenszweck. Die Buchtitel von Cochläus füllen Seite um Seite im Katalog der British Library, die Bücher blieben selbst seit Jahrhunderten unberührt. Vielleicht verdient Cochläus mehr Würdigung. Er mag ein humorloser Pedant gewesen sein, aber er liebte die katholische Kirche über die Maßen. Ihm und anderen Autoren, die weniger als er, aber immer noch viel schrieben, verdankt die katholische Kirche wenigstens teilweise ihren Fortbestand als die Kirche, zu der sich heute noch die meisten Deutschen bekennen.

Morus und Cochläus begannen ihren Briefwechsel erst ungefähr 1527, obwohl Cochläus schon im August 1525 einen heftigen Angriff auf Luther veröffentlichte, in dem er ihn für den Bauernaufstand verantwortlich machte. Luther habe die Bauern zum Krieg aufgestachelt, sagte er, und dann habe er sie in seinem mörderischen kleinen Werk *Wider die räuberischen und mörderischen Rotten der Bauern* verraten.

Cochläus stellte aus rhetorischen Gründen die Bauern als bemitleidenswerte, verführte Männer dar. Einerseits konnte er Mitgefühl für die Masse der ehrlichen, aber unwissenden Bauern zeigen, die den Boden beackerten. Andererseits konnte er Luther als die Bestie beschimpfen, die sie zuerst ins Unglück führte und sie dann verriet. Das Buch war John Fisher gewidmet, und Morus scheint es für seine eigenen Polemiken gegen die Häretiker benutzt zu haben.

Im gleichen Jahr brachte Cochläus auch noch zwei Bücher über Martin Luthers deutsche Predigten heraus. Das eine war kurz, das andere ziemlich lang und enthielt auch Auszüge aus Luthers sechsunddreißig auf deutsch gehaltenen Predigten. Darin widerlegte Cochläus sorgfältig fünfhundert Sätze, die er in diesen Predigten für häretisch hielt.

An anderer Stelle habe ich gezeigt, daß alle von Morus zitierten Stellen aus den deutschen Werken Luthers aus einem dieser Bücher von Cochläus stammen.[9] Die eine war Luthers 1523 gehaltene «Predigt über den reichen Mann und den armen Lazarus». Darin hatte er seine Vermutung vorgebracht, daß die Seelen der Toten zwischen der Zeit des Todes und der allgemeinen Wiederauferstehung am Ende der Zeit bewußtlos seien. Morus zitierte sie immer wieder und deutete sie wie Cochläus als einen Freibrief zur Sünde im Dieseits, da die Furcht vor Bestrafung bis lange nach dem Tod aufgeschoben werde. Weder Cochläus noch Morus beachteten dabei das Verhältnis von Bewußtsein und Zeit, denn Millionen von Jahren vergehen wie ein Augenblick, wenn ein Mensch sich des Vergehens dieser Zeit nicht bewußt ist.

Im Jahre 1526 veröffentlichte Cochläus einen heftigen Angriff gegen die schwülstige *Epistola ad Anglos* (Ein Sendbrief an die Christen von England), die von Johannes Bugenhagen, einem pommerschen Doktor der Theologie und engem Freund Luthers, verfaßt war. Bugenhagen hatte den Briefstil des Apostels Paulus nachgeahmt und begann seinen Brief mit dem Gruß: «Ihr Heiligen alle in England, Gnade und Frieden sei Euch von Gott, unserem Vater, und von unserem Herrn Jesus Christus.» Diesen hochtrabenden Anfang setzte er mit einer Zusammenfassung der Lutherischen Theologie fort und ermunterte die englischen Protestanten, daß sie durchhalten sollten.

Morus schrieb 1526 oder 1527 eine Anklage gegen Bugenhagen, die erste unter seinem Namen erschienene polemische Schrift gegen einen Häretiker, aber er veröffentlichte sie nie, und wir wissen nicht einmal, ob er sie an

Bugenhagen schickte. Das Buch markiert eine wichtige Etappe in Morus' persönlicher Entwicklung, denn es zeigt seine Bereitschaft, auch ohne Pseudonym und ohne das Drängen eines Königs gegen einen Häretiker aufzutreten.

Wir wissen nicht sicher, ob Morus Cochläus' Werk für seine Schrift gegen Bugenhagen benutzte, aber offensichtlich verschlang er alles, was auf dem Kontinent gegen Luther geschrieben wurde. Auf diese Weise erstellte er im Geist seine Verteidigung der katholischen Kirche, eine Verteidigung, die sich auf viele Quellen stützte.

Der immer engere Kontakt mit den Anführern des deutschen katholischen Angriffs gegen Luther entfernte Morus auch immer weiter vom Geist des Kompromisses und der Versöhnung, den Erasmus verbreiten wollte. Erasmus beharrte darauf, daß Luther oft auf empörende Weise absichtlich mißverstanden wurde, aber Morus schloß sich dem Geist und oft auch dem Buchstaben derjenigen an, die in Luthers Worten immer das Schlimmste hineininterpretierten.

Morus hätte Luthers Werk vielleicht sorgfältig durchdenken und auf seine starken Seiten eingehen sollen, statt sich an die hohlen, phrasenhaften Vorwürfe zu halten, die von Menschen wie Eck, Cochläus und anderen in ungerechtem Zorn erhoben wurden. Dieser Wunsch entspringt jedoch vielleicht nur einer Art Genußsucht des modernen Gelehrten, dem es auf Himmel oder Hölle nicht mehr besonders ankommt. Es gibt keinen Hinweis darauf, daß Morus sich mit einem größeren Ausschnitt aus Luthers Werk je eingehender befaßt hat. Wir nehmen an, daß er die *Babylonische Gefangenschaft* sorgfältig gelesen hat, ebenso wie Luthers vernichtende Entgegnung auf Heinrich VIII. Aber das können wir von keinem anderen Werk Luthers annehmen, nicht einmal von der Abhandlung *De servo arbitrio*. Morus sah Luther nur durch die Augen derjenigen, die ihn haßten, und er hat anscheinend nur gelesen, was seinen Haß noch bestärkte.

KAPITEL 21

William Tyndale: Der Einzug der Reformation in England

Im Jahre 1525 veröffentlichte William Tyndale die erste Auflage seiner englischen Übersetzung des Neuen Testaments und legte damit den Grundstein für die Errichtung des englischen Protestantismus, der von den Architekten des englischen Weltreichs zu einem weltumspannenden Gebäude erweitert werden sollte. Tyndale löste die englische Reformation nicht aus; der Aufstand gegen Rom wurde vom König angeführt. Aber ohne Tyndales Bibel mit ihrer machtvollen Sprache und ihren dynamischen Rhythmen wäre der Geist des englische Protestantismus anders, als wir ihn heute kennen. Der größte Teil seiner Arbeit wurde in die große, 1611 während der Regentschaft von König Jakob erstellte und autorisierte Fassung der Bibel aufgenommen. Diese Bibel wurde sicherlich das wichtigste Werk für die Entwicklung des englischen Sprach- und Stilgefühls und der englischen moralischen Anschauungen insgesamt. Von einer kulturellen Warte aus gesehen, sollte das Jahr 1525 als Endpunkt des Mittelalters gelten und nicht die in den Lehrbüchern gewöhnlich angegebene Jahreszahl 1485.

Aber obwohl im Jahr 1525 die englische Reformation definitiv begann, hat die unmerkliche Invasion neuer Ideen nach England schon viel früher eingesetzt. Der Boden war von den Lehren der Lollarden und der allgemein antiklerikalen Stimmung in England bereitet. Aber auch die Faszination der jungen Gelehrten für die griechische Ausgabe des Neuen Testaments von Erasmus mit ihrer überarbeiteten lateinischen Übersetzung und ihren provokativen Anmerkungen trug zur Veränderung des geistigen Klimas bei.

1519 pries Morus die Universität in Cambridge für ihre Förderung des Griechischstudiums. Dort studierten mittlerweile auch junge Männer, deren religiöse Einstellung sie zum englischen Protestantismus führte. Der einflußreichste unter ihnen war Thomas Bilney. Er wurde im Jahre 1531 auf dem Scheiterhaufen verbrannt, was Morus große Freude bereitete. Morus hielt diese härteste Strafe in Fällen von Häresie für gerechtfertigt, denn Bilney widerrief laut Morus vor seinem Tod noch seine Häresien.

Bilney wurde ungefähr 1495 geboren. Er verfügte über starke geistliche Energien. Er verabscheute Flüche und konnte es nicht ertragen, in der Kirche Gesang zu hören, da er nach dem Bericht von John Foxe «niedliche»

Musik als Verhöhnung Gottes ansah. Als Student in Cambridge hörte er bisweilen vom unterhalb gelegenen Zimmer feine Flötentöne heraufwehen, weil da nämlich der spätere anglikanische Bischof Thomas Thirlby oft spielte. Wenn dies geschah, sprach Bilney seine Gebete laut, als ob er den bösen Geist der Musik austreiben wollte.[1] Vielleicht war er ja wie Ulrich Zwingli, der alle instrumentale Musik in seiner reformierten Kirche in Zürich verbot, weil er sie wirklich liebte und glaubte, daß er als weltentsagender Christ hassen müßte, was er von Natur aus liebte. Diese Auffassung von Liebe und Haß hinterließ auch in William Tyndales Theologie ihre Spuren. Ihr Ursprung mag wenigstens teilweise im *Enchiridion* oder *Handbüchlein* von Erasmus liegen, das die Christen zur Abtötung des Fleisches und zur Vereinfachung des Gottesdiensts anhielt, damit er geistlicher würde.

Ohne Zweifel war Erasmus' Einfluß auf Bilney und seinesgleichen gewaltig. Bilney erfuhr die tiefe Nacht der Seele, so wie Luther fast von Ausbrüchen schrecklicher Verzweiflung zerstört worden wäre. Und nachdem er überall nach Erleichterung gesucht hatte, fand er den tröstenden Jesus, den Erasmus im griechischen Neuen Testament herausgearbeitet hatte.

Aus der Schrift – und zweifellos mit Hilfe von Erasmus' Anmerkungen – entwickelte er ein Bild von Christus, in dem der Erlöser als das heilige Modell einer frommen Aufrichtigkeit erscheint, die die ausschweifenden Formen einer scheinbar mechanischen, die Herzen nicht erreichenden Frömmigkeit verurteilte. Bilney faßte Christus als ein praktisches Beispiel auf und folgte damit dem Rat von Erasmus anscheinend buchstäblich, was Erasmus selbst nie tat.

Bilney aß nur eine Mahlzeit am Tag, die andere brachte er ins Gefängnis, wo er den Gefangenen zu Essen gab und predigte. Er war den Kranken ein Seelsorger und predigte, wo immer er Zuhörer fand. Offenbar war er ein großer Kanzelrhetoriker. Obwohl er klein und schmächtig gebaut war, was ihm beim Volk den Spitznamen «Kleiner Bilney» einbrachte, wurde seiner noch lange nach seinem Tod wegen seiner mächtigen persönlichen Ausstrahlung gedacht. Er war eine Art Christ, wie Christus selbst sich seine Jünger gewünscht hätte.

Er brachte viele dazu, sich seinen biblischen Lehren anzuschließen, in denen er die Selbstgenügsamkeit Christi verherrlichte und Reichtum und Zeremoniell abwertete – was den Lutherischen Ansichten zwar nicht entsprach, aber zu ihnen führen konnte.[2] Er bekehrte Hugh Latimer, Thomas Arthur und John Lambert, die alle Märtyrer für ihren Glauben werden sollten. Aber seine größte Leistung war vielleicht die Bekehrung von Robert Barnes, der neben Tyndale selbst zum größten Fürsprecher Luthers in England wurde und somit auch – wie Tyndale – einer der Hauptgegner von Thomas Morus.

Barnes war ein Augustinermönch, ungefähr so alt wie Bilney. Er kam schon als Kind, vielleicht als Mündel, in das Haus der Austin-Klosterbrüder in Cambridge. Er hatte einen wachen Verstand, und 1517 schickte seine Ordensgemeinschaft ihn zum Theologiestudium nach Löwen. 1521 kehrte er nach Cambridge zurück, wo er sich einer Gruppe von Studenten und jungen Lehrern anschloß, von denen einige wie Stephen Gardiner ultrakonservativ waren. Sie trafen sich in der White Horse Tavern, um Martin Luther und die neue deutsche Theologie zu diskutieren.

Bilney gehörte der Gruppe an, und Barnes geriet in seinen Bann und bekehrte sich zu Bilneys intensiv persönlicher Hingabe an Christus. Dieser Hingabe blieb Barnes treu und nahm später sogar das Luthertum an.

Barnes war gesellig, witzig, gesprächig, umgänglich und so oberflächlich wie eine Untertasse. 1523 erhielt er den Doktorgrad und konnte nun theologische Bücher veröffentlichen. Wegen Mangels an Genie war er zu einem Schattendasein verdammt, bis Tyndale und die englische Reformation ihm einige Bedeutung verliehen. Wie in allen großen historischen Umbruchsphasen wurde der Lohn, der sonst allein dem Talent vorbehalten war, nun der Kühnheit, Lautstärke und Hartnäckigkeit zuteil.

Zu der in Cambridge in den frühen zwanziger Jahren versammelten Gruppe gehörte auch John Frith. Er wurde 1503 geboren und war etwas jünger als die anderen. Wie die meisten lauten Stimmen für Luthertum oder «Evangelismus» in der englischen Reformation kam Frith aus kleinen, aber nicht erbärmlichen Verhältnissen (sein Vater war Gastwirt), und seinen Aufstieg in der Welt verdankte er seinen früh von anderen bemerkten geistigen Fähigkeiten. Er war witzig und charmant und konnte erstaunlich dauerhafte Freundschaften eingehen. Wir wissen nicht, ob es eine besonders enge Beziehung zwischen Frith und Bilney während ihrer gemeinsamen Tage in Cambridge gab. Aber ob sie nun von Bilney bekehrt worden waren oder nicht, die an den Holztischen und Bierkrügen der White Horse Tavern versammelten jungen Männer hatten eines gemeinsam. Sie alle versuchten, den alten Worten des religiösen Glaubens einen neuen, starken und wirklichen Sinn zu geben. Sie verspürten alle die Dringlichkeit, die Luther auf der Suche zu einem von aller, auch seiner eigenen, Bosheit freien Zufluchtsort in der Bibel getrieben hatte. Und die meisten von ihnen waren gewissenhafte Menschen, die ihren Frieden mit Gott suchten, auch wenn ihnen der himmlische Friede Konflikte auf der Erde einbringen sollte.

Nun waren natürlich nicht alle so denkenden Menschen in der White Horse Tavern versammelt. Zu Beginn des Jahrzehnts, als die Gruppe aus Cambridge noch im verborgenen blühte, entdeckte Thomas Morus in seinem eigenen Haushalt Häresie, und zwar eine Art von Häresie, wie sie die Mitglieder der Gruppe in Cambridge sofort verstanden und unterstützt hätten. William Roper, der junge Ehemann von Margaret, begeisterte sich für

Luthers Lehre. Harpsfield berichtet darüber. Seine Darstellung ist ein wenig verwirrend, und die Details werden dadurch keineswegs abgesichert, daß Harpsfield seine Arbeit Roper widmete. Harpsfield meint nämlich, Roper sei zum Zeitpunkt seiner Hochzeit mit Margaret Lutheraner gewesen.[3] Aber es ist kaum vorstellbar, daß Morus seine geliebte Tochter einem Häretiker anvertraut hätte. Vor seiner Hochzeit mit Margaret lebte Roper ungefähr drei Jahre lang in Morus' Haushalt, und Morus hat seine Ansichten bestimmt gekannt. Als Roper der Häresie verfiel, wollte er es auch gar nicht verschweigen. Harpsfield meint, daß er wie ein dickköpfiges Pferd anzog und in die Arme der bösen Lehre stürmte. Roper war bereit, seinen neuen Glauben in Paul's Cross zu verkünden, und wollte sogar einen Gutteil seines Vermögens hergeben, um lutherischer Priester zu werden!

Wahrscheinlich war es so, daß Ropers Leidenschaft für Luther ungefähr zum Zeitpunkt seiner Hochzeit begann, er seine Gedanken zunächst aber noch für sich behielt und vielleicht selbst nicht genau wußte, wohin sie ihn führen würden. Im Juli 1521, innerhalb eines Monats nach der Hochzeit also, reiste Morus in diplomatischer Tätigkeit auf den Kontinent, wobei dann ja auch seine letzte Begegnung mit Erasmus stattfand. Er war mehrere Monate unterwegs. Roper stand während seiner Abwesenheit dem Haushalt vor und hat es sich in dieser Rolle vielleicht erlaubt, über Themen zu lesen und zu sprechen, die in der Gegenwart von Morus verboten waren.

Harpsfields Bericht ist aufschlußreich genug, um zu zeigen, daß Ropers Bekehrung zu Luthers Ansichten einem bekannten Muster folgte. Eine außerordentlich gewissenhafte Seele rang mächtig, aber vergeblich mit den Regeln der Frömmigkeit und gelangte plötzlich zu der Einsicht, daß das «Gesetz» nicht zur Erlösung führen könne, sondern nur die Gnade, verliehen durch göttliche Prädestination. Harpsfield sagt, Roper habe durch Fasten und fortdauerndes Gebet seine Erlösung angestrebt, sich in frommen Übungen verausgabt und zuletzt die Überzeugung gewonnen, daß er Gott nicht gefallen könne. Nach der zeitgenössischen theologischen Terminologie war er der Verzweiflung verfallen, was eine Todsünde war. Es ist gut möglich, daß seine Eheschließung einen kritischen Moment darstellte. Wir haben bisher schon mehrfach feststellen können, daß viele Katholiken – einschließlich Thomas Morus – die Ehe für weniger wertvoll hielten als sexuelle Enthaltsamkeit, genau wie der Laie gegenüber dem Priester minderwertig war. Roper mag im Kampf gegen seine sexuellen Impulse auf verlorenem Posten gestanden haben, was sicher durch die Gegenwart von Margaret im Haus und ihre Verfügbarkeit als Ehefrau bedingt war. Sie starb 1544; Roper lebte noch bis zum Januar 1578, heiratete aber nicht wieder – vielleicht ein Tribut an die geliebte Frau, aber vielleicht auch Ausdruck eines puritanischen Widerwillens, der sich gegen die Ehe nur zur Befriedigung des Fleisches wandte. Damit hat er womöglich seinen Schwiegervater nachgeahmt, der zwar ein zweites Mal heiratete, aber mit seiner zweiten Frau vermutlich nie Geschlechtsverkehr hatte. Wenn ein außergewöhnlich gewissenhafter Katholik eine Ehe schloß, dann kam das einem Eingeständnis über das Wesen der Ehe gleich, das das Risiko der Verdammnis enthalten konnte.

Als Roper heiratete, entdeckte er also Luther. Harpsfield berichtet, daß er von den Werken Luthers *Die babylonische Gefangenschaft* und *Von der Freiheit eines Christenmenschen* am meisten bewunderte. Beide Werke strahlen die Überzeugung aus, daß niemand durch qualvolle Anstrengung bei der Befolgung ausgeklügelter Regeln Gottes Gunst erlangen könne. Beide wollen beweisen, daß die fromme Seele mit der Erlösung rechnen kann, weil Gott sie denen versprochen hat, die ihn im Glauben und nicht in rituellen Werken suchen.

Für allzu gewissenhafte, durch ihre schwere melancholische Schuld gequälte, verstörte und erschöpfte Seelen war das in der Tat eine frohe Botschaft, und Roper hörte sie gern. Harpsfield berichtet, daß Roper sich zu deutschen Kaufleuten im Steelyard gesellte und dorthin von Luthers Widerstand gegen päpstliche Steuern wie von seiner Theologie gleichermaßen gezogen wurde. Über diese Kaufleute strömten häretische Bücher nach England – unter ihnen eine Lutherbibel, die Roper laut Harpsfield kaufte. Wenn Roper Deutsch lesen konnte – und aufgrund seiner Verbindung zu deutschen Kaufleuten dürfen wir das annehmen –, dann las er also vermutlich Luthers Neues Testament, das in Deutschland im September 1522 erschienen war. Es verkaufte sich so gut, daß eine zweite Auflage schon im darauffolgenden Dezember erschien, und einige Exemplare müssen in England lebende Deutsche erhalten haben.

Die von Harpsfield erwähnte «Lutherische Bibel» könnte auch Tyndales englisches Neues Testament gewesen sein, was Ropers Liebäugeln mit der Häresie auf die Zeit nach 1525 verschieben würde. Aber da Harpsfield sonst immer Tyndales Werk namentlich anführt, ist es wahrscheinlicher, daß es sich bei Ropers Bibel um die Lutherbibel handelte.

Wolsey lud Roper und die Kaufleute des Steelyard vor, um sie wegen des Verdachts der Häresie zu befragen. Die Kaufleute wurden dazu gezwungen, ihrer Häresie öffentlich in Paul's Cross abzuschwören. Aber wegen Morus' Stellung kam Roper mit einer freundlichen Warnung vom Kardinal davon. Wir wissen, daß Morus selbst im Januar 1526 eine Razzia im Steelyard durchführte, lutherische Bücher beschlagnahmte und die Verhaftung von vier Kaufleuten veranlaßte. Harpsfield liebte schöne Geschichten und hätte es uns gewiß erzählt, wenn Roper von seinem eigenen Schwiegervater ausgeliefert worden wäre. Harpsfield neigte zum Moralisieren, und die Ironie dieser Geschichte hätte willkommenen Anlaß gegeben, dieser Neigung zu frönen.

Morus tat bei Roper, was er konnte, doch er hatte keinen Erfolg. Laut Harpsfield sagte er zu Margaret:

> Meg, ich habe deinen Mann lange gelitten und habe mit ihm über diese religiösen Dinge disputiert und gestritten und ihm doch noch meinen geringen väterlichen Rat gegeben. Aber ich spüre, daß ihn all das nicht heimrufen kann. Und darum, Meg, werde ich nicht länger mit ihm streiten und disputieren, sondern ihn einfach gehen lassen und mir mehr Zeit mit Gott nehmen, um für ihn zu beten.

Später, als die Häresie eine klare und deutliche Gefahr für England geworden war, hat Morus diese Nachsicht nie mehr walten lassen. Seine Einstellung paßt in die frühen zwanziger Jahre, als die Bedrohung noch in weiter Ferne zu liegen schien, eine Entartung auf dem Kontinent, die auf das Leben in England nur geringen Einfluß nehmen konnte.

Roper fand schließlich doch noch auf den rechten Weg zurück; wir wissen allerdings nicht wie. Nach Morus' Tod wurde er für seinen katholischen Glauben mit Gefängnis und Verbannung bestraft, und seine liebevolle Biographie des Schwiegervaters ist in sich ein Zeugnis für seine Ergebenheit gegenüber der Sache, für die Thomas Morus gestorben war. Harpsfield schreibt das den Gebeten von Morus zu – wie es Roper selbst wohl auch getan hat.

Nach 1525 wurde die Häresie zur wirklichen Gefahr für die herkömmlichen Bräuche, und die Verantwortlichen konnten es nicht mehr ignorieren, wenn sich Studenten und junge Universitätslehrer in Tavernen versammelten, um die neuen Lehren zu diskutieren, oder wenn die Prediger allzu heftig gegen die Mißbräuche der Kirche angingen. Der hauptsächliche religiöse Grund für den Stimmungswandel in England war das außerordentlich beliebte englische Neue Testament William Tyndales beziehungsweise die Erregung, die es hervorrief.

Tyndale erscheint uns geheimnisvoll, ja rätselhaft. Es gibt keine gute moderne Edition seiner Werke. Nur wenige Spezialisten haben seine Bücher gelesen. Sein dröhnend selbstgerechter Ton und seine Boshaftigkeit versetzen uns leicht in einen unaufmerksamen Trancezustand. Er scheint ein humorloser und durch und durch unangenehmer Mensch gewesen zu sein, der eine Freundschaft nur selten lange aufrechterhalten konnte. Aber er war ein Sprachgenie, tapfer, beständig und intelligent – so intelligent, daß er Morus' gefährlichster intellektueller Gegenspieler wurde.

Sein Geburtsort liegt nahe der Grenze von Wales, und vielleicht hat er dort diese aufregend poetischen Rhythmen einer Sprache aufgenommen, die auch heute noch Nichtchristen beim Chorgesang alter walisischer Hymnen unter einem Ansturm von Gefühlen zu Tränen rührt. Manchmal nannte er sich Hitchens, dann wieder Tyndale. Morus war überzeugt, daß sich etwas Beschämendes hinter diesen Namenswechseln verbarg, denn er war der durchaus modernen Ansicht, daß ein Mann mit einem «zweiten» Namen anrüchig sei. In Tyndales Fall war es wohl kaum mehr als ein Überbleibsel der ländlichen Lebenssituation, wo die Menschen jahrhundertelang nur Vornamen hatten und Nachnamen bloß die Marotten des niederen Adels ausdrückten.

1512 wurde er Baccalaureus in Oxford, 1515 erhielt er den Magistertitel. In jenem Jahr wurde der Fall Hunne verhandelt, und Tyndale hat vielleicht die Hitze dieses antiklerikalen Ausbruchs in London auch in Oxford noch zu spüren bekommen. Eine Zeitlang war er Landkaplan und Hauslehrer für die Kinder eines Adligen. Irgendwie lernte er Griechisch.

Er zehrte von Erasmus, und wie viele andere wechselte er von Erasmus zu stärkerer Kost, als Luther auf den Plan trat. Von John Foxe stammt der wichtigste Quellentext über Tyndales Leben, und aus seiner Darstellung ergibt sich, daß Tyndale schon als Jugendlicher streitsüchtig war, daß er Pomp und Reichtum des Klerus ablehnte, daß er in der Bibel die Quelle von allem religiösen Wissen sah und daß er mit Leuten in Berührung kam – vermutlich Lollarden –, die ihm versicherten, der Papst sei der Antichrist.

Tyndale sprach deutliche Worte und bekam deshalb Schwierigkeiten mit den örtlichen Behörden. Sie drohten, ihn aus der Gegend zu vertreiben. Er erwiderte, daß er von zehn Pfund pro Jahr leben könne und glücklich wäre, solange er lehren und predigen dürfe. Der Betrag von zehn Pfund deutet auf eine sehr asketische Lebenshaltung hin. Er trug kein Leinen, das heißt, er trug weder ein Hemd noch Unterwäsche. Er aß nur gekochtes Fleisch und trank wenig Bier. Er lebte so einfach, wie es die von Thomas Morus geschilderten Utopier taten.

Wie die meisten sehr enthaltsamen Menschen verabscheute er sexuelle Sünden, vielleicht auch die Sexualität insgesamt. Er sagte, die Priester im Land hätten nur das Latein in den liturgischen Büchern und ein angeblich von Albertus Magnus geschriebenes Buch gelesen, dessen Titel Tyndale mit *The Secrets of Women* (Die Geheimnisse der Weiber) angibt. Tatsächlich war das Buch eine Art Handbuch zu verschiedenen Wissensbereichen und beinhaltete auch eine Beschreibung der weiblichen Anatomie, des Geschlechtsakts und der Geburt. Eines seiner Kapitel heißt «Wie festgestellt werden kann, ob ein Mädchen seine Unschuld verlor, etc.».[5] Tyndale meinte, daß die Priester im Land Tag und Nacht darüber brüteten.

In seiner Zeit auf dem Land übersetzte Tyndale das *Enchiridion* von Erasmus vom Lateinischen ins Englische. Dieses Handbüchlein hatte einen enormen Einfluß auf Tyndale, der vielleicht nur noch von der Bibel übertroffen wurde. Die Bibel las er jedoch unter dem Blickwinkel jener Selbstverleugnung, die im *Enchiridion* von Erasmus gefordert wurde. Der Appell des

Büchleins für ein einfaches Leben, das sich extrem von den komplizierten Ritualen und der verschwenderischen Prunksucht der Kirchenprälaten abgrenzte, fesselte ihn, und er folgte dem Ruf nach einem frommen und heiligen Leben. Mit flammenden Worten griff Tyndale die Bosheit in der Priesterschaft an. Er verbreitete seine Übersetzung des *Enchiridions* und benützte den Text offenbar mit der ihm eigenen Heftigkeit. Er wurde der Häresie beschuldigt und unter Druck gesetzt – später sagte er: wie ein Hund beleidigt. Deshalb beschloß er, daß es Zeit war weiterzuziehen.

Er ging nach London und traf in dieser brodelnden Stadt mit einer Idee ein, deren Zeit gekommen war: er wollte das griechische Neue Testament des Erasmus ins Englische übersetzen. Weil er einen Förderer brauchte, wurde er im Haushalt von Cuthbert Tunstall vorstellig, der kurz zuvor Bischof von London geworden war. Tunstall war als Freund von Erasmus und Fürsprecher einer Kirchenreform bekannt. Er war auch ein Freund von Thomas Morus, den Tyndale für einen Vorkämpfer der radikalen Erneuerung des Christentums hielt. Er mußte glauben, daß Tunstall das Angebot, das Neue Testament in die Sprache des englischen Volkes zu übersetzen, sofort annehmen würde. Aber Tyndale erlebte eine herbe Enttäuschung. Tunstall hatte schon genug Kaplane. Es gibt keinen Hinweis darauf, daß er etwas von Tyndales früherem Konflikt mit den Behörden wußte. Tyndale muß für Tunstall nur einer unter vielen an seiner Tür bettelnden Schreiber gewesen sein. Es ist durchaus möglich, daß sich die beiden Männer nie von Angesicht zu Angesicht gesehen haben.

Also begab Tyndale sich nach Deutschland, wahrscheinlich nach Wittenberg zu Martin Luther – aber sicher wissen wir das nicht. Jedenfalls beendete er unter großen Mühen seine Übersetzung, und im Frühjahr 1526, vielleicht sogar schon früher, schmuggelten deutsche Kaufleute sie nach England und verkauften sie an begierige Leser. Sie verkaufte sich offensichtlich sehr gut, obwohl die Angaben über die Anzahl der gedruckten Exemplare voneinander abweichen und nur geschätzt werden können.

Tyndales Englisch lebt in der von König Jakob veranlaßten Ausgabe der Bibel fort. Es ist einfach und direkt, fast unberührt von Bemühungen seiner Zeitgenossen, die Sprache durch Hinzufügung mehrsilbiger französischer und lateinischer Wörter zu «ergänzen». Luther hatte dem Volk aufs Maul geschaut, um Ausdrücke für die Dinge des täglichen Lebens zu lernen. Da er weit von zu Hause im Exil arbeitete, hatte Tyndale hierzu keine Gelegenheit. Aber anders als Luther hatte er nicht Jahre im Kloster verbracht, wo nur Latein gesprochen wurde und die Muttersprache der Mönche allmählich verkümmerte. Er hatte ein gutes Gespür und bemühte sich wie Luther leidenschaftlich um einfache Darstellungen, die jeder verstehen konnte. Er verband diese Eigenschaften mit Sprachrhythmus und Kraft, wie es bis dahin in englischer Prosa noch nie geschehen war. Zwar hatte das Englische bereits kunstvolle Erzählformen, eine kraftvolle Sprache und sogar poetische Schönheit hervorgebracht, aber erst William Tyndale verlieh ihm einen erhabenen Tonfall.

Mit dem bloßen Übersetzen gab sich Tyndale nicht zufrieden. Er wollte die Leser zum richtigen Verständnis der Schrift anleiten. Obwohl er wie Luther davon überzeugt war, daß die Schrift sich selbst am besten deutete, konnte er der Versuchung nicht widerstehen, den Text über Seiten und Seiten hinweg zu erklären, falls seine hypothetische wunderbare Klarheit denen, die ihn ohne Anleitung lasen, doch undurchdringlich erscheinen sollte.

Er fügte seinem Werk einen Prolog hinzu, der kaum mehr war als eine Übersetzung von Teilen des Prologs von Luther zu seinem deutschen Neuen Testament aus dem Jahr 1522. Hier konnten Engländer lesen, daß allein die Schrift ihnen den Weg zur Erlösung weisen konnte – eine Auffassung, die den katholischen Glauben, daß die Kirche Treuhänderin der Erlösung und die Schrift nur einer der Schätze in ihrem Besitz sei, implizit verurteilte.

Noch deutlicher war die Trennung von Gesetz und Evangelium, die grundlegend für Luthers Denken war. Das Gesetz befiehlt uns zu tun, was wir nicht tun können. Wenn wir unserer Schwächen gewahr werden, merken wir, daß wir uns nicht selbst helfen können. Und gerade wenn wir uns der Verzweiflung ergeben wollen, stoßen wir auf das Evangelium, auf die frohe Botschaft, daß Christus für uns getan hat, was wir unmöglich für uns selbst hätten tun können. Diese Botschaft befreit uns vom Fluch der Sündhaftigkeit und vom Dunkel der Verzweiflung. Mit Tyndales Worten «macht sie froh des Menschen Herz und macht ihn singen, tanzen und springen vor Freude». So führt uns die Schrift noch einmal die Erlösung vor Augen; sie ruft in uns eine Reaktion hervor, so wie der Text eines Stücks den Schauspieler anregen wird, das Schauspiel noch einmal ganz neu zu erschaffen, als sei es noch nie aufgeführt worden. Tyndale betonte immer wieder, daß das Gefühl ein Zeichen für die Erlösung sei. Hierin unterscheidet er sich von Luther. Heftige Gefühlsregungen in der Religion waren Luther verdächtig, weil er glaubte, sie könnten zu unangemessenen Begeisterungsstürmen und falschen Lehren führen.

Tyndale hielt sich an Luthers Meinung, daß die Erlösung eine private Angelegenheit zwischen Gott und den Christen sei, ein nach der Bibel gespieltes Drama, das für den einzelnen Christen nichts mit dem im letzten Jahr oder vor tausend Jahren gespielten Drama zu tun habe. Tyndale äußerte sich nie zu Glaubenshelden seiner Zeit, die wie in biblischen Zeiten lebten. Er neigte dazu, die Tradition zu verachten, und wies jenes katholische Argument zurück, das da lautete: «Jene heiligen Menschen taten dies und das, und sie waren Heilige; wenn du ihnen also nacheiferst, wirst du Gott gefallen.» Er verspottete diese Ansicht sogar in seinem Prolog.

Tyndale verfaßte auch Randanmerkungen, die dem Leser bei der Deutung des Textes helfen sollten. Der Prolog wie auch die Anmerkungen verherrlichen die Prädestinationslehre. Die Erwählten werden durch die Predigt des Evangeliums zur Erlösung erweckt. Morus glaubte, die Prädestination würde als Freibrief zur Sünde aufgefaßt werden, aber Tyndale lehrte, daß die Prädestinierten das Gesetz des Herrn liebten, und obwohl der wahrhaft Gläubige gelegentlich der Sünde verfallen könne, würde er sich doch nie dem Bösen mit der Entschuldigung ergeben, Gott habe ihn zur Lüsternheit prädestiniert. Aber warum hat Christus uns Gebote gegeben, wenn wir nicht frei sind, sie zu befolgen oder zu mißachten? (Die Frage stammt von Erasmus.) Tyndale meint, die Gebote seien das von Gott benutzte Mittel, um den Gehorsam der Erwählten zu bewirken. Welche Rolle spielen gute Werke? Wenn die Erwählten gute Werke vollbringen, zeigen sie dadurch der Welt, daß sie zu den Auserwählten gehören. Christen verdienen sich ihre Erlösung nicht durch gute Taten, sie tun Gutes, weil sie bereits gerettet sind.

So bringt uns also auch wieder Tyndales Neues Testament an den großen Scheideweg der Reformation. Auf der einen Seite standen Luther, Tyndale und viele andere, die sich an jene gequälten Seelen wandten, die die Hoffnung aufgegeben hatten, Gottes Wohlgefallen erlangen zu können. Die Fürsprecher hatten diese Qual als einsamen hoffnungslosen Kampf mit der Heiligkeit Gottes und der schmutzigen Gebrechlichkeit ihres natürlichen Wesens erfahren. Der Prolog spricht von dem Selbstbetrug, wenn wir glauben, wir befolgten das Gesetz, bloß weil wir uns das Verbotene versagen und das Vorgeschriebene tun. Hierin fehlt, daß das Gesetz auch die Liebe aus ganzem Herzen zu Gott und unseren Nächsten verlangt.

Tyndale ist ein weiteres Beispiel der psychologischen Selbstprüfung, die so viele Menschen des späten Mittelalters dazu brachte, in sich zu gehen, ihre eigenen Gefühle zu prüfen, auf allen vieren durch die dunkle Kloake ihrer verborgenen Natur zu kriechen und sich dann voll Selbstmitleid in der vorgefundenen Bosheit zu suhlen. Ihre Grundfragen waren: Kann ich behaupten, daß ich Gott nur um seiner selbst willen liebe? Oder rührt meine Liebe aus der eigennützigen Furcht, daß er mich mit ewiger Hölle bestrafen wird, wenn ich ihn nicht liebe? Habe ich überhaupt selbstlose Empfindungen? Oder werde ich immer irgendwie von Stolz und Gier bewegt? Unter uns kann wohl jeder, der seine selbstlosesten Taten erforscht, darin noch ein eigennütziges Streben entdecken – sei es auch nur das Streben, für unseren untadeligen Wandel gelobt zu werden. An die in sich gekehrten, gequälten Menschen, die sich aus dieser Verdammnis nicht lösen konnten, wandte sich das Lutherische Evangelium. Es war das Evangelium von Tyndales Prolog.

Wir wissen genug über Thomas Morus – die Selbstgeißelungen, das Fellhemd, das Brüten über den Tod –, daß die Annahme berechtigt erscheint, er habe bezüglich der Erlösung Qualen durchlitten. Er beruhigte diese Ängste durch Hingabe an die Sakramente und an die Traditionen der Kirche, die durch die Heiligen und die Verheißungen Christi geheiligt waren. Aber die katholische Kirche bot nicht nur einen Weg zur Erlösung, sondern sah auch darin ihre ernste Aufgabe, eine bürgerliche Religion zu begründen. Diese Religion sollte kraft ihrer Moral die Gemeinschaft der Menschen auf der Erde zusammenhalten. Tyndale meinte, daß der König alle Menschen zu einem christlichen Leben zwingen müsse, da die meisten Menschen nicht dazu prädestiniert seien, Christen zu sein. Wie viele andere Protestanten ging er rasch von der Verleumdung der katholischen Kirche zum hohen Lob der weltlichen Regierung über. Durch ihren selbst erteilten Zivilisationsauftrag war die katholische Kirche gezwungen, jedem die Gelegenheit zu einer Belohnung für das Verhalten zu bieten, das eine menschliche Gesellschaft möglich macht. Die Menschen mußten die Verantwortung für sich selbst übernehmen. Die katholische Gnadenlehre, die von Erasmus und auch von Morus einleuchtend vertreten wurde, besagt, daß jeder durch eine von Gott anerkannte Anstrengung Gnade erlangen kann.

Luther und Tyndale beschränkten die Wirkung des christlichen Evangeliums auf die Erwählten und zerstörten damit letztlich das moralische Instrument, mit dem die katholische Kirche die westliche Zivilisation gesteuert hatte. Sie mußten sich nun an den weltlichen Staat wenden, wenn die Erdenwelt geordnet sein sollte.

Der weltliche Staat trug die Verantwortung für die Ordnung in der Welt. Christliche Herrscher mußten von allen Menschen verlangen, daß sie, gleich welcher Religion sie waren, die christliche Moral beachteten. Die Herrscher würden auf diese Weise ihr Volk auch vor dem Papst und seinen Lakaien beschützen. Herrscher waren von Gott zum Herrschen bestimmt. Den Protestanten erschien es daher sinnvoll, sie als Diener des göttlichen Willens anzusehen. Sie meinten, daß der wahrhaft christliche Monarch alles tun würde, damit sein Volk in äußerer Übereinstimmung mit dem christlichen Gesetz lebte.

Aber wer wie Thomas Morus an der Regierung eines weltlichen Staates im sechzehnten Jahrhundert beteiligt war, wußte, wie zerbrechlich die gesellschaftliche Ordnung war. Morus schloß sich der Meinung an, daß kein Staat stark genug sei, allein durch äußere Gewalt das Böse im Herzen des Menschen zu zügeln. Nur ein innerer Zwang konnte die Menschen zu guten Taten bewegen, und der beste Zwang war die Hoffnung auf Belohnung und die Furcht vor Strafe im Jenseits. Für die Menschen jener Zeit war die gewaltige Macht des modernen Staates ebenso unvorstellbar wie die moderne liberale Ansicht, daß eine Gesellschaft am besten von der kollektiven Kraft individuellen Eigennutzes zusammengehalten wird. Deshalb nimmt es nicht wunder, daß einige Menschen damals glaubten, Tyndales und Luthers Anschauungen wären ein Verhängnis für die Zivilisation.

Tyndales Übersetzung entsprach der Tendenz seines Prologs. Er stützte sich wahrscheinlich auf Luthers deutsches Neues Testament sowie auf die dritte Auflage der 1522 erschienenen griechischen Ausgabe von Erasmus. Offensichtlich schloß er sich vielen Erasmischen Lesarten an. Er übersetzte das Gebot in Lukas 13:3,5 mit «bereuen» statt «Buße tun» In Epheser 5:32 heißt es bei Tyndale von der Mutterschaft, sie sei «ein großes Geheimnis», wobei das Wort «Geheimnis» (secret) für das *sacramentum* der Vulgata steht.

Wichtiger war, daß Tyndale das Wort «Gemeinde» (congregation) für «Kirche» wählte. Hierin folgte er Erasmus, der das lateinische Wort *congregatio* anstelle des Worts *ecclesia* benutzte. Beide wollten sich von einem Verständnis der Kirche als einer hierarchischen Institution lösen, beide wollten die Wichtigkeit der spontanen Versammlung gleichgesinnter Christen betonen. Aber Tyndales Ansichten waren häretisch, weil er der hierarchischen Kirche jeglichen Wert absprach. Erasmus war weder so kühn noch so heftig in seiner Kritik.

Tyndale übersetzte das griechische Wort *agape* mit «Liebe». Die normale Übersetzung in der Vulgata war *caritas* – also «Barmherzigkeit» oder «Mildtätigkeit». «Charity» wurde von den englischen Predigern und Schriftstellern benutzt. Und letzteres ist in der Tat der bessere Ausdruck für die selbstlose Liebe, die mit dem griechischen Wort gemeint ist und die Jonathan Edwards «interesselose Wohltätigkeit» nannte. Während die deutsche Lutherbibel bei «Liebe» blieb, kehrte die englische Ausgabe von 1611 zu «charity» zurück, und seither haben Generationen von englischsprachigen Menschen die donnernden Worte des Apostels Paulus an die Korinther gelernt: «If I speak with the tongues of men and of angels and have not charity, I am becoming as a sounding brass or a tinkling cymbal» (Wenn ich mit Menschen- und mit Engelzungen redete und hätte der Liebe nicht, so wäre ich ein tönend Erz oder eine klingende Schelle).

Tyndale benutzte «Liebe», weil das Wort seine Überzeugung besser traf, daß die leidenschaftliche Emotion ein Zeichen für die Erlösung sei. Dieses Wort wurde gewöhnlich in der großen mystischen Tradition Englands benutzt, für die ein Buch wie *The Cloud of Unknowing* (Die Wolke des Unwissens) steht. Es ist wahrscheinlich, daß diese Tradition Tyndales leidenschaftlicher Lehre vom erfühlten Glauben der Christen zugrunde lag.

An vielen Stellen ersetzte Tyndale das gewöhnlich von Katholiken benutzte «grace» (Gnade) mit «favor» (Gunst). Damit wollte er die Leser von den vielen komplizierten Definitionen der Gnade in der katholischen Theologie wegführen. Nach katholischer Lehre konnte Gnade in allen Sakramenten gefunden werden. Tyndale wollte Luthers Überzeugung ausdrücken, wonach Gnade ein freier Entschluß Gottes ist, durch den er Menschen zur Erlösung erwählt, ohne daß diese ein Verdienst oder eine Wahl gehabt hätten.

Wie Luther wollte Tyndale das katholische Dogma widerlegen, daß es in der Urkirche einen besonderen Priesterstand gegeben habe. Er übersetzte das griechische Wort *presbyter* regelmäßig mit «Alter» oder «Ältester», was durchaus mit der Vulgata und dem griechischen Text übereinstimmt, wogegen die katholische Kirche lange gelehrt hatte, daß jeder Jünger und praktisch jeder zweite im Neuen Testament erwähnte Christ ein Priester gewesen sei. Luther und nach ihm Tyndale lasen das Neue Testament als ein Buch über Laien, die aus der von Scharen von Priestern geplagten jüdischen Religion kamen und einen Glauben errichteten oder wiederaufbauten, der sich auf die freudige und spontane religiöse Erfahrung einfacher Männer und Frauen stützte.

Es sei beiläufig erwähnt, daß sich einige der Änderungen Tyndales durchsetzten und andere nicht. Er selbst schien Vorbehalte gegenüber der Ersetzung von «Gnade» durch «Gunst» zu haben und kehrte in seinen späteren theologischen Schriften rasch zu ersterem zurück. «Gemeinde» (congregatio) konnte «Kirche» nie ersetzen, obwohl das Wort unter englischen und amerikanischen Puritanern – den wahren Erben Tyndales – noch einmal eine bescheidene Blüte erlebte und im Namen der «Congregational Church» Neu-Englands fortdauert.

«Liebe» hat «Barmherzigkeit» nur in modernen Übersetzungen verdrängt, doch das Wort «Barmherzigkeit» hat immer noch eine Bedeutung, die «Liebe» nicht vermitteln kann, besonders in unserer Gesellschaft, in der «Liebe» so viel bedeuten kann. Aber «bereuen» trat an die Stelle von «Buße tun», und die King James-Bibel löste das Problem von *mysterion* in Epheser 5:32 und andernorts, indem sie das Wort einfach mit «mystery» (Rätsel) übersetzte. «Mystery» steht Tyndales «Geheimnis» viel näher als dem *sacramentum* der Vulgata.

Tyndales Werk war beliebt und gefährlich, und die Behörden reagierten energisch. Offenbar wurde Thomas Morus vom königlichen Rat damit beauftragt, Maßnahmen gegen häretische Bücher zu treffen. Wir haben seine Razzia im Steelyard am 26. Januar 1526 bereits erwähnt. Jahrelang hatten deutsche Kaufleute lutherische Bücher nach England gebracht. Daß Morus gerade zu diesem Zeitpunkt auf sie aufmerksam wurde, ist wahrscheinlich Cochläus zu verdanken. Der hatte nämlich erfahren, daß Tyndales Neues Testament in der katholischen Stadt Köln gedruckt werden sollte. Es war ihm gelungen, die Behörden auf Tyndale zu hetzen, der flußaufwärts nach Worms floh, um dort seine Arbeit zu vollenden. Cochläus schrieb an die englischen Behörden. Sein Brief ist nicht erhalten, aber zweifellos berichtete er ihnen von dem Plan, das Neue Testament zwischen irgendwelchen Waren versteckt rheinabwärts und über den Kanal nach England zu schmuggeln. Morus' Razzia im Januar kam zu früh. Tyndales Übersetzung wurde von seinem Drucker in Worms erst im März fertiggestellt. Morus wußte nichts vom Drucktermin und reagierte vermutlich direkt auf Cochläus' Meldung.

Die Flut konnte nicht leicht eingedämmt werden. Morus' Razzia führte zu einigen folgenlosen Verhaftungen, hielt aber die Deutschen offenbar nicht vom Verkauf häretischer Bücher ab. Cuthbert Tunstall wollte die Verbreitung von Tyndales englischer Bibelübersetzung unterbinden. Er kaufte jede Kopie, die seine Agenten auftreiben konnten. 1522 hatte Herzog Georg von Sachsen die gleiche Strategie gegen Luthers Neues Testament angewandt, und Tunstalls Taktik hat vielleicht funktioniert, obwohl Morus davon abgeraten hatte. Exemplare der ersten Auflage von Tyndales Bibelübersetzung sind so selten, daß davon überhaupt nur noch zwei stark beschädigte Exemplare erhalten sind.

Und doch muß das Buch eine beachtliche Wirkung entfaltet haben. Die Engländer hungerten nach einer Bibelübersetzung, weil die Behörden sie verboten und die Lollarden gewaltige Erwartungen auf das, was dieses Buch bewirken könnte, erweckt hatten. Letztendlich waren die Engländer, die so sehr auf die Bibel in der Volkssprache gewartet hatten, enttäuscht. Sie wollten eine neue Welt, bekamen aber nur eine neue Religion. Doch als das Buch herauskam, begegneten ihm gebildete Engländer aus der Kaufmannsschicht und teilweise auch aus dem Adel mit Hoffnung und Freude.

Im Oktober 1526 fand bei Paul's Cross wieder eine Bücherverbrennung statt. Der öde Tunstall predigte, daß man die Bücher Tyndales vernichten solle. Die Menge war nicht davon zu überzeugen. Viele glaubten, daß der Klerus das Neue Testament verbrennen ließ, weil das Evangelium der kirchlichen Lehre und der Lebensführung des Klerus widersprach.

Noch vor diesem Übergriff nahmen die Unruhe und die Frustration von Thomas Morus weiter zu. In Büchern strömte die Häresie nach England. Büchern mußte man mit Büchern begegnen, obwohl kein Geistlicher in England – nicht einmal John Fisher in Rochester – die Kraft, den Willen und die Wortgewandtheit besaß, jene englischen Leser anzusprechen, die von Tyndale und anderen Häretikern zur Revolution aufgerufen worden waren. Morus hatte bereits gegen die neuen Lehren geschrieben, wenn er auch noch nichts unter seinem Namen veröffentlicht hatte. Es war unvermeidlich, daß seine Freunde ihn baten, mehr zu schreiben, und ebenso unvermeidlich, daß er den Zwang verspüren würde, den Glauben zu verteidigen, von dem die Zivilisation und zugleich sein Seelenheil abhingen.

KAPITEL 22

Der öffentliche Verteidiger des Glaubens

Im Spätsommer 1525 erreichte Luther und seine Freunde in Wittenberg das Gerücht, daß Heinrich VIII. sich für die evangelische Lehre interessiere und daß Wolsey bald seine Macht verlieren werde. Der Ursprung dieses Gerüchts liegt im dunkeln, doch die Neuigkeit wurde in Luthers Kreis freudig aufgenommen.

Sie benötigten Unterstützung. Der Bauernkrieg ging langsam seinem blutigen Ende zu, und Luther wurde lautstark für den Aufstand verantwortlich gemacht. Noch war unklar, wie viele der deutschen Fürsten und freien Reichsstädte ebenfalls dachten, daß Luther das Blutbad und den Terror zu verantworten habe, die Südestdeutschland verheert hatten. Seine Situation war heikel. Mit viel Mühe konnte man ihn dazu überreden, sich bei Heinrich VIII. zu entschuldigen. Nach vielen vergeblichen Versuchen brachte Luther im September einen angemessenen Brief zustande. Anscheinend kam der Brief erst im drauffolgenden Frühjahr in England an.

Takt war nicht Luthers Stärke. Seine Art, sich Heinrich anzunähern, war kaum dazu geeignet, Heinrichs Erbitterung und Zorn zu besänftigen. Zu Anfang erklärt Luther, er habe erst jetzt erkannt, daß Heinrich nicht der wirkliche Verfasser der *Assertio* sei. Doch nun, da er die wahren Empfindungen des Königs kenne, sei er bereit, seinen Beitrag zu einer Versöhnung zu leisten. Danach folgen verschiedene rhetorisch zurückhaltende Bemerkungen, begleitet von einer reichlich peinlichen Lobpreisung von Heinrichs Majestät. Doch was Luther im wesentlichen anbot, war Freundschaft, so wie er sie verstand. Eine seiner Bedingungen lautete, Heinrich müsse seinen früheren Irrtum zugeben und sich zu Luthers Evangelium bekennen.

Heinrich – oder der Beauftragte, der in seinem Namen schrieb – griff in seiner Antwort Luther grundsätzlich an. Damit sollte deutlich gemacht werden, daß die königlichen Anschauungen so fest seien wie Granit. Luther sei früher ein Häretiker gewesen. Das sei er immer noch und würde es auch bleiben.

Vermutlich hat Thomas Morus diesen Brief geschrieben. Im Juli 1526 schrieb William Knight an Wolsey. Beiläufig erwähnte er: «Der König erzählte mir, daß eine Abschrift von Luthers Brief sich noch in Morus' Hand befinde.» Ende September schrieb Wolsey an Morus, es sei eine gute Idee, Heinrichs Replik nicht nur an Luther, sondern auch an die deutschen Fürsten zu schicken. Luthers Brief solle man beilegen, um die Antwort des Königs verständlich zu machen.

Wir erahnen in «Heinrichs» Replik Morus' Stil. Luther wird vorgeworfen, daß er eine Nonne geheiratet hat. Die Ehe wird in dem Brief als «Inzest» bezeichnet. «Heinrich» nennt weitere Punkte, die an Morus' *Responsio* sowie an seine späteren Kontroversschriften erinnern. Äußerst interessant ist die Aufzählung der Häresien Luthers in Form einer Liste. Diese Taktik hatte Morus schon früher benutzt, und er sollte sie wieder benutzen. Die Liste umfaßt den bekannten Katalog, den Morus über Luthers Irrtümer zusammengestellt hat – er schreibe gegen die Sakramente, er verdamme die Keuschheit der Priester, er verneine die heilige Ordnung, er glaube nicht an die Transsubstantiation, er entziehe allen Menschen die Segnungen der Messe, er mache die Frauen zu Glaubenszeugen und Dienern der Sakramente und erlaube ihnen, den Leib Christi zu konsekrieren. Luther behaupte, die Jungfrau Maria und die Nonne, die er zu seiner Hure gemacht hätte, unterschieden sich nur wenig. Luther lästere das Heilige Kreuz und lehre, es gebe das Fegefeuer nicht. Statt dessen behaupte er, die Seelen der Verstorbenen schliefen bis zum Tag des Gerichts. Luthers Angriffe auf das Papsttum werden nicht erwähnt – ein verräterisches Zeichen, daß Morus Einfluß auf den Brief nahm, auch wenn er nicht selbst der Verfasser war.

Vielleicht veranlaßte die Mitarbeit an einem weiteren theologischen Traktat im Namen des Königs Morus zu dem Brief an Bugenhagen, von dem schon die Rede war. Der «Brief» ist in Wirklichkeit ein kleines Buch, das kaum gelesen und kaum kommentiert wurde. Doch er markiert einen gewaltigen Einschnitt in Morus' Leben. Morus befaßte sich nun von sich aus mit Polemiken und nicht mehr nur als Adlatus seines Königs.

Er schrieb ihn irgendwann vor dem Frühjahr 1527 in Latein, doch er wurde nicht vor 1568 veröffentlicht. Tonfall und Argumente sind vertraut. Morus führte den Bauernkrieg als Beweis an, daß seine früheren Vorhersagen eingetroffen seien. Luthers Lehren führten unweigerlich zu Aufruhr, zu Massakern und Raub.[1] Luther habe die Laienschaft gegen den Klerus aufgebracht und das Volk gegen die Fürsten aufgewiegelt. Morus stellt rhetorische Fragen: Lehrt das Evangelium die Menschen, die Sakramente Christi zu zerstören, die Heiligen zu verspotten, die Mutter Christi zu lästern, das Kreuz Christi zu verachten? Sollen sie Gelübde, die auf Christus abgelegt wurden, lächerlich machen und die Christus geweihte Jungfräulichkeit beschmutzen? Lehrt es Mönche und Nonnen, einander zu heiraten und auf diese Weise fortwährend Hurerei zu treiben?

Morus führte die üblichen Argumente für die Unfehlbarkeit der katholischen Kirche an. Allerdings fehlt auch in diesem «Brief», äußerlich betrachtet, eine Verteidigung des Papsttums. Das Papsttum wird nur einmal erwähnt, und das beiläufig. Irgendwo in der Kirche müsse das Papsttum einen Platz haben. Die Päpste hatten seit Anbeginn geherrscht, und das Amt des Papstes war ein Teil der Tradition, die Morus verteidigte. Aber welche Autorität besaßen die Päpste? Der Mann, der Englands größter katholischer Märtyrer werden sollte, äußerte sich nie klar zu dieser Frage.

Als Morus gegen Bugenhagen schrieb, wußte er, daß die häretische Bewegung in sich bekämpfende Lager zersplittert war. Diese Parteien haßten einander ebenso, wie sie die katholische Kirche haßten. Luther nahm Ulrich Zwingli, den Reformator von Zürich, unter Beschuß, und Zwingli bot ihm keineswegs sanft die andere Wange dar. Die Bauern waren von radikalen Predigern zu einem Aufstand getrieben worden, was Luther aufgrund seines Verhältnisses zur weltlichen Obrigkeit zutiefst mißbilligte. Zwingli hatte die Hinrichtung der Wiedertäufer durch Ertränken gebilligt. Er hielt das für eine angemessene Strafe für ihre Lehre, daß nur die Gläubigen getauft werden sollten. Die Kinder der Wiedertäufer sollten das Sakrament nicht erhalten, weil sie ihren Glauben noch nicht bekennen konnten. Die Reformation war rasch in ein Gezänk unter Sekten ausgeartet, und das wurde in allen Ländern notorisch, in denen der Protestantismus an Einfluß gewann.

Morus spottet in seinem Brief über diese erbitterten Streitigkeiten zwischen den Fraktionen. Seiner Meinung nach hatte die katholische Kirche immer einen Konsens über die wichtigsten Fragen des Glaubens aufrechterhalten. Sie hatte seit Christus überdauert, während unzählige Häresien entstanden und ohne innere Wirkung auf die Tradition wieder verschwunden waren.

Die Protestanten behaupteten, sie würden alle Lehren der Schrift entnehmen. Im Brief gegen Bugenhagen weist Morus in sehr scharfer Form auf die Unzuverlässigkeit der Schrift hin. Er wiederholt einen Gedanken, den er in der *Responsio* ausgedrückt hatte: die Kirche könne sich nicht auf ein Buch aus Papier berufen. Sie müsse dem Evangelium treu bleiben, das in den Herzen der Gläubigen geschrieben stehe. In dem Brief gegen Bugenhagen schlägt Morus erstmals den heftigen Ton an, der immer wieder in seinen anderen polemischen Schriften anklingen wird: die Wunder beweisen, daß die katholische Kirche die wahre Kirche ist. Im Gegensatz zu ihr haben die Häretiker nie Wunder vollbracht. So argumentiert ein humanistischer Gelehrter, der früher die breite Masse für ihre Leichtgläubigkeit verachtete, weil sie bereitwillig an falsche Wunder und fromme Betrügereien glaubte.

Seine Vorwürfe an Bugenhagen sind vernichtend. In keinem seiner übrigen Werke setzt er so bewußt rhetorische Mittel ein. Die Protestanten behaupten, die katholische Kirche sei verderbt. Wo sei denn die wahre

Kirche? Wie jeder zugebe, müßten seit der Zeit Christi immer wahre Christen in der Welt gelebt haben, denn sonst hätte Christus ja sein Versprechen gebrochen, die Kirche bis zum Tag des Gerichts unversehrt zu erhalten. Wenn jedoch die katholische Kirche nicht die Gemeinschaft sei, der die wahren Christen angehörten, wo war diese dann? Morus verwendet in einem langen Schachtelsatz wiederholt Parallelismen. Mit dieser rhetorischen Figur drischt er auf Bugenhagen ein, weil er gewagt hatte zu behaupten, daß es immer wahre Christen gegeben habe, die jedoch der Welt im ganzen nahezu unbekannt geblieben seien:

> Aber wenn du behauptest, daß es immer welche gegeben hat, wenn auch nur so wenige, daß die Welt sie nicht erkannte, so weit zerstreut, daß sie nie zusammenkamen, so sehr Analphabeten, daß sie nie etwas schrieben, so sehr zurückgeblieben, daß sie niemals sprachen, und daß trotz dieser Zerstreutheit sie die wahre Kirche gewesen seien, dann mußt du auch bekennen, daß die Väter, welche die Kirche Christi immer als Heilige verehrt hat, unablässig gegen diese Kirche geschrieben haben.[2]

Wie die frühen Lutheraner wollte auch Bugenhagen, daß die Lehre so einfach wie möglich würde. Er schrieb an die Engländer, daß die Christen nur ein Bekenntnis haben sollten: «Christus ist unsere Rechtfertigung.» Er wollte den Schwerpunkt der Kirche nicht mehr in der Ausarbeitung bestimmter Lehren sehen. Diese Lehren waren einst aufgestellt worden, als die katholische Kirche im Laufe der Jahrhunderte ihre verschiedenen Kriege um die Lehre geführt hatte. Er ging davon aus, daß die Christen durch die liebende Erfahrung mit Christus vereint werden könnten. Durch göttliche Erwählung würden sie in einer Gemeinde zusammengehalten, so wie Gott sie ja auch bei sich zusammenhielt.

Morus schlug Kapital aus Bugenhagens Naivität und Einfalt. Nach diesem Glaubensbekenntnis, schrieb er, könne jeder, sogar Frauen, die Beichte abnehmen und den Leib Christi konsekrieren. Alle Christen könnten die Existenz des Fegefeuers und die Freiheit des Willens leugnen und sich gegen die menschlichen Gesetze erheben. Er kam noch auf die Punkte zurück – was er wiederholt tat –, die ihn an der *Babylonica* am meisten erschreckt hatten. Er wollte aufzeigen, warum die Häretiker ein so schlichtes Bekenntnis lehrten: sie wollten damit verdecken, welche Schurken sie tatsächlich waren. Morus hielt ihre Überzeugungen für so absurd, daß es genügen würde, sie offen darzulegen, um sie in den Augen der rechtschaffenen Menschen vollständig zu widerlegen. Als besonders widernatürlich erschien ihm die Meinung einiger früher Protestanten, daß den Frauen bei den geistlichen Ämtern der Kirche der gleiche Rang wie den Männern zukommen solle. Diese Meinung hatten nahezu alle Protestanten schnell wieder fallengelassen. Der Brief gegen Bugenhagen macht insgesamt eines deutlich: Morus war überzeugt davon, daß die Menschen in religiösen Dingen intuitiv erkennen würden, was richtig und was falsch sei. Er ging davon aus, daß jeder intelligente Mensch einsehen müßte, wie falsch es sei, Frauen in der Kirche Gottes mit Männern gleichzustellen.

In seinem Brief gegen Bugenhagen geht Morus ausführlicher als in seinen früheren Schriften auf die Frage der Prädestination ein. Die Lutheraner beschuldigten die Katholiken der alten pelagianischen Häresie, des Glaubens also, daß die menschliche Natur auch ohne besondere Gnade gut genug sei, um Gottes Gnade zu verdienen. Die Menschen müßten sich nur entschließen, das Richtige zu tun. Morus betont zu Recht, daß die katholische Kirche nicht pelagianisch ist. Für die Kirche waren die Natur und die Gnade zwei verschiedene Dinge. Die Natur war aufgrund der Sünde verderbt und schwach. Die Gnade war die Hilfe, die Gott freiwillig erteilte. Sie war immer gegenwärtig, immer stark und immer für die sündhaften Sterblichen erreichbar, wenn sie überhaupt den Wunsch bekundeten, der Gnade teilhaftig zu werden.

Aus dem Brief gegen Bugenhagen wird Morus' Meinung über die Erlösung deutlich. Sie entspricht der allgemeinen Meinung der Katholiken jener Zeit: Gott ist frei, mit Seiner Schöpfung alles zu tun, was Er wünscht. Aber da Er gerecht ist, offenbart Gott der Menschheit Seine Wünsche, denn Er spielt keine Spiele, deren Regeln geheim sind. Eine der Regeln schreibt den Menschen vor, gute Werke zu tun. Diese Werke allein reichen nicht aus, die Erlösung zu verdienen, weil alles menschliche Handeln, also auch die guten Taten, von der Erbsünde mit geprägt sind. Doch wenn wir alles tun, was wir zu tun vermögen, nimmt Gott unser Bestes als ausreichend an. Er braucht unsere guten Werke nicht, und deshalb kann er ihnen jeden Wert beimessen, den er will. Gott schätzt unsere guten Werke also etwa so wie jener reiche Mann, der die Bleistifte, die ihm ein Bettler verkauft, nicht braucht. Dennoch kauft er sie und bezahlt sie aus Mitleid mit einem hilflosen Menschen freigebig, weil der Bettler immerhin sein möglichstes tut, um seinen Lebensunterhalt zu verdienen. Diese Werke haben ihren Platz in der göttlichen Weltordnung, auch wenn sie aufgrund unserer sündhaften menschlichen Natur unvollkommen sind. Sie sind Zeichen der Nächstenliebe, und ohne diese Zeichen, wie Jakobus im Neuen Testament schreibt, ist der Glaube tot.

Im Brief gegen Bugenhagen formulierte Morus einen seiner beredtesten Angriffe auf Luthers Prädestinationslehre. Obwohl die Lutheraner ihre Lehre lautstark verkündeten, ermahnten, baten und bedrohten sie trotzdem manchmal die Gläubigen. Ihre Ermahnungen legten nahe, daß die Mitglieder ihrer Gemeinden durch ihr Verhalten doch noch Einfluß auf ihre ewige Bestimmung nehmen könnten. Morus fragte sich, wie das möglich sein sollte. Wenn die Menschen prädestiniert waren, war es dann nicht sinnlos, so zu ihnen zu sprechen, als seien sie noch in irgendeiner Weise verantwortlich? Waren sie dann nicht bloß ein Teil der Natur, unfähig, auf Ermahnungen zu reagieren. Wie konnten sie dann hoffen, auf ihre überzeitliche Bestimmung durch ihr Handeln einzuwirken?

> Wer ermahnt den Stein, sich selbst in eine Statue zu verwandeln? Wer ermahnt die Luft zu regnen oder die Erde, Saat zu tragen? Wenn das Schicksal die Ursache aller Dinge ist und es keine wie auch immer geartete Freiheit unter den Menschen gibt, wie Luther so sarkastisch behauptet, gibt es absolut keinen Grund mehr für dich, irgend jemand zur Tugend zu veranlassen oder das Böse zu geißeln.[3]

Die Lutheraner antworteten im Geist von Tyndales Anmerkungen zur Bergpredigt. Ihrer Ansicht nach prädestinierte Gott die Erwählten nicht unabhängig von der allgemeinen menschlichen Ordnung von Ursache und Wirkung. Die Erwählung geschah ohne irgendwelche Anhaltspunkte. Die Erwählten vernahmen Lehren und Ermahnungen, und durch diese göttlichen Mittel wurden sie dazu gebracht, ihren ewigen Zustand zu erkennen. Gott bestimme die Lehren und die Ermahnungen, gerade so, wie er die Erwählung selbst bestimme.

Die praktische Lehre der Prädestination richtete sich jedoch nie ganz an der rein theologischen Lehre aus. Aufgabe der Priester war es, die Menschen zu ermahnen. Sie neigten mehr und mehr zu dem Glauben, daß vieles davon abhänge, wie sie ihre Ermahnungen vermittelten. Die Menschen, die einer Predigt zuhörten, glaubten nun, daß es in ihrer Macht läge, auf die Ermahnungen zu reagieren. Sie konnten sich schließlich an die Ermahnungen des Priesters halten, oder sie konnten seine moralischen Forderungen zurückweisen. Wenn sie den Worten des Priesters glaubten, dann glaubten sie auch, daß sie für ihre Entscheidungen zur Rechenschaft gezogen werden würden. Alle Hauptrichtungen der protestantischen Konfessionen haben sich von der radikalen Form der Prädestinationslehre distanziert. Das Anwachsen des evangelikalen Fundamentalismus bei den Protestanten mit seiner starken Betonung des freien Willens beweist zur Genüge, daß die Prädestinationslehre nicht mehr zu einer modernen Religiosität paßt.

Morus fand hier einen geeigneten Angriffspunkt. Wenn die Lutheraner die Prädestination lehrten, aber zugleich von der Kanzel herab die Sünder ermahnten, widersprachen sie sich selbst. Morus konnte kein Deutsch. Sonst wäre ihm aufgefallen, daß Luther evangelischen Gemeinden mit der Verdammnis drohte, wenn sie den katholischen Behörden Abschriften seines deutschen Neuen Testaments zukommen ließen. Wenn jeder Mensch seit der Erschaffung der Welt zu Erlösung oder Verdammnis vorherbestimmt war, wie konnte er sie dann «verlieren»?

Überraschenderweise greift Morus diesen Widerspruch später nicht wieder auf. Statt dessen kommt er wiederholt auf den Punkt zu sprechen, der ihn an der Prädestination am meisten erzürnte: Gott wurde für die Sünde verantwortlich gemacht.

Seine Argumente erinnern oft an Erasmus' Schrift *De libero arbitrio* (Vom freien Willen). Der Text des Neuen Testaments sei eindeutig so zu interpretieren, daß die Menschen bestimmte Dinge tun und andere unterlassen sollen. Die Gehorsamen sollen belohnt und die Ungehorsamen bestraft werden. Keines dieser Gebote ist sinnvoll, wenn die Menschen nicht die Freiheit haben, sie zu befolgen. Beide, Morus und Erasmus, wollen mit allen Mitteln nachweisen, daß die Bibel an diesen Stellen wörtlich verstanden werden müsse. Andernfalls würden die grundlegenden ethischen Lehren der Christenheit vollkommen rätselhaft werden.

Morus erwähnt Erasmus in seiner Schrift gegen Bugenhagen, allerdings nicht namentlich. Er spricht nur von dem Werk mit dem Titel *De libero arbitrio*, von dem «gelehrtesten der Männer, der sich im höchsten Maße um die Kirche Christi verdient gemacht hat».[4] Dieses Lob erinnert an die Worte, mit denen Morus Erasmus in der *Responsio* gehuldigt hatte. Dort hatte er ihn allerdings namentlich genannt.[5] Auf das Traktat von Erasmus geht er nicht näher ein. Er beschäftigt sich vielmehr mit den überzogenen und kompromißlosen Aussagen zur Prädestination, die Luther in *De servo arbitrio* Erasmus' Schrift entgegenstellte.

Warum veröffentlichte Morus dieses Buch nie? Es ist eine glänzende Polemik und in vieler Hinsicht die beste theologische Abhandlung, die er geschrieben hat. Seine grundlegenden theologischen Anschauungen, die er so wortreich in der *Responsio* darlegte, sind hier kurz zusammengefaßt. Jeder, der das Gerüst seines religiösen Denkens kennenlernen will, tut gut daran, mit diesem kleinen Buch anzufangen. Doch lag es bis zum Jahre 1568 unveröffentlicht zwischen seinen Papieren, bis es dann unter den englischen Katholiken im Exil auftauchte.

Wahrscheinlich hat Morus den Brief an Bugenhagen nie abgesandt. Er war kein privates Schriftstück, sondern vielmehr ein offener, zur Veröffentlichung bestimmter Brief. Es gibt jedoch einen plausiblen Grund dafür, warum er ihn nicht in Druck gab.

Morus hatte die Schrift sehr wahrscheinlich jemandem gezeigt, dessen theologischem Scharfsinn er vertraute. Cuthbert Tunstall war ein Freund, aber kein Theologe. Der konsequenteste und gebildetste Theologe im ganzen Reich war John Fisher. Fisher schrieb zahlreiche lateinische Abhandlungen gegen Luther. Er war ein glühender Anhänger des Papstes. In allen seinen Schriften verteidigt er die Souveränität der päpstlichen Macht als den

Grundstein der sichtbaren Kirche auf Erden. Hätte er Morus' Brief gegen Bugenhagen gelesen, dann hätte es ihn verletzt – vielleicht zutiefst verletzt –, daß Morus die Macht des Papstes nicht verteidigte. Er hätte gewiß einiges gegen den Brief einzuwenden gehabt. Vielleicht hat Morus es vorgezogen, nicht durch eine Veröffentlichung in die Diskussion einzugreifen, gerade weil zu jener Zeit die Katholiken ihre internen Meinungsverschiedenheiten vergessen und eine gemeinsame Front gegen Luther bilden sollten. So legte er das Werk beiseite, vielleicht in der Absicht, es später noch einmal vorzunehmen.

Wenn man Morus' Prämissen folgt, erscheinen die Argumente unwiderlegbar, die er in dem Brief zugunsten der geheiligten Tradition der katholischen Kirche anführt. Aber die Welt wollte nicht durch logische Beweise überzeugt werden, die systematisch in Büchern niedergelegt waren. Die religiöse Zukunft des christlichen Europa lag in den Händen von jungen Männern mit leidenschaftlichem Temperament. Sie sehnten sich von ganzem Herzen nach einer direkten Beziehung zu Gott. Die von der Hierarchie oder den Sakramenten der Kirche vermittelte Beziehung zu Gott erschien ihnen unangemessen. Und die Zukunft lag in den Händen der Monarchen, die unabhängig von ihren persönlichen Eigenschaften ihre Macht vergrößern wollten. Sie nutzten die Gelegenheit, aus dem religiösen Umbruch profanen Vorteil zu ziehen.

Morus konnte die Haltung der jungen Männer kaum nachvollziehen, und für die königlichen Ambitionen hatte er wenig Verständnis. So wurde er durch die geschichtlichen Ereignisse in England schnell beiseite geschoben. Tyndales englisches Neues Testament war nur der Vorläufer einer Flut häretischer Schriften, die sich nun über England ergoß. Diese Flut veranlaßte Thomas Morus, einen Damm aus beschriebenem Papier zu errichten – Papier, das heute nur noch selten gelesen wird. Leider bringen diese Schriften oft gerade jene in Verlegenheit, die Thomas Morus lieben und seinen Namen lebendig erhalten wollen. Wir dürfen nie vergessen, daß seine umfangreichen Bücher und seine wütende Rhetorik Ausdruck seiner Hilflosigkeit angesichts der Ereignisse sind. Er schrieb, weil er sonst nichts tun konnte.

Selbst als er gegen Bugenhagen schrieb und sein weiteres literarisches Vorgehen erwog, bemühte er sich angestrengt um Erasmus. Er wollte ihn davon überzeugen, daß er die katholische Kirche tatkräftiger verteidigen müsse. Die beiden Männer korrespondierten in diesen Jahren regelmäßig miteinander, doch nur wenige Briefe sind erhalten. Darin drängt Morus seinen berühmten Freund beharrlich, die katholische Kirche zu beschützen. Erasmus lehnt diese Aufforderung genauso beharrlich ab. Stapleton schrieb lange danach, daß mit der sich ausbreitenden Häresie Morus' Liebe zu Erasmus «abnahm und zu erkalten begann».[6] Dies stimmt offensichtlich, auch wenn es zwischen Morus und Erasmus nie zu einem förmlichen Bruch kam. Wie Erasmus 1519 geschrieben hatte, war es nicht Morus' Art, sich durch einen offenen Bruch der Freunde zu entledigen, die er nicht mehr schätzte. Außerdem waren die Namen dieser beider Männer im Bewußtsein der gebildeteren Europäer untrennbar miteinander verknüpft. Von Morus wußte man, daß er Erasmus gelobt und dessen Werk stets verteidigt hatte. Sich nun auf einen offenen Streit einzulassen hieße, einen Fehler zugeben, und Morus – er war in solchen Dingen sehr empfindlich – war dazu vermutlich nicht fähig.

Doch er war verzweifelt, weil Erasmus eine Auflage seiner *Colloquia familiaria* (Vertraute Gespräche) nach der anderen veröffentlichte. Ursprünglich waren es kleine Dialoge, die Studenten helfen sollten, nützliche lateinische Redewendungen zu erlernen – ungefähr so, wie heute ein kurzer Sprachführer dem Touristen helfen soll, sich in einer fremden Sprache höflich auszudrücken.

In der Ausgabe vom März 1522 benutzte Erasmus die *Colloquia* erstmals als Forum für sein Ideal der schlichten Laienfrömmigkeit. Außerdem prangerte er einige Mißbräuche in der Kirche an, die auch Luther lautstark verdammte. Morus müssen die *Colloquia* provozierend doppeldeutig vorgekommen sein – wie auch uns heute. Die Ideale der Frömmigkeit, für die Erasmus eintrat, konnte man kaum verurteilen, und ebensowenig konnte man die Mißbräuche verteidigen, die er aufdeckte. Doch in diesen unruhigen Zeiten schien der Geist, der aus diesem Werk sprach, von den brennenden Problemen unberührt, die Männer wie Morus und Tunstall für entscheidend hielten. Man konnte nicht genau feststellen, ob der Verfasser der *Colloquia* Lutheraner oder Katholik war. Viele Colloquia wurden später ins Englische übersetzt, und Heinrich VIII. benützte sie später zu propagandistischen Zwecken, als er Englands Klöster verwüstete. Sie gehören zu den wenigen Schriften von Erasmus, die auf uns immer noch geistreich wirken. Sein unparteiischer Verstand und sein zuweilen schlüpfriger Humor finden nach wie vor unseren Beifall. Doch Katholiken wie Morus, die davon überzeugt waren, daß Luther und seine Anhänger das Gebäude des Glaubens, die Ordnung der Kultur und den Weg zur Erlösung bedrohten, kamen die *Colloquia* sicher wie Scherze bei einem Begräbnis vor.

In dem Text «Das fromme Gastmahl» von 1522 sitzen verheiratete Laien in einer Villa an einer Tafel. Sie lesen die Schrift und diskutieren über das christliche Leben, ohne auf Priester, Gelübde oder Sakramente Bezug zu nehmen. Keiner der Gesprächsteilnehmer verurteilt die Priester, doch allen erscheinen sie beinahe überflüssig. Im Gespräch «Tugendspiegel für die Jugend» wird John Colet gerühmt, der 1519 gestorben war. Aus dieser Schrift spricht eine sehr schlichte Frömmigkeit, die frei von doktrinärer Festlegung ist. Erasmus vermied es erfolgreich, an eines der Probleme zu rühren, die die immensen Leidenschaften im Kampf gegen Luther hervorriefen. Morus wütete gegen Bugenhagens Auffassung, das einzige für einen Christen notwendige Glaubensbekenntnis sei das Bekenntnis «Christus ist unsere Rechtfertigung». Ebensogut hätte er Erasmus für das gleiche Vergehen in den Gesprächen verurteilen können, denn Erasmus' Figuren drücken unverkennbar die Überzeugung aus, daß nichts anderes notwendig sei.

Im «Tugendspiegel für die Jugend» greift Erasmus die unwürdigen Priester an, die Beichtgeheimnisse jedem erzählten, der ihnen zuhörte. Dieser Verstoß wurde auch von den Protestanten lautstark angeprangert. Er geht hart mit unwürdigen Mönchen ins Gericht. Er versteht es, den Eindruck zu vermitteln, daß das Frömmigkeitsideal, das auf dem Mönchtum beruhte, zwangsläufig zu Scheinheiligkeit führen mußte. Es war absurd von den Mönchen, sich im Kloster zu isolieren und zu glauben, ihre freudlose Lebensweise verleihe ihnen die größere Gewißheit, erlöst zu werden, als den gewöhnlichen Christen, die der Gesellschaft mit einem säkularen Beruf dienten.

Bei der Ausgabe von 1526 empörten zwei Gespräche die Kritiker. In dem Gespräch «Vom Fischessen» wurde über die katholischen Fastentage gespottet, an denen die Gläubigen nur Fisch statt Rind oder Schwein essen durften. Hier drückte Erasmus die kritische Ansicht aus, daß die katholische Kirche in die Hände von Kasuisten gefallen sei, die aus der Religion ein System von Regeln gemacht hätten statt einer Lehre, die das Leben bejahte. Erasmus wurde in dieser Überzeugung noch durch seine Abneigung gegen Fisch bestärkt. Fisch verursachte ihm Brechreiz.

Im dem anderen provozierenden Gespräch, «Vom Wallfahren», wurden zwei englische Schreine, das Grabmal des heiligen Thomas Becket in Canterbury und der Schrein der Jungfrau Maria von Walsingham, verspottet. Einer der Pilger ist vermutlich John Colet, der sich nicht mehr dagegen wehren konnte, daß Erasmus seinen Ruf schädigte. In Canterbury bringen die Bewahrer der heiligen Reliquien alte Knochen vor die Abtei, und die Pilger küssen sie. An einigen hängen noch verfaulte Fleischfetzen. Sie kramen alte, schmutzige Taschentücher hervor, mit denen der Heilige sich schneuzte. Es ist ein kleines Wunder, daß Heinrichs Männer gerade mit Hilfe dieses Gesprächs die Beschlagnahmung des prächtigen alten Schreins rechtfertigten!

Morus fuhr dennoch geduldig mit seinen Anstrengungen fort, Erasmus zu einer weiteren Kontroversschrift als Verteidiger der katholischen Kirche zu veranlassen. 1526 veröffentlichte Erasmus den ersten Teil der *Hyperaspistes* (Schutzschrift). Das Werk ist eine lange, öde Replik auf einen Angriff Luthers vom vorigen Jahr. Erasmus schwelgt in großen Teilen des Werkes in Selbstmitleid. Er bezichtigt Luther der Grausamkeit und behauptet, er habe niemals etwas gegen Luthers Charakter gesagt – was Morus als erbittertem

Gegner Luthers schwerlich gefallen haben kann. Wie in *De libero arbitrio* vermied Erasmus es stets, die Kirche in einer zusammenhängenden, historischen Weise zu definieren, so daß wir nie sagen können, was er genau meint. Sobald er an eines der brennenden Probleme der Kontroverse mit Luther stößt, zieht er sich schnell zurück.

Seine englischen Freunde bedrängten Erasmus weiterhin, etwas zu unternehmen. Im Dezember 1526 bat ihn Morus in einem diplomatischen Brief darum. Morus ging zuerst auf die Angelegenheit ein, die Erasmus immer besonders am Herzen lag – seine gesundheitliche Verfassung. Er und Tunstall seien nicht nur um Erasmus besorgt, schrieb Morus, sondern um die ganze Christenheit, auf daß «diese Krankheit nicht die glänzenden Arbeiten unterbreche, die Du zur Förderung der christlichen Frömmigkeit unternimmst». Das Wort Frömmigkeit bedeutete Erasmus viel. Er unterschied im Gegensatz zu Morus zwischen Frömmigkeit und Polemik. Morus' dringlichster Wunsch war, daß Erasmus jenes Werk der Frömmigkeit fertigstellen sollte, das er in der ersten Hälfte des *Hyperaspistes* verspricht – den zweiten Teil des Buches. Morus schreibt: «Du könntest kein anderes Werk ersinnen, das nützlicher für alle, befriedigender für Deine Freunde und wichtiger und dringender für Dich selbst wäre.» Er erwähnt auch, daß die Königin Katharina von Aragon sehr glücklich über das Werk sei, das Erasmus *Institutio christiani matrimonii* (Die Einrichtung der christlichen Ehe) genannt hatte. Er hatte es im August 1526 beendet und ihr gewidmet. Indirekt wurde Erasmus auf diese Weise mitgeteilt, daß weitere Schriften über diese wichtigen Angelegenheiten mit der Gunst der Großen und Mächtigen belohnt werden würden.

Morus drängte auf die Vollendung der Schrift gegen Luther. Hatte Erasmus der Mut verlassen? Morus hoffte, daß dem nicht so wäre. «Mein lieber Erasmus, Du hast so viele Mühen erduldet und so viele Gefahren durchlebt, Du hast so herkulische Arbeiten verrichtet und mit Schweiß und Nachtwachen zum Nutzen der ganzen Welt die besten Jahre Deines Lebens zugebracht. Gott verhüte, daß Du Dich nun so unglücklich in Deine kranken Jahre verliebst, daß Du eher noch die Sache Gottes darangäbest, als eine Entscheidung zu treffen.»[7]

Es ist ein langer und freundschaftlicher Brief, obwohl Morus nicht die herzliche Zuneigung an den Tag legt, die ein Jahrzehnt früher seine Briefe kennzeichneten, als Erasmus den Druck von *Utopia* überwachte. Es ist durchweg ein sorgfältig konstruierter Versuch, Erasmus zu jenem Kampf zu überreden, der nach Morus' Ansicht gegen Luther geführt werden mußte. Er wußte, daß man Erasmus schmeicheln mußte. Es führte zu nichts, wenn man ihn bedrängte. Morus war sich des ungeheuren Ansehens voll bewußt, das Erasmus in Europa genoß, und er wußte auch, daß dieses Ansehen berechtigt war. Außerdem waren ihm die glücklichen, gemeinsam verbrachten Tage in angenehmer Erinnerung.

Erasmus antwortete am 30. März 1527. Er ging auf Morus' Ansinnen zunächst ein, lehnte dann jedoch wieder ab. Er schrieb, Morus und Tunstall meinten wohl, es sei eine großartige Sache, wenn er sich ganz für den Kampf gegen Luther zur Verfügung stellte. Doch dies, davon sei er überzeugt, hieße, mit Steinen gegen Hornissen zu kämpfen. Mit Worten könne man das Übel nicht heilen. Sie könnten nur die Menschen zum Aufruhr anstacheln und den Hochmut der Mönche und den Zorn der Theologen vergrößern. Erasmus hielt hartnäckig an seiner Überzeugung fest – was Morus bedrückte –, daß die Mönche und Theologen die wahre Frömmigkeit mehr gefährdeten als die Anhänger Luthers.

Erasmus rechtfertigte sich. Die Gefahr einer Ansteckung könne in England leichter unterdrückt werden als auf dem Kontinent. Er lebe nun in Basel, und dort seien die Verhältnisse unsicher. Die Häretiker seien mächtig. Oecolampadius, der Reformator von Basel, habe sich insgeheim gegen Erasmus' Schrift über den freien Willen geäußert. (Erasmus fühlte sich hintergangen, denn Oecolampadius hatte ihm geholfen, die erste Ausgabe des *Novum Instrumentum* zu verfassen – ein weiteres Beispiel dafür, daß der junge Gräzist dazu neigte, häretisches Gedankengut aufzugreifen.) Wenn man die Angelegenheit weiter verfolge, werde es wahrscheinlich zum Aufruhr kommen, schrieb Erasmus. Er wolle den Magistrat nicht vor den Kopf stoßen, der Frieden und Ruhe wünsche – und, das hätte er hinzufügen können, der Magistrat hatte sich damals bereits zur Häresie bekannt. Warum er Basel nicht verlasse? Seine Gesundheit erlaube es ihm nicht, woanders zu leben. Er schrieb, er würde keine drei Tage mehr leben, wenn er umziehen würde.

Außerdem, führte er aus, wolle er keiner Partei als Anführer dienen – wie muß es Morus geschmerzt haben, daß die Verteidiger der katholischen Kirche nun «Führer einer Partei» genannt wurden. Er besitze weder die Begabung noch die Gesinnung, noch die Erfahrung für einen Kampf. Nichts erschrecke ihn mehr als ein solcher Konflikt. Es sei nicht gut, die Heilige Schrift gegen Luther anzuführen, schrieb er, weil Luther die Schrift so auslege, wie sie ihm gerade zupaß komme. Erasmus argumentiert, als ob Morus ihn gebeten hätte, Luther zu bekehren, und nicht vielmehr, die Kirche gegen Luther zu verteidigen.

Erasmus weigerte sich zu glauben, daß Polemiken der Frömmigkeit dienen könnten. Er führte die Arbeit an, die er noch auszuführen habe – eine weitere Ausgabe des Neuen Testaments, eine Ausgabe der *Adagia* und eine Widerlegung der Verleumdungen Noël Bedas, eines hartnäckigen Theologen der Universität Paris, der eine Kampagne gegen ihn geführt hatte. (Erasmus hatte möglicherweise keine Zeit, die Kirche zu verteidigen, aber er hatte immer genug Zeit, sich selbst zu verteidigen.) Er erklärte, er müsse seine Kommentare zum Neuen Testament fortsetzen und er wolle eine neue Seneca-Ausgabe herausbringen.

Deshalb habe er weder die Zeit noch die Kraft, sich an diesem Kampf zu beteiligen. Wenn er etwas schreibe, um die Mönche und Theologen zu trösten, die zuviel Gewicht auf die menschlichen Werke und Verdienste legten, wäre das gegen sein Gewissen. In einem privaten Brief wie diesem gab Erasmus zu, daß sowohl Paulus als auch Augustinus – besonders der letztere, den Morus verehrte – anscheinend entschlossen gegen den freien Willen argumentierten. Erasmus bekannte hier wieder seine Schwierigkeiten und kämpfte kurz mit ihnen, ohne zu einer sicheren Schlußfolgerung zu kommen: Wenn die Menschen die Prädestination akzeptierten, was könnte sie dann noch bewegen, Gutes zu tun? Er wußte keine Antwort darauf. Nur durch die Autorität der Fürsten oder dadurch, daß die kriegführenden Fürsten den Schauplatz verließen, führte er aus, könne der Irrsinn der Zeiten beendet werden. Er war zutiefst davon überzeugt, daß das protestantische Schisma verschwinden würde wie alle anderen Schismata in der Geschichte der Kirche. Die Zeit würde alle Dinge heilen. Was hätte er wohl gedacht, wenn er gewußt hätte, daß den kriegerischen Fürsten ihre kriegerischen Kinder nachfolgen würden, die nun schon länger als vier Jahrhunderte hindurch miteinander streiten und die vermutlich bis zum Ende der christlichen Geschichte streiten werden?

Viele beschwerten sich, schrieb Erasmus, daß Luther viel von ihm übernommen habe. Doch Luther habe auch viel der Heiligen Schrift entnommen, denn er habe den heiligen Text so ausgelegt, wie er ihm gerade paßte. Erasmus bemerkte unpassenderweise, daß man ihm doch keinen Vorwurf machen könne, wenn Luther mit seinen Schriften so verfuhr, wie die Deutschen auch mit der Bibel verfahren seien. Sie verdrehten Dinge, die Erasmus in aller Unschuld geschrieben haben wollte. «Ich warne nur», schrieb er resigniert und deutete damit unbewußt auf seine Rolle als Kassandra in Europa hin. Er weigerte sich, einzugestehen, daß er etwas getan hatte, das die religiöse Ordnung gestört haben könnte. Er berief sich darauf, nie neue Riten oder Lehren eingeführt und nie anders als in einem gemäßigten Stil geschrieben zu haben. Er versuchte, kurz gesagt, auszudrücken, daß es ihm gelungen wäre, die Reform so herbeizuführen, wie er es wollte: mit Hilfe freundlicher Überredung.

Erasmus verfiel in jenen Jahren leicht in düstere, selbstmitleidige Stimmungen und in wahnhafte Vorstellungen. Dieser lange Brief ist so düster wie die anderen auch. Überall würden ihn die Menschen angreifen, schrieb er und führte eine öde und traurige Reihe von Einzelheiten an. Einige Katholiken würden mit größerer Heftigkeit gegen ihn vorgehen als gegen Luther. Löwen und Paris hätten sich gegen ihn verschworen, und in Paris säße Louis de Berquin, der einige seiner Schriften ins Französische übersetzt habe, im Gefängnis. (Erasmus wußte vermutlich nicht, daß Berquin die Ansicht vertreten hatte, Luther sei nicht gänzlich zu verurteilen, weil viele seiner

Anschauungen und Argumente auch von Erasmus vorgebracht worden seien. Auf seine wirre Art hatte Berquin Noël Beda gegen Erasmus aufgebracht. Im Jahre 1529 wurde Berquin auf dem Scheiterhaufen verbrannt. 1532 frohlockte Morus in einer Veröffentlichung, weil Berquin auf dem Scheiterhaufen verbrannt worden war.)[8]

Nun klagte Erasmus, daß kein intelligenter Theologe mehr in Paris sei und daß niemand ihn verstehe. In Rom hingegen, dem Sitz des Papsttums, wage niemand, ein Wort gegen ihn zu veröffentlichen. «Welch ein Schicksal habe ich!» ruft er aus. «Auf den höchsten Höhen der Welt werden ich von den Mächtigen verehrt. Aber von den geringsten Menschen werde ich angespuckt, mit Kot beworfen und besudelt.»

Er würde die *Hyperaspistes* fertigstellen, teilte er Morus mit, doch hege er für das Werk keinerlei Hoffnungen mehr. Es interessiere ihn auch nicht länger. Der letzte Teil des Buches erschien im Sommer 1527, wie Erasmus versprochen hatte. Es ist eine seiner wenigen Schriften, die nur in Latein erschienen sind. Das Buch wurde verdientermaßen totgeschwiegen.

Er schloß mit dem gleichen bitteren Tonfall, den er den ganzen Brief hindurch anschlug. Manche Menschen meinten seiner Ansicht nach, daß alles mit der Kirche in schönster Ordnung sei. Die Verhältnisse müßten nur wieder so werden, wie sie vor Luther waren. Solche Menschen hielt Erasmus für töricht.[9]

Es ist der Brief eines alten Mannes. Er strotzt von der grämlichen Selbstgerechtigkeit des Alters. Erasmus hatte jahrelang die Widrigkeiten des Lebens auf sich genommen. Jetzt fordert er, seinen eigenen Weg gehen zu dürfen, ganz gleich, wer ihn in eine andere Richtung zu drängen versuchte. Der Brief muß Morus aufs äußerste mißfallen haben. Solange einer der beiden Männer noch lebte, wurde er nicht veröffentlicht, denn keiner war daran interessiert, ihn der Welt bekanntzumachen. Hätte Morus den anderen Brief gekannt, den Erasmus am gleichen Tag an Johann Maldonatus, einen spanischen Theologen, schrieb, wäre er noch aufgebrachter gewesen. Hier beschrieb Erasmus, klar und kraftvoll wie immer, das hauptsächliche Anliegen der Reformation als den Krieg der guten Schriften gegen die Unwissenheit, und er sah, daß sowohl die Katholiken wie die Protestanten die Unwissenheit mit aller Macht schürten. Aus dem Brief geht hervor, daß die einzige Erlösung, die ihn interessierte, die Bildung war, und deren Sache sah er als hoffnungslos verloren an. Dabei wütete er fast noch heftiger als gegen die lutherischen Häretiker gegen die katholischen Mönche und Theologen: Er muß überzeugt gewesen sein, daß sie sein Lebenswerk zerstört hatten.

So waren Morus' sämtliche Bemühungen gescheitert, Erasmus als Führer im Kampf gegen Luther zu gewinnen. In der Zwischenzeit breitete sich die Häresie in England aus. Die Engländer mußten darauf reagieren. Tyndale blieb im Exil. Um 1526 war Robert Barnes der Führer der sogenannten neuen Männer in England. Am Weihnachtsabend 1525 hielt er in Cambridge eine feurige Predigt im Geiste Luthers und wurde unverzüglich der Häresie angeklagt.

Wolsey wollte gerade in diesem Augenblick ein Exempel statuieren, um die Häretiker einzuschüchtern. Er glaubte, mit strengen Maßnahmen lasse sich die Ausbreitung der Seuche verhindern. Er brauchte einen Häretiker, den er bestrafen konnte, und Barnes bot sich an. Der schwatzhafte Lutheraner wurde bald in London unter Arrest gestellt. Dort wollte der Kardinal ihn verhören.

Wolsey hat die Sache anscheinend auf die leichte Schulter genommen, worüber Morus sehr verärgert war. Der Kardinal hatte sich nie als Theologe hervorgetan, und vermutlich konnte er Barnes keine Verfehlungen nachweisen, die über den gewöhnlichen englischen Antiklerikalismus wesentlich hinausgingen. Wolsey hatte nicht den Charakter eines religiösen Fanatikers. Außerdem war er nicht grausam. Allerdings war er ausgesprochen rachsüchtig, wenn jemand seine politischen und persönlichen Ambitionen durchkreuzte. Die Leidenschaften, die einen Mann wie Barnes antrieben, konnte er vermutlich nicht verstehen. Im Jahre 1526 war Wolsey sicher an der Macht. Er konnte schwerlich verstehen, daß ein intelligenter Mensch sich willentlich Unannehmlichkeiten bereiten könnte.

Barnes griff kühn den Prunk des Klerus an, einschließlich der silbernen Säulen und Äxte, die Wolsey bei Prozessionen als Zeichen seiner Autorität vor sich hertragen ließ. Wolsey antwortete darauf in der Weise, wie wir es bei einem säkularen Staatsmann erwarten dürften, der sich ganz der symbolischen Bedeutung seiner Amtsinsignien und ihrer Macht über die Gefühle der unwissenden und leicht beeindruckbaren Massen bewußt ist.

> Was denkst du? Wäre es für mich, der ich in Amt und Würde stehe, besser, aus meinen Säulen und Beilen Münzen zu machen und das Geld fünf oder sechs Bettlern zu geben, als das Reich zu erhalten, wie ich es tue?[10]

Barnes beschrieb diese Unterredung Jahre später. Damals war Wolsey bereits tot und konnte nichts mehr erwidern. Er behauptete, er habe zu dem Kardinal gesagt, daß das Reich bereits existiert habe, bevor Wolsey lebte, und daß es noch existieren werde, wenn er gestorben sei. Gott würde eine größere Ehre und der Seele ein höheres Gut zuteil, wenn der Glanz des Amtes beseitigt würde.

Möglicherweise hat er die Wahrheit gesagt. Vielleicht hat er auch nur versucht, seinen Zuhörern seinen Mut zu beweisen, nachdem es modern geworden war, Wolseys Andenken mit Füßen zu treten. Angeblich war

Wolsey über diese Worte amüsiert, und das stimmt vermutlich. Erfahrene und mächtige Politiker verschanzen sich häufig hinter einem herablassenden Lächeln, wenn sie auf einfache, hochherzige Menschen treffen, die glauben, die Welt wäre ein Paradies, wenn die Politiker nur ihren guten Willen bekunden und ein paar große Gesten machen würden.

Barnes kam vor Gericht. Während des Prozesses führte Morus die Razzia im Steelyard durch, bei der einige deutsche Kaufleute verhaftet wurden, die häretische Bücher verkauften. Am Sonntag, dem 11. Februar, trugen Barnes und die Kaufleute Reisigbündel in die St.-Paul's-Kathedrale. Sie bekannten damit, daß sie zwar den Tod durch das Feuer verdienten, jetzt aber ihren Häresien abgeschworen und ihre Treue zur katholischen Kirche bekannt hatten. Wolsey war anwesend. John Fisher predigte. Ein großer Stapel häretischer Bücher wurde außerhalb der Kirche verbrannt. Barnes und die Kaufleute vom Steelyard gingen als Zeichen der Buße um den Scheiterhaufen herum. Barnes wurde zu zwei Jahren Haft verurteilt.

Seine Haftbedingungen waren nicht streng, und innerhalb von sechs Monaten nach der Demütigung in der St. Paul's Kathedrale trieb er wieder in aller Ruhe seinen Handel mit Tyndales Neuem Testament. Verschiedene Monate vergingen, ehe Tunstall von seiner illegalen Tätigkeit erfuhr. Als er sie im Frühjahr 1528 aufdeckte, wurde er sehr wütend. Er bereitete sich darauf vor, Barnes als rückfälligen Häretiker verbrennen zu lassen. Doch Barnes entging ein zweites Mal seinem Schicksal. Er täuschte einen Selbstmord vor. Auf seinem Tisch hinterließ er eine Notiz. Am Ufer der Themse fand man seine Kleider und eine weitere Notiz, in der er den Bürgermeister eindringlich bat, nach seiner Leiche zu suchen. Er versprach, daß man an seinem Körper eine weitere Notiz finden werde, die mit Wachs versiegelt sei. Während die Behörden noch damit beschäftigt waren, seine Leiche zu suchen, floh er nach Antwerpen und weiter nach Wittenberg, wo er durch seinen Witz die besondere Gunst Martin Luthers errang.

Morus haßte die Häresie und die Häretiker weit mehr als Wolsey. Da er selbst die Regeln der Frömmigkeit fast zu gewissenhaft befolgte, glaubte er, daß auch andere das tun müßten. Gerade weil er ein so gewissenhafter Mensch war, brachte ihn Doppelzüngigkeit besonders auf. Aus dem Fall Robert Barnes zog er Lehren, die er dem englischen Volk beibringen wollte.

Er sah in Barnes den überheblichen Häretiker, der sich gerne auf Kosten des Klerus hervortat. Als er jedoch der Häresie angeklagt wurde, verfiel Barnes auf Ausflüchte und zog es vor, seine Feinde zu täuschen. Er wollte lieber seine Haut retten, als mutig seinen Glauben zu bekennen. Barnes' Überheblichkeit hatte sich deutlich gezeigt, als er Tyndales Bibel verbreitete, während er gleichzeitig Tunstall und Wolsey inständig bat, aus der Haft entlassen zu werden, weil er kein Ketzer sei. Überdies hätte die milde Behandlung, die er von den Behörden erfahren hatte, seine Seele nicht zu retten vermocht. Auch hätte es andere Menschen nicht vor dem Gift bewahren können, mit dem Barnes das Leben in England infizierte. Sein Verhalten lieferte Thomas Morus ein Bild von der Häresie und den Häretikern, das zu seiner grundsätzlichen Überzeugung paßte, die Häresie käme vom Satan und die Häretiker seien verabscheuungswürdig.

Die Häretiker wurden jedoch auch weiterhin von der Masse des Volkes unterstützt. Thomas Bilney aus Cambridge beeindruckte das Volk durch seine asketische Haltung und durch seine hitzigen Predigten gegen die Pilgerfahrten und die Verehrung der Heiligen. Gegen Ende des Jahres 1527 wurde er von Wolsey und Tunstall verhört, der Häresie angeklagt und so eingeschüchtert, daß er öffentlich abschwor. Viele munkelten, der Klerus hätte ihn nur deshalb auf diese schändliche Weise gedemütigt, weil er das verderbte Leben der Priester verurteilt hatte. Mit seinem Widerruf erniedrigte er sich öffentlich, doch das Volk hatte die Affäre Hunne nicht vergessen. Die Angelegenheit wurde Anstoß zu einem großen antiklerikalen Ausbruch. Bilney wurde so etwas wie ein Märtyrer.

Morus blieben nur noch zwei mögliche Vorgehensweisen, nachdem er Erasmus nicht für seine Sache gewonnen hatte und der Häresie gegenüberstand, die nun das englische Leben unmittelbar bedrohte. Die erste war, alle Möglichkeiten auszuschöpfen, die ihm als Mitglied des Kronrats zur Verfügung standen, um die ganze Macht der Kirche und der Regierung gegen die Häretiker einzusetzen. Sie und ihr Gedankengut sollten ausgerottet und notfalls alle Häretiker Englands verbrannt werden. Die zweite war, wieder gegen die Häresie zu schreiben, allerdings auf englisch. Erasmus hatte sich gewünscht, die Häretiker für die eigene Sache gewinnen zu können. Morus wollte den Glauben jener Unschuldigen stärken, die durch die Häretiker zur Hölle geführt wurden. Er wollte, daß die Öffentlichkeit die kompromißlose Härte unterstützte, die er von der Regierung verlangte.

Im März 1528 beauftragte Cuthbert Tunstall Morus damit, den ersten Teil seiner Taktik auszuführen – den Kampf mit der Feder. Er gewährte Morus die offizielle Erlaubnis, häretische Bücher zu lesen. Er bat ihn, «einen Demosthenes in Englisch und auf Latein», diese Bücher in der Volkssprache zu widerlegen. Dieser Auftrag muß nach langen Erörterungen unter den beiden Freunden erteilt worden sein, und vieles spricht dafür, daß Morus darum gebeten hat. Er hatte Erasmus mit der Bitte gequält, gegen die Häresie zu schreiben. Erasmus hatte abgelehnt. Nun machte sich Morus selbst daran. Er schob seine Arbeit beiseite, er opferte seine Zeit und selbst seinen Schlaf und verteidigte das Wichtigste in seinem Leben – die katholische Kirche.

Das unmittelbare Ergebnis von Tunstalls Auftrag war der große *Dialogue Concerning Heresies* (Dialog die Häresien betreffend), der im Juni 1529 erschien. Danach folgten eine Reihe englischer polemischer Werke aus

Morus' Feder, die bei all ihrer Grausamkeit und ermüdenden Eintönigkeit dennoch die wichtigsten literarischen Quellen sind, die wir über seinen Geist und sein Herz haben. Wir müssen zu diesen Werken greifen und nicht so sehr zu der ausgesprochen rationalen Schrift *Utopia*, um den Morus aus Fleisch und Blut zu finden.

A Dialogue Concerning Heresies ist das beste Werk der Schriften gegen die Häresie. Man hat es häufig *A Dialogue Concerning Tyndale* (Dialog Tyndale betreffend) genannt, weil Morus weite Partien des Buches darauf verwendet, Tyndales Neues Testament und die anderen beiden Werke, die Tyndale 1528 herausbrachte, anzugreifen. Tyndales Werke *The Parable of The Wicked Mammon* (Die Parabel vom sündhaften Mammon) und *The Obedience of the Christian Man* (Der Gehorsam eines Christenmenschen) waren voller Feuer, und Morus hielt sie für gefährlich. Im ersten pries Tyndale die Rechtfertigung durch den Glauben. Er hielt an der Lutherischen Position fest, daß die guten Taten sündhaft seien, wenn sie im Hinblick auf eine Belohnung begangen würden. Im zweiten Buch rief Tyndale die christlichen Fürsten zur Reform der Kirche auf. (In einer Geschichte wird später berichtet, daß Anne Boleyn Heinrich VIII. eine Abschrift von *The Obedience of the Christian Man* gab, der König eine Zeitlang mit Genuß darin gelesen und sie dann weggesteckt habe, um sie später in aller Ruhe zu lesen.)

Morus griff in seinem *Dialogue* alle Positionen Tyndales an. Er erwähnt Tyndale häufiger als jeden anderen Häretiker, obwohl er auch andere mit Worten geißelt. Er greift auf die Affäre Thomas Bilney zurück und bemüht sich zu beweisen, daß Bilney gerecht und milde behandelt worden sei. Es sei Verleumdung, etwas anderes zu behaupten – was ausreichend beweist, daß das englische Publikum, an das Morus sein Buch richtete, noch immer zürnte, weil seiner Ansicht nach Bilney zu Unrecht entehrt worden war. Und hier erläuterte er auch den Fall Richard Hunne in den Einzelheiten, die wir schon genannt haben. Diese Rückschau wurde offensichtlich dadurch nötig, daß Hunnes Geist immer noch in den antiklerikalen und häretischen Zirkeln Londons und des übrigen Landes lebendig war.

A Dialogue Concerning Heresies ist oft witzig. Doch auch darin zeigt sich ständig der eiserne Gesetzgeber, dem wir schon in *Utopia* und in den lateinischen polemischen Schriften begegnet sind. Hinter dem Witz, hinter dem gespielten Bemühen, aufrichtig zu erscheinen, und hinter dem offenen und freundlichen Ton verbergen sich kalte Unbeugsamkeit und unnachgiebige Entschlossenheit. Morus läßt keinen guten Faden an seinen Widersachern. Er will das Beweismaterial so verdrehen, daß die Bedeutung in seine Argumentation paßt, und er will beweisen, daß jeder, der sich der Kirche widersetzt, völlig irregeleitet, boshaft und sogar verrückt ist. Man mag das Buch als das Werk eines Juristen in Schutz nehmen, der die Sache seines Klienten vor einem Tribunal so gut wie möglich verteidigt. Morus beabsichtigt nicht so sehr, die Wahrheit zu finden, als vielmehr, den Sieg zu erringen. Dennoch enttäuscht das Werk, und zwar besonders als das Werk eines Heiligen. Wir haben schon gesehen, wie er den Fall Hunne verzerrte, wie er den Anschein erwecken wollte, nur Dummköpfe könnten glauben, daß Männer der Kirche etwas mit Hunnes Tod zu tun haben könnten. Denselben Geist trug er auch in alles übrige hinein, das er im *Dialogue* beschrieb. Letztendlich haben wir hier keinen Dialog, sondern eine Schmähschrift vor uns.

Vieles im *Dialogue* klingt wie eine Widerlegung der Ansichten, die in den *Colloquia familiaria* (Vertrauten Gesprächen) von Erasmus geäußert werden, obwohl Erasmus namentlich nicht erwähnt wird. Selbst die Form erinnert an die Colloquia, an diese lebendigen kurzen Dialoge, meist zwischen zwei Menschen, wenn auch in einigen mehrere Sprecher reden. Aber während Erasmus die Gespräche dazu benutzt, die Aufmerksamkeit auf die Mißstände in der Kirche zu lenken, will Morus im *Dialogue* zeigen, daß diese Mißstände vor dem Hintergrund ihres Ruhms verblassen würden.

Im *Dialogue* tritt ein junger Student an Morus heran. Ein Freund hat ihn zu ihm geschickt. Dieser Freund glaubt, Morus könne die theologischen Fragen beantworten, die der junge Mann zu den neuen Lehren stellen möchte, die ganz England aufwühlen. Der junge Mann, er wird nur der «Bote» genannt, ist sehr redegewandt. Er und Morus erörtern auf heitere Art nahezu alles, was während der Reformation umstritten war – außer der Stellung des Papsttums, die Morus, wie üblich, stillschweigend übergeht.

Der junge Mann argumentiert zuweilen klug gegen die Verderbtheit in der Kirche. Er erzählt ein paar lustige Anekdoten, und auch Morus erzählt ein paar. Sie lachen viel. Morus ist geduldig, geistreich, gibt Schwänke zum besten – und bleibt unschlagbar. Am Ende hat er alle Fragen des jungen Mannes beantwortet. Er verabschiedet ihn. Er hat seinen katholischen Glauben gestärkt und dem jugendlichen Geist eine Last von der Seele genommen. Der Umgangston ist lebendig und freundschaftlich.

Es wurde häufig behauptet, daß hinter dem «Boten» William Roper während seiner häretischen Phase stehen soll. Doch diese Auffassung ist wenig glaubwürdig. Wie Harpsfield bezeugt, verstand Roper von der Häresie viel mehr als der «Bote», der in Morus' *Dialogue* lediglich Fragen stellt, statt sich zu den neuen Lehren zu bekennen. Harpsfield weist auch nach, daß Morus Ropers Bekenntnis zur Häresie mit einer Qual und Ambivalenz betrachtete, die in Morus' Erörterungen im *Dialogue* gänzlich fehlen. Vermutlich ist es sinnvoller, in dem jungen Mann in dieser Schrift einen Anhänger des Erasmus zu sehen, der erwägt, ein Anhänger Luthers zu werden.

Die Leichtigkeit des *Dialogue* erinnert an die *Vertrauten Gespräche*, doch die Ziele der beiden Werke sind völlig verschieden. Morus schätzte eine gute Geschichte. Im *Dialogue* zeigte er sich von seiner besten und unflätigsten Seite, ein geistiger Abkömmling Chaucers, dessen Werk er gut kannte und offensichtlich liebte. Er bringt uns dazu, schallend zu lachen, wenn er die Mängel des kirchlichen Lebens schildert. Die Verhältnisse sind so grotesk, daß sie angesichts der ungeheuren Autorität des Ganzen schon wieder unbedeutend werden. Erasmus' Geist wurde, nachdem Luther auf dem Schauplatz erschienen war, düsterer und pessimistischer. Sein Witz zielte nicht so sehr auf offene Mängel als auf die allgemeine Verwirrung in der Kirche darüber, was gut und was böse sei. Morus verweist auf vereinzelte Schandflecke auf der glatten, starren Oberfläche der Kirche. Er will zeigen, daß der Schandfleck beseitigt werden kann, ohne damit die Ordnung selbst dauerhaft zu schädigen. Erasmus führt uns eine Ordnung vor, die allmählich verfault und vielleicht zum Verfall verurteilt ist. Sie wäre nur durch Wissen zu retten, und er bezweifelt, daß das Wissen sich so ausbreiten wird, wie es notwendig wäre.

Erasmus griff einige der Formen der Volksfrömmigkeit an und überging dabei ihre guten Seiten fast vollständig. Die Pilgerfahrten, die Verehrung der Heiligen, der Jungfräulichkeitskult, die Gebete zur Jungfrau Maria, die Frömmigkeit, die aus Reliquien Fetische machte, die ständige Wiederholung der Messen, für all das fand man in den *Vertrauten Gesprächen* wenig Verständnis. Morus gab zwar zu, daß es Geschmacklosigkeiten gebe, doch er verteidigte im *Dialogue* die Volksfrömmigkeit hingebungsvoll.

Eine der Geschichten, die Morus seinem «Boten» in den Mund legt (der meist Kritik übt), erinnert an das Gespräch «Vom Wallfahren» von Erasmus. Erasmus macht sich über zwei englische Schreine lustig, und Morus spottet charakteristischerweise über einen Schrein in Frankreich. Er hat möglicherweise bei einer seiner Reisen auf dem Kontinent den Schrein von St. Valéry in der Picardie besucht. Er könnte sich aber auch auf das Hörensagen verlassen haben. Auf jeden Fall stammt die Geschichte von jenem Thomas Morus, dessen Interesse für die unteren Körperteile und für die menschlichen Abfallprodukte sich in einem großen Teil seines Werkes und in vielen Geschichten zeigt, die man über ihn erzählt.

In St. Valéry, so erzählt der Bote, fände der Pilger die Wände behängt mit Wachsmodellen von männlichen und weiblichen Genitalien. Sie sollen die wunderbaren Heilungen bezeugen, die der Heilige an diesen Teilen der menschlichen Anatomie bewirkt hat. (Der Schrein glich offensichtlich dem griechischen Epidauros und vielen anderen Stätten auf der ganzen Welt, zu denen die Menschen mit Beschwerden an den Geschlechtsteilen jahrhundertelang gepilgert waren, bevor die moderne Medizin aufkam.) Auf dem Altar lagen zwei silberne Ringe, einer etwas größer als der andere. Die Männer wählten den Ring, der ihnen jeweils besser paßte, und steckten ihr «männliches Gerät» hindurch, wie der Bote es nannte.

Ein Mönch stand mit Fäden aus «venezianischem Gold» daneben. Er zeigte jedem Mann, wie er einen Knoten um den Penis binden sollte, während dieser vermutlich durch den passenden Ring gezogen war. Das sollte vor Nierensteinen schützen – einem der gefürchtetsten Übel jener Zeit. Bei Männern mittleren Alters war oft tagelang die Urinabsonderung blockiert. Wenn die Nierensteine den Harnleiter passierten, verursachten sie die schlimmsten Schmerzen, die man zu jener Zeit kannte. Das Binden des Knotens wurde von rituellen Gebeten begleitet.

Einer der Männer der Gruppe, «ein verheirateter Mann und doch ein fröhlicher Zeitgenosse», dankte dem Mönch für den Faden, doch «er bat ihn, ihm doch zu zeigen, wie er ihn um das Gerät seines Weibes knoten sollte, was ihm, außer der Mönch besäße spezielles Handwerkszeug, sehr mühsam erscheine, weil ihr Gerät etwas kurz sei». Der Mönch klapperte mit seinen Schlüsseln und zog schmollend von dannen.

Später näherte sich diesem fröhlichen Besucher eine weise Frau und behauptete, daß sie ein sicheres Mittel zum Vorbeugen gegen Nierensteine besäße. Sie würde eine Kerze gießen, von der Form seines Penis, diese abbrennen lassen und damit die Möglicheit der Krankheit wegbrennen. Der Mann fürchtete sich trotz seines spöttischen Witzes sehr vor Nierensteinen; deshalb trug er die Sache seiner Frau vor. Was sollte er tun? Die Frau war zornig und wehrte sich heftig. Das sei Hexenwerk, sagte sie. So wie die Kerze abbrenne, so würde die sexuelle Potenz ihres Gatten dahinschmelzen, und was wäre dann mit ihr?

Der Bote erzählte auch die Geschichte von St. Wilgefort oder St. Uncumber, wie sie von Frauen genannt wurde. Sie befreite die Frauen von ihren Männern im Austausch gegen das Opfern von Hafer. Er sprach von der heiligen Elisabeth von Leominster, einer Frau, die sich zu Lebzeiten Heinrichs VII. als ein ätherisches Wesen ausgab, das allein von der Hostie lebte. Die Hostie schwebte wundersamerweise vom Altar durch die Kirche bis zu einem Käfig, in dem die Heilige saß. In Wirklichkeit schwebte die Hostie an einem Faden, der so angebracht war, daß sich die Leichtgläubigen täuschen ließen, und bei Nacht verließ die Heilige ihren Käfig und schlief mit dem Priester. Sie wurde entlarvt, als man sie in den Käfig einschloß. Denn da flehte sie um Essen und produzierte außerdem Häufchen – die man nach volkstümlicher Auffassung und offensichtlich auch nach Morus' Auffassung von Heiligen nicht erwartete. Den Rest ihrer Tage verbrachte sie als Hure in Calais und erzählte dort die Geschichte allen, die sie hören wollten.

So folgte eine lustige Geschichte der anderen, und dem oberflächlichen Beobachter könnte es so scheinen, als ob Morus und Erasmus auf der gleichen Leier spielten und noch immer in ihrem Verlangen nach der Reform der Kirche übereinstimmten. Tatsächlich jedoch greift Erasmus am Ende die Volksfrömmigkeit an, während Morus sie verteidigt. Mit der lustigen Geschichte wird in den *Vertrauten Gesprächen* eine völlig entgegengesetzte Absicht verfolgt als im *Dialogue.* Erasmus will mit seinen Geschichten törichtes Verhalten anprangern. Morus erzählt sie im Gegensatz dazu nach der alten rhetorischen Form der *concessio*, der Konzession, dem Zugeständnis, das einen Hieb abwehrt oder einem Angriff die Wucht nimmt. Er gibt einen Mißbrauch stets nur zu, um sogleich eine glühende Verteidigung der zugrundeliegenden Praxis vorzutragen. Über den Schrein von St. Valéry konnte er lachen und überließ die Sache dann der Universität von Paris zur Untersuchung, wie er dem Boten erzählte. Doch dann wechselte er schnell zum allgemeinen Prinzip über und verteidigte es:

> Auf alle diese Angelegenheiten gibt es eine evidente, einfache Antwort, nämlich, daß sie die Gültigkeit unserer Sache nicht berühren, die darauf beruht, ob solche Dinge, von denen hier wir sprechen, wie das Anbeten der Heiligen, die Pilgerfahrten und die Verehrung von Reliquien und Bildern, auf rechte Weise getan werden können, und nicht darin, ob sie auf schlechte Weise getan werden können. Denn wenn sie auf rechte Weise getan werden können, dann schmälert die Tatsache, daß sie von vielen mißbraucht werden, dennoch nicht den guten Kern der Sache selbst. Denn wenn wir wegen des Mißbrauchs einer guten Sache und wegen des Übels, das zuweilen aus dem Mißbrauch derselben erwächst, nicht nur den Mißbrauch abschaffen, sondern den ganzen Brauch aufgeben, dann würden wir wunderliche Veränderungen in der Welt bewirken.[11]

Zuweilen grenzt Morus' Verteidigung der Volksfrömmigkeit ans Absurde. Er vertritt die Ansicht, daß eine Reliquie echt sein muß, wenn sie viele Jahre lang in der Kirche verehrt wurde, denn sonst hätte Gott nicht zugelassen, daß sie so lange verehrt würde. Das zwang ihn auch zu der Behauptung, daß alle Kirchen in Europa, in denen angeblich der Schädel von Johannes dem Täufer aufbewahrt wurde, tatsächlich wenigstens ein Stück davon besäßen. Bei seinen Ausführungen über die Heiligen nennt er eine lange Liste von Namen aus der *Goldenen Legende* und anderen Quellen. Einige davon wurden in der katholischen Kirche nicht mehr verehrt, weil man sie für mythologisch hielt. Doch Morus verteidigte sie alle.

Morus traf eine feine Unterscheidung, die wie eine Antwort auf Erasmus' Forderung wirkt, daß die Christen ausschließlich um geistliche Wohltaten zu den Heiligen beten sollten. Er hielt es für unwürdig, die Heiligen um etwas zu bitten, was wir selbst tun können, oder gar um ein unnötiges Ding. Wir sollen nicht zu der heiligen Dorothea um Blumen beten, auch wenn sie in der Ikonographie ständig mit einem Korb Blumen dargestellt werde. Es sei gestattet, zur heiligen Apollonia zu beten, wenn wir Zahnschmerzen hätten, denn ihr Martyrium habe teilweise darin bestanden, daß ihr die Heiden die Zähne ausbrachen. Wir dürften zum heiligen Rochus und zum heiligen

Sebastian beten, daß sie uns von der Pest befreiten, denn vor ihr könnten wir uns nicht selbst retten. Vielleicht sei es vertretbar, meint Morus, zum heiligen Leonhard zu beten, der Schmied gewesen sei, wenn wir uns bei einer Reise um ein Pferd sorgten.

Die Verehrung von Bildern, zumindest durch das einfache Volk, verteidigt er. Wir sollen sie verehren und in ihnen die Wirklichkeit, für die sie stehen. Niemand könne bei klarem Verstand ein Bild der Jungfrau Maria mit der Jungfrau selbst verwechseln – eine zweifelhafte Annahme, die die Protestanten heftig bestritten. Wir sollten auf Pilgerfahrt gehen. Warum? Weil es Gott gefalle. Gott sei überall gegenwärtig, doch im Lauf der Jahrhunderte habe Er an den heiligen Stätten Wunder gewirkt. Er wirke dort auch weiterhin Wunder, und das beweise, daß Er die Pilgerfahrten zu den heiligen Stätten segne, wo die Wunder geschähen.

Im ersten Buch des *Dialogue Concerning Heresies* hat Morus vierzehn Kapitel der Verteidigung der Wunder gewidmet. Luther hielt es nicht für gänzlich unmöglich, daß sich an heiligen Stätten wunderbare Dinge zutrugen. Für ihn waren jedoch die katholischen Wunder Werke des Satans, der die Christen dazu verleiten wollte, eine Lüge zu glauben. Tyndale pflichtete ihm bei. Der Bote wiederholt diese Meinungen und hebt sie auf ein etwas höheres Niveau. Manchmal erinnert er ein wenig an einen vor seiner Zeit geborenen David Hume. Und das beweist, daß Morus den Gegenstand ziemlich gründlich durchdacht hat.

Der Bote behauptet, daß Vernunft und Natur gegen die Wunder sprechen würden. Morus erwidert, daß die Wunder nicht gegen die Gesetze der Natur verstießen, sondern so weit über der Natur stünden, daß wir sie nicht verstehen könnten. Und außerdem, fügt er hinzu, könnten wir vieles nicht verstehen. Wir könnten die Geburt von Kindern nicht begreifen, und wer hätte in früheren Zeiten geglaubt, daß ein Schiff um die Welt segeln könne und nicht vom Rand der Weltscheibe ins Nichts stürze? (Offensichtlich war der Verfasser von *Utopia* über die Reise informiert, die Magellan begonnen und Sebastian Elcano beendet hatte.) Gottes Wege stünden weit über unseren Wegen. Außer Zweifel stehe, daß rechtschaffene Menschen glaubwürdig bezeugt hätten, daß Gott in der Kirche Wunder vollbracht habe. Niemand könne davon ausgehen, daß so viele Zeugen sich geirrt hätten. Dies erinnert an das Argument unserer Tage, die Existenz von außerirdischen Besuchern sei dadurch bewiesen, daß so viele Menschen Ufos gesehen haben. Morus geht davon aus, daß die gemeinsame Überzeugung einer großen Menge von Menschen immer der Wahrheit entsprechen müsse.

Der übersinnliche Bereich mußte in dieser Biographie mehrfach behandelt werden, um die Ambiguität von Morus' Denken zu veranschaulichen. Sie ist typisch für ihn. Auf diese Ambiguität ist sein innerer Zwiespalt zurückzuführen, sie ist jedoch auch charakteristisch für die ganze Epoche. Die *Geschichte*

König Richards III. erscheint mit ihrem Bild der Geschichte als Verkettung menschlicher Handlungen durchaus modern. Die Geschichte wird insgeheim und auf mysteriöse Weise von der Vorsehung überwacht. Doch die menschlichen Handlungen werden durch übernatürliche Einwirkungen gestört, wenn auch manche Phänomene – wie Richards Zähne, die bei seiner Geburt bereits ausgebildet waren, oder seine unnatürliche Geburt – das Verhängnis ankündigen. Wenn Morus nun im *Dialogue* Wunder so standhaft verteidigt, kann man erwarten, daß er von einigen berichtet, um seine Behauptungen zu beweisen. Das tut er auch; allerdings stammen alle bis auf eines aus der fernen Vergangenheit. Er erzählt vom heiligen Erkenwald und dem Balken der Barking Abbey, den der Heilige wunderbarerweise auf die richtige Länge zog. Er berichtet von verschiedenen neutestamentlichen Wundern, die die Pilgerfahrten anscheinend rechtfertigen. Im Johannes-Evangelium wurden die Menschen geheilt, wenn sie als erste im Teich von Bethesda badeten, nachdem ein Engel das Wasser bewegt hatte. Gott könnte die Kranken auch ohne den Teich geheilt haben, doch Er wählte diese Art, sie zu heilen, und so hält Er es auch mit den Pilgerfahrten.

Einige klagten, schrieb Morus, daß schon aus geringfügigen Anlässen Wunder geschehen würden. Doch die ersten Wunder, die Christus bewirkte, geschahen aus geringfügigem Anlaß: dem Gastgeber ging bei der Hochzeit zu Kana in Galiläa der Wein aus. Durch Wunder wurde die Echtheit von Reliquien bestätigt, führt Morus aus. Er benützt hier mit bestürzender Bereitwilligkeit die phantastische *Goldene Legende.* Als das wahre Kreuz gefunden wurde, wurde durch die Berührung mit ihm eine Leiche wieder zum Leben erweckt. Dies bestätigte die Echtheit des Kreuzes. Der Schädel Johannes des Täufers und der Leib des heiligen Stephan wurden durch Wunder entdeckt. Er glaubt sogar an die alte Geschichte, wie König Abgar von Edessa einen Künstler aussandte, der ein Bild von Jesus malen sollte. Der Künstler konnte das Gesicht nicht abbilden. Jesus presste die Kleider des Künstlers gegen sein Antlitz, und dort hinterließ es einen Abdruck des heiligen Bildes. (Die Legende von der heiligen Veronika ist eine verstümmelte Version dieser Geschichte.)

Doch was ist mit Wundern aus neuerer Zeit? Morus behauptet, daß sie täglich weiterhin in der Kirche geschehen würden. Auf die Frage, ob er eines näher beschreiben könne, erzählt er, auf Rhodos habe es einen wunderbaren Dornstrauch gegeben, der jeden Karfreitag zu blühen begann, bis die Türken die Insel erobert hätten. Vermutlich gebe es den Dornstrauch nicht mehr.[12]

War er selbst Zeuge von Wundern? Nichts deutet darauf hin, daß er eine Pilgerfahrt unternahm oder selbst ein Heiligtum besuchte. Doch er erinnerte sich, daß die Tochter von Sir Roger Wentworth durch ein Wunder von dämonischer Besessenheit geheilt worden war. Wentworth war Morus'

Freund und begleitete ihn gelegentlich auf diplomatischen Missionen. Morus muß das Mädchen und ihr Leiden gekannt haben.[13] Sie wurde auf einer Pilgerfahrt nach Ipswich geheilt, wo sich ein berühmtes Bild der Jungfrau befand. Das Mädchen wurde später Nonne. Solche Krankheitsbilder und «Heilungen» gab es vermutlich zu allen Zeiten. Sie konnten durchaus als Wunder gedeutet werden. Außerdem bewirkten sie eine höhere allgemeine Akzeptanz hysterischen Verhaltens, das Menschen hin und wieder an den Tag legen.

Morus tat, was er konnte. Er hatte keine Freunde, die ihm überzeugende Wundergeschichten berichten konnten. Aufgrund seiner eigenen Skepsis war es ihm auch nicht zu möglich, Erzählungen wiederzugeben, bei denen ihm Namen und Schauplätze unbekannt waren.

Er war innerlich auf bemerkenswerte und zweifellos qualvolle Weise gespalten. In seiner Frömmigkeit griff er auf den Gott der Bibel, auf den lebendigen Gott zurück. Auf den Gott, der das Rote Meer geteilt hatte, der einst das Eisen einer Axt auf der Oberfläche eines Teichs schwimmen ließ, der den Schatten auf einer Sonnenuhr zurückgedreht und der Christus von den Toten auferweckt hatte. Luther und Tyndale wurden im Volksmund «biblisch» genannt, weil sie «einzig die Schrift» als Quelle des Glaubens anerkannten. Aber die Bibel enthält zahlreiche Widersprüche. Morus' Gott griff beständig mit unmißverständlichen Manifestationen Seiner Macht in das tägliche Leben ein. Mit dieser Ansicht ist Morus so «biblisch» wie nur irgend jemand im sechzehnten Jahrhundert, auch wenn er das Wunderbare in seiner eigenen Zeit nicht näher bestimmen konnte. Offensichtlich hätte er sich das gewünscht. Doch war Morus skeptisch geworden durch seine Berührung mit der antiken Wissenschaft und Philosophie und mit antiken Spöttern wie beispielsweise Lukian. Schon Lukian hatte über Aberglauben nur gespottet. Deshalb glaubte er nicht leichtfertig an Wunder, die Menschen erlebt haben wollten, mit denen er persönlich bekannt war, und die an ihm bekannten Schauplätzen stattgefunden haben sollten.

Im *Dialogue Concerning Heresies* und in jeder anderen polemischen Schrift vertritt Morus stets einen eindeutigen Standpunkt. Er geißelt die Häretiker durchgängig verbal als Sünder. Anhand unangenehmer Einzelheiten erörtert er, daß alles, was sie glaubten, zum Zerfall der Kultur, zum Ende des Glaubens und zum Triumph der Hölle über die Welt führen würde. Er schreibt über die Prädestination, als ob nur Häretiker diese Lehre verkündet hätten. Doch wie wir aus dem «Letter to a Monk» (Brief an einen Mönch) von 1519 und aus Erasmus' Brief von 1527 an Morus entnehmen konnten, wußte er, daß Augustinus ähnlich wie Luther über die Prädestination gedacht hatte. Und selbstverständlich kannte Morus große Teile des Werkes von Augustinus beinahe auswendig. Er zitierte ihn häufig und mit guter Textkenntnis, wo immer es ihm angebracht schien. Doch hier tritt der Jurist in den Vordergrund. Morus ist nicht bereit – über ein paar geringfügige Vergehen des Klerus hinaus –, den geringsten Beweis jenen Behauptungen hinzuzufügen, die sein Anliegen vor jener allmächtigen Jury schwächen könnten, die er überzeugen wollte: dem englischen Volk.

Möglicherweise ist dieses Beharren auf der unerschütterlichen Gewißheit der katholischen Wahrheit nur ein rhetorischer Kunstgriff. Doch drückt es eventuell auch eine Verhaltensweise aus, die wir heute bestens aus der klinischen Beobachtung von Streßsymptomen kennen. Viele Menschen sind unter solchen Lebensumständen nicht mehr bereit, sich ihre Zweifel selbst einzugestehen. Sie wollen die leise innere Stimme der Skepsis durch lautstarke Behauptungen übertönen. Solche Menschen vertreten oft ihre Behauptungen mit hartnäckigem Starrsinn. Manchmal ändern sie aber auch schlagartig ihre Anschauungen und entdecken dabei oft, daß das komplizierte Gebäude ihres Lebens jäh zerfällt.

Luther war bereits mit einer ehemaligen Nonne verheiratet, als Morus den *Dialogue Concerning Heresies* schrieb. Jetzt wandte Morus sich dem trockensten Teil seiner Streitschriften zu – er bezeichnete die Beziehung des Mönchs Luther zu der Nonne Katharina als Inzest. Morus kennt kein Erbarmen. Er fällt mit einer wütenden Tirade voll schriller Mißtöne über Luther her. Wie könne jemand einem «verliebten Mönch» Gehör schenken, «einem Abtrünnigen, einem offen inzestuösen Wüstling, unverkennbar einem Balg des Teufels, einem offenkundigen Boten der Hölle»?[14] Morus wunderte sich darüber, was die Leute hinnahmen, wenn sie die Neuigkeit nach und nach vorgesetzt bekamen. Schaut Luther an, schreibt er. «Hätte er am Anfang alles gesagt, was er seither gesagt hat, wer hätte ihn geduldet? Hätte er am Anfang eine Nonne geheiratet, hätte das Volk ihn nicht verbrannt?»[15] In diesem Ton fährt er fort. Ein saurer Regen äußerster Verachtung fällt auf diese Ehe und die darin vermeintlich genossene Wollust und durchtränkt jede Seite, auf der Luthers Name auftaucht.

Morus hielt neben der Häresie die Lehren über die Ehe und die Prädestination für Luthers schwerste Sünden. Er begriff nie den mächtigen moralischen Drang hinter Luthers Deutung der Prädestination. Seine eigenen Landsleute, die späteren Puritaner, führten das moralisch am strengsten geregelte Leben, das die Christenheit jemals bei einer großen Zahl von Laien sah. Sie handelten unter dem machtvollen Zwang der Prädestinationslehre, weil sie von dem Wunsch besessen waren, zu beweisen, daß sie tatsächlich zu den Erwählten gehörten. Das konnten sie jedoch nur dadurch beweisen, daß sie jene guten Taten vollbrachten, die als die Folge und das äußere Zeichen ihrer Erwähltheit verstanden wurden.

Morus zählt im *Dialogue* die Schrecken der Häresie auf. Und so witzig und beredt das auch einem Leser erschienen sein mag, der treu dem alten Glauben ergeben war, er konnte einen wankelmütigen Gläubigen doch nicht von der Frage abhalten, ob ein echter religiöser Hunger wohl mit den neuen Lehren zu stillen sei. Morus versuchte, solche Menschen in der Person des Boten darzustellen. Sein eigenes Geschöpf überzeugt er mit Leichtigkeit. Der Bote hat einige gute Auftritte, und wie in einem schlechten Roman erkennen wir sofort die typisierte Rolle, die Morus ihm zugeteilt hat. Er ist aufrichtig, naiv, ernst und hat ein bißchen Humor, was sein farbloses Wesen ein wenig bunter macht. Doch trotz allem ist er schließlich nur Werkzeug, ein zweidimensionaler Charakter, den Morus wie eine Puppe aus Papier ausgeschnitten hat, die nach dem Willen ihres Schöpfers geputzt, bemalt und gelenkt wird. Eine reale Person, die in dem Tumult der religiösen Umwälzungen zwischen Himmel und Hölle, zwischen Fleisch und Teufel hin- und hergerissen wurde, konnte sich in dem sanften, willigen und farblosen Geschöpf, das Morus schuf, keinesfalls selbst wiedererkennen.

Noch ein paar andere Einzelheiten im *Dialogue* verdienen beachtet zu werden. Zum einen ist es die Art, wie Morus sich selbst als einen geschäftigen und bedeutenden Mann mit bedeutenden Freunden darstellt. Er schildert sich als Mann, der aus christlicher Nächstenliebe bereit ist, an zwei Tagen zwei wertvolle Stunden zu opfern, um mit einem jungen Menschen, der auf der Suche ist, über den Glauben zu reden.

Man könnte vorbringen, daß er mit diesem Selbstporträt unter anderem zeigen wollte, daß gewissenhafte und bedeutende Männer den alten Glauben ohne Bedenken annahmen und daß nur junge und unfertige Menschen in Versuchung gerieten, den gefährlichen Neuerungen nachzulaufen. Vermutlich genoß er es jedoch auch, der Welt dieses Bild von sich zu hinterlassen – das Bild des geachteten Mannes, dessen Leben der königliche Hof war und dessen Urteil die Schwachen und die Starken vertrauten. Es war ein Teil seiner Selbststilisierung und ähnelt dem Bild, das er in *Utopia* und später im *Dialogue of Comfort Against Tribulation* (Trost in Trübsal) von sich zeichnet. Dieses Bild gab er an Roper weiter, und Roper übermittelte es der Nachwelt.

Ferner ist bemerkenswert, was Morus indirekt über Thomas Bilney berichtet. Er erwähnt Bilney nicht namentlich – vielleicht nahm er an, daß die Nennung dieses Namens provozierend wirken könnte. Provokationen wollte er jedoch vermeiden, bevor er nicht seinen Standpunkt ausführlich dargetan hatte. Doch dann ist offensichtlich, daß er über Bilney spricht. Er behauptet, Bilney sei ein Häretiker gewesen: er habe die Heiligenbilder, die Verehrung der Heiligen und die Pilgerfahrten verurteilt. Morus, der alles verteidigte, was die Kirche tat und lehrte, konnte das nicht hinnehmen. Doch könnten wir leicht zu Bilneys Gunsten einwenden, daß er bloß ein Christ war, der Erasmus wörtlich genommen hatte und ein Beispiel von dessen «Philosophia Christi» zu geben versuchte. Er hatte keine protestantischen Lehren vertreten.

Hat Bilney Morus' gönnerhaften Bericht über ihn gelesen? Von John Foxe wissen wir, daß Bilney zu der Zeit, als der *Dialogue Concerning Heresies* erschien, bereits unter schwersten Depressionen und selbstzerstörerischen Schuldgefühlen litt, weil er widerrufen hatte. Morus' triumphierender Bericht über Bilneys Werdegang und seine häretischen Überzeugungen, die er im entscheidenden Augenblick verleugnete, hätten einen sensiblen Menschen nur noch melancholischer machen müssen. Bilney hatte einst in Gesellschaft von Freunden einen Weg beschritten, aber dann hatte er sich zurückgezogen und sie allein weitergehen lassen.

Morus' grausame Charakterzüge zeigen sich gegen Ende des *Dialogue*. Er setzt sich vehement dafür ein, daß Häretiker verbrannt werden. In einer Kapitelüberschrift faßt er diese Ansicht zusammen: «Der Verfasser legt seine Auffassung dar über das Verbrennen der Häretiker, daß es gesetzlich, notwendig und recht getan ist.» Diese Haltung dürfte teilweise als Mahnung an Wolsey aufzufassen sein, weil der Kardinal wenig tat, um die Häresie in England zu unterdrücken. Er war mit Heinrichs Ehescheidung beschäftigt.

Morus' moderne Bewunderer beschäftigen sich im *Dialogue* meist mit jener Passage, in der er überraschenderweise für eine englische Bibelübersetzung eintritt. Wir haben schon auf seine tiefe Überzeugung hingewiesen, daß die Kirche mit ihrer mündlichen Überlieferung auch sehr gut ohne die Bibel auskommen könne. In jedem Fall sei es jedoch die Kirche, die der Bibel die Autorität verleihe. Im *Dialogue* wie in anderen seiner Kontroversschriften zitierte Morus regelmäßig Augustinus' Behauptung, daß er die Heiligen Schriften nicht anerkannt hätte, wenn sie nicht durch die katholische Kirche autorisiert gewesen wären. Im allgemeinen neigte Morus dazu, den Gebrauch der Schrift zugunsten einer allgemeinen Übereinkunft in der Kirche zu diffamieren. Doch hier – das einzige Mal in seinen religiösen Schriften – ließ er sich dazu herab, zugunsten einer englischen Übersetzung der Bibel zu sprechen.

Er hat gerade den Fall Hunne erörtert, als er die Frage einer Bibelübersetzung aufgreift. Hunne hatte das Verbrechen begangen, eine Wycliffebibel zu lesen. Aber warum sollten die einzigen englischen Bibeln häretisch sein? Warum besaß England nicht eine Version der Schrift in der Volkssprache, die mit den Lehren der katholischen Kirche übereinstimmte? Der Bote bedrängt ihn mit unbequemen Fragen, und Morus erwidert etwas lustlos, daß er viele alte englische Bibeln gesehen habe, die nicht häretisch seien. Das können allerdings keine gedruckten Bibeln gewesen sein, denn vor Tyndale war England bekanntlich das einzige Land in Europa, in dem es noch keine gedruckte Bibel in der Volkssprache gab.

Im Prinzip hält Morus jedoch den Plan, eine Bibel auf englisch zu drukken, für sehr gut. Einige Theologen meinten allerdings, die englische Sprache sei zu barbarisch für die Heilige Schrift. Morus weist dieses Argument zurück und stimmt eine Lobeshymne auf die englische Volkssprache an. Einige Gelehrte behaupteten, die Bibel solle nicht übersetzt werden, weil sie für das gemeine Volk zu gefährlich sei. Morus weist darauf hin, daß auch das Griechische, Hebräische und Lateinische zu ihrer Zeit die Sprachen des gemeinen Volkes waren. Und wenn die Bibel in diesen Sprachen ihren Platz hatte, sollte sie auch auf englisch zugänglich sein.

Die Neigung des einfachen Volks, Dinge zu erörtern, von denen es wenig verstand, machte ihm Sorgen. Er glaubte, sie sollten die heiligen Schriften nur zur Andacht lesen. Kaum eine Stelle sei so schwierig, daß der Leser, der sich ehrlich um die Schrift bemühe, nicht seinen Gewinn daraus ziehen könne. Schlichte Christen jedoch sollten die Bibel nicht mit dem Verstand begreifen wollen. Die Schrift sollte mit Vorsicht gelesen werden: eine Fliege könne sie durchwaten, doch ein Elefant darin ertrinken. Doch trotz dieser Gefahren sollten sich einige Gelehrte zusammentun und eine Übersetzung erstellen, die von den zuständigen Behörden genehmigt werden könne. Diese Fassung solle dann gedruckt werden.

Wenn diese Bibel gedruckt wäre, sollte sie nach Morus' Ansicht jedoch nicht an jedermann verkauft werden, der sie bezahlen konnte. Die Bischöfe sollten die Bibel erhalten, und jeder Bischof sollte darüber entscheiden, wer sie lesen dürfe. Wahrscheinlich könnte der Bischof durch eine Art Prüfung herausfinden, wem er sie anvertrauen konnte und wem nicht. Dann könnte er kostenlose Abschriften verteilen. Vielleicht schmerzten Morus die Gewinne, welche die deutschen Kaufleute von Steelyard mit dem Verkauf von Tyndales Übersetzung erzielt hatten – Gewinne, die alle leicht für Frömmigkeit ausgeben konnten, die aus Gewinnsucht mit der guten Sache ein Maximum verdienen wollten.

Was sollen wir davon halten? Die einfache Lebensweisheit legt es nahe, die Dinge zu nehmen, wie sie sich uns darstellen. Doch dann müssen wir davon ausgehen, daß Morus eine Bibelübersetzung ins Englische wollte, daß er also auf seiten der Reformer war. Wir dürfen jedoch nicht vergessen, daß Morus hin und wieder zugunsten von Standpunkten argumentierte, die er selbst nicht mit ganzem Herzen vertrat. Viele Ereignisse seines Lebens sind schwer zu deuten, weil wir nicht wissen, wann wir ihn ernst nehmen sollen und wann nicht.

Die Bibel kannte er beinahe auswendig, und offensichtlich hat er sie häufig aus dem Gedächtnis zitiert, wenn er schrieb. Damit lassen sich die kleinen Fehler erklären, die wir gelegentlich in seinen englischen Auslegungen finden. Wenn er die Heilige Schrift selbst ins Englische übertrug, wie er es in seinen englischen Werken tat, war er sehr sorgfältig. Wir haben bemerkt, daß sein Stil Tyndales Stil ähnelte – eher schlicht als «überladen», rhythmisch und klar. Er konnte zwar kein Hebräisch, aber Griechisch. Vermutlich war er der einzige katholische Gelehrte in England, der dem alten

Glauben treu ergeben war und der fähig gewesen wäre, seinen Landsleuten eine orthodoxe Übertragung des Neuen Testaments zu geben, die mit Tyndales häretischer Version hätte konkurrieren können.

Er entschloß sich nicht dazu. Er war sehr beschäftigt, und wir können von ihm kaum erwarten, daß er sich der aufreibenden Aufgabe gewidmet hätte, die Bibel zu übersetzen. Vielleicht hat er andere dazu aufgefordert. In einem Brief von Miles Coverdale an Thomas Cromwell von 1527 stoßen wir auf einen aufregenden Hinweis. Coverdale erstellte später die erste königlich autorisierte Übertragung der Bibel ins Englische (er schrieb hemmungslos von Tyndale ab). Er erwähnt die «göttliche Unterredung», die er und Cromwell «am Abend vor Ostern im Haus von Master Morus» gehabt hatten.[16] War der «Master Morus» Sir Thomas Morus? Und wenn ja, sprachen die drei Männer dann über eine englische Bibelübersetzung? Die Frage wird unbeantwortet bleiben. Wir können lediglich feststellen, daß nach dem *Dialogue Concerning Heresies* Morus mehr denn je davon überzeugt war, daß die Schrift, so wertvoll sie war, für den Glauben nichts Wesentliches bedeutete.

Aber sprach sich Morus dann für eine Übersetzung aus, obwohl das seinen grundlegenden und oft geäußerten Gedanken über die Bibel widersprach? Möglich ist, daß er im *Dialogue* auf jene geschickte rhetorische Weise für eine englische Übersetzung argumentiert, in der er Hythlodeus in *Utopia* für eine Form des Kommunismus sprechen läßt. Nachdem er sich entschlossen hat, diesen Standpunkt zu vertreten, tut er das auch nach besten Kräften. Damit drückt er aber nicht seine wirkliche Überzeugung zu dem Streitpunkt aus.

Noch eine Möglichkeit ist offen. Am 25. Mai 1530 wurde Tyndales Neues Testament von der Sternkammer (dem nur dem König verantwortlichen englischen Gerichtshof) noch einmal formell verurteilt. Hall berichtet, daß Heinrich am selben Tag den Bischöfen befahl, eine neue Übersetzung der Bibel vorzubreiten. Am 22. Juni hat er jedoch davon wieder Abstand genommen. An diesem Tag ließ er bekanntgeben, er habe nach vielen Beratungen mit den Bischöfen beschlossen, daß eine englische Version der Schrift nicht vonnöten sei, weil gerade in diesen Zeiten jede Übersetzung der Bibel eher eine Zunahme der Irrtümer als irgendwelche Wohltaten für das Seelenheil hervorbringen könnte. Doch beabsichtige er, zu gegebener Zeit «dafür zu sorgen, daß die Heilige Schrift durch große, gelehrte und katholische Personen in die englische Sprache übersetzt werden solle».[17]

Wenn man die Bekanntmachung genauer liest, erkennt man, daß Heinrich eine Übersetzung wünschte, die Bischöfe sie ihm aber ausgeredet hatten – jedenfalls vorläufig. Er war für den Augenblick bereit, ihren Rat anzunehmen. Allerdings behielt er sich das Recht vor, eine Übersetzung später zu fördern.

Dies ereignete sich, nachdem *A Dialogue Concerning Heresies* gedruckt worden war. Heinrich fand vermutlich den Plan zu einer Bibelübersetzung deshalb so anziehend, weil er seine Scheidung mit jener Bibelstelle im Levitikus rechtfertigen wollte. Vielleicht wollte er jedem gebildeten Engländer eine Abschrift der Bibel in die Hand geben, um die Schrift soweit wie möglich für seine Zwecke zu benützen. Das könnte bereits 1527 oder noch früher erörtert worden sein, als Tyndales Bibel erschien und Heinrich sich leidenschaftlich in Anne Boleyn verliebte. Dieses Zusammentreffen zweier Ereignisse legte eine autorisierte Übersetzung aus mehreren Gründen nahe. Sobald eine englische Bibel leicht zugänglich sein würde, dachte Heinrich vermutlich, müßten alle seine Untertanen einsehen, daß seine Scheidung rechtmäßig möglich sei. So wollte er sich die nötige Unterstützung durch die Öffentlichkeit sichern. Morus nahm in der Regel in seiner Funktion als theologischer Ratgeber an diesen Erörterungen teil, und im *Dialogue Concerning Heresies* hat er vielleicht, weil er für den Augenblick selbst an die Richtigkeit dieses Vorgehens glaubte, den Standpunkt des Königs dargestellt.

Der *Dialogue* ist lesenswert und wurde wahrscheinlich auch gelesen. Die zweite Ausgabe erschien 1530. Er ist bei weitem die beste Schrift, in der am Vorabend der Trennung von Rom der alte Glaube verteidigt wurde. Morus schlägt darin den zuversichtlichen Ton eines bedeutenden und gebildeten Mannes an, der sich sicher ist, daß die Häresie eine vorübergehende Erscheinung ist und daß die wahre Kirche bald wieder über ihre verachtungswürdigen Feinde triumphieren wird, wie sie auch früher immer triumphiert hatte.

Warum aber schreibt er so viel und so ausführlich, wenn er selbst so zuversichtlich war wie der fiktionale Morus in dieser Schrift? Und warum bezog er so hartnäckig jene extremen Standpunkte, die wir hier dargestellt haben? Warum glaubte er beispielsweise, die Echtheit einer Reliquie wäre dadurch bewiesen, daß sie lange genug verehrt wurde? Warum wiederholte er so zweifelhafte Wundergeschichten aus der *Goldenen Legende* wie jene vom heiligen Erkenwald, der den Balken der Barking Abbey in die richtige Länge zog? Glaubte er sie wirklich? Vielleicht wollte er sie glauben, doch dann hielt er sie nicht für glaubwürdig genug, um sie in den voluminösen polemischen Schriften zu verwenden, die er noch schreiben wollte. Außerdem gab er den Fall Hunne verzerrt wieder, wie wir zuvor in diesem Buch ausführlich geschildert haben. Dort erweckte er den Anschein, daß kein ernstzunehmender Beweis gegen die Kleriker vorliege, die des Mordes an Hunne angeklagt waren. Wie dem auch sei, wer so Tatsachen verdreht, wirkt nicht gerade vertrauenswürdig.

Möglicherweise hat Morus sich im *Dialogue Concerning Heresies* selbst porträtiert. Er zeigt darin der Welt ein ruhiges, zuversichtliches und überlegenes Antlitz, doch unter der Oberfläche herrscht eine fürchterliche Spannung; deshalb wirkt dieses Selbstbildnis ganz und gar nicht ruhig und zuversichtlich. Das Werk gehört offensichtlich in jene lange Tradition der abendländischen Literatur, in der die Kunst als Entwurf dient, um die Spannungen des Lebens erträglicher zu machen. Das Leben wird nicht geschildert, wie es ist, sondern wie es nach Auffassung des Autors sein sollte. Die nahezu unerträgliche Spannung zwischen Ideal und Wirklichkeit wurde zu einem mächtigen Antrieb für diese Art von Kunst.

KAPITEL 23

Ernennung zum Lordkanzler

Was Morus und andere auch taten, die Häresie breitete sich in England aus. Kaum war die erste Auflage des *Dialogue Concerning Heresies* erschienen, als ein Rechtsanwalt namens Simon Fish, «ein Herr aus der Gray's Inn», wie John Foxe sagte, die Geistlichkeit angriff.

Fish war mehr Antikleriker als Häretiker. Die Gefahr, die von ihm ausging, war besonders groß, weil er im allgemeinen rechtgläubig war. Seine Erbitterung über die Priester spiegelte die Stimmung vieler gebildeter Londoner wider. Wie viele Engländer im Lande glaubten sie, daß die Priester, Mönche, Bettelmönche, Nonnen und alle niederen Ränge, die klerikalen Status genossen, das nationale Leben in den Schmutz ziehen und die englische Gesetzgebung zugrunde richten würden.

Doch bekanntlich war Antiklerikalismus in England nichts Neues. Schon Chaucer hatte den Klerus verspottet und viele Geistliche und ihre Anhänger der Bosheit, Wollust, Gier oder anderer Schändlichkeiten beschuldigt. Nur der «arme Landpfarrer» führt ein heiliges Leben, aber er ist ein langweiliger Geselle.

Das schlimmste Vergehen von Chaucers leichtlebigen Kirchenmännern ist jedoch ihre Weltlichkeit. Sie sind in der Welt zu Hause, nehmen gern weltliche Belohnungen an und trachten nur danach, ihre Besitztümer zu mehren. Sie zeigen wenig Interesse am Leben nach dem Tode, außer wenn sie es dazu benützen, die einfachen Leute zu übertölpeln, ihnen das Geld aus der Tasche zu ziehen oder sie für sich arbeiten zu lassen.

Im *Dialogue Concerning Heresies* verspottet Morus wie Chaucer die Possen der Geistlichen, deren Handwerk der fromme Betrug ist. Aber wie wir gesehen haben, sind diese Geschichten in Morus' Polemiken nur ein Zugeständnis an die zeitgenössische Rhetorik. Er wandte sich rasch wieder der Verteidigung des Klerus als Institution zu.

> Wenn ein lüsterner Priester eine lüsterne Tat begeht, sagen wir: «Seht nur, was für ein Beispiel uns die Geistlichkeit gibt.» Als ob dieser Priester die Geistlichkeit wäre. Aber dann vergessen wir, welch gute Männer zur Geistlichkeit gehören und welch gute Ratschläge sie uns

> geben und was für ein gutes Beispiel sie uns sind. Aber uns geht es wie den Raben und aasfressenden Krähen, die nie lebendes Fleisch anrühren. Aber wenn sie einen toten Hund im Graben finden, fliegen sie hin und fressen schnell davon. Ebenso achten wir nicht besonders darauf, wenn wir einen guten Mann oder etwas Gutes sehen oder davon hören. Aber sobald wir etwas Schlechtes sehen, gaffen wir es an. Wir reden davon und zehren den ganzen Tag von dem unsauberen Vergnügen an schlechten Nachrichten. Laßt einen guten Mann predigen, eine kurze Geschichte wird uns da genügen, und wir werden weder seine Ermahnungen noch sein gutes Beispiel sehr beachten. Sobald aber ein lüsterner Mönch mit einer Dirne erwischt wird, werden wir ein Jahr lang über den ganzen Orden herziehen und Witze reißen und sagen: «Seht nur, was sie uns für ein Beispiel geben.»[1]

Allerdings ging Morus indirekt auf den gängigen Ruf des Klerus ein. Er vertrat die Ansicht, daß der Zustand der Geistlichkeit sehr viel besser wäre, wenn weniger Männer die Priesterweihe erhalten würden. Diese Meinung aus dem *Dialogue Concerning Heresies* hatte er bereits in den Jahren geäußert, als er *Utopia* schrieb. Aber alle seine Schriften konnten nicht den Strom der antiklerikalen Stimmung im ganzen Land eindämmen. Wycliffes Einfluß wirkte wahrscheinlich ebensosehr durch seinen Antiklerikalismus fort wie durch andere Aspekte seiner Lehren. Schließlich war die Bereitwilligkeit, mit der die Bevölkerung Englands dem alten Glauben die Gefolgschaft aufkündigte, sobald Heinrich VIII. und seine Günstlinge einen neuen Weg zeigten, wahrscheinlich eher eine Folge dieses überall vorhandenen Antiklerikalismus als des Interesses an häretischen Lehren.

Der Antiklerikalismus war zum Teil auf die Enttäuschung darüber zurückzuführen, daß die Kirche die hohen moralischen Maßstäbe nicht einhielt, anhand deren ihre Geistlichen ein vorbildliches Leben führen sollten. Außerdem war, wie wir schon mehrfach bemerkten, die Zeit geprägt von sozialen Unruhen unterschiedlichster Art. In England waren die Straßen voll von Armen, die nicht wußten, wovon sie leben sollten. Immer wieder brach das Schweißfieber aus. Wirtschaftliche Schwankungen versetzten das Rad des Glücks in immer schnellere Drehung, und neue Geistesströmungen untergruben die alten gesicherten Wahrheiten und trugen die Angst in die innersten Lebensbereiche.

Auch die Gelehrten waren verängstigt und strebten, wie die protestantische Reformation beweist, genauso nach einer neuen Gewißheit. Nach der Geschichtsauffassung der Renaissance war die Gegenwart vollkommen verschieden von der Vergangenheit. Die Gelehrten des sechzehnten Jahrhunderts glaubten, ihr Zeitalter sei von der Antike radikal getrennt, in der es angeblich eine ideale Sicherheit gegeben hatte. Vermutlich sollte man die humanistische Suche nach den Ursprüngen als ein Suchen nach einem festen Boden verstehen, auf dem die Welt wieder vertraut und Gott nah erschien. Wenn Geistliche im spannungsgeladenen und angstgepeinigten sechzehnten Jahrhundert lebten, als ob Gott nicht existierte, mußten die weltlichen Mitglieder der Gesellschaft sie mit den leidenden Heiligen in der *Goldenen Legende* vergleichen und sie verachten. Nicht nur, weil sie selbst eine Lüge lebten, sondern weil sie auch lebten, als ob das Evangelium eine Lüge wäre, und im gewöhnlichen Volk damit den gefährlichen und furchteinflößenden Verdacht weckten, daß dies vielleicht der Fall sein könnte. Chaucers Büttel (Summoner), eine klerikale Nebenfigur, erzählt eine Geschichte über das Furzen der Mönche. In diesem von Heiligengeschichten gesättigten Zeitalter wußte Morus wie jedermann, daß Heilige von Blumen und Wohlgerüchen umgeben waren, was bei Mönchen keineswegs immer der Fall war.

Ende 1528 oder Anfang 1529 opferte Simon Fish seinen guten Ruf. Er veröffentlichte ein bissiges kleines Traktat gegen den Klerus, das *A Supplication for the Beggars* hieß. Diese Polemik hatte Tyndales *Obedience of the Christian Man* (Gehorsam eines Christenmenschen) viel zu verdanken. Dort wurde die Ansicht vertreten, es sei Aufgabe des Königs, die Kirche zu reformieren, weil der verderbte Klerus diese Aufgabe nicht erfüllen könne. In gewisser Weise läßt sich in *A Supplication for the Beggars* (Bittschrift für die Bettler) auch der Einfluß von Morus' *Utopia* feststellen. Fish schrieb einen Mahnbrief zugunsten der Masse von Bettlern, die England überschwemmten. Warum waren sie Bettler? Weil der Klerus so viel Geld aus dem Land schaffte, daß in England nicht genug übrigblieb, um Menschen für ihre Arbeit zu bezahlen. Wie Morus in der *Utopia* malte Fish das Bild einer mächtigen Nation, die von ihren Vertretern mit vereinten Kräften aufgebaut worden war. Die Menschen verrichteten nützliche Arbeit und wurden immer tugendhafter. Er schrieb, die fünf Bettelorden sammelten im Jahr im englischen Volk eine Summe von über dreiundvierzigtausend Pfund. Seine Rechnung ist fragwürdig, aber er brachte sie so angriffslustig und selbstbewußt vor, daß die Laien, die über die Abgaben an den Klerus murrten, sich fortan auf diese Statistik beriefen. Anscheinend hatte Fish entdeckt, daß Statistiken ein gutes Instrument sind, um Lügen zu untermauern.

Wir erinnern uns, daß Morus in der *Utopia* einen Höfling in Bischof Mortons Haus zu einem Mönch sagen läßt: «Der Herr Kardinal hat ja ausgezeichnet für euch vorgesorgt, als er bestimmte, daß die Tagediebe mit Zwangsarbeit beschäftigt werden sollen; ihr seid ja doch die größten Tagediebe.» Fish ging viel weiter als Morus. Er behauptete, dem Klerus gehöre ein Drittel des Besitzes in England. Wie Tyndale beschuldigte er die Kleriker des fortgesetzten Ungehorsams gegenüber der Krone. Die Römer und Türken, behauptete Fish, hätten niemals so mächtig sein können, wenn sie so viele Heuschrecken in ihrer Gesellschaft gehabt hätten, die ihre Substanz auffraßen.

Fish gab sich nicht damit zufrieden, das Geld zu zählen, das der Klerus aus dem Reich herauszog. Er zählte auch die Frauen, die Geistliche zu Huren gemacht hatten. Einhunderttausend, behauptete er kurzerhand. Solche Behauptungen gefallen immer jenen, die dem Demagogen glauben wollen. Geistliche seien die Überträger von Seuchen, schrieb Fish. Sie würden Frauen mit Syphilis und Aussatz anstecken. Manche Priester prahlten damit, schrieb er, daß sie hundert Frauen beigewohnt hätten. Und welche Frau würde schon für drei Pence den ganzen Tag arbeiten, wenn sie nur eine Stunde lang mit einem Bettelmönch, einem Mönch oder einem Priester zu schlafen brauchte und damit zwanzig Pence verdienen konnte? Das Reich wimmelte von unehelichen Kindern des Klerus. Kein ehrlicher Ehemann wisse, ob die Kinder seiner Frau von ihm gezeugt worden waren. Es gebe nur ein Heilmittel: das Schwert des Fürsten. Heinrich solle sich durchsetzen und zuschlagen.

Fish bestritt die Existenz des Fegefeuers; wahrscheinlich wollte er damit ein häretisches Vorurteil aufdecken. Er wagte sich aber nicht weiter an die Lehre heran. Sein Ausfall war wirkungsvoll. Wie Luther und Tyndale behauptete er, die Lehre vom Fegefeuer habe man sich nur ausgedacht, um Christen zu schröpfen. Viele Menschen waren damals bereit, Geld zu opfern, weil sie glaubten, dadurch geliebten Verstorbenen die Qualen der Läuterung im Fegefeuer lindern zu können. Aber auch wenn Fish eindeutig die Ansichten Luthers, Tyndales und anderer teilte, war er doch eher Publizist als Denker. Wahrscheinlich waren ihm theologische Fragen zu schwer verständlich.

Seine Schrift war nicht nur gefährlich, weil sie sich ein beliebtes und mächtiges Vorurteil zunutze machte, sondern auch, weil sie an hoher Stelle gelesen wurde. John Foxe berichtete später, daß Anne Boleyn sie dem König in die Hand gegeben habe, wie sie es vermutlich auch mit Tyndales *Obedience of the Christian Man* getan hatte. Foxes Bericht zufolge war Heinrich von beiden Werken gleichermaßen begeistert. Fish floh auf den Kontinent, aber als Morus Lordkanzler war, kehrte er heimlich zurück und versteckte sich in London. Wenn Foxes Informationen richtig sind, spürte der König Fish etwa im Jahre 1530 auf. Das beweist, wie wenig Einfluß Morus zu dieser Zeit auf den König hatte. Fish wurde in die Gemächer Heinrichs geladen, und der König nahm ihn sogar mit auf die Jagd! Foxe schreibt auch, der König habe Morus befohlen, Fish in Ruhe zu lassen – und Morus habe prompt Fishs Frau inhaftiert. Heinrich hatte sie nämlich nicht unter königlichen Schutz gestellt.[2]

Aber all das ereignete sich später. Morus veröffentlichte als unmittelbare Reaktion auf *A Supplication for the Beggars* eine lange Entgegnung an Fish.

Sie trug den Titel *The Supplication of Souls* (Die Bittschrift der Seelen), und er übernahm darin die Rolle der Seelen in der Hölle, deren Leiden verlängert worden waren, weil sie die Zweifel an der Existenz des Fegefeuers geteilt hatten, die Simon Fish und seinesgleichen verbreiteten.

Jedenfalls beabsichtigte Morus das. *The Supplication of Souls* ist ein Bittbrief der brennenden Seelen im Fegefeuer. Der Brief ist an die Lebenden gerichtet, die Fishs Werk möglicherweise Glauben schenken. Aber Morus fehlte die künstlerische Kraft, sein Stilmittel durchzuhalten. Vielleicht schrieb er auch unter dem Zwang der Ereignisse einfach zu schnell. Jedenfalls zerbrach der Eindruck von Überlegenheit, Ruhe und Sicherheit, den er von sich im *Dialogue Concerning Heresies* so sorgfältig aufgebaut hatte, in *The Supplication of Souls*, und er ließ sich zu übler Polemik und zu Beschimpfungen herab. Er verwendet viele Seiten darauf, anhand der Heiligen Schrift und der Tradition zu beweisen, daß das Fegefeuer existiert. Dabei ist es unwahrscheinlich, daß ausgerechnet die Seelen, die im «dunklen Feuer» des Purgatoriums brennen – in einer Hitze, die heißer ist als alle Feuer, die je auf Erden gebrannt haben, wie Morus sie sagen läßt –, unbedingt beweisen wollen, daß es diesen Ort gibt. Das Buch ist allzu lang und weitschweifig. Wie in all seinen polemischen Werken nach dem *Dialogue* versucht Morus auch in der *Supplication* das Feuer des Widerspruchs dadurch zu ersticken, daß er es unter einem Stapel von Papier begräbt.

Trotzdem ist das Werk hier und da geistreich und wirft einige interessante Fragen zu seiner Person auf. Es spiegelt wider, daß er sich sein Leben lang mit der engen Beziehung zwischen der sichtbaren und der unsichtbaren Welt, den Lebenden und den Toten beschäftigte. Ein Fegefeuer, schreibt er, sei in allen Ländern durch «Erscheinungen» nachgewiesen – vermutlich sogar in nichtchristlichen. Er behauptet nicht, daß er selbst eine solche Erscheinung gesehen habe, und er beschreibt keine dieser Erscheinungen eingehender. Er gibt zu, daß manche Leute daran zweifeln, daß solche Dinge geschehen sind. Aber er bringt das gleiche Argument vor wie bei der Diskussion um die Wunder: Das Zeugnis so vieler guter Männer kann nicht falsch sein. Und wieder spüren wir sein Unbehagen, eine gewisse Spannung zwischen dem, was er von ganzem Herzen glauben wollte, und der Unbestimmtheit und Zweifelhaftigkeit der Beweise, die er zu seiner Beruhigung vorbrachte.

Er gibt zu, daß viele Menschen dem Klerus feindselig gegenüberstehen. Seine Worte erinnern uns an den Aufschrei des alten Bischofs FitzJames während der Hunne-Affäre – auf die Morus in *The Supplication of Souls* noch einmal eingeht. Fish schrieb, der Klerus wiegle das Volk gegen den König auf. Morus erwidert, der Vorwurf sei lächerlich, denn der Klerus brauche und fördere den Frieden im Reich. Die Geistlichen wüßten nämlich, daß sie bei einem Aufstand gegen den König «die ersten sein würden, die ins

Verderben stürzen». Fish sagte, der Klerus beherrsche das Parlament. Morus weist darauf hin, daß die Laien sowohl das Ober- als auch das Unterhaus in der Hand hätten, und entgegnet auf Fishs Behauptungen: «Wenn er wie manche von uns im Unterhaus gesessen hätte, dann hätte er einsehen müssen, daß niemand gern für die Geistlichkeit sprach.»

Um Fishs Anschuldigung, daß der Klerus einen Aufruhr heraufbeschwöre, entgegenzutreten, schrieb Morus ausführlich über die lange Abhängigkeit der englischen Kirche von den englischen Königen. Er führte die Befehlsgewalten aus, die Englands Könige über die Kirche ausgeübt hatten, und er führte aus, daß Kirchenversammlungen dem König nie abgeschlagen hätten, was er wollte. Heinrich mußte nicht Morus lesen, um seinen Weg in die Zukunft zu finden, aber in Thomas Morus' Kommentaren kann man Gründe dafür finden, warum ein englischer König bei einer Revolution zumindest bis zu einem gewissen Grad hätte auf die Unterstützung des Klerus vertrauen können.

Morus glaubte, daß Antiklerikalismus, Häresie und Aufruhr untrennbar zusammengehörten. In seiner *Supplication* ging er bis auf die Zeiten Wycliffes und der Lollarden zurück, um zu beweisen, daß Aufruhr und Häresie England gemeinsam befallen hatten. Man kann sich fragen, ob das klug gewählte Beispiele waren, auch wenn man weiß, daß Morus' Vorurteile ihm keine andere Wahl ließen. Das englische Volk war so antiklerikal, daß es schließlich sinngemäß zu dem Schluß kam: «Wenn das Häresie ist, dann laßt uns das Beste daraus machen.» Morus' Position wäre vielleicht stärker gewesen, wenn er differenziert hätte, wenn er ein wenig Kritik an unwürdigen Priestern und Mönchen geübt hätte. Dann hätte er vielleicht manchen Leser überzeugen können, daß man vollkommen rechtgläubig und trotzdem wütend auf den Klerus sein konnte. Aber in seiner *Supplication* verstieg sich Morus noch weiter in seiner unkritischen Verteidigung des Klerus. Er behauptete sogar, die Unwürdigen bildeten nur einen winzigen Teil des Ganzen. Er erweckte den Anschein, daß jeder Angriff auf den Klerus ein Beweis für Häresie sei. In der *Supplication* findet sich wieder eine lange Liste von Luthers Häresien, und Morus' Standpunkt ist klar: Wenn Fish die Existenz des Fegefeuers bestreitet und den Klerus angreift, muß er auch alle anderen häretischen Standpunkte vertreten.

Man kann in der *Supplication* den apokalyptischen Unterton spüren, der später bei Morus so laut und schrill werden sollte, als er gestürzt wurde. Dieser Wesenszug erinnert an Savonarola oder tausend weniger bedeutende Propheten, die das Ende der Welt prophezeiten und überall Anzeichen für den Weltuntergang entdeckten. Anders als Erasmus, aber ähnlich wie Luther, grübelte Morus über den vorhergesagten Zeitpunkt nach, an dem Gott der bösen Welt seine Gnade entziehen und zulassen würde, daß die Schöpfung in der Hölle versank, bis Christus selbst wiederkehrte, um die

Lebenden und die Toten zu richten. Diese Vorstellung hatte eine sehr lange Tradition. Die Schreckensvision vom Weltgericht wird im Buch der Offenbarung und an anderen Stellen der Bibel geschildert. Im späten Mittelalter erfreute sie sich größter Popularität.

Fish vertrat den Standpunkt, wenn der Klerus zum Arbeiten gezwungen würde, stünde es besser um England. Doch Morus entgegnete:

> Aber er hätte sagen sollen, daß Luthers Evangelium hereinkommen kann, wenn der Klerus so zerstört und ausgelöscht ist. Dann kann Tyndales Bibelübersetzung verbreitet werden, dann sollen lügnerische Ketzereien gepredigt werden, dann werden die Sakramente verlacht werden, dann wird das Fasten und Beten vernachlässigt, dann werden die Heiligen gelästert, dann wird der allmächtige Gott unzufrieden sein, dann wird er uns seine Gnade entziehen und alles in den Untergang treiben lassen, dann wird alle Tugend verspottet werden, dann werden alle Laster regieren und freien Lauf haben, dann werdet ihr die Arbeit und alle Beschäftigung liegenlassen, dann wird das Volk müßig werden und der Verschwendung anheimfallen, dann werden sich die Huren und Diebe, die Bettler und Kuppler vermehren, dann werden die Verschwender sich zusammenrotten und ausschwärmen, und jeder wird über den anderen herfallen, dann werden alle Gesetze verlacht werden, dann wird der Diener sich gegen seinen Herrn erheben, und aufsässiges Volk wird gegen seine Herren rebellieren, dann wird ein Plündern und Rauben anheben, ein Morden und Unheil und offener Aufruhr. Was das Ende davon sein wird oder wann man es sehen wird, weiß nur Gott allein.[3]

Das ist eine beinahe klassische Schilderung äußerster Verderbtheit, die unmittelbar vor dem Jüngsten Tag über die Erde hereinbricht. Solche Visionen haben bei den Gläubigen immer eher Angst als Hoffnung hervorgerufen. Das ist vermutlich darauf zurückzuführen, daß Menschen, die solche Visionen haben, an ihrer Macht zweifeln, das entsetzliche Böse unterdrücken zu können, das vor der Wiederkunft Christi über die Welt kommen soll.

In der *Supplication* verleiht Morus anscheinend dem Papst die Macht, Ablaß zu gewähren und Seelen aus dem Fegefeuer zu erretten. Der Abschnitt ist kurz und zweideutig, und man sollte ihm nicht zu viel Bedeutung beimessen. Hier spürt man das gleiche Unbehagen, das wir aus Morus' sämtlichen Kommentaren kennen, wenn es um das Papsttum geht.

Morus' Prosa ist wie immer am lebendigsten, wenn er über den Tod und über die Vergänglichkeit spricht. Er läßt die Seelen im Fegefeuer sagen: «Welch ein Schmerz ist es für manche von uns gewesen, wenn die Teufel in boshaftem Hohn uns unsere frühere Liebe zum Geld vorwarfen und uns dann zeigten, wie unsere Testamentsvollstrecker geschäftig unsere Häuser plünderten und ausraubten, als ob sie Kriegsleute wären, die eine Stadt mit Gewalt eingenommen haben.»

Morus schrieb *The Supplication of Souls* wahrscheinlich im Sommer 1529 in aller Eile, unmittelbar nachdem er die Arbeit an der ersten Auflage des *Dialogue Concerning Heresies* abgeschlossen hatte; zu dieser Zeit wurde auch Wolsey gestürzt. Die *Supplication* wurde rasch hintereinander in zwei Auflagen gedruckt. Das Buch muß also gelesen worden sein. Der uneingeschränkten Verteidigung des englischen Klerus und der Sonderstellung der Geistlichen hätte das Wohlwollen der Konservativen des Reiches gewiß sein müssen. Aber die Konservativen fanden jetzt beim König kein Gehör, und die Proteste gegen Morus' Ansichten wurden immer lauter, als *The Supplication of Souls* erschien. Das muß bei ihm die Überzeugung vertieft haben – er drückte sie in beiden Werken aus –, daß die Häresie in England nur durch einen beherzten und rücksichtslos geführten Feldzug der Regierung ausgemerzt werden könne. Dieser Feldzug schien möglich, als Morus, kurz nachdem er die Arbeit an der *Supplication* abgeschlossen hatte, die Chance bekam, Lordkanzler des Reiches zu werden.

Im Sommer 1529 waren Morus und sein Freund Tunstall die obersten englischen Delegierten bei den Verhandlungen, die mit dem Frieden von Cambrai zwischen Frankreich und England abgeschlossen wurden. Nach der vernichtenden Niederlage der Franzosen 1525 bei Pavia und der Gefangennahme des französischen Königs durch Kaiser Karl V. hatte Wolsey das englische Bündnis mit dem unzuverlässigen Kaiser gelöst und sich dem hilfebedürftigen, aber ebenso unzuverlässigen französischen König zugewandt. Ein Ziel der englischen Politik war möglicherweise, die Unabhängigkeit Italiens und des Papsttums vor der Bedrohung durch die Macht des Kaisers zu schützen. Kaiser Karl, der mächtige Neffe von Königin Katharina, liebte seine Familie und besonders seine Tante – Heinrichs Gemahlin. Ein Papst, der von ihm abhängig war, konnte Heinrich auf keinen Fall die Scheidung gestatten.[4] Aber die Plünderung Roms im Frühjahr 1527 und die letzte, demütigende Niederlage einer französischen Armee bei Landriano im Juni 1529 gaben Italien und den Papst in Karls Hand. Heinrich VIII. mußte nun befürchten, daß sich der Kaiser gegen England wandte. Zum Glück für Heinrich war Karl mit den lutherischen Fürsten in Deutschland und der Gefahr einer erneuten türkischen Invasion in Österreich vom Balkan aus beschäftigt. Ihm lag so viel am Frieden mit England wie England am Frieden mit ihm.[5]

Der Vertrag wurde im August 1529 in Cambrai unterzeichnet. Er setzte Wolseys Außenpolitik ein schreckliches Ende: Franz I. gab den französischen Anspruch auf Italien auf. Weil jetzt Karl V. die Alleinherrschaft über das große geteilte Land südlich der Alpen hatte, mußte der Papst Heinrich die Scheidung verbieten. Morus erwähnt seinen Dienst in Cambrai in seinem Epitaph.[6] Er war den Franzosen immer feindlich gesinnt gewesen. Der kaiserliche Botschafter Eustache Chapuys, der im gleichen Jahr in England eintraf, zählte ihn immer zu den Freunden Kaiser Karls. Morus hat sich sicherlich über die Ergebnisse von Cambrai gefreut, weil sie eine Zeit des Friedens zwischen England und einem verläßlichen katholischen Monarchen zu verheißen schienen. Doch er muß gesehen haben, welches Hindernis der Vertrag von Cambrai für Heinrichs Scheidung darstellte.

Heinrich wich nicht von seinen Plänen ab. Seit er sich entschlossen hatte, Katharina zu verstoßen, wollte er, daß seine «große Sache» in England durch fügsame Bischöfe entschieden würde. Katharina bestand jedoch darauf, daß er sich direkt an den Heiligen Stuhl wandte, damit der Fall in Rom entschieden würde. Der König und Wolsey hatten den Papst dazu bewegt, den italienischen Kardinal Lorenzo Campeggio nach London zu schicken, um über die Angelegenheit mit Wolsey zu verhandeln. Heinrich und Wolsey hofften, daß Campeggio mit der Scheidung einverstanden wäre und sie im Namen des Papstes gestatten würde. Aus der Sicht der englischen Regierung schien die Wahl Campeggios eine ausgezeichnete Lösung. Er war Titularbischof von Salisbury und erhielt die Einkünfte des Bistums, ohne dort wohnen zu müssen. Er war einer der hohen italienischen Geistlichen, die während der Plünderung und Besetzung Roms durch kaiserliche Truppen im Frühjahr 1527 ein Hilfsgesuch nach dem anderen an Wolsey und England geschickt hatten – eine Hilfe, die offenbar gewährt worden war. Zweifellos nahm man an, er würde sich für diese englische Hilfe revanchieren und einer nationalen Lösung des Problems des englischen Königs zustimmen.

Am 21. Juni erschienen Heinrich und Katharina vor den beiden Kardinälen. Die Kardinäle verkündeten, sie würden nicht zulassen, daß Katharina sich an Rom wandte. Heinrich saß unter einem Baldachin aus Goldstoff und sprach ausführlich über seine angeblich wichtigste Angelegenheit – die Nöte seines Gewissens. Katharina wandte ein, es habe sehr lange gedauert, bis er ihretwegen in Gewissensnot geraten sei. Heinrich antwortete, der Grund sei, daß er sie so sehr geliebt habe. Er wünsche nun nichts mehr, als daß dieses Gericht seine Ehe für gültig erkläre. Trotzdem sei es vollkommen unvernünftig, zu gestatten, daß Katharinas Sache nicht in England, sondern in Rom entschieden würde, weil Karl V. dort jetzt so viel Macht habe.

Das war mehr, als Katharina ertragen konnte. Sie verlor vor Gericht die Fassung und warf sich ihrem Ehemann zu Füßen. Sie forderte ihn auf, an ihre Ehre und an die ihrer Tochter zu denken. Denn wenn Katharina nicht seine wirkliche Ehefrau sei, wäre sie nicht besser als eine Mätresse und ihre Tochter Maria nur ein uneheliches Kind. Es sollte ihm nicht mißfallen, daß sie die Ehre seines Haushalts verteidigte, sagte sie, und dann verließ sie den

Raum. Die Rufe der Hofbeamten, sie solle doch zurückkehren, überhörte sie. Sie erschien nicht wieder vor ihnen.[7]

Katharina war in London sehr beliebt und hatte mächtige Verbündete. Einer von ihnen war John Fisher. Er sagte dem König offen den Kampf an, indem er Bücher und Predigten gegen den Plan, Katharina zu beseitigen, verfaßte. Am 28. Juni erschien er am Hofe des Kardinals. Heinrich habe behauptet, sein einziger Wunsch sei es, dem Recht zum Siege zu verhelfen, sagte Fisher. Der König habe alle, die Licht in die Angelegenheit bringen könnten, aufgefordert, das zu tun. Mit dem nächsten Argument verbaute sich Fisher jede Rückzugsmöglichkeit. Er sagte, es wäre untreu von ihm gegenüber seinem Herrscher und er würde die Verdammnis seiner eigenen Seele riskieren, wenn er nicht öffentlich vorbringe, was er herausgefunden habe, als er sich mit der Angelegenheit eingehender beschäftigte. Die Ehe des Königs könne durch keine Macht der Erde oder des Himmels gelöst werden. Er erkläre sich bereit, für ihre Verteidigung sein Leben zu geben. Johannes der Täufer, sagte er, sei bereit gewesen, um der Ehe willen zu sterben. Das war eine kecke Anspielung auf eine der berühmtesten Geschichten aus der Bibel über Schurkerei und Heldentum. Johannes war von Herodes Antipas eingesperrt worden, weil er Herodes' Ehe mit Herodias als unzüchtig bezeichnet hatte. Herodes hatte Herodias seinem Bruder Philippus weggenommen. Er ließ sich von seiner Frau scheiden, um Herodias als Gattin anzuerkennen. Herodias bestand darauf, daß Johannes der Täufer für seine Unverschämtheit eingekerkert werde. Als später ihre Tochter Salome vor Herodes tanzte, versprach er dem Mädchen jede beliebige Belohnung. Von ihrer Mutter angestiftet, bat sie um das Haupt des Johannes auf einem silbernen Tablett. Das Haupt des Täufers wurde in der Ikonographie des Mittelalters und der Renaissance immer wieder dargestellt. In dieser Zeit der Heiligenlegenden mußte die Anspielung verstanden werden, als ob Fisher Heinrich mit Herodes hätte vergleichen wollen, der bei der Kreuzigung des Heilands eine so schändliche Rolle gespielt hatte. Fisher erklärte, die Ehe sei zur Zeit von Herodes und Johannes dem Täufer noch nicht so geheiligt gewesen, wie nachdem Christus sein Blut vergossen hatte. Das sollte vermutlich bedeuten, daß die Kreuzigung alle Sakramente, darunter auch die Ehe, besiegele. Fisher erklärte sich bereit, jede Strafe auf sich zu nehmen, zu der er verurteilt werden sollte, weil er seinen Standpunkt vertreten hatte. Er hielt vollkommen unerwartet eine feurige Rede. Für den Fall, daß ihn die päpstlichen Gesandten nicht verstanden haben sollten, schenkte ihnen Fisher ein Buch, das er über dieses Thema geschrieben hatte.[8]

Das war eine kühne und überraschende Geste. Sie steht in scharfem Kontrast zu dem ängstlichen Schweigen, das Morus in bezug auf die «große Sache» des Königs immer wahrte. Doch Morus mußte eine Familie ernähren und in seinem Beruf vorankommen, und er hatte zahlreiche weltliche Ziele, die ihn an den König banden. Außerdem legte er nie den Respekt vor der Autorität ab, der auf den Respekt vor seinem Vater zurückging. Dieser Wesenszug ist einer der Wegweiser in den labyrinthischen Gängen seiner Persönlichkeit. Dem Herrscher, König über eine unwissende, erregte und größtenteils bösartige Bevölkerung, offen entgegenzutreten, hieß den Staat in Unordnung zu bringen, was nach der Tradition des politischen Augustinismus, in der Morus (und Martin Luther) standen, viel schlimmer war als die Übel des Königtums. Morus scheint bis fast zum Schluß die Hoffnung aufrechterhalten zu haben, daß Heinrich sein Unrecht einsehen, Buße tun und seine Irrtümer berichtigen würde.

Wenn Morus darauf hoffte, dann wurde er bereits durch das Nachspiel von Fishers Rede enttäuscht. Heinrich war verärgert. Wahrscheinlich war damit Fisher dem Tod geweiht, sobald sich der König sicher genug fühlen würde, den kühnen alten Mann aufs Schafott zu bringen. Damals vertrat Fisher eine weitverbreitete und gefährliche Meinung. Die Königin verfügte über breite Unterstützung in der Öffentlichkeit. Sie hatte sich geweigert, noch einmal vor dem Gericht der beiden Kardinäle zu erscheinen, und war auch weiterhin nicht dazu zu bewegen. Campeggio blieb gegenüber den dringenden Bitten der Engländer fest und weigerte sich, ein Urteil zu fällen. Der Prozeß zog sich durch den Juli hin. Der Sommer war ungewöhnlich kalt und feucht. Am 23. Juli verkündete Campeggio, das Gericht werde sich zu Ehren der Sommerferien des Papstes in Rom vertagen. Er bestand darauf, sich mit dem Papst zu beraten, bevor eine Entscheidung getroffen würde. Der Herzog von Suffolk, ein fanatischer Antiklerikaler, tobte: «England war nie mehr fröhlich, nachdem die Kardinäle bei uns eingezogen waren.» Und als im Saal große Stille einkehrte, wiederholte er diese Worte «mit großer Verachtung». Wolsey wies ihn mutig zurecht und erinnerte ihn scharf an die Bittschriften, die Suffolk an ihn gerichtet hatte, als er ohne Dispens Heinrichs Schwester geheiratet hatte.[9] Aber Wolsey hatte ihm den Gefallen vor langer Zeit getan, und Suffolk war nicht so dankbar, daß er ausgerechnet jetzt besondere Langmut gezeigt hätte.[10]

Noch bevor Campeggio das Gericht vertagt hatte, hatte Clemens VII. gefordert, den Fall in Rom zu entscheiden. Es dauerte jedoch einige Wochen, bis die Nachricht in England eintraf. Das entsprach den Wünschen Karls V., und Clemens fürchtete nach der Plünderung Roms den Zorn des Kaisers. Als die Boten mit der päpstlichen Forderung im August in London eintrafen, erwiesen sich Wolseys Bemühungen, den päpstlichen Dispens für die Scheidung zu bekommen, als gescheitert.

Campeggio fuhr nach Italien. Sein Gepäck wurde trotz seines diplomatischen Status geöffnet. Wolsey blieb als Sündenbock zurück. Der König raste vor Wut auf den Papst. Anne Boleyn wollte Wolseys Kopf. Auch ihr Onkel, der Herzog von Norfolk, wollte Wolsey aus dem Weg räumen. Im September sah der König seinen obersten Geistlichen zum letzten Mal. Im Oktober kamen Suffolk und Norfolk, die den Sturz des Kardinals gemeinsam betrieben hatten, zu Wolseys Haus in Westminster, um das Große Staatssiegel abzuholen. Wolsey wollte es nicht herausgeben. Er habe das Große Siegel aus des Königs eigener Hand empfangen, sagte er. Er würde es nur herausgeben, wenn die gleiche königliche Hand es von ihm forderte. Suffolk und Norfolk zogen ab und bekamen vom König einen Brief. Als sie damit wiederkamen, blieb Wolsey nichts anderes übrig, als ihnen das Zeichen seines Amtes zu geben.

Morus' Wahl als Wolseys Nachfolger war eine ernste und keineswegs einfache Angelegenheit. Es war das Amt des Lordkanzlers, zu tun, was ihm der König zu tun erlaubte. Heinrich hatte Wolsey in gewisser Weise als stellvertretenden Monarchen regieren lassen. Die wichtigste formale Pflicht des Lordkanzlers bestand darin, dem Gericht des Königs vorzusitzen, vor dem Revisionen von Fällen verhandelt wurden, die von anderen Gerichten bereits nach dem Common Law entschieden waren. Wolsey hatte den Zuständigkeitsbereich dieses Gerichts erweitert, als er Fälle des Oberhofgerichts übernahm. Trotzdem beschäftigte er sich in der Hauptsache nicht mit der Rechtssprechung, sondern mehr mit den Regierungsaufgaben des Königs. Er hatte sowohl die Außen- als auch die Innenpolitik bestimmt.

Wolsey war äußerst unbeliebt. Der Haß gegen ihn hatte das Meer des Antiklerikalismus, das gegen die englische Kirche brandete, in eine starke Dünung versetzt. Heinrich und sein engster Kreis, zu dem Norfolk und Suffolk gehörten, hatten offenbar frühzeitig beschlossen, daß der nächste Kanzler ein Laie sein sollte. Es waren schon Laien Kanzler gewesen, aber niemand im Reich konnte sich noch daran erinnern. Es war unklar, ob der neue Mann ein Adliger oder ein Mitglied des Unterhauses sein sollte.

Heftige Debatten fanden statt, und schließlich einigte man sich auf Morus. Als standhafter Verteidiger des Klerus akzeptierten ihn die konservativen Bischöfe und konservative Adlige wie Norfolk. Er hatte sich dem König gegenüber in vielen Dienstjahren als fügsam und gehorsam erwiesen. Er war ein Gegner der Ketzerei, ein Experte des Common Law, ein guter Redner und ein Freund der Stadt London. Am meisten sprach vielleicht für ihn, daß er langjährige Erfahrung in Regierungsgeschäften hatte, ohne jemals mit mächtigen Personen oder Gruppierungen in Konflikt geraten zu sein.

Seine juristischen Kenntnisse waren zweifellos besonders wichtig. Bei Revisionsverhandlungen vor dem Oberhofgericht sollte der Lordkanzler nach der «Billigkeit» oder dem «Gewissen» Recht sprechen. Er sollte also dafür sorgen, daß die Rechtsprechung dem Geist und den Absichten derer folgte, die das Gesetz gemacht hatten. Das Prinzip der «Billigkeit» war eine alte Vorstellung, die nachweislich bis auf Aristoteles zurückging. Es wurde bei Fällen angewandt, bei denen eine strenge Beachtung des Gesetzes eher ungerecht als gerecht erschienen wäre.

John Fisher gab ein Beispiel für «Billigkeit» in einer Predigt, die er, lange bevor Morus Lordkanzler wurde, gehalten hat.[11] Er wählte dazu ein Beispiel: Angenommen, in einer Stadt gäbe es ein Gesetz, nach dem jeder, der sie nach dem Abendläuten betritt, getötet wird. Nun hat jedoch ein Freund gehört, daß Feinde im Morgengrauen einen Überraschungsangriff auf die Stadt planten. Mitten in der Nacht klettert er über die Stadtmauer, um seine Warnung zu überbringen. Nach dem Buchstaben des Gesetzes müßte der Mann getötet werden. Aber Billigkeit und Gewissen erkennen, daß die Absicht dieses Gesetzes nicht sein konnte, diesen Mann zu töten. Der Lordkanzler mußte also in solchen Fällen die Gewissensklausel anwenden. Meist ging es dabei um Landrechte und Handelsprobleme, bei denen die strenge Auslegung des Gesetzes möglicherweise zu Ungerechtigkeiten geführt hätte. Damals versuchten die Mächtigen in ländlichen Gebieten ständig, aufgrund anfechtbarer gesetzlicher Ansprüche Land an sich zu reißen. Bei solchen Fällen erlaubte es die Billigkeit dem Lordkanzler, den Frieden zu wahren. Er zog dabei sein Gewissen zu Rate, sein natürliches Gerechtigkeitsgefühl und, wie man annehmen darf, seinen gesunden Menschenverstand, um den Besitz eines Klägers zu sichern und vor dem Zugriff des anderen zu schützen.[12] Der Lordkanzler und seine Beamten mußten sich rasch in dem Wust von falschen Angaben, unanfechtbaren Tatsachen, verlorenen Papieren, Schuldansprüchen und Testamenten zurechtfinden, damit sie im Reich Ruhe schaffen und erhalten konnten. Das von der königlichen Macht gestützte Lordkanzleramt konnte zum gefährlichen Rivalen des Common Law mit seiner langen, ehrwürdigen und beinahe geheiligten Tradition von Erlassen und Anweisungen werden. Man hoffte, daß ein anerkannter und vernünftiger Fachmann für das Common Law wie Morus das Vertrauen der Juristen gewinnen und gleichzeitig der Gerechtigkeit dienen würde, ohne die der innere Frieden nicht zu wahren war – ausgenommen durch ein Maß von Zwang, das keine Regierung des sechzehnten Jahrhunderts ausüben konnte.

Außerdem war Morus seit langem Heinrichs Freund. Wir können das, wie es vielleicht Heinrich selbst im stillen tat, bis zu dem Tag und möglicherweise zu anderen ähnlichen Tagen zurückverfolgen, an dem der junge Thomas Morus Heinrich als Kind in Eltham besuchte. Die alte Freundschaft zwischen Herrscher und Untertan hat wohl das gewaltigste Hindernis für Morus' Ernennung zum Lordkanzler überwunden – seinen Widerstand gegen die Scheidung. Dieser Widerstand war nicht heftig oder gar öffentlich wie der Fishers, aber er war ebenso unbeugsam.

Moderne Autoren haben vermutet, daß Morus nur Lordkanzler wurde, weil Heinrich ihm versprach, daß er mit der Scheidung nichts zu tun haben würde. Aber sowohl Morus als auch Roper zufolge bedrängte ihn Heinrich weiterhin mit seiner «großen Sache», als er Lordkanzler war. Allerdings versicherte ihm der König mehrmals, daß er seinem eigenen Gewissen folgen dürfe.[13] Das brachte Morus angesichts des Charakters des Königs in akute Lebensgefahr. Der König war von der Rechtmäßigkeit und Richtigkeit seiner Meinung so überzeugt, daß er meinte, jeder Mensch mit gutem Gewissen müsse seine Meinung teilen. Außerdem machte Morus die Sache nicht besser, wenn er, wie er immer wieder behauptete, seine Meinung zur Scheidung gegenüber dem König vertrat, sooft Heinrich ihn danach fragte.[14]

Allerdings wissen wir nicht genau, was für eine Meinung das war, denn Morus hat seine Ansicht darüber nie zu Papier gebracht. Er war so verschwiegen, daß er sie niemandem außer dem König und möglicherweise Dr. Nicholas Wilson mitteilte. Wilson war ein Freund, mit dem er die Ansichten der Kirchenväter und die Stellen in der Bibel über die Scheidung studierte.[15] Offenbar drückte er seine Ansicht gegenüber dem König mit Takt und maßvoll aus, nachdem er zum Lordkanzler ernannt worden war. Er muß deutlich gemacht haben, daß er nicht gegen die Scheidung sprechen würde, obwohl er auch nicht für sie sprechen konnte. Er lehnte es ab, Bücher zu lesen, in denen die Sache der Königin verteidigt wurde. Wahrscheinlich tröstete er sich mit der Überlegung, daß Heinrichs Auseinandersetzung mit dem Papst nur eine von vielen, fast schon traditionellen Streitigkeiten zwischen Königen und Päpsten über königliche Ehen war. In der Vergangenheit waren diese Streitigkeiten stets beigelegt worden. Morus durfte hoffen, daß er sich durch Schweigen schützen konnte, bis auch dieser Konflikt gelöst sein würde.

Sein Widerstand hatte komplexe Gründe. John Fisher bestand schlicht und kühn auf den Erklärungen der Päpste. Papst Julius II. hatte den Dispens für die Ehe mit Katharina erteilt. Päpste konnten in solchen Angelegenheiten nicht irren, und damit war der Fall für Fisher erledigt. Thomas Morus schrieb jedoch niemals – nicht einmal unmittelbar vor seiner Hinrichtung – eine Zeile, die andeutete, daß in einem solchen Fall alle Macht der Entscheidung über Recht und Unrecht in den Händen des Papstes liege.

Es leuchtet spontan ein, Morus' Widerstand als Ausdruck seines starken Widerwillens gegen sexuelle Sünden zu sehen. In Utopia wurden Männer und Frauen, die sich des Ehebruchs schuldig gemacht hatten, als Sklaven verkauft, und wenn sie die Sünde ein zweites Mal begingen, wurden sie getötet. Morus sah für Utopia eine Ehescheidung vor, aber nur bei gegenseitigem Einvernehmen und nach einer Untersuchung durch den Senat. Wie in Morus' zahlreichen anderen Werken können wir auch hier über die Absicht, die hinter seiner überraschenden Freizügigkeit steckt, nur spekulieren. Die Ehescheidung war im antiken Rom üblich. Vielleicht ließ er in Utopia eine kontrollierte Scheidung zu, weil er dem Beispiel des vorchristlichen Rom folgte. Vielleicht bewog ihn seine Ehe mit der stürmischen Lady Alice im

Jahre 1515 zu der Überlegung, daß die Scheidung doch etwas für sich hätte. Zumindest konnte er dies in einem Buch wie *Utopia* vertreten, denn dort wurde die Gesellschaft mehr nach der Vernunft als nach der Offenbarung gestaltet.

Aber die Kompromißlosigkeit, mit der er immer wieder häretische Priester verurteilte, die heirateten, ist Beweis genug für seinen Abscheu gegenüber dem Ehebruch, den zu seiner Zeit unlautere Christen begingen. Anne Boleyn hat anscheinend eine Zeitlang Heinrichs sexuellen Annäherungsversuchen widerstanden, vielleicht sogar bis kurz vor ihrer Eheschließung. Aber im Sommer und Herbst 1529 lebte Heinrich allem Anschein nach offen mit ihr. Sie ging mit ihm auf die Jagd und hielt Hof wie eine Königin. Es war kaum zu erwarten, daß Morus sich für die Scheidung des Königs aussprechen würde, obwohl er wußte, daß sie den Weg für eine legale Verbindung zwischen Heinrich und seiner Mätresse freimachen würde. Eine solche Verbindung würde aller Welt zeigen, daß sich das Verbrechen lohnte.

Morus' Gewissen hätte ihn dazu bringen müssen, daß er aus seinem Sinn für Billigkeit heraus Partei für Königin Katharina ergriff. Es stimmte, daß Katharina fünf Monate lang mit Arthur geschlafen hatte und in der Öffentlichkeit als seine Frau aufgetreten war. Viele konnten bezeugen, daß sich Arthur seiner sexuellen Heldentaten mit ihr gebrüstet hatte. Aber sie war jahrelang unzweifelhaft Heinrichs Frau gewesen, lange nachdem Arthur zu Staub geworden war. Sie hatte ihm ein Kind geboren, das am Leben blieb, und mehrere, die gestorben waren. Obwohl sie von Arthur keine Nachkommen hatte, wurde sie während der Ehe mit Heinrich mit einer Regelmäßigkeit schwanger, die beweist, daß sie empfängnisbereit war. Tragischerweise war sie lediglich nicht in der Lage, Kinder gesund zur Welt zu bringen. Wenn sie regelmäßig mit Arthur Verkehr gehabt hätte, wäre sie vermutlich auch nach fünf Monaten schwanger geworden, aber sie wurde es nicht. Sie behauptete sogar, sie sei noch Jungfrau gewesen, als sie Heinrich heiratete. Öffentlich und privat sagte sie, Heinrich habe gewußt, daß sie Jungfrau war – worauf Heinrich mit sichtlicher Verwunderung reagierte. Wie auch immer die technische Definition der Bibel und des kanonischen Rechts lauten mochte – Morus glaubte ohnehin, daß keine von beiden für Christen absolut bindend sei –, er war sicherlich der Ansicht, daß die Ehe nach Billigkeit und Gewissen gültig war.

Doch Morus war viele Jahre lang ein gehorsamer königlicher Rat, ein gegenüber dem Monarchen und Wolsey stets fügsamer Sekretär und Diener gewesen. Er war allezeit darauf bedacht, seinen Vorgesetzten zu gefallen und voranzukommen. Es könnte durchaus sein, daß er sich jetzt erneut gedrängt fühlte, sich zu unterwerfen. Er sah, daß er nur noch eine Bastion gegen seinen bärenartigen König verteidigen konnte: die Reinheit seines

Gewissens, des privaten, ja geheimen Teils seiner Identität, in dem alles lag, was von seinen männlichen Tugenden übriggeblieben war.

Er spürte sicherlich die Widersprüche in seinem Leben, auf die in diesem Buch immer wieder eingegangen wurde. Er war ein Humanist, der die antiken Ideale individueller Tugend und persönlichen Heldentums in sich aufgenommen hatte. Aber er war kein Held, kein wirklicher Führer. Er war ein frommer Christ, der das Kreuz und die Märtyrer verehrte. Sie bezeugten die großartige Unabhängigkeit vor Gott, die nach Christi Offenbarung denen zuteil werden sollte, die alles verließen, um ihm nachzufolgen. Aber er hatte alles andere als Unabhängigkeit bewiesen, und er war weit davon entfernt, ein Märtyrer zu sein.

Er hatte sich in Demut vor seinem König gebeugt, er hatte Wolsey geschmeichelt, und er hatte sich vorsichtig seinen Weg über die schlüpfrigen Klippen der königlichen Gunst gesucht. Aber zuletzt wollte ihn Heinrich zu einem weiteren Akt des blinden Gehorsams zwingen, den Morus nicht leisten konnte, ohne seine Selbstachtung zu verlieren. Selbstverständlich können wir das nur vermuten, aber es könnte sein, daß Morus' Reflexionen über seine Niederlagen im Lauf vieler Jahre ihm jetzt die Kraft gaben, dieser letzten Forderung zu widerstehen. Er gestattete Heinrich nicht, sein Gewissen als leeres Blatt zu benutzen, auf das der Sekretär Morus des Königs Diktat schrieb.

Warum war er bereit, Lordkanzler zu werden? Persönlicher Ehrgeiz spielte zweifellos eine Rolle. Diesen Rang konnte er kaum ablehnen. Die Ernennung war ein bemerkenswerter und nicht vorhergesehener Höhepunkt nach den Jahren als gehorsamer Diener des Königs, in denen er im Regierungsapparat überall hingeschoben wurde, wo seine Vorgesetzten ihn brauchen konnten. Weil Wolsey im Amt gewaltige Macht gehabt hatte, nahm Morus vermutlich an, daß auch seine Machtbefugnisse groß sein würden. Er liebte die Macht und nahm gern einen wichtigen Platz in der Welt ein.

Aber abgesehen von persönlichem Ehrgeiz hat Morus das Amt sicher als eine beherrschende Anhöhe betrachtet, von der herab er die Kirche vor ihren vielen Feinden schützen konnte. Er interpretierte es als göttlichen Auftrag, vielleicht sogar als eine Berufung durch Gott, in dieser gefährlichen Situation alles zu tun, was er konnte. Er glaubte an den lebendigen Gott der Bibel und der christlichen Überlieferung und daran, daß Gott im täglichen Leben seinen Willen nicht nur durch Wunder kund tat, sondern auch durch günstige Gelegenheiten, die er einem seiner Diener bot. Seine Abhandlung über Gott und das Königtum, die er in der *Geschichte König Richards III.* Bischof Morton in den Mund legte, beweist, daß seiner Ansicht nach günstige Gelegenheiten für hochgestellte Staatsmänner göttliche Fingerzeige waren.

Er übernahm das Amt am 25. Oktober 1529. Drei Tage später schrieb er einen kurzen Brief an Erasmus, in dem er auf seine Gründe einging. Der

Brief ist freundschaftlich, aber nicht vertraulich, eher ein öffentliches als ein privates Schreiben, das sicherlich zur Veröffentlichung bestimmt war. (Erasmus veröffentlichte den Brief nicht. Er erschien erst 1933 im Druck!)

Morus machte wieder einmal seine üblichen Ausflüchte. Er habe sich nach Muße gesehnt, schrieb er, als er plötzlich in eine Flut wichtiger Geschäfte gestoßen worden sei. Er versprach, zu geben, was in den Kräften seines geringen Talents stehe. Er pries Heinrich als den besten aller Könige und drückte seine Freude und Dankbarkeit für die königliche Gunst aus. Er hoffte, er würde den Hoffnungen entsprechen, die man in ihn setzte, und er versprach harte Arbeit, Loyalität und guten Willen. Zum Abschluß wünschte er Erasmus bei all seinen Unternehmungen Erfolg und bemerkte, das Schicksal der Christenheit hänge von der Arbeit ab, die Erasmus leiste. Vielleicht war das eine versteckte Ermunterung an Erasmus, seine Pflichten im Kampf gegen die Häretiker zu erfüllen.

Der Kern des Briefes ist die Loyalitätsbeteuerung gegenüber Heinrich VIII. Morus war vermutlich nicht wohl, als er das hohe Amt übernahm und sich gleichzeitig dem Willen des Königs in der Scheidungsangelegenheit entgegenstellte. Er hat sicher gewußt, was der König von ihm erwartete. Er sollte die Überzeugung vertreten, daß die Scheidung rechtmäßig und gut sei, unabhängig davon, daß Heinrich sagte, er würde seine Gewissensentscheidung achten. Als er an Erasmus schrieb, hatte Morus wahrscheinlich das Publikum von ganz Europa im Auge, doch in erster Linie wandte er sich an den König und an den Hof, dem er jetzt dienen mußte. Aus heutiger Sicht muß Morus in etwa folgende Überlegung angestellt haben: «Ich bin meinem König gegenüber loyal, so loyal, wie jemand auf Erden nur sein kann. Daß ich nicht in der Lage bin, seine Scheidung gutzuheißen und in der Öffentlichkeit für sie zu sprechen, tut dieser grundsätzlichen Loyalität keinen Abbruch. Diese Loyalität wird mich davon abhalten, jemals öffentlich ein Wort gegen ihn zu sagen.» Heinrich glaubte jedoch, wahre Loyalität bedeute, daß Morus die Aussagen der Zeugen unvoreingenommen durchdenken und sich dann auf seine Seite schlagen würde. So trat Morus sein Amt mit einer tragischen Fehlkalkulation an, was jedoch andrerseits auch für den König galt.

Als Wolseys Sturz nahte, berief Heinrich das Parlament ein. Das taten die englischen Könige in der Regel, wenn sie politische Schwierigkeiten hatten. Die Sitzung wurde am 3. November 1529 eröffnet und mehrfach vertagt. Als das Parlament 1536 endgültig auseinanderging, war die enge Verbindung Englands mit Rom zerbrochen, Heinrich an die Stelle des Papstes gesetzt und das Reich um seinen Monarchen geschart. Vielleicht war dieses Parlament das bedeutendste der englischen Geschichte.

Am Eröffnungstag waren unter den Anwesenden der König und Edward Hall, der große Chronist der folgenden Ereignisse. Thomas Morus stand zur

Rechten des Königs und hielt eine Rede, die aus dem ersten Buch von *Utopia* stammen könnte: Ein guter Hirte schütze seine Schafe und sehe kommende Ereignisse voraus. Heinrich, der gute Hirte Englands, denke darüber nach, daß Gesetze, die lange vor seiner Zeit gemacht wurden, aufgrund ihres Alters und aufgrund von Veränderungen der Umstände für die heutige Zeit untauglich seien. Durch die vergängliche Natur des Menschen seien viele neue Frevel im Volk entstanden. Mit keinem bestehenden Gesetz könne man angemessen auf sie reagieren. Mit «neuen Freveln» meinte Morus wahrscheinlich die Häresie. Sein Kommentar ist Ausdruck seiner Hoffnung, daß das Parlament die Gesetze gegen die Häresie in England verschärfen würde. Dann ging Morus zu einer Betrachtung über die Autorität über – inmitten des zeremoniellen Pomps bei der Eröffnung verstand Heinrich sie vielleicht nicht. Was macht einen Fürsten aus? fragte Morus. Wenn er sich auf den Reichtum verlasse, sei er nur ein reicher Mann. Wenn er sich auf die Ehre verlasse, sei er ein ehrenwerter Mann. Aber ein Fürst werde zum Fürsten durch die Größe seines Volkes und die Größe seiner Herde: «Also macht sein Volk ihn zum Fürsten.»[16]

Im ersten Moment erscheint der Gedanke vielleicht banal, und wahrscheinlich verstand ihn Heinrich auch so. Aber er steht im Einklang mit allem, was wir über Morus' Einstellung zu Fürsten und Päpsten und anderen Autoritätspersonen wissen. Die Körperschaft – die Regierung oder die Kirche oder das Gemeinwesen Utopias – lebt wesentlich durch ihre Mitglieder. Darin gründen auch ihre höchste Legalität und ihre Machtfülle. Der Körper kann diese Macht an ein Oberhaupt übertragen – an einen König oder Papst –, das den allgemeinen Willen ausführen soll, der sich möglicherweise durch einen Mann wirkungsvoller realisieren läßt als durch eine Vielzahl durcheinanderrufender Stimmen. Trotzdem hat das Haupt nur dann die legitime Macht, wenn es das ausspricht, was allgemeine Zustimmung findet. Was mit einem ungerechten Oberhaupt geschehen soll, ist eine andere Sache. Aber die Gerechtigkeit eines Königs oder Papstes ist für Morus nur dann Gerechtigkeit, wenn sie den allgemeinen Willen ausdrückt. Ohne die allgemeine Zustimmung ist die Tyrannei nicht weit. Diese Ansicht vom allgemeinen Willen lag der konziliaren Bewegung in der katholischen Kirche zugrunde, die während der Reformation noch lebendig war, obwohl die Päpste sie schon ein Jahrhundert lang unterdrückten. Ironischerweise beseelte genau diese Ansicht Luthers Kommentar in der *Babylonischen Gefangenschaft:* Christen können ohne ihre Zustimmung an kein Gesetz gebunden werden. Allerdings drückte Luther, was er übrigens des öfteren tat, eine alte Idee so unscharf aus, daß sie unsinnig wirkte. Morus legte Luther falsch aus und griff ihn deshalb immer wieder an. Er merkte nicht, oder er wollte nicht zugeben, daß diese Lieblingsidee Luthers auch eine seiner Lieblingsideen war.

Morus ließ seinen Bemerkungen über die Natur des Königtums einen Angriff auf Wolsey folgen, der seinen Bewunderern immer wieder Schwierigkeiten gemacht hat, weil er so heftig und grausam war. Der König müsse seine Herde immer von denen reinigen, die verderbt und von Makeln behaftet seien. Morus nannte Wolsey einen großen «Schöps, der neulich gefallen ist». Als «Schöps» bezeichnete man einen kastrierten Schafbock oder einen Eunuchen. Möglicherweise wollte Morus einen wüsten Scherz über Wolseys geistlichen Stand machen, der ihm nach dem Kirchengesetz kein Geschlechtsleben mehr gestattete. Es war wohlbekannt, daß Wolsey sein Keuschheitsgelübde nicht eingehalten und mindestens ein uneheliches Kind gezeugt hatte – einen Sohn namens Thomas Winter, den er anscheinend sehr liebte. Vielleicht gebrauchte Morus also den Ausdruck «Schöps» ironisch.

Morus griff Wolsey an, weil er angeblich den König getäuscht hatte. Aber «der Blick seiner Gnaden war so rasch und durchdringend, daß er ihn sah und ihn ganz und gar durchschaute». Wolseys Bestrafung sei milde gewesen, sagte Morus, denn der König sei gnädig. Niemand solle annehmen, ein solcher Verbrecher würde noch einmal so gnädig davonkommen.

Die Rede war nicht Morus' einziger Angriff auf Wolsey. Der Kardinal war gestürzt, nun mußte er zerbrochen werden. Er durfte wählen: eine Verhandlung vor dem Oberhofgericht, in dem der alte Richter John More saß, oder die Beschlagnahmung seines Vermögens und die Aberkennung seiner bürgerlichen Ehrenrechte durch das Parlament. In jedem Falle lautete die Anklage gegen ihn auf Verletzung des Praemunire-Statuts. Er habe folglich ein Gesetz angewandt, das dem englischen Recht widersprach. Wolsey wählte das Oberhofgericht. Wenn er darum gebeten hätte, seinen Fall vor dem Parlament zu verhandeln, hätte er zum Tode verurteilt werden können. Das Oberhofgericht konnte sein Vermögen einziehen und ihn ins Gefängnis werfen – aber es konnte ihm nicht das Leben nehmen.

Morus und die Mitglieder des Oberhauses stellten eine Klageschrift mit Einzelheiten in vierundvierzig Artikeln gegen Wolsey zusammen. Der Name Thomas Morus steht vor den anderen Unterschriften auf der Klageschrift. Allerdings wissen wir nicht genau, was für eine Rolle er bei der Abfassung spielte. Die Artikel enthalten eine gnadenlose Verurteilung der Politik und der Person des Kardinals, die in der Anschuldigung gipfelt, daß er durch seine schimpflichen Krankheiten das Leben des Königs durch Ansteckung gefährdet habe. Er habe nämlich gewußt, daß bei ihm «die gefährliche und ansteckende Krankheit der Pocken an verschiedenen Stellen des Körpers ausgebrochen war». Trotzdem «kam er täglich zu Euer Gnaden und flüsterte Euch ins Ohr und hauchte Euer Hochwohlgeboren mit seinem verderblichen und ansteckenden Atem an».[17]

Historiker zitieren bevorzugt jene Artikel, in denen Wolsey beschuldigt wurde, Heinrichs Macht an sich gerissen zu haben, weil er Ausdrücke wie «der König und ich» und «ich wünsche, daß Ihr das tut» benutzt habe und Botschafter sich bei ihm melden ließen, bevor sie zum König gingen. Ihm wurde vorgeworfen, daß er Abkommen im Namen des Königs abgeschlossen habe, von denen der König nichts wußte, daß er dem König Informationen vorenthalten und noch viele andere Vergehen begangen habe.

Aber ebenso wichtig war die lange Liste mit Vorwürfen wegen Verbrechen, die der Kardinal gegen die englische Kirche begangen haben sollte. Er habe ungerechtfertigte Abgaben von Ordenshäusern erhoben und den Klöstern das Recht entzogen, ihre Äbte selbst zu wählen. Er habe Bischöfe und Erzdiakone ihrer legitimen Gerichtsbarkeit beraubt und den Klerus Englands verleumdet, indem er nach Rom schrieb, sie seien alle Verworfene. Er habe über die Anzahl der Mönche in Ordenshäusern unwahre Angaben gemacht, so daß er einige verheimlichen und ihren Besitz für sich behalten konnte. Er habe beim Tode von Bischöfen ihr Vermögen an sich genommen. Und es folgen zahlreiche weitere Vorwürfe. Man sieht Morus' Hand hinter manchen dieser Beschuldigungen. Die meisten von ihnen hätten den neuen Lordkanzler erzürnt.

Er hatte ein doppeltes Motiv für diese Angriffe auf Wolsey. Er hätte nicht Lordkanzler werden können, ohne die Unterstützung oder zumindest das Einverständnis von Suffolk und Norfolk, und diese Männer wollten Wolsey von der Macht entfernen und ihn ein für allemal vernichten. Sowohl Anne Boleyn als auch ihr Onkel Norfolk fürchteten, wenn es Wolsey gelänge, zum König vorzustoßen, könnte er die alte Gunst wiedergewinnen, die ihm Heinrich stets bezeigt hatte. Norfolk hat sich wohl davor gefürchtet, daß Wolsey wieder an die Macht kommen könnte, und seine Furcht scheint gerechtfertigt. Cavendish gibt uns einen rührenden Bericht davon, wie Lord John Russell am 1. November 1529 mit einem kleinen Gefolge in der Nacht auf Allerheiligen durch strömenden Regen zum Hampton Court ritt, um von Heinrich einen goldenen, mit Türkisen besetzten Ring zusammen mit der Botschaft zu überbringen, daß der König seinen ehemaligen Geistlichen so liebe wie eh und je. Der adlige Bote und der gestürzte Kleriker sprachen lange unter vier Augen miteinander. Russell ritt noch bei Dunkelheit fort, um bei Tagesanbruch wieder in Greenwich zu sein.[18] Morus könnte ein paar Tage danach in seiner Rede wenigstens teilweise versucht haben, Heinrich endgültig auf den Kurs festzulegen, den der König bereits eingeschlagen hatte. Heinrich wollte sich von Wolsey trennen und ihm keinerlei Möglichkeit lassen, wieder an die Macht zu kommen. Morus wollte sich mit seiner scharfen Rede gegen den Kardinal eindeutig zur Partei des Herzogs von Norfolk bekennen. Das war der Grund, warum Roper Norfolk als Morus' «besonders guten Freund» bezeichnete.[19]

Aber ebenso deutlich, wie diese politischen Aspekte Morus beeinflußten, spielten auch religiöse Motive in der Rede eine Rolle. Wolsey habe einen schädlichen Einfluß auf die englische Kirche gehabt. Er sei für viele Übelstände verantwortlich, die Ursache für ein gefährliches Anwachsen des Antiklerikalismus seien. Er sei säumig bei der Verfolgung der Häresie und alles in allem eine fast ebenso große Bedrohung für den Glaubensfrieden in England wie die Ketzerei selbst. Morus neigte zu ungestümen Angriffen, wie seine polemischen Werke zeigen, und er hatte allen Grund, Wolsey heftig anzugreifen. Außerdem griff Morus das alte System an, um einem neuen System den Boden zu bereiten. Seine Rede war ein Beitrag zum Aufbau einer neuen Ordnung, die vielleicht eine katholische Reformation des Reiches mit sich bringen konnte.

Als Lordkanzler hatte Morus jedoch wenig Möglichkeiten, die Sache voranzutreiben, die er in seiner klingenden Antrittsrede vor dem Parlament vertreten hatte. Wahrscheinlich tat er das meiste aufgrund von sachlichen oder persönlichen Zwängen. In der Geschichte folgen auf starke Führer für gewöhnlich schwache. Wolsey war so mächtig gewesen, daß für einige Zeit niemand mehr einen solchen Tyrannen an der Spitze des Regierungsapparates sehen wollte. Außerdem entschloß sich jetzt Heinrich, die Regierungsgeschäfte selbst in die Hand zu nehmen.

Wenige Wochen bevor Morus sein Amt als Lordkanzler antrat, hatte ein neuer kaiserlicher Botschafter seine Residenz in London bezogen. Es war der oben erwähnte Eustache Chapuys. Er sollte sich um Katharinas Angelegenheiten kümmern und Kaiser Karl V. über England berichten. Er steckte voll Tatendrang, arbeitete hart und war seinem Herrn gegenüber zutiefst loyal. Während der folgenden Jahre schrieb er Dutzende von Briefen an Karl. Manchmal war er schlecht informiert und beging zahlreiche Irrtümer. Aber in seiner Korrespondenz wird die Zeit so lebendig wie in kaum einer anderen Quelle, die aus der Regierungszeit Heinrichs VIII. erhalten ist. Sein Ton ist fast immer distanziert und sachlich. Manchmal war er zu optimistisch, und manchmal überwältigte ihn das Mitgefühl für die Königin und ihre Tochter, die geschmähte Prinzessin Maria. Seine Gefühlsausbrüche rühren uns auch noch Jahrhunderte später. Er bedrängte Heinrich und die englische Regierung, daß sie Katharina gut behandeln sollten, und er wachte kämpferisch über Prinzessin Marias Interessen. Vielleicht war er letzten Endes dafür verantwortlich, daß sie wenigstens das nackte Leben retten konnte. Seine wichtigste historische Leistung sind jedoch seine gehaltvollen Briefe an seinen Herrscher. Sie belegen überzeugend, daß er ein ergebener Diener und ein guter Mensch war.

Chapuys sprach während seiner Mission früher oder später mit jedem wichtigen Mann der englischen Regierung. Am 21. Oktober, wenige Tage bevor Morus das Große Siegel übernahm und den Amtseid leistete, sagte der Herzog von Norfolk zu Chapuys, die Regierung sei noch nicht in der Hand eines einzigen Mannes, aber sie solle vom Geheimen Kronrat geführt werden.[20] Im selben Brief teilte er dem Kaiser mit, daß Norfolk und Suffolk dem König nun am nächsten stünden und daß es gut wäre, wenn Karl den beiden schreiben würde. Weil sie beide Ratsmitglieder seien, hätten sie keinen anderen Vorgesetzten als den König selbst.

Chapuys schrieb am selben Tag, an dem Morus das Große Siegel von Norfolk, der es Wolsey abgenommen hatte, entgegennahm. «Jeder freut sich über seine Ernennung», schreibt Chapuys über Morus, «denn abgesehen von der Hochachtung, die er wegen seines aufrechten Charakters genießt, wird er als der gelehrteste Mann des Königreichs betrachtet, und er hat sich immer als guter Diener der Königin erwiesen.» Aber Chapuys riet dem Kaiser nicht, an Morus zu schreiben. Offensichtlich erkannte der neue Botschafter, daß der neue Lordkanzler nicht viel Einfluß auf den König gewinnen würde.

Solange Morus sich weigerte, die Scheidung zu unterstützen, genoß er nicht das volle Vertrauen seines Königs. Heinrich war überzeugt, das alle gutwilligen Menschen schließlich zu seiner Auffassung kommen würden. Morus benützte er nur als Aushängeschild. In der Zwischenzeit unternahm der König durch andere Diener angestrengte diplomatische Versuche, um den päpstlichen Dispens für seine Scheidung zu erwirken. Heinrichs Situation wurde immer schwieriger, und auch Thomas Morus geriet, weil er ohnmächtig zusehen mußte, in eine zunehmend gefährliche Lage.

Das neue Parlament wurde eröffnet. Im Unterhaus herrschte ein wütender Antiklerikalismus. Die Beschwerden der aufgebrachten Mitglieder bezogen sich auf das allgemein übliche Verhalten des Klerus, das schon Luther veranlaßt hatte, seine Thesen gegen den Ablaßhandel zu formulieren – auf die Gier, mit der die Vertreter des Klerus ihr geistliches Amt und ihre Privilegien benutzten, um ihre Herde zu schröpfen. Der Klerus verlange zu viel Geld für die Bestätigung von Testamenten, behaupteten Mitglieder des Unterhauses. Das war ganz im Geiste von Richard Hunne. Hunne hatte sich gegen überhöhte Sterbegelder aufgelehnt, die die Kirche von den Erben verlangte. Wenn sie nicht bezahlt wurden, weigerten sich die Geistlichen, die Toten zu beerdigen. Außerdem griffen sie die Pfründenwirtschaft an. Viele Priester wohnten nicht in den Pfarrbezirken, von denen sie lebten. Zahllose Kleriker kassierten ihr Einkommen aus mehreren Pfarrbezirken und vernächlässigten ihre seelsorgerischen Pflichten – alles Sünden, die den Zorn der Reformer hervorriefen. Der Klerus war allenthalben in weltliche Geschäfte verwickelt. Die Seidenhändlergilde in London, zu der auch Morus und sein Vater gehörten, bestand auf einer Klage wegen überhöhter Gebühren, die von der Kirche erhoben wurden, und beschwerte sich über die Teilnahme des Klerus am weltlichen Handel. Vermutlich war der Grund dafür die Konkurrenz zwischen Unternehmen von Priestern oder Mönchen mit Unternehmen von Laien.

Diese Beschwerden wurden im Unterhaus als regelrechte Anklageschriften gegen den Klerus formuliert. Die Fragen wurden während der wenigen Wochen, in denen das Parlament noch vor Weihnachten tagte, im Ober- und im Unterhaus debattiert. John Fisher kämpfte tapfer für das alte System. Er vertrat die Ansicht, die Geistlichkeit würde versklavt, wenn die Anklageschriften angenommen würden. Er war nahe daran, die Parlamentsmitglieder der Häresie zu beschuldigen, was die Abgeordneten des Unterhauses in solchen Zorn versetzte, daß sie den Sprecher Thomas Audeley zum König schickten, um sich über Fisher zu beschweren.[21]

Fisher berief sich bei seiner Verteidigung der alten Vorrechte der Kirche auf Traditionen, die Jahrhunderte zurückreichten. In gemeinsamen Sitzungen der beiden Häuser wurden seine Äußerungen beraten. Dabei widersprach jemand Fishers Ansichten, wahrscheinlich Edward Hall. Seine Argumente erinnern an die Antwort Luthers, als ihm die Tradition entgegengehalten wurde: Diebe hätten jahrelang regelmäßig an einem Ort namens Shooter's Hill bei London Leute beraubt. Ob denn ein solcher Raub rechtmäßig sei, bloß weil er Tradition habe?[22]

Doch schließlich legte sich die antiklerikale Wut ein wenig. Einige Gesetze gegen überhöhte Gebühren wurden verabschiedet, aber die anderen Vorschläge blieben Entwürfe. Trotzdem waren die Aussichten für die Zukunft entmutigend. Die weltliche Obrigkeit Englands benützte das Parlament dazu, entschlossene und unerbittliche Reformen in der Kirche durchzuführen und die alten Privilegien aufzuheben, die der Kirche Englands in der Magna Charta zugesichert waren. Die Kirche vertrat die Ansicht, sie könne ihren göttlichen Auftrag nur erfüllen, wenn sie von der weltlichen Obrigkeit unabhängig sei. Eine Kirche, die Gefangene von Königen oder Parlamenten war, konnte den freien Strom der göttlichen Offenbarung nicht empfangen. Gott gewährte diese Offenbarung nur einer Kirche, die von geweihten Priestern geleitet wurde. Die Priester mußten direkt in der apostolischen Sukzession stehen, die bis auf Christus zurückging. Ohne diese Verbindung zur göttlichen Gnade würde die Welt in ein apokalyptisches Zeitalter des Schreckens gestürzt, wie es Thomas Morus in seiner Schrift gegen Simon Fish beschrieben hatte.

Wie gewöhnlich wurde das Parlament vor Weihnachten vertagt. Heinrich wollte es an Ostern 1530 wieder einberufen. Er hatte seine Begründung für die Scheidung an die Universität von Paris geschickt. Ihre theologische Macht stand in Europa nur hinter der des Papstes selbst zurück. Heinrich hoffte auf ein günstiges Urteil, das er dem Parlament vorlegen konnte. Dann wollte er die Mitglieder auffordern, die Entscheidung aus Paris zu bestätigen, damit er seine Ehe annullieren lassen konnte. Danach könnte er Anne Boleyn mit oder ohne die Einwilligung des Papstes heiraten. Der König ging mit einiger Berechtigung davon aus, daß der Papst der Gefangene des Kaisers war. In den Augen eines strenggläubigen Katholiken mußte die kaiserliche Macht über den Papst natürlich die päpstliche Autorität aufheben, solange der Papst in der Hand des Kaisers war. Aber das Urteil aus Paris ließ auf sich warten. Es kam schließlich im Juli 1530, aber es war zweideutig. Im Sommer war in London wieder die Pest ausgebrochen, und die Eröffnung des Parlaments wurde abermals verschoben. Die beiden Häuser traten erst 1531 wieder zusammen. In der Zwischenzeit erreichte der Streit um die Rechtgläubigkeit in England eine kritische Phase. Morus' Konflikte bei der Erfüllung seiner Pflichten entwickelten sich zunehmend zu einem Kampf um seine Kirche, der sich bald in einen Kampf um sein Leben verwandeln sollte.

KAPITEL 24

Der Lordkanzler und der König

Anfang 1530 unternahm Heinrich Schritte, die darauf hindeuteten, daß Wolsey die königliche Gunst wiedererlangen würde. Das mußte Morus, Norfolk und alle anderen, die sich offen und rückhaltlos gegen den Kardinal gestellt hatten, in Furcht versetzen. Heinrich gab Wolsey sein Vermögen zurück, gestattete ihm, weiterhin als Erzbischof von York zu amtieren, und schenkte ihm dreitausend Pfund «in barem Geld» – eine gewaltige Summe.[1]

Wolsey sollte nach York zurückkehren und seine seelsorgerischen Pflichten in der Diözese übernehmen. Thomas Cromwell, der ehemalige Diener Wolseys, stieg nun in den Diensten des Königs stetig auf. Er war seinem früheren Herrn weiterhin freundlich gesinnt. Norfolk war wütend und fürchtete sich. Er sagte zu Cromwell: «Sir, mir scheint, Euer Herr, der Kardinal, hat keine Eile, nach Norden zu kommen. Sagt ihm, wenn er nicht bald fort ist, werde ich ihn eher mit den Zähnen zerreißen, als ihn hier weilen zu lassen.»[2]

Auch wenn die Aussicht, von Norfolk gebissen zu werden, nicht sehr angenehm war, erschreckte sie Wolsey doch nicht so sehr, daß er sich auf den Weg machte. Erst nachdem er noch mehr Geld vom Kronrat bekommen und, Cavendishs Bericht zufolge, der König ihm weitere Zahlungen versprochen hatte, zog Wolsey langsam nach Sothwell in Nottinghamshire.[3] Dort verbrachte er den Sommer. Er hielt in der Provinzstadt fast wie in alten Zeiten Hof und machte auf alle Welt den Eindruck eines selbstbewußten Mannes, der darauf wartet, wieder an die Macht gerufen zu werden. Die Wirkung seiner Gegenwart unweit von London hat sicher zu dem Geheimnis beigetragen, das ihn umgab. Eine weitere Folge war aber auch, daß sich die Männer im Kronrat, die jetzt die Politik bestimmten, von ihm bedroht fühlten. Sie mußten abwarten, was der König mit seinem ehemaligen Kanzler vorhatte.

Morus hat sich vermutlich besonders bedroht gefühlt. Wolsey blieb der wichtigste Geistliche des Reiches, und er setzte sich mit Leib und Seele für die Scheidung des Königs ein. Der Vorteil, den der gefallene Kardinal gegenüber dem neu aufgestiegenen Lordkanzler besaß, wurde im Juni besonders auffällig. Mitten in der Nacht kamen königliche Beamte mit einer dringenden Bitte an Wolsey in Southwell an. Cavendish weckte Wolsey, und er empfing die Boten in seinem Schlafzimmer, wo sie lange miteinander redeten. Die Boten hatten einen dicken Brief an den Papst überbracht, in dem er aufgefordert wurde, der Scheidung zuzustimmen. Sie wollten Wolseys Unterschrift. In dem erhaltenen Dokument, das jetzt in den Archiven des Vatikans liegt, steht Wolseys Unterschrift an erster Stelle. Auch William Warham hat unterschrieben. Die Liste der geistlichen und weltlichen Führer, deren Siegel und Unterschriften noch darunter stehen, liest sich wie ein Who's Who der Mächtigen von England.[4] Das Dokument wurde als das «äußerlich vielleicht eindrucksvollste Stück aus der Zeit der Tudors in England» bezeichnet. «Es ist ein großes, schön gestaltetes Blatt, von dem ein Bündel von Siegeln herabhängt wie die Beine eines Tausendfüßlers: von zwei Erzbischöfen, vier Bischöfen, fünfundzwanzig Äbten, zwei Herzögen, vierzig anderen hochadeligen Laien und von einem Dutzend Leuten geringeren Standes.»[5] Aber Morus' Name, der Name Cuthbert Tunstalls und John Fishers fehlen.

Chapuys nannte dem Kaiser die Gründe. Heinrich hatte alle Prälaten und hohen Beamten des Reiches an den Hof gerufen. Er befahl ihnen, ihre Amtssiegel mitzubringen, um dieses Dokument an den Papst damit zu versehen. Chapuys sagte: «Nicht einer der Prälaten, von denen man wußte, daß sie für die Königin waren, bekam eine Aufforderung, und auch der Kanzler nicht, dem sie mißtrauen.»[6] Morus war bereits, obwohl Lordkanzler, nur noch ein Strohmann; Politik wurde an ihm vorbei gemacht statt von ihm. Im September schrieb Chapuys an den Kaiser, Morus habe so viel zugunsten der Königin gesprochen, daß er beinahe aus dem Amt entlassen worden wäre.[7] Mit diesem Lordkanzler in seinen Diensten muß sich Heinrich den alten großen Diener zurückgewünscht haben, der sich stets bemüht hatte, dem Willen des Königs zu entsprechen.

Letztendlich war das Schicksal gegen Thomas Wolsey. Die Bedrohung für Thomas Morus' Leben und Laufbahn, die dieser rätselhafte Mann in seiner Mischung aus Egozentrik und Servilität dargestellt hatte, war beendet. Wenn Wolsey wieder an die Macht gekommen wäre, hätte Morus zweifellos sein Amt und seinen Besitz verloren, vielleicht sogar sein Leben. Aber Wolsey sollte nicht zurückkehren.

Norfolk blieb ein unversöhnlicher Feind des Kardinals. Suffolk, Anne Boleyn und ihre ganze Familie, die zum Protestantismus neigte, haßten ihn. Sie waren der Ansicht, daß Wolseys Bestrebungen, vom Heiligen Stuhl einen Dispens zu erlangen, in eine Sackgasse führten. Katharina von Aragon hatte ihm die Schuld für Heinrichs erste Zweifel an der Legitimität ihrer Ehe gegeben. Katharina war zuletzt weniger feindselig gegen Wolsey, weil sie ihre gemeinsame Abneigung gegen Anne Boleyn verband. Doch die Königin war ihm in seiner gegenwärtigen Situation nicht von Nutzen. Der französische König ignorierte ihn, und Chapuys reagierte auf Wolseys heimliche Annäherungsversuche mit vorsichtigem Mißtrauen. Nur Thomas Cromwell blieb loyal. Das widerspricht der gängigen Meinung, daß Cromwell ein charakterloser Opportunist ohne Überzeugung gewesen sei. Viele moderne Verehrer von Thomas Morus denken so über Cromwell. Doch er war der einzige, der jetzt zu Wolsey hielt. Allein mußte er sich der Woge von Haß stellen, die ihm jetzt entgegenschlug und ihn mit sich riß.

Wolsey zog langsam nordwärts und hoffte dabei immer noch, wieder zurück zu Dienst und Ehren gerufen zu werden. Er wollte sich am 7. November 1530 mit allem Prunk zum Erzbischof von York weihen lassen. Er war alt, krank und so fett, daß er kaum auf seinem Maultier reiten konnte. Vermutlich hielt den Mann nur noch die Hoffnung am Leben. Im Oktober kam er in Cawood Castle, elf Kilometer von York entfernt, an. Sechshundert Berittene begleiteten ihn. Nicht genug, um das Volk aufzuwiegeln, aber mehr als genug, um bei seinen Feinden eine Flut von Verdächtigungen auszulösen. Emsig streuten sie das Gerücht aus, er wolle eine Revolte gegen den König machen.[8]

Wolsey hatte vor, anläßlich seiner Weihe eine Versammlung des nordenglischen Klerus einzuberufen – doch er hatte die königliche Einwilligung nicht eingeholt. Gerüchte liefen um, daß der Papst endlich eine Entscheidung treffen werde. Er wolle Heinrich und Anne auffordern, ihre wilde Ehe zu beenden, und er werde dem König mit der Exkommunikation drohen. Wenn Heinrich nicht gehorchte, hätte der Papst eine Rebellion gegen den König gebilligt. Falls Wolsey in York einen Erlaß dieses Inhalts veröffentlichte, mußte Heinrich mit einem Aufstand der Lords im Norden rechnen. Diese Adligen waren immer bereit, der Zentralgewalt in London den Fehdehandschuh hinzuwerfen.

Deshalb wurden berittene Boten des Königs nach Norden geschickt, und am Freitag, dem 4. November, wurde Wolsey beim Abendessen in Cawood verhaftet. Am Vorabend der geplanten pompösen Weihe zum Erzbischof wurde er als Gefangener nach Pontefract gebracht. Von dort ging es langsam weiter nach Süden, wo ihn ein Verfahren wegen Hochverrats erwartete. Jetzt waren all seine Hoffnungen dahin, und seine Lebenskraft erlosch rasch. Am 29. November starb er in Leicester im Bett und entging so der schlimmsten Demütigung. Er wurde in der gleichen Abteikirche beigesetzt wie die zerschundene Leiche von Richard III. nach der Schlacht bei Bosworth. Wenig später wurde die Kirche im Volksmund «das Tyrannengrab» genannt.[9]

Die Verhandlung gegen Wolsey wäre ein großes Schauspiel geworden. Heinrich hätte sie zweifellos für seine Zwecke benützt und nicht nur einen Mann abgeurteilt. Er hätte sich auf diese Weise am Papsttum und der papistischen Kirche gerächt, die Wolsey repräsentierte. Der Prozeß hätte aller Wahrscheinlichkeit nach Heinrichs Abfall von Rom beschleunigt.

Morus und Wolsey hatten während dieses Jahres miteinander Kontakt, aber das läßt keinerlei Schlußfolgerungen zu. Im März schrieb der Kardinal an Cromwell, daß er, wie Cromwell vorgeschlagen habe, sowohl an Morus als auch an Norfolk geschrieben hätte. Anscheinend ging es um Wolseys Besitz.[10] Als Lordkanzler wäre Morus natürlich der richtige Ansprechpartner gewesen, wenn es im Zusammenhang mit Maßnahmen des Königs oder des Parlaments Streit um ein Dokument oder um einen Titel gab. Morus nahm auch an einem komplizierten Schiedsgerichtsverfahren zwischen Wolsey und Thomas Strangeways teil, weil Strangeways behauptete, der Kardinal schulde ihm siebenhundert Pfund.[11]

Im Oktober versuchten Wolseys Bevollmächtigte, Morus dazu zu bewegen, eine Lateinschule zu retten, die Wolsey in seiner Heimatstadt Ipswich gegründet hatte. Morus empfing die Bevollmächtigten höflich in Chelsea, sagte ihnen jedoch, er könne gegen den ausdrücklichen Willen des Kronrats nichts tun.[12]

In diesen Beziehungen gab es einen Mißklang. Im Juni schrieb Wolsey ziemlich verdrießlich und hilflos an Cromwell, er habe Morus' Bitte schließlich entsprochen und lasse dessen Schwiegersohn William Daunce in seinem Haus in Battersea wohnen. Aber, sagte der Kardinal, er habe auf keinen Fall gewollt, daß sein Diener John Oxynherde, der mit einer Verwandten Wolseys verheiratet war, aus dem Haus gewiesen werde. Den beiden Eheleuten sollte gestattet werden, dort zu wohnen. Jetzt sei Oxynherdes Frau in Southwell erschienen und habe Wolsey erzählt, man habe ihnen befohlen umzuziehen. Sie wisse nicht, wo sie mit ihren Kindern hingehen solle. Wolsey war überrascht. Daunce, sagte er, habe versprochen, daß sie nicht behelligt würden. Der Kardinal bat Cromwell, dafür zu sorgen, daß Oxynherdes Ansprüche berücksichtigt würden.[13]

Daunce war anscheinend ein unangenehmer und habgieriger Mann. Roper berichtet, als Morus Lordkanzler wurde, habe Daunce, der Ehemann von Morus' Tochter Elizabeth, «fröhlich zu ihm gesagt: ‹Als Kardinal Wolsey Lordkanzler war, brachte das nicht nur denen in seinen Privatgemächern, sondern auch manchem, der nur Pförtner war, großen Gewinn.›» Roper meint, Daunce erwartete, jetzt auch Gewinn daraus zu ziehen, besonders, weil er ständig mit Morus umging. Roper deutet damit an, daß er zu Morus' Personal gehört habe.

Daunce träumte von den Gewinnen, die er machen wollte, wenn er mit seinem Einfluß hausieren ging. Er sprach von vielen Leuten, die ihn dafür bezahlen wollten, daß er ihnen besonderen Zugang zu seinem Schwiegervater verschaffte. Aber er wisse, daß er ihnen Unrecht tun würde, wenn er ihr Geld annähme, sagte er (vermutlich in säuerlichem Ton), weil sie ihre Angelegenheiten selbst ebensogut vertreten könnten wie er. Roper berichtet: «Dieser Umstand sprach zwar sehr für Thomas Morus, aber für ihn als Sohn erwies er sich als überhaupt nicht vorteilhaft.»

Morus antwortete sehr ironisch, indem er Daunces mürrische Bemerkung als Ausdruck einer Gewissensregung interpretierte: «Gut gesagt, Sohn. Es gefällt mir nicht übel, daß Du ein so empfindliches Gewissen hast. Aber es gibt viele andere Wege, mein Sohn, wie ich nicht nur Dir Gutes tun, sondern auch Deinem Freund gefällig sein kann. Denn das eine Mal könnte ich Deinem Freund mit meinem Wort von Nutzen sein, und das andere Mal könnte ich ihm mit einem Brief helfen. Oder wenn er bei mir ein Verfahren schweben hat, könnte ich auf Deine Bitte hin ihn zuerst anhören. Oder wenn es mit seinem Fall nicht zum besten steht, könnte ich beide Seiten bewegen, durch eine Schlichtung zu einem vernünftigen Ergebnis zu kommen. Aber nichtsdestotrotz, mein Sohn, versichere ich Dir bei meinem Glauben: Wenn zwei Parteien von mir Gerechtigkeit verlangten und auf der einen Seite mein Vater stünde, auf der anderen der Teufel – wenn die Rechtsgründe für den Teufel sprächen, dann sollte er recht bekommen.»[14] Es überrascht nicht, daß der habgierige Daunce einen von Wolseys Dienern hinauswarf, um Wolseys Besitzung in Battersea ganz für sich allein zu haben.

Die Beziehungen zwischen Morus und Wolsey waren rein geschäftlich. Alles deutet darauf hin, daß Morus nur Mühe und Verdruß zu erwarten gehabt hätte, wenn der Kardinal wieder an die Macht gekommen wäre. Wolseys Tod war für den amtierenden Lordkanzler sicher eine Erleichterung.

Morus schrieb in den Werken, die nach dem unrühmlichen Tod des Kardinals erschienen, selten über Wolsey. Die Geschichten, die Morus erzählte, stellen Wolsey immer in ein schlechtes Licht. Er wird entweder als Kriecher und Schmeichler verdammt, oder seine blutige, teure und für England verderbliche Außenpolitik wird verurteilt. Morus hatte nicht viel über Wolsey zu sagen, weil er ihn nicht verteidigen konnte. Wenn er aber das Andenken des Kardinals angegriffen hätte, wäre das ein Zugeständnis an die Ketzer gewesen, die Wolsey ständig als Beispiel für den Niedergang der katholischen Kirche anführten. Morus war durchaus bereit, rhetorische Zugeständnisse zu machen. Aber er wäre nie bereit gewesen, seinen Feinden Hilfe und Unterstützung zu gewähren. Das hätte er jedoch mit dem Zugeständnis getan, daß sie bei einer so wichtigen Angelegenheit wie dem Urteil über Wolsey und seine Karriere recht hätten. In jedem Fall kann man davon ausgehen, daß er sich über Wolseys endgültigen Sturz und seinen Tod zur rechten Zeit freute.

Der Lordkanzler erlebte während dieses qualvollen Jahres sonst nicht viel Erfreuliches. Sein alter Freund Tunstall wurde aus dem Bistum London versetzt. Er sollte im Juni Bischof von Durham und Vorsitzender des Rats im Norden werden. Tunstalls Abreise nach Durham war für Morus sicher schmerzlich. Die beiden Männer waren seit vielen Jahren Freunde und

Kollegen. Beide waren fromm, beide konservativ, beide waren es gewohnt, daß sie im Dienst des Königs miteinander zu tun hatten.

John Stokesley, Tunstalls Nachfolger als Bischof von London, war einer von Heinrichs Botschaftern in Rom gewesen, die den Papst drängen sollten, ihm den Dispens zu gewähren. Jetzt machte sich Stokesley daran, Morus zu belehren. Er hoffte, die Meinung des Lordkanzlers über die Ehe des Königs mit Katharina ändern zu können.[15] Morus hörte höflich zu, aber nachdem Stokesley gesprochen hatte, sah Morus «darin nichts von solcher Überzeugungskraft, daß es seine Meinung hätte ändern können».

Im Dezember 1530 starb John More, Morus' Vater. Er war für das sechzehnte Jahrhundert sehr alt geworden – fast achtzig. Seine vierte Frau lebte noch, und sie sollte seinen berühmten Sohn überleben. Thomas Morus hatte den alten Mann immer wieder im *Dialogue Concerning Heresies* erwähnt und dessen lustige Geschichten nacherzählt. Wie wir wissen, fiel Morus jedesmal, wenn sich die beiden auf dem Weg zwischen dem Kanzleigericht und dem Oberhofgericht begegneten, auf die Knie, um sich von seinem Vater segnen zu lassen. Roper berichtet, es habe sich einmal ergeben, daß beide zugleich in Lincoln's Inn eine Vorlesung halten wollten. Morus bot seinem Vater an, zuerst zu sprechen. Allerdings lehnte der alte Richter, der das höhere Amt seines Sohnes respektierte, das Angebot ab. Als der alte Mann im Sterben lag, besuchte ihn Thomas regelmäßig, um ihn zu trösten. In der Sterbestunde hielt der Sohn ihn in den Armen und weinte und küßte ihn und empfahl seine Seele Gott.

Manche Psychologen haben die Ansicht vertreten, daß der Tod eines Vaters, der sehr alt geworden ist, eine sonderbare Furcht in den Herzen seiner Kinder, vor allem seiner Söhne, auslöse. Solange er lebt, können sie die Vorstellung hegen, sie seien unsterblich. Wenn er aber stirbt, erkennen sie, daß sie die nächsten sind, und fühlen den Tod im Nacken. Der Tod eines so betagten Elternteils kann schwere Depressionen auslösen. Thomas Morus deutete eine solche Reaktion auf den Tod seines Vaters an, als er das Epitaph für sein eigenes Grab in der kleinen Kirche von Chelsea entwarf. Nachdem er seinen Vater mit den in Stein gemeißelten Worten, die bis zum heutigen Tage sichtbar sind, gepriesen hatte, schrieb er: «Der Sohn, der schon zu Lebzeiten des Vaters mit ihm verglichen worden war und den man den jungen More zu nennen pflegte, wofür er sich selbst hielt, empfand nach dem Hinscheiden des Vaters jetzt den Verlust, und auf vier Kinder, die er großgezogen, und elf Enkel herabblickend, fühlte er sich im Geist selbst alt werden.»[16]

Im Laufe des Jahres 1530 leistete John Fisher immer heftiger öffentlichen Widerstand gegen die Scheidung. Der alte Erzbischof Warham versuchte, ihn davon abzubringen, aber er hatte keinen Erfolg. (Katharina von Aragon beklagte sich bitter darüber, daß Warham nur zu ihr sagte: «Des Königs

Zorn ist der Tod» – ein Zitat aus dem Buch der Sprüche.)[17] Mit der Zeit wurden Fishers Bemühungen zum Verrat. Er blieb in engem Kontakt mit Chapuys, der dafür sorgte, daß auf dem Kontinent ein Buch gegen die Scheidung gedruckt wurde.[18] Schließlich trat der alte Bischof für eine spanische Invasion in England ein, um das Land beim alten Glauben zu halten.

Morus konnte solche Ansichten nicht unterstützen. Er wollte nicht zum willigen Helfer des Hochverrats werden. Damals muß er sich von Fisher sehr stark entfremdet haben. Seine Isolation wurde durch Meinungsveränderungen verstärkt, die er bei denen spürte, die vermeintlich seine Ansichten teilten. Man fragt sich, ob die beiden Männer einander jemals wirklich nahestanden. Eine ausgeprägt freundschaftliche Ausdrucksweise war in der Renaissance allgemein üblich, so daß man echte Gefühle von bloßen Konventionen aus unserem zeitlichen Abstand kaum noch unterscheiden kann. Wir haben wenig Beweise für Kontakte zwischen den beiden Männern, bevor sie im Tower eingekerkert wurden. Zweifellos bewunderte Morus Fisher von ganzem Herzen. In Zeiten der Gefahr hätte der alte Bischof ein Verbündeter sein können, wenn Fisher seine Ansichten nicht so lautstark vertreten hätte und nicht so radikal für ein Eingreifen der kaiserlichen Macht eingetreten wäre, um die Mißstände in England zu beseitigen.

Wir wissen, daß Morus 1530 sehr beschäftigt war, aber da seine Papiere verlorengegangen sind, wissen wir wenig darüber, was er im einzelnen tat. Er arbeitete an der Durchsicht einer Auflage des *Dialogue Concerning Heresies.* Aus erhaltenen Aufzeichnungen geht hervor, daß er gelegentlich Routineangelegenheiten für den König erledigte. Aber auch hier bemerkt man einen auffallenden Unterschied zwischen seiner und Wolseys Tätigkeit als Lordkanzler. Wolseys Name findet sich im Gegensatz zu Morus' Namen auf fast allen wichtigen Dokumenten. Nachdem Thomas Cromwell offiziell in den Dienst des Königs getreten war und rasch zum Ersten Berater Heinrichs aufstieg, hatte Morus auf die Regierung keinen wesentlichen Einfluß mehr. Anscheinend wurde er nicht einmal mehr an den Routineaufgaben beteiligt. Ausländische Diplomaten wie Chapuys achteten ihn, aber sie wußten, daß er das Staatsschiff nicht wirklich lenkte, und erwähnten ihn selten in ihren Berichten.

Er widmete sich den juristischen Angelegenheiten des Kanzleigerichts. Roper berichtet, daß er Verfügungen gegen einige harte Strafen erlassen habe, die von den Richtern nach dem Common Law verhängt worden waren, und daß die Richter Einspruch erhoben hätten.[19] Der Rechtsschutz durch eine Verfügung war eine Amtshandlung nach der «Billigkeit», die zum Aufgabenbereich des Lordkanzlers gehörte. Die Common-Law-Richter erhoben häufig Einspruch, wenn ein Lordkanzler sich in ihre Angelegenheiten einmischte, weil diese Beamten dazu neigten, ihr Gewissen an die Stelle der bewährten, rechtmäßigen Grundsätze und Präzedenzfälle des Common

Law zu setzen. Das Recht auf der Grundlage juristischer Gepflogenheiten führte jedoch häufig zu ungerechten Entscheidungen. Beispielsweise wurden alte Urkunden gefälscht, um sich den Besitz anderer anzueignen, oder gegen Leute, die etwas besaßen, vor Gericht geklagt, wobei der langsame, schwerfällige Zugriff des Common Law ausgenutzt wurde, den Gegner auszubluten und ihm den größtmöglichen Schaden zuzufügen. Gelegentlich machten sich Menschen auch auf dem Land von ehrlichen Grundbesitzern breit. Dann mußten diese zu den gleichen langsamen Verfahren Zuflucht nehmen, um sich von einer gefährlichen und gefräßigen menschlichen Plage zu befreien. In den Zeiten, bevor Urkunden zentral registriert wurden, waren Ansprüche auf Grund und Boden ständig umstritten, und zwar häufig aus nichtigen Gründen. J. A. Guy hat richtig bemerkt, daß «besitzende Männer in täglicher Furcht davor lebten, sie könnten gezwungen sein, nach Westminster zu reiten und sich mit hohen Kosten gegen ungerechtfertigte Anklagen zu verteidigen, die hinterhältige Kläger eingereicht hatten».[20] Es war Aufgabe des Lordkanzlers, eine einfache Regelung zu finden, mit der man rechtswidrige Prozesse beenden konnte. Vermutlich übernahm Morus Wolseys Praxis. Er folgte seinem Gefühl, wenn er beide Seiten angehört hatte. Dann arbeitete er eine Verfügung aus, in der er in eine juristische Form brachte, was ihm sein Gerechtigkeitsgefühl eingab. Roper sagt, Morus sei jeden Nachmittag in seinem Haus in Chelsea gesessen und habe jeden angehört, der mit einer Beschwerde zu ihm kam. Guy entdeckte, daß viele Dokumente tatsächlich seine Unterschrift und den Vermerk tragen, daß sie in Chelsea ausgefertigt wurden. Doch Morus wurde mindestens einmal hereingelegt: Am 19. August 1530, einem Freitagnachmittag, beendete er einen Rechtsstreit, bei dem es um einen Besitz in Essex ging, zugunsten der prozeßführenden Partei mit vier Verfügungen. Aber es stellte sich heraus, daß der Fall nicht so lag, wie ihn der Prozeßführende dargestellt hatte. Den Beklagten wurde gestattet, im nächsten November weitere rechtliche Schritte nach dem Common Law zu unternehmen.[21]

Wahrscheinlich wurde Morus auch noch in anderen Fällen getäuscht. Die Richter, die nach dem Common Law urteilten, waren über solche Entscheidungen natürlich verärgert. Sie mußten ihnen willkürlich und subjektiv vorkommen. Morus versuchte, mit den Richtern zu verhandeln. Nach Ropers Bericht lud er sie zum Abendessen in die Sternkammer in Westminster ein und begründete seine Urteile der Reihe nach. Er zwang sie angeblich, ihm zu bestätigen, daß er in jedem Fall völlig richtig entschieden hatte. Aber so sehr er sich auch bemühte, er konnte sie nicht dazu bewegen, den Buchstaben des Gesetzes mit mehr Umsicht anzuwenden. Er wollte, daß sie Gesetz und Billigkeit miteinander verbanden und ihr Gewissen befragten, wenn sie das Gesetz auslegten. Sie sollten sich nicht an den Wortlaut der Bestimmungen und an die Präzedenzfälle halten, wenn das zu manifesten Ungerechtigkeiten führte.[22] Christopher St. German, der größte englische Rechtsgelehrte und Philosoph im frühen sechzehnten Jahrhundert – er geriet bald mit Morus in Konflikt –, war der gleichen Meinung. «Es ist nicht möglich», sagte er, «ein allgemeines Gesetz so festzulegen, daß es nicht in irgendeinem Fall versagt.»[23] Die englischen Richter dachten anders. Privat vertrat Morus Roper gegenüber die Ansicht, daß sie bei der Rechtssprechung keine Gewissensentscheidungen treffen wollten, weil sie die Verantwortung scheuten.[24] Die natürliche Feigheit von Bürokraten würden wir das heute nennen, und genaugenommen meinte Morus das auch.

Morus bemühte sich, Klagen, die an das Kanzleigericht und an das Gericht des Kronrats gerichtet wurden, das in der Sternkammer zusammentrat, sorgfältig zu bearbeiten. Er versuchte, nichtige Angelegenheiten auszusondern, die das Gericht nur Zeit und die Grundbesitzer, deren Ansprüche leichtfertig angegriffen worden waren, nur Geld kosteten. Für einen Mann war das jedoch zuviel Arbeit. Guy hat festgestellt, daß «nur ein Zehntel der noch vorhandenen Gerichtsbeschlüsse Morus' billigendes Zeichen tragen».[25] Roper behauptet natürlich, daß Morus jeden einzelnen durchgelesen hätte.[26]

In einer späteren Legende wird berichtet, sein Fleiß habe das langsam arbeitende Kanzleigericht arbeitslos gemacht, und zum ersten Mal seit Menschengedenken sei der Gerichtskalender eingehalten worden. Die Legende ist vermutlich entstanden, weil Morus mit der juristischen Arbeit mehr Zeit verbrachte als Wolsey und wahrscheinlich schneller arbeitete. Er setzte auch die gerichtlichen Befehle mit größerer Härte durch und ließ alle einsperren, die seine Anordnungen mißachteten. Sein Schwiegersohn Giles Heron setzte einen Prozeß fort, nachdem Morus gegen ihn eine Verfügung erlassen hatte. Morus forderte sofort 666 Pfund Kaution von ihm, um ihn zu zwingen, zu einem sicherlich denkwürdigen Verhör vor der Sternkammer zu erscheinen.[27]

Aber ein einzelner Mann konnte gegen die Schwerfälligkeit des englischen Rechtssystems, ohne es grundlegend zu verändern, nur bei einigen wenigen Prozessen etwas ausrichten. Zu Morus' Zeit gab es Rechtsstreitigkeiten von abgründiger Dunkelheit, ähnlich dem Fall *Jarndyce gegen Jarndyce*, dem Dickens in *Bleakhaus* ein Denkmal setzte. Verfahren wurden von den Gerichten über Morus' ganze Regierungsperiode hinweg verschleppt und dauerten noch lange Zeit an, nachdem er bereits tot war.

Thomas Morus' Schicksal war eng mit Heinrichs Scheidung verknüpft. Während des Königs Zorn auf den Papst stetig wuchs, wurde Morus' Stellung immer gefährdeter. Im August 1530 behauptete Heinrich, England sei vom Gesetz her nie dem Papsttum unterstellt gewesen. Er drohte andeutungsweise, daß er sich aus der Gemeinschaft mit Rom zurückziehen werde, wenn der Papst nicht zu Vernunft kommen würde.[28] Eine solche Maßnahme bedeutete, daß der König selbst Oberhaupt der Kirche von England werden würde. Diesen Schritt konnte Morus nicht hinnehmen.

Im Jahre 1531 begann Heinrich die große Schlacht, mit der er den Klerus unter seinen Willen zwingen wollte. Als das Parlament im Januar endlich wieder zusammentrat, tagte gleichzeitig die Kirchenversammlung. Der alte Erzbischof Warham verlegte die Sitzungen nach Westminster, wo das Parlament tagte. Vielleicht wollte er ein greifbares Zeichen der Loyalität der Geistlichkeit gegenüber dem König geben.

Heinrich zögerte nicht lange, den englischen Klerus zu erpressen. Seine Verhandlungen mit dem Papst seien außerordentlich teuer gewesen, sagte er. Der Papst sei verstockt. Der englische Klerus trage die Verantwortung für die Kosten, die dem König nutzlos entstanden seien. Heinrich verlangte hunderttausend Pfund! Nach nur zweitägiger Beratung akzeptierten die Geistlichen die Forderung dieser gewaltigen Summe. Sie sollte im Verlauf von fünf Jahren bezahlt werden. Chapuys dachte, die englische Kirche müßte die Kelche und Reliquienschreine in ihren Gotteshäusern verkaufen, um das Geld aufzubringen.[29]

Als Gegenleistung erbat der Klerus zwei Zugeständnisse. Er wollte eine Bestätigung der alten Sonderstellung, die der englischen Kirche in der Magna Charta zugesichert wurde. Das hätte die Autonomie der Geistlichkeit erhalten und die Kirche zu dem gemacht, was sie während des gesamten Mittelalters zumindest theoretisch gewesen war: ein selbständiger Staat im Reich. Es hätte bedeutet, daß Geistliche, die eines Verbrechens beschuldigt wurden, weiterhin eine Verhandlung vor kirchlichen Gerichten erwarten konnten, statt nach dem Common Law abgeurteilt zu werden. Es hätte das Recht auf Freistatt aufrechterhalten, das schon so lange eine zwischen geistlicher und weltlicher Obrigkeit scharf umstrittene Angelegenheit war. Vor allem aber hätte es dem König untersagt, sich in kirchliche Angelegenheiten einzumischen.

Um den König in respektvollem Abstand von der Kirche zu halten, forderte der Klerus eine Generalamnestie, damit Heinrich nicht wieder nachträglich Schadenersatz für vergangene Sünden verlangen konnte. Sie wollten eine exakte Definition und Eingrenzung des Praemunire, das alle Geistlichen mit Beschlagnahme ihres Besitzes und Inhaftierung bedrohte. Das Praemunire-Statut war von besonderer Wichtigkeit. Chapuys schrieb an Karl V., niemand in England könne das Paemunire-Statut verstehen, weil es ein Gesetz sei, das der König auslege, wie es ihm in den Kopf komme, und das er auf jeden beliebigen Fall anwende.[30] Wenn das endlich eindeutig definiert sei, würde das Gesetz nicht mehr so viel Furcht vor königlicher Willkür hervorrufen.

Wenn Heinrich diese Zugeständnisse gemacht hätte, wäre Thomas Morus vielleicht seinem Schicksal entronnen. Dann wären nämlich in England die

Unabhängigkeit der Kirche und ihre heilige Macht gesichert gewesen. Aber der König wollte nur die Forderung nach einer Generalamnestie erfüllen. Er unternahm nicht sofort etwas gegen die kirchliche Sonderstellung. Aber er stellte eine Zusatzforderung, die für das geistliche Autonomiestreben vernichtend war. Der Klerus glaubte, er brauche diese Autonomie, damit die Kirche ihren Auftrag erfüllen könne, und Thomas Morus machte sie zum Herzstück seiner Erklärung, wie die Kirche in der Welt wirke. Am 11. Februar drängte Heinrich die Kirchenversammlung, ihn als «Oberhaupt» der Kirche von England anzuerkennen. Cromwell oder einer seiner Bevollmächtigten fügte den Satz hinzu: «Soweit es dem Gesetz Christi entspricht.» Die rettenden Worte wurden meist fälschlich John Fisher zugeschrieben. Aber sie waren anscheinend ein Versuch der Regierung, den Schlag abzumildern und Heinrichs neuen Titel auch für Geistliche mit empfindlichem Gewissen annehmbar zu machen.[31] Chapuys schrieb dem Kaiser, die Einschränkung habe für den König keine Folgen. Niemand würde mit Heinrich über ihre Bedeutung streiten, und er könne sie so auslegen, wie es ihm passe.[32] Am 21. Februar schrieb Chapuys, Morus sei so bestürzt über den neuen Titel des Königs, daß er so bald wie möglich von seinem Amt zurücktreten wolle.[33]

Heinrich hatte bald eine halböffentliche Gelegenheit, seine Interpretation des Titels vorzuführen. Ein lutherischer Priester wurde wegen Häresie vor die Obrigkeit geschleppt. Er rief den König an und wurde schließlich in Anwesenheit des Königs in einen Disput mit mehreren Bischöfen verwickelt. Die Häresien des Predigers wurden auf einer Pergamentrolle verzeichnet. Als der König sie zur Hand nahm, sah er, daß die erste «häretische Behauptung» auf der Liste war, daß der Papst nicht der Monarch der christlichen Kirche sei. Chapuys hörte, wie der König sofort laut erklärte: «Diese Ansicht kann nicht als häretisch gewertet werden, weil sie sowohl wahr als auch gewiß ist.» Dann ließ der König den Prediger frei. Das mag eine unwichtige Angelegenheit gewesen sein, aber Heinrich verletzte dadurch die strikte Autonomie der Kirche und erklärte eine Ansicht für richtig, die offiziell als häretisch galt. Von nun an entschied der König, was eine Irrlehre war und was nicht. Chapuys nahm an, der Priester sei des Einflusses Anne Boleyns und ihres Vaters wegen freigelassen worden, «die lutherischer sind als Luther selbst».[34]

In der Zwischenzeit hatten Thomas Cromwell und eine Gruppe ähnlich gesinnter Männer die Vorherrschaft im Kronrat gewonnen. Sie schoben Morus zur Seite und ließen ihm kaum noch Einfluß. Diese Männer bemühten sich, ihrem König die Herrschaft über die Kirche Englands zu verschaffen, um dadurch das englische Volk vermittels der Bindung an einen Souverän zu einen. Ihre rationale Vorstellung von Einheit war der von Thomas Morus, Simon Fish und William Tyndale sehr ähnlich. Sie wurde auf unterschiedliche Weise ausgedrückt, enthielt aber im Kern ein großes Ideal: ein Inselreich, das in nationaler Stärke und nationaler Reinheit vereint war, all seine Mittel rational in eine große Körperschaft einordnete und keine moralische, materielle und menschliche Verschwendung sowie keine Armut kannte. In diesem Reich mußten die gesunden Bettler arbeiten, und alle Bürger hatten eine Aufgabe und persönliche Würde, während sie den Reichtum mehrten, den England zwar, wie alle wußten, besaß, der aber aus irgendwelchen Gründen nie gerecht verteilt worden war.

Zu diesen Männern gehörte Christopher St. German. Er war ein älterer Mann, vermutlich 1460 geboren, ein Gelehrter des Common Law. Er war ein Nationalist und vielleicht der beste politische Kopf im Lande. Wenn er zur Zeit von Heinrichs Trennung von Rom noch nicht so alt gewesen wäre und nicht eine so starrsinnige, wirklichkeitsfremde und unehrliche Art gehabt hätte, würde man sich heute vielleicht an ihn als einen der Begründer der modernen politischen Theorie erinnern. Er war nicht so geistreich wie Machiavelli, aber sehr viel pragmatischer und tiefschürfender.

Anfang des Jahres 1530 arbeitete St. German daran, einen umfassenden Plan für die Reform von Kirche und Nation aufzustellen. Im Entwurf wurde gefordert, das Parlament solle einen «großen ständigen Rat» ernennen, der so unterschiedliche Aufgaben wie die Beurteilung des Wertes einer englischen Bibelübersetzung, die Kontrolle der Preise und die Aufdeckung von Irrlehren wahrnehmen sollte. Die Macht des Klerus sollte drastisch beschnitten werden, und die Priester sollten darauf beschränkt werden, ihre traditionellen liturgischen Praktiken auszuüben. Ihre sonstigen geistlichen Pflichten, wie die Sterbesakramente zu erteilen, bei Beerdigungen zu predigen und Testamente zu bestätigen, mußten sie unentgeltlich erfüllen. Die Heiligenverehrung, gegen die Erasmus und Tyndale protestiert hatten, sollte streng reglementiert werden. Vor dem gemeinen Volk sollte über die Reliquien nur gepredigt werden, und kein Wunder dürfte öffentlich bekanntgegeben werden, bevor es untersucht war. Geistliche sollten nicht schlecht über das Volk reden, und das Volk sollte zum Dank dafür nicht schlecht über den Klerus reden. Es war vorgesehen, daß die Regierung ein riesiges Programm öffentlicher Arbeiten organisieren würde, das durch Haushaltssteuern und Besteuerung der Kirchengüter finanziert wurde. Jede Stadt sollte eine gemeinsame Kasse haben, um die Armen zu unterstützen. Aber von den Armen wurde erwartet, daß sie arbeiteten, wenn sie die Möglichkeit dazu hatten. Andernfalls sollten sie bestraft werden, unter Umständen sogar mit dem Tod.

Der große ständige Rat sollte das Recht haben, Geschäftsleute vorzuladen, um nach Möglichkeiten zu forschen, wie man die Inflation – den Fluch der damaligen Zeit – steuern könnte. Wie Guy gezeigt hat, ähnelten die Vorschläge dieses Programms denen, die St. German 1532 in seiner *Treatise Concerning the Division Between the Spirituality and the Temporality*

(Abhandlung über die Trennung von Geistlichkeit und Weltlichkeit) gemacht hatte, Ansichten, «die Morus vorbehaltlos ablehnte».[35]

Die Gründe für Morus' Haltung liegen auf der Hand. Wie bei diesem Reformprogramm hatte auch ihm in seinem Utopia das Ideal einer geeinten, harmonischen Gemeinschaft vorgeschwebt. Aber dort waren die weltliche Obrigkeit und die religiösen Institutionen miteinander verschmolzen wie Leib und Seele. Niemand in Utopia zwang die Geistlichen, anständig zu sein. Sie waren von Natur aus, durch die Macht ihrer Religion und durch ihre Frömmigkeit gut. Nur die besten Männer wurden Priester, und auf geheimnisvolle Weise blieben fast alle während ihrer Amtszeit gut. Wenn einmal ein schlechter Priester auftauchte, was selten vorkam, wurde er nicht bestraft, sondern der Verachtung der Gemeinschaft preisgegeben. Das war viel schlimmer als jede Strafe, die der Staat über ihn durch die Macht der weltlichen Gerichtsbarkeit hätte verhängen können.

Aber nach St. Germans Programm sollte das englische Parlament Macht über die katholische Kirche in England haben und sie zwingen, gut zu sein. Wer aber sorgte dafür, daß das Parlament gut war? Der Geist Gottes beseelte die heilige katholische Kirche und führte sie zur Wahrheit (wie Morus wiederholt betonte, indem er Christi Verheißungen zitierte). Die Kirche hatte niemals einem sündigen Priester gegenüber die Ansicht geäußert, seine Bosheit sei gut. Aber den moralischen Geboten der weltlichen Regierung garantierte keine göttliche Verheißung ähnliche Unfehlbarkeit. Könige konnten böse sein und waren es ja auch für gewöhnlich. Regierungen, die ein böser König benutzte, wurden zu Werkzeugen des Teufels. Sie gehorchten alle zwar einer dunklen Absicht Gottes, weil Gott ja sogar den Teufel beherrschte, aber sie konnten gewiß nicht die göttliche Offenbarung über die christliche Lehre zu den Menschen bringen.

St. German stellte die Kirche unter die Kontrolle durch das Parlament. Er wollte damit die göttliche Ordnung der Dinge auf den Kopf stellen, in der die Kirche die höchste Autorität haben sollte. Morus sah vorher, daß die Aufgabe, die Kirche durch eine weltliche Regierung zu reformieren, in die Hände von Männern fallen mußte, denen die göttliche Eingebung nichts, die politische Nützlichkeit hingegen alles bedeutete. St. German war konservativ, antiklerikal, aber in der religiösen Lehre nicht häretisch – was Heinrich auch von sich glaubte. Trotzdem erkannte Morus durchaus, daß «Reform» für solche Leute bedeutete, die Kirche unter dem Vorwand, sie läutern zu wollen, zu schikanieren. Ihre Kirche würde schließlich nur noch der Arm des Staates sein.

Aus diesem Vorentwurf für eine Reform wurde nichts, aber es war beunruhigend, daß jemand mit hoher Machtbefugnis – wahrscheinlich Cromwell, aber vielleicht Heinrich selbst[36] – St. German damit beauftragt hatte. Mit dem Entwurf signalisierte die englische Regierung ihre Absichten. Er war das

Zeichen eines kommenden Sturms, der durchaus die alte Ordnung vernichten und den apokalyptischen Sturz in die Verdammnis mit sich bringen konnte, den Morus in seiner Schrift *Supplication* (Bittschrift der Seelen) gegen Simon Fish beschrieben hatte.

Morus tat bei dieser Aussicht das Herz weh. Er hatte jetzt auf die Politik keinerlei Einfluß mehr. Obwohl er an seinen juristischen Aufgaben intensiv arbeitete und die Häresie mit aller verfügbaren Kraft bekämpfte, konnte er die Ereignisse nicht unter Kontrolle halten. Schlimmer noch, er war ein ehrenwerter Strohmann. Die Regierung benützte seinen Ruf, um ihren Entscheidungen Gewicht zu verleihen. Er diente durch seine bloße Anwesenheit auf dem Posten des Lordkanzlers einer Sache, die er ablehnte. Es überrascht nicht, daß Chapuys zu Ohren gekommen war, Morus wolle von seinem Amt zurücktreten. Doch er konnte nicht zurücktreten. Sonst wäre er das Risiko eingegangen, daß seine Haltung gegenüber dem König öffentlich bekannt wurde. Die Gegner der königlichen Politik suchten nach einem Leitstern, dem sie folgen konnten. Ein Lordkanzler, der wegen einer so dringlichen Angelegenheit zurücktrat, wäre ein solcher Leitstern gewesen, ob er nun wollte oder nicht. Ein solch kühnes Auftreten gegen den König hätte ihn das Leben kosten können. Außerdem war Morus Laie und konnte sich im Konflikt mit dem König nicht einmal auf die Relikte geistlicher Immunität gegen weltliche Strafverfolgung berufen.

Sogar Geistliche waren in Gefahr. Chapuys schrieb, daß Fisher krank sei und daß man ihm und seinen Anhängern gedroht hatte, man werde sie in der Themse ersäufen, wenn sie von der öffentlichen Opposition gegen den König nicht abließen. So wurden sie zum Schweigen gezwungen.[37] Die Ankündigung, man werde sie in die Themse werfen, war keine leere Drohung. Politische Morde dieser Art waren im vorhergehenden Jahrhundert in England ziemlich häufig gewesen.

Aber Heinrichs angeborene Vorsicht hielt ihn von einem endgültigen Schritt ab. Wahrscheinlich hoffte Morus deshalb, daß der König noch von seinem Kurs abgebracht werden könnte. Ende Februar versuchte jemand, Fisher umzubringen. Die Suppe, die in der Küche des Bischofs gekocht worden war, war vergiftet. Zwei Mitglieder des Haushalts und auch ein paar Bettler, die in der Küche des Bischofs um milde Gaben gebeten hatten, starben. Fisher aß keine Suppe und blieb verschont. Der Koch wurde festgenommen und gestand, er habe ein Pulver in die Suppe getan, das ihm jemand gegeben habe. Der Betreffende habe ihm gesagt, das Pulver würde nur die anderen Diener im Haus krank machen.[38] Der Koch wollte vielleicht nur dem Hausgesinde einen Streich spielen, aber Heinrich mußte befürchten, daß der Verdacht auf ihn fallen könnte, weil er dem Bischof offensichtlich ans Leben wollte. Abgesehen davon fürchtete er sich selbst außerordentlich davor, vergiftet zu werden. Deshalb wurde der verbrecherische Koch zum

Tode verurteilt. Er wurde bei lebendigem Leibe in Smithfield in einem eisernen Topf gekocht, wie Hall sagt, «allen zum schrecklichen Exempel».[39]

Chapuys schrieb dem Kaiser, Morus sei einer von denen, die am Schicksal Königin Katharinas und ihrer Freunde den größten Anteil nähmen. «Ganz sicher zeigt er für alles, was Euch betrifft, so viel Mitgefühl und Zuneigung, daß er mit Recht Vater und Beschützer der Untertanen Eurer Majestät genannt wird.» Morus war auch allen Sekretären gegenüber, die zur kaiserlichen Botschaft gehörten, außerordentlich hilfsbereit. Der Botschafter schlug vor, daß der Kaiser Morus für diese Gefälligkeiten in einigen Briefen erwähnen solle, um ihm auf diese Weise die kaiserliche Gunst zu bezeigen.[40] Chapuys erwähnte auch, daß Morus zu den wenigen Engländern gehöre, die es stark befürworteten, den kaiserlichen Streitkräften in der ungarischen Ebene Hilfstruppen gegen die Türken zu schicken.[41] Einer der Sekretäre in der kaiserlichen Botschaft hatte bei Morus vorsichtig nachgeforscht, ob England vielleicht Kriegshandlungen gegen den Kaiser plane, solange er mit der erneuten Bedrohung Budas durch die Türken beschäftigt war. Morus antwortete, die Engländer bereiteten nichts dergleichen vor und hätten auch nicht die Macht dazu.[42] Das war eine wichtige Eröffnung, weil Heinrich seine Freude über die erneute türkische Offensive kaum verbarg. Er sagte Chapuys, die Türken seien die Sache des Papstes und des Kaisers und nicht seine.[43] Er bemerkte sogar, der Große Türke selbst, Suleiman II., die Geißel der Christen auf dem Balkan und eine tödliche Gefahr für Wien, sei «ein Mann von Ehre und gutem Glauben».[44]

Karl schrieb über Morus die Briefe voll des Lobes, um die Chapuys gebeten hatte. Aber am 2. April informierte Chapuys den Kaiser davon, daß Morus ihn gebeten habe, ihn um Gottes willen in Ruhe zu lassen. Er habe, sagte Morus, genug Loyalitätsbeweise gegenüber Heinrich gegeben. Ihn würde niemand verdächtigen, ganz gleich, wer ihn besuche. Aber in Anbetracht der Zeiten, meinte er, wolle er sich von allem fernhalten, das Zweifel erregen könnte. Wenn die Leute anfingen, ihm zu mißtrauen, könne er die Freiheit verlieren, die er immer genossen habe, wenn er mit Heinrich über die Königin und über den Kaiser gesprochen habe. Morus sagte Chapuys, er solle den Brief für einen günstigeren Zeitpunkt aufbewahren, denn wenn er ihn annehme, müsse er dem König sagen, was er enthalte.[45] Offenbar glaubte er nicht, daß sich Heinrich über den Inhalt des Briefes freuen würde.[46]

Im gleichen Bericht zählte Chapuys einige Dinge auf, die Morus getan hatte, um Heinrich VIII. seine Loyalität zu beweisen. Ende März hatte der König ihm befohlen, im Oberhaus eine Rede zu halten, in der er die Ansicht widerlegen sollte, daß der König die Scheidung aus Liebe zu einer Dame und nicht aus Gewissensgründen wünsche. Das war eine grausame List von Heinrich und eine schreckliche Demütigung für Morus. Aber der Lordkanzler tat seine Pflicht, bestätigte, daß Heinrich von seinem Gewissen geplagt werde, und berief sich auf die gesiegelten Gutachten verschiedener Universitäten, die zu Heinrichs Gunsten entschieden hatten, um zu beweisen, daß die Sache des Königs tatsächlich rechtens war.

Dem Oberhaus gehörten auch Bischöfe an. Zwischen einigen von ihnen entspann sich eine Debatte. Norfolk war besorgt, daß die Angelegenheit außer Kontrolle geraten könnte. Er stand auf und erklärte, der König habe die Gutachten nicht hergeschickt, um sie zu diskutieren, sondern nur zu dem vom Lordkanzler angegebenen Zweck. Dann fragte jemand – Chapuys schreibt nicht, wer – Morus nach seiner eigenen Meinung. Morus erwiderte vorsichtig, er habe dem König mehrmals seine Meinung gesagt. Er würde sie niemand anderem sagen. Danach schwieg er.

Anschließend gingen Morus, Norfolk, Suffolk, die Bischöfe von London und Lincoln sowie mehrere andere hochstehende Persönlichkeiten ins Unterhaus und gaben dort dieselbe Vorstellung, schreibt Chapuys. Morus machte deutlich, daß die Mitglieder des Unterhauses die Angelegenheit nicht diskutieren oder die Kompetenz der Universitäten, die zugunsten des Königs entschieden hatten, in Frage stellen sollten. Die Parlamentsmitglieder sollten lieber nach Hause gehen und ihren Nachbarn mitteilen, daß Heinrich von seinem Gewissen geplagt werde. Nach der Heiligen Schrift und dem kanonischen Recht sei der Standpunkt des Königs vertretbar. Morus sagte seine Meinung nicht, aber jeder Dummkopf konnte sie erraten. John Stokesley nahm es auf sich, den König zu rechtfertigen. Seine kühnen Behauptungen müssen der Versammlung das steife Schweigen des Lordkanzlers nur noch verdächtiger gemacht haben. Und das übertrug sich auf jeden Bürger, der sich mit seinen Freunden im Wirtshaus traf und die Geschichte aus zweiter oder dritter Hand hörte. Ein Mann mit einer so festen Überzeugung wie Thomas Morus war mit seinem eigenen Verhalten sicherlich nicht zufrieden. Heinrich behandelte ihn wie eine Marionette. Morus mußte sich erniedrigt fühlen, weil er gezwungen wurde, Dinge zu tun, die er verurteilte.

Die königliche Amnestie für den Klerus wurde durch ein Gesetz verkündet.[47] Der Gesetzestext ist ein langes Dokument. Die Amnestie wurde eindeutig nur im Austausch gegen die hunderttausend Pfund gewährt, die der Klerus zu zahlen versprochen hatte. Ein Teil des Gesetzes enthält eine Liste von Vergehen, die von diesem Gesetz nicht betroffen waren. Dazu gehörten Hochverrat, Mord, Kirchenraub, Brandstiftung und Notzucht. Die Liste liest sich wie eine Anklageschrift. Zahlreiche Schwerverbrechen fielen nicht unter die Amnestie des Königs. Es ist denkbar, daß der normale Leser annahm, die Geistlichen hätten diese Verbrechen tatsächlich notorisch begangen. Der König erschien hier als der große Beschützer des guten gemeinen Volks vor niederträchtigen Priestern und bösen Prälaten.

Morus hatte im *Dialogue Concerning Heresies* geschrieben, die meisten Geistlichen seien ehrlich und fromm und nur einige wenige schlechte Priester brächten alle anderen in Verruf. Die Leute würden jedoch immer lieber das Böse glauben, als von den guten Taten ihrer Priester zu reden. Dennoch dominierte für den Augenblick ein wütender Antiklerikalismus, vor allem in Heinrichs Umgebung. Der Wortlaut dieses Amnestiegesetzes kennzeichnete den Kurs, den die Regierung von nun an einschlagen sollte. Unter dem Papst, deutete die Regierung an, sei der Klerus ungehindert zu abscheulicher Verderbtheit verkommen. Aber unter einem frommen König als Oberhaupt würde die Geistlichkeit gereinigt werden, ihr Amt wieder Würde bekommen und die Nation, der sie dienten, geheiligt werden.

Dem angeschlagenen Klerus half die Unentschiedenheit des Papstes wenig. Er weigerte sich immer noch, das letzte Wort zu der Scheidung zu sprechen. Die Königin und ihre Verbündeten waren über die Ausflüchte des Papstes verärgert und erbittert, aber sie konnten den willensschwachen Mann nicht zu rascherem Handeln bewegen. Heinrich hatte Angst. Er redete voll Verachtung über die Macht der Exkommunikation durch den Papst. Chapuys jedoch berichtete, daß sowohl Heinrich als auch Anne nicht schlafen könnten, weil sie sich darum sorgten, was der Papst tun würde. Ob der kaiserliche Botschafter tatsächlich wußte, was in Heinrichs Schlafzimmer vor sich ging, ist zweifelhaft. Aber Heinrichs hartnäckige Versuche, den Papst zu einer Entscheidung zu seinen Gunsten zu bewegen, beweisen eindeutig, daß der König die Autoriät des Papstes und den Glauben an diese Autorität, der im englischen Volk vorhanden war, immer noch fürchtete.

Die wütenden Äußerungen des Königs über die englische Unabhängigkeit vom Papsttum wirken aus der Distanz und im Blick auf Heinrichs spätere Trennung von Rom wie der Ausdruck eines kühnen Radikalismus. Aber hier darf nicht übersehen werden, daß der König zutiefst konservativ war und daß seine Drohungen gegen die italienischen Päpste in eine Tradition gehören, die ein konservativer König benutzen konnte, ohne von tapferen Worten gleich zu Taten schreiten zu müssen. Hätte Clemens 1529 die Ehe beherzt bestätigt, dann hätte der König vielleicht die Angelegenheit auf sich beruhen lassen. Aber im Laufe des Jahres 1531 wurden Heinrichs Formulierungen unter dem Eindruck seiner Enttäuschung und dem Einfluß seiner radikalen Ratgeber immer schärfer, und seine innere Bindung an die Tradition löste sich. Der Klerus sah seine wachsende Kühnheit, fühlte die allgemeine Feindseligkeit, und da ihm eine starke Führung fehlte, begann auch er, weich zu werden. Er war bereit, sich in die Form pressen zu lassen, die der König später verordnete.

Thomas Morus wurde vom Strom der Ereignisse mitgerissen. Er war ein Lordkanzler, der sich zunehmend seinem König entfremdete, der nur als Gallionsfigur diente, wie eine Marionette benutzt und bis zur Ohnmacht erniedrigt wurde. Es fällt auf, wie häufig Chapuys über lange Gespräche mit dem Herzog von Norfolk schreibt und wie selten er Äußerungen von Morus mitteilt. Norfolk fand Gehör beim König. Morus hatte nur das Große Siegel. Dieses Symbol seines Amtes war für einen Mann ohne reale politische Macht ein schwacher Trost.

KAPITEL 25

Thomas Morus und die Häretiker

Morus konnte aufgrund seiner juristischen Amtsbefugnisse gegen Häretiker vorgehen. Er benutzte sie, um die Feinde des Glaubens unermüdlich zu bekriegen. Aber im Verlauf seiner Amtszeit verlor er die Unterstützung des Königs – des Verteidigers des Glaubens – bei dieser Aufgabe. Heinrich hatte nämlich bei seiner rastlosen Suche nach Unterstützung begonnen, mit eben jenen Häretikern zu liebäugeln, die Morus zu vernichten suchte.

Im *Dialogue Concerning Heresies* nahm Morus – jedenfalls vor der Öffentlichkeit – die Haltung eines Mannes ein, der sich darum sorgt, daß die Häresie ein paar einzelne in Gefahr bringen könnte, andrerseits aber überzeugt davon ist, daß das Reich als Ganzes vor einer allgemeinen Ansteckung geschützt sei. Aber als der *Dialogue Concerning Heresies* 1529 erschien, war Heinrich außer sich vor Wut über den Papst. Es war nur noch eine Frage der Zeit, wann sich sein wachsender Zorn mit dem Antipapismus der Häretiker verbinden würde. Anne Boleyn und ihr Vater haben anscheinend frühzeitig einen wesentlichen Vorzug von Luthers Lehre erkannt: Nach Luther hatte nämlich ein frommer Fürst die göttliche Weisung, die Kirche innerhalb seines Territoriums zu reformieren, ob dem Papst seine Reformation nun gefiel oder nicht. Es war sogar die Pflicht des Fürsten, den päpstlichen Forderungen zu widerstehen und sein Volk vor der Bosheit des Bischofs von Rom zu bewahren. Wenn der König die Leitung der Kirche übernehmen würde, hätte der Papst natürlich keine Befugnis, sich in Angelegenheiten wie Heinrichs Scheidung einzumischen. Im Jahre 1529 drängten Heinrich bereits viele seiner Ratgeber, die Autorität des Papsttums nicht mehr anzuerkennen und den Besitz der englischen Kirche einzuziehen. Königin Katharina berichtete Chapuys, Heinrich habe ihr gesagt, wenn der Papst sich weigere, ihre Ehe für nichtig zu erklären, würde er den Papst als Häretiker anprangern und heiraten, «wen er wolle».[1] Im gleichen Bericht schrieb Chapuys, neulich habe Heinrich in einem Gespräch gesagt, in vielen Dingen habe Luther wahr gesprochen, und wenn er sich auf Angriffe gegen die Verderbtheit des Klerus beschränkt hätte, würde Heinrich selbst zu Luthers Verteidigung zur Feder greifen.

Obwohl Heinrich an seinem Hof prahlte, wollte er noch immer keinen endgültigen totalen Bruch mit Rom provozieren. Er fürchtete jeden Schritt, der die Ruhe in seinem Reich stören konnte. Aus den Berichten Chapuys wird klar, daß Heinrich eine vom Kaiser geführte Invasion fürchtete. Eine solche militärische Aktion hätte nach dem Brauch der Zeit vom Papst zum Kreuzzug erklärt werden können. Außerdem lag die Schlacht bei Bosworth nicht lange zurück. Heinrich erinnerte sich, wie unbeständig das englische Volk gegenüber seinen Königen sein konnte. Er wußte, daß die Engländer zwar antiklerikal eingestellt waren, aber noch nicht zur Häresie neigten. Deshalb setzte er die diplomatischen Bemühungen mit allen Mitteln fort, um die Angelegenheit unter dem Schutz des Papstes zu seinen Gunsten zu entscheiden. 1530 trug er das ganze Jahr öffentlich seine heftige Abneigung gegen Irrlehren und Häretiker zur Schau.

In seiner Bekanntmachung vom 22. Juni 1530 sprach er sich dafür aus, seinem Volk eine englische Bibel zur Verfügung zu stellen. In derselben Bekanntmachung erklärte er mehrere Bücher für häretisch und verbot Engländern den Besitz dieser Werke. Drei der verbotenen Bücher waren von William Tyndale – die Übersetzung des Neuen Testaments, *The Parable of the Wicked Mammon* (Die Parabel vom sündhaften Mammon), eine Schrift über die Rechtfertigung durch den Glauben, und *The Obedience of a Christian Man* (Der Gehorsam eines Christenmenschen), ein Mischmasch, in dem er die lutherische Ansicht vertrat, ein christlicher Fürst solle die Kirche reformieren. In dem Verbot war auch ein Traktat gegen den Papst mit dem Titel *The Revelation of Antichrist* (Die Offenbarung des Antichristen) eingeschlossen, das kaum mehr als die Übersetzung eines Textes von Martin Luther war. Der Übersetzer war der junge John Frith, Tyndales Mitarbeiter, der jetzt wie Tyndale selbst auf dem Kontinent im Exil lebte. Morus hat wahrscheinlich am Wortlaut dieser Bekanntmachung mitgearbeitet. Er war anwesend, als sie herausgegeben wurde, und er muß sich über diesen Beweis, daß Heinrich noch auf der Seite des alten Glaubens stand, sehr gefreut haben.[2]

Doch als der Papst die Entscheidung hinauszögerte und Heinrichs Enttäuschung wuchs, griff er beunruhigt nach jeder Art von Unterstützung, die er für seine «große Sache» finden konnte. 1530 begann er, zum ersten Mal vorsichtig mit den Häretikern zu liebäugeln. Sein erstes Objekt war William Tyndale und sein erster Bevollmächtigter ein Mann, den Morus selbst schon als Spion eingesetzt hatte, ein gewisser Stephen Vaughan. Er war ein Handelsbevollmächtigter, den Thomas Cromwell in Antwerpen eingesetzt hatte.

Im Sommer 1529 hatten Morus und Tunstall Vaughan angeworben. Er sollte unter den vielen englischen Kaufleuten, die in Antwerpen Geschäfte machten, nach Häretikern Ausschau halten. Vaughan hatte prompt Ärger mit James Hutton bekommen, der eine Art englischer Konsularbeamter war.

Hutton setzte eine Anklage gegen Vaughan durch und verlangte, daß Morus und Tunstall eine Kaution für ihren Angestellten stellten! Hutton drohte, er würde Vaughan ins Gefängnis bringen, wenn die Kaution nicht gestellt würde. Vaughan schrieb an Cromwell, Hutton habe die übelste Hure in Antwerpen dafür gewonnen, ihn zu beschuldigen.[3] Warum das Wort einer Hure gegen Vaughan Gewicht haben sollte, bleibe der Phantasie überlassen. Offensichtlich kam Vaughan durch die Freundschaft mit Cromwell frei, aber Morus hatte inzwischen das Vertrauen zu ihm verloren. Danach verleumdete Vaughan Morus bei jeder Gelegenheit.

Im Herbst oder Anfang Winter 1530 versuchte Vaughan, in Heinrichs Auftrag Tyndale zu erreichen. Es gelang ihm, Tyndale einen Brief zukommen zu lassen, Tyndale antworte ihm. Es lief das Gerücht um, Tyndale bereite eine Antwort auf den *Dialogue Concerning Heresies* vor. Vaughan konnte kein Exemplar der Erwiderung bekommen und wußte deshalb nicht sicher, ob sie veröffentlicht worden war.

Vaughan war von Tyndale begeistert. Das scheint Morus' Zweifel an Vaughans Rechtgläubigkeit hinreichend zu bestätigen. Er schickte Cromwell eine Abschrift von Tyndales Brief an Heinrich (er ist nicht erhalten) und fügte ein paar Anmerkungen hinzu. Vaughan schrieb, Tyndale werde nicht nach England kommen, weil er Angst habe. Doch er sei sehr viel gelehrter, als der König meine. Vielleicht ist das eine versteckte Anspielung auf Heinrichs Hoffnungen, Tyndale kurzerhand zum königlichen Propagandisten zu machen. «Gebe Gott, er wäre in England»,[4] fügt Vaughan hinzu. Ende März schrieb Vaughan wieder an Cromwell. Er hatte mittlerweile einen Teil von Tyndales *Answer to Thomas More's Dialogue* (Antwort auf Thomas Morus' Dialog) als Manuskript bekommen und ließ eine Kopie für den König anfertigen. Vaughan bezweifelte, daß Heinrich sie freundlich aufnehmen würde. Aber er sagte, Tyndale behaupte, daß er nie etwas «in so sanftem Stil» geschrieben habe. Wenn es Heinrich gefalle, würde Tyndale wahrscheinlich nach England kommen.[5]

In der Zwischenzeit hatte Heinrich jedoch Tyndales *Practise of Prelates* (Die Sitten der Prälaten) gelesen, und seine Annäherungsversuche an William Tyndale endeten mit einem Wutausbruch. Das Buch war irgendwann in der zweiten Hälfte des Jahres 1530 veröffentlicht worden. Möglicherweise hat Morus mehrere Monate lang verhindert, daß der Band in die Hände des Königs geriet. Er wachte eifersüchtig über häretische Werke. Diese Vorstellung enthält eine gewisse Ironie. Hätte Heinrich das Werk kurz nach seinem Erscheinen gesehen, dann hätte er gar nicht erst versucht, Tyndale nach England zu holen.

Das Buch ist ein verblüffender Versuch, die englische Geschichte als einen Kampf auf Leben und Tod zwischen den tugendhaften englischen Königen und den bösen Päpsten und englischen Bischöfen darzustellen. Kardinal

Wolseys Machenschaften erscheinen als das Ende einer jahrhundertelangen Verschwörung. Tyndales Haß auf Wolsey ist so maßlos, daß er bereits krankhaft wirkt. Er machte ihn blind gegenüber den Ereignissen.

Er war überzeugt, Wolsey habe Heinrich die Zweifel an seiner Ehe in den Kopf gesetzt. Wenn Roper ein vertrauenswürdiger Zeuge ist, teilte Morus diese Ansicht. Tyndale hielt dem Kaiser die Treue. Er trat für Karl V. ein, weil er wußte, daß die Kaiser des Heiligen Römischen Reiches jahrhundertelang gegen die Päpste gekämpft hatten. Tyndale behauptete, Wolsey habe bei seinen Bemühungen um den Dispens für Heinrichs Scheidung die Nebenabsicht verfolgt, England mit Frankreich zu verbünden, und Tyndale verabscheute die Franzosen.

Er glaubte anscheinend, wenn er Heinrich das alles erkläre und Leviticus zufriedenstellend auslege, werde der König die Wahrheit erkennen, Katharina zurückholen und den ungehorsamen Klerus unterdrücken. Er erwähnte Anne Boleyn nicht namentlich, aber er kritisierte Heinrich scharf, weil er über Martin Luthers Heirat hergezogen war. Er warnte ihn davor, daß Gott aus Rache für Heinrichs willentliche Blindheit «Euer Gnaden in eine Ehe verstrickt (abgesehen von der Zerstörung des Reiches, die vermutlich folgt), die viel unehrenhafter ist, als es Euer Gnaden von Martins Ehe denken».[6]

In der gesamten *Practice of the Prelates* nimmt Tyndale Heinrich beim Wort. Er geht davon aus, daß der König wirklich von Gewissensbissen geplagt wurde und nicht von etwas anderem. Aber Heinrich liebte Anne leidenschaftlich, und seine Leidenschaftlichkeit machte ihn gefährlich. Als Heinrich die Schrift *The Practice of Prelates* durchgesehen hatte, wünschte er nur noch William Tyndales Tod.

Die Verkehrsverbindungen waren schlecht. Vaughan gelang es, zwei Unterredungen mit Tyndale zu führen und einen Teil von Tyndales Manuskript *Answer* (Antwort) auf Morus' *Dialogue* (Dialog) weiterzuschicken, bevor er von Cromwell und dem König die Nachricht bekam, er solle die Verhandlungen mit ihm abbrechen. Thomas Morus muß von diesen Kontakten mit dem Häretiker, den er am meisten haßte, gewußt haben. Sie waren jedenfalls nicht so geheim, daß Chapuys nichts davon erfahren hätte. Am 17. Dezember 1530 setzte er den Kaiser von Tyndales Werk gegen die Scheidung in Kenntnis. Chapuys schrieb, Heinrich fürchte, «daß besagter Priester noch kühner gegen ihn schreiben wird. In der Hoffnung, ihn dazu zu bewegen, daß er zurücknimmt, was er in dieser Sache bereits gesagt hat, bot er ihm einige gute Stellungen und einen Sitz in seinem Rat an, wenn er zurückkäme.»[7]

Morus lehnte es immer ab, seinem König durch offene Worte oder Taten entgegenzutreten. Er konnte wenig gegen diese demütigenden Verhandlungen tun, solange sie in Gang waren. Aber des Königs Zorn über *Practice of Prelates* bot ihm zumindest die Gelegenheit zu einem erneuten Angriff gegen

Tyndale und seine Werke. Der Botschafter von Venedig berichtete am 16. Dezember, daß etwa dreitausend Exemplare der *Practice of Prelates* im Umlauf seien. Als Antwort darauf habe die Regierung an den «verdächtigsten Orten» einen Erlaß ausgehängt, in dem das Buch für verderblich erklärt werde.[8] Chapuys berichtete am darauffolgenden Tag dem Kaiser in einem Brief, das Edikt habe die Leute zu einer öffentlichen Diskussion über die Scheidung veranlaßt. So etwas sei noch nie vorgekommen, und die Verordnung bewirke nur, daß die Leute Lust bekämen, das Buch selbst zu lesen.[9] Der venezianische Botschafter berichtete, daß Tyndales Bruder und andere Männer, die *The Practice of Prelates* in Umlauf gebracht hatten, kürzlich durch die Stadt geführt worden seien. Darunter seien auch Kaufleute der deutschen Hanse gewesen, die ihre Geschäfte in London im Steelyard betrieben. «Sie trugen eine Mitra aus Pappe auf dem Kopf, auf der geschrieben stand *Peccasse contra mandata Regis* (Wir haben gegen das Gebot des Königs gesündigt), und hatten das Buch um den Hals gehängt. Als sie die Runde durch die Hauptstraßen gemacht hatten, befahl man ihnen, das Pamphlet in ein Feuer zu werfen, das zu diesem Zweck vorbereitet worden war.»[10] Chapuys berichtete über dasselbe Schauspiel und bemerkte mürrisch: «Ich sehe nicht, was daraus Gutes werden soll, denn es scheint nun, daß für jeden einzelnen, der zuvor über solche Dinge gesprochen hat, jetzt hundert andere freimütig und furchtlos darüber reden.»[11] Hinter diesen Verhaftungen dürfte Morus gestanden haben. Die milde Bestrafung ist vermutlich auf das Eingreifen des Königs und des Rates zurückzuführen. Heinrich hatte nicht die Absicht, die Handelsbeziehungen zu Deutschland dadurch aufs Spiel zu setzen, daß er deutsche Kaufleute wegen Häresie verbrannte.

Während Heinrichs Begeisterung für Tyndale schwand, nahm sie jedoch für einen anderen Häretiker stark zu. John Frith war seit 1528 aus England verbannt. Er hatte mit Tyndale zusammen an der Übersetzung des Neuen Testaments gearbeitet und war der englische Übersetzer des Luther-Traktats, das Heinrich in seinem Erlaß verboten hatte. Im Jahre 1531 war er hauptsächlich deshalb berühmt, weil er die Lehre vom Fegefeuer angegriffen hatte. Aber in der düsteren religiösen Stimmung dieser Tage konnte sein Angriff auch als einfacher Antiklerikalismus statt als regelrechte Häresie ausgelegt werden. Zumindest rissen seine Ansichten über das Fegefeuer keine unüberbrückbare Kluft zwischen ihm und dem König auf. Allerdings bleibt ungewiß, was Heinrich wirklich über die Ansichten der Häretiker wußte, um die er sich bemühte. Anfang des Jahres 1531 meinte der König – oder zumindest seine Bevollmächtigten –, man könne den jungen John Frith auf seine Seite ziehen, ihn dazu bringen, seine radikalen Überzeugungen aufzugeben, und ihn überreden, sich in der Scheidungsangelegenheit auf die Seite des Königs zu stellen.

In der Fastenzeit des Jahres 1531 kehrte Frith heimlich nach England zurück. Es wurde vermutet, daß Morus' Krieg gegen Irrlehrer und häretische Bücher die Gemeinde der Evangelischen in England so eingeschüchtert hatte, daß Frith zurückkam, um ihnen Mut zuzusprechen und sie neu zu ordnen.[12] Frith kam bis nach Reading und wurde dort verhaftet. Foxe erzählt uns eine verwirrende Geschichte über den Vorfall. Er berichtet, Frith sei als Landstreicher festgenommen und in Ketten gelegt worden. Man habe ihn jedoch freigelassen, weil er sich mit dem Schullehrer des Ortes auf latein und griechisch hätte unterhalten können. Zu dem Zeitpunkt, schreibt Foxe, habe Morus von Friths Anwesenheit in England erfahren und begonnen, nach ihm zu fahnden.[13] Es ist sehr wahrscheinlich, daß Morus durch Spione von Friths Aufenthalt erfahren hat und ihn schließlich verhaften konnte.

Am 22. März 1531 – das Datum fiel in diesem Jahr in die Fastenzeit und bestimmt deshalb, wann Frith in England war – schrieb Chapuys dem Kaiser über eine Unterredung, die er kurz zuvor mit dem Herzog von Norfolk geführt hatte. Norfolk hatte erwähnt, daß am Tag zuvor «der beste und gelehrteste Prediger» unter den Lutheranern in England «festgenommen worden sei und in Gefahr schwebe, lebendig verbrannt zu werden». Den Herzog betrübe diese Aussicht, «denn er sagte, der König habe keinen geeigneteren oder besser qualifizierten Mann, den er auf eine diplomatische Mission zu einem großen Fürsten ins Ausland schicken könne».

Chapuys berichtete, daß der lutherische Prediger dem alten Erzbischof Warham vorgeführt worden sei und sich geweigert habe, Fragen zu beantworten, solange keine Laienmitglieder des Kronrats anwesend waren. Also wurde der Fall Norfolk, Thomas Boleyn, dem Grafen von Wiltshire und anderen Adligen übertragen. Vor ihnen, schrieb Chapuys, «fuhr der besagte Priester fort, seine Erklärung abzugeben, und trug genug häretische Gedanken vor». Zwei Tage darauf rief der Mann den König an und wurde ihm vorgeführt. Dann kam es zu dem oben erwähnten Vorfall, bei dem der König die Pergamentrolle mit der Liste der Häresien des Priesters nahm und die Behauptung las, daß der Papst nicht der oberste Souverän der christlichen Kirche sei. Chapuys gab wieder, was Heinrich sagte: «Diese Ansicht kann nicht als häretisch gewertet werden, weil sie sowohl wahr als auch gewiß ist.» Danach schickte Heinrich den Priester «unter der Bedingung in seine Wohnung zurück, daß er in den nächsten Tagen eine Predigt halte und einige seiner Lehren zurücknehme, die der König für nicht völlig rechtgläubig hielt».[14]

Dieser Priester, der bislang noch nicht identifiziert ist, muß Frith gewesen sein. Die Geschichte stimmt mit dem überein, was wir von dem brillanten jungen Theologen wissen, der nach allen Berichten der faszinierendste englische Häretiker war. Die Unterredung mit dem König und die darauffolgende Freilassung passen dazu, daß Heinrich im Jahre 1531 Frith auf seine

Seite ziehen wollte. Der Vorfall muß für Morus eine entsetzliche Demütigung gewesen sein. Vielleicht war das der Grund, das Ereignis in seinen späteren Schriften über Frith nicht zu erwähnen. Der Vorfall war auch deshalb höchst beunruhigend, weil Heinrich den Willen bekundete, jede Anklage gegen einen Häretiker aufzuheben, der ihm vielleicht nützlich sein konnte, ganz gleich, was der Mann von Lehrsätzen hielt, die Morus als grundlegend für den katholischen Glauben betrachtete.

Der König war nicht damit zufrieden, nur englische Häretiker zu umwerben. Im Juni 1531 schrieb Chapuys an Karl V., daß der deutsche Doktor Simon Grinaeus kürzlich in London gewesen sei. Er habe nach alten Manuskripten gesucht, die er mit nach Basel nehmen wollte, um sie dort zu drucken.[15] Grinaeus war ein Freund von Erasmus, aber auch ein Jünger von Ulrich Zwingli aus Zürich. In Morus' Augen war er sogar ein weit schlimmerer Häretiker als Luther. Während Grinaeus in London war, rief ihn Heinrich zu sich und sprach mit ihm über die Scheidung. Es gibt keinen Zweifel daran, daß der König Grinaeus für seine Reise freies Geleit zugesichert hatte und daß er ihn und seine Stadt – das häretische Basel – als mögliche Verbündete ansah. Das Schauspiel ist ein wenig lächerlich. Ein enttäuschter König greift nach jedem verfügbaren Gelehrten, den er in seinem skandalösen Fall vielleicht auf seine Seite ziehen könnte. Bei all diesen Verhandlungen spürt man Heinrichs schreckliche Unsicherheit, seine Angst vor dem Alleinsein, seine Sehnsucht nach einer Autorität – einer beliebigen Autorität –, die ihn auf dem einmal eingeschlagenen Weg unterstützte.

Eine These dieser Biographie ist, daß Thomas Morus bis zu seiner Verhaftung ein sehr gespaltener Mann war, zerrissen zwischen der Notwendigkeit, seinen Weg in der Welt zu gehen, und der frommen Sehnsucht, ein einfaches Leben zu führen und seine Seele auf das ewige Leben vorzubereiten. Aber auch Heinrich VIII. war gespalten. Er wird uns als der schlimmste Tyrann geschildert, der je auf dem englischen Thron saß. Er war sein ganzes Leben lang zerrissen zwischen dem großartigen Bild seiner ritterlichen Person und der inneren Wirklichkeit, die irgendwie rührend war – das leidende, verängstigte Kind, daß sich immer nach einer festen Hand sehnte, die seine Schritte in die richtige Richtung lenken könnte.

Grinaeus war von den Argumenten des Königs nicht überzeugt. Aber er erklärte sich einverstanden, sie in der Gesellschaft seiner gelehrten Freunde zu durchdenken, wenn er wieder in Basel war. Heinrich versuchte, diese Denkprozesse zu beeinflussen, indem er für Reisekosten und Auslagen aufkam.

Während Grinaeus in London war, wurde Thomas Morus persönlich sein Führer und Beschützer. Jahre später schrieb Grinaeus herzlich an John More, Thomas' jüngstes Kind, wie ihm sein Vater damals geholfen habe. Moderne Biographen von Thomas Morus haben die Meinung vertreten, der

Vorfall beweise, daß Morus zu den Häretikern als Menschen freundlich war, auch wenn er auf dem Papier gegen sie wütete. Denn Grinaeus war bekanntlich ein berüchtigter Häretiker, und er erinnerte sich gerne an Morus. Man könnte daraus folgern, daß Morus seine polemischen Werke nicht ganz ernst gemeint hat.

Aber was hätte Morus mit Grinaeus sonst tun sollen? Das Zusammentreffen mit ihm deutet vermutlich eher auf den Schmerz und die Demütigung hin, die Morus erdulden mußte, und nicht auf eine charakterspezifische Freundlichkeit. Grinaeus war in einer Angelegenheit in London, der sich rasch der König annahm. Morus war notwendigerweise vorsichtig. Er konnte Grinaeus nicht festnehmen, vor Gericht bringen und auf dem Scheiterhaufen verbrennen lassen, weil er einen Geleitbrief des Königs besaß. Grinaeus schrieb an den jungen John More, daß Thomas ihn nie ohne einen Führer gelassen habe. Den «Führer» dürfte Morus ihm mitgegeben haben, um den Häretiker zu beobachten. Zu diesem Zweck übertrieb er die Höflichkeit ein wenig, die er ihm von Amts wegen im Dienste des Königs bezeigen mußte. Aber wie schmerzlich muß es für Morus gewesen sein, sich zur Höflichkeit gegenüber einem berüchtigten Häretiker zu zwingen. Wie schwierig war es wohl für beide, kein Wort über Häresie und Rechtgläubigkeit zu verlieren. Wie schwer mag es Morus gefallen sein, seine tiefsten und ehrlichsten Gefühle nicht zu offenbaren, obwohl sie ständig zusammen waren, solange Grinaeus sich in England aufhielt. Von Morus' Seite aus war es ein Akt ungeheurer Selbstdisziplin, der ihm von seiner problematischen Situation im Amt des obersten Dieners des Königs aufgezwungen wurde. Für einen Mann von seinen Überzeugungen war es bestimmt qualvoll. In dieser Lage war er wirklich der ruhige, gelassene Christ aus Ropers Biographie, aber diese Ruhe muß ihn viel gekostet haben. Wenn moderne Biographen überhaupt einen gewichtigen Grund haben, Morus' Höflichkeit gegenüber Grinaeus mit seiner Wut in den Polemiken zu kontrastieren, dann sollten sie vielmehr die Frage stellen, ob die Wut in den Werken nicht deshalb um so größer war, weil Morus als Mensch von den Umständen gezwungen wurde, eine Rolle zu übernehmen, die in striktem Gegensatz zu seinen inneren Überzeugungen stand.

Einen Teil seiner Wut drückte er in seinem Kampf gegen die Häresie aus. Vielleicht war das die wirkungsvollste Politik, die Morus als Lordkanzler verfolgte. Diese Politik hat Heinrich sicherlich geärgert, weil sie sich gegen viele Leute richtete, die er für seine Scheidung gewinnen wollte. Aber der König konnte kaum öffentlich gegen Morus' Bemühungen vorgehen, ohne sich die Mehrheit des englischen Volkes gefährlich zu entfremden, und das wäre seiner «großen Sache» sicherlich sehr abträglich gewesen. Wenn der König tatsächlich dafür gesorgt hatte, daß Frith freikam, nachdem er Thomas Morus ins Netz gegangen war, hatte er die königliche Macht ausreichend demonstriert und Morus ein Zeichen gegeben, daß er Morus' Kampf gegen die Häresie korrigieren würde, wann immer es ihm beliebte. Morus' Politik beschränkte sich damit zwangsläufig auf jene Häretiker, die Heinrich nicht in irgendeiner Weise nützlich waren. Nur hin und wieder nutzte Morus Heinrichs Neigung, Gegner kurzerhand auszuschalten und sich an denen zu rächen, die ihn enttäuscht hatten.

Auch in seinen fanatischsten Momenten muß Morus bei seinem Kampf gegen die Häresie einsam und unsicher gewirkt haben. Der Londoner Klerus war von Heinrichs Angriff auf die englische Kirche und den Papst entmutigt. Die Geistlichen hatten nicht genug Mut und Kraft, einen langen Kampf zu führen, vor allem, nachdem Heinrich immer offener und kecker verschiedene berüchtigte Häretiker umwarb. Die Geistlichen in entfernteren Gebieten, wo der Einfluß der Hauptstadt geringer war, behielten die alte Praxis bei und gingen gelegentlich gegen Häretiker vor. Aber sogar hier waren die Unentschiedenheit des Königshofes und die Unsicherheit der Londoner Geistlichkeit immer mehr zu spüren. Thomas Cranmer, den die lutherische Lehre fesselte, gehörte 1531 zum engsten Kreis des Königs. Andere, die wie Cranmer dachten, gelangten nach und nach an Heinrichs Seite. Im Zentrum der Regierung, später aber auch in den äußeren Kreisen, fanden häretische Meinungen immer mehr Zuhörer, die sich allmählich von der traditionellen Rechtgläubigkeit abwandten.

Im November 1531 schickte Stephen Vaughan ein Exemplar von Robert Barnes *Supplication* (Bittschrift) an Cromwell. Das Werk war zu Beginn des Jahres veröffentlicht worden. Barnes schmeichelte darin dem König schamlos. Außerdem legte er die übliche lutherische Ansicht dar, die wahre universale oder katholische Kirche sei keine sichtbare Institution, sondern die Gemeinschaft der Erwählten in Zeit und Ewigkeit, unsichtbar für die Welt und nur Gott bekannt.

Die Lehre von der «unsichtbaren Kirche» bot verblüffende rhetorische Möglichkeiten, und Barnes nutzte sie nach Kräften. In einer trostlosen moralischen Situation, in der viele Christen unter der Verderbtheit der katholischen Kirche so sehr litten, daß sie sich fragten, ob Gott überhaupt noch in der Welt bleibe, erklärte Barnes, daß tatsächlich eine Kirche von durchsichtiger Reinheit und vollkommener Schönheit existiere. Weil sie unsichtbar war, blieb es ihm erspart, ihre angebliche Vollkommenheit beweisen zu müssen. Und weil er so feurig und ausdauernd über sie sprach, glaubte vielleicht mancher, es gebe sie wirklich.

Vaughan war bekanntlich ein begeisterungsfähiger Mann. Er war von Barnes Buch hingerissen und meinte, es würde die Herzen des gemeinen Volks im Sturm erobern. Wenn das geschehen wäre, hätte das Volk vermutlich auch Heinrichs Oberhoheit über die englische Kirche akzeptiert.[16] Denn wenn die wahre Kirche unsichtbar und für sterbliche Hände unberührbar war, was sollte dann einen König davon abhalten, das Oberhaupt einer sichtbaren und inferioren Institution namens Kirche in seinem eigenen Reich zu werden?

Barnes' Unterwürfigkeit gegenüber Heinrich deutet auf einen fügsamen (und sicherlich ehrgeizigen) Charakter, den der König zu seinem Vorteil benutzen konnte. Barnes fragte Luther wegen der Scheidung um Rat. Luther riet zur Bigamie. Er sagte, Königin Katharina solle dem König gestatten, nach dem Beispiel der Patriarchen eine zweite Königin zu heiraten. Sie selbst solle sich aber nicht darauf einlassen, daß die königliche Ehe aufgehoben oder ihr der Titel «Königin von England» aberkannt würden.[17] Das war nicht der Rat, den Heinrich wollte. Es ist unbekannt, ob Barnes ihn überbrachte.

Wir wissen jedoch, daß Barnes im Dezember 1531 mit freiem Geleit des Königs in England ankam. Für Morus war dieser Besuch abermals eine Demütigung, auch wenn er sich bemühte, gute Miene zum bösen Spiel zu machen. Wenige Monate später schrieb er, Heinrich sei großmütig. Er wolle nur sehen, ob er noch einen Funken der Gnade in Barnes' Seele finden könne, damit der Häretiker bekehrt und seine Seele gerettet werden könne.[18] Aber der wirkliche Zweck von Barnes' Besuch lag auf der Hand. Er wollte über die Scheidung sprechen und erkunden, ob eine Einigung zwischen England und den deutschen Lutheranern erzielt werden konnte. Es scheint gesichert, daß Barnes und Heinrich miteinander gesprochen haben, obwohl es keine Aufzeichnung des Gesprächs gibt. Chapuys sah Barnes bei Gericht. Er trug ein weltliches Gewand und bemerkte, er sei auf Drängen des Königs selbst gekommen.[19] Bei diesen Diskussionen war Morus nur ein annähernd machtloser Zuschauer.

Er ließ Barnes überwachen. Später fand er Vergnügen daran, einen ausführlichen Bericht über seine Aktivitäten zu veröffentlichen, als ob er Barnes zeigen wollte, wie genau er beobachtet worden war. Er wußte, daß sich Barnes einen Bart hatte wachsen lassen und sich eher wie ein Kaufmann als wie ein Priester kleidete. Er trug ein rotes italienisches Barett und versuchte auf jede Art, seinen geistlichen Stand zu verbergen. Morus wußte auch, daß er in einer Schenke mit dem Zeichen der Flasche am Botolph's Wharf in der Nähe des Steelyard und der London Bridge verkehrte.[20] Morus meinte, noch während sich Barnes im Land aufhielt, er habe die Bedingungen des freien Geleits verletzt, weil er zu lang geblieben sei. Er könne festgenommen werden – wenn der König das zulasse. Heinrich gab seine Einwilligung nicht, und Barnes reiste in der ersten Hälfte des Jahres 1532 aus England ab. Morus zeigte beträchtliche Kühnheit, als er Barnes überhaupt erwähnte und auf das Interesse des Königs an ihm anspielte. Er richtete die Aufmerksamkeit darauf, daß der König mit der Häresie liebäugelte, und er rief den König auf, seine Pflicht zu tun und Irrlehren zu zermalmen und alle zu verfolgen, die für sie eintraten. Er tat, was er konnte, um die öffentliche Meinung gegen Heinrichs Taten aufzubringen – und gleichzeitig verkündete er beharrlich, Heinrich sei ein Mann reinen Herzens. Im Grunde genommen versuchte er, den König zu bewegen, das zu tun, was Morus über ihn verbreitete, was die Kluft zwischen Heinrich und seinem Lordkanzler nur noch tiefer werden ließ. Vermutlich wuchs Heinrichs Verärgerung, als Morus weiter gegen die Häresie schrieb und den Namen des Königs erwähnte, wo immer er konnte. Schließlich deutete Morus im Februar 1534 an, er habe Cromwell und dem König versprochen, nichts mehr zu veröffentlichen.[21]

Barnes kehrte 1534 nach England zurück und nahm für den Rest des Jahrzehnts eine feste und wichtige Stellung im Land ein. Er war daran beteiligt, daß sein ehemaliger Kollege John Lambert (der zu der Gruppe in der White Horse Tavern in Cambridge gehört hatte) anläßlich eines Streits über die Messe auf dem Scheiterhaufen verbrannt wurde. Barnes wurde 1540 selbst auf dem Scheiterhaufen verbrannt, weil er bei den Wirren um Cromwells Sturz mit Heinrich in Konflikt geriet. Im Zusammenhang mit Morus ist Barnes wichtig, weil seine Anwesenheit jedem klardenkenden Menschen bewies, daß Heinrich VIII. ausschließlich an seine Scheidung dachte und daß er zu diesem Zweck sogar bereit war, sich mit den schändlichsten Häretikern zu umgeben, wenn sie ihm ihre Unterstützung anboten. Unter diesen Umständen war es eine gefährliche Sache, ohne Rückendeckung des Königs die Häresie anzugreifen.

Morus blieb dennoch hartnäckig und unerschrocken bei seinem Kampf gegen die Häretiker. Dieser Abschnitt seiner Laufbahn ist für seine modernen Bewunderer der zweifelhafteste und peinlichste. Aber paradoxerweise beweist auch nichts besser den Mut dieses Mannes. Seine Maßnahmen gegen die Häretiker erforderten eine Tapferkeit, die selten gewürdigt wurde, weil heutzutage sogar Katholiken seine Motive kaum gutheißen werden.

Er hatte in seinem Haus in Chelsea schon Häretiker verhört, bevor er Lordkanzler geworden war, in der Regel im Beisein Tunstalls.[22] Als Mitglied des Kronrats hat er wohl von einer Vorschrift aus dem Gesetz gegen die Lollarden Gebrauch gemacht, das politischen Beamten, die keine Priester waren, gestattete, im Beisein von Geistlichen beim Verhör von Häretikern zu helfen. Morus war das einzige Laienmitglied des Kronrats, das solche Aufgaben wahrnahm. Daraus spricht einerseits sein Interesse an der Sache und andrerseits die Hochachtung, die ihm hohe Geistliche erwiesen, wenn sie ihn an diesen Verhören teilnehmen ließen. Als Tunstall 1530 fortzog, weil er Bischof von Durham geworden war, setzte Morus die Verhöre mit Stokesley und anderen fort. Er bemühte sich weit mehr, Irrlehren aufzuspüren, als es Wolsey jemals getan hatte. Offenbar ließ er viele Verdächtige anhand des Gesetzes gegen die Lollarden verhaften.

Seine Methoden waren nicht gerade sanft. Im Jahre 1533, als Morus nicht mehr an der Macht war, bat ein John Feild den Lordkanzler Thomas Audeley und den Kronrat um Begnadigung. Thomas Morus hatte gerichtliche Schritte gegen ihn eingeleitet, die Feild viel Kummer gebracht hatten. Anfang Januar 1530 hatte Morus Feild und andere nach Chelsea gebracht und ihn achtzehn Tage lang eingekerkert. Danach verlangte er eine Kaution, damit Feild eine Woche später in der Sternkammer erschien. Nach diesem Verhör wurde Feild in das Fleet-Gefängnis gebracht und saß zwei Jahre lang in Einzelhaft. Er wurde regelmäßig durchsucht und einmal um zehn Shilling beraubt, die er «für das Nötigste» geschickt bekommen hatte. Nach zwei Jahren wurde er in das Marshalsea-Gefängnis verlegt. Man gestattete ihm nicht, sein eigenes Bettzeug mitzunehmen. Er wurde dort gefangengehalten, bis er so krank wurde, daß man ihn freiließ. Er mußte von vier Männern hinausgetragen werden. Zu diesem Zeitpunkt war Morus nicht mehr Lordkanzler, aber er hatte noch genug Einfluß, um Feild wieder nach Marshalsea zu bringen, wo er bis zum Oktober 1532 blieb. Nachdem er ein Jahr lang gegen Kaution frei gewesen war und sich nichts hatte zuschulden kommen lassen, ersuchte Feild Audeley und den Rat um Rechtshilfe.[23]

So hart wie seine Methoden waren auch Morus' Worte über die Leiden von Häretikern. Im Februar 1530 wurde ein Thomas Hytton wegen Häresie bei Maidstone in Kent verbrannt. In seinem *Dialogue Concerning Heresies* hatte Morus dreist behauptet, er habe nie von einem Häretiker gehört, der bereit gewesen wäre, für seine Irrlehre zu sterben, wenn er dem Tod dadurch entgehen konnte, daß er meineidig wurde.[24] In seiner *Answer* auf den *Dialogue*, die ungefähr im Juli 1531 veröffentlicht wurde, wies Tyndale auf Morus' Behauptung hin und stellte Hytton als echten Märtyrer dar. Morus erfuhr, daß manche Häretiker Hytton als eine Art Heiligen verehrten und seinen Namen in den Kalender eines häretischen Gebetbuchs aufnahmen.[25] Morus beschrieb später gekränkt und verärgert Hyttons Irrlehren so, als ob ihre bloße Nennung bereits beweise, wie entsetzlich sie seien. Hytton hatte unter anderem die Messe und die Ohrenbeichte abgelehnt, das Fegefeuer und die Wirksamkeit von Gebeten für die Toten geleugnet, den Wunsch geäußert, Bilder von Christus und den Heiligen aus den Kirchen hinauszuwerfen, und die überraschende Ansicht vertreten, es gebe keine todeswürdigen Verbrechen. Das ähnelte immerhin Morus' Beschreibung der Justiz in Utopia, wo niemand wegen Diebstahls getötet wird. Morus nannte all diese Glaubenssätze «abscheulich» und Hytton selbst «den stinkenden Märtyrer des Teufels».[26] Zu Hyttons Hinrichtung hat er anscheinend nichts beigetragen. Allerdings hat er sie begeistert – je beinahe wild – gebilligt. Auch in dem weitaus umstrittensten Fall von Häresie, an dem Morus beteiligt war, spielte er keine aktive Rolle, als es darum ging, den Häretiker auf den Scheiterhaufen zu bringen. Sein Bericht von den Vorfällen ist immer noch umstritten. Seine sporadischen Erkundigungen, die er über den Fall einzog, machen seine Hingabe an den Kampf gegen die Häresie deutlich. Die Informationen, die er bekam, verbreitete er durch seine schriftstellerische Tätigkeit.

Am 17. August 1531 wurde Thomas Bilney in Norwich verbrannt. Als Bilney seinen Häresien zum ersten Mal abgeschworen hatte, verfiel er in so tiefe Niedergeschlagenheit, daß, wie Hugh Latimer später sagte, seine Freunde Angst hatten, ihn allein zu lassen. Vermutlich fürchteten sie einen Selbstmord. Foxe berichtet uns, daß Bilney im Jahre 1531 eines Nachts das Trinity College in Cambridge verließ und ankündigte, er werde nach Jerusalem gehen. Er spielte dabei auf Christi Worte an. Christus war nach Jerusalem gegangen, um sich ans Kreuz schlagen zu lassen.[27] Bilney predigte zu kleinen Gruppen in Norfolk, und später ging er aufs freie Feld und predigte den Massen, die hinauskamen, ihn zu hören. Er verteilte Tyndales Neues Testament und *The Obedience of a Christian Man.* Beide Bücher waren durch eine königliche Bekanntmachung verboten. Offenbar suchte er den Märtyrertod, denn ein rückfälliger Häretiker, der bereits einmal seinen Irrlehren abgeschworen und Vergebung gefunden hatte, wurde unweigerlich verbrannt. Die Kirche ließ sich zwar erst einmal auf die eine Wange schlagen und hielt die andere hin. Aber wenn sie jemand auch noch auf die andere Wange schlug, konnte sie mit dem Zorn Gottes gegen die Verdammten zurückschlagen.

Bilney machte keinen Versuch zu entkommen. Er schien sich vielmehr in der Aussicht auf seine öffentliche Opferung als Zeugnis für seinen zwar kraftvollen, aber unklaren Glauben zu sonnen. Diese Sehnsucht nach einem gewaltsamen Tod vor großem Publikum durchzieht auch die Berichte von den frühchristlichen Märtyrern. Die Annahme liegt nahe, daß zeitweise der Tod von größerer Wichtigkeit war als der Grund, für den man starb. Der Tod war Entsagung, Läuterung, der letzte Triumph der Seele über den Körper, der Hoffnung über die flüchtigen, jedoch tyrannischen Forderungen der Gegenwart. Bilneys Wunsch wurde erfüllt. Er wurde vom Klerus verurteilt und der weltlichen Obrigkeit übergeben, die ihn nach altem Recht verbrannte.

Die Geschichten von Leuten, die auf dem Scheiterhaufen verbrannt wurden, sind uns so vertraut, daß wir geneigt sind zu glauben, die Tat selbst wäre uns vertraut. Frühe Holzschnitte zeigen, daß Holzstapel um das Opfer aufgeschichtet wurden. Das Anzünden des Scheiterhaufens und die letzten formellen Ermahnungen an den Delinquenten nahmen einige Zeit in Anspruch. Ein Verurteilter – auch wenn er so entschlossen war zu sterben wie Bilney – dachte möglicherweise mit wachsender Furcht und vielleicht mit erwachender, jetzt jedoch nutzloser Reue an die Aussicht auf sein bevorstehendes, unausweichliches und entsetzliches Ende.

Bilney war beliebt. Er hatte mit seiner Lebensführung ein Beispiel des asketischen und frommen Ideals gegeben, das zum englischen Antiklerikalismus gehörte. An diesem Ideal wurde das Verhalten der gewöhnlichen Priester und Mönche gemessen und für mangelhaft befunden. Norwich war so antiklerikal wie jede englische Stadt. Es ergab sich eine heftige Debatte über die Rechtmäßigkeit der Hinrichtung. Wenn Heinrich VIII. nun das «Oberhaupt» von Gottes Kirche in England war, hatte dann der Sheriff einer Stadt das Recht, einen Häretiker nur deshalb zu verbrennen, weil der Klerus erklärte, der Mann verdiene es, verbrannt zu werden?

Und was sagte Bilney vor seinem Tod? Blieb er bis zum Ende fest, oder widerrief er seine Irrlehren und starb in der katholischen Kirche? John Foxe, Fachmann für Märtyrer, vertrat hartnäckig die Auffassung, daß Bilney seinen Überzeugungen die Treue gehalten habe – obwohl es Foxe ebenfalls sehr schwer fiel, genau zu beschreiben, was Bilney glaubte. Thomas Morus behauptete, Bilney habe widerrufen und sei als wahrer Katholik gestorben. Sein Tod beweise die Wirksamkeit des Feuertods.

Die Debatte darüber, was Bilney gesagt hatte, begann in Norwich bei den Menschen, die ihn sterben sahen. Morus hörte den Aufschrei und veranlaßte eine Untersuchung durch die Sternkammer, um herauszufinden, was geschehen war. Guy, ein Experte für die Verfahren der Sternkammer, vertritt die Ansicht, daß die Untersuchung ungesetzlich war, weil Morus sie aus eigenem Antrieb vornahm, ohne auf eine Beschwerdeschrift oder auf ordnungsgemäß aktenkundig gemachte Informationen zu warten.[28] Offenbar war Morus sehr interessiert an dem Fall, und sein wilder Haß auf die Häretiker brachte ihn dazu, Verfahrensregeln einfach über Bord zu werfen, wenn sie ihm hinderlich waren. Außerdem wollte er der Welt verkünden, daß der berühmteste Märtyrer unter den Häretikern am Ende zum katholischen Glauben zurückgekehrt und nicht verstockt geblieben sei. Morus hatte mit dem gedanklichen Problem, wie Menschen bis zum Tod einer falschen Lehre anhängen konnten, ebenso große Schwierigkeiten wie später Foxe.

Im Spätherbst 1531 berief Morus Zeugen nach London und ließ sie unter Eid aussagen. Unter ihnen waren Edward Reed, der Bürgermeister von Norwich, James Curatt, ein Ratsherr, und Thomas Pelles, der Kanzler des Bischofs von Norwich. Pelles war Morus' wichtigste Quelle über Bilneys letzte Worte. Anhand dieser eidlichen Aussagen läßt sich eine wichtige und verwickelte Geschichte rekonstruieren.

Reed vertrat offensichtlich die Ansicht, Bilney habe nicht widerrufen, und ebenso offensichtlich schüchterte ihn der Lordkanzler ein. Schließlich hielt es der Provinzbürgermeister für sicherer zu sagen, er könne sich an manche Dinge nicht mehr erinnern, als einen Meineid zu leisten oder Dinge zu sagen, die ihn in Schwierigkeiten bringen konnten.

Erstaunlicherweise hat sich Bilney bei seinem Prozeß auf den König als Oberhaupt der Kirche von England berufen und damit die Autorität seiner kirchlichen Richter bestritten. Daraufhin riefen Leute im Gerichtssaal, es sei die Pflicht des Bürgermeisters, den Gefangenen zu übernehmen, weil Bilney, nachdem er sich auf den König berufen hatte, nicht mehr der kirchlichen Gerichtsbarkeit unterstehe. Reed schien willens, das zu tun. Aber was bedeutete der neue Rechtsanspruch? Niemand wußte es, und Reed bat Pelles um eine Erklärung. Pelles sagte anscheinend, was auch immer der Rechtstitel bedeuten möge, er bedeute jedenfalls nicht, daß jemand, der wegen Häresie angeklagt war, der traditionellen Rechtsprechung durch die kirchliche Obrigkeit entzogen werden solle. Also ging der Prozeß weiter. Bilney wurde als verstockter Häretiker zum Feuertod verurteilt und der weltlichen Obrigkeit zur Aburteilung übergeben.

Am Morgen des Exekutionstages tauchte Pelles mit einer offiziellen Liste der Irrtümer auf, die Bilney auf dem Scheiterhaufen vorlesen und widerrufen sollte. Der Ratsherr Curatt erzählte Morus, er habe Bilney zum Scheiterhaufen begleitet und sei sehr nah bei ihm gestanden, so daß er jedes Wort habe hören können, das Bilney sprach. Aber er habe den Schluß nicht verstanden, weil er zur Seite treten und seinen Schuh habe binden müssen! Was er berichtete, entsprach in keiner Weise der ausführlichen Liste, die die kirchliche Obrigkeit erwartete.

Anfang Oktober hatte Reed die Ratsherren zusammengerufen und angekündigt, er werde an der nächsten Sitzung des Parlaments teilnehmen, wo er eine Befragung zum Tode Bilneys erwartete. Er war offensichtlich besorgt. Er wollte die Geschichte in Ordnung bringen, schriftlich niederlegen und mit dem Siegel der Stadt versehen lassen. (Die Engländer der Tudorzeit hatten ein eindruckvolles und rührendes Vertrauen in die Macht von Siegeln. Was gesiegelt war, erschien ihnen auch korrekt.) Vor Morus sagte Curatt unter Eid aus, er habe alles gebilligt, was Reed aus seinem schriftlichen Bericht vorgelesen habe, außer der Tatsache, daß Bilneys Widerruf in der Liste, die Dr. Pelles zusammengestellt hatte, nicht erwähnt war. Als Curatt diesen Punkt vorbrachte, nannte ihn Reed (so behauptete Curatt) einen Lügner und sagte, er sei ein hinterhältiger Mann, der es nicht wert sei, in ehrlicher Gesellschaft zu verkehren.

Wie sich herausstellte, schickte Reed am gleichen Abend ein Buch von Bilney an den Herzog von Norfolk. Gleich nach der Messe an dem Morgen seiner Hinrichtung hatte Bilney Dr. Pelles das Buch gegeben. Aber Reed nahm es Pelles ab und behauptete, da das Buch geschrieben worden sei, während sich Bilney im Gewahrsam der weltlichen Obrigkeit befunden habe, müsse es der Bürgermeister bekommen und nicht die Männer des Bischofs. Es sieht sehr danach aus, als ob Reed dem Kirchenmann Pelles nicht traute und das Buch für irgendeinen Zweck haben wollte. Vielleicht wollte er beweisen, daß es keine Glaubensirrtümer enthielt und daß Bilney auf Betreiben niederträchtiger Geistlicher verbrannt worden sei, obwohl er doch vom König, dem Oberhaupt der Kirche von England, hätte angehört werden sollen. Aus Furcht für seine eigene Zukunft und aus Sorge wegen seiner Rolle bei der Hinrichtung versuchte Reed wahrscheinlich, dem Klerus die Schuld in die Schuhe zu schieben.

Reed erwähnt in seinem Begleitschreiben an Norfolk keinen formellen Widerruf Bilneys. Es enthält die interessante Bemerkung, vermutlich von Bilney, daß die formelle Exkommunikation durch den Papst nur ein äußerlicher Bann und nicht mit Gottes Urteil identisch sei. Diesen Standpunkt vertraten alle Häretiker und in diesen Monaten mehr und mehr auch Heinrich VIII. Er stand im Widerspruch zu der traditionellen päpstlichen Lehre. Nach ihr hatte der Papst die Macht, auf Erden und im Himmel zu verbinden und zu lösen. Die Exkommunikation durch den Papst sei folglich Ausdruck von Gottes Willen. Reed schrieb, Bilney habe zum Gehorsam gegenüber der Kirche ermahnt und erklärt, er glaube an die *Ecclesiam Catholicam*. Außerdem habe Bilney gewollt, daß die Priesterehe von anderen nach seinem Tod diskutiert würde. Er habe gesagt, er habe immer gelehrt, daß Jungfräulichkeit und Keuschheit höchst verdienstvoll seien. Er habe bestritten, daß er gegen das Fasten gepredigt habe, und im gleichen Atemzug gesagt, er wünschte, die Prälaten würden dem Beispiel Christi folgen und häufiger fasten.[29] Wenn das Häresie sei, dann sei es nur eine sehr milde Form.

Aber Bilney war als Häretiker gestorben. Thomas Morus ließ sich unter keinen Umständen davon überzeugen, daß der Klerus, den er mit donnernder Rhetorik verteidigte, einen unschuldigen oder auch nur läßlicher Sünden angeklagten Mann verbrannt hatte. Reed wurde am 1. Dezember und noch einmal am 5. Dezember vor Morus geladen, um unter Eid auszusagen. Es gelang ihm, den Eindruck zu erwecken, daß Pelles in den letzten Tagen vor der Hinrichtung wie ein Geier über Bilney geschwebt sei. Er habe das genaue Datum der Verbrennung wissen wollen, um ihm einen Widerruf abzuringen. Einem Geistlichen wie Pelles, der Bilneys leidenschaftlichen und instabilen Charakter kannte, muß dieses Unterfangen erfolgversprechend erschienen sein. Im strengen Verhör durch Morus – es dürfte eine einschüchternde Angelegenheit gewesen sein – gab Reed zu, Pelles habe tatsächlich Bilney ein Papier gegeben, das er auf dem Scheiterhaufen vorlesen sollte. Aber Bilney habe es entweder stumm gelesen oder so leise, daß niemand hören konnte, was er sagte. Bilney kniete nieder und bat um Absolution, und Reed dachte, er beuge sich der Kirche, aber er konnte sich nicht genau daran erinnern. Ebensowenig konnte er sich erinnern, ob Bilney seine Irrtümer widerrufen oder ob er das Volk ermahnt habe, Gott, den Geistlichen der Kirche oder dem Gesetz zu gehorchen.[30] Morus verachtete Reed, und als er ihn verhörte, drohte er dem unglücklichen Bürgermeister sehr wahrscheinlich mit dem gleichen Feuer, das den Gegenstand der Untersuchung verzehrt hatte.[31] Curatts Darstellung wirkt durch und durch verworren und vieldeutig. Guy hat darauf hingewiesen, daß er langdauernde und enge Verbindungen zu Thomas Cromwell unterhielt.[32]

Zu guter Letzt einigten sich anscheinend alle darauf, daß Pelles Bilney ein Stück Papier gegeben hatte, auf dem etwas stand, das Bilney las – entweder stumm oder laut. Aber was stand auf dem Papier? Das war der springende Punkt. Nach der Hinrichtung brachte Pelles eine Abschrift und wollte, daß Reed sie mit dem Stadtsiegel beurkunde. Aber Reed roch offenbar Lunte und gab die Abschrift mehreren Ratsherren und Bürgern zur Überprüfung. Sie sagten, es sei nicht das gleiche Schriftstück, das Bilney bei seiner Hinrichtung bei sich gehabt habe.[33] Die Annahme leuchtet ein, daß Pelles Bilneys Irrlehren viel extremer darstellte, als sie in Wirklichkeit waren. Er wollte nämlich das Bild des Ketzers in jenen schillernden Farben malen, die der kirchlichen Obrigkeit genehm waren. Wenn man die Leute glauben machen konnte, daß Bilney eine solche Liste widerrufen hätte, würden sie auch glauben, daß er so ein frevelhafter Häretiker gewesen sei, wie es die Kirche behauptete, und daß die von allen Seiten angegriffenen Priester recht hatten, ihn für schuldig zu erklären, kurz, daß Bilney zu Recht verbrannt worden war.

Morus wollte das glauben, und er wünschte von ganzem Herzen, daß andere es ebenfalls glaubten. Als er 1532, kurz vor seinem Ausscheiden aus dem Amt, seinen Bericht über den Fall Bilney veröffentlichte, folgte er Pelles' Darstellung und deutete nicht einmal an, daß es eine komplizierte Kontroverse um den Fall gegeben hatte. Manchmal wird seine Darstellung einfach unglaubwürdig.

Nach Morus' Bericht, den er 1532 im ersten Teil seiner *Confutation of Tyndale's Answer* (Widerlegung von Tyndales Antwort) vorlegte, begann Bilney schon während des Prozesses, seine Irrlehren zum zweiten Mal zu widerrufen. Bei Prozeßende habe er sich vor Dr. Pelles auf die Knie geworfen, ihn um Erlassung der Strafe der Exkommunikation gebeten und vor allen bekannt, daß er den Tod verdiene. Dieser Teil der Geschichte wird in keiner erhaltenen Quelle bestätigt. Wir finden diese Version nur bei Morus.

Am Morgen vor der Hinrichtung habe Bilney darum gebeten, das Sakrament in Form des Brotes zu empfangen. Das ist die traditionelle katholische Form des Sakraments. Luther vertrat im Gegensatz dazu die Ansicht, die Laien sollten das Sakrament in beiden Formen empfangen, also Brot und Wein. Dr. Pelles habe das abgelehnt, schreibt Morus, weil er Bilneys neuerlicher Konversion mißtraute. Doch schließlich gewährte Pelles die Bitte und erteilte ihm das Sakrament, «weil er seinen wahren, vollkommenen Glauben und seinen inbrünstigen Wunsch erkannte».[34] Aber warum zweifelte Pelles weiterhin so sehr an Bilneys Glauben, daß er dem Mann beinahe das Sakrament verweigerte, wenn Bilney im Prozeß das Bekenntnis abgelegt hatte, von dem Morus berichtet? Morus gibt uns darauf keine Antwort.

Er berichtet uns, wie ehrfürchtig Bilney das Sakrament empfing. Er habe das Kirchengebet um die Wiedervereinigung im Glauben, *Domine Jesu Christe*, gesprochen und sich bei den Worten «und gib ihr huldvoll Frieden und Eintracht» an die Brust geschlagen. Morus' Bericht zufolge wiederholte er das mehrere Male und rief dann Gott um Gnade an, weil er «in diesem Punkt» so schwer geirrt habe. Aber in welchem Punkt? Gab Bilney zu, daß er den Frieden und die Eintracht der Kirche gestört hatte? Es ist unwahrscheinlich, daß er ein Vergehen gegen die Eucharistie bekannte, weil er das traditionelle katholische Verständnis des Altarsakraments nie zurückgewiesen hatte. John Foxe fühlte sich dadurch veranlaßt, ihn in diesem Punkt heftig zu rechtfertigen.

Morus schreibt weiter, Bilney habe zugegeben, daß er eine Zeitlang Luther und Tyndale auf der Spur der unsichtbaren Kirche gefolgt sei und bestritten habe, daß die sichtbare Kirche die wahre Kirche Gottes sei. Nach Morus' Darstellung widerrief Bilney diese Irrlehre jetzt vollständig.[35] Aber tat er das? Hatte er überhaupt etwas zu widerrufen? Wie wir schon bemerkt haben, stellt Morus' die ganze Geschichte viel klarer, ja sogar sachlicher dar, als es anhand der Beweise möglich ist. Schon bei der Affäre Richard Hunne nahm er es mit den Tatsachen nicht allzu genau. Sein Bericht über Bilneys letzte Stunden ist folglich nicht sehr vertrauenswürdig. Was Bilney selbst auch geglaubt haben mag – er verbreitete Tyndales Bücher, und das genügte. Schon deshalb war Morus von seiner Schuld überzeugt, ganz abgesehen von Vorfällen während des Prozesses. Die Wahrheit wird verborgen bleiben, weil niemand die Beweise kennt. War Bilney wirklich ein Häretiker? Er scheint sich für einen gehalten zu haben, und er suchte den Tod. Wahrscheinlich war er ein ganz tugendhafter Mann mit ein paar häretischen Ansichten und obendrein ein wenig verrückt. Solche Menschen machen es Juristen und Historikern gleichermaßen schwer.

Abgesehen von der Verteidigung der Kleriker, die Bilney verurteilt hatten, gab es für Morus noch zwei weitere Dinge zu tun. Er posaunte Bilneys Widerruf aus, weil er ein Sieg der katholischen Kirche gewesen wäre. Außerdem bestätigte er seine eigene Ansicht, wie man mit Häretikern umspringen mußte. Die faszinierendste und eindrucksvollste Persönlichkeit unter den Häretikern war schließlich in den Schoß der wahren Kirche zurückgekehrt. Diese glückliche Bekehrung war Folge der sicheren, raschen Bestrafung mit dem Tode. Nach Morus' Meinung sollte diese Strafe über jeden verhängt werden, der hartnäckig vom Glauben abwich. Bilneys Bekehrung angesichts des Todes war ein leuchtendes Beispiel für die Wirksamkeit des Feuers. Es reinigte nicht nur von dem Gift, das Unschuldige verderben konnte, wenn sie häretische Predigten hörten, sondern es rettete auch die

Seele des Häretikers selbst. Morus ging in seiner Begeisterung für Bilneys Errettung so weit, daß er behauptete, die Flammen hätten aus dem Mann einen Heiligen gemacht! Bilney habe in diesem Feuer das Fegefeuer erlitten, und «Christus hat aus diesem Feuer seine gesegnete Seele in den Himmel geholt, wo sie nun unaufhörlich für die Reue und Besserung all derer betet, die zu seinen Lebzeiten durch seine Handlungen zu ähnlichen Irrtümern gebracht oder in ihnen bestärkt wurden. Ich vertraue fest darauf, daß Gottes Gnade das bewirken wird, und ich bete zu Gott darum.»[36] Morus war einer der größten Ironiker seiner Zeit, aber hier übertrifft er sich selbst. Er zeigt uns, wie St. Bilney im Himmel für diejenigen betet, die er verführt hat, für Menschen, die die Existenz der Heiligen überhaupt leugneten. Es ist kein Wunder, daß sich zuerst William Tyndale und sehr viel später John Foxe über Morus' Bericht entrüstet haben. Dennoch ist es der Mühe wert, einen Augenblick darüber nachzudenken, ob Morus ernsthaft geglaubt hat, daß ein gewaltsamer Tod für diejenigen, die mit ruhigem Geist und mit der alten Kirche geweihtem Herzen starben, das Tor zum Himmel sein könnte.

Morus hatte auch noch ein verstecktes Motiv. Bilney hatte sich während seines Prozesses auf den König als Oberhaupt der Kirche berufen. Wenn Morus zeigen konnte, daß Bilney sterben wollte und seine Irrlehren vollständig widerrufen hatte, war das der Beweis, daß die traditionelle Behandlung von Häretikern richtig war. Reed und seine weltlichen Mitstreiter, die den Fall übernehmen wollten, hätten nicht zu dem spektakulären Ergebnis kommen können, das die kirchliche Obrigkeit erzielt hatte. Obwohl Morus viel zu vorsichtig war, um das deutlich auszusprechen, hielt er Bilneys «Bekehrung» eindeutig für ein Exempel für die Legitimität der alten Methoden. Das Urteil der autonomen Kirche gegenüber Irrlehren war Gottes Urteil. Die weltliche Obrigkeit war ihrer Autorität untergeordnet. Sie vollstreckte gehorsam das Urteil und verbrannte den Häretiker. Diesen Standpunkt hatte er ausführlich in seinem *Dialogue Concerning Heresies* verteidigt. 1532 bestätigte der bloße Bericht von Bilneys Tod jahrhundertealte kirchliche Praktiken und bewies, daß die weltliche Obrigkeit die gerechten Urteile der Kirche ausführen mußte.

Morus wartete nicht passiv, bis die Kirche ihre Pflicht tat. Während seiner gesamten Amtszeit kämpfte er entschieden gegen häretische Bücher und ihre Verbreitung. J. A. Guy schreibt ihm die Verantwortung dafür zu, daß Verfahren der Sternkammer dazu benutzt wurden, diese Politik in die Tat umzusetzen. Diese Praxis wurde später so berüchtigt, daß die «Sternkammer» zum Synonym für Unterdrückung wurde.[37] Guy hat bei der Durchforstung der Archive entdeckt, daß Buchhändler, die Morus wegen Besitzes verbotener Bücher festnehmen ließ, umgekehrt auf dem Rücken eines Pferdes durch die Stadt reiten mußten. Sie wurden mit dem Gesicht zum Schwanz auf das Pferd gesetzt, und an ihrer Kleidung wurden Seiten der häretischen Bücher mit Nadeln befestigt. Bei ihrem Ritt wurden sie mit fauligem Obst beworfen.[38]

Es liegt nahe, daß Morus der Grausamkeit gegenüber Häretikern beschuldigt wurde und daß diese Beschuldigungen seinen modernen Bewunderern Kopfzerbrechen bereiten. Auch wenn Geistliche dabei waren, gab er Anlaß zu solchen Beschuldigungen, weil er der Häresie Verdächtige in seinem Haus verhörte. Manche Häretiker wurden sogar dort gefangengehalten – ein weiteres Zeichen, daß das Haus eines Mannes nicht nur Wohnung, sondern auch Ausdruck seines Ranges in der Welt war. Diese Vorgehensweise sagt wahrscheinlich auch etwas über die öffentliche Meinung in London aus oder wenigstens darüber, wie Morus sie einschätzte. In der Stadt standen vielleicht so viele Leute auf der Seite der Häretiker, daß es riskant war, Ketzer innerhalb der Stadtmauern zu verhören. Aufstand und Aufruhr hätten die Folge sein können.

Die Londoner waren damals so erregbar wie heute. Morus tat in seiner Eigenschaft als Lordkanzler, was er konnte, um Ordnung zu schaffen. Zeitweise stand er stark unter Druck. Am 30. August 1531 erhoben sich Priester und Laien gegen den neuen Bischof John Stokesley. Er hatte versucht, von seinen Geistlichen Geld einzutreiben, um seinen Anteil an der Strafe zu bezahlen, die der König zuvor über die Kirchenversammlung verhängt hatte. Die Volksmenge belagerte anderthalb Stunden lang den Palast des Bischofs bei St. Paul's und versuchte anschließend das Domkapitel zu stürmen. Morus war sicherlich wütend über diesen Aufstand der Geistlichen. Schließlich versuchte er, die Häretiker zu brandmarken, indem er sie wegen Aufwiegelung anklagte und im Gegenzug die Kirche als Bastion der Ordnung darstellte. Er erließ Haftbefehle gegen fünfzehn Priester und fünf Laien, die für den Aufruhr verantwortlich waren. Hall berichtet uns, einige seien in den Tower gebracht worden, andere ins Fleet-Gefängnis und wieder andere in weitere Gefängnisse, «wo sie lange Zeit blieben».[39] Morus schreibt in seinen Werken nichts darüber. Aber mit Sicherheit wollte er jede weitere Provokation der Londoner Bevölkerung vermeiden und hielt es für viel sicherer, Häretiker draußen in Chelsea zu verhören als in der Nachbarschaft der St.-Paul's-Kathedrale.

Einer der Häretiker, die Morus ins Gefängnis werfen ließ, war ein abtrünniger Priester namens George Constantine, der mit häretischen Büchern handelte. Das Schicksal Constantines und seines Freundes, des bereits erwähnten Stephen Vaughan, wird meist als Beispiel dafür angeführt, daß Morus gegenüber Häretikern, die in seine Hand fielen, brutal gewesen sei. Morus ließ Constantine, der bereits Schwierigkeiten mit der Obrigkeit hatte, im Herbst 1531 in Chelsea verhaften und einsperren und verhörte ihn selbst. Aufgrund von Constantines Informationen ließ Morus einen ehemaligen Benediktinermönch namens Richard Bayfield festnehmen, der ebenfalls mit verbotenen Büchern handelte. Bayfield war bereits einmal wegen Häresie verurteilt worden und hatte widerrufen, «wie ein Hund, der zu seinem Erbrochenen zurückkehrt», wie Morus es ausdrückte. Er floh jedoch auf den Kontinent und verfiel wieder der Häresie. Morus sagte, Bayfields Häresien seien wohlbekannt. «Sein heiliges Leben erklärt sie gut. Denn als er sowohl Priester als auch Mönch war, hatte er zwei Frauen, eine in Brabant und eine in England. Was er damit wollte, kann ich nicht sicher sagen. Vielleicht wollte er der einen sicher sein, wenn ihn die andere zurückweisen sollte, oder er wollte beide haben, eine hier und eine dort, oder auch beide an einem Ort, die eine, weil er Priester war, und die andere, weil er Mönch war.»[40]

Bayfield, sagte Morus, hätte, um seine Haut zu retten, gern noch einmal widerrufen, wenn das möglich gewesen wäre. Aber weil eine zweite Verurteilung wegen Häresie immer mit dem Tod bestraft wurde, mußte Bayfield sterben, sehr zu Morus' grimmiger Freude. George Constantine jedoch entkam, nachdem er mehrere andere Häretiker denunziert hatte. Er schlug sich nach Antwerpen durch, um bei Stephen Vaughan Zuflucht zu suchen.

In der Zwischenzeit hatte Morus von Vaughans Tätigkeit erfahren. Er hielt ihn für verschlagen und gefährlich. Vaughan wußte von Morus' Feindschaft und hatte Angst. Cromwell hatte ihm Ende November geschrieben, daß George Constantine festgenommen worden sei und daß Morus ihn verhöre.

Vaughan antwortete mit einem sechs Seiten langen Brief voll polemischer Klagen. Morus versuche immer, ihm etwas Böses anzuhängen, schrieb er. Der Lordkanzler würde Häretiker foltern lassen, damit sie mit ihren Aussagen andere belasteten. So sei es auch mit Constantine. Man könne damit rechnen, daß ein Mann, dem wie einem Tier die Beine mit kaltem Eisen gefesselt seien, den eigenen Vater und die eigene Mutter beschuldige, wenn er dadurch der Folter entgehen könne. Der König solle solche Strafen aus dem Reich verbannen und den Klerus wie ein liebender Vater reformieren, schrieb Vaughan. Dann würden die Probleme gelöst werden. Vaughan berichtet über die Lebenssituation eines Geheimagenten. Unter Christen gelte er als Christ, unter Juden als Jude, unter Lutheranern als Lutheraner. Wenn er sich nicht so verhalte, könne er in Antwerpen nichts tun. Am Schluß des Briefes, fast als sei es ihm nachträglich noch eingefallen, fügte Vaughan die Information hinzu, daß George Constantine nach seiner Flucht vor Morus in Antwerpen angekommen sei.[41]

Es ist wahrscheinlich, daß Vaughan schrieb, weil Cromwell besorgt und verärgert war, und daß er selbst sehr besorgt war. Erst am Schluß des Briefes fand er heraus, daß Constantine in Antwerpen war, und teilte dies in den letzten Zeilen Cromwell mit. Vaughan verteidigte sich, indem er Morus der Grausamkeit bezichtigte. Jeder, der auf der Folter befragt würde, würde alles zugeben. Morus dachte, Vaughan sei ein Häretiker. Vaughan fürchtete, er könne verfolgt werden. Deshalb wollte er Cromwell darüber informieren, daß er nur die Geschäfte des Königs besorgte. Unausgesprochen rief er damit den König um Hilfe gegen den Lordkanzler an.

Morus verachtete sowohl Vaughan als auch Constantine. Zumindest Constantine hat er anscheinend zu Recht aufs gründlichste verachtet. Im ersten Teil der *Confutation of Tyndale's Answer* (Widerlegung von Tyndales Antwort) macht sich Morus ein Vergnügen daraus zu erzählen, wie Constantine Reue vortäuschte, um sein Leben zu retten. Constantine wollte diese Reue unter anderem dadurch beweisen, daß er Bayfield und andere Häretiker verriet. Einen von ihnen, einen Buchhändler namens Robert Necton, hatte Morus in das Newgate-Gefängnis werfen lassen. Als Constantine geflohen war, erfuhr Morus offenbar, daß er sich bei Vaughan in Antwerpen aufhielt. Der Lordkanzler schrieb: «Ich rate allen guten Christenleuten und vor allem den Untertanen des Königs, sich seiner Gesellschaft zu enthalten und sie zu meiden.»[42] Und in einer Erklärung, die anscheinend auf Vaughan zielte, sagte er: «Denn ein Engländer, dem man vertraulichen Umgang mit ihm nachweisen kann, könnte sich dadurch selbst in den Verdacht der Häresie bringen, bevor noch seine Gespräche hier bekannt und bewiesen sind, und er wird vielleicht bei seiner Rückkehr nach England davon hören.»[43]

Constantine zeigte, sogar gemessen an den Verhältnissen der Zeit, ein besonderes Talent für Betrügereien. Er denunzierte Freunde wegen verschiedener Missetaten und lebte unbehelligt bis in die Regierungszeit von Königin Elisabeth. Im Jahre 1532 beschuldigte er Stephen Vaughan der Häresie.[44]

Selbstverständlich wollte sich dieser Mann rechtfertigen, nachdem er Morus entkommen war. Constantine verbreitete Geschichten über Morus' Grausamkeit. Vaughan fand an solchen Geschichten offensichtlich Gefallen und, wie auch aus seinem Brief an Cromwell über Morus' feindselige Haltung bereits hervorgeht, gab er gerne weiter, was ihm Constantine erzählte. Mit der Zeit wuchsen die Gerüchte über Morus' Grausamkeit zu einer regelrechten Verleumdungskampagne gegen seinen Charakter an. Cromwell schürte sie zweifellos zusätzlich, weil sie Morus' Ansehen im Volk untergruben und damit seine Bedeutung als Fürsprecher der alten Kirche minderten. Morus verletzten diese Anschuldigungen. Er fühlte sich zu einer Verteidigung gedrängt. Seine *Apology* (Apologie) erschien 1533, als er bereits seit einigen Monaten von seinem Amt zurückgetreten war.

Er wurde beschuldigt, er lasse Häretiker schlagen. Er habe nur bei zwei Leuten eine körperliche Züchtigung angeordnet, behauptete Morus, und zwar bei einem Knaben, der in seinem Haus als Dienstbote arbeitete, in schlechte Gesellschaft geraten sei und Irrlehren gegen die Eucharistie gehört habe. Der Knabe habe diese Häresien in Morus' Haus wiederholt. Morus habe ihn vor der Familie von einem Diener mit dem Stock züchtigen lassen, was die übliche Bestrafung für Kinder war.

Morus' Bericht zufolge war die andere Person, die er auspeitschen ließ, ein geistesschwacher Mann. Er hatte sich angewöhnt, sich von hinten an betende Frauen anzuschleichen und ihnen die Röcke über den Kopf zu heben. Niemand sonst, sagte Morus, habe jemals auch nur einen Klaps an die Stirn bekommen, während er unter seiner Leitung verhört wurde.[45]

Wie wurden Häretiker in Morus' Haus gefangengehalten? Morus beantwortete diese Frage fast beiläufig, als er von Constantines Flucht erzählte. Constantine war in den Fußblock geschlossen worden, hatte ihn aber aufgebrochen, war über eine Mauer geklettert und geflohen. (Morus sagte, er sei nicht einmal böse gewesen, als er erfuhr, daß Constantine geflohen war. Er habe seinen Pförtner nur angewiesen, den Block zu reparieren und abzuschließen, falls der Gefangene versuchen sollte, sich wieder hineinzustehlen!)[46] Als er sich in Antwerpen dafür rechtfertigte, daß er seine Freunde verraten hatte, führte Constantine möglicherweise an, daß er wie ein Tier behandelt worden sei. Aber der Fußblock wurde häufig verwendet, um kleine Verbrecher in Gewahrsam zu halten, und man betrachtete ihn kaum als grausame oder ungewöhnliche Strafe.

Morus litt unter diesen Vorwürfen wie immer, wenn er angegriffen wurde. Er schrieb voll Verachtung über einen Buchhändler namens Segar aus Cambridge, der vier oder fünf Tage lang in seinem Haus festgehalten und dann dort wegen Häresie verhört wurde. Segar sei weder ein körperlicher Schaden zugefügt worden, noch hätte jemand ein böses Wort zu ihm gesagt, schrieb Morus. Aber später behauptete Segar, Morus habe ihm Stricke um den Kopf wickeln lassen, bis er ohnmächtig wurde. Außerdem habe er ihn an einen Baum binden und schlagen lassen. Tyndale fügte noch das Detail hinzu, daß Morus angeblich sogar Segars Geldbörse gestohlen habe.[47]

John Foxe wiederholte kummervoll all diese Geschichten, die er wahrscheinlich aus der Lektüre von Morus' Berichten kannte. Er weigerte sich, seine Dementis und satirischen Widerlegungen zu glauben. Foxe beschuldigte Morus der Grausamkeit gegen jeden Häretiker, der seiner Obhut anvertraut worden war. Aber sogar Foxe hatte Schwierigkeiten mit der Geschichte, daß Morus eine Geldbörse gestohlen haben sollte. Aus späteren Ausgaben von *Acts and Monuments of the Martyrs* (Werke und Taten der Märtyrer) ist die Geschichte verschwunden. Trotzdem blieb an Morus im Bewußtsein der Engländer jahrhundertelang der Ruf haften, er sei ein erbarmungsloser Folterer der Häretiker in seinem Gewahrsam gewesen.

Moderne Forscher haben Morus' Worte für bare Münze genommen. Aber in ihrem Eifer, ihn von den alten Verleumdungen freizusprechen, haben sie vergessen, daß er für hilflose Männer, die von ihm verhört wurden, ein furchterregender Gegenspieler gewesen sein muß. Denn er hatte die Macht, sie auf den Scheiterhaufen zu schicken.

Im Dezember 1531 wurde einem Lederhändler namens John Tewksbury von Stokesley und Morus in Chelsea der Prozeß gemacht. Er wurde von Stokesley wegen Häresie verurteilt und der weltlichen Obrigkeit, die Morus repräsentierte, übergeben, um abgeurteilt zu werden. Morus berichtete, daß Tewksbury einem anderen mit ihm gefangengehaltenen Häretiker, einem «James», geraten habe: «Rette dich und widerrufe.» Tewksbury konnte das nicht mehr; weil er schon einmal wegen Häresie verurteilt worden war und widerrufen hatte, mußte er den Scheiterhaufen besteigen. Tyndale wollte einen Helden aus ihm machen. Morus erwiderte mit bitterem Sarkasmus: «Ich sehe dafür nicht viel Grund. Es sei denn, er hält es für besonders rühmlich, daß der Mann noch fest blieb, als er auf dem Scheiterhaufen angebunden war.»[48] Über Tewskburys Tod selbst sagte Morus: «Es gab nie einen Schuft, der den Tod mehr verdiente, meine ich.»[49]

Ungefähr zu der Zeit, als Tewksbury starb, war der Rechtsanwalt James Bainham Gefangener in Morus' Haus und wurde dort von Morus und Stokesley verhört. Nachdem Simon Fish gestorben war, hatte Bainham seine Witwe geheiratet. Foxe schrieb später, Morus habe Bainham in Chelsea im Hof an einen Baum binden und auspeitschen lassen. Dann habe er ihn in den Tower geschickt, wo er auf der Folterbank gestreckt wurde, während Morus daneben stand und ihm befahl, die Namen anderer Rechtsanwälte zu nennen, die von Irrlehren beeinflußt waren. Vor die Wahl gestellt, seine Irrlehren zu widerrufen oder verbrannt zu werden, schwor er im Februar 1532 formell ab.

Dann wurde er, wie Bilney zuvor, von Schuldgefühlen geplagt. Er bat vor einer geheimen Zusammenkunft von Evangelischen, die in einem Londoner Warenlager stattfand, um Vergebung. Kurz darauf fiel er wieder der Obrigkeit in die Hände und wurde keine drei Wochen, bevor Morus vom Lordkanzleramt zurücktrat, lebendig verbrannt.[50] Der venezianische Botschafter Carlo Capello berichtete, der größte Teil der Bevölkerung sei zum Richtplatz gekommen, um ihn sterben zu sehen. Er sei mit größter Standhaftigkeit gestorben. Er habe keine Schmerzen gezeigt, die ganze Zeit geredet und laut gebetet.[51] Foxes Geschichte, daß Bainham auf Morus' Veranlassung ausgepeitscht und gestreckt wurde, wird heute allgemein bezweifelt. Morus hat sich jedoch über Bainhams Tod gefreut. Er behauptete, der Mann sei nur ein Schwätzer gewesen.[52] Als er darüber schrieb, wie man Häretiker erkannte und verbrannte, erwähnte Morus Bainham zusammen mit anderen, die auf dem Scheiterhaufen gestorben waren. Aus seinem Urteil hört man den rachsüchtigen Triumph heraus:

> Und weil sie Häretiker sind, verurteilt die Geistlichkeit sie beide. Und weil sie es verdienen, verbrennt sie die weltliche Macht. Und nach dem

> Feuer von Smithfield empfängt sie die Hölle, wo die Schufte ewig brennen.[53]

Wenn jemand im Verhör vor einem Mann steht, von dem er weiß, daß er sich freut, wenn der Angeklagte hingerichtet wird, und daß er ihn ohne Bedauern und ohne einen Augenblick zu zögern auf den Scheiterhaufen schicken würde, wenn er auf seine Fragen die falschen Antworten gibt, dann ist dieses Erlebnis bereits schrecklich genug, auch wenn der Inquisitor sein Opfer nicht auspeitschen oder strecken läßt oder anschreit.

Trotzdem waren Morus' Mühen schließlich umsonst. Er selbst bezeugte die Wirkungslosigkeit seiner Bemühungen gegen die Häresie, als er 1533 seine *Apology* schrieb. Er antwortete darin auf die Anschuldigung, der Klerus führe einen Feldzug zur mitleidslosen Verfolgung Andersdenkender. Außer in London und Lincoln, schrieb er, habe man in den letzten fünf Jahren in allen Diözesen Englands keine vier Häretiker bestraft. In manchen Gebieten würde man nicht einmal in den letzten fünfzehn Jahren vier Verurteilte finden, und es gebe viele Orte in England, wo seit zwanzig Jahren kein Häretiker verbrannt worden sei.

Vor etwa zehn Jahren seien in Lincoln sehr zur Freude aller guten Katholiken der Gegend zwölf oder vierzehn Häretiker zum Widerruf gebracht worden. In London habe man eine größere Anzahl von Häretikern entdeckt, weil sie dort so zahlreich seien. Und sogar hier seien nur zwei- oder dreimal so viele bestraft worden wie im Rest des Reiches.[54] Im gleichen Werk ermahnte Morus jedoch – er war mittlerweile nicht mehr im Amt – die Bischöfe, in ihrem Eifer nicht nachzulassen und Häretiker mit allen ihnen zu Gebote stehenden Mitteln zu unterdrücken.[55]

Seine eigenen Maßnahmen waren durch und durch konsequent und von keinem Funken Mitleid oder Toleranz gemildert. Häretiker waren Feinde Gottes, Diener des Satans, Günstlinge der Hölle, und vor allem stammten sie meist aus der Unterschicht. Es waren Leute ohne Wurzeln, die entschlossen waren, den großen alten Glauben zu entwurzeln, der im Universum die einzige Garantie für einen Sinn war. Morus glaubte, sie müßten ausgerottet werden. Und während er im Amt war, tat er alles, um sie auszurotten. Daß es ihm nicht gelang, Englands Torquemada zu werden, war eine Folge des Streits zwischen König und Papst und nicht das Ergebnis irgendeiner Art von Mitleid, die Morus' Herz gerührt hätte.

KAPITEL 26

Niederlage und Rücktritt

Das Parlament trat nach einer langen Sitzungspause am 13. Januar 1532 wieder zusammen. Cuthbert Tunstall wurde nicht aus Durham gerufen, und auch John Fisher wurde nicht aufgefordert, aus dem nahegelegenen Rochester zu kommen, weil keiner von beiden die Scheidung begünstigte, berichtet Chapuys. Fisher kam trotzdem in die Stadt. Er war bereit zu kämpfen. Heinrich, der fromme Heuchler, schickte nach ihm und beteuerte, daß er glücklich sei, ihn zu sehen. Er sagte, selbstverständlich würde er sich freuen, wenn Fisher an den Beratungen im Oberhaus teilnehme.[1]

Während Heinrich sich aus der Gemeinschaft mit Rom zurückzog, entwickelte sich Kaiser Karl V. immer mehr zum Fürsprecher der englischen Katholiken. Sein Botschafter Chapuys wurde der Vermittler, der die katholischen Pläne und Vorhaben in Händen hielt. Fisher blieb in engem Kontakt mit Chapuys, obwohl er den Botschafter bat, ihn in der Öffentlichkeit nicht zu grüßen. Karl V. wußte Fishers Loyalität und Ergebenheit zu schätzen und schickte ihm regelmäßig Mitteilungen, die Chapuys durch Vermittler weitergab.[2] Die Vorstellung ist amüsant, wie Heinrich lächelnd mit seinem Bischof spielte, während es in seinem Kopf gärte, denn er wußte, was Fisher tat. Im Augenblick bewirkte der Bischof trotz bester Absichten wenig, weil er krank wurde und heimkehren mußte.

Die Prälaten, die zum Parlament gerufen worden waren, hatten nicht vor, sich zu unterwerfen. Sie schienen zu spüren, daß sich die Reihen für die Entscheidungsschlacht formierten, und waren zum Kampf bereit. Die Bischöfe vom Lande müssen geglaubt haben, die Bevölkerung stünde hinter ihnen. Prediger wurden nämlich auf der Kanzel dafür gefeiert, daß sie die Scheidung verurteilten, während die meisten, die zu ihren Gunsten sprachen, in den Kirchen ausgezischt und manchmal mit Gewalt bedroht wurden.

Heinrichs Günstlinge waren jedoch besser organisiert als ihre Gegner, und sie vertraten eine harte Linie. Ein Gesetzesentwurf wurde eingereicht, demzufolge die Annaten an Rom eingestellt werden sollten. Annaten waren Gebühren, die der Papst bekam, wenn ein neuer Bischof geweiht wurde. Durch diese Zahlungen floß Kapital aus England ab. Das schürte den ökonomisch motivierten Antiklerikalismus, dessen Vertreter auch Simon Fish war. Kaufleute und andere waren überzeugt, daß die habgierigen Päpste alles Gold und Silber aus England heraussaugen würden. Sie glaubten, wenn die Zahlungen ans Ausland eingestellt würden, werde die Wirtschaft im Inland aufblühen. Die schlechte wirtschaftliche Lage zur damaligen Zeit wird in nahezu allen Aufzeichnungen thematisiert. Arbeitslosigkeit und Inflation schufen in einigen Gruppierungen Unruhe und möglicherweise ein revolutionäres Potential. Niemand konnte so recht vorhersagen, wie weit diese Leute in ihrer Enttäuschung gehen würden.

Heinrich hatte Schwierigkeiten, seinen Gesetzentwurf gegen die Annaten im Parlament durchzubringen. Zur gleichen Zeit suchte er nach neuen Wegen, höhere Einkünfte aus dem Besitztum seiner adligen Grundbesitzer zu ziehen. Seine Bevollmächtigten stießen überall auf generellen Widerstand gegen neue Steuern. Dieser Widerstand half jetzt dem Klerus. Die erste Fassung des Gesetzesentwurfs griff den Papst heftig an und enthielt die Drohung, das Reich dem Heiligen Stuhl zu entziehen. Heinrich schien zur Kirchenspaltung bereit, und das Oberhaus war nahe daran, mit ihm Hand in Hand zu gehen. Aber als Heinrichs Gier nach neuen Steuern offensichtlich wurde, wirkte sie plötzlich bedrohlicher als die Gier der Geistlichen, und das Oberhaus machte einen Rückzieher.

Heinrich veranlaßte Cromwell, eine Klausel hinzuzufügen, die besagte, daß die Regierung die Vorschriften gegen das Papsttum nicht sofort durchsetzen würde, wenn das Gesetz gegen die Annaten durchkommen sollte. Damit nährte er die Hoffnung, daß Verhandlungen vielleicht noch möglich sein könnten.[3] Heinrich wollte dem Papst drohen und gleichzeitig die besorgten Bürger seines unruhigen Reichs in Sicherheit wiegen, daß er alles tun wolle, um die bestehenden Verhältnisse zu erhalten. Das englische Volk trug zwar ständig einen fast rituellen Antiklerikalismus zur Schau, doch die Engländer hatten auch die schreckliche päpstliche Kirchensperre nicht vergessen, die während der Regierungszeit von König Johann über England verhängt worden war. Damals durften die Priester keine Sakramente spenden, die Sterbenden nicht trösten und die Toten nicht begraben. Jede Pilgerfahrt zu dem großen Schrein des heiligen Thomas Becket in Canterbury machte tausend Legenden über jene blutige Zeit in England wieder lebendig, als Heinrich II. versucht hatte, den Klerus auf ähnliche Weise unter seine Herrschaft zu bringen wie jetzt Heinrich VIII.: durch Kirchensteuern, durch das Verbot, römische Gerichte anzurufen, und durch Mißachtung der Immunität der Priester, die er vor königliche Gerichte stellen wollte, wenn sie straffällig geworden waren.

Damals hatte Geschichte für gewöhnliche Leute noch keine Tiefe. Wenn sie wußten, daß in der Vergangenheit etwas geschehen war, schien es ihnen nur wenige Jahre zurückzuliegen, vor allem, wenn es sich um etwas Blutiges und Schreckliches handelte. Die hinzugefügten Mythen, die die tatsächlichen Ereignisse überwucherten, machten die Historie um so drohender und ließen es wahrscheinlicher erscheinen, daß sie sich wiederholte und das Land in Dunkelheit versank. Deshalb zögerte das Parlament ein letztes Mal. Im Augenblick reichte dieses Zögern aus, Heinrich an der Ausführung seines Willens zu hindern – jedoch nur für kurze Zeit.

Der König selbst ging dreimal ins Oberhaus, um für seinen Gesetzesentwurf zu sprechen. Schließlich setzte er ihn mit Hilfe des weltlichen Adels durch. Heinrich war mit dem Verhalten der Oberhausmitglieder unzufrieden und unternahm einen höchst ungewöhnlichen Schritt. Er begab sich ins Unterhaus und erzwang eine Abstimmung. Er nötigte alle Befürworter des Gesetzesentwurfs, sich auf die eine Seite, und die Gegner, sich auf die andere zu setzen. So gelang es ihm mit Bitten und Drohungen, ein günstiges Abstimmungsergebnis zu erzielen.[4] (Morus hatte im Parlament von 1523 eindringlich für die Freiheit des Unterhauses argumentiert. Was mag er von diesem Eingriff des Königs in die Debatte gehalten haben!)

Heinrich hat sich sicher wegen dieser Probleme Sorgen gemacht. Er war immer krankhaft unsicher, was seinen Platz im Reich betraf. Königin Katharina drohte ihm mit der militärischen Macht des Kaisers. Über diese Macht räsonierte er häufig öffentlich. Anscheinend hat er sie wirklich gefürchtet. Er muß davon erfahren haben, wie Prediger auf dem Land behandelt wurden, wenn sie versuchten, seine Sache öffentlich aufzugreifen. Der venezianische Botschafter hörte davon und berichtete nach Venedig.[5] Heinrich litt unter der unwürdigen Situation, daß er Gefahr lief, beim Kirchgang eine Predigt gegen die Scheidung anhören zu müssen. Obwohl er gelegentlich mutige Prediger ins Gefängnis werfen ließ, hat ihn die Unterströmung des Widerstands, in die er plötzlich geraten war, sicher geängstigt. Und wenn Heinrich sich fürchtete, war er doppelt gefährlich.

In ihrer widerspenstigen Stimmung verweigerten die Mitglieder des Unterhauses ihm weitere Geldmittel. Er behauptete, es drohe Gefahr von den Schotten, und schickte Thomas Morus ins Unterhaus, um dieses Thema wieder einmal aufzugreifen. Zwei Mitglieder waren so tapfer und erklärten offen, es sei der beste Schutz für das Reich, die Freundschaft mit dem Kaiser zu erhalten. Thomas Temse, ein Abgeordneter aus Westbury, ging noch weiter und drängte den König in einer Ansprache, seine rechtmäßige Königin zurückzuholen. Schließlich gewährten die murrenden Unterhausabgeordneten ihrem Monarchen eine kleine Steuer – jedoch sehr viel weniger, als er verlangt hatte.[6]

Das wichtigste Ergebnis dieser Sitzungsperiode war jedoch ein Beschluß gegen den Klerus. Er hieß *The Supplication Against the Ordinaries* (Das Gesuch gegen die Ordinarien). Er wurde höchstwahrscheinlich von Cromwell eingefädelt und gehörte zu dem Feldzug der Regierung gegen die Kirche, obwohl manche meinen, er sei eine spontane Beschwerde des Unterhauses selbst gewesen.[7] Jedenfalls fand er breite Zustimmung und wurde am 18. März dem König von einer Abordnung überreicht.

Sein Inhalt entsprach den gängigen Konventionen. Das Unterhaus beschuldigte den Klerus der Habgier. Der Fall Richard Hunnes hatte noch einmal einen Nachklang in dem Vorwurf, die Priester würden überhöhte Gebühren für die Beerdigung der Toten verlangen.

Die Teile des *Supplication Against the Ordinaries*, in denen die kirchlichen Gerichtshöfe verurteilt wurden, waren bei weitem die wichtigsten. Diese Gerichtshöfe, meinten die Unterhausabgeordneten, drängten dem englischen Volk ohne seine Zustimmung eine Rechtsprechung auf. Die Gesetze würden nur auf lateinisch veröffentlicht, und die Strafen seien hart. Überdies habe Heinrich eine «imperiale Zuständigkeit» für England. In der volkstümlichen Rechtsvorstellung der damaligen Zeit galt ein «Imperium» als souverän. Es war niemandem außer Gott selbst Gehorsam schuldig. Die kirchlichen Gerichtshöfe, so argumentierten die Mitglieder des Unterhauses, spalteten das englische Volk und beraubten den König seiner Rechte. Sie verletzten die Rechte der treuen Untertanen des Königs, weil sie vollkommen auf den Vorteil des Klerus ausgerichtet seien. Man müsse ein reicher Mann sein, um einen Prozeß vor den kirchlichen Gerichten führen zu können, und arme Kläger hätten keine Chance, ihr Recht zu bekommen.

The Supplication zielte eindeutig auf das Vorgehen der Kirche gegen die Häretiker. Es spiegelt nicht nur den Konflikt zwischen dem Common Law Englands und dem kanonischen Recht der Kirche, sondern ist auch ein Beleg für den nicht zu unterdrückenden Nationalismus und die Selbstachtung des englischen Volkes. Sir John Fortescue hatte nur eine allgemein verbreitete Ansicht ausgesprochen, als er die Meinung vertrat, die Engländer wären besser als andere Völker, und ihre Gesetze ebenso. Das Unterhaus meinte, die Kirche beraube die Engländer ihrer Würde und ihrer Rechte, wenn sie mit fremden Gesetzen über sie herrschen wollte. Wer Fortescue gelesen hatte, mußte eine solche Unterjochung für ein Sakrileg gegen die Ordnung der Welt halten, wie Gott sie erschaffen hatte, und vor allem gegen die Ordnung seines geheiligten Reichs von England.

Morus hatte sich bereits entschlossen gegen die Meinungen gewandt, die jetzt vom Unterhaus vorgebracht wurden. In seinem *Dialogue Concerning Heresies* legte er seinem «Boten» Fragen in den Mund, die ebensogut in diesem unbotmäßigen Parlament hätten vorgebracht werden können. Das kanonische Recht der Kirche, sagt der einfältige junge Mann in Morus' Werk, fordere in Fällen von Häresie nur zwei Zeugen, und es sei «gleichgültig, wie schlecht sie sind oder ob sie selbst Häretiker sind». In zivilrechtlichen Angelegenheiten lasse das Common Law des Reiches niemanden als Zeugen zu, der keinen untadeligen Ruf habe, auch wenn es nur um wenig Geld gehe. Die Kirche jedoch fälle Urteile, die einen Mann Besitz und

Leben kosten könnten, und vollstrecke mit dem Feuertod die grausamste Strafe. Aber zur Begründung des Urteils lasse sie Zeugen ohne bürgerliche Ehrenrechte zu und schenke Menschen Glauben, die sich zuvor als unredlich erwiesen hätten.[8]

Morus erwiderte, Häresie, Diebstahl, Mord und Verrat seien Verbrechen, die Leute nicht in Gegenwart eines ehrlichen Notars begehen würden. Die kirchlichen Gerichte würden sich deshalb die Zeugen nehmen, die zur Verfügung stünden. Er vertraue darauf, daß die Richter in solchen Fällen scharfsinnig und ehrlich genug seien, um festzustellen, wann ein Zeuge lüge. Darüber hinaus sei er überzeugt, daß die Häresie so entsetzlich und gefährlich sei, daß Kirche und Gesellschaft das Recht hätten, die härtesten Maßnahmen gegen sie zu ergreifen.[9] Nur selten, gestand er ein, könnte auch ein Unschuldiger unter solchen Verfahren zu leiden haben. Daß der Schaden, der durch das Leiden Unschuldiger der Gesellschaft zugefügt werde, vielleicht schlimmer sein könnte als ein Schaden, der daraus entstand, daß ein paar Schuldige freigelassen wurden, erwog er erst gar nicht. In Fällen von Häresie gewährte er, anders als bei Diebstahl in *Utopia*, dem großzügigen Geist Fortescues keinen Raum. Fortescue hatte geschrieben: «Mir wäre es lieber, zwanzig Missetäter entkämen dem Tod durch Mitleid, als daß ein Mann zu Unrecht verurteilt würde.»[10]

Die Ansichten, die er im *Dialogue Concerning Heresies* vertrat, waren sehr weit von dem Geist der Unterhausabgeordneten in dieser Parlamentssitzung von 1532 entfernt. Morus hatte den Unterschied zwischen Verfahren nach Gewohnheitsrecht wegen Mordes, Diebstahls und Verrats und Urteilen wegen Häresie nach dem kanonischen Recht verwischt. In ihrer wütenden *Supplication* jedoch erwiesen die Mitglieder der Unterhauses diesem wichtigen Unterschied gebührende Beachtung.

Sie bemängelten, es könne in einem Fall von Häresie geschehen, daß der Beschuldigte nie die Namen der Belastungszeugen erfahre. Sogar wenn die Zeugen unzuverlässig oder befangen waren, konnte der Beklagte vor das Kirchengericht gebracht und zu förmlichem Eid gezwungen werden. Dieser Eid forderte von ihm, sich selbst zu belasten, wenn er schuldig war, oder meineidig zu werden. Der Angeklagte konnte sich nicht entlasten, wie es vor weltlichen Gerichten nach dem Common Law vorgesehen war. Dort konnten ehrliche Nachbarn seine gute Lebensführung bezeugen und ihn damit vor weiteren Verhören bewahren, wenn keine konkreten Beweise gegen ihn vorlagen. Das Verfahren war eine Urform der Habeaskorpusakte. In den kirchlichen Gerichten dagegen konnte dem Beschuldigten beim geringsten Verdacht eine lange Liste von Irrlehren vorgelegt werden. Dann forderte man von ihm den Schwur, daß er keiner dieser Lehren anhänge. Damit gab man ihn übler Nachrede und beliebigen Spekulationen preis: Wenn er zu diesen Dingen befragt wurde, mußte es doch einen Grund geben, ihn zu verdächtigen, ganz gleich, was er sagte. Falls er zugab, eine häretische Meinung zu teilen, wurde er behandelt, als ob er sich aller Häresien schuldig gemacht hätte. Er durfte im Verhör die Aussage nicht verweigern. Dieser Tatbestand machte den englischen Gelehrten des Common Law große Sorgen. Sie waren nämlich bereits der Überzeugung, ein Angeklagter müsse schweigen dürfen, ohne daß sein Schweigen als Selbstbeschuldigung gewertet würde.[11]

Morus sollte später unter anderem seines Schweigens wegen von den Richtern verurteilt werden. Er berief sich auf das Bürgerrecht, nach dem ein Angeklagter nicht aussagen muß und niemand nur aufgrund seines Schweigens verurteilt werden kann, wie es später im Recht Englands und der Vereinigten Staaten verankert wurde. In seiner öffentlichen Stellungnahme zu *The Supplication* jedoch, die er ein Jahr, nachdem das Dokument vom Unterhaus herausgegeben wurde, schrieb, stand Morus fest auf der Seite des kanonischen Rechts und des *ex officio*-Verfahrens, das den Angeklagten verpflichtete, in Verhören wegen Häresie alle Fragen zu beantworten. Er selbst hätte den Widerspruch einfach mit seiner Überzeugung erklärt, daß Häresie so schändlich sei und auf solcher Bosheit beruhe, daß ein Gesetz kaum zu streng sein konnte, wenn es nur dazu taugte, das Reich von dem häretischen Gift zu reinigen. Denn Seelen waren wichtiger als das bürgerliche Recht.

Die Antwort der Bischöfe auf *The Supplication* kam Anfang Mai. Wie Philip Hughes schrieb, war «ihr Ton äußerst barsch». Hughes meint auch, Morus habe dabei geholfen, sie aufzusetzen.[12] Obwohl er keine Beweise anführt, die seine Behauptung stützen, passen viele Argumente in dem Text zu Morus' Denken.

Die Bischöfe bestritten, daß der Klerus eine Spaltung zwischen sich und den Laien hervorgerufen habe. Sie behaupteten im Gegenteil, die Laien wären fortgesetzt feindselig gegenüber den Geistlichen. Manchmal würden Priester auf der Straße angegriffen und zu Boden geworfen, aber niemand habe je gehört, daß Priester Laien auf diese Weise angriffen. Ein paar schlechte Geistliche könne man vielleicht finden, die meisten aber seien gut, und die Unterhausabgeordneten hätten nur Verleumdungen vorgebracht.

Im wichtigsten Teil der *Answer of the Ordinaries* (Antwort der Ordinarien) gehen die Mitglieder des Unterhauses auf die Beziehung zwischen den Gesetzen Englands und den Gesetzen der Kirche sowie auf Heinrichs Rolle bei der Entstehung dieser Gesetze ein. Die Gesetze der Kirche gründeten sich auf die Heilige Schrift und die Vorschriften der Kirche, sagten die Bischöfe. Deshalb seien sie das Maß, nach dem sich alle anderen Gesetze richten sollten. Die Könige von England hätten solche Gesetze immer anerkannt. Die Bischöfe seien immer noch verpflichtet, sie einzuhalten. Heinrich dürfe sich da nicht einmischen. «Wir», schrieben sie, «Eure demütigsten

Untertanen, dürfen die Ausführung unserer Aufgaben und Pflichten, die uns gewißlich von Gott vorgeschrieben sind, nicht von der Zustimmung Eurer Hoheit abhängig machen.»[13]

Wenn Heinrich wolle, meinten sie, könne er Vorschläge machen. Wenn Gott den Bischöfen eingebe, diese Vorschläge aufzugreifen, würden sie in das Kirchenrecht aufgenommen werden.[14] Es war jedoch unverkennbar, daß die Bischöfe Heinrich nicht das Recht zugestehen wollten, Gesetze zu machen, die die Kirche betrafen, sei es aus eigenem Willen oder im Auftrag des Parlaments. Die Bischöfe verurteilten mit scharfen Worten das neue Gesetz zur Beschränkung der Annaten. Es widerspreche der geistlichen Gerichtsbarkeit, die von der englischen Kirche seit Jahrhunderten ausgeübt worden sei. Nicht einmal der Papst könne eine solche Gerichtsbarkeit abschaffen, und kein Parlament könne sie aufheben, auch wenn bewiesen werden könne, daß sich der Klerus schwer vergangen habe.[15]

Genau das war der Kern der Sache: die Frage der Autonomie des Klerus. Treue Katholiken zu Morus' Zeit verstanden diese Frage sehr viel eher als heute. Die Frage lautete: Wie teilt Gott der Menschheit seine Wahrheit mit? Wo ist die Quelle göttlicher Erleuchtung, auf deren Reinheit und Klarheit wir uns verlassen können? Die Bischöfe traten für eine Kirche ein, die von der weltlichen Obrigkeit unabhängig war. Sie sollte imstande sein, die Erleuchtung in sich aufzunehmen und auszudrücken, ohne von der blutigen Hand der weltlichen Regierung behindert zu werden.

Der Standpunkt der Bischöfe enthielt unausgesprochen mehrere Annahmen. Die Laien sollten den Priestern untergeordnet sein. Könige, die in der Welt für Ordnung sorgen sollten und deshalb hohe Achtung verdienten, seien trotzdem weder würdig noch imstande, geistliche Entscheidungen zu treffen. Königen und ihren weltlichen Dienern – den Mitgliedern des Oberhauses, den Richtern, Soldaten etc. – habe Gott die Gewalt verliehen, Blut zu vergießen. Die Welt sei so verworfen, daß jemand von Gott das Recht haben müsse, andere zu töten, also Leben auszulöschen, das nur Gott geben konnte. Aber bei der Ausübung dieses Rechts würden sich die Könige entweihen, auch wenn es göttlichen Ursprungs war. (Dieser Standpunkt ähnelt dem Standpunkt der Kirche bezüglich der Ehe.) Besonders hart wurde in *The Answer of the Ordinaries* die Überzeugung der Bischöfe vertreten, daß die Dinge für immer so bleiben sollten, wie sie seit Jahrhunderten gewesen waren. Zwischen die schroffe Darlegung dieser Ansichten waren ganze Abschnitte voll unterwürfiger, konventioneller Schmeicheleien an Heinrich eingefügt. Und hier findet man auch die beste Erklärung, warum Thomas Morus zum Tod verurteilt wurde.

Heinrich war wütend. Er zeigte je nach Bedarf ein anderes Gesicht. Dadurch war es ihm offenbar gelungen, viele Bischöfe davon zu überzeugen, daß er ihr wahrer Freund sei. Die Bischöfe hatten den Worten des Königs geglaubt, daß er ein unvoreingenommener Richter im Streit zwischen dem Unterhaus und der Kirche sein wolle. Er machte in knappen Worten deutlich, daß nicht nur das Unterhaus, sondern auch er selbst bereit war, den Klerus für seine Unverschämtheit zu bestrafen.

Heinrich nannte die *Answer* «dürftig», «sophistisch» und ausweichend. Er kündigte an, daß er das Parlament jetzt zu energischerem Vorgehen drängen werde. Er rief den Sprecher Thomas Audeley und andere Würdenträger zu sich und verkündete, er habe entdeckt, daß die Geistlichen seines Reiches nur zur Hälfte seine Untertanen seien, vielleicht auch überhaupt nicht. Alle Prälaten, sagte er, als ob er noch nie etwas davon gehört hätte, leisteten einen Treueeid gegenüber dem Papst, der vollkommen dem Eid widerspreche, den sie dem König leisteten. Heinrich sagte: «Deshalb scheinen sie vielmehr seine Untertanen zu sein und nicht Unsere.»[16]

Audeley brachte pflichtgemäß eine Abschrift des Eides, den die hohen Geistlichen dem Papst schworen, ins Parlament und ließ das Dokument vorlesen. Die Wirkung auf die Anwesenden war groß. Auf Heinrichs Verlangen las er auch einen Eid vor, der dem König direkt geleistet wurde und durch den jeder andere Eid, den ein Geistlicher geleistet haben mochte, für nichtig erklärt wurde. Nach Halls Bericht reagierte das Parlament nicht sofort. Aber Heinrich wünschte, daß die Geistlichen für geächtet erklärt würden. Was geschehen wäre, wenn der englische Klerus den Schutz des Gesetzes verloren hätte, darüber kann man nur spekulieren. Hätte Heinrich eine solche Drohung überhaupt wahrmachen können? Niemand weiß es. Aber die antiklerikale Stimmung, die im Unterhaus und in London brodelte, beunruhigte die Bischöfe. Und der König – grausam, rachsüchtig, selbstgerecht und furchtsam – war unkontrollierbar und gereizt.

Durch diesen Angriff geriet Thomas Morus in immer offenere und gefährlichere Opposition zu Heinrichs Politik. Hughes meint, daß er möglicherweise Stephen Gardiner, dem Bischof von Winchester und Autor des größten Teils der *Answer of the Ordinaries*, geholfen habe. Er scheint sich auch insgeheim darum bemüht zu haben, im Parlament Unterstützung für die alte Kirche zu suchen.

Nach Morus' Tod schrieb Cromwell an einen Gregory Di Cassales über seine Aktivitäten zu dieser Zeit. Cromwell rechtfertigte, was geschehen war. Sein Bericht darf nicht ganz wörtlich genommen werden. Trotzdem ist seine Geschichte präzise und einleuchtend.

Cromwell schrieb, daß Morus und Fisher Gegnern außerhalb Londons Informationen über die Tendenzen im Parlament zukommen ließen. Sie hätten diese Informationen anschließend benutzt, um die Opposition gegen die Scheidung und den Widerstand gegen Heinrichs Maßnahmen gegen die Kirche zu schüren. Die öffentliche Meinung war auf seiten Königin Katharinas, und deshalb gab es auch in der Öffentlichkeit vernehmlichen Widerstand gegen die Scheidung. In der Tudorzeit wurden öffentliche Unruhen bereitwillig mit Verschwörungen erklärt. Sir George Throckmorton, ein Mitglied des Parlaments, erinnerte Cromwell später an eine Unterhaltung mit Morus, die Cromwell als Beweis für dessen bösen Willen anführte. Throckmorton war gegen die Scheidung und die Maßnahmen gegen den Klerus gewesen. Allerdings ging er, wie viele andere, später in diesem Jahrzehnt auf die Seite der Sieger über. Er hielt es für klug, Heinrich seine Vergangenheit zu beichten. Dabei sprach er mit angemessener Reue über eine private Unterredung, die er mit Morus geführt hatte.

Soweit sich Throckmorton erinnern konnte, hatte Morus zu ihm gesagt: «Ich bin sehr froh, daß Ihr in dem Ruf steht, ein so guter Katholik zu sein. Wenn Ihr fortfahrt, wie Ihr begonnen habt, und Euch nicht fürchtet, zu sagen, was Euer Gewissen gebietet, verdient Ihr Euch große Belohnung von Gott und schließlich Dank von des Königs Gnade und viel Ehre.» Nach Throckmortons Bericht hat diese Unterredung wohl im Januar 1532 kurz nach der Eröffnung des Parlaments stattgefunden.[17]

Es sieht so aus, als ob Morus, obwohl er vorsichtig war, dem König jetzt mehr Widerstand entgegensetzte. Es kursierten Gerüchte über Anne Boleyns heißblütiges Temperament, über ihre Habgier, ihre Rachsucht und darüber, wie sie den König und alle anderen in ihrer Umgebung tyrannisiere. Chapuys berichtete diesen Klatsch getreulich seinem Herrn. Die Gerüchte waren den Kreisen, in denen Morus bei Hofe verkehrte, sicher allgemein bekannt. Es ist gut möglich, daß Morus annahm, der König würde seiner Mätresse überdrüssig werden und zu seiner angetrauten Königin und zur wahren katholischen Lehre zurückkehren.

Heinrich hatte Anne tatsächlich bald satt, aber Widerstand machte ihn immer starrköpfig, und er muß von Morus' Widerstand gewußt haben. Unterstützt von Thomas Cromwell, unternahm er kühne Schritte, um seine Gegner zu zermalmen. Ende April reisten ein paar von Cromwells Schergen nach Durham und durchstöberten Cuthbert Tunstalls Papiere. Sie suchten nach Beweisen dafür, daß der Bischof gegen die Scheidung arbeitete.[13]

Sie fanden wenig und nahmen an, Tunstall habe seine Unterlagen schon entsprechend sortiert. Morus' Papiere sind verschwunden. Vermutlich wurden seine Unterlagen irgendwann, wahrscheinlich nach seinem Ausscheiden aus dem Amt, an einen Ort gebracht, gründlich durchgelesen und nie zurückgebracht. Es besteht also noch Hoffnung, daß sie wieder auftauchen.

Am 13. Mai schrieb Chapuys an Karl V., das Parlament erwäge die Abschaffung aller kirchlichen Verordnungen, die die englische Kirche beherrschten. Der Kirche solle verboten werden, ohne ausdrückliche Zustimmung des Königs Kirchenversammlungen abzuhalten. Dadurch werde die Geistlichkeit laut Chapuys «in einen geringeren Rang verwiesen als die Schuhmacher, die die Berechtigung haben, sich zu versammeln und ihre eigenen Satzungen aufzustellen».[19] Den Bischöfen solle das Recht genommen werden, der Häresie Verdächtigte festzuhalten, weil die Körper der weltlichen Obrigkeit unterstünden und die Bischöfe nur zur Seele sprechen dürften. Chapuys berichtete, daß Morus und die Bischöfe dem König jeden erdenklichen Widerstand leisteten. Heinrich sei außerordentlich wütend, vor allem auf Morus und Stephen Gardiner. Der Brief, der in Geheimschrift abgefaßt war, schloß mit einem grimmigen Gebet darum, daß Gott ein Heilmittel senden möge, wie es die Größe des Übels erfordere.[20]

Aber in England konnte niemand der Wut des Königs trotzen. Die englischen Bischöfe waren Politiker, und Politiker sind selten aus dem gleichen Holze geschnitzt wie Märtyrer. Ihre Macht über das geistige Gebäude der katholischen Kirche war gering. Nur John Fisher war in der Lage gewesen, überzeugend gegen die Häresie zu schreiben. Sie waren von der Bevölkerung isoliert. Nun wurden sie nicht nur vom König tyrannisiert, sondern auch von großen Lords wie Suffolk und von kleineren Lords wie dem Grafen von Wiltshire, dem Vater Anne Boleyns. Noch gefährlicher und unverständlicher war für sie der geschickte bürokratische Erfindungsreichtum Thomas Cromwells und seiner Gruppe von entschlossenen, ungeduldigen Reformern in der Verwaltung. Sie entfernten radikal die überholten Traditionen einer ineffizienten königlichen Herrschaft und ersetzten sie durch die stahlharte, unpersönliche Macht des modernen Staates. Die Bischöfe fürchteten um ihren Besitz und um ihre Person. Sie wußten kaum, was vorging. Als sie mit dem Zorn des Königs konfrontiert wurden, hofften sie, wie es schwache Männer seit jeher tun, auch das werde vorübergehen und niemand könne sich gegen die Zukunft wehren, bevor er sie erfahren habe.

Am 15. Mai 1532 boten die Bischöfe dem König demütig ihre Unterwerfung an. Dieses Datum kennzeichnet recht gut den Übergang Englands vom Mittelalter in die Neuzeit. Die althergebrachten Vorrechte der Kirche – Freiheiten, von denen die Traditionalisten behaupteten, sie wären ein Geschenk Christi selbst – wurden abgeschafft. Die *Submission of the Clergy* (Unterwerfung des Klerus) ist ein kurzes Dokument, in dem drei große Zugeständnisse gemacht wurden: Der Klerus werde nie wieder ohne königliche Zustimmung ein Gesetz der Kirchenversammlung verabschieden. Die Kirchenversammlung werde nicht zusammentreten, bevor Heinrich seine Genehmigung erteilt habe. Alle Gesetze der Kirche müßten von einer gemeinsamen Kommission aus Geistlichen und Laien überprüft werden. Sechzehn Mitglieder der Kommission sollten aus dem Parlament kommen, sechzehn mußten Priester sein, und alle zweiunddreißig sollten vom König ernannt werden.[21] Morus und andere meinten, Heinrich sei es nun anscheinend gelungen, eine Tyrannenherrschaft über die englische Kirche aufzurichten, die der Herrschaft der byzantinischen Kaiser über die griechische

Kirche im mittelalterlichen Konstantinopel sehr ähnlich war. Die griechische Kirche war nun eine Gefangene der wilden, blutrünstigen Türken. Römische Katholiken fanden diese Strafe angemessen, weil der Klerus der griechischen Kirche zugelassen hatte, daß seine geistlichen Angelegenheiten von einem Monarchen beherrscht wurden, der Laie war.

Einen Tag, nachdem sich der Klerus unterworfen hatte, traf Thomas Morus den König gegen drei Uhr nachmittags im Garten des York Place in der Nähe der Westminster Hall und gab das Große Staatssiegel ab. Wenige Tage später schickte Chapuys Karl V. die Nachricht von Morus' Rücktritt.[22]

Chapuys erwähnt in diesem langen Brief, in dem von vielen Untertanen die Rede ist, Morus' Rücktritt erst gegen Ende. Der kaiserliche Botschafter hatte anscheinend das Interesse am Lordkanzler verloren, nachdem sich Morus so standhaft geweigert hatte, Chapuys Korrespondenz mit dem Kaiser einzusehen. Während der letzten Monate seiner Amtszeit erscheint Morus kaum jemals in den regelmäßigen und umfangreichen Berichten, die Chapuys an seinen Herrscher sandte und in denen er ausführlich über die Situation in England berichtete. Nun schrieb er, daß Morus «die schlechte Wendung erkannte, die die Dinge nehmen. Es gibt keine Möglichkeit, die Dinge zum Guten zu wenden, und wenn er im Amt bleibt, wird er gezwungen sein, gegen sein Gewissen zu handeln oder sich den Zorn des Königs zuzuziehen – wie er das mit seiner Weigerung, gegen den Klerus Stellung zu beziehen, bereits getan hat. Deshalb ist er jetzt zurückgetreten und hat seine Amtssiegel mit der Begründung zurückgegeben, sein Gehalt sei zu niedrig und die Arbeitsbelastung allzu groß.» Die letzte Bemerkung deutet darauf hin, daß Heinrich seinen widerspenstigen Lordkanzler mit einer Gehaltskürzung bestrafte. Wie das auch gewesen sein mag, Morus' öffentliche Laufbahn und seine Amtszeit als Lordkanzler waren zu Ende, er war auf ganzer Linie unterlegen und zog sich in ein unsicheres Privatleben in Chelsea zurück.

Es war allgemein angenommen worden, Morus sei entschlossen gewesen, am Tag nach der Unterwerfung der Geistlichkeit zurückzutreten. Aber er hätte die Angelegenheiten kaum so schnell in die Wege leiten können. Kein Diener Heinrichs VIII. hatte die Macht, den Zeitpunkt seines Ausscheidens aus dem Amt so selbstherrlich zu bestimmen.

Ohne Zweifel wollte er seit langer Zeit zurücktreten. Wie Roper schreibt, sah er, daß der König entschlossen war, Anne Boleyn zu heiraten. Er tat als treuer Diener sein Bestes, um den Willen seines Herrschers auszuführen. Er ging sogar ins Unterhaus, um die günstigen Gutachten der verschiedenen Universitäten vorzulesen, die die Scheidung befürworteten. Nur dem König gegenüber hatte er seine Gedanken zu dieser Sache geäußert. Trotzdem wuchs seine Furcht, daß er gezwungen werden könnte, etwas gegen sein Gewissen zu tun. Deshalb habe er, wie Roper schreibt, seinen Freund, den

Herzog von Norfolk, gebeten, mit dem König zu reden, damit er in Frieden aus seinem Amt als Lordkanzler scheiden könne. Roper erweckt den Eindruck, Morus habe lange dazu gebraucht, sein Rücktrittsgesuch vorzubringen.

Zweifellos wollte Heinrich ebenso wie Morus selbst, daß er ausschied. Chapuys bemerkte zwei Tage vor der Unterwerfung der Geistlichkeit, Heinrich sei auf Morus und Gardiner wütend. Seit Monaten war unübersehbar, daß König und Lordkanzler einander völlig entfremdet waren. Als ob er beweisen wollte, wie tief diese Entfremdung war, schob Heinrich es hinaus, einen Nachfolger zu bestimmen, nachdem Morus für immer aus dem Weg war. Am 20. Mai händigte er Thomas Audeley das Große Siegel aus und verlieh ihm die Befugnis, es zu benützen, wenn dies erforderlich war. Aber Audeley wurde offiziell erst nach vielen Monaten Lordkanzler. In der Zwischenzeit führte er den Titel eines Großsiegelbewahrers.[23] Während Heinrichs gesamter Regierungszeit behielt das Amt des Lordkanzlers untergeordnete Bedeutung.

Thomas Cromwell war jetzt der wichtigste Mann. Er beschäftigte sich mehr mit der Macht als mit Titeln. Er war schlicht Heinrichs erster Sekretär. Er leitete die Verwaltung still und effizient und führte rasch eine juristische Revolution in England durch. Heinrich entschloß sich offenbar, eine Zeitlang sein eigener Lordkanzler zu sein. Aufgrund seiner Neigung zu einer wütenden und melancholischen Selbstgerechtigkeit jammerte er wahrscheinlich über das Versagen seiner letzten beiden Lordkanzler und kam zum Schluß, das Risiko der Opposition sei zu groß, um einen starken Mann ins Amt zu berufen. Morus war machtlos gewesen, aber er war kein Speichellecker. Heinrich erhob 1533 Audeley schließlich offiziell zum Lordkanzler, doch geschah das erst, nachdem Audeley sich als willfährige Marionette erwiesen hatte.

Der Zeitpunkt, zu dem Morus ausschied, war der königlichen Politik günstig. Ein Mann in Morus' Position durfte nicht in offener Opposition zum König zurücktreten, solange heikle Angelegenheiten noch diskutiert wurden. Wenn Morus aus dem Amt geschieden wäre, bevor der König die *Submission of the Clergy* erhalten hatte, hätte er den wankelmütigen Bischöfen das Rückgrat stärken können. Doch mit der *Submission* in der Hand und nachdem die völlige Konfusion und die Feigheit der meisten Bischöfe offenkundig geworden war, konnte Heinrich freier atmen und es sich leisten, Morus gehen zu lassen.

Den Zeitpunkt des Rücktritts wählte Heinrich, nicht Morus. Roper enthüllt das ebenfalls. Norfolk, schreibt er, habe «schließlich durch aufdringliches Bitten vom König eine formelle Amtsenthebung des Sir Thomas Morus erwirkt», und «zu einem passenden Zeitpunkt, der von seiner Hoheit festgelegt wurde[24] begab er [Morus] sich zu Seiner Gnaden, um ihm das Große

Siegel auszuhändigen».[25] Der venezianische Botschafter Carlo Capello schrieb am Tag des Rücktritts an seine Regierung, der König habe den Lordkanzler seines Amtes enthoben.[26]

Aller Wahrscheinlichkeit nach hat Heinrich am Tag nach der *Submission*, als ihm das Dokument in die begierigen Hände gelegt wurde, Morus endlich zu sich gerufen und von ihm die Rückgabe des Großen Siegels verlangt, was Morus schon lange wünschte. Er führte sogar eine königliche Scharade auf, lobte Morus bei der Rücktrittszeremonie und wünschte ihm Glück.[27] Aber diese Worte des Lobes waren, ebenso wie Heinrichs warmer Empfang für Fisher vor dem Parlament im Januar, geheuchelt. Er konnte sich jetzt ein paar verbale Geschenke leisten, weil er sich stark genug fühlte, Königreich und Kirche zu beherrschen, was auch immer Morus und andere Gleichgesinnte tun oder denken mochten. Er hatte die alte kirchliche Ordnung kurzerhand wie einen Wurm zertreten. Und gewiß lächelte ein so hitziger und rachsüchtiger Mensch wie Heinrich, als sein Lordkanzler, der beste und vielleicht gefährlichste seiner Gegner, seine Niederlage eingestand und das Zeichen seines Amtes zurückgab.

KAPITEL 27

Die letzten Monate in Freiheit

Die Nachricht, daß Thomas Morus nicht zurückgetreten, sondern in Ungnade entlassen worden war, verbreitete sich in Windeseile. Wenn Heinrich die Zeit und die Umstände des Rücktritts bestimmt hatte, war das wirklich eine schwere Demütigung. Im Oktober schrieb Erasmus einem Freund, die Lutheraner jubelten über Morus' Sturz. Vierzig der Häresie Verdächtigte seien in England aus dem Gefängnis entlassen worden.[1]

Die Lutheraner hatten Grund zur Freude. Morus war das letzte Regierungsmitglied in England, das die Häresie mit Feuer ausrotten wollte. Er hatte getan, was er konnte, um die Kirche zur Verfolgung der Häretiker zu bewegen und dafür zu sorgen, daß die weltliche Regierung dieses geistliche Unterfangen mit ihrer Macht stützte. Er hatte Häretiker mit aller Macht, die ihm zur Verfügung stand, verfolgt, hatte sie bis zu ihren Prozessen eingesperrt und ihnen ständig mit dem Feuertod gedroht. Nach Thomas Morus' Rücktritt ging der großangelegte Feldzug gegen die Häresie langsam zu Ende. Die Regierung ließ nur hie und da noch einen bekannten Häretiker verbrennen. Doch die Opfer waren immer Männer, die Heinrich für seine Zwecke benützen wollte. Gelegentlich mußte er jedoch feststellen, daß sie sich seinen Wünschen nicht fügten und in religiösen Fragen seinen Geschmack beleidigten. In solchen Fällen konnte eine gefügige Kirche dazu gebracht werden, das Opfer zu verfolgen; anschließend konnte die Regierung gottesfürchtig ihrer Pflicht nachkommen und das Opfer verbrennen. Häretiker, die für die Sache des Königs waren, konnten jetzt in England Zuflucht finden, solange sie den Autoritäten gebührend gehorchten und ihre neuen Lehren entsprechend vorsichtig verbreiteten.

Morus verspürte ein Bedürfnis nach Rechtfertigung und Sicherheit. Am 14. Juni schrieb er einen langen Brief an Erasmus, in dem er erklärte, warum er zurückgetreten war. Der Brief war eher ein öffentliches Dokument als eine vertrauliche Mitteilung, und Morus erwartete von Erasmus, daß er ihn veröffentlichen werde, denn in diesem Brief erklärte Morus sich Europa und vermutlich auch seinem König. Er wolle sich von der Welt zurückziehen, schreibt er, und niemanden bedrohen. Nachdrücklich betont er seine Loyalität seinem König gegenüber. Doch er sei jetzt nur damit beschäftigt, sich auf den Tod vorzubereiten. Von Anfang an will er Heinrich anscheinend suggerieren, daß er keine Schwierigkeiten machen werde, wenn man ihn in Ruhe lasse. Er werde auch keine Verschwörung initiieren. Er wolle einfach nur in Frieden sterben.

Sein Gesundheitszustand sei schlecht, schrieb er. Er klagte über Schmerzen in der Brust, was, wie wir bereits bemerkten, auf ein krankes Herz hinweist – kein ungewöhnliches Leiden für einen Mann, der sich zeitlebens so abhetzte wie er. Er habe Heinrich demütig gebeten, ihn zurücktreten zu lassen. Und schließlich habe der König sich aus lauter Großzügigkeit erbarmt und ihn gehen lassen. Dann sprach er warm von den vielen Gunstbezeigungen, die der König ihm in der Vergangenheit erwiesen hatte. Offenbar versuchte er den Eindruck zu erwecken, der König habe ihn nur widerstrebend zurücktreten lassen. Sein Rücktritt habe nichts mit Ungnade zu tun, und nur sein labiler Gesundheitszustand habe ihn dazu veranlaßt, um Befreiung von seinem Amt nachzusuchen.

Wohlüberlegt schmeichelte er Erasmus – vielleicht, um ihn zu bewegen, den Brief zu veröffentlichen. Denn er wußte, wie ungern Erasmus sich in Angelegenheiten einmischte, die ihn in eine Meinungsverschiedenheit mit Fürsten hineinziehen konnten. Außerdem wollte Morus offenbar vor ganz Europa seine Meinung über Erasmus kundtun, dessen Name seit dem *Lob der Torheit* untrennbar mit seinem eigenen verknüpft war.

Easmus sei geradezu ein Wunder, schrieb er. Trotz des Geheuls seiner Kritiker fahre er fort, seine Werke zu veröffentlichen. Die meisten dieser Kritiker seien ohnehin nicht der Aufmerksamkeit wert. Doch dann ändert sich kaum merklich sein Ton. Er fragte, ob es denn eine Rolle spiele, daß selbst gute und gebildete Männer meinten, Erasmus hätte diesen oder jenen Punkt mit zu wenig Zurückhaltung behandelt. (Er muß hier Tunstall und sich selbst im Auge gehabt haben.) Jeder Autor mache sich solcher Versäumnisse hin und wieder schuldig, und Erasmus habe seinen Mangel an Zurückhaltung offen eingestanden und gesagt, daß er seine Kritik sorgfältiger ausgearbeitet hätte, wenn er die große Verbreitung dieser verderblichen Häresien vorhergesehen hätte.

Wir besitzen keine Aufzeichnung dieses denkwürdigen Geständnisses, das Morus Erasmus hier in den Mund legt. Möglicherweise spielt Morus aber auf eine Fälschung an, die unter Erasmus' Namen veröffentlicht wurde und in der Erasmus sich selbst anklagte.[2] Morus ignoriert in seinem schmeichelhaften Brief die zeitliche Abfolge von Erasmus' schärfsten Angriffen gegen die Praktiken der alten Kirche. Sie waren in den *Vertrauten Gesprächen* enthalten und wurden immer wieder neu aufgelegt, als die Protestanten die Kirche am heftigsten angriffen. Morus spann ein kompliziertes rhetorisches Netz und sprach so aus, was Erasmus selbst nie ausgesprochen hatte. Er griff einen Gedanken aus einem Brief auf, den Erasmus ihm im Jahre 1527 geschrieben hatte: Häretiker hätten die Worte der Kirchenväter, der Apostel, der Evangelisten und Christi selbst für ihre eigenen Zwecke verdreht. Es sei also zu erwarten, schrieb Morus, daß sie Erasmus' Worte auf ähnliche Weise verzerren würden.

Aber auch wenn Erasmus seine übelwollenden Kritiker nicht beachtet habe, schrieb Morus, solle er den Frommen gegenüber ein gewisses Entgegenkommen zeigen, die sich über das, was Erasmus schrieb, vielleicht geärgert hatten. Das war eine milde Kritik, mit der Morus Erasmus' Einstellung verändern wollte, statt ihn sich zu entfremden. Außerdem sollte sie zeigen, daß Morus' eigener «Erasmianismus» durch und durch katholisch war und daß Morus die Ansicht derer teilte, die meinten, Erasmus müsse in schweren Zeiten seine Verpflichtungen dem Glauben gegenüber erfüllen.

Er schloß den Hauptteil seines Briefes mit einer Bemerkung ab, die angesichts dessen, was sich in England abspielen sollte, beinahe grotesk wirkt: Die Ketzer seien hartnäckig und hinterhältig und ihre Schriften strömten von den Niederlanden nach England hinein. Doch die Bischöfe und der König stünden fest gegen die Häresie, und dank ihrer Wachsamkeit könne die Epidemie unter Kontrolle gehalten werden. Er, Morus, habe zu verschiedenen Schriften der Häretiker Entgegnungen verfaßt, allerdings nicht, weil er die Wirkung ihrer Schriften auf vernünftige Köpfe fürchtete, sondern vielmehr, weil leichtfertige Geister gern mit neuen und gefährlichen Lehren liebäugeln würden.

Morus benützte hier ein rhetorisches Mittel, das er später wiederholt anwenden sollte: Er verkündete, ganz England und der König stünden fest auf der Seite des alten Glaubens. Offenbar huldigte er dem primitiven Glauben, daß etwas wahr sein muß, wenn man es nur oft und überzeugt genug wiederholt. Das ist eine sympathische Zauberei mit der Sprache. Auf dem Papier entsteht eine Welt, die irgendwie Wirklichkeit werden wird. Vielleicht hoffte Morus, Heinrich würde diese Aussagen über seine Glaubensfestigkeit lesen und sie sich tatsächlich so zu Herzen nehmen, daß er glaubensfest werden würde.

Heinrich machte sich gewiß nie die Mühe, diese Ergüsse aus Morus' Feder zu lesen. Und hätte er sie gelesen, dann hätten sie ihn sicherlich ebenso in rasende Wut versetzt wie die ständigen Liebesbeteuerungen der Königin Katharina.

Morus schrieb am selben Tag auch an Johannes Cochläus, den wackeren Gegner Luthers in Deutschland. Auch in diesem Brief erklärt er seinen Rücktritt als Folge körperlicher Schwäche. Nebenbei erwähnt er seine Freude darüber, daß Zwingli und Oekolampadius gestorben sind – der eine auf dem Schlachtfeld, der andere an einer Krankheit im Bett. Sein Hauptanliegen war jedoch, einem zweiten Briefpartner auf dem Kontinent mitzuteilen, daß er nicht wegen prinzipieller Meinungsverschiedenheiten oder weil der König ihm seine Gunst entzogen habe, zurückgetreten sei, sondern aus Rücksicht auf seine Gesundheit.[3]

Sein Rücktritt brachte ihn in finanzielle Bedrängnis, aber nicht in Armut. Wir haben oben erwähnt, daß Roper von einem Familienrat berichtet, bei dem Morus, nachdem er das Große Staatssiegel zurückgegeben hatte, davon sprach, wie sie, wenn nötig, ihren Lebensstandard langsam senken würden. Beginnen würden sie mit dem Lebensstandard der Lincoln's Inn, dann käme die Kost von New Inn, darauf die «Oxforder Kost», bis sie schließlich auf der Straße betteln müßten.[4]

Das sind noble Worte, und die Szene ist reizend. Aber auch wenn Morus seine Ausgaben einschränken mußte, spricht nichts dafür, daß er und seine Familie in Armut gerieten. Er hatte immer noch eine Pension von hundert Pfund im Jahr und bekam sie weiter, bis er den Tower als Gefangener betrat. Lady Alice hatte ein Einkommen von weiteren hundert Pfund im Jahr. Und obwohl Morus nicht über große Besitztümer verfügte, hatte er ein bißchen Land, das auch noch ein Einkommen abwarf. Nach Ropers Bericht gab er sein offizielles Boot mit acht Rudergängern an Audeley weiter. Roper deutet allerdings an, daß Morus auch ein eigenes Boot hatte. Er besaß so viel, daß es sich für ihn lohnte, für seine Familie eine Art Treuhandfonds einzurichten. Heinrich veranlaßte nach Morus' Tod das Parlament, diesen Treuhandfonds aufzuheben. Roper berichtet voll Erbitterung darüber.

Nichts deutet auf finanzielle Not hin, und da ein Mann, der sich aus der Öffentlichkeit zurückgezogen hatte, vieler gewaltiger Ausgaben enthoben war, können wir annehmen, daß Morus in seinem Ruhestand doch recht behaglich lebte. Die Situation konnte sich ändern, sobald der König seine Meinung änderte, und Morus und seine Familie wußten inzwischen, wie wankelmütig und gefährlich der König sein konnte.

Die Verwirrung in England hatte mit der rechtlichen Unterwerfung des Klerus kein Ende, und das Volk sah den Ereignissen mit tiefster Unruhe entgegen. Im Spätfrühling wurden in der Themse zwei kleine Wale gefangen – ein böses Omen für die Londoner –, und irgend jemand zählte vierzehn Menschen, die man wenige Tage zuvor erhängt oder im Fluß ertränkt hatte.[5] Heinrich ließ die Befestigung des Towers von London erneuern. Eine Aufgabe, an der, nach dem Bericht des venetianischen Botschafters, täglich tausend Männer arbeiteten.[6] Der einzige konkrete Feind, den Heinrich dabei im Sinn gehabt haben konnte, war sein eigenes Volk. Am 5. Juli wurde ein Priester gehängt, weil er die Münze des Königs beschnitten hatte. Zunächst wurde er am Schweif eines Pferdes durch die Stadt geschleift. Dreißig Frauen baten den König um Gnade für diesen Mann, aber Heinrich blieb hart. Der Priester wurde gehängt, ohne zuvor aus dem geistlichen Stand ausgestoßen worden zu sein. Nach Auskunft des venetianischen Botschafters war das nicht mehr vorgekommen, seit in England das Christentum eingeführt worden war.[7] Heinrich demonstrierte der Kirche, wie weit er gehen würde, um seine Macht gegenüber Geistlichen durchzusetzen, die seit Beckets Zeiten sakrosankt gewesen waren.

Der Widerstand gegen Heinrichs Übergriffe auf die Kirche hielt an. Überraschenderweise führte ihn Erzbischof William an. Der Primas von England war allmählich dem Tode nahe. Er hatte die Tollkühnheit besessen, im März vor dem Parlament das Wort gegen den König zu erheben und Heinrich in Rage zu bringen. Wenn Warham nicht so alt wäre, sagte der König, würde er dafür sorgen, daß er das bereue.[8] Im Mai beugte sich, nach gewissem Widerstand, der Erzbischof mit allen anderen und unterzeichnete die *Submissionsakte.* Aber dann kehrte, während sein Leben zu Ende ging, sein Mut wieder. Im Sommer entwarf Warham ein Rede, die er offenbar im Oberhaus halten wollte. Doch das Parlament war im Mai vertagt worden, und Warham hatte keine Gelegenheit mehr, vor dem Gremium zu sprechen. Er starb am 23. August.

Der Entwurf dieser Rede ist ein wichtiges Dokument, denn er zeigt, wie die Konservativen in England die Probleme beurteilten. Da wir von Morus selbst keine detaillierte Aussage darüber besitzen, warum er freiwillig in den Tod ging, bleiben nur Warhams Aufzeichnungen. Warham vertritt Ansichten, die Morus vermutlich geteilt hat. Hier bestätigt sich auch eine der wichtigsten Thesen dieses Buches: Morus starb als Märtyrer für ein Ideal, das dem Papsttum wenig Bedeutung zumaß.

Bei Warham finden wir keine große Begeisterung für die Macht des Papstes, keine Lobeshymne auf dessen Amt, keine Verteidigung der päpstlichen Abstammung von Petrus, wie wir sie von John Fisher und einer großen Anzahl anderer Theologen auf dem Kontinent kennen. Statt dessen umreißt Warham, was die Privilegien der englischen Kirche für einen englischen Prälaten bedeuteten, und präsentiert seine düstere Ansicht darüber, was geschehen würde, wenn man der Kirche diese Privilegien nähme.

Warham erkannte das Recht des Königs an, die «Temporalien», die Ländereien und Einkünfte, die zum Episkopalamt gehörten, zu gewähren oder zurückzuhalten. Dieses Recht war eine Folge des berühmten Investiturstreits im Hochmittelalter. Die geistige Autorität der Bischöfe würde jedoch vom Papst bestätigt, und nach Warham hätten in England die Erzbischöfe den Bischöfen stets die Weihe erteilt, nachdem die Erlaubnis aus Rom eingetroffen sei. Wenn Erzbischöfe nicht die Freiheit hätten, die geistige Autorität eines Bischofs zu bestätigen, bis der König die Temporalien gewährt habe, würde die geistige Macht der Erzbischöfe von der Macht eines Laien, des Königs, abhängen, und das sei wider das Gesetz Gottes. Wenn der König einen Bischof dadurch von seinem Amt fernhalten könnte, daß er ihm die Ländereien seines Bistums vorenthielt, hätte die Kirche bald überhaupt keine

Bischöfe mehr. Da aber Bischöfe die Priester weihten, gäbe es bald keine Priester mehr und schließlich auch keine Sakramente.

Warham ging von der schlimmsten Situation aus: eine Kirche ohne Sakramente, ohne Bestattung der Toten, ohne die Möglichkeit, Trost zu spenden, und ohne Gottesdienst. Das Land versinkt im Chaos, die Menschen leben in seelischer Finsternis. Er hätte sich nicht träumen lassen, daß sein Volk nach seinem Tod mehr als vier Jahrhunderte lang glücklich sein würde mit seinem religiösen Leben. Die meisten Engländer waren einfach deshalb zufrieden, weil die Obrigkeit mit großem Nachdruck behauptete, daß sich in der englischen Kirche nichts Wesentliches verändert habe. Es hätte Warhams schlimmste Alpträume übertroffen, wenn er geahnt hätte, daß eines Tages die meisten Engländer die Sakramente gar nicht mehr vermissen würden, weil die Religion für sie völlig bedeutungslos geworden war, und daß ihre Regierung dennoch recht gut funktionieren würde.

Wie es sich für einen Erzbischof von Canterbury schickte, erinnerte er an die Geschichte Englands, besonders an das heroische Geschick seines berühmten Vorgängers Thomas Becket, der 1170 in der Kathedrale zu Canterbury von Anhängern Heinrichs II. erschlagen worden war. Warham bemerkte recht mutig und nicht ohne Grund, daß Heinrich VIII. jetzt genau dieselbe politische Macht über die geistige Institution der Kirche verlangte, die Heinrich II. seinerzeit angestrebt hatte. Becket mußte das Leben lassen, weil er sich diesem Ziel widersetzte. Warhams Publikum, das sich an die Forderung Heinrichs II. erinnerte, «verbrecherische Geistliche» müßten vor königliche Gerichte gestellt werden, hätte gewiß die Parallelen zwischen der damaligen Politik und dem Griff Heinrichs VIII. nach der Suprematie in geistlichen Angelegenheiten gesehen. Warham zählte andere Könige auf – Eduard III., Richard II. und Heinrich IV. –, die alle ins Unglück gekommen waren, weil sie die Privilegien der Kirche angetastet hatten. Er für seinen Teil, meinte Warham, wolle sich lieber in Stücke reißen lassen, als zuzugeben, daß er das Praemunire-Statut verletze, wenn er die alten Privilegien der Kirche billige, für die Becket gestorben war.

Er schloß mit einer Drohung. Er würde Heinrich nicht, wie verlangt, eine Bürgschaft geben, weil er nicht im Sinn habe, das Reich zu verlassen. Erzbischöfe von Canterbury, schrieb er, könnten nicht von der weltlichen Autorität gefangengesetzt werden. Wer Hand anlege an einen Bischof oder ihn ins Gefängnis werfe, sei verdammt, und nur der Papst könne ihm Vergebung gewähren, es sei denn, er bekenne seine Sünde auf dem Sterbebett. Jedes Land, in dem ein Bischof im Gefängnis sitze, sei mit dem Interdikt belegt – das heißt, daß in jenem Land die Sakramente nicht wirksam erteilt werden könnten.[9]

Warhams Tod gab Heinrich Gelegenheit, einen gefügigeren Erzbischof von Canterbury zu nominieren, und einer der gefügigsten Männer im Reich war frei für den Posten: Thomas Cranmer, Absolvent der Universität von Cambridge und Mitglied des Zirkels, der sich in der White Horse Tavern traf. Er war Heinrich aufgefallen, als er vorschlug, die Universitäten als Appellationsgerichte einzusetzen, weil dort die «große Sache» des Königs positiv entschieden werden könnte. Cranmer haßte das Papstum so sehr, wie ein im Grunde seines Herzens gütiger Mensch nur hassen kann. Er verfügte über größere literarische Talente als irgendein anderer Engländer seiner Zeit, William Tyndale vielleicht ausgenommen. Aus Gründen, die im Wirrwarr der vielen über ihn bekannten Details verschwinden, liebte Heinrich VIII. ihn, wie er nur je einen Mann geliebt hat. Thomas Cranmer war mit einer Gesandtschaft zu Kaiser Karl unterwegs, als Heinrich am 1. Oktober, wahrscheinlich auf Betreiben Thomas Cromwells, nach ihm sandte. Die englischen Botschafter in Rom versuchten immer noch, die Scheidungsangelegenheit nach England zurückzuholen, um sie vor englischen Gerichten verhandeln zu können. Falls ihnen das gelingen sollte, war der Erzbischof von Canterbury, in Abwesenheit jedes beliebigen englischen Kardinals oder Legaten, der zuständige Geistliche.

Warhams Widerstand war nur Ausdruck eines Streits, der im ganzen Reich über die Frage geführt wurde, wie sich die Dinge weiterentwickeln und welches Ergebnis herauskommen würde. Aber Heinrich unternahm trotzdem etwas. Am 1. September machte er Anne Boleyn zur Marquise von Pembroke und gewährte ihr ein Einkommen von tausend Pfund im Jahr. Der venetianische Botschafter notierte, sie sei mit Juwelen behängt gewesen und ihr Haar sei lang über ihren Rücken geflossen.[10]

Zur Feier des Tages wurde das Bündnis zwischen Frankreich und England erneuert. Es richtete sich angeblich gegen die Türken, obwohl viele, unter anderen der kaiserliche Botschafter, den Verdacht hegten, daß der gemeinsame Feind der zwei Könige der Heimat näher war. Im Oktober setzte Heinrich mit den besten englischen Rittern, allen großen Lords des Reiches und einem Gefolge von ungefähr zweitausend Menschen nach Calais über. Anne begleitete ihn. Franz I. hatte sie eingeladen, obwohl die empörte Schwester des französischen Königs Gerüchten zufolge sich geweigert hatte, seinem Wunsch nachzukommen und ihn zu dem Treffen mit der Mätresse eines Königs zu begleiten. Also nahm er statt ihrer Madame Vendme mit, was wiederum die Engländer verärgerte, denn sie stand in dem Ruf, eine ganz gewöhnliche Kurtisane zu sein. Heinrich zeigte die charakteristische Freigebigkeit des schlechten Gewissens und warf mit Geschenken um sich, während Franz ihn als Verbündeten gegen Papst und Kaiser empfing.[11] Anne Boleyn tanzte mit dem französischen König, und sie unterhielten sich eine Weile.[12] Es war ein großes, protziges, prunkvolles Fest, und Anne könnte durchaus von dem Gepränge der Könige völlig hingerissen gewesen sein. Bis zu jenen Tagen hatte sie vielleicht Heinrichs Verlangen nach ihrem schlanken weißen Körper widerstehen können, aber jetzt, oder wenig später, gab sie nach. Mitte Dezember war sie schwanger.

Thomas Morus hatte im Strom dieser Ereignisse eine äußerst komplizierte und aus unserer Sicht zweideutige Position. Er hatte sich inzwischen nach Chelsea zurückgezogen und lebte isoliert, ohne eine erkennbare Anhängerschaft im Kronrat zu haben. Er wollte einfach nur die ihm verbleibenden Tage in Frieden verleben, weil er wußte, daß seine geliebte Familie in Gefahr wäre, falls er offen gegen den Willen des Königs opponieren würde. Doch gleichzeitig beunruhigte ihn die Entwicklung, und er war frustriert, weil er nichts gegen sie unternehmen konnte. Er hatte in der Scheidungssache des Königs den Weg des Schweigens gewählt, wahrscheinlich in der Annahme, daß sein Schweigen zu allen, die sich darüber Gedanken machten, deutlich genug sprechen würde – was es sicherlich tat. Einen Menschen, der so beredt, streitlustig und redlich war wie er, quälte es gewiß, Stillschweigen bewahren und dabei mitansehen zu müssen, wie seine Welt zugrunde ging.

Also schrieb er Bücher gegen die Häresie, Bücher voller Bitterkeit, häßlicher Polemik und fast unlesbar. Aber auch hier schwieg er sich weiterhin über die Scheidung des Königs und seine Affäre mit Anne Boleyn aus. Doch sein Schweigen wirkte auf seine Psyche wie ein geschlossenes Ventil an einem Dampfkessel. Der Druck, der hier nicht entweichen konnte, wurde an einer anderen Stelle immer größer und entwich schließlich in seinem Haß auf die neuen religiösen Doktrinen und die Männer, die sie im englischen Volk verbreiteten.

Das umfangreichste Werk, das er je verfaßte, war seine gewaltige *Confutation of Tyndale's Answer* (Widerlegung von Tyndales Antwort). Er begann das enorme Unterfangen, als er noch Lordkanzler war, und der erste gewichtige Band erschien ungefähr zur Zeit seines Rücktritts. Der zweite Teil erschien im Jahre 1533, ein weiterer dicker Foliant, und obwohl die moderne gedruckte Ausgabe der *Confutation* mehr als doppelt so lang ist wie die vorliegende Biographie, wurde das Buch nie ganz fertiggestellt. Morus vernachlässigte es und wandte sich anderen Dingen zu.

Die *Confutation* ist von der ersten bis zur letzten Seite unerquicklich, und trotz ihres gewaltigen Umfangs finden sich nicht viele wirklich neue Gedanken darin. Morus betet die bekannte Litanei herunter – über die Unfehlbarkeit einer Kirche, die besteht, seit Christus sie begründet hat, und über eine Kirche, in der wie in Noahs Arche reine und unreine Mitglieder zusammenkämen, die erst am Tag des Jüngsten Gerichts geschieden würden. Jeder könne den unsittlichen Lebenswandel gewisser Kleriker tadeln, doch niemand könne Gott ehren und gleichzeitig die traditionellen Lehren und Bräuche der Kirche anzweifeln.

Sein Haß auf die Häretiker ist hier noch größer als in *A Dialogue Concerning Heresies*. Wie früher schon verhöhnte er ihren Lebenswandel, verspottete sie wegen ihrer niederen Herkunft und bejubelte ihren Tod. Doch die Leichtigkeit des *Dialogue* ist verschwunden. Morus' Spott ist derb und wirkt schwerfällig wie die zwei unhandlichen Bände der *Confutation* selbst. Er richtet sich ausschließlich gegen die Häretiker. Hier lassen sich keine spielerischen Witzeleien über den Aberglauben und die Korruption in der katholischen Kirche finden, kein Reliquienschrein des heiligen Valéry in der Picardie, keine Frau, die tagsüber die Heilige spielt und nachts mit einem Priester schläft, kein König Agbar, der ein Porträt von Jesus persönlich bekommt, kein heiliger Erkenwald, der einen Balken auf die passende Länge zieht, keine Reliquien, die Tote zum Leben erwecken. Diese kleinen Geschichten lockerten den *Dialogue* auf. Er war wie eine Landschaft, in der Bäche und Hügel und angenehme Überraschungen die öden Felsrücken, die hie und da an die Oberfläche traten, erträglicher machten. Die *Confutation* dagegen erinnert eher an eine endlose Wüste, die sich unter einer unbarmherzig brennenden Sonne bis zu einem höllischen Horizont erstreckt. Auf jeder Seite lodert dem Leser ein monotoner, seelentötender Zorn entgegen.

In der *Confutation* vertieft Morus die Kluft zwischen Glaube und Vernunft, während er im *Dialogue* noch auf die Harmonie von Glauben und Vernunft vertraut wie auch in *Utopia*, denn die Bewohner des glücklichen Inselreiches entdecken vieles mit Hilfe ihrer Vernunft, was die Christen durch die Offenbarung wußten. Tyndales spöttische Verachtung für die Praktiken der Katholiken drängte ihn in eine extremere Position. Warum sollen wir fasten? Warum sollen wir Pilgerfahrten unternehmen? Warum sollen wir annehmen, daß die materiellen Elemente der Zeremonie, einschließlich der Sakramente, irgendeine Wirkung auf die immaterielle Seele haben könnten? Wie können wir an die Transsubstantiation glauben, wenn diese Lehre in der Bibel nicht ausdrücklich erwähnt wird?

Die Antwort von Thomas Morus lautete, daß wir Befehlen einfach gehorchen müssen. Christen tun, was Gott befiehlt, und zwar nicht, weil sie die Befehle verstehen, sondern weil die Befehle von Gott stammen. Im *Dialogue* hatte er dieses Problem im Zusammenhang mit Heiligen und Pilgerfahrten angeschnitten, jetzt ließ er sich in der *Confutation* viel ausführlicher darüber aus. Morus hatte nie behauptet, daß die richtig verstandene Vernunft dem Glauben entgegengesetzt sei. In der *Confutation* betonte er jedoch den Augustinischen Standpunkt, daß der Glaube der Vernunft übergeordnet sei. Er ging fast so weit, die Vernunft für gefährlich zu halten wie Luther, und kritisierte Tyndale, weil seine Argumentation «auf Philosophie und metaphysischen Vernunftgründen» basierte. Gleichgültig, was die Vernunft William Tyndale zeigen mochte, Morus glaubte, daß die Christen verpflichtet seien, dem Glauben zu folgen, gleichgültig, ob sie die Vernunftgründe hinter ihm verstanden oder nicht.[13]

Das ist der Alptraum, der jene Zeit heimsuchte. In der harten, faktischen Welt des Eisens, des Blutes und der Erde machte die Vernunft eine Eroberung nach der anderen. Vielen schien es, als bezwinge die Vernunft den Glauben. Das bewog ernstzunehmende Männer, die Vernunft, wenigstens in bezug auf die Religion, nicht anzuerkennen, sondern mit leidenschaftlicher Energie nach einer Autorität zu suchen, die sich gegen diese unbarmherzige Macht durchsetzen könnte, die das Vertrauen zu Gott zu untergraben und die letzten Hoffnungen auf eine Überwindung des Todes zu zerstören drohte.

Luthers Glaube war eine Kapitulation, war das Ende der Bemühungen, außer dem Text der Bibel irgend etwas an der Religion zu verstehen: wer glaubte, mußte sich einem aufrichtigen Vertrauen zu Christus fügen. Luther konnte Kopernikus mit demselben Spott schmähen, den Augustinus auf die Leute häufte, die behaupteten, daß auf der Unterseite einer runden Erde möglicherweise Menschen lebten. Tyndale suchte Zuflucht bei mächtigen Emotionen und wollte durch direkte Erfahrung den Zweifel zerstreuen. Und Thomas Morus, der ebenso beunruhigt war wie alle anderen, fand seine Zuversicht bei einer unfehlbaren Kirche, die seit Jesus Christus triumphal und unermüdlich ausgeharrt hatte und deshalb die einzige Hoffnung auf absolute und gütige Reinheit in einer Welt voller Schatten und Feinde war. Wie das Licht hatte die Reinheit der Kirche einen mystischen Ursprung. Immer und immer wieder gebrauchte Morus in der *Confutation* das Wort «geheimnisvoll», um die Erleuchtung zu beschreiben, die die Kirche vom Niedersten bis zum Höchsten durchdrang. Wie Gott dafür sorgte, daß die Kirche seinem Willen treu ergeben blieb, war ein Geheimnis, das niemand ergründen konnte. Und doch konnte jeder die Einheit der Kirche sehen und die breite Straße bezeugen, die sie in den Jahrhunderten hinterlassen hatte. Diese Straße war mit einer ungebrochenen Tradition gepflastert, mit dem Blut der Märtyrer befestigt und wurde von Abertausenden von Wundern erhellt. Das genügte, um zu beweisen, daß hinter der katholischen Kirche Gott stand und bis ans Ende der Welt hinter ihr stehen würde, gleichgültig, was die philosophische Vernunft an Einwänden vorzubringen hatte.

Aus jeder Seite der *Confutation* spricht Morus' unterdrückte Sexualität. Luther wird fast immer, wenn er erwähnt wird, als Wüstling bezeichnet. Morus vertrat nämlich die Ansicht, daß hinter dem ganzen Tumult, den Luther auslöste, nichts anderes steckte als die sexuelle Begierde verderbter Priester, die ihr Gelübde brechen und heiraten wollten, um aus Nonnen Huren zu machen. Er schalt Tyndale, weil dieser vorgeschlagen hatte, daß auch Frauen die Beichte abnehmen dürften. Außerdem habe er die Ansicht vertreten, daß in Notfällen auch Frauen predigen und in der Messe die Wandlung vollziehen könnten. Tyndale hatte sich vorgestellt, daß eine Christin auf einer Insel unter Menschen gerät, die nie in der Lehre Christi unterwiesen worden waren. Konnte nicht auch sie all das tun, was ein anständiger Diener der Religion tun könnte? Konnte nicht auch sie predigen? Konnte nicht auch sie die Messe lesen? Das erinnert uns an Morus' Überlegungen zu ungeweihten Priester in *Utopia.* Allerdings wollte Morus ungeweihte Priester nur in Büchern predigen lassen. Die göttliche Vorsehung sorge dafür, sagte er, daß kein Sperling «ohne unseren Vater, der im Himmel ist», auf die Erde falle. Also «verschlägt es keine Frau auf eine noch so weit entfernte Insel, wo Gott Seinen Namen verkündet und Seine Sakramente erteilt haben möchte, ohne daß Er dafür sorgen kann und dafür sorgen will, daß es ein oder zwei Männer mit ihr dorthin verschlägt».[14]

Die wütendsten Ausfälle in der *Confutation* machte er gegen den Inzest und das Sakrileg der priesterlichen Ehe. Auch den Lesern des sechzehnten Jahrhunderts muß aufgefallen sein, wie oft Morus auf dieses Thema zurückkommt, gerade, als könne er einfach nicht glauben, daß so schmutzige und korrupte Menschen in England wirklich an Einfluß gewinnen könnten.

Immer wieder stoßen wir in diesem Buch auf den Rechtsanwalt Morus, der den Fall lieber gewinnen will, als die Probleme nüchtern zu betrachten. In der *Confutation* greift er auf eine Methode zurück, die er schon in der *Responsio ad Lutherum* (Erwiderung auf Luther) angewandt hatte: Er zitierte seine Gegner Zeile für Zeile, um dann Seite für Seite langweilige Widerlegungen vorzutragen. Das veranlaßte am Anfang unseres Jahrhunderts einen Morus-Forscher zu der Bemerkung, daß Morus im Kampf mit einem Hundertfüßler diesem kein Bein zum Stehen gelassen habe.

Morus schrieb, weil er einfach nichts anderes tun konnte. Hinter der Leidenschaft seiner *Confutation* vernimmt man einen Aufschrei der Frustration und Hilflosigkeit. Während er die beschriebenen Seiten neben sich auf den Schreibtisch stapelte, muß er das Gefühl gehabt haben, wenigstens nicht untätig zu sein, wie ein Priester, der in seiner einsamen Kapelle für einen längst Verstorbenen singt, glauben mußte, daß allein die Wiederholung seiner Gebete einen Sinn hatte, denn seine Welt wurde von einem Gott gelenkt, dessen ökonomische Prinzipien es nicht zuließen, daß irgendeine aufrichtige Anstrengung für seine Sache nutzlos bleiben sollte. Die *Confutation* ist eine ebenso langweilige wie endlose Beschwörung. Sie hatte keinerlei erkennbaren Nutzen, vielleicht abgesehen davon, daß sie ihren Verfasser von einem seelischen Druck befreite, der ihn zu sprengen drohte.

Immer wieder taucht ein idealisierter Heinrich VIII. auf, ein Verteidiger des Glaubens und loyaler katholischer Monarch, ein Geschöpf von Morus' sehnsüchtigen Phantasien. In bezug auf Heinrichs Proklamation vom 6. März 1530 gegen häretische Schriften bemerkt Morus: «Denn ich weiß wohl, daß Seine Majestät, der König, in seiner treuen Haltung zu Gott nichts mehr wünscht als die Erhaltung des wahren katholischen Glaubens, dessen Verteidiger er nach seinem nicht nur schmückenden, sondern verdienten Titel ist, und nichts mehr verachtet als diese pestilenzialischen Bücher, die Tyndale und seinesgleichen in das Reich schicken, um hier ihre abscheulichen Ketzereien zu verbreiten.»[15] Den anderen Titel Heinrichs, «Oberstes Haupt der englischen Kirche und des englischen Klerus», erwähnt Morus nicht. Er zitiert lieber des Königs «höchst gelehrtes, berühmtes Buch gegen Luther»,[16] um die Bedeutung der mündlichen Überlieferung hervorzuheben[17] und um das katholische Standardargument zu untermauern, daß wir die authentische Bibel nur kennen, weil die Kirche vor langer Zeit zwischen richtig und falsch unterschieden hat.[18]

Tyndale hatte in seiner *Answer* auf den *Dialogue Concerning Heresies* gesagt, daß Morus zunächst den Weg der Reformation eingeschlagen habe und dann umgekehrt sei, weil der Klerus ihm Bestechungsgelder bezahlt habe. Warum hatte Morus mit ihm disputiert und nicht mit Erasmus, der das traditionelle Wort *ecclesia* für Kirche aufgegeben und statt dessen *congregatio* eingeführt hatte – woraus in Tyndales Übersetzung des Neuen Testaments «congregation» wurde? Morus entgegnete, daß Erasmus keine böse Absicht damit verfolgt habe, Tyndale das Wort jedoch verwende, um der Häresie Vorschub zu leisten.[19]

Morus verweilte lange genug bei dem Thema «Erasmus», um das *Lob der Torheit* besprechen zu können, was Tyndale als Beweis dafür anführte, daß Morus früher einer echten Reform nicht abgeneigt gewesen sei. Morus sagte, er habe niemals im Sinn gehabt, «die Bilder frommer Heiliger und ihre Reliquien nicht mehr in Ehren zu halten». Wenn im *Lob der Torheit* eine solche Meinung geäußert werde, dann könne niemand ihm diese Meinung unterschieben, da ein anderer Mann dieses Buch verfaßt habe. Außerdem werde im *Lob der Torheit* der Mißbrauch dieser Dinge ins Lächerliche gezogen, gerade wie es ein Possenreißer in einem Schauspiel macht oder wie es Morus' «Bote» in *A Dialogue Concerning Heresies* getan hatte. Aber die Mißbräuche zu verspotten heiße nicht, daß man die Bräuche selbst verdamme.[20]

Morus beklagte, daß die Verbreitung der Häresie inzwischen alles so verändert habe, daß es sogar gefährlich sei, dem Volk die Lektüre guter, nicht verderblicher Bücher zu erlauben. Der König, schrieb er, «hatte nicht nur den Rat und Beistand seiner Adligen und anderer Ratgeber, die Ihrer Gnaden zur Seite stehen, eingeholt, sondern auch den Rat tugendhafter und sehr gelehrter Männer von beiden Universitäten und aus anderen Teilen des Reiches, die besonders dazu aufgefordert wurden. Nach langer und sorgfältiger Überprüfung der Angelegenheit war er geneigt, für den Augenblick zu verbieten, daß die Heilige Schrift in englischer Sprache unter das Volk gebracht würde, damit böse Leute, die alles, was sie lesen, im Sinne von Phantasien auslegen, in die sie vernarrt sind und die sie erhalten wollen, nicht sich selbst und vielen anderen lebensgefährlichen Schaden zufügen».[21]

Morus ist hier nicht ganz ehrlich, denn der König hatte durchaus den Wunsch nach einer Übersetzung der Bibel geäußert, dann aber den beharrlichen Bitten seines Rates vorläufig nachgegeben.[22] In seiner *Confutation* erwähnt Morus die volkssprachliche Bibel mit keinem Wort, die er noch im *Dialogue Concerning Heresies* forderte, weil sie unter dem gemeinen Volk eher zu Auseinandersetzungen führen als der Frömmigkeit dienen könnte. Wenn jetzt jemand *Das Lob der Torheit* oder eine seiner eigenen lateinischen Schriften ins Englische übersetzen würde, sagte Morus, würde er diese Werke lieber eigenhändig dem Feuer überantworten als zulassen, daß irgend jemand Schaden an ihnen nehme, auch wenn sie nicht in böser Absicht verfaßt worden seien.[23]

Im Juli 1532 kehrte John Frith wieder nach England zurück, um seine Glaubensgenossen um sich zu scharen. Im Oktober wurde er verhaftet und in den Tower gesperrt. Es gelang ihm bald, den befehlshabenden Kommandanten im Tower, Edmund Walsyngham, tief zu beeindrucken. Walsyngham schrieb an Cromwell, es sei ein großes Elend, einen Mann wie Frith zu verlieren, wenn er gewonnen werden könnte.[24] Kurze Zeit später stattete Cromwell persönlich Frith einen Besuch ab. Zweifellos wollte er den jungen Mann für sich und seine Sache gewinnen.[25]

Frith wurde in der Haft – wenigstens für eine gewisse Zeit – nicht sehr streng behandelt. In einer Quelle heißt es, daß er nachts den Tower verlassen durfte, um die Gläubigen zu besuchen.[26] Das entsprach gewiß nicht den Tatsachen. Er konnte schreiben, wenn auch heimlich, und eines der Werke, die er verfaßte, war ein kurzes Pamphlet über die Eucharistie mit dem Titel «A Christian Sentence» (Ein christliches Urteil). Er attackierte sowohl die katholische Transsubstantiationslehre als auch die Lehre Luthers von der wirklichen Gegenwart Christi im Brot und im Wein des Abendmahls.

An diesem Thema schieden sich die Geister der Protestanten. Luther wies die Transsubstantiationslehre zurück, versuchte jedoch zu einer Kompromißlösung zu gelangen. Er lehrte, daß der physische Körper und das Blut Christi im Brot und im Wein waren, so daß beim Abendmahl Körper und Brot, Blut und Wein gereicht wurden. Im Laufe der Jahre wurden die Abhandlungen, die er über dieses Sakrament schrieb, immer verworrener, aber er schmückte seine Ausführungen mit Schmähreden gegen seine Gegner, und, wie so oft in Luthers Schriften, verbargen Beredsamkeit und Ausdrucksstärke die Verworrenheit seiner Gedanken – zumindest vor seinen Anhängern.

Frith war noch radikaler und hielt sich eher an die moderneren Ansichten von Menschen, die Gott aus dem täglichen Leben und der physischen Welt hinausdrängten, Wunder als Metaphern bezeichneten und gegen das hartnäckige Bedürfnis der Masse angingen, sich durch so trügerische Wunderdinge wie Dämonen, Geister, Heilige, Feen und die Präsenz Gottes in den

Dingen über die klaren Gesetzmäßigkeiten der Natur hinwegzusetzen. Frith war Schüler Zwinglis und Oekolampads. Beide lehrten, daß Christus während der Messe in keiner Weise physisch gegenwärtig sei. Frith sagte, da der Körper Christi im Himmel sei und kein physischer Körper gleichzeitig an zwei verschiedenen Orten sein könne, geschweige denn auf tausend Altären, könne Christus bei der Messe nicht physisch gegenwärtig sein.

Wie alle Protestanten hielt Frith die Transsubstantiation für «Götzendienst», denn sie implizierte, daß anstelle des unsichtbaren Gottes ein physisches Objekt verehrt wurde. Doch für die Katholiken war und ist das Abendmahl eine dauernde Bestätigung, daß Gott seine Schöpfung niemals im Stich läßt. Und für Morus, dessen persönliche Frömmigkeit wenig mit Heiligen, Reliquien und anderen Andachtsübungen zu tun hatte, war die Messe das Zentrum religiöser Praxis.

Frith gab das Manuskript seiner kleinen Schrift an einen Freund weiter, und dieser Freund wurde von einem Schneider, einem gewissen William Holt, dazu überredet, ihm die Schrift zu leihen. Holt gab sie direkt an Morus weiter. Anscheinend unterhielt Morus auch nach seinem Rücktritt vom Amt des Lordkanzlers ein ausgedehntes Netz von Spionen, die ihm regelmäßig über häretische Umtriebe Bericht erstatteten. William Holt war einer von ihnen, und Foxe behauptet, daß auch noch zwei andere Spione Morus eine Kopie der kleinen Schrift zukommen ließen.[27]

Im Dezember hatte Morus schon eine Entgegnung auf Friths Pamphlet verfaßt. Sie war als «Brief» an eine dritte Partei abgefaßt und ist erstaunlich gemäßigt. Die ewigen Schmähreden gegen seine Gegner, die seine anderen Kontroversschriften kennzeichnen, fehlen hier. Morus wählte eine andere Argumentationsweise: Frith sei einfach ein junger Mann, den ein hochmütiges Zutrauen zu seinem eigenen Verstand fehlgeleitet habe. Er, Morus, würde ihn dafür zwar tadeln, aber er würde ihn nicht angreifen.

Warum behandelte Morus Frith so freundlich? Eine häufig vertretene Meinung ist, daß Frith von allen geliebt wurde und, wie viele andere Menschen, auch Morus in seinen Bann zog. Wie wir gesehen haben, machten Friths persönliche Fähigkeiten tatsächlich Eindruck, und das zu Recht. Er ließ sich nie dazu herab, in den mörderischen Kampf einzugreifen, den die ersten Protestanten Englands mit demselben wilden Eifer, mit dem sie den Papst verdammten, gegeneinander führten. Frith ist der einzige Mann, von dem man weiß, daß es ihm gelang, sich relativ lange die ergebene Freundschaft des streitsüchtigen William Tyndale zu bewahren – obwohl sie Meinungsverschiedenheiten hatten. Er war mutig und brillant und schrieb viel und gut. Morus entdeckte an ihm vielleicht einige der Eigenschaften, die er an William Roper festgestellt hatte, als er eine Weile der Häresie verfallen war.

Doch die nächstliegende Erklärung für Morus' Sanftmut ist wohl, daß er auf Heinrich VIII. und Cromwell Rücksicht nahm, denn die hegten die Hoffnung, daß Frith in der Scheidungsangelegenheit für die Seite des Königs gewonnen werden könnte. Frith bekam den «Brief» von Thomas Morus erstmals im Londoner Haus Stephen Gardiners zu Gesicht, seines alten Lehrers, der inzwischen Bischof von Winchester war. Das war am ersten Weihnachtstag. Gardiner hatte Frith offenbar über die Feiertage aus dem Tower holen dürfen und zu sich nach Hause eingeladen. In seiner *Apology* (Apologie), erschienen im April 1533, macht Morus gute Miene zu Gardiners Menschenfreundlichkeit. Der Bischof zeige nur eine «väterliche Zuneigung» zu einem jungen Mann, der ihn einst bedient hatte und sein Schüler gewesen war.[28] Aber selbst hier erwähnte Morus «andere Gründe», um Gardiners Interesse an Frith zu erklären.

Der wichtigste dieser «anderen Gründe» war die Scheidung. Gardiner hatte zum Klerus und zu den Privilegien der Kirche eher konservative Ansichten, der Scheidung aber war er wohlgesonnen. Er und andere, die den König in religiösen Angelegenheiten berieten, wollten mit Frith einen hervorragenden Kopf auf ihre Seite bringen, und Frith hatte sich niemals gegen Heinrichs Heiratspläne ausgesprochen. Frith war ein Gelehrter. Er hätte sowohl das Problem der königlichen Suprematie als auch das Problem der Scheidung in eine Argumentation einfügen können, die auf den Schriften der Kirchenväter basierte, deren Ansichten über die Ehe und das Papsttum nebulös und widersprüchlich waren.

Als von königlicher Seite versucht wurde, Frith zu gewinnen, schrieb Tyndale ihm und riet ihm, sich nicht auf das Argument einzulassen, daß er nur durch Änderung seiner Ansichten der Sache des Evangeliums in England dienen könne.[29] Gardiner und später Thomas Cranmer, der neue Erzbischof von Canterbury, bemühten sich, Frith zu gemäßigteren Ansichten über das Abendmahl zu bewegen, damit er in anderer Hinsicht benützt werden könnte.

Morus steckte in einem Dilemma, mit dem er schon bei Grinaeus konfrontiert gewesen war. Er glaubte, einen Häretiker widerlegen zu müssen, doch dieser Häretiker war für Heinrich VIII. von Interesse. Es war nicht klug, einen solchen Mann mit der üblichen Schärfe anzugreifen. Andererseits wußte Morus, daß Frith Ansichten über das Abendmahl vertrat, die Heinrich strikt ablehnte. Heinrich glaubte bis zu seinem Tod an die Transsubstantiation und hatte einen ganz besonderen Haß auf die Zwinglianer, die wegen ihrer Auffassung vom Abendmahl als bloßem Zeichen und Symbol später «Sakramentierer» genannt wurden. Es ist durchaus möglich, daß Heinrichs engste Berater für Religionsfragen ihrem König verheimlicht hatten, wie weit Frith mit seinen Häresien ging. In der *Apology*, die erst veröffentlicht wurde, als Heinrich Frith bereits nicht mehr umwarb, schrieb Morus, Frith habe nicht gewollt, daß die «Bruderschaft» wisse, was er über das Abendmahl denke.

Hier hat Morus nicht ganz unrecht. Frith behauptete, daß niemand wegen seiner Ansichten über das Abendmahl erlöst oder verdammt würde. Tyndale versuchte beständig, die Debatte über das Abendmahl zu unterdrücken, damit sich die Protestanten nicht noch weiter spalteten und diese inneren Gegensätze der ganzen Welt offenbarten. Es ist reichlich unwahrscheinlich, daß Heinrich – kein großer Freund des Lesens – eine Schrift von Frith gelesen hatte oder auch nur ahnte, wie radikal die Ansichten dieses Mannes waren. Morus verfolgte nun die Taktik, seinem Souverän indirekt und auf schonende Weise die Wahrheit über den Mann beizubringen, den seine Berater für seine Sache zu gewinnen suchten.

Ob Heinrich Morus' Pamphlet gelesen hat oder nicht, ist nicht bekannt. Aber als er von Friths Ansichten erfuhr, geriet er in Zorn, und der junge Mann wurde im Sommer 1533 auf dem Scheiterhaufen verbrannt, weil er sich geweigert hatte, seinem Glauben abzuschwören. Wie so viele Märtyrer jener Zeit schien er den Tod geradezu zu suchen und verschmähte es, die Gelegenheit zur Flucht zu ergreifen, die ihm gewährt wurde. In Morus' im April veröffentlichter *Apology* war Frith nicht mehr der «junge Mann», sondern ein «stolzer, ungebildeter Narr», besessen von einem «pompösen, würdevollen, ernsthaften Hochmut», der «nicht nur gegen ehrwürdige Männer Lügen hervorbringt, sondern auch falsche Lügen und Ketzereien gegen das heilige Sakrament des Altars verfaßt». Da Frith beim König in Ungnade gefallen war und den Scheiterhaufen besteigen mußte, konnte Morus ihn unbedenklich schmähen, wie er alle anderen Häretiker geschmäht hatte.

Frith starb am 4. Juli 1533 in Smithfield. Er war der erste bedeutende evangelische Autor, der wegen Ketzerei den Feuertod erlitt. Foxe berichtet, der Wind habe das Feuer von Frith weggeblasen und so seinen Todeskampf verlängert, doch Frith habe kein Zeichen von Schmerz gezeigt.

Jene Monate müssen Thomas Morus als die schlimmste Zeit seines bisherigen Lebens erschienen sein. Im Januar 1533 wußte Heinrich, daß Anne Boleyn schwanger war. Und in der Eile, die geboten war, damit der zukünftige Thronerbe auch legitim geboren würde, wurden alle Bemühungen eingestellt, vom Papst einen Dispens für die Scheidung zu erwirken. Am 25. Januar heiratete der König Anne Boleyn in einer privaten Zeremonie, die vor der Nation geheimgehalten wurde. In der Zwischenzeit wurden eiligst Kuriere nach Rom gesandt, die beim Papst die Genehmigung einholen sollten, daß Cranmer Erzbischof von Canterbury werden konnte. Chapuys schöpfte Verdacht und bat den Kaiser, dafür zu sorgen, daß der Papst die Genehmigung erst erteile, nachdem er sich zur Ehe des Königs geäußert hätte. Doch obwohl Königin Katharina ihn unermüdlich mit wütenden Bitten bedrängte, Chapuys verbittert war und der Kaiser auch immer verdrießlicher wurde, weigerte sich der furchtsame Papst standhaft, diesen Schritt zu unternehmen. Chapuys berichtete, daß Cranmer in dem Ruf stehe, «mit Herz und Seele der lutherischen Sekte verfallen» zu sein. Er hoffte wohl, das würde dem Papst eine Warnung sein.[30]

Außerdem erfahren wir von Chapuys, daß der päpstliche Nuntius häufig offiziell an den Hof geladen und mit größter Höflichkeit bewirtet wurde. Der schlaue, zynische Chapuys nahm an, daß der König die Aufmerksamkeit auf den Nuntius lenkte, um sein Volk glauben zu machen, daß zwischen Heinrich und dem Papst alles in Ordnung sei.[31] In den Depeschen im Januar und Anfang Februar äußert er jedoch nicht die Spur eines Verdachts, daß Anne und Heinrich bereits verheiratet sein könnten. Am 23. Februar schrieb Chapuys dann aber, daß Cranmer nicht nur gelobt habe, in der Scheidungssache dem Willen des Königs zu entsprechen, sondern die Eheschließung in Anwesenheit von Annes Vater, ihrer Mutter, ihrem Bruder, zwei ihrer besten Freundinnen und einem Priester aus der Diözese Canterbury vollzogen habe. Gerüchte kursierten, schrieb Chapuys, daß der König nur die päpstliche Bulle abwarte, mit der Cranmers Ernennung bestätigt wurde, bis er die Hochzeit öffentlich bekanntgebe.[32]

Erstaunlicherweise zögerte der Papst nicht, Cranmer in der alten und ehrwürdigen Bischofswürde von Canterbury zu bestätigen. Das ist eines der wichtigsten Ereignisse der englischen Reformationsgeschichte und eines der größten Geheimnisse der päpstlichen Diplomatie. Vielleicht wollte der Papst Heinrich damit eine Gefälligkeit erweisen, und weil er damals im Sterben lag, konnte er vielleicht die Warnungen vor Cranmers mangelnder Orthodoxie gar nicht mehr richtig einschätzen.

Während Kuriere nach Rom eilten, um die päpstliche Genehmigung für Cranmers Bischofsweihe einzuholen, verabschiedete das Parlament, das wieder einmal von Heinrichs Regierung einberufen worden war, im Februar 1533 den berühmten «Act in Restraint of Appeals», ein Gesetz, das bei Rechtsstreitigkeiten jegliche Berufung bei einem ausländischen Gericht untersagte.[33] Dieses Gesetz begann mit einem Bericht darüber, daß in «etlichen mannigfaltigen authentischen Geschichten und Chroniken» – gemeint sind wahrscheinlich die Geschichten von Geoffrey von Monmouth und die Geschichte von Arthur und den Rittern der Tafelrunde – «ausdrücklich verkündet wurde, daß dieses englische Königreich (realm) ein Kaiserreich (empire) ist». Ein Kaiserreich war keiner Macht außer Gott irdische Untertanenpflicht schuldig. Diese Parlamentsakte richtete sich offensichtlich gegen den Papst.

In der Präambel des Gesetzes hieß es, daß in England der König die höchste richterliche Gewalt besitze. Die englische Kirche habe «Wissen, Integrität und Größe genug (...) und bedarf der Einmischung einer Person oder Personen von außen nicht, um Zweifel zu klären und zu entscheiden und alle die Ämter zu verwalten, die in ihrem geistlichen Bereich liegen». Es sei schon immer Pflicht des englischen Königs gewesen, die weltlichen wie die geistlichen Besitzungen «vor dem Zorn Roms oder der Autorität anderer fremder Machthaber» zu schützen. Dennoch, hieß es in der Präambel weiter, seien Prozesse nach Rom verlegt und lange verzögert worden. Unter den Prozessen, die erwähnt werden, waren Prozesse um Testamente, Streitfälle im Bereich der «Ehe und Scheidung» und viele andere Dinge, die «Seine königliche Majestät und viele Untertanen in diesem seinem Reich beunruhigten, Verdruß und Ärger bereiteten und Kosten und hohe Ausgaben verursachten». Deshalb wurde in diesem Gesetz verfügt, daß all diese Fälle «von jetzt an nur unter der Jurisdiktion des Königs und unter keiner anderen angehört, untersucht, diskutiert, klar und endgültig erklärt und entschieden werden».

Mit diesem Gesetz endete die päpstliche Jurisdiktion in England, obwohl Heinrich sie ohne weiteres geduldet haben würde, wenn der Papst seine Scheidungsangelegenheit positiv entschieden hätte. Hinter diesem Gesetz stand die Vorstellung, daß die Kirche in ihrer Gesamtheit vom Heiligen Geist erleuchtet war; deshalb war der Papst für die Einheit des katholischen Glaubens überflüssig. Er behinderte geradezu diese Erleuchtung, die der Garant dafür war, daß in der Kirche Einmütigkeit herrschte, wo immer die Christen auch leben mochten.

Im zweiten Teil seiner *Confutation*, die im Laufe des Jahres 1533 erschien, bezog Morus sich indirekt auf das Gesetz und argumentierte, die Kirche bleibe die Kirche und Menschen wie Tyndale und Barnes blieben Häretiker, gleichgültig, was mit dem Papst geschehe. Was er im einzelnen dazu sagte, soll hier zitiert werden, denn seine Ausführungen zeigen deutlich, daß es ihm einerseits widerstrebte, die päpstliche Autorität zu lobpreisen, andererseits aber auch widerstrebte, den «Act in Restraint of Appeals» und die ihm zugrundeliegende theologische Vorstellung zu billigen. Morus gibt auf Tyndales Frage Antwort, «ob der Papst und seine Sekte die Kirche Christi darstellten oder nicht»:

> Die Kirche Christi ist für mich die katholische Kirche, die in allen christlichen Nationen bekannt ist, die weder [von dem ganzen Körper] abgeschnitten noch ausgetreten ist. All diese Nationen sehen und anerkennen im Papst schon lange nicht mehr den Bischof von Rom, sondern den Nachfolger des heiligen Petrus, der ihr höchster geistlicher Herrscher und der Stellvertreter Christi auf Erden sei. Und so nennen nicht nur wir ihn, sondern auch Tyndales eigener Mönchsbruder Barnes. Doch ich habe niemals den Papst als Teil der Definition der Kirche betrachet, denn ich definiere die Kirche als die allgemeine bekannte Gemeinschaft aller christlichen Nationen unter einem Oberhaupt, dem Papst.

Auf diese Weise habe ich die Kirche niemals definiert, sondern ich habe mich absichtlich einer solchen Definition enthalten, weil ich die Angelegenheit nicht durch zwei Probleme verwirren und komplizieren wollte. Denn wenn erwiesen war, daß die Kirche die allgemein bekannte Gemeinschaft aller christlichen Nationen ist, die gemeinsam an einem Glauben festhalten und weder abgefallen noch abgeschnitten sind, so könnte – das wußte ich wohl – vielleicht eine zweite Frage gestellt werden: ob nämlich diese ganze katholische Kirche notwendig den Papst als Oberhaupt und Herrscher oder geistlichen Hirten anerkennen muß oder ob nicht mit der Gemeinschaft des Glaubens unter ihnen jede Provinz ihren eigenen geistlichen Herrscher haben kann, ohne auf den Papst oder eine andere fremde Person, deren Überlegenheit anerkannt wird, zurückzugreifen.

Wenn dann der Papst nicht der Papst wäre, sondern es, wie ich sage, Provinzpatriarchen, Erzbischöfe oder Metropoliten, oder wie immer man diese Leute nennne würde, gäbe, würde die Frage, welche Autorität und Macht er oder sie haben sollten, wie ich weiß, bei vielen Menschen mehr als nur eine Frage aufwerfen. Um all die Verwirrung, die daraus entstünde, zu vermeiden, unterlasse ich es absichtlich, den Papst in die Definition der Kirche miteinzubeziehen, weil das nicht nötig ist, denn wenn er notwendig das Oberhaupt ist, dann ist er im Namen des ganzen Körpers eingeschlossen. Und wenn man in Zweifel ziehen sollte, ob er es ist oder nicht, wäre das ein Problem, das an anderer Stelle behandelt und diskutiert werden müßte.

Das sind erstaunliche Worte, in denen Englands unerschrockenster Verteidiger der Kirche in der Sprache des Volkes seine ambivalente Haltung gegenüber dem Papsttum offenbart. Wenn schon Thomas Morus dem Papsttum gegenüber so zwiespältige Gefühle hegte, ist einsichtig, warum es Heinrich viel leichter fiel, als er selbst angenommen hatte, seine antipäpstlichen Maßnahmen im Parlament durchzusetzen.

Morus wollte den Papst als administratives Oberhaupt der Kirche anerkennen, das die Aufgabe hatte, die Kirche funktionsfähig zu halten und effizient zu verwalten; so weit waren sogar schon die Konziliaristen im fünfzehnten Jahrhundert gegangen. Das bedeutete jedoch nicht, daß Morus jemals die Überzeugung aufgegeben hätte, daß jede Institution am besten funktioniert, wenn sie von einer Gemeinschaft der Weisen und Angesehenen gelenkt wird. Er hatte genug erlebt, um zu wissen, daß jede absolute Monarchie, sei sie geistlicher oder weltlicher Art, eher zu Tyrannei als zu kluger Regierung führt.

Der «Act in Restraint of Appeals» löste eine Revolution aus. Jetzt war jedem Erzbischof von Canterbury kraft des Gesetzes der Weg geebnet, die

Ehe zwischen Katharina und Heinrich mit den entsprechenden Beglaubigungsschreiben für ungültig zu erklären, und die trauernde Königin hatte keine Möglichkeit, eine höhere irdische Autorität anzurufen. Wenige Wochen nachdem das Gesetz beschlossen worden war, hatte der Papst Heinrich noch in die Hände gearbeitet und Thomas Cranmer offiziell das Erzbistum von Canterbury und den Primat über die englische Kirche gewährt.

Ende März trafen die offiziellen päpstlichen Dokumente in England ein, in denen Rom Cranmers Ernennung zum Erzbischof bestätigte. Bevor Cranmer öffentlich seinen Eid auf den Papst ablegte, schwor er an einem geheimen Ort, daß ihn kein Eid, der den Gesetzen Englands zuwiderlaufe, binden würde. Er schwor also, daß er seine Finger überkreuzen würde, wenn er den Eid ablegte, der sein Amt und alles, was er in diesem Amt tun würde, vor dem englischen Volk für rechtsgültig erklärte. Das war eine merkwürdige moralische Situation für den Primas der englischen Kirche in einer Zeit, als Meineid für eine verdammenswürdige Sünde gehalten wurde. Nachdem er nun als Primas von England und direkter geistlicher Abkomme jener Missionare eingesetzt worden war, die Papst Gregor I. ausgesandt hatte, um England zu bekehren, beeilte er sich, in dem Land, das der Papst unter seine Obhut genommen hatte, dabei mitzuhelfen, die letzten Reste der päpstlichen Autorität zu beseitigen.

Am 5. April beschloß die Versammlung des Klerus unter der Leitung Cranmers, daß kein Papst das göttliche Gesetz mißachten dürfe, nach dem einem Mann verboten war, die Frau seines Bruders zu ehelichen.[34] John Fisher opponierte bis zuletzt gegen diesen Beschluß und wurde kurze Zeit später unter Hausarrest gestellt. Morus lebte völlig isoliert in Chelsea und konnte nur noch mit seinen Büchern auf die Ereignisse Einfluß nehmen. Er schrieb, was das Zeug hielt. Doch der Weg zum Schisma stand in England inzwischen offen; Morus' Feder war ein zu schwaches Instrument, um seine Landsleute von der endgültigen Trennung von Rom abzuhalten.

In jenem Monat April, der von der wachsenden Bedrohung durch einen Sturm überschattet wurde, veröffentlichte Thomas Morus seine *Apology of Sir Thomas More Knight* (Apologie des Ritters Thomas Morus). Die Schrift sollte ihn selbst gegen verschiedene Anschuldigungen und den Klerus gegen den verheerenden Angriff Christopher St. Germans verteidigen, der Ende 1532 anonym *A Treatise Concerning the Division Between the Spirituality and the Temporality* (Eine Abhandlung über die Kluft zwischen der Geistlichkeit und dem Laienstand) veröffentlicht hatte. St. German gehörte offensichtlich zu den halboffiziellen Propagandisten, die Cromwell um sich geschart hatte, um die Sache des Königs zu verteidigen, und Morus wußte offensichtlich, wer die Schrift verfaßt hatte. Aber da der Autor sein Werk anonym veröffentlicht hatte, konnte Morus ihn den «Beschwichtiger» nennen und ihn mit anderen, noch beleidigenderen Namen belegen, ohne die Schuld auf sich zu laden, einen Gefolgsmann des Königs direkt anzugreifen.

Die *Treatise* St. Germans erzürnte vor allem den Rechtsanwalt Morus, weil auch sie die Abhandlung eines Rechtsanwalts war, der dieselben gerissenen juristischen Tricks anwandte, die Morus selbst ein paar Jahre zuvor in seinem Bericht über die Affäre Richard Hunne angewandt hatte. Der Tonfall der *Treatise* ist gelehrtenhaft ruhig und gütig, und die Theologie, die sich hinter dem durchdachten und bissigen Antiklerikalismus verbirgt, ist durch und durch orthodox. Er habe nur die Absicht, sagt St. German, die Kluft zwischen dem Klerus und dem Laienstand zu überbrücken und Frieden ins Reich zu bringen. Aber in seinem ganzen Werk beschreibt er ausschließlich die Sünden der Geistlichen, und zwar mit so vagen Verallgemeinerungen, daß es scheint, als sei der Klerus völlig verderbt und allein für die Kluft in der englischen Gesellschaft verantwortlich.

St. German bringt das übliche Kompendium von Klagen vor: Priester berechnen zu hohe Gebühren für ihre geistlichen Dienste. Sie begraben die Toten nur, wenn sie dafür bezahlt werden. Mönche leben in zu großem Luxus. Kleriker führen endlose Dispute. Sie dienen als Dienstboten in den Häusern der Großen und kleiden sich eher wie livrierte Diener als wie Priester. Sie sind habgierig. Sie überreden die Leute, Pilgerfahrten zu unternehmen, Ablässe zu kaufen oder Testamente aufzusetzen, in denen die Kirche begünstigt wird, und ihr einziges Motiv ist der Profit. Sie haben keinen Stil und sind indiskret. Sie sind voller Hochmut und von dem Wunsch beseelt, zu herrschen. Sie geben sich keine Mühe, sich zu bessern.

Gelegentlich gab St. German aus rhetorischen Gründen zu, daß es auch gute Priester gebe. Insgesamt vermittelt die *Treatise* jedem ehrlichen Beobachter den Eindruck, daß der englische Klerus ein elender Haufen war. Morus schäumte vor Wut. Der «Beschwichtiger» sei genauso unparteiisch wie der Mann, der einen Streit zu schlichten versuchte, indem er zwischen die Kampfhähne sprang, den einen ins Gesicht schlug, während er den anderen nur wegstieß, und dann laut behauptete, beide gerecht behandelt zu haben.

Der ruhige, gemäßigte Ton und die solide Orthodoxie der Äußerungen machten die *Treatise* nur noch gefährlicher. St. German hatte nichts gegen Heiligenbilder einzuwenden; er hatte nur etwas dagegen, sie mit Gold oder Silber zu überziehen. Er leugnete das Fegefeuer nicht, aber er plädierte für Toleranz gegenüber denen, die das Fegefeuer leugneten, weil die Geistlichen diese Lehre auf so vielerlei Arten benützten, um Kapital aus ihr zu schlagen. Er äußerte sich nicht positiv über die Häresie, verdammte jedoch die Art, wie die Kirche die Gesetze zur Häresie mißbrauchte, um den Laienstand zu unterdrücken und jeden Widerstand gegen kirchliche Tyrannei niederzuschlagen.

Vor allem aber proklamierte St. German in seiner *Treatise* das Ideal einer warmherzigen Frömmigkeit, die für die Philosophia Christi so wesentlich war, die Erasmus lehrte. Wie Erasmus, Colet und Morus selbst wünschte sich St. German Priester, die ihrem Stand entsprechend lebten, so daß die Laien angespornt würden, ihr Beispiel nachzuahmen. Mehr als ein Jahrhundert früher hatte Chaucer diesen Wunsch seinem armen Landpfarrer in den Mund gelegt und ihn über Priester und den Priesterstand sagen lassen: «Wenn Gold rostet, soll da nicht auch Eisen rosten?» Und Morus hatte geschrieben: «Wenn der Klerus schlecht ist, müssen zweifellos wir noch schlechter sein; so hörte ich einst Master Colet, den guten Dechanten von St. Paul's, predigen. Denn er sagte, es könne nie anders sein, als daß wir immer eine Stufe unter ihm stehen müßten.» St. German sagte: «Und daraus folgt, daß die ganze Kirche aufblüht, wenn die Priesterschaft gesund ist. Und wenn sie korrupt ist, verblühen der Glaube und die Tugend des Volkes und fallen ab, so wie du weißt, daß ein Baum, dessen Blätter welk sind, an der Wurzel krankt. Wenn du also siehst, daß die Leute nicht in guter Ordnung leben, sei gewiß, daß ihre Priesterschaft nicht gesund und heil ist.»[35]

Wie Morus und Erasmus war St. German der tiefen Überzeugung, daß der Klerus einst besser war als im sechzehnten Jahrhundert, was durchaus zweifelhaft ist. Doch die Vorstellung von einer besseren, goldenen Vergangenheit war eine der großen Fiktionen der Renaissance. Sie hatte beträchtlichen Einfluß auf das Lebensgefühl der ganzen Epoche. St. German wollte, wie Morus in *Utopia*, daß die Kirche ihre Autorität nicht nur Gesetzen verdankte, sondern der unwiderstehlichen moralischen Macht ihrer Priester. Die Kluft zwischen Klerus und Laienstand würde erst beseitigt sein, sagte er, wenn die Menschen soweit wären, daß sie große Angst davor hätten, von der Kirche auch nur im mindesten gerügt zu werden. «Und das wird erst geschehen, wenn die geistlichen Herrscher sich bessern und den Leuten mit väterlicher Liebe begegnen und die Strafen der Kirche nicht wegen so leichter Vergehen und mit so großer Parteilichkeit verhängen wie in vergangenen Zeiten.»[36]

Diese Gedanken stimmen vollkommen mit dem überein, was Morus in *Utopia* als die ideale Priesterschaft darstellte: Priester, die so rein sind, daß sie aus spontanem Respekt von den Laien geachtet werden. In seiner *Apology* wandte Morus jedoch ein, daß die Anschuldigungen des «Beschwichtigers» auf Beweisen beruhten, die er nur vom Hörensagen kenne. Immer wieder finde sich die Formulierung: «Einige sagen, daß ...» Er wolle in verleumderischer Absicht den Anschein erwecken, daß der gesamte Klerus mit den Lastern einiger weniger behaftet sei. St. German behauptete selbstverständlich nicht, daß alle Geistlichen gottlos und verdorben seien, aber er ließ sich ausführlich über die schlechten Geistlichen aus. Das hatte Erasmus schon in seinem *Lob der Torheit* getan, und Martin van Dorp – der 1532 bereits lange tot war – hatte über Erasmus genau dasselbe gesagt, was Morus jetzt über St. German sagte. Aber das war in einer anderern Zeit, ja beinahe in einer anderen Welt gewesen.

St. Germans gemäßigte kleine Abhandlung erinnert auch in ihrer Verachtung für den Müßiggang an Thomas Morus' *Utopia* – mit dem Unterschied, daß St. Germans Werk vom Müßiggang des Klerus spricht. Er hätte nicht aufbegehrt, sagte er, wenn die Geistlichen fleißig ihre Gebete gesagt und ihre heiligen Handlungen vollzogen hätten. Aber er habe etwas gegen die verschwenderische Faulheit jener Priester und Mönche einzuwenden, denen Gott gleichgültig sei und die den schwer arbeitenden Laien, die mit ihrer fundamentalen Ordnung und Verläßlichkeit das Rückgrat des Staates darstellten, das Geld aus der Tasche zögen. Nach Ansicht St. Germans war aus den nachlässigen und manchmal ausschweifenden Priestern eine Horde von Parasiten geworden, und nur eine christliche Regierung, die sich um praktische Reformen kümmerte, konnte ihnen ihre Faulheit austreiben und sie wieder zu nützlichen Mitgliedern der Gesellschaft machen. Das ist eigentlich nichts Neues. St. German betrachtet, wie Morus in den Jahren 1515 und 1516, enttäuscht, was sich zwischen einer Nation, die in Bedrängnis ist, und einem Teil ihrer Bevölkerung abspielt, der rüstig, aber faul ist und zum Arbeiten gebracht werden müßte.

St. Germans juristische Fragen waren so wichtig wie der ganze Inhalt seines schmalen Buchs. Wie Fortescue ein paar Jahrzehnte vor ihm wollte er nicht, daß ein Unschuldiger leiden müsse – ganz im Gegensatz zu Thomas Morus, der, wenigstens wenn es um Fälle von Häresie ging, vermeiden wollte, daß ein Schuldiger entkommen könne. Er verabscheute das kanonische Recht der Kirche besonders der Bestimmung wegen, daß ein Angeklagter verurteilt werden konnte, ohne zu wissen, welche Aussagen gegen ihn gemacht worden waren. Hierzu machte er den radikalsten Vorschlag in seiner ganzen Abhandlung: er wollte dem Klerus das Recht entziehen, allein über Häresie zu urteilen.

Er meinte, die Geistlichen würden die Gesetze gegen Ketzer aus eigennützigen Gründen gegen Unschuldige anwenden, und sprach sich gegen die gesetzliche Regelung aus, nach der kirchliche Amtsträger jeden einsperren durften, der einer abweichenden Lehrmeinung verdächtigt wurde. Er mußte Richard Hunne gar nicht ausdrücklich erwähnen, um seine Leser daran zu erinnern, daß offensichtlich ehrbare Kaufleute in bischöfliche Gefängnisse gebracht werden konnten und nie wieder lebend gesehen wurden. St. German schlug vor, daß bei Fällen von Häresie die Nachforschungen als gemeinsame Angelegenheit der zivilen und religiösen Autorität betrachtet würden. Die gemeinsame Ausübung der Autorität bedarf jedoch einer einzigen gemeinsamen Rechtsgrundlage, und St. German läßt keinen Zweifel daran, daß er dem englischen Common Law mit seinem Schutz des Angeklagten den Vorzug gab.

Als guter Rechtsanwalt wies er darauf hin, daß die englischen Zivilbehörden, wie zum Beispiel die Friedensrichter, in Fällen von Häresie bereits Untersuchungen anstellten, die sie unter den Lollardengesetzen mit Hilfe der kirchlichen Amtsträger durchführten. St. German hätte hinzufügen können, daß die Lordkanzler des Reiches mit Bischöfen ebenso verfuhren, sogar wenn der Lordkanzler – wie Thomas Morus – zufällig ein Laie war. Das alles konnte geschehen, obwohl die Kirche behauptete, daß die Häresie Angelegenheit der geistlichen Behörden sei, bis der Häretiker verurteilt war und der weltlichen Behörde ausgeliefert wurde, um verbrannt zu werden.

Diese Ansichten St. Germans müssen Morus besonders geärgert haben. St. German argumentierte nämlich ungewöhnlich modern: Die Rechtsordnung, sagte er, entstehe dadurch, daß zunächst die praktizierten Verfahrensweisen beobachtet würden. Dann werde versucht, schriftliche Regeln festzusetzen, die der jeweiligen Praxis einen formalen Rahmen geben sollten. Wenn Friedensrichter – oder Lordkanzler – die Geistlichen bereits bei ihren Untersuchungen der Häresie unterstützten, sei die formale Unterscheidung zwischen geistlicher und weltlicher Autorität im Falle der Häresie allein dadurch aufgehoben. Das englische Recht könne folglich diese Tatsache ruhig auch anerkennen.

Mit derselben argumentativen Methode griff St. German das Recht der Kleriker an, nur vor geistliche Gerichte gestellt zu werden, wenn sie eines Verbrechens beschuldigt wurden. Er betonte, daß die Kleriker einem normalen Zivilprozeß nicht entgehen könnten, wenn sie des Hochverrates beschuldigt würden, und als Hochverrat gelte inzwischen auch das Fälschen von Geld. Die Priester zeigten eher ein schlechteres Verhalten als die Laien; im besten Falle stünden sie mit ihnen auf einer Stufe. Daraus zieht St. German den Schluß, daß Geistliche und Laien vor dieselben Gerichte gestellt werden müßten – und zwar vor die objektiven und ehrwürdigen Gerichte des englischen Common Law. Die Bestrafung eines schlechten Priesters füge keinem guten Priester Schaden zu, sagte er. Und wenn die weltliche Autorität bestrafe, dann diene das einem würdigen Zweck – gleichgültig, was eine solche Rechtspraxis für die Tradition der Kirche bedeute.

Thomas Morus brachte nur eine schwache Entgegnung vor. Er fand sich in der unerträglichen Position, das Alte zu verteidigen, während seine gebildetsten und einflußreichsten Landsleute vom Neuen mitgerissen wurden. Er verteidigte die Tugenden der Geistlichen, während in jedem Bierhaus über ihre Laster gewitzelt wurde und jeder mediokre Poet satirische Verse gegen sie ersann. Morus wollte aus St. German einen Häretiker machen, aber jeder Leser sah in ihm viel eher einen durch und durch orthodoxen Mann, der den schlechten Zustand seiner Kirche beklagt. Und es zeigte sich, daß St. German offenbar eine echte Abneigung gegen die Häresie hatte.

Morus behauptete, nur harte Maßnahmen könnten verhindern, daß Häretiker das ganze Reich bevölkerten. In der *Apology* zeigt sich sein Autoritätsglaube noch einmal überdeutlich. Sein Glaube an eine starke zentrale Autorität war so groß, daß er immer geneigt war, Menschen, die eines Verbrechens angeklagt waren, für schuldig zu halten, und das Argument, daß die Unschuldigen geschützt werden müßten, wog bei ihm nie so viel wie das Argument, daß die Gesellschaft unbedingt erhalten werden müsse. Doch die meisten Engländer konnten ihn nicht ernst nehmen, wenn er gräßliche Katastrophen vorhersagte, falls König und Volk die Häresie tolerieren sollten. Sie hatten wenig Erfahrung mit einem innenpolitischen Chaos. Die Engländer waren viel weniger blutrünstig, wenn sie gegeneinander in England kämpften, als wenn sie mit den Franzosen jenseits des Ärmelkanals Krieg führten. In der englischen Geschichte im Mittelalter gibt es keine Ausschreitungen, die mit den Schrecken der Jacquerie in Frankreich, mit den Bauernkriegen in Deutschland oder mit dem Sacco di Roma vergleichbar wären. Die Engländer konnten Morus nicht glauben, wenn er die entsetzlichen Auswirkungen der Häresie schilderte, weil seine Beschreibung ihren Erfahrungshorizont überschritt und auf sie phantastisch und unwirklich wirkte. Außerdem sprachen die meisten häretischen Stimmen in England und unter Engländern auf dem Kontinent für Recht und Ordnung und eine starke weltliche Regierung.

Morus führte seinen ganzen sprühenden Witz gegen den «Beschwichtiger» zu Felde und wandte die Beschuldigungen gegen den katholischen Klerus mit Angriffen auf Luther und andere Häretiker ab. Dabei gelingt ihm ein glänzendes obszönes Wortspiel. Er schreibt: «Wenn religiöse Lutheraner, die ihre [religiösen] Gewohnheiten aufgegeben haben, Nonnen heiraten und gegen das Fegefeuer reden, sich vermehren und gut leben, werden sich bald nur noch wenige um Seelenmessen kümmern und ein ‹trentall› nicht mehr achten als ein Wüstling in Rom ein *trent une* achtet.»[37] Ein «trentall» waren dreißig Messen für die Seele eines Toten, die alle an einem Tag gelesen wurden. Mit dem *trent une* wurden in Italien Huren bestraft: sie wurden einer Bande von Wüstlingen überlassen, die sie einunddreißigmal vergewaltigten.

Morus' Verteidigung des Klerus und des kanonischen Rechts in der *Apology* blieb wirkungslos. Am besten sind die Passagen, in denen Morus sich selbst verteidigt. Da zeigt er, wie leicht er durch Kritik zu verletzen war, wie eifersüchtig er über seinen Ruf wachte, auch wenn er für die Ausrottung der Häresie in England durch Feuer und Schwert eintrat. Der Rest des Buches war ein Mißgriff, und Morus muß das klargeworden sein, unmittelbar nachdem es veröffentlicht war.

Am 23. Mai erklärte Erzbischof Cranmer Heinrichs Ehe mit Katharina für ihre gesamte Dauer für ungültig. Eine Woche später, am 1. Juni, wurde Anne Boleyn zur Königin von England gekrönt und ritt mit ihrem Gemahl durch die Straßen von London, die von einer verwunderten Menschenmenge gesäumt wurden. Anne war im sechsten Monat schwanger.

Thomas Morus hatte alles getan, um sich aus der gefährlichen Öffentlichkeit zurückzuziehen, aber er hatte weiterhin Bücher geschrieben, und in einer Zeit, in der die Wirkung von Büchern gefürchtet wurde, blieb ein Mann wie er nicht unbeachtet. Weder Heinrich noch die Bischöfe, die sich Heinrichs Wünschen gebeugt hatten, konnten einen ehemaligen Lordkanzler in Frieden ziehen lassen. Cuthbert Tunstall, Morus' guter alter Freund, reiste zur Krönung Annes aus Durham an. Er schickte gemeinsam mit Stephen Gardiner, Bischof von Winchester, und John Clerk, Bischof von Bath und Wells, Morus zwanzig Pfund, damit er sich ein neues Gewand kaufen und angemessen gekleidet an der Krönungszeremonie teilnehmen könnte. Morus nahm das Geld an und kaufte das Gewand, blieb jedoch zu Hause, als Anne und ihr Gemahl durch die Straßen zogen.

Nach der Feier suchten die drei Bischöfe ihn auf, um ihn zur Rede zu stellen. Sie waren alle drei stramme Konservative, und Clerk und Gardiner hatten mutig die Privilegien der englischen Kirche verteidigt. Gardiner war der Hauptautor der *Answer of the Ordinaries* (Antwort der Ordinarien) auf die *Supplication* (Bittschrift) der Commons, deren Tonfall Heinrich VIII. verärgert hatte. Überhaupt sollte er den protestantischen Neigungen Thomas Cranmers immer feindlich gesinnt bleiben. Als die Versammlung des Klerus unter der Leitung Cranmers darüber abgestimmt hatte, ob die Ehe Katharinas mit Arthur als vollzogen zu betrachten sei, gehörte Clerk zu den sechs Bischöfen, die zu ihrer Überzeugung standen, daß der Vollzug der Ehe nicht bewiesen sei.[38]

Gardiner war Heinrichs wichtigster Botschafter in Rom gewesen, als um den Dispens verhandelt wurde. Anne Boleyn hatte ihm persönlich geschrieben und ihm für seine Bemühungen gedankt. Er hatte den wohlverdienten Ruf, doppelzüngig zu sein, und stand in jener Zeit dem König ganz besonders nahe. Bei der Krönung hatten er und Stokesley die Schleppe von Annes königlicher Robe getragen. Alles, was in seiner Anwesenheit gesagt wurde, mußte dem König rasch zu Ohren kommen.

Alle drei Bischöfe hatten, was das Papsttum betraf, ambivalente Gefühle – genau wie Thomas Morus. Sie könnten gegenüber Morus argumentiert haben, daß den Häretikern in England Tür und Tor geöffnet würden, wenn die Konservativen den König bei seiner Lösung von Rom im Stiche ließen. Wir wissen, daß alle drei den harten Kurs gegen Häretiker verfolgten. Wenn Männer wie sie sich dem Willen des Königs beugten, warum sollte Thomas Morus das nicht auch tun?

Morus sagte ihnen, daß er ihrer ersten Bitte nur zu gerne Folge leisten und sich von ihrem Geld ein neues Gewand kaufen würde. Er sei nicht reich, sagte er, und könne eine neue Robe gut brauchen. Ihre Bitte, er möge der Krönungszeremonie beiwohnen, erinnere ihn jedoch an die Geschichte des Herrschers, der das Gesetz erließ, daß jeder, der eines bestimmten Verbrechens schuldig war, mit dem Tod bestraft würde, vorausgesetzt, der Übeltäter war keine Jungfrau. Nun habe aber eine Jungfrau als erste das Verbrechen begangen, doch der König bestand darauf, daß sie getötet würde. Was konnte man tun? Ein Mitglied des Kronrates löste das Problem: «Warum machen Sie so viel Aufhebens um eine so einfache Sache, meine Herren? Laßt sie erst entjungfern, und anschließend mag sie hingerichtet werden.»

Morus adaptiert hier eine Geschichte von Tacitus, in der berichtet wird, wie die Tochter des Seianus und der Rest der Familie unter der Herrschaft des Tiberius zu Tode gebracht wurden. In Ropers Biographie erklärt Morus die Bedeutung dieser Geschichte, falls sie irgend jemandem entgangen sein sollte. Jungfräulichkeit symbolisierte für ihn Reinheit. Roper läßt Morus zu den Bischöfen sagen: «Wenn Ihr Euch auch in der Frage der Ehe bis jetzt Eure Jungfräulichkeit bewahrt habt, gebt gut acht, daß Ihr Eure Jungfräulichkeit auch fürderhin bewahrt. Denn da gibt es welche, die Eure Lordschaften zunächst veranlassen, an der Krönung teilzunehmen. Dann wollen sie, daß Ihr über diese Krönung predigt, und schließlich, daß Ihr Bücher zu ihrer Verteidigung schreibt. Und das sind die, die wünschen, Euch zu entjungfern. Und wenn sie Euch entjungfert haben, werden sie nicht lange zögern und Euch vernichten. Nun, meine Herren, es liegt nicht in meiner Macht, zu verhindern, daß sie mich vernichten. Aber bei Gott, meinem Herrn, ich will Sorge tragen, daß sie mich niemals entjungfern werden.»[39]

In Ropers Darstellung klingt die Geschichte geradezu tollkühn. Tunstall war ein guter Freund von Thomas Morus, aber Gardiner hatte sich bereits mündlich und schriftlich positiv über die Scheidung geäußert. Morus' Vorwürfe an sie waren schwerwiegend und beleidigend. In seinen Augen waren diese Männer bereits zum Feind übergelaufen und wußten nicht oder wollten nicht wissen, was sie getan hatten. Es gibt keine Hinweise darauf, daß er Tunstall nach dieser Begegnung noch einmal sah.

Gardiner muß dem König sofort von seinem Besuch bei Morus berichtet haben. Es ist einigermaßen verwunderlich, warum eine so gute Geschichte in keiner anderen Quelle auftaucht. Morus blieb der Krönungszeremonie fern und äußerte sich voll Erbitterung über die Hochzeit. Dadurch zeigte er jedem, der es wissen wollte, überdeutlich, daß er ein grundsätzlicher Gegner der neuen Ehe des Königs und der neuen Königin war und daß er alle, die diese Veränderung unterstützten, für unrein hielt. Einer Krönung fernzubleiben war noch kein Hochverrat. Es war auch kein Hochverrat, engen Freunden zu sagen, daß sie das Risiko auf sich nahmen, ihre geistige Jungfräulichkeit zu verlieren, wenn sie an der Krönung teilnahmen – wenigstens noch nicht zu diesem Zeitpunkt. Beides aber reichte aus, um Gegner der Königs zu der Annahme zu veranlassen, daß Thomas Morus der Mann sein könnte, um den sich die Streiter der alten Kirche scharen würden, falls sie sich gegen den König und seine Minister erheben sollten.

Einigen schien dieser Aufstand nah und wünschenswert. Seit Februar war England durch den «Act in Restraint of Appeals» formal ein Kaiserreich (empire). Daraus ergab sich die Konsequenz, daß die Kirche von England durch einen Parlamentsbeschluß von der Jurisdiktion des Papstes unabhängig gemacht wurde. Englischen Bürgern wurde verboten, einen Fall, sei er nun geistlicher oder weltlicher Art, von englischen Gerichten vor einen fremden Potentaten zu bringen. Cromwell entwarf das Gesetz, und das Parlament verabschiedete es ohne Änderung.

Obwohl das Gesetz große Unterstützung fand, gab es auch Gegenstimmen. Viele Katholiken spürten, daß Heinrich auf dem Weg zu einem offenen Bruch mit Rom war, und sie konnten den Unterschied zwischen Schisma und Häresie, den Heinrich machte, nicht verstehen. Am 10. April teilte Chapuys Karl V. in einem Brief ganz offen seine Meinung mit. Der Kaiser müsse gegen England einen Krieg führen, denn Anne würde sich an Königin Katharina und Prinzessin Maria rächen. «Ein Feldzug gegen dieses Land wäre nach Ansicht vieler Menschen die einfachste Sache der Welt, denn dieser König hat weder eine Kavallerie noch eine gut ausgebildete Infanterie. Außerdem stehen seine Untertanen mit ihrer Zuneigung ganz auf seiten Ihrer Majestät, und nicht nur das gemeine Volk, sondern auch der gesamte Adel mit Ausnahme des Herzogs von Norfolk und noch zwei oder drei anderen.» Auch Katharina und Prinzessin Maria drängten auf eine Invasion.[40] Ein paar Tage später schrieb er abermals und schlug vor, der Kaiser solle ihn abberufen. Denn seine Anwesenheit als Botschafter des Kaisers in London werde vom gemeinen Volk als Zeichen der Freundschaft zwischen dem Kaiser und Heinrich betrachtet.[41] Chapuys schätzte die Sympathien, die Katharina im englischen Volk genoß, immer sehr optimistisch ein. Eine ähnliche Überlegung sollte 1588 die spanische Armada in die Katastrophe führen. Aber das Jahr 1588 lag mehr als eine Generation in der Zukunft, und im Jahre 1533 war es offensichtlich, daß Heinrich, Cromwell und ihre Kohorten wußten, daß sie auf einem Pulverfaß saßen und nicht mit Feuer spielen durften, wenn sie nicht in die Luft fliegen wollten.

Im Juli 1533 erklärte Clemens VII., endlich von den Ereignissen und vom Kaiser zum Handeln gezwungen, die Ehe zwischen Heinrich und Anne für ungültig und exkommunizierte sowohl den König als auch Thomas Cranmer. Aber selbst jetzt noch weigerte sich der furchtsame verhärmte Mann, das Exkommunikationsdekret sofort zu veröffentlichen. Schließlich gab er es am 7. September frei. An diesem Tag erlebten Anne Boleyn und das englische Volk eine Enttäuschung, und Anne brachte sich in Gefahr, weil sie nicht wie erwartet den Thronerben, sondern ein Mädchen gebar, das Elisabeth getauft wurde. Im November wurde das Exkommunikationsdekret in den Niederlanden veröffentlicht.

Erst am 24. November informierte Chapuys den Kaiser davon, daß Königin Katharina der Ansicht sei, der König und das Land würden auf den rechten Pfad zurückkehren, wenn der Papst in dieser Angelegenheit die Führung übernehme. Eine Invasion in England sei nicht vonnöten.[42] Chapuys war jedoch der Ansicht, daß niemand im ganzen Königreich ihre Meinung teile, und riet dem Kaiser, den Handel zwischen England und den Gebieten des Kaisers in den Niederlanden zu unterbinden, was die effektivste Art sei, mit Heinrich fertig zu werden. Am 9. Dezember schrieb er, der König und sein Rat fürchteten die Auswirkungen der Veröffentlichung des Exkommunikationsdekrets in Flandern. Das englische Volk «jubelte wie ein Mann und vertraute darauf, daß Eure Majestät das Spiel, das sie begonnen hat, auch zu Ende spielt und den Unannehmlichkeiten, die dieser König Eurer Majestät und dem englischen Volk verursacht, ein Ende bereiten wird».[43]

Heinrich habe auf seine Flotte gebaut, berichtete Chapuys, doch Norfolk habe dem König gesagt, daß sie gegen die kaiserliche Flotte nichts ausrichten könne; die beste Politik wäre, die Küste zu befestigen. Aus der Sicht der englischen Regierung war es eine gefährliche Zeit, und keiner, der dem König so weit gefolgt war, konnte ohne Angst in die Zukunft blicken.

Morus beteuerte fortgesetzt seine Loyalität und seinen Gehorsam gegenüber dem König. Soweit bekannt, tat er nichts, um eine Rebellion anzustiften. In dieser Hinsicht war er umsichtiger als John Fisher, dessen Kontakt mit Chapuys gewiß an Verrat grenzte. Aber es ist einfältig, anzunehmen, daß Morus gegen eine spanische Invasion oder eine katholische Rebellion opponiert hätte. Obwohl er von Natur aus kein Mensch war, der andere Menschen oder Bewegungen anführte, hätte er sich aller Wahrscheinlichkeit nach jeder Bewegung angeschlossen, die Heinrich im Namen des alten Glaubens stürzte. Jahrelang hatte er Wolsey mit unterwürfigen Schmeicheleien bedacht, aber als der große Kardinal gestürzt war, wandte er sich scharf gegen ihn. Fast ebenso scharf hatte er die Regierung Heinrichs VII. angegriffen, nachdem dieser im Grabe lag. Er hätte Heinrich VIII. nicht noch lange geschmeichelt, wenn auch dieser König im Zuge der Ereignisse abgesetzt worden wäre.

Man denke nur an das Urteil Bischof Mortons in Morus' *Geschichte König Richards III.* über Aufstieg und Fall von Königen. Gott macht Könige und setzt Könige ab. Als der Sohn Heinrichs VI. getötet wurde, läßt Morus Bischof Morton zu dem Grafen von Buckingham lakonisch sagen: «(Ich) beabsichtige (...) nicht, mich dem zu widersetzen und etwas aufzurichten, was Gott niedergerissen hat.»[44] Gott konnte die Intrige, die Schlacht und sogar den nächtlichen Mord zu seinem Werkzeug machen. Gott entschied, ob Rebellionen Erfolg hatten oder scheiterten. Morus verehrte Morton, und der Bischof hatte mehrmals den Herrn gewechselt und war als berühmter und geachteter Mann gestorben. Morus hatte immer klar und deutlich die Überzeugung vertreten, daß das Parlament tatsächlich jeden zum König erklären könne. Als er später im Tower verhört wurde, ging Richard Riche von dieser Vorstellung aus: «Gesetzt den Fall, das Parlament würde beschließen, daß das ganze Reich mich als König anerkennen sollte. Würdet Ihr, Master More, mich dann als König anerkennen?» Morus' Antwort war eindeutig. «Ja, Sir, das würde ich.»[45] Und falls Heinrich VIII. gestürzt werden sollte, war anzunehmen, daß ein Parlament einberufen würde, das die Tat billigte und einen neuen König in seinem Amt bestätigte. Das hatten die Parlamente oft genug getan, seit Bolingbroke Richard II. vom Thron gestoßen hatte.

Die Engländer kannten ihre Geschichte, und jeder historisch denkende Mensch sah, daß Thomas Morus eine erhebliche Gefahr für Heinrichs Revolution darstellte. Er war eine tödliche Bedrohung für Heinrichs Thron und Leben. Er weigerte sich, an der Krönung teilzunehmen, und tadelte drei Bischöfe halböffentlich, die an ihr teilgenommen hatten. Damit hob Thomas Morus langsam das Banner der Revolution. Man brauchte nicht allzuviel Phantasie, um dieses Banner auf einem Hügel ein wenig abseits im Wind flattern zu sehen, wo es darauf wartete, daß Männer wie Morus sich um es scharen würden.

Und doch vermittelt Thomas Morus in seinen Schriften den Eindruck, er sei ein loyaler und harmloser Bürger, ein Mann, der sich nur danach sehnt, in Frieden sterben zu dürfen. Angesichts der Ereignisse, die sich in seinem Land abspielten, war das zweifellos ehrlich gemeint. Doch er muß auch gewußt haben, daß nach einer solchen Selbstdarstellung in der Öffentlichkeit jeder Schritt, den der König gegen ihn unternahm, noch blutrünstiger und grausamer wirken mußte. Morus fürchtete sich davor, zum Märtyrer zu werden, aber wenn er schon das Martyrium erleiden mußte, dann sollte das seiner Kirche doch wenigstens zum Vorteil gereichen. Er zeichnete sich durch Bescheidenheit und Unschuld aus. Mit ihm hatte die Kirche einen Mann, neben dem der Charakter des Tyrannen noch niedriger und schrecklicher aussehen würde.

Dieses Selbstbild entwarf Morus im letzten erhaltenen Brief an Erasmus, den er wahrscheinlich im Juni des Jahres 1533 schrieb. Er erwähnte, daß er zwei Briefe von Erasmus erhalten habe. Beide sind verlorengegangen, aber wir können dem Brief von Morus entnehmen, was Erasmus geschrieben hatte. Er hatte Morus' Brief vom Vorjahr nicht veröffentlicht und versuchte, Morus seine Gründe darzulegen. Gerüchte seien im Umlauf, daß Morus in

Ungnade gefallen sei. Wenn er den Brief veröffentliche, könne er mit der englischen Regierung Unannehmlichkeiten bekommen, und vor allem mit Thomas Cranmer, der ihm eine Pension ausbezahlte. Erasmus hatte Morus wohl auch wegen seines Häretikerhasses getadelt.

Morus schrieb den Brief, um Erasmus zu beruhigen und vor allem, um ihn zu animieren, diesen und den vorigen Brief zu veröffentlichen. Er gab darin eine für die Öffentlichkeit gedachte harmlose Erklärung zu seinem Rücktritt ab. Es sei richtig, schrieb Morus, daß ein paar Klatschmäuler das Gerücht verbreiteten, er sei nicht freiwillig zurückgetreten. Er habe auf dieses Gerücht geantwortet und in seinem Epitaph den Sachverhalt offen dargelegt. Er habe erklärt, daß er aus gesundheitlichen Gründen von seinem Amt zurückgetreten sei. Niemand sei vorgetreten, um ihm zu widersprechen. Da seine Feinde seine Behauptung nicht widerlegen könnten, hätten sie ihre Taktik geändert und behaupteten nun, das Epitaph sei überheblich. Morus spielte wieder einmal die Rolle des Überlegenen, den die Meinung der breiten Masse nicht kümmert. Er schrieb, er habe vom Gerede der Menschen keine hohe Meinung, es genüge ihm, wenn er die Zustimmung Gottes habe.

Aber Morus wollte Erasmus mitteilen, daß er die Zustimmung seines Königs hatte. Er berichtete, daß der Herzog von Norfolk bei der Einsetzung Audeleys als Lordkanzler verkündet habe, daß der König Thomas Morus' Rücktrittsgesuch gegen seinen Willen stattgegeben habe. Außerdem habe Audeley selbst bei einer Ansprache vor beiden Häusern des Parlaments dieselbe Erklärung auf Geheiß des Königs noch einmal wiederholt.

Heinrich autorisierte solche Erklärungen natürlich nur, weil er erkannte, welchen Einfluß Morus im Reich hatte. Der König wollte dadurch den Eindruck vermitteln, er stehe mit seinem ehemaligen Lordkanzler auf gutem Fuße. Diese Erklärungen erinnern an Chapuys Berichte, daß Heinrich den päpstlichen Nuntius öffentlich umwarb, als er es für nötig hielt, vor dem murrenden Volk den Anschein zu erwecken, daß zwischen ihm und dem Papst Einvernehmen herrsche.

Heinrich war ein Meister der öffentlichen Selbstdarstellung. Niemand, der die langen, ausführlichen Depeschen von Chapuys an den Kaiser liest, würde vermuten, daß die zur Schau getragene Maske des Königs mit ihrem einstudierten, strahlenden Lächeln die dunkle Seele des Privatmannes mehr enthüllte als verbarg. Doch Morus klammerte sich an jeden Strohhalm und führte Erasmus einen strahlenden König vor, damit diese furchtsame Seele die Briefe zu seiner Rechtfertigung veröffentlichte.

Offenbar hatte Erasmus Bedenken gegenüber Morus' Angriffen auf die Häretiker geäußert. Da Erasmus vermutlich die englische Sprache nicht beherrschte, muß er seine Informationen von Leuten erhalten haben, die mit der Situation in England vertraut waren. Niemand in England führte eine so spitze Feder wie Thomas Morus, und die Art, wie er seine Schriften in der

Apology verteidigte, zeigt, daß viele Engländer der Ansicht waren, er sei mit seinen Polemiken zu weit gegangen. Erasmus hatte wohl davon gehört und muß Morus irgendwie gezeigt haben, daß auch er dieser Ansicht war.

Mit dem Brief vom Juni 1533 schickte Morus auch sein Epitaph an Erasmus. In diesem Text schrieb er, daß er eine Geißel der Diebe, Mörder und Häretiker gewesen sei. Erasmus könne selbst sehen, daß er ihnen in seiner letzten Äußerung über sein Leben nicht viel Aufmerksamkeit schenke. Und doch sagte er: «Wenn ich in meinem Epitaph bekenne, ich sei eine Geißel der Häretiker gewesen, so habe ich das mit Stolz geschrieben. Ich hasse diesen Menschenschlag so sehr, daß, wenn sie nicht wieder zu Sinnen kommen, ich ihnen so verhaßt sein will, wie es nur geht; denn meine wachsende Erfahrung mit solchen Leuten beängstigt mich mit dem Gedanken, was die Welt unter ihnen noch zu leiden hat.»[46]

Das Epitaph zeigt selbst am deutlichsten, warum einige Feinde von Thomas Morus meinten, er wäre überheblich. Zunächst fällt auf, daß es viel länger ist als die meisten Epitaphe aus jener oder einer früheren Zeit. Die Lebensgeschichte von Thomas Morus wird erzählt, und jeder, der sie las, sollte erkennen, daß er ein bedeutender Mann gewesen war. Selbstverständlich wird Heinrich VIII. geschmeichelt, und die Stationen der langen Karriere des Thomas Morus in des Königs Dienst werden bis ins einzelne aufgeführt. Am Schluß kommen die konventionellen, durchaus ernst gemeinten frommen Sprüche angesichts des nahenden Todes und des Lebens, das nach dem Tode kommen sollte. Das Epitaph ist die lange Erklärung eines Mannes, der gerne über sich selbst redete. Es paßte zu dem Mann, der zunächst in *Utopia* und später in *A Dialogue Concerning Heresies* sorgfältig seine bedeutende Position darstellte, und es paßte zu dem Jungen, der bei den Weihnachtsfesten mit einer eigenen Rolle unter die Schauspieler getreten war und den es von da an immer dazu getrieben hatte, seine Rolle auf der Bühne des öffentlichen Lebens vor einem staunenden Publikum zu spielen. Jetzt war das große Drama beinahe zu Ende, und Morus wollte sichergehen, daß die Rolle, die er im Leben übernommen hatte, nicht in Vergessenheit geriet.

Das Epitaph in dem Brief weckte natürlich den Eindruck, daß hier ein Mann seine irdischen Sorgen darlegte, daß er bereit war, seinem Schöpfer gegenüberzutreten, und keinem Menschen mehr Böses antun wollte, außer den bösen Häretikern, die verfolgt werden mußten, wenn die Gesellschaft Bestand haben sollte. Morus hoffte wahrscheinlich, daß der König und der Kronrat sein Epitaph lesen und ihn dann in Frieden leben lassen würden.[47]

Das ist der Inhalt von Thomas Morus' letztem Brief an Erasmus, der erhalten ist. Ein paar Monate zuvor hatte Erasmus an Johannes Faber, den Bischof von Wien, geschrieben und das Gerücht dementiert, Morus sei in Ungnade gefallen. Allerdings fügte er vorsichtig hinzu, daß er keinen persönlichen Brief an Morus geschrieben habe, seit dieser Lordkanzler geworden sei.[48] Diese Behauptung entsprach wahrscheinlich nicht der Wahrheit. Der Brief an Faber war vermutlich ebenfalls zur Veröffentlichung gedacht. Er gehört zu den ansprechenden Lebensbeschreibungen des Thomas Morus. Erasmus schildert das häusliche Leben der Familie Morus, wo die freien Künste und die Frömmigkeit immer zusammengehörten und wo weder Streit noch Müßiggang einen Platz hatten.[49] Außerdem teilt er uns die interessante Information mit, Kardinal Wolsey habe Morus für den fähigsten Mann für das schwere Amt des Lordkanzlers gehalten. Dieser Ansicht sei er jedoch nicht gewesen, weil er Morus gegenüber besonders wohlgesonnen war. Er habe ihn eher gefürchtet als geliebt.[50] Erasmus räumt ein, daß Morus die Häretiker leidenschaftlich haßte und entschlossen war, einen Aufruhr zu verhindern, behauptet aber fälschlicherweise, daß unter Thomas Morus niemand wegen Häresie den Tod erlitten habe.[51] Der Brief klingt wie ein Plädoyer für Thomas Morus vor einem europäischen Publikum. Morus hatte sich wahrscheinlich nach einer solchen Fürsprache gesehnt, aber Erasmus überlegte es sich anders, und der Brief erschien nicht mehr zu seinen Lebzeiten.

Erasmus stellte fest, wie sehr er die kontinuierlichen Zahlungen aus England brauchte, und bemühte sich sehr, damit dieser Teil seines Einkommens nicht gekürzt wurde. Er stand in Kontakt mit Anne Boleyns Vater Thomas Boleyn, dem Grafen von Wiltshire. Im März 1533 widmete er Boleyn seine kleine Schrift über das Apostolische Glaubensbekenntnis. Sein Standpunkt zu den Streitfragen der protestantischen Reformation ist so neutral, daß die Schrift in England überaus populär wurde. Unter der protestantischen Regierung König Eduards VI., des Sohns und Thronerben Heinrichs VIII. von seiner dritten Frau, Jane Seymour, wurde sie häufig benützt.

Im Januar 1534 veröffentlichte Erasmus schließlich die letzten beiden Briefe, die Morus an ihn schrieb. Sie erschienen als Anhang zu einem Buch mit dem Titel *De Praeparatione ad mortem*, das ebenfalls Thomas Boleyn gewidmet war. Zu jener Zeit beschuldigte Boleyn gerade Thomas Morus, als Lordkanzler Bestechungsgelder angenommen zu haben.[52] Erasmus kann von diesen Beschuldigungen damals nichts gewußt haben. Wenn er von ihnen gewußt hätte, dann hätte er diese beiden letzten Briefe gewiß nicht veröffentlicht. Im Februar 1535 schrieb er wegen seiner englischen Pension an seinen Bankier Erasmus Shets, er habe nichts geschrieben, was die englischen Behörden in irgendeiner Weise beleidigen könnte. «Ich schrieb weder an Morus noch an Fisher, als ich erfahren hatte, daß sie im Gefängnis sitzen.»[53] Am 31. August 1535, als Morus schon fast zwei Monate tot war, schrieb Erasmus an Peter Tomiczki, den Bischof von Krakau: «Mit Morus scheine ich selbst ausgelöscht worden zu sein, denn ich sehe, daß wir beide eine Seele hatten, wie Pythagoras sagte.»[54] Diese Bemerkung steht am Ende eines langen Briefes, in dem Erasmus aller Nöte gedachte, die er in seinem Leben erlitten hatte. Sie ist eher Ausdruck eines wachsenden Selbstmitleids, das seine letzten Jahre überschattete, als eines echten Mitgefühls mit Morus. Erasmus war alt und hatte nur noch wenige Monate zu leben. Wie alle alten Menschen stellte er fest, daß die Gedanken an die geliebte, ferne Vergangenheit und das brennende Gefühl des Verlustes all dieser Dinge mit vermehrter Kraft über ihn hereinbrachen, wenn er vom Tod eines Menschen erfuhr, mit dem er viele Jahre gemeinsam durchlebt hatte.

Als das Exkommunikationsdekret des Papstes in England bekannt wurde, hatte das für Thomas Morus unmittelbare Konsequenzen: er mußte aufhören, polemische Schriften gegen die Häresie zu verfassen. Inzwischen zeigte die Regierung offen ihren Verdruß über den steten Fluß von Beschimpfungen aus seiner Feder. Morus hatte es sorgfältig vermieden, über die Scheidung des Königs zu schreiben. Dennoch gab es keine Zweifel über seine Position, und solange er Bücher schrieb, blieb er eine Gestalt des öffentlichen Lebens, deren Name im Volk mit Widerstand gegen den König assoziiert wurde. Im Oktober 1533 hatte Morus seine *Debellacion of Salem and Bizance* (Zerstörung von Salem und Byzanz) veröffentlicht. Diese Schrift war wieder gegen St. German gerichtet, der mit der Schrift *Salem and Bizance* (Salem und Byzanz) anonym auf Morus' *Apology* geantwortet hatte. Das Wort «debellacion» im Titel von Thomas Morus' Entgegnung bedeutet «destruction» (Hier: Bezwingung, Unterwerfung. Anm. d.Ü.). Die Schrift ist lang und mühsam zu lesen. Morus trägt zum wiederholten Mal seine fundamentalen Positionen vor und zeigt sich zu keinem Kompromiß bereit. Zunächst bemerkt er, er habe gehört, daß es Leute gebe, die sich über seine *Apology* ärgerten. Das könne er nicht verstehen, schreibt er, «denn ich hatte nur für mich und für gute Menschen und für den katholischen Glauben gesprochen».[55] Am meisten ärgerte sich wahrscheinlich der Kreis um Heinrich VIII., der zu jenem Zeitpunkt nicht wünschte, daß irgend jemand in England sich positiv über die alte Kirche äußerte.

Morus' letzte Kontroversschrift war *The Answer to a Poisoned Book* (Die Antwort auf ein vergiftetes Buch), eine Entgegnung auf eine zwinglianische Interpretation des Abendmahls, die von einem englischen Häretiker unter dem Titel *The Supper of the Lord* (Das Abendmahl) anonym veröffentlicht worden war.

Kurz nach Neujahr wurde William Rastell zu Cromwell gerufen und beschuldigt, ein Buch von Thomas Morus veröffentlicht zu haben, in dem ein Werk angegriffen wurde, das der Kronrat herausgegeben hatte. In diesem Werk wurde Papst Clemens VIII. angeklagt, ein Bastard und Häretiker zu sein, weshalb er nicht der wahre Papst sein könne. Am 1. Februar schrieb Morus an Cromwell und bestritt, daß er je eine Antwort auf die Neun Artikel geschrieben hätte, die der König oder sein «ehrenwerter Rat» herausgegeben hatten. Er kenne seine Pflicht und Schuldigkeit als Untertan, teilte er Cromwell mit. Niemals würde er eine solche Schrift verfassen, besonders weil er das fragliche Buch nicht durchgearbeitet habe und ihm sowohl die Kenntnis der Gesetze als auch das Tatsachenmaterial fehlten. Im Laufe dieses Briefes erwähnte er auch, daß er seit seiner Entgegnung auf *The Supper of the Lord* überhaupt nichts veröffentlicht habe. Diese Schrift sei im Jahre 1533 kurz vor Weihnachten erschienen, aber fälschlicherweise auf das Jahr 1534 datiert worden.[56] Offenbar gingen gefährliche Feinde inzwischen daran, alles zu überprüfen, was Morus schrieb und veröffentlichte. Vielleicht hat ihm die Regierung Ende 1533 verboten, weitere Schriften zu verfassen. Jedenfalls veröffentlichte er nichts mehr in den Jahren, die ihm noch blieben.

Doch seine Feinde arbeiteten weiter gegen ihn. Im Sommer 1533, als England wegen Heinrichs Scheidung in höchster Aufregung war, wurde Morus in den Fall der «Nonne von Kent», Elizabeth Barton, hineingezogen, und zu diesem Zeitpunkt bedrohte eine aufgeschreckte Regierung erstmals offiziell sein Leben.

Elizabeth Barton war eine Hellseherin. Als Kind war sie gefährlich erkrankt. Seit ihrer Genesung fiel sie immer wieder in Trance und machte dunkle Prophezeiungen. In der Gegend, in der sie lebte, war sie berühmt. Im Jahre 1525 nahm Erzbischof Warham sie unter seinen Schutz und brachte sie in Canterbury unter. Menschenmengen strömten herbei, um sie zu sehen, und gelegentlich suchte sie auch eine bedeutende Persönlichkeit auf, wie zum Beispiel John Fisher. Ungefähr seit 1528 scheint sie von den Gegnern der Scheidung als Werkzeug benützt worden zu sein. Sie bekam Unterricht in Theologie und erhob das Wort gegen die Scheidung und gegen die Häretiker, die das Land überschwemmten. Sie pries Heiligenbilder, Pilgerfahrten, Reliquien und die Heiligen. Fisher soll geweint haben, als er ihr zuhörte, denn er glaubte – was die Menschen damals von Orakeln glaubten –, daß er durch eine menschliche Stimme Gottes Wort vernehme.

Morus erwähnte die Nonne von Kent in keiner seiner Schriften, die er zu ihren Lebzeiten veröffentlichte. Aber er könnte an sie gedacht haben, als er in seinem *Dialogue Concerning Heresies* die Geschichte von Anne erzählte, der Tochter Sir Roger Wentworths, die von Dämonen besessen war und geheilt wurde. Damit wollte er wohl zeigen, daß Gott an heiligen Stätten immer noch Wunder tat. Zufällig ist die Genesung dieses Mädchens das einzige Wunder, von dem er jemals behauptete, Kenntnis aus erster Hand zu haben.

Wie Elizabeth Barton fiel Anne Wentworth in Trance, aber anders als die Nonne von Kent lästerte sie Gott und tobte gegen «alles, was heilig ist». Die Familie pilgerte mit ihr zum Schrein der Jungfrau Maria von Ipswich. Auf dem Weg dorthin «prophezeite sie vieles. Sie erzählte von Dingen, die zur selben Zeit an anderen Orten gesagt wurden und sich später als wahr erwiesen. In Trance äußerte sie Gedanken von so großer Weisheit und Gelehrtheit, daß sehr schlaue Männer staunten, solches von einem jungen und ungebildeten Mädchen zu hören. Sie selbst wußte nicht, was sie sagte, doch sprach sie von Dingen, die sehr gelehrten Männern nach langem Studium entgangen sein könnten.»

Morus schrieb ihre Fähigkeiten nicht Gott, sondern dem Teufel zu. Als sie schließlich «vor das Bildnis der Heiligen Jungfrau gelegt wurde, war sie unter den Augen vieler betender Menschen schrecklich anzusehen: irgend etwas quälte sie schrecklich, und Gesicht, Augen, Aussehen und Miene waren gräßlich entstellt. Ihr Mund verzerrte sich, und ihre Augen quollen aus den Höhlen bis auf die Wangen, daß es ein schrecklicher Anblick war.» Aber dann, schrieb Morus, habe Gott sie wieder gesund gemacht und ihr einen klaren Geist verliehen. «In Anwesenheit der ganzen Gesellschaft war sie plötzlich völlig genesen und in einem guten Zustand.»[57]

Als Morus diese Worte veröffentlichte, fiel Elizabeth Barton gerade in ähnliche Trancezustände. Thomas Cranmer beschrieb ihren ersten Anfall mit Worten, die so sehr an Morus' Beschreibung von Anne Wentworth erinnern, daß sie entweder plagiiert oder eine stilisierte Darstellung der Hysterie sind, an der Hellseherinnen litten: «Und als sie hergebracht und vor das Bildnis der Heiligen Jungfrau gelegt wurde, war ihr Gesicht auf wunderbare Weise entstellt: die Zunge hing aus dem Mund, und die Augen traten hervor bis auf die Wangen. Sie war in völliger Unordnung.»[58]

William Tyndale kannte die Geschichte der Nonne von Kent so gut, daß er sie mit Morus' Bericht über die Heilung von Anne Wentworth vergleichen konnte. Anne Wentworth sei vom Teufel besessen, sagt Tyndale in seiner *Answer to Thomas More's Dialogue* (Antwort auf den Dialog von Thomas Morus). Doch über die Nonne von Kent würden dieselben Geschichten erzählt, und von ihr heiße es, sie sei von Gott inspiriert. Wenn wir nun an solche Dinge glaubten, sagt Tyndale – er selbst glaubte offensichtlich nicht an sie –, wie könnten wir unterscheiden, ob es sich um göttliche Erleuchtung oder dämonische Besessenheit handelt?[59] Diese Frage könnte auch die Aussage von Morus' Geschichte betreffen. Er berichtete vom Schicksal Anne Wentworths, um viele seiner geliebten Freunde zu warnen, die von der Nonne völlig begeistert waren.

Die Nonne wurde immer dreister und drang schließlich sogar bis zum König vor, dem sie prophezeite, er werde keinen Monat mehr auf dem Thron bleiben und das Reich würde innerhalb von sechs Monaten von einer großen Seuche heimgesucht, wenn er Anne heirate.[60] Doch Morus konnte sich aus irgendwelchen Gründen nicht offen gegen sie stellen. Seine zögernde Haltung deutet darauf hin, was er von der Nonne hielt und wie seiner Ansicht nach Gott in der Welt wirkte – oder wirken konnte.

Die Aufregung um Annes Krönung hatte sich kaum gelegt, als die Regierung hart gegen die Nonne und ihren aufrührerischen Kreis vorging. Thomas Cranmer und Thomas Cromwell verhörten sie den ganzen Sommer hindurch in London. Um ihren Willen zu brechen, wandten sie die Methode des «guten und bösen Polizisten» an: Cranmer hörte geduldig zu, als glaube er ihr jedes Wort, und Cromwell schüchterte sie ein. Im August bekannte sie Cranmer «viele verrückte Narrheiten».[61] Im September wurden ihre engsten Anhänger festgenommen, darunter auch ihr Beichtvater Edward Bocking, der nicht nur ihr Beichtvater, sondern auch ihr Repetitor gewesen war, ihr Vertrauter und (so behauptete die Regierung) ihr Schlafgefährte. Im November brachen die Nonne und ihre Anhänger völlig zusammen. Sie wurden gezwungen, bei St. Paul's Cross öffentlich demütige Geständnisse vorzulesen, in denen sie bekannten, den König und sein Volk betrogen zu haben.

Die Echtheit dieser Geständnisse wird bis heute bezweifelt. Cromwell zögerte nicht, sich auch der Folter zu bedienen, wenn er aus Angeklagten wichtige Informationen herausholen wollte.[62] Was auch die Wahrheit gewesen sein mag, Cromwell und seine Agenten machten sich eiligst daran, die Nonne und ihre Anhänger zu beseitigen. Doch das damalige Gesetz zum Hochverrat ließ sich nicht auf hysterische Frauen anwenden, die behaupteten, mit Engeln in Kontakt zu stehen, durch die Lüfte zu fliegen, unsichtbar zu werden und Prophezeiungen über den Tod von Königen machen zu können. Also versuchte man, der Nonne von Kent mit einer «Bill of Attainder», einem parlamentarischen Strafbeschluß, beizukommen, als das Parlament nach mehrmonatiger Pause im Januar wieder zusammentrat. Aus dem parlamentarischen Strafbeschluß wurde ein Gesetz, mit dem die Nonne und ihre Anhänger des Hochverrats angeklagt und für schuldig befunden werden konnten. Die gesetzlichen Probleme dieses Falles veranlaßten Cromwell, seinen amtlichen Einfluß geltend zu machen, um das Gesetz betreffend Hochverrat zu ändern. Diese Gesetzesänderung sollte wenig später Thomas Morus zum Verhängnis werden.[63]

Viele Menschen aus dem Kreis der Nonne, unter anderem ihre engsten Freunde, hatten sich mit Geschichten über ihre Macht an Thomas Morus gewandt. Das genügte als Beweis, daß die Feinde des Königs ihn für einen ihrer Freunde hielten. Also wurde auch er ein Opfer der Kampagne gegen die Nonne. In der «Bill of Attainder», die am 21. Februar 1534 im Parlament vorgelegt wurde, tauchte neben anderen, die in die Angelegenheit verwickelt waren, auch Morus' Name auf. Wer in der Anklageliste aufgeführt war, wurde von der Regierung wegen der Teilnahme an einer Verschwörung gegen den König verfolgt. Cromwell schrieb einen bösen Brief an Fisher, in dem er den alten Bischof der Heimtücke und der Doppelzüngigkeit bezichtigte und ihm mit dem Zorn des Königs drohte.[64] An Morus scheint er keinen solchen Brief geschrieben zu haben, aber Morus brauchte auch keine Schmähbriefe mehr, um zu wissen, daß er in höchster Gefahr schwebte.

Er schrieb an Cromwell und Heinrich und beteuerte seine Unschuld. Sein Brief klingt dringlich und flehend. Das ist sehr verständlich, wenn man weiß, welche barbarischen Strafen die Nonne und ihre Anhänger erwarteten. Im April sollten sie in Tyburn zuerst gehängt und dann noch lebend wieder vom Galgen abgeschnitten werden. Darauf würde man ihnen den Bauch aufschlitzen und die Eingeweide herausreißen. Zum Schluß würden ihre Körper gevierteilt und an verschiedenen Stellen der Stadt zu Schau gestellt. In seinem Brief an Heinrich sprach Morus von der «bösen Nonne».[65] Cromwell teilte er ausführlich mit, was er über die Nonne wußte, um seine Umsicht und seine Unschuld zu beweisen.

Doch es ist gerade dieser Brief von Morus' eigener Hand, der am deutlichsten zeigt, warum eine aufgeschreckte Regierung sich so sehr bemühte, ihn in diesen Fall zu verwickeln, und warum der König sich immer mehr darauf versteifte, daß Morus öffentlich erkläre, er unterstütze die Revolution, die Heinrich und Cromwell in England durchführten.

Morus erinnerte daran, daß ungefähr neun Jahre zuvor Erzbischof Warham dem König einige Aussprüche der Nonne gesandt habe, die sie in ihren Trancezuständen gemacht hätte. Dabei handelte es sich wahrscheinlich um eine Sammlung ihrer Prophezeiungen, die als Manuskript im ganzen Land kursierten, solange die Nonne zu den Massen sprach, die zu ihr strömten. Heinrich habe damals Morus gebeten, die Sprüche durchzusehen. Bei Gelegenheit habe er ihm dann gesagt, daß er nichts Außerordentliches gefunden habe. Einige der Prophezeiungen seien in ungelenken Versen verfaßt, enthielten aber, soweit er das beurteilen könne, nichts, was eine einfache Frau nicht von sich aus sagen könnte – ohne göttliche Erleuchtung. Da aber dauernd die Rede davon gewesen sei, daß Gott an ihr ein Wunder vollbringe, habe er dem König gesagt, daß er sich nicht anmaßen wolle, in dieser Angelegenheit zu richten. Heinrich habe die Frau oder ihre Äußerungen ohnehin nicht ernst genommen.

Doch das Volk strömte zu ihr. Und, schrieb Morus an Cromwell, er habe sogar gehört, daß Wolsey und der König aus eigenem Willen mit ihr gesprochen hätten. Cranmer bestätigte im Dezember 1533, daß die Nonne Wolsey aufgesucht und daß ihre bedrohlichen Prophezeiungen die Scheidung verzögert hätten.[66] Morus schrieb allerdings, daß er nicht wisse, was sich zwischen der Nonne und Heinrich oder Wolsey abgespielt habe.

Weiter erfahren wir aus dem Brief, daß Richard Risby, ein Franziskaner und enger Freund der Nonne, der mit ihr sterben sollte, die Weihnachtsfeiertage im Haus von Thomas Morus verbrachte. Eines Abends nach dem Abendessen brachte er das Gespräch auf die Nonne und pries ihre Tugenden. Morus sagte, daß er sich darüber freue, aber als Risby von ihren

Visionen anfing und versuchte, Morus zu erzählen, was sie dem König für seine Scheidungsangelegenheit prophezeit hatte, schnitt Morus ihm das Wort ab. «Auf diese letzte Anspielung hin versicherte ich dem Pater, daß ich keinerlei Offenbarungen über des Königs Privatangelegenheiten hören wolle. Ich gab meiner Hoffnung Ausdruck, daß Gott in Seiner Güte Seine Hoheit in Gnade und Weisheit lenke und diese große Sache zu einer Lösung kommen lasse, die ihm wohlgefällig und der Sicherheit des Reiches dienlich sei.» Risby griff also auf Offenbarungen zurück, die die Nonne über den Kardinal gemacht hatte. Das war ungefährlich, denn der Kardinal war in Ungnade und außerdem tot. Morus konnte zuhören. Am folgenden Morgen verließ Risby das Haus. Angeblich sah Morus ihn erst wieder, als der Mönch, die Nonne und verschiedene ihrer Freunde im November 1533 gezwungen wurden, in St. Paul's öffentlich ihre Verbrechen zu bekennen. Morus war unter den Zuschauern, die hörten, wie sie die vorbereiteten Geständnisse verlasen, in denen es hieß, daß alle Aussagen über die außergewöhnlichen Fähigkeiten der Nonne Lügen gewesen wären.

Nach Risby besuchte Hugh Rich von den Observanten in Richmond, gleichfalls ein Franziskaner, Thomas Morus in seinem Haus und wollte ihm erzählen, was die Nonne über den König gesagt hatte. Wieder weigerte Morus sich, ihn anzuhören. Danach trafen sie sich noch zweimal, einmal in Morus' Haus und einmal im Garten des Franziskanerklosters. Beide Male verloren sie kein Wort über irgendwelche Offenbarungen der Nonne über Angelegenheiten des Königs. Rich sollte im November ebenfalls öffentlich sein Geständnis verlesen. Er erzählte Morus keines der phantastischen Wundermärchen, die über die Nonne im Umlauf waren. Hätte er das getan, schrieb Morus, «wäre wohl meine Sympathie für die Nonne und für den Mönch mit einem Schlag verschwunden». Weiter führte er aus, er könne sich nicht erinnern, wer ihm die Geschichten erzählt habe. Damals habe er geglaubt, daß die Nonne einem beliebigen Menschen ihre Träume erzähle, und der gebe sie dann als Offenbarungen weiter.

Kurz darauf begab sich Morus zum Kloster Syon. Dort sprach er an dem eisernen Gitter vor, wo Mönche sich mit den Bewohnern der anderen Welt unterhalten konnten, und erfuhr, daß die Nonne dagewesen sei. Einige mochten sie nicht. Viele wünschten, Morus würde sich mit ihr treffen und ihnen mit seinem Urteil weiterhelfen.

Als die Nonne wieder in das Kloster kam, begab sich auch Morus noch einmal dorthin, und die beiden setzten sich allein in eine Kapelle, um sich zu unterhalten. Dort teilte er ihr mit, daß ihre Offenbarungen ihn nicht interessierten, sondern daß ihn vielmehr anziehe, was er von ihrer Tugend gehört habe. Er bat darum, daß sie für ihn und für seine Familie bete. Sie antwortete mit lobenswerter Bescheidenheit, daß sie wirklich für ihn beten werde, worauf er ihr «natürlich nur sehr herzlich danken» konnte.

Besonders interessant ist folgender Teil des Gesprächs. Morus erzählte der Nonne, daß eine gewisse «Helen», die in Trance gefallen war und dann «Visionen» gehabt hatte, ihn besucht habe. Sie habe ihm erzählt, daß sie von der Nonne zurechtgewiesen worden sei, weil ihre Visionen nicht von Gott stammten, sondern Vorspiegelungen des Teufels seien. Helen habe der Nonne geglaubt. Die Trancezustände und die Visionen seien ausgeblieben, und sie habe in Frieden leben können.

Die Nonne ließ Morus ausreden und begann dann bescheiden davon zu reden, wie zu prüfen sei, ob die Visionen von Gott kämen. Morus war von der Sorgfalt und Würde ihres Ausdrucks angetan. Sie erzählte ihm, daß sie selbst erlebt habe, wie der Satan sie in Gestalt eines Vogels heimsuchte. Morus erwähnt in seinem Brief nicht, daß er an ihren Worten zweifelte, betont aber, daß sie nicht über den König gesprochen hätten. Zum Abschied gab er ihr eine venezianische Goldmünze – ein schönes, aber kein extravagantes Geschenk – und ging nach Hause.

Dann erklärte Morus, er habe der Nonne einen vorsichtigen Brief geschrieben, als er später hörte, daß viele «ehrenwerte Leute», Frauen und Männer sich um sie versammelt hätten, um sicherzustellen, daß sie sich darüber einig waren, worüber sie sich unterhalten hatten. Eine Abschrift dieses Briefes fügte er dem Brief an Cromwell bei. In seinem Brief an die Nonne hatte er eingeräumt, daß Gott sie große Dinge voraussehen lasse, aber nicht gesagt, was er genau damit meinte. Er glaube daran, daß Gott gelegentlich durch Menschen besondere Offenbarungen mache, erinnere sich aber deutlich, daß er und die Nonne niemals über Offenbarungen, die den König oder seine Angelegenheiten betrafen, gesprochen hätten. Er gab ihr einen warnenden Hinweis: der verstorbene Herzog von Buckingham sei von den Offenbarungen eines angeblich «heiligen Mönchs» ins Verderben geführt worden. Morus riet ihr, sich dieses schreckliche Beispiel vor Augen zu führen und nicht von den Angelegenheiten der Könige zu sprechen. Lieber solle sie von jenen einfachen Dingen reden, die dem Seelenheil der Hoch- und Niedriggestellten dienlich seien.[67]

Direkt an Cromwell gewandt, schrieb Morus, die Nonne habe seinem Boten für den Brief gedankt. Später seien zwei Kartäusermönche zu ihm zu Besuch gekommen und hätten im Gespräch die Tugenden der Nonne über alle Maßen gelobt. Ihre Offenbarungen hätten sie jedoch, betonte Morus, mit keinem Wort erwähnt. Nach einer Weile habe einer der beiden Mönche Morus noch einmal besucht, um ihm zu erzählen, daß die Nonne einen verzweifelten Mann vom Selbstmord abgehalten habe. Als Morus wieder einmal in Syon gewesen sei, hätten die Mönche ihn gefragt, was er von der Nonne halte. Er habe vorsichtig ihre Tugenden gelobt und gesagt, er werde nicht schlecht von ihr sprechen, solange nicht bewiesen sei, daß sie eine Betrügerin sei.

Morus verteidigte sich Cromwell gegenüber mit dem Argument, daß er die Rolle des klugen Christen gespielt habe, der gewillt ist, gut von den Menschen zu denken, solange nicht bewiesen ist, daß sie schlecht sind. Mehrmals betont er, daß außer ihm auch andere auf ihre scheinbare Tugendhaftigkeit hereingefallen seien. Als er, Morus, ihr Geständnis zu St. Paul's Cross gehört habe, habe er einen Diener zum Prokurator des Kartäuserklosters geschickt, um ihn davon zu informieren, daß die Nonne jetzt als Betrügerin entlarvt sei. Der Prokurator habe das zunächst gar nicht glauben wollen. Morus legte seinen Zweifeln einiges Gewicht bei. Er konnte sich kaum einen gottesfürchtigeren Menschen vorstellen als den Prokurator des Kartäuserklosters. Wenn ein solcher Mann von der Nonne getäuscht werden konnte, wieviel wahrscheinlicher war es dann, daß auch andere getäuscht wurden. Aber Cromwell und seine Anhänger, die diesen Fall untersuchten, interessierten sich nicht für den Prokurator irgendeines Klosters. So wurde der Fall der Nonne von Kent ein Meilenstein auf dem Weg zur Unterdrückung der Klöster, die im Jahr nach Morus' Tod begann.

Es ist höchst erstaunlich, wie sehr sich Morus von Anfang an für die Nonne interessierte. Man kann beinahe behaupten, daß er von ihr fasziniert war. Er kannte die Wundergeschichten, die über sie erzählt wurden. Er besuchte verschiedene Mönche, um über sie zu sprechen. Er empfing ihre Freunde in seinem Haus und hörte wenigstens einem von ihnen eine ganze Nacht lang zu. Er hatte eine private Unterredung mit ihr und schrieb ihr einen vorsichtigen, aber ehrerbietigen Brief. Er leugnete nie, daß ihre Frömmigkeit ihn wirklich beeindruckt habe, bis ihr öffentliches Geständnis das Vertrauen zu ihr unmöglich gemacht hatte.

Morus war zu klug, um mit einem ihrer Anhänger über irgendwelche Offenbarungen zu sprechen, die den König betrafen, doch er muß ihre Aussagen ungefähr gekannt haben. Wahrscheinlich versuchte er zu entscheiden, ob sie wahr sein könnten. Er war vorsichtig. Pater Rich erzählte er, daß gute Christen die Wundergeschichten, die von der Nonne kursierten, nicht glauben müßten, nur weil diese Geschichten erzählt würden. In seinem Brief an Cromwell schrieb Morus, er habe Pater Rich geraten, in seinem Glauben an die Wundertaten der Nonne nicht zu weit zu gehen, denn wenn sie sich als Täuschungen herausstellten, würde dies seine «Autorität als Prediger sehr beeinträchtigen».[68]

Hier widerspricht sich Morus anscheinend. Er hatte gesagt, daß Rich ihm keine Wundergeschichte von der Nonne berichtet habe und daß er, wenn Rich das getan hätte, wahrscheinlich gar nicht zugehört hätte. Und doch gibt er Rich diesen Rat, als ob er gewußt hätte, daß der Mönch diese Geschichten kannte und glaubte und anderen Leuten weitererzählte. In den Passagen, in denen Morus Cromwell von seinem Gespräch mit Rich berichtete, äußerte er sich immer sehr skeptisch über die Wundertaten der Nonne. Morus wollte

Cromwell davon überzeugen, daß diese Skepsis schon immer vorhanden gewesen sei.

Dennoch glaubte Morus, daß Gott in der Welt lebte und Wunder vollbrachte. Das war einer der wichtigsten Punkte in seinen Polemiken gegen die Protestanten. Der Bericht über den Betrug der Nonne, der von einem Agenten Cromwells verfaßt wurde, liest sich wie eine Geschichte aus der *Goldenen Legende* oder die Beschreibung der einzelnen Quadrate in den bemalten Fenstern des Hochmittelalters in einem Kunstführer. Wir sehen sie beinahe vor uns, die stilisierten Szenen mit ihren steifen gotischen Figuren, die sich mit ritueller Aufmerksamkeit einem göttlichen Drama zuwenden. Ein Engel befahl der Nonne, Wolsey vor seinem drohenden Sturz zu warnen. Als er starb, sah sie Teufel um seine Seele streiten. Sie rettete ihn schließlich vor dem Fegefeuer durch die Kraft der Bußübungen, die sie an seiner Statt tat, und brachte ihn ins Paradies. Als zwei abtrünnige Mönche sich auf den Weg machten, um sich William Tyndale anzuschließen, hielt sie durch die Macht ihrer Gebete das Schiff im Hafen.[69] Die Liste ließe sich fortsetzen. Wenn ein frommer Mensch diese Geschichten hörte, bevor sie Beweismaterial in einem Prozeß wegen Hochverrats wurden, könnte er sich durchaus gefragt haben, ob die Welt der Legenden und der bemalten Fenster in seiner Zeit Wirklichkeit geworden sei, so wie es in einer wunderbaren Vergangenheit, welche die Gegenwart noch immer mit Ehrfurcht erfüllte, so oft geschehen war. Und wer sich solchen Träumereien überließ, konnte sich auch danach sehnen, daß es so wäre.

Morus vertrat immer die Ansicht, daß nur die Tugendsamen behaupten könnten, sie seien von Gott erleuchtet. Die Kirchenväter und die Heiligen bestätigten ihre Lehren durch die Art, wie sie lebten, und wenn sie Geschichten von Wundern erzählten, war ihre Heiligkeit Beweis genug für ihre Worte. Die logische Schlußfolgerung daraus war, daß alle Häretiker verderbt wären. Doch der eigentlich wichtige Kern des Gedankens war, daß allein Tugendhaftigkeit übernatürliche Erscheinungen hervorrufen könne. Es ist durchaus vorstellbar, daß Morus sich deshalb so für die Tugenden der Nonne interessierte, weil er keine Probleme mehr gehabt hätte, an ihre Visionen zu glauben, wenn er erst einmal an ihre Tugend glaubte. Aber er vertraute ihr nie so weit.

Den ganzen Fall umgibt eine gewisse Ironie und ein gewisses Pathos. Morus war ein Mann, der sich leidenschaftlich zu seinem Glauben an die Wunder bekannte, die jeden Tag in der katholischen Kirche geschahen. Er verkündete seinen Glauben an gottgesandte Erscheinungen und an die alten wundersamen Geschichten von den Heiligen, die er neu erzählte. Dieser Mann nun hörte von einer Frau, die Wunder tat, die von angesehenen und großen Männern wie John Fisher geachtet wurde und Dinge sagte, die Thomas Morus glauben wollte. Es war eine schreckliche Zeit für ihn und seine Kirche, und in schlimmen Zeiten hatte Gott immer gesprochen, um den Glauben seines Volkes zu stärken. Das Wirken Gottes inmitten von Verfolgung und anderer Trübsal war das zentrale Thema der *Goldenen Legende* und das Thema aller mittelalterlichen Berichte aus der Kirchengeschichte, die von ehrfurchtsvollen Chronisten zusammengestellt worden waren. Thomas Morus kannte sie fast alle auswendig.

Er strengte sich an, zu seiner eigenen Freude zu beweisen, daß die Nonne das war, was sie zu sein vorgab – und wandte sich doch von ihr ab. Irgend etwas an ihr machte ihn mißtrauisch, und er konnte ihr einfach nicht glauben. Auch dieser Mensch des Mittelalters mußte sich widerstrebend dem neuzeitlichen Denken fügen, das sich langsam verbreitete. Er hatte zu viel von dem Skeptizismus der klassischen Kultur in sich aufgesogen, um an Wunder glauben zu können, obwohl er an sie glauben wollte. Er war nie so leichtgläubig wie Fisher, der die Nonne einfach akzeptierte und Mönche dazu bewegte, ihr mit Ehrfurcht und Hoffnung zu begegnen.

Cromwell hatte viele Zeugenaussagen zusammengetragen, durch die Morus in die Angelegenheit mit hineinzogen wurde. Diese Aussagen stammten von der Nonne selbst und von allen, die mit ihr in Verbindung standen. Die Nonne, Pater Rich und Pater Risby behaupteten einhellig, sie hätten Thomas Morus von Offenbarungen berichtet. Rich und Risby sagten ausdrücklich, daß Morus Prophezeiungen über den König und seine Regierung angehört habe. Doch in einer anderen Abschrift des Protokolls steht: «Er (Rich) bekennt, daß er Sir Thos. More von anderen Offenbarungen erzählte, nicht aber von Offenbarungen über den König, denn die wollte er nicht anhören.»[70] Es sieht ganz so aus, als habe Cromwell bezweifelt, daß er hier ein Vergehen gefunden habe, das er Morus anhängen konnte. Seine Zeugen waren zweifellos wahnsinnig vor Angst und bereit, alles zu bekennen, was er wollte. Doch so oft er auch mit ihnen den Fall durchging, er konnte nichts finden, was er Morus als strafbare Unterlassung seiner Anzeigepflicht hätte vorwerfen können. Ein Agent Cromwells berichtete von dem Brief, den Morus der Nonne geschrieben hatte, noch bevor Morus eine Abschrift an Cromwell schicken konnte. Der Agent konnte in dem Brief nichts Gesetzwidriges finden.[71] Der lange Brief, in dem Morus die Sachlage aus seiner Sicht darstellte, stimmte in allen Punkten mit den Informationen überein, die Cromwell zur Verfügung standen.

Doch es war klar, daß die Nonne und ihre Anhänger der Ansicht waren, Thomas Morus sei ein wichtiger Mann für ihre Sache. Niemand konnte daran zweifeln, daß im Falle einer Rebellion die Aufrührer in Morus einen der Ihren gesehen hätten, gleichgültig, ob er das wollte oder nicht. Er war so bekannt in England, daß die Regierung sich gezwungen sah, ihn wahlweise für sich zu gewinnen, ihn zu brechen oder ihn zu vernichten.

Schon im Sommer 1533, als die Leidenszeit der Nonne begann, war Morus verschiedentlich vorgeworfen worden, während seiner Amtszeit Bestechungsgelder angenommen zu haben. Wenn diese Anschuldigungen bewiesen werden konnten, wäre sein Ansehen beim Volk zerstört gewesen. Roper berichtet uns, daß Anne Boleyns Vater, der Graf von Wiltshire, «aus Haß auf seine Religion» die Anschuldigungen vorgebracht habe. Morus wurde vor den Kronrat gerufen, um sich zu verantworten, und sprach sich geschickt von der Anklage frei.[72]

Der Prozeß der Nonne hatte viel schwerwiegendere Folgen als die erfundenen Beschuldigungen, daß Morus bestechlich sei. Doch Roper sah dahinter nur ein Ziel: Morus sollte dadurch eingeschüchtert und unterworfen werden, denn «als der König sah, daß er ihn durch keine Art der Begünstigung auf seine Seite ziehen konnte, versuchte er es mit Schrecken und Drohungen, um ihn auf seine Seite zu zwingen».[73] Deshalb sei Thomas Morus' Name in den parlamentarischen Strafbeschluß gegen die Nonne eingefügt worden, sagte Roper, «denn der König nahm wahrscheinlich an, daß dieser Strafbeschluß für Sir Thomas More so beunruhigend und schrecklich wäre, daß er sich gezwungen sehen würde, der Forderung des Königs nachzugeben und sich ihm zu fügen; doch hier irrte Ihre Majestät».[74]

Morus wollte sich in einem Gespräch unter vier Augen vor dem König verteidigen, doch Heinrich gewährte ihm keine Audienz. Also wurde Morus vor den Mitgliedern des Kronrates verhört. Dieses Verhör muß ein paar Tage vor dem 7. März 1534 stattgefunden haben, denn an diesem Tag erwähnte Chapuys es in einem Brief an den Kaiser.[75]

Nach Ropers Darstellung trafen sich Thomas Cranmer, Thomas Audeley, Thomas Cromwell und Thomas Howard, der Herzog von Norfolk, mit Thomas Morus. Roper begleitete seinen Schwiegervater zu dieser Versammlung von Namensvettern, von denen drei dazu bestimmt waren, aus dem einen oder anderen Grund hingerichtet zu werden. (Norfolk entging dem Schafott nur, weil Heinrich am Abend vor dem Tag, an dem der Herzog 1547 enthauptet werden sollte, starb.) An der Vernehmung selbst nahm Roper nicht teil, aber Morus berichtete ihm persönlich, was sich zugetragen hatte. Es war klar, daß es bei dem Verhör weniger um die Nonne von Kent gehen würde als darum, daß Thomas Morus sich weigerte, die Scheidung und Wiederverheiratung des Königs öffentlich zu billigen.

Die Ratsherren baten ihn, sich zu setzen. Morus sagte, er wolle lieber stehen. Sie erinnerten an die Wohltaten, mit denen der König ihn überschüttet habe, und zählten all die hohen Autoritäten auf, die der Scheidung zugestimmt hatten, unter anderem auch das Parlament. Morus verlieh seiner Dankbarkeit gegenüber dem König Ausdruck, sagte aber dann, er habe Heinrich viele Male seine Ansicht über die Scheidung dargelegt, wenn der König ihn darum gebeten habe, und nie ein Argument gehört, das ihn dazu veranlassen könnte, seine Meinung zu ändern. Die Diskussion nahm ihren Fortgang. Morus blieb ruhig, war aber zu keinem Kompromiß bereit.

Jemand beschuldigte ihn, er habe den König dazu angestachelt, die *Assertio Septem Sacramentorum* (Die Behauptung der sieben Sakramente) zu schreiben, und Heinrich dadurch dazu veranlaßt, «zu seiner Schande vor der gesamten Christenheit dem Papst ein Schwert in die Hand zu geben, das er jetzt gegen ihn erheben könnte». Sie versuchten, Morus einzuschüchtern. Wahrscheinlich schilderten sie ihm in den düstersten Farben, welcher Tod die Nonne von Kent erwartete und all die, die mit ihr zu Strick und Beil verurteilt worden waren. Morus blieb ruhig. «Hohe Herren», sagte er, «diese Schrecken sind Argumente für Kinder, aber nicht für mich.» Er behauptete, er habe die wichtigsten Aussagen der *Assertio* nur «ausgewählt und geordnet». Andere hätten den König gedrängt, die Macht des Papstes zu betonen. Morus dagegen habe zu ihm gesagt: «Ich muß Eure Majestät an etwas erinnern, und zwar an folgendes: Der Papst ist, wie Euer Gnaden wissen, ein Herrscher wie Ihr und im Bund mit allen anderen christlichen Herrschern. Es könnte geschehen, daß Euer Gnaden und er über einige Punkte des Bündnisses verschiedener Ansicht sind, worauf es Zwietracht und Krieg zwischen Euch geben könnte. Ich halte es deshalb für das beste, daß jener Passus geändert und seine Autorität kürzer abgehandelt wird.»[76] Doch Heinrich sei hart geblieben, sagte Morus, und habe darauf bestanden, die Macht des Papstes bis aufs Äußerste zu verteidigen. Morus habe ihn an das Praemunire-Statut erinnert, «wodurch die pastorale Macht des Papstes stark beschnitten worden war». Der König habe auch diesen Einwand abgelehnt und gesagt: «Was immer auch dagegen sprechen mag, wir werden diese Autorität ausführlich behandeln. Denn von jenem Apostolischen Stuhl erhielten wir unsere kaiserliche Krone.»[77]

Die Ironie ist hier einfach köstlich, und wenn Morus tatsächlich sagte, was Roper berichtet, muß den Vertretern des Kronrats der Schweiß ausgebrochen sein. Sie waren vermutlich vor allem darüber bestürzt, daß Morus daran erinnerte, wie der König einst selbst behauptet hatte, daß er seinen kaiserlichen Status dem Papst verdanke. Inzwischen war dieser Status zu Heinrichs wichtigster Forderung aufgestiegen, denn weil England ein Kaiserreich (empire) war, mußte sein kaiserlicher Herrscher keiner Macht auf Erden die Treue halten – nicht einmal dem Papst. Wenn ein Papst Heinrich die Krone aufgesetzt hatte, konnte der Papst ihm die Krone leicht auch wieder abnehmen, und die Exkommunikation, die inzwischen gegen den König ausgesprochen war, hätte durch des Königs eigene Worte Gültigkeit erlangt. Chapuys berichtet, daß der König nach dem Verhör die Pension für Thomas Morus strich – aus verständlichen Gründen.

Nach der Vernehmung fuhren Morus und Roper stromauf nach Chelsea. Morus war guter Stimmung. Roper glaubte, der Grund seiner Fröhlichkeit wäre, daß sein Name von der Anklageliste des Parlaments gestrichen worden war. Als sie zu Hause in den Garten traten, fragte Roper: «So seid Ihr also von der Anklageliste gestrichen?»

«Meiner Treu, Sohn Roper», entgegnete Morus, «daran habe ich gar nicht gedacht.»

Roper war verblüfft. Warum war er dann so heiter? «Wahrlich, ich freue mich, mein Sohn», sagte Morus, «daß ich dem Teufel einen bösen Streich gespielt habe und bei diesen Lords so weit gegangen bin, daß ich ohne große Schande nicht mehr zurück könnte.» Das ist eine vielsagende Bemerkung. Morus ging es nicht um den Kampf gegen seinen König oder dessen Rat, sondern vielmehr um den Kampf gegen sein eigenes Fleisch, gegen seine Angst vor dem Tod. Es war ihm gelungen, sich während der Vernehmung selbst zu besiegen und sich innerlich für den Krieg zu wappnen, der noch geführt werden mußte. Jetzt konnte er nur noch zurück, wenn er sich vor diesen geschwätzigen Männern erniedrigte, denen er so kühn entgegengetreten war. Man erkennt hier jenen Morus wieder, der in diesem Buch mehrmals dargestellt wurde: den Mann, der auf einer Bühne, die er sich selbst geschaffen hat, eine Rolle spielt, der sich immer in eine überlegene Position brachte und die Leidenschaften beherrschte, von denen andere beherrscht wurden. Was er zu Roper sagte, war richtig, denn ein Mann, der sich sein ganzes Leben hindurch seines Ansehens bei der Öffentlichkeit so bewußt war wie Thomas Morus, konnte jetzt nicht die Rolle ablegen, die er sich geschaffen hatte, ohne das ganze Spiel zu verderben.

Jene stille, ironische Überlegenheit, die Morus seinen Gegnern gegenüber an den Tag legte, wird von Roper mit liebevoller rhetorischer Sorgfalt noch in einer anderen Geschichte illustriert. Nach der Vernehmung unterhielten sich der Herzog von Norfolk und Thomas Morus über die anstehenden Probleme, und der Herzog versuchte seinen alten Freund dazu zu überreden, Vernunft anzunehmen. Er sagte zu ihm: «Wahrlich, Master More, es ist gefährlich, mit Fürsten zu streiten. Darum wünschte ich, Ihr würdet Euch ein wenig nach dem Wohlgefallen des Königs richten; denn bei Gott, Master More, der Unwille des Fürsten bedeutet den Tod.»

Morus antwortet mit einem der großartigsten Sätze, die Roper ihm in den Mund gelegt hat: «Ist das alles, mein Herr? Dann gibt es keinen größeren Unterschied zwischen Euer Gnaden und mir, als daß ich heute sterben werde und Ihr morgen.»

Nach Ropers Darstellung verlangte Heinrich, daß der Name Thomas Morus' nicht aus der Anklageliste des parlamentarischen Strafbeschlusses gestrichen würde. Aber die Lords des Oberhauses widersetzten sich auch noch nach der dritten Lesung des Gesetzes dem Wunsch des Königs. Laut Roper riet der Kronrat dem König, nachzugeben, denn wenn Morus' Name weiterhin in dem Gesetz auftauche, würden die Lords es womöglich gar nicht verabschieden. Heinrich sagte darauf, er werde sich persönlich ins Oberhaus begeben und der Verabschiedung des Gesetzes beiwohnen. Daraufhin warfen sich nach Roper die Ratsherren auf die Knie und baten den König, das nicht zu tun. Wenn die Lords das Gesetz in seiner Anwesenheit ablehnten, würde ihm das in seinem Land und in der gesamten Christenheit Schande bringen. Also lenkte Heinrich widerwillig ein. Cromwell war vermutlich erleichtert. Er begegnete Roper im Parlamentsgebäude und erzählte ihm, daß Morus' Name aus der Anklageliste gestrichen worden sei. Roper dinierte an jenem Tag in London. Die Angst um seinen Schwiegervater hatte ihn nicht daran gehindert, seinen täglichen Pflichten nachzukommen, und trotz der guten Nachricht hielt er seine Verabredung ein. Er schickte nur einen Boten an seine Frau Margaret in Chelsea, der die Nachricht überbringen sollte. Thomas Morus sagte nur nüchtern und resigniert: «Aufgeschoben ist nicht aufgehoben.»[78]

Soweit Ropers Geschichte, die über zwei Jahrzehnte nach den Ereignissen aufgeschrieben wurde, also zu einer Zeit, da den katholischen Engländern, die sich bei ihren Heiligen keine Angst und kein Elend vorstellen konnten, der Opfermut und die Heiligkeit des Thomas Morus bereits eine Selbstverständlichkeit waren. Doch Ropers Geschichte paßt nicht ganz zu dem dankbaren Ton des Briefes, den Morus am 5. März an Cromwell schrieb, also vermutlich gerade an dem Tag, an dem er erfuhr, daß sein Name von der Anklageliste gestrichen worden war. Morus dankte Cromwell, daß er «die drückende Last von meinem Herzen» nehme.[79]

Dieser Brief zeigt auch, wie weit Morus' Bereitschaft reichte, dem Rat des Herzogs von Norfolk zu folgen und sich mit der Tatsache anzufreunden, daß der König eine neue Ehe eingegangen war. Sie reichte wirklich sehr weit.

In diesem Brief erzählte Morus die Geschichte seiner Kenntnisse über die «große Sache» des Königs seit dem Jahr 1527, als Heinrich bei einem Spaziergang auf der Galerie von Hampton Court dieses Thema erstmals angeschnitten hatte. Morus sagte, er habe dem König seine Ansicht dargelegt, als der König ihn darum gebeten habe – gewiß die Ansicht, daß die Ehe Heinrichs mit Katharina gültig war. Aber dann modifiziert Morus seine Position:

> Auch alle meine sonstigen Äußerungen über die Ehescheidung, die ich hier nicht erwähnt habe, könnten mir nicht die Unzufriedenheit des Königs zuziehen. Denn ich bin schließlich nicht der Mann, der sich in einer derart wichtigen Entscheidung ein Urteil erlauben würde; es stünde mir auch gar nicht zu, irgendwelche Behauptungen aufzustellen; denn viele Dinge gehen weit über meinen Horizont. Ich will nur des Königs Untertan sein; er ist ja jetzt schon wieder verheiratet, seine

> Gattin ist die wirklich gesalbte Königin von England. Darüber werde ich nicht murren oder diskutieren; ich habe es bis anhin nicht getan und werde auch in Zukunft nicht damit anfangen. Ich will mich weiterhin von der ganzen Sache fernhalten, und mit den anderen treu ergebenen Untertanen will ich für den König und die Königin beten, damit Gott ihnen und auch ihrem edlen Sproß nach seinem Willen Ehre und Sicherheit, dem Reich aber Ruhe, Frieden, Wohlfahrt und Nutzen verleihe.[80]

Das ist ein bemerkenswertes Zugeständnis, wenn man berücksichtigt, wie heftig Morus die Scheidung ablehnte. Es erinnert an die Philosophie der Untertanentreue, die Kardinal Morton in *Die Geschichte König Richards III.* dem Herzog von Buckingham erläutert. Der Aufstieg und Fall von Königen lag in Gottes Hand, auch wenn Er manchmal Dinge tat, die den Sterblichen rätselhaft waren. Anne war die gesalbte Königin von England. Heinrich war «wieder verheiratet». Das war eine Tatsache, so wie es eine Tatsache war, daß ein neuer König auf dem Thron säße, wenn Gott es gewollt hätte. Unter diesen Umständen blieb Morus nur noch zu hoffen, daß der König und die Königin sich eines langen Lebens und bester Gesundheit erfreuten und daß es ihrem «edlen Sproß», Prinzessin Elisabeth, und allen anderen Kindern, die Gott ihnen schenken würde, ebenso ergehen möge. Eines fehlte allerdings: jeglicher Hinweis darauf, daß Morus die Ehe mit Anne für gut und richtig hielt oder sie «lobenswert» fand wie ein Agent Cromwells. Solange er das nicht eingestand, war Morus in der Position des neutralen Beobachters, der einfach zusehen würde, wenn jemand Heinrichs Ehe für illegitim erklären und versuchen würde, Heinrich aus diesem Grund vom Thron zu stürzen. Moralisiert wurde in jener Zeit ungeheuer viel, obgleich die Epoche unmoralischer war als die meisten anderen. Heinrich und sein Rat hatten gerade ein Buch herausgegeben, in dem die Ansicht vertreten wurde, daß Papst Clemens VII. wegen seiner unehelichen Geburt und zahlreicher Sünden, die er angeblich begangen hatte, nicht der legitime Papst sei. Dahinter steckt, kurz gesagt, die Auffassung, sittenwidriges Handeln würde einem Mann das Recht auf ein Amt nehmen. Daraus folgt aber auch, daß einem König wegen sittenwidrigen Verhaltens sein Thron genommen werden konnte. Genau so argumentierte Morus in seiner *Geschichte König Richards III.*, und diese Argumentation lag auch dem Anspruch der Tudors auf den englischen Thron zugrunde. Heinrich und Cromwell waren zu jeder Maßnahme entschlossen, um Morus zu beugen.

Nachdem Morus in seinem Brief von 5. März ausführlich die «große Sache» des Königs besprochen hatte, äußerte er sich in einer längeren theologischen Abhandlung zur Stellung des Papstes in der Kirche. Gleichzeitig machte er damit deutlich, wie weit er gehen würde, um sich mit Heinrich zu versöhnen, und von welchem Punkt an er sich widersetzen würde.

Morus ließ sich selten einen ironischen Seitenhieb entgehen. Hier führt er einen Hieb gegen Heinrich, allerdings auf höchst respektvolle und oberflächlich schmeichelnde Weise: früher sei er nicht überzeugt gewesen, daß der päpstliche Primat eine göttliche Institution sei. Aber dann habe er gelesen, was Heinrich in der *Assertio* geschrieben habe, und als er mit seinem Souverän darüber disputiert habe, habe er sich der Ansicht des Königs angeschlossen. Nach dieser Jahre zurückliegenden Diskussion mit dem König habe er die Schriften der Kirchenväter zu der Frage konsultiert und sei zu dem Ergebnis gekommen, daß sein Gewissen keine Ruhe finden würde, wenn er den von Gott bestimmten päpstlichen Primat leugnete. Das heißt, kurz gesagt, daß er es nicht akzeptieren könnte, den Papst zu einem gewöhnlichen ausländischen Herrscher zu degradieren.

Hier ist Vorsicht geboten. Diese Äußerungen dürfen nicht im Sinne der modernen katholischen Morus-Forscher verstanden werden, die sich entschlossen den Zwängen des Ersten Vatikanischen Konzils fügten, auf dem die Unfehlbarkeit des Papstes proklamiert worden war. Zu dieser Doktrin leistete Morus nicht den geringsten Beitrag. Im sechzehnten Jahrhundert war Primat nicht gleichbedeutend mit absoluter Souveränität und hatte nichts mit Unfehlbarkeit zu tun. Wenn man das Papsttum für eine menschliche Einrichtung hielt, hieß das, daß man meinte, das Amt des Papstes sei vom menschlichen Verstand für die Pflege und das Wohlergehen der Kirche konzipiert worden und jede andere Regierungsform könne diesen Zweck ebenso erfüllen. Kathedralen waren heilige Orte, aber die Architektur einer Kathedrale, die Bauform, die sich für Gottesdienste eignete, war eine menschliche Erfindung. Gott befahl nicht, daß Sein Volk Ihn nur unter gotischen Bogen verehren dürfe. Wenn andere Bauformen sich als geeigneter erwiesen, konnten Christen sie selbständig ohne besondere Inspiration übernehmen.

Morus behauptete, früher an einen menschlichen Ursprung des Papsttums geglaubt zu haben. Doch mit seinem ausgeprägten Sinn für die göttliche Macht der Tradition konnte er diesen Glauben kaum aufrechterhalten, ohne in Widersprüche zu seinen anderen Gedanken über die katholische Kirche zu geraten. Das Papsttum bestand schon so lange, daß Gott diese Institution in der Kirche eingerichtet haben mußte. Also konnten die Christen nicht nach Lust und Laune Veränderungen vornehmen; sie benötigten klare, göttliche Anweisungen. Das ist etwas völlig anderes, als zu behaupten, daß Päpste unfehlbar seien, weil das Papsttum göttlichen Ursprungs sei. Morus glaubte auch an den göttlichen Ursprung des Priesterstandes, behauptete aber niemals, daß Priester immer gut seien.

In seinen Polemiken gegen die Protestanten vertrat Morus stets die Ansicht, daß ein lebender Gott die Lehrsätze und Bräuche in Seinem Volk verändern konnte, wie Er wollte. Er hatte das Gebot verändert, daß Sein Volk beschnitten sein müsse. Er hatte die Vorschriften zu Nahrungsmitteln geändert, die, wie im 15. Kapitel der Apostelgeschichte berichtet, vom Konzil in Jerusalem niedergelegt worden waren. Er hatte die Taufformel modifiziert. Aber wenn Gott etwas veränderte, benützte er einen unverwechselbaren Vermittler, um den Christen mitzuteilen, daß Gott und nicht der Satan hinter den Neuerungen stand. In seinem Brief an Cromwell erwähnte Morus eine Maßnahme, durch die Christen oft wirkliche Offenbarungen erfahren hatten – durch die Einberufung eines allgemeinen Konzils.

Er könne nicht verstehen, schrieb Morus an Cromwell, wie es möglich sei, daß sich ein Teil der Kirche aus der Einheit der gesamten Kirche löse; nur ein allgemeines Konzil könne so etwas erlauben. Tatsächlich forderten Menschen in ganz Europa ein Konzil. Der Kaiser drängte den Papst, ein Konzil einzuberufen, und die Depeschen von Chapuys und anderen spanischen Diplomaten sind voller Pläne für eine Versammlung der Bischöfe, die alle religiösen Streitigkeiten mit den traditionellen Mitteln beilegen sollte. Das hatte die Kirche in unruhigen Zeiten schon wiederholt getan, um zu einer Einigung zu gelangen.

Morus' Äußerungen müssen also vor dem Hintergrund einer lebhaften europäischen Diskussion gesehen werden. Er wiederholte, was auch andere sagten – daß ein allgemeines Konzil zu einer endgültigen und verbindlichen Entscheidung über die Stellung des Papstes in der Kirche kommen könnte. In seinen Kontroversschriften hatte Morus immer wieder behauptet, daß ein allgemeines Konzil nicht irren könnte. Über den Papst hatte er niemals Vergleichbares gesagt. Eine Konzilsentscheidung würde den Christen Gewißheit geben.

Morus erwähnte auch, daß Heinrich an ein vom Papst einberufenes künftiges Konzil appellieren wollte, das in aller Munde war. Allerdings unterschlug er, daß ein solcher Appell von den Päpsten mit dem Bannfluch belegt worden war, weil die Päpste innerhalb der Kirche keine Macht über sich dulden wollten. Als Edmund Bonner, Heinrichs Sonderbotschafter, sich im November 1533 mit dem Papst in Marseille traf, verlas er sofort den Appell, und Clemens lehnte ihn sofort ab, weil er einem Dekret zuwiderlief, das Pius II. im vergangenen Jahrhundert erlassen hatte.[81] Morus meinte wohl, diese päpstlichen Bannstrahlen seien keine Hindernisse für Heinrichs Vorhaben. Auf einem allgemeinen Konzil, schrieb er, könne dieser Papst abgesetzt und ein anderer an seiner Statt gewählt werden. Er dachte dabei wohl an das Konzil von Konstanz zu Anfang des fünfzehnten Jahrhunderts, auf dem drei miteinander streitende Päpste abgesetzt worden waren und der Kandidat der Konziliaristen gewählt worden war.

Auch hier ging es Morus wieder nicht in erster Linie um das Papsttum, sondern um die Einheit der Kirche, um die Art und Weise, wie die Kirche das Wort Gottes empfing. Der Teil der katholischen Kirche, der sich vom Ganzen abspaltete, konnte die Stimme Gottes nicht hören, denn ein Teil konnte an den Offenbarungen des Ganzen ebensowenig partizipieren, wie ein abgetrennter Arm am Leben des Körpers teilnimmt. Morus betonte in seinem Brief, er habe vor den Untertanen des Königs niemals die Autorität des Papstes besonders betont. In seiner *Confutation of Tyndale's Answer* (Widerlegung von Tyndales Antwort) habe er bei seinen Ausführungen über den Papst dieses Problem sogar ausgeklammert. Heinrich habe also nichts von ihm zu befürchten und keinen Grund, ihn anzuklagen.

Morus schließt seinen Brief mit der Bitte an Cromwell, den König um Gnade für ihn zu ersuchen. Mit angemessener Bescheidenheit betont er seine aufrichtige Loyalität, gibt aber auch gelassen zu verstehen, wo seine Bereitschaft aufhörte, den Wünschen seines Königs zu entsprechen: «Ich schätze seine Gunst über alles, und außer meiner Seele würde ich gerne meinen ganzen weltlichen Besitz hergeben, um mir dadurch seine Liebe zu erhalten.»[82]

Doch dann kam der tödliche Angriff. Am 23. März 1534 verabschiedete das Parlament den «Act of Sucession», das Gesetz, das die Thronfolge regelte. Es erklärte die Ehe Heinrichs mit Katharina seit der Eheschließung für ungültig und die Ehe mit Anne für legitim. Dieses Gesetz ging ausführlich auf die Institution der Ehe im allgemeinen ein.

Morus erkannte an der Formulierung des Gesetzes, wie die weltliche Macht versuchte, die Herrschaft über einen heiligen Bereich zu usurpieren. Die sakramentale Macht der Kirche wurde unter anderem durch die Ehe symbolisiert. Die Absicht, die hinter diesem Gesetz steckte, war klar. Die englische Kirche war jetzt unabhängig von Rom. Sie war der absoluten Herrschaft des Parlaments unterworfen, der Herrschaft einer Versammlung von Laien, die verheiratet waren und sich mit Hilfe von weiblichen Genitalien verlustierten, die weltliche Geschäfte um weltlichen Gewinn machten, die andere Männer im Krieg töteten, Verträge abschlossen und brachen und dem Fürsten dieser säkularen Welt, dem Teufel, dienten.

Das Gesetz dehnte den Tatbestand des Hochverrats auf jede Kritik aus, die an der Ehe zwischen Heinrich und Anne geäußert würde. Das bloße Aufbegehren gegen das Gesetz selbst wurde als Nichtanzeige des Hochverrats bewertet. Das wurde zwar nicht mit dem Tod geahndet, konnte aber den Verlust allen Besitzes und Haft bedeuten – je nach Laune des Königs.[83]

Die Bürger mußten einen Eid ablegen – der allerdings nicht durch das Gesetz verordnet wurde –, daß sie den Nachkommen Heinrichs von seiner «teuersten und sehr geliebten Gemahlin, Königin Anne» treuen Gehorsam leisten würden, ohne auf irgendeine «fremde Macht, einen Fürsten oder Potentaten» Rücksicht zu nehmen. Gleichzeitig entband dieser Eid sie von allen anderen Eiden, die diesem Eid zuwiderliefen. Zusätzlich mußte jeder schwören, daß er mit seiner «ganzen geistigen und körperlichen Kraft und ohne Hinterlist oder Betrug oder andere ungebührliche Mittel dieses Gesetz, seinen gesamten Inhalt und was aus ihm folgt einhält, achtet, behauptet und verteidigt, ebenso wie alle anderen Beschlüsse und Gesetze, die seit der Begründung dieses Parlaments erlassen worden waren».[84]

Von jetzt an war es gesetzlich verboten, die Ehe einfach nur als vollendete Tatsache anzuerkennen, wie Morus das Anfang des Monats Cromwell vorgeschlagen hatte. Die Engländer mußten die Ehe ausdrücklich befürworten, mit ihrem Leben verteidigen und ihre Billigung mit einem Eid bekräftigen. Wer den Eid ablegte, zeigte, daß er nicht nur das Gesetz mit seinen Implikationen, sondern auch all die anderen Parlamentsbeschlüsse seit 1529 billigte. Dazu gehörte auch der «Act of Appeals and Dispensations», in dem Heinrich als Oberhaupt der englischen Kirche anerkannt worden war.[85] Für Thomas Morus gab es keinen legalen Ausweg mehr.

Kurz danach schwärmten königliche Beamte durch das ganze Land und nahmen jedem Engländer, dessen sie habhaft wurden, den Eid ab. Stephen Gardiner ließ eine Volkszählung durchführen, durch die jeder männliche Einwohner der Diözese, der über vierzehn Jahre alt war, registriert wurde. Gardiner schrieb an Heinrich und fragte an, ob auch Frauen vereidigt werden sollten. Doch Frauen wurden offenbar in den meisten Fällen verschont.[86] Am 22. April erwähnte Chapuys allerdings in einem Brief eine Kammerzofe der Prinzessin Maria, die in einem Zimmer eingesperrt und gezwungen wurde, den Eid abzulegen.[87] Der schottische Botschafter, schrieb Chapuys, «lacht – nicht ohne Grund – über den König, der glaubt, daß ein Eid, den seine Untertanen unter Zwang ablegen, seine Sache gerecht machen und ihren Gehorsam garantieren könne. Wo sich doch ganz im Gegenteil zeigt, daß Gesetze und Verfügungen, auf die ein Schwur abgelegt werden muß, überhaupt nicht gut sind. In diesem Sinne reden die Menschen privat und unter sich über die Maßnahmen des Königs.»[88]

Doch der Eid wurde weiterhin erzwungen. Wichtige Männer im Reich wurden zu einem besonderen Termin bestellt, um den Eid abzulegen. Am 12. April, einem Sonntag, kam abends die Reihe an Thomas Morus. Er befand sich in seinem alten Haus in Bucklersbury zu Besuch bei John Clement, der inzwischen der berühmteste Arzt Englands war, und seiner Frau, Margaret Giggs, die Morus wie eine Tochter behandelte. Ein Beamter vom Hof überbrachte ihm die Nachricht, daß er am folgenden Tag in den Lambeth Palace kommen und den Eid ablegen solle.

Morus begab sich nach Hause. Es war seine letzte Nacht in seinem Heim in Chelsea. Roper erzählt uns, wie Morus diesen Abend verbrachte: Wie immer, wenn er Wichtiges vorhatte, ging er in die kleine Kirche, beichtete seine Sünden, hörte die Messe und empfing das Abendmahl. Früh am nächsten Morgen tat er dasselbe. Wenn er sonst fortging, ließ er seine Gemahlin und seine Kinder zum Boot kommen, damit er sie küssen und sich verabschieden konnte. An diesem Morgen jedoch ließ er sie im Haus zurück, schloß die Gartenpforte hinter sich und nahm mit Roper das Boot in die Stadt. Während das Flußufer an ihnen vorbeizog, starrte er finster vor sich hin. Dann flüsterte er Roper unvermittelt ins Ohr: «Sohn Roper, ich danke unserm Herrn. Die Schlacht ist gewonnen.» Roper verstand nicht, was Morus damit meinte; deshalb sagte er nur: «Herr, darüber bin ich sehr froh.» Später, schreibt Roper, habe er vermutet, «daß die Liebe zu Gott so stark in ihm war, daß sie alle Reaktionen des Leibes vollständig unterdrückte».[89] In Lambeth, wo die Kommission Morus erwartete, verließ Roper seinen Schwiegervater. Sie sprachen nie wieder miteinander.

KAPITEL 28

Morus im Gefängnis

Morus war der einzige Laie, der an jenem Tag nach Lambeth bestellt worden war; alle anderen waren Priester. Später im Tower schrieb er nieder, was sich vor der Kommission abgespielt hatte, und schickte seinen Bericht an Margaret.

Während er wartete, wurden einige andere in den Raum gerufen, in dem die Kommission tagte. Den Vorsitz führte Audeley, der jetzt offiziell Lordkanzler war. Schließlich kam auch Morus an die Reihe, und man fragte ihn, ob der den Eid ablegen würde. Er bat darum, den Text sehen zu dürfen. Man zeigte ihm den Text. Er war mit dem Großen Staatssiegel versehen, das Morus wohlbekannt war. Dann bat er darum, sich den «Act of Succession», die Nachfolgeakte, ansehen zu dürfen. Man reichte ihm eine gedruckte Kopie, und er las sie durch. Als er fertig war, sagte er, er wolle nicht über das Gewissen irgendeines Menschen richten, der dem Gesetz zugestimmt hatte oder den Eid ablegte, sein eigenes Gewissen jedoch sage ihm, daß er nicht schwören könne.

Allerdings erklärte er sich sofort dazu bereit, auf die Thronfolge zu schwören, wie sie in dem Gesetz geregelt wurde. Die Nachfolgeregelung war nur eine temporäre Angelegenheit, und das Parlament hatte immer wieder einmal je nach Belieben diese oder jene Regelung vereinbart. Die Regierung hatte jedoch beschlossen, daß alle Untertanen im Reich ein und denselben Eid ablegen müßten. Audeley bedauerte Morus' Antwort und versuchte, ihn umzustimmen. Morus sei der erste, der sich weigere, den Eid zu leisten, sagte er. Wenn der König davon erführe, würde er bestimmt sehr ärgerlich werden. Morus war höflich, blieb aber fest. Nach einer Weile wurde ihm gesagt, er solle in den Garten hinuntergehen und dort warten.

Doch Morus ging nicht in den Garten hinunter – «wegen der großen Hitze», wie er sagte. Das ist angesichts der Jahreszeit – es war April – eine erstaunliche Begründung. Vermutlich ging er nicht in den Garten, weil sich dort all die Männer aufhielten, die den Eid abgelegt hatten. Morus wollte vielleicht nicht in ihrer Gesellschaft sein. Er wartete «in der alten ausgebrannten Kammer, die auf den Garten hinausgeht», und sah von dort aus zu, was sich unten im Garten abspielte.

Er sah Hugh Latimer mit einigen Kaplänen, die Cranmer dienten, hereinkommen. Latimer, ein wortgewaltiger Prediger und Verteidiger der Scheidung, war ein bevorzugter Günstling des Königs, vor dem er regelmäßig predigte. Er hatte bereits einige seiner lutheranischen Ansichten widerrufen müssen, sollte aber dennoch bald für einige Zeit ganz der Häresie verfallen und unter Königin Maria verbrannt werden. Ein ähnliches Schicksal erwartete auch Cranmer und viele andere, die mit Fortunas Hilfe nach oben gekommen waren, als Morus stürzte. Latimer scherzte an jenem Montag mit den Kaplänen, während Morus ihn beobachtete, und legte einem oder zweien so herzlich den Arm um die Schultern, daß, wie Morus sagt, «ich – wären es Frauen gewesen – geglaubt hätte, er wäre ein Wüstling geworden». Darauf führte man Dr. Nicholas Wilson unter Morus' Fenster vorbei. Wilson wurde in den Tower gebracht. Er war ein guter Freund von Thomas Morus, einstmals sogar Kaplan und Beichtvater des Königs. Auch er verweigerte den Eid und saß bis 1537 im Tower. Dann kapitulierte er unter der Belastung der langen Gefangenschaft und vor den Zudringlichkeiten der siegreichen Behörden und schloß Frieden mit der neuen Ordnung. Er war ein relativ unbekannter Mann, und das schützte ihn – so wie Morus aufgrund seiner exponierten Stellung im Reich in Lebensgefahr geriet.

Später an jenem Tag hörte Morus, daß John Fisher vor die Kommission geführt worden war, aber er erfuhr nicht, was passiert war. (Fisher hatte sich während der Affäre um die Nonne von Kent der Inhaftierung nur entziehen können, weil er eine Kaution von dreihundert Pfund bezahlt hatte.) Morus konnte offenbar noch eine Weile zuschauen, wie unter ihm im Garten derbe Zärtlichkeiten ausgetauscht wurden, bis die Männer, wie Morus sagte, «ihr Possenspiel zu Ende gespielt hatten». Damit wollte er wohl andeuten, daß sie etwas zu seinem Vergnügen getan hatten. Sie verschwanden wie Schauspieler von einer Bühne, und Morus wurde wieder hineingerufen.

Er verweigerte abermals den Eid. Die Kommission beschuldigte ihn der Halsstarrigkeit. Warum wollte er den Eid nicht ablegen? Doch Morus begründete seine Weigerung nicht. Im Verlauf des Verhörs sagte er, wenn der König ihm garantiere, daß er strafrechtlich nicht verfolgt würde, werde er seine Gründe schriftlich niederlegen. Man verweigerte ihm die Immunität. Morus brachte ein juristisches Argument vor, das in den fünften Zusatzartikel der Verfassung der Vereinigten Staaten eingehen sollte: «Wenn ich die Gründe meines Handelns nicht ohne Gefahr nennen kann, darf es mir nicht als Aufsässigkeit ausgelegt werden, sie unklar zu lassen.»

Cranmer glaubte, einen Angriffspunkt gefunden zu haben. Wenn Morus den Eid nicht ablegen wollte, aber diejenigen, die ihn abgelegt hatten, nicht verurteilte, dann sei, das müsse er zugeben, seine ganze Haltung zweifelhaft und unsicher. Unter solchen Umständen, sagte Cranmer und brachte eine Argumentation vor, die viele moderne Diktatoren exquisit ausbauten, müsse

Morus sein Gewissen dem König unterwerfen und ihm die Entscheidung überlassen. Morus bekundete Margaret gegenüber seine Verwunderung, daß ein angeblich so weiser Mann ein solches Argument vorbringen konnte, und reagierte mit ironischer Herablassung auf Cranmers Vorschlag. Wenn man so handelte, wie Cranmer vorschlug, sagte er, «dann könnte man überhaupt mit Leichtigkeit jede Meinungsverschiedenheit vermeiden. Denn sobald unter den Gelehrten irgendeine schwer zu lösende Frage aufgeworfen würde, könnte sie der König durch einen ganz willkürlichen Befehl vom Tisch fegen.»

William Benson, Abt von Westminster, schlug einen anderen Weg vor. Morus müsse doch, angesichts der Tatsache, daß das Parlament, der große Rat des Reiches, eine andere Meinung als er vertrat, einsehen, daß er sich irre. Morus entgegnete darauf, er würde sich sicherlich sehr fürchten, allein gegen die Auffassung eines ganzen Parlaments aufzutreten. Aber er sei mit seiner Auffassung nicht allein, denn «die Auffassung der ganzen Christenheit» stehe hinter ihm. Damit wollte er sagen, daß er in der ehrwürdigen und ungebrochenen Tradition der katholischen Kirche stehe und daß das Parlament ihm nichts befehlen könne, was nicht im Sinne dieser sakrosankten Tradition war.

Cromwell schnaubte vor Wut über Morus' Verhalten. Er schwor den großen Eid, daß er lieber zusehen wolle, wie sein eigener Sohn enthauptet würde, als die Art zu ertragen, wie Morus den Eid verweigere. Jetzt würde der König gewiß glauben, daß Morus die Nonne von Kent aufgewiegelt hätte – deren unmenschliche Hinrichtung in den nächsten Tagen stattfinden sollte. Morus blieb ruhig und fest. Am Ende des Verhörs erklärte er noch einmal seine Bereitschaft, auf die Regelung der Thronfolge zu schwören, nicht aber auf das ganze Gesetz, wie es vom Parlament entworfen worden war. Er sagte, er sei bereit, diese Entscheidung dem Gewissen jedes einzelnen zu überlassen. «Ich fände es deshalb auch angemessen, wenn man mir meine persönliche Einstellung erlauben würde.»[1]

Als Dr. Nicholas Wilson den Eid verweigerte, wurde er sofort festgenommen und in den Tower gebracht – vielleicht als Warnung für Morus, der Zeuge wurde, wie der Gefangene durch den Garten geführt wurde. Doch die Regierung fühlte sich offenbar nicht sicher genug, um mit einem ehemaligen Lordkanzler ebenso entschlossen umzuspringen – besonders mit einem, der soviel Ansehen beim Volk genoß wie Morus. Also wurde er vier Tage lang in den Gewahrsam des Abtes von Westminster gegeben, während die Kommission beratschlagte, was als nächstes zu tun sei.

Cranmer war für einen Kompromiß. Er wisse nicht, sagte er, warum Morus und Fisher den Eid verweigerten, wohl entweder weil das Gesetz die Machtbefugnisse des Papstes beschnitt oder weil es die Scheidung billigte. Beide seien jedoch bereit, auf die Thronfolge zu schwören, wenn sie die

«Präambel» zu dem Gesetz nicht akzeptieren müßten. In der langen Einleitung wurde Heinrichs Ehe mit Katharina für ungültig erklärt, weil sie den Gesetzen Gottes zuwiderlaufe. Seine Ehe mit Anne jedoch wurde als heilig bezeichnet und die Ehe im allgemeinen den Gesetzen der weltlichen Regierung unterstellt. Cranmer glaubte, es hätte positive Auswirkungen, wenn Morus und Fisher den Schwur ablegten, daß sie die in dem Gesetz festgelegte Thronfolge gegen alle fremden Potentaten verteidigen würden. Der Kaiser wäre damit zum Schweigen gebracht. Katharina und ihre Tochter Maria wären zufrieden, daß sie nicht ihre Seelen der Verdammnis anheimstellten, wenn sie ihren ehemaligen Status aufgäben. Falls Männer wie Thomas Morus zugeben würden, daß die Thronfolge «gut und nach den Gesetzen Gottes» geregelt war, wäre das ganze Reich beruhigt. Wenn der König wolle, könne er geheimhalten, in welcher Form Morus und Fischer den Eid ablegten.[2] Vermutlich hoffte Cranmer, das Volk glaube dann, Morus und Fisher hätten den Eid auf das ganze Gesetz geleistet. Dieser Vorschlag paßte gut zu einem Erzbischof, der durch den heimlichen Schwur, daß sein öffentlicher Eid sein Gewissen nicht binden würde, Primas von England geworden war. Es ist kaum vorstellbar, daß Morus sich mit einer solchen Geheimniskrämerei einverstanden erklärt hätte. Aber er bekam keine Gelegenheit mehr, selbst zu entscheiden. Cranmer leitete seine Meinung zu der ganzen Angelegenheit an Cromwell weiter. Cromwell legte sie dem König vor, und Heinrich lehnte jede Kompromißlösung ab. Wenn Morus und Fisher den Eid auf das Gesetz, nicht aber auf die Präambel ablegten, könnte das als Anerkennung der Autorität des Papstes ausgelegt werden, und das konnten Heinrich und Cromwell nicht zulassen.[3] Roper behauptet, der König und sein Rat hätten Morus' Angebot, nur auf die Nachfolge zu schwören, vielleicht angenommen, wenn nicht «Königin Anne durch ihr hartnäckiges Geschrei» darauf bestanden hätte, daß dem Mann, den sie jetzt als ihren Feind betrachtete, der vollständige Eid abgenommen würde.[4]

Am 17. April wurde Morus in den Tower gebracht. Roper erzählt, Morus habe eine Goldkette um den Hals getragen – wahrscheinlich dieselbe, die er auf dem Holbein-Porträt trägt, denn diese Kette war (entgegen der allgemeinen Auffassung) kein offizielles Zeichen seines Amtes. Sir Richard Cromwell, der Neffe von Thomas Cromwell, hatte den Auftrag, Morus in das Gefängnis zu bringen. Als echter sparsamer Vertreter des Hauses Cromwell riet er Morus, die Kette nach Hause zu seiner Frau und seinen Kindern zu schicken. Doch Morus ließ sich die Gelegenheit zu einem Auftritt nicht entgehen. «O nein, Sir», sagte er, «das werde ich nicht tun. Denn würde ich im Feld von meinen Feinden überwältigt, wollte ich, daß sie an mir etwas zu gewinnen hätten.» Hier war er der echte Ritter – den Morus sonst anscheinend verachtete –, der sich in voller Rüstung dem Feind beugt und der Welt zeigt, daß er zwar gefangen, aber noch nicht geschlagen ist.

Am Tor zum Tower sank Morus' Mut; wenigstens machte er einen uncharakteristisch schwachen Scherz. Der Pförtner verlangte sein «Obergewand» als Bezahlung. Das war ganz normal in einer Welt, in der Trinkgelder und Bestechung ins gesamte Wirtschaftsleben integriert waren. Sogar die Delinquenten auf dem Schafott drückten ihren Henkern für ihre Dienste ein paar Münzen in die Hand. Morus nahm als «Obergewand» seine Mütze ab und reichte sie dem Pförtner mit den Worten: «Es tut mir leid für dich, daß sie nicht besser ist.» Der Pförtner fand das nicht lustig. «Nein Sir», sagte dieser humorlose und habgierige Bedienstete, «ich muß Euer Gewand haben.»

Morus war nicht in Einzelhaft. Sein Diener, John a Wood, ein Analphabet, durfte bei ihm bleiben. Wood mußte dem befehlshabenden Kommandanten schwören, daß er jede staatsfeindliche Bemerkung, die Thomas Morus machte, melden würde. Morus hatte seine Bücher und sein Schreibzeug bei sich. Seine Stimmung hatte sich anscheinend wieder gehoben.

Roper berichtet, daß Margaret nach ungefähr einem Monat die Erlaubnis erhielt, ihren Vater zu besuchen. Sie sagten gemeinsam die sieben Bußpsalmen auf und sangen die Litanei. Nach dieser rituellen Andacht sprachen sie miteinander. Margaret beklagte das Elend ihres Vaters, doch er wollte nicht bemitleidet werden. «Ich glaube, Meg, daß die, die mich hierhergebracht haben, meinen, sie hätten mir etwas höchst Unangenehmes zugefügt. Aber ich versichere dir bei meinem Glauben, meine gute Tochter, wären nicht mein Weib und ihr, meine Kinder, die ich für meine größte Verantwortung halte, gewesen, hätte ich nicht gezögert, mich schon längst in einen ebenso engen, ja noch engeren Raum einzuschließen.»

Diese Bemerkung erklärt einigermaßen die Resignation und den Seelenfrieden, den Morus während der gesamten Zeit seiner Gefangenschaft an den Tag legte. Hier zeigten sich Eigenschaften des frommen, aber in sich gespaltenen Mannes, der mit der Entscheidung gerungen hatte, ob er die Ehe oder das Priesteramt wählen sollte. Er hatte das Büßerhemd getragen, sich gegeißelt und sich zeitlebens nach der Stille des Klosters gesehnt. Und jetzt sollte sich sein Herzenswunsch erfüllen: eine Regierung, die ihn bestrafen wollte, erwies ihm unbeabsichtigt eine Gnade. Er konnte sich ganz seinen Aufgaben widmen. Die Sorge um Frau und Kinder war eine Strafe, die Gott denen auferlegte, die sich für die Ehe entschieden. In seinen jetzigen Überlegungen klingen, wenigstens in der Darstellung Ropers, Erleichterung und eine beinahe religiöse Verzückung an. Er hatte seine Familie ohne eigenes Verschulden verlassen müssen. Gott werde «den Verlust unter euch ersetzen», sagte er. Er befand sich also in einer für ihn «erfreulichen» Lage und sagte zu Margaret: «Denn mir kommt es vor, als hätte Gott mich zu einem Schoßhündchen gemacht, das er auf seinen Schoß setzt und hätschelt.» Der Mann, der mit jedem Augenblick gegeizt hatte, hatte jetzt Zeit genug. Der Mann, den die Vielzahl der Wahlmöglichkeiten verwirrt hatte, hatte jetzt keine Wahl mehr.

Kurze Zeit nachdem Morus in den Tower gekommen war, schrieb Margaret ihm einen Brief, in dem sie ihn drängte, den Eid abzulegen. Dieser Brief ist nicht erhalten. Er gehörte nicht zu den Dingen, welche die Familie eines Heiligen aufbewahrte, vor allem, wenn sich diese Familie seiner Heiligkeit würdig erweisen wollte. Im Jahre 1557 druckten die Herausgeber der englischen Werke von Thomas Morus nur sein Antwortschreiben. In einem Vorwort zu der Antwort erklärten sie, daß Margaret ihren Vater nicht wirklich überreden wollte, den Eid abzulegen, sondern das nur vorgab, um Cromwells Vertrauen zu gewinnen, der selbstverständlich alle Briefe las, die in die Zelle eines so wichtigen Gefangenen gelangten. Es ist nicht bekannt, ob die frommen katholischen Herausgeber dieser Ausgabe des Jahres 1557 Margarets Motive richtig darstellten. Margaret legte den Eid jedenfalls ebenso ab wie der Rest der Familie Morus, einschließlich Ropers. Margaret verehrte ihren Vater. Sie wollte, daß er am Leben bleibe. Wahrscheinlich wäre sie aus vielen Gründen erleichtert gewesen, wenn er ihrem Beispiel gefolgt wäre.

Morus' Brief scheint eher an Cromwell, den Rat und den König gerichtet zu sein. Auch hier lehnte Morus standhaft ab, die Gründe anzugeben, warum er den Eid verweigerte – selbst gegenüber seinem geliebten Kind. Er beteuerte seine Loyalität dem König gegenüber und äußerte zuletzt eine Sorge, die aus dem Herzen kam: den Tod fürchte er nicht, denn seine Furcht vor dem Tod werde täglich durch die Angst vor der Hölle, die Hoffnung auf den Himmel und die Gedanken an die Leiden Christi gemildert. Viel größere Sorge bereite ihm der Gedanke, «daß durch meine Haltung mein Sohn Roper, Dein Gatte, Du, meine gute Tochter, meine brave Gattin und meine anderen lieben Kinder und unschuldigen Freunde in Ungnade fallen und in Gefahr gebracht werden». Aber er könne nichts tun, als sie Gott und der Gnade des Königs anzuempfehlen.[5]

Margaret erwähnte den König in ihrer Antwort mit keinem Wort. Sie sprach zärtlich von dem rechtschaffenen Leben, das ihr Vater geführt hatte, von dem Leben, das kommen würde und von ihrer inbrünstigen Hoffnung, daß sie sich alle «in der ewigen Seligkeit des Himmels»[6] wiederfinden würden. Dieser Brief ist ein Zeugnis echter Liebe und Anteilnahme, aber er ist auch ein Versuch, Heinrich und seinem Rat zu zeigen, daß Morus sich, wenn man ihn in Ruhe ließe, ganz der Erlösung seiner Seele widmen und sich nicht in weltliche Angelegenheiten einmischen würde, schon gar nicht in die Eheangelegenheiten seines Fürsten. Diese Strategie hatte auch Morus in seinen Briefen aus dem Gefängnis und in seinen früheren Briefen an Erasmus verfolgt – auch in dem Brief, der sein Epitaph enthielt. Margaret eignete sich diese Strategie natürlich sofort an und verfolgte sie bis zum Schluß.

Doch die Regierung blieb hart. Im März 1534 hatte Clemens VII. endlich entschieden, daß Heinrichs Ehe mit Katharina gültig sei. Unter den Kardinälen, die für die Königin Partei ergriffen, war auch Lorenzo Campeggio.[7] Die Nachricht traf ein paar Tage bevor Morus geladen wurde, um den Eid abzulegen, in London ein. Vielleicht war das sogar der Grund, warum für die Vorladungen gerade dieser Tag gewählt worden war, denn Heinrich verfiel oft in wilden Aktionismus, wenn er eine schlechte Nachricht empfing. Ein paar Tage später richtete er einen formellen Appell an eine Autorität, die über dem Papst stand – an ein allgemeines Konzil. Diesen Appell hatte er schon vor Monaten inoffiziell angekündigt. Heinrich erklärte, daß die Bibel dem Bischof von Rom keine größere Gerichtshoheit zuspreche als anderen Bischöfen und daß der römische Primat von unwissenden Menschen und blinden Fürsten gestützt worden sei. Man solle den Menschen erklären, daß der Papst kein Abgott sei, sondern einfach ein Mensch und ein verderbter noch dazu, der weder in seiner Lebensführung noch in seiner Bildung Christus nacheifere. Außerdem sei er ein Bastard und habe das Amt des Papstes gekauft. Cuthbert Tunstall hatte das Dokument in London für das Parlament aufgesetzt.[8] Chapuys benachrichtigte Prinzessin Maria von dem Dekret des Papstes und berichtete, sie habe ihm geschrieben, daß «sie sich über diese Nachricht mehr gefreut habe, als wenn ich ihr eine Million Goldmünzen überreicht hätte».[9]

Chapuys berichtete, daß Heinrich gute Miene zum bösen Spiel machte, als er die Nachricht erhielt. Doch der Botschafter schrieb auch: «Er ist alles andere als zufrieden und scheint aufgewühlt und nachdenklich.» Der König hatte den Predigern im Reich befohlen, in ihren Osterpredigten am Sonntag, dem 5. April, «den Papst mit so vielen Schmähreden zu überhäufen, wie sie nur konnten». Und das hatten sie getan. Sie hatten «die seltsamsten und schrecklichsten Gemeinheiten hervorgestoßen, die man sich vorstellen konnte». Doch die Königin frohlockte, und Chapuys wartete auf ihre Vorschläge, wie der Befehl des Papstes an Heinrich, seine gesetzmäßige Gemahlin wieder anzuerkennen, ausgeführt werden könnte.[10] Es war also klar, daß Heinrich nicht aufgelegt war, ausgerechnet bei einem prominenten Parteigänger Katharinas, den er in der Hand hatte, Nachsicht zu üben.

Im August ging Thomas Audeley auf dem Besitz Sir Gyles Alingtons auf die Jagd. Sir Gyles war mit Alice verheiratet, der Tochter aus Alice Middleton Mores erster Ehe. Alice Alington betrachtete Morus als ihren Vater. Einen Tag nachdem Audeley sein Wild erlegt hatte, sandte er nach der jungen Lady Alice. Sie bat ihn, er möge wie in der Vergangenheit «weiterhin meinem Vater ein guter Herr sein».

Audeley sagte ihr, er sei bereit gewesen, Morus bei der Affäre der Nonne von Kent zu helfen. Doch jetzt könne er sich nur wundern, daß Morus so hartnäckig an seiner Meinung festhalte, vor allem, da außer ihm nur noch

Fisher, der «blinde Bischof», sie teile. Audeley war auf seine eigene Unwissenheit stolz, die ihn davor bewahrte, seine Ansicht über die seines Fürsten zu stellen. «Ich bin sehr froh, daß ein paar Fabeln von Äsop meine ganze Gelehrsamkeit darstellen», sagte er. Dann erzählte er ihr die Fabel, die oben bereits erwähnt wurde. Es war die Geschichte – die in Wirklichkeit gar nicht von Äsop stammt – von den weisen Männern, die erfuhren, daß ein Regen fallen würde, der jeden verrückt machte, den er benetzte. Die Männer suchten Zuflucht in einer Höhle, denn sie wollten nach dem Regen über die Toren herrschen. Aber die Toren wollten sich nicht regieren lassen, und als die Weisen die Sinnlosigkeit ihrer Bemühungen erkannten, wünschten sie, sie wären zusammen mit den anderen naß geworden. Hinter dieser Geschichte steckt der typische Zynismus eines Menschen der Tudorzeit: Die Welt bewegte sich, und es hatte keinen Sinn, darüber zu streiten, ob in Richtung auf das Gute oder das Böse; folglich war es das beste, sich mit der Welt zu bewegen.

Audeley war von solchen Fabeln so entzückt, daß er gleich noch eine erzählte. Diesmal wollte er zeigen, daß es sinnlos sei in einer Welt, in der sich das Gewissen der meisten Menschen nach den Bedürfnissen des Augenblicks richtete, seinem Gewissen zu folgen wie Thomas Morus. (Zufällig wurde diese Geschichte später von Lafontaine aufgegriffen, der sie viel besser erzählte als Audeley – was zu erwarten war.)

Ein Löwe, ein Esel und ein Wolf gingen zur Beichte. Der Löwe beichtete, daß er jedes Tier fresse, das er fangen könne. Der Beichtvater erteilte ihm die Absolution: einerseits weil der Löwe König war, andererseits aber auch, weil es seine Natur war, andere Tiere aufzufressen. Der arme Esel beichtete, er habe vor lauter Hunger einen Strohhalm aus den Schuhen seines Herrn gefressen und ihn damit der Kälte ausgesetzt. Diese große Sünde konnte ihm der Beichtvater nicht vergeben. Er schickte den Esel zum Bischof, damit der ihn bestrafe. Der Wolf beichtete seine Freßgier. Als Buße verbot der Beichtvater ihm, irgend etwas zu fressen, das mehr als sechs Pence wert war. Davon aber konnte der Wolf nicht leben. Eines Tages sah der hungrige Wolf eine Kuh mit ihrem Kalb. Doch dann erinnerte er sich seines geistlichen Vaters. Ja, sagte er bei sich, er würde seinem Gewissen folgen. Dann schätzte er die Kuh auf vier und das Kalb auf zwei Pence und fraß alle beide auf.

Die Fabeln bedurften keiner Interpretation, was Morus' Schicksal betraf. Alice Alington schrieb einen kummervollen Bericht über ihre Unterredung mit Audeley und schickte ihn an Margaret More Roper.[11] Wenn Margarets früherer Brief, in dem sie ihren Vater bat, den Eid abzulegen, wirklich das Vertrauen Cromwells wecken sollte, hatte er seinen Zweck erfüllt. Margaret wurde, aus welchen Gründen auch immer, erlaubt, Morus zu besuchen. Sie zeigte ihm den Brief von Alice. Dann antwortete sie in ihrem Namen mit einem langen Brief, den sie allem Anschein nach gemeinsam mit ihrem Vater sorgfältig ausgearbeitet hatte.[12]

Sie sprach von dem schlechten Gesundheitszustand ihres Vaters – von den Schmerzen in der Brust und den nächtlichen Krämpfen in seinen Beinen. Diese Symptome bestätigen die Annahme, daß Morus ein krankes Herz und Durchblutungsstörungen hatte. Diese Symptome treten bei einigen Herzkrankheiten auf. Sie schrieb auch, daß er an einem Blasenleiden litt, doch sie erzählt uns nicht, ob er St. Valéry um Erleichterung bat.

Doch der größte Teil des Briefes ist ein Dialog – eines Platon würdig – zwischen Margaret und ihrem Vater über das große Problem des Thomas Morus: die Macht des Gewissens. Wann sollte ein Mensch seinem Gewissen bis in den Tod folgen? Wann sollte er sein Gewissen einer höheren Autorität unterwerfen, und was für eine Autorität könnte das sein? Hinter dem Witz, den Anekdoten, den eleganten Formulierungen und der feierlichen Entschlossenheit dieses Briefes ahnt man die zwei Menschen, die in einer wirren Zeit lebten und sich nach einer unanfechtbaren Autorität sehnten, die ihnen den Weg in die richtige Richtung weisen würde.

Margaret vertrat die Position Audeleys und der Regierung. Wie konnte Morus sich mit seiner Privatmeinung gegen die Mehrheit der Engländer auflehnen, die den Eid abgelegt hatten? Brachte er durch seine Halsstarrigkeit angesichts der Meinung einer überwältigenden Mehrheit nicht seine Seele in Gefahr? (Margaret vertrat in diesem Brief – wahrscheinlich auf Betreiben ihres Vaters – im Interesse ihrer eigenen Sicherheit die Sache der Regierung.)

Thomas Morus antwortete ihr trotz eingestreuter Scherze und humoristischer Exkurse mit gelehrten und sorgfältig durchdachten Argumenten. Wieder weigerte er sich, irgend jemandem zu begründen, warum er den Eid nicht leistete. Nur der König kenne seine Gründe, und er würde sie keinem Menschen nennen, es sei denn, der König befehle es ihm. Doch er gibt eine Information preis, die Neugier weckt: er verweigere den Eid «aus den verschiedensten Gründen».[13] Margaret nannte er scherzhaft «Frau Eva», weil sie ihn in Versuchung geführt hatte, seine Gewissensentscheidung zu widerrufen.[14] Wieder wies er es hartnäckig zurück, die Menschen zu verdammen, die den Eid abgelegt hatten; ihr Gewissen habe ihnen gesagt, daß sie schwören müßten. Er könne nicht glauben, daß all diese Leute zu einer anderen Auffassung gelangt seien als er, nur um dem König zu gefallen und seinen Zorn nicht auf sich zu ziehen, oder aus Angst, ihren weltlichen Besitz zu verlieren, oder weil sie ihrer Familie oder ihren Freunden keine Unannehmlichkeiten bereiten wollten. Er wolle nicht glauben, daß die Menschen von so äußerlichen Beweggründen geleitet würden, und fügte voll Ironie hinzu, dazu ist «mein Zutrauen zu ihrer Aufrichtigkeit (. . .) zu groß».[15]

Letztendlich würden alle Menschen danach gerichtet, ob sie der Stimme ihres Gewissens gefolgt seien oder nicht. Wenn ein Mann einen Eid leiste, von dem er nicht überzeugt sei, nur weil andere Menschen das mit völlig gutem Gewissen getan hätten, dann sollten die in den Himmel kommen, die ihrem Gewissen gefolgt seien, er aber möge zur Hölle fahren, weil er der Stimme seines Gewissens nicht ehrlich Folge geleistet habe.

In der Geschichte habe es viele Probleme gegeben, die einen ehrenhaften Streit entfacht hätten. Morus erinnerte an die lange Debatte innerhalb der Kirche über die Auffassung von der Gottesmutter: War die Jungfrau Maria in der Erbsünde geboren oder nicht? Der heilige Bernhard, ein großer Verehrer der Jungfrau Maria, sagte, sie sei wie andere Menschen in der Sünde geboren. Der heilige Anselm vertrat die gegenteilige Auffassung und behauptete, sie sei ohne jede menschliche Schuld geboren worden. Und dennoch, meinte Morus, seien beide, Bernhard und Anselm, Heilige im Himmel.

Solche Dispute seien nur möglich, bis ein allgemeines Konzil den Streitpunkt entscheide. Wenn das Konzil seine Meinung verkündet habe, seien alle Christen verpflichtet, sich in ihren Gewissensentscheidungen nach den Dekreten des Konzils zu richten oder auf ewig verdammt zu werden. Auch könne sich ein Mann nicht mit seinem Gewissen gegen «einen allgemeinen Glauben (stellen), der durch das Wirken Gottes in allen christlichen Nationen entstanden ist».[16] Hier drückt Morus wieder die für ihn charakteristische Achtung vor dem «allgemeinen Konsens» aus, den er in all seinen Kontroversschriften gepriesen hatte. Dieser Konsens war der Glaube, von dem die Kirche durch das geheime und mysteriöse, aber unverkennbare Wirken Gottes beseelt war.

Das «Gesetz dieses Landes» sei etwas ganz anderes als der Beschluß eines Kirchenkonzils. Weltliche Gesetze könnten falsch sein, und dennoch seien die Menschen, die in ihrem Geltungsbereich lebten, verpflichtet, sie zu befolgen, wenn sie nicht eine weltliche oder vielleicht sogar göttliche Strafe auf sich ziehen wollten. Aber kein Mensch könne gezwungen werden, zu beschwören, daß ein Gesetz gut sei, und niemand müsse eine Vorschrift des Gesetzes befolgen, die dem Gesetz Gottes zuwiderlaufe.[17] Auf Margarets Argument, so viele gute Menschen hätten den Eid abgelegt, daß auch Morus ihn einfach ablegen müsse, sagte er, er sei ziemlich sicher, daß eine weit größere Anzahl von Christen, seien sie nun tot oder lebendig, eher seine Position vertreten würden. Außerdem meinte er, daß in England, auch unter denen, die den Eid geleistet hatten, die bei weitem größere Zahl von Menschen mit ihm übereinstimmte. Dieser Ansicht war auch Chapuys.

Wir wissen nicht, wer außer Morus' engsten Familienangehörigen diesen Brief las. Doch vermutlich schrieb er nichts und erlaubte auch Margaret nicht, irgend etwas zu schreiben, das Cromwell oder der Kronrat nicht lesen sollten. Trotz der bescheidenen Ausdrucksweise und der Lobeshymnen auf den König vibriert dieser Brief förmlich vor eiserner Entschlossenheit und heftigem Protest. Morus bewahrte weiterhin Stillschweigen über die genauen Gründe seiner Eidesverweigerung. Aber er gab deutlich zu verstehen, daß er der Ansicht war, Heinrich wolle das nahtlose Gewand Christi zerreißen. Jeder Christ müsse einsehen, daß Heinrich und seine Anhänger offensichtlich Böses täten. Wie bei allem, was Morus in jenen Monaten tat, konnte der Regierung auch bei der Lektüre dieses Briefes nicht entgehen, daß Morus einen Widerstand an den Tag legte, der gebrochen werden mußte, wenn das neue Regime sicher sein wollte.

Ein paar Passagen des Briefes sind rührend. So erwähnt Morus in diesem Brief, daß er nachts oft wachlag und über die Gefahren nachdachte, die ihm begegnen würden, wenn er seinem König nicht folgte, während seine Frau schlief und auch ihn schlafend wähnte. Niemand könne ihm etwas antun, sagte er, das er sich nicht schon in seiner Phantasie ausgemalt hätte. Er sei sicher, daß er das Schlimmste ertragen könne.[18] Morus' Vorstellungskraft und sein exquisiter Sinn für das Detail konzentrierten sich hier auf die Möglichkeiten der Schmerzempfindung. Wer heute mit einer ähnlichen Phantasie begnadet oder geschlagen ist, kann sich gut die schreckliche Angst vor der Dunkelheit vorstellen, die ihn in langen, schlaflosen Nächten beschlich. Doch dann bekannte er sich zu seiner Angst, als ob er sie dadurch besiegen könnte, und sagte, seine Angst werde ihn niemals dazu bewegen, seine Meinung zu ändern, wenn ihm sein Gewissen den Weg weise, den er einschlagen müsse.

Margaret versuchte ein letztes Mal, ihn umzustimmen. Sie sagte, weil das gute Beispiel so vieler gelehrter Männer nichts genützt habe, wolle sie ihm ein Argument anbieten, das Henry Pattenson verwendet habe. Sie habe ihn zufällig getroffen, und er habe sich nach seinem ehemaligen Herrn erkundigt. Als er vernommen habe, daß Morus im Tower saß, weil er den Eid verweigert hatte, sei er ärgerlich geworden. «Was fehlt ihm denn, daß er nicht schwören will?» sagte Pattenson. «Warum zögert er denn noch? Habe ich denn nicht selbst den Eid geschworen?» Margaret sagte, sie könne nichts weiter tun, als ihrem Vater dasselbe zu sagen: «Ich habe ihn doch selber auch geschworen!» Margaret erwähnt hier allerdings nicht, was den Lesern aus dem Familienkreis bekannt war: Henry Pattenson war der schwachsinnige Narr ihres Vaters.

Morus' Antwort ist Ausdruck seiner Überzeugung, daß Frauen den Männern unterlegen seien und daß man nicht sehr viel von ihnen verlangen dürfe. Lachend sagte er: «Du bist wahrhaftig eine Eva; sie bot im Paradies ihrem Mann keine schlechtere Frucht an, als sie selbst gegessen hatte.»[19]

Aber wurde Eva nicht verdammt, weil sie die Frucht gegessen hatte? Wir können viele Dinge im Zusammenhang mit dem Martyrium des Thomas

Morus erklären. Dennoch ist es von einem unlösbaren Geheimnis umgeben, einem Geheimnis, das Morus' Zeitgenossen verwirrte und Menschen unserer Zeit irritiert. Und dieses Geheimnis umgibt auch diesen langen Brief. Was war das für ein Märtyrer, der nicht klar und deutlich begründete, warum er das Martyrium auf sich nahm? Seine ganze Familie leistete den Eid, den er nicht schwören wollte, weil er meinte, dadurch würde seine Seele der Verdammnis anheimfallen. Er tadelte seine Familienangehörigen nicht für das, was sie taten. Seiner Weltanschauung nach hatten die Väter die Aufgabe, ihre Familien in Fragen der Tugend zu unterweisen. Dennoch lehnte Morus es ab, seine Familie über den Eid zu belehren. Ohne Zweifel fürchtete er das Leid, das wegen seiner Weigerung über seine Familie kommen konnte. Morus liebte seine Angehörigen sehr, und vielleicht wollte er einfach nicht, daß sie irgendwelchen Leiden ausgesetzt würden. Möglicherweise hatte er eine Vorstellung entwickelt, die sich in ganz ähnlicher Form auch bei den Mönchen des Mittelalters findet: Sie glaubten nämlich, sie könnten durch ihre einsamen Schmerzen und Bußübungen dazu beitragen, alle Menschen zu erlösen. Morus hoffte vielleicht, er könne seine ganze Familie erlösen, wenn er den Eid standhaft bis in den Tod verweigerte.

Morus maß dem Gewissen große Bedeutung bei und wollte keinen verdammen, der ein gutes Gewissen zum Grundprinzip seines Handelns machte. Doch mit welch beißender Ironie sprach er von dem «Gewissen» all jener, die Gründe genug fanden, sich dem Willen des Königs zu beugen. Er nahm vermutlich nicht an, daß seine Familie den Eid nur aus Angst geleistet habe. Wahrscheinlich schwieg er sich nicht zuletzt deshalb über seine Gründe aus, weil er seine Angehörigen nicht in Gewissenskonflikte stürzen wollte. Wenn sie den Eid in echter Unkenntnis seiner wahren Bedeutung geleistet hatten, konnten sie im Himmel erlöst werden. Doch wenn er ihnen erklärte, warum der Eid verdammenswert war und warum er ihn verweigerte, wüßten sie, wie sie handeln müßten. Dann waren sie nicht mehr durch das, was die Katholiken später «unüberwindliche Unwissenheit» nannten, vor Gottes Strafe geschützt. Sie konnten sich vor Gott nicht mehr auf ein reines Gewissen berufen. Vielleicht hat er geglaubt, daß sein Schweigen seine Kinder, seine Frau und die übrigen Mitglieder seines Haushalts vor der Hölle bewahrte. Vielleicht schwieg Morus aber auch so beharrlich, weil er hoffte, daß Heinrich VIII. doch noch nachgeben und sein Leben schonen würde, falls er mit seinen Angriffen auf den König nicht so weit ging, daß keine Gnade mehr möglich war.

Doch all diese Rationalisierungen zusammen ergeben immer noch keine ausreichende Erklärung für Morus' Martyrium. Morus' Bild von der Kirche wurde detailliert untersucht und mit der traditionellen katholischen Anschauung in Verbindung gebracht, daß die Kirche unabhängig sein muß, wenn sie der Erleuchtung teilhaftig werden will. Es wäre nun naheliegend, daß Morus sich nach der Verweigerung des Eides klar und eindeutig zu diesen Grundüberzeugungen bekannt und erklärt hätte, daß sie die Gründe für sein Handeln seien. Schließlich standen ihm der Tod und das Martyrium bereits unmittelbar vor Augen. Doch statt dessen schwieg er. John Fisher glaubte an ein unfehlbares Papsttum, das das Wesen der Kirche ausmachte, und legte seine Meinungen dar, wann immer sich Gelegenheit dazu bot. Morus teilte diese Ansichten nicht. Er hatte bekanntlich andere Ansichten über die Freiheit der Kirche, aber er äußerte sie ausgerechnet zu dem Zeitpunkt nicht, als sie der Kirche den größten Nutzen gebracht und dem englischen Volk eine Erklärung für die schwere Prüfung gegeben hätten, die er sich auferlegte.

Es ließe sich darüber spekulieren, daß Morus sich, nachdem er den Eid verweigert hatte und im Tower inhaftiert worden war, in seine eigene innere Welt zurückzog. In dieser Welt büßte er für seinen Entschluß, eine Ehe einzugehen und dem Priesteramt zu entsagen. Hier nahm er den irdischen Teil des Fegefeuers auf sich, das einen Laien wie ihn nach dem Tod erwarten mußte. Und hier füllte sein persönlicher Kampf sein Dasein so vollständig aus, daß kein Raum für die Nöte und das Schicksal anderer blieb. Sie konnte er jetzt Gott anvertrauen, denn die große psychische Freiheit, die ihm seine Gefangenschaft gewährte, hatte ihn aller Sorge um nichtige Dinge enthoben.

Auch im Gefängnis hörte Morus nicht auf zu schreiben (Selbstverständlich konnte er seine Werke nicht mehr veröffentlichen.) Bevor er in den Tower gesperrt wurde, hatte er ein Werk verfaßt, das allgemein *Treatise on the Passion* (Abhandlung über die Passion) genannt wird. Vielleicht hat er es noch vor seiner Inhaftierung fertiggestellt, doch gewöhnlich wird es zu seinen «Schriften im Tower» gerechnet.

Die Passion Christi war ein beliebtes Thema der Mystiker, die sich emotional mit Gott vereinigten, indem sie die Leiden Christi geistig nachvollzogen. Morus war mystische Ekstase fremd oder zumindest ungewohnt. Seiner Ansicht nach kam durch die Leidensgeschichte des Erlösers Gott ins menschliche Dasein und verlieh dem Leiden und Sterben moralisch integrer Menschen Bedeutung. Denn Christus hatte ihre irdische Gestalt angenommen, um sie zu sich erheben zu können. Die Wiederholung der vertrauten, heiligen Geschichte der Passion war eine Art Liturgie, die eine Atmosphäre der Ehrfurcht schuf und die Bereitschaft weckte, der irdischen Welt um der Wonnen der Ewigkeit willen zu entsagen. Denn das war der Ort Christi, und dorthin zu gelangen war jedes Opfer wert.

Die *Treatise on the Passion* ist formal gesehen unvollständig, weil sie mit der Institution der heiligen Messe endet. Die Ereignisse am Todestag Christi werden nicht weiter beschrieben. Die Messe war für Morus, wie für die meisten Katholiken, der Kern des Gottesdienstes. Als Morus schilderte, wie Christus sie einführte, konnte er sich einige Attacken auf die Häretiker nicht versagen, die hartnäckig und – seiner Ansicht nach – böswillig die orthodoxe Lehre der Transubstantiation angriffen. Ihm war die theologische Deutung der heiligen Kommunion so vertraut, daß er eine kurze Schrift mit dem Titel *A Treatise to Receive the Blessed Body of Our Lord* (Eine Abhandlung, wie der heilige Leib unseres Herrn zu empfangen ist) verfaßte und sie der *Treatise on the Passion* beifügte. Hier versuchte er zu zeigen, in welcher Geisteshaltung Christen die heilige Kommunion nehmen sollten.

Das bei weitem umfangreichste Werk der «Schriften im Tower» und für einige seiner Bewunderer das beste, was er je schrieb, war *A Dialogue of Comfort Against Tribulation* (Trost in Trübsal). Wie in vielen anderen seiner Werke nimmt Thomas Morus im *Dialogue of Comfort* Zuflucht zu einer Fiktion: Er beschreibt ein Gespräch zwischen zwei Männern in Ungarn ungefähr ein Jahr, nachdem Suleiman der Prächtige und seine große türkische Armee bei Mohàcs in der Donauebene nahe bei Buda eine ungarische Armee überrannt und niedergemetzelt hatten. Anton ist ein alter, kranker Mann, der vielleicht bald den Türken in die Hände fallen wird und den Tod oder wenigstens langes Exil und Gefangenschaft vor sich sieht – die Perspektiven, die wohl auch Morus hatte, als er den Dialog schrieb. Vinzenz ist Antons junger Cousin, der ihn im Gefängnis besucht.

Der größte Teil des *Dialogue of Comfort* entstand vermutlich im Jahre 1534. Während dieses Jahres taten Morus und seine Familie ihr Äußerstes, um seine Entlassung aus dem Tower zu erwirken. Dennoch spricht Anton wie ein Mann, der sich auf den Tod vorbereitet. Es gebe eine Art, «unchristlich zu trösten», sagt er am Anfang des Buches. Sie ermuntere den Kranken, gebe ihm Hoffnung auf Heilung und neuen Lebensmut. Wahrer Trost sei jedoch, die Menschen, Kranke und Gesunde, zu veranlassen, über die vier letzten Dinge nachzudenken – über den Tod, das Jüngste Gericht, den Himmel und die Hölle.[20] Dann würden die Menschen Gott und den Himmel suchen und bereit sein, ihr irdisches Leben aufzugeben um des Lebens willen, das da komme.

Morus läßt sich in dem *Dialogue of Comfort* von einem Thema zum anderen treiben, wie ein Boot, das auf einer ruhigen See schwimmt und sanft von den Wellen bewegt wird. Der gesamte Dialog ist von einer Stimmung gefaßter Resignation durchdrungen, die schon die ersten Seiten prägt. Eine Woche nach Morus' Einlieferung in den Tower wurden die Nonne von Kent und ihre Anhänger in Tyburn systematisch abgeschlachtet, und die Behörden beeilten sich anscheinend, Morus von deren blutigem Ende zu informieren. Wenn er des Hochverrats schuldig gesprochen wurde, hatte er vielleicht dieselben grausigen Torturen zu erdulden. Obwohl ein großer Teil des *Dialogue of Comfort* von der Überwindung von Angst handelt, ist das Buch nicht von blankem Entsetzen, sondern vielmehr von heiterer Gelassenheit geprägt. Der *Dialogue of Comfort* ist Zeile für Zeile das Werk eines Mannes, der das Ende seines Lebens mit dem Rest seines Lebens in Einklang bringt.

Es mag ironisch klingen, daß Morus so viel Trost in seinem heiteren Vertrauen darauf fand, daß Gott Seine eigenen Zwecke verfolgt und daß sich Christen diesen Zwecken voller Vertrauen und Hoffnung unterwerfen müssen. Gerade das war der Hauptgedanke in Luthers Evangelium, die «Prädestinationslehre», die Morus in all seinen Streitschriften so unnachsichtig verdammt hatte. Doch in seiner eigenen Not fand er Frieden in dem Glauben, daß Gott alles auf irgendein Ziel hin lenke, und diesen Frieden hatte Luther auf ganz ähnliche Weise im selben Vertrauen gefunden. Für den Christen sind die Zwecke Gottes immer gut, auch wenn sie nicht immer so aussehen mögen, denn oft müssen wir leiden, um sie zu erfüllen. Wir können zu Gott beten, damit er etwas für uns tue, sagt Anton. Wir können um Brot und Gesundheit beten, um Erlösung von dem Bösen und um Rettung unserer Seelen. Doch in weltlichen Dingen müßten wir alles Seiner «großen Weisheit» überlassen, die besser sehe, was gut für uns ist, als wir das selbst könnten.[21] Niemand solle mit der Haltung sündigen, Gott werde ihm schon vergeben, sagt Anton, «denn die Gnade ist ganz von Gottes Willen abhängig», und wer so vermessen sündige, müsse möglicherweise entdecken, daß er in der Stunde der Not keine Gnade finde.[22] Das klingt alles ganz ähnlich wie Luthers Äußerungen über die Prädestination, obwohl Luthers Ton schärfer war und seine Aussagen widersprüchlicher. Doch im Innersten fanden Morus und Luther Trost in ein und demselben Glauben: Die Welt ist dunkel und chaotisch, und die Gerechten leiden. Für diese Leiden muß es einen Grund geben, und dieser Grund liegt in dem großen Plan, den Gott für die Welt erstellt hat. Auch mit Hilfe der Prädestinationslehre können wir nicht erfahren, wie dieser Plan aussieht oder welche Rolle uns in ihm zukommt, aber wir finden die Bestätigung, daß es einen Plan gibt und daß alles, was wir für sinnlos halten, in Wirklichkeit einem höheren Zweck dient. Denn das Dunkel, das wir sehen, ist für Gott Licht.

Morus beschreibt einige der vielen Leiden, von denen die Menschheit heimgesucht wird. Dabei zeigt sich wieder seine Vorliebe für konkrete Details und psychologische Einsichten, die in der *Geschichte König Richard III.* so hervorsticht und in *Utopia* völlig fehlt. Er schildert die schrecklichen Phantasien, die viele Sterbende quälen, weil sie verzweifeln, wenn sie an die Hölle denken, oder sich darum sorgen, was mit ihren weltlichen Gütern geschehen wird, wenn sie tot sein werden. Anton sagt dazu: «Einige habe ich gesehen, die auf Kissen gestützt sich in ihrem Sterbebett aufsetzten, ihre Spielbrüder herbeiriefen und sich mit Kartenspielen trösteten. Das, sagten sie, beruhige sie und vertreibe die Phantasiegebilde aus ihren Köpfen.»[23] Morus verachtete eitle Spiele ohnehin. Er konnte ein solches Verhalten auf der Schwelle zur Ewigkeit nur entsetzlich finden. Anton erzählt, er habe solche Menschen spielen sehen, bis der Tod sie hinwegraffte. «Und welches Spiel sie dann erwartete, das weiß Gott und nicht ich. Ich bete zu Gott, daß es ein gutes sei, doch ich fürchte, es ist ein sehr schlimmes.»[24]

Zu den schlimmsten Leiden gehört die Versuchung, Selbstmord zu begehen. Morus behandelt sie ziemlich ausführlich. Anton erzählt einige aufregende Geschichten, die Morus vielleicht als Rechtsanwalt gehört oder erlebt hat. Er berichtet von der zänkischen Frau eines Zimmermanns, die ihren Gatten aus purer Bosheit zu ärgern suchte, damit er sie töte und dann wegen Mordes gehängt würde. Sie hackte unbarmherzig auf ihm herum. Er ertrug ihre Nörgeleien geduldig, doch eines Tages – er richtete gerade einen Balken mit seinem Beil zu – schmähte sie ihn, bis er wirklich wütend auf sie wurde. Sein Zorn stachelte sie an. In höchster Wut legte sie ihren Kopf auf den Balken, hieß ihn «Hurensohn» und forderte ihn auf, ihr den Kopf abzuschlagen. Und das tat er – mit einem Hieb. (Anton berichtet, daß Umstehende gehört hätten, wie ihre Zunge noch zweimal «Hurensohn! Hurensohn!» gebrabbelt habe, nachdem der Kopf schon von ihrem Körper abgetrennt war.)[25] Als dem Zimmermann der Prozeß gemacht wurde, sah der König jedoch ein, wie sehr der Mann provoziert worden war, und gewährte ihm Gnade.

Mit dieser und anderen Geschichten wollte Morus zeigen, daß der Satan die Ursache selbstmörderischer Gedanken sei. Die grundlegenden menschlichen Motive für Selbstmord sind dann Bosheit oder Feigheit.

Die Frage stellt sich, ob Morus so ausführlich über den Selbstmord schrieb, weil er selbst an Selbstmord gedacht hat. Zu dem melancholischen Zug in seinem Wesen hätte es gepaßt, daß er sich solche Gedanken machte. In der Antike war der Selbstmord eine ganz normale Angelegenheit und, damals wie heute, erschien es vielen sehr ehrenhaft, sich unter bestimmten Umständen selbst zu töten. In *Utopia* hatte Morus eine Gesellschaft entworfen, in der ein Selbstmord bei einer unheilbaren Krankheit gebilligt wird. Wer sich umbrachte, um schmerzvollen Leiden zu entgehen oder seinen Nachbarn nicht zur Last zu fallen, war hoch angesehen. Morus' Beschäftigung mit dem angeblichen Selbstmord Richard Hunnes und seine Überzeugung, daß Hunne sich tatsächlich selbst getötet habe, macht stutzig. Als er seine *Supplication of Souls* (Bittschrift der Seelen) schrieb, zweifelte er nicht mehr daran, daß sich ein Mensch in Hunnes hoffnungsloser Lage aufhängen würde.

Im *Dialogue of Comfort* fügte er seine Betrachtung über den Selbstmord ein in die Erörterung einer der großen, quälenden Fragen seiner Zeit: Wie lassen sich göttliche Offenbarungen von Vorspiegelungen des Teufels unterscheiden? Das war das zentrale Problem beim Prozeß der Nonne von Kent. Thomas Morus schrieb Geschichten über Menschen, die Selbstmord begehen, weil sie glauben, daß Gott selbst sie dazu aufgefordert hätte. Nach einigem Ringen kam Morus wieder zu der traditionellen christlichen Auffassung, daß der Selbstmord eine Todsünde sei. Wer das Gegenteil behaupte, sei von Satan verführt.

Auch wenn Morus der Versuchung widerstehen konnte, sich in seiner Zelle aufzuhängen oder von einer Mauer des Towers in den Tod zu springen, konnte er dieses Problem nicht einfach beiseite schieben. Wie ist das Verhalten von Menschen zu bewerten, die für eine gute Sache eintreten und wissen, daß das ihren Tod bedeutet? In gewissem Sinne sind auch sie Selbstmörder, denn sie haben die Wahl zwischen Leben und Tod und entscheiden sich freiwillig für den Tod. Heißt Gott einen solchen Tod gut oder nicht? Anton fiel sofort Samson ein, der die Säulen des Tempels der Philister einriß. Das Gebäude stürzte über ihm und den Philistern zusammen. Tat er nun Gutes oder Böses? Wurde er erlöst oder verdammt? Anton meint, daß sich niemand ganz sicher sein könne, ob Samson erlöst wurde. Er vertritt jedoch die Ansicht, daß er erlöst worden sein müsse, weil die Kraft Samsons von Gott stammte, also eigentlich Gott den Einsturz des Hauses verursacht habe. Anhand der Geschichte von Samson greift Anton den Gedanken der «besonderen» Offenbarung auf – abermals ein Problem aus dem Prozeß gegen die Nonne von Kent. Durch besondere Offenbarungen konnte Gott Seinem Volk gelegentlich etwas erlauben, das sonst verboten war. Eine solche Offenbarung war nicht jedermann gegeben, aber sie konnte hin und wieder unter außergewöhnlichen Umständen vorkommen. Sie durfte dann aber nicht von anderen Christen für eine immer geltende Regel genommen werden.

Ein Beispiel dafür sei der Selbstmord der Jungfrauen gewesen, von dem Augustinus berichtet: Sie waren lieber ins Wasser gegangen, als bei den Christenverfolgungen vergewaltigt zu werden. Augustinus halte es nach Antons Interpretation nicht für legitim, daß andere Jungfrauen ihrem Beispiel folgten. Er sei der Ansicht, diese Jungfrauen seien von einer besonderen Offenbarung Gottes erleuchtet gewesen.[26]

Die Geschichte von den Jungfrauen weist eine Parallele zu Ropers Bericht über Morus' Äußerung gegenüber den drei Bischöfen auf, die ihm das Gewand brachten, in dem er an Anne Boleyns Krönung hätte teilnehmen sollen. Man könne ihn vernichten, sagte Morus in seiner Erklärung, warum er nicht teilnehmen werde, aber er würde sich niemals «entjungfern» lassen. Jetzt im Tower ging er still seinen Weg, der ihn in den Tod führen sollte. Er konnte ihm entgehen, wenn er einfach einen Eid leistete, den beinahe jede wichtige Persönlichkeit im Reich abgelegt hatte. War es legitim, den Tod auf diese Weise heraufzubeschwören?

Morus erörterte diese Frage nicht expressis verbis, und seine lange Abhandlung über den Selbstmord bricht etwas abrupt ab. Doch die Fragen, um die es ihm geht, ergeben sich aus dem Dilemma, in dem er sich befand.

Einerseits konnte er den Eid nicht schwören, andererseits war er vor seinem Gewissen dazu verpflichtet, alles zu tun, um sein Leben zu retten – es sei denn, er stellte dadurch seine Seele der Verdammnis anheim. Er hat niemals behauptet, daß ihm offenbart worden sei, er solle ein Märtyrer sein. Die Faszination, die Morus nach seinem Tod auf Generationen von Menschen ausübte, resultiert nicht zuletzt aus seinem eminent menschlichen Ringen um den Tod – seinen Zweifeln und Ängsten, seinen Gedanken über seine Entscheidung und letztendlich der ungeklärten Frage, was genau ihn zu der Entscheidung veranlaßte, den Tod zu wählen. Er traf die Entscheidung, sein Leben hinzugeben, nicht mit dem unerschrockenen, bedenkenlosen und übermenschlichen Heroismus, den wir aus Legenden und Epen kennen, sondern mit den Zweifeln und Ängsten, denen die meisten von uns in seiner Situation ausgesetzt wären. In dieser Situation, in diesem Gefühl schrecklichen Gespaltenseins, das wir alle aus unheilbringenden Augenblicken des Daseins kennen, ist er uns am nächsten.

Der *Dialogue of Comfort* ist unter anderem deshalb so reizvoll, weil Morus in ihm seinen versöhnlichen Humor wiedergefunden hat. In den Kontroversschriften, die er nach dem *Dialogue Concerning Heresies* verfaßt hatte, war sein Spott hart, grausam und zynisch. Das Gefängnis und die resignierte Heiterkeit, die Folge seiner Inhaftierung waren, brachten wieder zum Vorschein, was wir neben seinem Mut und seinem menschlichen Mitgefühl für seine Familie am meisten an ihm schätzen.

Ein großer Teil des Spottes in dem *Dialogue of Comfort* richtete sich gegen Lady Alice – so wenigstens berichtet Nicholas Harpsfield, der viel von der Familientradition vor der Vergessenheit bewahrte. Lady Alice konnte nie verstehen, warum ihr Mann einen Weg gewählt hatte, der sich so verhängnisvoll auf sein Leben und so zerstörerisch auf ihren Wohlstand auswirkte. In dem Dialog repräsentiert sie die Stimme dieser Welt, die Morus zu physischer Behaglichkeit zurückruft, während er sich für seine Seele nach dem Trost Christi sehnte.

Eine Anekdote, die in keiner Biographie fehlen darf, ist die Geschichte Antons über die Frau, die einen armen Gefangenen in seiner kleinen, aber durchaus bequemen Zelle besucht. Der Gefangene hat den Boden und die Wände mit Strohmatten verkleidet, und ihr gefiel diese Einrichtung. Aber sie konnte den Gedanken nicht ertragen, daß jeden Abend der Gefängniswärter kam und die schwere Tür der Zelle verschloß. «Wahrlich», rief sie, «wenn die Tür hinter mir zugeschlossen würde, meinte ich, mir würde der Atem vergehen.»

«Bei diesen Worten lachte der Gefangene innerlich, wagte aber nicht laut herauszulachen, denn irgendwie hatte er Ehrfurcht vor ihr. (...) Insgeheim mußte er jedoch einfach lachen, denn er wußte wohl, daß sie früher jede

Nacht Tür und Fenster ihrer Kammer von innen fest verriegelte (...) und sie gewöhnlich die ganze lange Nacht nicht öffnete.»[27]

Diese Anekdote wurde anläßlich der Frage, ob Morus in demselben Bett schlief wie seine Frau, schon einmal erwähnt. Es ist und bleibt eben charakteristisch für Morus, daß er sich stets so darstellte, wie er in der Öffentlichkeit gesehen werden wollte. In dieser Geschichte erscheint er als der still leidende, überlegene Mann, der von einer nörgelnden Frau auf humorvolle Weise gedemütigt wird. Ein schlechter Mann hätte eine solche Frau geschlagen. Morus wollte den Leuten zeigen, daß er ihr trotz seiner Überlegenheit keinen Widerstand leistete.

Dasselbe könnte man von seiner Geschichte über die Frau sagen, die ihren Mann beschimpfte, weil er keinerlei Ehrgeiz zeigte. Er bemühte sich nicht um Amt und Würden, und als ihm ein hohes Amt angeboten wurde, wies er es sogar zurück. Dieser bescheidene Mann repräsentiert den Mann, der Thomas Morus in der Öffentlichkeit sein wollte. Die Frau ließ sich davon nicht beeindrucken und schalt ihren Mann: «Was soll das bedeuten, daß du nicht wie andere Leute vorankommen willst? Willst du für immer still am Feuer sitzen und mit einem Zweig Gänschen in die Asche malen, wie es die Kinder tun? Gäbe Gott, daß ich ein Mann wäre, dann solltest du sehen, was ich täte.»

«Nun, Frau», sagte der Mann, «was würdest du denn tun?»

«Was ich tun würde? Mein Gott, vorwärtsstreben mit all meinen Kräften. Schon meine Mutter, Gott habe sie selig, pflegte zu sagen, daß es besser ist zu herrschen, als beherrscht zu werden. Und deshalb, das versichere ich dir bei Gott, wäre ich niemals so dumm, mich beherrschen zu lassen, wenn ich selbst herrschen könnte.»

«Meiner Treu, Frau», sagte darauf ihr Mann, «da sprichst du die Wahrheit, denn ich habe dich nie willig gefunden, dich beherrschen zu lassen.»[28]

Morus spielt hier den Romancier, der die Ereignisse seines Lebens mal mehr, mal weniger verändert, damit sie sich in die Bilderwelt seiner Fiktion einfügen. Möglicherweise sind sie Ausdruck einer ewigen Sehnsucht. Vielleicht wäre er sehr gerne der anspruchslose Mann seiner vielen Geschichten und Aussprüche gewesen. Doch er kannte sich selbst gut genug, um zu wissen, daß er niemals ganz nach seinem Ideal leben konnte. Für die meisten bedeutenden Menschen ist diese Erkenntnis oft traurig und frustrierend. Schriftsteller haben jedoch auch noch andere Leben außer dem einen, das sie in der Welt führen, und wenn sie die Möglichkeit haben, in der Fiktion Luftschlösser zu bauen, dann tun sie das in der Regel auch. Lady Alice hatte möglicherweise wirklich einmal so etwas gesagt wie die Frau in dem Dialog, als Morus vor langer Zeit hin und her überlegte, ob er der Aufforderung Wolseys und des Königs, dem Kronrat beizutreten, folgen solle oder nicht. Vielleicht hatte sie ihn aber auch gescholten, als er sich mit dem Gedanken trug, von seinem Amt als Lordkanzler zurückzutreten. Und Morus glaubte vielleicht nur zu gern, daß sie ihn auf den Weg gebracht hätte, der zu seiner Inhaftierung und schließlich zu seinem Tod führte.

Es wurde wiederholt behauptet, daß Morus in der stillen Heiterkeit, die er im Tower angesichts seines Schicksals zeigte, seinen erbitterten Kampf gegen die Häresie und seinen Haß gegen die Häretiker vergessen habe, der in all seinen Schriften manifest ist und in seinem Epitaph zum besseren Gedächtnis ausdrücklich erwähnt wird. Der *Dialogue of Comfort* ist Beweis genug, daß diese einfache Annahme nicht richtig ist. In der *Treatise on the Passion* kritisierte er häretische Interpretationen der Messe so heftig, daß diese Schrift nicht einfach eine fromme Schilderung der Ereignisse am Gründonnerstag darstellt, sondern eine verbissene Verteidigung der Messe gegen ihre häretischen Feinde.[29] Er machte sich darüber hinaus die Mühe, einige seiner bekannten Reizthemen abzuhandeln, unter anderem Luthers Lehre von der Rechtfertigung durch den Glauben.[30]

Im *Dialogue of Comfort* finden sich nicht so viele ausdrückliche Bemerkungen über Häretiker, auch wenn Luthers Ehe mißbilligt wird.[31] Die ganze Schrift ist eine Allegorie. Die Türken stehen für die Protestanten, die die christliche Zivilisation zu zerstören drohen. Die Annahme ist wirklich sehr gewagt, daß die «Schriften im Tower» ein Zeichen für Morus' gemäßigte Einstellung zu den Häretikern seien, nur weil sie im Angesicht des Todes den Geist persönlicher Resignation und Gelassenheit atmen. In all diesen Schriften äußert Morus kein Wort des Bedauerns über seine Attacken auf die Häresie, und es läßt sich nicht der geringste Hinweis finden, daß er zu gemäßigteren Ansichten gelangt wäre.

Das vielleicht interessanteste gedankliche Bild im *Dialogue of Comfort* ist die Vorstellung von Gott als dem Gefängniswärter. Der Kerker, in dem Gott uns gefangenhält, ist das irdische Leben. Er ist «so sicher und raffiniert gebaut, daß er nach allen Seiten offenliegt, ohne in der Welt von irgendeiner Mauer begrenzt zu werden. Und doch wird es uns nicht gelingen, so weit zu wandern, daß wir jemals den Weg nach draußen finden.»[32] «Auf unserem Gefängnis bauen wir unser Gefängnis. Wir schmücken es mit Gold und verleihen ihm Glanz und Ruhm. Und in diesem Gefängnis treiben sie Handel. In diesem Gefängnis keifen und zanken sie. Und hier laufen sie zusammen und kämpfen. Hier würfeln sie und spielen Karten. Hier pfeifen sie und vergnügen sich. Hier singen und tanzen sie. Und mancher Mann in diesem Gefängnis, der in dem Ruf steht, ehrenhaft zu sein, hört nicht auf, verborgen im Dunkeln den Schurken zu spielen.»[33] (Es ist typisch für Morus, daß er meint, die Sünde würde im Verborgenen entstehen.)

Gott ist zornig, wenn Er sieht, daß wir «in unserer Torheit uns und unser Gefängnis vergessen und unsere Gefängniswärter, die Engel und die Teufel, und auch Gott, den Oberaufseher des Gefängnisses. Doch Gott vergißt uns nicht, sondern beobachtet uns die ganze Zeit. Er ist enttäuscht und unzufrieden, wenn er sieht, wie schlecht das Gefängnis geführt wird (. . .) Deshalb schickt er den Henker, den Tod, um hier und dort Exekutionen durchführen zu lassen, und manchmal läßt er tausend auf einmal hinrichten.»[34]

Morus meint damit, daß Menschen wie er, die in der Zelle eines von Menschenhand errichteten Gefängnisses eingesperrt sind, nicht unter schlechteren Bedingungen leben als die, die glauben, frei in der Welt zu leben. Er geht sogar noch weiter und behauptet, daß Gefangene wie er eigentlich gesegnet seien. Denn da ihnen die Gelegenheit zur Meditation gegeben ist, haben sie Zeit, darüber nachzudenken, wie sie von der Sünde geknechtet werden. Sie haben Zeit, sich mit dem Verlust aller weltlichen Güter abzufinden – die ohnehin Teil ihrer Knechtschaft waren – und die Schätze des zukünftigen Lebens in der Wonne des Himmels zu suchen.

Und das ist letztendlich die Botschaft des *Dialogue of Comfort:* Der Verlust der Freiheit, des guten Rufes, der weltlichen Güter, der Bequemlichkeit, der Familie, der Freunde und all solcher Dinge ist nichts als ein Schritt auf dem Weg in den Himmel. Behaglich in der Welt zu leben heißt, die ewigen Qualen der Hölle heraufzubeschwören, die Morus in diesem Werk immer wieder erwähnt. Verfolgt zu werden in dieser Welt heißt, die Pforten der Hölle zu verrammeln und den Weg in den Himmel zu öffen.

In dem gesamten Werk beschäftigte Morus das Problem des physischen Schmerzes. Würde er standhaft bleiben können, wenn auf Geheiß der Regierung sein schwacher Körper gefoltert würde? Er war sich nicht sicher: Kein Mensch kann eine solche Frage mit Gewißheit beantworten. An einen Priester, den wir nur als «Meister Leder» kennen, schrieb Morus: «Wenn mir jemals das Unglück zustoßen sollte, den Eid zu schwören (ich hoffe zwar auf Gott, daß er es nie dazu kommen lassen wird), so könnt Ihr sicher sein, daß er mir nur durch schwere Mißhandlungen abgerungen worden ist.»[35] An Margaret schrieb er, wieviel er über die Gefahr nachgedacht habe, die seine Weigerung, den Eid zu leisten, mit sich bringen würde: «Bei dieser Betrachtung mußte ich feststellen, daß mein Körper viel stärker vor Schmerzen und Tod zurückschreckt, als es sich für einen gläubigen Christen geziemt.»[36] Im *Dialogue of Comfort* kam Morus immer wieder auf den Gedanken und manchmal auf die Worte einer seiner bevorzugten Bibelstellen, 1 Kor 10,13, zurück, die er so interpretierte: «Gott ist getreu, er läßt es nicht zu, daß ihr mehr versucht werdet, als ihr ertragen könnt, sondern Er zeigt euch mit der Versuchung auch einen Ausweg.»[37] In seinem Brief an Margaret führte Morus seinen Gedanken weiter und sprach von dem Konflikt zwischen dem Wunsch, den Körper zu schonen, und der Angst, die Seele zu verlieren. «Schließlich unterlag aber in diesem Widerstreit Gott sei Dank mein furchtsames Herz; die Vernunft kam mit Hilfe des Glaubens zu dem Schluß, daß der Mensch sein Leben ohne Nachteil hingibt, wenn er ungerechterweise den Tod erleidet. Daraus kann kein weiterer Schaden erwachsen – im Gegenteil, aus Gottes Hand wird er unschätzbare Wohltaten erfahren. Ich bin von der Rechtlichkeit meiner Handlungsweise überzeugt; ich bin doch nicht verpflichtet, die Haltung meines Gewissens zu ändern, wenn ich meine Seele dadurch in Gefahr bringe, sollte ich auch ohne gesetzliche Verurteilung oder auf Grund eines nur gegen mich verfaßten Gesetzes getötet werden.»[38]

Eine der großen Einsichten des *Dialogue of Comfort* und des stoischen Christentums überhaupt, zu dem Morus sich stets hingezogen fühlte, ist, daß alle Menschen allzu früh sterben und daß jeder, der versucht, sein Leben auf Kosten seiner Seele zu retten, sich einem fatalen Hirngespinst hingibt. Einige von Morus' Bemerkungen über den Tod erinnern an seine Abhandlung über die vier letzten Dinge. Selbst ein natürlicher Tod ist oft schrecklich. Hinter Anton scheint in einer seiner Ausführungen im *Dialogue of Comfort* Morus selbst zu stehen. Er freut sich auf das Beil und sinnt über die verschiedenen Möglichkeiten nach, die der Mensch haben könnte. «Soweit ich feststellen kann, haben alle Menschen, die eines natürlichen Todes sterben, irgendeine Krankheit oder sind auf die eine oder andere Weise unwohl. Wenn nun der Schmerz dieser einen Woche oder auch der zwei Wochen, die sie schmachtend im Bett liegen, auf die kurze Zeit zusammengenommen würde, die ein Mann Schmerzen leidet, der eines gewaltsamen Todes stirbt, wäre, denke ich, der Schmerz doppelt so groß. Doch es ist so, daß derjenige, der auf natürliche Weise stirbt, oft eher mehr Schmerz erleidet als weniger, weil er eine längere Zeit leidet. Und manch ein Mann würde lieber einen kurzen scharfen Schmerz spüren, als lange hinziehende Schmerzen zu ertragen.»[39]

Während dieser Monate schien Morus überzeugt zu sein, daß er bald sterben würde, gleichgültig, was die Regierung mit ihm vorhatte. In seinem langen Brief an Cromwell über sein Verhältnis zu der Nonne von Kent, den er vor seiner Inhaftierung geschrieben hatte, entschuldigte sich Morus, daß er diesen Brief nicht eigenhändig geschrieben habe. «Aus Rücksicht auf mein Leiden muß ich das Schreiben eine Zeitlang unterlassen; ich habe mir das Übel wahrscheinlich durch das viele Beugen und Auf-die-Brust-Lehnen bei meiner Arbeit als Kanzler zugezogen.»[40] An Dr. Nicholas Wilson, seinen Mitgefangenen im Tower, schrieb er, daß er nicht erwarte, noch sehr lange zu leben. «Seitdem ich im Tower bin, war ich schon ein- oder zweimal dem Tode sehr nahe. Mein Herz schlug jedesmal unbeschwerter in der Hoffnung auf baldige Erlösung.»[41]

Im *Dialogue of Comfort* finden sich mehrere Hinweise darauf, wie Morus im Gefängnis lebte. Der Besuch einer Frau – wahrscheinlich Lady Alice – wurde bereits erwähnt. Sie fand den Gefangenen in einem relativ warmen und behaglichen Raum. Der Fußboden und die Zellenwände waren mit Strohmatten abgedeckt, um Kälte und Feuchtigkeit fernzuhalten.[42] Anton spricht von den Schreckensbildern, die den Menschen nachts heimsuchen, und vermutlich war Morus nicht so heiter und gelassen, daß er nicht auch an Schlaflosigkeit gelitten hätte – an derselben Schlaflosigkeit, die ihn schon vor seiner Inhaftierung gequält hatte.[43] Doch Anton macht einen Mittagsschlaf, und Morus tat wahrscheinlich dasselbe.[44] Für einen Menschen mit einem kranken Herzen war seine Lebensführung fast ideal. Während der ersten Monate seiner Haft hatte Morus seine Bücher und seine Schreibutensilien bei sich, und er könnte seine restliche Lebenszeit durchaus in der monastischen Zufriedenheit verbracht haben, nach der er sich sein Leben lang gesehnt hatte.

Aber die ängstliche und unsichere Regierung war nicht gewillt, ihn in Frieden sterben zu lassen. Im Sommer des Jahres 1534 zettelte Thomas Fitzgerald, der Sohn des Grafen von Kildare, eine irische Revolte an, die wenigstens nach Aussage Chapuys' erfolgreich gewesen zu sein scheint. Der kaiserliche Botschafter berichtete, daß Heinrich deshalb so schlechter Stimmung sei wie schon lange nicht mehr. In derselben Depesche erzählt Chapuys von einem Tischgespräch mit dem schottischen Botschafter, der ein Bündnis zwischen seinem Land und dem Kaiser vorgeschlagen habe – ein Bündnis, das Heinrichs Regierung in größte Gefahr hätte bringen können.[45] Im November berichtete Chapuys, daß der französische Admiral, Philippe Chabot, in London eingetroffen sei. Er sei voller Verachtung für das englische Volk und Königin Anne Boleyn gewesen. Chapuys merkte an, daß der Besuch des Admirals Anlaß für viele Bälle und Tennisspiele gewesen sei, an denen der König teilgenommen habe. Wir können über Heinrichs Energie nur staunen. Eine Rüstung, die 1515 für den König angefertigt worden war, hatte eine Taillenweite von sechsundachtzig Zentimetern. Eine weitere Rüstung, die ihm 1535 angepaßt wurde, hatte bereits eine Taillenweite von einhundertsiebenunddreißig Zentimetern. Er war zu einem fetten Koloß geworden, aber trotzdem tanzte und spielte und jagte er wie ein junger Mann. Bei Hofe war man sich darüber einig, daß die Verhandlungen mit den Franzosen unbefriedigend verlaufen waren und daß aus der geplanten Ehe zwischen Prinzessin Maria und dem französischen Dauphin nichts werden würde.[46] Heinrichs Regierung befand sich also in einer gefährlichen diplomatischen Isolation, während sich gleichzeitig in England ein schlimmer Sturm zusammenbraute.

Morus wurde ohne rechtsgültiges Urteil im Gefängnis festgehalten, weil die Regierung hoffte, damit seinen Willen brechen zu können. Man ging einfach davon aus, daß er der «Nichtanzeige» von Hochverrat schuldig sei, weil er den Eid nicht geleistet hatte. «Nichtanzeige» war jeder kriminelle Widerstand gegen die Regierung außer Verschwörung oder Rebellion. Wer wußte, daß jemand eine verräterische Aktion plante, und das nicht meldete, konnte der «Nichtanzeige» schuldig sein. Die Regierung warf jedem, der den Eid nicht leistete, dieses Vergehen vor und suggerierte dadurch, daß sie allesamt verräterische Gedanken hegten. Wer der «Nichtanzeige» schuldig gesprochen war, verlor seinen Besitz. Der König hätte Morus' Güter allerdings auch ohne Gerichtsverhandlung konfiszieren können. Doch Heinrich erlaubte der Familie Morus, sich ihres Besitzes noch einige Monate lang ungestört zu erfreuen.[47]

Im November trat das Parlament wieder zusammen, und Cromwell und der König drückten weitere Gesetze durch, um die neue Ordnung zu stabilisieren. Durch ein kurzes Gesetz von großer Tragweite wurde der Titel «Oberhaupt der Kirche Englands», den der König dem Klerus entrissen hatte, vom Parlament autorisiert. Die Sicherheitsklausel «soweit es dem Gesetz Christi entspricht» wurde gestrichen. Nach der jetzigen Form des Gesetzes hatten der König und seine Nachfolger die Autorität, die Kirche zu reformieren und im Falle von Irrlehren und Häresien Recht zu sprechen.[48] Das war ganz im Sinne von William Tyndales Schrift *Obedience of a Christian Man* (Der Gehorsam eines Christenmenschen), in der er sich für die Kontrolle des Königs über die Kirche aussprach, und es war die gesetzlich abgesicherte Aufhebung der Privilegien, die der englischen Kirche in der Magna Charta garantiert worden waren.

Mit einem anderen Gesetz wurde der Wortlaut des Eides, den alle Untertanen leisten mußten, auf die Nachfolgeakte gebilligt. Offenbar war durch ein Versehen in der ursprünglichen Akte der Eid nicht in seinem vollen Wortlaut aufgezeichnet worden. Morus und Fisher saßen also im Tower, weil sie sich weigerten, die Worte eines Eides zu sprechen, der auf eine Laune Cromwells und des Kronrats hin formuliert worden war. Roper berichtet, daß Morus der Ansicht gewesen sei, der Eid, der ihm vorgelegt worden war, gehe über das Gesetz hinaus.[49] Dieser Rechtfertigung war die Grundlage entzogen, als der Eid in die Gesetzbücher aufgenommen wurde und alle Engländer vom Gesetz des Reiches gezwungen wurden, darauf zu schwören, daß sie «sich an die Nachfolgeakte halten, sie unterstützen und verteidigen würden (. . .), ebenso wie alle ihre Folgen und Inhalte». Doch das traf auch auf «alle anderen Akte und Gesetze, die in Bestätigung oder Ausführung dieser Akte oder ihres weiteren Inhalts» verabschiedet würden.[50] Jeder, der den Eid schwor, stellte für alle Gesetze, die das Parlament mit der offiziellen Begründung, dem Inhalt der Nachfolgeakte gemäß zu handeln, verabschiedet hatte oder in Zukunft verabschieden würde, einen Blankoscheck auf sein Gewissen aus. Wie immer der Eid auf dieses Gesetz ursprünglich gelautet haben mag, jetzt konnte Morus ihn gewiß nicht mehr ablegen.

Das Gesetz, das für Morus fatale Folgen haben sollte, war die Hochverratsakte, die ebenfalls in dieser Sitzungsperiode verabschiedet wurde. Auch wenn es kaum Aufzeichnungen darüber gibt, was sich im Parlament hinter den Kulissen abgespielt hat, scheint es klar, daß dieser Gesetzesentwurf auf massiven Widerstand stieß. Der Tatbestand des Hochverrats wurde auf jedes schriftlich oder mündlich geäußerte Wort gegen den König, die Königin oder ihre Erben ausgedehnt. Wer sagte, der König sei «ein Häretiker, ein Schismatiker, ein Tyrann, ein Ungläubiger oder Usurpator des Throns», war – im Falle der Überführung – des Hochverrats schuldig. Diese Vorschrift deutet darauf hin, daß es zahlreiche Leute gab, die diese Worte im Munde führten. Die Engländer schreckten vor dem furchtbaren Gesetz zurück, das bloße Worte zu Hochverrat erklärte. Die Regierung konnte das Gesetz offenbar nur durchsetzen, weil sie die Bedeutung der Floskel «in böser Absicht» im Gesetzestext so sehr betonte. Niemand sollte des Hochverrats angeklagt werden, nur weil er schlecht vom König gesprochen hatte. Beweise mußten beigebracht werden, daß die Worte des Angeklagten Teil einer verräterischen Handlung waren, die das Gesetz allerdings nicht näher spezifizierte. Und die Regierung, die das Henkersbeil schon in der Hand hielt, konnte selbst entscheiden, was «in böser Absicht» bedeuten sollte. Bald war klar, daß jedem, der etwas gegen den König sagte, diese böse Absicht unterstellt wurde, die nach dem Gesetz die Voraussetzung für die Todesstrafe wegen Hochverrats war.[51] Zu beachten ist allerdings, daß sich die Angeklagten in Wort oder Schrift gegen den König geäußert haben mußten. Selbst dieser Regierung gelang es nicht, das Parlament so einzuschüchtern, daß es Schweigen mit Hochverrat gleichsetzte. Und solange Morus sein Schweigen wahrte, war er in Sicherheit.

Aber die Regierung war entschlossen, seinen Willen zu brechen. Sie erwirkte einen parlamentarischen Strafbeschluß gegen ihn, in dem er der Nichtanzeige des Hochverrats für schuldig erklärt wurde, weil er den Eid verweigerte. Gleichzeitig wurde ihm aller Besitz genommen, den er vom König bekommen hatte, und sein gesamtes Hab und Gut wurde eingezogen.[52] Wie G. R. Elton bemerkte, klingt in dem Strafbeschluß der Zorn Heinrichs auf seinen alten Freund und Ratgeber an, wenn es heißt, daß Morus «unserem souveränen Herrn auf mannigfaltige Weise unfreundlich und undankbar gedient hat».[53] Gegen Fisher und andere wurde in derselben Sitzungsperiode des Parlaments ebenfalls ein Strafbeschluß erlassen, der jedoch diese Worte nicht enthält.[54] Warum das Datum, an dem Morus' verräterischer Widerstand begonnen haben soll, gerade auf den 1. Mai 1534 festgesetzt wurde, liegt im dunkeln. Klar erkennbar wurde jetzt jedoch die Entschlossenheit der Regierung, Morus zu brechen oder zu töten. Bis zu diesem Zeitpunkt war Morus erlaubt gewesen, Besuche von seiner Familie zu empfangen und im Garten des Tower spazierenzugehen. Jetzt wurden ihm diese Privilegien entzogen.

Im Herbst, ungefähr zu der Zeit, als das Parlament zusammentrat, schrieb Morus zwei Briefe an Margaret, die erhalten sind. In seinen Briefen tauchen

Gedanken auf, die er auch in seinem *Dialogue of Comfort* geäußert hatte – wahrscheinlich, weil er zu jener Zeit gerade an dem Dialog arbeitete. Seine Resignation, wenn man überhaupt von Resignation sprechen kann, wurde während seiner langen Prüfung erhabener und ernster. Er schrieb, daß er alles weitere «der Güte Gottes anheimstellen (wolle). Ich versichere Dir, Margaret, daß ich mein Schicksal ganz in Seine Hände lege; denn ich bete nicht mehr um meine Befreiung, ich bitte auch nicht mehr, daß mir der Tod erspart bleibe. Er möge alles nach Seinem Gefallen lenken; Er weiß ja am allerbesten, was mir wirklich frommt. Seitdem ich hier bin, sehne ich mich weder um der Freude noch um der Bequemlichkeit willen darnach, mein Haus je wieder zu betreten. Oftmals verspüre ich wohl den Wunsch, mit meinen Freunden zu sprechen; besonders aber mit meiner Frau oder mit Dir möchte ich mich unterhalten, denn Ihr tragt ja alle Leiden und Kümmernisse gemeinsam mit mir. Gott hat es nun einmal anders gewollt; ich empfehle Euch täglich Seiner Güte und schöpfe großen Trost daraus, daß Ihr so liebevoll und friedlich beisammen lebt: möge der Herr es weiterhin so belassen.»[55]

Sein Wunsch, mit Lady Alice zu reden, legt nahe, daß ihre Beziehung inniger war, als man nach dem Bild meinen könnte, das für gewöhnlich von ihr gezeichnet wird. Darüber ließe sich spekulieren, denn dieses Bild geht hauptsächlich auf Morus' Äußerungen über seine Frau zurück. Vielleicht ist das ein weiteres Beispiel dafür, wie seine Fiktionen über sein Leben die Wirklichkeit überlagerten und zuweilen sogar ganz verdeckten. Er schrieb an Lady Alice, er sei sicher, daß der König zu gütig sei, um ihr etwas zu nehmen.[56] Aber um Weihnachten 1534 schrieb Lady Alice einen rührenden Brief an den König, in dem sie ihn bat, ihre Familie nicht in Armut zu stürzen und vor allem nicht zuzulassen, daß ihr armer Sohn «in der Welt ausgestoßen und ruiniert wird».[57] Im Mai 1535 schrieb sie unterwürfig an Cromwell und flehte ihn um Hilfe in ihrer «großen und extremen Not» an: Sie müsse für ihren Haushalt sorgen und dann zusätzlich noch jede Woche fünfzehn Schillinge bezahlen, um ihren Gatten und dessen Diener im Tower zu ernähren. (Morus speiste gut; er konnte John Fisher in jenem Winter noch nach dem ersten Schnee Äpfel und Orangen zukommen lassen.[58]) Um diese Ausgaben bestreiten zu können, mußte Lady Alice einige ihrer Kleider verkaufen. Sie bat um eine Audienz beim König.[59] Wir wissen nicht, ob sie ihr gewährt wurde, aber schließlich erhielt sie doch noch eine Pension von zwanzig Pfund pro Jahr und lebte offensichtlich weiter in Chelsea, nachdem Morus' großes Haus konfisziert worden war.[60] William Roper und Gyles Alington litten unter den Verdächtigungen der Regierung, und Roper wurde sogar eine Zeitlang inhaftiert. Dennoch waren offenbar beide in der Lage, Lady Alice eine gewisse Unterstützung zukommen zu lassen, auch wenn ihre Not, wie wir gesehen haben, Roper nicht davon abhalten konnte, nach Morus' Tod einen Prozeß gegen sie anzustrengen.

In der Zwischenzeit schien die Regierung zufrieden damit, Morus und Fisher in Ruhe zu lassen. Die Mächtigen müssen verwirrt gewesen sein. Die historische Erinnerung an Thomas Becket und die Schwierigkeiten, die seine Ermordung dem König bereitet hatte, ließ die Regierung wahrscheinlich zögern, einen Bischof umzubringen, und weil Morus schwieg, war ihm auf legalem Weg nicht beizukommen. Cromwells Regierung hatte in jenen Jahren das geradezu zwanghafte Bedürfnis, den Schein der Legalität zu wahren, als ob die peinlich genaue Beachtung der Formalitäten bei der Einführung eines Gesetzes die tatsächlichen Gegebenheiten mit einem Zauber hätten umgeben können, der die Fortdauer der neuen Ordnung garantierte. Was immer ihre Motive waren, ihre Instinkte waren richtig, denn nichts würde der Rebellion in England so sehr Vorschub leisten, wie ein König, der in dem Ruf stand, das Gesetz zu mißachten. Die List bestand darin, zu erreichen, was die Regierung wollte, und gleichzeitig die Gesetze zu achten.

Zweifellos murrten viele über die Inhaftierung der beiden Männer, aber das Volk blieb insgesamt ruhig. Die Engländer waren daran gewöhnt, daß ehemalige Diener des Königs in den Tower und von dort zum Richtblock gehen mußten. Im England der Tudors war das Regieren stets eine gefährliche Sache. Daß Heinrich in seiner Not das ganze Land mit Kommissaren überschwemmte, die jedem englischen Bürger den Eid abnötigten, mag Chapuys und dem schottischen Botschafter lächerlich vorgekommen sein, hatte aber wahrscheinlich die gewünschte Wirkung. Wer den Eid geleistet hatte, stellte fest, daß das gar nicht so schlimm war. Nach den Worten zu urteilen, die Margaret und andere an Morus richteten, müssen viele der Meinung gewesen sein, er sei einfach widerspenstig, weil er nicht dem Beispiel so vieler weiser Männer folgte, die die Worte gesprochen und mit ihren Namen unterzeichnet hatten. Wer ein schlechtes Gewissen hatte, weil er geschworen hatte, wartete wahrscheinlich noch begieriger als andere darauf, daß Morus und Fisher den Eid leisteten, denn dann wären das eigene Handeln gerechtfertigt und das Gewissen entlastet gewesen. Im nachhinein ist der Held immer groß, aber während er sich heldenhaft benimmt und standhaft ein obskures Prinzip verteidigt, das die wenigsten Leute verstehen, fühlen sich seine Zeitgenossen wahrscheinlich eher unbehaglich oder sind ihm sogar feindlich gesinnt. Die Regierung konnte es sich also leisten, den Dingen ihren Lauf zu lassen, während Morus und Fisher im Gefängnis vermodern und irgendwann vergessen würden. Das passierte in der Renaissance oft genug, und England hatte eine lange Tradition darin, Menschen jahrelang einzukerkern.

Morus lebte weiterhin relativ komfortabel. Sein Diener war noch bei ihm, und er hatte seine Bücher und Papier zum Schreiben. Irgendwann in diesen letzten Monaten seines Lebens begann er sein letztes großes Werk. *De tristitia Christi* (Über die Traurigkeit Christi).

Nicht nur wegen seines Inhalts ist dieses Buch so bemerkenswert, sondern auch weil es das einzige größere Werk von Thomas Morus ist, das als Autograph erhalten ist. Irgendwie wurde es aus dem Tower geschmuggelt und gelangte schließlich nach Spanien, wo es im Reliquienschrein der Kirche Corpus Christi im Colegio del Patriarca in Valencia aufbewahrt wurde. Dort blieb es, bis es, beinahe wie ein Wunder, im Jahre 1963 ans Licht kam.[61]

Allerdings hatte man schon vor dieser Entdeckung von der Existenz des Werkes gewußt. Mary Basset, die Tochter Margarets und Morus' Enkelin, hatte während der Regierungszeit Marias eine englische Übersetzung angefertigt; außerdem waren noch einige lateinische Abschriften im Umlauf. Aber das Manuskript, das Morus mit sorgfältiger Hand geschrieben hat – mit allen Streichungen und Verbesserungen –, führt uns seine letzten Tage ganz besonders lebendig vor Augen.

Das Werk nimmt die Geschichte der Leiden Christi ungefähr an der Stelle auf, wo die *Treatise on the Passion* abbricht. Die Messe ist eingeführt, das heilige Abendmahl ist vorüber, Judas hat sich entfernt. Jesus und die übrigen Jünger singen ein Lied und gehen auf den Ölberg. Morus folgt dem biblischen Text des Evangeliums und kommentiert ihn sorgfältig wie ein mittelalterlicher Universitätslektor: da erklärt er ihn, dort erzählt er eine kleine Geschichte oder stellt ein, zwei Vermutungen an, meistens jedoch zieht er fromme Lehren aus dem Beispiel Christi.

Dabei geht es Morus vor allem um Angst und wie sie durch Meditationen über die Leiden und die Liebe Jesu zu überwinden sei. Wie der *Dialogue of Comfort* ist *De tristitia Christi* Kunst, die in den Dienst des Lebens gestellt wird, eine literarische Übung, mit der Morus den Schrecken seiner Phantasie wehren will. Die erstaunliche Vielfalt dieses Werkes vermittelt uns ein verblüffendes Bild von der Ruhe, die Morus in einer Zeit beseelte, da er schreckliche Angst hatte, aber felsenfest von der Richtigkeit seines Weges überzeugt war.

In dem Werk wird das Bedürfnis nach einer Erklärung spürbar, die den biblischen Bericht glaubhaft macht. Um wirklichen Trost bieten zu können, mußte die Geschichte von den Leiden Christi wahr sein. Doch die Berichte in den Evangelien enthielten viele Ungereimtheiten, und Morus schien sich, fast unbewußt, vorgenommen zu haben, diese Probleme herauszuarbeiten, sie zu erklären und zu lösen, damit das, was Jesus gelitten hatte, mit mehr Gewißheit in jener Welt verbreitet werden konnte, in der wir alle leben und leiden. *De tristitia Christi* ist eine vernunftgemäße Begründung des Glaubens für die Welt der christlichen Renaissance, die eine Welt quälender Zweifel war. Die Kommentare, die oftmals wie sinnlose Exkurse klingen, entsprechen also exakt dem frommen Zweck des Buches. Woher wußten die Verfasser der Evangelien, daß Christo große Tropfen von Blut auf der Stirn standen, als er im Garten Gethsemane betete? Die Jünger schliefen, und Christus war allein. Niemand konnte ihn gesehen haben. Morus erklärt, Christus müsse nach seiner Auferstehung von den Toten Maria und den Jüngern von seinem blutigen Schweiß erzählt haben.[62] In seiner übertrieben rationalen Denkweise kommt er nicht auf die Idee, die mittelalterlichen Interpretationen zu erwähnen – die auch die biblischen Fundamentalisten unserer Zeit naiv propagieren: Die Verfasser der Evangelien waren direkt inspiriert und bedurften keiner sekundären Quelle für die Ereignisse, die sie aufzeichneten. Der Mann, der das Prinzip des Wunderbaren so leidenschaftlich verteidigt hatte, konnte selbst nur bedingt an Wunder glauben.

Andere Fragen werden mit derselben geduldigen Sorgfalt behandelt. Weshalb erkannte niemand Christus im Garten oder direkt nach der Auferstehung? Warum hatte Christus Angst, obwohl er göttlich war? Warum gab er vor, von Judas verraten worden zu sein? Wie ist die Information zu bewerten, daß die Nacht kalt gewesen sein muß, denn die Passion begann kurz nach der Frühlings-Tagundnachtgleiche, und in der Bibel steht, daß die Diener sich im Hofe hinter dem Haus der Hohenpriester an einem Feuer wärmten, als der Morgen graute.[63] In all seinen Schriften behandelte Morus das konkrete, sprechende Detail mit liebevoller Sorgfalt, und sein literarisch geschultes Auge wandte sich auch in alten Texten solchen Dingen zu.

Manchmal gibt Morus diesen Einzelheiten allegorische Bedeutung. Überhaupt verwendet er die Allegorie in *De tristitia Christi* viel häufiger als in jedem anderen Werk aus seiner Feder. Die Allegorie schreitet stets vom konkreten Detail zu seiner symbolischen Bedeutung. Die allegorische Bedeutung eines anscheinend unwichtigen Ereignisses zu erkennen, heißt, das Besondere in das Allgemeine einzufügen, um sich emotional und intellektuell mit der göttlichen Weisheit zu vereinigen. Die Allegorie war für das Mittelalter, was die Mathematik für die Gegenwart ist: ein vereinheitlichendes System von Symbolen, die die scheinbar verwirrende Vielfalt der Welt der Erscheinungen geistig kohärent und dem menschlichen Denken zugänglich machte. Die Allegorie befriedigte das dauernde menschliche Bedürfnis nach einer gewissen Begründung, nach einem gesicherten Glauben, daß hinter dem Chaos der Wahrnehmungen ein geordnetes Universum existiere. In der Neuzeit wird dieses Bedürfnis durch mathematische Gesetze befriedigt. Es war also nur natürlich, daß ein Mann, der einen schrecklichen Tod vor sich sah und wußte, daß er weder die Traditionen der Kirche noch die traditionellen Gesetze seines Landes verletzt hatte, sich in seinem letzten großen literarischen Werk der Allegorie zuwandte.

Morus stellte fest, daß Kidron – so hieß der Bach, den Christus überqueren mußte, um in den Garten Gethsemane zu gelangen – «Traurigkeit» bedeutet. Gethsemane heißt soviel wie «fruchtbarstes Tal» oder «Tal der

Oliven». Deshalb hat die Szene nach Morus die allegorische Bedeutung, daß wir den «Strom der Traurigkeit überqueren müssen, dessen Fluten die Schwärze und den Schmutz unserer Sünden fortspülen», bevor wir der ewigen Freuden des Himmels teilhaftig werden können.[64]

Er verwendet viel Zeit darauf, über die Identität des jungen Mannes zu rätseln, der Jesus folgte und dann, als er von der Masse erkannt worden war, festgenommen wurde. Doch er riß sich los, ließ sein Gewand in ihren Händen zurück und rannte nackt davon. Aus dieser Geschichte und aus dem Bericht über die Flucht der Apostel zieht Morus den Schluß, daß Menschen, die zweifeln, ob sie Schmerzen ertragen können, fliehen sollten, wenn Gott ihnen eine Möglichkeit zum Entkommen gibt. Allerdings dürfe niemand seinen Posten verlassen, wenn Gott ihm befohlen habe, zu bleiben. «Aber wenn Gott durch die Flucht nicht beleidigt wird, ist es gewiß der sicherere Weg, eiligst die Flucht zu ergreifen, als zu warten und gefangen zu werden und so in die Gefahr zu geraten, eine schreckliche Sünde zu begehen.»[65]

Das Thema «Schmerz» ist in diesem Buch ständig präsent. Morus erzählt ruhig und mitfühlend von den Leiden Christi, der in Gethsemane betet. Er nahm an, daß Christus in jener dunklen Nacht «den treulosen Verräter, die bitteren Feinde, die bindenden Fesseln, die falschen Anschuldigungen, die Verleumdungen, die Schläge, Dornen, Nägel, das Kreuz und die schrecklichen Foltern, die sich über viele Stunden erstreckten» vorhersah.[66] Morus muß sich seinem Herrn sehr nahe gefühlt haben, als er das schrieb. Die Textstelle erinnert an seinen Brief an Margaret, in dem er gesteht, wie sein Körper bei dem Gedanken an Schmerzen zurückschreckt.[67]

Er fand Trost in dem Kummer und der Angst, die Christus vor seinem Tod hatte, und betonte, daß Christus uns zwar befiehlt, ihm bis zum Ende zu folgen, aber nicht von uns verlangt, ohne Furcht zu sein, wenn dieses Ende schwer ist. «Der Tapfere richtet sich unter den Schlägen auf, die ihn peinigen», schreibt Morus. «Der Gefühllose spürt sie einfach nicht, wenn sie auf ihn niedergehen.»[68] Christus will, daß wir tapfer sind und nicht gefühllos, und nur aus Rücksicht auf unsere schwache Natur erlaubt er uns, die Bestrafung zu fliehen, wenn wir das tun können, ohne seiner Sache zu schaden.[69] Während der Christenverfolgung haben einige tapfere Menschen sich öffentlich zu ihrem Glauben bekannt, obwohl niemand das von ihnen verlangte, und einige haben freiwillig den Tod erlitten, obwohl niemand das von ihnen forderte. Aber nicht jeder ist so tapfer, und Gott fordert nicht von uns allen, was er von einigen verlangt. «Wenn also jemand an dem Punkt angelangt ist, an dem er entweder Qualen leiden oder Gott verleugnen muß, dann darf er nicht daran zweifeln, daß es Gottes Wille war, der ihn in diese Krise gebracht hat. Deshalb hat er guten Grund, das Beste zu hoffen, denn Gott wird ihn entweder aus dem Kampf erlösen oder ihm in seinem Kampf zur Seite stehen und ihn gewinnen lassen, damit Er ihn mit dem Siegerkranz schmücken kann.»[70] Der Sieg, den Morus im Sinn hatte, war der Sieg über Angst und Schmerzen. Der Siegerkranz war die Märtyrerkrone.

Diese Passagen erlauben einen Blick in Morus' qualvolle Gedankenwelt. Sein Martyrium bleibt nach wie vor von einem Geheimnis umgeben. Es bereitet dem Biographen Schwierigkeiten, denn er muß jene unüberwindliche Unwissenheit eingestehen, mit der alle Historiker der Geschichte gegenüberstehen. Doch in diesem Fall muß man Thomas Morus als den Menschen akzeptieren, der er war: kein großer Märtyrer, keiner der fanatischen Heiligen aus der *Goldenen Legende*, die auf ein Wunder warteten, das sie und ihre Entscheidung bestätigen sollte. Morus war eher ein Mensch mit einem tiefen, beinahe unheimlichen Sinn für seine eigene Schwäche. Er war seines Publikums stets eingedenk und hätte niemals große Erklärungen abgegeben, die er unter Folter und unerträglichen Schmerzen möglicherweise widerrufen hätte. Vom Standpunkt der Forschung aus wäre es wünschenswert, daß er bei seinen Erklärungen ein wenig präziser und kühner gewesen wäre – so kühn wie Fisher. Aber Morus war nicht Fisher. Er war er selbst, und sein Glaube war so stark, daß er davon überzeugt war, nicht alle Zwecke Gottes, selbst in England, würden von ihm allein abhängen. Morus würde tun, was sein Wesen ihm zu tun erlaubte, und Tag für Tag sein Leben leben und einen Schritt vor den anderen setzen. Gott würde das übrige tun

Aus *De tristitia Christi* spricht überall die Liebe zu Christus, doch gelegentlich flammt der Haß gegen die Häresie auf, die so zerstörerisch auf die Kirche gewirkt hatte. Morus verdammte alle, die sich an der Tradition der Kirche versündigten und Laien erlaubten, das heilige Abendmahl in Form des Leibes und des Blutes Christi zu empfangen.[71] Er schmähte die Zwinglianer, die lehrten, daß das Brot und der Wein beim Abendmahl Brot und Wein blieben und nur Symbole für den Leib und das Blut seien – was auch Frith behauptete.[72] Judas, der Christus mit einem Kuß verriet, ähnele den Häretikern, die behaupteten, Christus zu lieben, während sie ihn verrieten. Und das treffe auch auf die Soldaten zu, die Christus zum König der Juden ausriefen, aber nicht meinten, was sie sagten.[73] Die Häretiker beteuerten ihre Liebe zu Christus, in Wirklichkeit aber haßten sie ihn. Morus verspottete sie, weil sie prinzipiell der Ansicht waren, die Heilige Schrift allein sei Autorität genug für Christen, und weil sie nicht nur die Schriften der heiligen Kirchenväter anzweifelten, sondern sich auch untereinander nicht vertrugen.[74]

Judas, ein Symbol für alle Häretiker, hätte bis zu dem Augenblick, da er Christus verriet, bereuen können, und selbst danach hätte Gott ihm Gnade gewährt, wenn er auch nur im geringsten den Wunsch gezeigt hätte, zurückzukehren.[75] Ebenso könnten die Häretiker – die «neuen Männer», wie er sie nennt – bereuen, wenn sie nur wollten, und Morus betete, daß sie nach Hause zu Gott kämen.[76] Aber es ist klar, daß Morus von ihnen ebensowenig erwartete, daß sie bereuten, wie man von Judas erwartet haben könnte, daß er in den Kreis der Jünger zurückkehrte. Judas ging schließlich auf elende Weise zugrunde, und Morus berichtet mit unbarmherziger Befriedigung und grimmigen Ermahnungen von seinem Untergang. «Die Luft sehnt sich danach, giftige Dämpfe gegen diesen bösen Mann zu blasen. Das Meer sehnt sich danach, ihn mit seinen Wogen zu überspülen. Die Berge wollen ihn unter sich begraben, und die Täler sich gegen ihn erheben. Die Erde will sich unter ihm öffnen, die Hölle ihn nach seinem wilden Fall verschlingen und die Dämonen ihn in Abgründe ewig züngelnder Flammen stoßen.»[77]

Wir finden noch zahlreiche andere Angriffe gegen die Häresie in *De tristitia Christi*, und Morus' Zorn auf die Häretiker ist selbst angesichts seiner eigenen Lebensumstände zu jener Zeit nicht weiter verwunderlich. Es ist unwahrscheinlich, daß ein leidenschaftlicher Mann wie er gelernt hätte, nachsichtig gegen jene Menschen zu sein, die eine Revolution entfacht hatten, die seinen König und sein Land in das Schisma getrieben, seine Familie in die Armut gebracht und ihm selbst so viele schlaflose Nächte der Angst und Hilflosigkeit beschert hatten. Wenn er plötzlich nachsichtig oder gar gleichgültig gegen die gewesen wäre, die er so lange gehaßt hatte, oder resigniert und sie toleriert hätte, dann wäre all das, was er getan hatte, was sein Leben in Gefahr und ihn schließlich auf das Schafott brachte, für ihn selbst und für die Nachwelt sinnlos gewesen.

Die Abhandlung bricht mit der Verhaftung Jesu ab. Die Soldaten waren mit Judas gekommen, um ihn festzunehmen. Unter die Übersetzung Mary Bassets notierte William Rastell: «Sir Thomas More schrieb nicht mehr an diesem Werk. Als er an dieser Stelle angelangt war, wurde er unter so strenge Haft gestellt, daß ihm alle seine Bücher und seine Feder und seine Tinte und sein Papier weggenommen wurden. Bald danach wurde er zu Tode gebracht.»[78]

Man kann selbstverständlich die Ansicht vertreten, daß Morus sein Werk hier abschloß und es sich folglich um ein rhetorisches Ganzes handele.

Der Schlußsatz klingt tatsächlich wie eine Zusammenfassung. Er ist ziemlich lang: «Als Christus die Kriegsknechte nur durch seine Worte niedergeworfen hatte, als das Ohr des Knechts des Hohepriesters abgeschlagen und wieder angefügt worden war, als den anderen Aposteln verboten worden war, zu kämpfen, und Petrus (der den Kampf bereits begonnen hatte) zurechtgewiesen worden war und als Christus noch einmal zu den jüdischen Ältesten, die zu diesem Zeitpunkt anwesend waren, gesprochen und verkündet hatte, daß sie jetzt die Erlaubnis hätten, das zu tun, was sie vorher nicht tun konnten – ihn gefangenzunehmen –, und als schließlich alle Apostel entkommen waren, weil sie wegrannten, als der junge Mann, der gepackt worden war, aber nicht festgehalten werden konnte, sich gerettet hatte, weil er es hinnahm, nackt zu fliehen, erst dann, als all das geschehen war, legten sie Hand an Jesus.»[79]

Das liest sich durchaus wie ein geplanter Schluß, und nicht wie ein unerwarteter Abbruch. Die Worte hatten offenbar eine persönliche Bedeutung für Morus. Wie Jesus würde er bald von seinen Feinden ergriffen und getötet werden.

Ungefähr zu jener Zeit verfaßte Morus ein Gebet. Er schrieb es auf den Rand eines lateinischen Stundenbuches, das er mit sich im Tower hatte. Das Buch, das heute in der Yale's Beinecke Rare Book Library aufbewahrt wird, ist mit einem lateinischen Psalmenbuch zusammengebunden, das ebenfalls Notizen aus Thomas Morus' Feder enthält. Doch das Gebet ist durchdrungen von Morus' lebenslangem Kampf mit sich selbst und der Einsamkeit, die er jetzt im Gefängnis ertragen mußte. Nichts, was er jemals schrieb, offenbart uns den Menschen Thomas Morus so knapp und so anmutig:

Deine Gnade schenk mir, guter Herr,
Diese Welt geringzuachten.

Meine Seele fest an dich zu binden,
Nicht an Menschenmund und Wort zu hängen.

Laß mich bejahen, daß ich einsam bin
Und wunschlos nach der Kumpanei der Welt.

Gib, daß jeder Schritt aus ihr heraus
Mein Herz der irdischen Gerechtigkeit entrückt;

Daß es mir nicht Verlockung, sondern Qual bedeute,
Auf Hirngespinste, Weltgeschwätz zu hören.

Laß voller Freude, lieber Herr, an dich mich denken
Und deine Hilfe fromm erbitten.

Gewähre mir, ganz deinem Trost zu trauen
Und dich zu lieben als meiner Mühen Lohn;

Meine Bosheit zu erkennen, die Erbärmlichkeit,
Und demütig in deiner Hand zu werden.

Herr, mach mich willig, meine Sünden zu beklagen,
Für ihre Sühnung Leid geduldig zu ertragen.

Ich preise, Herr, was mich schon hier auf Erden reinigt;
Laß mich in Not und Elend fröhlich sein!

Den schmalen Pfad zum Leben laß mich gehen
Und Christi Kreuz die eignen Schultern leihn.

Die letzte Stunde laß mir vor der Seele stehen,
Vor Augen immerfort den Weggefährten Tod.

Ihn gib mir, Herr, zu meinem Nebenmann,
Damit ich nie die Hölle zu betrachten unterlasse

Und um Vergebung bitte, eh der Richter naht,
Im Herzen gegenwärtig, was Christus für mich litt.

Gewähr mir, lebenslang zu danken für sein Gutsein
Und rückzukaufen die verlorne Zeit;

Von Wortgeklingel, Redeschwall mich freizuhalten
Und ebenso von lauten törichten Vergnügen.

Den dummen aufgeputzten Leerlauf laß mich meiden
Und was Frau Welt so feilbietet an Freuden:

Freundschaft, Freiheit, Lebenslust, wonach wir trachten,
Gelange ich zu Christus nur, für nichts zu achten.

Als meinen besten Freund lehr mich erkennen
Den schlimmsten Feind. Die Brüder Josefs hätten

Mit aller Lieb und Gunst ihm so viel Gutes
Nie erweisen können wie durch ihren Haß und Neid!

Dies alles zu bedenken, nützt unendlich mehr
Als aller Fürsten Reichtum dieser Welt

Und als der Christen und der Heiden Gut und Geld,
Und wäre es auch aufgehäuft zu Bergen.[80]

Das ist das Gebet eines Menschen, der das Leben und viele jener Freuden geliebt hat, denen er hier entsagt, und jetzt Christus bittet, ihn von der Knechtschaft all dieser Freuden auf einmal zu erlösen.

KAPITEL 29

Die letzten Tage

Im April 1535 nahm die Regierung ihren Feldzug gegen die Dissenter wieder auf. Cromwell ging zunächst gegen die Kartäuser vor, den stärksten und reinsten Klosterorden, den es in England noch gab. Ihr Londoner Prior, John Houghton, lehnte den königlichen Suprematsanspruch aus jener Zeit einleuchtenden Gründen ab. «Wie kann der König, ein Laie», fragte er Cromwell, «das Oberhaupt der Kirche Englands sein?»[1] Houghton wurde in den Tower gesperrt und mit ihm zwei andere Kartäuser, ebenfalls Prioren, die nach London gereist waren, um ihn um Rat zu bitten. Richard Reynolds vom Birgittenkloster in Syon hatte die Suprematie des Königs ebenfalls nicht anerkannt und war verhaftet worden. Reynolds hatte sich für die Nonne von Kent interessiert und mit Morus über sie gesprochen.[2] Da diese Männer sich alle gegen die Suprematie ausgesprochen hatten, konnten sie nach der neuen Hochverratsakte angeklagt werden. Am 29. April wurden die vier verurteilt, alle Grausamkeiten der Hinrichtung eines Verräters zu erdulden. Sie argumentierten zwar, daß sie die Suprematie nicht «in böser Absicht» leugneten und deshalb nicht nach der Hochverratsakte verurteilt werden könnten, aber die Richter entschieden, daß jeder, der die Suprematie leugnete, das in böser Absicht tue. Und damit war der Fall erledigt.[3]

Cromwell wandte im Umgang mit Thomas Morus zu jener Zeit auch bewährte psychologische Finessen an, um den Willen eines Gefangenen zu brechen: Schlechte und gute Nachrichten wechselten ebenso ab wie harte und sanfte Behandlung, Konzilianz und Beleidigungen. Dies sollte den Gefangenen emotional verunsichern und ihn schließlich dazu bringen, in seinem Peiniger einen Beschützer und Vertrauten zu sehen.

Am 4. Mai erhielt Margaret die Erlaubnis, ihren Vater zu besuchen. An jenem Morgen wurden die Kartäuserprioren und Richard Reynolds in einem großen Umzug zu ihrer grausamen Hinrichtung nach Tyburn geführt. Der Rat muß gewollt haben, daß Morus und seine geliebte Tochter beisammen waren und die Männer der Bestrafung entgegenschreiten sahen, die auch Morus erleiden könnte. Vielleicht würden Margarets flehentliche Bitten, den Eid doch noch zu leisten, irgendeine Wirkung zeitigen. Aber Morus blieb fest. Er stand mit Margaret an einem Fenster und sah zu, wie die Opfer zur Schlachtbank gingen. In Ropers Darstellung sagte er zu seiner Tochter:

> Siehst du nicht, Meg, daß diese gesegneten Väter jetzt so freudig in den Tod gehen wie ein Bräutigam zu seiner Hochzeit? Und daran magst du sehen, meine gute Tochter, welch großer Unterschied ist zwischen denen, die ihre Tage in einem aufrechten, harten, bußfertigen und schmerzvollen Leben auf religiöse Weise verbracht haben, und denen, die in der Welt als irdische Jammergestalten leben, wie dein armer Vater es getan hat, und ihre Zeit in Freude und Behaglichkeit völlig zügellos verleben. Denn Gott, der ihr lang dauerndes Leben in schmerzhaftesten und quälendsten Leiden weiterführt, wird jenen nicht zumuten, noch lange in diesem irdischen Jammertal zu verharren, sondern sie eilig in den Genuß seiner ewigen Göttlichkeit bringen. Wohingegen dein törichter Vater, Meg, der wie der elendste Schuft sein ganzes jämmerliches Leben höchst sündig verbracht hat, von Gott noch nicht für würdig befunden ist, so bald in jene ewige Seligkeit einzugehen; deshalb beläßt Gott ihn immer noch in dieser Welt, damit er noch weiter vom Elend gequält wird.[4]

Roper ist zwar immer eine fragwürdige Quelle, doch hier berichtet er von einer der lebendigsten Äußerungen des Thomas Morus: angesichts des nahen Todes sehnt er sich nach dem klösterlichen Leben, dem er vor so langer Zeit entsagt hatte, um in der Welt ein anderes Leben zu führen. Doch diese Chance ist vertan, und er wünscht sich nur noch, daß Gott ihn zu sich nehme.

Die Mönche, die Morus nach Tyburn gehen sah, wurden vor einer großen Menschenmenge auf die barbarischste Weise hingerichtet. Chapuys berichtete, daß sie nicht aus dem Priesterstand ausgestoßen worden seien, bevor sie starben. Der Herzog von Norfolk habe zusammen mit dem Herzog von Richmond (Heinrichs illegitimem Sohn) und Thomas und George Boleyn an der Hinrichtung teilgenommen; außerdem seien noch vierzig Reiter aus der Leibwache des Königs anwesend gewesen. Die Höflinge hätten Masken getragen, und auch der König habe Interesse daran bekundet, der Hinrichtung beizuwohnen. Chapuys schrieb, allgemein werde geglaubt, daß auch Morus und Fisher bald sterben müßten. Der König würde sich möglicherweise an solche Grausamkeiten gewöhnen und sich dann Königin Katharina und Prinzessin Maria zuwenden. Anne Boleyn, sagte Chapuys, sei «grimmiger und arroganter denn je. Wie ich höre, hatte sie sogar die Stirn, dem König zu sagen, er sei ihr verpflichtet, wie nur je ein Mann einer Frau verpflichtet war, denn sie habe ihn von der Sünde befreit, in der er gelebt hätte». Roper berichtet, Margaret habe zu jener Zeit Morus erzählt, daß es «Königin Anne» nie besser gegangen sei. Darauf soll Morus erwidert haben: «Ach, Meg! Es dauert mich, wenn ich denke, in welches Elend diese arme Seele bald geraten wird.»[5]

Bald nach der Hinrichtung der Mönche habe Cromwell Morus besucht, berichtet Roper. Er habe sich nach seinem Befinden erkundigt und ihn des guten Willens des Königs versichert. Von jetzt an, habe Cromwell gesagt, wolle Heinrich Thomas Morus' Gewissen nicht weiter bedrängen. Morus ließ sich von dieser plötzlichen Freundschaftsbeteuerung nicht täuschen. Er schrieb ein paar Verse an das Glück, die mit den Worten endeten: «Und immer, wenn sie sich beruhigen, halte ich Ausschau nach einem Sturm.»[6]

Der Sturm ließ nicht lange auf sich warten. Am 7. Mai kam Cromwell wieder.[7] Er brachte ein Gefolge von Speichelleckern mit, die auf den Korridoren des Towers herumstanden, als Morus von seiner Zelle in eine Kammer geführt wurde. Dort saßen Cromwell und eine Gruppe nicht sehr bekannter Leute, unter ihnen Sir Christopher Hales, erster Kronanwalt, Thomas Bedyll, Sekretär des Geheimen Kronrats, Sir John Tregonwell, ein Richter, und Sir Richard Riche, ein mittelmäßiger Mensch, der sich allmählich den mittleren Jahren näherte und die meisten seiner hochfliegenden Ambitionen noch nicht befriedigt hatte. Er war gerade zum Zweiten Kronanwalt ernannt worden. Sie forderten Morus auf, sich zu setzen. Aber wie schon im vergangenen April wollte er lieber stehen.

Cromwell fragte ihn, ob er von den Gesetzen gehört habe, die in der letzten Sitzungsperiode des Parlaments verabschiedet worden waren. Morus antwortete, jemand habe ihm ein Buch mit den Gesetzen gegeben. Er habe es aber wieder zurückgegeben, weil er es in seiner Situation nicht für nötig erachtet habe, viel Zeit auf solche Dinge zu verwenden. Ob er das erste Gesetz gelesen habe, fragte Cromwell, in dem der König zum Oberhaupt der Kirche erklärt werde. Ja, sagte Morus, dieses Gesetz habe er gelesen. Was er von ihm halte, fragte Cromwell weiter. Der König und der Kronrat wären sehr interessiert an seiner Ansicht. Morus verlieh seiner Überraschung Ausdruck, daß er abermals gedrängt werde, seine Gewissensentscheidung offen darzulegen. Er hatte Grund, überrascht zu sein, wenn Cromwell ihm tatsächlich vor drei Tagen nach der Hinrichtung der Mönche versichert hatte, daß man ihn in Ruhe lassen werde.

In der Zwischenzeit war Cromwell und dem König offenbar das Gerücht zu Ohren gekommen, daß Karl eine Invasion in England vorbereite. In Wirklichkeit plante Karl einen Schlag gegen die Moslems in Tunis. Nachrichten von diesen militärischen Vorbereitungen waren nach England gedrungen, und es war nur natürlich, daß irgend jemand auf die Idee kommen würde, daß das Gerede von der tunesischen Expedition nur dazu diene, von den Plänen gegen Heinrich abzulenken. Am 8. Mai suchte Cromwell wegen dieser Gerüchte den kaiserlichen Botschafter Chapuys auf. Er teilte ihm mit, daß eine solche Invasion viel schwieriger und kostspieliger sei, als die Leute glaubten. «Selbst wenn Eure Majestät», überbrachte Chapuys dem Kaiser, «dieses Land erobern sollten, würde es Euch nicht zur Ehre gereichen, einen treuen, alten Freund (wie Heinrich, A.d.V.) so behandelt zu haben.» «Außerdem», sagte Cromwell, «könne der Kaiser nach seinem Tod das Königreich an seine Erben weitergeben, und dennoch würde die Infamie einer solchen Handlung seinem Namen auf immer anhaften.»[8] Das hört sich ganz nach einem Akt der Verzweiflung an, und da Cromwell während der Unterredung darauf anspielte, daß einige Engländer die Invasion womöglich sogar begrüßen würden, ist es verständlich, daß die Regierung sich zu diesem Zeitpunkt ganz besonders bemühte, Morus in die Knie zu zwingen.

Aber Morus beantwortete Cromwells Fragen nicht. Er sagte nur, er habe seinen Kopf von solchen Dingen befreit und werde weder über die Titel von Päpsten noch über die Titel von Königen streiten, bliebe aber der treue, loyale Diener des Königs, für den er täglich bete. Cromwell entgegnete, daß diese Antwort nicht ausreiche. Der König wäre nicht zufrieden mit ihr. Dann versuchte er Morus mit einer strahlenden Hoffnung zu ködern. Heinrich sei «nicht ein Fürst der Strenge, sondern ein Fürst der Gnade und Milde», und wenn Morus einlenken würde, könnte er bald wieder unter anderen Männern mitten in der Welt stehen, ganz wie es früher gewesen sei.[9] Für einen Mann, der so gesellig und sozial veranlagt war wie Morus, war das eine mächtige Versuchung.

Doch er blieb fest. Er gedenke sich nicht mehr in irdische Belange zu mischen, sagte er, sondern seinen Sinn nur noch auf die Leiden Christi zu richten und sich mit diesen Gedanken auf den Tod vorzubereiten. Das war vermutlich ein Hinweis auf seine Schrift *De tristitia Christi* (Über die Traurigkeit Christi).

Die Kommission beschloß, sich zu beraten, und Morus wurde hinausgeschickt. Als er wieder hereingeführt wurde, teilte Cromwell ihm mit, daß sein Status als Gefangener ihn nicht von seinem Gehorsam dem König gegenüber entbinde – was Morus nicht abstritt. Cromwell machte noch eine entlarvende Bemerkung: Morus' Widerstand gegen die Suprematsakte habe andere dazu verführt, sich ihr ebenfalls zu widersetzen.[10] Vielleicht plagte ihn der Gedanke an den Prozeß gegen Reynolds und die Kartäuser, der erst wenige Tage zurücklag. Richard Reynolds, ein alter Bekannter von Morus, hatte seine Weigerung, die königliche Suprematie anzuerkennen, mit Worten begründet, die sofort an die Worte von Thomas Morus erinnnern, auch wenn Morus selbstverständlich vorsichtig war und nur ganz allgemein über Gesetze und nicht speziell über dieses redete. Reynolds wurde gefragt, wie er auf seinem Widerstand gegen ein Gesetz beharren könne, das so viele Lords und Bischöfe im Parlament und das ganze Reich anerkannt hatten? Er entgegnete: «Wenn wir unsere Meinungen durch Beweise, Zeugnisse oder

Gründe verteidigen müßten, würden auf meiner Seite beweiskräftigere Argumente stehen als auf Eurer, denn ich stehe in der Gunst der ganzen restlichen Christenheit – ja, ich wage zu sagen, sogar dieses ganzen Königreiches. Mag auch der geringere Teil zu Euch halten, so bin ich trotzdem sicher, daß der größere Teil im Innern seines Herzens unserer Meinung ist, auch wenn er nach außen hin, teils aus Angst und teils aus Hoffnung, erklärt, er sei Eurer Meinung.»[11] Wenn die Zeit gekommen sei und der König die Wahrheit erkannt habe, sagte Reynolds, würde er jenen grollen, die ihn so schlecht beraten hätten. Falls Cromwell sich an den Brief von Margaret More Roper an Alice Alington erinnerte, müßte er gestaunt haben, wie ähnlich ihre Ansichten waren, und es spricht viel dafür, daß Cromwell sich an ihn erinnerte.

Zweifellos spürte die Regierung das mürrische, schweigende Unbehagen vieler Menschen gegen die Politik des Königs, auch wenn sich kein allgemeiner, öffentlicher Protest erhob. Menschen wie Cromwell konnten nicht alle festnehmen lassen, die zu dieser schweigenden Menge gehörten, aber Cromwell konnte Morus vernichten, und er war für ihn – wie für den König – wahrscheinlich immer mehr zum Symbol des Widerstands geworden.

Morus entgegnete auf diesen Vorwurf, er habe keinem Menschen in irgendeiner Hinsicht einen Rat gegeben. Und dann sagte er einige der großen Sätze auf seinem Leidensweg:

> Ich bin des Königs Untertan und täglicher Fürbitter; ich bete für Seine Hoheit, für alle Ihre Getreuen und für das ganze Reich. Ich tue niemandem Schaden an, ich sage nichts Böses, ich denke nichts Böses, ich wünsche allen nur das Beste. Sollte das nicht genügen, um einem Menschen das Leben zu lassen, dann kann ich nicht weiter wünschen, am Leben zu bleiben. Ich bin ja übrigens dem Tode schon sehr nahe. Seitdem ich hier in Gefangenschaft sitze, habe ich schon öfters geglaubt, meine letzte Stunde sei gekommen. Gott sei Dank war ich gar nie traurig darüber; im Gegenteil, wenn ich merkte, daß der Anfall wieder vorüberging, war ich traurig. Mein armer Leib steht also dem König ganz zur Verfügung. Gott gebe, daß ihm aus meinem Tod nur Nutzen entstehe.»[12]

Cromwell war hartnäckig: «Nun, Ihr findet nichts Unrechtes an diesem Gesetz; wie denkt Ihr denn über die anderen?» Die Feststellung und die Frage klingen ganz danach, als versuche Cromwell, Morus eine goldene Brücke zu bauen, aber nach der Präambel der Nachfolgeakte und nach der neuen Hochverratsakte war es ebenso ein Kapitalverbrechen, gegen Gesetze zu sprechen, die die Nachfolgeakte verteidigten, wie gegen die Nachfolgeakte selbst. Cromwell versuchte, Morus auf subtile Weise in eine Falle zu locken, aber Morus ließ sich nicht täuschen. Er lehnte es ab, weiter über irgendwelche Gesetze zu sprechen. Also wurde er zurück in seine Zelle gebracht, und für den Augenblick ließ man die Sache auf sich beruhen.

Cromwell muß angesichts seiner Probleme verwirrt gewesen sein. Anne Boleyn und der König bedrängten ihn, Morus zu brechen, und seine Unterredung mit Chapuys am Tag nach diesem enttäuschenden Verhör zeigt, wie beunruhigt und verzweifelt er war. Aus unserer zeitlichen Entfernung erscheint er als ein Mann, der wild umherlavierte, um in einer Situation Ordnung zu schaffen, die sich jeden Moment in Chaos aufzulösen und die Nation und ihn selbst mitzureißen drohte. Er war, wie Morus, ein sehr emotionaler Mensch, der seine Leidenschaften oft im Interesse der Effizienz seines Handelns zügeln mußte.

Cromwell war vermutlich Anne Boleyns Verbündeter. Schon im Jahre 1535 fühlte sie, daß ihr der König immer mehr entglitt. Im September 1534 hatte Chapuys berichtet, Anne und Heinrich hätten wegen des amourösen Interesses, das Heinrich an einer «sehr schönen jungen Dame an diesem Hof» bekundete, eine kleine Meinungsverschiedenheit gehabt. Da Heinrich der Dame größte Aufmerksamkeit schenke, habe Anne versucht, «das Fräulein aus ihrem Dienst zu entlassen». Heinrich habe auf ihre Bemühungen mit einem ärgerlichen Brief reagiert, in dem er sie an ihre Herkunft erinnerte und ihr mitteilte, er würde nicht wieder so viel für sie tun, wenn er alles noch einmal machen könnte.[13] Im Dezember 1535 stellte Chapuys fest, daß Anne weiterhin auf die Frau – wahrscheinlich Jane Seymour, Heinrichs nächste und liebste Frau – eifersüchtig war.[14] Im Januar begann Anne ohne erkennbaren Grund in Anwesenheit des Admirals von Frankreich laut zu lachen, und diese hohe Persönlichkeit fühlte sich dadurch sehr beleidigt.[15] Anne hatte Grund, hysterisch zu sein. Sie hatte versagt und Heinrich keinen Sohn geboren. Und sie würde noch einmal versagen. Das Gerücht kursierte, daß Heinrich ihrer überdrüssig war.

Heinrich fürchtete eine Invasion und war begierig auf eine Verständigung mit dem Kaiser. Cromwell sah, daß die verschiedenen Stimmungen des Königs sich jagten wie Wolken, die an einem stürmischen Tag vom Wind über den Himmel getrieben werden. Er mußte rasch und klar denken und vorsichtig taktieren, um die Situation im Griff zu behalten. Er wurde als Anne Boleyns Vertrauter betrachtet; dennoch hatte er engen Kontakt mit Chapuys und verwickelte den Botschafter in lange, manchmal indiskrete Gespräche. Anfang Juni berichtet ihm Cromwell, Anne Boleyn habe ihm gesagt, daß sie gerne Chapuys' Kopf rollen sähe. Außerdem beklagte er sich beim kaiserlichen Botschafter, der König horte inzwischen so gerne Geld, daß das gesamte Gold und Silber des Reiches schließlich in seine Hände geraten würde. Das würde den Privatleuten sehr zum Schaden gereichen, die jede Münze für den Handel brauchten. Cromwell behauptete, er und andere

Mitglieder des geheimen Kronrates suchten nach einer Möglichkeit, die Habgier des Königs zu mäßigen und ihn zu überreden, sein Geld zum Nutzen der Nation anzulegen.[16]

Chapuys wußte nicht, was er von den vertraulichen Mitteilungen des geschwätzigen Cromwell halten sollte, und verdächtigte ihn der Lüge. Es ist kaum nachvollziehbar, was Cromwell im Sinn hatte. Vielleicht verfolgte er mit diesen Enthüllungen einen geschickten diplomatischen Zweck. Vielleicht fürchtete Cromwell, daß die Regierung durch eine vom Kaiser unterstützte Rebellion gestürzt würde, und wollte sich ein Türchen offenhalten, indem er den Eindruck erweckte, er werde gegen seinen Willen auf den politischen Kurs des Königs gedrängt. Dennoch ist es heute einfacher als früher, zu behaupten, daß Diplomaten und Politiker wie Cromwell stets eher etwas weniger klug gewesen sind, als wir annehmen. Das trifft auch auf das Zeitalter Machiavellis zu, der schließlich selbst nicht geschickt genug war, für sich oder für seinen Staat viel zu erreichen. Alle Berichte Chapuys' über Cromwell vermitteln glaubhaft das Bild eines ängstlichen und gereizten Mannes, der fast gegen seinen Willen seine Sorgen hervorsprudelt. Und Chapuys konnte gut zuhören.

In den Biographien des sechzehnten Jahrhunderts werden die Äußerungen der Familie Morus über Cromwell als sehr nüchtern dargestellt. Es wird das beste sein, Fishers und Morus' tragische Hinrichtungen eher als Heinrichs Spiel zu betrachten und nicht als einen Plan seines ersten Sekretärs, der sich nur abhetzte und die Statisten nach den launischen Anweisungen seines Königs hin- und herschob. Nach dem ergebnislosen Verhör vom 7. Mai schien Cromwell willens, Morus in Ruhe zu lassen.

Doch Papst Paul III. hatte im September zuvor als Nachfolger Clemens VII. den päpstlichen Thron bestiegen und ernannte John Fisher zum Kardinal. Paul III. war, obwohl sehr beschäftigt mit der Mehrung des Vermögens seiner unehelichen Kinder, ein Mann von reformerischem Geist. Er wollte, daß der beste Geistliche Englands das Land auf dem bevorstehenden allgemeinen Konzil vertreten werde, das er einzuberufen gedachte. Er behauptete, er habe geglaubt, Heinrich wäre von seiner Wahl erfreut![17]

Als die Nachricht von der Ernennung Fishers zum Kardinal Ende Mai in London eintraf, bekam Heinrich einen seiner bekannten Wutanfälle. Chapuys schrieb am 16. Juni, der König habe versprochen, Fisher einen anderen, besseren Hut zu geben, «denn er würde zu diesem Zweck den Kopf des Bischofs nach Rom schicken». Der König hatte den Mitgliedern des geheimen Kronrats befohlen, Morus und Fisher noch einmal zu verhören und sie zu zwingen, den Eid zu leisten. Im Falle der Verweigerung hatte er versprochen, beide noch vor dem Johannistag, also dem 24. Juni, hinrichten zu lassen. In der Zwischenzeit hatte Heinrich zusätzlich angeordnet, daß in den meisten Kirchen Londons Predigten gegen diese beiden Männer gehalten wurden. Das war ein Musterbeispiel für die Einmischung der weltlichen Autorität in Angelegenheiten der Heiligen Kirche, die Morus um den Preis seines Lebens verhindern wollte. Chapuys berichtet von neuen, eifrigen Bestrebungen von seiten des Königs, Morus und Fisher wegen «Nichtanzeige von Hochverrat» zu verurteilen, da es zu Heinrichs offener Empörung «keine ausreichenden Gründe gab, sie zum Tode zu verurteilen». Heinrich war noch immer außer sich. Lady Anne habe ihm zu Ehren ein Bankett veranstaltet, um ihn von seinem Ärger abzulenken, schrieb Chapuys. «Der König liebt seine Konkubine mehr denn je – eine Tatsache, welche die Ängste der Prinzessin erheblich vergrößert, besonders da sie merkt, wie lange das Heilmittel auf sich warten läßt.»[18] War das «Heilmittel», auf das Prinzessin Maria wartete, eine kaiserliche Invasion? Chapuys schweigt sich darüber aus.

Das Verhör, von dem Chapuys sprach, fand am 3. Juni statt. Diesmal fuhr der König gegen Morus schweres Geschütz auf, statt nur ein wenig zu plänkeln. Außer Cromwell gehörten Cranmer, Audeley, der Herzog von Suffolk und Thomas Boleyn der Kommission an. Wieder schrieb Morus einen Bericht über das Verhör an Margaret. Offenbar wollte er, daß seine eigene Version der Vorgänge an die Öffentlichkeit gelangte, damit seine Worte nicht verdreht werden konnten.[19]

Er schrieb, er könne keinen großen Unterschied feststellen zwischen diesem Verhör und dem letzten. Der König und der Rat verlangten von ihm eine klare Stellungnahme zu der Suprematsakte, die er ihnen jedoch verweigert habe. Wie Elton feststellte, war nicht nur die Zusammensetzung der Kommission anders, sondern die ganze Atmosphäre, in der das Verhör stattfand. Cromwell teilte Morus mit, der König sei mit seiner Antwort keineswegs zufrieden. Er glaube, Morus sei die Ursache für die Unzufriedenheit und Unruhe im Reich, und er zeige eine widerspenstige und bösartige Gesinnung gegen den König. Jetzt sei Morus in des Königs Namen angewiesen, entweder zu bekennen, daß er Heinrich als das Oberhaupt der englischen Kirche anerkenne, oder aber seine Feindseligkeit offen einzugestehen.[20] Dieser Befehl kam direkt vom König und war unter den gegebenen Umständen bedrohlicher als alles andere.

Morus blieb ruhig. In Wirklichkeit bestärkten Cromwells grobe Worte ihn in seiner Entschlossenheit, denn sie gaben ihm das Vertrauen, daß man draußen im Volk von seinem einsamen Widerstand im Tower wußte und daß gute englische Katholiken durch ihn in ihrer Haltung bestärkt wurden. Morus verlor nie seinen Sinn für dramatische Auftritte. Vielleicht gab er sich absichtlich so unschuldig und harmlos wie möglich, um Heinrichs Bosheit um so deutlicher hervortreten zu lassen. Er könnte auf diese Weise in der Realität den dramatischen Kontrast von gut und böse geschaffen haben, der das Hauptthema des englischen Renaissancedramas wurde.

Morus sagte zu Cromwell, es bedrücke ihn, daß der König eine so schlechte Meinung von ihm habe. Dem König sei viel Unwahres berichtet worden, und er habe es geglaubt. In dem Brief an seine Tochter gelang es Morus, eine subtile Warnung einfließen zu lassen. Die Zeit werde kommen, schrieb er, da Gott «dem König und der ganzen Welt» seine Unschuld offenbaren werde. Und auch wenn diese letzte Ehrenrettung ein geringer Trost sei angesichts der Tatsache, daß er inzwischen Schaden nehmen könne, so «dankte ich Gott, daß mein Fall in dieser Sache infolge meiner eigenen Gewissensklarheit so gelagert war, daß ich, auch wenn ich Strafe erdulden müßte, keinen Schaden (an meiner Seele) nehmen könnte; denn ein Mensch kann in einem solchen Fall seinen Kopf verlieren, ohne Schaden zu leiden».[21] Morus erinnerte seinen Monarchen daran, daß sie beide eines Tages vor Gott stehen und nach ihrem Gewissen gerichtet würden. Er, Morus, habe ein reines Gewissen. Er meinte wohl, daß Heinrich das von sich nicht sagen könnte.

Cromwell blieb hartnäckig, und Audeley, dessen größte rhetorische Fähigkeit wohl darin bestand, die Gedanken anderer zu wiederholen, unterstützte ihn. Er vertrat die Ansicht, der König könne Morus per Gesetz zwingen, sich entweder zustimmend oder ablehnend zu den Gesetzen zu äußern.

Morus konstruierte einen hypothetischen Fall, der später in seinem Prozeß gegen ihn verwendet worden ist. Er nahm an, sein Gewissen zwinge ihn, gegen Gesetze zu handeln, und wies sogleich ausdrücklich darauf hin, daß er nur von einem hypothetischen Fall spreche, da er nichts gegen das Gesetz vorgebracht habe. Dann wäre es sehr hart, ihn zu zwingen, sich gegen sein Gewissen positiv über das Gesetz zu äußern und der ewigen Verdammnis zu verfallen oder aber seinem Gewissen zu folgen und sich gegen das Gesetz auszusprechen, was die Vernichtung seines Leibes zur Folge hätte.[22] Später soll er geagt haben, das Gesetz sei ein zweischneidiges Schwert: es mit reinem Gewissen zu verneinen, würde seinen Leib töten, gegen sein Gewissen auf es zu schwören, würde seine Seele töten.[23] Ob er die Schwertmetapher tatsächlich gebrauchte oder nicht – er stellte klar, daß er nicht sprechen würde, und zeigte damit mehr als deutlich, welchen Standpunkt er in Wirklichkeit vertrat.

Dann schnitt Cromwell ein heikles Thema an. Er lobte Morus, daß er die Häretiker so streng verhört habe. Bei jenen Verhören sei von den Häretikern eine klare Antwort auf die Frage verlangt worden, ob der Papst für sie das Oberhaupt der Kirche sei oder nicht. Das war eine Anspielung auf das *ex officio*-Verfahren im kanonischen Recht, das einem der Häresie Angeklagten nicht erlaubte, vor seinen Richtern zu schweigen. Dieses Verfahren hatte Morus in seiner *Apology* vehement verteidigt. Warum sollte dann nicht der König von seinen Untertanen verlangen können, daß sie expressis verbis sagten, ob sie den König als das Oberhaupt der Kirche anerkannten oder nicht, wie es das geltende englische Gesetz jetzt vorschrieb?

Wieder weigerte Morus sich, über die englischen Gesetze zu disputieren, und versuchte, die Angelegenheit hypothetisch zu erörtern. Zwischen den beiden Fällen, sagte er, bestehe ein Unterschied. Die Autorität des Papstes werde in der ganzen Christenheit einhellig anerkannt, und das sei etwas anderes, als wenn in einem Reich wie England etwas beschlossen würde, das in anderen Ländern für unwahr gehalten wird. Morus hatte sich schon zuvor mehrmals in dieser Art geäußert. Damit wollte er sagen, daß die Gesetze der Kirche universell bindend seien, was auf die Gesetze einer einzelnen Nation innerhalb der Christenheit nicht zutreffe.

Cromwell antwortete mit der Ungeduld eines erschöpften Mannes, der von theoretischen Erörterungen genug hat. «Man wird ebenso verbrannt für das Leugnen des einen wie geköpft für das Leugnen des anderen.» Tod war Tod, und die Strafe entsprach den Gesetzen, die sie vorschrieben. Morus reagierte darauf mit der gewohnten Ruhe und seinem Hauptargument. Die Gesetze der gesamten Christenheit hätten gegenüber jedem nationalen Gesetz Gültigkeit, auch wenn sie diesen zuwiderliefen. Ob es vernünftig oder unvernünftig sei, einen Menschen zu zwingen, auf gewisse Fragen eine klare Antwort zu geben, hänge nicht von der Unterscheidung zwischen Enthaupten und Verbrennen ab. «Was aber die Unterscheidung in der Gewissensverantwortung angeht, so geht es entweder um die Enthauptung oder um die Hölle.»

Die Mitglieder des Rates diskutierten mit Morus, jedoch ergebnislos. Sie legten ihm eine andere Fassung des Eids vor, «derzufolge ich mich verpflichten sollte, alle die Dinge wahrheitsgemäß zu beantworten, die man mich über den König, seine eigene Person betreffend, fragen würde», schrieb er an Margaret. Er verweigerte auch diesen Eid und sagte, er werde zeit seines Lebens keinen «feierlichen Eid» mehr schwören. Cromwell nannte ihn verstockt; allenthalben würden solche Eide in juristischen Verfahren geleistet. Morus hat vermutlich gelächelt, als er darauf antwortete, er sei nicht im Zweifel, was für Fragen gefolgt wären, wenn er einen solchen Eid geleistet hätte – unter anderen wahrscheinlich die Aufforderung, die Wahrheit zu *sagen*, die ganze Wahrheit und nichts als die Wahrheit. Also könne er ebensogut jetzt schweigen wie später. Audeley gab zu, daß Morus ihren Plan durchschaut hatte, und legte ihm die beiden Fragen vor, die der Rat ihm stellen wollte: ob er das Gesetz gelesen habe und ob er glaube, daß «das Verhör rechtmäßig (sei) oder nicht». Offensichtlich sollte mit dieser Frage geklärt werden, ob Morus es rechtmäßig fand, daß dieses Gesetz mit einem Eid bekräftigt werden mußte. Das war wirklich ein subtiler Trick. Hätte Morus den Eid für unrechtmäßig erklärt, wäre ihm das als Widerstand gegen das Gesetz ausgelegt worden, und er wäre nach dem neuen Gesetz, das aus Worten ein Kapitalverbrechen machte, sofort des Hochverrats schuldig gewesen. Aber er ging nicht in die Falle. Er habe bereits zugegeben, daß er das Gesetz gelesen habe, sagte er. Die zweite Frage zu beantworten, lehne er ab.

Während des Verhörs bemerkte jemand, daß man sich wundern müsse, wie sehr Morus auf sein Gewissen poche, ohne, wie er an Margaret schrieb, «letzten Endes ganz sicher zu sein». Diese Bemerkung implizierte, daß das Gewissen seinem Wesen nach keine verläßliche Instanz für die Beantwortung solcher Fragen sei, denn niemand könne völlig sicher sein, ob sein persönliches Gewissen ihm wirklich die Wahrheit sage. Dieses Problem hatte Morus in seinen polemischen Schriften oft diskutiert, wenn er reflektierte, wie das Gute und das Böse unterschieden werden könnten, wenn die Kirche nicht mehr die klare, unfehlbare Autorität besäße. Dann würde jeder das tun, was seiner Ansicht nach das Richtige war, und die Gesellschaft würde auseinanderbrechen. Der einzelne, das hatte Morus immer behauptet, sollte sein Gewissen an den Forderungen Gottes messen, die in den Lehren und Praktiken der heiligen Kirche klar dargelegt sind.

Jetzt klang seine Antwort fest: «Darauf sagte ich, ich sei ganz sicher, mein eigenes Gewissen, so wie es geprägt ist – durch lange Zeit darauf verwandten Eifer –, stehe im Einklang mit der Rettung meiner Seele.» In die Gewissenssache anderer mische er sich nicht ein, sagte er und zitierte Römer 14, 4: «Er steht oder fällt *seinem* Herrn.»

Verärgert fragte ein Mitglied des Rates, warum er, wenn er schon, wie er behaupte, zu sterben bereit sei, nicht gleich offen gegen das Gesetz spreche und damit der Sache ein Ende mache. Morus antwortete darauf im Sinne seiner Überlegungen zum Thema Schmerz in seinen letzten Werken. Er habe kein so heiliges Leben geführt, sagte er, daß er sich erkühnen könne, leichtfertig in den Tod zu gehen. Dann lasse Gott ihn möglicherweise wegen seines Dünkels fallen. «Deshalb will ich mich nicht anmaßend hervortun, sondern zurückhalten. Wenn Gott selbst mich aber zu sich zieht, dann vertraue ich auf Sein großes Erbarmen, daß Er es nicht unterlassen wird, mir Gnade und Kraft zu geben.»[24]

Morus argumentierte konsequent und folgerichtig: Sein Gewissen verlangte von ihm, daß er den Eid auf die Nachfolgeakte verweigerte und die Gültigkeit der Suprematsakte leugnete. Aber sein Gewissen verlangte auch von ihm, daß er sein Leben nicht einfach hingab, denn das Leben war ein Geschenk Gottes, und niemand konnte sein Leben guten Gewissens wegwerfen, wenn er es auf irgendeine Art retten konnte.

Das Verhör wurde abgebrochen. Cromwell war zornig oder auch einfach nur nervös, weil er dem König Morus' Seele nicht auf dem Tablett präsentieren konnte. Cromwell sagte, Morus gefalle ihm noch viel weniger als bei ihrer letzten Unterhaltung, denn damals habe er ihn bemitleidet, jetzt meine er hingegen, Morus sei böswillig.[25] Das war ein deutlicher Hinweis darauf, daß Cromwell Morus der «bösen Absicht» verdächtigte. Nach der Hochverratsakte konnte die Anklage Morus wegen «böser Absicht» auf das Schafott bringen. So ging Cromwell fort, und Morus schrieb seinen Bericht an Margaret.

Dieser Brief ist typisch für Morus. Er zeigt, wie entschieden er an dem gefährlichen Weg festhält, den er gewählt hat, ohne zum immer schwärzer werdenden Himmel hinauf einen Blick zu werfen. Doch was wäre passiert, wenn er seinen Feinden gegenüber wirklich geschwiegen hätte, wenn er einfach stumm geblieben wäre? In seiner eigenen Schilderung des Verhörs vor Cromwell und den anderen zeigt er, daß er sich bei seinen Äußerungen nicht sehr zurückgehalten hat. Jeder auch nur mit mittelmäßiger Intelligenz begabte Mensch – und Cromwell war keineswegs nur mittelmäßig intelligent – mußte nach dem Verhör trotz aller Reden über hypothetische Fälle eine ziemlich genaue Vorstellung von den Gründen haben, die Morus dazu bewogen, den Eid zu verweigern: Das Gesetz lief den Gesetzen der Kirche zuwider und stand im Widerspruch zu den Gesetzen Gottes.

Offenbar konnte Morus seine lebenslange Gewohnheit nicht unterdrükken, sich zu verteidigen, wenn er angegriffen wurde, zu argumentieren oder einfach sich an gruppendynamischen Prozessen zu beteiligen. Er konnte sich nicht beherrschen und fiel in die gewohnte Praxis der juristischen Widerlegung zurück, die seine Phantasie seit seiner Kindheit beschäftigt hatte. Wenn Morus im In- oder Ausland Universitäten besuchte, nahm er stets an den Disputen teil, die ein regulärer Bestandteil des akademischen Lebens waren, wie Roper berichtet. Sobald jemand eine provokative These vertrat, fühlte Morus sich gedrängt, zu antworten. Er mußte sich in Szene setzen und das Publikum für sich gewinnen. Im zweiten Verhör hätte er allerdings besser daran getan, zu schweigen, denn zuletzt hatte er genug gesagt, um sich auf das Schafott zu bringen.

Dennoch kann man ihm kaum einen Vorwurf machen; sein Mut und seine Standhaftigkeit waren einfach großartig. Heinrichs Zorn war pathologisch. Die Regierung hatte nach der barbarischen Hinrichtung der Kartäuserprioren und Richard Reynolds' immer noch nicht genug Blut vergossen und stürzte sich auf drei andere Mönche aus dem Londoner Charterhouse, die sich den Forderungen des Königs nicht beugen wollten. Einer von ihnen war Sebastian Newdigate, ein ehemaliger Höfling im Dienste des Königs, der sich in jener Zeit rascher Gesinnungswechsel für ein klösterliches Leben entschieden hatte. Seine Bekanntschaft mit dem König bedeutete nicht, daß ihm Gnade gewährt wurde. Im Gegenteil – er mußte als ehemaliger intimer Freund, der die Liebe des Königs zurückgewiesen hatte, die schlimmsten Martern ertragen. Mit seinen zwei Leidensgenossen wurde er in das Marshalsea-Gefängnis gebracht, ein Gefängnis für gewöhnliche Verbrecher.

Nach einer späteren Quelle wurden den drei Gefangenen eiserne Halsbänder angelegt. Dann band man sie mit diesen Bändern an senkrechte Pfähle und ließ sie siebzehn Tage lang in dieser Haltung stehen. «Sie konnten sich nicht legen und nicht setzen oder sonst eine bequemere Haltung einnehmen.» Sie konnten nichts tun «als aufrecht stehen, und die ganze Zeit wurden sie zu keiner natürlichen Verrichtung losgebunden».[26] In einer viel späteren und wahrscheinlich unzuverlässigen Quelle wird behauptet, daß Margaret Giggs, Thomas Morus' Mündel und inzwischen Ehefrau von John Clement, sich verkleidet in das Gefängnis begeben habe, um die Gefangenen zu speisen und zu waschen. Sie wurden schließlich am 19. Juni in Tyburn auf dieselbe barbarische Weise hingerichtet wie ihr Prior vor ihnen. Zweifellos wurde Morus über diese Dinge immer auf dem laufenden gehalten, denn die Regierung ließ kein Mittel ungenutzt, um ihm angst zu machen und seinen Willen zu brechen.

Inzwischen übte die Regierung immer mehr Druck auf Fisher und Morus aus. Am 11. Juli wurde John a Wood verhört. Er sagte aus, daß Morus und Fisher Briefe gewechselt hatten.[27] Fishers Diener bestätigte Woods Aussage und sagte, Fisher habe seine Korrespondenz verbrannt.[28]

Am 12. Juni wurde Fisher wieder verhört. Man wollte von ihm wissen, worüber er und Morus korrespondiert hatten. Zunächst sagte er aus, er könne sich an den Inhalt der Briefe nicht erinnern. Dann aber überlegte er ein wenig und sagte, in seinem ersten Brief habe Morus gefragt, welche Antwort er dem Rat in der Angelegenheit gegeben habe, wegen der sie in den Tower gesperrt worden waren. Er hatte auf diesen Brief geantwortet, sagte aber nicht, was. Fisher sagte auch, daß er den Brief von Morus an Margaret gesehen habe, in dem Morus sagte, er werde nicht über den Titel des Königs streiten. Da der Brief durch den Diener des Tower-Kommandanten an Fisher weitergeleitet wurde, hat ihn die Regierung sicherlich als wichtiges Zugeständnis von Morus interpretiert, das vielleicht Fisher dazu bewegen könnte, ebenfalls ein solches Zugeständnis zu machen. Fisher schrieb Morus und bat um eine genaue Erklärung. Er bekam sie – behauptete aber, sich an Morus' Antwort nicht erinnern zu können! Morus hatte geschrieben, er nehme an, daß die Antworten, die er und Fisher vor dem Rat gaben, sehr ähnlich wären, und schlage deshalb vor, vorsichtig zu sein, um nicht den Eindruck zu erwecken, sie hätten einander beeinflußt. Während des ganzen Verhörs versuchte Fisher offensichtlich zu vermeiden, der Regierung eine Waffe gegen Morus in die Hand zu geben. Gleichzeitig versuchte er, nicht meineidig zu werden – eine abscheuliche Sünde. Außerdem sagte er, wenn der Kardinalshut ihm vor die Füße gelegt würde, würde er sich nicht bücken, um ihn aufzuheben.[29]

Am selben Tag erhielt Morus den schicksalsträchtigen Besuch von Sir Richard Riche. Riche kam mit zwei Gefolgsleuten, um Morus seine letzten

Bücher wegzunehmen; einige waren zuvor schon weggeschafft worden. Jetzt war die Regierung entschlossen, Morus die Gefangenschaft so einsam und elend wie irgend möglich zu machen. Während seine beiden Männer die Bücher zusammenschnürten und in einen Sack steckten, verwickelte Riche Morus in ein Gespräch.

Morus war sehr betrübt, als er sah, daß ihm seine Bücher genommen wurden. Von Stapleton wissen wir, daß er von diesem Tag an die Vorhänge vorzog und im Dunkeln saß. Als der Gefängniswärter ihn fragte, warum er das tue, sagte er: «Jetzt, da die Waren und Werkzeuge weg sind, muß der Laden geschlossen bleiben.» Diese Geschichte zeigt, wie unergründlich und düster Morus' Stimmung gewesen sein muß. Wer selbst auch nur für gewisse Zeit an Depression gelitten hat, wird die Geschichte von dem einsam im Dunkeln sitzenden Morus für das schlimmste Detail seiner Leidensgeschichte halten. Es ist also gut möglich, daß er nicht auf der Hut war, als Riche mit ihm plauderte. Was in diesem Gespräch gesagt wurde, war nicht nur unter Morus' Zeitgenossen, sondern auch in jüngster Zeit unter Wissenschaftlern sehr umstritten. Aber was Morus nach Riches Aussage angeblich gesagt hat, reichte aus, ihn auf das Schafott zu bringen.

Wir haben drei Versionen von dem Gespräch. Die dramatischste und die meistzitierte – auch in Robert Bolts *A Man for All Seasons* – stammt von Roper, der diese Sequenz in seinen Bericht über Morus' Prozeß am 1. Juli einfügte. Aber auch eine sehr unvollständige Notiz von Riche selbst, die offensichtlich kurz nach dem Gespräch niedergeschrieben wurde, ist erhalten.[30] Außerdem existiert noch eine Version von Riches Notiz, die in die formelle Anklageschrift gegen Morus aufgenommen wurde.[31] Anhand dieser Informationen können wir ungefähr rekonstruieren, was sich abgespielt hat, auch wenn letzte Unklarheiten bleiben.

Riche sagte, er sei sehr milde gestimmt gewesen, als er mit Morus über die Suprematie gesprochen habe. Er habe ihm gleich eingangs des Gesprächs gesagt, daß er weder einen besonderen Auftrag noch einen Befehl dazu habe. Wahrscheinlich wollte er Morus in Sicherheit wiegen, indem er den Eindruck erweckte, es handle sich nur um ein privates und informelles Gespräch zwischen Rechtsanwälten, ein Gespräch, aus dem allerdings rasch eine Diskussion wurde. Morus' erste Aussage lautete: «Euer Gewissen wird Euch retten, und mein Gewissen wird mich retten.» Aber Riche war hartnäckig und schmeichelte Morus: Einem so erfahrenen Mann einen Rat zu geben sei wie Wasser in die Themse gießen. Aber dann gab Riche, wie bei solchen Menschen nicht anders zu erwarten, Morus doch einen guten Rat. Morus solle nachgeben. Als Rechtsanwalt konstruierte er einen Fall, um seine Ansicht zu unterstützen: «Nehmt an, Sir», sagte er, «es gebe eine Parlamentsakte, in der verfügt würde, daß das ganze Reich mich als König anerkennen muß. Würdet Ihr, Master Morus, mich dann als König anerkennen?»

«Ja, Sir», antwortete Morus, «das würde ich.»

Roper schreibt, daß Riche weiter annahm, daß es eine Parlamentsakte gebe, nach der das Reich ihn als Papst anerkennen sollte. Was würde Morus darauf antworten?[32] Diese Frage ist unsinnig und wurde gewiß nicht gestellt. Roper, der die Biographie zwei Jahrzehnte nach Morus' Tod unter Marias Regierung schrieb, als alle Katholiken sich wieder über die Souveränität des Papstes einig waren und die Bewegung der Konziliaristen an Kraft verloren hatte, wollte er Morus so papsttreu wie möglich darstellen und versuchte immer, den Papst in seine Biographie einzubauen. Aber diese Bemerkung taucht weder in Riches Notiz noch in der Anklageschrift auf.

Morus reagierte lieber auf den ersten Fall, den Riche konstruiert hatte, um die Machtbefugnis des Parlamentes, einen König zu wählen, herauszuarbeiten. Das sei ein einfacher Fall, sagte Morus. Er würde einen komplizierteren Fall annehmen. Gesetzt den Fall, das Parlament erlasse ein Gesetz, daß Gott nicht Gott ist? Was würde Riche darauf sagen? Riche war gewiß ein wenig verärgert über diese Verlagerung der Gesprächsebene vom Hypothetischen ins Unsinnige. Aber er war Rechtsanwalt und verstand zu argumentieren. Gott sei nicht qua Gesetz Gott, entgegnete er; dennoch sei Morus' Fall tatsächlich kompliziert. Riche wollte einen Mittelweg zwischen dem komplizierten und dem einfachen Fall wählen. «Ihr wißt, daß unser Herr, der König, zum Oberhaupt der Kirche Englands ernannt wurde», sagte er. «Warum solltet Ihr, Master Morus, ihn nicht in dieser Position anerkennen und akzeptieren, so wie Ihr verpflichtet wäret, mich als König anzuerkennen und zu akzeptieren?»

Und da machte Morus den tödlichen Fehler – wenigstens nach der Anklageschrift und nach dem, was Riche und Roper berichteten. «Diese beiden Fälle lassen sich nicht vergleichen», sagte Morus, «denn ein König kann vom Parlament gewählt und er kann vom Parlament abgesetzt werden. Und zu einem solchen Gesetz muß jeder Untertan seine Zustimmung geben, als ob er im Parlament wäre. Aber im Falle des Primats kann der Untertan nicht verpflichtet werden, im Parlament seine Zustimmung zu geben. Und auch wenn der König in England so anerkannt wird, werden die meisten fremden Länder ihn so nicht akzeptieren.»[33]

Morus leugnete hier nicht einfach die Suprematsakte, sondern sagte – nach Riche und der Anklageschrift –, daß das Parlament ein solches Gesetz gar nicht erlassen könne, weil es den universalen Gesetzen der Christenheit widerspreche. Doch beides – die direkte Leugnung des Gesetzes und die Erklärung, daß das Parlament ein solches Gesetz nicht erlassen könne – hatte dieselbe Konsequenz. Morus hatte bei seinem Verhör am 3. Juni Cromwell gegenüber eine ähnliche Bemerkung gemacht: «In diesem Fall ist kein Mensch durch das Gesetz eines einzelnen Staates in seinem Gewissen gebunden, solange es im Gegensatz dazu ein anderes, Glaubensdinge berührendes Gesetz in der ganzen übrigen Christenheit gibt.»[34]

Manches deutet darauf hin, daß Morus Riche zum Schweigen bringen wollte, indem er sein Argument über die Macht des Parlaments ad absurdum führte. Konnte das Parlament Riche zum König machen? Diese Vorstellung war in Morus' Augen schon absurd genug, und er konterte mit einer Absurdität, die selbst Riche als solche erkennen konnte: Konnte das Parlament verfügen, daß Gott nicht Gott war? Damit hätte das Gespräch zu Ende sein sollen. Doch Riche, der die Unterhaltung nicht mit einem Scherz beenden wollte, ließ nicht locker. Morus war sehr mitgenommen, und der Verlust seiner Bücher schmerzte ihn sehr. In dieser Situation ging er in die Falle, oder zumindest scheint es so.

Riche war zu unflexibel, um zu merken, daß Morus etwas Neues gesagt hatte. Er verließ ihn mit den Worten: «Gut, Sir. Gott tröste Euch, denn ich sehe, daß Ihr Eure Gesinnung nicht ändern wollt. Das, fürchte ich, wird sehr gefährlich für Euch werden, da ich annehme, daß Euer Schweigen auf die Frage, die Euch gestellt wurde, eine Beleidigung [wie jede andere] ist.»[35] Riche ging offenbar immer noch davon aus, daß Morus sich geweigert hätte, auf die Frage eine signifikante Antwort zu geben. Obwohl Riche sich gleich nach dem Gespräch Notizen machte – vielleicht weil Cromwell das angeordnet hatte –, maß die Regierung ihm keine große Bedeutung bei, denn am 14. Juni wurde Morus erneut verhört.

Diesmal ging es um seine Beziehung zu Fisher, dessen Prozeß in drei Tagen stattfinden sollte. Was stand in den Briefen, die sie ausgetauscht hatten? Morus war vorsichtig, aber er antwortete ehrlich, viel ehrlicher, als Fisher auf ähnliche Fragen geantwortet hatte. Vielleicht war ihm klar, daß Fisher ohnehin sterben und er ihm bald folgen würde. Nach dem Bericht, den er während des Verhörs abgab, hatte er zu Fisher ziemlich genau dasselbe gesagt wie zu allen anderen. Morus sagte, er wünschte, daß die Briefe erhalten geblieben wären, aber George, der Diener des Tower-Kommandanten, der sie überbracht hatte, habe gesagt, es gebe keinen besseren Aufbewahrungsort als das Feuer, und habe sie verbrannt. Fisher habe die Hoffnung geäußert, erinnerte Morus sich, daß niemand, der ohne Böswilligkeit das Wort gegen das Gesetz erhob, verurteilt würde, da doch die Worte «in böser Absicht» in die Hochverratsakte eingefügt worden waren. Morus hatte darauf sehr sensibel reagiert und geantwortet, er zweifle, daß eine solche Interpretation haltbar sei. Nach seinem letzten Verhör, sagte er, habe er Fisher davon in Kenntnis gesetzt, daß der zweite Kronanwalt, Richard Riche, ihm gesagt hatte, zu dem Gesetz zu schweigen bedeute dasselbe, wie das Wort gegen das Gesetz zu erheben – darin seien sich alle gelehrten Männer Englands einig. Diese Bemerkung zeigt, daß Morus das Gespräch trotz Riches Erklärung, er sei nicht direkt beauftragt, Fragen zu stellen, als offizielles Verhör betrachtete.

Er fügte eine erklärende Bemerkung über seine Briefe an Margaret hinzu. Er habe ihr geschrieben, um sie zu trösten, denn er fürchte, sie würde möglicherweise fliehen. Da er glaube, sie sei schwanger, fürchte er, daß sie Schaden nehmen könnte. Er habe die Briefe nach den Verhören geschrieben, um sie zu beruhigen, damit sie geduldig ertrüge, was immer kommen möge.

Doch Morus' Briefe an seine Tochter klingen nicht wie Briefe des Trostes. Sie erscheinen vielmehr als Versuch, der Welt – oder wenigstens seiner Familie und ihren Freunden – seine eigene Version dessen, was sich bei den Verhören abgespielt hatte, so klar wie möglich zu präsentieren. Wir können annehmen, daß sie abgeschrieben und in einer Art *Samisdat* des sechzehnten Jahrhunderts verbreitet wurden. Aber Morus wollte seine Tochter schützen. Zweifellos half sie, die Briefe zu verbreiten, deshalb erwähnte er, daß sie ihm mehrmals geschrieben und ihn gebeten hatte, sich dem Willen des Königs zu fügen. Besonders in ihrem letzten Brief habe sie heftig dazu gedrängt.[36] Auf die nochmals gestellten Fragen zu der königlichen Suprematie und der Ehe des Königs gab Morus beharrlich dieselbe Antwort: er werde sich nicht zu ihnen äußern. Die Leiter des Verhörs müssen es inzwischen wirklich leid gewesen sein, diese Fragen zu stellen.

Am 17. Juni begann Fishers Prozeß. Der Fall lag klar, und Fisher wurde rasch zu jenen barbarischen Strafen verurteilt, die in Tyburn an Verrätern vollstreckt wurden. Wer eine solche Hinrichtung bis zu den letzten Martern, die das Gesetz verlangte, ertrug, mußte sehr stark sein. Die Kartäuserprioren und Richard Reynolds waren noch bei Bewußtsein gewesen, als man sie halb erstickt vom Galgen abschnitt, ihnen die Eingeweide herausriß und sie in ein Feuer warf, das neben ihnen angezündet worden war. Einigen Quellen zufolge waren sie bis zu dem Augenblick bei Bewußtsein, in dem der Henker ihnen die Brust aufschnitt, um das Herz herauszureißen. Fisher war durch seine Krankheit bereits sehr geschwächt, und deshalb wurde seine Strafe abgemildert: er sollte auf dem Tower Hill lediglich enthauptet werden. Am 22. Juni wurde er hingerichtet. Er war der erste Bischof nach Thomas Becket, der in England getötet wurde, und der erste Bischof der englischen Geschichte, der nach einem formellen juristischen Prozeß starb.

Sein Körper war so schwach und ausgemergelt, daß die Leute sagten, er sehe aus wie ein Skelett. Er starb friedlich und in guter Stimmung. Als der Tower-Kommandant ihn um fünf Uhr früh weckte und ihm mitteilte, daß er heute sterben werde, fragte Fisher, wann die Exekution stattfinde. Als er erfuhr, daß sie um zehn Uhr sein werde, bat er darum, noch eine Stunde schlafen zu dürfen, da seine Krankheit ihn in der Nacht um den Schlaf gebracht habe. Um neun Uhr kam der Kommandant, um ihn abzuholen. Der alte Bischof bat um seinen Pelzkragen. Da wandte der Kommandant ein, es sei närrisch, daß er sich so um seine Gesundheit sorge, obwohl er in einer halben Stunde tot sein werde. Darauf entgegnete Fisher, er sei durchaus bereit, sofort zu sterben, «aber bis dahin will ich meine Gesundheit nicht eine Minute lang gefährden». Das war im Geiste von Thomas Morus gesprochen, wenn es nicht sogar seine Worte waren.

Als Fisher ohne Hilfe auf das Schafott gestiegen war, stand er einen Moment da, um seine letzten Worte an die Menge zu richten: «Bis jetzt», sagte er, «habe ich den Tod nicht gefürchtet. Ich weiß aber, daß ich Fleisch bin und daß der heilige Petrus aus Furcht vor dem Tode seinen Herrn dreimal verleugnet hat. Helft mir darum mit euren Gebeten, daß ich nicht aus Angst im Augenblick des Todes in irgendeinem Punkt des katholischen Glaubens versage.»[37] Das entsprach den Vorstellungen der Zeit: Wenn ein Mann in der Stunde seines Todes in seinem Glauben schwankte, war er für die Ewigkeit verloren. Wohin der Baum fällt, da bleibt er liegen. Dieses Zitat aus der apokryphen Schrift des Ecclesiastes verwandte Morus häufig. Fisher war selbst im Augenblick des Todes so demütig, daß er die Überzeugung äußerte, er bedürfe der Gnade Gottes. Als sein Kopf fiel, wunderten sich die Zuschauer, daß aus einem so dünnen Körper so viel Blut kommen konnte.

Und dann kam die Reihe an Morus.

Der Prozeß gehört zu den am besten dokumentierten Ereignissen seines Lebens. Doch zeigt uns J. Duncan Derretts brillante Analyse der Ereignisse, die er vor knapp zwei Jahrzehnten anstellte, wieviel neue Einsichten man durch eine sorgfältige Betrachtung bekannter Quellen gewinnen kann.[38]

Morus wurde mit einem Boot vom Tower in die Westminster Hall gebracht. Dort mußte er sich vor der «Commission of Oyer and Terminer» verantworten, einem Gericht, das ermächtigt war, alle Beweise einzusehen und eine endgültige Entscheidung zu treffen, gegen die bei keiner höheren Instanz als dem König selbst Berufung eingelegt werden konnte. Morus stand vor acht Richtern, unter ihnen Cromwell, Audeley, der Herzog von Norfolk, Thomas Boleyn, Annes Vater, und George Boleyn, ihr Bruder. Auch Charles Brandon saß bei ihnen. Er war Herzog von Suffolk, Heinrichs großer Freund und ein unversöhnlicher Feind des Klerus, ein wilder und entschlossener Gegner aller, die die alte Ordnung unterstützten. Es war der Großvater von Lady Jane Grey.

Man schrieb den 1. Juli. Fisher war noch keine Woche tot, und im Süden Englands regnete es in Strömen. Als Morus seine Richter sah, muß er erkannt haben, daß nun für ihn keine Hoffnung mehr bestand, mit dem Leben davonzukommen. Aber wer auch immer über ihn richten mochte, er hatte ohnehin keine Chance, denn die Regierungen jener Zeit stellten einen so bekannten und hochstehenden Mann nur dann wegen Hochverats vor Gericht, wenn sie absolut sicher waren, daß er schuldig gesprochen würde.

Dennoch war es ein englisches Gericht, das nach englischen Gesetzen Recht sprach, und Morus kannte dieses Recht so gut wie nur einer.

Wie Derrett gezeigt hat, verteidigte Morus sich lebhaft, auch wenn er so geschwächt war, daß er sitzen mußte. Sein Bart war lang und grau, und er muß nach so langer Haft blaß und schmutzig gewesen sein. Wie zu jener Zeit üblich, traten die Richter sowohl als Ankläger als auch als Beistände des Angeklagten auf. Morus hatte zu seiner Verteidigung nur seinen Verstand und seine juristische Erfahrung – einen besseren Beistand hätte er im ganzen Reich nicht finden können. Derrett interpretiert Morus' Prozeß nicht als bloßen Schauprozeß. Seiner Ansicht nach hätte Morus auch freigesprochen werden können. Diese Annahme ist jedoch falsch. Die Regierung inszenierte ein juristisches Spektakel, damit sie England und der Welt gegenüber rechtfertigen konnte, was der König bereits beschlossen hatte. Morus wußte, daß er verloren war. Er bemühte sich, die Ungerechtigkeit des Verfahrens aufzudecken, die Wahrheit der Heiligen Katholischen Kirche aufzeigen und einen Präzedenzfall zu schaffen, an den die Menschen sich nach Heinrichs Tod erinnern würden, wenn die Leidenschaften sich abgekühlt und das Recht sich durch den Gebrauch im englischen Alltagsleben einer gerechten Rechtsprechung wieder angenähert haben würde. Morus ging mit der Haltung in seinen Prozeß, daß jeder, der mit diesem Prozeß zu tun hatte – auch der König – irgendwann sterben würde. Er dachte an die kommenden Generationen, die den Prozeß als Drama betrachten würden, das den Legenden von den Märtyrern glich, die bei den Christenverfolgungen der Römer gestorben waren. Er benützte den Prozeß auch als ein Podest, von dem aus er sich über die Mauern des Parlamentsgebäudes hinweg an das englische Volk wenden konnte – als Zeichen, daß der gute alte Glaube in ihrem dunklen Land noch immer lebendig war.

Das Gericht diente als Bühne für das Schauspiel, und sowohl Morus als auch seine Ankläger führten das Stück nach jahrhundertealten juristischen Spielregeln auf. Morus wurde in vier Punkten des Hochverrats angeklagt: Er hatte sich bei dem Verhör vom 7. Mai geweigert, die königliche Suprematie über die Kirche anzuerkennen. Er hatte eine verräterische Korrespondenz mit Fisher geführt, während sie beide Gefangene im Tower waren. Am 3. Juli hatte er die Suprematsakte als zweischneidiges Schwert bezeichnet, denn wenn man sie akzeptiere, rette man den Leib und töte die Seele, wenn man sie aber ablehne, rette man die Seele und töte den Leib. Im vierten Punkt wurde er beschuldigt, am 12. Juni eine verräterische Unterhaltung mit Richard Riche geführt zu haben, in deren Verlauf Morus sich laut Anklageschrift «falsch, verräterisch und in böser Absicht» gegen das Gesetz geäußert habe.[39]

Morus ging ausführlich auf die ersten drei Punkte ein, und die Richter erkannten anscheinend sofort, daß sie hierzu keine Anklage erheben konnten. Am 7. Mai habe er geschwiegen, und Schweigen sei kein Hochverrat. Morus landete einen guten Treffer, als er darauf hinwies, daß es im englischen Common Law die allgemeine Regel gebe, daß ein Angeklagter, der schweigt, dem Verfahren zuzustimmen scheint.[40] Die Richter könnten also nicht einfach das Gesetz ändern und Schweigen als Widerstand interpretieren. Er und Fisher hätten Briefe gewechselt. Er habe dem Bischof ungefähr acht Briefe geschrieben, sagte Morus, aber sie seien verbrannt worden. Nichts, was Fisher über ihren Inhalt gesagt habe, könne als Verrat gedeutet werden. Die Geschichte von dem zweischneidigen Schwert taucht in den Quellen immer wieder auf, obwohl Morus diese Metapher nicht benützte, als er Margaret den Ablauf der Unterhaltung beschrieb. Wahrscheinlich vergaß er sie in der Eile des Schreibens, denn der Ausdruck «zweischneidiges Schwert» paßt zu seinem Stil, und er bestritt nicht, daß er ihn benützt hatte. Aber er war so vorsichtig gewesen, immer nur hypothetisch zu sprechen. Die Richter besaßen ein Protokoll, das etwas anderes aussagte, schienen aber schließlich Morus in diesem Punkt ohne lange Diskussionen nachzugeben.

Die Sache der Regierung hing also nun einzig und allein von der Aussage Riches ab, und aufgrund dieser Aussage wurde Morus schließlich auch verurteilt. Roper behauptet, Morus habe Riche offen des Meineids beschuldigt:

> Wäre ich ein Mann, meine Herren, der einen Eid nicht achtete, stünde ich nicht, wie Ihr wißt, an dieser Stelle, zu dieser Stunde und in diesem Prozeß als Angeklagter vor Euch. Und wenn dieser Euer Eid, Master Riche, wahr ist, dann bete ich, daß ich Gott niemals ins Angesicht schauen möge, was ich, wenn es anders wäre, nicht um alles in der Welt sagen würde.[41]

Wie lautete Morus' Version des Gesprächs mit Riche? Wir wissen es nicht. Roper sagt zwar, daß er seine Fassung dargelegt habe, zitiert sie aber nicht. Statt dessen berichtet Roper, wie Morus sich heftig über Riches Charakter ausließ, um dessen Aussage unglaubwürdig zu machen und das Publikum davon zu überzeugen, daß Riche ein notorischer Lügner sei. Morus und Riche hätten in derselben Gemeinde gelebt, und Morus kenne seinen Ruf. Niemand, sagte er, habe Riche jemals bei einer wichtigen Angelegenheit für einen vertrauenswürdigen Mann gehalten. Riche habe eine lose Zunge, und er sei einem Laster verfallen, das Morus ganz besonders verachte: den Würfeln. All das klingt authentisch. Morus hatte auf Widerstand schon immer gern mit einem gezielten Angriff auf den Charakter seines Gegners reagiert. In seinen polemischen Schriften hatte er solche Angriffe oft dazu benützt, die Aufmerksamkeit von gewissen Teilen der Argumentation über die Kirche abzulenken, auf die er nicht weiter eingehen wollte – wie zum

Beispiel das Papsttum. Der Angriff auf Riche könnte ein ähnliches Ablenkungsmanöver gewesen sein.

In Ropers Darstellung beendete er seinen Angriff mit einem Appell an den gesunden Menschenverstand der Richter:

> Kann es Euch, meine ehrwürdigen Herren, deshalb glaubhaft erscheinen, daß ich in einer so schwerwiegenden Angelegenheit so unbesonnen wäre und so weit ginge, Master Riche, einem Mann, der für mich immer in dem Ruf stand, nicht sehr vertrauenswürdig zu sein, wie Eure Herrschaften gehört haben, mehr zu trauen als meinem fürstlichen Herrn, dem König, und seinen edlen Ratgebern und ihm gegenüber die Geheimnisse meines Gewissens, die die Suprematie das Königs berühren, offenbarte – die besondere Stelle und das einzige Zeichen an meinen Händen, nach dem man so lange gesucht? Das ist eine Sache, die ich, nachdem das Gesetz erlassen ist, niemals offenbart habe und nicht offenbaren werde, weder Ihrer Majestät dem König noch einem seiner ehrwürdigen Ratgeber gegenüber. Das ist Euer Ehren nicht unbekannt, da Ihr verschiedentlich von Seiner Gnaden eigener Person just zu diesem Zwecke in den Tower gesandt wurdet. Kann das also Eurer Ansicht nach, meine Herren, wahr sein?[42]

Hielt Morus tatsächlich diese tönende Rede? Das bleibt im Dunkel der Geschichte. Roper war bei der Verhandlung nicht anwesend und gibt zu, daß er seine Informationen von Freunden hatte, die seinem Schwiegervater wohlgesonnen waren. Allerdings ist es auch gefährlich, einem Historiker zu trauen, der so gut schreibt wie Roper. Denn bei der Darstellung dramatischer Augenblicke zitieren solche Historiker gerne Reden, die zu der Situation passen, obwohl die historischen Figuren keineswegs diese wohltönenden Reden gehalten haben.

Das Problem stellt sich folgendermaßen dar: Es existiert kein verläßlicher Bericht über die Ereignisse während des Prozesses. Ropers Darstellung ist fragwürdig. Derrett stützt sich besonders auf einen Bericht, der von Reginald Pole aufbewahrt und mit Sicherheit verändert wurde. Pole war damals gerade im Exil. Während der Regierungszeit Maria Tudors kehrte er nach England zurück, wurde als Nachfolger Cranmers Erzbischof von Canterbury und sorgte dafür, daß Cranmer verbrannt wurde. Er widmete sich ganz der Aufgabe, England in die päpstliche Kirche zurückzuführen, und man kann seinen Aussagen über die Ereignisse während der Regierungszeit Heinrichs VIII. nicht immer trauen. Roper gesteht ärgerlicherweise – in einem Zustand der Erschöpfung, den jeder Schriftsteller kennt –, daß viele Dinge gesagt wurden, an die er sich nicht erinnern kann oder die er nicht aufgeschrieben hat.[43]

Riche berichtete mündlich, was am 12. Juni gesagt wurde. Das war seine Chance, einen Auftritt vor bedeutenden Männern zu haben, die ihm bei seiner Karriere nützlich sein konnten. Wahrscheinlich machte er das Beste daraus. Vielleicht ist er über seine eigenen Notizen, die er nach dem Gespräch angefertigt hat, und über die Anklageschrift selbst hinausgegangen. Seine Ausschmückung des Gesprächs könnte Morus zu seinem berühmten Ausbruch provoziert haben, den keiner, der ihn gehört hat, je vergessen konnte.

Höchstwahrscheinlich verzerrt Roper die tatsächlichen Ereignisse gerade bei der Wiedergabe von Morus' Worten, nachdem er Riches Aussage einfach abgestritten hatte:

> Und dennoch, wenn ich wirklich getan hätte, meine Herren, was Master Riche beschworen hat, kann man, angesichts der Tatsache, daß es nur ein vertrautes geheimes Gespräch war, in dem nichts bestätigt wurde und nur Fälle ohne unangenehme Umstände konstruiert wurden, gerechterweise nicht sagen, daß es «in böser Absicht» gesprochen war.

Wenn Riche wirklich eine so infame und tödliche Lüge erzählt hätte – eine Lüge, die Morus, wie dargestellt wurde, zu einer so eloquenten Entgegnung provozierte –, dann hätte Morus wohl kaum sofort eingelenkt. Auch seine Aussage, daß, sogar falls Riches Aussage wahr wäre, alles nur hypothetisch und ohne böse Absicht geäußert worden sei, paßt nicht zu dieser Schilderung. Wahrscheinlich sagte Morus, der Bericht über das Gespräch in der Anklageschrift zeige, daß seine Äußerungen hypothetischen Charakter hatten und keine Behauptungen über die Suprematsakte enthielten. Solche hypothetischen Argumente könnten ihm nicht als böse Absicht ausgelegt werden.

Dann griff er auf eine gängige Argumentationsstrategie von Juristen jener und unserer Zeit zurück: Was war die Intention des Gesetzes? Er verkündete, er könne nicht glauben, daß «so viele würdige Bischöfe, so viele ehrwürdige Personen und so viele andere angesehene, rechtschaffene, weise und gelehrte Männer, wie bei der Entstehung dieses Gesetzes im Parlament versammelt waren, jemals gewünscht hätten, daß irgend jemand mit dem Tod bestraft würde, dem keine böse Absicht nachgewiesen werden konnte».[44] Das Wort «in böser Absicht» in dem Gesetz habe dieselbe einschränkende Autorität, sagte er, wie das Wort «gewaltsam» in dem Gesetz zur «gewaltsamen Besitzergreifung». Denn wenn ein Mann in einem Streit das Haus seines Gegners friedlich betrete, sei das keine Beleidigung im Sinne des Gesetzes. Also könne er nicht dafür bestraft werden, daß er das Gesetz mißachtet habe.[45] Dann stellte Morus die Jahre seines loyalen Dienstes für Heinrich dar, um zu zeigen, daß ihm gegenüber einem Mann, dem er so treu gedient hatte, keine böse Absicht unterstellt werden könne.

Roper erwähnt noch das verwirrende Detail, daß Riche versuchte, seine Aussage zu bekräftigen, indem er die beiden Männer als Zeugen aufrief, die Morus' Bücher zusammengepackt hatten, während er und Morus miteinander gesprochen hatten. Doch beide Männer sagten, sie hätten dem Gespräch keine Aufmerksamkeit geschenkt und könnten deshalb kein Zeugnis ablegen.[46] Kein fähiger Rechtsanwalt wird je einen Entlastungszeugen in den Zeugenstand rufen, ohne zu wissen, was er sagen wird. Roper ist die einzige Quelle, in der die bizarre Anekdote von den sprachlosen Zeugen berichtet wird. Offensichtlich wollte er den Leser glauben machen, daß die beiden Zeugen wußten, daß Riche gelogen hatte, und selbst nicht meineidig werden wollten. In Wirklichkeit waren sie wahrscheinlich eher überrascht, weil Riche in seiner mündlichen Aussage über die Ereignisse weit über das hinausging, was er in der Anklageschrift zu Protokoll gegeben hatte. Und in ihrer Überraschung gaben die Männer sicherheitshalber vor, sich nicht erinnern zu können, als von ihnen verlangt wurde, das Heil ihrer Seele zu riskieren, weil sie eine Lüge beschworen. In diesem Fall dürften die Ankläger, die sie als Zeugen aufriefen, unangenehm überrascht gewesen sein, weil die beiden Männer nach ihrem Gewissen handelten. Doch das bleibt ungewiß, und Elten betrachtet diese Geschichte zu Recht mit Skepsis.[47]

Morus' Bemühungen machten keinen Eindruck auf das Gericht, obwohl er sich über die Anklageschrift und Riches Aussage offenbar noch viel ausführlicher ausgelassen hat. «Trotz alledem», sagte Roper, «sprach die Jury ihn schuldig.»[48] Die Beratung der Jury dauerte nur fünfzehn Minuten.

Das Urteil wurde oft mit der Begründung kritisiert, daß Morus auf die Aussage eines einzigen Zeugen hin verurteilt wurde. In England vertraten immer mehr Menschen die Ansicht, daß zwei Zeugen nötig seien, wenn ein Mann wegen eines Kapitalverbrechens verurteilt werden sollte. Doch die Bedingung, daß zwei Zeugen vorhanden sein müssen, wurde erst 1547 unter Eduard VI. gesetzlich verankert, und in der Rechtsprechung nach dem Common Law genügte ein einziger Zeuge, wenn die Richter ihn für integer hielten und ein zweiter Zeuge nicht gefunden werden konnte.[49] Morus selbst hatte früher darüber diskutiert, wie problematisch es sei, bei Kapitalverbrechen wie Häresie und Verrat vertrauenswürdige Zeugen zu finden. Das Problem sei, sagte er, daß Menschen, die solcher Vergehen beschuldigt würden, gewöhnlich keinen Notar bei sich hätten, der die Tat beglaubigte.[50]

Kaum hatte die Jury ihre Entscheidung verkündet, erhob Audeley sich, um das Urteil zu verlesen. Morus unterbrach ihn: «Mylord, als ich noch in der Rechtsprechung tätig war, pflegte man in einem solchen Fall den Angeklagten vor der Urteilsverkündung zu fragen, ob es einen Grund gebe, warum er nicht verurteilt werden sollte.»

Audeley hielt inne. Vielleicht war er ein wenig verwirrt, aber er wußte, daß Morus recht hatte. Und Morus begann zu sprechen. Derrett hat uns in seiner klugen Analyse gezeigt, daß Morus genaugenommen für eine Aufhebung des Verfahrens plädierte. Er argumentierte, daß er nicht verurteilt werden könne, weil das Gesetz, nach dem er gerichtet worden war, keine Gültigkeit habe.

Soweit das noch feststellbar ist, begann Morus mit der Grundvoraussetzung, von der jeder Katholik bei einer Diskussion über die königliche Suprematie ausging: Ein Laie konnte nicht das Oberhaupt der Kirche sein. Roper legt Morus die Worte in den Mund, daß die Anklageschrift «auf eine Parlamentsakte gegründet ist, die den Gesetzen Gottes und Seiner Heiligen Kirche unmittelbar widerspricht. Die höchste Leitung dieser Kirche darf sich kein weltlicher Fürst aufgrund irgendeines Gesetzes in ihrer Gesamtheit oder auch nur in Teilen anmaßen, denn sie steht von Rechts wegen dem Heiligen Stuhl in Rom als ein geistlicher Vorrang zu, der dem heiligen Petrus und seinen Nachfolgern, den Bischöfen eben jenes Heiligen Stuhles, durch den Mund unseres Heilands selbst als ein Privileg zuerkannt worden ist. Darum ist dies kein Gesetz, aufgrund dessen ein Christ von Christenmenschen unter Anklage gestellt werden kann.»[51]

Es ist fraglich, ob Morus tatsächlich die Gelegenheit ergriff, das Papsttum zu verteidigen – ein Thema, das er schon immer lieber vermieden hatte, auch als der König sich noch nicht mit dem Papst überworfen hatte. Allerdings hat er niemals daran gezweifelt, daß der Papst das Oberhaupt der Kirche ist, auch wenn er nie genau definierte, was das bedeuten sollte. Doch seine Argumentation war klar: Die Suprematsakte widersprach einem höheren Gesetz, dem Gesetz der katholischen Kirche und dem Gesetz Gottes. Und im Falle eines solchen Konflikts verlor das Gesetz des Parlaments seine Gültigkeit.

Audeley reagierte mit dem bekannten Argument der Regierung. Die Bischöfe, die Universitäten und die meisten gelehrten Männer des Reiches hatten dem Gesetz zugestimmt. Wie konnte Morus sich von einer solchen Gesellschaft absondern und leidenschaftlich an seiner einsamen Position festhalten?

Morus entgegnete, daß für jeden Bischof, der hinter der Regierung stehe, hundert Bischöfe hinter ihm stünden. Und nicht nur Bischöfe, sondern die große Mehrheit der Lebenden und der Toten, von denen viele als Heilige im Himmel seien, stünden hinter ihm. Alle Kirchenkonzile der letzten tausend Jahre ließen sich gegen das Gesetz anführen, ebenso wie alle Nationen der Christenheit sich gegen das Gesetz aussprechen würden. Hier erwähnte Morus unter anderen die französische Nation. Derrett hält diese Bemerkung für provokativ, denn der Herzog von Norfolk hatte sich zu jener Zeit vergeblich bemüht, Franz I. zu überreden, Heinrichs Beispiel zu folgen und eine unabhängige nationale Kirche zu gründen.[52] Jedenfalls ergriff Norfolk an dieser Stelle das Wort und sagte: «Jetzt, Morus, zeigt Ihr deutlich die widerspenstige Böswilligkeit Eurer Seele.» Derrett vermutete, daß Norfolk Morus die «böse Absicht» nicht im Zusammenhang mit der Suprematsakte vorwarf, sondern im Zusammenhang mit der Außenpolitik des Königs.

Morus beharrte darauf, daß er nur seinem Gewissen folgen wolle. Derrett ist der Ansicht, daß Morus damit meinte, sein Gewissen verlange von ihm, daß er alles tue, was in seiner Macht stand, um das Gesetz anzufechten und darüber hinaus auch sein Leben zu retten. Eine solche Interpretation ist möglich, doch Morus kann nicht wirklich gehofft haben, daß die Richter dieses Gesetz unberücksichtigt lassen würden. Viel wahrscheinlicher ist, daß er den Antrag auf Aufhebung des Verfahrens als Vorwand benützte, um eine Rede zu halten, in der er seinem Publikum unmißverständlich mitteilen konnte, wofür er sein Leben gab. Morus hielt seine Rede im Gerichtssaal im Kontext eines Prozesses wegen eines Kapitalverbrechens. Aber die Haltung, mit der er seine Sache vertrat, erinnerte an die christlichen Märtyrer, die ihren Glauben bekannten, während sie in der Arena starben.

Morus erinnerte an die Magna Charta und an die Privilegien, die dort der Kirche Englands zugestanden worden waren. Die Suprematsakte stand im Widerspruch zu diesem großen Monument des englischen Rechts. Sie widersprach dem Krönungseid, mit dem der König geschworen hatte, die Kirche zu verteidigen. Laut Roper sagte Morus, daß England dem Heiligen Stuhl im Rom ebensowenig den Gehorsam verweigern könne, wie ein Kind seinem leiblichen Vater den Gehorsam verweigern kann. England könne ebensowenig ein Gesetz gegen das allgemeine Gesetz der universalen katholischen Kirche Christi erlassen, wie die Stadt London ein Gesetz gegen das Parlament des ganzen Reiches erlassen könne.[53]

Ropers Darstellung erweckt den Anschein, als habe Morus' große Rede die Richter verunsichert. Audeley sah hinüber zu Sir John FitzJames, dem Lordoberrichter des Oberhofgerichts, und fragte, ob die Anklage ausreiche. Darauf habe FitzJames «wie ein verständiger Mann» geantwortet: «Beim heiligen Julian (das war sein Lieblingsspruch), meine Herren, wenn die Parlamentsakte nicht ungesetzlich ist, muß ich sagen, daß die Anklage nach meinem Gewissen nicht unzureichend ist.»

Nach der späteren Version Poles, der Derrett nur zu gerne glauben möchte, folgte den obskuren Worten peinliches Schweigen. «Diese ausweichende Antwort», sagte Derret, «eigentlich eine verschleierte Frage an die anderen Richter, entlockte ihnen keine Antwort.»[54] Doch FitzJames' Bemerkung klingt weniger nach einer verschleierten Frage als nach dem derben Verstand eines praktisch denkenden Richters, der des langen Verfahrens allmählich überdrüssig ist und begierig darauf wartet, daß die Sache erledigt und der Punkt erreicht wird, an dem jeder im Sitzungssaal weiß, daß der Prozeß gelaufen ist.

In diesem Sinne reagierte Audeley und sagte: «Seht, meine Herren, seht! Ihr habt gehört, was mein Herr Lordoberrichter sagt.» Dann verkündete er rasch das Urteil. Wurde Morus, wie Fisher, zu der besonders grausamen Todesstrafe, die auf Hochverrat stand, verurteilt und erst später zum Tod durch Enthaupten begnadigt? Oder gewährte Audeley ihm sofort die Gnade des Beils? Auch das liegt im Dunkel der Geschichte.

Morus erhielt die Erlaubnis, zum Schluß noch eine Rede zu halten. Üblicherweise nutzten die Verurteilten die Gelegenheit, um Gnade zu bitten. Morus wählte einen anderen Weg, den Weg der Resignation.

> Mehr habe ich nicht zu sagen, meine Herren, als dieses: der heilige Apostel Paulus – so können wir es in der Apostelgeschichte lesen – war beim Tod des heiligen Stephanus anwesend und gab seine Zustimmung und bewachte die Kleider derer, die ihn steinigten. Dennoch sind sie beide jetzt als Heilige im Himmel und werden dort in alle Ewigkeit Freunde sein. Und so hege ich die große Hoffnung und werde darum recht von Herzen beten, daß wir, auch wenn Ihr, meine Lords, jetzt hier auf Erden meine Richter seid und mich verurteilt, uns später im Himmel zu unserer ewigen Erlösung fröhlich begegnen werden.

Als Paulus dem Tod des Stephanus zustimmte, war er ein leidenschaftlicher Feind der Christen, und Stephanus hatte sich nichts zuschulden kommen lassen. Später wurde Paulus bekehrt und nahm den Glauben des Stephanus an. Morus machte sich hier auf brillante Weise seine Bibelkenntnisse zunutze und teilte den Richtern mit, daß sie Feinde Gottes seien und in die Hölle kommen würden, wenn sie sich nicht änderten. Er dagegen werde sich der Wonnen des Himmels erfreuen, und nur wenn sie an seine Seite träten, würden auch sie der Erlösung teilhaftig werden.

Damit war der Prozeß zu Ende, und Morus wurde hinaus an die Themse zu dem Boot geführt, das ihn flußabwärts zurück in den Tower bringen sollte. Roper erzählt, er sei von Sir William Kingston in Gewahrsam genommen worden, einem höflichen Soldaten, der damals Kommandant des Towers war. Als er Morus beim Tower an Land führte, brach er in Tränen aus, doch Morus tröstete ihn: «Guter Master Kingston, sorgt Euch nicht, sondern seid guter Dinge, denn ich will für Euch und meine gute Lady, Eure Gattin, beten, daß wir uns im Himmel wiedertreffen, wo wir für immer und ewig fröhlich sein werden.»

Später sagte Kingston zu Roper: «Meiner Treu, Master Roper, ich schämte mich meiner selbst, denn als ich von Eurem Vater Abschied nahm, war mein Herz so schwach und seines so stark, so daß er mich freudig tröstete, während ich eigentlich ihn hätte trösten müssen.»[55]

Margaret stand am Tower-Kai, «wo er, wie sie wußte, auf seinem Weg in den Tower vorbeikommen müßte, und wartete, daß er nach Hause käme». Als sie ihn erblickte, drängte sie sich durch die Menschenmenge und die Wachsoldaten mit ihren Hellebarden und Piken, die einen Kreis um ihn gebildet hatten, fiel ihm um den Hals und küßte ihn. Er gab ihr seinen Segen und tröstete sie; dann gingen sie auseinander. Doch Margaret wollte ihn nicht gehen lassen. Sie drängte sich immer wieder zu ihm durch, umarmte und küßte ihn und war «schließlich schweren Herzens bereit, sich von ihm zu trennen».[56] Stapleton berichtet, daß Morus bei Margarets zweiter Umarmung kein Wort hervorbrachte, weil seine Stimme von Tränen erstickt war. Er berichtet weiter, daß Margaret Giggs-Clement und Morus' Sohn John ihren Vater ebenfalls küßten.[57]

In jener Zeit folgte die Hinrichtung rasch auf die Verurteilung. Morus hatte nach seinem Prozeß noch fünf Nächte zu leben. Der Prozeß hatte an einem Donnerstag stattgefunden. Am Montag schrieb Morus an Margaret seinen letzten Brief. Mit dem Brief sandte er ihr das Büßerhemd, das er so lange getragen hatte. Der Brief ist für sich selbst genommen schon ein kleines Meisterwerk, voller Zuneigung für diejenigen, die er am meisten geliebt hatte. Lady Alice erwähnt er nicht. Vielleicht hatte ihr feindseliges Unverständnis seinem Standpunkt gegenüber und ihr Schmerz über ihre Armut seine Liebe zu ihr schließlich erkalten lassen.

> Meine gute Tochter, der Herr segne Dich, Deinen Gatten, Deinen kleinen Sohn, alle die Deinen, alle meine Kinder und Patenkinder und unsere Freunde. Empfiehl mich auch meiner guten Tochter Cecily, sobald Du Gelegenheit dazu findest. Der Herr tröste sie; ich schicke ihr und allen ihren Kindern meinen Segen und bitte sie, mich in ihren Gebeten nicht zu vergessen. Gib ihr auch das beiliegende Tuch zurück. (...)
>
> Ich werde Dir sicherlich zur Last, meine gute Margaret; es würde mir leid tun, wenn das noch länger als bis morgen dauern sollte. Aber morgen ist Vigil von St. Thomas und Oktav von St. Peter; ich möchte gern an diesem Tag sterben, das würde gut passen.
>
> Ich habe Deine Liebe zu mir nie so geschätzt wie damals, als Du mich das letzte Mal küßtest. Ich freute mich so sehr, daß Du Dich nicht um die Konventionen der Welt kümmertest. Leb wohl, mein liebes Kind; bete für mich, wie ich es für Dich und alle unsere Freunde tue, damit wir uns zu den Freuden des Himmels wiederfinden dürfen. Ich danke Dir für alles, was Du für mich auf Dich genommen hast. (...)

> Grüße mir auch meinen Sohn, John More. Ich habe seine natürliche Art so gern. Der Herr segne ihn und seine Frau, meine Tochter; er möge sie immer lieben, weil sie es verdient. (. . .)[58]

Der heilige Thomas war jener Apostel, der erst an die Wiederauferstehung Jesu glaubte, als er die Wunden seines Herrn sah. Morus erwähnte ihn oft in seinen Schriften. Da er durch die Purifikation des Martyriums dem Fegefeuer möglicherweise entkommen konnte, hoffte Morus vielleicht, direkt in den Himmel zu kommen. Und er hätte es tatsächlich als Segnung empfunden, neben diesem Apostel zu stehen, wie Thomas die Wunden Christi zu sehen und dann, aller Zweifel für immer enthoben, zu sagen «Mein Herr und Gott». Das Taschentuch, das er seiner Tochter Cecily schickte, war wohl als Anspielung auf die Taschentücher gemeint, die Paulus in Ephesus weggenommen wurden, damit die Menschen ihre Kranken mit ihnen berühren konnten – eine der berühmten Bibelstellen, mit denen die Wirksamkeit von Reliquien bewiesen werden sollte.[59] Vielleicht hatte Cecily ihn um ein Andenken gebeten, und er hatte es ihr geschickt.

Am Dienstag, dem 6. Juli 1535, kam früh morgens Sir Thomas Pope, einer von Morus' Freunden, vom König und dem Rat und kündigte Morus an, daß er am selbigen Tag noch vor neun Uhr sterben würde. Es ist schwer zu sagen, ob Morus' Antwort ironisch ist oder nicht. Er war ein Mann, der sein Geheimnis bis zum Schluß wahrte, und sein ironischer Geist entmutigte viele seiner Zeitgenossen, wie er auch heute uns entmutigt.

«Master Pope», sagte er, «für Eure gute Botschaft danke ich Euch recht herzlich. Ich bin Seiner Königlichen Hoheit immer sehr verpflichtet gewesen für die Wohltaten und Ehren, mit denen Sie mich immer noch von Zeit zu Zeit so freigebig überhäuft hat. Noch mehr bin ich Seiner Gnaden verpflichtet, weil sie mich an diesen Ort geschickt hat, wo ich genügend Zeit und Platz hatte, um über mein Ende nachzusinnen. Und, Gott stehe mir bei, Master Pope, schließlich bin ich Seiner Gnaden dafür verpflichtet, daß es Ihr gefällt, mich so bald der Leiden dieser elenden Welt zu entledigen. Darum will ich nicht versäumen, sowohl hier wie in der anderen Welt, für Seine Gnaden ernsthaft zu beten.»

«Weiter ist es der Wille des Königs», sagte Pope, «daß Ihr bei Eurer Hinrichtung nicht viele Worte macht.»

«Master Pope», sagte Morus, «Ihr tut gut daran, mich auf den Willen Seiner Gnaden hinzuweisen, denn andernfalls hätte ich die Absicht gehabt, bei diesem Anlaß etwas zu sagen, allerdings nichts, was Ihrer Majestät oder einem anderen Grund gegeben hätte, Anstoß zu nehmen. Wie aber meine Absicht auch gewesen sein mag, ich bin bereit, mich gehorsam den Befehlen Seiner Gnaden zu fügen. Euch, guter Master Pope, bitte ich, Euch bei Seiner

Majestät dafür zu verwenden, daß meine Tochter Margaret an meiner Beerdigung teilnehmen darf.»

«Der König ist bereits einverstanden», sagte Pope, «daß Eure Gemahlin, Eure Kinder und Eure Freunde die Erlaubnis haben sollen, anwesend zu sein.»[60]

Dieses Gespräch beweist, daß Heinrich Morus' rhetorische Fähigkeiten selbst noch auf dem Schafott fürchtete. Die Kartäuser und Richard Reynolds hatten während ihrer Hinrichtung gepredigt, solange sie noch Atem dazu hatten, und Morus war zweifellos ein viel besserer Redner als sie. Sein Rednertalent hatte ihn bei den Bürgern Londons und bei Hofe so bekannt gemacht. Doch dies ist ein Teil von ihm, den wir nicht mehr kennenlernen können.

Als Pope tränenüberströmt Abschied genommen hatte, zog Morus die besten Gewänder an, die er besaß. Er wollte, wie immer, in bester Verfassung vor seinem Publikum erscheinen. Der befehlshabende Kommandant des Towers war entsetzt. Als Teil seiner Bezahlung erhielt der Scharfrichter die Kleider seines Opfers, und der Kommandant sagte, dieser Mann sei ein Schurke. Schließlich fügte sich Morus dem Argument des Kommandanten – wahrscheinlich, weil er niemandem etwas Wertvolles zukommen lassen wollte, der es für unmoralische Zwecke verwenden könnte. Also zog er einen derben grauen Mantel an, der seinem Diener John a Wood gehörte. Dem Henker vermachte er eine goldene Münze, einen sogenannten «Engel».

Dann wurde er zum Schafott auf dem Tower Hill geführt. Es sollte die Bühne seines letzten Auftritts sein. Richard Empson und Edmund Dudley, Heinrichs VII. verhaßte Finanzbeamte, waren 1510 dort gestorben. Morus war bei ihrer Enthauptung zugegen gewesen. Buckingham war 1521 dort hingerichtet worden, und Morus hatte wahrscheinlich auch ihn sterben sehen. Fisher war auf demselben Schafott zwei Wochen zuvor enthauptet worden. Morus trug auf dem Weg zu seinem Tod ein kleines rotes Kreuz, ein Symbol für das Blut Christi und auch Symbol jener alten und fast mythologischen Kreuzfahrer, die in das Heilige Land gezogen waren, um die Ungläubigen zu bekämpfen. Wir besitzen unzählige Anekdoten von seinem Gang über den Hügel zwischen der dichtgedrängten Menschenmenge, die ihn sterben sehen wollte. Alle stimmen in einem Punkt überein: Er bewahrte seinen Geist und seine Haltung bis zum Schluß.

Hall erzählt von einer Frau, die sich durch die Menschen drängte und ihn anflehte, ein Beweisstück zu einem Fall, in den sie verstrickt war, freizugeben, denn nach seiner Inhaftierung habe sie dieses Beweisstück nicht bekommen können. Morus sagte: «Gute Frau, habt noch ein wenig Geduld. Der König ist so gut zu mir, daß er mich in der nächsten halben Stunde von all meinen Verpflichtungen befreien und Euch selbst helfen wird.»[61]

Das Schafott war alt und wackelig, und im Gegensatz zu Fisher, der alleine hinaufsteigen konnte, benötigte Morus eine helfende Hand, um die Stufen hinaufzukommen. So sagte er zu dem befehlshabenden Tower-Kommandanten: «Ich bitte Euch, Master Lieutenant, helft mir hinauf, für das Hinunterkommen will ich selbst Sorge tragen.»[62]

Wie die Tradition es verlangte, kniete der Henker nieder und bat Morus um Verzeihung für das, was er ihm antun würde. Morus hielt sich ebenfalls an die Vorschriften der Tradition, umarmte und küßte ihn und gab ihm seinen Segen.

Dann bat er kurz alle Anwesenden, für ihn zu beten und, wie Roper berichtet, mit ihm zu bezeugen, daß er «hier und jetzt in dem Glauben und für den Glauben der Heiligen Katholischen Kirche den Tod erleide». Ein Pamphlet mit dem Titel *Paris News Letter* (Pariser Brief der Neuigkeiten) brachte den Bericht über den Prozeß und die Hinrichtung auf den Kontinent. Dort steht der bedeutsame Satz, daß Morus gesagt habe, er sterbe als des Königs guter Diener, aber zuerst als Diener Gottes.

Nach den Hinrichtungsbräuchen jener Zeit hatte Morus nach seiner Ansprache den größten Teil seiner Kleider ausgezogen und sie als Bezahlung dem Henker gegeben. Dann habe Morus, erzählt Roper, dem Scharfrichter gesagt, er solle keine Angst haben und seine Arbeit tun. Sein Hals sei kurz, sagte Morus, und wenn der Henker auf seinen Ruf als Scharfrichter bedacht sei, solle er gerade zuschlagen. Fünfzig Jahre später schrieb Stapleton, Morus habe sich selbst mit einem leinenen Tuch die Augen verbunden. Diese Geschichte hatte er von Margaret Giggs-Clement, Morus' Adoptivtochter, dem einzigen Mitglied der Familie, das Morus sterben sah.

Der Richtblock auf dem Schafott war niedrig und klein. Morus mußte, wie Fisher vor ihm, auf dem Bauch liegend den Kopf auf den Richtblock legen. Vorsichtig schob er seinen wirren Bart beiseite. Einige Umstehende behaupteten, er habe gesagt, der Bart solle nicht zerschnitten werden, denn er habe keinen Hochverrat begangen.

Als er sich zurechtgelegt hatte, wartete er ab und rezitierte im Kopf zweifellos eines der alten Gebete seiner geliebten Kirche.

EPILOG

So starb Thomas Morus, und dieses umfangreiche Buch muß zu einem Ende kommen. Er starb für die alte, edle Hoffnung, daß Gott nicht nur zu der katholischen Kirche gesprochen hatte, sondern daß ein Gott – so mysteriös und schrecklich, wie ein Gott dieser merkwürdigen Welt sein muß – zu der gesamten schwachen und wankelmütigen Menschheit gesprochen hatte, zu irrenden Geschöpfen, die, durch ihre Perversität geblendet, elendig in der Dunkelheit herumstolperten, die sie selbst geschaffen hatten. In diese Finsternis, die nur Strafe und Zorn verdiente, hatte Gott Sein gesegnetes Licht gesandt. Mit diesem Licht kam Ordnung in die Welt, und das menschliche Leben bekam einen kosmischen Zweck – den es ohne Gott nicht haben konnte.

In der katholischen Kirche bedeutete Glauben das Vertrauen, daß die Geschichte, obwohl sie offensichtlich vom Chaos beherrscht wird, eine Bedeutung hat. Der Mensch konnte nicht genau wissen, was jedes einzelne Ereignis bedeutete, aber er wußte, daß sich alles in einer unsichtbaren Harmonie nach dem großen Plan Gottes abspielte und daß die katholische Kirche auch inmitten von Unglück und Katastrophen ausharrte und erhalten blieb. Mit ihrer ehrwürdigen Tradition, mit ihren frommen Heiligen, die ewig unsichtbar unter den Menschen weilten, mit ihren täglichen Wundern und mit ihrer wunderbaren und heiligen Einigkeit wies die Kirche den Sterblichen den Weg zu Gott und schlug die große Brücke der Gnade, über die Gott dauernd von der Ewigkeit in die Zeit schritt. Für Thomas Morus war die Kirche selbst ein unendliches Wunder, und seine Vision von einem geeinten Volk Gottes, das wie ein göttlicher Strahl die Jahrhunderte der Zeit und die Millionen von Seelen der Lebenden und der Toten durchdrang, nahm dem Tod seinen Sieg und verlieh dem Leben Größe und Glanz.

Morus war einer jener Menschen – wie sie uns in der abendländischen Geschichte häufig begegnen –, die ihr Leben lang vom Tod verfolgt wurden, obwohl sie sich geschäftig dem Leben in einer säkularen Welt hingaben. Die katholische Kirche war seine einzige Versicherung gegen die Hölle oder, schlimmer noch, gegen das Nichtsein. Morus' Kirche mußte die Freiheit haben, die Offenbarungen und die Macht Gottes zu empfangen, denn er glaubte, daß Gott Seinem Volk noch immer Großes und Gutes zu offenbaren hatte. Gottes Kirche mußte sich die ursprüngliche Reinheit erhalten, die Christus ihr übertragen hatte. Die Andersdenkenden wollten eine reine Kirche, aber sie verlangten von den menschlichen Repräsentanten der Kirche eine unmögliche moralische Reinheit oder sie sprachen, wie Luther, von einer Reinheit, die Gott allen Christen durch Imputation gab, obwohl die Christen selbst vielleicht vollkommen verderbt waren. Die Häretiker gingen schließlich so weit, daß sie von einer unsichtbaren Kirche sprachen, welche die Reinheit besaß, an der es der sichtbaren Kirche in der Welt mangelte, und das hielt Morus für Unsinn.

Er betonte immer wieder, daß die Kirche so etwas wie die Arche Noah sei; ihr gehörten die Reinen und die Unreinen an. Morus verlangte eine sakramentale Reinheit, die korrekte Fortführung dessen, was Gott verfügt hatte, eine Reinheit der Dogmen, die, wie die der Sakramente, nötig war, wenn die Menschen erlöst werden sollten. Diese Reinheit war von der Heiligkeit des Priestertums abhängig. Nur Priester hatten die besondere, wunderbare Autorität, die Sakramente zu erteilen, also jene heiligen Handlungen auszuführen, die Gott jeden Tag auf sinnlich erfaßbare Weise in das menschliche Leben brachten. Wahre Priester waren allein durch Gott möglich. Er wirkte durch eine Kirche, die von Fürsten unabhängig war.

Die Tradition war alt und komplex und im katholischen Europa allen so vertraut, daß den Menschen nicht unbedingt alles gegenwärtig war, was die Tradition umfaßte, wenn sie über sie sprachen, so wie wir nicht jede Quelle und jede Einzelheit der Tradition der konstitutionellen Regierungsformen oder der Gleichheit aller Bürger vor dem Gesetz präsent haben.

Es ist Aufgabe eines juristisch denkenden Menschen wie Morus, die Ganzheit der Tradition zu betrachten. Er wußte, daß die Trennung von Staat und Kirche in ihrem Ursprung und ihrer Entwicklung auf der Überzeugung basierte, daß an den Herrschern der weltlichen Regierung immer etwas Unreines, Verderbtes, vielleicht gar Satanisches war. Wenn solche Menschen im Himmel Erlösung finden sollten, mußten sie ihre persönliche Schuld, die in den blutigen Taten ihrer Regierung lag, wieder gutmachen. Das konnten sie, indem sie die Kirche schützten, den Klerus förderten und sich vor Priestern erniedrigten, denen sie ihre Sünden beichteten und durch die sie an den Sakramenten teilhatten, die ihre Seele retteten.

Wenn eine Kirche in die Klauen einer Regierung geraten war, die sie nicht mehr beschützen, sondern beherrschen wollte, war sie dem Feind in die Hände gefallen, vielleicht sogar dem Satan selbst. Thomas von Aquin und viele andere konnten den göttlichen Ursprung der weltlichen Autorität proklamieren, aber das war, als proklamierten sie die göttliche Abkunft von Henkern. Hinter dem lautstark verkündeten Monotheismus der mittelalterlichen Theologie lauerte immer ein konfuser Dualismus, der es manchmal völlig unmöglich machte, zu sagen, ob Gott oder der Teufel die Mechanismen der Regierung beherrschte. Doch Katholiken wie Thomas Morus wußten, daß eine Kirche, die von einem König regiert wurde, nicht frei war und nicht als dauernde Inkarnation Gottes in der Welt dienen konnte, denn die Worte einer geknechteten Kirche waren möglicherweise gar nicht die Worte Gottes, sondern die Worte hochmütiger und verderbter Menschen. Um die wahre Kirche zu sein, mußte sie von Priestern geleitet werden, die durch ihre einzigartige Ordinierung einen sakralen Rang hatten.

Uns fällt es schwer, diesen sakralen Rang, vor dem Morus so große Ehrfurcht hatte, zu verstehen oder ihn auch nur zu identifizieren, wenn wir die Quellen der Kirche im Mittelalter studieren. Unserem Leben wurde jeder Sinn für das Heilige entzogen, und wenn wir es suchen, dann ähneln wir dem Farbenblinden, der die Farbe Grün sucht. Zweifellos wurden viele verwirrende Vorstellungen mit dem Priestertum in Verbindung gebracht. Ursprünglich glaubte man, die christlichen Priester bildeten einen Stand, der den Laien übergeordnet wäre, einerseits, weil Priester die Sakramente erteilten, und andrerseits, weil sie keine sexuellen Beziehungen zu Frauen hatten. Morus war nicht zuletzt deshalb von dem Gedanken so entsetzt, daß Frauen die Beichte abnehmen und verheiratete Männer die Eucharistie feiern könnten, weil er überzeugt war, daß Sexualität per se unrein war, und daran konnte auch das Sakrament der Ehe kaum etwas ändern.

Fürsten waren Laien. Die Päpste des elften Jahrhunderts hatten gefordert, daß Priester keinen Geschlechtsverkehr haben sollten, und waren in den Krieg gezogen, um Fürsten zu zwingen, die Kirche nicht anzutasten. Diese zwei Forderungen gehörten zu der Vision von der sakramentalen Kirche, und von dieser Vision war auch Thomas Morus' ganzes Leben durchdrungen. Man kann sich lebhaft vorstellen, wie es ihn ekelte, daß Heinrich VIII. morgens aus dem Bett von Anne Boleyn kroch, um seine verderbten Hände an die katholische Kirche und ihre gesegneten Sakramente zu legen, ihre Reinheit mit seiner Sündhaftigkeit zu beschmutzen und ihr seine böse Stimme zu verleihen, statt sich ihrer erlösenden Majestät zu beugen.

Morus starb also für die sakrale Kirche. Der Papst war für ihn das Oberhaupt dieser Kirche, doch das Papsttum stellte nur eines von vielen Ämtern innerhalb des priesterlichen Standes dar. Es wäre absolut falsch, zu sagen, daß Morus für die Autorität des Papstes in England gestorben sei, ohne darauf hinzuweisen, daß er keines der hochtrabenden Dogmen von der päpstlichen Unfehlbarkeit vertrat, die ihre schwarzen Schwingen über den Himmel der katholischen Neuzeit gebreitet haben.

Nur zwanzig Jahre nach seinem Tod wurde der wahre Grund seines Martyriums verschleiert, und Reginald Pole verbreitete die Ansicht, Morus habe das Papsttum als das zentrale Dogma angesehen. Dabei ignorierte Pole, daß Morus sich in keiner seiner Schriften auf eine bestimmte Vorstellung von der päpstlichen Souveränität festgelegt hat. Wenn er länger gelebt hätte und die Häretiker seiner Zeit, wie er annahm, verschwunden wären, dann hätte er sich für die konziliare Reform und die konstitutionelle Einschränkung der Macht des Papstes eingesetzt. Doch solche Reformen mußten Entscheidungen bleiben, die eine priesterliche Kirche unter dem ständigen Einfluß von Gottes Offenbarungen für sich selbst traf. Sie durften ihr nicht von Königen diktiert werden.

Dennoch bleibt eine rätselhafte Frage: Was war das für ein Mann, der bereit war, für seinen Glauben zu sterben? Um Märtyrer zu sein, bedarf es eines außergewöhnlichen Talents; aus diesem Grund machen wir so viel Aufhebens davon. Menschen wie Thomas Morus, die nur ein paar Worte hätten sprechen müssen, um ihr Leben zu retten, und sich weigern, sind für uns so rätselhaft wie ein Selbstmörder für jeden Menschen, der das Leben liebt und den Gedanken haßt, eines Tages sterben zu müssen. Wenn man die intellektuellen Gründe aufzeigt, die Morus zu seinem großen Entschluß brachten, erfaßt man irgendwie nicht den Kern der Sache. Eine Generation vor jenem Julimorgen im Jahre 1535, als Morus die Treppe zum Schafott hinaufstieg, waren seine Überzeugungen von der notwendigen Trennung zwischen der geistlichen und der weltlichen Autorität geistiges Gemeingut der Zivilisation Europas gewesen. Sie schienen so unerschütterlich wie die Notwendigkeit einer repräsentativen Regierungsform oder der Kontrolle des Militärs durch die zivile Regierung heute in den USA und Großbritannien. Und doch waren nur wenige Engländer bereit, für sie zu sterben. Thomas Morus war der einzige Laie, dessen Tod unter Heinrich VIII. als Martyrium bezeichnet werden kann. Vertreter der Sozialgeschichte führen Statistiken an, wenn sie mit solchen Mysterien konfrontiert werden, Kirchenhistoriker zitieren Dogmen, und Biographen scheuen vor der Aufgabe zurück, die verwickelten Fäden des Gewebes eines solchen Charakters entwirren zu wollen.

Morus' innere Konflikte und sein fundamentales Geheimnis werfen dunklere Schatten, als die meisten seiner modernen Bewunderer zugeben wollen. Die Widersprüche sind krass und vielfältig, und manchmal erscheint er dadurch als enttäuschender Held. Sein Leben lang war er für physischen Schmerz sehr empfindlich und verspürte großen Widerwillen gegen ihn. Dennoch verurteilte er mit großem Eifer Häretiker zum Tod auf dem Scheiterhaufen und spottete dann über ihre Qualen. Er war mit einer erstaunlichen Phantasie begabt, und in seinen Dialogen präsentiert er uns die Komödie des menschlichen Daseins mit verschiedenen Charakteren, die von den unterschiedlichsten Launen und Motiven getrieben werden. Aber er konnte sich niemals vorstellen, welch tiefen religiösen Reiz Luthers Lehren für Seelen hatte, die von Skrupeln geplagt wurden und wegen ihrer Sündenschuld schreckliche Qualen ausstanden. Er weigerte sich auch zu glauben, daß die Häretiker, die um ihrer überzeitlichen Hoffnung willen starben, es ernst meinen könnten.

Für einen so vielbeschäftigten Mann war er auf literarischem Gebiet erstaunlich produktiv. Einige seiner besten Werke wurden nicht zu seinen Lebzeiten veröffentlicht, und er verzettelte sich mit erbitterten Kontroversen, die uns langweilen und wegen ihrer Maßlosigkeit sogar peinlich sind. Er konnte hingebungsvoll lieben und leidenschaftlich hassen, und er war berechnend. Solange Wolsey an der Macht war, verhielt er sich ihm gegenüber fast unterwürfig, aber als Wolsey fiel, stürzte er sich auf ihn wie ein Falke auf seine Beute.

Seine Ironie brachte gute Literatur hervor, aber sie erschwert es auch, den Menschen Morus ganz zu ergründen. Manchmal muß Morus mit seinem ironischen Geist anderen das Leben schwergemacht haben. Bekanntlich weinte die arme Jane Colt, weil ihr Gatte ständig von ihr verlangte, daß sie sich weiterbilde. Morus brachte sogar seine Freunde damit zum Lachen, daß er erzählte, wie sehr sie sich über eine Halskette mit falschen Edelsteinen gefreut hatte, weil er behauptet hatte, sie wären echt. Man denke nur an die Bemerkung Edmund Halls, die am Anfang des Buches schon einmal zitiert wurde: «Ich kann nicht sagen, ob ich ihn einen närrischen Weisen oder einen weisen Narren nennen soll. Zweifellos besaß er neben seiner Bildung einen scharfen Verstand, aber in diesen Verstand mischten sich so viel Spott und Hohn, daß es all denen, die ihn gut kannten, schien, als halte er erst dann etwas für gut gesagt, wenn er ein wenig Spott in das Gesagte eingestreut hatte.»[1]

Er wollte immer im Rampenlicht stehen. Man wird seiner Selbststilisierung überdrüssig, auch wenn darin der Stil vieler Menschen der Renaissance erkennbar ist, die mit den kunstvollen Feinheiten und Täuschungsmanövern der modernen Öffentlichkeitsarbeit nicht vertraut waren. Morus scheint auf seine Bescheidenheit stolz zu sein. Deshalb wirkt er unglaubwürdig, wenn er behauptet, er habe dieses oder jenes Werk eigentlich gar nicht veröffentlichen wollen, er sei gegen seinen Willen gezwungen worden, ein hohes Amt anzunehmen, oder er kümmere sich nicht um die Meinung anderer und wolle nur ein einfaches Leben führen. Wir glauben ihm nicht, weil sein Handeln für das Gegenteil spricht. Selbst das Aufheben, das er um seine wahre Liebe zu seiner Familie in der Öffentlichkeit machte, wirkt manchmal übertrieben und scheint zu dem Schauspiel zu gehören, das er vor seinem Publikum aufführte.

Und doch steht er als mächtiges Symbol in der abendländischen Geschichte, und nur wenige, die ihn gut gekannt haben, konnten sich dem Gefühl der Bewunderung für ihn entziehen. Sein ernstes Antlitz blickt von einem billigen Druck des Holbeinportraits auf mein Arbeitszimmer herab. In dem Blick liegt Härte und rigorose Selbstdisziplin, aber auch eine männliche

Schönheit, die man in wenigen Renaissanceporträts findet, und vor allem ein unergründliches Geheimnis. Wir, die wir über zwei Jahrzehnte an der Yaler Ausgabe seiner Gesammelten Werke gearbeitet, über ihn geschrieben und gesprochen haben, finden ihn ärgerlich, lästig, liebenswert, hassenswert, beschränkt, brillant, witzig, anspruchsvoll – und irgendwie auch ein unentbehrliches Ideal, das wir für uns selbst aufgestellt haben.

Er starb einen großen Tod, aber sein Tod war nicht der unbesonnene Sturz eines fanatischen Zeloten in die Vergessenheit, sondern es war die von Ängsten geplagte und doch wohlüberlegte Entscheidung eines Mannes, der sich selbst kannte und tat, was er tun mußte, obwohl er fast bis zuletzt wünschte, daß er es nicht tun müßte. Niemand kann, wie ich es zeitweilig getan habe, in der Abenddämmerung Neuenglands sitzen, dieses starke, traurige Gesicht betrachten und glauben, daß Thomas Morus für die Menschen, die sich mit ihm beschäftigen, je etwas anderes sein könnte als ein Fremder. Er war ein zerrissener Mensch, der an Wunder glaubte, solange sie sich in der fernen Vergangenheit abspielten, der auf der Haut ein grobes Büßerhemd trug und seinen Weg in einer Welt des Hermelins und Samtes machte, der sich mit Peitschen geißelte und bei Tisch charmant plauderte, der die Jungfräulichkeit pries und zweimal heiratete, der sich nach dem Kloster sehnte und Lordkanzler wurde, der in der Öffentlichkeit viel lachte und privat melancholisch war, der für eine ätherische Vision des Heiligen starb, die im Neonlicht unserer Moderne völlig verblaßt ist.

Gleichzeitig erstaunt uns an seinen Schriften das Vertraute und das Universale – seine Art, Szenen und Charaktere aus dem Alltag einzufangen, die wir auch aus unserer Alltagswelt kennen, eine an Dickens erinnernde Sehweise des Menschen, die uns nicht nur über die komische Prozession lachen macht, die er an uns vorüberziehen läßt, sondern auch über die Absurditäten, die er uns in uns selbst erkennen läßt. In seinen Schriften gibt es Zeilen, die diesen wundersamen Mann aus der Ferne der Vergangenheit in den späten Abendstunden neben unser Lesepult bringen.

Wie wir heute im Herbst des zwanzigsten Jahrhunderts hielt er die Welt der Imagination oft für wirklicher als die Welt der Sinne. Er führte sein ganzes Leben lang den aussichtslosen Kampf, seine äußere Welt in Harmonie mit seinem inneren Wesen zu bringen, und er mußte mit den Jahren feststellen, daß seine Siege nicht gerade Triumphe waren, seine Niederlagen ihn jedoch niemals völlig vernichteten. Ein Mann kann seinen Kopf verlieren, ohne Schaden zu leiden, sagte Morus am Ende seines Lebens, und vielleicht ist es diese Resignation vor dem Unausweichlichen, die uns am meisten anspricht, denn schließlich fand er eine Möglichkeit, unbefleckt vor dem Tod und der Dunkelheit zu stehen.

Erasmus nannte ihn einen Mann für alle Zeiten, und das war er und wird er bleiben. Einige werden mir vorwerfen, daß ich in diesem Buch keinen

Heiligen aus der *Goldenen Legende* dargestellt habe makellos und unbesiegbar, eines jener geschlechtslosen Wesen von steriler und nicht erreichbarer Tugend, von denen das unverbesserlich romantische Mittelalter so sehr gequält und verdorben wurde.

Aber Thomas Morus' Bild gehört nicht in die Reihe der Ikonen, die wie auf dem goldenen Mosaik einer Ikonostase in den unerreichbaren Bereichen unserer Imagination glänzen. Er war uns näher, ein Mensch aus Fleisch und Blut, in dem stets das Gute und das Böse miteinander kämpften. Berechnung kämpfte mit Spontaneität, Demut mit Stolz, Liebe mit Haß. Diese Kämpfe tobten bis zuletzt wild unter der ruhigen Fassade, die er vor der Welt aufrechterhielt. Ein aufrichtiger Biograph kann guten Gewissens nicht sagen, daß Morus' gute Seiten sich immer gegen seine schlechten durchsetzen konnten, daß seine schlechten Eigenschaften zu vernachlässigen waren oder daß seine Güte, wie er es selbst definiert haben könnte, immer bewunderungswürdig war.

Und doch haben Biographen sich immer aufgefordert gefühlt, aus seinem Leben Lehren zu ziehen. Für unsere Zeit mag der ständige Kampf, der in Thomas Morus tobte, Lehre genug sein. Denn vielleicht haben es gerade die, die ein Leben lang geduldig und ohne zu siegen einen solchen Kampf kämpfen, verdient, Heilige genannt zu werden.

BIBLIOGRAPHIE

ALBERTUS MAGNUS. *Das Buch der Heimligkeiten.* Straßburg, 1516.

AQUIN, Thomas von. *Summa theologiae.* Viele Ausgaben.

AUGUSTINUS. *Against Julian.* übers. Matthew A. Schumacher. New York, 1957.

——. *Der Gottesstaat.* übers. A. Schröder. Bibliothek der Kirchenväter. Kempten/München, 1911.

BAINTON, Roland H. *Erasmus – Reformer zwischen den Fronten.* übers. E. Langerbeck. Göttingen, 1972.

BASILIUS. *Briefe.* übers. Wolf-Dieter Hauschild. München, 1975.

Calendar of Letters, Despatches, and State Papers Relating to the Negotiations between England and Spain, Preserved in the Archives at Vienna, Simancas, Besançon and Brussels. ed. Pascual de Gayangos et al. London, 1867–1954.

Calendar of State Papers and Manuscripts Relating to English Affairs, Existing in the Archives and Collections of Venice, and in Other Libraries of Northern Italy. ed. Rawdon Brown und Allen B. Hinds. London, 1864–1947.

CAMPELL, William Edward. *Erasmus, Tyndale and More.* London, 1949.

CHAMBERS, R. W. *Thomas Morus.* übers. Wolfgang Rüttenauer. München u. Kempten, 1946.

CHRIMES, S. B. *Henry VII.* London, 1972.

CLEBSCH, William A. *England's Earliest Protestants.* New Haven, 1964.

CRANMER, Thomas. *Miscellaneous Writings and Letters.* ed. J. E. Cox. Cambridge, Engl., 1846.

CROSS, Claire. *Church and People, 1450–1660.* New York, 1976.

DAVIS, John F. «The Trials of Thomas Bylney and the English Reformation.» *The Historical Journal,* 1981, pp. 775–90.

DERRET, J. Duncan M. «The Affairs of Richard Hunne and Friar Standish.» CW 9 (siehe Morus, Thomas), pp. 215–46.

——. «The New Document on Thomas More's Trial.» *Moreana* 3, pp. 5–22.

——. «The Trial of Sir Thomas More.» EA (siehe *Essential Articles*), pp. 55–78.

DICKENS, A. G. *Thomas Cromwell and the English Reformation.* New York, 1959.

Dictionary of National Biography. 63 Bd. London, 1885–1900.
Documents Illustrative of English Church History. ed. Henry Gee und William John Hardy. London, 1921.
ELTON, G. R. *Policy and Police.* Cambrigde, Engl., 1972.
——. «The Real Thomas More?» In *Reformation Principle and Practice.* ed. Peter Newman Brooks. London, 1980.
——. *Reform and Reformation.* Cambridge, Mass., 1977.
——. *The Tudor Constitution.* Cambridge, Engl., 1960.
ERASMUS, Desiderius. *Vertraute Gespräche.* übers. Hubert Schiel. Köln, 1947.
——. *The Correspondence of Erasmus.* Toronto: University of Toronto Press, 1975.
——. *Briefe.* übers. u. ed. Walther Köhler. Leipzig, 1938.
——. *Handbüchlein des christlichen Streiters.* übers. Hubert Schiel. Freiburg, 1952.
——. *Opus Epistolarum Des. Erasmi Roterodami.* ed. P. S. Allen, H. M. Allen, et al. 12 Bd.. Oxford, 1906–58.
——. *Das Lob der Torheit.* übers. Anton J. Gail. Stuttgart, 1985.
Essential Articles for the Study of Thomas More. ed. R. S. Sylvester und G. P. Marc'hadour. Hamden, Conn., 1977.
FISHER, John. *The English Works of John Fisher.* ed. John E. B. Mayor, London, 1876.
FITZSTEPHEN, William. «Thomas Becket.» *English Historical Documents,* Bd. 2, ed. David C. Douglas. London, 1953.
FORTESCUE, John. *A Learned Commendation of the Politique Laws of England.* übers. R Mulcaster. London, 1573. Short-title Catalogue 11195.
FOX, Richard. *Letters, 1486–1527.* ed. P. S. and H. M. Allen. Oxford, 1929.
FOXE, John. *Acts and Monuments of the Martyrs.* ed. Josiah Pratt. London, 1875.
FRAENKEL, Pierre. «Johann Eck und Sir Thomas More.» *Von Konstanz nach Trient.* ed. Remigius Bäumer. München, 1972.
FULOP, Robert Ernst. «John Frith (1503–1533) and His Relation to the Origin of the Reformation in England.» Unveröffentlichte Dissertation, New College, University of Edinburgh, 1956.
GORING, J. J. «The General Proscription of 1522.» *English Historical Review.* 1971, pp. 681–705.
GREENBLATT, Stephen. *Renaissance Self-Fashioning.* Chicago, 1980.
«Gregory VII on Investiture.» *Introduction to Contemporary Civilization in the West.* Bd. 1, pp. 268–74. New York, 1969.
GUY, J. A. *The Public Career of Sir Thomas More.* Brighton, Sussex, 1980.
HALL, Edward. *Choronicle.* London, 1809 (Faksimile der Ausgabe von 1550).
HARPSFIELD, Nicholas. *The Life and Death of Sir Thomas More.* ed. E. V. Hitchcock. London, 1932.

HUDSON, Hoyt Hopewell. *The Epigram in the English Renaissance.* Princeton, 1947.

HUGHES, Philip. *The Reformation in England.* Bd. 1. New York, 1963.

HUNT, Ernest William. *Dean Colet and His Theology.* London, 1956.

JENKINS, Elizabeth. *The Little Princes in the Tower.* London, 1978.

KENDALL, Paul Murray. *Richard III: der letzte Plantagenet auf dem englischen Königsthron 1452–1485.* übers. A. Seifart und Hermann Rinn. München, 1980.

LANDER, J. R. *Government and Community, 1450–1509.* Cambrigde, Mass., 1980.

LECLERCQ, Jean. *Wissenschaft und Gottverlangen.* übers. Johannes und Nicole Stöber. Düsseldorf, 1963.

LEHMBERG, Standford E. *The Reformation Parliament, 1529–1536.* Cambridge, Engl., 1970.

Letters and Papers, Foreign and Domestic, of the Reign of Henry VIII. ed. J. S. Brewer, James Gairdner und R. H. Brodie. 21 Bd. London, 1862–1932.

LUTHER, Martin. *Martin Luthers Werke.* 58 Bd. Weimar, 1883ff.

MARC'HADOUR, Germain. «L'Avenement des Temps Modernes.» Rezension dieses Buches in *Moreana* 6, 27.

——. «The Death Year of Thomas More's Mother.» *Moreana* 63, 13–16.

——. *L'Univers de Thomas More.* Paris, 1963

MERRIMAN, Roger Bigelow. *Life and Letters of Thomas Cromwell.* 2 Bd. Oxford, 1902

MORUS, Thomas. *The Yale Edition of the Complete Works of St. Thomas More.* New Haven and London, 1963.

CW 2 *The History of King Richard III.* ed. Richard S. Sylvester.

CW 3 Teil I, *Translation of Lucian.* ed. C. R. Thompson.

CW 3 Teil II, *The Latin Poems.* ed. Clarence H. Miller, Leicester Bradner, Charles A. Lynch und Revilo P. Oliver.

CW 4 *Utopia.* ed. Edward Surtz, S. J. und J. H. Hexter.

CW 5 *Responsio ad Lutherum.* ed. J. M. Headley, übers. Sister Scholastica Mandeville.

CW 6 *A Dialogue Concerning Heresies.* ed. Thomas M. C. Lawler, Germain Marc'hadour und Richard C. Marius.

CW 8 *The Confutation of Tyndale's Answer.* ed. L. A. Schuster, R. C. Marius, J. P. Lusardi und R. J. Schoeck.

CW 9 *The Apology.* ed. J. B. Trapp.

CW 12 *A Dialogue of Comfort Against Tribulation.* ed. L. L. Martz and F. Maley.

CW 13 *Treatise on the Passion.* etc. ed. Gerry Haupt.

CW 14 *De tristitia Christi.* ed. C. H. Miller.

——. *Thomas Morus Werke.* ed. Hubertus Schulte Herbrüggen, München, 1983.
TMW 1 *Gebete und Meditationen.* ed.Hubertus Schulte Herbrüggen.
TMW 2 *Epigramme.* übers. Uwe Baumann.
TMW 3 *Die Geschichte König Richards III.* übers. Hans P. Heinrich.
TMW 4 *Die vier letzten Dinge.* übers. Friedrich-Karl Unterweg.
TMW 5 *Briefe der Freundschaft mit Erasmus.* übers. Hubertus Schulte Herbrüggen.
——. *Utopia.* übers. Gerhard Ritter. Stuttgart 1983.
——. *The answere to the fyrst parte of the poysened booke wh. a namelesse heretyke hath named the souper of the lorde.* London, 1533 (falsch datiert auf 1534). *Short-title Catalogue* 18077.
——. *The Correspondence of Sir Thomas More.* ed. Elizabeth F. Rogers. Princeton, 1947.
——. *Die Briefe des Sir Thomas More.* übers. Barbara von Blarer. Einsiedeln und Köln, 1949.
——. *Lebenszeugnis in Briefen.* übers. Ruth und Walter F. Schirmer. Heidelberg, 1984.
——. *The History of King Richard III and Selections from the English and Latin Poems.* ed. R. S. Sylvester. New Haven und London, 1976.
——. *The Latin Epigrams of Thomas More.* ed. L. Bradner und C. A. Lynch. Chicago, 1953.
——. *Selected Letters.* ed. Elizabeth F. Rogers, übers. Marcus Haworth, S. J. New Haven und London, 1961.
——. *Neue Briefe.* ed. Hubertus Schulte Herbrüggen. Münster, 1966.
——. *The Supplycacyon of Soulys agaynst the Supplycacyon of beggars.* London, 1529. *Short-title Catalogue* 18092.
——. *The Workes ... in the Englysh tonge.* London, 1557.
NELSON, William. «Thomas More, Grammarian and Orator.» *PMLA* 58 (1943), pp. 337–52
OGLE, Arthur. *The Tragedy of the Lollards' Tower.* Oxford, 1949
PANTIN, W. A. *The English Church in the Fourteenth Century.* South Bend, Ind., 1962.
Patrologiae Cursus Completus: Series Latina. ed. J. P. Migne. 21 Bd. Paris, 1844–1903.
PERROY, Edouard. *La guerre de Cent Ans.* Paris, 1976. (*The Hundred Years War.* übers. W. B. Wells. New York, 1965.)
POLLARD, A. F. «The making of Sir Thomas More's Richard III» In *Historical Essays in Honour of James Tait.* Manchester, 1933. (EA, pp. 421–31.)
——. *Wolsey.* Mit einer Einleitung von A. G. Dickens. New York, 1966.
QUINONES, Ricardo J. *The Renaissance Discovery of Time.* Cambridge, Mass., 1972.

REYNOLDS, E. E. *The Field Is Won.* London, 1968.

——. «An Unnotice Document.» *Moreana* 1, pp. 12–17.

ROY, William. *Rede me and be nott wrothe.* Straßburg, 1528. *Short-title Catalogue* 21427.

SCARISBRICK, J. J. *Henry VIII.* Berkeley und Los Angeles, 1968.

Short-title Catalogue of Books Printed in England, Scotland, and Ireland and of Books Printed Abroad, 1475–1640, ed. A. W. Pollard und G. R. Redgrove. Oxford, 1946.

STAPLETON, Thomas. *The Life and Illustrious Martyrdom of Sir Thomas More.* übers. Philip E. Hallett. London, 1928.

State Papers of the Reign of Henry VIII. 11 Bd. London, 1830–52.

Statutes of the Realm. ed. A. Ludus, T. F. Tomkins, J. Reithby, et al. 11 Bd. London, 1810–28.

STOW, John. *The Annales of England.* London, 1601.

——. *A Summarie of the Chronicles of England.* London, 1590.

SYLVESTER, Richard, ed. *St. Thomas More: Action and Contemplation.* New Haven, 1972.

TANNER, Lawrence E. und William Wright. «Recent Investigations Regarding the Fate of the Princes in the Tower.» *Archaeologica* 84 (1934), pp. 1–26.

THOMAS, Keith. *Religion and the Decline of Magic.* New York, 1971.

THOMSON, John A. F. *The Later Lollards.* London, 1965.

TUCKER, Melvin J. *The Life of Thomas Howard, 1443–1524.* London, 1964.

Tudor Royal Proclamations. ed. P. Hughes und J. Larkin, Bd. 1. New Haven, 1964.

Two Early Tudor Lives: The life and Death of Cardinal Wolsey von George Cavendish; *The Life of Sir Thomas More* von William Roper. Ed. Richard. S. Sylvester and Davis P. Harding. New Haven, 1962.

TYNDALE, William. *An Answer To Sir Thomas More's Dialogue.* ed. H. Waller. Cambridge, 1850.

UNWIN, George. *The Guilds and Companies of London.* London, 1925^2.

WATNEY, John. *Some Account of the Hospital of St. Thomas of Acon in the Cheap.* London, 1892 (1906^2).

WERNHAM, R. B. *Before the Armada.* London, 1966.

WHITING, Bartlett Jere. *Proverbs, Sentences, and Proverbial Phrases from English Writings mainly before 1500.* Cambridge, Mass., 1968

WIGMORE, John. *Wigmore on Evidence.* 10 Bd. Boston, 1940^3.

WYCLIFFE, John. *Select English Works.* ed. T. Arnold. Oxford, 1869–71.

ANMERKUNGEN DES VERFASSERS

Ich habe den wissenschaftlichen Anhang zu diesem Buch so klein wie möglich gehalten. Viele Werke, aus denen ich zitiere – wie *Utopia* und *Die Geschichte König Richards III.* – sind so kurz, daß man sie mühelos an einem Abend lesen kann. Ich hielt es nicht für notwendig, jeden Bezug auf sie anzumerken.

Jedem Wissenschaftler, der den Briefwechsel des Erasmus kennt, genügt es, wenn das Datum eines bestimmten Briefes angeben wird, um ihn in lateinischer Sprache in der Ausgabe von Allen zu finden.

Es wäre mir nicht schwergefallen, die Zahl meiner Anmerkungen zu verzehnfachen, aber in einer Zeit der Kostenexplosion erreicht ein ausufernder Anmerkungsapparat bald den Punkt, an dem sein Nutzen nicht mehr in einem angemessenen Verhältnis zu den Kosten steht. An Stellen, wo meine Schlußfolgerungen strittig scheinen, habe ich mich bemüht, die Quellen besonders sorgfältig auszuweisen.

Fachleute auf dem Gebiet werden rasch sehen, wie viel ich den Werken von G. R. Elton, Stephen J. Greenblatt, John Guy, J. H. Hexter, Arthur Ogle, Melvin J. Tucker und den Herausgebern der Yaler Gesamtausgabe verdanke.

ANMERKUNGEN DER ÜBERSETZERIN

Wenn es zu den vom Verfasser zitierten Werken bereits Übersetzungen ins Deutsche gab, habe ich auf diese zurückgegriffen.

Bei den Schriften von Thomas Morus habe ich die inzwischen fünfbändige Gesamtausgabe von Hubertus Schulte Herbrüggen verwendet. Da viele Originaltexte in lateinischer Sprache verfaßt wurden, gab es bei der Übersetzung ins Deutsche bzw. Englische leichte Verschiebungen, die sich gelegentlich im Argumentationszusammenhang bemerkbar machten. In solchen Fällen wurde der Text aus den deutschen Ausgaben unter Berücksichtigung der intendierten Aussage der englischen Fassung von Richard Marius angeglichen. Das gilt auch für Zitate aus den deutschen Ausgaben des Briefwechsels von Thomas Morus.

Alle zusätzlich verwendeten deutschen Werke der Primär- und Sekundärliteratur sind in die Bibliographie und, wenn nötig, in das Abkürzungsverzeichnis aufgenommen worden.

VERZEICHNIS DER ABKÜRZUNGEN
(Vollständige Angaben in der Bibliographie)

A&C	*St. Thomas More: Action and Contemplation*
A&M	Foxe, *Acts and Monuments*
BL	More, *The Latin Epigrams*
CCI	«Gregory VII on Investiture»
Corr.	Morus, *The Correspondence of Sir Thomas More*
CSPS	*Calendar of State Papers, Spanish*
CSPV	*Calendar of State Papers, Venetian*
CW	Morus, *The Yale Edition of the Complete Works of St. Thomas More*
CWEL	Erasmus, *The Correspondence of Erasmus*
DCD	Augustinus, *De civitate dei*
DNB	*Dictionary of National Biography*
EA	*Essential Articles for the Study of Thomas More*
EB	Erasmus, *Briefe*
EE	Erasmus, *Opus Epistolarum Des. Erasmi Roterodami*
EW	Morus, *The Workes ... in the Englysh tonge*
GH	*Documents Illustrative of English Church History*
KR	*The History of King Richard III and Selections from the English and Latin Poems*
LP	*Letters and Papers, Foreign and Domestic, of the Reign of Henry VIII*
Lebenszeugnis	Morus, *Lebenszeugnis in Briefen*
PL	*Patrologiae ... Series Latina*
SL	Morus, *Selected Letters*
SP	*State Papers of the Reign of Henry VIII*
SR	*Statutes of the Realm*
St	Aquin, *Summa theologiae*
STC	*A Short-title Catalogue of Books Printed in England, Scotland and Ireland and of English Books Printed Abroad, 1475–1640*
TMB	Morus, *Die Briefe des Sir Thomas More*
TMW	Morus, *Thomas Morus Werke*
TRP	*Tudor Royal Proclamations*

TTL	*Two Early Tudor Lives*
WA	Luther, *Martin Luthers Werke*

ANMERKUNGEN

Einleitung

1 TTL, 197
2 CW 1[illegible], 271
3 Eine Ausnahme ist Elton (1980)

Kapitel 1

1 EA, 96-97
2 Unwin, 163
3 Chambers, 57
4 Chambers, 57
5 Chambers, 62-63
6 SL, 134
7 Marc'hadour, Moreana 63, 13-16
8 CW 6, 92
9 CW 6, 158
10 CW 6, 3[illegible]3
11 Hall, fol. 226
12 Thomas, 505-506
13 Stapleton, 31
14 Stapleton, 9
15 Quinones, passim

Kapitel 2

1 Lander, 1[illegible]8
2 Utopia, 104
3 Lander, 1[illegible]
4 Für eine Zusammenfassung der Berichte über die Schlacht siehe Chrimes, 47-49
5 Lander, 3[illegible]1-61
6 TTL, 198
7 Canto 17, [illegible]I, 13-18
8 CW 9, 133

Kapitel 3

1 Stapleton, 9-10
2 TTL, 198
3 Matt. 19, 12
4 1. Kor. 7, 1-9
5 PL 40, 436
6 PL 13, 1185-86
7 PL 23, 281
8 Augustinus, *Against Julian* (Contra Julianum), 225
9 Stapleton, 9-10
10 Stapleton, 10
11 EW, a4v
12 TTL, 198
13 Erasmus, *Vertraute Gespräche*, 263-65
14 Harpsfield, 93
15 Augustinus, *Against Julian* (Contra Julianum), 282
16 CW 6, 53

Kapitel 4

1 TMB, 16
2 TMB, 17
3 Lander, 347
4 CW 6, 81
5 Hall, sig. iv5
6 CW 8, 593
7 Scarisbrick, 13
8 Stow, John, 447
9 Chrimes, 200-201
10 TTL, 199
11 Lander, 336
12 Utopia, 120
13 TTL, 199-200
14 TMW 2, 69

15 Stow, *Annales* (1601), 808
16 Scarisbrick, 6-7
17 TMW 2, 70
18 TMW 2, 75
19 Guy, 6
20 EE 4, 20
21 Guy, 6
22 EE 1, 488
23 Hall 2, fol. 18
24 LP 1, 1422
25 LP 1, 1323
26 Utopia, 75
27 Roy, h_4
28 Richard Fox, *Letters*, 58
29 TMW 2, 143
30 TMW 2, 143
31 TMW 2, 146
32 LP 1, 2268
33 TMW 2, 140
34 TMW 2, 166
35 TTL, 199
36 TTL, 200

Kapitel 5

1 TMB, 16
2 Zitiert in LeClercq, 16
3 Utopia, 138
4 EE 1, 273
5 Morus, *Poisened Book (Vergiftetes Buch)*, n[1]
6 Hunt, 51-62
7 ST, 1.47.2.
8 TMB, 21
9 CW 6, 84-85

Kapitel 6

1 EE 1, 273-74
2 Bainton, 61
3 EE 1, 275, n. 7, cp. 119
4 Erasmus, *Enchiridion*, 158
5 WA 18, 609
6 CW 3 (I), xlvi
7 TMB, 25-26
8 TMB, 26-27
9 CW 3 (I), xxxvii
10 CW 3 (I), 98
11 CW 3 (I), 99
12 CW 3 (I), 101
13 EE 1, 422-23
14 EE 1, 449-52
15 Erasmus, *Torheit*, 104-05
16 Erasmus, *Torheit*, 108
17 Erasmus, *Torheit*, 71
18 Erasmus, *Torheit*, 75
19 Erasmus, *Torheit*, 97
20 Erasmus, *Torheit*, 111
21 Erasmus, *Torheit*, 111
22 Erasmus, *Torheit*, 111
23 Campbell, 55
24 Erasmus, *Torheit*, 58
25 Utopia, 86
26 EE 1, 455-56
27 EE 1, 458
28 EE 1, 475
29 EE 1, 476
30 EE 1, 488
31 EE 1, 493
32 EE 1, 472
33 Guy, 13
34 EE 4, 16
35 EE 1, 460
36 EE 1, 94
37 Erasmus, *Torheit*, 3. Widmungsbrief an Thomas Morus
38 Erasmus, *Folly*, X
39 EE 1, 467-68
40 EE 1, 468
41 EE 4, 16

Kapitel 7

1 TMW 3, 144-45
2 TMW 3, 145
3 TMW 3, 150
4 TMW 3, 151
5 TMW 3, 152
6 TMW 3, 152-53
7 TMW 3, 81-82
8 CW 2, 166-67; Jenkins, IX
9 TMW 3, 188-89
10 TMW 3, 191
11 TMW 3, 142
12 TMW 3, 149
13 TMW 3, 157
14 TMW 3, 157
15 TMW 3, 175-76

16 TMW 3, 131
17 TMW 3, 208
18 TMW 3, 125
19 TMW 3, 128
20 TMW 3, 128
21 TMW 3, 164
22 CW 2, 17
23 TMW 3, 98
24 TMW 3, 101
25 TMW 3, 137
26 TMW 3, 149
27 TMW 3, 182
28 Pollard (1933)
29 TMW 3, 153-54
30 Perroy, 243
31 TMW 3, 194
32 Tucker, 38-39
33 TTL, 225
34 siehe Tuckers sorgfältige Darstellung, 38-39
35 so lautet Tuckers Hypothese, 44
36 TMW 3, 198
37 Tucker vermutet, daß die Prinzen Ende Juni ermordet wurden – vor Richards Krönung am 6. Juli. Morus deutet an, daß der Mord unmittelbar nach der Krönung Richards ausgeführt wurde. Da Howard bis zum 17. Juli Tower-Kommandant war, hatte Richard tatsächlich nach der Krönung genug Zeit zum Handeln.
38 Tanner und Wright
39 TMW 3, 195
40 Kendall, 435
41 CW 2, 202-03, 36/26; EA, 424-25; Tucker, 43
42 TMW 3, 122
43 DCD, 1.7
44 TMW 3, 206
45 TMW 3, 206
46 EA, 425

Kapitel 8

1 CW 6, 318
2 CW 6, 362
3 CW 6, 318
4 Wycliffe 3, 285
5 Ogle, 55-57
6 CW 6, 326
7 Pantin, 82
8 Pantin, 83-87
9 Cross, 37-39
10 CW 6, 323
11 CW 6, 325
12 CW 6, 330
13 CW 6, 330
14 Ogle, 113-31
15 Ogle, 130-31
16 CW 6, 327
17 Morus, *Supplycacyon* (Die Bittschrift der Seelen) clv.
18 CW 6, 326-27
19 Utopia, 106
20 CW 6, 327
21 EW, 298
22 Hall, fol. 50-55V
23 Hall, fol. 55
24 Derrett, «Affairs», 224
25 Utopia, 136
26 Thomson, 169
27 EW, 298
28 CW 6, 318
29 CW 6, 321
30 CW 6, 323
31 CW 6, 324
32 Ogle bestreitet dies, 95
33 SL, 24
34 CW 6, 324-25
35 CW 6, 319
36 CW 6, 325-26
37 CW 6, 326
38 CW 6, 327
39 CW 6, 327
40 CW 6, 328
41 CW 9, 222-23
42 CW 9, 223-24

Kapitel 9

1 Ogle, 146
2 Ogle, 148
3 Ogle, 149
4 Ogle, 149
5 Ogle, 150-51
6 Ogle, 152
7 Ogle, 153
8 CWEL 3, 17-33
9 CWEL 3, 135

10 CWEL 3, 155-67
11 SL, 35
12 SL, 39
13 SL, 39
14 SL, 30
15 SL, 31-32
16 SL, 56-57

Kapitel 10

1 CWEL 4, 91
2 Utopia, 28
3 Utopia, 32
4 Utopia, 44-46
5 Utopia, 50
6 Utopia, 80
7 Utopia, 73-74
8 Utopia, 68-69
9 Utopia, 82
10 Whiting, 129
11 Utopia, 83
12 Utopia, 81
13 Utopia, 75
14 Utopia, 117

Kapitel 11

1 Utopia, 127
2 ST, 1. Buch, 6. Frage, Artikel 1
3 ST, 2. Buch, 75. Frage, Artikel 6
4 CW 8, 1331-1333
5 CW 8, 614
6 CW 6, 131
7 CW 8, 1349-1361
8 Viele Leser werden eine Verwandtschaft bemerken zwischen meiner Auffassung von dem religiösen Bewußtsein der Utopier und dem berühmten ontologischen Gottesbeweis, den Anselm von Canterbury zu Beginn des zwölften Jahrhunderts formulierte. Anselm bewies die Existenz Gottes mit einer Definition: «Gott ist dasjenige, größer als welches nichts gedacht werden kann.» Weil ein wirklicher Gott größer ist als einer, den wir uns nur vorstellen, beweist unsere bloße Vorstellung eines Gottes seine Existenz. Die Sache ist sehr viel komplizierter als hier dargestellt werden kann. Ich glaube, daß man gute Gründe für einen Einfluß Anselms auf Morus anführen kann. Meines Wissens wurde das bis jetzt noch nicht getan. Leider (manche Leser werden sagen «glücklicherweise») ist dieses Buch nicht der geeignete Ort dazu.

Kapitel 12

1 Hunt, 18-72
2 CW 8, 664
3 EA, 290-301

Kapitel 13

1 LP 2, 1468
2 LP 2, 679
3 LP 2, 1467
4 LP 2, 1470
5 EE 2, 196
6 EE 2, 196-97
7 Elton (1960), 89
8 EE 2, 200-201
9 TTL, 202
10 Nelson, 340
11 TTL, 201
12 TTL, 201
13 CW 6, 133-34
14 Guy, 22
15 Guy, 20
16 CW 9, 156
17 TMW 5, 148
18 TMW 5, 148
19 Guy, 26
20 A&C, 90-91
21 Corr., 87
22 EE 2, 430
23 Corr., 280
24 A&C, 105
25 CW 12, 213-16
26 Corr., 299
27 EE 3, 286; A&C, 108
28 A&C, 109
29 SL, 144-45
30 TMB, 51-52
31 A&C, 94
32 A&C, 95
33 Guy, 24

34 Guy, 24-26
35 Guy, 25
36 Guy, 26
37 Professor Guy hat diese erstaunliche Geschichte aus einem der Manuskripte, die er so brillant untersucht hat. Guy, 25-26
38 LP 2, 4333; Hall sig.
39 Guy, 16
40 Guy, 14
41 LP 3, 739
42 Moreana 61, 27
43 TTL, 235
44 SP 1, 20; zitiert in A&C, 104
45 LP 3, 2549
46 Corr., 263
47 Goring, 681-705
48 Dickens, 20; Merriman 1, 313
49 TTL, 203-05
50 Hall, fol. 109
51 Hall, fol. 109
52 TTL, 206
53 TTL, 204
54 Hall, fol. 110
55 Merriman 1, 313
56 TTL, 207
57 LP 3, 3267
58 Corr., 278
59 TTL, 207-208
60 TTL, 224
61 Scarisbrick, 136
62 Guy, 25
63 TMB, 164
64 Guy, 27
65 Guy, 28-29
66 Guy, 25
67 LP 4, 3337

Kapitel 14

1 Reynolds (1968), 54
2 Watney (1892), 268
3 Watney (1906[2]), 127
4 Guy, 13
5 TMB, 67
6 TMB, 67
7 CW 8, 605
8 Harpsfield, 94
9 Harpsfield, 95
10 TMB, 196
11 LP, Addendum 1, 100
12 Stapleton, 9
13 CW 12, 277
14 Stapleton, 100
15 Stapleton, 107
16 TMB, 60
17 TMB, 60
18 TMB, 61
19 Lebenszeugnisse, 74-75
20 TMB, 64
21 TMB, 56-59
22 EE 4, 547-79
23 TMW 2, 179-81
24 Reynolds (1968), 159
25 Reynolds (1968), 170
26 Guy, 14
27 Guy, 25
28 Reynolds (1968), 173
29 Lebenszeugnisse, 75-77
30 TMB, 65-66
31 Lebenszeugnisse, 83-84
32 EE 5, 366-67
33 Harpsfield, 80-81
34 Margaret More Roper, Moreana 7, 9-64
35 TTL, 212-13
36 TTL, 213
37 Hall, fol. 176-177
38 Utopia, 64
39 TTL, 211
40 TTL, 224
41 TMW 5, 305
42 TTL, 208
43 CW 9, 118-120
44 TTL, 220
45 Guy, 87
46 Stapleton, 96-97
47 CW 8, 900-901
48 Harpsfield, 94
49 TTL, 211
50 Stapleton, 96
51 TTL, 238
52 TTL, 243
53 TTL, 244

Kapitel 15

1 Zitiert in A&M 4, 635
2 EE 2, 317
3 EE 2, 320

4 CW 4, xvi
5 TMW 5, 105
6 TMW 5, 114
7 TMW 5, 117
8 CWEL 4, 98
9 TMW 5, 120
10 SL, 89
11 EE 2, 479
12 EE 2, 483
13 CWEL 4, 271
14 CWEL 4, 198-202
15 CWEL 4, 66
16 SL, 121-22
17 CW 4, clxxxvii-clxxxix
18 EE 2, 504
19 CWEL 4, 309
20 CWEL 4, 368-72
21 SL, 111-14
22 CWEL 5, 31.607
23 TMW 5, 140
24 TMW 5, 141
25 EB, 174
26 CWEL 5, 62
27 CW 3 (II), 564-65
28 CWEL 5, 75
29 TMW 5, 103
30 TMW 5, 144
31 CWEL 5, 151
32 TMW 5, 145
33 CW 4, clxxxix-cxc
34 CW 4, 3-4
35 CW 4, 3
36 TMW 5, 103
37 CW 3 (II), 489
38 Corr., 232-33
39 EE 4, 239-41
40 EE 4, 250-56
41 EE 4, 442-43
42 Hudson, 54-58
43 EE 4, 291-95
44 EE 4, 580

Kapitel 16

1 Der Bericht über diese Schachzüge Wolseys wird in dem Buch von James K. McConica über die Geschichte Oxfords im sechzehnten Jahrhundert enthalten sein, das noch nicht erschienen ist.
2 SL, 156-57
3 EE 3, 546-47
4 CC 1, 271
5 CC 1, 270
6 EE 4, 313
7 EE 3, 184-85
8 EE 3, 312-30
9 Corr., 1735
10 Corr., 1775
11 EE 4, 9-12
12 EE 4, 234

Kapitel 17

1 CWEL 4, 261
2 TMW 5, 159-60
3 EB, 246
4 Der Mönch beschuldigte Erasmus, Luthers Häresien zu unterstützen. Morus behauptet nicht einfach, Luthers Werke seien häretisch. SL, 122 oder 172
5 Corr., 85
6 EE 4, 96-107; EB, 260-68
7 EE 5, 330
8 TMW 5, 237-51
9 CW 8, 815-16

Kapitel 18

1 TMB, 144
2 CW 6, 56
3 Über die Bedeutung dieser Beifügung siehe J. M. Headley in CW 5, 732-74
4 CW 5, 795
5 CW 5, 181
6 CW 5, 386-87
7 EE 5, 178
8 EE 5, 290-93
9 EE 5, 295
10 CW 5, 671
11 EE 4, 387
12 CW 6, 311-12
13 CW 5, 197 und 904-905
14 CW 8, 177

Kapitel 19

1 TMW 4, 119-20

2 TMW 4, 139
3 TMW 4, 140
4 TMW 4, 138
5 TMW 4, 143
6 TMW 4, 145; EW, 79 und 83
7 TMW 4, 146
8 TMW 4, 137-38
9 TMW 4, 169
10 TMW 4, 180
11 TMW 4, 124; EW, 75
12 TMW 4, 203-04
13 TMW 4, 203
14 TMW 4, 198
15 TMW 4, 145
16 TMW 4, 166
17 TMW 4, 141-42
18 TMW 4, 177

Kapitel 20

1 EE 4, 115
2 CW 5, 690-93
3 Corr., 342
4 WA 6, 347
5 TRP 1, 182; Proklamation 122
6 CW 6, 375
7 WA 18, 619
8 Fraenkel (1972)
9 CW 6, 535-47

Kapitel 21

1 A&M 4, 621
2 Davis, 775-90
3 Harpsfield, 84
4 Harpsfield, 87
5 dt.: *Das Buch der Heimligkeiten.* Straßburg 1516

Kapitel 22

1 Corr., 328
2 Corr., 338
3 Corr., 355-56
4 Corr., 357
5 CW 5, 196-97
6 Stapleton, 39
7 TMW 5, 257
8 CW 8, 341
9 EE 7,5-14
10 CW 8, 341
11 CW 6, 235
12 CW 6, 85 und 625
13 CW 6, 92 und 629
14 CW 6, 346
15 CW 6, 426
16 Dickens, 110
17 TRP 1, 196; siehe Schuster in CW 8, 1210-11

Kapitel 23

1 CW 6, 296
2 A&M 4, 657-58
3 EW, 313
4 Wernham, 113-14
5 Wernham, 120-21
6 TMW 5, 302-05; SL, 181
7 LP 4, 5702; Scarisbrick, 224-25
8 LP 4, 5732
9 TTL, 93
10 Pollard (1966), 234
11 John Fisher, English Works, 261
12 siehe Guy, 50-64
13 EA, 79
14 SL, 231
15 SL, 228-34
16 Hall, fol. 187
17 LP 4, 6075
18 TTL, 113-15
19 TTL, 225
20 LP 4, 6026. CSPS 4, 194
21 Guy, 117-18
22 Guy, 118-19

Kapitel 24

1 LP 4, 6214
2 TTL, 130
3 TTL, 134-35
4 LP 4, 6513
5 Scarisbrick, 259
6 CSPS 4, 354
7 CSPS 4, 433
8 Pollard (1966), 291

9 CSPS 4, 522
10 LP 4, 6262
11 LP 4, 6586-88
12 LP 4, 6666
13 LP 4, 6484
14 TTL, 219-20
15 TTL, 218
16 TMW 5, 304
17 CSPS 4, 739
18 CSPS 4, 801
19 TTL, 221
20 Guy, 86
21 Guy, 87
22 TTL, 221-22; Guy, 87-88
23 Guy, 88
24 TTL,222
25 Guy, 90
26 TTL, 220
27 Guy, 91
28 Scarisbrick, 260-61
29 CSPS 4, 615
30 LP 5, 105
31 Guy, 150; Lehmberg, 114
32 LP 5, 105
33 CSPS 4, 641
34 CSPS 4, 664
35 Guy, 151-54; LP 5, 50
36 Guy, 155-56
37 CSPS 4, 641
38 CSPS 4, 646
39 Hall, fol. 199
40 CSPS 4, 646
41 CSPS 4, 683
42 CSPS 4, 683
43 CSPS 4, 664
44 CSPS 4, 641
45 LP 5, 171
46 Morus, *Neue Briefe*, 92-97
47 SR 3, 334, ch. 15, 22, Heinrich VIII.

Kapitel 25

1 CSPS 4, 224
2 LP 4, 6487
3 LP 4, 5823
4 LP 5, 65
5 LP 5, 153
6 CW 8, 1220
7 CSPS 4, 539
8 CSPV 4, 642
9 CSPS 4, 539
10 CSPV 4, 642
11 CSPS 4, 509
12 Clebsch, 100
13 A&M 5, 5-6
14 CSPS 4, 664
15 CSPS 4, 739
16 LP 5, 533
17 LW 50, 33
18 CW 8, 9-10
19 CSPS 4, 865
20 CW 8, 876
21 Corr., 468
22 CW 8, 1207
23 LP 6, 1059; CW 8, 1207
24 CW 6, 201
25 CW 8, 13 und 1097-99
26 CW 8, 16-17
27 A&M 4, 619-56
28 Guy, 171
29 LP 5, 372
30 LP 5, 569
31 CW 8, 23-24
32 Guy, 169
33 LP 5, 560
34 CW 8, 24
35 CW 8, 24-25
36 CW 8, 25
37 Guy, 172-73
38 Guy, 173
39 Hall, fol. 202
40 CW 8, 17
41 LP 5, 574
42 CW 8, 20
43 CW 8, 20
44 Vaughan, DNB
45 CW 9, 117-118
46 CW 9, 119
47 CW 9, 119
48 CW 8, 21
49 CW 8, 21
50 siehe Clebsch, 281-82; CW 9, 88 und 348f.
51 CSPV 4, 765
52 CW 8, 710
53 CW 8, 590
54 CW 9, 116
55 CW 9, 109-10

Kapitel 26

1 CSPS 4, 888
2 CSPS 4, 883
3 Elton (1977), 149
4 Lehmberg, 137-38
5 CSPV 4, 754 und 760
6 Lehmberg, 145-49
7 Elton (1977), 150-53; Elton (1972), 273; Lehmberg, 138-42
8 CW 6, 261
9 CW 6, 263
10 Fortescue, sig.
11 Trapp in CW 9, lxi-lxvii
12 Hughes, 238
13 GH, 157
14 GH, 158
15 GH, 168
16 Hall, fol. 205
17 EA, 79-81
18 LP 5, 986-87
19 CSPS 4, 951
20 CSPS 4, 951
21 GH, 175-78
22 CSPS 4, 952
23 LP 5, 1075
24 Hervorhebung vom Verfasser
25 TTL, 225
26 CSPV 4, 768
27 TTL, 225-26

Kapitel 27

1 EE 10, 116
2 Siehe EE 10, 116
3 Corr., 438-39
4 TTL, 226-27
5 CSPV 4, 773
6 CSPV 4, 486
7 CSPV 4, 786
8 CSPV 4, 754
9 LP 5, 1247
10 CSPV 4, 802
11 Scarisbrick, 306-07
12 Hall, fol. 209
13 CW 8, 102
14 CW 8, 190-91
15 CW 8, 27
16 CW 8, 225
17 CW 8, 226
18 CW 8, 675-76
19 CW 8, 178
20 CW 8, 178
21 CW 8, 178-79
22 CW 8, 1529
23 CW 8, 179
24 LP 5, 1458
25 LP 5, 1467
26 Fulop, 104
27 Foxe 5, 6-7
28 CW 9, 124
29 Clebsch, 113
30 CSPS 4, 1047
31 CSPS 4, 1053
32 CSPS 4, 1053
33 GH, 187-95
34 Scarisbrick, 311-12
35 CW 9, 182
36 CW 9, Appendix A, 186
37 CW 9, 74
38 Hughes, 245
39 TTL, 230
40 CSPS 4, 1058
41 CSPS 4, 1061
42 CSPS 4, 1154
43 CSPS 4, 1158
44 TMW 3, 206
45 TTL, 244
46 TMW 5, 301
47 TMW 5, 302-05; EE 10, 258-61
48 EE 10, 138
49 EE 10, 139
50 EE 10, 136
51 EE 10, 137-38
52 TTL, 231-32
53 EE 11, 73
54 EE 11, 221
55 EW, 929
56 TMB, 119
57 CW 6, 93
58 Cranmer, 272
59 Society, 91-92
60 Cranmer, 274
61 LP 6, 967
62 LP 6, 887
63 Elton (1972), 274-75
64 LP 7, 238
65 TMB, 135
66 Cranmer, 272-74

67 TMB, 122-33
68 TMB, 132
69 LP 6, 1466
70 LP 6, 1468
71 LP 6, 1464
72 TTL, 231-32
73 TTL, 230
74 TTL, 233
75 CSPS 5, 22
76 TTL, 235
77 TTL, 235
78 TTL, 237
79 TMB, 137
80 TMB, 142
81 LP 6, 1425
82 TMB, 147
83 Elton (1972), 277
84 Hughes, 270; GH, 244-47
85 Hughes 270; Elton (1972), 224
86 Elton (1972), 225-26
87 CSPS 5, 45
88 CSPS 5, 45
89 TTL, 237-38

Kapitel 28

1 TMB, 148-53
2 LP 7, 499
3 LP 7, 500
4 TTL, 238
5 TMB, 155
6 Corr., 510-511
7 CSPS 5, 27
8 LP 7, 462
9 CSPS 5, 40
10 CSPS 5, 40
11 Corr., 511-13; Lebenszeugnis, 110-13
12 TMB, 159-180
13 TMB, 174
14 TMB, 161
15 TMB, 175
16 Corr., 525
17 TMB, 172
18 Corr., 530; TMB, 178
19 TMB, 177
20 CW 12, 4
21 CW 12, 21
22 CW 12, 92
23 CW 12, 61
24 CW 12, 61
25 CW 12, 125
26 CW 12, 141
27 CW 12, 277
28 CW 12, 219-20
29 CW 13, 136-77
30 CW 13, 111
31 CW 12, 93
32 CW 12, 272
33 CW 12, 273
34 CW 12, 273
35 TMB, 198
36 TMB, 191
37 CW 12, 278-79
38 TMB, 191-92
39 CW 12, 301-02
40 TMB, 133
41 TMB, 185
42 CW 12, 277
43 CW 12, 157
44 CW 12, 187
45 CSPS 5, 84
46 CSPS 5, 112
47 Elton (1972), 400-01
48 SR 3, 492
49 TTL, 240-41
50 SR 3, 493
51 Lehmberg, 203-06
52 SR 3, 528
53 Elton (1972), 402
54 SR 3, 527-28
55 TMB, 192-93
56 Corr., 540
57 Corr., 548
58 LP 8, 856
59 Corr., 554-55
60 Stapleton, 214-15
61 Miller in CW 14, 695-97
62 CW 14, 191
63 CW 14, 9
64 CW 14, 13-19
65 CW 14, 559
66 CW 14, 47
67 TMB, 191
68 CW 14, 59
69 CW 14, 63
70 CW 14, 69
71 CW 14, 391
72 CW 14, 393
73 CW 14, 395

74 CW 14, 447
75 CW 14, 403-07
76 CW 14, 447-49
77 CW 14, 461-63
78 CW 14, 1165
79 CW 14, 625
80 TMW 1, 64-65

Kapitel 29

1 LP 8, 661
2 TTL, 231
3 Chambers, 402
4 TTL, 242
5 TTL, 240
6 TTL, 243
7 In den Quellen herrscht Unstimmigkeit über das Datum dieser Zusammenkunft. Ich folge Elton (1972), 404n
8 CSPS 5, 157
9 TMB, 202
10 TMB, 202
11 LP 8, 661
12 TMB, 203
13 CSPS 5, 90
14 CSPS 5, 118
15 CSPS 5, 127
16 CSPS 5, 170
17 LP 8, 777
18 CSPS 5, 174
19 Lebenszeugnis, 175-81; Corr., 555-59
20 Lebenszeugnis, 176
21 Lebenszeugnis, 177
22 Lebenszeugnis, 178
23 Derrett in EA, 63-65
24 Lebenszeugnis, 180-81
25 Lebenszeugnis,181
26 LP 8, 895; Hughes, 280
27 LP 8, 856
28 LP 8, 856
29 LP 8, 858
30 Moreana 1, 12-17; Moreana 3, 5-22
31 LP 8, 974; Harpsfield, 269-76
32 TTL, 244
33 LP 8, 974
34 Lebenszeugnis, 179
35 Moreana 1, 15
36 LP 8, 867
37 zitiert in Chambers, 416
38 siehe EA, 55-78
39 Appendix zu Harpsfield, 275
40 EA, 63
41 TTL, 245
42 TTL, 246
43 TTL, 248, 250
44 TTL, 246
45 TTL, 247
46 TTL, 247-48
47 Elton (1972), 414
48 TTL, 248
49 Wigmore 7, 263-64: 2036
50 CW 6, 263
51 TTL, 248
52 EA, 72-73
53 TTL, 248-49
54 EA, 75
55 TTL, 251
56 TTL, 251-52
57 Stapleton, 201
58 TMB, 214-15
59 Apg. 19, 12
60 TTL, 253
61 Hall, fol. 226
62 TTL, 254

Epilog

1 Hall, fol. 226v